# CURSO DE DIREITO
# FINANCEIRO E TRIBUTÁRIO

A Editora Fórum, consciente das questões sociais e ambientais, utiliza, na impressão deste material, papéis certificados FSC® (*Forest Stewardship Council*).

A certificação FSC é uma garantia de que a matéria-prima utilizada na fabricação do papel deste livro provém de florestas manejadas de maneira ambientalmente correta, socialmente justa e economicamente viável.

Luciano Ferraz
Marciano Seabra de Godoi
Werther Botelho Spagnol

# CURSO DE DIREITO FINANCEIRO E TRIBUTÁRIO

4ª edição revista, atualizada e ampliada

Belo Horizonte

2025

© 2014 Editora Fórum Ltda.
2017 2ª edição
2020 3ª edição
2025 4ª edição

É proibida a reprodução total ou parcial desta obra, por qualquer meio eletrônico, inclusive por processos xerográficos, sem autorização expressa do Editor.

## Conselho Editorial

Adilson Abreu Dallari
Alécia Paolucci Nogueira Bicalho
Alexandre Coutinho Pagliarini
André Ramos Tavares
Carlos Ayres Britto
Carlos Mário da Silva Velloso
Cármen Lúcia Antunes Rocha
Cesar Augusto Guimarães Pereira
Clovis Beznos
Cristiana Fortini
Dinorá Adelaide Musetti Grotti
Diogo de Figueiredo Moreira Neto (*in memoriam*)
Egon Bockmann Moreira
Emerson Gabardo
Fabrício Motta
Fernando Rossi
Flávio Henrique Unes Pereira

Floriano de Azevedo Marques Neto
Gustavo Justino de Oliveira
Inês Virgínia Prado Soares
Jorge Ulisses Jacoby Fernandes
Juarez Freitas
Luciano Ferraz
Lúcio Delfino
Marcia Carla Pereira Ribeiro
Márcio Cammarosano
Marcos Ehrhardt Jr.
Maria Sylvia Zanella Di Pietro
Ney José de Freitas
Oswaldo Othon de Pontes Saraiva Filho
Paulo Modesto
Romeu Felipe Bacellar Filho
Sérgio Guerra
Walber de Moura Agra

**FÓRUM**
CONHECIMENTO JURÍDICO

Luís Cláudio Rodrigues Ferreira
Presidente e Editor

Coordenação editorial: Leonardo Eustáquio Siqueira Araújo / Thaynara Faleiro Malta
Revisão: Érico Barboza
Capa e projeto gráfico: Walter Santos
Diagramação: Derval Braga

Rua Paulo Ribeiro Bastos, 211 – Jardim Atlântico – CEP 31710-430
Belo Horizonte – Minas Gerais – Tel.: (31) 99412.0131
www.editoraforum.com.br – editoraforum@editoraforum.com.br

Técnica. Empenho. Zelo. Esses foram alguns dos cuidados aplicados na edição desta obra. No entanto, podem ocorrer erros de impressão, digitação ou mesmo restar alguma dúvida conceitual. Caso se constate algo assim, solicitamos a gentileza de nos comunicar através do *e-mail* editorial@editoraforum.com.br para que possamos esclarecer, no que couber. A sua contribuição é muito importante para mantermos a excelência editorial. A Editora Fórum agradece a sua contribuição.

Dados Internacionais de Catalogação na Publicação (CIP) de acordo com ISBD

F381c    Ferraz, Luciano

       Curso de direito financeiro e tributário / Luciano Ferraz, Marciano Seabra de Godoi, Werther Botelho Spagnol. -- 4. ed. rev. ampl. e atual. --. Belo Horizonte: Fórum, 2025.

       884p. 17x24cm
       ISBN impresso 978-65-5518-947-6
       ISBN digital 978-65-5518-946-9

       1. Direito financeiro. 2. Finanças públicas. 3. Direito tributário. 4. Sistema tributário nacional. I. Godoi, Marciano Seabra de. II. Spagnol, Werther Botelho. III. Título.

                                                           CDD 341.39
                                                           CDU 336

Ficha catalográfica elaborada por Líssandra Ruas Lima – CRB/6 – 2851

Informação bibliográfica deste livro, conforme a NBR 6023:2018 da Associação Brasileira de Normas Técnicas (ABNT):

FERRAZ, Luciano; GODOI, Marciano Seabra de; SPAGNOL, Werther Botelho. *Curso de direito financeiro e tributário*. 4. ed. rev. ampl. e atual. Belo Horizonte: Fórum, 2025. 884p. ISBN 978-65-5518-947-6.

Aos nossos alunos.

# SUMÁRIO

NOTA DA QUARTA EDIÇÃO ........................................................................................ 23

APRESENTAÇÃO ........................................................................................................... 25

## PARTE I
## DIREITO FINANCEIRO E FINANÇAS PÚBLICAS

### CAPÍTULO 1
### ESTADO E ATIVIDADE FINANCEIRA ...................................................................... 29

| | | |
|---|---|---|
| 1.1 | Estado e finanças públicas ................................................................................ | 29 |
| 1.2 | Perspectiva histórica da atividade financeira do Estado ............................. | 31 |
| 1.3 | Aspectos gerais das finanças públicas brasileiras e seus efeitos sociais – evolução histórica recente .................................................................... | 35 |
| 1.3.1 | Trajetória histórica da carga tributária brasileira e comparações internacionais.... | 35 |
| 1.3.2 | Composição da carga tributária brasileira segundo as bases de incidência. Comparação internacional ................................................................ | 38 |
| 1.3.3 | Composição da carga tributária por espécies de tributo (contribuições sociais e de intervenção no domínio econômico $x$ impostos) ................................ | 40 |
| 1.3.4 | Divisão da carga tributária entre os entes federativos – antes e depois das transferências intergovernamentais ............................................................... | 41 |
| 1.3.5 | Endividamento do Estado brasileiro e aumento do pagamento de juros e da carga tributária entre os anos 1990 e o início dos anos 2000. Evolução recente dos resultados primários do setor público consolidado. Comparações internacionais | 44 |
| 1.3.5.1 | Dívida pública, taxa de juros, carga tributária e resultados primários do setor público após a implantação do Plano Real ................................................... | 44 |
| 1.3.5.2 | Trajetória do resultado primário do setor público consolidado a partir de 2014.... | 45 |
| 1.3.5.3 | Trajetória da dívida pública brasileira a partir de 2003 e comparações internacionais ...................................................................................................... | 46 |
| 1.3.5.4 | Pagamento de juros sobre a dívida pública brasileira a partir de 2003 ............ | 49 |
| 1.3.6 | Perfil dos gastos públicos brasileiros e sua evolução recente ....................... | 52 |
| 1.3.6.1 | Comparação da estrutura geral dos gastos públicos no Brasil com a média das economias avançadas, de países do G20 e de economias emergentes ............ | 59 |
| 1.3.7 | Persecução dos objetivos fundamentais da República (art. 3º da Constituição) e melhorias substanciais em indicadores sociais e de redução da desigualdade no período de 1988 até 2015 ................................................................................ | 61 |
| 1.3.8 | Retrocesso nos indicadores sociais e de exclusão/desigualdade no período pós- 2015. Efeitos da pandemia de COVID-19 e dos auxílios assistenciais pagos nos anos 2020, 2021 e 2022 sobre a desigualdade e a segurança alimentar da população brasileira ........................................................................................ | 64 |

| | | |
|---|---|---|
| 1.4 | Finanças públicas brasileiras após 2014: *o Teto de Gastos* (Emenda Constitucional nº 95/2016), os impactos da pandemia de COVID-19 e o *Novo Arcabouço Fiscal* (Emenda Constitucional nº 126/2022 e Lei Complementar nº 200/2023) | 68 |
| 1.4.1 | O *Teto de Gastos* da Emenda Constitucional nº 95/2016: objetivos, promessas e resultados concretos | 68 |
| 1.4.2 | As propostas de mudanças constitucionais apoiadas pelo Executivo federal em 2019 como estratégias de aprofundamento da austeridade fiscal | 73 |
| 1.4.3 | A pandemia de COVID-19 e os impactos sobre as finanças públicas brasileiras e o direito financeiro | 75 |
| 1.4.4 | O desgaste do Teto de Gastos e as situações em que o Congresso Nacional decidiu não o aplicar | 83 |
| 1.4.5 | A substituição do *Teto de Gastos* pelo *Novo Arcabouço Fiscal* previsto pela Emenda Constitucional nº 126/2022 e regulado pela Lei Complementar nº 200/2023 | 85 |
| 1.5 | Panorama histórico dos programas brasileiros de privatização e desestatização | 86 |
| 1.6 | Parcerias público-privadas: investimentos no Brasil e no mundo | 94 |

## CAPÍTULO 2
## DIREITO FINANCEIRO. VISÃO GERAL ... 101

| | | |
|---|---|---|
| 2.1 | Direito financeiro e Constituição | 102 |
| 2.1.1 | Federalismo cooperativo e competências para legislar sobre direito financeiro | 102 |
| 2.2 | Direito financeiro e legislação infraconstitucional | 103 |
| 2.2.1 | Lei nº 4.320/1964 | 103 |
| 2.2.2 | Lei de Responsabilidade Fiscal | 104 |
| 2.2.2.1 | A Lei de Responsabilidade Fiscal sob o crivo de constitucionalidade no Supremo Tribunal Federal | 105 |
| 2.3 | Princípios do direito financeiro | 109 |
| 2.3.1 | Princípio da legalidade | 109 |
| 2.3.2 | Princípio da economicidade | 110 |
| 2.3.3 | Princípios da transparência, participação e controle social | 111 |
| 2.3.3.1 | Normas da Constituição de 1988 sobre transparência, participação e controle social no âmbito do direito financeiro e das políticas públicas | 112 |
| 2.3.3.2 | Normas da Lei de Responsabilidade Fiscal sobre transparência, participação e controle social | 114 |
| 2.3.3.3 | Lei de Acesso à Informação (Lei nº 12.527, de 2011) | 116 |
| 2.3.3.4 | Relatórios de organizações não governamentais sobre o grau de transparência e participação social nas finanças públicas brasileiras | 117 |
| 2.3.4 | Princípio da gestão fiscal responsável | 120 |

## CAPÍTULO 3
## DESPESAS PÚBLICAS ... 123

| | | |
|---|---|---|
| 3.1 | Considerações gerais | 123 |
| 3.2 | Classificações | 124 |
| 3.2.1 | Despesas ordinárias e extraordinárias | 124 |
| 3.2.2 | Despesas orçamentárias e extraorçamentárias | 124 |

| | | |
|---|---|---|
| 3.2.3 | Despesas correntes e despesas de capital | 125 |
| 3.2.3.1 | Despesas correntes | 125 |
| 3.2.3.2 | Despesas de capital | 127 |
| 3.2.4 | Despesas obrigatórias e despesas discricionárias | 130 |
| 3.3 | Estágios da despesa pública | 132 |
| 3.3.1 | Empenho | 132 |
| 3.3.2 | Liquidação | 135 |
| 3.3.3 | Ordenamento | 136 |
| 3.3.4 | Pagamento | 138 |
| 3.3.4.1 | Regime de adiantamento de despesa | 139 |
| 3.4 | Despesas públicas na Lei de Responsabilidade Fiscal | 140 |
| 3.4.1 | Requisitos para geração de despesas | 141 |
| 3.4.1.1 | Criação, expansão e aperfeiçoamento da ação governamental | 141 |
| 3.4.1.2 | Despesas obrigatórias de caráter continuado | 144 |
| 3.4.2 | Despesas de pessoal | 145 |
| 3.4.2.1 | Conceito de despesa com pessoal | 146 |
| 3.4.2.2 | Limites globais e específicos de gasto com pessoal | 147 |
| 3.4.2.3 | Respeito aos limites com despesa de pessoal | 150 |
| 3.4.2.4 | Situação atual quanto ao respeito aos limites com despesa de pessoal no âmbito dos estados, dos municípios e da União | 151 |
| 3.4.3 | Despesas com seguridade social – Art. 24 da LRF | 157 |
| 3.4.4 | Transferência voluntária – Art. 25 da LRF | 158 |
| 3.4.5 | Destinação de recursos públicos para o setor privado – Art. 26 da LRF | 160 |
| 3.5 | O *Novo Arcabouço Fiscal* instituído pela Lei Complementar nº 200/2023 e os limites de crescimento das despesas primárias federais | 160 |
| 3.6 | Parcelas indenizatórias que frustram o propósito da norma do teto remuneratório previsto no art. 37, XI, da Constituição. Proposta do Executivo enviada ao Congresso no final de 2024 e norma aprovada pela Emenda Constitucional nº 135 | 167 |

## CAPÍTULO 4
## RECEITAS PÚBLICAS ............ 171

| | | |
|---|---|---|
| 4.1 | Considerações gerais | 171 |
| 4.2 | Evolução histórica e métodos de obtenção das receitas públicas | 172 |
| 4.3 | Classificações | 173 |
| 4.3.1 | Receitas originárias e derivadas | 173 |
| 4.3.2 | Ingressos e receitas públicas | 174 |
| 4.3.3 | Classificação legal das receitas públicas – Lei nº 4.320/1964 | 175 |
| 4.3.3.1 | Receitas orçamentárias e extraorçamentárias | 175 |
| 4.3.3.2 | Receitas correntes e receitas de capital | 176 |
| 4.4 | Estágios da receita pública | 177 |
| 4.4.1 | Previsão | 177 |
| 4.4.2 | Lançamento | 178 |

| | | |
|---|---|---|
| 4.4.3 | Arrecadação (recolhimento) | 179 |
| 4.5 | Receitas públicas na Lei de Responsabilidade Fiscal | 179 |
| 4.6 | Repartição das receitas tributárias entre os entes federativos. Panorama geral e grandes números | 182 |
| 4.6.1 | Repartição das receitas tributárias da União em prol dos estados e Distrito Federal | 185 |
| 4.6.1.1 | Imposto sobre a renda retido na fonte | 185 |
| 4.6.1.2 | Imposto residual de competência federal | 186 |
| 4.6.1.3 | Imposto sobre Produtos Industrializados e Imposto Seletivo – divisão proporcional ao valor das exportações de produtos industrializados | 186 |
| 4.6.1.4 | Cide Combustíveis | 188 |
| 4.6.1.5 | IOF Ouro | 190 |
| 4.6.1.6 | Fundo de Participação dos Estados e Distrito Federal (FPE) | 190 |
| 4.6.2 | Repartição das receitas tributárias da União em prol dos municípios | 197 |
| 4.6.2.1 | Imposto sobre a renda retido na fonte | 197 |
| 4.6.2.2 | Imposto territorial rural | 197 |
| 4.6.2.3 | IOF Ouro | 199 |
| 4.6.2.4 | Fundo de Participação dos Municípios (FPM) | 200 |
| 4.6.2.4.1 | Censo populacional de 2022 e Lei Complementar nº 198/2023 | 202 |
| 4.6.2.4.2 | FPM Capitais | 202 |
| 4.6.2.4.3 | FPM Interior | 203 |
| 4.6.2.4.4 | FPM Reserva | 206 |
| 4.6.3 | Repartição das receitas tributárias dos estados em prol de seus municípios | 206 |
| 4.6.3.1 | Cotas-partes do ICMS | 207 |
| 4.6.3.1.1 | Alterações da Emenda Constitucional nº 108, de 2020 | 211 |
| 4.6.3.2 | Alterações da Emenda Constitucional nº 132, de 2023. Critérios para distribuição da arrecadação estadual do IBS aos municípios | 213 |
| 4.6.3.3 | Repartição da parcela do IPI e do IS recebida pelos estados | 214 |
| 4.6.3.4 | Repartição do IPVA | 215 |
| 4.6.3.5 | Repartição da Cide Combustíveis | 217 |
| 4.6.4 | Transferências vinculadas a programas de desenvolvimento regional | 217 |
| 4.6.5 | Fundo de Manutenção e Desenvolvimento da Educação Básica e de Valorização dos Profissionais da Educação (Fundeb) | 218 |
| 4.6.6 | Cotas da contribuição do salário-educação | 224 |
| 4.6.7 | Demais regras constitucionais sobre o tema | 225 |
| 4.7 | Participações governamentais e compensações financeiras pela exploração de recursos naturais | 226 |
| 4.7.1 | Previsão constitucional e natureza jurídica | 226 |
| 4.7.1.1 | Nova redação do art. 20, §1º da CF (EC nº 102/2019) | 228 |
| 4.7.2 | Espécies de participação no resultado da exploração de recursos naturais | 229 |
| 4.7.3 | Exploração e produção de petróleo e gás natural – Regime regulador misto. Regime de concessão e regime de partilha da produção | 230 |

| | | |
|---|---|---|
| 4.7.4 | Participações governamentais na exploração de petróleo e gás natural | 231 |
| 4.7.4.1 | Bônus de assinatura | 233 |
| 4.7.4.1.1 | Valores arrecadados no leilão do excedente da cessão onerosa do pré-sal (2019) e sua divisão federativa | 234 |
| 4.7.4.2 | Pagamentos pela ocupação/retenção de área | 235 |
| 4.7.4.3 | *Royalties* nos contratos sob o regime de concessão. Base de cálculo e alíquota, divisão de sua arrecadação entre os entes federativos e restrições quanto à sua destinação | 236 |
| 4.7.4.4 | Regra de destinação obrigatória dos *royalties* para a educação pública e para a saúde (Lei nº 12.858/2013) | 239 |
| 4.7.4.5 | Participações especiais. Normas de apuração e divisão de sua arrecadação entre os entes federativos | 240 |
| 4.7.4.6 | As distorções da divisão dos *royalties* segundo as leis nº 7.990 e nº 9.478 e seu agravamento com a exploração dos recursos do pré-sal | 242 |
| 4.7.4.7 | Divisão dos *royalties* e participações especiais entre os entes federativos prevista na Lei nº 12.734/2012. Veto presidencial derrubado no Congresso e medida cautelar monocrática deferida pelo Supremo Tribunal Federal em 2013 suspendendo os efeitos da nova divisão. Omissão do STF quanto à submissão da cautelar a referendo do plenário do Tribunal | 245 |
| 4.7.4.8 | *Royalties* nos contratos de partilha da produção. Vácuo legislativo atual quanto às regras para sua divisão entre os entes federativos | 247 |
| 4.7.5 | Compensação financeira pela exploração de recursos minerais (CFEM) | 248 |
| 4.7.5.1 | Período anterior à Lei nº 13.540/2017 | 248 |
| 4.7.5.2 | Regramento após a Lei nº 13.540/2017 | 250 |
| 4.7.6 | MG e PA: "Se não conseguimos aumentar a CFEM... criamos taxas em seu lugar" | 253 |
| 4.7.7 | RJ: "Se escasseiam os *royalties* e participações especiais... criamos taxas em seu lugar" | 257 |
| 4.8 | Cessão de direitos creditórios tributários e não tributários para pessoas jurídicas de direito privado e fundos de investimento (Lei Complementar nº 208/2024) | 260 |

## CAPÍTULO 5
## CRÉDITO PÚBLICO ........ 263

| | | |
|---|---|---|
| 5.1 | Considerações gerais | 263 |
| 5.2 | Sistema de crédito público | 264 |
| 5.3 | Normas sobre dívida, endividamento público e operações de crédito na Constituição de 1988 | 266 |
| 5.4 | Classificações da dívida pública | 268 |
| 5.4.1 | Dívida fundada e dívida flutuante | 269 |
| 5.4.1.1 | Dívida fundada | 269 |
| 5.4.1.2 | Dívida flutuante | 269 |
| 5.4.1.2.1 | Restos a pagar | 270 |
| 5.4.1.2.2 | Serviços da dívida a pagar | 272 |
| 5.4.1.2.3 | Depósitos e débitos de tesouraria | 272 |
| 5.4.2 | Dívida mobiliária e dívida contratual | 272 |

| | | |
|---|---|---|
| 5.4.3 | Dívida interna e dívida externa | 273 |
| 5.5 | Crédito público na Lei de Responsabilidade Fiscal | 275 |
| 5.6 | Situação da dívida dos estados perante a União Federal | 280 |
| 5.6.1 | Regime de Recuperação Fiscal (Lei Complementar nº 159/2017) | 284 |
| 5.6.2 | Programa de Pleno Pagamento de Dívidas dos Estados (Propag) | 285 |
| 5.6.3 | Lei Complementar nº 206/2024 e regras sobre o pagamento da dívida de entes federativos afetados por calamidade pública | 287 |
| 5.6.4 | Leis Complementares nº 194/2022 e 201/2023 | 288 |
| 5.7 | Situação atual da dívida pública da União Federal | 289 |
| 5.8 | Situação atual do endividamento dos municípios | 289 |
| 5.9 | Precatórios judiciais | 292 |
| 5.9.1 | Requisições de Pequeno Valor (RPV) | 293 |
| 5.9.2 | Precatórios pendentes de pagamento na data de promulgação da Constituição (art. 33 do ADCT) | 294 |
| 5.9.3 | Parcelamento de precatórios instituído pela Emenda Constitucional nº 30/2000 (art. 78 do ADCT) | 294 |
| 5.9.4 | Regime especial instituído pela Emenda Constitucional nº 62/2009 | 295 |
| 5.9.5 | Alterações introduzidas pela Emenda Constitucional nº 94/2016 | 297 |
| 5.9.6 | Alterações introduzidas pela Emenda Constitucional nº 99/2017 | 298 |
| 5.9.7 | Alterações introduzidas pela Emenda Constitucional nº 113/2021 | 299 |
| 5.9.8 | Alterações introduzidas pela Emenda Constitucional nº 114/2021 | 302 |

## CAPÍTULO 6
## ORÇAMENTO PÚBLICO ... 305

| | | |
|---|---|---|
| 6.1 | Considerações gerais | 305 |
| 6.2 | Leis orçamentárias | 307 |
| 6.2.1 | Natureza jurídica | 308 |
| 6.2.1.1 | Orçamento autorizativo e orçamento impositivo | 311 |
| 6.2.1.2 | Emendas individuais impositivas com transferência especial ou com finalidade definida (art. 166-A da Constituição – EC nº 105/2019) | 314 |
| 6.2.2 | Plano Plurianual (PPA) | 316 |
| 6.2.3 | Lei de Diretrizes Orçamentárias | 317 |
| 6.2.4 | Lei Orçamentária Anual (LOA) | 319 |
| 6.2.4.1 | Elaboração da lei orçamentária | 321 |
| 6.2.4.1.1 | Veto absoluto impeditivo de despesas autorizadas no orçamento | 323 |
| 6.3 | Princípios orçamentários | 323 |
| 6.3.1 | Princípio da unidade | 323 |
| 6.3.1.1 | Fundos especiais | 325 |
| 6.3.2 | Princípio da universalidade | 327 |
| 6.3.3 | Princípio da exclusividade | 327 |
| 6.3.4 | Princípio da anualidade | 328 |

| | | |
|---|---|---|
| 6.3.5 | Princípio da vedação de estorno | 329 |
| 6.3.6 | Princípio da programação | 330 |
| 6.3.7 | Princípio da clareza | 330 |
| 6.3.8 | Princípio da publicidade | 331 |
| 6.3.9 | Princípio do equilíbrio orçamentário | 332 |
| 6.3.10 | Princípio da não afetação | 333 |
| 6.3.10.1 | Repartição do produto de arrecadação de impostos | 334 |
| 6.3.10.2 | Ações e serviços públicos de saúde | 334 |
| 6.3.10.2.1 | Gastos da União | 334 |
| 6.3.10.2.2 | Gastos dos estados, Distrito Federal e municípios | 335 |
| 6.3.10.3 | Manutenção e desenvolvimento do ensino | 337 |
| 6.3.10.4 | Realização de atividades da administração tributária | 339 |
| 6.3.10.5 | Prestação de garantias às operações de créditos por antecipação de receita | 339 |
| 6.3.10.6 | Prestação de garantia ou contragarantia à União por parte dos estados e municípios | 340 |
| 6.3.10.7 | Programa de apoio à inclusão e promoção pessoal | 340 |
| 6.3.10.8 | Fundo estadual de fomento à cultura | 340 |
| 6.3.10.9 | Desvinculação da Receita da União (DRU) – Da ECR nº 1/1994 à EC nº 68/2011 | 341 |
| 6.3.10.10 | Desvinculação da receita da União, estados e municípios – A EC nº 93/2016 e o avanço do processo de perda de identidade constitucional das espécies tributárias | 341 |
| 6.3.10.11 | A chamada PEC dos Fundos (PEC nº 187/2019) e o desvelamento das reais intenções que sempre estiveram por detrás da criação de diversas Cides | 345 |
| 6.3.10.12 | Exclusão das contribuições sociais de seguridade social da DRU (Desvinculação de Receitas da União) pela EC nº 103/2019 | 347 |
| 6.4 | Novas vedações orçamentárias instituídas pela Reforma da Previdência (EC nº 103/2019) | 348 |
| 6.5 | A *regra de ouro* do art. 167, III, da Constituição em tempos de déficit primário crônico | 349 |
| 6.6 | Participação popular efetiva na elaboração das leis orçamentárias | 351 |
| 6.6.1 | Orçamentos participativos em âmbito municipal | 352 |
| 6.6.2 | Orçamentos participativos em âmbito estadual | 354 |
| 6.6.3 | Orçamentos participativos no plano federal | 355 |
| 6.7 | Os impactos do orçamento público e da política fiscal sobre as mulheres, crianças e outros grupos sociais | 357 |
| 6.8 | A prática do chamado "orçamento secreto" e a reação do Supremo Tribunal Federal | 359 |
| 6.8.1 | Arguições de Descumprimento de Preceito Fundamental (ADPFs) nº 850, 851 e 854 | 361 |
| 6.8.2 | Ações Diretas de Inconstitucionalidade nº 7.688 e 7.695 | 365 |
| 6.8.3 | Ação Direta de Inconstitucionalidade nº 7.697 | 368 |
| 6.8.4 | Reação do Congresso Nacional e edição da Lei Complementar nº 210/2024 | 371 |
| 6.8.5 | Decisões do STF após a edição da LC nº 210 | 372 |

## CAPÍTULO 7
## CONTROLE EXTERNO E INTERNO DAS FINANÇAS PÚBLICAS ........................ 377

| | | |
|---|---|---|
| 7.1 | Considerações gerais............................................................................... | 377 |
| 7.2 | Controle das finanças públicas – Perspectiva histórica............................... | 378 |
| 7.3 | Controle das finanças públicas na Constituição de 1988............................ | 378 |
| 7.3.1 | Controle externo ..................................................................................... | 379 |
| 7.3.1.1 | Controle parlamentar indireto ou colaborado ......................................... | 380 |
| 7.3.1.2 | Controle pelo Tribunal de Contas ........................................................... | 382 |
| 7.3.1.2.1 | Emissão de parecer prévio sobre as contas anuais dos chefes do Executivo........... | 383 |
| 7.3.1.2.2 | Julgamento de contas dos administradores e demais responsáveis por bens, dinheiros e valores públicos (art. 71, II, CR/88)........................................ | 386 |
| 7.3.1.2.3 | Registro de atos de admissão, aposentadoria, reforma e pensão.............. | 403 |
| 7.3.1.2.4 | Inspeções e auditorias de natureza financeira, orçamentária, patrimonial e operacional ............................................................................................. | 405 |
| 7.3.1.2.5 | Outras atribuições................................................................................... | 407 |
| 7.3.1.2.6 | Controle interno...................................................................................... | 411 |
| 7.4 | Controle consensual da Administração Pública: termos de ajustamento de gestão e solução consensual do TCU ....................................................... | 420 |
| 7.5 | Responsabilidade dos agentes públicos em matéria de direito financeiro ............ | 423 |

## PARTE II
## DIREITO TRIBUTÁRIO

## TÍTULO I
## NOÇÕES GERAIS

## CAPÍTULO 1
## DEFINIÇÃO DE TRIBUTO E PODER DE TRIBUTAR ................................................. 433

| | | |
|---|---|---|
| 1.1 | Justificativa atual do poder de tributar ..................................................... | 433 |
| 1.2 | Apontamentos introdutórios à definição legal de tributo......................... | 435 |
| 1.3 | Definição legal de tributo ........................................................................ | 439 |
| 1.4 | Direito tributário e autonomia científica.................................................. | 439 |
| 1.5 | Fiscalidade e extrafiscalidade ................................................................... | 441 |

## CAPÍTULO 2
## DIVISÃO DO TRIBUTO EM ESPÉCIES......................................................................... 447

| | | |
|---|---|---|
| 2.1 | Apontamentos para a divisão do tributo em espécies .............................. | 447 |
| 2.2 | A insuficiência do fato gerador como baliza única para a divisão do tributo em espécies.................................................................................................. | 450 |
| 2.2.1 | A legitimidade do poder de tributar na conjuntura do Estado Democrático de Direito e a importância da destinação constitucional ................................ | 450 |
| 2.2.2 | A importância assumida pela destinação constitucional do produto da arrecadação............................................................................................. | 451 |

| | | |
|---|---|---|
| 2.3 | Interdependência entre ingressos e gastos públicos – Noção básica para a definição das espécies tributárias.................................................................. | 451 |
| 2.4 | As funções constitucionais específicas dos tributos ................................... | 454 |
| 2.4.1 | Os distintos objetivos buscados pelo legislador com a imposição dos tributos...... | 455 |
| 2.5 | Redução do tributo a espécies ........................................................................ | 456 |
| 2.5.1 | A identificação da espécie por meio da análise da norma tributária................ | 464 |

## CAPÍTULO 3
## PERFIL GENÉRICO DOS TRIBUTOS EM ESPÉCIE .............................................. 473

| | | |
|---|---|---|
| 3.1 | Impostos............................................................................................................ | 473 |
| 3.1.1 | Impostos diretos e indiretos........................................................................... | 474 |
| 3.2 | Taxas ................................................................................................................. | 475 |
| 3.2.1 | Taxas de serviço e taxas de polícia ............................................................... | 477 |
| 3.2.2 | Principais aspectos do regime jurídico das taxas segundo a jurisprudência do STF ..................................................................................................................... | 478 |
| 3.2.2.1 | A oscilante jurisprudência do Supremo Tribunal Federal sobre a constitucionalidade ou não da taxa de prevenção e combate a incêndios .............. | 483 |
| 3.2.3 | Taxa e preço público....................................................................................... | 486 |
| 3.2.4 | Relevância quantitativa das taxas no âmbito das receitas tributárias atuais dos entes federativos brasileiros. As recentes taxas de controle, fiscalização e monitoramento de atividades mineradoras e petrolíferas ........................ | 489 |
| 3.2.5 | A EC nº 93/2016 e a desvinculação orçamentária de recursos relacionados à arrecadação das taxas...................................................................................... | 491 |
| 3.3 | Contribuições de melhoria ............................................................................. | 492 |
| 3.4 | Empréstimos compulsórios............................................................................ | 493 |
| 3.5 | Contribuições especiais................................................................................... | 494 |
| 3.5.1 | Contribuições sociais...................................................................................... | 494 |
| 3.5.1.1 | Contribuições sociais *stricto sensu* ............................................................... | 495 |
| 3.5.1.1.1 | A reforma constitucional da previdência social de 2019 (EC nº 103/2019) e as alterações promovidas nos artigos da Constituição que tratam das contribuições previdenciárias................................................................................... | 498 |
| 3.5.1.1.2 | A chamada contribuição do Funrural e o erro cometido pelo STF no julgamento do RE nº 718.874 .......................................................................................... | 506 |
| 3.5.1.2 | O problema das contribuições sociais *lato sensu* (contribuições sociais gerais)...... | 510 |
| 3.5.2 | Contribuições interventivas ......................................................................... | 512 |
| 3.5.3 | Contribuições corporativas ........................................................................... | 514 |
| 3.5.3.1 | Contribuição sindical ..................................................................................... | 516 |
| 3.5.4 | Contribuição para o custeio de iluminação pública e de sistemas de monitoramento para segurança e preservação de logradouros públicos................ | 518 |

# TÍTULO II
# O DIREITO TRIBUTÁRIO NA CONSTITUIÇÃO FEDERAL

## CAPÍTULO 1
## COMPETÊNCIA TRIBUTÁRIA ... 523

1.1 Características da competência tributária ... 523
1.2 Outorga e repartição das competências tributárias ... 526
1.3 Regras para o exercício das competências tributárias ... 529
1.4 Observância da lei complementar de normas gerais como condição prévia ao exercício da competência tributária ... 531

## CAPÍTULO 2
## VISÃO GERAL DO SISTEMA TRIBUTÁRIO NACIONAL (ARTS. 145 A 162 DA CONSTITUIÇÃO) ... 535

2.1 A disciplina do sistema tributário nas constituições republicanas e a orientação da Constituição de 1988 ... 535
2.2 Visão de conjunto sobre os principais blocos normativos do Sistema Tributário Nacional ... 536

## CAPÍTULO 3
## PRINCÍPIOS GERAIS DO SISTEMA TRIBUTÁRIO NACIONAL ... 539

3.1 A curiosa configuração da Seção "Dos Princípios Gerais", que abre o capítulo da Constituição de 1988 que trata do Sistema Tributário Nacional ... 539
3.2 O furor principiológico da Emenda Constitucional nº 132: os novos §§3º e 4º do art. 145 da Constituição ... 541
3.3 A justiça tributária como *valor*, e não como *princípio*: a teoria de Ricardo Lobo Torres ... 543
3.4 Qual o sentido e quais as consequências da norma segundo a qual o Sistema Tributário Nacional deve observar o *princípio da justiça tributária*? ... 545
3.5 Os princípios da simplicidade, da transparência, da cooperação e da defesa do meio ambiente ... 546
3.6 A atenuação de efeitos regressivos da carga tributária ... 549

## CAPÍTULO 4
## LIMITAÇÕES DO PODER DE TRIBUTAR ... 551

4.1 Limitações constitucionais do poder de tributar no direito brasileiro. Plano de estudo ... 551
4.2 Legalidade e tipicidade ... 552
4.2.1 Art. 150, §6º, da Constituição – Uma limitação ao poder de não tributar ... 556
4.2.2 A legalidade nos impostos regulatórios ... 557
4.2.3 Legalidade tributária e medidas provisórias ... 558
4.2.4 Legalidade e instituição de tributo por emenda constitucional ... 559
4.2.5 Legalidade e definição do prazo de vencimento da obrigação tributária ... 560

| | | |
|---|---|---|
| 4.2.6 | Legalidade tributária e a taxa para expedição da anotação de responsabilidade técnica (ART). Considerações do tribunal sobre gradações da legalidade tributária conforme as espécies tributárias | 560 |
| 4.2.7 | Duas visões sobre a legalidade tributária e suas respectivas consequências – os acórdãos do STF no Recurso Extraordinário nº 1.043.313 e na Ação Direta de Inconstitucionalidade nº 5.277 | 562 |
| 4.3 | Irretroatividade | 565 |
| 4.4 | Anterioridade | 566 |
| 4.4.1 | Da *anualidade* ou exigência de autorização orçamentária anual (CF de 1946, Carta de 1967) para o regime da *anterioridade* da lei tributária (EC nº 1/69, Constituição de 1988) | 566 |
| 4.4.2 | Anterioridade tributária como garantia individual e cláusula pétrea | 567 |
| 4.4.3 | Anterioridade e medidas provisórias | 568 |
| 4.4.4 | Os atuais regimes jurídicos quanto à anterioridade tributária | 570 |
| 4.4.5 | Anterioridade e sua aplicabilidade à revogação de isenções e outros benefícios fiscais | 572 |
| 4.4.6 | Anterioridade, irretroatividade e a sombria e persistente Súmula nº 584 do STF, finalmente cancelada em 2020 | 573 |
| 4.4.7 | Anterioridade tributária e o que se deve entender por data de publicação da lei – O caso da Lei nº 8.383/1991 e da MP nº 812/1994 | 577 |
| 4.4.8 | Anterioridade e medidas de prorrogação da vigência de tributos temporários | 578 |
| 4.4.9 | Anterioridade e alteração da data do vencimento da obrigação tributária | 580 |
| 4.4.10 | Anterioridade e repristinação das alíquotas da contribuição do PIS e da COFINS incidentes sobre receitas financeiras auferidas pelas pessoas jurídicas sujeitas ao regime não cumulativo das contribuições (Decreto nº 11.374/2023) | 580 |
| 4.5 | Igualdade e capacidade econômica | 581 |
| 4.5.1 | Tratamento do tema da igualdade tributária na Constituição de 1988 e na jurisprudência do Supremo Tribunal Federal | 583 |
| 4.5.1.1 | Alíquotas agravadas de contribuições sociais para as instituições financeiras | 586 |
| 4.5.1.2 | Tratamento tributário mais gravoso de sociedades de economia mista e empresas públicas em relação a empresas concorrentes do setor privado | 587 |
| 4.5.1.3 | Parcelamentos e vedação de inclusão de valores depositados em juízo | 588 |
| 4.5.1.4 | Tratamento agravado do IRPF em relação a não residentes e isonomia tributária | 589 |
| 4.5.2 | Tratamento do tema da capacidade econômica na Constituição de 1988 | 589 |
| 4.5.2.1 | A tarefa de dar efetividade ao princípio da capacidade econômica e o acesso da fiscalização tributária a informações bancárias do contribuinte | 592 |
| 4.5.3 | Jurisprudência do STF sobre capacidade econômica e progressividade de alíquotas | 594 |
| 4.5.3.1 | IPTU e progressividade de alíquotas em razão do valor do imóvel: RE nº 153.771 (1996), Súmula STF nº 668 (2010) e RE nº 602.347 (2016) | 594 |
| 4.5.3.2 | IPTU e progressividade de alíquotas em razão do valor do imóvel após a EC nº 29/2000: RE nº 423.768 (2010) | 597 |
| 4.5.3.3 | Impostos reais e progressividade fiscal: a alteração jurisprudencial manifestada no RE nº 562.045 (2013) | 598 |
| 4.5.3.4 | Progressividade de alíquotas do imposto territorial rural | 599 |
| 4.5.4 | Capacidade econômica e taxas | 600 |

| | | |
|---|---|---|
| 4.5.5 | Capacidade econômica e capacidade contributiva | 601 |
| 4.5.6 | Capacidade econômica e imposto sobre a renda das pessoas físicas (IRPF) na jurisprudência do STF (RE nº 388.312 e RE nº 614.406) | 602 |
| 4.6 | Vedação de utilização de tributo com efeito de confisco | 604 |
| 4.6.1 | Vedação de efeito de confisco e multas tributárias | 606 |
| 4.7 | Vedação de tributos interestaduais e intermunicipais que limitem o tráfego de pessoas ou bens no território nacional | 608 |
| 4.7.1 | O pedágio e a jurisprudência do STF | 609 |
| 4.8 | Imunidades | 611 |
| 4.8.1 | Imunidade recíproca | 612 |
| 4.8.1.1 | Imunidade recíproca e impostos indiretos | 615 |
| 4.8.1.2 | Sentido de "patrimônio, renda e serviços" na jurisprudência do STF | 616 |
| 4.8.1.3 | Imunidade recíproca, empresas públicas e sociedades de economia mista | 616 |
| 4.8.1.4 | Alteração da jurisprudência do STF sobre o âmbito da imunidade recíproca e a sujeição passiva no IPTU – REs nº 434.251, 601.720 e 594.015 | 619 |
| 4.8.1.5 | Imunidade recíproca e responsabilidade tributária | 621 |
| 4.8.1.6 | Imunidade recíproca e serviços de cartórios | 621 |
| 4.8.2 | Imunidade dos templos de qualquer culto | 621 |
| 4.8.2.1 | Cemitérios e imunidade dos templos | 623 |
| 4.8.2.2 | Imunidade dos templos e maçonaria | 625 |
| 4.8.2.3 | Emenda Constitucional nº 132/2023: da imunidade de "templos de qualquer culto" para a imunidade de "instituições religiosas e templos de qualquer culto, inclusive suas organizações assistenciais e beneficentes" | 626 |
| 4.8.3 | Imunidade (patrimônio, renda ou serviços) dos partidos políticos (incluindo suas fundações), entidades sindicais dos trabalhadores, instituições de educação e assistência social, sem fins lucrativos, atendidos os requisitos da lei | 626 |
| 4.8.3.1 | Imunidade das instituições de educação e de assistência social, sem fins lucrativos – Os "requisitos da lei" (art. 150, VI, "c" da Constituição) e o alcance da reserva de lei complementar | 627 |
| 4.8.3.2 | Imunidade, quanto ao ICMS, da venda de mercadorias pelas instituições mencionadas no art. 150, VI, "c", da Constituição. A questão da repercussão do ônus tributário | 630 |
| 4.8.3.3 | Imóveis das instituições do art. 150, VI, "c", da Constituição alugados a terceiros. Súmula nº 724 do STF | 631 |
| 4.8.3.4 | Imunidade de entidades fechadas de previdência privada. Súmula nº 730 do STF | 632 |
| 4.8.4 | Imunidade dos livros, jornais, periódicos e do papel destinado a sua impressão | 633 |
| 4.8.4.1 | Súmula STF nº 657 – Os insumos das editoras e empresas jornalísticas e a imunidade dos livros, jornais e periódicos | 636 |
| 4.8.5 | Imunidade dos fonogramas e videofonogramas musicais brasileiros | 638 |
| 4.8.6 | Imunidade do art. 195, §7º, da Constituição | 639 |
| 4.8.6.1 | Inconstitucionalidades da Lei nº 12.101, de 2009 | 642 |
| 4.8.6.2 | Edição da Lei Complementar nº 187/2021 como consequência da declaração de inconstitucionalidade da Lei nº 12.101/2009 | 643 |

| | | |
|---|---|---|
| 4.8.6.3 | Art. 195, §7º, da Constituição e sua aplicabilidade à contribuição ao PIS | 644 |
| 4.8.7 | Outras imunidades | 645 |
| 4.9 | A norma do art. 150, §5º, da Constituição e a exigência de medidas de esclarecimento dos contribuintes sobre a imposição indireta | 647 |
| 4.10 | A norma do art. 150, §7º, da Constituição e a substituição tributária progressiva | 649 |
| 4.10.1 | O controverso problema da "imediata e preferencial restituição da quantia paga" no mecanismo da substituição tributária progressiva | 651 |
| 4.11 | Vedações à União previstas no art. 151 da Constituição | 653 |
| 4.11.1 | Proibição das isenções heterônomas e o caso dos tratados internacionais | 655 |
| 4.12 | Vedação aos entes estaduais e locais de discriminação tributária em razão da procedência ou destino de bens e serviços de qualquer natureza | 657 |
| 4.13 | Sanções políticas na jurisprudência do Supremo Tribunal Federal | 659 |
| 4.13.1 | Súmulas nº 70 e 323: interdição de estabelecimento e apreensão de mercadorias como meios indiretos de cobrança de tributos | 659 |
| 4.13.2 | Súmula nº 547: restrições quanto a atos da vida empresarial/profissional usadas como meio indireto de cobrança de tributos | 661 |
| 4.13.3 | Sanções políticas e submissão de contribuintes do ICMS a regimes especiais de cobrança e fiscalização | 663 |
| 4.13.4 | Sanções políticas e cancelamento do registro especial de fabricantes de cigarro por inadimplência tributária | 665 |
| 4.13.4.1 | O julgamento da ADI nº 3.952 | 668 |
| 4.13.5 | Protesto de certidões de dívidas tributárias e sanção política | 670 |
| 4.13.5.1 | Eficiência administrativa e extinção de execuções fiscais de baixo valor | 672 |
| 4.13.6 | Exclusão por inadimplência do regime do Simples Nacional e sanção política | 674 |
| 4.13.7 | Licenciamento anual de veículos automotores, exigência de regularidade fiscal e sanção política | 675 |
| 4.13.8 | Legislação desportiva, regularidade fiscal como "critério técnico" de participação em competições e sanção política | 675 |
| 4.13.9 | Conclusão | 676 |

# TÍTULO III
## NORMAS GERAIS DE DIREITO TRIBUTÁRIO NO CÓDIGO TRIBUTÁRIO NACIONAL

## CAPÍTULO 1
## LEGISLAÇÃO TRIBUTÁRIA ......... 683

| | | |
|---|---|---|
| 1.1 | Fontes formais do direito tributário | 683 |
| 1.2 | Regulamentação da reserva de lei em matéria tributária – Art. 97 do CTN | 685 |
| 1.3 | O art. 98 do CTN e os tratados internacionais para evitar a dupla tributação da renda e do capital | 688 |
| 1.3.1 | Noções introdutórias sobre o direito dos tratados | 688 |
| 1.3.2 | Os tratados internacionais e sua relação com o direito interno – Jurisprudência tradicional do STF e sua recente alteração | 690 |

| | | |
|---|---|---|
| 1.3.3 | A EC nº 45/2004 e a alteração da jurisprudência do STF no que diz respeito ao status hierárquico dos tratados internacionais | 692 |
| 1.3.4 | O art. 98 do Código Tributário Nacional e a jurisprudência do STF | 694 |
| 1.4 | Normas complementares e proteção da confiança do contribuinte | 696 |
| 1.5 | Vigência e aplicação da legislação tributária | 697 |
| 1.5.1 | Aplicação *imediata* da legislação a fatos geradores *futuros* e *pendentes* – A regra do art. 105 do CTN e suas possíveis compreensões | 699 |
| 1.5.2 | Aplicação retroativa da lei sancionadora mais benigna (art. 106, II, do CTN) | 700 |
| 1.5.3 | Aplicação retroativa de *lei expressamente interpretativa* (art. 106, I, do CTN) e o caso da LC nº 118/2005 | 701 |
| 1.6 | Interpretação e integração do direito e da legislação tributária | 705 |
| 1.6.1 | Em que consiste o ato de interpretar e aplicar o direito? | 705 |
| 1.6.2 | O direito tributário deve ser interpretado como qualquer outro ramo do direito? | 709 |
| 1.6.3 | Análise das normas do CTN sobre interpretação e integração do direito tributário – Arts. 108 a 112 | 710 |
| 1.6.3.1 | Art. 108 | 711 |
| 1.6.3.2 | Art. 109 | 713 |
| 1.6.3.3 | Art. 110 | 715 |
| 1.6.3.3.1 | O conceito constitucional de "serviço de qualquer natureza", o art. 110 do CTN e a jurisprudência do STF | 718 |
| 1.6.3.4 | Art. 111 | 721 |
| 1.6.3.5 | Art. 112 | 723 |

## CAPÍTULO 2
## A RELAÇÃO JURÍDICO-TRIBUTÁRIA ........................................................... 725

| | | |
|---|---|---|
| 2.1 | Obrigação tributária | 725 |
| 2.2 | Fato gerador da obrigação tributária | 727 |
| 2.2.1 | Modalidades de fato gerador | 727 |
| 2.2.2 | Dissimulação da ocorrência do fato gerador – A norma do art. 116, parágrafo único, do CTN e o combate aos planejamentos tributários abusivos no direito brasileiro | 728 |
| 2.2.2.1 | Os conceitos de elisão, evasão e elusão tributária | 728 |
| 2.2.2.2 | Elusão tributária, normas gerais, fraude à lei e abuso do direito | 730 |
| 2.2.2.3 | Breve síntese sobre a evolução histórica do combate à elusão tributária no Brasil – Do Anteprojeto de Código Tributário Nacional à LC nº 104/2001 | 731 |
| 2.2.2.4 | O conceito amplo e causalista de simulação como a efetiva norma geral antielusão em vigor no ordenamento brasileiro | 736 |
| 2.2.2.5 | Análise do decidido pelo STF no acórdão da ADI nº 2.446 | 738 |
| 2.2.3 | Fato gerador da obrigação tributária e atos ilícitos | 739 |
| 2.3 | Sujeição ativa | 742 |
| 2.4 | Sujeição passiva – Contribuinte e responsável | 744 |
| 2.4.1 | Sujeição passiva direta | 745 |

| | | |
|---|---|---|
| 2.4.1.1 | Contribuinte | 745 |
| 2.4.1.2 | Responsável por substituição | 745 |
| 2.4.2 | Sujeição passiva indireta | 748 |
| 2.4.2.1 | Responsabilidade dos sucessores | 749 |
| 2.4.2.2 | Responsabilidade de terceiros | 753 |
| 2.4.2.3 | O art. 135 do Código Tributário Nacional e sua interpretação/aplicação pelo Superior Tribunal de Justiça | 757 |
| 2.4.3 | Convenções particulares e sujeição passiva | 761 |
| 2.4.4 | Capacidade tributária | 762 |
| 2.4.5 | Domicílio tributário do sujeito passivo | 762 |
| 2.5 | Solidariedade | 763 |
| 2.6 | Responsabilidade por infração | 766 |
| 2.6.1 | Exclusão da responsabilidade – Denúncia espontânea e seus efeitos | 769 |

## CAPÍTULO 3
## CRÉDITO TRIBUTÁRIO ............................................................................................. 775

| | | |
|---|---|---|
| 3.1 | Constituição do crédito tributário – A figura do lançamento | 776 |
| 3.1.1 | Antecipação do pagamento e lançamento por homologação | 778 |
| 3.1.2 | Formalização do crédito tributário pelo próprio contribuinte | 779 |
| 3.1.3 | Outros aspectos do lançamento | 781 |
| 3.1.4 | Revisão/alteração do lançamento | 783 |
| 3.1.4.1 | Alteração do critério jurídico do lançamento | 784 |
| 3.2 | Suspensão da exigibilidade do crédito tributário | 785 |
| 3.2.1 | Moratória | 787 |
| 3.2.2 | Depósito do montante integral | 788 |
| 3.2.3 | Reclamações e recursos administrativos, nos termos das leis reguladoras do processo tributário administrativo | 790 |
| 3.2.4 | Concessão de medida liminar ou tutela antecipada em ações judiciais | 790 |
| 3.2.5 | Parcelamento | 792 |
| 3.3 | Extinção do crédito tributário | 793 |
| 3.3.1 | Pagamento | 794 |
| 3.3.1.1 | Consignação em pagamento | 798 |
| 3.3.1.2 | Pagamento indevido e a sua restituição | 799 |
| 3.3.1.2.1 | Restituição de tributos indiretos | 801 |
| 3.3.1.2.2 | Prazo para pleitear a devolução do indébito | 804 |
| 3.3.2 | Compensação | 807 |
| 3.3.3 | Transação | 811 |
| 3.3.4 | Remissão | 813 |
| 3.3.5 | Decadência e prescrição | 813 |
| 3.3.6 | Outras hipóteses de extinção do crédito tributário | 818 |
| 3.4 | Exclusão do crédito tributário | 819 |
| 3.4.1 | Isenção | 819 |

| | | |
|---|---|---|
| 3.4.2 | Anistia | 825 |
| 3.5 | Garantias do crédito tributário | 827 |
| 3.5.1 | Preeminências | 828 |

# CAPÍTULO 4
# ADMINISTRAÇÃO TRIBUTÁRIA ............................................................. 831
| | | |
|---|---|---|
| 4.1 | Fiscalização | 831 |
| 4.2 | Dívida ativa | 842 |
| 4.3 | Certidões negativas | 849 |
| 4.4 | *Compliance* tributário | 854 |
| 4.5 | Sistema Público de Escrituração Digital (SPED) | 857 |

REFERÊNCIAS ............................................................................................................ 859

# NOTA DA QUARTA EDIÇÃO

Em novembro de 2020, terminamos a revisão e a atualização da 3ª edição deste *Curso*. Nesta 4ª edição, também desenvolvemos novos tópicos e assuntos, como o tópico sobre o *Novo Arcabouço Fiscal* criado pela Lei Complementar nº 200/2023 e o tópico sobre a cessão de direitos creditórios tributários e não tributários dos entes públicos regulada pela Lei Complementar nº 208/2024.

Foram analisados e incorporados à Parte I do *Curso* dados, levantamentos e estudos econômicos e estatísticos atualizados sobre as finanças públicas de todos os entes federativos nacionais.

Novos entendimentos jurisprudenciais do Supremo Tribunal Federal, do Superior Tribunal de Justiça e do Tribunal de Contas da União sobre direito financeiro e tributário foram incorporados ao *Curso* (Partes I e II).

Nesta 4ª edição, incorporamos as mudanças no direito financeiro e tributário provocadas pela promulgação de diversas emendas constitucionais entre 2019 e 2024, tais como a Emenda nº 135/2024 (que, entre outras providências, alterou a norma do teto remuneratório dos servidores públicos, prevista no inciso XI do art. 37 da Constituição), a Emenda nº 132/2023 (que promoveu uma ampla e profunda reforma da tributação do consumo), a Emenda nº 126/2022 (que determinou a revogação do chamado Teto de Gastos, instituído pela EC nº 95/2016, após a sanção da Lei Complementar nº 200, responsável pela instituição do novo regime fiscal sustentável para garantir a estabilidade macroeconômica do país) e a Emenda nº 108/2020 (que tornou permanente o FUNDEB e ampliou consideravelmente suas complementações federais). Além disso, esta 4ª edição explica o conteúdo das diversas leis complementares em matéria financeira e tributária publicadas entre 2020 e 2025 e as principais medidas financeiras tomadas a partir de 2020 no enfrentamento da pandemia de COVID-19, que provocou a morte de mais de 710 mil pessoas no território nacional.

**Os autores.**

# APRESENTAÇÃO

Este livro reflete três décadas de experiência com a teoria e a prática do Direito Financeiro e Tributário. Os autores integram o corpo docente dos cursos de Direito da UFMG e da PUC Minas, exercendo também a advocacia consultiva e contenciosa. A opção pela coautoria explica-se tanto pela afinidade intelectual entre os autores como pelo reconhecimento de que a dialética inerente a uma obra de autoria compartilhada contribui para uma doutrina mais madura e ponderada. Embora se tenha optado por especificar a autoria do texto em cada uma de suas partes, os autores compartilham da mesma visão geral sobre os principais temas do Direito Financeiro e Tributário.

Tratando-se de um Curso, a obra foi estruturada em consonância com os programas e disciplinas das faculdades de Direito, permitindo ao acadêmico uma visão sistemática da matéria a partir da análise da Constituição e da legislação infraconstitucional. Dessa forma, o livro divide-se em 4 (quatro) partes:

(i) Parte I – Direito Financeiro e Finanças Públicas, em que o autor Luciano Ferraz contribuiu com a redação de todos os capítulos, e o autor Marciano Seabra de Godoi, com a redação dos itens 3 e 4 do Capítulo 1, do item 3.3 do Capítulo 2, dos itens 4.2.4, 5 e 6 do Capítulo 3, dos itens 6, 7 e 8 do Capítulo 4, dos itens 6 a 9 do Capítulo 5 e dos itens 2.1.2, 3.10 e 4 a 8 do Capítulo 6.

(ii) Parte II – Direito Tributário – Noções Gerais, em que o autor Werther Botelho Spagnol contribuiu com a redação de todos os capítulos, e o autor Marciano Seabra de Godoi contribuiu com a redação dos itens 1 e 5 do Capítulo 1 e dos itens 2.2, 2.4, 2.5, 3.5.1.1.1, 3.5.1.1.2 e 5.4 do Capítulo 3.

(iii) Parte II – O Direito Tributário na Constituição Federal, em que o autor Werther Botelho Spagnol contribuiu com a redação do Capítulo 1, e o autor Marciano Seabra de Godoi, com a redação do Capítulo 2.

(iv) Parte II – Normas Gerais de Direito Tributário no Código Tributário Nacional, em que o autor Werther Botelho Spagnol contribuiu com a redação dos Capítulos 2, 3 e 4, e o autor Marciano Seabra de Godoi, com a redação do Capítulo 1 e do item 2.2.2 do Capítulo 2.

Na Parte I do *Curso*, pela análise do Direito Financeiro, é ofertada ampla teorização da atividade financeira do Estado e do seu controle, convidando ainda o leitor, por meio de dados e análises críticas, a uma visão abrangente das finanças públicas brasileiras. Na Parte II do *Curso*, são traçados os contornos genéricos da principal receita pública (tributo) e estudadas as suas espécies e subespécies, com fulcro em seus regimes jurídicos conforme a evolução doutrinária e jurisprudencial. Em sequência, a matéria tributária é analisada e detalhada conforme as normas da Constituição e do CTN.

Este livro pretende ser útil e valioso não apenas aos estudantes de graduação, como também aos operadores do Direito em geral. Como já mencionado, a experiência dos autores na advocacia dá conteúdo pragmático ao texto, com a devida atenção à dogmática e à jurisprudência como alicerces da construção de uma doutrina consistente e, sobretudo, conectada com as discussões atuais sobre Direito Financeiro e Tributário.

Tratando-se de uma obra aberta e principalmente fruto de coautoria, esperamos do leitor contribuições para que o texto receba, periodicamente, os devidos acréscimos, correções e atualizações. Antecipamos nossos agradecimentos por essas valiosas contribuições vindas de nossos alunos, de colegas professores e advogados, de auditores fiscais e procuradores de Fazenda, bem como dos magistrados que constroem diuturnamente o Direito por intermédio da jurisprudência.

**Os autores.**

PARTE I

# DIREITO FINANCEIRO E FINANÇAS PÚBLICAS

CAPÍTULO 1

# ESTADO E ATIVIDADE FINANCEIRA

## 1.1 Estado e finanças públicas

A existência do Estado como forma de organização política implica a obtenção de recursos econômicos e financeiros para o desempenho de suas atividades. É célebre a frase de Aliomar Baleeiro, para quem "o tributo é vetusta e fiel sombra do poder político há mais de 20 séculos. Onde se erguem governantes, ele se projeta sobre o solo de sua dominação".[1] Com efeito, não há como separar as noções de Estado e finanças públicas da ideia de centralização política e jurídica, pressupondo-se unidade de governo[2] e unidade de direito.[3] Na perspectiva do Estado de Direito, o instrumento que possibilita o encontro entre ambos, política e direito, é a Constituição.[4]

Deveras, a Constituição é responsável pela institucionalização juspolítica do Estado. Na condição de norma suprema de determinada comunidade jurídica, é ela responsável por consagrar direitos fundamentais, organizar e legitimar o exercício do poder estatal, estabelecer a organização primária da pessoa jurídica do Estado, entre outros aspectos, servindo como mecanismo de limitação e legitimação do poder estatal.

O poder do Estado, disciplinado pela Constituição, é exercido de forma especializada por meio de funções: legislativa, administrativa, jurisdicional. A primeira é responsável pela edição das normas primárias que conformam o direito positivo; a última é a que tem a incumbência de solucionar conflitos com definitividade (coisa julgada). A função administrativa é a que coloca em aplicação – de ofício e na realização dos direitos fundamentais – a lei e o direito, bem como a que remanesce após a identificação das típicas atividades das funções legislativa e jurisdicional.

---

[1] BALEEIRO, Aliomar. *Limitações constitucionais ao poder de tributar*. 8. ed. atual. por Misabel Abreu Machado Derzi. Rio de Janeiro: Forense, 2010. p. 1.
[2] O termo *governo* é aqui empregado no sentido de poder soberano.
[3] *Vide* HAURIOU, Maurice. *Principios de derecho público y constitucional*. 2. ed. Tradução de Carlos Ruiz del Castilllo. Madrid: Instituto Editorial Reus, [s.d.].
[4] *Vide* LUHMANN, Niklas. La Costituzione come acquisizione evolutiva. *In*: ZAGREBELSKY, Gustavo; PORTINARO, Píer Paolo; LUTHER, Jörg. *Il futuro della Costituzione*. Torino: Einaudi, 1996. p. 83-128.

A função administrativa, em termos quantitativos, é a mais expressiva das funções do Estado e a que mais recursos financeiros exige para o respectivo desempenho, porquanto as necessidades concretas e imediatas da coletividade são supridas por seu intermédio. É ela tipicamente (mas não exclusivamente) desempenhada por órgãos (Administração direta) e entidades (Administração indireta) vinculadas ao Poder Executivo, conquanto os demais poderes do Estado também exerçam funções de natureza administrativa (funções atípicas) igualmente com reflexos financeiros. A atividade financeira do Estado assume predominantemente – e sob o ponto de vista material, da substância da atividade –, a natureza administrativa.

A atividade financeira do Estado consiste, em resumo, na tarefa de obtenção das receitas públicas, efetivação das despesas públicas, utilização de crédito público e elaboração/execução do orçamento público e seu controle.

Os recursos financeiros indispensáveis ao exercício de todas as funções estatais podem ser obtidos de variadas formas, seja pela exploração do próprio patrimônio do Estado (receitas originárias), seja pela via da tributação (receitas derivadas). Também pela via do crédito (empréstimos) é possível que o Estado obtenha recursos financeiros, tudo em ordem a possibilitar o custeio das despesas públicas.

O Estado justifica a sua existência à medida que provê as demandas coletivas. E é o direito positivo que determina o grau de relevância de cada uma dessas demandas, conforme as necessidades do corpo social e suas decisões políticas em determinado tempo. As necessidades públicas são eleitas com maior ou menor prioridade, à vista da escassez dos recursos e da impossibilidade de provimento de todas as necessidades coletivas e individuais de todos – e de cada um – pelo Estado.

Há necessidades públicas intermitentes e necessidades públicas contingentes – e há também atividades que o Estado assume como suas em determinado momento histórico, embora noutro opte por deixá-las à exploração dos particulares. A delimitação do que sejam tais necessidades públicas é, portanto, algo que escapa à definição apriorística, dependendo, a respectiva qualificação, de escolhas políticas de cada povo, em cada momento histórico.

As necessidades públicas são resultado do contínuo e sempre inacabado processo de luta e de reconhecimento dos direitos dos cidadãos (processo que evolui de geração para geração), competindo ao Estado criar legislativamente e arrecadar administrativamente os recursos necessários para a efetivação de tais direitos. A obtenção desses recursos pelo Estado exige o exercício de sua atividade financeira, numa perspectiva eminentemente fiscal. Com frequência, entretanto, a atividade financeira do Estado é utilizada como mecanismo de intervenção nas relações econômicas e sociais, revelando-se um caráter próprio de extrafiscalidade.

Sobre o tema, Souto Maior Borges explica que a extrafiscalidade constitui método pelo qual se manifesta a influência da ação estatal sobre a economia (*regulatory effects*) e se promovem intervenções sobre as estruturas sociais. Entre as possíveis metas da extrafiscalidade, o autor destaca: a) combate às depressões econômicas, à inflação e ao desemprego; b) proteção à produção nacional; c) absorção da poupança e restabelecimento da propensão para o consumo; d) tributação progressiva dos imóveis rurais improdutivos; e) incentivos à urbanização.[5]

## 1.2 Perspectiva histórica da atividade financeira do Estado

A descrição da evolução da atividade financeira do Estado não constitui tarefa simples. Trata-se de fenômeno rico e multifacetado, cuja apreensão pressupõe a análise articulada de suas diversas perspectivas – econômica, política, jurídica, social, demográfica, cultural e geográfica.[6]

Sob as facetas da fiscalidade e da extrafiscalidade, a atividade financeira estatal desenvolveu-se em processo marcado por marchas e contramarchas, ditado pela alternância de períodos de retração e de desenvolvimento da economia e pela contínua redefinição dos papéis assumidos pelo Estado perante a sociedade.

Noticia-se o germe da atividade financeira do Estado ainda nos albores do apogeu grego, embora Luís Eduardo Schoueri aponte a existência de tributos desde tempos imemoriais. As mais primitivas formas de organização social já contemplavam algumas espécies de cobrança para o financiamento dos gastos coletivos, como os dízimos, cobrados no século XIII a.C., incidentes sobre frutos, carnes, óleo e mel.[7]

Metodologicamente, todavia, é de mais fácil compreensão estudar a atividade financeira do Estado relacionada com os modelos estatais predominantes do período do liberalismo em diante. O Estado Liberal ou Estado Fiscal é caracterizado, do ponto de vista da atividade financeira, pelo fato de o financiamento das despesas públicas se dar predominantemente pela via dos tributos (cobrados da generalidade dos particulares) e, do ponto de vista jurídico, pela submissão do Estado à noção de legalidade.

O período liberal corresponde ao modelo do Estado mínimo, expectador do jogo das relações econômicas e sociais (autorregulação do mercado, livre comércio, livre concorrência, lei da oferta e da procura).[8] A tal altura, a atividade financeira do Estado destinava-se a cobrir apenas as necessidades essenciais à existência e sobrevivência do diminuto aparato estatal, que se voltava exclusivamente a prover as atividades que, em razão de sua magnitude e relevância, não poderiam ser acometidas à iniciativa privada (*v.g.*, justiça, política, diplomacia, defesa contra agressão estrangeira, segurança, ordem interna).

Com variações pontuais, essa realidade dominou a cena mundial até o final do século XIX, quando distorções típicas do modelo liberal – fortes oscilações na economia, aumento do desemprego (fruto também dos avanços tecnológicos), crescimento

---

[5] BORGES, José Souto Maior. *Introdução ao direito financeiro*. 15. ed. Rio de Janeiro: Forense, 1998. p. 57.
[6] Vide FRANCO, Antônio L. de Sousa. *Finanças públicas e direito financeiro*. 4. ed. Coimbra: Almedina, 1996. v. 1. p. 12.
[7] SCHOUERI, Luís Eduardo. *Direito tributário*. 2. ed. São Paulo: Saraiva, 2012. p. 17.
[8] Georde Rudé, entretanto, já nesta fase dá conta da existência, na França pós-revolucionária, de leis de intervenção na economia (RUDÉ, George. *A multidão na História*: estudos dos movimentos populares na França e na Inglaterra 1730-1848. Rio de Janeiro: Campus, 1991. p. 128).

das tensões sociais com a exploração desenfreada da mão de obra assalariada, forte precarização das condições de trabalho, concentração crescente dos mercados (monopólios e oligopólios no lugar da suposta concorrência perfeita), crescimento do poder e da pressão dos sindicatos – exigiram nova postura das estruturas estatais.

Nesse quadro de crise, paulatinamente se desenhou a construção de um novo modelo de Estado, o chamado Estado de Bem-Estar Social (*Welfare State*). Este modelo se tornou hegemônico após a quebra da bolsa de Nova Iorque (1929) e após o período das duas guerras mundiais do século XX. A conjuntura econômica e social a esta altura exigia do Estado o abandono da antiga postura de abstenção, com a consequente assunção de funções de criação e implantação de políticas públicas de caráter prestacional, tudo em ordem a concretizar direitos sociais e econômicos, mantendo constantes taxas de crescimento econômico.

O inglês John Maynard Keynes foi o economista responsável por teorizar o mecanismo de ação estatal que assegurou a subsistência do capitalismo (pressionado pela concorrência com o modelo socialista) como modelo hegemônico durante esse período de crise dos pós-guerras. A teoria keynesiana fundamenta-se no postulado de que o nível de emprego em uma economia capitalista depende da demanda efetiva, ou seja, da proporção da renda que é gasta em consumo e investimentos. Ao Estado – como regulador máximo da economia – cabe utilizar-se de instrumentos de política econômica e fiscal que permitam: a) regular a taxa de juros, mantendo-a tendencialmente abaixo da expectativa de lucro; b) incrementar o consumo pela ampliação dos gastos públicos (aspecto diretamente relacionado com a atividade financeira do Estado); c) expandir investimentos, mediante empréstimos públicos, capazes de absorver a poupança e evitar o entesouramento improdutivo. Assim, o Estado, capitalizado com recursos captados por mecanismos de incentivo ao não entesouramento, pode realizar investimentos públicos com viés social (trazendo mais bem-estar, conforto e comodidade à população), gerando emprego e renda, de modo a garantir um ciclo virtuoso de crescimento.

A assunção dessas novas tarefas e empreendimentos importou aumento da máquina administrativa e agregou complexidade às suas formas de atuação: o Estado ampliou seu espectro por meio da criação de entidades administrativas que passaram a desenvolver atividades nos mais variados setores econômicos (energia, transportes, telecomunicações) e a explorar novos domínios, originariamente típicos dos particulares, a exemplo da exploração da indústria e do setor bancário.[9]

Nessa onda, o conteúdo da ciência das finanças públicas também sofreu significativa transformação, mesclando caracteres de fiscalidade e extrafiscalidade. Os tributos, além da função arrecadatória, ostentaram finalidades intervencionistas e distributivas – e os empréstimos públicos foram utilizados como instrumentos de mitigação da desvalorização da moeda. Ao mesmo tempo, o orçamento público deixou

---

[9] *Vide* CHEVALLIER, Jacques. *O Estado pós-moderno*. Belo Horizonte: Fórum, 2009. p. 69.

de representar mera catalogação contábil de receitas e despesas correspondentes, para se apresentar como um quadro orgânico da economia nacional.[10]

As primeiras décadas do pós-Segunda Guerra do século XX assistiram a um clima político e social de muita confiança nas formas de regulação, controle, gestão, direção e planejamento estatais. Segundo José Eduardo Faria, o Estado Intervencionista Prestacional (Estado Social Fiscal) dispunha, por um lado, de condições para amenizar tensões, neutralizar pressões e bloquear eventuais ameaças à legitimidade institucional; por outro, contava com a flexibilidade decisória para estimular, promover, disciplinar, regular e planejar o crescimento, bem como enfrentar riscos de instabilidade conjuntural ou estrutural, podendo desta maneira preservar o processo econômico de problemas disfuncionais.[11]

Conforme observa Fernando Ribeiro:

> Os anos de 1950 a 1970 correspondem aos anos gloriosos do capitalismo. Trata-se de um período em que a política econômica encontra-se moldada pelos princípios keynesianos de intervencionismo estatal com vistas a regular e aplainar os ciclos econômicos. Além disso, ao menos nas economias industrializadas, busca-se com as políticas econômicas a constituição de uma sociedade de assalariados na qual se observe o pleno emprego dos fatores, ou seja, onde a taxa de desemprego traduza apenas o desemprego voluntário.[12]

Durante a década de 70, entretanto, especialmente em função dos choques do petróleo (1973 e 1979) e da instabilidade monetária na ordem mundial (quando cotação do dólar dos Estados Unidos frente ao outro torna-se flutuante), o modelo estatal predominantemente instalado entrou em crise, como consequência do excessivo endividamento dos países capitalistas. Nesse cenário, voltaram à cena os ideais teóricos de equilíbrio orçamentário, preconizando-se a edição de normas tendentes a limitar os gastos públicos correntes para manter o equilíbrio das finanças.

A base teórica dessa nova orientação advém dos economistas monetaristas capitaneados pelo Professor da Escola de Chicago Milton Friedman. Os monetaristas revigoraram as teses em torno do automatismo do mercado e sua harmonia intrínseca, questionando as visões keynesianas sobre o papel do Estado numa economia capitalista. Friedman e os monetaristas viam na inflação – e não no pleno emprego ou no crescimento econômico, como postulava Keynes – o ponto central da economia capitalista. Propunham, como medidas fundamentais ao sucesso econômico geral, a mitigação dos gastos públicos e a adequação da oferta monetária às variações do produto real.[13]

---

[10] Vide DEODATO, Alberto. *Manual de ciência das finanças*. 7. ed. São Paulo: Saraiva, 1961. p. 18-19.

[11] FARIA, José Eduardo. *O direito na economia globalizada*. São Paulo: Malheiros, 2000. p. 116.

[12] RIBEIRO, Fernando. Friedman, monetarismo e keynesianismo: um itinerário pela história do pensamento econômico em meados do século XX. *Revista de Economia Mackenzie*, São Paulo, v. 11, n. 1, p. 60, jan./abr. 2013.

[13] Vide SIERRA LARA, Yoandris. El pensamiento económico de John Maynard Keynes y Milton Friedman. Un estudio de sus teorías a través de 4 problemas centrales. *Contribuciones a la Economía*, Octubre 2007. Texto completo disponível em: http://www.eumed.net/ce/2007c/ysl.htm. Acesso em: 19 out. 2016.

Como expõe Sierra Lara:

> Para la década de los setenta el modelo keynesiano caía en crisis que se evidenciaba de maneras apropiadas y convenientes para la aprobación de las ya proclamadas y enunciadas tesis centrales de Friedman y sus seguidores. Floreció un desempleo asociado a niveles elevados de inflación, desapareció el crecimiento económico y cayeron los ritmos de la tasa de ganancia. En definitiva, estos cambios económicos acompañados de importantes sucesos de orden sociopolíticos, como el ascenso al poder de gobiernos de ultraderecha en los centros de poder económico, político y cultural del capitalismo mundial, dieron a Friedman y los monetaristas la oportunidad necesaria para llevar a la práctica sus puntos de vista teóricos e ideológicos.[14]

Com efeito, como resposta pragmática ao panorama setentista, desenhou-se – a partir dos anos 1980 – a perspectiva de diminuição drástica da estrutura estatal e a propagação do modelo de Estado do tipo regulador. A era das privatizações e o redimensionamento da participação estatal nas atividades econômicas – iniciados pelo Reino Unido e pelos EUA a partir de 1982 – espraiaram-se mundo afora como modelo dominante (no Brasil, a partir do primeiro quarto da década de 1990), implicando novamente mutações no modo de o Estado exercer sua atividade financeira e econômica.

Quase em concomitância, o modelo coletivista da URSS e seguidores entrou em colapso, afirmando a vitória das bases da economia capitalista. Paralelamente, aproveitando-se do ambiente mais liberto e desregulado do mercado global, e dos novos mercados consumidores, verificou-se a formação de grandes conglomerados industriais e financeiros, que passaram a dominar a cena mundial e a influenciar as estruturas estatais e as decisões políticas dos países.

A retirada do Estado do domínio econômico (proposta reverenciada mundialmente nesse contexto) apresentou-se, nas décadas que se seguiram, como algo mais retórico do que efetivo. Apesar das ideias contrárias ao intervencionismo, houve pressão em favor da ampliação dos gastos públicos nos setores sociais (saúde, educação, assistência social, segurança pública), o que redundou em aumento da despesa pública ao invés de sua redução.

Até mesmo o Reino Unido e os EUA, responsáveis por inaugurar o ciclo de diminuição da intervenção direta do Estado na economia, viram durante a década de 1990 e na década de entrada nos anos 2000 o crescimento da despesa pública relativamente ao PIB (Produto Interno Bruto).[15]

Com efeito, a consequência desse panorama é que o Estado se transformou em espécie de garantidor efetivo contra os danos de potenciais crises econômicas, seja por seus recursos orçamentários, seja por leis votadas pelos Parlamentos, seja pela

---

[14] SIERRA LARA, Yoandris. El pensamiento económico de John Maynard Keynes y Milton Friedman. Un estudio de sus teorías a través de 4 problemas centrales. *Contribuciones a la Economía*, Octubre 2007, p. 3. Texto completo disponível em: http://www.eumed.net/ce/2007c/ysl.htm. Acesso em: 19 out. 2016.

[15] Vide GIAMBIAGI, Fábio; ALÉM, Ana Cláudia. *Finanças públicas*. 4. ed. Rio de Janeiro: Campus Elsevier, 2011. p. 49.

própria política monetária. Tal realidade ficou evidente com as crises econômicas das primeiras décadas do século XXI, a crise asiática, a americana e a europeia – e a brasileira –, com efeitos ainda sem identificação completa na ordem econômica mundial.[16]

Chevallier destaca que, em função desse cenário de turbulência econômica, os Estados, com feições reguladoras, foram constrangidos novamente a intervir para conter as crises, configurando o fenômeno da *renovação do intervencionismo econômico*. Para tanto, diversas medidas foram adotadas: a) planos estatais para salvamento de bancos; b) planos de incentivos, que juntos perfizeram valor equivalente 5% do PIB mundial, para combater os efeitos corrosivos das crises econômicas; c) financiamento de grandes obras e projetos de infraestrutura; d) medidas de fomento para subsidiar alguns setores da economia (exemplo: setor automobilístico) e determinados grupos de pessoas, como os desempregados.[17]

Com a pandemia de COVID-19 deflagrada em 2020, os gastos públicos, o déficit e o endividamento público cresceram consideravelmente em todo o mundo, não tendo havido um retorno aos padrões fiscais pré-COVID-19 após o controle epidemiológico da pandemia.[18]

## 1.3 Aspectos gerais das finanças públicas brasileiras e seus efeitos sociais – evolução histórica recente

### 1.3.1 Trajetória histórica da carga tributária brasileira e comparações internacionais

No Brasil, durante o primeiro longo período de relativa estabilidade democrática, de 1946 a 1964, a carga tributária permaneceu estável, oscilando ao redor de 15% do PIB. Após o golpe civil-militar de 1964, a ampla reforma tributária (EC nº 18/1965) e a crescente intervenção do Estado na economia geraram considerável aumento na carga tributária: os militares assumiram o poder (1964) com uma carga tributária de 16% do PIB e o entregaram aos civis (1985) com uma carga tributária aumentada em 50%, no patamar de 24% do PIB.[19]

---

[16] Vide SCHERER, André Luís Forti; SOUZA, Enéas Costa de. Período 1979-2009: ascensão e queda do capital financeiro. *In*: CONCEIÇÃO, Octávio A. C *et al.* (Org.). *O ambiente regional*. Porto Alegre: FEE, 2010.

[17] CHEVALLIER, Jacques. *O Estado pós-moderno*. Belo Horizonte: Fórum, 2009. p. 281-282.

[18] Vide IKONEN, Pasi; LEHMUS, Markku. Fiscal policy and debt sustainability in the euro area since the COVID-19 pandemic and energy crisis. *Bank of Finland Bulletin*, 3 maio 2024. Disponível em: https://www.bofbulletin.fi/en/2024/1/fiscal-policy-and-debt-sustainability-in-the-euro-area-since-the-covid-19-pandemic-and-energy-crisis/. Acesso em: 22 jul. 2024. Sobre os impactos da pandemia de COVID-19 nas finanças públicas, vide também PALAO TABOADA, Carlos *et al.* (orgs.). *Finanças públicas, direito financeiro e direito tributário em tempos de pandemia – Diálogos Ibero-americanos*. Belo Horizonte: D'Plácido, 2020; MACHADO SEGUNDO, Hugo de Brito *et al.* (orgs.). *A pandemia da COVID-19 no Brasil em sua dimensão financeira e tributária*. Belo Horizonte: D'Plácido, 2020.

[19] Vide VARSANO, Ricardo *et al. Uma análise da carga tributária do Brasil*. Rio de Janeiro: Ipea, 1998. Texto para Discussão, n. 583. p. 39.

Após a redemocratização do país no final da década de 80, a carga tributária permaneceu estável, girando ao redor de 25% do PIB, até o advento do Plano Real, em 1994. O período pós-Real foi marcado pela estabilidade de preços na economia, mas no plano fiscal houve um aumento exponencial do endividamento público, com a dívida líquida do setor público saltando de 29,5% para 60% do PIB no período entre 1995 e 2002.

Esse aumento considerável da dívida pública, aliado à sua sujeição às maiores taxas de juros do mundo, gerou um aumento igualmente explosivo do gasto com o pagamento dos juros sobre a dívida pública, gasto que teve de ser financiado com o aumento da carga tributária, a qual saltou de 25% do PIB em 1993 para 29,7% do PIB em 1998.[20] A partir de 1998 até 2002, período de forte desvalorização do real e de penosos ajustes às crises financeiras internacionais, a carga tributária elevou-se ainda mais, chegando a 32,1% do PIB em 2002.[21]

Entre 2002 e 2005, houve um pequeno aumento adicional da carga tributária, que atingiu o patamar de 33,54% do PIB em 2005. A partir de então e já considerando os novos cálculos do PIB anunciados pelo IBGE em 2015, a carga tributária brasileira parou de crescer, tendo permanecido oscilando entre os patamares de 31% e 33% do PIB entre 2005 e 2023, com quedas mais acentuadas em 2009 (crise financeira mundial), 2014 (início da grave recessão econômica que se abateu sobre o Brasil até 2016) e 2020 (deflagração da pandemia de COVID-19).[22]

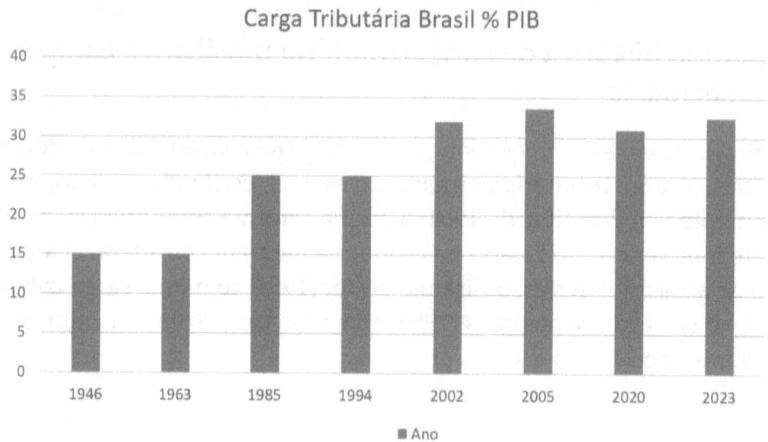

Elaboração própria.

Fonte: Vide notas 19 a 22.

---

[20] BRASIL. Ministério da Fazenda. Receita Federal. *Carga tributária no Brasil, 2000*. Brasília: Ministério da Fazenda, 2001.

[21] BRASIL. Ministério da Fazenda. Receita Federal. Coordenação-Geral de Política Tributária. *Carga tributária no Brasil, 2016*: Análise por Tributos e Bases de Incidência. Brasília: Ministério da Fazenda, 2017.

[22] Cf. BRASIL. Ministério da Economia. Receita Federal. CETAD – Centro de Estudos Tributários e Aduaneiros. *Carga Tributária no Brasil, 2021*: análise por tributo e bases de incidência. Brasília, 2022; BRASIL. Ministério da Fazenda. Secretaria do Tesouro Nacional. *Estimativa da Carga Tributária Bruta do Governo Geral - 2023*. Brasília, 2024.

Em praticamente todos os países da América Latina e Caribe, ocorreu um fenômeno de incremento da carga tributária na última década do século XX e na primeira década do século XXI. Em 1990, a carga tributária média na América Latina era de 14,6% do PIB, cifra que aumentou para 21,7% do PIB em 2014.[23] A partir de 2014, a carga tributária média na América Latina e no Caribe permaneceu estável, marcando 21,5% do PIB em 2022.[24]

O vulto da carga tributária brasileira era, em 1990 e segue sendo no período atual, bem superior à média dos países da América Latina e Caribe, aproximando-se muito mais da média dos países da OCDE (Organização para a Cooperação e Desenvolvimento Econômico). Tomando-se o ano de 2022 como comparação, verifica-se que a carga tributária brasileira (33,07% do PIB) superou a média da América Latina em 11,57 pontos percentuais, enquanto a carga tributária média nos países da OCDE superou a brasileira em 1 ponto percentual. Desde 2012, a carga tributária brasileira vem sendo ligeiramente inferior à média da carga tributária nos países da OCDE, que oscila entre 31% e 34% do PIB.[25]

Entre os países da América Latina, há bastante disparidade de cargas tributárias. México, Paraguai, Peru e Venezuela têm carga tributária abaixo de 20% do PIB, embora tenham aumentado consideravelmente sua carga tributária nos últimos anos. O Chile tradicionalmente tinha uma carga inferior a 20% do PIB (16,8% em 1990), mas, nos últimos anos, sua carga tributária ultrapassou esse patamar, alcançando 23,9% do PIB em 2022, tendo ocorrido fenômeno semelhante no Uruguai, cuja carga tributária alcançou 26,6% do PIB em 2022. A Argentina tem a segunda maior carga tributária da região (no patamar de 30% do PIB), e o Brasil tem a maior carga tributária da América Latina (oscilando entre o patamar de 31% e 33% do PIB desde 2005).[26]

Entre os países da OCDE, também há disparidade entre as cargas tributárias, havendo desde países com carga tributária acima de 41% (Dinamarca, Itália, Suécia, Bélgica, França) até alguns poucos países com carga tributária inferior a 20% do PIB (Colômbia, México). Os Estados Unidos têm uma carga tributária abaixo de 30% do PIB (27,7% do PIB em 2022), mas a grande maioria dos países da OCDE apresenta carga tributária acima desse patamar (como o Japão, com 34,1% do PIB; Portugal, com 36,4% do PIB; e Espanha, com 37,5% do PIB em 2022).[27]

A carga tributária de um país não deve ser vista simplesmente como um sintoma de que o governo daquele país é mais ou menos "corrupto" ou "gastador". Essa é uma análise frívola e equivocada. É necessário avaliar a carga tributária de um

---

[23] OECD. Revenue Statistics in Latin America and the Caribbean 1990-2014. Paris: OECD Publishing, 2016. p. 23.

[24] OECD. Revenue Statistics in Latin America and the Caribbean 1990-2022. Paris: OECD Publishing, 2024. p. 21.

[25] OECD. *Revenue Statistics*. Tax Revenue Buoyancy in OECD Countries 1965-2022. Paris: OECD Publishing, 2023; BRASIL. Ministério da Fazenda. Secretaria do Tesouro Nacional. Estimativa da Carga Tributária Bruta do Governo Geral - 2023. Brasília, 2024.

[26] OECD. Revenue Statistics in Latin America and the Caribbean 1990-2022. Paris: OECD Publishing, 2024.

[27] OECD. *Revenue Statistics*. Tax Revenue Buoyancy in OECD Countries 1965-2022. Paris: OECD Publishing, 2023.

país no contexto mais amplo da estrutura de suas despesas e de seu endividamento. Uma carga tributária mais alta pode responder às necessidades de financiamento de um sistema previdenciário mais abrangente, de um sistema de saúde de caráter universal e gratuito, ou então ser decorrência do alto vulto dos juros pagos pelo governo sobre a dívida pública.

Além disso, tão importante quanto a análise do vulto total da carga tributária é a análise da sua incidência proporcional sobre o consumo, a renda/lucro e a propriedade, análise pela qual se compreende melhor o grau de sacrifício tributário exigido de cada uma das classes sociais.

### 1.3.2 Composição da carga tributária brasileira segundo as bases de incidência. Comparação internacional

Como visto anteriormente, o vulto da carga tributária brasileira atual é bastante semelhante (ligeiramente inferior) à média da carga tributária dos países da OCDE. Contudo, se nos ativermos à composição da carga tributária brasileira segundo suas bases de incidência (renda/lucro, consumo de bens e serviços, propriedade), a constatação será bem diversa.

Com efeito, no Brasil e na América Latina a realidade de décadas a fio é concentrar fortemente a tributação no consumo de bens e serviços, enquanto nos países com economia mais avançada a tendência é dar maior peso à tributação sobre a renda e o lucro. Na média dos países da OCDE, os tributos sobre a renda e o lucro representam 35,1% da carga tributária total, proporção que, no Brasil, é de 27,6% e, na América Latina/Caribe, de 29,8%. Já no que toca à tributação sobre o consumo de bens e serviços, seu peso relativo na carga tributária total é, no Brasil, de 41,1%, proporção que é de 46,5% na média da América Latina/Caribe e de 31,9% na média dos países da OCDE (comparação tomando 2022 como ano-base).[28]

Se fizermos uma comparação em termos de intensidade da tributação sobre os ganhos e o rendimento das pessoas físicas, a diferença entre o sistema tributário brasileiro e o sistema tributário dos países da OCDE é gritante. Na média dos países da OCDE, a tributação dos ganhos e rendimentos das pessoas físicas (em que os princípios da progressividade, pessoalidade e capacidade econômica devem atuar de modo mais proeminente) corresponde a 23,7% do total da carga tributária (2021), ao passo que, no Brasil, essa proporção é de apenas 9,04% (2021).[29]

Essa concentração da carga tributária no consumo de bens e serviços resulta na alta regressividade do sistema tributário nacional, que onera com maior intensidade as famílias cuja renda é toda gasta no consumo de bens e serviços. Um estudo do Ipea mediu os diferentes ônus tributários que pesam sobre as famílias brasileiras

---

[28] OECD. Revenue Statistics in Latin America and the Caribbean 1990-2022. Paris: OECD Publishing, 2024. p. 80.

[29] OECD. *Revenue Statistics. Tax Revenue Buoyancy in OECD Countries 1965-2022*. Paris: OECD Publishing, 2023. p. 79; BRASIL. Ministério da Economia. Receita Federal. CETAD – Centro de Estudos Tributários e Aduaneiros. *Carga Tributária no Brasil, 2021*: análise por tributo e bases de incidência. Brasília, 2022. p. 18.

em seus diversos estratos de renda mensal. As famílias com renda mensal até dois salários-mínimos arcaram, em 2008, com um ônus tributário (tributos embutidos no preço de bens e serviços consumidos) de 53,9% de sua renda total, ao passo que as famílias com renda mensal acima de 30 salários-mínimos arcaram com um ônus tributário (tributos diretos e indiretos) de 29% de sua renda total.[30]

Na média dos países da OCDE, os tributos sobre propriedade/patrimônio representaram, em 2021, 5,6% da carga tributária total, proporção um pouco superior à encontrada no Brasil no mesmo ano (4,87%).[31] O problema com a tributação sobre o patrimônio no Brasil é que ela incide com muito mais intensidade sobre a classe média (cujo patrimônio é quase todo formado por bens imóveis e veículos automotores) e com muito menos intensidade sobre os indivíduos multimilionários (cujo patrimônio é formado, em sua maior parte, por ativos financeiros que não estão sujeitos a nenhum imposto atualmente em vigor):

> Mas como nosso sistema tributário brasileiro tributa o patrimônio do nosso milionário e de seu mordomo? Os tributará da mesma maneira? Não. A tributação sobre o patrimônio do mordomo será proporcionalmente bem maior do que a tributação sobre o patrimônio do milionário. Sim, isso é o que determina nosso sistema tributário, como se explica a seguir.
>
> Como o patrimônio do mordomo, e de resto o patrimônio das chamadas classes B e C no Brasil, se resume a seu apartamento e a seu automóvel usado, sobre todo esse patrimônio incidirão todos os anos dois impostos bastante conhecidos, o IPTU municipal e o IPVA estadual, o primeiro com alíquota ao redor de 1% (alíquota média dos imóveis residenciais, queincide sobre o valor cadastral do imóvel, em geral bastante defasado em relação ao valor de mercado) e o segundo com alíquota ao redor de 4% (alíquota dos automóveis de passeio, que incide sobre o valor de mercado do automóvel).
>
> Já o nosso milionário (e nisso ele é igual aos bilionários), ao contrário de seu mordomo, tem um patrimônio quase todo ele livre de tributação, dado que o imposto sobre grandes fortunas, previsto simbolicamente no art. 153, VII da Constituição, nunca foi visto com qualquer seriedade pelo legislador federal, que jamais cogitou de sua criação. Do total do patrimônio dos milionários (e o mesmo se pode dizer dos bilionários), somente uma proporçãoínfima (seus carros e seus apartamentos) será tributada pelo nosso sistema tributário. A quase totalidade do patrimônio de nossos milionários (ações, participações societárias, cotas societárias, aplicações financeiras, joias, obras de arte, aviões, lanchas, iates) é zelosamente preservada de tributação pelo nosso sistema tributário, o qual mesmo assim costuma ser injustamente criticado por esses mesmos milionários, que constantemente reclamam da alta carga tributária suportada pelo "contribuinte brasileiro".[32]

---

[30] INSTITUTO DE PESQUISA ECONÔMICA APLICADA – IPEA. *Receita pública*: quem paga e como se gasta no Brasil. Brasília: Ipea, 2009.

[31] OECD. *Revenue Statistics*. Tax Revenue Buoyancy in OECD Countries 1965-2022. Paris: OECD Publishing, 2023. p. 83; BRASIL. Ministério da Economia. Receita Federal. CETAD – Centro de Estudos Tributários e Aduaneiros. *Carga Tributária no Brasil, 2021*: análise por tributo e bases de incidência. Brasília, 2022, p. 18.

[32] GODOI, Marciano Seabra de. Nosso sistema tributário é ótimo. Ótimo para os interesses daqueles contribuintes que têm poder suficiente para definir as *regras concretas* de nosso sistema tributário. *In*: XAVIER, Bianca

## 1.3.3 Composição da carga tributária por espécies de tributo (contribuições sociais e de intervenção no domínio econômico x impostos)

Após a promulgação da Constituição de 1988, houve um sensível aumento da carga tributária nacional, que subiu de 25,2% do PIB em 1991 para 33,3% do PIB em 2006,[33] um crescimento expressivo de mais de 30%. Esse aumento da carga tributária brasileira foi obtido principalmente pela expansão das receitas federais,[34] por meio do aumento de alíquotas e bases de cálculo de contribuições sociais já previstas no texto constitucional, bem como pela criação de novas contribuições sociais (como a CPMF) e de novas contribuições de intervenção no domínio econômico.

Nos primeiros anos de vigência da Constituição, a arrecadação dos principais impostos federais (IR e IPI) correspondia a 5,87% do PIB, e a arrecadação de todas as contribuições sociais e de intervenção no domínio econômico correspondia a 8,17% do PIB (dados de 1991).[35] Comparando essa realidade com os dados de 2012, a arrecadação conjunta do IR e do IPI não se alterou tanto, chegando a 6,42% do PIB (aumento de 10%), mas a arrecadação das contribuições sociais e de intervenção no domínio econômico saltou para 14,5% do PIB,[36] um significativo aumento de 77%.

A circunstância de grande parte da arrecadação dos principais impostos federais (IR e IPI) ser transferida aos estados e municípios (arts. 157, I, 158, I, e 159, I e II, da Constituição) – regra que, em geral, não se aplica no caso da arrecadação de contribuições sociais e de intervenção no domínio econômico – explica em grande

---

Ramos *et al.* (orgs.). *Estado, Igualdade e Justiça – Estudos em Homenagem ao Professor Ricardo Lodi*. Rio de Janeiro: Lumen Juris, 2022. p. 266.

[33] BRASIL. Ministério da Fazenda. Receita Federal. CETAD – Centro de Estudos Tributários e Aduaneiros. *Carga Tributária no Brasil, 2015*: análise por tributo e bases de incidência. Brasília: Ministério da Fazenda, 2016. p. 3.

[34] As receitas tributárias federais saltaram de 16,7% do PIB em 1991 para 24,75% do PIB em 2012, um aumento relativo de 48%. O aumento das receitas tributárias próprias estaduais foi, nesse período de 1992 a 2011 e em proporção do PIB, de 24% (passando de 7,29% do PIB em 1991 para 9,02% do PIB em 2012). O aumento das receitas tributárias próprias municipais foi, no mesmo período e em proporção do PIB, de 48% (passando de 1,4% do PIB em 1991 para 2,07% do PIB em 2012). Cf. BRASIL. Ministério da Fazenda. Receita Federal. *Carga tributária no Brasil, 2000*. Brasília: Ministério da Fazenda, 2001; BRASIL. Ministério da Fazenda. Receita Federal. CETAD – Centro de Estudos Tributários e Aduaneiros. *Carga Tributária no Brasil, 2012*: análise por tributo e bases de incidência. Brasília: Ministério da Fazenda, 2013. A partir de 2012, a arrecadação tributária federal vem caindo em termos proporcionais, e a arrecadação tributária municipal vem crescendo, fenômeno que se intensificou após 2014. BRASIL. Ministério da Fazenda. Receita Federal. CETAD – Centro de Estudos Tributários e Aduaneiros. *Carga Tributária no Brasil, 2015*: análise por tributo e bases de incidência. Brasília: Ministério da Fazenda, 2016. p. 5; BRASIL. Ministério da Economia. Receita Federal. CETAD – Centro de Estudos Tributários e Aduaneiros. *Carga Tributária no Brasil, 2021*: análise por tributo e bases de incidência. Brasília: Ministério da Fazenda, 2022. p. 3.

[35] BRASIL. Ministério da Fazenda. Receita Federal. *Carga tributária no Brasil, 2000*. Brasília: Ministério da Fazenda, 2001.

[36] BRASIL. Ministério da Fazenda. Receita Federal. CETAD – Centro de Estudos Tributários e Aduaneiros. *Carga Tributária no Brasil, 2016*: análise por tributo e bases de incidência. Brasília: Ministério da Fazenda, 2017. p. 19.

parte a estratégia federal de aumentar sua arrecadação, principalmente pela criação e expansão das contribuições sociais.[37]

Após aumentar significativamente sua participação na carga tributária entre 1988 e 2012, a arrecadação de contribuições sociais federais e de contribuições de intervenção no domínio econômico em proporção do PIB diminuiu a partir de então. Em 2012, essa proporção era de 14,5%, baixando para 13,88% em 2016[38] e chegando a 12,81% em 2023.[39]

Ao longo dos últimos anos, no âmbito federal a importância arrecadatória do imposto sobre a renda (IR) aumentou bastante, e a importância arrecadatória do imposto sobre produtos industrializados (IPI) diminuiu sensivelmente. Em 2008, o IPI representava 1,34% do PIB.[40] Esse valor caiu para 0,89% do PIB em 2014[41] e para apenas 0,53% do PIB em 2023.[42] Portanto, em termos de sua relação com o PIB, a arrecadação do IPI representou em 2023 apenas 40% de sua arrecadação em 2008.

No caso do IR, ocorreu o inverso. Em 2004, a arrecadação do IR representava 5,22% do PIB; em 2008, subiu para 6,74%; e em 2023 equivaleu a 7,32% do PIB.[43] Portanto, em termos de sua relação com o PIB, a arrecadação do IR representou em 2023 mais de 40% acima do que equivalia em 2004.

## 1.3.4 Divisão da carga tributária entre os entes federativos – antes e depois das transferências intergovernamentais

A carga tributária brasileira é dividida entre os três níveis de governo (federal, estadual e municipal). Levando-se em conta os tributos de competência própria arrecadados por cada ente federativo, a divisão da carga tributária em 2021 era a seguinte:[44]
- União: 66,25%;
- Estados/DF: 26,95%;
- Municípios: 6,8%.

---

[37] Cf. GODOI, Marciano Seabra de. Contribuições sociais e de intervenção no domínio econômico: a paulatina desconstrução de sua identidade constitucional. *Revista de Direito Tributário da APET*, n. 15, p. 81-110, 2007.

[38] BRASIL. Ministério da Fazenda. Receita Federal. CETAD – Centro de Estudos Tributários e Aduaneiros. *Carga Tributária no Brasil, 2016*: análise por tributo e bases de incidência. Brasília: Ministério da Fazenda, 2017. p. 19.

[39] BRASIL. Ministério da Fazenda. *Estimativa da Carga Tributária Bruta do Governo Geral 2023*. Brasília, 2024. p. 7-8.

[40] BRASIL. Ministério da Fazenda. Receita Federal. *Carga Tributária no Brasil 2008*. Brasília, 2009. p. 13.

[41] BRASIL. Ministério da Fazenda. Receita Federal. *Carga Tributária no Brasil 2014*. Brasília, 2015. p. 15.

[42] BRASIL. Ministério da Fazenda. Estimativa da Carga Tributária Bruta do Governo Geral 2023. Brasília, 2024. p. 8.

[43] BRASIL. Ministério da Fazenda. Estimativa da Carga Tributária Bruta do Governo Geral 2023. Brasília, 2024. p. 8.

[44] BRASIL. Ministério da Economia. Receita Federal. CETAD – Centro de Estudos Tributários e Aduaneiros. *Carga Tributária no Brasil, 2021*: análise por tributo e bases de incidência. Brasília: Ministério da Fazenda, 2022. p. 3.

A Constituição brasileira, no contexto de um federalismo cooperativo, determina a realização de uma série de transferências de recursos tributários entre os entes federativos (as transferências intergovernamentais), que provocam considerável descentralização de recursos (um detalhamento crítico de tais mecanismos de transferência de receitas é realizado no Capítulo 4 da Parte I deste *Curso*). Levando em conta os recursos efetivamente disponíveis para cada ente, após a realização das transferências constitucionais intergovernamentais, a situação em 2021 era a seguinte:[45]

- União: 52,2%;
- Estados/DF: 26%;
- Municípios: 21,8%.

Portanto, comparando as participações antes e depois das transferências intergovernamentais, a participação da União decresce significativamente, a participação dos municípios aumenta consideravelmente, e a participação dos estados tem leve decréscimo.

Vale registrar que, antes da implantação do regime militar em 1964, a participação dos estados nas receitas disponíveis era bem maior do que hoje, e os municípios tinham uma parcela bem menor de receitas disponíveis. Em 1964, o quadro era o seguinte (após as transferências de receitas):[46]

- União: 54,8%;
- Estados/DF: 35,1%;
- Municípios: 10,1%.

Durante o regime militar, especialmente até 1983, houve um brutal processo de concentração de recursos nas mãos da União Federal, em prejuízo da autonomia dos entes regionais e locais. Em 1983, auge da concentração de recursos nas mãos da União, o quadro em relação às receitas disponíveis era o seguinte (após as transferências de receitas):[47]

- União: 69,8%;
- Estados/DF: 21,3%;
- Municípios: 8,9%.

Após 1983, com a promulgação de diversas emendas constitucionais e, principalmente, com a promulgação da Constituição de 1988, verificou-se um processo de descentralização das receitas disponíveis.

Entre 2000 e 2013, a União manteve uma participação oscilando entre 56% e 58% dos recursos disponíveis, enquanto os estados foram paulatinamente perdendo terreno (tinham 26,7% dos recursos disponíveis em 2000/2001 e chegaram a 2013 com

---

[45] FRENTE NACIONAL DE PREFEITOS. Finanças dos municípios do Brasil. *Anuário Multicidades*, ano 18, 2023, p. 16.

[46] VARSANO, Ricardo *et al*. *Uma análise da carga tributária do Brasil*. Rio de Janeiro: Ipea, 1998. Texto para Discussão, n. 583. p. 45.

[47] VARSANO, Ricardo *et al*. *Uma análise da carga tributária do Brasil*. Rio de Janeiro: Ipea, 1998. Texto para Discussão, n. 583. p. 45.

24,4%), e os municípios foram paulatinamente aumentando sua participação (tinham 17,5% em 2000 e chegaram a 18,7% em 2013).[48]

Com a grave crise econômica e política que se verificou no Brasil entre 2014 e 2016, a União Federal passou a perder participação tanto no total da carga tributária (cálculo antes das transferências constitucionais) quanto no total dos recursos disponíveis para cada ente federativo (cálculo depois das transferências constitucionais). Em 2013, a arrecadação dos tributos federais representava 68,93% do total da carga tributária. Até 2021, essa proporção foi diminuindo lentamente, chegando a 66,25%.[49] Em termos de participação da União no total de recursos disponíveis, a proporção em 2013 era de 56,9% e, em 2021, baixou para 52,2%.[50]

No caso dos municípios, desde o início dos anos 2000 assiste-se ao aumento de sua participação tanto na carga tributária quanto no total de recursos disponíveis. Em 2008, os tributos municipais representavam 5,13% da carga tributária total e cabia aos municípios 18% do total de recursos disponíveis. Em 2021, essas proporções aumentaram respectivamente para 6,80% e 21,8%.[51]

Nas últimas décadas, enquanto os municípios vêm aumentando sua fatia na divisão dos recursos federativos, os estados vêm experimentando uma ligeira perda. Em 2004, os tributos estaduais representavam 26,67% da carga tributária total e cabiam aos estados 25,7% do total de recursos disponíveis. Em 2019, essas proporções foram respectivamente de 25,89% e 25,6%.[52] Somente nos anos de 2020 a 2022, quando os estratosféricos aumentos no preço dos derivados de petróleo aplicados pela Petrobras fizeram a arrecadação do ICMS aumentar consideravelmente, os estados conseguiram recuperar parte do terreno perdido nos anos anteriores.

O aumento estrutural da participação dos municípios na arrecadação tributária decorre, em boa medida, do aumento da arrecadação do ISSQN e do ITBI nos maiores municípios brasileiros e da estagnação do nível de arrecadação do principal imposto estadual, o ICMS, fruto principalmente das políticas de concorrência predatória entre

---

[48] FRENTE NACIONAL DE PREFEITOS. Finanças dos municípios do Brasil. *Anuário Multicidades*, ano 18, 2023, p. 16.

[49] BRASIL. Ministério da Economia. Receita Federal. CETAD – Centro de Estudos Tributários e Aduaneiros. *Carga Tributária no Brasil, 2021*: análise por tributo e bases de incidência. Brasília: Ministério da Fazenda, 2022. p. 3.

[50] FRENTE NACIONAL DE PREFEITOS. Finanças dos municípios do Brasil. *Anuário Multicidades*, ano 18, 2023, p. 16.

[51] BRASIL. Ministério da Fazenda. Receita Federal. CETAD – Centro de Estudos Tributários e Aduaneiros. *Carga Tributária no Brasil, 2012*: análise por tributo e bases de incidência. Brasília: Ministério da Fazenda, 2013. p. 5; BRASIL. Ministério da Economia. Receita Federal. CETAD – Centro de Estudos Tributários e Aduaneiros. *Carga Tributária no Brasil, 2021*: análise por tributo e bases de incidência. Brasília: Ministério da Fazenda, 2022. p. 3; FRENTE NACIONAL DE PREFEITOS. Finanças dos municípios do Brasil. *Anuário Multicidades*, ano 18, 2023, p. 16.

[52] BRASIL. Ministério da Fazenda. Receita Federal. CETAD – Centro de Estudos Tributários e Aduaneiros. *Carga Tributária no Brasil, 2008*: análise por tributo e bases de incidência. Brasília: Ministério da Fazenda, 2009. p. 14; BRASIL. Ministério da Economia. Receita Federal. CETAD – Centro de Estudos Tributários e Aduaneiros. *Carga Tributária no Brasil, 2021*: análise por tributo e bases de incidência. Brasília: Ministério da Fazenda, 2022. p. 3; FRENTE NACIONAL DE PREFEITOS. Finanças dos municípios do Brasil. *Anuário Multicidades*, ano 18, 2023, p. 16.

os estados para a atração de investimentos privados para os respectivos territórios (*guerra fiscal*). Com efeito, enquanto o peso do ISSQN e do ITBI saltou de 1,97% da carga tributária bruta em 2002 para 3,6% da carga tributária bruta em 2015, o peso do ICMS na arrecadação total de tributos brasileiros recuou de 22,38% em 2002 para 20,56% em 2015.[53]

No ICMS (principal tributo estadual), as altíssimas alíquotas aplicadas à energia elétrica e aos serviços de telecomunicação constituem efeitos da guerra fiscal e sua proliferação de benefícios fiscais abusivos e ilegais, que reduzem drasticamente o índice de aproveitamento do potencial de arrecadação do imposto, provocando um sensível encolhimento da base sobre a qual o tributo é efetivamente arrecadado. Essa tortuosa prática, que distorce e desnatura a pretensa seletividade do ICMS, contribui para que o imposto ostente efeitos extremamente regressivos e aumente o grau de desigualdade social na já tão desigual e excludente sociedade brasileira.[54]

## 1.3.5 Endividamento do Estado brasileiro e aumento do pagamento de juros e da carga tributária entre os anos 1990 e o início dos anos 2000. Evolução recente dos resultados primários do setor público consolidado. Comparações internacionais

### 1.3.5.1 Dívida pública, taxa de juros, carga tributária e resultados primários do setor público após a implantação do Plano Real

Nos anos que se seguiram à implantação do Plano Real (1994), houve um brutal aumento da dívida pública brasileira, especialmente da dívida interna do Governo Federal. Em 1994, a dívida interna do Governo Federal era de apenas 3% do PIB. Cinco anos depois, em 1999, esse valor atingiu 16,8% do PIB. A dívida pública total (interna e externa, federal, estadual, municipal e de empresas estatais) saltou de 26% do PIB em 1994 para 42,6% do PIB em 1999.[55]

No período em que ocorreu esse aumento exponencial da dívida pública, as taxas de juros referenciais fixadas pelo Banco Central (taxa Selic), que indexavam a maior parte dos títulos públicos federais, estavam em patamares altíssimos: entre o final de 1997 e o final de 1999, a taxa Selic oscilou entre 20 e 45% ao ano. Essa combinação de fatores fez com que houvesse um aumento brutal do volume de

---

[53] Cf. BRASIL. Ministério da Fazenda. Receita Federal. Coordenação-Geral de Política Tributária. *Carga tributária no Brasil, 2006*: tabelas: estruturas por tributos. Brasília: Ministério da Fazenda, 2007. p. 6 e BRASIL. Ministério da Fazenda. Receita Federal. CETAD – Centro de Estudos Tributários e Aduaneiros. *Carga Tributária no Brasil, 2015*: análise por tributo e bases de incidência. Brasília: Ministério da Fazenda, 2016. p. 22.

[54] Cf. GODOI, Marciano Seabra de. Seletividade e ICMS: para onde a Constituição de 1988 apontou e para onde a política fiscal dos Estados realmente nos conduziu. *In*: COÊLHO, Sacha Calmon Navarro (Coord.). *Código Tributário Nacional 50 anos*. Estudos em Homenagem à Professora Misabel Abreu Machado Derzi. Belo Horizonte: Fórum, 2016. p. 427-443.

[55] Cf. GIAMBIAGI, Fabio; AVERBUG, André. *A crise brasileira de 1998/1999*: origens e consequências. Rio de Janeiro: BNDES, 2000. Texto para Discussão, n. 77. p. 12.

juros pagos pelo Estado brasileiro para a rolagem de sua dívida. Em 1998 e 1999, o pagamento de juros da dívida pública representou, respectivamente, 7,59% e 8,65% do PIB,[56] valores extraordinariamente altos e fora dos padrões internacionais.

Para fazer face a esse novo contexto, o país se comprometeu, junto ao FMI, no final da década de 1990, a produzir elevados *superávits primários*, ou seja, elevadas diferenças positivas entre o total de receitas públicas arrecadadas e o total das despesas públicas efetuadas num ano, excluídas as despesas com o pagamento de juros. Até 1999, o país não produzia superávits primários; a partir de então, passou a produzir superávits primários superiores a 3% do PIB, patamar bastante alto e que poucos países conseguem realizar.

A relação entre a necessidade de formação de vultosos superávits primários para pagamento dos juros da dívida e o consequente aumento da carga tributária brasileira foi direta: a partir de 1999, a carga tributária passou a crescer mais aceleradamente, deixando para trás o patamar de 29% do PIB para alcançar o valor de 31,9% em 2002[57] e de 33,5% em 2008.[58] Em 2009 e 2010, reduziu-se o vulto dos superávits primários para abaixo de 3% do PIB, e a carga tributária também se reduziu, ficando na casa dos 32% do PIB.

A formação de robustos superávits primários superiores a 3% do PIB permaneceu no mesmo patamar entre 2000 e 2008. A partir de 2009, os superávits primários passaram a ser mais modestos, ao redor de 2,5% do PIB, até o ano de 2013, quando se produziu um superávit primário de 1,9% do PIB.

### 1.3.5.2 Trajetória do resultado primário do setor público consolidado a partir de 2014[59]

A partir de 2014 até 2016, com a forte crise política e a grave recessão econômica que se abateram sobre o país e prejudicaram fortemente a arrecadação tributária, o setor público consolidado passou a produzir déficits primários crescentes em proporção do PIB (0,57% em 2014; 1,85% em 2015; 2,49% em 2016). Com a moderada recuperação econômica ocorrida a partir de 2017, os déficits primários do setor público consolidado passaram a decrescer em proporção do PIB até 2019 (1,69% em 2017; 1,57% em 2018; 0,84% em 2019).

Em 2020, com a deflagração da gravíssima pandemia de COVID-19, a arrecadação tributária voltou a cair consideravelmente, ao mesmo tempo em que houve um vultoso

---

[56] GIAMBIAGI, Fabio; AVERBUG, André. *A crise brasileira de 1998/1999*: origens e consequências. Rio de Janeiro: BNDES, 2000. Texto para Discussão, n. 77. p. 24.

[57] BRASIL. Ministério da Fazenda. Receita Federal. Coordenação-Geral de Política Tributária. *Carga tributária no Brasil, 2006*: tabelas: estruturas por tributos. Brasília: Ministério da Fazenda, 2007.

[58] BRASIL. Ministério da Fazenda. Receita Federal. CETAD – Centro de Estudos Tributários e Aduaneiros. *Carga Tributária no Brasil, 2015*: análise por tributo e bases de incidência. Brasília: Ministério da Fazenda, 2016.

[59] Os dados e valores de resultados fiscais, dívida bruta e líquida e juros pagos sobre a dívida pública citados nesta seção e nas seguintes foram obtidos das Estatísticas Fiscais publicadas mensalmente pelo Banco Central do Brasil. Disponíveis em: https://www.bcb.gov.br/estatisticas/estatisticasfiscais.

aumento dos gastos públicos, fazendo com que, nesse ano, o resultado primário do setor público consolidado ficasse num patamar atípico: déficit de 9,41% do PIB.

Em 2021 e 2022, com a recuperação econômica pós-COVID aliada ao arrocho de despesas públicas federais implementado pelo chamado *Teto de Gastos* (Emenda Constitucional nº 95/2016), o setor público consolidado voltou a produzir superávit primário, mas de proporções reduzidas em relação ao PIB (superávit primário de 0,73% em 2021 e 1,25% em 2022) e, mesmo assim, com o auxílio do artifício de postergar para os anos seguintes o pagamento de parte dos precatórios federais.

Em 2023, com o aumento dos gastos de assistência social e o pagamento dos precatórios represados nos anos anteriores, o resultado primário do setor público consolidado voltou a ficar negativo: 2,29% do PIB.

Com relação a 2024, o governo federal projeta um déficit primário em suas contas de 0,25% do PIB, dentro do intervalo de tolerância de 0,25% em relação à meta de déficit primário zero fixada pela Lei de Diretrizes Orçamentárias relativa a 2024 (Lei nº 14.791/2023).

### 1.3.5.3 Trajetória da dívida pública brasileira a partir de 2003 e comparações internacionais

Após ter sofrido um brutal aumento nos anos seguintes ao Plano Real, a dívida líquida do setor público iniciou, a partir de 2003, uma trajetória de forte queda, saindo de 60,4% do PIB em 2002 para chegar em janeiro de 2014 ao patamar de 30% do PIB. Caso se analise a dívida pública pelo seu valor bruto, a redução entre 2002 e 2014 foi mais branda, de 62,7% (2002) para 58% do PIB (2014). A dívida líquida do setor público corresponde basicamente à dívida bruta menos as reservas internacionais em dólares e os créditos em favor do BNDES. Como o valor das reservas internacionais brasileiras aumentou em dez vezes entre 2002 (US$37 bilhões) e 2014 (US$370 bilhões), a dívida líquida caiu mais rapidamente que a dívida bruta do setor público.

Quando se verifica o tipo de papéis que compõem a dívida pública brasileira, verifica-se que a dívida no final de 2013 era muito menos sujeita a estresses e turbulências econômicas do que no início dos anos 2000. Em 2002, a quase totalidade dos títulos da dívida pública era vinculada ao câmbio e a taxas flutuantes ou pós-fixadas, como a taxa Selic. Nessa situação, um aumento brusco da taxa de juros ou uma intensa desvalorização cambial por uma crise internacional podia provocar aumentos explosivos da dívida pública, como de fato ocorreu no fim dos anos 1990.

No final de 2013, a parcela da dívida pública federal com títulos atrelados a índices prefixados era bastante relevante (42% do total), com 34,5% dos títulos indexados a índices de preços, 4,5% dos títulos indexados ao câmbio e apenas 19% dos títulos remunerados por taxa flutuante (como a taxa Selic).[60]

---

[60] BRASIL. Ministério da Fazenda. Secretaria do Tesouro Nacional. *Relatório Mensal da Dívida Pública Federal.* Brasília, dezembro 2013, p. 14.

A partir de 2014, com as sucessivas quedas do PIB nacional (em 2015 e 2016) e a consequente interrupção do longo período de superávits primários, e ainda levando em conta o forte aumento da taxa de juros (Selic) a partir de julho de 2013, a dívida do setor público voltou a subir fortemente. A dívida líquida saltou de 30% do PIB em 2014 para 55,7% do PIB em dezembro de 2019, enquanto a dívida bruta saltou de 58% do PIB em 2014 para 75,8% do PIB em dezembro de 2019.[61]

O grande aumento do estoque da dívida pública entre 2014 e 2019 foi acompanhado de uma piora considerável em sua composição: a parcela dos títulos atrelados a índices prefixados caiu de 42% em 2013 para 31% em 2019, e a parcela remunerada por taxa flutuante (como a taxa Selic) aumentou de 19% em 2013 para 39% no final de 2019.[62]

Esses números indicam que a política econômica de persecução de metas ambiciosas de superávit primário, praticada desde o início dos anos 2000, não foi capaz, no longo prazo, de reduzir o tamanho da dívida do setor público: a dívida bruta era, já no final de 2016 (70% do PIB), superior ao seu montante no final de 2001 (67,3% do PIB).

Se a dívida pública em proporção do PIB já estava num percurso de alta desde 2014 até 2019, no ano de 2020 ela aumentou ainda mais, dados os efeitos catastróficos da pandemia de COVID-19. Em 2020, a arrecadação tributária caiu vertiginosamente, ao mesmo tempo em que houve um vultoso aumento dos gastos públicos, fazendo com que o resultado primário do setor público consolidado fosse deficitário em 9,41% do PIB. Esses resultados fiscais, unidos à forte queda no PIB (que, em 2020, caiu 3,3%), provocaram um aumento considerável na dívida pública em proporção do PIB durante o ano de 2020. A dívida líquida subiu para 63% do PIB, e a dívida bruta, para 89,3% do PIB em dezembro de 2020.[63]

As previsões alarmantes de que a pandemia de COVID-19 elevaria a dívida brasileira bruta para mais de 100% do PIB não se confirmaram,[64] especialmente em razão da forte redução dos juros Selic colocada em prática pelo Banco Central no ano de 2020. Em dezembro de 2021, a dívida líquida e a dívida bruta já estavam inferiores aos patamares de dezembro de 2020 e, em dezembro de 2022, a dívida bruta do setor público consolidado atingiu 73,5% do PIB, valor inferior ao patamar pré-COVID.[65]

Ocorre que, em 2023, a dívida do setor público consolidado voltou a aumentar, fruto principalmente da alta histórica da Taxa Selic (que permaneceu em 13,75% ao ano de agosto de 2022 a agosto de 2023) e do alto déficit primário produzido no ano de 2023. Em dezembro de 2023, a dívida líquida do setor público consolidado atingiu

---

[61] BRASIL. Banco Central. *Estatísticas Fiscais*, Nota para a Imprensa. Brasília, janeiro 2020.
[62] BRASIL. Ministério da Economia. Secretaria do Tesouro Nacional. *Relatório Mensal da Dívida Pública Federal*. Brasília, dezembro 2019, p. 12.
[63] BRASIL. Banco Central. *Estatísticas Fiscais*, Nota para a Imprensa. Brasília, janeiro 2021.
[64] BRASIL. Senado Notícias. *Dívida pública deve passar de 100% do PIB nos próximos anos, alerta IFI*. Senado Federal, Brasília, 25 maio 2020. Disponível em: https://www12.senado.leg.br/noticias/materias/2020/05/25/divida-publica-deve-passar-de-100-do-pib-nos-proximos-anos-alerta-ifi-1. Acesso em: 24 jul. 2024.
[65] BRASIL. Banco Central. *Estatísticas Fiscais*, Nota para a Imprensa. Brasília, janeiro 2022; BRASIL. Banco Central. *Estatísticas Fiscais*, Nota para a Imprensa. Brasília, janeiro 2023.

60,8% do PIB, enquanto a dívida bruta atingiu 74,3% do PIB,[66] permanecendo numa trajetória de aumento ao longo de 2024, especialmente depois que o Banco Central decidiu, em maio de 2024, diminuir o ritmo e, em junho, interromper o processo de redução da Taxa Selic iniciado em agosto de 2023. A Taxa Selic voltou a ser aumentada pelo Banco Central a partir de setembro de 2024, partindo de 10,5% ao ano em setembro para 12,25% ao ano em dezembro, com indicações de mais altas em 2025.

Entre dezembro de 2023 e novembro de 2024, a dívida líquida do setor público variou de 60,8% para 61,2% do PIB, enquanto a dívida bruta do governo geral variou de 74,3% para 77,7% do PIB.[67]

No que diz respeito aos indexadores da dívida pública federal, a situação em 2024 se deteriorou ainda mais. Entre dezembro de 2023 e novembro de 2024, a proporção de títulos da dívida pública federal remunerados por taxa flutuante avançou de 39,66% para 46,13%. Relembre-se: essa proporção era de somente 19% em 2013. Já a proporção de títulos prefixados na dívida total era de 42% em 2013 e caiu para 22% em novembro de 2024%.[68]

Quando comparamos o montante da dívida bruta do setor público brasileiro com a situação de países economicamente avançados, o quadro, apesar das graves crises dos últimos anos, não é dos mais alarmantes. O montante da dívida bruta brasileira no final de 2023 (74,3% do PIB) era inferior à média dos países europeus (82,6% do PIB) e à média dos países da zona do euro (89,9% do PIB) em 2023.[69] A dívida pública brasileira também se mostra levemente inferior à média da dívida pública dos países da OCDE (78,2% do PIB em 2022).[70]

De outra parte, o montante da dívida bruta brasileira é historicamente bem superior ao montante da dívida pública média dos países da América Latina, como a Colômbia (53,9% do PIB), o México (40% do PIB) e o Chile (39,4% do PIB). Contudo, a diferença entre o patamar da dívida pública brasileira e o patamar das dívidas públicas na América Latina vem diminuindo sensivelmente nos últimos anos. Na América Latina e no Caribe, a maior relação dívida pública/PIB é a da Argentina, que alcançou 160% em dezembro de 2023.[71]

---

[66] BRASIL. Banco Central. *Estatísticas Fiscais*, Nota para a Imprensa. Brasília, janeiro 2024.

[67] BRASIL. Banco Central. *Estatísticas Fiscais*, Nota para a Imprensa. Brasília, dezembro 2024.

[68] BRASIL. Ministério da Fazenda. Secretaria do Tesouro Nacional. *Relatório Mensal da Dívida Pública Federal*. Brasília, novembro 2024, p. 12.

[69] EUROSTAT. *Third quarter of 2023. Government debt down to 89.9% of GDP in euro area*, 22 January 2024. Disponível em: https://encurtador.com.br/o9fwg. Acesso em: 24 jul. 2024.

[70] Informações disponíveis em: https://www.oecd.org/en/data/indicators/general-government-debt.html. Acesso em: 25 jul. 2024.

[71] ECONOMIC COMMISSION FOR LATIN AMERICA AND THE CARIBBEAN (ECLAC). *Fiscal Panorama of Latin America and the Caribbean*. Santiago: United Nations, 2024. p. 32.

## 1.3.5.4 Pagamento de juros sobre a dívida pública brasileira a partir de 2003

Além da redução do endividamento público, houve de 2003 a 2013 uma significativa queda da taxa de juros reais na economia brasileira (taxa Selic definida pelo Banco Central menos o índice oficial de inflação – IPCA). A taxa de juros reais era de aproximadamente 25% ao ano no final de 1998, girou ao redor dos 10% ao ano entre 2000 e 2006, e chegou a menos de 3% ao ano no final de 2012.

A partir de meados de 2013, os juros Selic voltaram a aumentar num ritmo forte e continuaram numa trajetória de alta mesmo com a economia, a partir de 2014, em evidente processo de recessão. No final de 2016, mesmo num contexto de forte queda do PIB desde 2015, a taxa de juros reais da economia brasileira (por volta de 7,5% ao ano) ocupava com folga a primeira colocação entre todos os países do mundo,[72] situação que ocorreu várias vezes desde a implantação do Plano Real.

Com a forte recessão que se abatia sobre a economia nacional desde 2015, a Taxa Selic sofreu fortes e sucessivas quedas do final de 2016 (quando era de 14% ao ano) até março de 2018 (quando era de 6,5% ao ano). A partir de então, ficou estável em 6,5% ao ano até começar a ser novamente reduzida em agosto de 2019, chegando ao piso histórico de 2% ao ano em meados de 2020, no contexto da recessão econômica traumática provocada pela pandemia de COVID-19 deflagrada no início de 2020.

O vulto dos juros pagos sobre a dívida pública brasileira atingiu valores altíssimos entre 1998 e 2005, quando permaneceu ao redor de 7% a 8% do PIB. A partir de 2005, iniciou-se uma trajetória de queda no volume de pagamento de juros sobre a dívida pública, resultando num montante de 4,85% do PIB em 2012 e 5,18% do PIB em 2013. Esse montante de juros no patamar de 5% do PIB, pago pelo governo brasileiro em 2012/2013 em seus valores mais baixos dos últimos anos,[73] ainda assim foi muito superior aos valores que os países da OCDE e da América Latina em geral destinaram ao pagamento dos juros sobre suas dívidas no mesmo período. A média na OCDE em 2013 foi de 2,2% do PIB,[74] e o valor pago pelo Brasil em 2012/2013 superou inclusive os montantes de juros pagos por países então em gravíssima crise financeira, como Grécia (que pagou juros da dívida pública no montante de 4,12% do PIB em 2013), Portugal e Itália (que pagaram juros da dívida pública no montante de 4,8% do PIB em 2013).[75]

Com a gravíssima crise econômica e financeira que se instalou no Brasil a partir de 2014, somada aos constantes aumentos da taxa Selic promovidos pelo Banco

---

[72] APESAR de corte, Brasil continua sendo país que paga juros reais mais altos. *UOL*, São Paulo, 19 out. 2016. Disponível em: https://economia.uol.com.br/noticias/redacao/2016/10/19/apesar-de-corte-brasil-continua-como-maior-pagador-de-juro-entre-40-paises.htm. Acesso em: 25 jul. 2024.

[73] O montante de juros pagos sobre a dívida pública em 2020 também foi bem abaixo da média: 4,22% do PIB, influenciado pelos pisos históricos da taxa Selic entre 2019 e 2020.

[74] OECD. *Economic outlook, analysis and forecasts*. Disponível em: http://www.oecd.org/eco/outlook/economicoutlookannextables.htm. Acesso em: 3 mar. 2014.

[75] INTERNATIONAL MONETARY FUND. *Interest paid on public debt, percent of GDP*, Map (2022). Disponível em: https://www.imf.org/external/datamapper/ie@FPP/ESP/ITA/GRC/PRT. Acesso em: 6 ago. 2024.

Central entre meados de 2013 e meados de 2015, o vulto do pagamento dos juros sobre a dívida pública assumiu proporções ainda mais grotescas nos anos de 2015 e 2016 (8,4% do PIB em 2015 e 6,5% do PIB em 2016), patamares semelhantes aos dos anos finais da década de 1990 e anos iniciais da década de 2000.

Com o acelerado recuo da taxa Selic durante todo o ano de 2017 até março de 2018, acompanhado de novos cortes a partir de agosto de 2019 até atingir o piso histórico de 2% em meados de 2020, o montante de juros pagos sobre a dívida pública em 2019 (4,96% do PIB) e 2020 (4,22% do PIB) foi bastante inferior ao do biênio anterior.

Também em comparação com países da América Latina, o pagamento de juros da dívida pública no patamar de 4% a 5% do PIB (valores que corresponderam aos pisos históricos pagos pelo Brasil desde o Plano Real) mostra-se muito acima da média da região, que foi de 2,5% do PIB em 2021, 2,6% em 2022 e 2,7% em 2023.[76]

A partir de abril de 2021 até agosto de 2022, o Banco Central promoveu um intenso e rápido aumento da taxa Selic, que, em pouco mais de um ano, subiu de 2% para 13,75% ao ano. O movimento brusco do Banco Central foi uma resposta às pressões inflacionárias existentes desde o início de 2021, ano em que o IPCA foi de 10,06%. Mas grande parte dos componentes dessa pressão inflacionária não tinha relação alguma com demanda superaquecida, e sim com crises de oferta provocadas pela pandemia de COVID-19, especialmente no setor de combustíveis. Mesmo com a inflação dando sinais de queda a partir de meados de 2022, o Banco Central manteve a altíssima taxa Selic de 13,75% ao ano até agosto de 2023. Com isso, a taxa de juros reais na economia brasileira entre 2022 e 2023 voltou mais uma vez a ocupar o primeiro lugar em todo o mundo, no patamar altíssimo de 7% ao ano.[77]

Mesmo quando a Taxa Selic estava em seu piso histórico de 2% de meados de 2020 a meados de 2021, o montante de pagamento de juros sobre a dívida pública brasileira equivalente superior a 4% do PIB ainda se mostrava altíssimo para padrões internacionais: a média entre os países europeus é de menos de 2% do PIB. Países com dívidas muito maiores e em crise financeira grave e crônica, como a Grécia, suportam pagamentos bem menores, da ordem de 3% do PIB.[78]

Com o aumento cavalar da taxa Selic promovido pelo Banco Central entre meados de 2021 e meados de 2022, com a taxa de 13,75% mantida inalterada até agosto de 2023, o Brasil voltou a pagar juros sobre a sua dívida nos mesmos montantes estratosféricos de 2015-2016. Em 2022, o pagamento de juros sobre a dívida do setor público consolidado foi de 5,82% do PIB e, em 2023, esse valor subiu para 6,61% do PIB.

No final de 2024, o pagamento anualizado de juros sobre a dívida pública retornou ao patamar altíssimo de 8,05% do PIB (semelhante ao que vigorou no período

---

[76] ECONOMIC COMMISSION FOR LATIN AMERICA AND THE CARIBBEAN (ECLAC). *Fiscal Panorama of Latin America and the Caribbean*. Santiago: United Nations, 2024. p. 22.

[77] BOLZANI, Isabela. Brasil volta a ter a maior taxa de juros reais do mundo, mesmo após novo corte, *G1*, Brasília, 1º nov. 2023. Disponível em: https://g1.globo.com/economia/noticia/2023/11/01/brasil-volta-a-ter-a-maior-taxa-de-juros-reais-do-mundo-mesmo-apos-novo-corte-veja-ranking.ghtml. Acesso em: 24 jul. 2024.

[78] Cf. OECD. *Fiscal balances and public indebtedness*. Disponível em: https://www.oecd.org/economy/outlook/Fiscal-balances-and-Public-Indebtedness.xls+&cd=11&hl=pt-BR&ct=clnk&gl=br. Acesso em: 11 dez. 2019.

entre 1998 e 2005).[79] Esse aumento do pagamento de juros ganhou fôlego especialmente quando o Banco Central decidiu em junho de 2024 interromper o processo de redução da Taxa Selic que havia sido iniciado em agosto de 2023 e, posteriormente, voltou a aumentar a Taxa Selic (a partir de setembro de 2024).

No final de 2024, a taxa de juros reais na economia brasileira (equivalente à Taxa Selic de 12,25% ao ano menos a inflação projetada para 2025 de 4,9%) era superior a 7% ao ano (um dos três valores mais altos no mundo), com clara tendência de alta ao longo de 2025 (levando em conta os aumentos da Taxa Selic praticados pelo Comitê de Política Econômica do Banco Central em suas últimas reuniões de 2024).

Consultando um painel comparativo do FMI que reúne informações sobre os juros pagos sobre a dívida pública em proporção do PIB por todos os países nas últimas décadas, a conclusão é muito clara: desde os últimos anos da década de 1990 até os dias atuais, o Brasil vem ocupando, absoluto, a primeira colocação, com larga diferença para os países que ocuparam a segunda posição (Itália e México).[80]

Nas épocas de crise econômica e com a taxa de juros reais nas alturas (final da década de 1990, início dos anos 2000, anos 2015/2016), o Brasil pagou sobre sua dívida montantes de juros escorchantes (entre 7% e 9% do PIB). Em 2012/2013 e em 2020, com a Selic em mínimas históricas, o montante de juros pagos sobre a dívida brasileira atingiu seu piso (entre 4% e 5% do PIB), um patamar que, mesmo assim, corresponde a mais do que o dobro da média da América Latina e a quase o triplo da média histórica dos países da OCDE. No final de 2024, o montante de juros anuais pagos sobre a dívida brasileira voltou a se apresentar o altíssimo patamar de 8,05% do PIB.

Enquanto a condução da política econômica não conseguir reduzir a taxa de juros reais e o volume de juros pagos sobre a dívida pública em proporção do PIB a níveis "civilizados", será impossível lograr um crescimento sustentado de longo prazo da economia brasileira[81] e igualmente impossível conseguir imprimir às finanças públicas nacionais um padrão efetivamente redistributivo e desconcentrador de renda e patrimônio. Por isso,

> se queremos que as finanças públicas brasileiras deixem de ser um freio ao desenvolvimento econômico e uma fonte perversa de desigualdade social, o enfrentamento corajoso dessa questão é o primeiro passo. Sem dar esse passo para frente, todos os outros nos levarão a andar em círculos.[82]

---

[79] BRASIL. Banco Central. *Estatísticas Fiscais*, Nota para a Imprensa. Brasília, janeiro 2025.

[80] INTERNATIONAL MONETARY FUND. *Interest paid on public debt, percent of GDP*, Map (2022). Disponível em: https://www.imf.org/external/datamapper/ie@FPP. Acesso em: 25 jul. 2024.

[81] *Vide* RESENDE, André Lara. A quem interessa a alta dos juros?. *Valor Econômico*, São Paulo, 1º e 2 de abril de 2021, p. 8-10.

[82] GODOI, Marciano Seabra de. Finanças públicas brasileiras: diagnóstico e combate dos principais entraves à igualdade social e ao desenvolvimento econômico. *Revista de Finanças Públicas, Tributação e Desenvolvimento*, vol. 5, n. 5, Rio de Janeiro, dez. 2017, p. 25.

As metas anuais de inflação definidas pelo Conselho Monetário Nacional vêm caindo significativamente ao longo dos últimos anos: começaram em 8% em 1999, foram de 4,5% entre 2005 e 2018 e, a partir de então, iniciaram um novo processo de baixa, chegando à meta atual de 3% (a partir de 2024). Para manter a inflação na trajetória da meta (cada vez mais exigente), o Banco Central brasileiro adota a visão macroeconômica convencional, que "associa a inflação, primordialmente, se não exclusivamente, ao déficit das contas públicas e à pressão da demanda sobre a capacidade de oferta".[83] Desse modo, sempre que identifica pressões inflacionárias, o Banco Central clama por mais austeridade fiscal e recorre à alta da já historicamente alta taxa de juros brasileira, deixando de levar em conta que "a inflação não é um fenômeno único, mas um sintoma que pode ter causas muito distintas".[84]

Com essa visão extremamente ortodoxa, o Banco Central brasileiro acaba por descumprir o artigo 1º, parágrafo único, da Lei Complementar nº 179/2021, que dispõe que, na persecução de sua missão fundamental de "assegurar a estabilidade de preços", o Banco Central também deve ter por objetivos "suavizar as flutuações do nível de atividade econômica e fomentar o pleno emprego". Nas atas do Comitê de Política Monetária do Banco Central, as referências ao tema do "emprego" são quase sempre para identificar riscos inflacionários na queda da desocupação e/ou no aumento na renda do trabalho.[85]

## 1.3.6 Perfil dos gastos públicos brasileiros e sua evolução recente[86]

Um leviano senso comum costuma conduzir as pessoas a afirmações do tipo: "a carga tributária fica a cada dia maior para aumentar as mordomias dos políticos", ou "o aumento da carga tributária decorreu do aumento da corrupção e da enorme expansão do número de funcionários públicos, seus salários e aposentadorias". Em geral, as afirmações sobre o gasto público no Brasil são feitas sem qualquer base empírica, e o desconhecimento sobre os componentes do gasto público e seu peso relativo é ainda maior do que o desconhecimento sobre a carga tributária e sua composição.

A análise da literatura especializada sobre a evolução do padrão de gastos públicos nesses 36 anos de vigência da Constituição[87] não deixa margem de dúvida de

---

[83] RESENDE, André Lara. O sequestro da imaginação. *Valor Econômico*, São Paulo, 6 ago. 2024. Disponível em: https://valor.globo.com/brasil/coluna/o-sequestro-da-imaginacao.ghtml. Acesso em: 6 ago. 2024.

[84] RESENDE, André Lara. O sequestro da imaginação. *Valor Econômico*, São Paulo, 6 ago. 2024. Disponível em: https://valor.globo.com/brasil/coluna/o-sequestro-da-imaginacao.ghtml. Acesso em: 6 ago 2024.

[85] LIRA, Roberto de. Ata do Copom: mercado de trabalho e atividade tem divergido do esperado. *Infomoney*, São Paulo, 25 jun. 2024. Disponível em: https://www.infomoney.com.br/economia/ata-do-copom-mercado-de-trabalho-e-atividade-tem-divergido-do-esperado/. Acesso em: 6 ago. 2024.

[86] A presente e as seguintes seções correspondem a uma síntese atualizada do estudo GODOI, Marciano Seabra de. Tributação e orçamento nos 25 anos da Constituição de 1988. *Revista de Informação Legislativa*, Brasília, ano 50, n. 200, p. 137-151, out./dez. 2013.

[87] Cf. ALMEIDA, Mansueto; GIAMBIAGI, Fabio; PESSOA, Samuel. Expansão e dilemas no controle do gasto público federal. *Boletim de Conjuntura*, n. 73, p. 89-98, jun. 2006; CASTRO, Jorge Abrahão de *et al*. Gasto

que duas categorias de despesa pública foram as que de fato cresceram significativamente em proporção do PIB desde 1988: as despesas financeiras (com o pagamento de juros e amortizações da dívida pública) e o gasto social (previdência e assistência social). Essas foram as despesas públicas que, em proporção do PIB nacional, aumentaram sensivelmente desde 1988 e, consequentemente, são as principais motivadoras do forte aumento da carga tributária que tivemos entre o início da década de 1990 e o ano de 2005 (como se viu anteriormente, a partir de 2005 a carga tributária brasileira oscilou entre 31% e 33% do PIB).

Por que a carga tributária total aumentou principalmente pela expansão da carga tributária federal? Porque, como visto anteriormente, a dívida pública federal teve um aumento explosivo a partir da segunda metade da década dos anos 90, aumentando em consequência os recursos públicos destinados ao pagamento dos juros e amortizações da dívida. Com taxas de juros também cada vez mais altas, era inexorável que o montante dos gastos públicos destinado ao pagamento dos juros fosse cada vez maior, gerando assim a necessidade de aumentos sucessivos da carga tributária. Em 1994, o pagamento de juros e encargos da dívida correspondia a 9,3% da despesa liquidada do Governo Federal, proporção que chegou a 13,3% em 2003, e 17,7% em 2007.[88]

Cálculos elaborados por Murilo Soares demonstram que, de 1998 a 2006, 91,6% do aumento da carga tributária foi destinado à formação dos superávits primários para pagamento dos juros e amortizações da dívida pública.[89] O aumento da carga tributária nada teve a ver com um suposto aumento de gastos com o funcionalismo público: os gastos com salários de pessoal do governo central eram de 4,5% do PIB em 1993 e foram de 4,8% do PIB em 2009,[90] reduzindo-se para 4,3% do PIB em 2012. Em termos de peso no orçamento federal, os gastos com pessoal e encargos sociais regrediram de 17,2% da despesa total liquidada em 1994 para 14,7% do total da despesa liquidada em 2007.[91]

Quanto aos gastos financeiros (juros e encargos da dívida pública), o cenário de 2003 até 2013 era de trajetória descendente, tendo em vista o perfil declinante da taxa Selic e a trajetória descendente da relação dívida do setor público/PIB. Mesmo

---

*social e política macroeconômica*: trajetórias e tensões no período 1995-2005. Brasília: Ipea, 2008. Texto para Discussão, n. 1324; OLIVEIRA, Fabrício Augusto de. *Economia e política das finanças públicas no Brasil*. São Paulo: Hucitec, 2009; SOARES, Murilo Rodrigues da Cunha. *Maldita carga tributária*. Brasília: Escola de Administração Fazendária, 2010. Texto para Discussão, n. 11; CASTRO, Jorge Abrahão de. *Política social no Brasil contemporâneo*. Brasília, 2012. Disponível em: http://www.politicaspublicas.crpppr.org.br/wp-content/uploads/2011/12/Pol%C3%ADtica-Social-no-Brasil_jorge-abrah%C3%A3o1.pdf.

[88] OLIVEIRA, Fabrício Augusto de. *Economia e política das finanças públicas no Brasil*. São Paulo: Hucitec, 2009. p. 155.

[89] SOARES, Murilo Rodrigues da Cunha. *Maldita carga tributária*. Brasília: Escola de Administração Fazendária, 2010. Texto para Discussão, n. 11. p. 8.

[90] ALMEIDA, Mansueto; GIAMBIAGI, Fabio; PESSOA, Samuel. Expansão e dilemas no controle do gasto público federal. *Boletim de Conjuntura*, n. 73, p. 89-98, jun. 2006 e SOARES, Murilo Rodrigues da Cunha. *Maldita carga tributária*. Brasília: Escola de Administração Fazendária, 2010. Texto para Discussão, n. 11.

[91] OLIVEIRA, Fabrício Augusto de. *Economia e política das finanças públicas no Brasil*. São Paulo: Hucitec, 2009. p. 155.

nesse período benigno de 2012/2013, os valores de 4,85% do PIB (2012) e 5,18% do PIB (2013) pagos pelo governo brasileiro a título de juros sobre sua dívida foram muito superiores à média dos países da OCDE e da América Latina. A partir de 2014, com a instalação da crise econômica, financeira e política, o endividamento público e o volume de juros sobre ele incidentes aumentaram sensivelmente. Durante 2015, o montante de juros nominais chegou a estratosféricos 8,36% do PIB. No ano de 2024, após um ciclo longuíssimo com a taxa Selic a 13,75% ao ano, o montante de juros pagos sobre a dívida brasileira voltou a ultrapassar a marca de 7% do PIB.

Vejamos agora a evolução dos chamados gastos sociais, que, seguindo a metodologia de Jorge Abrahão de Castro,[92] podem ser desdobrados em dois grandes grupos: gastos de *proteção social* (previdência social, saúde, assistência social e infraestrutura social) e gastos de *promoção social* (trabalho e renda, educação, desenvolvimento agrário e cultura). O gasto público social total, incluindo os gastos das três esferas de governo nas áreas anteriormente mencionadas, elevou-se de 19,2% do PIB em 1995 para 25,2% do PIB em 2010,[93] um crescimento significativo de 32%.

Entre todas as áreas do gasto social, a que registrou maior crescimento foi a da assistência social, que mais do que triplicou seu valor em termos de proporção do PIB, passando de 0,41% em 1995 para 1,40% do PIB em 2010.[94] Levantamento do Tesouro Nacional indica que, no âmbito federal, em 2015 foram destinados 1,54% do PIB para gastos com assistência social, em sua maioria no âmbito do Programa Bolsa Família e dos benefícios de prestação continuada e renda mensal vitalícia.[95]

Os gastos com o regime geral da previdência social também tiveram aumento significativo, partindo de 4,98% do PIB em 1995 e chegando a 7,40% do PIB em 2010.[96] Quanto aos gastos com o regime de previdência dos servidores públicos, Jorge Abrahão de Castro, na obra citada, afirma não ter havido variação significativa entre 1995 (4,1% do PIB) e 2010 (4,4% do PIB). Contudo, em estudo recente do Tesouro Nacional,[97] aponta-se que os gastos da União com o Regime Próprio de Previdência

---

[92] CASTRO, Jorge Abrahão de. *Política social no Brasil contemporâneo*. Brasília, 2012. p. 2-8. Disponível em: http://www.politicaspublicas.crppr.org.br/wp-content/uploads/2011/12/Pol%C3%ADtica-Social-no-Brasil_jorge-abrah%C3%A3o1.pdf.

[93] CASTRO, Jorge Abrahão de. *Política social no Brasil contemporâneo*. Brasília, 2012. p. 12. Disponível em: http://www.politicaspublicas.crppr.org.br/wp-content/uploads/2011/12/Pol%C3%ADtica-Social-no-Brasil_jorge-abrah%C3%A3o1.pdf.

[94] CASTRO, Jorge Abrahão de. *Política social no Brasil contemporâneo*. Brasília, 2012. p. 12. Disponível em: http://www.politicaspublicas.crppr.org.br/wp-content/uploads/2011/12/Pol%C3%ADtica-Social-no-Brasil_jorge-abrah%C3%A3o1.pdf.

[95] BRASIL. Tesouro Nacional. *Gasto Social do Governo Central 2002 a 2015*. Brasília: Tesouro Nacional, 2016. Disponível em: http://www.tesouro.fazenda.gov.br/documents/10180/318974/Gasto+Social+Governo+Central/c4c3d5b6-8791-46fb-b5e9-57a016db24ec. Acesso em: 4 out. 2016.

[96] CASTRO, Jorge Abrahão de. *Política social no Brasil contemporâneo*. Brasília, 2012. p. 1024. Disponível em: http://www.politicaspublicas.crppr.org.br/wp-content/uploads/2011/12/Pol%C3%ADtica-Social-no-Brasil_jorge-abrah%C3%A3o1.pdf.

[97] BRASIL. Tesouro Nacional. *Gasto Social do Governo Central 2002 a 2015*. Brasília: Tesouro Nacional, 2016. Disponível em: http://www.tesouro.fazenda.gov.br/documents/10180/318974/Gasto+Social+Governo+Central/c4c3d5b6-8791-46fb-b5e9-57a016db24ec. Acesso em: 4 out. 2016.

Social (aposentados e pensionistas do setor público) aumentaram 49%, em termos reais, entre 2002 e 2014, o que é preocupante.

No caso dos estados, as despesas públicas com pessoal[98] subiram de forma descontrolada no período até 2015. Levantamento recente do Tesouro Nacional indica que, de 2009 a 2015, houve um aumento real de 38%, em média, nas despesas estaduais com pessoal, aumento que chegou a 70% no Estado do Rio de Janeiro e 45% no Estado de Minas Gerais.[99] No estudo do Tesouro Nacional, também consta a informação de que o gasto com pessoal dos estados saltou de 4,85% do PIB em 2009 para 5,38% do PIB em 2015.[100]

Atualmente, em vários estados da Federação, como no Rio Grande do Sul, Rio de Janeiro, Minas Gerais e Goiás, as despesas com pessoal já ultrapassam 65% da receita corrente líquida do estado, o que é alarmante e configura descumprimento do limite previsto na Lei de Responsabilidade Fiscal (art. 19). No orçamento dos estados, os valores destinados a investimentos são cada vez menores, sobrando muito pouco ou quase nada após os gastos com pessoal e demais despesas de custeio.[101]

Os gastos públicos na área de educação também tiveram um significativo aumento nas últimas décadas, passando de 3,96% do PIB em 1995 para 5% do PIB em 2010 e 5,55% em 2012.[102] Se incluirmos nos gastos públicos com educação os valores do crédito estudantil, os gastos do Programa Ciência sem Fronteiras e as transferências ao setor privado, o valor chega a 6,2% do PIB em 2013, segundo levantamento do Inep atualizado em 2015, valor superior à média de gastos públicos com educação nos países da OCDE (5,6% do PIB).[103]

No plano federal, considerando o aumento dos gastos do orçamento do Ministério da Educação e ainda os vultosos gastos tributários com o Programa

---

[98] Todas as remunerações de servidores ativos, inativos, pensionistas, bem como encargos sociais e contribuições recolhidos pelos entes federativos às entidades de previdência.

[99] BRASIL. Tesouro Nacional. *Boletim das Finanças Públicas dos Entes Subnacionais*. Brasília: Tesouro Nacional, 2016. p. 12-13. Disponível em: http://www.tesouro.fazenda.gov.br/documents/10180/0/Boletim+de+Financas +P%C3%BAblicas+dos+Entes+Subnacionais/107970b4-9691-4263-a856-b37d655b42b2. Acesso em: 4 out. 2016.

[100] BRASIL. Tesouro Nacional. *Nota Técnica – Situação Fiscal dos Estados*, Brasília, abr. 2016. Disponível em: http://fazenda.gov.br/noticias/2016/abril/notas-tecnicas-mostram-repercussao-financeira-da-lc-148-2014/ nota-tecnica-2016-04-27-situacao-fiscal-dos-estados.pdf. Acesso em: 4 out. 2016.

[101] BRASIL. Tesouro Nacional. *Boletim das Finanças Públicas dos Entes Subnacionais*. Brasília: Tesouro Nacional, 2016. p. 7-15. Disponível em: http://www.tesouro.fazenda.gov.br/documents/10180/0/Boletim+de+Financas +P%C3%BAblicas+dos+Entes+Subnacionais/107970b4-9691-4263-a856-b37d655b42b2. Acesso em: 4 out. 2016.

[102] Os números de 1995 e 2010 são de CASTRO, Jorge Abrahão de. *Política social no Brasil contemporâneo*. Brasília, 2012. p. 12-14. Disponível em: http://www.politicaspublicas.crpppr.org.br/wp-content/uploads/2011/12/ Pol%C3%ADtica-Social-no-Brasil_jorge-abrah%C3%A3o1.pdf. O valor de 2012 consta em OCDE. *Education at a Glance*: Indicadores OCDE 2012. Disponível em: http://download.inep.gov.br/acoes_internacionais/ estatisticas_educacionais/ocde/education_at_a_glance/eag2012_country_note_-_Brazil.pdf.

[103] Cf. FOREQUE, Flavia; PATU, Gustavo. Gasto público em ensino atinge 6,6% do PIB, mas crise ameaça expansão. *Folha UOL*, 4 abr. 2015. Disponível em: http://www1.folha.uol.com.br/educacao/2015/04/1612236- gasto-publico-em-ensino-atinge-66-do-pib-mas-crise-ameaca-expansao.shtml. Acesso em: 4 out. 2016.

Universidade para Todos (ProUni), o aumento de recursos para a área educacional foi, em termos reais, de 284% entre 2004 e 2014.[104]

A área da saúde teve um avanço mais discreto no volume de gastos, mas ainda assim considerável, com os gastos partindo de 3,08% do PIB em 1995 para 3,8% do PIB em 2010,[105] chegando a 4,1% do PIB em 2011.[106]

Trazendo os números para o período de 2022 a 2024 e em valores aproximados, pode-se dizer que os principais gastos públicos a que se destina a carga tributária brasileira atual são:

| **Gastos públicos** | **(% do PIB)** |
|---|---|
| Previdência Social – regime geral | 8,3 (dados de 2023)[107] |
| Gastos com educação | 5,2 (valores relativos a 2022)[108] |
| Pagamentos de juros da dívida pública | 8,05 (valores de 2024)[109] |
| Previdência – servidores públicos | 4,6 (dados de 2023/2017)[110] |
| Gastos com saúde | 4,85 (dados de 2022)[111] |

---

[104] Cf. MENDES, Marcos. A despesa federal em educação: 2004-2014. *Boletim Legislativo*, n. 26, 2015. Disponível em: https://www12.senado.leg.br/publicacoes/estudos-legislativos/tipos-de-estudos/boletins-legislativos/bol26. Acesso em: 4 out. 2016.

[105] CASTRO, Jorge Abrahão de. *Política social no Brasil contemporâneo*. Brasília, 2012. Disponível em: http://www.politicaspublicas.crppr.org.br/wp-content/uploads/2011/12/Pol%C3%ADtica-Social-no-Brasil_jorge-abrah%C3%A3o1.pdf. p. 12-14.

[106] Esse valor de 4,1% do PIB de gastos públicos com saúde consta do estudo BRASIL. Câmara dos Deputados. Consultoria de Orçamento e Fiscalização Financeira. *Financiamento da saúde*: Brasil e outros países com cobertura universal. Brasília: Câmara dos Deputados, 2013.

[107] COSTANZI, Rogério Nagamine. Evolução da Despesa Previdenciária no Brasil, *FIPE – Temas de Economia Aplicada*, São Paulo, 16-28, jun. 2023; COSTANZI, Rogério Nagamine. Evolução da Despesa Previdenciária no Governo Federal de 2008 a 2023, *FIPE – Temas de Economia Aplicada*, São Paulo, p. 40-46, fev. 2024.

[108] BRASIL. Ministério da Fazenda. Secretaria do Tesouro Nacional. Despesa por Função do *Governo Geral*. Brasília, 2023, p. 43.

[109] BRASIL. Banco Central. Estatísticas fiscais, Nota para a Imprensa, Brasília, janeiro 2025. Disponível em: https://www.bcb.gov.br/estatisticas/estatisticasfiscais. Acesso em: 31 jan. 2025.

[110] Com relação ao valor das despesas do Regime Próprio da Previdência dos Servidores da União (valores relativos a 2023), cf. COSTANZI, Rogério Nagamine. Evolução da Despesa Previdenciária no Governo Federal de 2008 a 2023. *FIPE – Temas de Economia Aplicada*, São Paulo, p. 46, fev. 2024. Com relação ao valor das despesas do Regime Próprio da Previdência dos Servidores de estados e municípios (valores relativos a 2017), cf. CÂMARA DOS DEPUTADOS. *Cenário Macroeconômico, Reforma Tributária e Reforma Previdenciária*. Disponível em: https://www2.camara.leg.br/comunicacao/camara-noticias/camara-destaca/56a-legislatura/cenario-macroeconomico-reforma-tributaria-e-reforma-previdenciaria. Acesso em: 25 jul. 2019. O valor de 4,6% do PIB com a previdência dos servidores públicos está compatível com os valores apresentados em BRASIL. Ministério da Fazenda. Secretaria do Tesouro Nacional. *Despesa por Função do Governo Geral*. Brasília, 2023.

[111] BRASIL. Ministério da Fazenda. Secretaria do Tesouro Nacional. *Despesa por Função do Governo Geral*, Brasília, 2023, p. 38.

Os gastos acima, somados, representam mais de 30% do PIB, o que corresponde a mais de 92% da carga tributária nacional de 2023 (32,44% do PIB).[112]

Chama a atenção que o volume dos juros pagos sobre a dívida pública brasileira seja bem maior do que os gastos com educação, do que os gastos com saúde e do que os gastos com a previdência dos servidores públicos. Essa realidade é absolutamente única entre os países, só existindo no Brasil.

Sobre os gastos públicos com saúde, o montante despendido pelo Brasil (4,85% do PIB em 2022) é bastante inferior ao gasto público com saúde dos países da OCDE, cuja média supera 9% do PIB e, em diversos casos, supera 10% do PIB.[113] Infelizmente, a opção da política e da sociedade brasileira vem sendo privilegiar os gastos privados em saúde (5,7% do PIB em 2021 segundo levantamento do IBGE).[114] Somos o país dos planos privados de saúde, na contramão do que fazem os países economicamente avançados. De 2000 a 2023, o número de usuários dos planos de saúde privados aumentou 63,3%, chegando-se ao número atual de 51 milhões.[115]

Quanto aos gastos públicos com educação, os gestores econômicos do Governo Federal insistem em argumentar que os gastos no Brasil seriam elevados na comparação internacional,[116] visto que os gastos médios nos países da OCDE em proporção do PIB são menores do que no Brasil. Trata-se de uma visão míope e enviesada, que ignora o fosso que separa o PIB brasileiro (absoluto e *per capita*) do PIB médio nos países da OCDE e não leva em conta que, no Brasil, a pobreza extrema e a grande desigualdade social – que aumentaram significativamente a partir de 2014[117] – fazem com que os gastos públicos com educação tenham que alcançar também o apoio a quase 3 milhões de crianças fora da sala de aula, além de realizar investimentos em infraestrutura numa realidade em que a escola obrigatória dos 4 aos 17 anos somente se tornou realidade em 2009.[118]

---

[112] BRASIL. Ministério da Fazenda. Secretaria do Tesouro Nacional. *Estimativa da Carga Tributária Bruta do Governo Geral - 2023*. Brasília, 2024.

[113] OECD. Fiscal Sustainability of Health Systems: How to Finance More Resilient Health Systems When Money Is Tight?. *OECD Publishing*, Paris, 2024, p. 42.

[114] VIECELI, Leonardo. Gasto com saúde equivale a 9,7% do PIB no Brasil; envelhecimento pressiona despesa, *Folha de São Paulo*, Rio de Janeiro, 5 abr. 2024. Disponível em: https://www1.folha.uol.com.br/mercado/2024/04/gasto-com-saude-equivale-a-97-do-pib-no-brasil-envelhecimento-pressiona-despesa.shtml. Acesso em: 26 jul. 2024.

[115] BRASIL. Agência Nacional de Saúde Suplementar. *Boletim panorama: saúde suplementar [recurso eletrônico]*, v. 1, n. 1, 1º trimestre de 2023. Rio de Janeiro: ANS, 2023.

[116] Cf. BRASIL. Ministério da Fazenda. *Aspectos fiscais da educação no Brasil*. Brasília, 2018. Disponível em: http://www.tesouro.fazenda.gov.br/documents/10180/318974/EducacaoCesef2/eb3e416c-be6c-4325-af75-53982b85dbb4. Acesso em: 11 dez. 2019.

[117] Cf. MARTINS, Gabriel. Brasil vive o ciclo mais longo de aumento da desigualdade. *O Globo*, 16 ago. 2019. Disponível em: https://oglobo.globo.com/economia/brasil-vive-ciclo-mais-longo-de-aumento-da-desigualdade-23881027. Acesso em: 12 dez. 2019.

[118] Cf. OLIVEIRA, Eliane. Percentual do PIB brasileiro dedicado à educação é maior do que em países desenvolvidos. *O Globo*, 6 jul. 2018. Disponível em: https://oglobo.globo.com/sociedade/educacao/percentual-do-pib-brasileiro-dedicado-educacao-maior-do-que-em-paises-desenvolvidos-22858629. Acesso em: 11 dez. 2019.

Se medirmos os cinco principais gastos públicos em percentuais da arrecadação tributária atual, teremos o seguinte quadro:

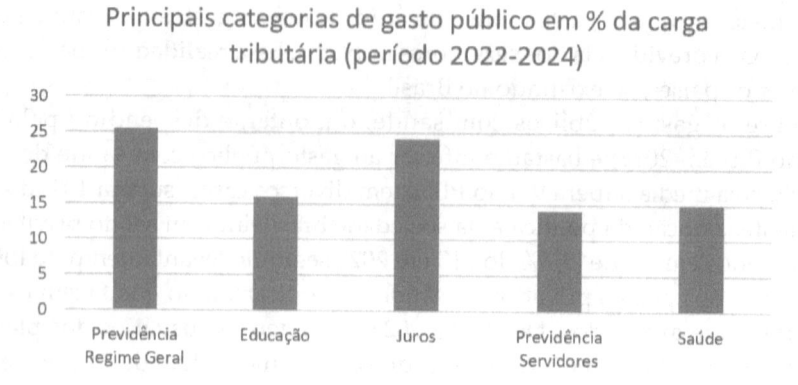

**Principais categorias de gasto público em % da carga tributária (período 2022-2024)**

| Categoria | Gastos públicos em % da carga tributária |
|---|---|
| Previdência Regime Geral | ~25 |
| Educação | ~15 |
| Juros | ~24 |
| Previdência Servidores | ~14 |
| Saúde | ~14 |

Elaboração própria.
Fonte: Vide notas 125 a 129.

Em relação aos gastos públicos relacionados à remuneração dos servidores públicos, é importante registrar alguns aspectos e distinções nem sempre levados em consideração.[119]

No Brasil, aproximadamente 60% dos servidores públicos são municipais, 30% são estaduais e 10% são federais; 90% dos servidores públicos são lotados no Poder Executivo e apenas 10% nos Poderes Legislativo e Judiciário.

O número atual de servidores públicos no Brasil (aproximadamente 10,8 milhões de pessoas), em proporção da força de trabalho total do país, é de aproximadamente 12%, enquanto, na média dos países de economia avançada, essa proporção é de 17,9%.

A mediana da remuneração mensal dos servidores federais do Poder Judiciário é de aproximadamente R$20 mil (2024); contudo, a mediana da remuneração mensal dos servidores municipais do Poder Executivo (que são a grande maioria dos servidores públicos no Brasil) é de apenas R$2,8 mil (2024) e, dos servidores estaduais do Poder Executivo, de R$4,7 mil (2024) – 70% dos servidores públicos brasileiros recebem salário mensal de até R$5 mil.

Quando se compara a remuneração dos servidores federais das carreiras jurídicas com a remuneração de empregos e funções semelhantes no setor privado, há uma diferença positiva de quase 100%, mas essa diferença é negativa quando a

---

[119] Os dados e comparações mencionados nos parágrafos a seguir foram obtidos nas seguintes fontes: INSTITUTO DE PESQUISA ECONÔMICA APLICADA – IPEA. *Atlas do Estado Brasileiro*, 2024. Disponível em: https://www.ipea.gov.br/atlasestado/. Acesso em: 26 jul. 2024; CARAZZA, Bruno. *O país dos privilégios – Vol.1: Os novos e velhos donos do poder*. São Paulo: Companhia das Letras, 2024; REPÚBLICA.ORG. *República em Dados*. Disponível em: https://dados.republica.org/. Acesso em: 26 jul. 2024; BUONO, Renata; MACHADO, Lara. Os marajás e os peões do funcionalismo público. *Piauí*, Folha de São Paulo, 31 jul. 2023. Disponível em: https://piaui.folha.uol.com.br/os-marajas-e-os-peoes-do-funcionalismo-publico/. Acesso em: 26 jul. 2024.

comparação recai sobre os servidores municipais (professores da educação básica na rede pública municipal e na rede privada, por exemplo).

Nos países da União Europeia, a mediana do salário dos juízes de direito nas cortes de primeira instância é de cerca de 3.000 euros,[120] enquanto no Brasil o subsídio de um juiz federal supera 6.000 euros (fevereiro de 2024),[121] e aproximadamente metade dos magistrados no país recebe mais do que os ministros do Supremo Tribunal Federal.[122] Ao mesmo tempo, quando se compara o salário inicial dos professores do ensino médio nas redes públicas brasileiras com a realidade de outros países, o Brasil ocupa a última posição numa lista de 40 países examinados no relatório de 2021 *Education at a Glance*, da OCDE.[123]

### 1.3.6.1 Comparação da estrutura geral dos gastos públicos no Brasil com a média das economias avançadas, de países do G20 e de economias emergentes

Um relatório preparado em 2023 por vários órgãos do governo federal realizou uma comparação entre os gastos públicos brasileiros gerais (gastos federais, municipais e estaduais) e os gastos públicos de determinados grupos de países, especificando os gastos por grandes funções (proteção social, ordem pública e segurança, saúde, educação etc.) de acordo com uma metodologia de classificação de despesas governamentais desenvolvida pela OCDE em parceria com a ONU.[124]

A primeira conclusão a que se pode chegar a partir da análise desse relatório é que os gastos primários totais do governo brasileiro (não levam em conta os gastos com pagamento dos juros sobre a dívida pública), em proporção do PIB, são bastante inferiores aos gastos primários, em proporção do PIB, na média dos países de economia avançada e dos países do G20 considerados no relatório. Em relação aos países de economias emergentes considerados no relatório, o total dos gastos primários do governo brasileiro em proporção do PIB é levemente superior:

- Média de gastos primários países selecionados de economia avançada (2021) – 43,93% do PIB.
- Média de gastos primários países selecionados do G20 (2021) – 42,8% do PIB.

---

[120] JEAN, Jean-Paul; JORRY, Hélène. Judicial Systems of the European Union Countries – Analysis of data by the European Commission for the Efficiency of Justice (CEPEJ) Council of Europe. *Council of Europe*, 2013, p. 25.

[121] BRASIL. Justiça Federal. Conselho da Justiça Federal. *Tabela de Remuneração de Magistrados Federais*, fev. 2024. Disponível em: https://www.cjf.jus.br/cjf/unidades/gestao-de-pessoas/tabelas-de-remuneracao/magistrados/2024/tabela-de-remuneracao-de-magistrados-federais. Acesso em: 26 jul. 2024.

[122] MILITÃO, Eduardo. Metade dos juízes do país ganha mais do que ministros do STF. *UOL Notícias*, Brasília, 23 jul. 2023. Disponível em: https://noticias.uol.com.br/politica/ultimas-noticias/2023/07/23/metade-dos-juizes-do-pais-ganha-mais-do-que-os-ministros-do-stf.htm. Acesso em: 26 jul. 2024.

[123] OECD. *Education at a Glance 2021*: OECD Indicators. Paris: OECD Publishing, 2021. p. 361.

[124] BRASIL. Ministério da Fazenda. Secretaria do Tesouro Nacional. *Despesa por Função do Governo Geral*. Brasília, 2023.

• Gastos primários no Brasil – governo geral (2021) – 36,02% do PIB.

• Média de gastos primários países selecionados economia emergente (2021) – 32,92% do PIB.

A segunda conclusão do relatório, já antecipada e comentada nas seções anteriores, é que os gastos do governo brasileiro com o pagamento de juros sobre sua dívida constituem uma clara anomalia em termos internacionais. O pagamento de juros, no Brasil, consome em média 15% dos gastos públicos totais. Na média dos países selecionados de economia avançada, essa proporção é de aproximadamente 3%; na média dos países selecionados do G20 e de economia emergente, o pagamento de juros corresponde a aproximadamente 6% do total dos gastos públicos.

A terceira conclusão do relatório é que os gastos públicos brasileiros com previdência e assistência social (reunidos sob a rubrica de "proteção social") são semelhantes, em proporção do PIB (16,27%), à média dos países selecionados de economia avançada (16,18%) e à média dos países selecionados do G20 (15,92%), e bem superiores à média dos países selecionados de economia emergente (10,01%).

Também chama a atenção o fato de os gastos públicos brasileiros com o Poder Judiciário (1,6% do PIB) serem quatro vezes superiores à média dos demais países do mundo (0,4% do PIB). Por outro lado, os gastos públicos brasileiros com transportes, energia, combustíveis e assuntos econômicos e trabalhistas gerais (reunidos sob a rubrica de "assuntos econômicos") foram de 1,92% do PIB em 2021, mais de três vezes inferiores à média dos países selecionados de economia avançada (6,02% do PIB), ficando bem abaixo inclusive dos gastos com essa rubrica nos países de economia emergente (4,75% do PIB).

Comparando a trajetória dos últimos anos e o nível de gastos primários totais no Brasil em 2021 (36% do PIB) com a carga tributária nacional dos últimos anos (entre 32% e 34% do PIB), verifica-se uma diferença consistente e bastante considerável, entre 2% e 4% do PIB – valores que correspondem, *grosso modo*, à média dos déficits primários do governo geral verificados desde 2014. Para que essa diferença mude de sinal e passe a ser positiva, implicando superávits primários, é preciso ou que a carga tributária total aumente (medida rechaçada por quase todos os partidos e grupos políticos), ou que o volume de gastos primários caia sensivelmente (objetivo implícito do regime do *Teto de Gastos* da Emenda Constitucional nº 95/2016, defendido diuturnamente pelos analistas do chamado "mercado financeiro" e por setores mais à direita do espectro político, mas que não parece ter apoio para se impor democraticamente nas urnas).

Outra opção para viabilizar superávits primários ou, pelo menos, uma situação estrutural de equilíbrio orçamentário (déficit primário zero) é um aumento estrutural no ritmo de crescimento do PIB brasileiro, de modo que a carga tributária, mantida constante em proporção do PIB, seja capaz de superar ou, pelo menos, igualar os gastos primários ao longo dos anos. Ocorre que essa *virada de chave* no ritmo de crescimento da economia brasileira não parece ter condições de ocorrer no contexto da política monetária extremamente restritiva colocada em prática pelo Banco Central desde o início do sistema de metas de inflação, em 1999.

Além de travar o crescimento e a desconcentração da renda, as taxas de juros reais mais altas do mundo – *normalizadas* e *naturalizadas* no Brasil desde o final do século passado, com pouquíssimas e fugazes soluções de continuidade (períodos 2012-2013 e 2019-2021) – condenam as finanças públicas a doses cavalares de pagamento de juros sobre a dívida (pagamentos que, em quase todos os anos desde 1999, estiveram no patamar *incivilizado* de 5% a 8% do PIB), num horizonte de déficit nominal praticamente *eterno*, a pressionar e elevar o estoque da dívida, dívida pública que, mesmo após uma longa trajetória de queda paulatina entre 2003 e 2013, voltou a subir rapidamente a partir de 2014 e que, em 2024, remunerada em grande parte por uma taxa *padrão* de juros reais próxima de 7% ao ano, já tem um valor bem superior aos altos níveis de 2002, tanto a dívida bruta quanto a dívida líquida.

## 1.3.7 Persecução dos objetivos fundamentais da República (art. 3º da Constituição) e melhorias substanciais em indicadores sociais e de redução da desigualdade no período de 1988 até 2015

Na época em que a Constituição de 1988 era redigida, no final da década de 80 do século XX, a desigualdade social atingia no Brasil os seus máximos históricos desde o início da organização de registros nacionais relacionados à medição dos níveis de desigualdade, sendo que o pico histórico da desigualdade ocorreu exatamente em 1989,[125] primeiro ano de vigência da Constituição de 1988.

A Constituição de 1988 contribuiu de modo decisivo para que a desigualdade e a exclusão social presentes na sociedade brasileira no momento de sua promulgação fossem combatidas e diminuídas. Esse movimento foi viabilizado por meio de políticas públicas educacionais, sanitárias, de previdência e assistência social financiadas por recursos públicos cuja previsão legislativa e implementação orçamentário-administrativa foram previstas e reguladas na Constituição.

A partir do início da vigência da Constituição de 1988 e da dinâmica dos gastos públicos explicada nas seções anteriores deste *Curso*, podem ser identificados dois períodos em termos de redução da desigualdade social: um período em que a desigualdade diminui a um ritmo mais lento (1990-2001) e um período em que a desigualdade diminui a um ritmo mais acelerado (2001-2012). O fato é que, após aproximadamente 25 anos de vigência da Constituição de 1988, o Brasil havia logrado atingir "seu menor nível de desigualdade de renda desde os registros nacionais iniciados em 1960".[126]

Para que se possa ter uma dimensão dos avanços sociais conquistados nas primeiras décadas pós-Constituição de 1988, vejamos alguns dados concretos,

---

[125] NÉRI, Marcelo. *A nova classe média*: o lado brilhante da base da pirâmide. São Paulo: Saraiva, 2011, p. 83.
[126] INSTITUTO DE PESQUISA ECONÔMICA APLICADA – IPEA. *A década inclusiva (2001-2011)*: desigualdade, pobreza e políticas de renda. Brasília: Ipea, 2012. Comunicado n. 155. p. 8.

estritamente relacionados com os objetivos fundamentais do art. 3º, III, da Constituição: erradicação da pobreza, erradicação da marginalização, redução das desigualdades sociais e redução das desigualdades regionais.

Em termos de erradicação da pobreza, têm-se os seguintes dados: em 1995, a população brasileira com renda domiciliar *per capita* abaixo da linha de pobreza fixada nas Metas do Milênio era de 24,1 milhões de pessoas; esse imenso contingente populacional foi reduzido a 10,2 milhões no ano de 2011.[127] Um aspecto muito importante dessa queda da pobreza é que, ao contrário do que ocorreu em outras partes do mundo, no Brasil a queda acentuada da pobreza não foi puro efeito do crescimento econômico, mas se deve, em cerca de 52%, a melhorias no padrão de desigualdade de renda.[128]

Em termos de erradicação da marginalização social, os dados demonstram que os grupos sociais tradicionalmente excluídos, como os analfabetos, os negros, as mulheres e as crianças, tiveram ganhos de rendimento bem acima dos grupos hegemônicos. Um exemplo: de 2001 a 2011, a renda real *per capita* dos que se identificam como pretos subiu 66,3%, dos que se identificam como pardos subiu 85,5%, e dos que se identificam como brancos subiu 47,6%.[129]

Em termos de redução das desigualdades sociais, têm-se os seguintes dados: de 2003 a 2009, o crescimento da renda real *per capita* dos 10% mais pobres foi de 69%, ao passo que o crescimento da renda real *per capita* dos 10% mais ricos atingiu 12,6%. Assim, apesar de a taxa de crescimento global da economia brasileira não ter sido especialmente significativa no período, a taxa de crescimento da renda da população mais pobre o foi. Isso ocorreu num contexto histórico mundial em que se verifica o oposto: nos países desenvolvidos e nos demais BRICS (Rússia, Índia, China e África do Sul), assiste-se a um crescimento da desigualdade, em que os ganhos dos mais ricos superam os ganhos dos mais pobres.[130]

Em termos de redução das desigualdades regionais, a renda do Nordeste brasileiro, de 2001 a 2011, subiu 72,8%, contra 45,8% do Sudeste. A renda nas áreas rurais mais empobrecidas cresceu 85,5%, contra 40,5% nas metrópoles e 57,5% nas demais cidades.[131]

Nas áreas da saúde, educação, saneamento e habitação, os avanços também foram incontestáveis, se compararmos a realidade do período em que a Constituição entrou em vigor com a realidade atual. Ainda que a situação atual não seja satisfatória, o fato é que houve melhoras significativas após a Constituição de 1988 na taxa de

---

[127] INSTITUTO DE PESQUISA ECONÔMICA APLICADA – IPEA. *A década inclusiva (2001-2011)*: desigualdade, pobreza e políticas de renda. Brasília: Ipea, 2012. Comunicado n. 155. p. 10.

[128] INSTITUTO DE PESQUISA ECONÔMICA APLICADA – IPEA. *A década inclusiva (2001-2011)*: desigualdade, pobreza e políticas de renda. Brasília: Ipea, 2012. Comunicado n. 155. p. 10.

[129] INSTITUTO DE PESQUISA ECONÔMICA APLICADA – IPEA. *A década inclusiva (2001-2011)*: desigualdade, pobreza e políticas de renda. Brasília: Ipea, 2012. Comunicado n. 155. p. 21.

[130] INSTITUTO DE PESQUISA ECONÔMICA APLICADA – IPEA. *A década inclusiva (2001-2011)*: desigualdade, pobreza e políticas de renda. Brasília: Ipea, 2012. Comunicado n. 155. p. 13.

[131] INSTITUTO DE PESQUISA ECONÔMICA APLICADA – IPEA. *A década inclusiva (2001-2011)*: desigualdade, pobreza e políticas de renda. Brasília: Ipea, 2012. Comunicado n. 155. p. 21.

mortalidade infantil, na esperança de vida ao nascer, nas taxas de frequência à escola em todas as faixas etárias, na taxa de analfabetismo e no percentual de residências atendidas por esgoto sanitário e coleta de lixo.[132]

A contribuição da Constituição de 1988 para a redução das desigualdades sociais e econômicas é evidente, como se pode verificar das medidas pertinentes neste campo. No caso da erradicação da pobreza e da marginalização social, por exemplo, a contribuição das finanças públicas foi decisiva e determinante, uma vez que, como visto antes, houve sensível ampliação e diversificação dos benefícios, e os recursos orçamentários destinados à área da assistência social mais do que triplicaram entre o início da década de 1990 e os anos 2014-2015.

No caso da redução das desigualdades sociais e regionais, os cálculos do Ipea apontam que a política de valorização real do salário mínimo teve uma contribuição fundamental, mas "sem as políticas redistributivas patrocinadas pelo Estado brasileiro, a desigualdade teria caído 36% menos na década".[133] O incremento dos gastos na área da assistência social, em primeiro lugar, e na área da previdência social, em segundo lugar, é claramente o que mais contribui para a queda da desigualdade, valendo mencionar que esses gastos geram ao mesmo tempo crescimento econômico e queda na desigualdade, desmentindo o mito de que há sempre um *trade-off* entre crescimento e equidade.[134]

Por outro lado, como se viu nas seções anteriores, o aumento dos gastos sociais conviveu no Brasil com outra prioridade, a geração de significativos superávits primários destinados ao pagamento dos vultosos juros da dívida pública. Como se sabe, os incrementos no pagamento de juros da dívida pública têm impactos concentradores de renda,[135] mas, mesmo assim, optou-se, desde 1999 – quando a dívida pública atingiu níveis muito altos –, por uma política conservadora de formação contínua de altos superávits primários, o que fez com que, em 2011, a dívida soberana brasileira deixasse de ser considerada pelas agências internacionais como de "grau especulativo" e passasse a ser considerada de "grau de investimento". Em 2015, com o aprofundamento da grave crise econômica e financeira instalada a partir de 2014, as agências internacionais deixaram de considerar a dívida soberana brasileira como de "grau de investimento".

---

[132] CASTRO, Jorge Abrahão de. *Política social no Brasil contemporâneo*. Brasília, 2012. p. 16-17. Disponível em: http://www.politicaspublicas.crppr.org.br/wp-content/uploads/2011/12/Pol%C3%ADtica-Social-no-Brasil_jorge-abrah%C3%A3o1.pdf.

[133] INSTITUTO DE PESQUISA ECONÔMICA APLICADA – IPEA. *A década inclusiva (2001-2011)*: desigualdade, pobreza e políticas de renda. Brasília: Ipea, 2012. Comunicado n. 155. p. 9.

[134] Cf. CASTRO, Jorge Abrahão de. *Política social no Brasil contemporâneo*. Brasília, 2012. p. 23-24. Disponível em: http://www.politicaspublicas.crppr.org.br/wp-content/uploads/2011/12/Pol%C3%ADtica-Social-no-Brasil_jorge-abrah%C3%A3o1.pdf.

[135] Cf. OLIVEIRA, Fabrício Augusto de. *Economia e política das finanças públicas no Brasil*. São Paulo: Hucitec, 2009. p. 160-162 e CASTRO, Jorge Abrahão de. *Política social no Brasil contemporâneo*. Brasília, 2012. p. 24-25. Disponível em: http://www.politicaspublicas.crppr.org.br/wp-content/uploads/2011/12/Pol%C3%ADtica-Social-no-Brasil_jorge-abrah%C3%A3o1.pdf.

De todo modo, o relativo viés redistributivo identificado na evolução do padrão das despesas públicas destoa da evolução do padrão de equidade da carga tributária ao longo das últimas décadas. É que a tributação pós-Constituição não incorporou qualquer viés desconcentrador de renda. O ideal igualitário clássico de uma tributação progressiva e baseada nos impostos pessoais sobre a renda foi claramente rejeitado pela política tributária colocada em prática pelos poderes Legislativo e Executivo nas últimas décadas.

No modelo brasileiro, o papel da tributação na redução da desigualdade social apresenta ambiguidades: por um lado, o contínuo aumento da carga tributária até meados dos anos 2000 forneceu base segura de recursos disponíveis para a expansão dos gastos sociais; por outro lado, parte dos efeitos desconcentradores da expansão desses gastos sociais foi revertida pela regressividade de um sistema tributário fortemente baseado na tributação do consumo de bens e serviços.

Após o ano de 2012, o índice de Gini no Brasil continuou em queda, mas num ritmo muito mais lento do que nos anos anteriores: tanto nos cálculos do IBGE[136] quanto nos cálculos do Banco Mundial[137] ou do Ministério da Fazenda,[138] o índice apresentou leve decréscimo entre 2012 e 2015. Em 2014-2015, apesar de uma levíssima queda do índice em âmbito nacional, houve aumento da desigualdade na região Sudeste.[139]

## 1.3.8 Retrocesso nos indicadores sociais e de exclusão/desigualdade no período pós- 2015. Efeitos da pandemia de COVID-19 e dos auxílios assistenciais pagos nos anos 2020, 2021 e 2022 sobre a desigualdade e a segurança alimentar da população brasileira

Como visto na seção anterior, do início dos anos 2000 ao período de 2015 houve uma melhora geral dos indicadores sociais e de queda de desigualdade no país. A partir de 2015-2016, o quadro se alterou consideravelmente. Os gastos sociais decresceram, o salário mínimo deixou de ter ganhos reais e a taxa de desemprego subiu, provocando forte aumento da miséria, pobreza e concentração de renda. No período de 2014 a 2019, a renda da metade mais pobre da população regrediu 17,1%, enquanto a renda do 1% mais rico avançou 10,11%.[140] No ano de 2017, 26,5% da

---

[136] BRASIL. Instituto Brasileiro de Geografia e Estatística – IBGE. Pesquisa Nacional por Amostra de Domicílios Contínua – Rendimentos de Todas as Fontes 2023. Brasília, 2024. p. 7.

[137] Vide Painel *Gini Index* do Banco Mundial. Disponível em: https://data.worldbank.org/indicator/SI.POV.GINI?skipRedirection=true. Acesso em: 30 jul. 2024.

[138] BRASIL. Ministério da Fazenda. *Relatório sobre a distribuição da renda e da riqueza da população brasileira*. Brasília, 2016. p. 7. Disponível em: http://www.fazenda.gov.br/centrais-de-conteudos/publicacoes/relatorio-sobre-a-distribuicao-da-renda-e-da-riqueza-da-populacao-brasileira/relatorio-distribuicao-da-renda-2016-05-09.pdf. Acesso em: 4 out. 2016.

[139] Cf. VILLAS BÔAS, Bruno; VETTORAZZO, Lucas. Desigualdade diminui no Brasil, mas cresce no Sudeste, diz IBGE. *Folha UOL*, 13 nov. 2015. Disponível em: http://www1.folha.uol.com.br/mercado/2015/11/1705824-desigualdade-cai-em-2014-com-alta-de-renda-dos-mais-pobres-diz-ibge.shtml. Acesso em: 4 out. 2016.

[140] Cf. MARTINS, Gabriel. Brasil vive o ciclo mais longo de aumento da desigualdade. *O Globo*, 16 ago. 2019. Disponível em: https://oglobo.globo.com/economia/brasil-vive-ciclo-mais-longo-de-aumento-da-desigualdade-23881027. Acesso em: 12 dez. 2019.

população brasileira estava abaixo da linha de pobreza definida pelo Banco Mundial, sendo que na região Nordeste esse montante era maior que 30% e, na região Norte, maior que 45%.[141]

No final de 2019, o Relatório de Desenvolvimento Humano da ONU indicou que o Brasil ostentava a segunda maior concentração de renda em todo o planeta, atrás apenas do Catar. O 1% mais rico da população brasileira concentra 28,3% da renda nacional, enquanto os 10% mais ricos concentram 41,9% da renda total.[142] Em termos de concentração de patrimônio, os dados disponíveis eram ainda mais grotescos e alarmantes: o 1% mais rico concentrava 48% de toda a riqueza nacional e os 10% mais ricos ficavam com 74% da riqueza. Por outro lado, os 50% da parte de baixo da pirâmide populacional brasileira possuíam apenas 3% da riqueza total do país.[143]

Quanto ao índice de Gini, que mede o grau de concentração da renda em uma sociedade, houve considerável aumento entre 2015 e 2019, tanto pela medição do Banco Mundial (o índice variou de 51,9 para 53,5)[144] quanto pela medição do IBGE (o índice variou de 0,490 para 0,506)[145] e dos economistas Marcelo Neri e Marcos Hecksher (o índice variou de 0,5313 para 0,5484).[146]

Outros indicadores também indicam com segurança que, entre 2015 e 2019, houve uma piora geral no quadro de exclusão social no Brasil. O número de pobres no país subiu consistentemente entre 2015 e 2019, segundo todas as metodologias de definição de linha de pobreza utilizadas no estudo "Mapa da Nova Pobreza", de Marcelo Neri e Marcos Hecksher,[147] da Fundação Getulio Vargas.

Uma pesquisa do IBGE publicada em 2020 trouxe dados sobre a segurança alimentar no Brasil, entendida a segurança alimentar como a situação em que uma família tem acesso regular e permanente a alimentos de qualidade, em quantidade suficiente, sem comprometer o acesso a outras necessidades essenciais. Entre 2017 e 2018, 36,7% dos domicílios brasileiros estavam com algum grau (leve, moderado ou grave) de insegurança alimentar, afetando nada menos que 85 milhões de pessoas. A pesquisa do IBGE aponta que o índice de "prevalência nacional de segurança alimentar", que havia subido entre 2004 e 2013 (de 65,1% para 77,4%), passou a ser, em 2017-2018, de apenas 63,3%, índice mais baixo que o de 2004. Entre 2013 e

---

[141] BRASIL. Instituto Brasileiro de Geografia e Estatística – IBGE. *Síntese Indicadores Sociais*. Rio de Janeiro: IBGE, 2018.

[142] Cf. BRASIL tem segunda maior concentração de renda do mundo, diz relatório da ONU. G1, 9 dez. 2019. Disponível em: https://g1.globo.com/mundo/noticia/2019/12/09/brasil-tem-segunda-maior-concentracao-de-renda-do-mundo-diz-relatorio-da-onu.ghtml. Acesso em: 12 dez. 2019.

[143] OXFAM BRASIL. *A distância que nos une*. São Paulo: Oxfam Brasil, 2017. p. 32.

[144] Vide Painel *Gini Index* do Banco Mundial. Disponível em: https://data.worldbank.org/indicator/SI.POV.GINI?skipRedirection=true. Acesso em: 30 jul. 2024.

[145] BRASIL. Instituto Brasileiro de Geografia e Estatística – IBGE. Pesquisa Nacional por Amostra de Domicílios Contínua – Rendimentos de Todas as Fontes 2023. Brasília, 2024. p. 7.

[146] NERI, Marcelo; HECKSHER, Marcos. *A Montanha-Russa da Pobreza*. Rio de Janeiro, jun. 2022, FGV Social, p. 9.

[147] NERI, Marcelo; HECKSHER, Marcos. *Mapa da Nova Pobreza*. Rio de Janeiro, jun. 2022, FGV Social, p. 5.

2017-2018, o IBGE apurou que a insegurança alimentar moderada aumentou 76,1%, e a insegurança alimentar grave, 43,7%.[148]

Portanto, a pandemia de COVID-19 deflagrou-se num momento crítico de piora generalizada de indicadores sociais. Contudo, ao longo do ano de 2020, com o pagamento do Auxílio Emergencial de R$600,00 mensais (até agosto de 2020) e de R$300,00 mensais (entre setembro e dezembro de 2020) para aproximadamente 44% dos domicílios do país,[149] houve importante redução do número de pessoas em situação de miséria e da desigualdade de renda no país, segundo a maioria dos estudos e levantamentos – como o índice de Gini calculado pelo Banco Mundial (que caiu de 53,5 para 48,9 entre 2019 e 2020) e o índice de Gini calculado pelo economista Daniel Duque, da Fundação Getulio Vargas (que caiu de 0,538 para 0,522 entre 2019 e 2020).[150] Os índices de insegurança alimentar no Brasil em 2020 também regrediram em relação aos de 2019, segundo o relatório da Organização das Nações Unidas para a Alimentação e a Agricultura sobre o estado da segurança alimentar e da nutrição no mundo.[151]

Para Marcelo Neri e Marcos Hecksher, quando se leva em conta não somente a renda familiar apurada nas pesquisas nacionais de amostra domiciliar do IBGE, mas também as informações das declarações anuais do Imposto sobre a Renda das Pessoas Físicas dos contribuintes mais ricos do país, apura-se que a desigualdade de renda não caiu em 2020. Eis as suas conclusões:[152]

> A desigualdade de renda no Brasil é ainda maior do que o imaginado (...). Unindo a base de dados do Imposto de Renda das Pessoas Físicas (IRPF) à da Pnad Contínua, mostram que o índice de Gini chegou a 0.7068 em 2020, bem acima dos 0,6013 calculados pelo IBGE, que usa apenas a Pnad contínua. Cada 0,03 pontos equivale a uma grande mudança da desigualdade segundo Tony Atkinson. Para o cálculo do Gini, quanto mais perto de 1 está o índice, maior é a desigualdade. O IRPF consegue captar melhor a renda proveniente do ganho de capital, como os lucros no mercado financeiro ou distribuído pelas empresas, por isso traz mais realismo para o rendimento dos mais ricos. (...)

---

[148] BRASIL. IBGE. Coordenação de Trabalho e Rendimento. *Pesquisa de orçamentos familiares 2017-2018*: análise da segurança alimentar no Brasil. Rio de Janeiro, 2020. Vide também BRASIL. Instituto Brasileiro de Geografia e Estatística – IBGE. *Pesquisa Nacional por Amostra de Domicílios Contínua – Segurança Alimentar 2023*. Brasília, 2024, p. 13.

[149] Cf. BRASIL. Ministério da Cidadania e Assistência Social. *Auxílio Emergencial já pagou mais de R$ 288 bilhões para garantir proteção social aos brasileiros*. Brasília, 21 dez. 2020. Disponível em: https://www.gov.br/pt-br/noticias/assistencia-social/2020/12/auxilio-emergencial-ja-pagou-mais-de-r-288-bilhoes-para-garantir-protecao-social-aos-brasileiros-1. Acesso em: 30 jul. 2024.

[150] DUQUE, Daniel. Com melhor distribuição de renda e mais transferências, pobreza no Brasil volta ao menor patamar. *Blog do IBRE*, Rio de Janeiro, Fundação Getulio Vargas, 12 maio 2023. Disponível em: https://blogdoibre.fgv.br/posts/com-melhor-distribuicao-de-renda-e-mais-transferencias-pobreza-no-brasil-volta-ao-menor. Acesso em: 31 jul. 2024.

[151] FAO, IFAD, UNICEF, WFP & WHO. 2024. The State of Food Security and Nutrition in the World 2024 – Financing to end hunger, food insecurity and malnutrition in all its forms. Roma, 2024, p. 195.

[152] NERI, Marcelo. *Mapa da Riqueza no Brasil*. Rio de Janeiro, fev. 2023, FGV Social, p. 4.

Mesmo com o Auxílio Emergencial, ao contrário do que se acreditava, a desigualdade brasileira não caiu durante a pandemia. Pela abordagem usual o Gini teria caído de 0,6117 para 0,6013, já na combinação de bases o Gini, sobe de 0.7066 para 0,7068. Isso pois as perdas dos mais ricos (dos 1% + foi -1,5%) foram menos da metade das da classe média tupiniquim (-4,2%), a grande perdedora da pandemia.

No ano de 2021, como o governo federal decidiu cortar significativamente o alcance do público-alvo e o valor do Auxílio Emergencial mensal no momento mais letal da pandemia de COVID-19,[153] a desigualdade no país voltou a subir consideravelmente. O índice de Gini medido pelo Banco Mundial subiu de 48,9 para 52,9, o mesmo ocorrendo com o índice calculado pelo IBRE-FGV (que subiu de 0,522 para 0,543). Em 2021, os índices de insegurança alimentar no país voltaram a subir, ultrapassando os alarmantes índices de 2019.[154] Como era de se esperar, o número de pessoas vivendo no Brasil abaixo da linha da pobreza de R$210,00 mensais aumentou de 7,6% da população em 2020 para 10,8% da população brasileira em 2021, um aumento de 7,2 milhões de pessoas.[155]

Em 2022, diante da calamidade do aumento da extrema pobreza e da insegurança alimentar e, principalmente, em função do esforço do governo federal para ser reeleito nas eleições de outubro, o valor e o alcance do Auxílio Brasil e de outros benefícios assistenciais criados especialmente nesse ano foram fortemente aumentados,[156] o que fez com que, em relação a 2021, o índice de Gini voltasse a cair.[157]

Em 2023, houve a manutenção do Auxílio Brasil (rebatizado de Bolsa Família) no patamar de R$600,00 mensais, acrescido de um adicional de R$150,00 por criança de até 6 anos e de um adicional de R$50,00 por criança ou adolescente de 7 a 18 anos e por gestante. Durante o ano de 2023, segundo informações prestadas pela Organização das Nações Unidas para a Alimentação e a Agricultura ao governo federal, "a insegurança alimentar severa, que afligia 17,2 milhões de brasileiros em

---

[153] Em 2020, a contragosto e após pressão do Congresso Nacional, o Executivo federal havia aceitado fixar o valor do auxílio emergencial num valor médio de R$600,00 mensais, até agosto de 2020 – cf. GODOI, Marciano Seabra de. No epicentro da pandemia, no meio do redemoinho. *In*: MACHADO SEGUNDO, Hugo *et al.* (orgs.). *A pandemia da COVID-19 no Brasil em sua dimensão financeira e tributária*. Belo Horizonte: D'Plácido, 2020. p. 165-184. Em 2021, ano mais letal da pandemia da COVID-19 no Brasil, sob a alegação de que a pandemia já estava no passado, o Executivo federal reduziu o público-alvo do benefício de mais de 66 milhões para aproximadamente 45 milhões. Também o valor de R$600,00 mensais que vigorou até agosto de 2020 e foi reduzido para R$300,00 mensais a partir de setembro de 2020 foi reduzido ainda mais em 2021, para uma quantia mensal entre R$150,00 e R$375,00.

[154] Em 2021, segundo a agência da ONU responsável por monitorar a segurança alimentar nos países, 30,2% da população brasileira não tinham condições de garantir uma nutrição saudável, o maior índice registrado nos últimos anos - FAO, IFAD, UNICEF, WFP & WHO. 2024. *The State of Food Security and Nutrition in the World 2024 – Financing to end hunger, food insecurity and malnutrition in all its forms*. Roma, 2024.

[155] NERI, Marcelo; HECKSHER, Marcos. *A Montanha-Russa da Pobreza*. Rio de Janeiro, jun. 2022, FGV Social, p. 5.

[156] Cf. MADEIRO, Carlos; DESIDÉRIO, Mariana. Puxada por Auxílio Brasil inflado, renda do brasileiro subiu 6,9% em 2022, *UOL Economia*, São Paulo, 11 maio 2023. Disponível em: https://economia.uol.com.br/noticias/redacao/2023/05/11/pnad-2022.htm. Acesso em: 4 ago. 2024.

[157] O índice de Gini medido pelo IBRE-FGV passou de 0,543 para 0,517, menor valor desde 2016. O índice de Gini medido pelo Banco Mundial teve uma queda mais leve, de 52,9 para 52.

2022, caiu para 2,5 milhões".[158] Na pesquisa do IBGE relativa à segurança alimentar da população brasileira em 2023, os índices de insegurança alimentar leve, moderada e grave também foram inferiores aos apurados na pesquisa de 2017-2018, mas permanecem superiores aos relativos ao ano de 2013.[159]

## 1.4 Finanças públicas brasileiras após 2014: *o Teto de Gastos* (Emenda Constitucional nº 95/2016), os impactos da pandemia de COVID-19 e o *Novo Arcabouço Fiscal* (Emenda Constitucional nº 126/2022 e Lei Complementar nº 200/2023)

### 1.4.1 O *Teto de Gastos* da Emenda Constitucional nº 95/2016: objetivos, promessas e resultados concretos

A partir de 2014, instalou-se um grave quadro recessivo na economia brasileira. Após o PIB ter ficado praticamente estagnado em 2014 (crescimento de 0,5%), sofreu forte queda de 3,5% em 2015 e nova redução significativa em 2016, no valor de 3,3%.

O reflexo dessa grave e prolongada recessão sobre a arrecadação tributária foi imediato e duradouro: em 2014, a arrecadação federal encolheu 1,8%, em termos reais, em relação a 2013. Em 2015, a arrecadação federal sofreu nova queda real de 6,3% em comparação com o arrecadado em 2014; em 2016, sobreveio nova queda na arrecadação, de aproximadamente 6% em termos reais, em comparação com o arrecadado em 2015.[160] Vale dizer: no plano federal, a queda contínua na arrecadação durou três anos. A arrecadação tributária de estados e municípios, por sua vez, também sofreu queda real nesses anos.[161]

Como a maioria das despesas públicas primárias têm caráter obrigatório e não discricionário, seu crescimento continuou a ocorrer no período pós-2014, não tendo sido afetadas, como as receitas, pela mencionada recessão econômica. No caso da União, o pagamento de benefícios da previdência e da assistência social apresentou aumento real em 2014 e 2015.[162] No caso dos estados, houve aumento real nos gastos com pessoal, principalmente com servidores inativos e pensionistas.[163]

---

[158] BRASIL. Agência Gov. *14,7 milhões de pessoas deixaram de passar fome no Brasil no ano passado*. Brasília, 24 jul. 2024. Disponível em: https://agenciagov.ebc.com.br/noticias/202407/mapa-da-fome-da-onu-inseguranca-alimentar-severa-cai-85-no-brasil-em-2023-1. Acesso em: 31 jul. 2024.

[159] BRASIL. Instituto Brasileiro de Geografia e Estatística – IBGE. *Pesquisa Nacional por Amostra de Domicílios Contínua – Segurança Alimentar 2023*. Brasília, 2024, p. 13-14.

[160] Os relatórios sobre a arrecadação federal em todos esses anos podem ser acessados em BRASIL. Receita Federal. *Relatórios do Resultado da Arrecadação*. Disponível em: http://receita.economia.gov.br/dados/receitadata/arrecadacao/relatorios-do-resultado-da-arrecadacao. Acesso em: 28 jan. 2020.

[161] Cf. BRASIL. Ministério da Fazenda. Receita Federal. CETAD – Centro de Estudos Tributários e Aduaneiros. *Carga Tributária no Brasil, 2015*: análise por tributo e bases de incidência. Brasília: Ministério da Fazenda, 2016. p. 18.

[162] Os relatórios sobre a arrecadação federal em todos esses anos podem ser acessados em BRASIL. Receita Federal. *Relatórios do Resultado da Arrecadação*. Disponível em: http://receita.economia.gov.br/dados/receitadata/arrecadacao/relatorios-do-resultado-da-arrecadacao. Acesso em: 28 jan. 2020.

[163] BRASIL. Tesouro Nacional. *Boletim das Finanças Públicas dos Entes Subnacionais*. Brasília: Tesouro Nacional, 2016. Disponível em: http://www.tesouro.fazenda.gov.br/documents/10180/0/Boletim+de+Financas+P%C3%BAblicas+dos+Entes+Subnacionais/107970b4-9691-4263-a856-b37d655b42b2. Acesso em: 4 out. 2016.

Assim, com esse quadro de retração do PIB e aumento real de gastos primários obrigatórios, a partir de 2014 o setor público consolidado deixou de produzir superávits primários, como vinha ocorrendo em todos os anos desde 2000, passando a produzir déficits primários. Em 2014, o déficit primário do setor público consolidado foi de 0,57% do PIB, saltando para 1,85% do PIB em 2015 e 2,49% do PIB em 2016.[164]

Diante desse novo quadro pós-2014, o Governo Federal, na administração de Michel Temer, enviou ao Congresso Nacional uma proposta de emenda constitucional instituindo um "Novo Regime Fiscal", a vigorar por vinte anos. Em 15.12.2016, promulgou-se a Emenda Constitucional nº 95, acrescentando ao ADCT os arts. 106 a 114. A tônica desse Novo Regime Fiscal, mais conhecido como *Teto de Gastos*, era a existência de limites individualizados para a despesa primária total do Executivo, Legislativo (inclusive Tribunal de Contas), Judiciário, Ministério Público e Defensoria Pública da União. Esse limite individualizado consistia na despesa primária realizada no ano anterior corrigida pelo índice oficial de inflação (IPCA). Ou seja, no Novo Regime Fiscal ficavam proibidos os aumentos reais nas despesas primárias da União – daí ter sido conhecido como o *Teto de Gastos*. Quanto aos juros sobre a dívida pública, o Novo Regime Fiscal não os submeteu a qualquer teto de gastos.

Na segunda edição deste *Curso*, afirmamos que era possível e provável que os gastos dos órgãos com maior poder de pressão política (Judiciário e Ministério Público) crescessem acima do teto nos primeiros três exercícios financeiros de vigência do Novo Regime Fiscal. Esse crescimento acima do teto nos três primeiros anos era permitido pelo art. 107, §§7º e 8º, do ADCT, bastando que o Executivo compensasse os excessos dos outros órgãos ou poderes com redução equivalente em sua própria despesa primária (até 0,25% do limite total do Executivo). Além disso, o §9º do art. 107 do ADCT permitia que a Lei de Diretrizes Orçamentárias, respeitando o somatório dos limites aos gastos do Judiciário, Legislativo e Ministério Público Federal, promovesse uma compensação entre os limites individualizados de cada órgão. Essas medidas de flexibilização de tetos individuais não constavam da proposta original da Proposta de Emenda Constitucional e foram incluídas na emenda após pressão do Judiciário e do Ministério Público, que assim passam a poder continuar expandindo em termos reais, pelo menos nos três primeiros anos, seus próprios gastos. De fato, como havíamos alertado, o Judiciário descumpriu o teto de gastos em 2017 e 2018. Mais de R$2 bilhões foram transferidos do limite do Executivo para compensar esse excesso.[165]

O objetivo da Emenda Constitucional nº 95/2016, vivamente apoiada e comemorada pelo mercado financeiro, era impedir que o provável aumento real da arrecadação tributária a partir de 2017 fosse acompanhado de um correspondente aumento real nas despesas primárias da União. No caso dos gastos com saúde e

---

[164] As fontes de todos os dados sobre resultados primários, juros pagos sobre a dívida pública e montantes da dívida pública bruta e líquida são as estatísticas fiscais do Banco Central disponíveis em: https://www.bcb.gov.br/estatisticas/historicofiscais.

[165] TOMAZELLI, Idiana; FERNANDES, Adriana. Maior estouro do teto de gastos públicos vem do Judiciário. *Estadão*, São Paulo, 10 mar. 2019. Disponível em: https://economia.uol.com.br/noticias/estadao-conteudo/2019/03/10/maior-estouro-do-teto-de-gastos-publicos-vem-do-judiciario.htm. Acesso em: 11 dez. 2019.

educação, a Constituição em vigor antes da EC nº 95 (arts. 198, §2º e 212, *caput*) determinava que um percentual da receita corrente líquida da União Federal devesse necessariamente ser aplicado em referidas áreas. Após a EC nº 95, essa regra de aplicação mínima de recursos na saúde e na educação como proporção da arrecadação tributária deixou de existir. Em relação a 2017, a EC nº 95 determinou que os gastos da União com saúde e com educação respeitassem os pisos previstos nos arts. 198, §2º, I (15% da receita corrente líquida para a saúde) e 212 da Constituição (18% da receita de impostos para a manutenção e desenvolvimento do ensino). A partir de 2018, os gastos mínimos com saúde e educação deixaram de ser calculados como um percentual da arrecadação tributária e passaram a corresponder ao piso do exercício anterior, corrigido pelo IPCA.

De 2003 a 2015, antes da EC nº 95/2016, os gastos federais com saúde, em termos reais, haviam duplicado de valor. Nos gastos com educação, em termos reais, houve aumento ainda maior. Na área da previdência e da assistência social, os aumentos reais foram ainda mais expressivos.[166] Na segunda edição deste *Curso*, afirmamos que, com a EC nº 95/2016, a saúde e a educação, muito provavelmente, passariam a contar com recursos cada vez menores em proporção do PIB. Tal previsão de fato se verificou: os gastos públicos com saúde e educação, que eram de 8,56% do PIB em 2010 e chegaram a 9,8% do PIB em 2016, caíram como proporção do PIB no triênio 2017-2019.[167]

Segundo a Exposição de Motivos da proposta que redundou na EC nº 95, o teto de gastos combateria o "desequilíbrio fiscal crônico" no país, contribuindo para impedir a expansão da dívida pública e diminuir as taxas de juros. Ocorre que, ainda que os gastos primários federais, impedidos pela Constituição de terem qualquer crescimento real, aumentem a probabilidade de geração de superávits primários, o altíssimo vulto do pagamento de juros sobre a dívida pública resulta na formação de elevados déficits nominais, fazendo expandir a relação dívida bruta/PIB.

A história recente das finanças públicas brasileiras indica que, ao contrário do que defendeu a Exposição de Motivos da PEC que redundou na Emenda do Teto de Gastos (EC nº 95/2016), uma diferença positiva substancial entre as receitas e as despesas primárias não garante, pelo menos no Brasil, nem o controle da dívida pública, nem muito menos a redução do pagamento de juros. Com efeito, de 1999 a 2013, portanto antes do estabelecimento da recessão econômica iniciada em 2015, não houve qualquer "desequilíbrio fiscal crônico" no país, que produziu nesse período os maiores superávits primários do mundo, da ordem de 3% do PIB em média; não obstante, o altíssimo pagamento de juros (média anual superior a 6% do PIB) no período, completamente fora de qualquer padrão internacional, superou com folga o valor daqueles superávits primários, provocando a expansão da dívida bruta de 49% (1999) para 57% do PIB (2013).

---

[166] Cf. BRASIL. Tesouro Nacional. *Gasto Social do Governo Central 2002 a 2015*. Brasília: Tesouro Nacional, 2016.

[167] Cf. BRASIL. Ministério da Fazenda. Secretaria do Tesouro Nacional. *Despesa por Função do Governo Geral*. Brasília, 2023, p. 38 e 45.

O regime do Teto de Gastos da EC nº 95/2016 logrou reduzir o volume de gastos federais na educação e na saúde (em proporção do PIB), mas não impediu a geração de déficits primários do governo geral em 2017 (1,69% do PIB) e 2018 (1,57% do PIB).[168] Segundo as previsões do governo federal emitidas por ocasião da votação da Emenda Constitucional do Teto de Gastos, o novo regime seria capaz de garantir superávits primários a partir de 2019, ano em que se previu um superávit primário de 0,2% do PIB.[169] A previsão era completamente descabida, e o déficit primário no ano de 2019 foi de 0,84% do PIB.[170]

Como o pagamento de juros sobre a dívida pública brasileira apresenta valores altíssimos desde o final dos anos 1990, variando do piso histórico de 4,18% do PIB em 2020 até o pico de 13,3% do PIB em 1999, era completamente improvável que o regime do Teto de Gastos, mesmo que eventualmente impedisse a geração de déficits primários, evitasse a geração de vultosos déficits nominais, responsáveis por uma constante pressão altista sobre o estoque da dívida.

Por outro lado, a experiência histórica brasileira desmente a afirmação de que o Banco Central, diante de superávits primários polpudos, necessariamente enxerga espaço para uma redução mais consistente da taxa de juros Selic. Entre 2001 e 2005, por exemplo, o superávit primário do setor público consolidado cresceu a olhos vistos, partindo de 3,6% e chegando a 4,8% do PIB, sem que a taxa de juros Selic tenha sido diminuída pelo Banco Central. A política monetária colocada em prática pelo Banco Central, por exemplo entre 2014-2016, pareceu desafiar qualquer lógica econômica, sendo de se duvidar que qualquer outra autoridade monetária no mundo tivesse decidido manter por tanto tempo (julho de 2015 a novembro de 2016) a taxa de juros Selic no altíssimo patamar de 14,25% ao ano, mesmo diante de uma brutal e persistente recessão econômica e de uma taxa de inflação claramente declinante a partir do início de 2016. Críticas semelhantes são cabíveis em relação ao comportamento da política monetária do Banco Central durante o período de agosto de 2022 a junho de 2023, com a manutenção por 10 meses da altíssima taxa Selic de 13,75% ao ano.[171]

Como foi visto nas seções anteriores deste *Curso*, entre o início dos anos 2000 e o ano de 2015 os efeitos concentradores e regressivos do modelo de tributação brasileira conviveram com efeitos desconcentradores e redistributivos provocados pela expansão real dos gastos sociais. Com a aprovação da EC nº 95 e seu regime de Teto de Gastos, a expansão dos gastos sociais em proporção do PIB foi bruscamente freada até o ano de 2019, permanecendo intacta a estrutura regressiva da tributação brasileira.

---

[168] BRASIL. Banco Central. *Estatísticas Fiscais*. Nota para a Imprensa. Brasília, 31 jan. 2019.

[169] Cf. PUPO, Fábio; SIMÃO, Edna. Governo vê déficit primário de R$66 bi em 2018 e superávit em 2019. *Valor Econômico*, 8 jul. 2016. Disponível em: http://www.valor.com.br/brasil/4628773/governo-ve-deficit-primario-de-r-66-bi-em-2018-e-superavit-em-2019. Acesso em: 10 out. 2016.

[170] BRASIL. Banco Central. *Estatísticas Fiscais*. Nota para a Imprensa. Brasília, 31 jan. 2020.

[171] Cf. BARBOSA, Jorge. André Lara Resende: taxa de juros de 13,75% ao ano está errada. *Estadão*, São Paulo, Economia, 13 fev. 2023. Disponível em: https://www.estadao.com.br/economia/andre-lara-resende-taxa-juros-esta-errada/. Acesso em: 31 jul. 2024.

Por outro lado, o crescimento do PIB após a adoção do chamado *Teto de Gastos* foi bastante inferior às expectativas otimistas divulgadas quando de sua aprovação no Congresso Nacional.[172] Mesmo depois de duas fortes quedas no PIB em 2015 e 2016, não houve entre 2017 e 2019 a recuperação econômica esperada.[173] Tampouco ocorreu o fenômeno prometido pelos apoiadores do Teto de Gastos: o aumento da confiança e do apetite por riscos dos investidores privados como decorrência *natural* da adoção de políticas de austeridade fiscal, como no caso brasileiro a adoção constitucional de uma regra proibitiva da expansão real dos gastos públicos federais por 20 anos.

Com efeito, se não conseguiu criar as condições para a retomada do crescimento, o regime do Teto de Gastos conseguiu, contudo, reduzir os investimentos federais a pisos históricos. À medida que os gastos obrigatórios da União (folha de salários, previdência social) continuaram a se expandir após 2016, o rígido Teto de Gastos da EC nº 95, sem paralelo no mundo, fez com que o espaço das despesas discricionárias, aí incluídos os investimentos, ficasse cada vez menor. Os investimentos federais caíram pela metade entre 2016 e 2019[174] e não houve, como contrapartida, um aumento semelhante nos investimentos privados.

Em 2019, aumentou ainda mais a compressão dos gastos públicos discricionários no âmbito federal, como consequência do Teto de Gastos (EC nº 95). No primeiro semestre de 2019, houve queda de 24% nesses gastos discricionários em comparação com o mesmo período de 2018. Como reconheceu o próprio Ministério da Economia, "dentre as funções que mais sofreram estão as áreas da Saúde, Educação e Transportes cujos orçamentos juntos caíram mais de 30% nos primeiros seis meses".[175]

Tendo em vista a tendência de que o espaço das despesas discricionárias seja reduzido a zero na dinâmica natural do Teto de Gastos – em que as despesas obrigatórias continuam crescendo, ainda que lentamente, mas a despesa total está proibida de aumentar –, houve em 2021 uma importante mudança no regime originalmente previsto na EC nº 95. Nesse regime original, uma série de vedações (como, por exemplo, a realização de concurso público ou a criação de cargo que implique aumento de despesa) entrava em cena quando ficasse caracterizado o descumprimento da regra de que a despesa dos poderes da União estava limitada à despesa do ano anterior, corrigida pelo IPCA. Após a EC nº 109/2021, essas vedações

---

[172] COSTA, Raymundo; BITTAR, Rosângela, Temer aposta em alta do PIB acima de 3% em 2018. *Valor Econômico*, Brasília, 2 mar. 2017. Disponível em: https://valor.globo.com/politica/noticia/2017/03/02/temer-aposta-em-alta-do-pib-acima-de-3-em-2018.ghtml. Acesso em: 1º ago. 2024.

[173] O PIB teve um aumento de 1,3% em 2017, 1,8% em 2018 e 1,2% em 2019, valores insuficientes para reverter a queda acumulada entre 2015 e 2016, de mais de 6%.

[174] Em 2016, os investimentos do governo central representaram aproximadamente 0,4% do PIB, valor reduzido para aproximadamente 0,2% do PIB em 2019. Em 2010, esses investimentos representavam aproximadamente 0,8% do PIB e, em 2014, aproximadamente 0,6% do PIB – cf. PIRES, Manoel. *Investimentos Públicos*: 1947-2000. Observatório de Política Fiscal – FGV IBRE, Rio de Janeiro, 3 maio 2021. Disponível em: https://observatorio-politica-fiscal.ibre.fgv.br/series-historicas/investimentos-publicos/investimentos-publicos-1947-2020. Acesso em: 1º ago. 2024.

[175] DESPESAS discricionárias caem 24 no 1º semestre em comparação ao mesmo período de 2018. *Economia.gov*, 26 ago. 2019. Disponível em: http://www.economia.gov.br/noticias/2019/08/despesas-discricionarias-caem-24-no-1o-semestre-em-comparacao-ao-mesmo-periodo-de-2018. Acesso em: 12 dez. 2019.

(com algumas alterações em seu conteúdo) passaram a entrar em cena num momento anterior, quando verificado, "na aprovação da lei orçamentária", que, no âmbito das despesas sujeitas aos limites do Teto de Gastos, "a proporção da despesa obrigatória primária em relação à despesa primária total foi superior a 95%" (redação do *caput* do art. 109 do ADCT determinada pela EC nº 109/2021).

A dura reforma da previdência social, consolidada na EC nº 103/2019, foi apregoada à época de sua discussão pública como sendo capaz de frear os gastos obrigatórios nesse setor. E, de fato, logrou esse efeito. Com as contrações do PIB no período de 2014 a 2016, somadas à expansão real das despesas federais com o regime geral da previdência social durante as últimas décadas, esses gastos saltaram de 5,9% do PIB em 2008 para 8,7% do PIB em 2020. Com a colocação em prática das medidas restritivas da EC nº 103/2019, os gastos federais nesse setor foram contidos, e os gastos com o regime geral da previdência regrediram para 7,9% do PIB em 2021 e 2022, ficando em 8,3% do PIB em 2023.[176]

Nos três primeiros anos do regime do Teto de Gastos (2017-2019), o estoque da dívida pública continuou numa trajetória de alta, mas num ritmo bem menos acelerado do que nos anos anteriores, tendo em vista que já não se tinha um PIB em declínio (como em 2015 e 2016), e o Banco Central promoveu uma forte queda na taxa Selic entre agosto de 2016 e março de 2018, reduzindo-a de 14,25% ao ano para 6,5% ao ano.

## 1.4.2 As propostas de mudanças constitucionais apoiadas pelo Executivo federal em 2019 como estratégias de aprofundamento da austeridade fiscal

Em 2019, o governo federal adotou uma estratégia de, seguindo a receita de austeridade ultraliberal da EC nº 95/2016, combater a compressão dos gastos públicos discricionários (incluindo investimentos), buscando formas de promover cortes sensíveis nos gastos obrigatórios.

Aprovada a Emenda Constitucional nº 103, o Governo mudou o discurso e passou a afirmar que "a reforma da previdência não irá impedir o crescimento das despesas obrigatórias até meados da próxima década".[177]

Passou-se então a buscar um corte profundo nas despesas obrigatórias, tal como proposto na chamada PEC Emergencial apresentada pela bancada governista no final de 2019 (PEC nº 186/2019). Uma das medidas dessa proposta era a permissão de que, para o cumprimento dos limites da despesa com pessoal ativo e inativo/pensionistas nas três esferas da federação, fosse decretada a redução da jornada de trabalho de

---

[176] COSTANZI, Rogério Nagamine. Evolução da Despesa Previdenciária no Brasil, *FIPE – Temas de Economia Aplicada*, São Paulo, p. 16-28, jun. 2023; COSTANZI, Rogério Nagamine. Evolução da Despesa Previdenciária no Governo Federal de 2008 a 2023. *FIPE – Temas de Economia Aplicada*, São Paulo, p. 40-46, fev. 2024.

[177] Cf. Exposição de Motivos da PEC nº 186/2019.

servidores públicos, com redução proporcional dos vencimentos em até 25%. Essa proposta específica não foi aprovada pelo Congresso Nacional.

Em outra proposta apresentada no Senado (PEC nº 188/2019), abria-se a possibilidade de os entes federativos compensarem eventual gasto superior ao piso na educação com o descumprimento do piso na área da saúde e vice-versa. Aprovada a medida, virtualmente todos os entes federativos que gastam mais do que exige o piso na educação reduziriam seus gastos na área da saúde e vice-versa, transformando o que a Constituição instituiu como *piso* em algo que, na prática, funcionará como um *teto*.

Uma terceira proposta, também contida na PEC nº 188/2019, alterava substancialmente a redação do art. 213, §1º, da Constituição, que trata da possibilidade de o setor público usar recursos do orçamento para fornecer, no âmbito do ensino fundamental e médio, bolsas de estudo no setor privado. A redação atual do dispositivo é a seguinte:

> §1º Os recursos de que trata este artigo poderão ser destinados a bolsas de estudo para o ensino fundamental e médio, na forma da lei, para os que demonstrarem insuficiência de recursos, *quando houver falta de vagas e cursos regulares da rede pública na localidade da residência do educando, ficando o poder público obrigado a investir prioritariamente na expansão de sua rede na localidade*. (Itálicos nossos)

Deixando a nu a intenção do Governo Federal de reduzir os gastos e desmobilizar a rede pública de ensino básico existente e direcionar cada vez mais recursos às instituições privadas, a nova redação proposta para o dispositivo pela PEC nº 188 era a seguinte:

> §1º Os recursos de que trata este artigo poderão ser destinados a bolsas de estudo para o ensino básico, na forma da lei, para os interessados inscritos e selecionados que demonstrarem insuficiência de recursos, quando houver instituições cadastradas, segundo requisitos definidos em lei, na localidade da residência do educando.

Com a retirada das expressões grifadas do texto atual, abria-se caminho para as instituições privadas de ensino receberem alunos que hoje frequentam a rede pública. Com a mudança, não seria mais necessário, para a concessão das bolsas, que houvesse realmente falta de vagas ou de cursos regulares na rede pública na residência do aluno. Bastaria que houvesse interesse pelas bolsas e que essas, num cálculo financeiro, fossem consideradas pelos gestores públicos mais baratas do que a oferta do ensino na rede pública. Por outro lado, a mudança não mais considerava necessário que o Poder Público, ao conceder as bolsas, fizesse obrigatoriamente investimentos para expandir a rede pública de ensino nas respectivas localidades.

Com essa nova redação do §1º do art. 213 da Constituição, apoiada pelo Governo Federal em 2019, abria-se uma larga avenida para que, pouco a pouco, as instituições privadas de ensino com ânimo de lucro (e, em muitos casos, com capital estrangeiro e cotação em bolsa de valores) pudessem substituir, pouco a pouco, a rede pública, mediante bolsas de estudo ou *vouchers*. Tal como já ocorre há tempos no ensino superior brasileiro, a maioria das vagas no ensino básico poderia passar a estar sob controle de grandes grupos econômicos privados, muitos deles com capital internacional.[178]

Felizmente, a PEC nº 188 foi arquivada pelo Senado Federal no final de 2022.

### 1.4.3 A pandemia de COVID-19 e os impactos sobre as finanças públicas brasileiras e o direito financeiro[179]

No início de 2020, sobreveio a terrível pandemia de COVID-19, sem muitas prognoses possíveis nos seus momentos iniciais. Em seus primeiros meses, quando os contágios se iniciavam e as mortes diárias se contavam nos dedos, a reação do governo federal foi negar a gravidade e o potencial de destruição da doença, classificada com deboche, nos meios palacianos, como uma simples "gripezinha".[180] Essa simples "gripezinha", no ano de 2020, tirou a vida de 194.949 brasileiros.[181]

Após dois médicos[182] terem se afastado da titularidade do Ministério da Saúde por não aceitarem a postura negacionista e anticientífica que a presidência da República procurou definir para a pasta desde o início da pandemia, o governo federal decidiu manter indefinidamente no cargo um ministro interino, sem formação científica nem vivência pessoal ou profissional prévia na área da saúde. As credenciais do ministro interino eram a de ser militar e executar sem qualquer questionamento as ordens superiores.

Mesmo num contexto de mais de mil mortes ao dia, as necessárias medidas de isolamento social, tomadas em todo o mundo e objeto de sólido consenso científico e recomendação por autoridades sanitárias globais, foram consideradas pelo governo federal como desnecessárias e fruto de uma neurose ou histeria provocada por uma mídia que, pretensamente vendida ao "marxismo intelectual internacional", estaria exagerando, de má-fé, a gravidade e a letalidade da doença. Esse discurso foi repetido pela presidência da República e por órgãos superiores do governo federal desde

---

[178] Cf. CUNHA, Joana. Conglomerados do ensino superior avançam sobre a educação básica. *Folha de S. Paulo*, 17 jun. 2018. Disponível em: https://www1.folha.uol.com.br/mercado/2018/06/conglomerados-do-ensino-superior-avancam-sobre-a-educacao-basica.shtml. Acesso em: 11 dez. 2019.

[179] Esta seção se baseia nos estudos de GODOI, Marciano Seabra de. No epicentro da pandemia, no meio do redemoinho, In: MACHADO SEGUNDO, Hugo *et al.* (orgs.). *A pandemia da COVID-19 no Brasil em sua dimensão financeira e tributária*. Belo Horizonte: D'Plácido, 2020. p. 165-184; GODOI, Marciano Seabra de *et al.* A doença, o auxílio e as alternativas. In: TABOADA, Carlos Palao *et al.* (orgs.). *Finanças Públicas, Direito Financeiro e Direito Tributário em tempos de pandemia – Diálogos Ibero-americanos*. Belo Horizonte: D'Plácido, 2020. p. 13-45.

[180] IRÔNICO, filho '04' de Bolsonaro chama covid-19 de 'gripezinha': 'Peguei, passou'... *UOL Notícias*, Brasília, DF, 30 abr. 2020. Disponível em: https://noticias.uol.com.br/ultimas-noticias/agencia-estado/2020/04/30/ironico-filho-04-de-bolsonaro-chama-covid-19-de-gripezinha-peguei-passou.htm. Acesso em: 1º ago. 2020.

[181] BRASIL. Ministério da Saúde. *COVID-19 no Brasil*. Brasília, 2024. Disponível em: https://infoms.saude.gov.br/extensions/covid-19_html/covid-19_html.html#. Acesso em: 31 jul. 2024.

[182] Luiz Henrique Mandetta deixou o ministério em 16 de abril. Nelson Teich deixou o ministério em 15 de maio de 2020.

as primeiras semanas da pandemia e divulgado oficialmente em pronunciamento presidencial em cadeia nacional de rádio e televisão no dia 24 de março de 2020.

Pelo Decreto Legislativo nº 6, de 20 março de 2020, o Congresso Nacional decretou a ocorrência de estado de calamidade pública, com efeitos até 31 de dezembro de 2020. A decretação de estado de calamidade pública faz cessar uma série de amarras e limitações financeiras e orçamentárias previstas na Lei de Responsabilidade Fiscal (LC nº 101/2000). Além disso, o estado de calamidade dispensou os entes públicos de cumprirem a meta de resultado fiscal definida na Lei de Diretrizes Orçamentárias.

O passo seguinte foi a promulgação, pelo Congresso Nacional, da Emenda Constitucional nº 106, de 7 de maio de 2020. Essa emenda, conhecida como Emenda do "Orçamento de Guerra", instituiu um regime próprio, extraordinário, fiscal, financeiro e de contratações, com vistas a enfrentar a calamidade pública decorrente da pandemia, mas "somente naquilo em que a urgência for incompatível com o regime regular" (art. 2º). Um dos principais efeitos de tal emenda (art. 3º, *caput*) foi dispensar a União de aplicar as exigências da Lei de Responsabilidade Fiscal (notadamente em seus arts. 14 e 16) quanto a ações de combate à pandemia que implicassem renúncia de receitas ou criação, expansão ou aperfeiçoamento de ações governamentais com aumento da despesa pública.

Outro dispositivo da Constituição cuja aplicação a EC nº 106 dispensou enquanto durasse a calamidade pública foi o art. 167, III, segundo o qual fica vedada a realização de operações de créditos que excedam o montante das despesas de capital, ressalvadas as autorizadas mediante créditos suplementares ou adicionais com finalidade precisa e aprovados pelo Poder Legislativo por maioria absoluta.

Essa norma, chamada "regra de ouro", segue a lógica de que as despesas correntes do governo devem ser financiadas com os recursos dos tributos e demais receitas públicas patrimoniais e derivadas, e não com empréstimos ou novo endividamento. A aplicação da regra de ouro já estava em crise desde 2015; em junho de 2019, a regra de ouro teve de ser "excepcionada" mediante aprovação de um crédito suplementar de 248 bilhões de reais (Lei nº 13.843/2019). Em 2020, mesmo que não houvesse a crise da pandemia de COVID-19, a União teria que lançar mão de novos créditos suplementares a serem aprovados pelo Congresso para cumprir a regra de ouro.[183]

A Lei Complementar nº 173, de 27 de maio de 2020, estabeleceu o "Programa Federativo de Enfrentamento ao Coronavírus" e introduziu várias mudanças na Lei de Responsabilidade Fiscal. O espírito subjacente à Lei Complementar nº 173 foi o mesmo da EC nº 106: reconhecer a necessidade de os entes públicos aumentarem gastos e suspenderem pagamentos de dívidas somente *durante* e *em virtude* da pandemia, instituindo mecanismos para que essas flexibilizações da rigidez do equilíbrio orçamentário determinada pela Lei de Responsabilidade Fiscal não ultrapassassem o ano de 2020 e, adicionalmente, proibindo uma série de ações e gastos até o final de 2021.

---

[183] Sobre a "regra de ouro", vide o capítulo 6 da Parte I deste *Curso*.

As principais medidas da Lei Complementar nº 173 foram as seguintes:
a) suspensão do pagamento das dívidas estaduais, distrital e municipais para com a União e reestruturação das dívidas desses entes com instituições do sistema financeiro (âmbito interno) e instituições multilaterais de crédito (âmbito externo);
b) entrega pela União de 7 bilhões de reais para estados e Distrito Federal em 2020 para uso em ações de saúde e assistência social relacionadas ao combate à pandemia, com rateio de 60% conforme a população dos estados e de 40% conforme a taxa de incidência dos contágios em cada estado;
c) entrega pela União de 3 bilhões de reais para os municípios em 2020 para uso em ações de saúde e assistência social relacionadas ao combate à pandemia, com rateio conforme a população dos municípios;
d) entrega pela União de 30 bilhões de reais para estados e Distrito Federal em 2020 para mitigar as perdas fiscais de tais entes subnacionais provocadas pela pandemia, com rateio conforme valores constantes de um quadro anexo à Lei Complementar nº 173;
e) entrega pela União de 20 bilhões de reais para municípios em 2020 para mitigar as perdas fiscais de tais entes subnacionais provocadas pela pandemia, com rateio conforme as proporções do valor atribuído a cada estado conforme o quadro anexo mencionado no item anterior e, dentro de cada estado, conforme a população de cada município;
f) dispensa dos entes subnacionais, enquanto durasse o estado de calamidade decretado para o enfrentamento da COVID-19, de cumprirem os limites máximos de gastos com pessoal e os limites máximos de endividamento público (art. 65 da Lei de Responsabilidade Fiscal) e de cumprirem as exigências da Lei de Responsabilidade Fiscal (arts. 14, 16 e 17) quanto a ações de combate à pandemia que implicassem renúncia de receitas ou criação, expansão ou aperfeiçoamento de ações governamentais com aumento da despesa pública;
g) estabelecimento de uma nova configuração, mais analítica, da proibição de expansão de despesas com pessoal regulada no art. 21 da Lei de Responsabilidade Fiscal, que ganhou nova redação;
h) estabelecimento de uma nova regulamentação, mais analítica, do art. 65 da Lei de Responsabilidade Fiscal, que trata dos impactos e desdobramentos financeiros e orçamentários da decretação de calamidade pública;
i) proibição de que os entes subnacionais, até 31 de dezembro de 2021, concedessem aumentos a servidores, criassem novos cargos, auxílios ou bônus, realizassem concursos públicos, entre outras medidas restritivas – no caso de profissionais de saúde e de assistência social, a Lei Complementar permitiu excepcionalmente a criação de auxílios, vantagens e bônus para sua remuneração, desde que relacionados a medidas de combate à calamidade pública e somente enquanto ela durasse.

Na legislação ordinária, as principais medidas financeiras relacionadas ao combate dos efeitos econômicos da COVID-19 foram a instituição do Auxílio Emergencial de R$600,00 para trabalhadores informais, microempreendedores individuais e desempregados que não recebiam benefícios assistenciais ou previdenciários (Lei nº 13.982, de 2 de abril de 2020) e o benefício emergencial de preservação do emprego e da renda, aplicável aos casos de suspensão temporária de contratos de trabalho ou redução proporcional de jornada de trabalho e salário (Lei nº 14.020, de 6 de julho de 2020).

O Auxílio Emergencial da Lei nº 13.982 era um benefício *assistencial*,[184] no sentido de que, para fazer jus ao benefício, a legislação federal criou requisitos que levaram em conta a vulnerabilidade socioeconômica dos requerentes. Não tinham direito ao auxílio, por exemplo, indivíduos com emprego formal ativo, que recebessem seguro-desemprego ou outro benefício previdenciário, ou que tivessem renda familiar mensal *per capita* superior a meio salário mínimo ou renda familiar mensal total acima de três salários mínimos (art. 2º da Lei nº 13.982).

Contudo, numa demonstração clara de que a corrupção e a desonestidade não são comportamentos restritos aos governantes e funcionários públicos, mas entranhados culturalmente na própria sociedade civil, o Tribunal de Contas da União apurou que houve fraude massiva no que diz respeito à veracidade da autodeclaração dos requerentes do auxílio relativamente ao seu enquadramento naqueles limites de renda familiar.[185] Essa auditoria do Tribunal de Contas, cujo relatório foi aprovado pelo plenário do órgão, confirma os achados de um levantamento do Instituto Locomotiva, que apurou que um terço das famílias brasileiras das classes A e B requereram fraudulentamente o Auxílio Emergencial entre abril e maio de 2020, e 69% desses pedidos foram acatados pelo governo. A pesquisa ouviu 2.006 pessoas de 72 cidades do Brasil, no período de 20 a 25 de maio, numa amostra representativa da população nacional.[186]

No caso do benefício emergencial de preservação do emprego e da renda, seu valor foi calculado tomando como referencial o valor do seguro-desemprego a que teria direito o empregado. O número de trabalhadores que tiveram suspensão do contrato de trabalho ou redução proporcional de jornada de trabalho/salário e

---

[184] Medidas semelhantes foram adotadas por vários países para fazer frente ao quadro social caótico pós-COVID. Cf. PROGRAMA DAS NAÇÕES UNIDAS PARA O DESENVOLVIMENTO. *Temporary Basic Income*: Protecting Poor and Vulnerable People in Developing Countries. Julho 2020. Disponível em: https://www.undp.org/content/undp/en/home/librarypage/transitions-series/temporary-basic-income--tbi--for-developing-countries.html. Acesso em: 22 out. 2020.

[185] Segundo o Tribunal, aproximadamente 6 milhões de pessoas receberam o auxílio de modo fraudulento, gerando um prejuízo de dezenas de bilhões de reais. BRASIL. TRIBUNAL DE CONTAS DA UNIÃO. Plenário, TC 016.827/2020-1 [Apenso: TC 025.409/2020-4]. Relatório de Acompanhamento, Órgão: Ministério da Cidadania, Relator Brno Dantas, sessão de 26 ago. 2020.

[186] UM TERÇO da classe A e B pediu auxílio emergencial. *Valor Econômico*, Rio de Janeiro, 3 jun. 2020. Disponível em: https://valor.globo.com/brasil/noticia/2020/06/03/um-terco-da-classe-a-e-b-pediu-auxilio-emergencial.ghtml/. Acesso em: 2 nov. 2020.

receberam o benefício emergencial foi de aproximadamente 10 milhões, cerca de 30% do total de empregados com carteira assinada no país.[187]

Os demais gastos federais mais relevantes com a pandemia de COVID-19 incluíram, além das transferências para estados, Distrito Federal e municípios determinadas pela LC nº 173 e comentadas acima, a concessão de financiamentos a empresas para pagamento de folha salarial e despesas adicionais de ministérios, especialmente o Ministério da Saúde.

Num contexto aflitivo como o da pandemia, com o agravante de que a população mais pobre havia perdido nos anos 2014-2019 os ganhos sociais obtidos até 2013 em termos de redução de pobreza e desigualdade, o advento da pandemia de COVID-19 teria sido ainda mais catastrófico, jogando na extrema pobreza boa parte da população, não fosse a concessão do referido Auxílio Emergencial de R$600,00 mensais. Como se viu na seção 1.3.8 acima, a concessão do Auxílio Emergencial, no valor de R$600,00 mensais a partir de abril de 2020, dada sua cobertura social de aproximadamente 44% dos domicílios e 50% da população direta ou indiretamente beneficiada, teve um marcante efeito de redução da pobreza, da pobreza extrema e da insegurança alimentar da população brasileira.

As previsões iniciais dos organismos econômicos internacionais eram de que o PIB brasileiro regrediria em 2020 entre 7,4% e 9,2%,[188] mas a queda efetiva do PIB em 2020 foi de 3,3%, bem menor do que as previsões iniciais indicavam – uma redução inferior à ocorrida em 2016 (3,6%).

Com o grande aumento dos gastos primários do governo geral em 2020, o resultado primário desse ano foi completamente atípico: déficit de 9,49% do PIB, valendo notar que, no caso dos governos estaduais e municipais, não houve déficit primário e sim um superávit de 0,52% do PIB. Se, por um lado, os gastos primários foram atipicamente altos, os gastos com o pagamento dos juros da dívida pública foram atipicamente baixos em 2020, pelo menos para padrões brasileiros. Com efeito, como a taxa Selic já estava em patamares baixos no final de 2019 (4,5% ao ano) e o Banco Central a reduziu ainda mais no início de 2020 (chegando ao piso histórico de 2% ao ano em meados de 2020), o pagamento de juros em 2020 foi de "apenas" 4,2% do PIB, o menor da série histórica registrada pelo Banco Central em 2002.

Nos anos de 2021 a 2024, com o forte aumento da taxa Selic promovido pelo Banco Central a partir de março de 2021 (levando a taxa Selic para 13,75% ao ano a partir de agosto de 2022) e o fraco aumento do PIB no período, o pagamento dos juros seria crescente e bem superior aos valores pagos no ano da eclosão da pandemia:

---

[187] 10 MILHÕES de trabalhadores formais já tiveram redução de salário ou contrato suspenso. *G1*, Economia, São Paulo, SP, 10 jun. 2020. Disponível em: https://g1.globo.com/economia/noticia/2020/06/10/10-milhoes-de-trabalhadores-formais-ja-tiveram-reducao-de-salario-ou-contrato-suspenso.ghtml. Acesso em: 02 ago. 2020.

[188] IMF. *World Economic Outlook Update*, June 2020. Disponível em: https://www.imf.org/en/Publications/WEO/Issues/2020/06/24/WEOUpdateJune2020. Acesso em: 04 ago. 2020; CEPAL. *Informe Especial COVID-19*, nº 5, jul. 2020, Disponível em: https://www.cepal.org/pt-br/node/51767. Acesso em: 04 ago. 2020.

5,04% do PIB em 2021, 5,82% do PIB em 2022, 6,61% do PIB em 2023 e 7,48% do PIB em 2024 (12 meses acumulados até junho de 2024).[189]

No final de 2020, os mesmos estudos econômicos que mediram o forte impacto do Auxílio Emergencial na redução da pobreza e da extrema pobreza no ano em curso projetaram uma correspondente alta da pobreza e da extrema pobreza caso houvesse a queda do valor do auxílio a partir de 2021. O próprio Banco Central mediu os fortes impactos que o fim do Auxílio Emergencial teria sobre o consumo das famílias de baixa renda.[190] Em outubro de 2020, estudo de Daniel Duque, da Fundação Getulio Vargas, estimou que a redução do benefício de R$600,00 para R$300,00 já seria suficiente para fazer os índices de pobreza, extrema pobreza e desigualdade voltarem a patamares muito próximos daqueles que vigoravam antes do pagamento do auxílio.[191]

Outro aspecto que pronunciava que a diminuição do valor do Auxílio Emergencial levaria a uma grande alta nos índices de pobreza é o fato de que dezenas de milhares de domicílios brasileiros perderam em 2020 – vitimados pela COVID-19 – o seu único ou principal provedor: o idoso aposentado ou beneficiário de algum benefício assistencial.

Mesmo com todos esses estudos econômicos e mesmo sendo defendida por boa parte da classe política, a manutenção do Auxílio Emergencial em 2021 nos mesmos valores de 2020 foi rejeitada pelo governo federal, e o Auxílio Emergencial teve nos meses de 2021 um valor bem inferior ao de 2020. Segundo a avaliação da área econômica do governo federal, a pandemia de COVID-19 já estaria controlada e não teria impactos significativos em 2021 e, por isso, as regras do Teto de Gastos, excepcionadas pela calamidade pública em 2020, deveriam ser rigorosamente mantidas a partir de 2021. Ainda segundo essa visão, os gastos primários com pessoal deveriam ser reduzidos fortemente a partir de 2021 para todos os entes da federação, e novos investimentos públicos em áreas de infraestrutura deveriam ser descartados, deixando tal espaço exclusivamente para o capital privado.

Contra essa visão ortodoxa do governo federal se colocaram vários setores sociais e analistas econômicos. A tônica central dessa posição era que o Teto de Gastos, ao proscrever completamente qualquer aumento real dos gastos públicos por um período de no mínimo 10 anos, impedia qualquer política contracíclica e tinha graves efeitos recessivos sobre a economia.[192] De fato, a recuperação do PIB de 2017 a 2019, período posterior à EC nº 95/2016, foi insuficiente para levar a atividade econômica ao patamar de 2014, sendo que o nível de investimentos públicos foi reduzido ao mais baixo da história recente, não sendo correto afirmar que qualquer aumento do

---

[189] Vide BRASIL. Banco Central. *Estatísticas Fiscais – Nota para a Imprensa*. Disponíveis em: https://www.bcb.gov.br/estatisticas/estatisticasfiscais.

[190] KUPFER, José Paulo. BC avalia que fim do auxílio emergencial terá impacto negativo no consumo. *UOL*, 24 set. 2020. Disponível em: https://economia.uol.com.br/colunas/jose-paulo-kupfer/2020/09/24/bc-avalia-que-fim-do-auxilio-emergencial-tera-impacto-negativo-no-consumo.htm. Acesso em: 8 nov. 2020.

[191] Informações disponíveis em: https://blogdoibre.fgv.br/posts/auxilio-emergencial-para-de-crescer-em-agosto-e-pobreza-cai-de-novo-com-reducao-do-beneficio. Acesso em: 5 nov. 2020.

[192] DWECK; OLIVEIRA; ROSSI (orgs.). *Austeridade e retrocesso*: impactos sociais da política fiscal no Brasil. São Paulo: Brasil Debate e Fundação Friedrich Ebert, 2018.

gasto público ou do endividamento público leve necessariamente a um aumento da inflação e das taxas de juros.[193]

O economista André Lara Resende vem nos últimos anos formulando uma sólida análise crítica do diagnóstico econômico e da condução tradicional da política monetária e fiscal no Brasil.[194] É falsa, segundo ele, a visão de que a expansão da base monetária provoque necessariamente inflação e de que todo e qualquer aumento de gasto primário signifique necessariamente um Estado inchado e clientelista. Segundo Lara Resende, o Estado pode e deve investir de forma produtiva, inclusive para induzir o investimento privado, e o controle dos gastos públicos deve existir não como um valor em si mesmo, mas como uma forma de buscar inovação competitiva e evitar que interesses patrimonialistas deles se apropriem.[195]

A proposta dessa visão contraposta à orientação governamental era o abandono definitivo ou, pelo menos, a flexibilização em 2021 da rigidez orçamentária do Teto de Gastos, rejeitado como "fórmula mágica" para o desenvolvimento nacional,[196] viabilizando o aumento de gastos públicos virtuosos (investimentos com alto efeito multiplicador e complementares aos da iniciativa privada, e gastos sociais para redução da pobreza). Ainda segundo essa visão, haveria espaço para financiar pelo menos uma parte da expansão momentânea dos gastos públicos com reformas legislativas que atacassem a crônica regressividade da carga tributária e aumentassem os ônus contributivos dos mais ricos.[197] O próprio Fundo Monetário Internacional apoiou essa visão:[198]

> Países com reduzido espaço fiscal e menos acesso a financiamento devem proteger o investimento público e as transferências para famílias de baixa renda, aumentando

---

[193] Cf. TETO de gastos, a âncora da estagnação brasileira e da crise social - Profissionais que trabalham com economia assinam manifesto pela extinção da Emenda Constitucional nº 95. *Folha de São Paulo*, São Paulo, 21 ago. 2020.

[194] RESENDE, André Lara. *Consenso e contrassenso – por uma economia não dogmática*. São Paulo: Portfólio-Penguin, 2020; RESENDE, André Lara. *Juros, moeda e ortodoxia*. São Paulo: Portfólio-Penguin, 2017.

[195] RESENDE, André Lara. O sequestro da imaginação. *Valor Econômico*, São Paulo, 6 ago. 2024. Disponível em: https://valor.globo.com/brasil/coluna/o-sequestro-da-imaginacao.ghtml. Acesso em: 6 ago 2024.

[196] Élida Graziane Pinto alertou para o risco de que o teto de despesas primárias provocasse a completa paralisação de serviços públicos essenciais já em 2021 e concluiu: "Ao pressupormos que a calamidade pública reconhecida pelo Congresso Nacional (na forma do Decreto Legislativo nº 6/2020) supostamente findará no final deste ano e nada fizermos para mudar o ordenamento atualmente vigente, o teto se imporá como fronteira do 'pensamento mágico' em 2021, ainda que isso custe outras milhares de mortes evitáveis". PINTO, Élida Graziane. Justiça social de transição no PLOA/2021 para o déficit de 100 mil vidas, *Consultor Jurídico*, 11 ago. 2020.

[197] Nesse sentido, vide CARDOSO, Laura. A bomba-relógio do fim do auxílio emergencial. *Nexo Jornal*, 29 out. 2020. Disponível em: https://www.nexojornal.com.br/colunistas/2020/A-bomba-rel%C3%B3gio-do-fim-do-aux%C3%ADlio-emergencial. Acesso em: 8 nov. 2020.

[198] INTERNATIONAL MONETARY FUND. *Fiscal Monitor*: Policies for the Recovery, Washington, October 2020, p. xii. Esse posicionamento do FMI gerou revolta na equipe econômica do governo federal. Cf. DIAGNÓSTICO fiscal do FMI aborrece equipe econômica. *Valor Econômico*, Brasil, 4 nov. 2020. Disponível em: https://valor.globo.com/brasil/noticia/2020/11/04/diagnostico-fiscal-do-fmi-aborrece-equipe-economica.ghtml. Acesso em: 8 nov. 2020.

a tributação progressiva e assegurando que empresas altamente lucrativas tenham uma carga tributária apropriada, em prol de um ajuste que favoreça um crescimento equitativo. (Tradução livre)

A trágica realidade do ano de 2021 comprovou que eram levianas e temerárias as afirmações do ministro da Economia, anunciadas no final de 2020, de que "agora, a pandemia está descendo", "a crise de COVID-19 está controlada".[199] Em 2021, a COVID-19 foi muito mais letal do que em 2020, matando 424.107 brasileiros contra 194.949 no ano de 2020.[200] Como o governo federal decidiu reduzir sensivelmente o valor do Auxílio Emergencial a partir de janeiro de 2021,[201] os prenunciados efeitos sobre o aumento da desigualdade, pobreza, extrema pobreza e insegurança alimentar se confirmaram. O índice de Gini medido pelo Banco Mundial subiu de 48,9 para 52,9, o mesmo ocorrendo com o índice calculado pelo IBRE-FGV (que subiu de 0,522 para 0,543). Em 2021, os índices de insegurança alimentar no país voltaram a subir, ultrapassando os alarmantes índices de 2019.[202] Como era de se esperar, o número de pessoas vivendo no Brasil abaixo da linha da pobreza de R$210,00 mensais aumentou de 7,6% da população em 2020 para 10,8% da população brasileira em 2021, um aumento de 7,2 milhões de pessoas.[203]

Num estudo publicado no início de 2021, o Centro de Pesquisa em Macroeconomia das Desigualdades da FEA/USP concluiu que o Auxílio Emergencial pago em 2020 contribuiu não só para reduzir os índices de pobreza e extrema pobreza, como também para evitar uma queda ainda maior no PIB brasileiro:[204]

> Nossas simulações indicam que, com um gasto equivalente a 4,1% do PIB de 2020, o Auxílio foi responsável por evitar que nossa economia caísse entre 8,4% e 14,8% do ano passado. A redução no consumo das famílias poderia ter diminuído entre 11 e 14,7% na ausência desse benefício, ao invés de sofrer a queda de 6% prevista atualmente. Estimamos também que o efeito multiplicador do Auxílio serviu como estabilizador

---

[199] HESSEL, Rosana. Guedes volta a afirmar que a economia está se recuperando em V. *Correio Braziliense*, Economia, Brasília, 6 nov. 2020. Disponível em: https://www.correiobraziliense.com.br/economia/2020/11/4887195-guedes-volta-a-afirmar-que-economia-esta-se-recuperando-em-v.html. Acesso em: 3 ago. 2024.

[200] BRASIL. Ministério da Saúde. *COVID-19 no Brasil*. Brasília, 2024. Disponível em: https://infoms.saude.gov.br/extensions/covid-19_html/covid-19_html.html#. Acesso em: 31 jul. 2024.

[201] Em 2021, ano mais letal da pandemia de COVID-19 no Brasil, sob a alegação de que a pandemia já estava controlada, o Executivo federal reduziu o público-alvo do benefício de mais de 66 milhões para aproximadamente 45 milhões. Também o valor de R$600,00 mensais, que vigorou até agosto de 2020 e havia sido reduzido para R$300,00 mensais a partir de setembro de 2020, foi reduzido ainda mais em 2021, para uma quantia mensal entre R$150,00 e R$375,00.

[202] Em 2021, segundo a agência da ONU responsável por monitorar a segurança alimentar nos países, 30,2% da população brasileira não tinham condições de garantir uma nutrição saudável, o maior índice registrado nos últimos anos. FAO; IFAD; UNICEF; WFP; WHO. 2024. *The State of Food Security and Nutrition in the World 2024 – Financing to end hunger, food insecurity and malnutrition in all its forms*. Roma, 2024.

[203] NERI, Marcelo; HECKSHER, Marcos. *A Montanha-Russa da Pobreza*. Rio de Janeiro: jun. 2022, FGV Social, p. 5.

[204] SANCHES, Marina; CARDOMINGO, Matias; CARVALHO, Laura. Quão mais fundo poderia ter sido esse poço? Analisando o efeito estabilizador do Auxílio Emergencial em 2020. *Nota de Política Econômica nº 007*, 2021. MADE/USP.

da razão dívida/PIB não apenas pelo aumento no denominador, mas também por atenuar a queda da arrecadação de impostos em meio à recessão. Ao analisarmos o comportamento da Dívida Líquida do Setor Público identificamos que sua relação com o PIB poderia ter se elevado em 3 pontos percentuais acima do observado caso o auxílio e seu impacto multiplicador não tivessem existido. Assim, é possível concluir que, apesar da magnitude elevada de nossos gastos no combate à pandemia em proporção ao PIB – entre os vinte maiores do mundo, segundo o FMI – seus impactos macroeconômicos foram substantivos. Desta forma, a interrupção abrupta do benefício pode não apenas elevar indicadores de pobreza e desigualdade, como também prejudicar nossas perspectivas de retomada econômica em 2021.

No ano de 2021, o superávit primário do governo geral foi de 0,73% do PIB, que cresceu, em relação a 2020, 4,8%. Levando em conta as conclusões do estudo da FEA/USP mencionado acima, pode-se concluir que, caso o governo houvesse mantido o valor e o público-alvo do Auxílio Emergencial em 2021, poderia ter havido, ao mesmo tempo, menos pobreza/extrema pobreza/insegurança alimentar e mais crescimento econômico no país.

No final de 2021, o governo federal criou o Auxílio Brasil, que substituiu o Programa Bolsa Família. O Auxílio Emergencial, criado em 2020 e reduzido em 2021, foi descontinuado em outubro. As pessoas que recebiam o Auxílio Emergencial, mas não estavam incluídas também no Bolsa Família, deixaram de receber recursos assistenciais, um contingente de aproximadamente 20 milhões de pessoas.[205]

### 1.4.4 O desgaste do Teto de Gastos e as situações em que o Congresso Nacional decidiu não o aplicar

Em 2022, ano de eleições gerais, o governo federal mudou completamente sua visão econômica ortodoxa de austeridade fiscal e passou a aumentar freneticamente os valores e o alcance dos programas assistenciais, mesmo que isso implicasse quebra do Teto de Gastos. Visando aumentar as chances de reeleição do presidente da República, o orçamento do Auxílio Brasil foi duplicado em 2022, e o número de beneficiários do programa, que era de 14,5 milhões em dezembro de 2021, passou a ser de 21,6 milhões em dezembro de 2022, tendo havido nos novos cadastros muitas fraudes, que o governo federal preferiu não investigar no período anterior às eleições.[206]

Com efeito, se no *modo normal* de sua política econômica colocada em prática até 2021 o governo federal sempre havia apoiado a austeridade do Teto de Gastos, vetando inclusive a realização de gastos com a universalização de internet banda

---

[205] RECEBIA o Auxílio Emergencial, vou receber o Auxílio Brasil? Entenda. *G1*, Globo, São Paulo, 16 nov. 2021. Disponível em: https://g1.globo.com/economia/auxilio-emergencial/noticia/2021/11/16/auxilio-emergencial-e-auxilio-brasil-entenda.ghtml. Acesso em: 4 ago. 2024.

[206] Cf. MADEIRO, Carlos; DESIDÉRIO, Mariana. Puxada por Auxílio Brasil inflado, renda do brasileiro subiu 6,9% em 2022. *UOL Economia*, São Paulo, 11 maio 2023. Disponível em: https://economia.uol.com.br/noticias/redacao/2023/05/11/pnad-2022.htm. Acesso em: 4 ago. 2024.

larga nas escolas da educação básica[207] e com o fornecimento de absorventes íntimos a estudantes e pessoas pobres alegando falta de recursos orçamentários,[208] no *modo pânico* colocado em prática a partir de meados de 2022 multiplicou-se o orçamento para o Auxílio Brasil e o Auxílio Gás, além da criação de um *voucher* ou *pix* caminhoneiro no valor mensal individual de mil reais, medidas que representaram um total de mais de 30 bilhões de reais a serem gastos em apenas poucos meses.[209]

Essa explosão de gastos assistenciais no segundo semestre de 2022 foi autorizada pelo Congresso Nacional por meio da Emenda Constitucional nº 123, que constituiu não o único, mas certamente o mais marcante afastamento da aplicação do Teto de Gastos aprovado pela Emenda Constitucional nº 95 em 2016.

O Supremo Tribunal Federal, em 2024, no julgamento da Ação Direta de Inconstitucionalidade nº 7.212, decidiu que os artigos 3º, 5º e 6º da EC nº 123 eram inconstitucionais, visto que violavam "o princípio da igualdade de oportunidades entre os candidatos, ao ampliar a concessão de benefícios sociais em ano eleitoral". Esses dispositivos, com base numa artificiosa decretação de "estado de emergência decorrente da elevação extraordinária e imprevisível dos preços do petróleo, combustíveis e seus derivados e dos impactos sociais dela decorrentes", autorizaram pagamentos adicionais e extraordinários nos programas Auxílio Brasil e Auxílio Gás dos brasileiros e criaram auxílios para os caminhoneiros, tudo isso às vésperas das eleições gerais. O STF considerou que, apesar do término do prazo de vigência da EC nº 123 em 31.12.2022, seria necessário declarar a inconstitucionalidade da emenda constitucional "para evitar que eventuais medidas semelhantes prejudiquem a igualdade na disputa eleitoral", resguardando os efeitos das medidas em relação aos "cidadãos que receberam os benefícios de boa-fé".[210]

Antes da EC nº 123, o Congresso Nacional já havia autorizado em algumas ocasiões a não aplicação do Teto de Gastos – por exemplo, em 2019, com a Emenda Constitucional nº 102, que excetuou do Teto de Gastos o valor das transferências a estados, Distrito Federal e municípios de parte dos valores arrecadados com os leilões relacionados à exploração de petróleo no âmbito do pré-sal.

---

[207] BRASIL. Câmara dos Deputados. *Bolsonaro veta ajuda financeira para internet de alunos e professores da escola pública*, 19 mar. 2021, Brasília. Disponível em: https://www.camara.leg.br/noticias/737836-bolsonaro-veta-ajuda-financeira-para-internet-de-alunos-e-professores-das-escolas-publicas#:~:text=O%20presidente%20Jair%20Bolsonaro%20vetou,ensino%20em%20decorr%C3%AAncia%20da%20pandemia. Acesso em: 4 ago. 2024.

[208] BRASIL. Senado Federal. *Bolsonaro veta distribuição de absorventes a estudantes e pessoas pobres*, 7 out. 2021, Brasília. Disponível em: https://www12.senado.leg.br/noticias/materias/2021/10/07/bolsonaro-veta-distribuicao-de-absorventes-a-estudantes-e-mulheres-pobres#:~:text=Ouvido%20o%20Minist%C3%A9rio%20da%20Economia,de%20beneficiadas%2C%20tais%20como%20estudantes. Acesso em: 4 ago. 2024.

[209] VENTURA, Manoel. PEC dos combustíveis deve custar R$ 34,8 bilhões em ano eleitoral. *O Globo*, Brasília, 24 jun. 2022. Disponível em: https://oglobo.globo.com/economia/noticia/2022/06/pec-dos-combustiveis-deve-custar-r-348-bilhoes-em-ano-eleitoral.ghtml. Acesso em: 4 ago. 2024.

[210] BRASIL. Supremo Tribunal Federal. Informação à Sociedade, *ADI 7.212 Ampliação de benefícios sociais às vésperas das eleições*, Brasília, 1º ago. 2024. Disponível em: https://noticias.stf.jus.br/postsnoticias/stf-invalida-emenda-que-instituiu-estado-de-emergencia-em-2022-e-ampliou-beneficios-em-ano-eleitoral/. Acesso em: 4 ago. 2024.

Em 2021, por duas vezes o Congresso Nacional autorizou que o Teto de Gastos fosse excepcionado: no início do ano, a Emenda Constitucional nº 109, de março de 2021, autorizou o governo federal a não aplicar o Teto de Gastos, a *regra de ouro* e outras limitações da Lei de Responsabilidade Fiscal a um valor de até R$44 bilhões a título de "auxílio emergencial residual para enfrentar as consequências sociais e econômicas da pandemia de Covid-19"; no final do ano, a Emenda Constitucional nº 113, de 8 de dezembro de 2021, fez a mesma ressalva com relação a um valor de até R$15 bilhões, "a ser destinado exclusivamente ao atendimento de despesas de vacinação contra a COVID-19 ou relacionadas a ações emergenciais e temporárias de caráter socioeconômico".

### 1.4.5 A substituição do *Teto de Gastos* pelo *Novo Arcabouço Fiscal* previsto pela Emenda Constitucional nº 126/2022 e regulado pela Lei Complementar nº 200/2023

Após a realização dos dois turnos da eleição presidencial, o Congresso Nacional promulgou a Emenda Constitucional nº 126, de 21 de dezembro de 2022. Essa emenda determinou que o presidente da República enviasse ao Congresso Nacional, até 31 de agosto de 2023, um projeto de lei complementar com o objetivo de instituir um "regime fiscal sustentável para garantir a estabilidade macroeconômica do País e criar as condições adequadas ao crescimento socioeconômico", inclusive quanto ao cumprimento da chamada *regra de ouro*, prevista no inciso III do *caput* do art. 167 da Constituição. A Emenda Constitucional nº 126 determinou que, tão logo fosse sancionada a lei complementar que instituísse tal "regime fiscal sustentável", o regime do Teto de Gastos criado pela Emenda Constitucional nº 95 estaria revogado.

Com relação ao orçamento federal de 2023, que se manteve regido pelo regime do Teto de Gastos, a Emenda Constitucional nº 126 determinou que o limite de gastos do Poder Executivo fosse aumentado em R$145 bilhões, valor estimado para a realização das despesas necessárias para manter o valor do Auxílio Brasil em R$600,00 mensais (a lei orçamentária aprovada para 2023, pelas limitações do Teto de Gastos, previa a diminuição do Auxílio para R$400,00 mensais), acrescido de um adicional de R$150,00 por criança de até 6 anos e de um adicional de R$50,00 por criança ou adolescente de 7 a 18 anos e por gestante. Além de cobrir tais despesas, estimou-se que o valor de R$145 bilhões seria capaz de custear o programa Farmácia Popular e o retorno da política de valorização real do salário mínimo.

Assim como a Emenda Constitucional nº 109/2021 havia determinado em relação aos R$44 bilhões destinados ao financiamento do Auxílio Emergencial, a Emenda Constitucional nº 126/2022 dispensou a aplicação da *regra de ouro* com relação à realização desses gastos de R$145 bilhões em 2023. Ou seja, dita emenda constitucional autorizou que a União levantasse tais recursos por meio de operações de crédito, sem aplicação da regra de que o montante total das operações de crédito não pode exceder o montante das despesas de capital (art. 167, III, da Constituição).

O presidente da República enviou ao Congresso Nacional, em abril de 2023, um projeto de lei complementar (PLP nº 93/2023) para instituir o "regime fiscal sustentável" mencionado pela Emenda Constitucional nº 126. Em 30 de agosto de 2023, foi sancionada a Lei Complementar nº 200, que regulou o referido regime fiscal sustentável, mais conhecido como *Novo Arcabouço Fiscal*, com a palavra "novo" indicando que se trata de algo que vem substituir o "antigo" Teto de Gastos.

É importante registrar que o Novo Arcabouço instituído pela LC nº 200 também é um regime de austeridade fiscal, com a diferença de que é bem menos drástico do que o regime do Teto de Gastos. Ambos os regimes procuram limitar o crescimento real das despesas públicas e evitar o crescimento da dívida pública em proporção do PIB.

Uma das diferenças marcantes entre os regimes é que, no antigo Teto de Gastos, o desempenho das receitas primárias e o cumprimento da meta de resultado primário do governo federal eram completamente irrelevantes para determinar a variação das despesas primárias (cujo aumento real era simplesmente proibido). Já no Novo Arcabouço, o desempenho das receitas e o alcance da meta de resultado primário é que determinarão o montante exato da variação real das despesas primárias, entre um piso mínimo de 0,6% e um teto máximo de 2,5% em relação às despesas do ano anterior.

A orientação básica do Novo Arcabouço é que, quanto mais as receitas primárias do ano anterior subirem e quanto mais rigorosamente o governo conseguir cumprir a meta de superávit primário assumida na Lei de Diretrizes Orçamentárias, tanto maior poderá ser a variação real das despesas primárias.

Por outro lado, a variação das despesas primárias deve ser sempre inferior, em valores absolutos, ao aumento real das receitas primárias do ano anterior, uma regra que indica claramente o perfil de austeridade do regime regulado na LC nº 200/2023. Esse perfil de austeridade fiscal é também explícito na medida em que, caso não se cumpra a meta de resultado primário, dispara-se automaticamente um gatilho com uma série de vedações orçamentárias de expansão de despesas, vedações que são menos restritivas no primeiro ano de descumprimento da meta e bem mais restritivas no segundo ano de descumprimento da meta.

Em conclusão, pode-se dizer que ocorreu em 2023 a substituição de um regime de austeridade fiscal *mais restritivo* por um regime de austeridade fiscal *menos restritivo*, no qual o Poder Executivo passa a ter incentivos para expandir com eficiência sua receita primária, definir com realismo as metas de resultado primário e perseguir com afinco o cumprimento de tais metas. Para mais detalhes sobre o Novo Arcabouço Fiscal criado pela Lei Complementar nº 200/2023, vide o Capítulo 3 da Parte I deste *Curso*.

## 1.5 Panorama histórico dos programas brasileiros de privatização e desestatização

A Tabela 1 a seguir demonstra a evolução dos modelos de desenvolvimento industrial brasileiro, que se perfez fundamentalmente baseado na proliferação de estruturas estatais. Esse modelo entra em declínio a partir da década de 80, bastante influenciada pelos choques do petróleo em 1973 e 1979, pela restrição de liquidez de dólares e pelo incremento dos juros de dívida externa, o que levou o país a conviver, nesse período, com taxas de inflação relativamente altas e com mecanismos de indexação inflacionária.[211]

Tabela 1 – Industrialização brasileira em fase

| 1ª fase | Décadas de 1930 e 1940 | Indústria de base e de bens não duráveis (vestuário, alimentos processados e calçados) | Divisas provenientes principalmente de exportações do café |
|---|---|---|---|
| 2ª fase | Décadas de 1950 e 1960 | Indústria de bens duráveis (eletrodomésticos e automóveis) | Divisas provenientes principalmente de exportações do café e investimento estrangeiro direto (IED) |
| 3ª fase | Décadas de 1970 e 1980 (nesta última, o modelo entra em colapso) | Indústria de bens de capital e tecnologia | Divisas provenientes principalmente de exportações do café, investimento estrangeiro direto (IED) e dívida externa |

Fonte: FERRAZ, Luciano; ALMEIDA, Thiago Ferreira. Panorama dos programas brasileiros de privatização: trinta anos depois. In: DI PIETRO, Maria Sylvia Zanella; MOTTA, Fabrício (Coord.). *O direito administrativo nos 30 anos da Constituição*. Belo Horizonte: Fórum, 2018.

Na década de 80, a "década perdida", principia, por assim dizer, um fenômeno essencial para a compreensão da atual conjuntura econômica brasileira. Já se projetava desde então a vertente de diminuição da participação do Estado, com estímulos aos movimentos de desestatização (privatização e contratos de concessão e parcerias com o setor privado). Em 1989, elaborou-se nos EUA o entendimento de que os países capitalistas deveriam adotar um modelo de crescimento autossustentável, conhecido como "Consenso de Washington".

No mesmo ano anunciou-se naquele país o Plano Brady, que teve como elemento principal a reestruturação da dívida soberana de 32 países, pela troca de dívida por

---

[211] "A alta participação do Estado e a convivência com elevadas taxas de inflação foram, porém, questionadas ao final dos anos 1970 e início dos anos 1980, com o advento do segundo choque do petróleo e dos juros internacionais. Na realidade, a esses choques se seguiu uma situação de crise de liquidez externa (sobretudo a partir da moratória do México em 1982) e de crise da dívida, com consequências substantivas sobre o processo inflacionário. A bem dizer, nos anos que compreendem o final dos anos 1970 até o final dos anos 1980, o Brasil foi submetido a choques de diversas ordens, que levaram o país a uma situação de severa restrição externa, com implicações diretas sobre o crescimento da economia" (GIAMBIAGI, Fábio; VILLELA, André; CASTRO, Lavinia Barros de; HERMANN, Jennifer *et al.* (Org.). *Economia brasileira contemporânea*: 1945-2010. 2. ed. Rio de Janeiro: Elsevier, 2011. p. 135).

bônus de emissão do governo, que contemplava o abatimento do encargo da dívida. Os reflexos desse movimento nos países da América Latina foram as sucessivas medidas de abertura econômica e de privatização. O Brasil aderiu ao Plano Brady em 1992[212] e as medidas de desestatização ocorreram fundamentalmente a partir dos Governos Collor (1990-1992), Itamar (1992-1995) e Fernando Henrique Cardoso (1995-2003).

O Programa Nacional de Desestatização foi criado, durante o Governo Collor (1990-1992), pela Lei nº 8.031/90, tendo sido alterado pela Lei nº 9.491/97 (Governo FHC 1). A legislação definiu como objetivos gerais do PND a reordenação da posição estratégica do Estado na economia, transferindo à iniciativa privada as atividades antes exploradas pelo setor público, a retomada de investimentos em empresas e a tentativa de concentração da Administração Pública nas áreas em que a participação do Estado fosse essencial.

O movimento brasileiro pela desestatização na década de 1990 atuou em empresas e instituições financeiras controladas direta ou indiretamente pela União, as quais haviam sido criadas pelo setor privado, mas seu controle fora repassado ao Estado, serviços públicos objeto de concessão, permissão ou autorização, instituições financeiras públicas estaduais e bens móveis e imóveis da União, conforme art. 2º do Plano Nacional de Desestatização.

Valerio[213] apresenta os resultados do PND durante o Governo Collor (1ª fase):
- inclusão de 68 empresas no PND (Plano Nacional de Desestatização);
- desestatização de dezoito empresas nos setores siderúrgico, de fertilizantes e petroquímico, como Aços Finos Piratini, CNA, Copesul, Cosinor, CST, Fosfértil, Petroflex e Usiminas;
- predomínio da utilização de títulos da dívida pública federal como meio de pagamento;
- arrecadação de US$4 bilhões.

Ainda segundo Valerio,[214] no Governo Itamar, a Lei nº 8.031/90 foi alterada para permitir a admissão da participação do capital estrangeiro em até 100% do capital votante das empresas, cujas ações fossem alienadas. Além disso, a Lei nº 8.177/91 dispôs em seu art. 30 que os recursos em moeda corrente, obtidos nos leilões de privatização, fossem usados para amortizar a dívida pública federal de emissão do Tesouro Nacional e custear programas ou projetos nas áreas da ciência e tecnologia, saúde, defesa, segurança pública e meio ambiente. Durante o Governo Itamar (2ª fase) foram determinados os seguintes resultados:
- conclusão da desestatização no setor siderúrgico;
- desestatização de quinze empresas, como Acesita, Açominas, Cosipa, CSN, Goiasfértil, Petroquímica União e Ultrafértil;

---

[212] GIAMBIAGI, Fábio; VILLELA, André; CASTRO, Lavinia Barros de; HERMANN, Jennifer *et al.* (Org.). *Economia brasileira contemporânea: 1945-2010*. 2. ed. Rio de Janeiro: Elsevier, 2011. p. 135-136.

[213] VALERIO, Alexandre Scigliano. Privatização no Brasil: evolução histórica, dados oficiais e críticas. *Revista do Tribunal de Contas do Estado de Minas Gerais – TCEMG*, 2008.

[214] VALERIO, Alexandre Scigliano. Privatização no Brasil: evolução histórica, dados oficiais e críticas. *Revista do Tribunal de Contas do Estado de Minas Gerais – TCEMG*, 2008.

- alienação de participações minoritárias;
- arrecadação de US$4,6 bilhões.

Com o objetivo de adequar a Constituição da República às iniciativas de desestatização na década de 1990, o 1º Governo de FHC (1995-1999) aprofundou o programa de privatizações e inaugurou o ciclo das concessões (Lei nº 8.987/95 e Lei nº 9.074/95), imprimindo alterações substanciais na Constituição de 1988, por meio das EC nº 5, 6, 7, 8 e 9, todas de 1995.

Deveras, é a partir de 1996:

> quando se caminha para os serviços públicos, para a infraestrutura, quando se complementa esta Lei de Privatização que ficou sozinha durante muitos anos com a Lei de Concessões, e finalmente, quando há a quebra dos monopólios constitucionais e os volumes da privatização começam a se tornar significativos macroeconomicamente, porque, antes, falava-se em reduzir dívidas com rendas de valores pouco representativos em relação aos desequilíbrios que a economia brasileira apresentava. Não tenho qualquer dúvida de que foram os grandes déficits em conta corrente, os grandes déficits fiscais que ampliaram e aceleraram a privatização em 1996, contribuindo para essa mudança nesse terceiro estágio.[215]

Segundo Valerio,[216] são resultados dos dois mandatos do Presidente FHC:
- desestatização de empresas e participações minoritárias federais, como Banco Meridional, Caraíba, empresas do Sistema Telebrás, Escelsa, Gerasul, Light, Petrobras e Vale;
- concessão de serviços públicos à iniciativa privada, como serviços ferroviários, portuários e telefônicos (fixo comutado e móvel celular);
- início das privatizações estaduais (Baneb, Banerj, Bemge, Cachoeira Dourada, CEEE-Centro-Oeste, CEEE-Norte-NE, CEG, Celpa, Cemig, Cerj, Cesp-Parapanema, Cesp-Tietê, Coelba, Comgás, Cosern, CPFL, Credireal, CRT, EBE, Elektro, Eletropaulo, Enersul e Sabesp, entre outras);
- arrecadação total (PND, telecomunicações e privatizações estaduais) de US$78,8 bilhões.

Durante os Governos Lula 1 e 2 (2004-2011), houve a continuidade do processo de desestatização, porém com foco em alternativa de parceria entre o setor público e o setor privado para execução de serviços e infraestrutura públicos. O principal marco legal foi a promulgação da Lei das Parcerias Público-Privadas, Lei nº 11.079/04, que definiu normas gerais para a licitação e contratação desse tipo no âmbito da Administração

---

[215] MODIANO, Eduardo. Um balanço da privatização nos anos 90. In: PINHEIRO, Armando Castelar; FUKASAKU, Kiichiro (Ed.). *A privatização no Brasil*: o caso dos serviços de utilidade pública. Rio de Janeiro: Banco Nacional de Desenvolvimento Econômico e Social – BNDES; Ministério do Desenvolvimento, Indústria e Comércio Exterior, 2000.

[216] VALERIO, Alexandre Scigliano. Privatização no Brasil: evolução histórica, dados oficiais e críticas. *Revista do Tribunal de Contas do Estado de Minas Gerais – TCEMG*, 2008.

Pública em todos os níveis. Os resultados desse processo de desestatização durante o Governo Lula são assim apresentados por Valerio:[217]

- continuidade da outorga de concessões para exploração de serviços de energia elétrica;
- alienação de participações minoritárias em empresas de telefonia e na Vale;
- venda de ações representantes de 7,6% do capital do Banco do Brasil;
- realização do primeiro leilão de concessões de rodovias federais, que incluiu sete trechos, entre os quais Fernão Dias e Régis Bittencourt;
- alienação de participações minoritárias nos bancos estaduais do Ceará e Maranhão, que haviam sido federalizados;
- venda da Companhia de Transmissão de Energia Elétrica Paulista – CTEEP;
- arrecadação total (PND, telecomunicações e privatizações estaduais) de US$400 milhões (até dezembro de 2005).

Observa-se que o Governo Lula deu continuidade, porém de forma mais tímida, ao modelo de concessões no setor de infraestrutura; a maior participação da iniciativa privada no desenvolvimento econômico veio por intermédio de programas governamentais de financiamento, a exemplo do PAC – Programa de Aceleração do Crescimento.[218] Conforme informações do Ministério do Planejamento,[219] o PAC teve importância fundamental durante a crise financeira em 2008 e 2009, garantindo a continuidade do consumo de bens e serviços e os investimentos em infraestrutura.

Na sequência dos Governos Lula 1 e 2, o Governo Dilma Rousseff lançou o Programa de Infraestrutura em Logística – PIL –, com foco nas concessões de portos, aeroportos, rodovias. Também foi anunciada a segunda fase do PAC e, conforme dados do Ministério do Planejamento, estimava-se, em 2015, a execução de uma carteira de 37 mil outros empreendimentos. Os problemas políticos atingiram o segundo mandato de Dilma Rousseff e determinam a assunção do seu Vice Michel Temer ao cargo de Presidente da República.

A pauta menos interventiva e mais liberal adotada pelo Governo Federal reacendeu o tema das privatizações. Foi promulgada a Lei nº 13.334/16, que criou o Programa de Parcerias de Investimentos – PPI, com objetivos de ampliar as oportunidades de investimento e emprego no Brasil. O PPI retoma, em certo aspecto, os princípios norteadores do Programa Nacional de Desestatização (PND), reforçando o papel da iniciativa privada como responsável por investimentos e empregos.

Conforme dados do Governo Federal, observa-se que as parcerias do PPI apresentaram taxa de conclusão de 37% (2017), desde o seu início em 2016, envolvendo o valor aproximado de 33 bilhões de reais.

---

[217] VALERIO, Alexandre Scigliano. Privatização no Brasil: evolução histórica, dados oficiais e críticas. *Revista do Tribunal de Contas do Estado de Minas Gerais – TCEMG*, 2008.

[218] Como assevera Giambiagi, os oitos anos do Governo foram caracterizados pela estabilidade macroeconômica, e a estratégia brasileira foi premiada com o grau de investimento das agências de *rating*. Contudo, em termos financeiros, o impacto disso era muito diferente de 10 ou 15 anos antes – o Brasil no final da década de 2010 estava novamente às voltas com uma taxa de investimento insuficiente.

[219] UNIÃO. Ministério do Planejamento. *Perguntas e respostas*. Disponível em: www.pac.gov.br/sobre-o-pac/perguntas-respostas. Acesso em: 23 nov. 2017.

Tabela 2 – Balanço dos projetos do PPI do Governo Federal

| Balanço do PPI Informações do Governo Federal (out/2017) | | | | | | |
|---|---|---|---|---|---|---|
| Reuniões do Conselho do PPI | Data | Projetos Qualificados | Projetos em Andamento | Valor Previsto em bilhões (R$) | Projetos Concluídos | Valor Previsto em bilhões (R$) |
| 1ª | set-16 | 34 | 18 | 34,5 | 16 | 18,5 |
| 2ª | mar-17 | 55 | 18 | 43 | 37 | 13 |
| 3º | ago-17 | 57 | 56 | 28 | 1 | 1,4 |
| Total em números | | 146 | 92 | 105,5 | 54 | 32,9 |
| Total em % | | 100% | 63% | 76% | 37% | 24% |

Fonte: FERRAZ, Luciano; ALMEIDA, Thiago Ferreira. Panorama dos programas brasileiros de privatização: trinta anos depois. In: DI PIETRO, Maria Sylvia Zanella; MOTTA, Fabrício (Coord.). *O direito administrativo nos 30 anos da Constituição*. Belo Horizonte: Fórum, 2018.

Os projetos inseridos no PPI durante o Governo Temer foram:
- aeroportos de Porto Alegre, Salvador, Florianópolis e Fortaleza;
- terminais de combustíveis de Santarém (STM 04 e 05) e de Trigo do Rio de Janeiro;
- rodovias: BR-364/365/GO/MG, BR-101/116/290/386/RS, EF-151 SP/MG/GO/TO, EF-170 MT/PA, e EF-334/BA – FIOL;
- quarta rodada de licitações de campos marginais de petróleo e gás natural – campos terrestres (concessão); décima quarta rodada de licitações de blocos exploratórios de petróleo e gás natural (concessão); e segunda rodada de licitações – áreas utilizáveis (partilha de produção);
- privatização de empresas: Amazonas Distribuidora de Energia S.A., Boa Vista Energia S.A., Companhia de Eletricidade do Acre, Companhia Energética de Alagoas, Companhia de Energia do Piauí, Usina Hidrelétrica de São Simão (GO), Usina Hidrelétrica de Volta Grande (MG), Usina Hidrelétrica de Miranda (MG), Usina Hidrelétrica de Pery (SC), Usina Hidrelétrica de Agro Trafo (TO), Centrais Elétricas de Rondônia S.A.;
- distribuição de água, coleta e tratamento de esgoto (Cedae, Caerd, Cosanpa);
- direitos de fosfato de Miriri (PB/PE), de cobre, chumbo e zinco em Palmeirópolis (TO); de carvão em Candiota (RS); de cobre em Bom Jardim (GO);
- ativos da Companhia de Pesquisa e Recursos Minerais – CPRM;
- Loteria Instantânea Exclusiva (Lotex).

Conforme dados do Governo Federal, no que se refere ao Programa de Parcerias de Investimentos (PPI), o Relatório de Gestão de 2018 (publicado em março de 2019) apresentou 54 projetos concluídos (42 projetos no setor de energia, 7 projetos no setor de portos, 3 projetos no setor de óleo e gás, 1 projeto no setor de rodovias, 1 projeto no setor de armazém e silos), com investimentos contratados da ordem de R$111,4 bilhões e obtenção de R$11,4 bilhões em outorgas/bônus.

O Governo Bolsonaro (2019-2022) pretendia levar a cabo um amplo programa de desestatização. Segundo dados oficiais, existiam 46 empresas estatais sob controle direto da União e 156 sob controle indireto (subsidiárias). A União detinha, ainda, participação minoritária em 446 empresas privadas, entre coligadas e simples participações. Levantamentos preliminares indicavam que o programa federal de privatizações poderia vir a alcançar cifras da ordem de R$450 bilhões de reais.[220] A primeira lista de empresas privatizáveis trouxe, por exemplo, EBC, Conab, Finep, Correios.

Após o término do mandato de Jair Bolsonaro, foram vendidas as seguintes estatais federais e subsidiárias: Eletrobras, Liquigás, BR-Distribuidora, Refinaria Landulpho Alves (atual Mataripe) e Companhia Docas do Espírito Santo (Codesa).[221] O Governo Bolsonaro ainda estudou privatizar Correios, Petrobras, Casa da Moeda, Empresa Brasil de Comunicação (EBC), Companhia Nacional de Abastecimento (Conab), entre outras empresas estatais, mas os planos não foram para frente.

Na posse do terceiro mandato do Governo Lula, o presidente retornou com a promessa de mudar a visão do governo sobre as empresas estatais. O Governo Lula 3 tirou da lista das estatais privatizáveis os Correios, a EBC, a Ceitec, Dataprev, Serpro e Telebras. Também retirou o Banco do Brasil e a Caixa Econômica Federal, que flertaram com a privatização nos Governos Temer e Bolsonaro. O novo governo pretende reforçar o papel dos bancos em políticas públicas, como o Minha Casa Minha Vida e o Plano Safra, assim como reforçar o papel da exploração do Pré-Sal – Petróleo Brasileiro (PPSA).

A cronologia abaixo dos governos brasileiros destaca as maiores realizações em termos de privatizações, demonstrando que o tema sempre esteve, com maior ou menor intensidade, na ordem do dia da política econômica e fiscal do país. O quadro foi publicado pela Agência Senado em 2024 e é aqui reproduzido para facilitar a visualização.

---

[220] O ALCANCE da desestatização. *O Estado de São Paulo*, 19 jun. 2019.

[221] Agência Senado. Disponível em: https://www12.senado.leg.br/noticias/infomaterias/2023/02/privatizacao-desmonte-do-estado-ou-modernizacao-de-empresas-ineficientes. Acesso em: 10 set. 2024.

Tabela 3

# 4 décadas de privatizações

Venda de estatais começou nos anos 1980 de forma tímida, com Figueiredo, e atingiu o auge na década seguinte, com Fernando Henrique. Veja abaixo algumas das empresas privatizadas

**João Baptista Figueiredo** (1979-1985)
América Fabril
Companhia Pernambucana de Borracha Sintética
Livraria José Olympio Editora
Riocel Celulose

**José Sarney** (1985-1990)
Aracruz Celulose
Cimental
Computadores Brasileiros (Cobra)
Siderúrgica Nossa Senhora Aparecida

**Fernando Collor de Mello** (1990-1992)
Companhia Aços Especiais de Itabira (Acesita)
Companhia Siderúrgica de Tubarão
Fertilizantes Fosfatados (Fosfofértil)
Usina Siderúrgica de Minas Gerais (Usiminas)

**Itamar Franco** (1992-1994)
Companhia Siderúrgica Nacional (CSN)
Companhia Siderúrgica Paulista (Cosipa)
Empresa Brasileira de Aeronáutica (Embraer)
Petroquímica União

**Fernando Henrique Cardoso** (1995-2002)
Companhia Vale do Rio Doce
Light Serviços de Eletricidade
Rede Ferroviária Federal (RFFSA)
Sistema Telebrás

**Luiz Inácio Lula da Silva** (2003-2010)
Rodovia Fernão Dias*
Banco do Estado do Ceará
Usina Hidrelétrica de Jirau
Usina Hidrelétrica Santo Antônio

**Dilma Rousseff** (2011-2016)
Aeroporto de Viracopos*
Aeroporto do Galeão*
Campo de Petróleo de Libra*
Instituto de Resseguros do Brasil (IRB)

**Michel Temer** (2016-2018)
Boa Vista Energia
Centrais Elétricas de Rondônia (Ceron)
Companhia de Eletricidade do Acre (Eletroacre)
Companhia de Energia do Piauí (Cepisa)

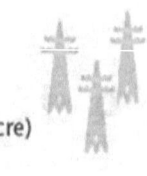

**Jair Bolsonaro** (2019-2022)
BR Distribuidora
Companhia Docas do Espírito Santo
Eletrobras
Liquigás

*concessões à iniciativa privada

Fonte: Agência Senado.

Os retratos dos presidentes acima e as respectivas iniciativas, como se disse, demonstram que todos flertaram com privatizações em seus governos. Alguns com mais relevância, como Fernando Henrique Cardoso, outros com menos, como Dilma Rousseff.

De acordo com professor da FGV Armando Castelar, em entrevista à Agência Senado, a "privatização, hoje em dia, não é apenas vender os ativos de uma empresa estatal, mas também trazer o investidor privado para fazer coisas que o setor público antes fazia, seja por meio de parcerias público-privadas, seja por meio de concessões. Lula, no passado, concedeu rodovias federais a grupos privados e Dilma concedeu aeroportos".

## 1.6 Parcerias público-privadas: investimentos no Brasil e no mundo

Os organismos multilaterais e países estrangeiros adotam, sob diferentes estruturas jurídicas, modelos contratuais variados para a implantação de empreendimentos de longo prazo, entabulando alternativas de financiamento e de participação do setor privado em setores estratégicos da economia. Ordinariamente, esses ajustes são denominados parcerias público-privadas (PPP).

As PPP (*Public Private Partnerships*) foram implementadas originalmente no Reino Unido a partir do ano de 1992, como variante do processo de privatização do Governo Thatcher, sob a sigla PFI (*Private Finance Initiative*). Intencionava-se, com essa nova modalidade de contratação administrativa, abandonar o esquema clássico de contratação de obras e serviços (contrato de venda e compra), para substituí-lo por contratos compartilhados de financiamento de infraestrutura, voltados, fundamentalmente, à melhoria da eficiência na prestação dos serviços públicos e à desoneração dos orçamentos estatais.

O sucesso das PPP possibilitou sua rápida expansão aos países-membros desenvolvidos e em desenvolvimento, o que se pode inferir na proliferação do modelo pelo ganho de eficiência e na melhoria da qualidade na prestação dos serviços públicos pelos particulares. Segundo o *Annual Update Report of Private Participation in Infrastructure* do Banco Mundial, todavia, os investimentos em infraestrutura da iniciativa privada nos países emergentes tiveram queda no ano de 2016, de 37% na comparação com valores de 2015.[222] A queda global seguiu a tendência dos três maiores mercados para investimento privado nos EMDEs (*Emerging Markets and Developing Economies*): Turquia, Índia e Brasil.[223]

Mesmo assim, projetos dessa natureza atraíram na América Latina e no Caribe, em 2016, US$33,2 bilhões, representando 47% do total de investimentos privados em infraestrutura. Dos 96 projetos em estágio final de acerto, 62 foram no setor de energia, 27 no setor de transportes e 7 no segmento de infraestrutura de água. Somente o Brasil foi responsável por 47 unidades desses projetos. Nos EMDEs, o setor de energia é sensivelmente o mais atrativo, contabilizando US$43,9 bilhões de investimento, espalhados entre 162 projetos, que representam 61,4%.

Na Europa, o total de gastos em PPP no ano de 2016 (restringindo-se os dados aos países do EPEC)[224] representou dispêndio de 12 bilhões de euros, configurando redução de 22% na comparação com o ano de 2015 (15 bilhões de euros). Por outro lado, verificou-se aumento do número de projetos concluídos de parcerias, 66 em 2016, se comparados aos 49 em 2015.[225]

Tabela 4 – Relação de gastos e número de projetos de PPP por países europeus[226]

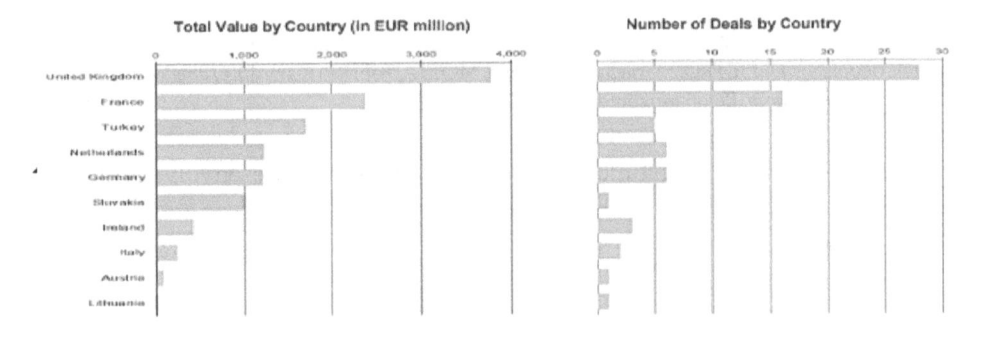

---

[222] WORLD BANK. Annual Update Private Participation in Infrastructure (PPI) of World Bank Group. Disponível em: www.worldbank.org. Acesso em: 13 out. 2017.

[223] O Banco Mundial utiliza o termo *Emerging Markets and Developing Economies* – EMDEs – para se referir a países emergentes ou em desenvolvimento.

[224] Na União Europeia, o Centro Europeu de Expertise em PPP (*European PPP Expertise Centre*) – EPEC – realiza atividades financiadas pelo Banco Europeu de Investimento (*European Investment Bank*) – EIB, envolvendo países-membros da UE e aqueles que almejam nela ingressar (Turquia, Sérvia e Albânia). A missão do EPEC é fortalecer a habilidade do setor público para realização de estratégias de PPP, por meio da troca de informações, experiências, estudos, difusão de boas práticas – tendo como objetivos institucionais a busca por crescimento sustentável e a geração de empregos, priorizando políticas em inovação, atendimento às pequenas e médias empresas, infraestrutura, meio ambiente, mudanças climáticas (EIB. *Our priority*. Disponível em: www.eib.org/projects/priorities/index.htm).

[225] EUROPEAN PPP EXPERTISE CENTRE – EPEC. *Market Update* – Review of the European PPP Market in 2016. Disponível em: www.eib.org/epec/resources/publications/epec_market_update_2016_en. Acesso em: 16 out. 2017.

[226] EPEC.

O Reino Unido é o maior mercado europeu de PPP tanto em termos de valor quanto em número de projetos: 3,8 bilhões de euros e 28 projetos. A França é o 2º maior mercado: 2,4 bilhões de euros em investimentos e 16 projetos. As Tabelas 5 e 6 apresentam o total dos projetos e os valores envolvidos em PPP nos países emergentes.

Tabela 5 – Total de projetos de PPP em países em desenvolvimento

| País | Projetos |
|---|---|
| China | 1223 |
| Índia | 838 |
| Brasil | 784 |
| México | 250 |
| Argentina | 172 |
| Turquia | 159 |
| Colômbia | 152 |
| Chile | 147 |
| Indonésia | 100 |
| Peru | 100 |
| África do Sul | 86 |
| Rússia | 65 |
| Nigéria | 41 |
| Equador | 25 |
| Egito | 23 |

Fonte: FERRAZ, Luciano; ALMEIDA, Thiago Ferreira. Panorama dos programas brasileiros de privatização: trinta anos depois. *In*: DI PIETRO, Maria Sylvia Zanella; MOTTA, Fabrício (Coord.). *O direito administrativo nos 30 anos da Constituição*. Belo Horizonte: Fórum, 2018.

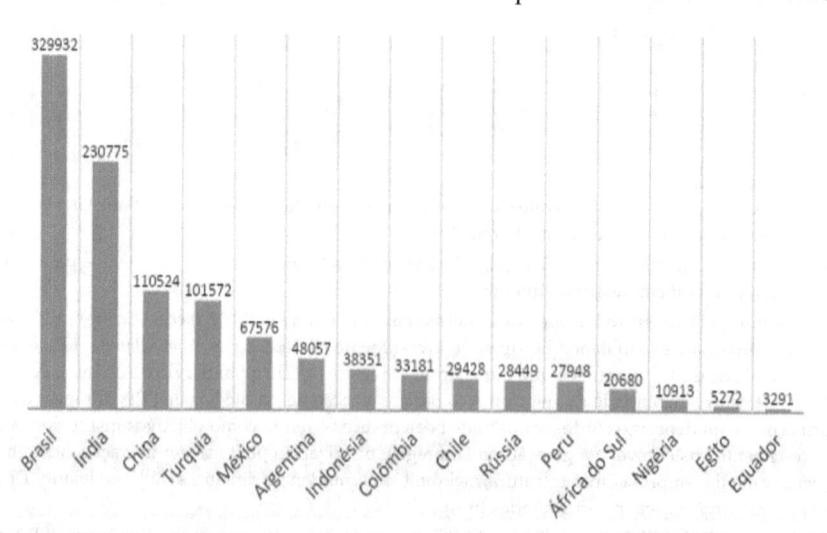

Tabela 6 – Total de investimentos em PPP em países em desenvolvimento

| País | Investimentos |
|---|---|
| Brasil | 329932 |
| Índia | 230775 |
| China | 110524 |
| Turquia | 101572 |
| México | 67576 |
| Argentina | 48057 |
| Indonésia | 38351 |
| Colômbia | 33181 |
| Chile | 29428 |
| Rússia | 28449 |
| Peru | 27948 |
| África do Sul | 20680 |
| Nigéria | 10913 |
| Egito | 5272 |
| Equador | 3291 |

Fonte: FERRAZ, Luciano; ALMEIDA, Thiago Ferreira. Panorama dos programas brasileiros de privatização: trinta anos depois. In: DI PIETRO, Maria Sylvia Zanella; MOTTA, Fabrício (Coord.). *O direito administrativo nos 30 anos da Constituição*. Belo Horizonte: Fórum, 2018.

No âmbito dos países emergentes e naqueles em vias de desenvolvimento, o Brasil é o líder em investimentos em parcerias, seguido pela Índia e pela China. Quanto ao número de projetos de PPP, a China lidera o *ranking* dos países emergentes, seguida pela Índia e pelo Brasil.[227]

Convém esclarecer que, no Brasil, num primeiro momento, adotou-se a terminologia *parceria público-privada* (PPP) em acepção restrita, subdividindo-a em contratos de concessão patrocinada e concessão administrativa,[228] ladeadas pelas concessões puras (ver: Lei nº 11.079/04 e Lei nº 8.987/95).

A Lei nº 13.334/16, que criou o Programa de Parceria de Investimentos (PPI), ampliou esse conceito, passando a envolver também outros empreendimentos públicos em infraestrutura: (a) contratos de parceria celebrados pela Administração Pública direta e indireta da União (concessões, PPP *stricto sensu* e permissões); (b) empreendimentos públicos de infraestrutura que, por delegação ou com o fomento da União, sejam executados por meio de contratos de parceria celebrados pela Administração Pública direta ou indireta dos estados, do Distrito Federal ou dos municípios (contratos de parcerias público-públicas).

A despeito do envolvimento do governo federal e dos governos estaduais e locais na expansão de contratos de concessões e PPP como alternativas infraestruturais no Brasil, "uma análise do investimento agregado – isto é, do total de todos os segmentos da infraestrutura que inclui o setor público e privado – mostra que em 2020 o país atingiu cerca de R$ 123 bilhões, representando um decréscimo de 1% em relação a 2019 e um valor de 32% inferior ao pico dos investimentos realizados em 2014 (investimentos de R$ 180,3 bilhões)".[229]

De acordo com dados da Associação Brasileira das Indústrias de Base (ABDIB), seria necessário investimentos anuais em infraestrutura da ordem de R$284,4 bilhões pelos próximos dez anos para suprir os gargalos da infraestrutura brasileira, o que equivale a 4,31% do PIB anual. Porém, em 2020, esses investimentos representaram apenas 1,7% do PIB. A Tabela 7 (Gráfico 1) evidencia que, ao longo dos últimos anos, os investimentos sempre estiveram abaixo do necessário para uma mudança substantiva no setor de infraestrutura.[230]

---

[227] PPP KNOWLEDGE LAB. *Countries*. Disponível em: www.pppknowledgelab.org/countries.

[228] A ampliação da utilização do termo *parceria público-privada* – PPP – é notória no senso comum, devido à densidade temática que a nomenclatura sustenta ao alinhar-se com práticas consideradas de boa governança e gestão administrativa, como: atuação em parceria, trabalho em grupo, compartilhamento de experiências, riscos e responsabilidades, eficiência na atuação, análise de riscos e planejamento em longo prazo.

[229] RIBEIRO, Rafael Saulo Marques; ROCHA, Igor Lopes Rocha. Infraestrutura no Brasil: Contexto Histórico e Principais Desafios. *In*: SILVA, Mauro Santos (org.). *Concessões e parcerias público-privadas*: políticas públicas para a provisão de infraestrutura. p. 30. Disponível em: https://repositorio.ipea.gov.br/bitstream/11058/11401/1/Concessoes_e_parcerias.PDF. Acesso em: 10 set. 2024.

[230] RIBEIRO, Rafael Saulo Marques; ROCHA, Igor Lopes Rocha. Infraestrutura no Brasil: Contexto Histórico e Principais Desafios. *In*: SILVA, Mauro Santos (org.). *Concessões e parcerias público-privadas*: políticas públicas para a provisão de infraestrutura. p. 30. Disponível em: https://repositorio.ipea.gov.br/bitstream/11058/11401/1/Concessoes_e_parcerias.PDF. Acesso em: 10 set. 2024.

Tabela 7

GRÁFICO 1
**Investimentos em infraestrutura (2003-2020)**
(Em R$ 1 bilhão)

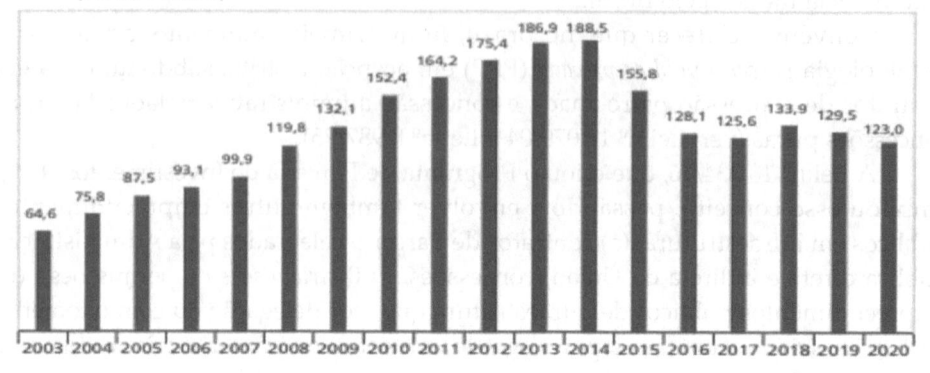

|  |  |
|---|---|
| 2003 | 64,6 |
| 2004 | 75,8 |
| 2005 | 87,5 |
| 2006 | 93,1 |
| 2007 | 99,9 |
| 2008 | 119,8 |
| 2009 | 132,1 |
| 2010 | 152,4 |
| 2011 | 164,2 |
| 2012 | 175,4 |
| 2013 | 186,9 |
| 2014 | 188,5 |
| 2015 | 155,8 |
| 2016 | 128,1 |
| 2017 | 125,6 |
| 2018 | 133,9 |
| 2019 | 129,5 |
| 2020 | 123,0 |

Fonte: Tadini e Rocha (2018).
Obs.: Números atualizados pelo IPCA. Para 2020, os valores estão sujeitos à revisão.

Mas o que é fundamental para tirar os projetos de concessões e parcerias público-privadas do papel? Sem dúvida, a etapa dos estudos preliminares que identificam as necessidades dos usuários e o desenho da modelagem adequada à satisfação dessas necessidades, sem desprezar as interfaces com o Poder Público. É que a etapa de estruturação do projeto começa com a decisão do ente público de realizar o empreendimento em parceria com a iniciativa privada até a celebração do contrato de concessão ou parceria público-privada (PPP).

Conforme Cleverson Aroeira da Silva,[231] são algumas etapas a serem vencidas em estruturação de contrato de implantação de infraestrutura. Em primeiro lugar, identificar condições para estruturar o projeto (e existem experiências bem sucedidas no país); e, em segundo lugar, a necessidade de os administradores públicos buscarem apoio técnico externo para conduzir os projetos (desde consultorias para elaboração dos estudos técnicos, passando por trabalho de coordenação e integração de todas as atividades de estruturação, pelo suporte financeiro, com o objetivo de obter os estudos técnicos e realizar o conjunto de atividades prévias necessárias para celebração de contratos de concessão e PPPs). Não é um processo simples (média de 4 a 5 anos).

Ao longo desse processo, continua o autor, até mesmo contando com assessoria técnica, caberá ao setor público dispor de profissionais para participar dos trabalhos que deverão percorrer os aspectos de viabilidade técnica, econômica, ambiental, jurídica e regulatória, com vistas a embasar as tomadas de decisão para formatar o

---

[231] SILVA, Cleverson Aroeira da. Estruturação de Projetos de Parcerias em Infraestrutura. *In*: SILVA, Mauro Santos (org.). *Concessões e parcerias público-privadas*: políticas públicas para a provisão de infraestrutura. p. 280-283.

projeto e subsidiar a obtenção das aprovações necessárias, de acordo com cada setor e respectivo marco regulatório.[232]

Para ilustrar, a Tabela 8, extraída do banco de dados do Radar de Projetos, mostra o registro de mais de seiscentos contratos de concessão ou PPPs já assinados em diversos setores até a data da consulta.

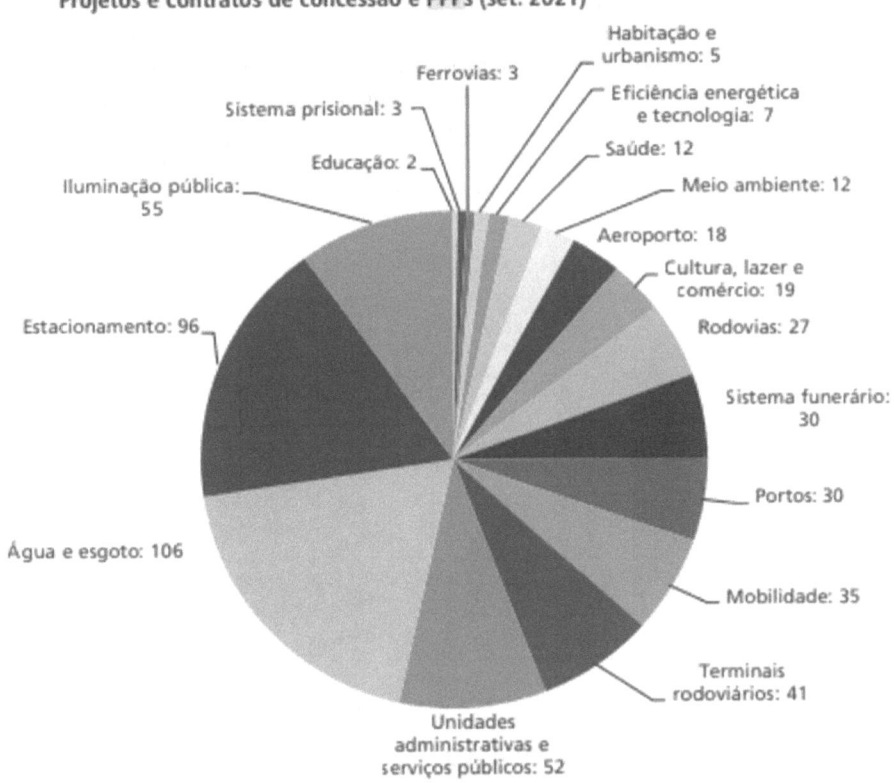

Tabela 8

GRÁFICO 1
**Projetos e contratos de concessão e PPPs (set. 2021)**

- Habitação e urbanismo: 5
- Eficiência energética e tecnologia: 7
- Saúde: 12
- Meio ambiente: 12
- Aeroporto: 18
- Cultura, lazer e comércio: 19
- Rodovias: 27
- Sistema funerário: 30
- Portos: 30
- Mobilidade: 35
- Terminais rodoviários: 41
- Unidades administrativas e serviços públicos: 52
- Água e esgoto: 106
- Estacionamento: 96
- Iluminação pública: 55
- Educação: 2
- Sistema prisional: 3
- Ferrovias: 3

Fonte: Radar PPP.

Os exemplos bem-sucedidos, conforme discorre a literatura citada, apresentam os seguintes traços em comum: a) gestores que buscaram adotar boas práticas para elaborar suas políticas públicas de investimento em infraestrutura; b) obtenção de apoio externo, na forma de suporte técnico e financeiro para a estruturação do projeto; c) dedicação de recursos humanos para acompanhar e participar dos trabalhos, assegurando-se a aderência com as políticas públicas e o cumprimento dos ritos

---

[232] SILVA, Cleverson Aroeira da. Estruturação de Projetos de Parcerias em Infraestrutura. *In*: SILVA, Mauro Santos (org.). *Concessões e parcerias público-privadas*: políticas públicas para a provisão de infraestrutura. p. 280-283.

necessários; d) o comprometimento político para realizar o projeto, determinando o engajamento convicto do poder concedente.

> Todos os casos bem-sucedidos contaram com o total compromisso de prefeitos, governadores, secretários ou ministros, assegurando a tomada de decisões e a superação das adversidades naturais na longa trajetória percorrida por um projeto de infraestrutura. Por incrível que possa parecer, mesmo diante das indiscutíveis externalidades, muitos projetos de parceria sequer são iniciados, por desinformação dos gestores públicos ou por resistência à mudança na forma como o serviço é prestado. Outros projetos têm início, mas acabam sendo abandonados, preteridos em razão de outras prioridades ou descontinuados pelo encerramento do mandato eletivo. Não se trata aqui da inviabilidade técnica, econômica ou ambiental do projeto, tampouco da dificuldade de obtenção das aprovações. O ponto de atenção é que a falta de patrocínio político do próprio poder concedente é uma das grandes causas de mortalidade dos projetos de concessão e PPPs, na ausência de mecanismos institucionais que assegurem sua continuidade inclusive no contexto de mudança no Poder Executivo.[233]

---

[233] SILVA, Cleverson Aroeira da. Estruturação de Projetos de Parcerias em Infraestrutura. *In*: SILVA, Mauro Santos (org.). *Concessões e parcerias público-privadas*: políticas públicas para a provisão de infraestrutura. p. 283-284.

CAPÍTULO 2

# DIREITO FINANCEIRO. VISÃO GERAL

O campo de investigação da ciência das finanças, área do conhecimento mais voltada à economia e à ciência política, envolve basicamente dois domínios: a) o uso dos meios financeiros para cobertura das despesas públicas; b) a análise de sua utilização para fins intervencionistas e extrafiscais. A disciplina jurídica desses fenômenos corresponde ao direito financeiro, ramo do ordenamento jurídico estudado e sistematizado pelo direito financeiro enquanto ciência.

Classicamente, entre os autores nacionais, Aliomar Baleeiro registra dissenso doutrinário acerca da autonomia do direito financeiro em relação a outros ramos do direito público, especialmente em relação ao direito administrativo e ao direito tributário. A autonomia do direito financeiro decorreria, segundo o autor, da tradição do direito constitucional brasileiro, que sistematicamente dedicou espaço próprio à disciplina da atividade financeira do Estado, possibilitando, por conseguinte, a conformação de princípios específicos a esse ramo do direito.[234] Ademais, a independência da disciplina em relação ao direito tributário foi reforçada pela edição da Lei nº 4.320, em 1964, de um lado, e da edição do Código Tributário Nacional, em 1966, de outro lado.[235]

É certo que a especificidade da disciplina das despesas públicas, do crédito público e dos orçamentos deixa ver a existência de campo normativo peculiar para o estudo do direito financeiro, conquanto a natureza da atividade seja, na realidade, administrativa – como de resto a atividade tributária também o é.

Desse modo, em que pese ausência de codificação no âmbito do direito financeiro brasileiro, é possível identificar, em nosso sistema jurídico, um bloco de normas (composto por regras e princípios) que guardam unidade e coerência lógica, e que se destinam à disciplina da atividade financeira estatal. Essa ideia é reforçada

---

[234] Além da autonomia didática, justificada pela óbvia conveniência de se apartar, para o estudo, um dos aspectos fundamentais do fenômeno financeiro, há a considerar a autonomia dogmática, pela formação de princípios e conceitos próprios, autonomia estruturada pela criação de institutos típicos e inconfundíveis com os dos demais ramos do direito (BALEEIRO, Aliomar. *Uma introdução à ciência das finanças*. 15. ed. Rio de Janeiro: Forense, 1998. p. 34; 38).

[235] Vale destacar que o STF, no julgamento da ADI nº 1.726, reconheceu que os referidos diplomas normativos foram recepcionados com *status* de lei complementar pela Constituição de 1988.

pelas disposições constitucionais sobre direito financeiro e finanças públicas, como se passa a demonstrar no tópico seguinte.

## 2.1 Direito financeiro e Constituição

A Constituição de 1988 dedica espaço próprio ao direito financeiro e às finanças públicas. Diversos dispositivos constitucionais tratam do tema, como se depreende do art. 24, I e II (que trata da competência legislativa dos entes federativos em matéria de direito financeiro), de todo o Capítulo II do Título VI (arts. 163 a 169), que estabelece o quadro geral das finanças públicas na Constituição, do art. 48, IV (que define a competência do Congresso Nacional para dispor sobre planos e programas de desenvolvimento), do art. 52, V, VI, VII, VIII, IX (que trata da competência privativa do Senado Federal para dispor sobre diversas matérias ligadas ao endividamento público e às prestações de garantia em operações creditícias), além da Seção IX do Título IV, que versa sobre fiscalização contábil, financeira e orçamentária do Estado brasileiro (arts. 70 a 75).

### 2.1.1 Federalismo cooperativo e competências para legislar sobre direito financeiro

A competência legislativa sobre o direito financeiro inaugura a verificação da disciplina no nosso direito positivo. A Federação brasileira é um grande sistema de repartição de competências legislativas e administrativas, proporcionando substancial descentralização política às unidades autônomas. Esse processo de descentralização política – que tipifica os Estados Federais – conduz à existência de diferentes e autônomas esferas de poder, com competências legiferantes diretamente derivadas do texto constitucional. Tal característica permite distinguir o Estado Federal (Brasil) do Estado Unitário (p. ex., a França), do Estado Regional (p. ex., a Itália) e do Estado Autonômico (p. ex., a Espanha).[236]

No particular, o atual desenho da Federação brasileira é único, à medida que consagra um federalismo tripartite e cooperativo (do ponto de vista financeiro, também um federalismo fiscal). Um Estado Federal formado pela união indissolúvel de estados, Distrito Federal e municípios, com o reconhecimento a cada ente de autonomia político-administrativa, com competências legislativas próprias.

Os arts. 21, 22, 23, 24 e 30 da Constituição de 1988 (excluídas as competências tributárias reguladas nos arts. 153 a 156) estruturam um complexo sistema de repartição, em que coexistem competências privativas, horizontalmente repartidas, e competências concorrentes, verticalmente repartidas, possibilitando até mesmo a participação dos estados nas competências federais, mediante delegação (art. 22, parágrafo único, CR/88). As competências legislativas que por agora nos interessam estão previstas nos arts. 22, 24 e 30 da Constituição.

---

[236] Vide MAGALHÃES, José Luiz Quadros. *Direito constitucional*. Belo Horizonte: Mandamentos, 2002.

As competências legislativas previstas no art. 22 são privativas da União. As competências previstas no art. 24 – no qual se inserem as de legislar sobre direito financeiro, orçamento e direito tributário – são outorgadas concorrentemente à União, aos estados e ao Distrito Federal. Numa leitura sistemática dos dispositivos constitucionais, também aos municípios, deve-se reconhecer a possibilidade do exercício de atividade legislativa nas matérias da competência concorrente (art. 30, II), embora quanto a isso não haja consenso doutrinário.

Em matérias da competência concorrente, a competência da União impõe a edição de normas gerais (de caráter nacional), consoante o §1º do art. 24 da Constituição, garantindo-se âmbito de normatividade próprio, suplementar à própria União (normas exclusivamente federais), aos estados (§2º do art. 24) e aos municípios (art. 30, II). Sem embargo, a incidência das normas gerais da União sobre todas as esferas da Federação determina a compatibilização das legislações específicas posteriores (federal, estadual e municipal) às normas gerais preexistentes por elas trazidas a lume.

Tratando-se de direito financeiro e orçamento, o art. 163 e o art. 165, §9º, ambos da Constituição, exigem que as normas gerais editadas pela União (com base na competência concorrente) sejam veiculadas mediante leis complementares, solução que decorre da necessidade de maior segurança, estabilidade e uniformidade que se deve exigir no tratamento de matérias com conteúdo de tamanha relevância.

## 2.2 Direito financeiro e legislação infraconstitucional

No âmbito da legislação infraconstitucional, dois são os principais diplomas normativos a versar sobre direito financeiro e finanças públicas: a Lei nº 4.320/64 e a Lei Complementar nº 101/2000 (Lei de Responsabilidade Fiscal) e suas posteriores alterações, além da constitucionalização cada vez mais crescente das matérias de direito financeiro. Ambas estabelecem normas gerais sobre a disciplina e devem ser aplicadas por todas as esferas da Federação (União, estados, Distrito Federal e municípios), sem prejuízo das legislações próprias e suplementares.

### 2.2.1 Lei nº 4.320/1964

A Lei nº 4.320/64 estabelece normas gerais de direito financeiro para elaboração e controle dos orçamentos da União, dos estados, dos municípios e do Distrito Federal. Esta lei é apontada por muitos como marco do direito positivo no processo de consagração da autonomia do direito financeiro, como também é marco para o estudo da contabilidade pública.

Com efeito, a Lei nº 4.320/64 foi responsável por atribuir unidade e sistematicidade à regulação dos fenômenos que compõem a atividade financeira estatal – elaboração de orçamentos públicos, previsão de receitas, fixação de despesas, utilização do crédito público –, além de dispor sobre diretrizes para a elaboração dos balanços e prestações de contas, lançando bases seguras para o desenvolvimento dos parâmetros exigidos pelo sistema de contabilidade pública.

Portanto, não é sem mérito que referida lei resistiu incólume à sucessão de três ordens constitucionais distintas – sem que se lhe tenha proclamado diretamente qualquer inconstitucionalidade em ações típicas do controle concentrado de constitucionalidade. A Lei nº 4.320/64 foi recepcionada pela Constituição da República de 1988 com *status* de lei complementar, conforme manifestação do STF,[237] e sua aplicabilidade no seio das administrações públicas em todos os níveis é uma realidade usual. Suas disposições servem de base também para as atividades de controle interno e externo das finanças públicas, tarefa a cargo do Poder Legislativo, dos Tribunais de Contas e das Controladorias internas e órgãos congêneres.

## 2.2.2 Lei de Responsabilidade Fiscal

A Lei Complementar nº 101/2000 (Lei de Responsabilidade Fiscal – LRF) também é norma geral aplicável à União, aos estados, ao Distrito Federal e aos municípios e suas disposições complementam, em certa medida, as disposições da Lei nº 4.320/64.

A despeito de ter sido inspirada no Código de Boas Práticas para a Transparência Fiscal do Fundo Monetário Internacional (FMI) e baseada na experiência da União Europeia (*Tratado de Maastricht*/1992) e de países como os Estados Unidos (*Budget Enforcement Act*/1990) e a Nova Zelândia (*Fiscal Responsability Act*/1994),[238] a LRF cumpriu importante papel na estabilização da economia e no aumento da responsabilidade exigível dos agentes públicos na gestão dos recursos da sociedade, no prumo de uma maior austeridade fiscal.

Contra a LRF foram ajuizadas diversas ações diretas de inconstitucionalidade – ADI nº 2.365; ADI nº 2.324; ADI nº 2.261; ADI nº 2.256; ADI nº 2.250; ADI nº 2.241 e ADI nº 2.238. O STF afastou a hipótese de inconstitucionalidade integral da lei, limitando-se a suspender ou dar interpretação conforme a Constituição a dispositivos isolados, a exemplo dos arts. 9º, §3º; 12, §2º; 21, II; 23, §§1º e 2º; 56, *caput*; 57, *caput*; e 72 da LRF.

Em linhas gerais, as disposições da LRF visam ao reequilíbrio entre receitas e despesas e ao controle da dívida pública, mediante o fechamento sucessivo de ciclos orçamentários superavitários.

Para tanto, a LRF: a) introduziu o conceito de gestão fiscal responsável ou *accountability* (art. 1º); b) valorizou a técnica do orçamento-programa (arts. 4º a 10); c) determinou a instituição, a arrecadação e a cobrança de todos os tributos de competência dos entes federativos, estabelecendo exigências e requisitos para a concessão de benefícios fiscais (arts. 11 a 14); d) fixou regras para o endividamento

---

[237] STF, Tribunal Pleno. ADI nº 1.726, MC/DF. Rel. Min. Maurício Corrêa. *DJ*, 30 abr. 2004.

[238] "A Lei Complementar de Responsabilidade Fiscal nº 101, de 04.05.2000, que estabelece 'normas de finanças públicas voltadas para a responsabilidade na gestão fiscal', denota forte influência do modelo vigente na Nova Zelândia. O projeto do Executivo (nº 18/99) foi inteiramente reformulado, para melhor, na Câmara dos Deputados, através de substitutivo apresentado pelo Deputado Pedro Novais, aprovado em 3 de fevereiro de 2000" (TORRES, Ricardo Lobo. *Tratado de direito constitucional, financeiro e tributário* – O orçamento na Constituição. Rio de Janeiro: Renovar, 2000. p. 40).

público e seu controle (arts. 29 a 31); e) disciplinou as operações de crédito (arts. 32 a 40); f) preconizou a saúde financeira dos regimes de previdência (art. 26 e 44); g) valorizou o sistema de controle da execução orçamentária (arts. 48 a 59); h) estabeleceu disposições concernentes às despesas públicas em geral (arts. 15 a 23).

Conforme preceitua seu art. 2º, a LRF tem aplicação mais ampliada em relação à Lei nº 4.320/64. Enquanto esta tem aplicabilidade às pessoas jurídicas de direito público (pessoas políticas, autarquias e fundações públicas), as disposições da LRF são aplicáveis às Administrações diretas dos entes federados, respectivos fundos, autarquias, fundações e empresas estatais dependentes (empresa controlada – cuja maioria do capital com direito a voto pertença, direta ou indiretamente, a ente da Federação, que receba do ente controlador recursos financeiros para pagamento de despesas com pessoal ou de custeio em geral ou de capital, excluídos, no último caso, aqueles provenientes de aumento de participação acionária).

Nos termos do art. 50, §2º, da LRF, compete ao órgão central de contabilidade da União (Secretaria do Tesouro Nacional), enquanto não implantado o Conselho referido no art. 67 da LRF (que ainda não existe de fato), a edição de normas gerais para consolidação das contas públicas, adequando a aplicação da Lei Complementar nº 101/2000, da Lei nº 4.320/64 e das demais normas legais pertinentes às finanças públicas.

### 2.2.2.1 A Lei de Responsabilidade Fiscal sob o crivo de constitucionalidade no Supremo Tribunal Federal

Uma vez publicada a Lei de Responsabilidade Fiscal em 2000, nesse mesmo ano contra ela várias ações diretas de inconstitucionalidade foram ajuizadas (ADIs nº 2.238, 2.324, 2.256, 2.241, 2.261, 2.365 e 2.250), além da ADPF nº 24, ajuizada em 2001.

Entre 2000 e 2003, o Plenário do STF deliberou sobre as medidas cautelares que pediam a suspensão da aplicação de diversos dispositivos da LC nº 101. Após esses julgamentos sobre as liminares entre 2000 e 2003, decorreram mais de quinze anos sem que o julgamento de mérito das ações diretas contra a LRF fosse pautado pelos inúmeros ministros que passaram pela presidência do tribunal.

Em 2019, dada a intensa crise financeira e fiscal das entidades federativas, pautou-se o julgamento das ações. Como é comum no STF, os julgamentos se iniciam numa sessão e costumam tardar anos para terminar. Foi o que ocorreu também nestes julgamentos sobre a LRF. Em 2009, após várias sessões, o processo continuou a tramitar, até que seu julgamento foi finalizado na sessão de 24.06.2020, que ainda foi embargo de declaração pelo PRG; porém, os embargos não foram conhecidos.

A decisão do STF foi finalizada com os seguintes fundamentos de mérito:
1. Ação Direta de Inconstitucionalidade NÃO CONHECIDA quanto aos ARTIGOS 7º, §§2º e 3º, e 15 da LRF e aos ARTIGOS 3º, II, e 4º da MP nº 1980-18/2000.
2. Ação Direta de Inconstitucionalidade julgada prejudicada quanto aos ARTIGOS 30, I, E 72 DA LRF. EXAURIMENTO DA NORMA. PREJUDICIALIDADE.

3. Ação Direta julgada improcedente para declarar a constitucionalidade dos ARTIGOS 4º, §2º, II, E §4º; 7º, *CAPUT*, E §1º; 11, PARÁGRAFO ÚNICO; 14, II; 17, §§1º A 7º; 18, §1º; 20; 24; 26, §1º; 28, §2º; 29, I, E §2º; 39; 59, §1º, IV; 60 E 68, *CAPUT*, DA LRF.

- 3.1. A exigibilidade (art. 4º, §2º, II), em relação aos entes subnacionais, de demonstração de sincronia entre diretrizes orçamentárias e metas e previsões fiscais macroeconômicas definidas pela União não esvazia a autonomia daqueles, exigindo que sejam estabelecidas de acordo com a realidade de indicadores econômicos.

- 3.2. O art. 4º, §4º, da LRF estipula exigência adicional do processo legislativo orçamentário, não significando qualquer risco de descumprimento do art. 165, §2º, da CF.

- 3.3. A consignação do resultado negativo do Banco Central do Brasil (BCB) como obrigação do Tesouro Nacional, na forma do art. 7º, §1º, da LRF, não constitui crédito orçamentário, ainda menos ilimitado, veiculando regra de programação orçamentária, que é indispensável à garantia das competências privativas da autarquia especial (art. 164 da CF).

- 3.4. A mensagem normativa do parágrafo único do art. 11 da LRF, de instigação ao exercício pleno das competências impositivas fiscais tributárias dos entes locais, não conflita com a Constituição Federal, traduzindo-se como fundamento de subsidiariedade, congruente com o princípio federativo, e desincentivando dependência de transferências voluntárias.

- 3.5. O art. 14 da LRF se destina a organizar estratégia, dentro do processo legislativo, de tal modo que os impactos fiscais de projetos de concessão de benefícios tributários sejam mais bem quantificados, avaliados e assimilados em termos orçamentários. A democratização do processo de criação de gastos tributários pelo incremento da transparência constitui forma de reforço do papel de estados e municípios e da cidadania fiscal.

- 3.6. Os arts. 17 e 24 representam atenção ao equilíbrio fiscal. A rigidez e a permanência das despesas obrigatórias de caráter continuado as tornam fenômeno financeiro público diferenciado, devendo ser consideradas de modo destacado pelos instrumentos de planejamento estatal.

- 3.7. A internalização de medidas compensatórias, conforme enunciadas pelos arts. 17 e 24 da LRF, no processo legislativo é parte de projeto de amadurecimento fiscal do Estado, de superação da cultura do desaviso e da inconsequência fiscal, administrativa e gerencial. A prudência fiscal é um objetivo expressamente consagrado pelo art. 165, §2º, da Constituição Federal.

- 3.8. Ao se referir a contratos de terceirização de mão de obra, o art. 18, §1º, da LRF não sugere qualquer burla aos postulados da licitação e do concurso público. Impede apenas expedientes de substituição de servidores via contratação terceirizada em contorno ao teto de gastos com pessoal.

- 3.9. A definição de um teto de gastos particularizado, segundo os respectivos poderes ou órgãos afetados (art. 20 da LRF), não representa

intromissão na autonomia financeira dos entes subnacionais. Reforça, antes, a autoridade jurídica da norma do art. 169 da CF, no propósito, federativamente legítimo, de afastar dinâmicas de relacionamento predatório entre os entes componentes da federação.
- 3.10. Só a fixação de consequências individualizadas para os desvios perpetrados por cada instância pode tornar o compromisso fiscal efetivo. A LRF estabeleceu modelo de corresponsabilidade entre os poderes. Ao positivar esse modelo, a LRF violou qualquer disposição constitucional, mas, sim, prestigiou a prudência fiscal, valor chancelado constitucionalmente.
- 3.11. Eventual dissonância entre o conteúdo dos conceitos de dívida pública presentes na legislação, se existente, haveria de ser resolvida pelos critérios ordinários de hermenêutica jurídica, nada comprometida a legitimidade constitucional da LRF.
- 3.12. Eventual dissonância existente entre o conceito de dívida consolidada previsto no art. 29, I, da LRF e definições hospedadas em outras leis, se existente, haverá de ser resolvida pelos critérios ordinários de hermenêutica jurídica.
- 3.13. A possibilidade de fixação por estados e municípios de limites de endividamento abaixo daqueles nacionalmente exigíveis não compromete competências do Senado Federal, materializando, ao contrário, prerrogativa que decorre naturalmente da autonomia política e financeira de cada ente federado.
- 3.14. O art. 250 da Constituição Federal não exige que a criação do fundo por ele mencionado seja necessariamente veiculada em lei ordinária, nem impede que os recursos constitutivos sejam provenientes de imposição tributária.
4. Ação Direta julgada procedente para declarar a inconstitucionalidade dos ARTIGOS 9, §3º, 23, §2º, 56, *CAPUT*, 57, *CAPUT*. AÇÃO JULGADA PROCEDENTE COM DECLARAÇÃO DE INCONSTITUCIONALIDADE DOS DISPOSITIVOS.
- 4.1. A norma estabelecida no §3º do referido art. 9º da LRF, entretanto, não guardou pertinência com o modelo de freios e contrapesos estabelecido constitucionalmente para assegurar o exercício responsável da autonomia financeira por parte dos Poderes Legislativo, Judiciário e da Instituição do Ministério Público ao estabelecer inconstitucional hierarquização subserviente em relação ao Executivo, permitindo que, unilateralmente, limitasse os valores financeiros segundo os critérios fixados pela Lei de Diretrizes Orçamentárias no caso daqueles poderes e instituição não promoverem a limitação no prazo estabelecido no *caput*. A defesa de um Estado Democrático de Direito exige o afastamento de normas legais que repudiam o sistema de organização liberal, em especial na presente hipótese, o desrespeito à separação das funções do poder e suas autonomias constitucionais, em especial quando há expressa previsão constitucional de autonomia financeira. Doutrina.

- 4.2. Em relação ao §2º do artigo 23 da LRF, é entendimento iterativo do STF considerar a irredutibilidade do estipêndio funcional como garantia constitucional voltada a qualificar prerrogativa de caráter jurídico-social instituída em favor dos agentes públicos.
- 4.3. Em relação ao artigo 56, *caput*, da LRF, a emissão de diferentes pareceres prévios respectivamente às contas dos Poderes Legislativo, Judiciário e Ministério Público transmite ambiguidade a respeito de qual deveria ser o teor da análise a ser efetuada pelos tribunais de contas, se juízo opinativo, tal como o do art. 71, I, da CF, ou se conclusivo, com valor de julgamento. Confirmação da liminar, declarando-se a inconstitucionalidade do dispositivo.
- 4.4. O mesmo se aplica ao art. 57, *caput*, da LRF, cuja leitura sugere que a emissão de parecer prévio por tribunais de contas poderia ter por objeto contas de outras autoridades que não a do chefe do Poder Executivo. Confirmação da liminar, declarando-se a inconstitucionalidade do dispositivo.
5. Ação Direta julgada parcialmente procedente para dar interpretação conforme a Constituição aos ARTIGOS 12, §2º E 21, II.
- 5.1. Ao prever limite textualmente diverso da regra do art. 167, III, da CF, o art. 12, §2º, da LRF enseja interpretações distorcidas do teto a ser aplicado às receitas decorrentes de operações de crédito, pelo que a ação deve ser parcialmente provida, nesse ponto, para dar interpretação conforme ao dispositivo para o fim de explicitar que a proibição não abrange operações de crédito autorizadas mediante créditos suplementares ou especiais com finalidade precisa, aprovados pelo Poder Legislativo por maioria absoluta.
- 5.2. Ao prever sanção para o descumprimento de um limite específico de despesas considerados os servidores inativos, o art. 21, II, da LRF propicia ofensa ao art. 169, *caput*, da CF, uma vez que este remete à legislação complementar a definição de limites de despesa com pessoal ativo e inativo, pelo que a ação deve ser parcialmente provida, nesse ponto, para dar interpretação conforme ao dispositivo no sentido de que se entenda como limite legal o previsto em lei complementar.
6. Ação Direta julgada parcialmente procedente para a declaração de inconstitucionalidade parcial, sem redução, ao ARTIGO 23, §1º.
- 6.1. Irredutibilidade do estipêndio funcional como garantia constitucional voltada a qualificar prerrogativa de caráter jurídico-social instituída em favor dos agentes públicos. Procedência ao pedido tão somente para declarar parcialmente a inconstitucionalidade sem redução de texto do art. 23, §1º, da LRF, de modo a obstar interpretação segundo a qual é possível reduzir valores de função ou cargo que estiver provido.
- 6.2. A irredutibilidade de vencimentos dos servidores também alcança aqueles que não possuem vínculo efetivo com a Administração Pública.[239]

---

[239] STF - ADI 2238, Relator(a): ALEXANDRE DE MORAES, Tribunal Pleno, julgado em 24-06-2020, PROCESSO ELETRÔNICO DJe-218; DIVULG. 31-08-2020 PUBLIC 01-09-2020 REPUBLICAÇÃO: DJe-228; DIVULG. 14-09-2020 PUBLIC 15-09-2020).

## 2.3 Princípios do direito financeiro

O reconhecimento da mudança no papel dos princípios jurídicos pela teoria geral do direito, desde o terceiro quarto do século XX, vem trazendo reflexos sobre o modo de considerar a submissão da Administração Pública à lei e ao direito. Atualmente, os princípios jurídicos não mais são vistos como meros instrumentos de preenchimento de lacunas da lei (válvulas de escape), senão como mandamentos a vincular diretamente a atividade dos administradores públicos. Nesse cenário, os princípios do direito financeiro, para além de atribuir autonomia à disciplina, encartam conteúdo de dever ser jurídico, com vinculatividade plena dirigida aos agentes estatais.

No Brasil, o movimento de consagração desse novo panorama tem curso a partir da Constituição de 1988, que pode ser considerada inauguradora de novo modelo de racionalidade jurídica, afinada com as mais modernas constituições democráticas mundiais, nas quais os princípios, a exemplo das regras, são normas com densidade normativa suficiente e independente.

### 2.3.1 Princípio da legalidade

A noção de Estado de Direito exige a conectividade entre o agir estatal e a legalidade. No âmbito da atividade financeira do Estado, esta se desenvolve mediante atos que dependem, via de regra, de prévia autorização do Poder Legislativo: a realização das despesas públicas, obtenção de receitas, utilização do crédito e elaboração dos orçamentos públicos, todos esses movimentos dependem da construção histórica do princípio da legalidade.

O respeito ao princípio da legalidade na realização de despesa pública está expressamente consagrado em diversos incisos do art. 167 da Constituição, que prescrevem comandos do tipo: a) é vedada a realização de despesas ou assunção de obrigações cujos valores extrapolem os créditos orçamentários e adicionais (art. 167, II); b) é proibido que as operações de despesas de crédito alcancem valores superiores aos das operações de despesas de capital ressalvadas as autorizadas mediante créditos suplementares ou especiais com finalidade precisa, aprovados pelo Poder Legislativo por maioria absoluta (art. 167, III); c) é vedada a abertura de crédito suplementar ou especial sem prévia autorização legislativa e sem indicação dos recursos correspondentes (art. 167, V); d) são proibidos a transposição, o remanejamento ou a transferência de recursos de uma categoria de programação para outra, ou de um órgão para outro, sem prévia autorização legislativa (art. 167, VI); e) é vedada a utilização, sem autorização legislativa específica, de recursos dos orçamentos fiscal e da seguridade social para suprir necessidade ou cobrir *déficit* de empresas, fundações e fundos (art. 167, VIII); f) é defesa a instituição de fundos de qualquer natureza, sem prévia autorização legislativa (art. 167, IX).

Deve-se, contudo, destacar que, a título de exceção, o texto constitucional, no art. 167, §3º permite a realização de despesa pública sem anterior manifestação do

Poder Legislativo na hipótese alusiva à abertura de créditos adicionais extraordinários, por meio de medida provisória (onde houver), nos casos de guerra, comoção interna ou calamidade pública.

A aplicação da regra em nível estadual e municipal deve sofrer adaptações, porquanto nem todas as entidades federativas têm previsão de medidas provisórias nas suas Constituições estaduais ou leis orgânicas. Para os que possuam o veículo legislativo expedito, deve-se guardar simetria com a Constituição, valendo-se da medida provisória. Para os que não possuem, deve-se cogitar do uso da medida autorizada pelo art. 44 da Lei nº 4.320/64: abertura do crédito extraordinário via decreto, com ciência posterior ao Poder Legislativo. Este, por sua vez, se discordar da medida, pode se valer do disposto no art. 49, V, da Constituição para determinar a suspensão do ato normativo do Poder Executivo, por exorbitância do poder regulamentar ou dos limites da delegação legislativa.

É indispensável destacar que, no julgamento da ADI nº 4.048, o STF reconheceu sua competência para efetuar, em sede abstrata, o controle de constitucionalidade de leis e atos normativos orçamentários. Com relação às medidas provisórias editadas para abertura de crédito extraordinário, consignou que o controle de constitucionalidade envolve a análise concomitante dos requisitos impostos pelo art. 167, §3º, e pelo art. 62, §1º, inc. I, alínea "d", da Constituição.

Desse modo, deve-se analisar a conformação no caso concreto de todas as exigências impostas pelos referidos dispositivos constitucionais, sejam eles descritos por meio de expressões plurissignificativas ou de expressões com conteúdo semântico objetivo. Logo, segundo o STF, cabe-lhe avaliar, se provocado pelos legitimados, a edição de medida provisória para abertura de crédito extraordinário, notadamente quanto aos requisitos de "relevância", "urgência", "guerra", "comoção interna" e "calamidade pública".[240]

Os orçamentos públicos são, portanto, atos que instituem metas e diretrizes para o Poder Público e definem a distribuição de receitas e despesas, com natureza jurídica de lei em sentido formal, de conteúdo normativo, para efeito de cabimento do controle concentrado de constitucionalidade. A elaboração e a alteração dos orçamentos públicos pressupõem a autorização do Poder Legislativo (art. 48, II, e art. 165, *caput*, da Constituição): princípio da legalidade.

## 2.3.2 Princípio da economicidade

O princípio da economicidade fixa o dever de eficiência na realização das despesas públicas pelo gestor, constituindo, por consequência, baliza para a realização do controle dos gastos públicos.[241] Trata-se, portanto, de dever de persecução dos resultados mais otimizados com os recursos públicos finitos disponíveis, sem desperdícios, ostentações ou sacrifícios.

---

[240] STF. Tribunal Pleno. ADI nº 4.048 MC/DF. Rel. Min. Gilmar Mendes. *DJe*, 22 ago. 2008.

[241] *Vide* GABARDO, Emerson. *Princípio constitucional da eficiência*. São Paulo: Dialética, 2002. p. 111-112.

Também serve de parâmetro para aquilatar os benefícios econômicos e sociais nos casos de renúncia de receita (isenções, remissões, anistias, subsídios). Nesse sentido, o art. 70 da CR/88 estabelece competir ao Congresso Nacional, com o auxílio dos Tribunais de Contas e dos órgãos de controle interno, a verificação da economicidade da atividade financeira do Estado, inclusive quanto às hipóteses de renúncia de receita.

Cabe ressaltar que a Lei de Responsabilidade Fiscal reforça a incidência do princípio da economicidade sobre a atividade financeira do Estado, quando, em seu art. 50, §3º, estabelece a obrigatoriedade de a Administração manter sistema de custos que permita a avaliação e o acompanhamento da gestão orçamentária, financeira e patrimonial, dispositivo que deve ser lido conjuntamente com os arts. 4º, I, 32, §1º, e 45 da mesma lei.

Aliás, o art. 45 da LRF é interessantíssimo no sentido de impor a observância da economicidade, à medida que proíbe que novas previsões de projetos (obras públicas em geral) sejam incluídas na lei orçamentária e nas leis de créditos adicionais antes do adequado atendimento dos projetos em andamento e de contempladas as despesas de conservação do patrimônio público, nos termos em que dispuser a Lei de Diretrizes Orçamentárias.

### 2.3.3 Princípios da transparência, participação e controle social

O princípio da transparência conecta-se ao princípio administrativo da publicidade (art. 37, *caput*, CR/88). Quando os direitos não são conhecidos por todos, torna-se mais árdua a tarefa de reivindicá-los. Desde a Declaração dos Direitos do Homem e do Cidadão de 1789, determina-se, no pertinente às finanças públicas, que todos os cidadãos têm direito de verificar, por si ou por seus representantes, a necessidade da contribuição pública, de modo a consenti-la livremente, de observar o seu emprego e de lhe fixar a repartição, a coleta, a cobrança e a duração (art. 14 da Declaração dos Direitos do Homem e do Cidadão de 1789).

O Estado tem o dever constitucional de atuar às claras, seja para dar publicidade aos seus atos, seja para permitir o pleno exercício do sistema republicano: o conchavo e o acordo fechado em gabinetes representam patologias da chamada "administração paralela",[242] que, embora ainda se veja culturalmente arraigada na práxis da atividade financeira no Brasil, não se coaduna com a necessidade de transparência do ordenamento jurídico.

Assim, o princípio da publicidade implica obrigatoriedade de divulgação de atos, contratos e demais instrumentos jurídicos celebrados pelos agentes administrativos, especialmente aqueles relacionados com as finanças estatais. A partir da publicidade, a sindicabilidade desses atos é potencialmente mais rigorosa e ampla.

---

[242] GORDILLO, Agustin. *Problemas del control de la Administración Pública en América Latina*. Madrid: Civitas, 1981.

A participação e o controle social, por sua vez, são essenciais para conferir legitimidade democrática às finanças públicas e ao direito financeiro.[243]

### 2.3.3.1 Normas da Constituição de 1988 sobre transparência, participação e controle social no âmbito do direito financeiro e das políticas públicas

A palavra "transparência" não aparece no texto original da Constituição brasileira promulgada em 1988, mas foi incorporada expressamente ao texto da Constituição com a promulgação de três emendas constitucionais. Das três alterações, duas estão diretamente relacionadas com o direito financeiro. A Emenda nº 71, de 2012, estabeleceu que o Sistema Nacional de Cultura será regido por diversos princípios, dentre eles os da "transparência e compartilhamento das informações" (art. 216-A, §1º, IX, da Constituição). A Emenda nº 103, de 2019, determinou que uma lei complementar regulamente o regime de contribuições previdenciárias dos servidores públicos de acordo com os princípios de "governança, controle interno e transparência" (art. 40, §22, VII, da Constituição). A Emenda nº 108, de 2020, prescreveu que os fundos estaduais com recursos para o financiamento da educação básica devem ser geridos com "transparência", "monitoramento", "fiscalização" e "controle interno, externo e social" (art. 212-A, X, "d", da Constituição).

Embora a palavra "transparência" não conste expressamente do texto original da Constituição de 1988, seu significado jurídico está presente nas normas constitucionais originárias sobre o direito fundamental de acesso à informação (art. 5º, XIV, da Constituição) e sobre o direito dos cidadãos receberem dos órgãos públicos informações de seu interesse particular ou de interesse coletivo ou geral, ressalvadas as informações cujo sigilo seja imprescindível à segurança da sociedade e do Estado (art. 5º, XXXIII, da Constituição).

O sentido jurídico de transparência também se manifesta na norma constitucional que determina que a Administração Pública está sujeita ao princípio da publicidade (art. 37, *caput*, da Constituição) e na norma constitucional que garante o acesso do usuário dos serviços públicos a registros administrativos e informações sobre atos de governo (art. 37, §3º, II, da Constituição). O interesse público pela informação também é reconhecido constitucionalmente na norma que exige a publicidade dos julgamentos dos órgãos do Poder Judiciário (art. 93, IX, da Constituição).

A norma constitucional mais completa e acabada sobre transparência nas finanças públicas foi criada pela Emenda Constitucional nº 108, de 2020, que determinou que todos os entes federativos devem disponibilizar suas informações e dados contábeis, orçamentários e fiscais de forma a garantir sua rastreabilidade,

---

[243] Cf. GODOI, Marciano Seabra de. Transparencia y participación ciudadana en la política fiscal de la federación brasileña: estado actual. *Revista Debates de Derecho Tributario y Financiero*, Buenos Aires, ano 4, vol. 10, abril 2024, p. 340-372.

publicidade e comparabilidade, com divulgação em meio eletrônico de amplo acesso público (art. 163-A da Constituição).

As expressões "participação cidadã", "participação social" e "controle social", todas elas relacionadas intimamente com a ideia de transparência, aparecem frequentemente no texto constitucional. A Constituição determina que a administração da seguridade social conte com a participação dos trabalhadores, dos empregadores, dos aposentados e do Poder Executivo em seus órgãos colegiados (art. 194, parágrafo único, VII, da Constituição). Por outro lado, a "participação da comunidade" deve ser uma das diretrizes da organização das ações e serviços públicos de saúde (art. 198, III, da Constituição), e a "participação da população, por meio de organizações representativas", deve ser uma das diretrizes para a formulação das políticas e para o controle das ações governamentais na área da assistência social (art. 204, II, da Constituição). No mesmo sentido, a Emenda Constitucional nº 71, de 2012, determina que haja "democratização dos processos decisórios com participação e controle social" na condução do Sistema Nacional de Cultura (art. 216-A, §1º, X, da Constituição).

Uma norma constitucional específica garantindo a participação cidadã na formulação e controle das políticas públicas na ordem social foi criada pela Emenda Constitucional nº 108, de 2020. Segundo essa norma constitucional (art. 193-A), está assegurada, "na forma lei, a participação da sociedade nos processos de formulação, de monitoramento, de controle e de avaliação" das políticas públicas sociais. Contudo, até o presente momento o Congresso Nacional não editou a lei necessária à concretização plena desse comando constitucional tão importante.

Há no artigo 74, §2º, da Constituição uma norma diretamente ligada à transparência nas finanças públicas: trata-se da regra segundo a qual "qualquer cidadão, partido político, associação ou sindicato é parte legítima para, na forma da lei, denunciar irregularidades ou ilegalidades perante o Tribunal de Contas da União".

No ano de 2021, a Emenda Constitucional nº 109 incluiu na Constituição algumas regras muito importantes e valiosas sobre a necessidade de avaliação periódica das políticas públicas em geral e dos benefícios fiscais em particular. Por um lado, incluiu-se no art. 37 da Constituição o §16, segundo o qual a Administração Pública deve "realizar avaliação das políticas públicas, inclusive com divulgação do objeto a ser avaliado e dos resultados alcançados, na forma da lei". Mais uma vez, o Congresso se mantém inerte e, até o momento, não editou a regulamentação legal do dispositivo. Por outro lado, a Emenda Constitucional nº 109 determinou que os resultados dessa avaliação e monitoramento obrigatórios das políticas públicas devem ser levados em consideração na elaboração das leis orçamentárias (art. 165, §16, da Constituição, incluído pela Emenda Constitucional nº 109, de 2021).

A Emenda Constitucional nº 109 também ordenou que uma lei complementar estabeleça "critérios objetivos, metas de desempenho e procedimentos para a concessão e a alteração de incentivo ou benefício de natureza tributária, financeira ou creditícia para pessoas jurídicas do qual decorra diminuição de receita ou aumento de despesa", bem como "regras para a avaliação periódica obrigatória" dos impactos econômicos e sociais dos incentivos ou benefícios fiscais, "com divulgação irrestrita dos respectivos resultados" (art. 4º, §4º da EC nº 109, de 2021). É de se lamentar que a Emenda Constitucional nº 109 não tenha determinado expressamente que, em tal avaliação de políticas públicas e incentivos/benefícios fiscais, se operem mecanismos efetivos de participação cidadã e de controle social. Por outro lado, é preocupante que o Congresso Nacional ainda esteja inerte e não tenha criado a urgente legislação complementar mencionada no art. 4º, §4º, da Emenda Constitucional nº 109, de 2021.[244]

No mesmo sentido dessa norma da Emenda Constitucional nº 109, no final de 2024 a Emenda Constitucional nº 135 criou mais uma hipótese de competência de lei complementar em matéria financeira, incluindo no *caput* do art. 163 da Constituição o inciso IX, segundo o qual cabe à lei complementar dispor sobre "condições e limites para a concessão, ampliação ou prorrogação de incentivo ou benefício de natureza financeira". Tal como ocorre em várias outras situações descritas neste *Curso*, também aqui é de se prever que o Congresso Nacional permanecerá por muito tempo sem aprovar tal lei complementar.

A conclusão parcial alcançada na presente seção é que a transparência, a participação cidadã e o controle social no campo do direito financeiro e das políticas públicas são questões presentes no texto da Constituição de 1988 desde a sua promulgação[245] e objeto de várias emendas constitucionais promulgadas nos últimos anos. Contudo, a legislação infraconstitucional mencionada em tais normas constitucionais, legislação responsável por dar operacionalidade e efetividade à transparência, à participação e ao controle social previstos na Constituição, ainda não foi criada pelo Congresso Nacional, que permanece numa posição de grave omissão.[246]

## 2.3.3.2 Normas da Lei de Responsabilidade Fiscal sobre transparência, participação e controle social

Na Lei de Responsabilidade Fiscal, que tem no total 75 artigos, a transparência na gestão fiscal está tratada nos artigos 48, 48-A e 49. No capítulo da lei denominado "Transparência, Controle e Fiscalização" (artigos 48-59), há muito mais normas sobre informações e relatórios que os entes federativos devem elaborar e disponibilizar à população e aos órgãos centrais da União Federal do que regras que assegurem – ou, pelo menos, procurem assegurar – a efetiva participação cidadã no processo orçamentário.

Em sua redação original de 2000, a Lei de Responsabilidade Fiscal previa em seu art. 48 que a transparência na gestão fiscal seria obtida por dois meios: a) ampla

---

[244] A respeito das debilidades institucionais na avaliação e controle dos gastos tributários no Brasil, cf. PELLEGRINI. *Gastos tributários*: Conceitos, experiência internacional e o caso do Brasil. Texto para Discussão n. 159, Senado Federal, Brasília, 2014; e CASTAGNA, Ricardo Alessandro. *O direito financeiro dos gastos públicos*. Tese de doutorado, Faculdade de Direito da Universidade de São Paulo, 2020.

[245] Segundo Ricardo Lobo Torres, uma das inovações da Constituição de 1988 em relação às constituições anteriores foi o seu "cuidado com a transparência fiscal e o controle das renúncias de receita". TORRES, Ricardo Lobo. *Tratado de Direito Constitucional Financeiro e Tributário*. 2. ed. vol. 5. Rio de Janeiro: Renovar, 2000. p. 383.

[246] Sobre o tema, cf. AFONSO, José Roberto *et al*. *Diagnóstico sobre constitucionalização das finanças públicas no Brasil*. Texto para Discussão nº 19, Fundação Instituto de Pesquisas Econômicas – Fipe, São Paulo, 2023.

divulgação, inclusive em meio eletrônico, das leis orçamentárias, dos documentos de prestação de contas do Poder Executivo e dos relatórios de gestão e execução fiscal numa versão integral e numa versão simplificada; b) incentivo à participação popular e à realização de audiências públicas durante o processo orçamentário no Poder Legislativo. Já em seu art. 49, a LRF prescreve que as contas apresentadas pelo chefe do Poder Executivo ficarão disponíveis, durante todo o exercício, junto ao respectivo Poder Legislativo e ao órgão técnico responsável pela sua elaboração, para consulta e apreciação pelos cidadãos e instituições da sociedade.

Em 2009, houve uma modificação das normas da Lei de Responsabilidade Fiscal com o objetivo de tornar mais eficaz e efetiva a disponibilização pública de informações e relatórios fiscais, especialmente nos menores municípios do país. A Lei Complementar nº 131, de 2009, determinou que a transparência fiscal também deve ser alcançada mediante a "liberação ao pleno conhecimento e acompanhamento da sociedade, em tempo real, de informações pormenorizadas sobre a execução orçamentária e financeira, em meios eletrônicos de acesso público" (art. 48, §1º, II, da LRF). Além disso, determinou a "adoção de sistema integrado de administração financeira e controle" que atenda a padrão mínimo de qualidade estabelecido pelo Poder Executivo da União (art. 48, §1º, III, da LRF). Foram estabelecidos prazos máximos para o cumprimento dessas regulamentações (art. 73-B da Lei de Responsabilidade Fiscal), desde o prazo de 1 ano para a União, estados e municípios com mais de 100 mil habitantes até o prazo de 4 anos para os municípios com até 50 mil habitantes (que constituem a grande maioria dos municípios brasileiros). A Lei Complementar nº 131/2009, popularmente conhecida como "Lei da Transparência", determinou ainda que os entes da federação que não cumprirem essa normativa sofrerão a sanção de não receberem transferências voluntárias de recursos orçamentários dos demais entes da federação.

O art. 48-A da LRF, incluído pela Lei Complementar nº 131/2009, fixou o dever de os entes federados disponibilizarem a qualquer pessoa física ou jurídica o acesso a informações referentes à despesa (todos os atos praticados pelas unidades gestoras no decorrer da execução da despesa, no momento de sua realização, com a disponibilização mínima dos dados referentes ao número do correspondente processo, ao bem fornecido ou ao serviço prestado, à pessoa física ou jurídica beneficiária do pagamento e, quando for o caso, ao procedimento licitatório realizado) e à receita (o lançamento e o recebimento de toda a receita das unidades gestoras, inclusive referente a recursos extraordinários).

Outro objetivo da Lei Complementar nº 131/2009 foi regulamentar a norma da Constituição segundo a qual qualquer cidadão, associação ou sindicato é legítimo para denunciar irregularidades ou ilegalidades ao Tribunal de Contas da União (art. 74, §2º, da Constituição). A Lei Complementar nº 131/2009 determinou que qualquer cidadão, partido político, associação ou sindicato é parte legítima para denunciar ao respectivo Tribunal de Contas (de nível federal, estadual ou municipal) e ao órgão competente do Ministério Público o descumprimento das normas contidas na Lei de Responsabilidade Fiscal (art. 73-A da Lei de Responsabilidade Fiscal, incluído pela Lei Complementar nº 131/2009).

Em 2016, uma nova modificação da Lei de Responsabilidade Fiscal aumentou as exigências de transparência. A Lei Complementar nº 156 exigiu que todos os entes federativos divulguem em meio eletrônico de amplo acesso público suas informações e dados contábeis, orçamentários e fiscais conforme periodicidade, formato e sistemas estabelecidos pelos órgãos de controle da União. Além disso, determinou que os estados e municípios encaminhem ao Ministério da Fazenda as informações necessárias para a constituição de um registro eletrônico centralizado e atualizado das dívidas públicas interna e externa (§§2º e 3º do art. 48 da LRF, introduzidos pela Lei Complementar nº 156/2016).

Vê-se claramente que a Lei de Responsabilidade Fiscal contempla mais regras de transparência em termos de exigências de prestação imediata de informação fiscal e relatórios de gestão orçamentária do que em termos de exigências de funcionamento concreto de mecanismos e instâncias de participação cidadã e de controle social no processo orçamentário. Uma evidência disso é que nunca foi instituído o conselho de gestão fiscal previsto no art. 67 da Lei de Responsabilidade Fiscal, que seria formado por representantes de todos os poderes da República, de todas as esferas da federação, pelo Ministério Público e por "entidades técnicas representativas da sociedade", com o objetivo de monitorar e avaliar, de forma permanente, a política fiscal e sua operacionalidade, incluindo a adoção de meios necessários ao controle social das finanças públicas (art. 67 da Lei de Responsabilidade Fiscal).

### 2.3.3.3 Lei de Acesso à Informação (Lei nº 12.527, de 2011)

A Constituição de 1988 garante aos cidadãos o direito de receber do poder público informações de seu particular interesse ou informações sobre atos governamentais e assuntos de interesse geral ou coletivo (art. 5º, XXXIII, da Constituição). Esse direito, considerado fundamental, foi objeto de regulamentação detalhada em 2011 pela Lei nº 12.527, popularmente conhecida como Lei de Acesso à Informação (LAI), que se aplica não apenas aos órgãos dos Poderes Executivo, Legislativo e Judiciário de todos os entes da federação, mas também às fundações e empresas públicas, bem como a entidades privadas que recebam verbas do orçamento público ou subsídios para a prática de atos de interesse público.

A LAI prevê que o poder público tem o dever de garantir aos cidadãos o direito à informação de forma objetiva, ágil, transparente, em linguagem clara e de fácil compreensão, nos termos das seguintes diretrizes (previstas em seu artigo 5º): publicidade da informação como a regra, e o sigilo (por razões de segurança da sociedade ou do Estado) como a exceção; aplicação da transparência ativa obrigatória (divulgação sistemática de informação de interesse público em local de fácil acesso independentemente de pedidos) em paralelo com a transparência passiva (resposta ágil e eficaz a pedidos de acesso à informação realizados pelos cidadãos); e promoção do desenvolvimento da cultura de transparência na Administração Pública e do seu controle social.

No que diz respeito à transparência ativa, a LAI exige que a divulgação seja de fácil acesso (por meio da internet) e inclua informações sobre a estrutura funcional e competências dos órgãos, despesas, transferências financeiras e contratos celebrados por entidades públicas, além de dados para acompanhamento de programas, ações, projetos e obras dos órgãos públicos. Outro requisito importante da transparência ativa exigida pela LAI é o oferecimento de um conjunto de respostas às perguntas mais frequentes da sociedade. Os sítios eletrônicos oficiais dos órgãos públicos devem conter ferramentas de busca de conteúdo que permitam o acesso às informações de forma objetiva e em linguagem de fácil compreensão, com possibilidade de obtenção de relatórios em diversos formatos eletrônicos abertos que possam ser lidos ou processados por máquinas.

No que diz respeito à transparência passiva, a LAI prevê que, para o acesso do cidadão às informações de interesse público, a identificação do requerente não deve resultar em exigências que, na prática, possam inviabilizar a solicitação. A exigência de que o requerente declare ao poder público os motivos determinantes da solicitação de informações de interesse público é vedada pela LAI (art. 10 da LAI).

A LAI prevê que todos os entes da federação brasileira deverão criar legislação própria que defina regras específicas para a aplicação da lei no âmbito de suas atribuições, com a criação de um serviço de informação ao cidadão e a realização de audiências ou consultas públicas, com incentivo à participação popular (arts. 9º e 45 da LAI).

### 2.3.3.4 Relatórios de organizações não governamentais sobre o grau de transparência e participação social nas finanças públicas brasileiras

Nos últimos anos, a organização não governamental Transparência Brasil[247] publicou diversos relatórios sobre o real e concreto grau de transparência verificado nos entes federativos e órgãos públicos brasileiros. Numa investigação realizada em 2020 sobre o efetivo cumprimento e aplicação da Lei de Acesso à Informação (LAI) pelos órgãos públicos dos estados brasileiros, constatou-se que mais da metade dos parlamentos regionais e quase um terço dos tribunais de justiça simplesmente não responderam aos pedidos de informação feitos pela equipe de investigadores. No caso dos órgãos do Poder Executivo, os resultados relativos ao cumprimento da LAI foram significativamente melhores. A avaliação geral do estudo foi que houve avanços nos últimos anos, "no entanto, não é possível ser otimista", já que problemas recorrentes desde o início da LAI "persistem, comprometendo significativamente o direito de solicitar e receber informações de interesse público".[248]

---

[247] *Transparência Brasil* é uma ONG criada em 2000 que, por sua credibilidade, tem assento nos Conselhos de Transparência da Controladoria-Geral da União e do Senado Federal.

[248] TRANSPARÊNCIA BRASIL. *A LAI em 2020*: Estados e Distrito Federal. [s.l.], Transparência Brasil, 2020.

As conclusões da Transparência Brasil foram ainda piores no caso da investigação realizada em 2020 sobre o grau de transparência dos poderes legislativos dos municípios das três principais regiões metropolitanas do país (São Paulo, Rio de Janeiro e Belo Horizonte). Nos relatórios, concluiu-se que muitas câmaras legislativas municipais ainda não publicaram legislação própria para regulamentar a LAI. O grau de transparência do Poder Legislativo municipal nas três regiões metropolitanas foi considerado insatisfatório, com piores resultados nas regiões metropolitanas do Rio de Janeiro e de Belo Horizonte em comparação com a região metropolitana de São Paulo.[249]

Em 2022, em convênio com a Universidade Federal de Campina Grande, a organização Transparência Brasil realizou pesquisa sobre a integralidade e facilidade de obtenção, pelos cidadãos, dos dados remuneratórios dos juízes dos tribunais de justiça dos estados brasileiros. Verificou-se que, de 2019 a 2021, mais de um tribunal forneceu ao Conselho Nacional de Justiça informações incompletas, indicando apenas o gasto total com remunerações em determinado mês, e não a especificação das remunerações de cada magistrado, conforme determinado pela legislação.[250]

No final de 2021, a Transparência Brasil realizou uma investigação sobre a facilidade de obtenção, pelos cidadãos, de informações sobre os projetos de lei orçamentária de 2022 enviados pelo Executivo ao Legislativo nas esferas da União e dos estados brasileiros. Os resultados da investigação não foram positivos. Verificou-se que nenhuma das unidades federativas possuía *link* direto e específico em seu *site* principal para acesso ao projeto de lei orçamentária do ano de 2022.[251]

A organização não governamental *Transparência Internacional* Brasil,[252] que não se confunde com a organização não governamental *Transparência Brasil*, também realizou pesquisas nos últimos anos visando construir o chamado Índice de Transparência e Governança Pública (ITGP) aplicável aos entes federativos brasileiros. Essas pesquisas foram realizadas com a participação e financiamento de órgãos internacionais, como a União Europeia e a Embaixada da Noruega, em Brasília.

O resultado global do ITGP 2022/2021 dos poderes legislativos dos estados foi muito negativo. Dos parlamentos dos 27 membros da federação, 11 tiveram a classificação geral "mau" ou "péssimo", 12 tiveram a classificação "regular" e apenas 4 tiveram a classificação "bom". O resultado geral do ITGP 2022/2021 dos poderes executivos dos estados da federação foi bom. Dos 27 poderes executivos estaduais avaliados, apenas 3 tiveram classificação "ruim", 7 tiveram classificação "regular", 12 tiveram classificação "bom" e 5 tiveram classificação "ótimo".

A média de pontos dos poderes executivos no ITGP foi de 61 pontos em 100 pontos possíveis, enquanto a média de pontos dos poderes legislativos foi de 47,02

---

[249] TRANSPARÊNCIA BRASIL. *Transparência em Câmaras Municipais*. [s.l.], Transparência Brasil, 2020.
[250] TRANSPARÊNCIA BRASIL. *Judiciário deixa de prestar contas de remuneração de TJs*. [s.l.], Transparência Brasil, 2022.
[251] TRANSPARÊNCIA BRASIL. *Leis orçamentárias sem transparência*. [s.l.], Transparência Brasil, 2021.
[252] *Transparência Internacional Brasil* é a sucursal brasileira da ONG Transparência Internacional, fundada em 1993 na Holanda e presente atualmente em mais de cem países.

pontos em 100 pontos possíveis. Portanto, segundo a Transparência Internacional Brasil, a transparência dos Poderes Executivos nos estados brasileiros é bem melhor do que a transparência dos Poderes Legislativos. Mas num aspecto específico a avaliação dos Poderes Executivo e Legislativo foi semelhante: em ambos, o grau de participação social/cidadã é muito pior do que o grau de transparência em termos de acesso à informação.[253]

Em 2023, a Transparência Internacional Brasil avaliou o grau de transparência dos poderes executivos de 187 municípios de 7 estados brasileiros. A conclusão da pesquisa foi que o progresso nos últimos anos foi tímido e que a maioria das câmaras municipais pesquisadas "ainda apresenta resultados insatisfatórios".[254]

O Instituto de Estudos Socioeconômicos (INESC) é uma organização não governamental brasileira criada em 1979, em Brasília, que possui ampla experiência em estudos, pesquisas e projetos relacionados à transparência fiscal e à participação popular no ciclo orçamentário e nas políticas públicas. Nas suas atividades, o INESC aplica há muitos anos a metodologia "Orçamento e Direitos" e, nos anos 2018-2021, participou do comitê diretivo dos estudos internacionais que resultaram na publicação da importante obra *Princípios dos Direitos Humanos na Política Fiscal*.[255]

O INESC e mais de uma centena de instituições de outros países formam a *International Budget Partnership*, que se dedica desde 2006 à realização da pesquisa *Open Budget Survey*, um amplo inquérito sobre o grau de transparência e participação cidadã nos orçamentos nacionais e subnacionais de 115 países. Na pesquisa mais recente (2017), o Brasil ocupa uma posição relativamente boa no *ranking*, posição nº 7, que é descrita como tendo um grau de transparência "suficiente, mas não extenso", atrás de Nova Zelândia, África do Sul, Suécia, Noruega e Geórgia (esses países são classificados no relatório como tendo um "grande" grau de transparência) e do México. Entre 2006 e 2017, não houve progresso considerável no Brasil nos elementos considerados na pesquisa (participação cidadã, supervisão institucional e controle por instituição fiscal independente). O elemento com pior avaliação relativa no caso do Brasil é exatamente o da participação popular.[256]

Em 2014, o INESC realizou uma avaliação dos *sites* de transparência orçamentária eletrônica das entidades públicas brasileiras com especial ênfase nos impactos dos dados abertos nos direitos humanos. A pesquisa teve uma etapa quantitativa, e outra, qualitativa. Na primeira etapa, foram analisados os sítios eletrônicos das capitais,

---

[253] TRANSPARÊNCIA INTERNACIONAL BRASIL. *Nota Metodológica – Índice de Transparência e Governança Pública (ITGP) Poder Legislativo Estadual e Distrital*. Transparência Internacional Brasil-Konrad Adenauer Stiftung, São Paulo, 2023; TRANSPARÊNCIA INTERNACIONAL BRASIL. *Nota Metodológica – Índice de Transparência e Governança Pública (ITGP) Poder Executivo – Estados e Distrito Federal*. Transparência Internacional Brasil-Konrad Adenauer Stiftung, São Paulo, 2023.

[254] TRANSPARÊNCIA INTERNACIONAL BRASIL. A um ano das eleições municipais, transparência das prefeituras avança de maneira tímida e ainda é insatisfatória. [s.l.], Transparência Internacional Brasil, 2023.

[255] ASOCIACIÓN CIVIL POR LA IGUALDAD Y LA JUSTICIA *et al*. *Principios de Derechos Humanos en la Política Fiscal*. [s.l.], [s.n.], 2021. Disponível em: https://derechosypoliticafiscal.org/es/.

[256] INTERNATIONAL BUDGET PARTNERSHIP. *Open Budget Survey*. [s.l.], International Budget Partnership, 2017.

o sítio eletrônico do Poder Executivo federal e o sítio eletrônico do Senado Federal, com o objetivo de verificar a efetividade das normas da legislação brasileira sobre transparência orçamentária e dados abertos. Na segunda etapa, foi analisada a percepção de usuários qualificados (de movimentos sociais, academia, órgãos de controle) sobre os impactos dos dados abertos no fortalecimento dos direitos humanos no Brasil.

As principais conclusões da primeira parte da pesquisa foram as seguintes: a informação nos *sites* está completa; os dados não são primários; a maior parte das informações não está atualizada de acordo com o exigido pela legislação; não existe acessibilidade universal à informação; há progressos no cumprimento da legislação que exige que os dados estejam disponíveis e sejam legíveis por máquina; os *sites* não discriminam os usuários que buscam informações; os dados geralmente estão disponíveis em formatos não proprietários. Uma conclusão importante dessa pesquisa é que não existe relação entre regiões mais ricas e *sites* com maior transparência orçamentária. As conclusões da segunda parte do inquérito confirmaram as da primeira parte, no sentido de que há necessidade de melhorar a abertura dos dados. Verificou-se que os usuários percebem que os dados abertos geram avanços nos direitos humanos e que o acesso aos dados tende a empoderar e emancipar os cidadãos. A obtenção de dados abertos gera diversas formas de seu reaproveitamento por intermediários: reportagens, artigos de imprensa, pesquisas acadêmicas, programas de computador, reuniões de grupos de pesquisa e mobilização social etc.[257]

## 2.3.4 Princípio da gestão fiscal responsável

A existência de agentes responsáveis na gestão da coisa pública é um dos pilares do sistema republicano. A Declaração dos Direitos do Homem e do Cidadão de 1789 consagrou o princípio segundo o qual "a sociedade tem o direito de pedir contas a todo agente público pela sua administração" (art. 15).

O princípio da gestão fiscal responsável deriva dessa ideia secular e do princípio republicano (art. 1º da CR/88). Prescreve que o desempenho da atividade financeira do Estado sofre limitações impostas por um conjunto de normas técnicas, legais e éticas, mercê da própria noção de Administração Pública, isto é, do reconhecimento da origem popular da dominialidade do patrimônio do Estado.

A LRF, neste particular, é bastante exigente, estabelecendo que a responsabilidade na gestão fiscal pressupõe ação planejada e transparente, em que se previnem riscos e corrigem desvios capazes de afetar o equilíbrio das contas públicas, mediante o cumprimento de metas de resultados entre receitas e despesas e a obediência a limites e condições no que tange à renúncia de receita, geração de despesas com pessoal, seguridade social e outras, dívidas consolidada e mobiliária, operações de

---

[257] BEGHIN, Nathalie; ZIGONI, Carmela (orgs.). Avaliando os websites de transparência orçamentária nacionais e subnacionais e medindo impactos de dados abertos sobre direitos humanos no Brasil, Instituto de Estudos Socioeconômicos – INESC, Brasília, 2014.

crédito, inclusive por antecipação de receita, concessão de garantia e inscrição em restos a pagar.

Diversos são os instrumentos que a LRF traz sobre a melhoria da gestão fiscal, além do equilíbrio entre receitas e despesas, e a previsão sistemática de Relatórios de Gestão Fiscal (RGF) e de Relatórios Resumidos de Execução Orçamentária (RREO). Tal como enuncia o ministro Roberto Barroso, no voto condutor do julgamento da ADI nº 6.303, ao se buscar a gestão fiscal responsável, concretizam-se princípios constitucionais como a impessoalidade, a moralidade, a publicidade e a eficiência (art. 37 da CF/1988).

Na base de sua compreensão, reside uma Administração prudente e sustentável em matéria financeira e orçamentária. Esse princípio é fundamental para garantir a estabilidade econômica, a transparência e a eficiência na utilização dos recursos públicos. Alguns dos seus principais aspectos são:

a) sustentabilidade fiscal: busca assegurar que as finanças públicas sejam sustentáveis no longo prazo, evitando déficits excessivos e endividamentos que possam comprometer a capacidade do governo de honrar suas obrigações no futuro.

b) transparência e prestação de contas: o que implica fornecer informações claras e acessíveis sobre a arrecadação e a aplicação dos recursos, permitindo que a sociedade e os órgãos de controle fiscalizem e avaliem a atuação do governo.

c) planejamento e realidade: a elaboração de orçamentos realistas e baseados em previsões econômicas sólidas é um componente-chave da gestão fiscal responsável. O planejamento deve considerar as receitas e despesas de forma equilibrada, priorizando investimentos que promovam o desenvolvimento econômico e social (efetividade).

d) eficiência na alocação de recursos: a gestão fiscal responsável envolve a utilização otimizada dos recursos públicos, garantindo que sejam priorizados para áreas que produzam maior impacto social e econômico, evitando desperdícios.

e) responsabilidade nas tomadas de decisão (*accountability*): gestores públicos devem tomar decisões financeiras com responsabilidade, considerando as implicações de longo prazo e evitando compromissos financeiros que possam prejudicar as futuras gerações.

Tais aspectos contribuem para a construção de um ambiente econômico seguro e confiável, promovendo a confiança dos cidadãos e investidores nas instituições públicas e na capacidade do governo de gerir os recursos de forma eficaz.

O arrolamento dos princípios acima, como cediço, não esgota a pletora de princípios gerais e setoriais que envolvem a tratativa jurídica das finanças públicas no ordenamento brasileiro. Por ocasião dos estudos relativos aos orçamentos públicos, novos princípios serão abordados, com enfoque específico voltado ao respectivo regime constitucional e legal.

CAPÍTULO 3

# DESPESAS PÚBLICAS

## 3.1 Considerações gerais

Como se viu nos capítulos precedentes, o Estado funciona como agente de redistribuição de riquezas e de regulação econômica, cumprindo sua capacidade de realizar gastos – importante papel numa economia de mercado. Os reflexos das despesas públicas irradiam-se expressivamente no contexto econômico e social, revelando elementos ínsitos aos dispêndios estatais, de ordem financeira, política e jurídica.[258]

O conceito de despesa pública é singelo. Trata-se do conjunto de dispêndios realizados pelos entes públicos para o funcionamento e manutenção dos serviços públicos e demais atividades prestadas à sociedade, mas seu estudo requer aprofundamento em diversos temas tratados pelo direito positivo e pela contabilidade pública.

A realização das despesas públicas no Brasil obedece a dispositivos constitucionais e legais, especialmente tratados na Constituição da República, na Lei nº 4.320/64 e na Lei Complementar nº 101/2000 (Lei de Responsabilidade Fiscal), sem embargo das disciplinas típicas de direito financeiro e do orçamento de cada entidade federativa, mercê da competência legislativa concorrente sobre o tema.

De acordo com o art. 167, II, da Constituição, as despesas públicas são consideradas irregulares se efetivadas sem a correspondente previsão na lei orçamentária ou na lei de créditos adicionais (especiais e suplementares). Essa necessidade de previsão orçamentária atende ao princípio da legalidade da despesa pública, tratado no Capítulo 2.

---

[258] Conforme Baleeiro, a despesa pública "em primeiro lugar, designa o conjunto dos dispêndios do Estado, ou de outra pessoa jurídica de Direito público, para o funcionamento dos serviços públicos. Assim, nesse sentido, a despesa é parte do orçamento, ou seja, aquela em que se encontram classificadas todas as autorizações para gastos com as várias atribuições e funções governamentais. Forma, por outras palavras, o complexo da distribuição e emprego das receitas para custeio dos diferentes setores da administração". Noutro conceito, assevera o autor, significa "[...] a aplicação de certa quantia, em dinheiro, por parte da autoridade ou agente público competente, dentro de uma autorização legislativa, para a execução de um fim a cargo do governo" (BALEEIRO, Aliomar. *Uma introdução à ciência das finanças*. 15. ed. Rio de Janeiro: Forense, 1998. p. 73).

## 3.2 Classificações

As despesas públicas podem ser classificadas por diversos critérios. Neste estudo, faremos alusão aos critérios constantes da legislação e da doutrina sobre o tema.

### 3.2.1 Despesas ordinárias e extraordinárias

As *despesas ordinárias* têm caráter continuado e permanente, integrando a rotina das atividades estatais. As *despesas extraordinárias* são esporádicas e decorrentes de eventos marcados pela excepcionalidade e pela urgência. A realização das despesas ordinárias é, como regra geral, planejada nos orçamentos, efetivando-se mediante previsões específicas constantes das leis orçamentárias ou dos créditos suplementares ou especiais (art. 167, II, da CR/88). A realização das despesas extraordinárias viabiliza-se, a sua vez, pela via dos créditos extraordinários, podendo ser autorizadas por medidas provisórias, nos termos do art. 167, §3º, da CR/88 (gastos com guerra ou com situações de calamidade pública).[259]

Nesse último sentido, a jurisprudência do TCU registra que "é cabível a abertura de crédito extraordinário por meio de medida provisória, desde que atendidas as condições de relevância, urgência e imprevisibilidade da despesa, quando a insuficiência de dotação puder acarretar a interrupção de despesas primárias obrigatórias da União, como as de caráter previdenciário, em conformidade com as disposições dos arts. 62, §1º, inciso I, alínea d, e 167, §3º, da Constituição Federal" (Acórdão nº 2.704/2022-TCU-Plenário, Consulta, Relator Ministro Antonio Anastasia, Boletim de Jurisprudência 430/2023).

### 3.2.2 Despesas orçamentárias e extraorçamentárias

As despesas públicas são também tipificadas pela Lei nº 4.320/64 como despesas orçamentárias e despesas extraorçamentárias, nos termos dos arts. 49 e 103.[260] O critério utilizado nesta classificação é basicamente construído a partir da presença ou da ausência da previsão de despesa no orçamento, mesmo que se reconheçam exceções.

As *despesas orçamentárias* são aquelas incluídas na lei orçamentária e nas leis autorizadoras dos créditos adicionais (suplementares, especiais, extraordinários). *Despesas extraorçamentárias* são aquelas que não constam da lei orçamentária anual,

---

[259] Conforme já destacado nesta obra, o STF, na ADI nº 4.048, ao interpretar o art. 167, §3º, c/c o art. 62, §1º, inc. I, alínea "d", da CR/88, registrou que a abertura de créditos extraordinários está adstrita à explicitação, em cada caso concreto, dos requisitos impostos pelos referidos dispositivos constitucionais, em que pese a fluidez em abstrato do seu conteúdo, estando sempre sujeita ao controle do Poder Judiciário.

[260] O art. 49 prescreve que a programação da despesa orçamentária, para efeito do disposto no artigo anterior, levará em conta os créditos adicionais e as operações extraorçamentárias. O art. 103 da Lei nº 4.320/64 prevê que o balanço orçamentário deverá demonstrar a receita e a despesa orçamentárias, bem como os recebimentos e pagamentos de natureza orçamentária. O parágrafo único do mesmo disposto estabelece que os "Restos a Pagar" de determinado exercício serão computados na receita extraorçamentária para compensar sua inclusão na despesa orçamentária.

decorrentes de valores contabilmente provisórios, compreendendo as saídas de numerários, decorrentes do pagamento ou recolhimento de depósitos de terceiros, pagamentos de restos a pagar, resgate de operações de crédito por antecipação de receita e saídas de recursos transitórios.

### 3.2.3 Despesas correntes e despesas de capital

O art. 12 da Lei nº 4.320/64 classifica as despesas públicas de acordo com o motivo e os efeitos do dispêndio efetivado. Com base em tal critério, as despesas públicas podem ser *despesas correntes* (despesas de custeio e transferências correntes) e *despesas de capital* (investimentos, inversões financeiras e transferências de capital). A referida classificação legal leva em consideração os efeitos produzidos por cada espécie de despesa, tendo em conta o ingresso de um bem de capital ao patrimônio estatal. As despesas correntes não geram ativos para o Poder Público, referindo-se à manutenção da máquina administrativa e à remuneração dos prestadores dos serviços em prol do Poder Público e da sociedade. Já as despesas de capital referem-se à aquisição ou produção de bens, e são responsáveis pela criação de utilidades e pelo incremento da capacidade de produção.

> As despesas correntes são geralmente associadas à ideia de inchaço da máquina pública, ao passo que as despesas de capital relacionam-se a fatores de promoção do desenvolvimento econômico. Tal percepção evidencia-se pelo arcabouço legal e constitucional que reprime o gasto sob a modalidade de despesas correntes. O art. 167, X, veda transferências voluntárias e empréstimos pela União, Estados e suas instituições financeiras para custeio de despesas com pessoal ativo, inativo e pensionistas dos Estados, do Distrito Federal e município. No mesmo sentido é o art. 19 da Lei de Responsabilidade Fiscal, que impõe limites de despesa com pessoal para cada ente da federação.[261]

#### 3.2.3.1 Despesas correntes

As *despesas correntes* destinam-se aos gastos para pagamento das atividades rotineiras do Estado, como exemplo, o custeio da estrutura administrativa, os gastos com pessoal, a aquisição de materiais de consumo e de serviços e encargos diversos. São despesas consideradas economicamente improdutivas, uma vez que nada acrescem ao patrimônio público, sendo necessárias à manutenção do aparato estatal e à continuidade da prestação dos serviços à coletividade.

Segundo os §§1º e 2º do art. 12 da Lei nº 4.320/64, são espécies de despesas correntes as *despesas de custeio* e as *despesas de transferências correntes*.

As *despesas de custeio*, definidas no §1º do art. 12 da Lei nº 4.320/64, representam as dotações orçamentárias para manutenção de serviços anteriormente criados e aquelas

---

[261] HABER, Michel *et al.* Despesa pública. *In*: OLIVEIRA, Régis Fernandes (Coord.). *Lições de direito financeiro*. São Paulo: Revista dos Tribunais, 2015. p. 42-43.

destinadas ao atendimento de obras de conservação e adaptação de bens imóveis. Compreendem-se nesta categoria as despesas de pessoal civil e militar, obrigações patronais, custeio de materiais de consumo e serviços de terceiros e encargos diversos (sentenças judiciárias e despesas de exercícios anteriores).

As *transferências correntes*, nos termos do §2º do art. 12 da Lei nº 4.320/64, são despesas para as quais não existe contraprestação direta em bens ou serviços, como *contribuições* (correntes) e *subvenções* destinadas a atender à manutenção de outras entidades públicas ou privadas (*v.g.*, transferências intergovernamentais, subvenções sociais e econômicas, inativos e pensionistas, salário família e abono familiar, juros da dívida interna e externa, contribuições para o Pasep).

As *subvenções* destinam-se ao pagamento de despesas de custeio dos beneficiários, subdividindo-se em subvenções sociais e econômicas (art. 12, §3º, da Lei nº 4.320/64). São consideradas *subvenções sociais* as transferências correntes destinadas às entidades públicas ou privadas de caráter assistencial ou cultural sem fins lucrativos. Têm natureza de *subvenções econômicas* as transferências correntes de recursos para empresas públicas ou privadas exploradoras de atividades industriais ou comerciais.

De acordo com o art. 16 da Lei nº 4.320/64, as *subvenções sociais* visam à prestação de serviços essenciais de assistência social, médica, educacional, sempre que a suplementação de recursos de origem privada aplicados a esses objetivos revelar-se mais econômica. O mesmo dispositivo estabelece que as condições para concessão de subvenções sociais são: a) demonstração pelo ente público de que a transferência corrente está dentro de suas possibilidades financeiras; b) destinação dos recursos para assistência social, serviços médicos, serviços educacionais; c) motivação pelo ente público demonstrando ganho de eficiência e de utilidade pública.

O instrumento tradicionalmente utilizado para a concessão das subvenções sociais sempre foi o convênio, mas recentemente outros instrumentos congêneres vêm sendo previstos no direito brasileiro, como o contrato de gestão (Lei nº 9.638/98), o termo de parceria (Lei nº 9.790/99), o termo de colaboração e o termo de fomento (Lei nº 13.019/15).[262] O art. 26 da Lei de Responsabilidade Fiscal (LRF) estabelece requisitos para que haja a transferência de recursos públicos para entidades privadas, devendo também ser observado.

A jurisprudência do Tribunal de Contas da União tem orientado no sentido de que as subvenções sociais somente podem ser aplicadas em despesas de custeio da entidade beneficiada, jamais podendo ser utilizadas para cobrir despesas de capital (realização de obras e compra de equipamentos, por exemplo).[263]

Em resposta à consulta formulada pela FUNASA, todavia, compreendeu ser "possível a seleção de entidades filantrópicas ou sem fins lucrativos, mediante

---

[262] Sobre o tema das parcerias com o terceiro setor na Lei nº 13.019, ver ALMEIDA, Lilian Barros de Oliveira. Apontamentos sobre a Lei 13.019/2014 (Lei das parcerias com o terceiro setor). *In*: TORRES, Rony Charles. *Licitações públicas*: homenagem ao jurista Jorge Ulisses Jacoby Fernandes. Curitiba: Negócios Públicos, [s.d.]. p. 632-662.

[263] Acórdão nº 15/20, Processo nº 425.174/1996-4, 1ª Câmara, Rel. Walton Alencar Rodrigues; Acórdão nº 2.510/2006, Processo nº 928.706/1998-2, 2ª Câmara, Rel. Marcos Bemquerer.

chamamento público, para atuar de forma complementar às ações de saneamento sob a responsabilidade da Fundação Nacional de Saúde, nos termos da legislação aplicável, a depender do instrumento eleito – a exemplo de contrato de gestão (Lei 9.637/1998), termo de parceria (Lei 9.790/1990), termo de colaboração, termo de fomento ou acordo de cooperação (Lei 13.019/2014) –, desde que não envolvam ou incluam, direta ou indiretamente, a delegação das funções de regulação, de fiscalização, de exercício do poder de polícia ou de outras atividades exclusivas de Estado, nem estejam presentes as características da pessoalidade e da subordinação na relação entre o pessoal da entidade privada e a entidade pública. É obrigatório que os serviços a serem executados estejam mencionados no rol de atribuições constante dos estatutos sociais da entidade selecionada, os quais deverão estar registrados em cartório, contendo as referidas atribuições, há pelo menos três anos, nos termos do art. 33, inciso V, alínea a, da Lei 13.019/2014, com redação dada pela Lei 13.204/2015" (Acórdão nº 1.184/2020-Plenário).

As *subvenções econômicas* estão disciplinadas no art. 18 da Lei nº 4.320/64 e podem ser destinadas para: a) manutenção das despesas das empresas estatais; b) cobertura, pelo Governo, de diferença entre os preços do mercado e os preços de revenda de gêneros alimentícios ou outros materiais; c) pagamento de bonificações a produtores de certos gêneros ou materiais.

O *caput* do art. 18 da Lei nº 4.320/64 dispõe que as *subvenções econômicas* podem ser destinadas para empresas de natureza autárquica, que são espécies de entidades administrativas não mais contempladas pelo direito administrativo brasileiro. Desse modo, o referido dispositivo deve ser lido como referido exclusivamente a empresas estatais com natureza jurídica de direito privado (art. 5º do DL nº 200/67).[264]

### 3.2.3.2 Despesas de capital

As *despesas de capital*, também previstas no art. 12 da Lei nº 4.320/64, são realizadas com o propósito de criar novos bens de capital (investimentos) ou mesmo de adquiri-los de outrem quando já em uso (inversões financeiras), incorporando-os definitivamente ao patrimônio público. Dirigem-se também à amortização da dívida pública. As despesas de capital abrangem *investimentos, inversões financeiras e transferências de capital*.

O art. 12, §4º, da Lei nº 4.320/64 define *investimentos* como dotações direcionadas ao planejamento e à execução de obras, inclusive as destinadas à aquisição de imóveis considerados necessários à realização destas obras, aos programas especiais de trabalho, à aquisição de instalações, equipamentos e materiais permanentes, bem como à constituição ou ao aumento do capital de empresas que não sejam de caráter comercial ou financeiro.

---

[264] ZACHIM, Kleber Luiz. Despesas correntes. *In*: CONTI, José Maurício. *Orçamentos públicos*: a Lei 4.320/1964 comentada. São Paulo: Revista dos Tribunais, 2009. p. 83-84.

Nos moldes do art. 20 da Lei nº 4.320/64, os investimentos devem ser discriminados na lei orçamentária segundo os projetos de obras e de outras aplicações previstas no art. 13 da mesma lei – equipamentos e instalações, materiais permanentes, participações em constituição ou aumento de capital de empresas ou entidades industriais ou agrícolas e serviços em regime de programação especial.

As *inversões financeiras*, de acordo com o §5º do art. 12 da Lei nº 4.320/64 são dotações de despesas que se destinam: a) à aquisição de imóveis ou bens de capital já em utilização ou de títulos representativos de capital de empresas ou entidades de qualquer espécie, já constituídas, sem importar aumento de capital; e b) à constituição ou aumento de capital de entidades ou empresas que tenham objetivos comerciais ou financeiros, inclusive operações bancárias ou de seguros.

Apesar da proximidade conceitual, investimentos não se confundem com inversões financeiras. Sobre essa distinção, Tathiane Piscitelli esclarece que o critério para os diferenciar é o efetivo aumento do PIB:[265] as inversões não produzem aumento do PIB (correspondem à permuta de ativos), ao passo que os investimentos sim, pois visam à produção de bem ou serviço.[266]

As *transferências de capital*, conforme dispõe o art. 12, §6º, da Lei nº 4.320/64, são dotações para investimentos ou inversões financeiras que outras pessoas de direito público ou privado devam realizar, independentemente de contraprestação direta em bens ou serviços, constituindo essas transferências tipos de *auxílios* ou *contribuições*, segundo derivem diretamente da lei de orçamento ou de lei especialmente anterior, bem como as dotações para amortização da dívida pública, que constituem despesas com o pagamento e/ou refinanciamento do valor do principal da dívida e da atualização monetária ou cambial das obrigações do Poder Público de origem contratual ou mobiliária.[267]

Como se vê, os auxílios devem ser autorizados pela lei orçamentária e as contribuições devem ser autorizadas por leis especiais. Observe-se que, de acordo com o art. 19 da Lei nº 4.320/64, não serão concedidas na lei orçamentária *ajudas financeiras, a qualquer título*, para empresas com fins lucrativos, salvo quando se tratar de subvenção cuja concessão tenha sido autorizada em lei especial. É dizer, existe, subliminarmente a este dispositivo, a possibilidade de concessão de subvenções econômicas (despesas correntes) em favor de empresas de fins lucrativos, exigindo-se, para tanto, autorização em lei especial diversa da lei orçamentária.

Nessa linha, o art. 21 da Lei nº 4.320/64 prescreve que a lei orçamentária anual não consignará auxílio para investimentos que se devem incorporar ao patrimônio

---

[265] PISCITELLI, Tathiane. *Direito financeiro esquematizado*. 2. ed. São Paulo: Método, 2012. p. 97.

[266] O Produto Interno Bruto (PIB) é o agregado macroeconômico que mede o valor dos bens e serviços finais produzidos no país (pela iniciativa pública e privada), no período de um ano, desprezando os efeitos da depreciação. Para que a despesa pública contribua para a formação do PIB, deve contribuir para a geração de novos bens e serviços finais.

[267] Vide ZACHIM, Kleber Luiz. Transferência de capital. *In*: CONTI, José Maurício. *Orçamentos públicos*: a Lei 4.320/1964 comentada. São Paulo: Revista dos Tribunais, 2009. p. 82-83.

de empresas privadas de fins lucrativos, autorizando *a contrario sensu* a formulação de pelo menos duas conclusões, relativamente às despesas de capital:
a) Contribuições (de capital) estão autorizadas, mesmo que para a incorporação de investimentos ao patrimônio de empresas privadas de fins lucrativos.
b) Auxílios estão autorizados para empresas privadas de fins lucrativos quando não importarem em incorporação ao patrimônio destas.

Sobre a hipótese da letra "a", Zanchim esclarece que, mesmo que seja beneficiado um ente privado com fins lucrativos, a exigência de lei específica para a finalidade faz presumir a presença de relevante interesse público para a despesa.[268]

Atualmente, a classificação detalhada das despesas públicas encontra-se na Portaria Interministerial SOF/STN nº 163, de 4.5.2001 e respectivas atualizações, cujo art. 3º prevê a classificação das *despesas* a ser utilizada por todos os entes da Federação como consta do Anexo II.

De acordo com o art. 3º da referida portaria, a classificação das despesas, segundo a sua natureza, compõe-se de: a) categoria econômica; b) grupo de natureza da despesa; c) elemento de despesa. O §1º do art. 3º da portaria dispõe que a natureza da despesa será complementada pela informação gerencial denominada "modalidade de aplicação", a qual tem por finalidade indicar se os recursos são aplicados diretamente por órgãos ou entidades no âmbito da mesma esfera de governo ou por outro ente da Federação e suas respectivas entidades, e objetiva, precipuamente, possibilitar a eliminação da dupla contagem dos recursos transferidos ou descentralizados.

Entende-se por grupos de natureza de despesa a agregação de elementos de despesa que apresentam as mesmas características quanto ao objeto de gasto (art. 3º, §2º, da portaria citada). O elemento de despesa tem por finalidade identificar os objetos de gasto, como vencimentos e vantagens fixas, juros, diárias, material de consumo, serviços de terceiros prestados sob qualquer forma, subvenções sociais, obras e instalações, equipamentos e material permanente, auxílios, amortização e outros de que a Administração Pública se serve para a consecução de seus fins (art. 3º, §4º, da portaria).

Disciplina o art. 5º de referida portaria que, em decorrência do disposto no art. 3º, a estrutura da natureza da despesa a ser observada na execução orçamentária de todas as esferas de governo será "c.g.mm.ee.dd", em que: a) "c" representa a categoria econômica; b) "g" o grupo de natureza da despesa; c) "mm" a modalidade de aplicação; d) "ee" o elemento de despesa; e e) "dd" o desdobramento, facultativo, do elemento de despesa.

Na lei orçamentária, a discriminação da despesa, quanto à sua natureza, far-se-á, no mínimo, por categoria econômica, grupo de natureza de despesa e modalidade de aplicação (art. 6º da portaria).

---

[268] ZACHIM, Kleber Luiz. Ajuda financeira. *In*: CONTI, José Maurício. *Orçamentos públicos*: a Lei 4.320/1964 comentada. São Paulo: Revista dos Tribunais, 2009. p. 86.

## 3.2.4 Despesas obrigatórias e despesas discricionárias

Mais recentemente, por conta da diminuição do crescimento econômico e de indicadores de crise, a necessidade de contingenciamentos de recursos orçamentários na esfera federal trouxe à tona um debate em torno do caráter obrigatório ou facultativo da realização de despesas públicas. As despesas públicas, nesse sentido, podem ser classificadas como despesas obrigatórias e despesas discricionárias.

As despesas obrigatórias são aquelas predefinidas pela legislação, constituindo-se em obrigação constitucional ou legal das entidades políticas, assim como aquelas oriundas de compromissos financeiros assumidos contratualmente pelo Governo (serviço da dívida), possuindo, via de consequência, um *enforcement* de execução. As despesas discricionárias, a seu turno, são aquelas cuja realização é facultativa e que, por conta disso, podem ser contingenciadas por necessidade e decisão governamental.

De acordo com o art. 9º da Lei de Responsabilidade Fiscal, uma vez verificado, ao final de um bimestre, que a realização da receita poderá não comportar o cumprimento das metas de resultado primário ou nominal estabelecidas no Anexo de Metas Fiscais, os poderes Executivo, Legislativo e Judiciário e o Ministério Público promoverão, por ato próprio e nos montantes necessários, nos trinta dias subsequentes, limitação de empenho e movimentação financeira (contingenciamento), segundo os critérios fixados pela lei de diretrizes orçamentárias.

Não serão objeto de limitação as despesas que constituem obrigações constitucionais e legais do ente federativo, inclusive aquelas destinadas ao pagamento dos serviços da dívida, e as ressalvadas pela Lei de Diretrizes Orçamentárias (despesas obrigatórias).

A EC nº 102/19 inseriu parágrafos, aplicáveis automaticamente apenas aos orçamentos fiscais e da seguridade social da União, ao art. 165 da Constituição, exatamente no sentido de especificar efeitos jurídicos diversos às despesas discricionárias. Nos termos do §10 do dispositivo, a Administração tem o dever de executar as programações orçamentárias, adotando os meios e as medidas necessários, com o propósito de garantir a efetiva entrega de bens e serviços à sociedade. Nos termos da Lei de Diretrizes Orçamentárias, a programação orçamentária:

> I - subordina-se ao cumprimento de dispositivos constitucionais e legais que estabeleçam metas fiscais ou limites de despesas e não impede o cancelamento necessário à abertura de créditos adicionais;
>
> II - não se aplica nos casos de impedimentos de ordem técnica devidamente justificados;
>
> III - aplica-se exclusivamente às despesas primárias discricionárias.

Integrará a Lei de Diretrizes Orçamentárias (LDO), para o exercício a que se refere e, pelo menos, para os 2 (dois) exercícios subsequentes, anexo com previsão de agregados fiscais e a proporção dos recursos para investimentos que serão alocados na Lei Orçamentária Anual para a continuidade daqueles em andamento.

Na esteira do que já dispunha o art. 45 da LRF, os §§14 e 15 passaram a prever, respectivamente, que a lei orçamentária anual poderá conter previsões de despesas para exercícios seguintes, com a especificação dos investimentos plurianuais e daqueles em andamento; e que a União organizará e manterá registro centralizado de projetos de investimento contendo, por estado ou Distrito Federal, pelo menos, análises de viabilidade, estimativas de custos e informações sobre a execução física e financeira.

De acordo com o TCU (Acórdão nº 1.712/2017 – Plenário), para fins orçamentários, não são despesas obrigatórias as relacionadas à locação de imóveis, a serviços terceirizados, de água, de esgoto, de energia elétrica e de telecomunicações, estando, portanto, sujeitas a contingenciamento. Tais despesas administrativas são de caráter tipicamente discricionário, na medida em que permitem ao gestor público flexibilidade quanto ao estabelecimento de seu montante e à oportunidade de sua execução.

Em 2022, segundo o Relatório de Avaliação de Receitas e Despesas (RARD) de setembro, as despesas obrigatórias somam 91,63% do total, sendo que somente os benefícios previdenciários totalizam 43,44%. Destaca-se que, caso não haja reformas previdenciárias mais amplas no país, esse gasto tende a comprometer, cada vez mais, o orçamento público.[269]

Em trabalho de referência, Constanzi e Ansiliero buscam quantificar, usando um modelo de projeção de longo prazo, o impacto da demografia sobre a despesa da previdência social como proporção do produto interno bruto (PIB) até 2060 usando a projeção demográfica do IBGE e, até 2100, usando a projeção demográfica da ONU para o Brasil. Os autores apontam um forte incremento da despesa em função do rápido e intenso processo de envelhecimento populacional, impacto que pode ser amenizado pela introdução de uma idade mínima para aposentadoria por tempo de contribuição e outras medidas que aumentem a idade de aposentadoria, atualmente bastante precoce e sendo paga, em muitos casos, para pessoas com plena capacidade laboral e boa renda do trabalho, o que ainda gera um grande risco de passivo judicial pela desaposentação.[270]

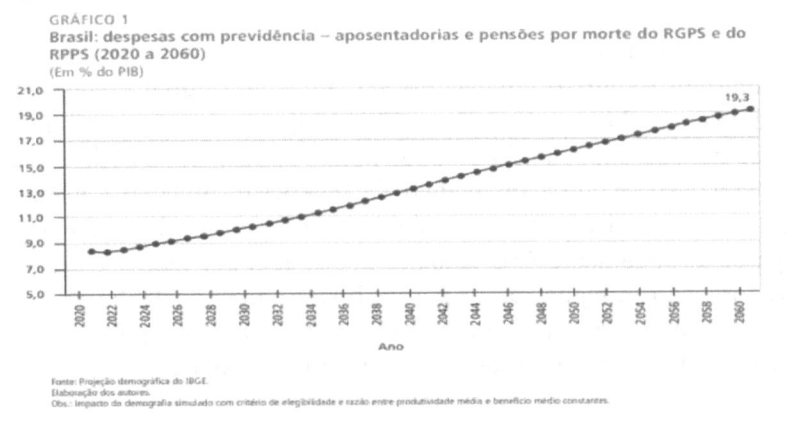

GRÁFICO 1
Brasil: despesas com previdência – aposentadorias e pensões por morte do RGPS e do RPPS (2020 a 2060)
(Em % do PIB)

Fonte: Projeção demográfica do IBGE.
Elaboração dos autores.
Obs.: Impacto da demografia simulado com critério de elegibilidade e razão entre produtividade média e benefício médio constantes.

---

[269] MEIRA; SOUZA; CAIXETA; COELHO; CRUZ. Despesas Obrigatórias e Despesas Discricionárias no Brasil. *Boletim Economia Empírica*, Vol. III, No. XI, p. 54-60 (2022).

[270] CONSTANZI, Rogério Nagamine; ANSILIERO, Graziela. *Impacto fiscal da demografia na projeção de longo prazo da despesa com previdência social*. 2016. Repositório do Conhecimento do IPEA, Disponível em: https://repositorio.ipea.gov.br/handle/11058/7730. Acesso em: 10 set. 2024.

## 3.3 Estágios da despesa pública

Nos termos do que disciplina a Lei nº 4.320/64, existe procedimento administrativo próprio para a realização das despesas públicas. Este procedimento segue a seguinte ordem: a) empenho; b) liquidação; c) ordenamento; d) pagamento. A exceção encontra-se prevista no art. 68 da Lei nº 4.320/64, que trata do regime de adiantamento de despesas ou suprimentos de fundos, aplicável aos casos de despesas expressamente definidas em lei, consistindo na entrega de numerário a servidor, sempre precedida de empenho na dotação própria para o fim de realizar despesas que não possam subordinar-se ao processo normal de aplicação.[271]

### 3.3.1 Empenho

O empenho é ato administrativo emanado da autoridade competente que cria para o Estado obrigação de pagamento, pendente ou não de implemento de condição (art. 58 da Lei nº 4.320/64). A referida norma deve ser interpretada *cum grano salis*, uma vez que, em verdade, o empenho não cria *de per se* a obrigação de pagamento, mas garante que a despesa a ser efetuada pelo Poder Público contará com a necessária cobertura orçamentária. Empenhada a despesa, não existe ainda obrigação de pagamento, senão o registro contábil e orçamentário da baixa, no respectivo item orçamentário, da quantia necessária à satisfação do débito. De qualquer forma, o montante do empenho regularmente jamais pode superar o valor da dotação orçamentária respectiva.

Logo, o empenho é um ato de certificação, isto é, de reconhecimento da obrigação assumida pelo Poder Público. Não gera impacto na relação obrigacional travada entre o Estado e o particular, uma vez que não tem, por si só, aptidão de criar, modificar ou extinguir a obrigação assumida.

De acordo com o TCU (Acórdão nº 1.574/2015), "caracteriza indício de irregularidade na gestão orçamentária e financeira a emissão de nota de empenho antes da finalização do processo de contratação".

Nos termos da jurisprudência do STJ, a despesa pública deve ser sempre antecedida de empenho (art. 60 da Lei nº 4.320/64), que é o ato contábil-financeiro pelo qual se destaca uma parcela ou a totalidade da disponibilidade orçamentária para atender à despesa que se pretende realizar. Após o empenho, a Administração firma o contrato de aquisição de serviço ou de fornecimento de bens. O empenho não cria obrigação de pagamento. O Estado não pode pagar por serviço não prestado ou por mercadoria não entregue apenas porque houve empenho da despesa. Por outro lado, é impossível iniciar o prazo prescricional de cobrança a partir do empenho, pela simples razão de que o contrato ainda não foi adimplido.[272]

---

[271] O dever de observância de tais estágios para a execução da despesa pública encontrava-se previsto no art. 227 do Regulamento de Contabilidade Pública, aprovado por meio do Decreto nº 15.783, de 8.11.1922, mas atualmente está disciplinado na Lei nº 4.320/64.

[272] STJ, 2ª Turma. REsp nº 1.022.818/RR. Rel. Min. Herman Benjamin. *DJe*, 21 ago. 2009.

O empenho encerra função acautelatória, uma vez que destaca e reserva, na dotação orçamentária própria, uma quantia para o pagamento futuro de obrigações específicas, assumidas pelo Poder Público por meio de lei, contratos e instrumentos congêneres. Além disso, o empenho serve de base para a liquidação da despesa e contribui para assegurar a validade dos contratos, convênios e outros ajustes financeiros, mediante sua indicação obrigatória em uma das cláusulas essenciais desses termos.

A partir da análise dos arts. 59 e 60 da Lei nº 4.320/64, é possível extrair as seguintes regras relativas ao empenho: a) o empenho da despesa não poderá exceder o limite da dotação orçamentária concedida; b) é vedada a realização de despesa sem prévio empenho.

Verifica-se, portanto, a necessidade de que o empenho seja prévio à realização da despesa, conforme determina o art. 60 da Lei nº 4.302/64. É comum o entendimento de que a despesa realizada sem prévio empenho é irregular e de responsabilidade do ordenador.

Esta orientação deve ser entendida com cautela, porque a ausência do prévio empenho, embora possa ser considerada irregularidade administrativa, nem sempre levará à responsabilidade civil e administrativa do agente público, se comprovado que o dispêndio reverteu em benefício do Poder Público.

Nesse sentido, a Primeira Turma do STJ possui precedentes: considera-se mera irregularidade administrativa (e não ato de improbidade administrativa) a realização de pagamentos, sem a efetivação dos prévios respectivos empenhos, se a contraprestação em favor do Poder Público tiver sido cumprida.[273]

O empenho pode ser de três tipos: a) empenho ordinário, b) empenho global e c) empenho por estimativa. O primeiro volta-se para a cobertura das despesas com montante previamente conhecido e cujo pagamento deva ocorrer de uma só vez. O empenho global busca o atendimento das despesas com montante previamente conhecido, mas de pagamento parcelado e protraído no tempo. O empenho por estimativa tem como escopo acolher despesas de valor não previamente identificado.

Nos termos do art. 61 da Lei nº 4.320/64, para cada empenho é emitido um documento denominado "nota de empenho", que indicará o nome do credor, a especificação e a importância da despesa, bem como a dedução desta do saldo da dotação própria. Em regra, para cada empenho deve ser gerada a respectiva nota. Admite-se que a legislação específica preveja hipóteses de dispensa da emissão da nota de empenho, nos termos do art. 60, §1º, da Lei nº 4.320/64.

Caldas Furtado explicita que, em termos práticos, não há dispensa de emissão de nota de empenho, pois os entes políticos utilizam sistemas informatizados na administração financeira e orçamentária (SIAF no âmbito federal) que empregam a nota de empenho como instrumento necessário para o cumprimento da ordem de empenho. Trata-se tão somente da dispensa da confecção do documento nota de

---

[273] STJ, 1ª Turma. EDcl no REsp nº 1.322.353/PR. Rel. Min. Benedito Gonçalves, j. 18.10.2012. *DJe*, 11 dez. 2012.

empenho, e não da realização do empenho em si, uma vez que os referidos atos não se confundem.[274]

O dever de emissão de nota de empenho não é absoluto, comportando as hipóteses de dispensa, como as do art. 4º do Decreto-Lei nº 1.875/81: a) despesas relativas a pessoal e encargos; b) contribuição para o Pasep; c) amortização, juros e serviços de empréstimos e financiamentos obtidos; d) despesas relativas a consumo de água e energia elétrica, utilização de serviços de telefone, postais e telégrafos e outros que vierem a ser definidos por atos normativos próprios; e) despesas provenientes de transferência por força de mandamento das constituições federal, estaduais e de leis orgânicas de municípios, e da execução de convênios, acordos e ajustes, entre entidades de direito privado das quais façam parte como acionistas.

A jurisprudência pátria reconhece que a nota de empenho encerra natureza jurídica de título extrajudicial, dotada de liquidez, certeza e exigibilidade, consubstanciando, portanto, documento idôneo para fundamentar ação de execução contra o Poder Público,[275] uma vez que suficiente para comprovar a existência da dívida, ou seja, o inadimplemento do Poder Público.[276]

Por outro lado, o mesmo Tribunal reconhece que em hipóteses de contratação irregular (*v.g.*, contratação direta sem procedimento licitatório) ou de ausência de emissão de nota de empenho, se o particular lograr êxito em comprovar o adimplemento do objeto da licitação, há o dever de o Poder Público honrar com suas obrigações pecuniárias, em homenagem aos princípios da boa-fé, da confiança legítima e da vedação do enriquecimento ilícito.[277]

O TJMG, na mesma linha, decidiu que, uma vez comprovada a prestação de serviço por parte de particular, decorrente de contratação regular com o Poder Público, não se pode alegar irregularidade ou falta de empenho, nem mesmo inobservância da Lei de Responsabilidade Fiscal, para se furtar ao seu pagamento, sob pena de enriquecimento ilícito do Estado.[278]

O empenho é, por fim, o ato que marca o pertencimento de dada despesa ao exercício financeiro, pois o art. 35, II, da Lei nº 4.320/64, ao adotar o regime contábil da competência para a despesa pública, prevê que pertencem ao exercício as despesas nele legalmente empenhadas.

---

[274] Vide FURTADO, J. R. Caldas. *Direito financeiro*. 4. ed. Belo Horizonte: Fórum, 2013. p. 218.

[275] STJ, 1ª Turma. AgRg no REsp nº 1.167.728/RR. Rel. Min. Benedito Gonçalves. *DJe*, 13 abr. 2012. A nota de empenho emitida por agente público é título executivo extrajudicial por ser dotada dos requisitos da liquidez, certeza e exigibilidade (REsp nº 894.726/RJ. Rel. Min. Castro Meira, 2ª Turma. *DJe*, 29 out. 2009).

[276] AgRg no REsp nº 1.185.692/PI. Rel. Min. Arnaldo Esteves Lima, 1ª Turma. *DJe*, 21 out. 2011.

[277] AgRg no REsp nº 1.186.149/PI. Rel. Min. Ari Pargendler, 1ª Turma. *DJe*, 28 fev. 2014; REsp nº 1.148.463/MG. Rel. Min. Mauro Campbell Marques, 2ª Turma; REsp nº 1.366.694/MG. Rel. Min. Mauro Campbell Marques, 2ª Turma. *DJe*, 17 abr. 2013.

[278] TJMG. AC nº 296.139-9/00. Rel. Des. Dorival Guimarães Pereira.

## 3.3.2 Liquidação

O passo seguinte no procedimento da despesa pública é a liquidação. O pagamento da despesa só será efetuado corretamente quando ordenado após sua regular liquidação. É o que dispõe o art. 62 da Lei nº 4.320/64. A liquidação consiste na verificação do direito adquirido pelo credor, tendo por base os títulos e documentos comprobatórios do respectivo crédito (art. 63 da Lei nº 4.320/64). Essa verificação visa apurar a origem e o objeto do que se deve pagar, a importância exata a pagar e a quem se deve pagar em ordem a extinguir a respectiva obrigação. A liquidação da despesa por fornecimentos feitos ou serviços prestados terá por base: a) o contrato, ajuste ou acordo respectivo; b) a nota de empenho; c) os comprovantes da entrega de material ou da prestação efetiva do serviço (art. 63, §2º, da Lei nº 4.320/64).

A fase de liquidação de despesa é o momento em que a Administração verificará o adimplemento da obrigação assumida pelo Poder Público. "Esta verificação não é apenas formal. Deverá sempre observar o que ocorre na realidade, muitas vezes incluindo a verificação física do cumprimento da obrigação por parte do contratante (pela visita a uma obra, por exemplo)".[279]

Em se tratando de contratos administrativos, a etapa de liquidação está conectada a disposições da Lei nº 14.133/21, que tratam do recebimento dos objetos contratuais, especialmente as normas do art. 140.

A jurisprudência do TCU entende o seguinte:

> a liquidação da despesa não é mera formalidade, mas ato destinado a avaliar se as cláusulas contratuais foram cumpridas, gerando, assim, a obrigação de pagamento para a Administração. Compete ao gestor impedir a liquidação das despesas com base em notas fiscais inidôneas, cuja emissão não tenha sido autorizada pelo fisco.[280]

No âmbito do STJ, existe posicionamento no sentido de que somente a partir da liquidação o interessado pode exigir o pagamento na forma do contrato firmado. Caso a Administração não pague o débito no vencimento contratado, surge para o particular o direito à cobrança e, portanto, o termo inicial do prazo prescricional, conforme o princípio da *actio nata*.[281] Já o STF compreende que notas de empenho de despesa, quando desacompanhadas da comprovação de sua liquidação, não são documentos hábeis para demonstrar ter havido efetivo pagamento da dívida.[282]

---

[279] HABER, Michel *et al*. Despesa pública. *In*: OLIVEIRA, Régis Fernandes (Coord.). *Lições de direito financeiro*. São Paulo: Revista dos Tribunais, 2015. p. 42-43.
[280] TCU, 1ª Câmara. Acórdão nº 2.131/2014. Rel. Min. José Múcio Monteiro. *Boletim de Jurisprudência*, 38, sessões 20 e 21 maio 2014.
[281] REsp nº 1.022.818/RR. Rel. Min. Herman Benjamin, 2ª Turma, j. 26.05.2009. *DJe*, 21 ago. 2009.
[282] ACO nº 534/CE. Rel. Min. Cármen Lúcia, Tribunal Pleno. *DJe*, 18 abr. 2008.

### 3.3.3 Ordenamento

A terceira etapa do procedimento administrativo da despesa pública (que não é tratada como tal por considerável parte dos autores) é o ordenamento, que, em linhas gerais, corresponde ao despacho da autoridade competente, determinando o pagamento dos valores correspondentes à despesa (art. 64 da Lei nº 4.320/64). Esta autoridade é designada legalmente como ordenador de despesas, a quem cabe sempre analisar se o processo contém todas as informações necessárias para autorizar a realização do pagamento, porque o ato de ordenar a despesa não é meramente formal.[283] O *ordenador de despesa* é toda e qualquer autoridade de cujos atos resultem emissão de empenho, autorização de pagamento, suprimento ou dispêndio de recursos da União ou pela qual essa responda (art. 80, §1º, do Decreto-Lei nº 200/67), podendo ser responsabilizado pelos prejuízos que vier a causar à Fazenda (art. 90 do Decreto-Lei nº 200/67 e art. 39, *caput*, do Decreto nº 93.872/86).[284]

Dispõe o art. 80, *caput*, do Decreto-Lei nº 200/67 que os órgãos de contabilidade inscreverão como responsável todo ordenador da despesa, o qual só poderá ser exonerado de sua responsabilidade após julgadas regulares suas contas pelo Tribunal de Contas. É dizer: somente após a regular prestação e aprovação das contas do ordenador (contas de gestão) é que tem a liberação respectiva ante o Tesouro.

Discute-se muito a questão da *delegação de competência* para os ordenamentos de despesas e a extensão da responsabilidade da autoridade delegante. Não há dúvida de que se trata de competência delegável, porquanto este ato administrativo não se vê alcançado pelas exceções à regra da delegabilidade prevista no art. 13 da Lei nº 9.784/99.

Com efeito, segundo orientação do TCU, na esteira da dinamização das ações empreendidas pela Administração Pública, a delegação de competência situa-se como instrumento primordial de descentralização administrativa, com o objetivo de assegurar maior rapidez e objetividade às decisões, situando-as na proximidade dos fatos, pessoas e problemas a resolver, conforme orienta o art. 11 do Decreto-Lei nº 200/67 e os arts. 12 a 14 da Lei nº 9.784/99.[285]

Se a competência é formalmente delegada, o agente delegado é que passa a ser o responsável pelo ordenamento e sua regularidade, não se podendo cogitar da possibilidade de responsabilização automática da autoridade delegante. Pretender responsabilizar a autoridade delegante pelos atos praticados do subalterno, sem que deles tenha tido ciência, além de ilógico é desumano, à medida que cria às autoridades superiores um dever infinito e onipresente de vigilância dos atos do subalterno, praticamente aniquilando a lógica do processo de delegação de competências.

Nestes casos, deve prevalecer a disciplina do art. 80, §2º, do Decreto-Lei nº 200/67, segundo o qual o ordenador de despesa, salvo conivência, não é responsável

---

[283] TCU. Acórdão nº 2597/2013, Plenário.
[284] STF. Rcl. nº 10.456. Rel. Min. Gilmar Mendes/TSE, Rec. Especial Eleitoral nº 28.944 e nº 29.981. Rel. Min. Ayres Britto.
[285] TCU. Acórdão nº 1.619/2004, Plenário.

por prejuízos causados à Fazenda Nacional decorrentes de atos praticados por agente subordinado que exorbitar das ordens recebidas. A orientação serve também para as demais esferas da Federação.

O TCU registra precedentes contraditórios sobre o assunto. No Acórdão nº 1.929/2006, o Plenário entendeu que o ordenador natural "não se afasta por completo da gestão da empresa, continua ligado ao dever legal e constitucional de observar se os contratos sob a sua gestão foram realizados dentro dos normativos jurídicos relacionados à matéria". E para a configuração da responsabilidade do ordenador, conclui ser bastante que haja: a) culpa *stricto sensu*, que é a culpa *in vigilando* e culpa *in eligendo* (inobservância do dever de vigiar outrem e má escolha dos subordinados); b) nexo de causalidade entre a conduta e o fato ilícito, que se configura pela conduta do ordenador em não observar corretamente os seus subordinados, os quais realizaram atos que são apontados como contrários aos princípios norteadores da licitação. A seguir-se esta orientação, é de se questionar como a inobservância do dever de vigiar alguém pode configurar – a um só, e ao mesmo tempo – o elemento anímico (culpa) e o nexo de causalidade para efeito de responsabilização.

Nesse sentido, bem mais lógica e razoável é a orientação constante do Acórdão nº 1.619/2004 – Plenário, do TCU. Segundo este, trilhar o caminho em que se responsabiliza o gestor máximo, indiscriminadamente por todas as ações praticadas pelos funcionários hierarquicamente inferiores, das quais não teve ciência ou não deveria ter, além de contrariar as modernas tendências de organização gerencial em que se privilegiam a descentralização de atividades e a segregação de funções, pode gerar situações desarrazoadas em que o representante maior da entidade seja convocado a responder por atos os mais comezinhos praticados por um subordinado.

Entendeu o TCU, neste último caso, que, se não houver provas de que o gestor compactuou por ação ou omissão no dever expressamente a ele cometido, não seria razoável aplicar-lhe a sanção. Isso porque é necessário que se estabeleça a culpa do dirigente e o nexo causal entre a violação de norma legal e o ato por ele praticado, com base no plexo de suas atribuições, a fim de que, com segurança, o Tribunal possa responsabilizá-lo.

A evolução sequencial da jurisprudência do TCU se dá no sentido de que a responsabilidade da autoridade delegante pelos atos delegados não é automática ou absoluta, sendo imprescindível para definir essa responsabilidade a análise das situações de fato que envolvem o caso concreto. A falta de fiscalização (culpa *in vigilando*), o conhecimento do ato irregular praticado ou a má escolha do agente delegado (culpa *in eligendo*) podem conduzir, se comprovados, à responsabilidade daquela autoridade.

A tendência mais recente, embora de cunho essencialmente formalista, é de que a delegação de competência seja disciplinada em lei, e não em atos infralegais, a ver: "A delegação de competência a secretário municipal realizada por portaria é insuficiente para afastar a responsabilidade do prefeito pela utilização de recursos federais. Se não houver lei municipal dispondo diferentemente, o ordenador de despesas é o prefeito, titular máximo da administração pública local" (TCU - Acórdão nº 4.485/2022 - Segunda Câmara).

## 3.3.4 Pagamento

Depois da observância das etapas do empenho, liquidação e do ordenamento, segue-se o pagamento da despesa, conforme estatui o art. 62 da Lei nº 4.320/64. O pagamento consiste na entrega de recursos ao credor, mediante ordem bancária, após a regular liquidação e ordenamento. Somente ocorre quando a obrigação é líquida e certa. A Administração fica obrigada a efetuar o pagamento de despesas que realizar nos prazos indicados na lei, no contrato ou instrumento equivalente.

Quando se trata de obrigações contratuais e congêneres, é necessário que o instrumento de ajuste estabeleça e defina claramente: a) os critérios de pagamento; b) a periodicidade do reajustamento de preços; c) os critérios de compensação financeira entre a data do adimplemento das obrigações e a do efetivo pagamento.

Na nova Lei de Licitações e Contratos Administrativos, não está estabelecido como antes o prazo máximo para pagamento dos contratos. Deixou o legislador a definição a cargo do edital e do contrato. No entanto, há disposições que deixam ver a obrigatoriedade dessa definição: art. 18, III, alínea "g" do inciso XXIII do art. 6º, bem como o art. 25 e o art. 92, V e VI, ambos da Lei nº 14.133/21.

Os prazos de pagamento previstos no contrato deverão ser cumpridos rigorosamente, sob pena de a Administração ter que atualizar monetariamente os valores devidos, independentemente de previsão contratual e de pagar juros de mora.[286]

Convém anotar que a realização de pagamento antecipado não é usual e autorizada pela lei, exceto em casos excepcionais, com as devidas cautelas e, se for o caso, de garantias em favor da Administração. Prevalece o entendimento de que o pagamento antecipado em contratações públicas somente é possível no caso de expressa previsão no edital e no contrato.[287] Todavia, a existência do pagamento antecipado sem prejuízos para a Administração constituirá mera irregularidade administrativa, sem qualquer pecha de erro grosseiro, a exemplo da despesa efetivada sem empenho prévio.

No caso de obras e serviços de engenharia, o pagamento das etapas, que vem definido no cronograma físico-financeiro, deve ter sequência lógica e ser precedido de medições, se for o caso (art. 92, VI), a fim de evitar que se pague uma etapa sem que a anterior tenha sido concluída. Os valores correspondentes a multas ou indenizações devidas pelo contratado, nos termos definidos no contrato, poderão ser deduzidos do montante a pagar. Além disso, segundo a jurisprudência do TCU, a efetuação do pagamento está condicionada à verificação de algumas exigências,

---

[286] O atraso no pagamento do preço avençado nos contratos de obras públicas constitui ilícito contratual, sendo devidos correção monetária e juros moratórios (REsp nº 175.488/PE. Rel. Min. Francisco Peçanha Martins, 2ª Turma. *DJ*, 26 jun. 2000).

[287] Acórdão nº 2.679/2010, Plenário, TC-014.091/2005-8. Rel. Min-Subst. Augusto Sherman Cavalcanti, 6.10.2010.

como regularidade com a seguridade social,[288] FGTS e Fazenda Pública.[289] Contudo, o STJ considerou ilegal a imposição de sobreditos condicionantes quando o objeto contratual tenha sido executado em favor da Administração Pública.[290] E o fez corretamente porque a ausência do pagamento neste caso geraria o enriquecimento sem causa do Poder Público.

Saliente-se, ainda, que, em regra, o pagamento deve observar a ordem cronológica da exigibilidade dos créditos, conforme dita o art. 141 da Lei nº 14.133/21, sendo que a inobservância da referida ordem configura crime tipificado no art. 337-H do Código Penal. Com relação a este tema, o TCU tem aplicado multa ao servidor que viola a ordem dos pagamentos do crédito.[291]

### 3.3.4.1 Regime de adiantamento de despesa

De acordo com o art. 68 da Lei nº 4.320/64, o regime de adiantamento de despesa é aplicável sempre que não é possível aplicar-se o regime normal de processamento da despesa.

O Decreto nº 93.872/86 denomina o adiantamento de suprimento de fundos, prevendo, excepcionalmente, que, a critério do ordenador de despesa e sob sua inteira responsabilidade, poderá ser concedido suprimento de fundos a servidor, sempre precedido do empenho na dotação própria às despesas a realizar, e que não possam subordinar-se ao processo normal de aplicação, o atendimento dos seguintes casos: a) despesas eventuais, inclusive em viagens e com serviços especiais, que exijam pronto pagamento em espécie; b) despesas de caráter sigiloso, conforme se classificar em regulamento; c) despesas de pequeno vulto, assim entendidas aquelas cujo valor, em cada caso, não ultrapassar limite estabelecido em portaria do Ministério da Fazenda.

O suprimento de fundos será contabilizado e incluído nas contas do ordenador como despesa realizada; as restituições, por falta de aplicação, parcial ou total, ou aplicação indevida, constituirão anulação de despesa, ou receita orçamentária, se recolhidas após o encerramento do exercício.

---

[288] Decisão nº 705/1994, Plenário, o TCU firmou entendimento de que nos pagamentos efetuados pela Administração, inclusive nos contratos de execução continuada ou parcelada (a cada pagamento), é obrigatória a prévia verificação da regularidade do contratado com o sistema da seguridade social (art. 195, §3º, da CF/88, arts. 29, III e IV, e 55, XIII, da Lei nº 8.666/93, art. 27, "a", da Lei nº 8.036/90, art. 2º da Lei nº 9.012/95, art. 47 da Lei nº 8.212/91, arts. 16 e parágrafo único, 84, I, "a", e §10, "a" e "b" do Decreto nº 612/92, Decreto-Lei nº 147/67).

[289] Acórdão nº 593/2005, 1ª Câmara, o TCU determinou a unidade jurisdicionada que exigisse, a cada pagamento referente a contrato de execução continuada ou parcelada, comprovação da regularidade fiscal da contratada junto: a) à Seguridade Social (INSS e contribuições sociais administradas pela Secretaria da Receita Federal); b) ao FGTS (Caixa Econômica Federal); c) à Fazenda Federal.

[290] A pretensão recursal destoa da jurisprudência dominante nesta Corte no sentido da ilegalidade da retenção ao pagamento devido a fornecedor em situação de irregularidade perante o Fisco, por extrapolar as normas previstas nos arts. 55 e 87 da Lei nº 8.666/93 (AgRg no REsp nº 1.313.659. Min. Mauro Campbell Marques. DJe, 6 nov. 2012).

[291] TCU. Acórdão nº 2.085/2006, 1ª Câmara.

O servidor que receber suprimento de fundos, na forma deste artigo, é obrigado a prestar contas de sua aplicação, procedendo-se, automaticamente, à tomada de contas se não o fizer no prazo assinalado pelo ordenador da despesa, sem prejuízo das providências administrativas para a apuração das responsabilidades e imposição, das penalidades cabíveis (Decreto-Lei nº 200/67, parágrafo único do art. 81 e §3º do art. 80).

Não se concederá suprimento de fundos, nos termos do art. 69 da Lei nº 4.320/64 e do art. 45, §3º, do Decreto nº 93.872/86, nas seguintes hipóteses: a) a servidor responsável por dois suprimentos; b) a servidor que tenha a seu cargo a guarda ou a utilização do material a adquirir, salvo quando não houver na repartição outro servidor; c) a responsável por suprimento de fundos que, esgotado o prazo, não tenha prestado contas de sua aplicação; e d) a servidor declarado em alcance, entendendo-se como tal o servidor que não tenha prestado contas no prazo regulamentar.

É vedada a abertura de conta bancária destinada à movimentação de suprimentos de fundos, cabendo aos detentores de suprimentos de fundos fornecer indicação precisa dos saldos em seu poder em 31 de dezembro, para efeito de contabilização e reinscrição da respectiva responsabilidade pela sua aplicação em data posterior, observados os prazos assinalados pelo ordenador da despesa. A importância aplicada até 31 de dezembro será comprovada até 15 de janeiro seguinte (art. 45-A e art. 46 do Decreto nº 93.872/86).

## 3.4 Despesas públicas na Lei de Responsabilidade Fiscal

O regime jurídico das despesas públicas no Brasil tem como premissa inarredável o prévio respaldo constitucional ou legal às despesas.[292] Além da autorização orçamentária exigida pelo art. 167, II, da Constituição, a legitimidade das despesas públicas também está condicionada à observância da Lei nº 4.320/64 e das normas da Lei nº 101/00 (Lei de Responsabilidade Fiscal – LRF). Este último diploma legal fixa requisitos para realização de despesas em geral (contratuais, unilaterais, legais), com enfoque especial para as despesas com pessoal, despesas com a seguridade social, transferências voluntárias e restos a pagar.

O Capítulo IV da LRF é todo dedicado à disciplina da despesa pública, inaugurando-se com a Seção I, sobre geração de despesa. Nesta seção, o art. 15 considera como não autorizadas, irregulares e lesivas ao patrimônio público a geração de despesa ou assunção de obrigação que não atendam ao disposto nos arts. 16 e 17 da LRF.

As disposições dos art. 16 e 17, como se verá, relacionam-se com o planejamento da despesa pública, exigindo o legislador a elaboração de estimativa do impacto orçamentário e financeiro para a geração de novas despesas e sua compatibilidade

---

[292] A expressão "respaldo constitucional ou legal" é amplamente utilizada por Regis Fernandes de Oliveira (OLIVEIRA, Regis Fernandes de. *Curso de direito financeiro*. 4. ed. São Paulo: Revista dos Tribunais, 2011. p. 496).

com a disciplina dos orçamentos públicos (Plano Plurianual – PPA, Lei de Diretrizes Orçamentárias – LDO, Lei Orçamentária Anual – LOA). Assim, a desatenção a tais requisitos de parte do gestor leva à irregularidade da despesa pública gerada.

### 3.4.1 Requisitos para geração de despesas

O art. 15 da LRF deve ser interpretado com cautela. É possível que a despesa que desatenda aos requisitos dos arts. 16 e 17 seja considerada irregular, porquanto descumpre etapas legalmente admitidas para sua geração; é possível também considerá-la não autorizada, embora a autorização orçamentária satisfaça a exigência do art. 167, II, da Constituição, o que não deixa de se constituir em antinomia de normas jurídicas, que se deve resolver em favor da legalidade da despesa. Porém, presumir a lesividade da despesa, sem verificar se ela efetivamente causa prejuízos ao erário, é exagero. Diogo de Figueiredo Moreira Neto pondera que "a presunção de lesividade não pode decorrer da simples irregularidade, ou seja, da mera insatisfação formal dos requisitos estabelecidos nos referidos arts. 16 e 17". Assevera o autor fluminense – e com razão:

> a existência de vícios formais, que decorreriam do mau processamento da despesa, por insatisfação dos requisitos processuais da despesa exigidos nos arts. 16 e 17 poderiam até induzir uma intenção de lesividade, jamais, porém, caracterizar uma efetiva lesividade, como uma presunção absoluta.[293]

Em sede da ADI MC nº 2.238/DF, arguiu-se a inconstitucionalidade da norma inscrita no art. 15 da LRF, sob o argumento de ofensa ao art. 166 do texto constitucional, que prevê a possibilidade de abertura de créditos adicionais para correção e efetivação das leis orçamentárias, independentemente da observância dos requisitos fixados pelos arts. 16 e 17 da LRF. O STF declarou a constitucionalidade do art. 15 da LRF, e destacou que o condicionamento imposto pelo dispositivo impugnado contribui de forma efetiva para a sistemática do equilíbrio e controle orçamentário, sem gerar qualquer implicação na hipótese de abertura de crédito orçamentário.[294] Isso não impede, todavia, que se lhe possa imprimir interpretação que homenageie princípios jurídicos com a razoabilidade e o não enriquecimento sem causa.

#### 3.4.1.1 Criação, expansão e aperfeiçoamento da ação governamental

O art. 16 da LRF fixa regras alusivas às despesas que implicam "criação, expansão ou aperfeiçoamento de ação governamental", com natural engajamento para

---

[293] MOREIRA NETO, Diogo de Figueiredo. *Considerações sobre a Lei de Responsabilidade Fiscal*: finanças públicas democráticas. Rio de Janeiro: Renovar, 2001. p. 157.
[294] Segue excerto da ementa da ADI nº 2.238: "Art. 15: o dispositivo apenas torna efetivo o cumprimento do plano plurianual, das diretrizes orçamentárias e dos orçamentos anuais, não inibindo a abertura de créditos adicionais previstos no art. 166 da Carta Política" (ADI nº 2.238/DF. Rel. Min. Ilmar Galvão. *DJ*, 9 ago. 2007).

as despesas oriundas de contratos administrativos e desapropriações. Isto porque o art. 16, §4º, da LRF prevê que a observância das exigências do preceito constitui condição prévia para empenho e licitação de serviços, fornecimento de bens ou execução de obras e para a realização de desapropriações de imóveis urbanos nos termos do art. 182, §3º, da CR/88.

A expressão "ação governamental" refere-se às operações das quais resultam produtos (bens ou serviços), que contribuem para o atendimento do objetivo de um programa (governamental), podendo ser classificadas, a depender das características, como atividade, projeto ou operações especiais.

A *atividade* é instrumento de programação utilizado para alcançar o objetivo de um programa, envolvendo conjunto de operações que se realizam de modo contínuo e permanente, das quais resulta um produto ou serviço necessário à manutenção da ação de governo. Já o *projeto* volta-se para a concretização de um programa, porém abarcando um conjunto de operações limitadas no tempo, das quais resulta produto que concorre para a expansão ou o aperfeiçoamento da ação de governo.

Há *criação* de uma ação governamental quando é instituído novo *programa* ou nova *atividade* não contemplada nos orçamentos pretéritos. Na hipótese da *expansão* de ação governamental, há aumento, em termos quantitativos, do programa, isto é, trata-se da ampliação do espectro do programa para contemplar maior número de beneficiários. Já no *aperfeiçoamento* busca-se implantar mudanças qualitativas nas ações governamentais, agregando-lhe condições intrínsecas de melhoria.

Essas hipóteses – criação, expansão e aperfeiçoamento de ação governamental – não raro envolvem o aumento de despesas públicas, devendo, por força do art. 16 da LRF, estar amparadas em: a) estimativa do impacto orçamentário da respectiva despesa no contexto do exercício em que o dispêndio entrará em vigor e dos dois seguintes; b) declaração do ordenador da despesa relativa à adequação orçamentária e financeira do aumento do gasto com a LOA e demonstração de compatibilidade com o PPA e a LDO.[295]

Por meio da primeira exigência, busca-se assegurar que o aumento da despesa não comprometa a concretização de outras necessidades públicas contempladas no orçamento, bem assim a manutenção do equilíbrio das contas públicas. O estudo de impacto financeiro-orçamentário deve ser apresentado com as premissas e a metodologia de cálculo aplicada em sua elaboração pelo ordenador de despesa, a fim de imprimir-lhe maior grau de confiabilidade (ou menor grau de especulação).

A segunda exigência, que se relaciona com o sistema de orçamentação pública, consiste na demonstração de que a despesa a ser gerada possui adequação com LOA, PPA e LDO. É dizer: a despesa tem que ter sido objeto de dotação específica e suficiente, de modo que, quando somadas todas as despesas da mesma espécie, realizadas e a realizar, previstas no programa de trabalho, não sejam ultrapassados os limites estabelecidos para o exercício (art. 16, §1º, I, LRF); esteja em conformidade

---

[295] Sobre o tema, na jurisprudência do TCU, ver Acórdão nº 883/2005, 1ª Câmara; Acórdão nº 104/2007-Plenário; Acórdão nº 1.085/2007-Plenário; Acórdão nº 2.760/2012-Plenário.

com diretrizes, objetivos, prioridades e metas fixados na LDO e no PPA, sem contrariar suas disposições (art. 16, §1º, II, LRF).

Existem três posicionamentos que buscam explicitar o âmbito de aplicação da exigência formulada pelo inc. II do art. 16 da LRF, relativamente aos contratos administrativos.

O primeiro defende que a apresentação da estimativa do impacto orçamentário e financeiro e da declaração do ordenador da despesa de que o aumento tem adequação orçamentária e financeira com a Lei Orçamentária Anual e compatibilidade com o plano plurianual e com a Lei de Diretrizes Orçamentárias aplica-se a qualquer tipo de contrato administrativo, salvo se as despesas próprias forem consideradas irrelevantes nos termos da LDO.

O segundo defende que a referida exigência é restrita aos casos descritos no próprio *caput*, ou seja, somente nos casos de criação (nova despesa), expansão (aumento quantitativo) ou aperfeiçoamento (aumento qualitativo) da ação governamental que acarrete aumento da despesa os requisitos se impõem.

O terceiro posicionamento vai além do segundo (sem contraditá-lo), para estabelecer distinção pragmática no sentido de entender que a necessidade de seguimento do dispositivo é típica das despesas de capital (e outras despesas delas decorrentes), porquanto as despesas correntes (já previstas no orçamento), pela trivialidade, não são capazes de afetar a ação governamental.

Considera-se que o último entendimento deve prevalecer, seja pela praticidade, seja pela pertinência com a análise dos dispositivos constitucionais atinentes à matéria. Com efeito, art. 16, §1º, da LRF exige compatibilidade das despesas que venham a gerar criação, expansão ou aperfeiçoamento da ação governamental com o Plano Plurianual (PPA). O art. 165, §1º, da CR/88 prescreve que a lei que instituir o plano plurianual estabelecerá, de forma regionalizada, diretrizes, objetivos e metas da Administração Pública federal para as *despesas de capital e outras delas decorrentes* e para as *relativas aos programas de duração continuada*. Essa necessária articulação da despesa com o PPA justifica a posição adotada.

Deveras, os programas de duração continuada são previstos em atos normativos (lei, medidas provisórias, regulamentos) e têm duração superior a dois exercícios, pelo que as despesas correspondentes se ambientam no art. 17 da LRF (que trata das despesas obrigatórias de caráter continuado). Até as nomenclaturas são superpostas. Remanescem, portanto, como curiais ao art. 16 da LRF, pela pertinência da previsão constante do PPA, as despesas de capital e outras despesas delas decorrentes.

Segundo §4º do art. 16 da LRF, a observância das exigências impostas pelo *caput* é condição prévia para: a) empenho e licitação de serviços, fornecimento de bens ou execução de obras e b) desapropriação de imóveis urbanos a que se refere o §3º do art. 182 da CR/88.

Relativamente às licitações, o preceito agrega novo requisito legal à fase preparatória das licitações, de modo que, quando se tratar de despesas de capital, a estimativa do impacto orçamentário e financeiro para três exercícios e a compatibilidade com o PPA, LDO e LOA constarão obrigatoriamente dessa etapa do procedimento, "devendo ser atestadas no bojo do procedimento, ao lado dos requisitos exigidos" pela Lei nº 14.133/21.[296]

De se registrar que nas licitações relativas a alienações, concessões e permissões, em que inexiste efetivo desembolso por parte da Administração, não se deve cogitar da aplicação do dispositivo.[297] Contudo, a receita de capital proveniente da alienação de bens e direitos que integram o patrimônio público não poderá ser destinada ao financiamento de despesas correntes, salvo se destinadas por lei (de cada ente da Federação) aos regimes de previdência social, geral e próprio dos servidores públicos, por deferência ao art. 44 da LRF.

No que concerne às desapropriações, de igual maneira, a etapa declaratória da desapropriação deve ser acompanhada de ambos os requisitos, valendo destacar que, conquanto a lei somente faça menção à desapropriação de imóveis urbanos, tais exigências devem ser atendidas também em desapropriações de imóveis rurais. Isto porque o fundamento delas é a necessidade de planejamento das despesas públicas e o equilíbrio orçamentário, não fazendo sentido limitar a aplicação do preceito, portanto, a imóveis urbanos.

A ausência desses requisitos tanto nas licitações quanto nas desapropriações deve ser vista como irregularidade de caráter formal (vício de forma), passível, portanto, de saneamento posterior, pela via da convalidação, nos termos do art. 55 da Lei nº 9.784/99, segundo o qual, em decisão na qual se evidencie não acarretar lesão ao interesse público nem prejuízo a terceiros, os atos que apresentarem defeitos sanáveis poderão ser convalidados pela própria Administração.

A despeito do uso pelo legislador da palavra "poderá", o entendimento dominante é no sentido de que a convalidação, se cabível, é obrigatória e não facultativa. É que:

> no atual estágio do direito brasileiro, a Administração pode declarar a nulidade de seus próprios atos, desde que, além de ilegais, eles tenham causado lesão ao erário, sejam insuscetíveis de convalidação e não tenham servido de fundamento a ato posterior em outro plano de competência.[298]

### 3.4.1.2 Despesas obrigatórias de caráter continuado

O art. 17 da LRF cuida das exigências relativas à realização e majoração de *despesas obrigatórias de caráter continuado*,[299] assim consideradas as despesas correntes derivadas de lei, medida provisória ou ato administrativo normativo que fixem para

---

[296] MOTTA, Carlos Pinto Coelho; SANTANA, Jair; FERRAZ, Luciano. *Lei de Responsabilidade Fiscal*: abordagens pontuais. Belo Horizonte: Del Rey, 2000. p. 168.

[297] Às concessões e permissões em razão do art. 124 da Lei nº 8.666/93.

[298] STJ, 1ª Turma. REsp nº 300.116/SP. Rel. Min. Humberto Gomes de Barros. *DJ*, p. 222, 25 fev. 2002, *RSTJ*, v. 154, p. 104.

[299] Em sede da ADI nº 2.238, o STF declarou a constitucionalidade da norma inscrita no art. 17 da LRF (ADI nº 2.238/DF. Rel. Min. Ilmar Galvão. *DJ*, 9 ago. 2007).

o ente a obrigação legal de sua execução por um período superior a dois exercícios. As principais despesas de caráter continuado são as despesas de pessoal,[300] as da seguridade social e as típicas de programas de duração continuada aludidos no art. 165, §1º, da Constituição da República, como exemplo, o Programa Bolsa Família.

O art. 17, §1º, da LRF impõe que a criação ou majoração de despesa obrigatória e de caráter continuado atenda às seguintes exigências: a) demonstração de estimativa do impacto financeiro-orçamentário para o exercício em que deva entrar em vigor e para os dois subsequentes; b) explicitação da origem dos recursos para custeio (fonte de custeio); c) demonstração da não afetação das metas de resultados fiscais previstas no Anexo da LDO; d) estabelecimento de medidas de compensação financeira em razão da assunção da despesa (mecanismo denominado *pay-and-you-go*).[301] Tais exigências também devem ser observadas, nos termos do art. 17, §7º, da LRF, nas hipóteses de prorrogação de despesa criada por prazo indeterminado.

As medidas de compensação legalmente previstas referem-se ou ao aumento da carga tributária ou à diminuição permanente da despesa pública, a teor do art. 17, §3º, da LRF – e condicionam a entrada em vigor das novas despesas de caráter continuado eventualmente geradas (§5º). Trata-se, portanto, de condição suspensiva, como reconheceu o TCU no Acórdão nº 1.907/2019.

As exigências impostas pelo art. 17 da LRF somente podem deixar de ser observadas nos casos de aumento de despesas relativas ao serviço da dívida e ao reajuste (na verdade, *revisão*) de remuneração de pessoal, determinada pela parte final do art. 37, X, da Constituição, esta porque não gera aumento real da despesa pública, por se tratar de mera correção monetária dos valores percebidos pelos servidores, com base em índices oficiais de inflação.

### 3.4.2 Despesas de pessoal

As despesas de pessoal tiveram tratamento próprio na LRF. Esta matéria havia sido tratada primeiramente pela Lei Complementar nº 82/95 (Lei Camata), revogada pela Lei Complementar nº 96/99 (Lei Camata II). Neste particular, a LRF regulamenta o disposto no art. 169 da Constituição, segundo o qual a despesa com pessoal ativo e inativo da União, dos estados, do Distrito Federal e dos municípios não poderá exceder os limites estabelecidos em lei complementar.

Para melhor compreensão do regime jurídico das despesas com pessoal na LRF, dividir-se-á a tratativa do tema da seguinte forma: a) conceito de despesa com pessoal; b) limites de gastos com pessoal; c) respeito aos limites dos gastos de pessoal.

---

[300] Cf. TCU, Plenário. Acórdão nº 894/2019.
[301] As medidas de compensação do art. 17 da LRF assemelham-se às medidas compensatórias previstas no art. 14, relativamente à renúncia de receita.

### 3.4.2.1 Conceito de despesa com pessoal

Nos termos do art. 18 da LRF, considera-se despesa total de pessoal o somatório dos gastos do ente da Federação com os ativos, os inativos, os pensionistas, relativos a mandatos eletivos, cargos, funções ou empregos, civis, militares e de membros de poder, com quaisquer espécies remuneratórias (vencimentos, vantagens fixas ou variáveis, subsídios, proventos, reformas e pensões), inclusive adicionais (gratificações, horas extras e vantagens de pessoal de qualquer natureza), encargos sociais e contribuições recolhidas pela unidade federativa às entidades de previdência. O §1º do art. 18 determina a inclusão, na despesa total de pessoal, dos valores pagos pelos contratos de terceirização de mão de obra em substituição a servidores públicos, que devem ser contabilizados como "Outras Despesas de Pessoal".

O tratamento dado às despesas de pessoal pelo legislador é genérico. Compreende todos os valores de índole remuneratória pagos pelos entes federativos a seus agentes civis e militares, em atividade, aposentados e pensionistas, bem como os encargos sociais e contribuições recolhidos às entidades de previdência na condição de empregador. Note-se que as despesas de custeio com natureza indenizatória não são computadas para fins de obtenção do montante global da despesa de pessoal (*v.g.*, diárias, indenização de férias prêmio).

A inclusão no total da despesa dos valores dos contratos de terceirização de mão de obra em substituição a servidores públicos teve o objetivo de evitar que a técnica fosse utilizada para driblar os limites de gasto com pessoal e impedir a contratação indiscriminada de prestadores de serviço, valorizando-se, assim, o recrutamento de pessoal pela via do concurso público.[302]

A aplicação do dispositivo desperta polêmicas. Os maiores dissensos referem-se à interpretação do alcance da expressão: "terceirização de mão de obra que se refere à substituição de servidores e empregados públicos". A expressão pode ser vista em sentido amplo ou restrito. O sentido *lato* conduz à avaliação do conteúdo em si do serviço terceirizado, que pode, ou não, ser interpretado como "próprio" de servidor ou empregado público. O sentido estrito "remete à designação formal do cargo, à letra da legislação de pessoal dos entes políticos, ao estabelecido nos planos de cargos, empregos e carreiras dos órgãos e entidades da Administração direta e indireta".[303]

As leis de diretrizes orçamentárias da União que se seguiram à LRF passaram a prever que não se deveriam considerar como mão de obra substitutiva os contratos de terceirização relativos à execução indireta de atividades que, simultaneamente: a) fossem acessórias, instrumentais ou complementares aos assuntos que constituem área de competência legal do órgão ou entidade; b) não fossem inerentes às categorias funcionais abrangidas por plano de cargos do quadro de pessoal do órgão ou

---

[302] A inconstitucionalidade do art. 18 da LRF foi arguida na ADI nº 2.288. Contudo, o STF, em julgamento de medida cautelar, manifestou-se pela constitucionalidade do dispositivo (ADI nº 2.238/DF. Rel. Min. Ilmar Galvão. *DJ*, 9 ago. 2007).

[303] MOTTA, Carlos Pinto Coelho *et al. Responsabilidade fiscal*. Belo Horizonte: Del Rey, 2000. p. 371.

entidade, salvo expressa disposição legal em contrário, ou quando se tratar de cargo ou categoria extinto, total ou parcialmente.

A posição que mereceu acolhida nos Tribunais de Contas brasileiros pode ser resumida da seguinte forma: a) os contratos de terceirização de atividades-meio (atividades materiais), quando concernentes a hipóteses sem correspondência no plano de cargos do órgão ou entidade, estão, em regra, excluídos do percentual de gastos; se houver a correspondência, a lei determina o cômputo; b) os valores relativos aos contratos de terceirização de atividades-fim (atividades que carregam poder extroverso), incluem-se no percentual do limite dos gastos de pessoal – esta é a única explicação para que o legislador determine o somatório dos respectivos contratos, independentemente de sua validade; c) os valores dos contratos de terceirização de atividades-meio, desde que concernentes a atividades inerentes (atividades-fim) à categoria do órgão ou entidade contratante, devem ser incluídos no percentual, salvo se os cargos ou empregos tiverem sido extintos total ou parcialmente.[304]

Em suma:

> nem todo gasto com terceirização de mão de obra deve fazer parte do cálculo dos limites de despesa com pessoal, pois o art. 18, §1º, da LRF exige apenas a contabilização dos gastos com contratos de terceirização de mão de obra que se referirem à substituição de servidores e empregados públicos.[305]

### 3.4.2.2 Limites globais e específicos de gasto com pessoal

Os limites estabelecidos pela LRF para as despesas de pessoal podem ser classificados em três espécies: a) *limite máximo*, variável de acordo com o ente e/ou poder ou órgão (arts. 19 e 20 c/c art. 23); b) *limite prudencial*, que corresponde a 95% do limite máximo (arts. 19 e 20 c/c art. 22, parágrafo único); e c) *limite pré-prudencial ou de alerta*, que corresponde a 90% do limite máximo (arts. 19 e 20 c/c art. 59, §1º, II).

Os limites globais com gasto de pessoal das unidades federativas em dado período de apuração são definidos pelo art. 19 da LRF da seguinte maneira: a) a União não poderá gastar mais de 50% da sua Receita Corrente Líquida; b) os estados, o Distrito Federal e os municípios não poderão gastar mais que 60% das respectivas Receitas Correntes Líquidas em despesas de pessoal.

O cômputo da despesa de pessoal, para fins do controle dos limites instituídos pelo art. 19 da LRF, pressupõe o somatório de todos os gastos com pessoal (nos termos do art. 18 da LRF), deduzidos os valores alusivos a determinadas despesas de pessoal arroladas pelo §1º do art. 19 da LRF, a saber: a) a indenização por demissão voluntária;

---

[304] FERRAZ, Luciano. Lei de Responsabilidade Fiscal e terceirização de mão-de-obra no serviço público. *Revista Eletrônica de Direito Administrativo Eletrônica – REDE*, Salvador, n. 8, nov./dez. 2006/jan. 2007. Disponível em: http://www.direitodoestado.com/revista/REDAE-8-NOVEMBRO-2006-LUCIANO%20FERRAZ.pdf. Ver, ainda, TCU. Acórdão nº 1.520/2006-Plenário. Rel. Min. Marcos Vinicios Vilaça. *DOU*, 30 ago. 2006.

[305] TCU, Plenário. Acórdão nº 2.444/2016. Rel. Min. Bruno Dantas. *Boletim de Jurisprudência*, n. 145.

b) relativas a incentivos à demissão voluntária; c) derivadas da aplicação do disposto no inc. II do §6º do art. 57 do texto constitucional;[306] d) decorrentes de decisão judicial e da competência anterior ao que se refere o §2º do art. 18 da LRF; e) com pessoal, do Distrito Federal e dos estados do Amapá e Roraima, custeadas com recursos transferidos pela União na forma dos incs. XIII e XIV do art. 21 da Constituição e do art. 31 da EC nº 19/98; f) com inativos, ainda que por intermédio de fundo específico, custeadas por recursos provenientes da arrecadação de contribuições dos segurados, da compensação financeira de que trata o §9º do art. 201 da Constituição ou das demais receitas diretamente arrecadadas por fundo vinculado a tal finalidade, inclusive o produto da alienação de bens, direitos e ativos, bem como seu superávit financeiro.

O art. 20 da LRF, por sua vez, estabelece limites específicos de despesa com pessoal para os poderes e órgãos de cada unidade federativa.[307] Nesse particular, o legislador inovou relativamente às leis complementares nº 82/95 e 96/99, prescrevendo limitações intraorgânicas de gastos com pessoal, o que de certa maneira estabeleceu tratamento isonômico entre os poderes e órgãos. É que, antes, o ônus da necessidade de redução das despesas de pessoal, uma vez ultrapassados os limites, recaía exclusivamente sobre o Poder Executivo, ao qual compete a execução dos orçamentos e sobre o qual recai a obrigação de prestar as contas dessa execução (contas de governo), na forma do art. 71, I, c/c art. 49, IX da Constituição.

A inconstitucionalidade do art. 20 da LRF foi arguida na ADI nº 2.238, sob o fundamento de extrapolação do conteúdo normativo do art. 169 da CR/88, que impõe unicamente o estabelecimento de limites globais de despesa com pessoal para as unidades federadas. O STF julgou o dispositivo constitucional e afirmou que o art. 169 da CR/88 não veda que se faça uma distribuição entre os poderes dos limites de despesa com pessoal. Também afirmou que, para que se possa fazer valer com efetividade os limites gerais de despesas com pessoal, é necessário dividir internamente entre os poderes a respectiva responsabilidade.

Na esfera federal, a divisão interna do limite total das despesas é a seguinte: 2,5% é o limite para o Poder Legislativo, incluído o Tribunal de Contas; 6% é o limite para o Poder Judiciário; 40,9% é o limite para o Poder Executivo, destacando-se 3% para as despesas com pessoal decorrentes do que dispõem os incs. XIII e XIV do art. 21 da Constituição e o art. 31 da EC nº 19/98, repartidos de forma proporcional à média das despesas relativas a cada um destes dispositivos, em percentual da receita corrente líquida, verificadas nos três exercícios financeiros imediatamente anteriores ao da publicação da LRF; 0,6% é o limite do Ministério Público da União.[308]

---

[306] O art. 57, §6º, I e II, da CR/88 cuida das hipóteses de convocação extraordinária do Congresso Nacional.

[307] Para aplicação dos limites estipulados pelo art. 20 da LRF, o §2º do mesmo dispositivo qualifica como órgão o Ministério Público, como órgãos do Poder Legislativo Federal o Senado Federal, a Câmara dos Deputados e TCU; como órgãos do Poder Legislativo estadual a Assembleia Legislativa e os Tribunais de Contas; como órgãos do DF a Câmara Legislativa e o Tribunal de Contas do DF; como órgãos do Poder Legislativo municipal a Câmara dos Vereadores e o Tribunal de Contas do Município, quando houver; como órgãos do Poder Judiciário Federal os órgãos previstos no art. 92 do texto constitucional (deve-se acrescer o CNJ); como órgãos do Poder Judiciário estadual o Tribunal de Justiça e outros, quando houver.

[308] Cf. TCU, Plenário. Acórdão nº 2.984/2018.

Na esfera estadual, os limites para as despesas com pessoal são divididos da seguinte forma: 3% ao Poder Legislativo, incluído o Tribunal de Contas; 6% ao Poder Judiciário; 49% ao Poder Executivo; 2% ao Ministério Público.

Na seara municipal, a repartição dar-se-á com os seguintes percentuais: 6% para o Poder Legislativo, incluído o Tribunal de Contas do Município, onde houver; 54% para o Poder Executivo.

O §1º do art. 20 prevê, ainda, que nos poderes Legislativo e Judiciário de cada esfera os limites serão repartidos entre seus órgãos de forma proporcional à média das despesas com pessoal, em percentual da receita corrente líquida, verificadas nos três exercícios financeiros imediatamente anteriores ao da publicação da LRF.

O art. 19, §4º, da LRF prescreve que nos estados em que houver Tribunal de Contas dos Municípios (órgão estadual), os percentuais definidos para repasse ao Poder Legislativo estadual e municipal serão, respectivamente, acrescidos e reduzidos em 0,4%.

Convém trazer a debate a questão da possibilidade de cada unidade da Federação estipular em suas respectivas LDOs, para cada exercício financeiro, limites de despesa de pessoal diversos daquele estabelecido pelo legislador federal, desde que respeitados os limites globais. Tal possibilidade é cogitada a partir da norma inserta no art. 20, §5º, da LRF, segundo a qual, para os fins previstos no art. 168 da Constituição, a entrega dos recursos financeiros correspondentes à despesa total com pessoal por poder e órgão será a resultante da aplicação dos percentuais definidos neste artigo, ou aqueles fixados na lei de diretrizes orçamentárias.

Com efeito, a expressão "ou aqueles fixados na lei de diretrizes orçamentárias", constante da parte final do §5º do art. 20 da LRF, deveras permite a ilação de que cada unidade federativa, no uso de sua autonomia administrativa e financeira assegurada pela Constituição (arts. 1º e 18), pode distribuir da maneira que lhe convier os limites intraorgânicos de despesas de pessoal, desde que garanta o funcionamento escorreito e harmônico de todos eles e respeite os limites máximos do art. 19 da LRF.

Não foi essa, todavia, a interpretação que o STF adotou no julgamento da medida cautelar na Ação Direta de Inconstitucionalidade (ADI) nº 5.449, movida pela governadora de Roraima em face do art. 50 da Lei Estadual nº 1.005/2015 (LDO), que estabelecia limite diferenciado para os gastos de pessoal do Poder Legislativo, incluído o Tribunal de Contas. O entendimento fixado pelo STF alinhou-se no seguinte sentido:

> os limites traçados pela lei de responsabilidade para os gastos com pessoal ativo e inativo nos Estados, Distrito Federal e Municípios valem como referência nacional a ser respeitada por todos os entes federativos, que ficam incontornavelmente vinculados aos parâmetros máximos de valor nela previstos, [de modo que] ao contemplar um limite de gastos mais generoso para o Poder Legislativo local, o dispositivo impugnado se indispôs abertamente com os parâmetros normativos da lei de responsabilidade

fiscal, e com isso, se sobrepôs à autoridade da União para dispor no tema, pelo que fica caracterizada a lesão ao art. 169, caput, da CF.[309]

Outro julgamento emblemático do STF sobre o tema aconteceu na apreciação da ADC nº 69, ocasião em que se discutiu a divergência sobre a exclusão do imposto de renda retido na fonte e dos valores pagos a inativos e pensionistas do cálculo dos gastos de pessoal. Decidiu o STF, em resumo, que:

> No plano financeiro, a Constituição estabeleceu, em seu art. 169, caput, que a despesa com pessoal ativo e inativo da União, dos Estados, do Distrito Federal e dos Municípios respeite os limites estipulados em lei complementar de caráter nacional, atualmente, a Lei de Responsabilidade Fiscal (LC 101/2000). 4. A exclusão do imposto de renda retido na fonte (IRRF) e dos valores pagos a inativos e pensionistas, salvo as exceções previstas na Lei de Responsabilidade Fiscal, contraria diretamente os arts. 18 e 19 da Lei Complementar 101/2000 e, consequentemente, o art. 169 da Constituição Federal. Precedentes (ADI 6129 MC, Rel. Min. MARCO AURÉLIO, Red. p/ o acórdão Min. ALEXANDRE DE MORAES, Tribunal Pleno, DJe de 25/3/2020). 5. Ação Declaratória de Constitucionalidade julgada procedente.[310]

### 3.4.2.3 Respeito aos limites com despesa de pessoal

A entidade federativa, poder ou órgão que estiver com as despesas de pessoal além do limite prudencial (95% do limite máximo) e aquém do limite máximo fica automaticamente submetida(o) às restrições do art. 22 da LRF, em ordem a impedir o crescimento quantitativo dos gastos, ficando-lhe vedado: a) a concessão de vantagens e o aumento de remuneração para seus servidores; b) a criação e o provimento de cargo, emprego ou função, a alteração da estrutura de carreira com aumento de despesa; c) a contratação de horas extras.

Se ultrapassado o limite máximo, incide a regra extrema do art. 23 da LRF, consoante a qual, sem prejuízo das medidas previstas no art. 22, o percentual excedente terá de ser eliminado nos dois quadrimestres seguintes, sendo pelo menos um terço no primeiro, adotando-se, entre outras, as providências previstas nos §§3º e 4º do art. 169 da Constituição.

Desse modo, o ente federativo, poder ou órgão terá o prazo de 8 (oito) meses para eliminar o excedente de gasto, sendo que nos primeiros 4 (quatro) as medidas adotadas para tanto já deverão produzir efeitos, gerando, no mínimo, a redução de um terço do percentual excedente.

As medidas que devem ser adotadas para fins de adequação aos limites instituídos pela LRF encontram-se descritas nos §§3º, 4º e 5º do art. 169 da CR/88:

---

[309] STF, Tribunal Pleno. ADI nº 5.449 MC-Ref. Rel. Min. Teori Zavascki, j. 10.3.2016, Processo Eletrônico *DJe*-077 Divulg 20.04.2016 Public 22.04.2016.

[310] STF - ADC 69, Relator(a): ALEXANDRE DE MORAES, Tribunal Pleno, julgado em 03-07-2023, PROCESSO ELETRÔNICO DJe-s/n, DIVULG 17-07-2023 PUBLIC 18-07-2023.

a) redução em pelo menos 20% das despesas com cargos em comissão e funções de confiança; b) exoneração dos servidores não estáveis (art. 33 da EC nº 19/98);[311] c) exoneração dos servidores estáveis, mediante indenização correspondente ao pagamento de um mês de remuneração por ano de serviços, na forma de ato normativo motivado de cada poder ou órgão competente.

A Lei Federal nº 9.801/99 regulamenta, por exigência do §7º do art. 169 da Constituição, a exoneração de servidores por excesso de despesas, prevendo que o poder público deverá pautar-se em critérios impessoais de seleção dos servidores cogitados ao desligamento, a saber: a) menor tempo de serviço público; b) maior remuneração; c) menor idade. Além disso, o critério eleito poderá ser combinado com o critério complementar do menor número de dependentes para fins de formação de uma listagem de classificação.

A despeito da ordem prevista na Constituição e de sua regulamentação, há tempos se sustenta que, antes da exoneração dos servidores efetivos e estáveis, deve-se adotar outras duas medidas, com ordem de prioridade, que decorrem de interpretação sistemática do texto constitucional: a) exoneração dos servidores em cumprimento de estágio probatório; b) oferecimento ao servidor cotado ao desligamento do direito à disponibilidade remunerada com vencimentos proporcionais ao tempo de serviço, a teor do art. 41, §3º, da Constituição.[312]

Se, mesmo com a adoção de todas as medidas autorizadas, o excesso de gastos com pessoal não for eliminado no prazo de 8 (oito) meses, ficam as entidades federativas impedidas de receber repasses voluntários de verbas federais ou estaduais, conforme o caso. O art. 23, §3º, da LRF, por sua vez, fixa que, enquanto perdurar o excesso com gasto de pessoal, o ente não poderá: a) receber transferências voluntárias; b) obter garantia, direta ou indireta, de outro ente; c) contratar operações de crédito, ressalvadas as destinadas ao refinanciamento da dívida mobiliária e as que visem à redução das despesas com pessoal.

### 3.4.2.4 Situação atual quanto ao respeito aos limites com despesa de pessoal no âmbito dos estados, dos municípios e da União

Segundo dados do Tesouro Nacional, a despesa total com pessoal em proporção da receita corrente líquida no âmbito dos estados sofreu acréscimo real médio de 38% entre 2009 e 2015. No caso do Rio de Janeiro e de Santa Catarina, os aumentos reais foram superiores a 60%; no caso de Minas Gerais, o aumento real foi de 40%.[313]

---

[311] Tais servidores, de acordo com o art. 33 da EC nº 19/98, são aqueles que já se vinculavam ao serviço público antes do advento da Constituição e que não foram alcançados pela norma do art. 19 do ADCT, ou seja, aqueles que ingressaram, sem concurso público, depois de 5.10.1983.

[312] Para aprofundamento do assunto, ver: FERRAZ, Luciano. Lei de Responsabilidade Fiscal e medidas para a redução das despesas de pessoal: perspectiva de respeito aos direitos dos funcionários públicos estáveis. *In*: ROCHA, Valdir de Oliveira. *Aspectos relevantes da Lei de Responsabilidade Fiscal*. São Paulo: Dialética, 2001.

[313] BRASIL. Tesouro Nacional. *Boletim das Finanças Públicas dos Entes Subnacionais*. Brasília: Tesouro Nacional, 2016. p. 12-13. Disponível em: http://www.tesouro.fazenda.gov.br/documents/10180/0/Boletim+de+Financas +P%C3%BAblicas+dos+Entes+Subnacionais/107970b4-9691-4263-a856-b37d655b42b2. Acesso em: 4 out. 2016.

Segundo o Tesouro Nacional, esse aumento não decorreu de expansão do número de servidores ativos, e sim de aumentos salariais e do número de inativos.[314] Além disso, é preciso considerar que o PIB e, consequentemente, a receita corrente líquida dos estados sofreram sérios abalos entre 2014 e 2016.

Segundo cálculos do Tesouro Nacional, em 31.12.2015 diversos estados apresentavam uma relação *gastos totais com pessoal/receita corrente líquida* que superava o limite máximo de 60% permitido pela Lei de Responsabilidade Fiscal, entre eles Rio Grande do Sul (75%), Minas Gerais (68%), Goiás (63%) e Rio de Janeiro (62%).[315] Contudo, os estados calculam essa relação com outra metodologia, chegando a resultados bem diferentes, segundo os quais o limite de 60% não chega a ser ultrapassado. Segundo os Relatórios de Gestão Fiscal elaborados pelos estados com relação a 2015, a relação *gastos totais com pessoal/receita corrente líquida* é de 59% no Rio Grande do Sul, 58% em Minas Gerais, 50% em Goiás e 42% no Rio de Janeiro.[316]

No caso de Minas Gerais, o Tribunal de Contas do Estado, em dezembro de 2015, emitiu alerta ao Poder Executivo por extrapolar, no segundo quadrimestre do ano, o limite prudencial de 95% do total de gastos com pessoal estabelecido na Lei de Responsabilidade Fiscal.

Em termos de proporção do PIB, os gastos totais dos estados com pessoal saíram de 4,85% em 2009 para 5,38% em 2015.[317]

A partir de 2018 até 2022, a quase totalidade dos estados reduziu sensivelmente a proporção entre despesas de pessoal e receita corrente líquida, como se pode ver no quadro abaixo:

---

[314] VESCOVI, Ana Paula Vitali Janes. *Ajuste fiscal e relações federativas*: o desafio dos estados e o papel da União. Disponível em: http://www.fazenda.gov.br/centrais-de-conteudos/apresentacoes/2016/instituto-fhc-vescovi-27-09-2016.pdf. Acesso em: 12 out. 2016.

[315] BRASIL. Tesouro Nacional. *Boletim das Finanças Públicas dos Entes Subnacionais*. Brasília: Tesouro Nacional, 2016. p. 14-15. Disponível em: http://www.tesouro.fazenda.gov.br/documents/10180/0/Boletim+de+Financas+P%C3%BAblicas+dos+Entes+Subnacionais/107970b4-9691-4263-a856-b37d655b42b2. Acesso em: 4 out. 2016.

[316] VESCOVI, Ana Paula Vitali Janes. *Ajuste fiscal e relações federativas*: o desafio dos estados e o papel da União. p. 6. Disponível em: http://www.fazenda.gov.br/centrais-de-conteudos/apresentacoes/2016/instituto-fhc-vescovi-27-09-2016.pdf. Acesso em: 12 out. 2016.

[317] BRASIL. Ministério da Fazenda. *Nota técnica*. Situação fiscal dos estados. Brasília: Ministério da Fazenda, abr. 2016. p. 1.

| Estado | 2016 | 2017 | 2018 | 2019 | 2020 | 2021 | 2022 |
|---|---|---|---|---|---|---|---|
| AC | 57,4 | 63,5 | 65,9 | 64,2 | 63,0 | 60,0 | 53,6 |
| AL | 56,8 | 60,6 | 59,0 | 56,5 | 50,5 | 44,7 | 53,1 |
| AM | 52,7 | 55,6 | 54,4 | 56,9 | 54,0 | 52,6 | 48,4 |
| AP | 55,2 | 56,6 | 56,7 | 53,8 | 56,6 | 56,1 | 55,5 |
| BA | 58,3 | 61,0 | 59,5 | 58,4 | 54,0 | 45,6 | 46,1 |
| CE | 54,1 | 56,0 | 56,3 | 55,4 | 53,9 | 47,6 | 51,8 |
| DF | 58,9 | 55,0 | 50,3 | 52,8 | 51,3 | 48,0 | 53,2 |
| ES | 55,1 | 54,6 | 52,3 | 46,1 | 49,0 | 43,0 | 50,8 |
| GO | 57,0 | 58,4 | 65,5 | 58,4 | 54,2 | 46,5 | 48,3 |
| MA | 51,4 | 57,3 | 57,3 | 55,2 | 50,1 | 46,5 | 45,3 |
| MG | 75,6 | 79,3 | 78,2 | 69,5 | 64,1 | 57,2 | 58,0 |
| MS | 67,0 | 77,1 | 63,8 | 61,5 | 54,3 | 44,9 | 49,7 |
| MT | 61,9 | 64,9 | 69,3 | 62,6 | 52,7 | 44,5 | 46,4 |
| PA | 61,3 | 57,9 | 57,7 | 53,7 | 51,3 | 49,1 | 47,8 |
| PB | 62,6 | 63,2 | 62,8 | 61,0 | 62,9 | 57,3 | 55,3 |
| PE | 55,6 | 58,1 | 58,5 | 57,2 | 55,8 | 49,6 | 59,3 |
| PI | 59,6 | 60,5 | 65,3 | 57,9 | 47,8 | 56,8 | 50,2 |
| PR | 57,0 | 61,1 | 59,3 | 60,1 | 59,4 | 50,0 | 48,1 |
| RJ | 72,0 | 72,5 | 63,6 | 65,0 | 67,0 | 48,9 | 55,7 |
| RN | 69,6 | 72,1 | 75,0 | 72,9 | 68,7 | 65,7 | 65,6 |
| RO | 52,8 | 55,2 | 53,5 | 50,7 | 47,4 | 45,6 | 50,4 |
| RR | 52,7 | 62,1 | 58,1 | 55,8 | 56,3 | 49,5 | 55,4 |
| RS | 65,6 | 69,1 | 66,9 | 66,5 | 62,7 | 51,5 | 56,2 |
| SC | 57,7 | 60,6 | 59,3 | 56,4 | 54,9 | 51,8 | 50,9 |
| SE | 60,4 | 63,7 | 59,1 | 58,1 | 58,0 | 57,1 | 53,2 |
| SP | 56,4 | 53,6 | 54,2 | 52,9 | 53,9 | 45,4 | 45,7 |
| TO | 59,9 | 69,9 | 79,2 | 66,4 | 56,0 | 48,7 | 47,2 |

Fonte: BRASIL. Ministério da Fazenda. Secretaria do Tesouro Nacional. *Boletim de Finanças dos Entes Subnacionais – 2023*. Brasília, 2023. p. 51.

Fenômeno semelhante ocorreu no âmbito dos municípios, que também reduziram sensivelmente a relação despesas com pessoal/receita corrente líquida entre 2016 e 2021, como se pode verificar no gráfico a seguir, que reflete essa proporção para todo o conjunto dos municípios brasileiros:

**Participação da despesa com pessoal na receita corrente**

| Ano | % |
|---|---|
| 2013 | 47,1% |
| 2014 | 48,9% |
| 2015 | 50,0% |
| 2016 | 50,3% |
| 2017 | 51,5% |
| 2018 | 50,4% |
| 2019 | 49,1% |
| 2020 | 48,3% |
| 2021 | 44,3% |

Fonte: FRENTE NACIONAL DE PREFEITOS. Finanças dos Municípios do Brasil. *Anuário Multicidades*, Ano 18, 2023, p. 122.

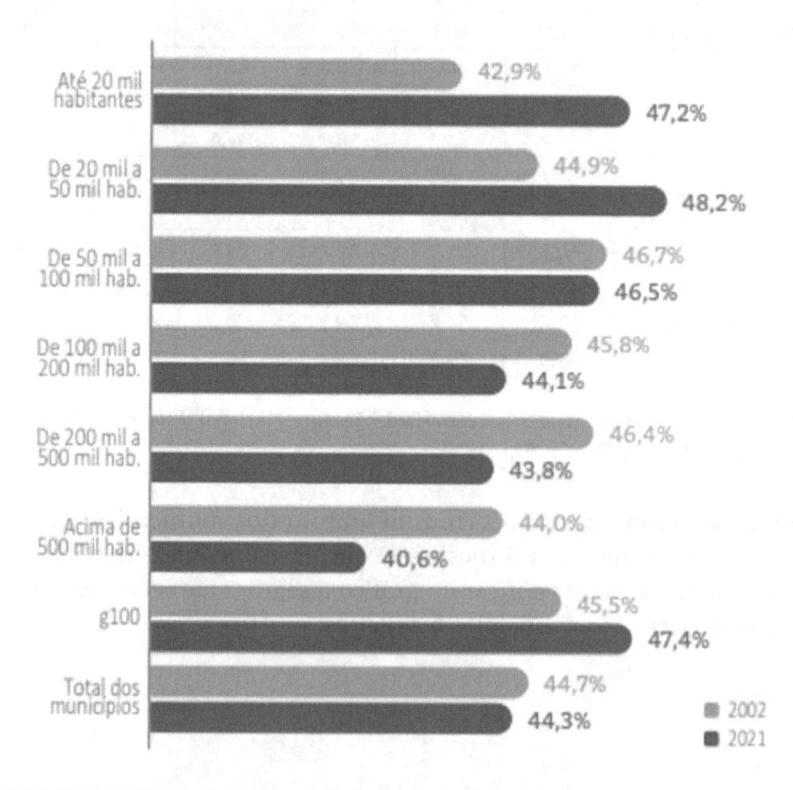

**Participação da despesa com pessoal na receita corrente por faixa populacional - 2002 e 2021**

| Faixa populacional | 2002 | 2021 |
|---|---|---|
| Até 20 mil habitantes | 42,9% | 47,2% |
| De 20 mil a 50 mil hab. | 44,9% | 48,2% |
| De 50 mil a 100 mil hab. | 46,7% | 46,5% |
| De 100 mil a 200 mil hab. | 45,8% | 44,1% |
| De 200 mil a 500 mil hab. | 46,4% | 43,8% |
| Acima de 500 mil hab. | 44,0% | 40,6% |
| g100 | 45,5% | 47,4% |
| Total dos municípios | 44,7% | 44,3% |

Fonte: FRENTE NACIONAL DE PREFEITOS. Finanças dos Municípios do Brasil. *Anuário Multicidades*, Ano 18, 2023, p. 123.

**Número de municípios em relação ao cumprimento do limite para o gasto com pessoal do Poder Executivo de acordo com a LRF**

| Limites da LRF | 2017 | | 2018 | | 2019 | | 2020 | | 2021 | |
|---|---|---|---|---|---|---|---|---|---|---|
| Abaixo do limite de alerta (48,6%) | 1.215 | 25,4% | 1.857 | 33,6% | 2.564 | 46,3% | 2.682 | 48,7% | 3.458 | 62,8% |
| Entre o limite de alerta (48,6%) e o prudencial (51,3%) | 891 | 18,6% | 1.081 | 19,6% | 1.089 | 19,7% | 925 | 16,8% | 555 | 10,1% |
| Entre o limite prudencial (51,3%) e o máximo (54%) | 1.286 | 26,9% | 1.307 | 23,6% | 900 | 16,3% | 884 | 16,0% | 574 | 10,4% |
| Acima do limite máximo (54%) | 1.393 | 29,1% | 1.284 | 23,2% | 980 | 17,7% | 1.021 | 18,5% | 915 | 16,6% |
| Total de municípios com dados | 4.785 | 100% | 5.529 | 100% | 5.533 | 100% | 5.512 | 100% | 5.502 | 100% |

Fonte: FRENTE NACIONAL DE PREFEITOS. Finanças dos Municípios do Brasil. *Anuário Multicidades*, Ano 18, 2023, p. 124.

No caso da União Federal, conforme dados do Ministério do Planejamento publicados em março de 2016,[318] a relação *gastos totais com pessoal/ receita corrente líquida* no ano de 2015 foi de 39,2%, maior percentual desde 1998. O limite fixado na Lei de Responsabilidade Fiscal é de 50%. Com a queda na arrecadação federal ocorrida a partir de 2013, essa relação cresceu consideravelmente até 2018. Em 2007, a relação era de 20,5%, subindo para 25,12% em 2014.[319] Em 2018, a relação *gastos totais com pessoal/receita corrente líquida* na União foi de 39,4% (excluído o gasto previdenciário),[320] com pequena variação em relação a 2015.

Tal como ocorreu com os estados e municípios, a proporção despesas com pessoal/receita corrente líquida no âmbito da União Federal recuou entre 2016 e 2023. Tomando-se as despesas totais com pessoal do Poder Executivo, essa proporção, que era de 25,74% em 2016, recuou para 20,5% em 2023.[321]

Uma nota técnica preparada por pesquisadores do IPEA publicada em 2022 oferece uma perspectiva de longo prazo (2002-2020) sobre a evolução dos gastos com

---

[318] Cf. DESPESA com o pagamento de servidores públicos federais é a maior em 17 anos. *Economia – iG*, 27 mar. 2016. Disponível em: http://economia.ig.com.br/2016-03-27/despesa-com-o-pagamento-de-servidores-publicos-federais-e-o-maior-em-17-anos.html. Acesso em: 12 out. 2016.

[319] Dados disponíveis nas séries históricas no sítio eletrônico do Tesouro Nacional (www.tesouro.fazenda.gov.br).

[320] Cf. HESSEL, Rosana. Gastos com pessoal e Previdência crescem 4,7% em 2018 e somam R$907,3 bi. *Correio Braziliense*, 30 jan. 2019. Disponível em: https://www.correiobraziliense.com.br/app/noticia/economia/2019/01/30/internas_economia,734159/gastos-com-pessoal-e-previdencia-crescem-4-7-em-2018-e-somam-r-907-3.shtml. Acesso em: 15 dez. 2019.

[321] Vide Relatórios de Gestão Fiscal disponibilizados pela Controladoria-Geral da União. Documentos disponíveis em: https://www.gov.br/cgu/pt-br/assuntos/auditoria-e-fiscalizacao/avaliacao-da-gestao-dos-administradores/relatorio-de-gestao-fiscal. Acesso em: 11 out. 2024.

pessoal da ativa nas esferas da federação brasileira, tanto em termos de variação real (descontada a inflação oficial) quanto em termos de proporção do PIB nacional.

Em relação à variação real desses gastos, somente no caso dos municípios houve aumento constante em todo o período de 2002-2020, com uma expansão bastante acentuada entre 2002 e 2014. No caso da União e dos estados, houve recuo real nos períodos 2014-2016 e 2018-2020, e uma expansão acentuada entre 2002 e 2014, como destacado no quadro abaixo:

Crescimento real anual médio das despesas com salários e vencimentos, por esfera de governo – atualizados pelo IPCA/IBGE (2002-2020)
(Em %)

|  | 2002-2006 | 2006-2010 | 2010-2014 | 2014-2016 | 2016-2018 | 2018-2020 |
|---|---|---|---|---|---|---|
| Governo geral | 6,3 | 7,5 | 4,6 | -0,9 | 1,4 | -0,7 |
| Governo central | 3,9 | 8,5 | 1,4 | -0,6 | 2,3 | -2,3 |
| Estados | 6,0 | 6,2 | 5,0 | -1,9 | 0,6 | -2,6 |
| Municípios | 9,0 | 8,4 | 6,7 | 0,1 | 1,7 | 2,6 |

Fonte: JUNQUEIRA, Gabriel; ORAIR, Rodrigo. *Despesas com pessoal ativo na federação brasileira (2002-2020)*. Nota Técnica nº 58, IPEA, 2022, p. 7.

Em relação à proporção dos gastos com pessoal da ativa sobre o PIB nacional, as conclusões do estudo estão sintetizadas no gráfico abaixo:

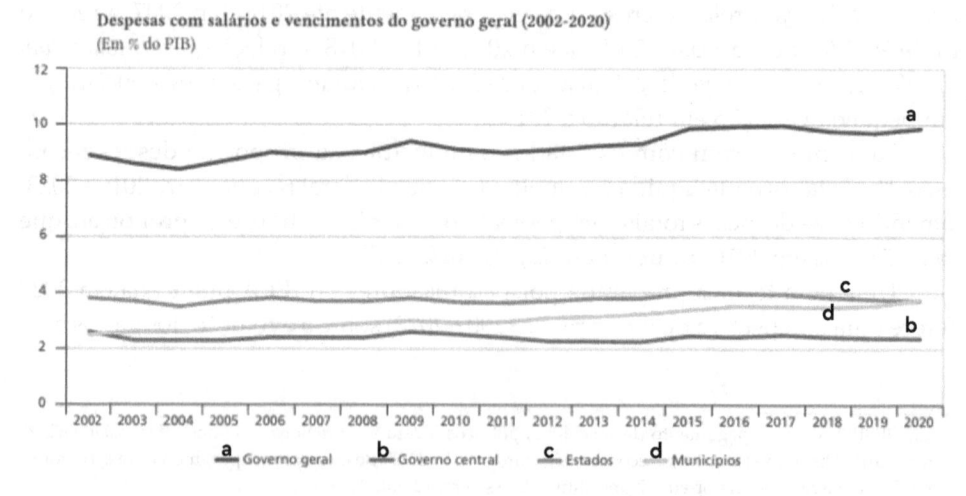

Despesas com salários e vencimentos do governo geral (2002-2020)
(Em % do PIB)

Fonte: JUNQUEIRA, Gabriel; ORAIR, Rodrigo. *Despesas com pessoal ativo na federação brasileira (2002-2020)*. Nota Técnica nº 58, IPEA, 2022, p. 8.

## 3.4.3 Despesas com seguridade social – Art. 24 da LRF

A seguridade social compreende, nos termos do art. 194 da CR/88, um conjunto integrado de ações de iniciativa do Poder Público e da sociedade, destinado a assegurar os direitos relativos à saúde, previdência e assistência social.

O Poder Público, nos termos da lei, deverá organizar a seguridade social, com fulcro nos seguintes objetivos: a) universalidade da cobertura e do atendimento; b) uniformidade e equivalência dos benefícios e serviços às populações urbanas e rurais; c) seletividade e distributividade na prestação dos benefícios e serviços; d) irredutibilidade do valor dos benefícios; e) equidade na forma de participação no custeio; f) diversidade da base de financiamento; g) caráter democrático e descentralizado da Administração, mediante gestão quadripartite, com participação dos trabalhadores, dos empregados, dos aposentados e do Governo nos órgãos colegiados.

O art. 195 da CR/88 define que a seguridade social será financiada por toda a sociedade, direta ou indiretamente, nos termos da lei, por meio de recursos provenientes dos orçamentos da União, dos estados, do Distrito Federal e dos municípios e de contribuições sociais (tributos). Além disso, o §5º do mesmo dispositivo estabelece que nenhum benefício ou serviço da seguridade social poderá ser criado, majorado ou estendido sem a correspondente fonte de custeio total. É um comando dirigido ao próprio legislador ordinário,[322] mas não se aplica quando o benefício é criado diretamente pela Constituição.[323]

Note-se, portanto, que a Constituição exige a previsão de contrapartida em receita para implantação de despesas na área da saúde, previdência e assistência social (o constituinte se vale da expressão "seguridade social"), medida que se consagra em nome da necessidade de sustentabilidade financeira para a seguridade social.

Sem embargo, o STF tem decisão em sede de controle concentrado de constitucionalidade segundo a qual:

> o auxílio especial mensal instituído pela Lei nº 12.663/2012, por não se tratar de benefício previdenciário, mas, sim, de benesse assistencial criada por legislação especial para atender demanda de projeção social vinculada a acontecimento extraordinário de repercussão nacional, não pressupõe, à luz do disposto no art. 195, §5º, da Carta Magna, a existência de contribuição ou a indicação de fonte de custeio total.[324]

O art. 24 da LRF disciplina os gastos promovidos com a seguridade social. Além de reiterar a condicionante do art. 195, §5º, da Constituição estabelece, como regra geral, que a criação, majoração ou extensão de benefício deverá observar as exigências previstas no art. 17 da LRF, o que é excetuado apenas nas hipóteses de:

---

[322] STF, Primeira Turma. RE nº 151.106-AgR. Rel. Min. Celso de Mello, j. 28.9.1993. *DJ*, 26 nov. 1993. *Vide*, ainda: STF, Segunda Turma. RE nº 220.742. Rel. Min. Néri da Silveira, j. 3.3.2008. *DJ*, 4 set. 1998.

[323] STF, Segunda Turma. RE nº 220.742. Rel. Min. Néri da Silveira, j. 3.3.2008. *DJ*, 4 set. 1998. No mesmo sentido: AI nº 792.329-AgR. Rel. Min. Cármen Lúcia, j. 17.8.2010, Primeira Turma. *DJe*, 3 set. 2010. *Vide*, ainda: RE nº 151.106-AgR. Rel. Min. Celso de Mello, j. 28.09.1993, Primeira Turma. *DJ*, 26 nov. 1993.

[324] STF, Plenário. ADI nº 4.976. Rel. Min. Ricardo Lewandowski, j. 7.5.2014. *DJe*, 30 out. 2014.

a) concessão de benefício a quem satisfaça as condições de habilitação prevista na legislação pertinente; b) expansão quantitativa do atendimento e dos serviços prestados; c) reajustamento de valor do benefício ou serviço, a fim de preservar o seu valor real. Nesses casos, fica dispensada a criação de medida de compensação.[325]

De acordo com o STF, as exigências do art. 17 da LRF são constitucionais e não sofrem de nenhuma mácula. De igual modo, deve-se ter por constitucional a disposição que determina que sejam atendidas essas exigências (do art. 17) para criação, majoração ou extensão de benefício ou serviço relativo à seguridade social, conforme disposto no art. 24 da LRF.[326]

### 3.4.4 Transferência voluntária – Art. 25 da LRF

Para além das transferências obrigatórias, que decorrem de determinação constitucional, legal ou que são destinadas ao Sistema Único de Saúde, os entes federados não raro efetuam transferências de recursos correntes ou de capital para outro ente da Federação, a título de cooperação, auxílio ou assistência financeira. Essa transferência acontece por meio de transferências voluntárias e decorrem do federalismo de cooperação adotado pela Constituição.

Tais recursos são repassados de uma a outra esfera da Federação em decorrência da celebração de convênios, acordos, ajustes ou outros instrumentos congêneres, cuja finalidade pode ser a realização de obras e/ou serviços de interesse comum dos signatários.

O art. 25, §1º, da LRF dispõe que, além das exigências impostas pela LDO (da entidade que repassa o recurso), a realização de transferências voluntárias pressupõe: a) existência de dotação específica no orçamento da entidade que repassa e no da que recebe; b) observância do disposto no inc. X do art. 167 da Constituição; c) comprovação, por parte do beneficiário, dos seguintes itens: c.1) estar em dia quanto ao pagamento de tributos, empréstimos e financiamentos devidos ao ente transferidor, bem como quanto à prestação de contas de recursos anteriormente dele recebidos; c.2) cumprir os limites constitucionais relativos à educação e à saúde; c.3) observar os limites das dívidas consolidada e mobiliária, de operações de crédito, inclusive por antecipação de receita, de inscrição em Restos a Pagar e de despesa total com pessoal; d) previsão orçamentária de contrapartida.

A primeira exigência alinha-se ao disposto no art. 167, II, da CR/88 que proíbe a realização de despesa ou assunção de obrigações que excedam os créditos orçamentários ou adicionais. A segunda exigência reitera expressamente a norma do

---

[325] Regis Fernandes de Oliveira comenta a citada norma: "Os três incisos são lógicos. Se o pedido é legal, como rejeitá-lo? Se houver aumento dos serviços prestados, é óbvio que pode haver maior repasse e mera atualização dos valores para preservação de seu valor real não é aumento, o que dispensa a compensação. São dispositivos lógicos, dispensáveis, mas importantes, num mundo em que tudo se faz para superar exigências legais e encontrar 'furos' para superação de exigências" (OLIVEIRA, Regis Fernandes de. *Curso de direito financeiro*. 4. ed. São Paulo: Revista dos Tribunais, 2011. p. 514).

[326] STF. ADI nº 2.238/DF. Rel. Min. Ilmar Galvão. *DJ*, 9 ago. 2007.

art. 167, X, da CR/88, que veda a realização de transferência voluntária de recursos e a concessão de empréstimos, inclusive por antecipação de receita, pelos Governos Federal e estaduais e suas instituições financeiras, para pagamento de despesas com pessoal ativo, inativo e pensionista, dos estados, do Distrito Federal e dos municípios.

Essas exigências foram estabelecidas com o objetivo de evitar o déficit que poderia advir da pactuação do repasse financeiro –[327] e que não raro decorre da situação das finanças públicas do ente recebedor, situação esta que põe em risco a capacidade para honrar com os compromissos pactuados no instrumento.

O art. 25, §2º, da LRF estabelece ainda que é vedada a utilização de recursos transferidos em finalidade diversa da pactuada. Em que pese a lei não cominar sanção, o descumprimento da referida norma configura hipótese de desvio de finalidade, o que pode resultar na responsabilização do ordenador de despesas que admitir o emprego das verbas em destinação diversa.[328]

Convém destacar que a jurisprudência do TCU faz a distinção entre o desvio de finalidade (que leva à rejeição das contas com imputação de débito ao gestor) e o desvio de objeto (que não leva à imputação de débito). O desvio de objeto se configura quando o gestor executa, sem autorização prévia do concedente, ações diversas daquelas previstas no termo de convênio, respeitando, todavia, o fim social a que se destinavam os recursos. Neste caso, predomina no TCU a ausência da imputação de débito e aprovação das contas com ressalvas.[329]

Por sua vez, o art. 25, §3º, da LRF deixa ver que o legislador estipulou como sanção institucional às entidades federativas que descumpram as normas da LRF a suspensão das transferências voluntárias, o que significa dizer que não poderão firmar convênios e congêneres enquanto se mantiverem em situação de descompasso com a disciplina da gestão fiscal. Ficam excluídas dessa suspensão as transferências voluntárias relativas a ações de educação, saúde e assistência social.

A exceção é justificável e parece não ser exaustiva. Isso porque em hipóteses emergenciais e de calamidade deve-se reconhecer, mercê do princípio constitucional do federalismo cooperativo, a impossibilidade de incidência da sanção institucional prevista no §3º do art. 25 da LRF.[330]

---

[327] BACELLAR FILHO, Romeu Felipe; HANCHEM, Daniel Wunder. Transferências voluntárias na Lei de Responsabilidade Fiscal: limites à responsabilização pessoal do ordenador de despesas por danos decorrentes da execução de convênio. *In*: CASTRO, Rodrigo Pironti Aguirre de (Coord.). *Lei de Responsabilidade Fiscal*: ensaios em comemoração aos 10 anos da Lei Complementar nº 101/00. Belo Horizonte: Fórum, 2010. p. 341-378.

[328] BACELLAR FILHO, Romeu Felipe; HANCHEM, Daniel Wunder. Transferências voluntárias na Lei de Responsabilidade Fiscal: limites à responsabilização pessoal do ordenador de despesas por danos decorrentes da execução de convênio. *In*: CASTRO, Rodrigo Pironti Aguirre de (Coord.). *Lei de Responsabilidade Fiscal*: ensaios em comemoração aos 10 anos da Lei Complementar nº 101/00. Belo Horizonte: Fórum, 2010.

[329] Nesse sentido, os acórdãos nº 7.830/2010, 7.834/2010, 495/2011, 2.065/2011 e 3.094/2011, da 1ª Câmara, e 2.162/2011, 11.157/2011 e 1.079/2012, da 2ª Câmara.

[330] Ver, nesse sentido, o Acórdão nº 2.329/2014-Plenário, Consulta, Rel. Min.-Substituto Marcos Bemquerer.

## 3.4.5 Destinação de recursos públicos para o setor privado – Art. 26 da LRF

O art. 26 da LRF prevê a possibilidade de transferência de recursos financeiros públicos para o setor privado, admitindo a destinação de recursos para atender a necessidades de pessoas físicas ou déficits de pessoas jurídicas, desde que os seguintes requisitos sejam observados: a) autorização por lei específica; b) atendimento às condições estabelecidas pela LDO; c) previsão no orçamento ou em créditos adicionais.

Sobre a necessidade de autorização por lei específica, compreende-se não ser imprescindível a edição de uma lei para cada operação, sendo suficiente que a autorização esteja prevista em diploma genérico, que trate dos repasses financeiros com especificidade.

Ademais, o art. 26, §1º, da Constituição prevê que as regras para destinação de recursos públicos para o setor privado aplicam-se a toda a Administração indireta, inclusive fundações públicas e empresas estatais, exceto, no exercício de suas atribuições precípuas, as instituições financeiras e o Banco Central do Brasil. Finalmente, o §2º do mesmo dispositivo dispõe que, na transferência de recursos financeiros para o setor privado, estão compreendidas a concessão de empréstimos, financiamentos e refinanciamentos, inclusive as respectivas prorrogações e a composição de dívidas, a concessão de subvenções e a participação em constituição ou aumento de capital.

## 3.5 O *Novo Arcabouço Fiscal* instituído pela Lei Complementar nº 200/2023 e os limites de crescimento das despesas primárias federais

Como visto no Capítulo 1 da Parte I deste *Curso*, vigorou no âmbito da União Federal de 2017 a 2023 o regime do chamado Teto de Gastos, instituído pela Emenda Constitucional nº 96, de 2016. Em linhas gerais, esse regime de rígida austeridade fiscal determinava que os gastos dos Poderes Executivo, Legislativo e Judiciário da União Federal, excetuadas algumas rubricas específicas,[331] não poderiam ter aumento real entre um ano e outro, devendo respeitar o *teto* representado pelas despesas do ano anterior corrigidas pelo índice oficial de inflação.

O regime do Teto de Gastos reduziu os gastos federais com saúde e educação em proporção do PIB entre os anos de 2017 e 2019, e não gerou os resultados macroeconômicos prometidos por seus entusiastas.[332] A partir de 2019, o Congresso Nacional aprovou com frequência emendas constitucionais para afastar ou excepcionar a aplicação do Teto de Gastos a vultosas despesas. Desgastado e sem apoio político para continuar em vigor (seu prazo inicial de vigência era de dez anos, prorrogáveis

---

[331] Tais como as despesas não recorrentes da Justiça Eleitoral com a realização de eleições e as transferências de receitas tributárias da União para estados e municípios.

[332] Vide informações detalhadas sobre o regime do Teto de Gastos da EC nº 95, seus objetivos e resultados concretos na seção 1.4.1 do Capítulo 1 da Parte I deste *Curso*.

por mais dez), o regime do Teto de Gastos foi substituído por um novo regime fiscal em 2023, conforme as regras previstas na Lei Complementar nº 200, de 30 de agosto.

O fim do regime do Teto de Gastos foi previsto já em 2022, após a definição do resultado das eleições presidenciais, com a promulgação da Emenda Constitucional nº 126, de 21 de dezembro. Essa emenda, em seu art. 6º, determinou que o presidente da República encaminhasse ao Congresso Nacional, até 31 de agosto de 2023, um projeto de lei complementar para instituir um novo "regime fiscal sustentável para garantir a estabilidade macroeconômica do País e criar as condições adequadas ao crescimento socioeconômico". Esse projeto de lei complementar foi enviado ao Congresso em abril de 2023 e resultou na Lei Complementar nº 200, de 30 de agosto de 2023. Com a sanção dessa lei complementar, perderam vigência as regras constitucionais do regime do Teto de Gastos, conforme previsto no art. 9º da Emenda Constitucional nº 126/2022.

O regime criado pela Lei Complementar nº 200 é conhecido nos meios de comunicação como *Novo Arcabouço Fiscal*, e seus objetivos fundamentais e regras básicas serão explicados a seguir.[333]

Se o regime revogado do Teto de Gastos vedava pura e simplesmente a variação real (acima da inflação oficial) da grande maioria das despesas públicas federais,[334] o regime em vigor do Novo Arcabouço Fiscal procura limitar o crescimento real dessas despesas e, com esse objetivo, lança mão de uma série de regras e vedações. A premissa principal do regime está contida no artigo 1º, §§2º e 3º, da Lei Complementar nº 200, segundo os quais:

> § 2º A política fiscal da União deve ser conduzida de modo a manter a dívida pública em níveis sustentáveis, prevenindo riscos e promovendo medidas de ajuste fiscal em caso de desvios, garantindo a solvência e a sustentabilidade intertemporal das contas públicas.
>
> § 3º Integram o conjunto de medidas de ajuste fiscal a obtenção de resultados fiscais compatíveis com a sustentabilidade da dívida, a adoção de limites ao crescimento da despesa, a aplicação das vedações previstas nos incisos I a X do caput do art. 167-A da Constituição Federal, bem como a recuperação e a gestão de receitas públicas.

A Lei Complementar nº 200 relaciona explicitamente a limitação do crescimento real das despesas primárias com a regra constitucional da sustentabilidade da dívida pública, regra que foi introduzida na Constituição (art. 163, VIII; art. 164-A) pela Emenda Constitucional nº 109, de 2021. Ou seja, a lógica seguida pela LC nº 200 é que, para garantir a sustentabilidade da dívida e impedir seu crescimento

---

[333] Sobre o regime do Novo Arcabouço Fiscal, vide BRASIL. Câmara dos Deputados. Consultoria de Orçamento e Fiscalização Financeira. *Nota Técnica Conjunta Conof-Conle/CD nº 4/2023 – Lei Complementar nº 200/2023 Comentada*. Brasília, 2023; BRASIL. Senado Federal. Consultoria de Orçamentos, Fiscalização e Controle. *Nota Informativa – Lei Complementar nº 200/2023 – Novo Arcabouço Fiscal*. Brasília, 2023.

[334] Como se observou antes, algumas despesas eram excepcionadas do regime, como as despesas não recorrentes da Justiça Eleitoral para realização de eleições.

descontrolado em proporção do PIB, é necessário instituir mecanismos fiscais que limitem o crescimento real das despesas primárias.

Tal como ocorria no regime do Teto de Gastos, a Lei Complementar nº 200 determina em seu art. 2º a imposição de "limites individualizados" para o montante global das dotações orçamentárias relativas às despesas primárias do Poder Executivo, do Senado, da Câmara, do Tribunal de Contas da União, do Ministério Público Federal, do Conselho Nacional do Ministério Público, da Defensoria Pública da União e de cada um dos tribunais que compõem o Poder Judiciário federal.

Também de maneira semelhante ao regime do Teto de Gastos, a LC nº 200 determina que algumas despesas federais específicas são excepcionadas desses limites individualizados, tais como as transferências constitucionais de receitas tributárias, as complementações federais do Fundeb, as despesas relacionadas ao pagamento de precatórios e as despesas não recorrentes da Justiça Eleitoral com a realização de eleições.

A partir de 2024, os limites individualizados previstos no art. 2º da LC nº 200 serão corrigidos pelo índice oficial de inflação (o Índice Nacional de Preços ao Consumidor Amplo divulgado pelo IBGE) e, adicionalmente, terão um aumento real (acima da variação do IPCA), conforme as regras do art. 5º da LC nº 200. Essas regras determinam que a variação real dos limites de despesa primária terá um piso de 0,6% ao ano e um teto de 2,5% ao ano. Entre esse piso e esse teto, as despesas terão um aumento real limitado a 70% da variação real da receita primária caso a meta de resultado primário apurada no exercício anterior ao da elaboração da lei orçamentária anual tenha sido cumprida, ou limitado a 50% da variação real da receita primária caso a meta de resultado primário apurada no exercício anterior ao da elaboração da lei orçamentária anual não tenha sido cumprida. Para aferir o cumprimento da meta, aplica-se um intervalo de tolerância de 0,25% do PIB para mais ou para menos, conforme as regras definidas na Lei de Responsabilidade Fiscal (LC nº 100/2001).

Com essa sistemática, o Poder Executivo da União é estimulado a expandir suas receitas primárias de um ano para o outro, pois, somente dessa forma, poderá haver uma expansão real das despesas primárias acima do piso de 0,6% ao ano. Também se estimula que o Poder Executivo seja realista na fixação da meta de resultado primário e se esforce para cumprir a mesma meta, pois, nesse caso, poderá expandir a receita real em um patamar de até 70% do aumento real das receitas. Essa é uma grande diferença entre o Teto de Gastos e o Novo Arcabouço: para o Teto de Gastos, o desempenho das receitas federais era completamente irrelevante para determinar a expansão das despesas; para o Novo Arcabouço, o desempenho das receitas federais é fundamental para que a expansão real das despesas supere o piso de 0,6% ao ano.

Para o cálculo do desempenho anual das receitas primárias da União, leva-se em conta o período de julho de um ano a junho do ano seguinte e excluem-se algumas receitas específicas, tais como as receitas com dividendos e participações, com concessões e permissões e com programas especiais de regularização fiscal.

Vejamos como foi a aplicação dessa sistemática do Novo Arcabouço relativamente aos anos 2024-2025: a receita primária federal considerada na LC nº 200 apresentou, de julho de 2023 a junho de 2024, um aumento real de 5,78% em relação à receita do ano anterior.[335] Como o governo federal cumpriu a meta de resultado primário definido para 2023,[336] as despesas primárias do orçamento de 2025 poderiam ter expansão real de 4,05% (70% de 5,78%), o que provoca a aplicação do teto de 2,5% para a expansão real das despesas primárias federais no ano de 2025. Portanto, para o ano de 2025, as despesas primárias federais poderão ter uma expansão real de 2,5% em relação às despesas de 2024 – caso o regime do Teto de Gastos continuasse em vigor, essa expansão real de 2,5% das despesas primárias não seria permitida.

Um dilema estrutural do Novo Arcabouço Fiscal é o seguinte: para expandir as despesas em termos reais acima do piso de 0,6% ao ano, o Executivo federal tem de expandir num ritmo mais acelerado as receitas primárias. Com a expansão das receitas primárias, dois gastos obrigatórios se expandem no mesmo ritmo – os gastos com saúde e educação, que, por exigência constitucional, devem ser fixados respectivamente em no mínimo 15% da receita corrente líquida (art. 198, §2º, I, da Constituição) e 18% da receita líquida de impostos (art. 212, *caput*, da Constituição). Esses pisos constitucionais da saúde e educação vinculados ao desempenho das receitas haviam sido revogados pela EC nº 95 em 2016 (regime do Teto de Gastos), mas voltaram a vigorar a partir de 2024.

O gasto com a previdência social é outra relevante despesa primária federal obrigatória que tende a crescer em ritmo superior ao crescimento geral das despesas primárias permitido pelo Novo Arcabouço, ainda mais levando-se em conta o processo de envelhecimento da população detectado com muita clareza no censo populacional brasileiro de 2022.

Portanto, com as despesas com educação, saúde e previdência social crescendo num ritmo superior ao que o Novo Arcabouço manda aplicar para o total das despesas primárias (crescimento máximo de 2,5% ao ano), tende a sobrar cada vez menos espaço orçamentário para as outras despesas obrigatórias e para as despesas discricionárias.

No final de 2024, em meio a pressões do mercado financeiro no sentido de serem revogados os pisos constitucionais da saúde e educação vinculados ao desempenho das receitas, o Congresso Nacional promulgou a Emenda Constitucional nº 135, com uma alteração mais branda (novo art. 138 do ADCT), determinando que:

> Art. 138 ADCT. Até 2032, qualquer criação, alteração ou prorrogação de vinculação legal ou constitucional de receitas a despesas, inclusive na hipótese de aplicação mínima de montante de recursos, não poderá resultar em crescimento anual da respectiva despesa primária superior à variação do limite de despesas primárias, na forma prevista na lei complementar de que trata o art. 6º da Emenda Constitucional nº 126, de 21 de dezembro de 2022.

---

[335] BRASIL. Ministério da Fazenda. *Resultado do Tesouro Nacional Junho 2024*. Brasília, 2024. Disponível em: https://sisweb.tesouro.gov.br/apex/f?p=2501:9::::9:P9_ID_PUBLICACAO:50117. Acesso em: 9 ago. 2024.

[336] BRASIL. Ministério da Fazenda. *Relatório de Avaliação do Cumprimento das Metas Fiscais – 3.º Quadrimestre de 2023*. Brasília, 2024. Disponível em: https://sisweb.tesouro.gov.br/apex/f?p=2501:9::::9:P9_ID_PUBLICACAO:49012. Acesso em: 9 ago. 2024.

Norma semelhante à transcrita acima foi introduzida na LC nº 200/2023 pela LC nº 211, publicada em 30 de dezembro de 2024. Segundo o novo art. 5.º-A da LC nº 200:

> Art. 5º-A. O crescimento anual de despesa anualizada sujeita ao limite de que trata o inciso I do *caput* do art. 3º, decorrente de criação ou prorrogação de benefícios da seguridade social pela União, fica limitado pelas regras de correção do limite de crescimento da despesa previstas nos arts. 4º e 5º desta Lei Complementar.

No mesmo sentido dessa orientação de limitar a expansão de despesas primárias específicas aos limites gerais dispostos na LC nº 200, o Executivo encaminhou ao Legislativo federal a proposta de alteração da política de valorização real do salário mínimo, vinculando-a às métricas definidas na LC nº 200. A medida foi aprovada no art. 4º da Lei nº 15.077/2024, que determinou que, entre 2025 e 2030, o aumento real do salário mínimo "não será inferior ao índice mínimo nem superior ao índice efetivamente apurado nos termos do Complementar nº 200, de 30 de agosto de 2023 (Novo Arcabouço Fiscal)". No exercício de 2025, essa nova regra determinará que o salário mínimo tenha ganho real de 2,5% (limite máximo previsto pela LC nº 200), e não de 3,2% (variação do PIB no ano de 2023), reduzindo os gastos públicos indexados ao valor do salário mínimo. Como o PIB de 2024 também teve crescimento acima de 2,5%, a nova regra também resultará em redução de gastos públicos em 2026.

Voltando às regras da LC nº 200, verifica-se a existência no seu art. 6º de uma bateria de vedações a serem colocadas imediatamente em prática caso se constate não ter sido cumprida, no ano anterior, a meta de resultado primário do governo federal. Essas vedações são as previstas nos incisos II, III e VI a IX do art. 167-A da Constituição, incluindo, por exemplo, a criação de cargo, emprego ou função que implique aumento de despesa e a alteração de estrutura de carreira que implique aumento de despesa. Caso haja o descumprimento da meta de resultado primário por dois exercícios seguidos, então o rol de vedações se torna mais amplo (incisos I a X do art. 167-A da Constituição), passando a abranger também, por exemplo, a vedação de concessão, a qualquer título, de vantagem, aumento, reajuste ou adequação de remuneração de membros de Poder ou de órgão, de servidores e empregados públicos e de militares.

Num endurecimento da política de gatilhos sancionatórios previstos no art. 6º da LC nº 200/2023, a LC nº 211/2024 introduziu na LC nº 200 os arts. 6.º-A e 6.º-B, com o seguinte teor:

> Art. 6.º-A. Em caso de apuração de déficit primário do Governo Central, nos termos do § 4º do art. 2º desta Lei Complementar, a partir do exercício de 2025, ficam vedadas, no exercício subsequente ao da apuração, e até a constatação de superávit primário anual:
> 
> I - a promulgação de lei que conceda, amplie ou prorrogue incentivo ou benefício de natureza tributária; e
> 
> II - até 2030, no projeto de lei orçamentária anual e na lei orçamentária anual, a programação de crescimento anual real do montante da despesa de pessoal e de encargos com pessoal de cada um dos Poderes ou órgãos autônomos acima do índice

inferior de que trata o § 1º do art. 5º desta Lei Complementar, excluídos os montantes concedidos por força de sentença judicial.

Parágrafo único. Fica autorizado o Poder Executivo federal a não aplicar as vedações de que trata o *caput* deste artigo na hipótese de ocorrência de calamidade pública reconhecida pelo Congresso Nacional, nos termos do art. 65 da Lei Complementar nº 101, de 4 de maio de 2000 (Lei de Responsabilidade Fiscal).

Art. 6.º-B. A partir do projeto de lei orçamentária de 2027, se verificado que as despesas discricionárias totais tenham redução nominal, na comparação do realizado no exercício anterior com o imediatamente antecedente, ficam vedadas, no exercício de vigência da respectiva lei orçamentária, e até que as despesas discricionárias totais voltem a ter crescimento nominal:

I - a promulgação de lei que conceda, amplie ou prorrogue incentivo ou benefício de natureza tributária; e

II - até 2030, no projeto de lei orçamentária anual e na lei orçamentária anual, a programação de crescimento anual real do montante da despesa de pessoal e de encargos com pessoal de cada um dos Poderes ou órgãos autônomos acima do índice inferior de que trata o § 1º do art. 5º desta Lei Complementar, excluídos os montantes concedidos por força de sentença judicial.

Há outra situação (art. 8º) em que a LC nº 200 também determina a aplicação das sanções mencionadas nos parágrafos anteriores: a situação em que se verifique que, no exercício financeiro anterior, a proporção da despesa primária obrigatória em relação à despesa primária total foi superior a 95%.

Para preservar a política de valorização real do salário mínimo, retomada com o governo eleito no final de 2022, a LC nº 200 afirma que as despesas federais decorrentes do aumento real do salário mínimo não serão afetadas pelas sanções mencionadas nos seus artigos 6º e 8º. Como visto antes, a política nacional de valorização real do salário mínimo foi modificada no final de 2024, com a aprovação da Lei nº 15.077, que determinou em seu art. 4º que:

> Entre 2025 e 2030, o aumento real de que trata o § 4º do art. 3º da Lei nº 14.663, de 28 de agosto de 2023, não será inferior ao índice mínimo nem superior ao índice efetivamente apurado nos termos do Complementar nº 200, de 30 de agosto de 2023 (Novo Arcabouço Fiscal).

Para amenizar a dureza das vedações previstas nos arts. 6º e 8º da LC nº 200, o art. 6º, §2º, e o art. 8º, §1º, da mesma lei autorizam que o presidente da República envie ao Congresso um projeto de lei complementar propondo a suspensão das medidas, desde que demonstre que o impacto de medidas já em execução é suficiente para compensar o descumprimento da meta de resultado primário.

Para dar mais efetividade à norma que determina a aplicação imediata das vedações previstas nos seus artigos 6º e 8º, o art. 7º da LC nº 200 determina, *a contrario sensu*, que, em caso de não cumprimento da meta de resultado primário, a não aplicação dessas vedações constituirá infração da Lei de Responsabilidade Fiscal relativamente ao agente responsável.

Se o art. 6º regula a situação em que a meta de resultado primário foi descumprida, o art. 8º da LC nº 200 regula o caso em que a meta de resultado primário do governo central foi superada – considerando a aplicação do intervalo de tolerância de 0,25% do PIB previsto na LRF. Por exemplo: se a meta de resultado primário foi de 1% do PIB, e o resultado primário efetivamente alcançado for superior a 1,25% do PIB, aplica-se a regra do art. 8º, segundo a qual o Poder Executivo federal poderá ampliar as dotações orçamentárias do ano em curso, em valor equivalente a até 70% do excedente da meta do resultado primário. Mas a aplicação desse excedente somente pode ocorrer em rubricas de investimento (prioritariamente para obras inacabadas ou em andamento) e de inversão financeira em programas de provisão subsidiada ou financiada de unidades habitacionais, e deverá respeitar o limite máximo de 0,25% do PIB do exercício anterior. A regra de que a expansão das despesas deve se dar por meio de dotações para investimentos e inversões financeiras é saudável, tendo em vista que essas despesas têm um especial potencial multiplicador na economia como um todo: um real gasto pelo governo em novos investimentos geralmente se transforma em vários reais em termos de crescimento econômico.[337]

A importância macroeconômica dos gastos públicos com investimentos e inversões financeiras também é reconhecida em outra regra do Novo Arcabouço: a regra (art. 10) de que as dotações orçamentárias para investimentos e inversões financeiras em programas de provisão subsidiada ou financiada de unidades habitacionais devem ser de pelo menos 0,6% do PIB estimado para o ano a que se referir a lei orçamentária.

Com relação ao ano de 2024, a meta de resultado primário da União é de equilíbrio (déficit primário zero), e a previsão do governo federal é de que o resultado primário concreto nesse ano seja de déficit primário de 0,25% do PIB, o que se encaixaria no intervalo de tolerância previsto na LRF e, como consequência, permitiria, conforme o art. 5º da LC nº 200, que os gastos primários definidos na proposta de orçamento a ser apresentada em 2025 tivessem crescimento de até 70% da variação real das receitas primárias.

No projeto da Lei de Diretrizes Orçamentárias relativa ao ano de 2025, a meta de resultado primário proposta pelo Executivo foi idêntica à de 2024 – déficit primário zero. Para 2026, foi proposta a meta de superávit de 0,25% do PIB; para 2027, superávit de 0,5% do PIB e, para 2028, superávit primário de 1% do PIB. Essas metas supõem um crescimento do PIB de 2,2% em 2024, 2,8% em 2025, 2,6% em 2026, 2,6% em 2027 e 2,5% em 2028.[338]

---

[337] Sobre o tema, vide SANCHES, M.; RODRIGUES, H.; KLEIN, G. Ajuste via receita ou via gasto? Cenários de ajuste fiscal considerando estimativas de efeitos multiplicadores. *Nota de Política Econômica n. 55*, São Paulo, Centro de Pesquisa em Macroeconomia das Desigualdades (Made/USP), 2024.

[338] BRASIL. Poder Executivo Federal. *Projeto de Lei de Diretrizes Orçamentárias*. Dispõe sobre as diretrizes para a elaboração e a execução da Lei Orçamentária de 2025 e dá outras providências. Brasília, 2024, p. 124.

A Lei Complementar nº 200, levando em conta a regra constitucional (criada pela Emenda Constitucional nº 109/2021), segundo a qual os entes públicos devem conduzir suas políticas fiscais de forma a "manter a dívida pública em níveis sustentáveis" (art. 164-A da Constituição), incluiu na Lei de Responsabilidade Fiscal (LC nº 101/2000) mais uma série de exigências para o Anexo de Metas Fiscais a ser apresentado pelo Executivo federal no encaminhamento ao Congresso do projeto de lei de diretrizes orçamentárias. Dentre as novas exigências, destaca-se aquela relativa à explicitação do efeito esperado e da compatibilidade, num período de 10 anos, do cumprimento das metas de resultado primário sobre a trajetória da convergência da dívida pública, especificando de que modo os resultados fiscais poderão estabilizar a relação entre a dívida bruta do governo geral e o produto interno bruto (art. 4º, §5º, III, da LC nº 101/2000).

No projeto de lei de diretrizes orçamentárias enviado pelo Executivo federal ao Congresso em 2024, estima-se que as metas de resultado primário (informadas nos parágrafos acima) farão com que a dívida bruta do governo geral pare de subir em proporção do PIB somente em 2027, quando atingirá 79,7%. A partir desse ano, estima-se que a relação dívida/PIB comece a cair, chegando a 74,5% em 2034.[339]

## 3.6 Parcelas indenizatórias que frustram o propósito da norma do teto remuneratório previsto no art. 37, XI, da Constituição. Proposta do Executivo enviada ao Congresso no final de 2024 e norma aprovada pela Emenda Constitucional nº 135

Desde a promulgação da Constituição de 1988 vigora uma norma impondo um teto remuneratório aos servidores públicos. O art. 37, XI, da Constituição já teve sua redação alterada duas vezes: a primeira pela Emenda nº 19/1998 e a segunda pela Emenda nº 41/2003. A redação atual da norma define tetos e subtetos remuneratórios, nos seguintes termos:

> Art. 37, XI - a remuneração e o subsídio dos ocupantes de cargos, funções e empregos públicos da administração direta, autárquica e fundacional, dos membros de qualquer dos Poderes da União, dos Estados, do Distrito Federal e dos Municípios, dos detentores de mandato eletivo e dos demais agentes políticos e os proventos, pensões ou outra espécie remuneratória, percebidos cumulativamente ou não, incluídas as vantagens pessoais ou de qualquer outra natureza, não poderão exceder o subsídio mensal, em espécie, dos Ministros do Supremo Tribunal Federal, aplicando-se como limite, nos Municípios, o subsídio do Prefeito, e nos Estados e no Distrito Federal, o subsídio mensal do Governador no âmbito do Poder Executivo, o subsídio dos Deputados Estaduais e Distritais no âmbito do Poder Legislativo e o subsídio dos Desembargadores do Tribunal de Justiça, limitado a noventa inteiros e vinte e cinco centésimos por cento do subsídio mensal, em espécie, dos Ministros do Supremo Tribunal Federal, no âmbito do Poder

---

[339] BRASIL. Poder Executivo Federal. *Projeto de Lei de Diretrizes Orçamentárias*. Dispõe sobre as diretrizes para a elaboração e a execução da Lei Orçamentária de 2025 e dá outras providências. Brasília, 2024, p. 136.

Judiciário, aplicável este limite aos membros do Ministério Público, aos Procuradores e aos Defensores Públicos.

O propósito dessa norma nunca foi verdadeiramente alcançado, visto que uma série de normas legislativas e administrativas da União e dos outros entes federativos exclui do conceito de remuneração uma infinidade de verbas e quantias consideradas como "indenizatórias".

O resultado disso é que, especialmente no caso dos magistrados, o valor constante de seus contracheques há muito tempo se descolou, a olhos vistos, da remuneração dos ministros do Supremo Tribunal Federal, com a vantagem adicional de que, sendo consideradas indenizatórias, sobre essas verbas não incide o imposto sobre a renda das pessoas físicas.

Um levantamento da Transparência Brasil de 2023, quando o valor do salário mensal dos ministros do Supremo Tribunal Federal era de R$41.650,92, apontou que os Tribunais de Justiça dos Estados remuneraram seus magistrados em valores mensais médios que variaram entre R$51 mil (TJAM) e R$85,7 mil (TJMS), não computados nesses valores a gratificação natalina e o terço constitucional de férias. O mesmo levantamento concluiu que, em 2023, foram pagos ao menos R$4,47 bilhões em remunerações acima do teto constitucional a juízes e desembargadores, podendo o valor ser ainda maior, "pois há falhas na transparência dos contracheques de 9 dos 27 tribunais dos estados e do DF".[340]

No final de 2024, no contexto de pressões por medidas efetivas de cortes de gastos primários, o Executivo encaminhou ao Legislativo proposta de emenda constitucional que acrescentava ao art. 37 da Constituição o §11, com o seguinte teor:

> § 11. Somente poderão ser excetuadas dos limites remuneratórios de que trata o inciso XI do caput as parcelas de caráter indenizatório expressamente previstas em lei complementar de caráter nacional aplicada a todos os Poderes e órgãos constitucionalmente autônomos.

Caso aprovada nesses termos, a norma seria em tese apta a impedir o pagamento de salários acima do teto e dos subtetos remuneratórios previstos no art. 37, XI, da Constituição, visto que qualquer parcela de caráter indenizatório a ser considerada para efeito de ultrapassagem do teto deveria estar expressamente prevista em lei complementar a ser elaborada pelo Congresso Nacional.

Tal como ocorreu com diversas outras tentativas nas últimas décadas para pôr fim ao pagamento de valores acima do teto constitucional, essa proposta não foi aprovada no Congresso Nacional. Em seu lugar, aprovaram-se duas normas no bojo da Emenda Constitucional nº 135/2024. Pela primeira norma (art. 37, §11,

---

[340] TRANSPARÊNCIA BRASIL. Remuneração média de magistrados em Tribunais de Justiça em 2023 chega ao dobro do limite constitucional. *Transparência Brasil*, 20 set. 2024. Disponível em: https://blog.transparencia.org.br/dadosjus-remuneracao-media-de-magistrados-em-tribunais-de-justica-em-2023-chega-ao-dobro-do-limite-constitucional/. Acesso em: 29 dez. 2024.

da Constituição), dispôs-se que uma lei ordinária a ser aprovada pelo Congresso Nacional preverá expressamente as parcelas de caráter indenizatório que não serão computadas no cálculo do teto remuneratório. Pela segunda norma – que pode, na prática, deixar intocado o problema –, dispôs-se que:

> Enquanto não editada a lei ordinária de caráter nacional, aprovada pelo Congresso Nacional, a que se refere o § 11 do art. 37 da Constituição Federal, não serão computadas, para efeito dos limites remuneratórios de que trata o inciso XI do caput do referido artigo, as parcelas de caráter indenizatório previstas na legislação (art. 3.º da EC 135/2024).

Ou seja, a situação permanece exatamente como está até que o Congresso Nacional decida editar a lei ordinária mencionada no novo art. 37, §11, da Constituição. A julgar pela grande quantidade de leis sobre direito financeiro que a Constituição manda o Congresso editar e este simplesmente não o faz (como no caso da lei complementar prevista no art. 163, I, da Constituição, da lei complementar prevista no art. 4º, §4º, da EC nº 109/2021 ou da lei ordinária prevista no art. 193, parágrafo único, da Constituição) sem que isso provoque qualquer sanção, o pagamento – que já dura décadas – dos chamados "supersalários" pode permanecer como está por mais várias décadas.

CAPÍTULO 4

# RECEITAS PÚBLICAS

## 4.1 Considerações gerais

A existência em si do Estado depende de recursos financeiros para custear as suas atividades. Tais recursos compõem o universo das receitas públicas, decorrendo da exploração do patrimônio ou das riquezas estatais (foros, laudêmios, aluguéis, compensações financeiras pela exploração de minério, petróleo e gás) ou do desempenho de atividades econômicas em prol da coletividade (preços públicos), ou, ainda, de métodos tributários (impostos, taxas, contribuições) ou de penalização (multas, confiscos), os quais implicam a transferência de riqueza dos particulares para o Estado.

Numa perspectiva econômica, é comum designar-se como receita pública toda e qualquer entrada ou ingresso de recursos financeiros nos cofres do Estado. Mas no âmbito do direito financeiro, as classificações propostas por Seligman e Luigi Einaudi[341] e a influência da doutrina de Aliomar Baleeiro impõem estabelecer a distinção entre ingressos públicos ou entradas (gênero), movimentos de fundo (1ª espécie) e receitas públicas (2ª espécie). Tal distinção encontra-se situada "no plano da ciência das finanças e, nesse ponto, não só incensurável, como também simboliza um canal seguro para a compreensão do tema".[342]

Os ingressos ou entradas são todas as quantias recebidas pelos cofres públicos, independentemente da origem, da finalidade ou dos impactos exercidos sobre os ativos e passivos estatais, subdividindo-se em: a) movimentos de fundo e b) receitas públicas. Os primeiros são ingressos condicionados à restituição posterior, ou que representam mera recuperação de valores emprestados ou franqueados pelo Estado, sem representarem acréscimo ao seu patrimônio. As receitas, de sua parte, são

---

[341] Seligman baseia sua classificação no conflito entre o interesse público e o interesse privado, presente em toda a atividade financeira estatal. Einaudi baseia-se nos processos de satisfações das necessidades públicas, lastreado especialmente no critério do custo dos serviços públicos e sua cobertura pela respectiva receita gerada pela prestação.

[342] JARDIM, Eduardo Maciel Ferreira. *Manual de direito financeiro e tributário*. 10. ed. São Paulo: Saraiva, 2009. p. 67.

ingressos de recursos financeiros que ingressam definitivamente no patrimônio do Estado, sem qualquer reflexo no passivo.

São exemplos de movimentos de fundos: cauções, fianças, depósitos recolhidos ao tesouro, empréstimos voluntários contraídos pelo Estado,[343] amortizações de empréstimos concedidos. Ou seja, valores que se escrituram para posteriormente ser restituídos ao depositante ou pagos a terceiros, bem como valores correspondentes às indenizações devidas por danos causados à coisa pública (liquidados segundo o direito civil).[344] São exemplos de receitas públicas os valores obtidos pela exploração do patrimônio público, os tributos em geral (impostos, taxas, contribuições de melhoria, contribuições especiais) e as penalidades pecuniárias (multas e confiscos).

## 4.2 Evolução histórica e métodos de obtenção das receitas públicas

Rosa Júnior[345] subdivide a evolução histórica das receitas públicas em fases: a) fase parasitária – própria, mas não exclusiva, do mundo antigo, em que os recursos eram obtidos mediante pilhagem, saques, pirataria, espoliação do inimigo vencido nas guerras; b) fase dominial – em que os recursos eram obtidos pela exploração do patrimônio da Coroa; c) fase regaliana – ligada à ideia de propriedade dos feudos, correspondente à cobrança de direitos de regalia e privilégios pela exploração de serviços ou bens, cobrando-se dos usuários contraprestação pela utilização (p. ex., pedágios ou direitos de passagem); d) fase fiscal – em que as receitas são coativamente obtidas dos cidadãos via tributação; e) fase social fiscal – utilização da via tributária unida ao caráter de extrafiscalidade.

Com o alargamento das prestações estatais – notadamente a partir do modelo de Estado Prestacional – a ampliação das fontes de recursos se fez necessária para o respectivo financiamento, recaindo os ônus decorrentes especialmente sobre a sociedade. As receitas tributárias afirmaram-se, portanto, como o mais portentoso extrato dos ingressos públicos. Mas atualmente convivem nos Estados contemporâneos todas aquelas formas de obtenção de receitas públicas, com destaque para os tributos e sua dupla finalidade agregada (fiscal e extrafiscal).

De acordo com Schoueri:

> na Alemanha, por muito tempo se discutiu se seria possível que um tributo tivesse finalidade que não fosse arrecadatória, até que se desenvolveu a teoria da finalidade acessória (*nebensweck*), que abriu as portas para tal possibilidade. Com o tempo, passou-se a admitir que a finalidade de arrecadar não precisaria sequer ser essencial, para que uma exação tivesse a natureza tributária.[346]

---

[343] Os empréstimos compulsórios são receitas derivadas, porque devem ser enquadrados como espécies tributárias.
[344] BALEEIRO, Aliomar. *Uma introdução à ciência das finanças*. 15. ed. Rio de Janeiro: Forense, 1998. p. 126.
[345] Cf. ROSA JR., Luiz Emygidio F. *Manual de direito financeiro e direito tributário*. 17. ed. Rio de Janeiro: Renovar, 2003. p. 56-57.
[346] SCHOUERI, Luis Eduardo. *Normas tributárias indutoras e intervenção econômica*. Rio de Janeiro: Forense, 2005. p. 158.

Portanto, os meios universais para a obtenção de receitas públicas podem se apresentar das seguintes formas: a) extorsão de outros países (reparações de guerra) ou recebimento de doações voluntárias destes países; b) recolhimento de valores oriundos das rendas produzidas pelos bens e empresas do Estado; c) exigência coativa de tributos ou penalidades; d) tomada de empréstimos; e) emissão de moeda.

A emissão de moeda é também considerada fonte de receitas públicas porque agrega características típicas de tributos. George Knapp expôs primeiramente a teoria estatal do dinheiro, demonstrando que o valor intrínseco da moeda se encontra verdadeiramente em sua função de servir como meio de pagamento. É que o curso forçado garante ao dinheiro o caráter autoritário que possibilita a quitação de dívidas entre os indivíduos e entre estes e o Estado.

Assim, as emissões de papel-moeda podem ser analisadas como processo de empréstimo forçado: o Estado diretamente ou por intermédio do Banco Central lança moeda à circulação com o compromisso de recolhê-la mais tarde ou não. Mesmo quando haja este recolhimento, acontece que o reembolso correspondente não aproveita aos que sofreram o impacto da desvalorização da moeda, isto é, aqueles que detinham cédulas no ato da nova emissão: "forma-se assim uma loteria louca em que uns compram bilhetes e outros ganham os prêmios, embora, por vezes, haja correspondência entre os dois grupos".[347]

## 4.3 Classificações

### 4.3.1 Receitas originárias e derivadas

A classificação mais difundida entre os financistas – e que deriva da doutrina alemã – distingue as receitas ordinárias em dois grandes grupos: a) receitas originárias, de economia privada ou de direito privado; b) receitas derivadas, de economia pública ou de direito público.

As *receitas originárias* compreendem rendas provenientes da exploração dos bens, recursos naturais ou empresas do Estado (comerciais ou industriais) e são obtidas à semelhança das receitas dos particulares, mediante instrumentos de natureza contratual, despidos de compulsoriedade (por isso a designação de receitas de economia privada ou de direito privado). Mesmo quando advindas da exploração de atividades econômicas em regime de privilégio ou monopólio, as receitas auferidas são consideradas originárias. Os preços públicos (tarifas), as compensações financeiras pela exploração de minérios e recursos hídricos e os *royalties* de petróleo e gás, por exemplo, pertencem a tal categorização.

Item bastante relevante das receitas originárias ou patrimoniais é o relativo aos dividendos pagos à União pelas empresas em que esta possui participação acionária. Em 2024, a União recebeu aproximadamente R$50 bilhões a título desses dividendos. Historicamente, a maior parte desses dividendos é oriunda da Petrobras, vindo a

---

[347] BALEEIRO, Aliomar. *Uma introdução à ciência das finanças*. 15. ed. Rio de Janeiro: Forense, 1998. p. 509.

seguir os dividendos pagos pelo Banco Nacional de Desenvolvimento Econômico e Social (BNDES), Banco do Brasil e Caixa Econômica Federal.

As *receitas derivadas* correspondem a rendas arrecadadas coativamente dos particulares, mediante constrangimento legal. É o que sucede com os tributos (impostos, taxas, contribuições de melhoria, empréstimos compulsórios, contribuições),[348] com as penas pecuniárias e com o confisco. Englobam-se, ainda neste grupo, embora submetidas ao âmbito dos tratados internacionais, as reparações de guerra.

## 4.3.2 Ingressos e receitas públicas

No direito financeiro brasileiro, a classificação mais difundida *entre os financistas* é a apresentada por Aliomar Baleeiro. Adaptando-a ao atual posicionamento do STF e da doutrina majoritária sobre as espécies tributárias albergadas pela Constituição, é possível representá-la pelo quadro a seguir:

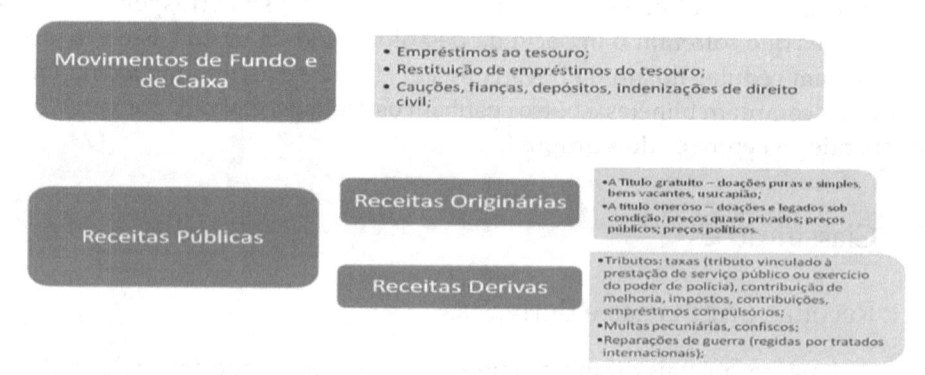

**Movimentos de Fundo e de Caixa**
- Empréstimos ao tesouro;
- Restituição de empréstimos do tesouro;
- Cauções, fianças, depósitos, indenizações de direito civil;

**Receitas Públicas**

**Receitas Originárias**
- A título gratuito – doações puras e simples, bens vacantes, usucapião;
- A título oneroso – doações e legados sob condição, preços quase privados; preços públicos; preços políticos.

**Receitas Derivas**
- Tributos: taxas (tributo vinculado à prestação de serviço público ou exercício do poder de polícia), contribuição de melhoria, impostos, contribuições, empréstimos compulsórios;
- Multas pecuniárias, confiscos;
- Reparações de guerra (regidas por tratados internacionais);

*Observação*: a emissão de moeda, embora não seja tecnicamente tributo, pelas características intrínsecas, pode ser considerada receita derivada.

A teoria dos preços públicos e sua distinção relativamente às taxas será objeto de oportuna tratativa no correr deste livro.[349] Porém, a alusão a três diferentes tipos de preços (quase privado, público e político), no quadro de classificação jurídica das receitas, exige breve digressão. O critério utilizado para estabelecer tal diferenciação não é propriamente jurídico, mas econômico e tem como fonte inspiradora a doutrina de Luigi Einaudi. Seu fundamento empírico diz respeito, basicamente, à suficiência financeira da atividade oferecida pelo Estado em contrapartida ao preço cobrado dos utentes (usuários).

---

[348] É da essência do conceito de tributo a transferência patrimonial da esfera privada para a pública. Neste sentido, o art. 3º do CTN.

[349] Decidiu o STF: "Tanto a taxa quanto o preço público constituem um pagamento realizado em troca da fruição de um serviço ou bem estatal, divisível e específico. A distinção entre ambas está em que a primeira caracteriza-se pela nota da compulsoriedade, porque resulta de uma obrigação legal, ao passo que o segundo distingue-se pelo traço da facultatividade por decorrer de uma relação contratual" (STF, Tribunal Pleno. RE nº 576.189. Rel. Min. Ricardo Lewandowski, j. 22.4.2009, Repercussão geral, Mérito. *DJe*-118, 26 jun. 2009).

a) *Preços quase privados* são cobrados como contraparte de atividades desempenhadas pelo Estado e suas entidades, quando submetidos a regime de economia privada, de caráter concorrencial, visando ao lucro: o fim público é apenas incidental ou subsidiário na espécie.
b) *Preços públicos (próprios)* são os fixados com proporção bastante ao custeio do seu oferecimento aos utentes, notadamente porque agregam importantes finalidades públicas à atividade (tarifas cobradas pelos serviços ferroviários).
c) *Preços políticos* são estabelecidos em função da relevância da atividade assumida pelo Estado em benefício dos cidadãos, justificando o déficit operacional, admitindo-se consequentemente que os valores cobrados sejam parcialmente custeados por fontes diversas da exploração da atividade, como forma de estímulo à sua universalização (tarifa de água e esgoto).[350]

A tendência verificada a partir do estabelecimento do perfil econômico contemporâneo do Estado, do tipo regulador, é a de que os serviços públicos de caráter econômico sejam deixados à execução da iniciativa privada, mediante delegação, passando os valores cobrados a ingressar no patrimônio das empresas competentes para a respectiva prestação. Conforme o STF, "enquanto as receitas das taxas ingressam nos cofres do Estado, as provenientes dos preços públicos integram o patrimônio privado dos entes que atuam por delegação do Estado".[351]

### 4.3.3 Classificação legal das receitas públicas – Lei nº 4.320/1964

### 4.3.3.1 Receitas orçamentárias e extraorçamentárias

Heilio Kohama, a partir das disposições da Lei nº 4.320/64, formulou didático critério para se definir o caráter orçamentário de dada receita. Segundo o autor, deve-se indagar se a receita pertence ao Tesouro ou não. Se for do Tesouro, a receita deve ser classificada como orçamentária, se a receita não pertencer ao Tesouro, será considerada receita extraorçamentária, por apenas representar valor recebido, vinculado ao adimplemento de alguma obrigação de devolução ou de pagamento assumida pelo Estado.[352]

Com efeito, nos termos do art. 57 da Lei nº 4.320/64, serão consideradas receitas orçamentárias todas as receitas arrecadadas, inclusive as oriundas de operações de crédito, ainda que não previstas no orçamento.

---

[350] Destaque-se interessante posicionamento doutrinário sobre o tema: "Sendo o serviço atrelado ao princípio da dignidade da pessoa humana, deverá o Poder Público tornar sua utilização compulsória, cobrando remuneração mediante taxa, que é espécie tributária (art. 145, II, da Constituição), como forma de induzir o usuário à efetiva utilização. Por outro lado, prestando-se o serviço apenas a garantir maior comodidade aos usuários [...] a utilização será facultativa, assumindo a contraprestação do usuário natureza jurídica de tarifa (preço)" (FERRAZ, Luciano. *Direito municipal aplicado*. Belo Horizonte: Fórum, 2009. p. 44).

[351] STF, Tribunal Pleno. RE nº 576.189. Rel. Min. Ricardo Lewandowski, j. 22.4.2009, Repercussão geral, Mérito. DJe-118, 26 jun. 2009.

[352] KOHAMA, Heilio. *Contabilidade pública*: teoria e prática. 10. ed. São Paulo: Atlas, 2008. p. 63-70.

Por outro lado, o art. 3º, parágrafo único, da Lei nº 4.320/64 categoriza como receita extraorçamentária as operações de crédito por antecipação de receita, as emissões de papel-moeda e outras entradas compensatórias, no ativo e no passivo financeiro. As receitas extraorçamentárias são ingressos recebidos pelo Estado que não lhe pertencem, pois são recursos relacionados a compromissos pagos ou transferidos a terceiros. O Tesouro, portanto, não os titulariza, apenas exerce papel de depositário. Mesmo assim, o art. 93 da Lei nº 4.320/64, ao dispor que todas as operações que resultem débito ou crédito de natureza financeira, não compreendidas na execução orçamentária, devem ser objeto de registro, individualização e controle contábil, estabelece o dever de controle das despesas extraorçamentárias.

As receitas públicas devem constar da lei orçamentária anual como meras estimativas. Isto porque seu ingresso ocorrerá ao longo do exercício financeiro a que corresponde o orçamento, e o regime contábil para a sua apuração é o de caixa, porquanto pertencem ao exercício financeiro todas as receitas nele legalmente arrecadadas (art. 35, I, da Lei nº 4.320/64).

### 4.3.3.2 Receitas correntes e receitas de capital

Assim como a classificação legal das despesas, a Lei nº 4.320/64 vale-se de critérios econômicos para classificar as receitas. É certo que a lei não define especificamente o que seja receita pública, limitando-se a dividi-la em: a) receitas correntes; e b) receitas de capital (art. 11). Mas é possível afirmar que a Lei nº 4.320/64 designa como receita aquilo que a classificação doutrinária apresentada anteriormente qualifica como ingresso ou entrada.[353]

As receitas correntes aumentam as disponibilidades financeiras, com efeitos no patrimônio líquido, possibilitando o custeio de programas orçamentários destinados à relação de finalidades públicas. As receitas de capital também são instrumentos para o financiamento de programas orçamentários, mas não provocam efeitos sobre o patrimônio líquido. As receitas correntes não se caracterizam pela continuidade, de modo que não se prestam para o financiamento do custeio da máquina pública, que necessita contar com os ingressos constantes no tempo, uma vez que possui obrigações que precisam ser honradas regularmente.[354]

As *receitas correntes* subdividem-se, segundo a lei, em receita tributária, receita de contribuições, receita patrimonial (resultado financeiro oriundo da exploração do patrimônio mobiliário ou imobiliário, advinda de participação societária ou de superávits apurados nas operações de alienação de bens patrimoniais), receita agropecuária (resultado de atividades ou exploração agropecuária – produção vegetal, animal e derivados), receita industrial (provenientes de atividades industriais

---

[353] Em linhas gerais, pode-se dizer que as receitas correntes correspondem à classificação jurídica das receitas públicas, ao passo que as receitas de capital correspondem a movimentos de fundo. As diferenças são pequenas no confronto de uma e outra classificação.

[354] FERNANDES, Angélica Guimarães Torquato; SILVEIRA, Alexandre Coutinho. Receitas públicas. *In*: OLIVEIRA, Régis Fernandes (Coord.). *Lições de direito financeiro*. São Paulo: Revista dos Tribunal, 2015. p. 42-43.

– definidas como tal pela fundação IBGE), receitas de serviços (derivada da prestação de serviços de comércio, transporte, comunicações, hospitalares, água), receitas transferidas (recebidas de outras pessoas públicas ou privadas, destinadas a atender a despesas de manutenção e funcionamento classificáveis como receitas correntes) e outras receitas correntes (provenientes de multas, juros de mora, indenizações, cobrança de dívida ativa).

As *receitas de capital* são as provenientes de operações de crédito (assunção de dívidas – todo empréstimo vinculado a obras e serviços é receita de capital); da conversão, em espécie, de bens e direitos; recursos recebidos de outras pessoas de direito público ou privados destinados a atender a despesas classificáveis como despesas de capital, e, ainda, o superávit do orçamento corrente: a diferença positiva entre o resultado da execução das receitas e despesas de um exercício financeiro para o outro.

Atualmente, a classificação detalhada das receitas públicas encontra-se na Portaria Interministerial SOF/STN nº 163, de 4.5.2001 e respectivas atualizações, cujo art. 2º prevê que a classificação da receita, a ser utilizada por todos os entes da Federação consta do Anexo I desta portaria, ficando facultado o seu desdobramento para atendimento das respectivas peculiaridades.

## 4.4 Estágios da receita pública

As receitas públicas orçamentárias, até que ingressem definitivamente nos cofres do Estado, seguem procedimento que se apresenta em três etapas sucessivas: a) previsão; b) lançamento; c) arrecadação (recolhimento). Tratar-se-á aqui exclusivamente das receitas orçamentárias, porquanto as receitas extraorçamentárias não necessariamente percorrerão o mesmo caminho.

### 4.4.1 Previsão

A etapa da previsão da receita relaciona-se com a lei orçamentária. Ditas previsões devem considerar estimativas seguras e confiáveis, com base no comportamento das receitas nos exercícios anteriores e projeções, em ordem a que a proposta orçamentária elaborada pelo Poder Executivo não seja uma mera ficção.

Bem por isso, o art. 12 da LRF dispõe que as previsões de receita no orçamento observarão as normas técnicas e legais, considerarão os efeitos das alterações na legislação, da variação do índice de preços, do crescimento econômico ou de qualquer outro fator relevante, e serão acompanhadas de demonstrativos de sua evolução, nos últimos três anos, da projeção para os dois anos seguintes àquele a que se referirem, e da metodologia de cálculo e premissas utilizadas.

A incumbência de efetivar a correta previsão das receitas na proposta de lei orçamentária é do Poder Executivo. Qualquer reestimativa de receita por parte do Poder Legislativo só será admitida se comprovado erro ou omissão de ordem técnica ou legal (art. 11, §2º, LRF).

O objetivo central, neste caso, é o de evitar que haja superestimativas de receitas de parte de qualquer dos poderes do Estado, notadamente para que a estimativa no orçamento não seja fictícia, ampliando ou mitigando a relativa liberdade que possui o Poder Executivo na execução das despesas. As propostas para a implementação do orçamento vinculativo em substituição ao orçamento autorizativo buscam exatamente diminuir as "despesas discricionárias" do Poder Executivo na execução do orçamento. Aprovada, promulgada e publicada a lei orçamentária, tem-se, portanto, o estágio da previsão da receita orçamentária, que seguirá a escrituração contábil editada pelos atos normativos da STN. Uma vez prevista a receita, caberá ao Poder Executivo, no prazo de que trata o art. 8º da LRF, desdobrar as respectivas previsões em metas bimestrais de arrecadação, com a especificação, em separado, quando cabível, das medidas de combate à evasão e à sonegação, da quantidade e valores de ações ajuizadas para cobrança da dívida ativa, bem como da evolução do montante dos créditos tributários passíveis de cobrança administrativa (art. 13 da LRF).

A frustração da receita estimada pode levar o Poder Executivo a ter que adotar o procedimento denominado limitação de empenho (art. 9º da LRF), a fim de evitar que novos procedimentos de despesa sejam iniciados, garantindo o equilíbrio entre ingressos e saídas, observando sempre a harmonia e a independência dos poderes.

### 4.4.2 Lançamento

A etapa do lançamento – que se trata de procedimento administrativo que identifica e individualiza o contribuinte ou devedor do Estado – é típica da arrecadação tributária, mas se aplica também a outros casos de arrecadação. O detalhamento dos aspectos jurídicos do lançamento tributário será feito no Capítulo 3 deste livro (Título III, Parte II).

Segundo Kohama, serão objetos de lançamento: a) impostos diretos e outras receitas com vencimentos determinados em leis especiais, regulamentos ou contratos, mediante relação nominal do contribuinte; b) aluguéis, arrendamentos, foros e quaisquer prestações periódicas relativas a bens patrimoniais do Estado, mediante relação organizada à vista dos respectivos contratos, títulos ou da própria escrituração, que deverá ser remetida aos agentes encarregados da cobrança; c) serviços industriais do Estado, a débito de outras administrações ou de terceiros, cuja importância não tenha sido imediatamente arrecadada após a prestação dos serviços; d) todas as outras rendas, taxas ou proventos que decorram de direitos preexistentes dos Estados contra terceiros ou que possam originar-se de direito novo prescrito em leis, regulamentos ou contratos aprovados ou concluídos no decurso do ano financeiro.[355]

---

[355] KOHAMA, Heilio. *Contabilidade pública*: teoria e prática. [s.l.]: [s.n.], 1996. p. 99.

## 4.4.3 Arrecadação (recolhimento)

Arrecadação e recolhimento são duas facetas da mesma atividade. O Estado arrecada o que o cidadão recolhe de valores ao Tesouro. A arrecadação é o ato de pagamento dos tributos e demais receitas ao agente estatal competente; o recolhimento é a entrega do numerário nos estabelecimentos competentes ou credenciados ao recebimento.

Na atualidade, os recolhimentos são efetivados pela rede bancária que credita os valores pertinentes na conta do Estado. Todas as receitas recolhidas devem observância ao princípio da unidade de tesouraria, previsto no art. 56 da Lei nº 4.320/64, vedada qualquer fragmentação para criação de caixas especiais.

A unidade de tesouraria significa que o recolhimento das receitas deve se perfazer pelo sistema de caixa único, dotando apenas um órgão da competência para centralizar os valores recebidos. Anote-se que a LRF, art. 43, §1º, estabeleceu exceção a tal sistema quando previu que as disponibilidades de caixa dos regimes próprios de previdência deveriam ser apartadas, ficando depositadas em conta separada das demais disponibilidades de cada ente, e aplicadas nas condições de mercado, com observância dos limites e condições de proteção e prudência financeira.

As receitas públicas que não forem voluntariamente recolhidas aos cofres do Estado possuem mecanismos especiais de cobrança e execução, a exemplo das disposições da Lei nº 6.830/80. Nos termos do seu art. 2º, *caput*, constitui dívida ativa da Fazenda Pública aquela definida como tributária ou não tributária pela Lei nº 4.320/64, compreendendo a tributária e a não tributária, atualização monetária, juros e multa de mora e demais encargos previstos em lei ou contrato.

## 4.5 Receitas públicas na Lei de Responsabilidade Fiscal

A regra de ouro da LRF é a de que as receitas estatais devem superar as despesas, gerando superávit primário e superávit nominal. Superávit nominal equivale ao resultado positivo da arrecadação das receitas do Estado deduzidas as despesas, incluindo-se os juros da dívida; superávit primário é o resultado positivo da arrecadação das receitas do Estado deduzidas as despesas, excetuados os juros da dívida pública. O superávit primário é buscado como forma de economia de recursos públicos para reduzir o endividamento, mas o superávit nominal é que representa o montante total das necessidades de financiamento do Estado.

A partir da edição da Lei de Responsabilidade Fiscal estabelece-se distinção importante em termos de classificação de receita. Isto porque a LRF trabalha com o conceito de receita corrente líquida, que serve de base de cálculo para os limites de despesa previstos na lei.

Deve-se compreender como receita corrente líquida (art. 2º, IV, da LRF): o somatório das receitas tributárias, de contribuições, patrimoniais, industriais, agropecuárias, de serviços, de transferências correntes e outras receitas também correntes, deduzidos: a) na União, os valores transferidos aos estados e municípios por determinação constitucional ou legal, e as contribuições mencionadas na alínea "a" do inc. I e no inc. II do art. 195, e no art. 239 da Constituição; b) nos estados, as parcelas entregues aos municípios por determinação constitucional; c) na União, nos estados e nos municípios, a contribuição dos servidores para o custeio do seu sistema de previdência e assistência social e as receitas provenientes da compensação financeira citada no §9º do art. 201 da Constituição.

Por determinação legal, a receita corrente líquida será apurada somando-se as receitas arrecadadas no mês em referência e nos onze anteriores, excluídas as duplicidades. Serão computados no cálculo da receita corrente líquida os valores pagos e recebidos em decorrência da Lei Complementar nº 87, de 13.9.1996, e do fundo previsto pelo art. 60 do Ato das Disposições Constitucionais Transitórias. Não serão considerados na receita corrente líquida do Distrito Federal e dos estados do Amapá e de Roraima os recursos recebidos da União para atendimento das despesas de que trata o inc. V do §1º do art. 19.

Nos termos do art. 11 da LRF, constituem requisitos essenciais da responsabilidade na gestão fiscal a instituição, previsão e efetiva arrecadação de todos os tributos da competência constitucional do ente da Federação. A esfera federativa que descumprir a determinação, no que concerne aos impostos, fica impedida de receber transferências voluntárias de outras esferas.[356]

Como se vê, o dispositivo determina que as entidades federativas (sobretudo estados, Distrito Federal e municípios) devem exercer a competência tributária para a instituição do tributo, prevê-los adequadamente no orçamento, além de adotar medidas administrativas e judiciais para a cobrança das inadimplências.

É possível encontrar sustentações doutrinárias acerca da inconstitucionalidade do referido dispositivo, por gerar uma intromissão indevida na autonomia dos entes federados.[357] Todavia, na esteira das lições de Estevão Horvath, considera-se que inexiste contrariedade ao texto constitucional, fundamentalmente quando se analisa o teor da sanção imposta pelo seu descumprimento – o ente federado que deixar de instituir, prever e efetivar a arrecadação de todos os *impostos* de sua competência não poderá receber de outro ente transferências voluntárias. Para o autor, a LRF, sem interferir na autonomia das unidades federativas, impõe a seguinte lógica: "antes de vir a mim para pedir dinheiro, cobre as receitas que a própria Constituição lhe concedeu".[358]

---

[356] O parágrafo único do art. 11 da LRF foi objeto da ADI MC nº 2.238-5, Rel. Min. Ilmar Galvão. Alegavam os autores ofensa ao art. 160 da Constituição, alegação esta que restou afastada pelo STF, porquanto o preceito constitucional invocado tratava de transferência obrigatória e não de transferências voluntárias, estas as que se encontram tocadas pelo preceito da LRF.

[357] BRITO, Edvaldo. Lei de Responsabilidade Fiscal: competência tributária. Arrecadação de tributos e renúncia de receita. *In*: ROCHA, Valdir de Oliveira (Coord.). *Aspectos relevantes da Lei de Responsabilidade Fiscal*. São Paulo: Dialética, 2001. p. 119.

[358] HORVATH, Estevão. A Constituição e a Lei Complementar nº 101/2000 – Lei de Responsabilidade Fiscal: algumas questões. *In*: ROCHA, Valdir de Oliveira (Coord.). *Aspectos relevantes da Lei de Responsabilidade Fiscal*. São Paulo: Dialética, 2001. p. 161.

O Poder Executivo de cada uma das esferas deve, até o dia 30 de janeiro de cada exercício financeiro, desdobrar as receitas em metas bimestrais de arrecadação. Se ao longo do exercício verificar-se frustração de receitas, com a probabilidade de comprometimento das metas de resultados estabelecidos, determina o art. 9º da LRF que o Poder Executivo adote medidas para limitar empenhos, impossibilitando a realização de determinadas despesas. Este mecanismo é comumente denominado contingenciamento de despesas.

A LRF previu no §3º do art. 9º que o dever de limitação de empenho seria compartilhado, ao dispor que caso os poderes Legislativo e Judiciário e o Ministério Público não promovessem a limitação no prazo estabelecido no *caput*, estaria o Poder Executivo autorizado a limitar os valores financeiros segundo os critérios fixados pela Lei de Diretrizes Orçamentárias. Este dispositivo foi suspenso pelo STF na apreciação da medida cautelar na ADI nº 2.238-5, por violação ao princípio da separação dos poderes (art. 2º, da Constituição). A LRF também se preocupou em estabelecer condicionamentos à renúncia de receitas pelas entidades federativas.[359] A lei não proibiu o uso moderado de medidas de incentivo que afetam a arrecadação, mas, nos termos do art. 14, a concessão ou ampliação de incentivo ou benefício de natureza tributária da qual decorra renúncia de receita deverá atender aos seguintes requisitos específicos: a) a estimativa do impacto orçamentário-financeiro para pelo menos três exercícios; b) o disposto na LDO; c) uma das seguintes condições: a.1) demonstração pelo proponente de que a renúncia foi considerada na estimativa de receita da lei orçamentária e de que não afetará as metas de resultados fiscais ou a.2) adoção de medidas de compensação (elevação de alíquotas, ampliação da base de cálculo, majoração ou criação de tributo ou contribuição). No caso das medidas de compensação tributária à renúncia, o legislador prescreveu mecanismo *pay-as-you-go*, porquanto a entrada em vigor dos benefícios fica condicionada à adoção prévia das medidas compensatórias.

Segundo o entendimento do TCU, a exigência de implementação de medidas de compensação para concessão ou ampliação de renúncias de receitas (art. 14, inc. II e §2º, da LC nº 101/00 – LRF) considera-se cumprida a partir da elevação de alíquotas de tributos, na data de publicação da lei ou do decreto, ou da conversão da medida provisória em lei, ainda que tais tributos devam obediência ao princípio da anterioridade nonagesimal, desde que o ato normativo que promova a elevação de alíquota se mantenha eficaz ao longo de todo o exercício financeiro e que o valor a ser arrecadado após a noventena, dentro do mesmo exercício, seja suficiente para neutralizar o impacto orçamentário-financeiro da renúncia naquele exercício.[360]

Note-se que as preocupações da LRF para com os mecanismos de renúncia de receita foram eminentemente fiscais, e devem ser criticadas por isso. É que existem

---

[359] A renúncia compreende anistia, remissão, subsídio, crédito presumido, concessão de isenção em caráter não geral, alteração de alíquota ou modificação de base de cálculo que implique redução discriminada de tributos ou contribuições, e outros benefícios que correspondam a tratamento diferenciado.

[360] TCU. Acórdão nº 263/2016 – Plenário, Consulta. Rel. Min. Raimundo Carreiro. *Boletim de Jurisprudência*, n. 114.

aspectos de extrafiscalidade envolvidos que não podem ser desprezados no uso dos referidos mecanismos. E é por isso que o art. 70 da Constituição prescreve aos órgãos de controle externo e interno a fiscalização das renúncias de receita, importando fundamentalmente os benefícios sociais e econômicos envolvidos, sem os quais não se justifica abrir mão de dinheiro público.

De acordo com §3º do art. 14 da LRF, as regras típicas autorizadoras da renúncia de receita não se aplicam: (a) às alterações das alíquotas dos impostos previstos nos incs. I, II, IV e V do art. 153 da Constituição, na forma do seu §1º; (b) ao cancelamento de débito cujo montante seja inferior ao dos respectivos custos de cobrança. Esta última questão merece ser destacada, porque envolve ponderação entre os princípios constitucionais da legalidade e da economicidade, com nítida tendência à prevalência do último.[361] O art. 44 da LRF, vale destacar, é um dos importantes mecanismos para coibir a dilapidação do patrimônio público. Estabelece ser vedada a aplicação da receita de capital derivada da alienação de bens e direitos que integram o patrimônio público para o financiamento de despesa corrente, salvo se destinada por lei aos regimes de previdência social, geral e próprio dos servidores públicos.

## 4.6 Repartição das receitas tributárias entre os entes federativos. Panorama geral e grandes números

No Brasil, as principais fontes de arrecadação de receita tributária da União são os impostos (art. 145, I) e as contribuições especiais (art. 149). As taxas federais representam valor ínfimo em comparação com o montante dos impostos e contribuições federais.[362] No âmbito dos estados e municípios, além dos tributos de sua respectiva competência, uns e outros participam, nos termos do que preceitua a Constituição (arts. 157 a 162), da receita oriunda de tributos de competência de outros entes, por via do mecanismo constitucionalmente batizado de "repartição das receitas tributárias".

---

[361] O Ipea (Instituto de Pesquisa Econômica Avançada) elaborou, a pedido no CNJ, pesquisa a respeito do "custo e tempo do processo de execução fiscal pela Procuradoria Geral da Fazenda Nacional", entre os anos de 2009 e 2011, constatando que o custo unitário médio total de uma ação de execução fiscal promovida pela PGFN junto à Justiça Federal seria de R$5.606,67 (cinco mil seiscentos e seis reais e sessenta e sete centavos), com tempo médio de tramitação de 9 anos, 9 meses e 16 dias, com probabilidade de obter-se a recuperação integral do crédito de 25,8%. Diante desse cenário, o Ipea considerou que o *break even point*, o valor a partir do qual se afigura economicamente justificável a propositura de uma ação de execução fiscal pela Procuradoria Geral da Fazenda Nacional, seria de R$21.731,45 (vinte e um mil, setecentos e trinta e um reais e quarenta e cinco centavos). Ressaltou, entretanto, que outros órgãos e entidades da União (PGF e Caixa Econômica Federal), por serem mais eficientes nas cobranças de seus créditos, apresentam *break even point* mais baixo, estimado ao montante de R$12.885,60 (doze mil, oitocentos e oitenta e cinco reais e sessenta centavos) (IPEA. *Custo e tempo do processo de execução fiscal promovido pela Procuradoria Geral da Fazenda Nacional*. Disponível em: http://www.ipea.gov.br/agencia/images/stories/PDFs/nota_tecnica/111230 nota tecnica diest1.pdf).

[362] No ano de 2022, a arrecadação de taxas federais representou apenas 0,2% do total de tributos federais. BRASIL. Ministério da Fazenda. Receita Federal. CETAD – Centro de Estudos Tributários e Aduaneiros. *Carga Tributária no Brasil 2022*: análise por tributo e bases de incidência. Brasília: Ministério da Fazenda, 2023. p. 16.

Os recursos oriundos do exercício das competências tributárias próprias dos entes estaduais e locais são os arrecadados com os impostos (previstos nos arts. 155 e 156), taxas, contribuições de melhoria, contribuição previdenciária (prevista no art. 149, §1º, da Constituição) e, no caso municipal, a contribuição para o custeio do serviço de iluminação pública e sistemas de monitoramento para segurança e preservação de logradouros públicos (art. 149-A da Constituição, na redação dada pela EC nº 132, de 2023).

Além dos recursos mencionados acima, também pertencem aos estados, Distrito Federal e municípios determinadas parcelas calculadas sobre a arrecadação de tributos federais. No caso dos municípios, garante-se adicionalmente sua participação na arrecadação de impostos do estado de que fazem parte.

A Constituição promove, portanto, uma repartição das *competências* tributárias e, paralelamente, uma repartição das *receitas* tributárias entre os entes políticos da Federação. A repartição das competências tributárias é efetuada nos arts. 145 a 156, enquanto a repartição das receitas tributárias (também conhecidas como transferências constitucionais) é regulada nos arts. 157 a 162 da Constituição.

É muito expressivo o peso das transferências de receitas tributárias no orçamento de estados e municípios. No caso dos estados com baixa renda *per capita*, as transferências representam mais de 50% da receita total de seus orçamentos. Um estudo publicado em 2008 indicou que Roraima, Amapá, Acre e Tocantins eram os estados mais dependentes das transferências de receitas tributárias federais, e São Paulo, o estado em que as participações na arrecadação de tributos federais tinham menor peso no total das receitas correntes.[363] Um relatório da Secretaria do Tesouro Nacional publicado em 2018 indicou um quadro bastante semelhante: Amapá, Acre e Tocantins permaneciam como os estados mais dependentes das transferências de receitas tributárias federais (que representam mais de 50% do orçamento desses estados), enquanto São Paulo e Rio de Janeiro figuravam como os estados em que as participações na arrecadação de tributos federais tinham menor peso no total das receitas correntes.[364]

No caso dos municípios, o quadro é de uma dependência orçamentária ainda maior em relação às transferências constitucionais. No ano de 2018, a receita orçamentária dos municípios brasileiros foi constituída em sua maior parte por transferências (66,18%). Em média, quanto menos populoso é o município, maior é a sua dependência de transferências e menor é o peso da arrecadação de tributos próprios. Tomando-se o ano de 2018, no caso de municípios com população de até 2 mil habitantes, as transferências equivaleram a 92,68% das receitas orçamentárias totais. No caso de municípios com população entre 50 mil e 100 mil habitantes, as transferências equivaleram a 73% das receitas orçamentárias totais. Somente o grupo

---

[363] Cf. MENDES, Marcos; MIRANDA, Rogério B.; COSIO, Fernando B. *Transferências intergovenamentais no Brasil*: diagnóstico e proposta de reforma. Brasília: Consultoria Legislativa do Senado Federal, Coordenação de Estudos, 2008. Texto para Discussão, n. 40. p. 25.

[364] BRASIL. Ministério da Fazenda. Secretaria do Tesouro Nacional. Relatório Resumido de Execução Orçamentária (Foco Estados + Distrito Federal) – 4º Bimestre de 2018. Brasília, 2018, p. 4.

dos dois municípios mais populosos do país (São Paulo e Rio de Janeiro) consegue obter uma receita de tributos próprios (44%) superior ao valor das transferências intergovernamentais (36%) – dados relativos a 2018.[365]

Comparando-se o ano de 2018 com o ano de 2021, houve ligeira diminuição do grau de dependência dos municípios em relação às transferências constitucionais. Em 2021, as transferências representaram 64,57% da receita orçamentária dos municípios. No caso de municípios com população de até 2 mil habitantes, as transferências equivaleram a 90,54% das receitas orçamentárias totais. No caso de municípios com população entre 50 mil e 100 mil habitantes, as transferências equivaleram a 72,54% das receitas orçamentárias totais. Somente o grupo dos dois municípios mais populosos do país (São Paulo e Rio de Janeiro) consegue obter uma receita de tributos próprios (44%) superior ao valor das transferências intergovernamentais (30,17%) – dados relativos a 2021.[366]

Por força das transferências intergovernamentais determinadas na Constituição, a parcela da receita corrente disponível para a União é muito menor do que o total das receitas arrecadadas por ela. É que grande parte de suas receitas deve ser partilhada com os demais entes da Federação. Comparando as receitas dos entes federativos antes das transferências e depois das transferências intergovernamentais, a participação da União decresce significativamente, a participação dos municípios aumenta consideravelmente, e a participação dos estados tem leve decréscimo.

No ano de 2014, a União arrecadou aproximadamente 68% do total da carga tributária brasileira,[367] mas, após a repartição de suas receitas com os demais entes da Federação, a receita efetivamente disponível nos cofres federais foi de 55,6% do total das receitas correntes de todos os entes da Federação, ficando os estados com 25,1% e os municípios com 19,3%.[368]

Em 2017 e 2018, a repartição da receita total disponível por ente federativo foi a seguinte: 54,8% para a União, 25,2% para estados e DF e 20% para os municípios.[369]

---

[365] Vide BREMAEKER, François. *As finanças municipais em 2018*. Disponível em: http://www.oim.tmunicipal.org.br/abre_documento.cfm?arquivo=_repositorio/_oim/_documentos/8B072418-A792-1914-F7BC076CD6496EDD02102019041636.pdf&i=3151. Acesso em: 13 dez. 2019.

[366] Vide BREMAEKER, François. *As finanças municipais em 2021*. Maricá, 2022. Disponível em https://informacoesmunicipais.com.br/wp-content/uploads/2022/08/133-panorama-financas-municipais-2021.pdf. Acesso em: 9 out 2024.

[367] BRASIL. Ministério da Fazenda. *Carga Tributária no Brasil, 2014*: análise por tributo e bases de incidência. Brasília: Ministério da Fazenda, 2015.

[368] Cf. PUC-RS. Sindicato das Empresas de Serviços Contábeis do Rio Grande do Sul. *Evolução das Receitas das Três Esferas do Setor Público Brasileiro*. Porto Alegre: PUC-RS, 2016. Disponível em: http://www.sesconrs.com.br/wp-content/uploads/2016/08/Relat%C3%B3rio-25-Gest%C3%A3o-P%C3%BAblica-Eficaz-Evolu%C3%A7%C3%A3o-das-Receitas-das-Tr%C3%AAs-Esferas.pdf. Acesso em: 10 out. 2016.

[369] Cf. FRENTE NACIONAL DE PREFEITOS. Finanças dos municípios do Brasil. *Anuário Multicidades*, ano 15, 2019.

Em 2022, prosseguiu a tendência de ligeiro aumento da desconcentração de receita total disponível, ficando a União com 52,2%; os estados e DF, com 26%; e municípios, com 21,8%.[370]

### 4.6.1 Repartição das receitas tributárias da União em prol dos estados e Distrito Federal

#### 4.6.1.1 Imposto sobre a renda retido na fonte

A primeira forma de participação de estados e Distrito Federal em arrecadações de federais prevista na seção que trata especificamente da "Repartição das Receitas Tributárias" (arts. 157 a 162 da Constituição) é a regra de que pertence aos entes estaduais o produto da arrecadação do imposto sobre a renda e proventos de qualquer natureza, incidente na fonte, sobre os rendimentos pagos, a qualquer título, pelos entes estaduais, incluindo-se os pagamentos realizados pelas autarquias estaduais e pelas fundações instituídas e mantidas pelos estados e Distrito Federal (arts. 157, I e 158, I da Constituição).

Essa participação já constava da ordem constitucional anterior, mas foi sensivelmente ampliada pela Constituição atual. Anteriormente (art. 23, §1º, da Carta de 1967/69), somente o imposto incidente na fonte sobre os rendimentos do trabalho e sobre os juros da dívida pública era objeto de repartição. Na ordem constitucional atual, reparte-se o imposto incidente sobre rendimentos pagos "a qualquer título", e ainda ficam englobados na regra os pagamentos realizados por autarquias e fundações.

Contrariando frontalmente a Constituição, a Receita Federal e a Procuradoria da Fazenda Nacional desenvolveram tese esdrúxula segundo a qual o alcance da norma dos arts. 157, I e 158, I da Constituição restringe-se aos pagamentos de rendimentos do trabalho aos servidores públicos estaduais, distritais e municipais. Essa tese foi sustentada pelos órgãos do Executivo Federal no Parecer Normativo COSIT/RFB nº 2/2012 e no Parecer PGFN/CAT nº 276/2014. Os municípios e estados buscaram o Poder Judiciário para que esse errôneo e abusivo entendimento da União fosse revertido. O Tribunal Regional Federal da 4ª Região deu ganho de causa aos municípios e estados,[371] mas a União recorreu ao STF. Em 2021, em decisão unânime no julgamento do Recurso Extraordinário nº 1.293.453, o STF rejeitou a tese da União federal acima indicada e afirmou corretamente que:[372]

> Pertence ao Município, aos Estados e ao Distrito Federal a titularidade das receitas arrecadadas a título de imposto de renda retido na fonte incidente sobre valores

---

[370] FRENTE NACIONAL DE PREFEITOS. Finanças dos municípios do Brasil. *Anuário Multicidades*, ano 18, 2023, p. 16.

[371] Cf. CONFEDERAÇÃO NACIONAL DE MUNICÍPIOS. *Monitor – O Boletim das Finanças Municipais*, n. 3, 2018.

[372] STF, RE nº 1.293.453, Relator Ministro Alexandre de Moraes, *DJ*, 22 out. 2021.

pagos por eles, suas autarquias e fundações a pessoas físicas ou jurídicas contratadas para a prestação de bens ou serviços, conforme disposto nos arts. 158, I, e 157, I, da Constituição Federal

Ainda segundo a jurisprudência do STF, é do estado federado ou do município (e não da União) a legitimidade passiva em ações em que o servidor público (estadual ou municipal) requer a repetição de valores de imposto sobre a renda indevidamente retido na fonte sobre o pagamento de seus proventos.[373]

### 4.6.1.2 Imposto residual de competência federal

A segunda previsão de repartição de receita tributária federal com os estados e Distrito Federal prevista na Constituição (art. 157, II) consiste na atribuição aos entes estaduais de 20% da arrecadação dos impostos que a União vier a instituir no exercício de sua competência residual prevista no art. 154, I, da Constituição. Ou seja, caso a União crie por lei complementar um novo imposto (competência residual), adicionalmente aos impostos já atribuídos a ela pelo art. 153 da Constituição, os estados e o DF farão jus a 20% de sua arrecadação. Não vigora atualmente nenhum imposto residual criado com base no art. 154, I, da Constituição. Desde o início de vigência da Constituição de 1988, quando a União pretende aumentar seus recursos tributários, prefere, em vez de novos impostos, instituir novas contribuições sociais, contribuições de intervenção no domínio econômico ou, então, majorar as contribuições já existentes.

### 4.6.1.3 Imposto sobre Produtos Industrializados e Imposto Seletivo – divisão proporcional ao valor das exportações de produtos industrializados

Os estados e DF também fazem jus a partilhar entre si 10% da arrecadação do Imposto sobre Produtos Industrializados (IPI) e do Imposto Seletivo (IS) – inserido pela EC nº 132 no art. 153, VIII, da Constituição e que será cobrado somente a partir de 2027. A parcela que caberá a cada um dos entes é definida "proporcionalmente ao valor das respectivas exportações de produtos industrializados", nos termos do art. 159, II, da Constituição. Para evitar que os estados mais industrializados e com maior volume de exportações abocanhassem sozinhos a maior parte dessa transferência, o §2º do art. 159 da Constituição determinou que se aplique um teto de 20% em relação às participações individuais dos estados, sendo que a parcela que deixar de ser transferida a um estado por força da aplicação do teto deve ser partilhada entre as demais unidades, com base no mesmo critério indicado no art. 159, II, da Constituição.

---

[373] Cf. AI nº 577.516-AgR. *DJ*, 20 nov. 2009.

Em 2023, a União repassou aos estados o valor de R$4,7 bilhões com a transferência analisada nesta seção. Os estados que mais receberam esses recursos foram, em ordem decrescente, São Paulo e Rio de Janeiro (20% dos recursos, teto máximo), Minas Gerais (12%) e Pará (8%). Entre 2021 e 2023, houve uma sensível queda na arrecadação total do IPI, o que resultou na diminuição do valor da transferência ora analisada, que foi de R$5,7 bilhões em 2021, R$4,9 bilhões em 2022 e R$4,7 bilhões em 2023.

Conforme a regra do art. 159, §3º, da Constituição, da parcela recebida por cada um dos 26 estados, 25% deverão ser redistribuídos aos seus respectivos municípios. Com relação aos recursos do IPI transferidos pela União nos termos do art. 159, II, da Constituição, os estados devem redistribuí-los aos seus municípios seguindo os mesmos critérios que regem a distribuição de 25% da arrecadação do ICMS aos municípios. Até 2020, esses critérios eram os seguintes: a) no mínimo 75% na proporção do valor adicionado nas operações relativas à circulação de mercadorias e nas prestações de serviços realizadas no território de cada município; e b) até 25% de acordo com o que dispusesse lei estadual específica sobre a matéria. A partir de 2021, a Emenda Constitucional nº 108/2020 alterou esses critérios, que passaram a ser: a) no mínimo 65% conforme a proporção do valor adicionado nas operações relativas à circulação de mercadorias e nas prestações de serviços realizadas no território de cada município; e b) até 35% de acordo com o que dispuser lei estadual, observada, obrigatoriamente, a distribuição de, no mínimo, 10 pontos percentuais com base em indicadores de melhoria nos resultados de aprendizagem e de aumento da equidade, considerado o nível socioeconômico dos educandos.

É importante registrar que o IPI terá sua alíquota zerada a partir de 2027, exceto em relação aos produtos que tenham industrialização incentivada na Zona Franca de Manaus (art. 126, III, "a", do ADCT, incluído pela EC nº 132). Em 2027, começará a cobrança do Imposto Seletivo, o qual, portanto, sucederá o IPI na função de abastecer os cofres estaduais e municipais por meio de transferências constitucionais.

Os recursos do Imposto Seletivo (IS) recebidos pelos estados por força do art. 159, II, da Constituição devem ser redistribuídos aos seus municípios seguindo os mesmos critérios que regem a distribuição de 25% da arrecadação estadual do Imposto sobre Bens e Serviços (IBS) aos respectivos municípios: a) 80% na proporção da população municipal; b) 10% com base em indicadores de melhoria nos resultados de aprendizagem e de aumento da equidade, considerado o nível socioeconômico dos educandos, de acordo com o que dispuser lei estadual; c) 5% com base em indicadores de preservação ambiental, de acordo com o que dispuser lei estadual; e d) 5% em montantes iguais para todos os municípios do estado.

A Lei Complementar nº 61/1989, obedecendo à regra do art. 161, II, da Constituição, regulamenta a transferência baseada no valor adicionado, prevendo os critérios para atribuir as exportações a cada uma das unidades federativas estaduais, os períodos de referência, o procedimento para apuração, publicação e possível contestação dos coeficientes individuais de participação.

## 4.6.1.4 Cide Combustíveis

Compete também aos estados e DF, nos termos do art. 159, III, da Constituição, 29% do produto da arrecadação da chamada *Cide Combustíveis*, contribuição de intervenção no domínio econômico incidente sobre importação e comercialização de combustíveis cuja criação a Constituição autorizou em seu art. 177, §4º. Os critérios para a divisão dos recursos entre os estados e DF são estabelecidos em lei ordinária (vide artigos 1º-A e 1º-B da Lei nº 10.336/2001, incluídos pela Lei nº 10.866/2004), e os entes estaduais devem necessariamente aplicar os recursos recebidos em despesas com programas de infraestrutura de transportes e, após a publicação da Emenda Constitucional nº 132/2023 (que, neste particular, alterou a redação do art. 159, III, e do art. 177, §4º, da Constituição), também em despesas com pagamento de subsídios a tarifas de transporte público coletivo de passageiros.

A transferência mencionada no parágrafo anterior não constava da redação original da Constituição. Em 2001, com a EC nº 33, a Constituição passou a prever expressamente a cobrança da Cide Combustíveis, que foi instituída pela Lei nº 10.336/2001. Dois anos depois, em 2003, a EC nº 42 previu a destinação de 25% da arrecadação da Cide para os estados e DF, passando o percentual para 29% por força da EC nº 44/2004, que alterou a redação do art. 159, III, da Constituição. Dos valores recebidos pelos estados, 25% cabem a seus municípios, que também deverão aplicar os recursos recebidos necessariamente em despesas com programas de infraestrutura de transportes e em despesas com pagamento de subsídios a tarifas de transporte público coletivo de passageiros (redação atual do art. 159, III, da Constituição, determinada pela EC nº 132/2023).

A Lei nº 10.866/2004 determina que a transferência da parcela da arrecadação da Cide Combustíveis será trimestral, e sua divisão entre estados e DF seguirá os seguintes critérios: 40% será distribuído na proporção da extensão da malha rodoviária federal e estadual existente em cada unidade federativa; 30% será distribuído na proporção do consumo de combustíveis em cada unidade federativa; 20% será distribuído conforme a população de cada estado e DF; e 10% será distribuído em 27 parcelas iguais entre todas as unidades federativas.

Segundo entendimento da União federal, a desvinculação de receitas regulada no art. 76 do ADCT incide sobre tal transferência, retirando do montante a ser partilhado aos estados uma parcela de 30%, durante os exercícios de 2016 a 2023 (Emenda Constitucional nº 93/2016). Com efeito, não há regra explícita no art. 76 do ADCT no sentido de que a DRU não incidirá sobre a distribuição da Cide aos estados. Portanto, pelo menos até 31.12.2023, segundo entendimento da União e segundo o próprio art. 1º-A da Lei nº 10.336/2001 (incluído pela Lei nº 10.866/2004), os estados e DF não teriam direito a exatamente 29% do total da arrecadação da Cide Combustíveis, mas a 20,3% do total da arrecadação da contribuição (29% de 70% do total do produto da arrecadação).

Contudo, em ação direta movida pelo Estado do Acre (ADI nº 5.628), o Ministro Teori Zavascki concedeu medida liminar em dezembro de 2016 no sentido de sustar a aplicação da DRU sobre a distribuição da Cide Combustíveis. Segundo a decisão do Ministro Teori Zavascki:

> As redações atribuídas ao longo do tempo ao caput do art. 76 do ADCT estabeleceram que diferentes percentuais da arrecadação deveriam ser desvinculados "de órgão, fundo ou despesa", sem jamais se referir à destinação federativa. O §1º do art. 76 do ADCT, hoje revogado pela EC 93/16, continha norma de valor auxiliar, que explicitava que a DRU não interferia com a base de cálculo das transferências intergovernamentais a Estados e Distrito Federal. A sua supressão, pela EC 93/16, não pode induzir a um raciocínio – tirado à contrario sensu – segundo o qual estaria autorizada a dedução da DRU do montante a ser transferido aos demais entes federados

Em agosto de 2020, o Supremo Tribunal Federal julgou parcialmente procedente a ADI nº 5.628, declarando inconstitucional o art. 1º-A da Lei nº 10.336/2001 (incluído pela Lei nº 10.866/2004), que determina que deve ser deduzida do valor da Cide Combustíveis a ser partilhado com os estados "a parcela desvinculada nos termos do art. 76 do Ato das Disposições Constitucionais Transitórias". Segundo a decisão do STF, o art. 76 do ADCT, na redação dada pela EC nº 93/2016, "não autoriza a dedução do percentual de desvinculação de receitas do montante a ser transferido aos Estados e Municípios em decorrência das normas constitucionais de repartição de receitas".[374]

A cobrança da Cide Combustíveis é um instrumento utilizado pelo Governo Federal para o controle indireto do preço dos combustíveis. Quando há pressões inflacionárias e o preço do combustível está em alta, o Governo Federal costuma reduzir o valor da contribuição. Portanto, essa não é uma transferência com a qual estados e DF podem efetivamente contar.

Em 2012, a alíquota da Cide Combustíveis foi reduzida a zero. Em 2015, a cobrança foi retomada, tendo sido arrecadado, nesse ano, montante superior a R$3 bilhões, valor que se elevou para R$5,7 bilhões em 2016 (aumento de 78%).

O valor arrecadado em 2017 foi de R$5,8 bilhões. Em 2018, a assim conhecida "greve dos caminhoneiros" provocou a redução a zero da alíquota da Cide Combustíveis sobre o diesel (Decreto nº 9.391/2018), fazendo com que a arrecadação do tributo fosse reduzida para R$3,9 bilhões.[375]

Em 2018, foram distribuídos R$1,022 bilhões da Cide Combustíveis aos estados. São Paulo (17,31%) e Minas Gerais (10,86%) ficam com a maior parte dos recursos.[376]

---

[374] STF, ADI nº 5.628, Relator Ministro Alexandre de Moraes, *DJ* 26 nov. 2020.

[375] Cf. BRASIL, Secretaria da Receita Federal. Centro de Estudos Tributários e Aduaneiros. *Análise da arrecadação das receitas federais* – Dezembro de 2018. Brasília, 2019.

[376] Cf. BRASIL. Secretaria do Tesouro Nacional. *Contribuição de Intervenção de Domínio Econômico* – Municípios – 2019. Disponível em: http://www.tesouro.fazenda.gov.br/documents/10180/327938/pge_cide.xls. Acesso em: 14 dez. 2019.

Em 2022, a arrecadação da Cide Combustíveis foi de R$1,44 bilhão e, em 2023, de R$1,27 bilhão.[377] Nesses dois anos, a União distribuiu aos estados o valor de R$830 milhões. Os estados que mais receberam recursos foram São Paulo (R$113 milhões) e Minas Gerais (R$67 milhões).[378]

### 4.6.1.5 IOF Ouro

No art. 153, §5º, a Constituição determina que estados e DF receberão 30% do produto da arrecadação do imposto federal (IOF) incidente sobre a operação em que o ouro é destinado ao mercado financeiro ou à execução da política cambial do país, ou seja, sobre a operação em que o ouro assume a condição de ativo financeiro ou instrumento cambial. A alíquota atual do imposto incidente sobre essas operações é de 1% (Lei nº 7.766/1989), e a divisão dos recursos entre os estados e DF se faz de acordo com a origem geográfica da extração do metal.

Em 2018, Mato Grosso (47,5%) e Pará (46%) dividiram sozinhos praticamente todo o valor da distribuição (R$4,6 milhões).[379] Em 2023, a União distribuiu aos estados R$13,15 milhões com essa transferência, permanecendo Mato Grosso (R$6,43 milhões) e Pará (R$4,79 milhões) como os estados com maiores valores recebidos.[380]

### 4.6.1.6 Fundo de Participação dos Estados e Distrito Federal (FPE)[381]

A primeira Constituição a prever uma forma de rateio de arrecadação tributária nos moldes de um fundo de participação destinado a entidades subnacionais foi a de 1946, que em seu art. 15, §4º, determinou que a União entregaria 10% da arrecadação do imposto sobre a renda e proventos de qualquer natureza aos municípios, exceto os das capitais, feita a distribuição em partes iguais. Na condição de jurista e de constituinte, Aliomar Baleeiro afirmou que o objetivo político da norma era melhorar a participação dos municípios na discriminação de rendas e "homogeneizar economicamente o país, de sorte que as regiões mais desenvolvidas do Sul contribuíssem para a arrancada econômica das regiões mais atrasadas do Nordeste, Norte e Centro-Oeste".[382]

---

[377] BRASIL. Secretaria da Receita Federal. Centro de Estudos Tributários e Aduaneiros. *Análise da Arrecadação das Receitas Federais* – Janeiro/2024. Brasília, 2024, p. 31.

[378] Dados disponíveis em: https://www.tesourotransparente.gov.br/temas/estados-e-municipios/transferencias-a-estados-e-municipios. Acesso em: 11 out. 2024.

[379] Cf. BRASIL. Secretaria do Tesouro Nacional. *IOF Ouro* – Estados – 2019. Disponível em: http://www.tesouro.fazenda.gov.br/documents/10180/327938/pge_iof_estados.xls. Acesso em: 14 dez. 2019.

[380] Dados disponíveis em: https://www.tesourotransparente.gov.br/temas/estados-e-municipios/transferencias-a-estados-e-municipios. Acesso em: 11 out. 2024.

[381] O conteúdo desta seção corresponde a uma síntese didática do estudo GODOI, Marciano Seabra de. Nova legislação do Fundo de Participação dos Estados (LC 143/2013): a curiosa resposta do Congresso Nacional às determinações do Supremo Tribunal Federal. *In*: DERZI, Misabel Abreu Machado et al. (Coord.). *Estado Federal e tributação: das origens à crise atual*. Belo Horizonte: Arraes, 2015. v. 1. p. 225-236.

[382] BALEEIRO, Aliomar. *Direito tributário brasileiro*. 12. ed. atual. por Misabel Abreu Machado Derzi. Rio de Janeiro: Forense, 2013. p. 918.

Em 1961, por força da Emenda Constitucional nº 5, essa primeira forma de fundo de participação dos municípios passou a contar também com 10% do imposto de consumo (antiga denominação do atual imposto sobre produtos industrializados), aumentando-se o percentual de participação na arrecadação do imposto sobre a renda e proventos de qualquer natureza para 15%.

O Fundo de Participação dos Estados surgiu no direito constitucional brasileiro com a Emenda Constitucional nº 18, de 1965, que promoveu ampla reforma tributária e financeira no país. No art. 21 de referida emenda, utilizou-se a nomenclatura "Fundo de Participação dos Estados e do Distrito Federal" e "Fundo de Participação dos Municípios", e determinou-se que 10% do produto da arrecadação do imposto sobre a renda e do imposto sobre produtos industrializados seriam destinados a cada um dos fundos.

As regras para o rateio das parcelas dos fundos entre as entidades federativas foram estabelecidas originalmente no Código Tributário Nacional, em 1966, em seus arts. 88 a 91. O rateio do Fundo de Participação dos Estados e do Distrito Federal baseava-se em três critérios: superfície territorial, população e o inverso da renda *per capita* de cada unidade federativa.

A parcela de 10% da arrecadação do IR e do IPI para o FPE e para o FPM foi mantida na redação original do art. 26 da Carta de 1967. Contudo, em 1968 (Ato Complementar nº 40) houve substancial redução neste percentual, que passou a ser de somente 5% para cada um dos Fundos, reservando-se 2% para um Fundo Especial. A partir de 1968, iniciou-se o período de menor autonomia fiscal dos estados e municípios, e maior centralização de poderes nas mãos do governo central.[383] Esse percentual de apenas 5%, que constou também da redação original do art. 25 da Carta dada pela EC nº 1/1969, passou a ter constantes acréscimos a partir de 1976, por força da Emenda Constitucional nº 5/1975. Após as eleições de 1982, com o fortalecimento da oposição ao regime militar no Congresso e na sociedade civil, teve início um processo de descentralização fiscal, em que foram paulatinamente aumentados os percentuais dos fundos de participação. A Emenda Passos Porto (EC nº 23/1983) determinou que o percentual do FPE subisse para 14% a partir de 1985. Segundo Fabrício Augusto de Oliveira, essas medidas de descentralização fiscal "não apenas representaram um golpe nos objetivos do executivo federal, como o prenúncio de que o Estado autoritário estava com os dias contados".[384]

Com a Constituição de 1988, aprofunda-se a tendência de descentralização fiscal. Além de contar com o novo e potente ICMS, cuja base de incidência, muito maior do que a do antigo ICM, incorporou importantíssimos setores econômicos (transportes, combustíveis, minerais, comunicações) antes tributados por impostos federais, os estados e o Distrito Federal tiveram um aumento expressivo no percentual da arrecadação do IR e do IPI destinado ao FPE. Segundo a Constituição de 1988, o

---

[383] Cf. VARSANO, Ricardo et al. *Uma análise da carga tributária do Brasil*. Rio de Janeiro: Ipea, 1998. Texto para Discussão, n. 583. p. 11.

[384] OLIVEIRA, Fabrício Augusto de. *A evolução da estrutura tributária e do fisco brasileiro*: 1889-2009. Brasília: Ipea, 2010. Texto para Discussão, n. 1469. p. 38.

percentual do FPE passou a ser de 19% em 1989 (art. 34, §2º, do ADCT), atingindo o valor atual de 21,5%, previsto no art. 159, I, "a", da Constituição, a partir do exercício de 1993.

Os efeitos da Emenda Passos Porto e da Constituição de 1988 na evolução da participação de estados e municípios no total de receitas disponíveis podem ser visualizados com os seguintes dados: em 1983, ano da Emenda Passos Porto, a participação dos estados na receita disponível (após transferências constitucionais obrigatórias) era de apenas 21,3%, e a dos municípios de apenas 8,9%. Em 1986, com as mudanças operadas pela Emenda Passos Porto, a participação dos estados subiu para 27% e a dos municípios para 12,1%. Em 1992, quatro anos após a Constituição de 1988, a participação dos estados era de 28,1%, e a dos municípios era de 14,9%.[385]

Vejamos agora as normas da Constituição de 1988 sobre o mecanismo de rateio das parcelas do Fundo de Participação dos Estados e do Distrito Federal, com ênfase no papel do Congresso Nacional estabelecido pelo constituinte originário. Definiu-se que cabe à lei complementar estabelecer os "critérios de rateio dos fundos", tendo como objetivo "promover o equilíbrio socioeconômico entre Estados e entre Municípios" (art. 161, II). Foram também estabelecidas duas normas transitórias. Na primeira, definiu-se que seriam "mantidos os atuais critérios de rateio até a entrada em vigor da lei complementar a que se refere o art. 161, II" (art. 34, §2º, I, do ADCT). Na segunda norma transitória, definiu-se que "o Congresso Nacional deverá votar, no prazo de doze meses, a lei complementar prevista no art. 161, II" (art. 39, parágrafo único, do ADCT).

O Congresso Nacional não cumpriu à risca o prazo determinado no art. 39, parágrafo único, do ADCT. A lei complementar prevista no art. 161, II, da Constituição foi sancionada somente em 28.12.1989 (Lei Complementar nº 62), alguns meses após o término do período de um ano previsto no referido dispositivo do ADCT.

Além de não ter cumprido o prazo, o Congresso Nacional tampouco cumpriu rigorosamente o mandamento de estabelecer os "critérios de rateio" do FPE. Com efeito, a Lei Complementar nº 62 limitou-se a determinar que 85% dos recursos do Fundo seriam distribuídos para os estados das regiões Norte, Nordeste e Centro-Oeste, e 15% para os estados das regiões Sul e Sudeste. Além disso, a Lei Complementar nº 62 trouxe em seu Anexo Único uma tabela com os coeficientes individuais de participação de cada unidade federativa. Acerca dos critérios de rateio propriamente ditos, que naturalmente não se confundem com os coeficientes individuais fixados no Anexo Único, houve uma clara postergação de sua definição. Com efeito, definiu-se que tais critérios de rateio seriam fixados "em lei específica, com base na apuração do censo de 1990", para vigorarem "a partir de 1992". Até que os critérios fossem definidos, determinou-se que continuariam "em vigor os coeficientes estabelecidos nesta Lei Complementar" (art. 2º da Lei Complementar nº 62).

---

[385] Cf. VARSANO, Ricardo et al. *Uma análise da carga tributária do Brasil.* Rio de Janeiro: Ipea, 1998. Texto para Discussão, n. 583. p. 45.

O censo de 1990 foi realizado, seus dados foram publicados, mas o Congresso Nacional nunca chegou a votar a "lei específica" mencionada no art. 2º, §2º, da Lei Complementar nº 62/1989. Ou seja, os critérios de rateio do fundo não foram definidos em lei complementar, como mandava a Constituição. As cotas de participação no fundo foram calculadas, a partir de 1990, com base nos percentuais concretos definidos no Anexo Único da Lei Complementar nº 62/1989.

Tão logo terminou o prazo previsto no art. 2º, §2º, da LC nº 62/1989 para que o Congresso Nacional definisse verdadeiros critérios de rateio do FPE, a vigorarem a partir de 1992, alguns estados começaram a ajuizar ações diretas de inconstitucionalidade sobre a matéria.

A primeira ação ajuizada foi a nº 875, proposta em 1993 pelos governadores dos três estados da região Sul, tendo por pedido a inconstitucionalidade do art. 2º e do Anexo Único da LC nº 62. As ações diretas de inconstitucionalidade nº 2.727 e 3.243 têm conteúdo semelhante. A ação nº 1.987 é de inconstitucionalidade por omissão, arguindo a omissão do Congresso Nacional em regulamentar o art. 161, II, da Constituição.

O primeiro aspecto a comentar – e lamentar – quanto ao julgamento dessas ações é a demora e o atraso incompreensíveis do Supremo Tribunal Federal para apreciar o pedido dos requerentes. O caso da ADI nº 875 é impressionante. Ajuizada a ação em 1993, em poucos meses o relator do caso, Ministro Néri da Silveira, colheu as informações da Presidência da República e do Congresso Nacional e obteve a manifestação da Advocacia Geral da União. Ocorre que, remetidos os autos à Procuradoria-Geral da República para o seu parecer, lá ficaram nada menos que oito anos (de dezembro de 1993 a março de 2002). Somando-se os oito anos em que os autos ficaram na gaveta do procurador-geral da República com os nove anos em que nenhum dos então presidentes do Supremo Tribunal Federal tomou a decisão de iniciar o julgamento do caso no Plenário, tem-se dezessete anos de descaso das mais altas instituições do país para com uma questão central do federalismo brasileiro.

As quatro ações diretas foram julgadas conjuntamente na sessão plenária de 24.2.2010. Decidiu-se que a LC nº 62/1989 não cumpriu o mandamento do art. 161, II, da Constituição, visto que efetuou um cálculo matemático concreto (definição dos coeficientes individuais de participação constantes do Anexo Único da lei complementar) ao invés de definir critérios de rateio para a distribuição do fundo. Também se entendeu que a falta de edição da "lei específica" mencionada no art. 2º, §2º, da Lei Complementar nº 62/1989 produziu uma situação de omissão inconstitucional.

A solução encontrada quanto ao conteúdo da decisão pela procedência das ações diretas foi a de, declarando inconstitucional o art. 2º e o Anexo Único da LC nº 62/1989, manter-se-ia a aplicação desses dispositivos até a data de 31.12.2012, visto que a aplicação no caso da clássica regra da nulidade das normas inconstitucionais geraria "um verdadeiro caos jurídico" (fl. 277). Por isso mesmo, o Tribunal decidiu aplicar o art. 27 da Lei nº 9.868/1999 "em sua versão mais ampla" (que permite à Corte deliberar que a eficácia da declaração de inconstitucionalidade somente tenha eficácia a partir de dado momento fixado no futuro) e declarar a inconstitucionalidade dos dispositivos legais sem sua pronúncia de nulidade, assegurando sua aplicação até 31.12.2012.

O sentido da decisão do STF foi muito claro, e a nosso ver correto: o Congresso Nacional não poderia ter definido coeficientes concretos e fixos de distribuição do FPE; deveria ter definido critérios de rateio que permitissem uma aplicação dinâmica conforme o evoluir das condições socioeconômicas dos entes federativos, pois somente dessa maneira o FPE é capaz de promover "o equilíbrio socioeconômico" entre os estados, tal como determina o art. 161, II, da Constituição.

Pressionado pelo STF, o Congresso Nacional votou e aprovou a Lei Complementar nº 143, publicada em 17.7.2013. Na nova lei há a definição, de fato, de critérios de rateio do FPE que permitem em tese uma aplicação dinâmica, a ser feita conforme a evolução das condições socioeconômicas de cada unidade federativa. Criou-se (plasmada na nova redação do art. 2º, III, da LC nº 62/89) uma sistemática muito semelhante à anteriormente prevista no art. 89 do Código Tributário Nacional, em que os coeficientes individuais de participação dos estados e Distrito Federal são resultantes do produto de um fator representativo da população e de um fator representativo do inverso da renda *per capita* de cada Estado, definindo-se limites máximos e mínimos para o fator representativo da população.

Uma novidade da sistemática da LC nº 143 é a introdução de regras claramente orientadas a promover o equilíbrio socioeconômico entre os estados. Segundo essa regra, os coeficientes individuais de participação dos estados cujas rendas *per capita* superarem 72% da renda *per capita* nacional (valor de referência) serão "reduzidos proporcionalmente à razão entre o excesso da renda domiciliar *per capita* da entidade beneficiária e o valor de referência", distribuindo-se entre os demais estados, proporcionalmente, os valores resultantes de tal redução operada contra os estados, por assim dizer, *mais ricos*. Essa regra, destinada a beneficiar os estados com menos renda *per capita* em detrimento dos com mais renda *per capita*, veio substituir o critério anterior, previsto nos incs. I e II do art. 2º da LC nº 62/89, segundo o qual 85% dos recursos do Fundo caberiam aos estados das regiões Nordeste, Norte e Centro-Oeste, e apenas 15% aos estados da região Sul e Sudeste. Essa divisão fixa de recursos por região criava fortes distorções em termos de iniquidade horizontal, gerando uma situação em que "Estados igualmente pobres recebem transferências desproporcionalmente desiguais".[386]

Restringindo a análise somente à redação dos artigos que introduziram as regras de rateio comentadas no parágrafo anterior, tem-se a impressão de que o Congresso Nacional se mostrou ciente dos vícios de inconstitucionalidade declarados pelo STF e desta feita se desincumbiu satisfatoriamente da tarefa de regulamentar o art. 161, II, da Constituição sem os desvios outrora cometidos com a LC nº 62. Contudo, a análise integral da Lei Complementar nº 143 indica, em nossa opinião, que as distorções criadas no passado não foram devidamente corrigidas, mas, ao

---

[386] PRADO, Sergio. Transferências fiscais no Brasil: o lado "esquecido" da reforma tributária. *In*: PINTO, Márcio Percival Alves; BIASOTO JR., Geraldo (Org.). *Política fiscal e desenvolvimento no Brasil*. Campinas: Editora da Unicamp, 2006. p. 206.

contrário, permanecerão atuando por muito tempo sobre um dos mecanismos mais importantes da convivência federativa brasileira.

O primeiro aspecto a destacar, neste sentido, é a manutenção da aplicação dos mesmos coeficientes individuais de participação previstos no Anexo Único da LC nº 62 por mais três anos, até o final de 2015 (nova redação do art. 2º, I, da LC nº 62). Os coeficientes que o STF havia considerado por unanimidade no julgamento de 2010 como "índices que não estão atualizados" (fl. 284 do acórdão da ADI nº 875) foram expressamente mantidos pelo legislador, por mais três anos, até o fim de 2015. Ressalte-se que o STF declarou a inconstitucionalidade de referidos coeficientes, mantendo sua aplicação em caráter extraordinário até 31.12.2012. Na LC nº 143, esses coeficientes foram "ressuscitados" expressamente e permaneceram com aplicação incólume por mais três anos.

O segundo aspecto a destacar, talvez o mais grave, é que o legislador definiu uma sistemática de distribuição das parcelas do Fundo, a partir de 2016, que irá, na prática, *congelar* ou manter fixa, por mais longos anos, a proporção relativa entre os (já declarados inconstitucionais pelo STF) coeficientes individuais de participação previstos no Anexo Único da LC nº 62. Isso porque a LC nº 143 estabeleceu que cada estado tem direito a receber, a partir de 1º.1.2016, o que recebeu em 2015 (conforme os famigerados coeficientes do Anexo Único da LC nº 62), acrescido de correção monetária (calculada pela variação acumulada do Índice de Preços ao Consumidor Amplo ou outro índice que vier a substituí-lo) e acrescido ainda do percentual equivalente a 75% da variação real do Produto Interno Bruto do ano anterior ao considerado para a base de cálculo.

Vale dizer: os novos critérios de rateio do Fundo (produto do fator representativo da população e do fator representativo do inverso da renda *per capita* de cada estado, com determinados ajustes) não incidem, a partir de 2016, sobre o *valor total* a ser distribuído pelo Fundo. Os novos critérios de rateio baseados na população e na renda *per capita* somente incidem sobre uma parcela *residual*: a parcela dos recursos totais do Fundo que superarem o montante do ano de 2015, acrescido de correção monetária e ainda de 75% do crescimento real do PIB no ano anterior.

Com base nessa sistemática definida pela LC nº 143, afirmamos na primeira edição do *Curso* que "muito provavelmente a quase totalidade dos recursos do Fundo continuará sendo, por muitos e muitos anos, sendo distribuída entre os Estados segundo a mesma proporção definida há vinte e cinco anos na tabela (declarada inconstitucional pelo STF) prevista no Anexo Único da LC nº 62/89".

A previsão veio a se concretizar. Conforme indicam os demonstrativos do Tesouro Nacional sobre o montante dos repasses do FPE de 2016 a 2018,[387] quase 95% dos valores foram rateados entre os estados conforme os critérios antigos da LC nº 62/89. A proporção só não foi maior porque, em 2016, os valores do FPE foram aumentados artificialmente pela cobrança extraordinária de imposto sobre a renda

---

[387] Cf. BRASIL. Tesouro Nacional. *Boletins e comunicados*. Disponível em: http://www.tesouro.fazenda.gov.br/transferencias-constitucionais-e-legais#boletins. Acesso em: 13 dez. 2019.

no âmbito do Regime Especial de Regularização Cambial e Tributária (RERCT). Não fossem essas receitas extraordinárias de imposto sobre a renda em 2016 (R$50 bilhões entre imposto sobre a renda e multas), os valores do FPE do ano de 2016 seriam inferiores aos de 2015, inviabilizando qualquer divisão pelos novos critérios de rateio definidos na LC nº 143.[388]

Analisando os números da distribuição das parcelas do FPE desde 2015 (último ano em que vigoraram na íntegra os coeficientes do Anexo Único da LC nº 62/89) até 2023, pode-se concluir que houve pouca variação nas parcelas relativas de cada estado. Vejam-se a seguir as listas decrescente de estados por parcela recebida do FPE em 2015 e 2023:

| 2015 | 2023 |
|---|---|
| Bahia | Bahia |
| Ceará | Maranhão |
| Maranhão | Ceará |
| Pernambuco | Pernambuco |
| Pará | Pará |
| Paraíba | Paraíba |
| Minas Gerais | Minas Gerais |
| Tocantins | Piauí |
| Piauí | Alagoas |
| Rio Grande do Norte | Tocantins |
| Alagoas | Sergipe |
| Sergipe | Rio Grande do Norte |
| Acre | Amapá |
| Amapá | Acre |
| Paraná | Amazonas |
| Goiás | Goiás |
| Rondônia | Rondônia |
| Amazonas | Paraná |
| Roraima | Roraima |
| Rio Grande do Sul | Mato Grosso |
| Mato Grosso | Rio Grande do Sul |
| Rio de Janeiro | Espírito Santo |
| Espírito Santo | Rio de Janeiro |
| Mato Grosso do Sul | Mato Grosso do Sul |
| Santa Catarina | Santa Catarina |
| São Paulo | São Paulo |
| Distrito Federal | Distrito Federal |

Com a Emenda Constitucional nº 132, de 2023, a base de cálculo do Fundo de Participação dos Estados passou a abranger também a arrecadação do Imposto Seletivo, incluído pela EC nº 132 no art. 153, VIII da Constituição para incidir sobre bens e serviços prejudiciais à saúde ou ao meio ambiente.

---

[388] Cf. CASTRO, Kleber Pacheco de. Novo critério de rateio do fundo de participação dos estados: efetivo ou inócuo. *Cadernos Gestão Política e Cidadania*, São Paulo, v. 23, n. 76, p. 397-412, set./dez. 2018.

Como se pode ver no gráfico abaixo, em termos reais (descontada a inflação medida pelo IPCA) o volume total do FPE ficou estagnado de 2014 até 2019, regrediu em 2020 (primeiro ano da pandemia) e teve forte aumento em 2021 e 2022, regredindo em 2023 com relação a 2022.

**Valor Repassado por Período (R$)**

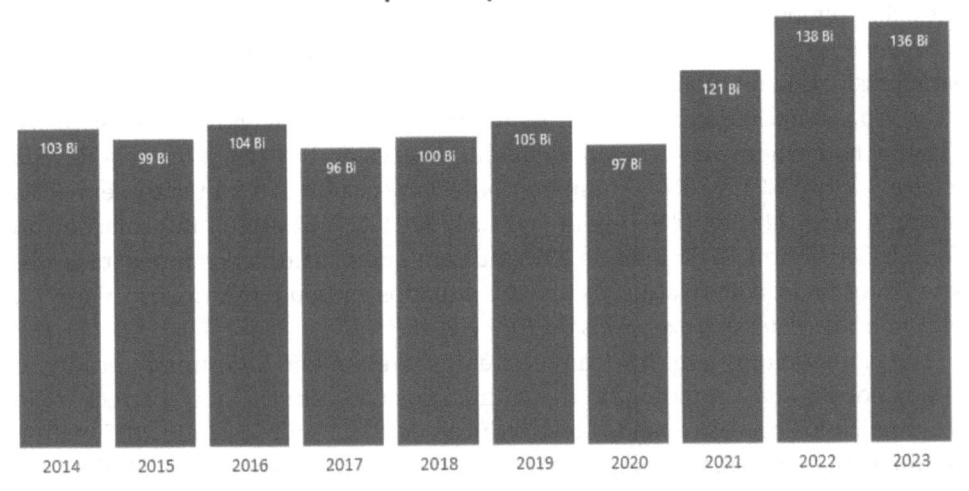

|  |  |
|---|---|
| 2014 | 103 Bi |
| 2015 | 99 Bi |
| 2016 | 104 Bi |
| 2017 | 96 Bi |
| 2018 | 100 Bi |
| 2019 | 105 Bi |
| 2020 | 97 Bi |
| 2021 | 121 Bi |
| 2022 | 138 Bi |
| 2023 | 136 Bi |

Fonte: TESOURO NACIONAL TRANSPARENTE. *Transferências a Estados e Municípios*. Disponível em: https://www.tesourotransparente.gov.br/temas/estados-e-municipios/transferencias-a-estados-e-municipios. Acesso em: 14 out. 2024.

### 4.6.2 Repartição das receitas tributárias da União em prol dos municípios

#### 4.6.2.1 Imposto sobre a renda retido na fonte

Tal como fez em relação aos estados e DF, a Constituição também determinou que pertence aos entes municipais o produto da arrecadação do imposto sobre a renda e proventos de qualquer natureza, incidente na fonte, sobre os rendimentos pagos, a qualquer título, pelos municípios, suas autarquias e fundações (art. 158, I), valendo com relação a essa forma de repartição os mesmos comentários feitos anteriormente quanto ao art. 157, I, da Constituição.

#### 4.6.2.2 Imposto territorial rural

Em sua redação original, a Constituição determinava que pertencia ao município a metade da arrecadação do imposto territorial rural (ITR) relativo aos imóveis nele situados (art. 158, II, em sua redação original). A EC nº 42/2003 determinou que o ITR pode ser fiscalizado e cobrado pelos municípios que assim optarem (art. 153, §4º,

III), desde que isso não implique redução do imposto ou outra forma de renúncia fiscal, e, no caso dessa opção, pertencerá ao município a totalidade da arrecadação do imposto federal (art. 158, II, em sua redação atual).

A Lei nº 11.250/2005 regulamentou o disposto no art. 153, §4º, II, da Constituição, e mais de dois mil e setecentos municípios se dispuseram a assinar convênios com a União, valendo mencionar que o Decreto nº 6.433/2008 instituiu o Comitê Gestor do ITR e disciplinou diversos aspectos dessa municipalização do ITR, como o processo de julgamento de recursos administrativos contra lançamentos do imposto, requisitos para a assinatura dos convênios etc.

Após o início do processo de assinatura dos convênios entre os municípios e a União, houve aumento do número de declarações do ITR recebidas pela Receita Federal. Entre 2005 e 2014, o número de declarações do ITR aumentou em 30%, passando de 4.247.584 (2005) para 5.471.347 (2014).[389] Contudo, informações do Comitê Gestor do ITR do final de 2015 indicam que a maioria dos municípios não havia informado, com relação aos imóveis situados em seu território, os valores da terra nua referentes aos exercícios de 2014 e 2015.[390]

Os municípios que firmaram convênios tiveram em 2015 uma arrecadação 29% maior do que a arrecadação dos municípios não conveniados; a arrecadação dos municípios não conveniados teve redução de R$2,1 milhões entre 2015 e 2014; os municípios conveniados respondem por 92% da arrecadação total do ITR,[391] que no ano de 2015 chegou a R$1,104 bilhão.

Entre 2006 e 2022, a arrecadação total do ITR, após a celebração dos convênios que permitem aos municípios se apropriarem de 100% do imposto, triplicou em termos de pontos percentuais do PIB. Em 2006, era de 0,01% do PIB; a partir de 2014 até 2018, foi de 0,02% do PIB.[392] Em 2022, chegou a 0,03% do PIB.[393] A maior parte da arrecadação do ITR vem, em ordem decrescente, dos municípios de São Paulo,

---

[389] Vide informações da RFB em ENAT. *ITR – Receita recebeu mais de 5,4 milhões de declarações em 2014*. Disponível em: http://www.enat.receita.fazenda.gov.br/pt-br/area_nacional/areas_interesse/portal-itr-1/noticias/destaques/itr-2013-receita-recebeu-mais-de-5-4-milhoes-de-declaracoes-em-2014. Acesso em: 1º out. 2016.

[390] ASSOCIAÇÃO MATO-GROSSENSE DOS MUNICÍPIOS. *Comitê Gestor do ITR alerta municípios optantes pelo convênio sobre suas obrigações*. Disponível em: http://www.amm.org.br/Noticias/Comite-gestor-do-itr-alerta-municipios-optantes-pelo-convenio-sobre-suas-obrigacoes/. Acesso em: 1º out. 2016.

[391] ASSOCIAÇÃO MATO-GROSSENSE DOS MUNICÍPIOS. *Municípios conveniados com a Receita Federal arrecadam, em média, 29% a mais de ITR*. Disponível em: http://www.amm.org.br/Noticias/Municipios-conveniados-com-a-receita-federal-arrecadam-em-media-29-a-mais-de-itr/. Acesso em: 1º out. 2016.

[392] Cf. BRASIL. Ministério da Fazenda. Receita Federal. CETAD – Centro de Estudos Tributários e Aduaneiros. *Carga Tributária no Brasil, 2015*: análise por tributo e bases de incidência. Brasília: Ministério da Fazenda, 2016; BRASIL. Ministério da Fazenda. Receita Federal. CETAD – Centro de Estudos Tributários e Aduaneiros. *Carga Tributária no Brasil, 2018*: análise por tributo e bases de incidência. Brasília: Ministério da Fazenda, 2019.

[393] BRASIL. Ministério da Fazenda. Carga tributária no Brasil 2022 – Análise por tributos e bases de incidência. Brasília, 2023, p. 18.

Mato Grosso do Sul, Mato Grosso, Goiás, Paraná, Rio Grande do Sul e Minas Gerais (levantamento relativo a 2018).[394]

A Instrução Normativa nº 1.640/2016, da Receita Federal de Brasil, disciplina a celebração de convênio entre a Secretaria da Receita Federal do Brasil, em nome da União, e o Distrito Federal ou os municípios para delegação das atribuições de fiscalização, inclusive a de lançamento de créditos tributários, e de cobrança relativas ao ITR. Essa instrução normativa exigiu dos municípios uma série de adequações administrativas para que permanecessem ativos os convênios celebrados em anos anteriores. Em 2017, mais de dois mil municípios foram intimados e tiveram que apresentar documentações de comprovação.[395] Somente os municípios com convênios ativos e com servidores treinados e capacitados pelo Governo Federal podem realizar as atividades de fiscalização/cobrança e receber 100% da arrecadação do imposto.

Segundo informações do Tesouro Transparente em relação ao ano de 2024, há 1.423 municípios conveniados com a União para fiscalização e recebimento do ITR (em 2018, esse número era de 994). Em 2023, a arrecadação total do ITR foi de R$2,87 bilhões, sendo que 87,7% dessa arrecadação proveio de municípios conveniados. No ano de 2023, os repasses federais do ITR chegaram a R$2,38 bilhões. Dos cinco municípios que mais receberam recursos do ITR em 2023, quatro são do estado de Mato Grosso do Sul (Maracaju, Campo Grande, Ribas do Rio Pardo e Corumbá) e um de Goiás (Rio Verde).[396]

### 4.6.2.3 IOF Ouro

De acordo com a regra do art. 153, §5º, da Constituição, já comentada na seção anterior relativa às transferências da União para estados e Distrito Federal, a União entregará aos municípios 70% do produto da arrecadação do imposto federal (IOF) incidente sobre a operação em que o ouro é destinado ao mercado financeiro ou à execução da política cambial do país, ou seja, sobre a operação em que o ouro assume a condição de ativo financeiro ou instrumento cambial, cabendo essa distribuição ao município em cujo território o ouro tiver sua origem.

Em 2023, o total do IOF Ouro distribuído pela União aos municípios foi de R$32,4 milhões. O município paraense de Itaituba recebeu aproximadamente um terço do total (R$10,1 milhões). Os municípios mato-grossenses de Poconé, Nossa Senhora do Livramento, Peixoto de Azevedo e Figueirópolis d'Oeste dividiram sozinhos mais

---

[394] Cf. BRASIL. Secretaria da Fazenda. *Imposto Territorial Rural* – Municípios – 2019. Disponível em: www.tesouro.fazenda.gov.br/documents/10180/327938/pge_itr.xls. Acesso em: 13 dez. 2019.

[395] Cf. CNM. *Municípios podem permanecer com convênios do ITR e garantir arrecadação*. Disponível em: https://www.cnm.org.br/comunicacao/noticias/municipios-podem-permanecer-com-convenios-do-itr-e-garantir-arrecadacao. Acesso em: 13 dez. 2019.

[396] Informações disponíveis em: https://www.gov.br/receitafederal/pt-br/acesso-a-informacao/dados-abertos/receitadata/arrecadacao/arrecadacao-itr-por-municipio. Acesso em: 14 out. 2024.

um terço do total. As capitais São Paulo e Porto Velho vieram em seguida, recebendo cada uma o valor aproximado de R$1,5 milhão.[397]

### 4.6.2.4 Fundo de Participação dos Municípios (FPM)

Quando tratamos do Fundo de Participação dos Estados (FPE), traçamos o histórico legislativo tanto do FPE quanto do FPM, desde a Constituição de 1946 até a Constituição de 1988. Relembramos a notável descentralização de recursos promovida desde 1983, quando entrou em vigor a chamada Emenda Passos Porto, até o período imediatamente posterior à Constituição de 1988: em 1983, a participação dos municípios na receita disponível total dos entes federativos (após as transferências constitucionais obrigatórias) era de apenas 8,9%. Em 1986, essa proporção subiu para 12,1%. Em 1992, subiu para 14,9%.[398] Em 2018, a parcela dos municípios era de 20% e, em 2022, de 21,8%.[399]

A Constituição determinava em sua redação original que os recursos do FPM correspondiam a 22,5% do produto da arrecadação do imposto sobre a renda e proventos de qualquer natureza e do imposto sobre produtos industrializados (art. 159, I, "b", da Constituição). A Emenda Constitucional nº 55/2007 aumentou em 1 ponto percentual esse valor (art. 159, I, "d"). A Emenda Constitucional nº 84/2014 aumentou-o em mais 1 ponto percentual (art. 159, I, "e"). E em 2021 houve mais um aumento de 1 ponto percentual, determinado pela EC nº 112 (art. 159, I, "e"), perfazendo o montante de 25,5% a partir de 2025.[400] O percentual de 22,5% (art. 159, I, "b", da Constituição) gera uma distribuição com periodicidade de dez dias, ao passo que o percentual de 3% (art. 159, I, "d", "e" e "f", da Constituição) é distribuído em três ocasiões: uma no primeiro decêndio de julho, outra no primeiro decêndio de setembro e outra no primeiro decêndio do mês de dezembro de cada ano.

Com a Emenda Constitucional nº 132, de 2023, a base de cálculo do Fundo de Participação dos Estados passou a abranger também a arrecadação do Imposto Seletivo, incluído pela EC nº 132 no art. 153, VIII, da Constituição para incidir sobre bens e serviços prejudiciais à saúde ou ao meio ambiente.

Vejamos os critérios atualmente em vigor para a divisão, entre as entidades locais, das quotas do FPM. Conforme regras definidas pela LC nº 91/1997, que nesse particular manteve os critérios já fixados no CTN e no Decreto-Lei nº 1.881/1981, do valor total que compõe o FPM, 10% é destinado às capitais dos estados (incluindo-se

---

[397] Informações disponíveis em: https://www.tesourotransparente.gov.br/temas/estados-e-municipios/transferencias-a-estados-e-municipios. Acesso em: 14 out. 2024.

[398] Cf. VARSANO, Ricardo et al. *Uma análise da carga tributária do Brasil*. Rio de Janeiro: Ipea, 1998. Texto para Discussão, n. 583. p. 45.

[399] FRENTE NACIONAL DE PREFEITOS. Finanças dos municípios do Brasil. *Anuário Multicidades*, ano 18, 2023, p. 16.

[400] Segundo a Emenda Constitucional nº 112, determinou-se um período de transição para o acréscimo de 1 ponto percentual ao FPM: elevação de 0,25% em 2022 e 2023; de 0,5% em 2024; e de 1% a partir de 2025.

o Distrito Federal), 86,4% é destinado aos municípios do interior e 3,6% é destinado aos municípios com população a partir de 142.633 habitantes.

Ressalte-se que, tal como ocorre com os cálculos sobre o rateio do FPE, o cálculo das cotas-partes dos municípios no FPM é feito anualmente pelo Tribunal de Contas da União (TCU), a partir de dados populacionais e socioeconômicos (renda *per capita* de cada estado) calculados anualmente pelo Instituto Brasileiro de Geografia e Estatística (IBGE). Como a população municipal e a renda *per capita* podem variar ano a ano, os coeficientes de participação individual de cada município são recalculados periodicamente e podem sofrer constantes alterações.

Em 2021, a transferência do FPM correspondeu a 17,5% da receita corrente do conjunto dos municípios brasileiros. Para os municípios com até 10.188 habitantes, esse valor correspondeu a 44,4%; para os municípios com população entre 100 mil e 200 mil habitantes, esse valor foi de 15,2%. Para os municípios com mais de 500 mil habitantes, os recursos do FPM corresponderam a 5,7% da receita corrente.[401]

No conjunto dos municípios, os recursos do FPM (17,5%) são ligeiramente inferiores aos da transferência do ICMS (19,2%) e bem superiores à arrecadação do ISSQN (10,6%) e do IPTU (6,9%) em termos de proporção da receita corrente – valores relativos a 2021.[402]

Como se pode ver no gráfico abaixo, em termos reais (descontada a inflação medida pelo IPCA) o volume total do FPM ficou estagnado de 2014 a 2019, regrediu em 2020 (primeiro ano da pandemia) e teve forte aumento em 2021 e 2022, regredindo em 2023 com relação a 2022.

**Valor Repassado por Período (R$)**

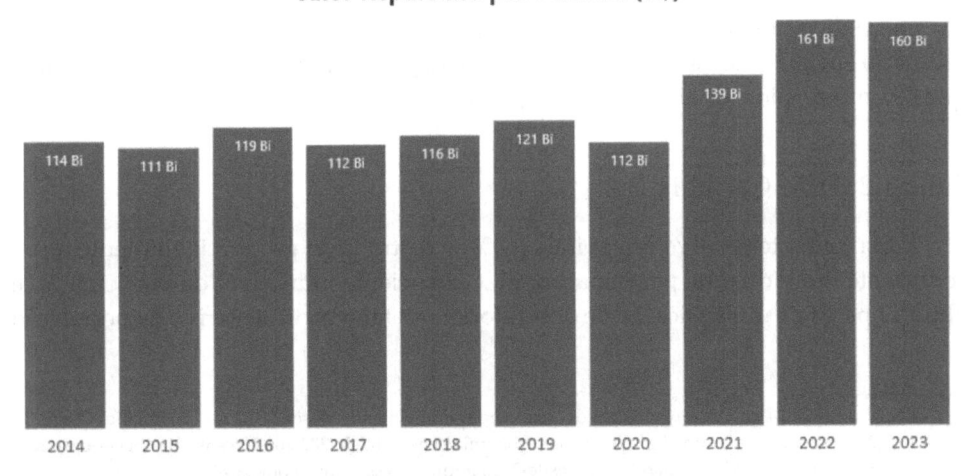

|  |  |
|---|---|
| 2014 | 114 Bi |
| 2015 | 111 Bi |
| 2016 | 119 Bi |
| 2017 | 112 Bi |
| 2018 | 116 Bi |
| 2019 | 121 Bi |
| 2020 | 112 Bi |
| 2021 | 139 Bi |
| 2022 | 161 Bi |
| 2023 | 160 Bi |

Fonte: TESOURO NACIONAL TRANSPARENTE. *Transferências a Estados e Municípios*. Disponível em: https://www.tesourotransparente.gov.br/temas/estados-e-municipios/transferencias-a-estados-e-municipios. Acesso em: 14 out. 2024.

---

[401] FRENTE NACIONAL DE PREFEITOS. Finanças dos municípios do Brasil. *Anuário Multicidades*, ano 18, 2023. p. 9.
[402] FRENTE NACIONAL DE PREFEITOS. Finanças dos municípios do Brasil. *Anuário Multicidades*, ano 18, 2019. p. 9.

### 4.6.2.4.1 Censo populacional de 2022 e Lei Complementar nº 198/2023

Em junho de 2023, o IBGE divulgou o resultado do censo populacional de 2022. A população brasileira total de 2022 anunciada nessa ocasião foi de 203,1 milhões de habitantes, valor muito abaixo do esperado. De acordo com esses números divulgados pelo IBGE, mais de 2 mil municípios teriam perdido população entre 2010 (data do último censo populacional) e 2022.[403]

A partir desses resultados alarmantes, o Congresso Nacional aprovou a Lei Complementar nº 198, que alterou a Lei Complementar nº 91/1997 no que diz respeito à divisão do FPM aos municípios do interior com menos de 142.633 habitantes (FPM-Interior). O objetivo da LC nº 198 foi estabelecer um período de transição suave para aqueles municípios que apresentarem perda populacional com os resultados do censo de 2022.

Segundo o disposto na LC nº 198/2023, os municípios do FPM-Interior que reduzirem seus coeficientes de participação por motivo de perda populacional, conforme os resultados do censo demográfico, poderão diluir essas perdas de recursos em 9 anos, na proporção de 10% ao ano. Somente no décimo ano é que os coeficientes gerados pelos resultados do novo censo serão aplicados sem qualquer regra de proteção aos municípios com perda de população (art. 5º-A da Lei Complementar nº 91/1997, incluído pela Lei Complementar nº 198/2023).

Em agosto de 2024, o IBGE corrigiu os dados do censo publicados em 2023. De acordo com os novos números divulgados, a população brasileira em 2022 foi estimada em 210,9 milhões, e a população para 1º de julho de 2024 foi estimada em 212,6 milhões.[404]

Levando em conta os novos números do censo publicados pelo IBGE em 2024, o número de municípios com perda de população é muito menor do que o número estimado em 2023. Levantamento da Confederação Nacional dos Municípios estima que 191 municípios teriam perdido população entre 2010 e 2022.[405]

### 4.6.2.4.2 FPM Capitais

O montante relativo às capitais (10%) é distribuído proporcionalmente a um coeficiente individual de participação. Esse coeficiente individual de participação é obtido a partir da multiplicação de dois fatores: um fator representativo da população

---

[403] CENSO do IBGE: 4 em cada 10 cidades do país perderam habitantes desde 2010. *G1*, Economia, Globo, 28 jun. 2023. Disponível em: https://g1.globo.com/economia/censo/noticia/2023/06/28/censo-do-ibge-4-em-cada-10-cidades-do-pais-perderam-habitantes-desde-2010.ghtml. Acesso em: 15 out. 2024.

[404] POPULAÇÃO estimada do país chega a 212,6 milhões de habitantes em 2024. *IBGE*, Agência de Notícias do IBGE, 29 ago. 2024. Disponível em: https://agenciadenoticias.ibge.gov.br/agencia-noticias/2012-agencia-de-noticias/noticias/41111-populacao-estimada-do-pais-chega-a-212-6-milhoes-de-habitantes-em-2024. Acesso em: 15 out. 2024.

[405] VEJA como os novos cálculos de população pelo IBGE viraram desafio para prefeituras. *Valor*, Globo, Rio de Janeiro, 17 set. 2024. Disponível em: https://valor.globo.com/brasil/noticia/2024/09/17/veja-como-os-novos-calculos-de-populacao-pelo-ibge-viraram-desafio-para-prefeituras.ghtml. Acesso em: 15 out. 2024.

(percentual da população do município em relação à população total do conjunto de capitais) e um fator representativo do inverso da renda *per capita* do respectivo Estado. As tabelas relativas a tais fatores representativos constam dos arts. 90 e 91, §1º, do Código Tributário Nacional, cuja aplicação é determinada pelo art. 4º da LC nº 91/1997.

A lógica desses fatores representativos é a de distribuir mais recursos para as capitais mais populosas e cujos estados apresentam menor renda *per capita*, já que tais características indicam a necessidade de maior auxílio e cooperação federal na busca de "promover o equilíbrio socioeconômico" entre os municípios (art. 161, II, da Constituição). Atualmente, os maiores coeficientes individuais no grupo das capitais são os de Fortaleza, Salvador, Manaus, São Luís e Belo Horizonte (distribuição do FPM em 2023).[406]

E porque reservar somente 10% dos recursos do FPM para as capitais? A resposta decorre da premissa de que as capitais possuem um grau de desenvolvimento econômico e social em geral superior ao dos demais municípios, e contam com uma estrutura administrativa e fiscalizatória mais desenvolvida, possibilitando assim que os recursos tributários próprios (arrecadação de IPTU, ISSQN, ITBI, taxas etc.) tenham maior peso em seus orçamentos.

### 4.6.2.4.3 FPM Interior

Com relação à distribuição da maior parte do FPM (86,4% de seus recursos totais), os coeficientes individuais de participação levam em conta somente a população do município, sem considerar se o município é mais ou menos pobre. Para cada faixa de habitantes, corresponde um coeficiente, conforme a tabela constante do art. 91, §2º, do CTN. Por exemplo, um município com população de 10.000 habitantes tem o coeficiente individual 0,6; um município com população de 100.000 habitantes tem o coeficiente individual 3,0; um município com população de 500.000 habitantes tem o coeficiente individual 4,0. O menor coeficiente individual é 0,6, e o maior coeficiente individual é 4.

Da explicação contida no parágrafo anterior seguiria que os municípios que não são capitais e têm a mesma população receberiam a mesma quota-parte do FPM. Contudo, há uma regra constante da LC nº 62/1989 (art. 5º, parágrafo único) que desautoriza a conclusão anterior. Seguindo essa regra, em 1989 o Tribunal de Contas da União fez o cálculo dos coeficientes individuais de cada município de acordo com sua população, e fez também o somatório dos coeficientes individuais de todos os municípios de cada estado. Assim, cada estado passou a ter um coeficiente individual.

A partir de então, quando da criação e instalação de novos municípios, os coeficientes desses novos municípios passaram a ser compostos a partir da diminuição

---

[406] TESOURO NACIONAL TRANSPARENTE. *Transferências a Estados e Municípios*. Disponível em: https://www.tesourotransparente.gov.br/temas/estados-e-municipios/transferencias-a-estados-e-municipios. Acesso em: 15 out. 2024.

dos coeficientes dos outros municípios do mesmo estado, mantendo-se fixos os coeficientes dos próprios estados. Com isso, os coeficientes individuais dos municípios pertencentes a estados em que houve intensa criação de novas entidades locais a partir de 1989 são inferiores aos coeficientes individuais de municípios que têm a mesma população, mas pertencem a estados que tiveram menos criações de entidades locais a partir de 1989. Municípios com cerca de 20 mil habitantes localizados no Paraná receberam em 2018 R$18,9 milhões de FPM cada um, e municípios com essa mesma população no estado do Rio de Janeiro receberam R$15,2 milhões no mesmo ano.[407]

Recorde-se que, somente durante o período de 1990 a 2000, mais de mil municípios foram criados no Brasil, a maioria deles contando com menos de cinco mil habitantes. Parte da explicação para esse grande número de criações de municípios é a própria estrutura de rateio do FPM para as cidades do interior. Segundo esses critérios, se um município de 10 mil habitantes, por exemplo, se divide em dois, cada um desses dois municípios terá direito a um coeficiente igual ao do município original. Portanto, a soma dos coeficientes dos dois novos municípios será o dobro do coeficiente a que tinha direito o município original, o que provocará uma diminuição proporcional do valor a receber pelos demais municípios do mesmo estado.

Nas cidades pequenas, com população reduzida, o valor total recebido do FPM dividido pela população (FPM *per capita*) é bem superior ao que prevalece em cidades mais populosas. Em relação a 2018, nos municípios com até 20 mil moradores o valor *per capita* chegou a ser sete vezes mais alto que o dos municípios que têm mais de 500 mil habitantes.[408]

A seguir, uma tabela indicando a proporção do FPM-Interior recebida pelos municípios de cada estado brasileiro:

---

[407] Cf. FRENTE NACIONAL DE PREFEITOS. Finanças dos municípios do Brasil. *Anuário Multicidades*, ano 15, 2019. p. 65-66.

[408] Cf. FRENTE NACIONAL DE PREFEITOS. Finanças dos municípios do Brasil. *Anuário Multicidades*, ano 15, 2019. p. 62.

| Participação no FPM-Interior, número de municípios e população por Estado ||||
|---|---|---|---|
| Unidades da Federação | Participação no total a distribuir em % | Número de municípios 2021[1] | População 2021 |
| Acre | 0,2630 | 21 | 487.424 |
| Alagoas | 2,0883 | 101 | 2.333.754 |
| Amapá | 0,1392 | 15 | 355.256 |
| Amazonas | 1,2452 | 61 | 2.012.796 |
| Bahia | 9,2695 | 416 | 12.088.783 |
| Ceará | 4,5864 | 183 | 6.537.189 |
| Espírito Santo | 1,7595 | 77 | 3.738.974 |
| Goiás | 3,7318 | 245 | 5.650.963 |
| Maranhão | 3,9715 | 216 | 6.068.282 |
| Mato Grosso | 1,8949 | 140 | 2.943.620 |
| Mato Grosso do Sul | 1,5004 | 78 | 1.923.187 |
| Minas Gerais | 14,1846 | 852 | 18.881.222 |
| Pará | 3,2948 | 143 | 7.305.239 |
| Paraíba | 3,1942 | 222 | 3.234.109 |
| Paraná | 7,2857 | 398 | 9.633.758 |
| Pernambuco | 4,7952 | 183 | 8.012.005 |
| Piauí | 2,4015 | 223 | 2.418.164 |
| Rio de Janeiro | 2,7379 | 91 | 10.687.788 |
| Rio Grande do Norte | 2,4324 | 166 | 2.664.195 |
| Rio Grande do Sul | 7,3011 | 496 | 9.974.100 |
| Rondônia | 0,7464 | 51 | 1.266.326 |
| Roraima | 0,0851 | 14 | 216.122 |
| Santa Catarina | 4,1997 | 294 | 6.821.949 |
| São Paulo | 14,2620 | 644 | 34.252.760 |
| Sergipe | 1,3342 | 74 | 1.665.860 |
| Tocantins | 1,2955 | 138 | 1.294.014 |
| **Total** | **100,0000** | **5.542** | **162.467.839** |

Fonte: FRENTE NACIONAL DE PREFEITOS. Finanças dos municípios do Brasil. *Anuário Multicidades*, ano 18, 2023. p. 63.

### 4.6.2.4.4 FPM Reserva

Os municípios que não são capitais e têm população igual ou superior a 142.633 habitantes fazem jus a participar da distribuição do FPM Interior (que distribui 86,4% dos recursos do FPM) e, adicionalmente, do FPM Reserva (que distribui 3,6% dos recursos do FPM). Em 2021, 181 municípios se encaixaram nessa situação e partilharam o FPM Reserva.[409]

A distribuição do FPM Reserva é feita de acordo com os mesmos critérios aplicáveis à distribuição do FPM Capitais. A cada um dos municípios é atribuído um coeficiente individual de participação. Esse coeficiente individual de participação é obtido a partir da multiplicação de dois fatores: um fator representativo da população (percentual da população do município em relação à população total do conjunto de municípios do FPM Reserva) e um fator representativo do inverso da renda *per capita* do estado de cada um dos municípios.

No cálculo das parcelas do FPM Reserva, o fator da renda *per capita* do estado influencia mais fortemente o resultado final do que o fator da população do município. Os maiores coeficientes individuais são dos municípios que pertencem aos estados com menor renda *per capita*. Em 2023, os 10 municípios do FPM Reserva que mais receberam recursos (aproximadamente R$140 milhões) foram quase todos dos estados do Ceará e Maranhão: Arapiraca (AL), Caucaia (CE), Juazeiro do Norte (CE), Maracanaú (CE), Sobral (CE), Caxias (MA), Imperatriz (MA), São José de Ribamar (MA), Timon (MA) e Paço do Lumiar (MA).[410]

### 4.6.3 Repartição das receitas tributárias dos estados em prol de seus municípios

A Constituição prevê diversos mecanismos de participação dos municípios no produto da arrecadação dos impostos de competência dos estados aos quais pertencem. Ou seja, mecanismos de repartição de receitas tributárias entre os estados e seus municípios.

Esses mecanismos têm tanta importância para o pacto federativo que a Constituição autoriza a medida excepcional da intervenção da União nos estados federados caso esses deixem de "entregar aos Municípios receitas tributárias fixadas nesta Constituição, dentro dos prazos estabelecidos em lei" (art. 34, V, "b").

---

[409] FRENTE NACIONAL DE PREFEITOS. Finanças dos municípios do Brasil. *Anuário Multicidades*, ano 18, 2023. p. 62.

[410] TESOURO NACIONAL TRANSPARENTE. *Transferências a Estados e Municípios*. Disponível em: https://www.tesourotransparente.gov.br/temas/estados-e-municipios/transferencias-a-estados-e-municipios. Acesso em: 15 out. 2024.

## 4.6.3.1 Cotas-partes do ICMS

A Constituição determina que pertencem aos municípios 25% do produto da arrecadação do ICMS de seu estado (art. 158, IV, redação original). O montante relativo a essa transferência de 25% do produto da arrecadação do ICMS para o conjunto dos municípios brasileiros supera o valor da repartição relativa ao FPM.[411] Além disso, a transferência da parcela de 25% do ICMS para os municípios tende a ser mais estável do que a transferência das parcelas do FPE e do FPM, visto que o IPI é um tributo fortemente utilizado pelo Governo Federal em sua política de desonerações tributárias voltadas à garantia do emprego e do crescimento econômico.

Até 2020, a Constituição determinava (art. 158, parágrafo único) que, no mínimo, 75% do montante do ICMS a ser distribuído pelo estado fosse partilhado entre os municípios conforme um critério específico: o critério do "valor adicionado" nas operações de circulação de mercadorias e prestações de serviço realizadas nos territórios dos municípios. Quanto ao restante dos recursos a serem partilhados (até 25% do total), a Constituição autorizava que cada estado fixasse em leis próprias quais seriam os critérios da divisão dos recursos entre os municípios.

Como "valor adicionado" é um conceito econômico um tanto vago, a Constituição determinou (art. 161, I) que uma lei complementar regulasse o tema e definisse o que se deve entender com essa expressão. A Lei Complementar nº 63/1990 conceituou "valor adicionado" para fins de operacionalizar a transferência do ICMS para os municípios. O valor adicionado em cada município corresponde ao valor das mercadorias saídas das empresas localizadas no município menos o valor das mercadorias entradas nas empresas localizadas no município, acrescido do valor dos serviços prestados no território do município, em cada ano civil.[412]

Cada estado da federação deve calcular anualmente o índice correspondente ao valor adicionado em cada um de seus municípios, dividindo-se o valor adicionado no município pelo valor total do valor adicionado no estado. Apurados os índices até o dia 30 de junho de cada ano, abre-se um período de eventuais contestações dos municípios interessados, que deverão ser apreciadas e julgadas pelos estados em até sessenta dias. Definidos os índices do VAF, o estado realizará repasses semanais aos municípios.

Caso toda a parcela do ICMS pertencente aos municípios fosse distribuída com base no critério do valor adicionado, haveria uma grande concentração de recursos nos municípios com mais atividade econômica, principalmente naqueles com forte presença de indústrias. Por isso a Constituição, em sua redação original, abriu a possibilidade de que os estados determinassem que até 25% da parcela do ICMS

---

[411] Cf. MENDES, Marcos; MIRANDA, Rogério B.; COSIO, Fernando B. *Transferências intergovernamentais no Brasil*: diagnóstico e proposta de reforma. Brasília: Consultoria Legislativa do Senado Federal, Coordenação de Estudos, 2008. Texto para Discussão, n. 40. p. 27. Vide também FRENTE NACIONAL DE PREFEITOS. Finanças dos municípios do Brasil. *Anuário Multicidades*, ano 18, 2023.

[412] São consideradas no cálculo as operações e prestações que constituam fatos geradores do ICMS, e também as seguintes operações imunes: exportação de mercadorias, saídas interestaduais de petróleo, derivados e energia elétrica, venda de livros, jornais, periódicos e o papel destinado a sua impressão.

fosse partilhada com seus municípios conforme critérios distintos do VAF, evitando assim uma excessiva concentração de recursos nos municípios com mais atividade econômica (art. 158, parágrafo único, II, redação original).

Em 2018, os estados transferiram R$114,1 bilhões de ICMS a seus municípios (19% da receita corrente total dos municípios brasileiros), valor 3,3% superior em termos reais ao montante de 2017. Nos municípios com até 100 mil habitantes, o crescimento da transferência com relação ao valor de 2017 foi de 4,5%, ao passo que, nos municípios com mais de 500 mil habitantes e nas capitais, o crescimento ficou abaixo de 2%. Comparando-se a transferência de ICMS aos municípios em 2018 com o montante transferido antes da crise econômica, em 2014, também se verifica que os municípios com até 100 mil habitantes levam vantagem em relação aos municípios mais populosos. No caso dos municípios com até 100 mil habitantes, o valor real é praticamente o mesmo, enquanto nas capitais o valor de 2018 é 12,3% menor do que o valor transferido em 2014.

Segundo estudo da Frente Nacional dos Prefeitos:

> O desempenho comparativamente mais fraco ao qual as grandes cidades e as capitais brasileiras vêm assistindo de modo mais acentuado ao longo desta década é reflexo do constante recuo, ano após ano, que têm sofrido no rateio do ICMS em seus respectivos estados. Essa retração, por sua vez, é reflexo do processo de desconcentração da atividade econômica, especialmente da industrial e dos centros de distribuição e logística, rumo aos municípios do entorno das capitais e ao interior do país.[413]

Em 2021, a distribuição do ICMS aos municípios alcançou a quantia de R$158,83 bilhões, maior patamar em dez anos, com ganho real de R$23,4 bilhões em relação a 2020. A principal razão para esse aumento foi, além da retomada das atividades econômicas após o primeiro ano da pandemia de COVID-19, a disparada dos preços dos combustíveis e o sensível aumento nas tarifas de energia elétrica. Em conjunto, a arrecadação do ICMS de energia elétrica, petróleo, combustíveis e lubrificantes representou quase 28% da arrecadação do imposto em 2021.[414]

Um aspecto muito importante da distribuição do ICMS aos municípios é o relativo às consequências, sobre o cálculo das parcelas, da concessão de benefícios fiscais por parte do estado. Os estados defendem o ponto de vista de que os valores objetos de benefícios fiscais não podem ser computados no cálculo da parcela pertencente aos municípios, visto que a Constituição manda aplicar o percentual de 25% sobre o "produto da arrecadação" do imposto. Havendo benefício fiscal, argumentam os estados, arrecadação não haverá, não cabendo cogitar da distribuição de recursos não arrecadados. Já os municípios defendem o ponto de vista contrário, segundo o qual o estado não tem disponibilidade sobre 100% da receita do ICMS, mas somente sobre 75%, pertencendo aos municípios, *pleno jure*, a parcela de 25% do imposto.

---

[413] Cf. CONFEDERAÇÃO NACIONAL DE MUNICÍPIOS. ICMS mal distribuído entre Municípios. *Monitor – O Boletim das Finanças Municipais*, n. 4, jan./fev. 2019. p. 17.

[414] FRENTE NACIONAL DE PREFEITOS. Finanças dos municípios do Brasil. *Anuário Multicidades*, ano 18, 2023. p. 32-33.

O STF enfrentou em 2008 o mérito dessa questão no julgamento de recursos envolvendo um programa de benefício fiscal instituído pelo estado de Santa Catarina[415] e deu ganho de causa aos municípios. A decisão unânime do plenário foi no sentido de que o estado não pode dispor a seu talante do total da receita do ICMS, "fazendo cortesia com o chapéu alheio". Nos termos do voto do relator (ministro Ricardo Lewandowski), não se admite que os estados "instituam benefícios ou concedam isenções ou estabeleçam programas para auxiliar empresas com a parcela de tributo [...] pertencente ao Município". A tese estabelecida pelo STF (Tema nº 42) foi a seguinte:[416]

> A retenção da parcela do ICMS constitucionalmente devida aos municípios, a pretexto de concessão de incentivos fiscais, configura indevida interferência do Estado no sistema constitucional de repartição de receitas tributárias.

A nosso ver, essa orientação do STF estará correta para os casos em que o benefício fiscal consiste na devolução do valor do imposto ao contribuinte, via contrato de financiamento, em geral mediante a intervenção de instituições financeiras de fomento do governo estadual. Exatamente essa parece ter sido a situação no caso dos recursos de Santa Catarina mencionados anteriormente, tal como observado no voto do ministro Cezar Peluso: "Noutras palavras, o ICMS entre na contabilidade do Estado. O Estado tira o dinheiro, repassa-o para o FADESC e este o repassa à empresa". Nesta situação, não há dúvida de que houve efetiva arrecadação, e o valor repassado pelo estado ao contribuinte deve ser contemplado na base de cálculo dos recursos a serem partilhados com os municípios.

Contudo, é de constitucionalidade duvidosa entender que em todo e qualquer caso de isenção ou outras modalidades de desoneração tributária, o valor do benefício deve ser considerado "arrecadado" e, portanto, passível de partilha com o ente federativo beneficiário da transferência.

Em decisões posteriores, o STF deixou claro que a tese do Tema nº 42 deve ser aplicada em situações em que o ICMS se considera contabilmente recolhido e posteriormente devolvido ao contribuinte, e não nos casos em que o ICMS ainda não se considera recolhido do ponto de vista contábil e financeiro. Com efeito, na tese fixada no Tema nº 1.172, o STF decidiu que:[417]

> Os programas de diferimento ou postergação de pagamento de ICMS – a exemplo do FOMENTAR e do PRODUZIR, do Estado de Goiás – não violam o sistema constitucional de repartição de receitas tributárias previsto no art. 158, IV, da Constituição Federal, desde que seja preservado o repasse da parcela pertencente aos Municípios quando do efetivo ingresso do tributo nos cofres públicos estaduais.

---

[415] Cf. STF, RE nº 572.762, RE nº 482.067 e RE nº 485.541.
[416] STF, RE nº 572.762, Relator Ministro Ricardo Lewandowski. *DJ*, 5 set 2008.
[417] STF, RE nº 1.288.634. Rel. Min. Gilmar Mendes. *DJ*, 9 fev. 2023.

Quando tratou das consequências, sobre o cálculo do Fundo de Participação dos Municípios, da concessão, pela União, de benefícios e incentivos fiscais no âmbito do imposto sobre produtos industrializados e do imposto sobre a renda, o STF desde o primeiro momento adotou o ponto de vista de que não cabe determinar a participação dos municípios em casos em que a União não efetuou a arrecadação do imposto por força de benefícios fiscais.[418] A tese fixada pelo STF quanto ao Tema nº 653 da sistemática da repercussão geral foi a seguinte:

> É constitucional a concessão regular de incentivos, benefícios e isenções fiscais relativos ao Imposto de Renda e Imposto sobre Produtos Industrializados por parte da União em relação ao Fundo de Participação de Municípios e respectivas quotas devidas às Municipalidades.

Num primeiro momento, o STF deu a impressão que estava adotando dois pesos e duas medidas nas teses dos Temas 42 (fixada em 2008) e 653 (fixada em 2018). Posteriormente, com a definição da tese do Tema 1.172 (fixada em 2023) e os esclarecimentos sobre o alcance da tese fixada no Tema 42, a aparente contradição foi afastada.

Em 2024, no julgamento da ADI nº 3.837, Governadores de estados questionaram a constitucionalidade do art. 4º, §1º, da Lei Complementar nº 63/1990, que dispõe:

> Na hipótese de ser o crédito relativo ao Imposto sobre Operações relativas à Circulação de Mercadorias e sobre Prestação de Serviços de Transporte Interestadual e Interestadual e Intermunicipal e de Comunicação extinto por compensação ou transação, a repartição estadual deverá, no mesmo ato, efetuar o depósito ou a remessa dos 25% (vinte e cinco por cento) pertencentes aos Municípios na conta de que trata este artigo.

Por unanimidade, o STF considerou o dispositivo constitucional. Na ementa do julgado, aproveitou-se para novamente deixar claro o alcance das teses definidas quanto aos Temas nº 42, 653 e 1.172:[419]

> 1. De acordo com o art. 158, IV, "a", da Constituição Federal, pertencem aos Municípios 25% (vinte e cinco por cento) do produto da arrecadação do ICMS.
>
> 2. É constitucional a concessão de incentivos, benefícios e isenções fiscais pelos Estados, a impactar, inclusive, a formação do Fundo de Participação dos Municípios (FPM), cabendo identificar a obrigatoriedade de repasse a partir do "produto da arrecadação", previsto no art. 158 da Constituição Federal. Reparte-se o que convertido em receita pública, não havendo direito subjetivo dos Municípios a mera expectativa de valores. Tema n. 653/RG (RE 705.423, Tribunal Pleno, ministro Edson Fachin, DJe de 5 de fevereiro de 2018).
>
> 3. O Estado não pode reter, limitar ou condicionar a transferência da parcela do ICMS arrecadada e destinada aos Municípios, sob pena de indevida interferência no sistema

---

[418] STF, RE nº 705.423. Rel. Min. Edson Fachin. *DJ*, 5 fev. 2018.

[419] STF, ADI nº 3.837, Relator Ministro Nunes Marques. *DJ*, 2 out. 2024.

É importante registrar que o IPI terá sua alíquota zerada a partir de 2027, exceto em relação aos produtos que tenham industrialização incentivada na Zona Franca de Manaus (art. 126, III, "a", do ADCT, incluído pela EC nº 132). Em 2027, começará a cobrança do Imposto Seletivo, o qual, portanto, sucederá o IPI na função de abastecer os cofres estaduais e municipais por meio de transferências constitucionais.

Já os recursos do Imposto Seletivo (IS) recebidos pelos estados por força do art. 159, II, da Constituição devem ser redistribuídos aos seus municípios seguindo os mesmos critérios que regem a distribuição de 25% da arrecadação estadual do Imposto sobre Bens e Serviços (IBS) aos respectivos municípios: a) 80% na proporção da população municipal; b) 10% com base em indicadores de melhoria nos resultados de aprendizagem e de aumento da equidade, considerado o nível socioeconômico dos educandos, de acordo com o que dispuser lei estadual; c) 5% com base em indicadores de preservação ambiental, de acordo com o que dispuser lei estadual; e d) 5% em montantes iguais para todos os municípios do estado.

## 4.6.3.4 Repartição do IPVA

A metade do produto da arrecadação do imposto estadual sobre a propriedade veículos automotores (IPVA) pertence aos municípios em que os veículos forem licenciados (art. 158, III, da Constituição).

Segundo o art. 2º da Lei Complementar nº 63/1990, essa parcela de 50% da arrecadação do IPVA será imediatamente creditada ao município beneficiário através do próprio documento de arrecadação do imposto.

Em 2021, o valor de IPVA distribuído pelos estados foi de R$25,96 bilhões, representando 3% da receita total dos municípios.[423]

O Anuário Multicidades publicado em 2023 traz informações interessantes sobre a dinâmica da distribuição do IPVA entre os municípios brasileiros e sobre o vertiginoso aumento da frota de veículos no país a partir de 2002:[424]

> Fazendo uma digressão de longo prazo da evolução das receitas do IPVA, nota-se um descompasso entre o crescimento médio alcançado pelos pequenos municípios e aquele observado nas grandes cidades do país. Nos últimos 20 anos, quanto menor o município, melhor o desempenho do IPVA.
>
> Tal disparidade é resultado da expansão da frota de veículos pelo país, que se deu de forma mais forte nos territórios de menor porte populacional. Nos municípios com menos de 50 mil habitantes, o número de unidades emplacadas em 2021 é mais de quatro vezes superior ao computado em 2002, enquanto nas com mais de meio milhão de residentes a frota multiplicou-se bem menos, em 2,5 vezes.

---

[423] FRENTE NACIONAL DE PREFEITOS. Finanças dos municípios do Brasil. *Anuário Multicidades*, ano 18, 2023, p. 9.

[424] FRENTE NACIONAL DE PREFEITOS. Finanças dos municípios do Brasil. *Anuário Multicidades*, ano 18, 2023, p. 46.

Outra informação importante do Anuário Multicidades diz respeito ao crescente número de motos nos municípios brasileiros, com implicações preocupantes para a mobilidade urbana e para a saúde pública:[425]

> A trajetória expõe claramente uma elevação da representatividade das motos no conjunto, em detrimento dos automóveis e caminhões. As motos possuem um valor menor, por isso pagam menos IPVA e ajudam a arrefecer a arrecadação do tributo por emplacamento. Essa tendência se torna preocupante, uma vez que o maior número de veículos nas ruas e o envelhecimento da frota geram mais trânsito e mais acidentes, elevando com isso o volume de recursos necessários para fazer frente às demandas de mobilidade urbana e de saúde, ao passo que a cada ano o imposto pago pela frota fica relativamente menor. Se em 2021 a arrecadação por veículo fosse a mesma daquela apurada em 2002, ou seja, de R$ 312, a receita municipal com o IPVA seria de R$ 34,17 bilhões, um volume R$ 8,21 bilhões maior que o recolhimento atual.

A respeito do IPVA, a EC nº 132/2023 trouxe mudanças a respeito do alcance de seu fato gerador e a respeito das possibilidades de variação de sua alíquota.

Quanto ao fato gerador do IPVA, a EC nº 132 determinou que o imposto incidirá sobre "a propriedade de veículos automotores terrestres, aquáticos e aéreos", mas criou uma série de exceções quanto à incidência do imposto sobre aeronaves e embarcações (art. 155, §6º, III, da Constituição), exceções que, provavelmente, garantirão para a grande maioria dos proprietários o direito de permanecer sem recolher o imposto.

Quanto às possibilidades de variação da alíquota do IPVA, a EC nº 132 alterou a redação do art. 155, §6º, II, da Constituição. Além da diferenciação de alíquotas em função do tipo e da utilização dos veículos (já prevista no texto constitucional), autorizou-se a diferenciação em função do "valor" do veículo e de seu "impacto ambiental".

A diferenciação em função do impacto ambiental dos veículos já era implicitamente permitida pela Constituição e efetivamente aplicada pela legislação de vários estados.

A diferenciação da alíquota pelo valor dos veículos é de fato uma novidade trazida pela Emenda Constitucional nº 132, uma novidade que, para ser efetiva, necessita de alterações nas legislações estaduais do IPVA. Em 2024, por exemplo, nenhum dos estados alterou sua legislação nesse sentido. Dada a histórica resistência dos legisladores brasileiros a adotar o sistema tributário de efetiva progressividade,[426] é muito provável que as legislações estaduais permaneçam sem prever uma diferenciação de alíquotas do IPVA em função do valor dos veículos.

---

[425] FRENTE NACIONAL DE PREFEITOS. Finanças dos municípios do Brasil. *Anuário Multicidades*, ano 18, 2023, p. 48.

[426] Cf. GODOI, Marciano Seabra de. Concentração de renda e riqueza e mobilidade social - A persistente recusa da política tributária brasileira a reduzir a desigualdade. *Revista de Informação Legislativa do Senado Federal*, vol. 50, n. 235, jul./set. 2022, p. 61-74.

### 4.6.3.5 Repartição da Cide Combustíveis

Como visto na seção relativa às transferências da União para os estados, estes fazem jus a receber 29% do produto da arrecadação da Cide Combustíveis, conforme determina o art. 159, III, da Constituição. Mas essa parcela não fica integralmente nos cofres estaduais, pois os estados estão obrigados a repassar aos municípios 25% da parcela recebida da União (art. 159, §4º, da Constituição).

A Lei nº 10.336/2001 determina que a divisão desses recursos entre os entes locais dos estados será feita da seguinte forma: 50% dos recursos serão divididos segundo os mesmos critérios obedecidos na divisão das cotas-partes do FPM, e 50% dos recursos serão divididos proporcionalmente à população de cada município (art. 1º-B da Lei nº 10.336/2001, na redação dada pela Lei nº 10.866/2004).

Vale lembrar que a legislação exige que os recursos da transferência da Cide Combustíveis sejam aplicados pelos municípios necessariamente em despesas com programas de infraestrutura de transportes. A esta destinação a EC nº 132/2023 adicionou a hipótese de realização de despesas com pagamento de subsídios a tarifas de transporte público coletivo de passageiros (nova redação do art. 159, III, da Constituição).

### 4.6.4 Transferências vinculadas a programas de desenvolvimento regional

Além dos Fundos de Participação dos Estados (FPE) e dos Municípios (FPM), a Constituição também estabeleceu (art. 159, I, "c"), em prol do federalismo cooperativo comprometido com a redução das assimetrias regionais, a obrigação de a União destinar 3% do produto da arrecadação do imposto sobre a renda (IR) e do imposto sobre produtos industrializados (IPI) para aplicação em programas de financiamento do setor produtivo das três regiões brasileiras menos desenvolvidas do ponto econômico: Norte, Nordeste e Centro-Oeste.

Os financiamentos são concedidos por instituições financeiras de caráter regional (Banco do Nordeste, Banco da Amazônia), segundo planos regionais de desenvolvimento, garantindo-se ao semiárido nordestino 50% dos recursos destinados à região Nordeste.

O art. 159, I, "c", portanto, não trata de uma típica transferência intergovernamental, visto que os recursos não são transferidos da União para estados e municípios, mas sim transferidos para um fundo que posteriormente empresta os recursos, por meio de instituições financeiras de caráter público e regional, para o setor privado.

A Lei nº 7.827/1989 criou e regulamentou os Fundos Constitucionais de Financiamento do Norte (FNO), do Nordeste (FNE) e do Centro-Oeste (FCO), determinando a seguinte divisão dos aportes relativos à arrecadação do IR e do IPI: 1,8% para o FNE e 0,6% para o FNO e FCO.

Apesar de o art. 3º da Lei nº 7.827/1989 estabelecer como diretriz do programa de financiamentos o "uso criterioso dos recursos e adequada política de garantias", estudos demonstram que as taxas de retorno dos Fundos são altamente negativas, ocorrendo na prática "uma doação de recursos fiscais aos empreendedores privados que tomaram crédito", o que pode ser creditado à "forte influência política na alocação dos recursos, somada à baixa eficiência na gestão dos Fundos".[427]

A Emenda Constitucional nº 132/2023 incluiu na Constituição o art. 159-A, que instituiu o "Fundo Nacional de Desenvolvimento Regional", destinado a reduzir as desigualdades regionais e sociais. Esse Fundo foi criado com o objetivo de instituir um novo modelo de programas de desenvolvimento regional no âmbito dos estados, um modelo distinto daquele utilizado por décadas no contexto da chamada "Guerra Fiscal" do ICMS. Esse novo modelo de desenvolvimento regional pretende apresentar muito mais transparência e evitar as distorções econômicas e concorrenciais presentes nas práticas de atração de empresas para territórios estaduais com a contrapartida de substanciais reduções (opacas, sem qualquer publicidade) na carga tributária do ICMS.

Os recursos do Fundo previsto no art. 159-A serão utilizados para "realização de estudos, projetos e obras de infraestrutura", "fomento a atividades produtivas com elevado potencial de geração de emprego e renda, incluindo a concessão de subvenções econômicas e financeiras", e "promoção de ações com vistas ao desenvolvimento científico e tecnológico e à inovação", dando-se prioridade a "projetos que prevejam ações de sustentabilidade ambiental e redução das emissões de carbono". Sobre a divisão e o rateio dos recursos do Fundo, estabelece o §4º do art. 159-A:

> Art. 159-A, § 4º Os recursos de que trata o *caput* serão entregues aos Estados e ao Distrito Federal de acordo com coeficientes individuais de participação, calculados com base nos seguintes indicadores e com os seguintes pesos:
>
> I - população do Estado ou do Distrito Federal, com peso de 30% (trinta por cento);
>
> II - coeficiente individual de participação do Estado ou do Distrito Federal nos recursos de que trata o art. 159, I, "a", da Constituição Federal, com peso de 70% (setenta por cento).

A EC nº 132/2023 também determinou o montante de recursos que a União deve aportar anualmente ao Fundo Nacional de Desenvolvimento Regional a partir de 2029. Os valores começam em R$8 bilhões no ano de 2029 e vão aumentando até 2043, ano a partir do qual se prevê um aporte de R$60 bilhões (art. 13 da EC nº 132/2023).

### 4.6.5 Fundo de Manutenção e Desenvolvimento da Educação Básica e de Valorização dos Profissionais da Educação (Fundeb)

Uma importante forma de transferência intergovernamental de receitas tributárias determinadas pela Constituição é a decorrente do Fundo de Manutenção e

---

[427] MENDES, Marcos; MIRANDA, Rogério B.; COSIO, Fernando B. *Transferências intergovenamentais no Brasil*: diagnóstico e proposta de reforma. Brasília: Consultoria Legislativa do Senado Federal, Coordenação de Estudos, 2008. Texto para Discussão, n. 40. p. 103.

Desenvolvimento da Educação Básica e de Valorização dos Profissionais da Educação (Fundeb), criado pela Emenda Constitucional nº 53/2006 e regulado pelo art. 60 do ADCT.

Desde a promulgação da Constituição de 1988, todos os entes federativos estão obrigados a aplicar, na manutenção e desenvolvimento do ensino, percentuais mínimos calculados sobre a receita de impostos e transferências intergovernamentais: 18% no caso da União e 25% no caso de estados, Distrito Federal e municípios (art. 212 da Constituição). Com a EC nº 95/2016, que institui teto para os gastos públicos federais, o piso de recursos federais para a educação deixa de ser vinculado ao volume de arrecadação de impostos, e sim ao valor aplicado no ano anterior, corrigido pela inflação oficial do período (*vide* item 1.4 *supra*).

A partir de 1996, com a Emenda Constitucional nº 14, a Constituição passou a determinar que no mínimo 15% da arrecadação de impostos/transferências dos estados, Distrito Federal e municípios fosse direcionado especificamente à manutenção e desenvolvimento do *ensino fundamental* (crianças entre 6 e 14 anos). Esses recursos passaram a compor o Fundo de Fundo de Manutenção e Desenvolvimento do Ensino Fundamental e de Valorização do Magistério (Fundef),[428] no âmbito de cada estado e do Distrito Federal, e a União ficou obrigada a complementar os recursos do Fundo "sempre que, em cada Estado e no Distrito Federal, seu valor por aluno não alcançar o mínimo definido nacionalmente" (art. 60, §3º, do ADCT). A distribuição dos recursos dos fundos era feita proporcionalmente ao número de alunos matriculados nas respectivas redes de ensino fundamental.

O Fundef buscou viabilizar certa redistribuição de recursos intrafundos, com fluxo de recursos em direção aos municípios mais pobres de cada estado, o que, contudo, não significou uma equalização total de recursos para a educação no âmbito dos municípios de um mesmo estado, visto que – isso é muito importante – a arrecadação dos três impostos municipais (IPTU, ISSQN, ITBI) não entra na composição dos fundos estaduais (o mesmo ocorre quanto ao Fundeb, atualmente em vigor). Persistia, pois, uma forte desigualdade no financiamento educacional no âmbito dos municípios de um mesmo estado: enquanto os municípios pobres e sem potencial arrecadatório próprio investiam na educação somente as parcelas que lhes cabiam do Fundef estadual, as capitais e os municípios mais prósperos investiam na educação as verbas do Fundef e, adicionalmente, pelo menos 25% da arrecadação de seus três impostos.

No que diz respeito à complementação devida pela União no âmbito do Fundef, esta fugiu inescrupulosamente a seus deveres e calculou ilegal e inconstitucionalmente os valores que deveria complementar, prejudicando seriamente os estados mais pobres da federação, bem como seus municípios. Em vez de cumprir as normas claras da EC nº 14/1996 e da Lei nº 9.494/1996 e comparar o valor-ano por aluno em cada fundo estadual com o valor-ano por aluno em âmbito nacional (dividindo-se o valor total dos fundos

---

[428] As origens do Fundef remontam à Conferência Nacional de Educação realizada em 1994 – cf. CURY, Carlos Roberto Jamil. Financiamento da Educação Brasileira: do subsídio literário ao Fundeb. *Educação & Realidade*, Porto Alegre, vol. 43, n. 4, out./dez. 2018, p. 1.243.

pelo número total de matrículas em todo o território nacional), para complementar os fundos cujo valor por aluno fosse menor do que o valor por aluno na escala nacional, a União se aferrou a uma interpretação canhestra da legislação que simplesmente se recusava a calcular o "mínimo definido nacionalmente" (expressão utilizada tanto na EC nº 14/1996 quanto na Lei nº 9.494/1996) para rebaixar artificiosamente os valores por ela devidos. Somente duas décadas depois da flagrante ilegalidade cometida pela União Federal é que o Supremo Tribunal Federal reconheceu e declarou o direito dos estados a reaverem as diferenças não recebidas na época própria.[429]

Posteriormente, a partir da Emenda Constitucional nº 53/2006, os fundos passaram a englobar todo o ensino básico (educação infantil, ensino fundamental e ensino médio), passando a exigir (art. 60 do ADCT) que estados e Distrito Federal destinem a seus respectivos fundos 20% de seus impostos próprios (ICMS, ITCMD, IPVA) e 20% das transferências de receitas tributárias que recebem da União (cotas do FPE,[430] 20% da arrecadação do imposto federal residual[431] e 10% da arrecadação do IPI),[432] além dos recursos recebidos pelos estados relativos a compensações previstas na LC nº 87/1996 (Lei Kandir).[433]

A destinação de recursos dos municípios ao Fundeb consiste na parcela de 20% das transferências tributárias que recebem da União (cotas do FPM[434] e 50% ou 100% da arrecadação do ITR)[435] e dos estados (50% da arrecadação do IPVA e 25% da arrecadação do ICMS).[436]

Por isso, quando a União remete aos estados e municípios as cotas-partes do FPM e do FPE, por exemplo, destina 20% dos repasses diretamente ao Fundeb de cada estado. A União segue com o dever constitucional (art. 60, V, do ADCT) de complementar os fundos sempre que, em cada Estado, o valor por aluno não alcançar o mínimo definido nacionalmente, e os recursos seguem sendo distribuídos entre estados, Distrito Federal e municípios proporcionalmente ao número de alunos matriculados nas diversas etapas e modalidades da educação básica. A complementação mínima exigida da União é de 10% do total dos recursos do Fundeb (art. 60, VII do ADCT).

No ano de 2019, o valor mínimo por aluno foi definido em R$3.238,52, e a arrecadação de recursos do Fundeb em todo o Brasil foi estimada em R$156,3 bilhões, sendo a complementação da União estimada em R$14,3 bilhões.[437] Os estados que até 2019 vinham recebendo complementação federal eram Alagoas, Amazonas, Bahia, Ceará, Maranhão, Pará, Paraíba, Pernambuco e Piauí.

---

[429] Cf., por exemplo, a Ação Cível Originária nº 660 (STF, Relator Ministro Marco Aurélio, Pleno, DJ 9 mar. 2018), proposta pelo Estado do Amazonas em 2002, com julgamento realizado somente 15 anos depois, em 2017.
[430] Art. 159, I, "a" da CF.
[431] Art. 157, II da CF.
[432] Art. 159, II da CF.
[433] A partir da EC nº 108/2020, essas compensações previstas na Lei Kandir deixaram de fazer parte da cesta de recursos do Fundeb.
[434] Art. 159, I, "b", da CF.
[435] Art. 158, II, da CF.
[436] Art. 158, III e IV, da CF.
[437] Portaria Interministerial (Ministério da Educação e Ministério da Economia) nº 7/2018.

Esses fundos desempenham uma importantíssima função redistributiva e equalizadora de oportunidades educacionais, evitando que os alunos de redes estaduais e municipais com poucos recursos tenham uma educação básica cujo financiamento fique aquém de um mínimo de qualidade definido nacionalmente.

Até 2020, o Fundeb tinha caráter temporário. Com a Emenda Constitucional nº 108, de 2020, passou a ter caráter permanente.[438] A mudança mais direta e impactante promovida no Fundeb pela EC nº 108/2020 foi a adoção de um modelo híbrido de complementação da União. Até a EC nº 108, a complementação da União consistia somente numa parcela de 10% do total arrecadado pelos 27 fundos, parcela que era distribuída aos fundos estaduais sempre que o valor por aluno, nesses fundos, não alcançasse o mínimo definido nacionalmente (art. 60, V a VII, do ADCT, na redação da EC nº 53/2006).

No novo Fundeb, mantém-se essa parcela de no mínimo 10% de complementação federal a ser distribuída aos fundos nos quais o valor anual por aluno (VAAF) seja inferior ao mínimo nacionalmente definido, mas a ela somam-se outras duas complementações, a saber:
- uma complementação de, no mínimo, 10,5% do total arrecadado pelos fundos, a ser distribuída a redes de ensino municipais ou estaduais sempre que o valor anual total por aluno (VAAT) nessas redes não alcançar o mínimo definido nacionalmente (essa complementação se iniciou com o valor de 2% em 2021 e subirá anualmente até atingir 10,5% em 2026);
- uma complementação de 2,5% do total arrecadado pelos fundos, a ser distribuída a redes de ensino que cumprirem determinadas condicionalidades de melhoria de gestão previstas em lei e alcançarem evolução de indicadores de atendimento e melhoria da aprendizagem com redução das desigualdades, nos termos do sistema nacional de avaliação da educação básica (essa complementação começou a ser feita somente em 2023, no montante de 0,75% do valor total dos fundos, chegando a 2,5% em 2026).

A EC nº 108/2020 determinou que essas três modalidades de complementação da União ao Fundeb não entrariam no cálculo do Teto de Gastos instituído pela EC nº 95/2016 e que permaneceu em vigor até 2022. Também foi determinado que em 2026 haja uma revisão dos critérios de distribuição da complementação da União e dos fundos. A partir dessa primeira revisão em 2026, deverá haver novas revisões decenais (art. 60-A do ADCT).

Quanto à nova complementação, que começou em 2% em 2021 e chegará a 10,5% em 2026 e que utilizará como critério o valor anual total por aluno (VAAT), e não o valor anual por aluno apurado com as receitas do próprio Fundeb (VAAF), seu objetivo foi acabar com a grave distorção do sistema vigente até 2020, em que a complementação federal somente distinguia entre estados, mas não entre municípios.

---

[438] Vide GODOI, Marciano Seabra de; REZENDE, Elisângela Oliveira de. Financiamento da educação básica, o novo Fundeb e as expectativas geradas pela Emenda Constitucional 108/2020. In: SCAFF, Fernando Facury; ROCHA, Sergio André; MURICI, Gustavo Lanna (org.). *Interseções entre o direito financeiro e o direito tributário*. Belo Horizonte: D'Plácido, 2021. p. 591-628.

Essa nova complementação da União acabou com incapacidade do Fundeb vigente até 2020 de comparar municípios de estados diferentes em termos de recursos totais *per capita* dedicados à educação básica, conforme explicado pelo senador Flávio Arns quando da tramitação da EC nº 108:

> Ou seja, o novo critério (...) lança seu olhar sobre as situações particulares "município por município", e considera no cálculo da partilha todos os recursos vinculados à educação, aprimorando o critério antigo, o qual olha somente "estado por estado", considerando unicamente os recursos recebidos via Fundeb. (...) Essa ampliação da cobertura beneficiará estudantes de redes de 24 estados da Federação, 15 a mais do que os 9 estados abarcados atualmente.[439]

A EC nº 108/2020 (art. 212-A, §1º, da Constituição) dispõe que o cálculo do VAAT deve considerar, pelo menos, as receitas dos estados, do DF e dos municípios que sejam vinculadas à manutenção e desenvolvimento do ensino e não integram o Fundeb (como os 25% do ISSQN, ITBI e IPTU), as cotas estaduais e municipais da arrecadação do salário-educação e também a complementação que as redes estaduais receberem no âmbito do Fundeb (distribuição dos 10% de complementação da União aos fundos nos quais o valor anual por aluno (VAAF) for inferior ao mínimo nacionalmente definido). Além disso, a EC nº 108/2020 definiu que 50% dos valores relativos a essa forma de complementação devem ser destinados à educação infantil (art. 212-A, §3º) e no mínimo 15% dos valores totais devem se referir a despesas de capital (art. 212-A, XI).

Em relação ao percentual mínimo dos recursos do Fundeb a serem destinados ao pagamento de professores e funcionários, o novo Fundeb apresenta uma regra distinta daquela introduzida pela EC nº 53/2006. A nova regra afirma que no mínimo 70% dos recursos (excluída a complementação da União de 2,5% conforme indicadores de atendimento e melhoria de aprendizagem) devem ser destinados "ao pagamento dos profissionais da educação básica em efetivo exercício" (art. 212-A, XI), ao passo que a regra anterior dispunha que um mínimo de 60% deveria ser destinado ao "pagamento dos profissionais do magistério da educação básica em efetivo exercício" (art. 60, XII, do ADCT na redação da EC nº 53/2006).

Desde a entrada em vigor da EC nº 108, o montante de recursos totais do Fundeb vem crescendo de modo consistente, resultando num correspondente crescimento do valor mínimo por aluno garantido pelo Fundo. Em 2020 (último ano do Fundeb provisório previsto na EC nº 53/2006), o valor anual mínimo por aluno foi de R$3.349,56.[440] Em 2024, o valor anual mínimo por aluno (VAAF) foi estimado em R$5.648,91.[441] Entre 2020 e 2024, o aumento real (descontada a inflação) no valor mínimo anual por aluno foi de aproximadamente 40%.

---

[439] ARNS, Flávio. *Relatório Legislativo da PEC nº 26/2020*. Disponível em: https://legis.senado.leg.br/sdleg-getter/documento?dm=8869297&ts=1602265272541&disposition=inline. Acesso em: 10 out. 2020.

[440] Portaria Interministerial (Ministério da Educação e Ministério da Economia) nº 3/2020.

[441] Portaria Interministerial (Ministério da Educação e Ministério da Fazenda) nº 13, 23 dez. 2024.

Se tomarmos o valor mínimo anual total por aluno (VAAT), que não existia no Fundeb anterior à EC nº 108 e leva em conta todos os recursos disponíveis no ente federativo para aplicação na manutenção e desenvolvimento do ensino, a evolução foi de R$4.837,41 em 2021[442] para R$ 8.510,81 em 2024,[443] aumento real de 45%.

Esse valor de R$8.510,81 (VAAT 2024) encontra-se no mesmo patamar dos valores anuais do Custo Aluno Qualidade Inicial (CAQi)/2024 estimado pela Campanha Nacional pelo Direito à Educação para os alunos da pré-escola, do ensino médio, dos anos iniciais e finais do ensino fundamental e da Educação de Jovens e Adultos (EJA) nas escolas da zona urbana de turno parcial.[444] Somadas, as matrículas relativas a essas modalidades correspondem a 66% do total de matrículas na educação básica.

No ano de 2024, as redes escolares que receberam a complementação federal VAAF foram Alagoas, Amazonas, Bahia, Ceará, Maranhão, Pará, Paraíba, Pernambuco, Piauí e Rio de Janeiro. A complementação federal VAAT beneficiou 2.172 municípios, e a complementação VAAR beneficiou 2.523 redes municipais e 13 redes estaduais.[445]

A Emenda Constitucional nº 135, de 20 de dezembro de 2024, promoveu duas alterações na legislação constitucional do Fundeb – ambas voltadas a reduzir gastos educacionais da União. A primeira alteração (art. 212-A, inciso XIV, da Constituição) foi a autorização para que, no exercício de 2025, até 10% da complementação federal seja realizada na forma de ações de fomento à criação de matrículas em tempo integral na educação básica pública, considerados indicadores de atendimento, melhoria da qualidade e redução de desigualdades. Com essa primeira alteração, a União pretende reduzir em aproximadamente R$4,8 bilhões os gastos do Ministério da Educação previstos para o ano de 2025 no Programa Escola em Tempo Integral, visto que esses gastos poderão ser feitos com recursos da complementação federal do Fundeb. A segunda alteração promovida pela EC nº 135 (art. 212-A, inciso XV, da Constituição) é semelhante à primeira: a partir de 2026, no mínimo 4% do valor dos fundos estaduais serão destinados pelos estados, Distrito Federal e municípios à criação de matrículas em tempo integral na educação básica. Desse modo, despesas com a educação básica em tempo integral que seriam oriundas do orçamento do Ministério da Educação passam a ser suportadas pelos demais entes federativos.[446]

---

[442] Portaria Interministerial (Ministério da Educação e Ministério da Economia) nº 8/2021.

[443] Portaria Interministerial (Ministério da Educação e Ministério da Fazenda) nº 13, 23 dez. 2024.

[444] FINEDUCA; CAMPANHA NACIONAL PELO DIREITO À EDUCAÇÃO; LABORATÓRIO DE DADOS EDUCACIONAIS. *Custo Aluno Qualidade Inicial (CAQi) 2024*: educação com equidade e condições de qualidade para todos/as. Brasília, 2024. Disponível em: https://fineduca.org.br/custo-aluno-qualidade-inicial-caqi-2024/. Acesso em: 17 out. 2024.

[445] Informações disponíveis em: https://cnm.org.br/informe/estimativa_fundeb. Acesso em: 17 out. 2024.

[446] FERNANDES, Adriana. Governo avalia que mercado erra ao desconsiderar impacto do Fundeb no pacote fiscal. *Folha de São Paulo*, Brasília, 23 dez. 2024.

## 4.6.6 Cotas da contribuição do salário-educação

Outra fonte de financiamento da educação básica é a arrecadação da contribuição social do salário-educação, prevista no art. 212, §5º, da Constituição. Essa contribuição, de competência federal, incide sobre os valores pagos a qualquer título pelas empresas e entidades equiparadas a seus empregados, e tem alíquota de 2,5% (art. 15 da Lei nº 9.424/1996). A desvinculação de recursos prevista no art. 76 do ADCT (que a Emenda Constitucional nº 122/2022 prorrogou até 31.12.2024) não incide sobre os recursos da contribuição do salário-educação (art. 76, 2º, do ADCT).

Segundo o art. 212, §6º, da Constituição, as cotas estaduais e municipais da arrecadação do salário-educação devem ser "distribuídas proporcionalmente ao número de alunos matriculados na educação básica nas respectivas redes públicas de ensino". Em 2023, o valor arrecadado com a contribuição do salário-educação foi de R$27 bilhões.

A legislação atualmente em vigor (art. 15 da Lei nº 9.424/1996) estabelece a seguinte destinação para a arrecadação da contribuição do salário educação: 1% pertence ao INSS, e o restante é dividido entre o FNDE (10% do total após a participação do INSS, devendo ser utilizado em programas e ações voltados à educação básica), uma cota federal (um terço dos 90% que sobram após a participação do FNDE) e uma cota estadual/municipal (dois terços dos 90% que sobram após a participação do FNDE).

A cota estadual/municipal da contribuição do salário-educação deve ser dividida entre o estado e seus municípios de forma proporcional ao número de alunos matriculados no ensino fundamental nas respectivas redes de ensino, conforme apurado pelo censo educacional realizado pelo Ministério da Educação (art. 2º da Lei nº 9.766/1998). Contudo, a distribuição segundo o número de alunos matriculados não ocorre em âmbito nacional, pois o art. 15, §1º, da Lei nº 9.424/1996 (na redação dada pela Lei nº 10.832/2003) determina que 90% dos recursos arrecadados serão distribuídos no âmbito do próprio estado em que ocorrer a arrecadação da contribuição, beneficiando assim os estados com maior renda *per capita*, bem como seus municípios.

Até a EC nº 53/2006, a Constituição não tinha regra específica sobre a divisão das cotas do salário-educação. A partir dessa Emenda, a forma de divisão foi prevista expressamente no art. 212, §6º, mencionado acima, segundo o qual a divisão há de ocorrer "proporcionalmente ao número de alunos matriculados na educação básica nas respectivas redes públicas de ensino".

Os nove estados da região Nordeste ajuizaram a ADPF nº 188, em 2009, argumentando que, a partir da EC nº 53/2006, a sistemática de cálculo prevista pela legislação ordinária se mostra inconstitucional e pedindo que as cotas do salário-educação fossem integralmente distribuídas conforme o critério dos alunos matriculados nas redes de ensino, sem levar em conta o local da arrecadação. Numa demonstração de como os temas do financiamento educacional em geral têm pouca prioridade na pauta do STF (a demora para julgar a chicana federal cometida no cálculo da complementação do Fundef e comentada anteriormente é outro exemplo disso), essa ação só foi julgada em 2022.

Em decisão acertada, o STF julgou procedente a ADPF, com a seguinte fundamentação:[447]

> 1. Ao vincular o repasse constitucional ao local da fonte arrecadadora, as leis impugnadas terminam por afastar o tributo da sua finalidade – financiamento da educação – porquanto os Estados mais produtivos naturalmente teriam maior repasse, independentemente do número de alunos matriculados.
> 2. A alteração promovida pela Emenda Constitucional 53/2006 resultou na incompatibilidade da regra que prevê a distribuição das cotas do salário-educação proporcionalmente ao Estado onde arrecadadas.
> 3. Interpretação gramatical ou literal da norma constitucional que prestigia a observância do objetivo republicano de redução das desigualdades regionais e confere eficácia ao preceito constitucional de dever do Estado proporcionar educação pública gratuita e de forma igualitária a todos os cidadãos brasileiros, independentemente do Estado ou Município em que resida.
> 4. A repartição igualitária da arrecadação da contribuição social em debate é uma forma de concretização do princípio federativo, com ênfase na cooperação fiscal entre os diversos centros de governo para a progressiva realização da igualdade das condições sociais de vida em todo o território nacional.
> 5. Arguição de descumprimento de preceito fundamental julgada procedente para dar interpretação conforme ao conjunto normativo impugnado, com a fixação da seguinte tese: "À luz da Emenda Constitucional 53/2006, é incompatível com a ordem constitucional vigente a adoção, para fins de repartição das quotas estaduais referentes ao salário-educação, do critério legal de unidade federada em que realizada a arrecadação desse tributo, devendo-se observar unicamente o parâmetro quantitativo de alunos matriculados no sistema de educação básica.

### 4.6.7 Demais regras constitucionais sobre o tema

Além de definir e regular os numerosos casos de transferência de recursos tributários entre os entes federativos (arts. 157 a 159), a Constituição resguarda a efetividade dessas transferências ao vedar (art. 160) que a União e os estados retenham ou criem alguma restrição à entrega ou ao emprego de referidos recursos. A título de exceção a essa regra geral de vedação de retenções e condicionamentos, o parágrafo único do art. 160 autoriza a União e os estados a condicionarem a entrega dos recursos ao pagamento de seus créditos (inclusive de suas autarquias) e ao cumprimento da norma constitucional que obriga os estados, o Distrito Federal e os municípios a aplicarem um percentual mínimo de recursos orçamentários (percentual a ser estabelecido por lei complementar) em ações e serviços públicos de saúde. Atualmente, a Lei Complementar nº 141/2012 estabelece que esses percentuais mínimos são de 12% (estados e Distrito Federal) e 15% (municípios) da arrecadação dos impostos próprios e dos valores de transferências constitucionais.

---

[447] STF, ADPF nº 188, Relator Ministro Edson Fachin, *DJ*, 22 set. 2022.

Outra flexibilização da vedação contida no *caput* do art. 160 da Constituição foi criada pela Emenda Constitucional nº 114/2021, que dispôs que contratos, acordos, ajustes, parcelamentos e renegociações de débitos firmados pela União com os entes federativos deverão conter cláusulas que autorizem a dedução dos valores devidos dos montantes relativos às cotas nos Fundos de Participação ou aos precatórios federais (art. 160, §2º, da Constituição, inserido pela EC nº 114/2021).

No intuito de conferir publicidade e transparência ao processo de transferências intergovernamentais de tributos, a Constituição também determina (art. 162) que os entes federativos divulguem mensalmente os montantes dos tributos arrecadados, dos montantes recebidos, dos valores entregues e a entregar, e a expressão numérica dos diversos critérios de rateio.

## 4.7 Participações governamentais e compensações financeiras pela exploração de recursos naturais

Os recursos tributários são o principal sustentáculo financeiro para a prestação dos serviços públicos e a realização das políticas públicas, ambas as atividades estreitamente relacionadas com a efetivação concreta dos direitos e garantias individuais, bem como dos direitos políticos, sociais e econômicos previstos na Constituição.

Depois da tributação, os recursos que atualmente mais contribuem para o financiamento dos gastos públicos no Brasil são os provenientes da exploração econômica de riquezas naturais, como o petróleo, o gás natural, o potencial energético dos recursos hídricos e os recursos minerais em geral.

Dada a importância do tema, dedicaremos as seções a seguir ao estudo da natureza jurídica desses recursos, de suas espécies, bem como do controverso tema de sua divisão entre os entes da Federação brasileira.

Por sua maior relevância arrecadatória, abordaremos com mais detalhes as participações governamentais ligadas à produção de petróleo e gás natural, e em seguida a compensação financeira pela exploração de recursos minerais (CFEM).

### 4.7.1 Previsão constitucional e natureza jurídica

O art. 20, §1º, da Constituição estabelece:

> É assegurada, nos termos da lei, à União, aos Estados, ao Distrito Federal e aos Municípios a participação no resultado da exploração de petróleo ou gás natural, de recursos hídricos para fins de geração de energia elétrica e de outros recursos minerais no respectivo território, plataforma continental, mar territorial ou zona econômica exclusiva, ou compensação financeira por essa exploração (redação dada pela EC nº 102/2019).

No julgamento do Recurso Extraordinário nº 228.800 (*DJ*, 16 nov. 2001), o Supremo Tribunal Federal decidiu acertadamente que os recursos mencionados em tal dispositivo constitucional não têm natureza tributária, e sim natureza de receitas patrimoniais ou originárias. A causa dessa cobrança remonta à propriedade da União sobre os recursos naturais, indicando que se trata de uma *receita originária*, de direito financeiro, e não de um tributo, que constitui *receita derivada* (conforme o art. 9º da Lei nº 4.320/1964).

O relator do RE nº 228.800, Ministro Sepúlveda Pertence, observou que o dispositivo constitucional oferece duas opções de regulamentação para o legislador ordinário, que pode criar uma "participação no resultado da exploração" de tais recursos naturais, ou então instituir uma "compensação financeira" pela exploração dos mesmos recursos. Se o legislador ordinário define que o pagamento dos recursos mencionados no art. 20, §1º, da Constituição será feito tomando como parâmetro o faturamento, o lucro ou outra grandeza relativa à própria exploração econômica em si mesma, tem-se não uma "compensação financeira" (que se baseia na noção de dano e indenização), mas sim uma "participação no resultado da exploração" dos recursos naturais. A norma constitucional prevê ambas as hipóteses (participação e compensação), cabendo ao legislador ordinário criar uma ou outra.[448]

Analisando-se a legislação relativa à CFEM e à exploração do petróleo e do gás natural, vê-se que o legislador definiu que os entes públicos fazem jus a exações cobradas com base no faturamento ou no lucro produzido pela exploração dos recursos, sem qualquer relação com a existência ou quantificação de possíveis perdas ou danos gerados aos entes federativos, não se tratando, assim, de parcelas *compensatórias* ou *indenizatórias*.

Pouco importa que o legislador ordinário por vezes se refira a tais exações chamando-as "compensação financeira" ou "indenização pela exploração do petróleo" (art. 8º da Lei nº 7.990/1989). Como toda a estrutura legal relativa ao fato gerador e à base de cálculo das exações é definida com base em parâmetros ligados ao "faturamento líquido" (no caso da CFEM), à receita bruta ou ao resultado econômico da exploração (no caso dos *royalties* e participações especiais do petróleo), sem qualquer referência legal às formas de constatar e quantificar as perdas ou danos socioambientais, trata-se de *participações no resultado* da exploração econômica, e não de indenizações ou compensações financeiras.

Não estamos afirmando, naturalmente, que a exploração de recursos minerais e de petróleo e gás natural não provoquem perdas ou danos socioambientais aos estados e municípios. Isso sem dúvida ocorre, e de modo muitas vezes dramático, principalmente quando a exploração se dá no próprio território dos entes federativos. O que afirmamos é que a legislação ordinária, editada com base no art. 20, §1º, da Constituição, optou pela configuração de uma *participação no resultado da exploração*, e não de uma *compensação/indenização financeira*.

---

[448] Distinguindo corretamente entre a *participação nos resultados* como "associação de benefícios" e a *compensação financeira* como pressupondo um "prejuízo decorrente da exploração", cf. FERREIRA FILHO, Manuel Gonçalves. *Comentários à Constituição brasileira de 1988*. São Paulo: Saraiva, 1993. v. 1. p. 154 e OLIVEIRA, Regis Fernandes de. *Curso de direito financeiro*. 2. ed. São Paulo: Revista dos Tribunais, 2008. p. 224-229.

### 4.7.1.1 Nova redação do art. 20, §1º da CF (EC nº 102/2019)

Em 2019, a Emenda Constitucional nº 102 alterou a redação do art. 20, §1º da Constituição. A mudança consistiu em retirar do texto do parágrafo o trecho "bem como a órgãos da administração direta da União". Qual o motivo e qual o efeito da mudança textual?

O propósito original da Constituição de 1988, ao determinar que parcela das participações governamentais caberia a "órgãos da administração direta da União", era garantir o financiamento específico de atividades fiscalizatórias extremamente importantes para a sociedade, como as atividades de fiscalização a serem exercidas pela Marinha e pelo Ministério do Meio Ambiente no âmbito da exploração marítima de petróleo, ou as atividades de fiscalização a serem exercidas pelo antigo Departamento Nacional da Produção Mineral – DNPM (atual Agência Nacional de Mineração – ANM) no âmbito das atividades de mineração. Além disso, o propósito da Constituição era o de destinar recursos a investimentos a serem promovidos por órgãos da Administração direta em projetos específicos com o objetivo de mitigar efeitos adversos da exploração de recursos naturais, como projetos que tenham por objetivo a prevenção e recuperação de danos causados ao meio ambiente pela indústria da mineração e do petróleo.

Como se verá nos itens a seguir, a legislação ordinária relativa à distribuição dos royalties e participações especiais da exploração de petróleo e gás natural destinou uma parcela significativa de recursos para que órgãos da União como a Marinha, o Ministério da Ciência e Tecnologia e o Ministério do Meio Ambiente realizassem essas importantes atividades de fiscalização e investimento. Contudo, por uma decisão financeira do Governo Federal recorrente nas últimas décadas, esses valores são quase todos contingenciados no início de cada exercício financeiro, não são efetivamente utilizados por esses órgãos específicos e acabam na Conta Única do Tesouro Nacional para contribuir com o resultado primário (conforme autoriza expressamente o art. 45, §§2º e 3º da Lei nº 9.478/1997).

O mesmo fenômeno ocorre no âmbito das atividades de mineração. A legislação ordinária relativa à distribuição da compensação financeira pela exploração de recursos minerais (CFEM) prevê a destinação de recursos significativos para financiar as imprescindíveis (mas infelizmente desprestigiadas e sucateadas) atividades fiscalizatórias do antigo Departamento Nacional de Produção Mineral, hoje Agência Nacional de Mineração. Contudo, numa política financeira perversa obcecada com resultados primários a qualquer custo, os recursos da CFEM destinados aos órgãos da Administração direta da União são fortemente contingenciados, condenando os referidos órgãos a uma situação de sucateamento e precariedade operacional que os impede de exercer com um mínimo de eficácia suas obrigações fiscalizatórias. Este fenômeno já foi diagnosticado e criticado enfaticamente pelo Tribunal de Contas da União em 2015,[449] sem nenhum efeito prático relevante.

---

[449] *Vide* Processo nº 032.034/2015-6. Rel. Min. José Múcio Monteiro (acórdão na íntegra disponível em: https://portal.tcu.gov.br/lumis/portal/file/fileDownload.jsp?fileId=8A8182A25753C20F0157587B1F4C0870&inline=1. Acesso em: 7 dez. 2019).

A mudança feita pela EC nº 102 no texto do art. 20, §1º, da CF é uma espécie de transposição, para o próprio texto constitucional, dessa visão financeira e financista vigorante desde a década de 90 do século passado, segundo a qual a vinculação de recursos das participações governamentais a órgãos de fiscalização é negativa, pois *atrapalharia* o atingimento de metas de resultado primário. Tragédias como os rompimentos de barragens de rejeitos de mineração em 2015 (Mariana – MG) e 2018 (Brumadinho – MG) mostram que essa política financista tem altos custos em termos de vidas humanas e degradação do meio ambiente.

Em 2019, a tragédia – cuja origem e motivos as autoridades governamentais supostamente fiscalizadoras ainda não conseguiram explicar – da contaminação ambiental por manchas de óleo no litoral brasileiro, que atingiu mais de 800 localidades, colocou a nu a precariedade da política e dos órgãos de fiscalização e controle das atividades de produção e comercialização marítima de petróleo. A política financeira e financista de contingenciamento dos recursos destinados à fiscalização manifestou-se cabalmente na decisão do Governo Federal, tomada alguns meses antes da tragédia, de extinguir – entre centenas de órgãos coletivos de controle e participação social também extintos no início de 2019 – dois Comitês que integravam o Plano Nacional de Contingência para Incidentes de Poluição por Óleo em Água, instituído em 2013.[450]

Outra manifestação da política de desvinculação de recursos destinados por lei a fundos específicos se concretizou no art. 2º da Lei Complementar nº 211/2024, que determinou que, de 2025 a 2030, o superávit financeiro de diversos fundos (tais como o Fundo de Defesa de Direitos Difusos e o Fundo Nacional de Segurança e Educação de Trânsito) deverá ser utilizado na amortização da dívida pública.

### 4.7.2 Espécies de participação no resultado da exploração de recursos naturais

A espécie responsável pela maior arrecadação de recursos financeiros é, sem dúvida alguma, a relativa às participações governamentais pela exploração de petróleo e gás natural. Nas seções a seguir, dedicaremos uma atenção especial a essa espécie de participação, cuja legislação é complexa e sofreu diversas alterações no período recente.

Outra espécie instituída pelo legislador ordinário é a chamada "compensação financeira pela exploração de recursos minerais" (CFEM), regulada nas leis nº 7.990/1989 e 8.001/1990 e no Decreto nº 1/1991, cuja sistemática de cálculo sofreu alterações significativas com a publicação da Lei nº 13.540/2017.

A terceira espécie é a compensação financeira pela utilização de recursos hídricos para fins de geração de energia elétrica, prevista nos arts. 3º a 5º da Lei nº 7.990/1989, no art. 1º da Lei nº 8.001/1990 e no art. 17 da Lei nº 9.648/1998, paga pelos

---

[450] *Vide* GOVERNO Bolsonaro extinguiu comitês do plano de ação de incidentes com óleo. *Diário de Pernambuco*, 19 out. 2019. Disponível em: https://www.diariodepernambuco.com.br/noticia/brasil/2019/10/governo-bolsonaro-extinguiu-comites-do-plano-de-acao-de-incidentes-com.html. Acesso em: 7 dez. 2019.

titulares de concessão ou autorização para exploração de potencial hidráulico, no valor de 6,75% sobre o valor da energia elétrica produzida, a órgãos da Administração direta da União (Ministério de Minas e Energia, Ministério do Meio Ambiente) e aos estados, Distrito Federal e municípios em cujos territórios se localizam instalações destinadas à produção de energia elétrica ou que têm áreas invadidas por águas dos respectivos reservatórios.

### 4.7.3 Exploração e produção de petróleo e gás natural – Regime regulador misto. Regime de concessão e regime de partilha da produção

O processo de exploração e produção de petróleo e gás natural no Brasil se submete a um regime regulatório misto.

Até 2010, existia unicamente o *regime de concessão* (previsto e regulado na Lei nº 9.478/1997), no qual as empresas vencedoras da licitação assumem o risco exploratório e comercial do negócio, mas, em contrapartida, controlam o processo produtivo e adquirem a propriedade de todo o óleo produzido.

Com a descoberta das reservas petrolíferas da área do pré-sal, a legislação criou em 2010 o *regime de partilha* da produção (Lei nº 12.351). O regime se chama *partilha* porque a União partilha com as empresas a parcela da produção denominada pela lei de "excedente em óleo", que equivale, grosso modo, ao lucro do empreendimento (volume total da produção menos a parcela da produção relativa aos custos do negócio e aos *royalties* que incidem sobre a produção).

No edital das licitações sob o regime de partilha da produção, define-se um percentual mínimo para o excedente em óleo da União. O julgamento da licitação identificará qual a proposta mais vantajosa no sentido de oferecer o maior percentual de excedente em óleo para a União. Uma diferença marcante entre o regime de concessão e o regime de partilha é que, neste, a União Federal, por intermédio da empresa estatal Pré-Sal Petróleo S.A., detém sempre o controle estratégico da produção.

Todos os contratos celebrados até 2012, dentro e fora do polígono do pré-sal, se submeteram ao regime de concessão. O primeiro contrato submetido ao regime de partilha da produção foi assinado no final de 2013, relativo à área de Libra, na Bacia de Santos, dentro do polígono do pré-sal, cujo percentual de excedente em óleo da União foi fixado contratualmente em 41,65%.

O regime de partilha da produção somente será aplicável às áreas do pré-sal e a outras áreas de baixo risco exploratório e elevado potencial de produção, consideradas pelo Poder Executivo *estratégicas para o desenvolvimento nacional*. A todas as outras áreas de bacias sedimentares no Brasil, continua aplicável o regime de concessão.[451]

---

[451] Existe um terceiro regime, de caráter específico e temporário: o regime de cessão onerosa, pelo qual a União cedeu à Petrobras, dispensada a licitação, o direito de explorar e adquirir a titularidade de até 5 bilhões de barris de petróleo em áreas do pré-sal ainda não concedidas. Em contrapartida, a União aumentou sua participação no capital social da Petrobras (cf. Lei nº 12.276/2010).

Com a Lei nº 13.365/2016, houve grande alteração do papel da Petrobras no contexto do regime de partilha da produção. Após a aprovação dessa lei, a Petrobras deixou de ser necessariamente a operadora dos blocos contratados sob o regime de partilha. O operador dos blocos é uma figura central no regime de partilha, visto que é o responsável pela "condução e execução, direta ou indireta, de todas as atividades de exploração, avaliação, desenvolvimento, produção e desativação das instalações de exploração e produção" (art. 2º, VI da Lei nº 12.351/2010). Com a mudança, o operador pode ser outra empresa que não a Petrobras, certamente uma empresa estrangeira.

Pela regulamentação da Lei nº 13.365/2016, a decisão por oferecer ou não à Petrobras a condição de operador exclusivo é do Conselho Nacional de Política Energética (CNPE).

Na legislação aprovada em 2010, o vencedor do leilão devia constituir consórcio com a Petrobras e com a empresa pública que gere os contratos de partilha. Com a mudança da Lei nº 13.365/2016, a Petrobras não tem mais participação obrigatória no consórcio.

### 4.7.4 Participações governamentais na exploração de petróleo e gás natural

As participações governamentais existentes no âmbito da exploração do petróleo levada a cabo mediante o *regime de concessão* são quatro: bônus de assinatura, *royalties*, participação especial e pagamento pela retenção ou ocupação de área (art. 45 da Lei nº 9.478/1997).

Os *royalties* do petróleo já existiam antes da Lei nº 9.478/97, desde 1953, quando teve início a exploração econômica do petróleo no Brasil (exploração em terra). As demais participações governamentais nos contratos de concessão foram criadas pela Lei nº 9.478, destacando-se, pelo vulto econômico, a chamada Participação Especial (PE).

A Participação Especial (que se calcula sobre a "receita líquida" de grandes explorações de petróleo e gás) só passou a ser arrecadada a partir de 2000, nos grandes campos de produção. Como se pode ver no gráfico abaixo, o valor da arrecadação da PE é muito similar ao valor dos *royalties* desde 2004.

Em 2014, os *royalties* renderam R$18,5 bilhões aos cofres públicos, enquanto as participações especiais arrecadaram R$16,9 bilhões. A arrecadação caiu bruscamente em 2015 (R$13,8 bilhões de *royalties* e R$10,7 bilhões de participações especiais) e ainda mais em 2016 (R$11,8 bilhões de *royalties* e R$5,9 bilhões de participações especiais), fruto da considerável queda na cotação internacional do barril de petróleo.[452]

Os valores com a arrecadação de *royalties* e participações especiais se recuperaram fortemente a partir de 2017 (R$15,3 bilhões de *royalties* e R$15,1 bilhões de participações especiais), chegando a um valor conjunto de R$56,3 bilhões em 2019.

---

[452] As informações mencionadas ao longo do texto sobre o volume e a composição da arrecadação das participações governamentais, inclusive com as informações detalhadas da arrecadação de cada estado e município, estão disponíveis no sítio eletrônico da Agência Nacional do Petróleo, Gás Natural e Biocombustíveis (ANP): www. anp. gov.br.

Após uma queda no ano de 2020 (primeiro ano da pandemia de COVID-19, em que o preço internacional do petróleo caiu fortemente), novos recordes de arrecadação foram registrados em 2021 e 2022, anos em que a cotação internacional do petróleo atingiu valores altíssimos (superiores a US$110,00 o barril de petróleo tipo Brent) como decorrência de conflitos internacionais, como a guerra entre a Rússia e a Ucrânia, iniciada nos primeiros meses de 2022. O preço internacional do barril de petróleo caiu 10% em 2023, o que se refletiu na queda de arrecadação dos *royalties* e da participação especial nesse ano, em relação a 2022.

**Evolução da arrecadação das participações governamentais**
2000-2023, R$ bilhões

|  |  |
|---|---|
| 2000 | 3,0 |
| 2001 | 4,1 |
| 2002 | 5,8 |
| 2003 | 9,5 |
| 2004 | 10,4 |
| 2005 | 13,3 |
| 2006 | 16,7 |
| 2007 | 14,8 |
| 2008 | 22,8 |
| 2009 | 16,6 |
| 2010 | 21,8 |
| 2011 | 25,8 |
| 2012 | 31,7 |
| 2013 | 32,0 |
| 2014 | 35,6 |
| 2015 | 25,5 |
| 2016 | 18,0 |
| 2017 | 30,7 |
| 2018 | 53,3 |
| 2019 | 56,3 |
| 2020 | 47,0 |
| 2021 | 77,8 |
| 2022 | 118,3 |
| 2023 | 96,1 |

■ Royalties ■ Participação Especial ■ Retenção de área

Fonte: Instituto Brasileiro de Petróleo e Gás (2024).

Além das quatro participações governamentais mencionadas acima, a Lei nº 9.478/1997 também prevê (art. 52) uma participação em benefício de particulares ou terceiros. Trata-se de um pagamento devido aos proprietários da terra em que se dá a exploração do petróleo, equivalente a um percentual variável entre cinco décimos por cento e um por cento da produção de petróleo ou gás natural, a critério da Agência Nacional do Petróleo (ANP). Em 2015, o valor dessa participação de terceiros chegou a R$104 milhões. Em 2018, foi de R$120 milhões. Em 2023, foi de R$139 milhões.

No regime de partilha da produção, as participações governamentais são apenas duas: bônus de assinatura (com a mesma configuração prevista no caso do regime de concessão) e *royalties* (art. 42 da Lei nº 12.351/2010). No regime de partilha, não existe a participação especial, visto que a União já faz jus à propriedade de uma parcela do óleo *excedente*, como visto acima. No regime de partilha também se prevê, para quando o bloco se localizar em terra, o pagamento de participação de até 1% do valor da produção aos proprietários da terra onde se localizar o bloco.

### 4.7.4.1 Bônus de assinatura

O bônus de assinatura representa um risco assumido pelas empresas exploradoras, visto que é pago independentemente de se encontrar ou produzir petróleo.

O bônus de assinatura tem o seu valor mínimo estabelecido no edital de licitação da área a ser explorada, e corresponde ao pagamento ofertado na proposta para obtenção da concessão, devendo ser pago no ato da assinatura do contrato (art. 46 da Lei nº 9.478/1997).

No caso do regime de partilha da produção, o bônus de assinatura tem a mesma função e deve ser pago no ato de assinatura do contrato. Não se pode incluir o valor do bônus de assinatura no "custo em óleo"; ou seja, o valor do bônus de assinatura não será considerado despesa para fins de se apurar o lucro em óleo (*excedente em óleo*) a ser partilhado entre as empresas exploradoras e a União (art. 42, §2º, da Lei nº 12.351/2010).

No caso dos contratos de concessão, o bônus constitui um dos fatores para a empresa ou o consórcio vencer a licitação. Outros fatores considerados para decidir pelo vencedor da licitação são o cronograma físico-financeiro, o programa geral de trabalho, o valor dos investimentos, os prazos, e o índice de nacionalização de equipamentos e tecnologias constante das propostas.

A arrecadação dos bônus de assinatura é sazonal, visto que somente ocorre naqueles anos em que há rodadas de licitação de blocos exploratórios. Em 2007, a arrecadação dos bônus de assinatura foi de R$2,23 bilhões, enquanto a arrecadação dos *royalties* foi de aproximadamente R$7 bilhões, mesmo valor da arrecadação das participações especiais.

De 2008 a 2012, a arrecadação dos bônus de assinatura foi praticamente inexistente, não tendo havido rodadas de licitação nos anos de 2011 e 2012. Já em 2013, com a retomada das rodadas de licitação de blocos, arrecadaram-se aproximadamente R$2,5 bilhões em bônus de assinatura nos contratos sob o regime de concessão, e o valor expressivo de R$15 bilhões na assinatura do primeiro contrato de partilha da produção, no final de 2013, relativo à área de Libra, na Bacia de Santos. De 2014 a 2017, não houve arrecadação relevante a título de bônus de assinatura.

Em 2018, com a retomada dos leilões nas rodadas de licitações, arrecadou-se a título de bônus de assinatura o expressivo valor de R$18 bilhões. À época, levantou-se o dado de que o Brasil havia arrecadado nada menos do que 75% de todos os bônus de assinatura pagos em leilões de exploração de petróleo que foram realizados em todo o mundo de 2016 a 2018.[453]

Depois de 2018, somente em 2022 voltou-se a arrecadar um valor expressivo de bônus de assinatura (R$11,6 bilhões).

---

[453] *Vide* BRASIL, Cristina Indio do. Brasil lidera pagamento em leilões de exploração de petróleo no mundo. *Agência Brasil*, 10 nov. 2018. Disponível em: http://agenciabrasil.ebc.com.br/economia/noticia/2018-11/brasil-lidera-pagamentos-em-leiloes-de-exploracao-de-petroleo-no-mundo. Acesso em: 7 dez. 2019.

## 4.7.4.1.1 Valores arrecadados no leilão do excedente da cessão onerosa do pré-sal (2019) e sua divisão federativa

A cessão onerosa é uma modalidade de contratação direta de áreas específicas do pré-sal entre a União e a Petrobras, para exploração e produção de petróleo e gás natural.

A Lei nº 12.276/2010 concedeu à Petrobras o direito de extrair até cinco bilhões de barris de petróleo equivalente nessas áreas, localizadas no pré-sal, conforme contrato firmado entre a União e a Petrobras. Como após 2010 houve a descoberta de volumes muito superiores ao limite do contrato (cinco bilhões de barris), o Conselho Nacional de Política Energética (CNPE) autorizou a Agência Nacional do Petróleo a licitar em leilões específicos esse excedente de óleo, conforme o regime de partilha da produção – a Rodada de Licitações do Excedente da Cessão Onerosa, ocorrida no final 2019.

O valor arrecadado com o bônus de assinatura nessa rodada de licitações foi estratosférico, atingindo o montante de R$70 bilhões. O montante previsto pelo governo era ainda maior, de R$106,5 bilhões. A diferença a menor ocorreu porque só houve arrematação de dois dos quatro blocos oferecidos. A diferença entre essa rodada e os demais leilões de partilha já realizados pela ANP foi que, no caso do excedente da cessão onerosa, foram ofertadas áreas já em desenvolvimento, sem risco exploratório. Daí os valores dos bônus de assinatura serem fixos e em patamares tão altos.

Para atrair o apoio dos governadores estaduais com relação à reforma constitucional da previdência em tramitação durante o ano de 2019, o Governo Federal ofereceu a estados e municípios a partilha desses valores dos bônus de assinatura do excedente da cessão onerosa. Após negociações no Congresso Nacional, foi aprovada a Lei nº 13.885, de 17.10.2019. A forma de divisão dos recursos e suas destinações específicas foram estabelecidas no art. 1º da lei, *verbis*:

> Art. 1º A União transferirá, dos valores arrecadados com os leilões dos volumes excedentes ao limite a que se refere o §2º do art. 1º da Lei nº 12.276, de 30 de junho de 2010, descontada a despesa decorrente da revisão do contrato de cessão onerosa de que trata a mesma Lei:
>
> I - 15% (quinze por cento) aos Estados e ao Distrito Federal, sendo que 2/3 (dois terços) desse montante serão distribuídos de acordo com os percentuais previstos na coluna A e 1/3 (um terço) com os percentuais previstos na coluna B, ambas do Anexo desta Lei;
>
> II - 3% (três por cento) aos Estados confrontantes à plataforma continental, mar territorial ou zona econômica exclusiva onde estejam geograficamente localizadas as jazidas de petróleo, gás natural e outros hidrocarbonetos fluidos; e
>
> III - 15% (quinze por cento) aos Municípios, distribuídos conforme os coeficientes que regem a repartição de recursos do Fundo de Participação dos Municípios, de que trata a alínea b do inciso I do caput do art. 159 da Constituição Federal.
>
> §1º Os Estados e o Distrito Federal destinarão os recursos de que trata o caput deste artigo exclusivamente para o pagamento das despesas:

I - previdenciárias do respectivo ente e de todas as pessoas jurídicas de direito público e privado integrantes de sua administração direta e indireta, ressalvadas as empresas estatais independentes, com:

a) os fundos previdenciários de servidores públicos;

b) as contribuições sociais de que tratam as alíneas a e c do parágrafo único do art. 11 da Lei nº 8.212, de 24 de julho de 1991, inclusive os decorrentes do descumprimento de obrigações acessórias e os de contribuições incidentes sobre o décimo terceiro salário;

II - com investimento.

§2º A utilização dos recursos de que trata o caput deste artigo nas despesas previstas no inciso II do §1º deste artigo pelos Estados e pelo Distrito Federal fica condicionada à criação de reserva financeira específica para pagamento das despesas de que tratam as alíneas a e b do inciso I do §1º deste artigo, vincendas até o exercício financeiro do ano subsequente ao ano da transferência de recursos pela União.

§3º Os Municípios destinarão os recursos de que trata o caput deste artigo alternativamente para:

I - criação de reserva financeira específica para pagamento das despesas previdenciárias com os fundos previdenciários de servidores públicos ou com as contribuições sociais de que tratam as alíneas a e c do parágrafo único do art. 11 da Lei nº 8.212, de 24 de julho de 1991, inclusive os decorrentes do descumprimento de obrigações acessórias e os de contribuições incidentes sobre o décimo terceiro salário, do respectivo ente e de todas as pessoas jurídicas de direito público e privado integrantes de sua administração direta e indireta, ressalvadas as empresas estatais independentes, vincendas até o exercício financeiro do ano subsequente ao ano da transferência de recursos pela União; ou

II - investimento.

Como essas transferências de recursos de participações governamentais da União a estados e municípios atingiriam, em 2019, montante muito superior aos valores transferidos nos exercícios anteriores corrigidos monetariamente pela inflação oficial, o Congresso Nacional incluiu na Emenda Constitucional nº 102, de 26.9.2019, uma nova cláusula de exceção para a aplicação do chamado Teto de Gastos da EC nº 95/2016. Introduziu-se no §6º do art. 107 do ADCT o novo inciso V, segundo o qual ficam ressalvadas da regra do teto de gastos:

> transferências a Estados, Distrito Federal e Municípios de parte dos valores arrecadados com os leilões dos volumes excedentes ao limite a que se refere o §2º do art. 1º da Lei nº 12.276, de 30 de junho de 2010, e a despesa decorrente da revisão do contrato de cessão onerosa de que trata a mesma Lei.

### 4.7.4.2 Pagamentos pela ocupação/retenção de área

Segundo o art. 51 da Lei nº 9.478/1997, o edital de licitação e o contrato a ser firmado com o vencedor da licitação disporão sobre o pagamento pela ocupação ou retenção de área, que será feito anualmente, com valores fixados por quilômetro quadrado da superfície do bloco.

Portanto, os pagamentos pela ocupação/retenção de área são valores fixos calculados em função da área ocupada pelo campo ou bloco de exploração licitado sob o regime de concessão. O valor dos pagamentos varia conforme a fase de exploração ou produção, e essas participações são destinadas pelo art. 16 da Lei nº 9.478/1997 ao financiamento das despesas da ANP no exercício de suas atividades.

Há uma arrecadação crescente ano a ano, conforme vai aumentando no país a área das bacias sedimentares exploradas. Em 2012, o montante arrecadado foi de R$198 milhões. Em 2015, de R$215 milhões. Em 2018, de R$258 milhões. Em 2023, de R$487 milhões. No caso dos contratos de partilha da produção, não há cobrança de pagamentos por retenção/ocupação de área.

### 4.7.4.3 *Royalties* nos contratos sob o regime de concessão. Base de cálculo e alíquota, divisão de sua arrecadação entre os entes federativos e restrições quanto à sua destinação

Os *royalties* começaram a ser cobrados em 1953: 4% sobre o valor da produção de petróleo eram destinados aos estados e 1% sobre o valor da produção aos municípios em cujo território ocorresse a produção (somente existia a exploração terrestre). Uma lei de 1985 disciplinou os *royalties* no caso de produção marítima: 1,5% do valor da produção se dirigia para os estados confrontantes, 1,5% do valor da produção para os municípios confrontantes, 1% do valor da produção ao Ministério da Marinha e 1% do valor da produção se destinava a um fundo especial, do qual participavam todos os estados e municípios.

A Lei nº 7.990, de 1989, assim disciplinou a matéria (art. 7º): a) *exploração em terra*: 3,5% do valor da produção vai para os estados produtores; 1% do valor da produção vai para os municípios produtores e 0,5% vai para municípios com instalações de embarque/desembarque de petróleo, gás natural e outros hidrocarbonetos fluidos; b) *exploração marítima*: 1,5% do valor da produção vai para os estados produtores; 1,5% do valor da produção vai para os municípios produtores; 0,5% do valor da produção vai para municípios com instalações de embarque/desembarque; 1% do valor da produção vai para a Marinha e 0,5% do valor da produção vai para um fundo do qual participam todos os estados e municípios.

O art. 9º da Lei nº 7.990 determina que os estados transfiram aos municípios 25% da parcela dos *royalties*, mediante observância dos mesmos critérios de distribuição de recursos, estabelecidos em decorrência do disposto no art. 158, inc. IV e respectivo parágrafo único da Constituição, e dos mesmos prazos fixados para a entrega desses recursos, contados a partir do recebimento dos recursos.

O valor dos *royalties* foi alçado de 5 para "até" 10% do valor da produção pela Lei nº 9.478/1997. Os percentuais de distribuição dos primeiros 5% permaneceram os fixados pela Lei nº 7.990/1989 (redação original do art. 48), e a distribuição do excedente a 5% foi determinada pela própria Lei nº 9.478 (uma divisão para a exploração em terra, outra divisão para a exploração marítima), com a novidade de destinar ao Ministério da Ciência e Tecnologia 25% do valor dos *royalties*, para aplicação em programas de pesquisa e desenvolvimento na área do petróleo, com 40% desses recursos destinados às regiões Norte e Nordeste.

Eis os percentuais de distribuição definidos pela Lei nº 9.478/1997, em sua redação que vigorava anteriormente às mudanças promovidas pela Lei nº 12.734/2012, que foram suspensas por decisão monocrática proferida pela ministra Cármen Lúcia em 2013, até o momento não apreciada pelo plenário do STF:

> Art. 49. A parcela do valor do *royalty* que exceder a cinco por cento da produção terá a seguinte distribuição:
>
> I - quando a lavra ocorrer em terra ou em lagos, rios, ilhas fluviais e lacustres:
>
> a) cinquenta e dois inteiros e cinco décimos por cento aos Estados onde ocorrer a produção;
>
> b) quinze por cento aos Municípios onde ocorrer a produção;
>
> c) sete inteiros e cinco décimos por cento aos Municípios que sejam afetados pelas operações de embarque e desembarque de petróleo e gás natural, na forma e critério estabelecidos pela ANP;
>
> d) 25% (vinte e cinco por cento) ao Ministério da Ciência e Tecnologia para financiar programas de amparo à pesquisa científica e ao desenvolvimento tecnológico aplicados à indústria do petróleo, do gás natural, dos biocombustíveis e à indústria petroquímica de primeira e segunda geração, bem como para programas de mesma natureza que tenham por finalidade a prevenção e a recuperação de danos causados ao meio ambiente por essas indústrias;
>
> II - quando a lavra ocorrer na plataforma continental:
>
> a) vinte e dois inteiros e cinco décimos por cento aos Estados produtores confrontantes;
>
> b) vinte e dois inteiros e cinco décimos por cento aos Municípios produtores confrontantes;
>
> c) quinze por cento ao Ministério da Marinha, para atender aos encargos de fiscalização e proteção das áreas de produção;
>
> d) sete inteiros e cinco décimos por cento aos Municípios que sejam afetados pelas operações de embarque e desembarque de petróleo e gás natural, na forma e critério estabelecidos pela ANP;
>
> e) sete inteiros e cinco décimos por cento para constituição de um Fundo Especial, a ser distribuído entre todos os Estados, Territórios e Municípios;
>
> f) 25% (vinte e cinco por cento) ao Ministério da Ciência e Tecnologia para financiar programas de amparo à pesquisa científica e ao desenvolvimento tecnológico aplicados à indústria do petróleo, do gás natural, dos biocombustíveis e à indústria petroquímica de primeira e segunda geração, bem como para programas de mesma natureza que tenham por finalidade a prevenção e a recuperação de danos causados ao meio ambiente por essas indústrias.

Quanto às regras para destinação dos *royalties*, a Lei nº 7.990 (*royalties* relativos aos primeiros 5% do valor da produção do petróleo/gás) veda em seu art. 8º a aplicação dos valores "no pagamento de dívida e no quadro permanente de pessoal", ressalvada a utilização dos recursos para: a) pagamento de dívidas para com a União e suas entidades; b) custeio de despesas com manutenção e desenvolvimento do ensino, especialmente na educação básica pública em tempo integral, inclusive as relativas a pagamento de salários e outras verbas de natureza remuneratória a profissionais do magistério em efetivo exercício na rede pública; e c) capitalização de fundos de previdência.

O Decreto nº 1/1991 determina em seu art. 24 que os estados e municípios devem aplicar os *royalties* "exclusivamente em energia, pavimentação de rodovias, abastecimento e tratamento de água, irrigação, proteção ao meio ambiente e em saneamento básico". Como essa regra não consta de lei em sentido formal, os Tribunais de Contas dos estados não a consideram válida.

Quanto aos 5% excedentes (parcela criada pela Lei nº 9.478 e não regulada pela Lei nº 7.990), não há qualquer vedação ou imposição para a utilização dos recursos.

Quanto aos *royalties* que se destinam à União (Ministério da Marinha: "para atender aos encargos de fiscalização e proteção das áreas de produção"; Ministério da Ciência e Tecnologia: "para financiar programas de amparo à pesquisa científica e ao desenvolvimento tecnológico aplicados à indústria do petróleo, do gás natural, dos biocombustíveis e à indústria petroquímica de primeira e segunda geração, bem como para programas de mesma natureza que tenham por finalidade a prevenção e a recuperação de danos causados ao meio ambiente por essas indústrias"), a Lei nº 9.478 determina – de maneira preocupante – em seu art. 45:

> §2º As receitas provenientes das participações governamentais definidas no *caput*, alocadas para órgãos da administração pública federal, de acordo com o disposto nesta Lei, serão mantidas na Conta Única do Governo Federal, enquanto não forem destinadas para as respectivas programações.
>
> §3º O superávit financeiro dos órgãos da administração pública federal referidos no parágrafo anterior, apurado em balanço de cada exercício financeiro, será transferido ao Tesouro Nacional.

O texto legal foi redigido pensando-se especificamente na utilização dos recursos dos *royalties* e participações especiais para aumentar os *superávits* primários (economia para pagamento dos juros da dívida pública) do Governo Federal, que começaram a ser negociados com o Fundo Monetário Internacional (FMI) no período em que a Lei nº 9.478 entrou em vigor (1998).

Dos recursos de *royalties* repassados aos ministérios federais, grande parte acaba contingenciada e transferida para o Tesouro Nacional para fins de produção de superávit primário. Ou seja, grande parte termina não sendo aplicada nas destinações previstas em lei.[454] Para coroar esse processo de contínuo desmazelo com a aplicação

---

[454] *Vide* informações sobre o tema em diversas reportagens, como exemplo, a de PAMPLONA, Nicola. Governo só usa 21,28% da receita com *royalties*. Estadão, 31 ago. 2009. Disponível em: http://www.estadao.com.br/noticias/impresso,governo-so-usa-21-28-da-receita-com-royalties,427185,0.htm. Acesso em: 4 mar. 2014.

e gasto efetivo das participações governamentais em atividades de fiscalização e investimentos específicos por parte de órgãos federais como a Marinha, o Ministério do Meio Ambiente e de Ciência e Tecnologia, a Emenda Constitucional nº 102/2019 retirou do texto do art. 20, §1º da CF o trecho que assegurava a entrega de parte das participações governamentais a órgãos da Administração direta da União.

A Emenda Constitucional nº 135, de 20 de dezembro de 2024, ao prorrogar até 31 de dezembro de 2032 o mecanismo de Desvinculação de Receitas da União (DRU), passou a incluir no rol de receitas com desvinculação de 30% a "órgão, fundo ou despesa" as "receitas patrimoniais", tais como os recursos federais arrecadados com a exploração de petróleo e minerais, ressalvando-se dessa desvinculação adicional somente os recursos do Fundo Social do Pré-Sal (art. 47 da Lei nº 12.351/2010) e os recursos de participações governamentais na exploração de petróleo direcionados à educação e à saúde pelo art. 2º da Lei nº 12.858/2013 (vide item 4.7.4.4 a seguir).

Portanto, essa nova forma de desvinculação orçamentária se aplica aos recursos de participações governamentais do petróleo que a legislação ordinária direciona a órgãos como a Marinha, o Ministério do Meio Ambiente, o Ministério da Ciência, Tecnologia e Inovação etc.

Em outra manifestação da política de desvinculação orçamentária colocada em prática nos últimos anos, o art. 2º da Lei Complementar nº 211, de 30 de dezembro de 2024, determinou que o superávit financeiro de diversos fundos federais seja utilizado, durante os exercícios de 2025 a 2030, na amortização da dívida pública:

> Art. 2º Entre os exercícios financeiros de 2025 e 2030, afastado o disposto no parágrafo único do art. 8º da Lei Complementar nº 101, de 4 de maio de 2020 (Lei de Responsabilidade Fiscal), e no art. 73 da Lei nº 4.320, de 17 de março de 1964, poderá ser destinado à amortização da dívida pública o superávit financeiro relativo aos seguintes fundos:
>
> I - Fundo de Defesa de Direitos Difusos (FDD), de que trata a Lei nº 7.347, de 24 de julho de 1985;
>
> II - Fundo Nacional de Segurança e Educação de Trânsito (FUNSET), de que trata o art. 4º da Lei nº 9.602, de 21 de janeiro de 1998;
>
> III - Fundo do Exército, de que trata a Lei nº 4.617, de 15 de abril de 1965;
>
> IV - Fundo Aeronáutico, de que trata o Decreto-Lei nº 8.373, de 14 de dezembro de 1945; e
>
> V - Fundo Naval, de que trata o Decreto nº 20.923, de 8 de janeiro de 1932.

### 4.7.4.4 Regra de destinação obrigatória dos *royalties* para a educação pública e para a saúde (Lei nº 12.858/2013)

A situação descrita na seção anterior, de quase ausência de vinculação dos recursos recebidos a título de *royalties* do petróleo a gastos e despesas específicas,

---

*Vide* também a seguinte reportagem: OLIVEIRA, Ribamar. Vinculação não garante aplicação dos recursos. *ValorInveste*, 26 out. 2011. Disponível em: http://www.valor.com.br/valor-investe/casa-das-caldeiras/1070698/vinculacao-nao-garante-aplicacao-dos-recursos. Acesso em: 11 out. 2016.

alterou-se parcialmente com o advento da Lei nº 12.858/2013, que determinou uma rígida vinculação dos recursos no que diz respeito aos contratos firmados a partir de dezembro de 2012.

A nova lei determinou que, no caso de contratos de produção marítima de petróleo (lavra em plataforma continental, mar territorial ou zona econômica exclusiva), celebrados a partir de 3.12.2012, sob o regime de concessão e o regime de partilha da produção, os *royalties* recebidos por estados, Distrito Federal e municípios, bem como por órgãos da Administração direta da União, serão destinados exclusivamente para a educação pública (com prioridade para a educação básica) e para a saúde.

Os entes federativos deverão aplicar os recursos na proporção de 75% na área de educação e 25% na área de saúde (art. 2º, §3º, da Lei nº 12.858/2013). Os recursos do pré-sal destinados à educação, acumulados de 2013 a 2018, representaram a quantia significativa de R$18,3 bilhões.[455]

Em 2019, o governador do Rio de Janeiro ajuizou ação direta de inconstitucionalidade contra a Lei nº 12.858/2013, com o intuito de derrubar a vinculação dos recursos a gastos com educação e saúde (ADI nº 6.277, ainda sem julgamento). Na argumentação veiculada na ação, não caberia à União e sim aos estados e municípios definir o destino dos recursos. Contudo, no caso da Lei nº 13.885/2019, que determina que os estados usem integralmente os recursos do bônus de assinatura arrecadados em 2019 no pagamento de despesas previdenciárias (o que está de acordo com os planos de rígida austeridade fiscal do estado), o governador do estado do Rio de Janeiro nada viu de inconstitucionalidade.

Em 2022, segundo a ANP, o valor dos *royalties* vinculados à saúde e à educação alcançou o montante de R$8,5 bilhões. Em 2023, R$8,7 bilhões.

### 4.7.4.5 Participações especiais. Normas de apuração e divisão de sua arrecadação entre os entes federativos

As participações especiais foram concebidas para ser cobradas somente em relação a explorações com "grande volume de produção", ou com "grande rentabilidade", conforme o art. 50 da Lei nº 9.478/97. As participações especiais foram instituídas pela Lei nº 9.478/97 tomando como precedentes históricos o *Windfall Profit Tax*, criado nos EUA em 1980 após a crise do petróleo de 1979 e sua violenta subida dos preços, e o *Petroleum Revenue Tax*, criado na Inglaterra em 1975 após violenta subida dos preços do petróleo, o que aumentou em muito a rentabilidade dos campos de produção.[456]

Uma diferença marcante da participação especial em relação aos *royalties* é que, além de não ser cobrada em todo e qualquer bloco, a PE não é cobrada sobre o

---

[455] Cf. FUP. *Todos pela educação*. Disponível em: https://www.fup.org.br/ultimas-noticias/item/23989-todos-pela-educacao. Acesso em: 7 dez. 2019.

[456] Vide GUTMAN, José. *Tributação e outras obrigações na indústria do petróleo*. Rio de Janeiro: Freitas Bastos, 2007. p. 54-64.

faturamento bruto da produção, como no caso dos *royalties*. No caso da participação especial, sua base de cálculo é "a receita bruta da produção, deduzidos os *royalties*, os investimentos na exploração, os custos operacionais, a depreciação e os tributos previstos na legislação em vigor" (art. 50, §1º, da Lei nº 9.478/1997). Seu valor depende dos preços internacionais do petróleo, do câmbio e da produtividade do bloco. Além disso, o pagamento da PE é trimestral, enquanto o pagamento dos *royalties* é mensal.

A PE é um percentual sobre o resultado ou o lucro bruto do bloco ("receita bruta menos *royalties*, investimentos na exploração, custos operacionais, depreciação e tributos"). Por isso a participação especial não é cobrada quando o contrato é de partilha da produção. No contrato de partilha, a União já participa do lucro do bloco por meio de sua cota-parte (cujo valor é definido contratualmente bloco a bloco) do "excedente em óleo".

Nos termos da regulamentação que o Decreto nº 2.705/2001 deu à cobrança das participações especiais (arts. 21 a 27), as alíquotas da PE são de 10 a 40%, por faixas (nos moldes da tabela do imposto de renda da pessoa física) variando conforme o volume de produção, com tabelas distintas levando em conta o tempo de produção em cada campo (1 a 4 anos ou mais) e o local da produção ser em: a) terras, lagos, rios, ilhas; b) águas rasas; ou c) águas profundas.

A divisão dos recursos da participação especial estabelecida pela Lei nº 9.478/1997 é a seguinte (art. 50, §2º, em sua redação que vigorava anteriormente às mudanças promovidas pela Lei nº 12.734/2012, que foram suspensas por decisão monocrática proferida pela ministra Cármen Lúcia em 2013, até o momento não apreciada pelo plenário do STF):

> Os recursos da participação especial serão distribuídos na seguinte proporção:
>
> I - 40% (quarenta por cento) ao Ministério de Minas e Energia, sendo 70% (setenta por cento) para o financiamento de estudos e serviços de geologia e geofísica aplicados à prospecção de combustíveis fósseis, a serem promovidos pela ANP, nos termos dos incisos II e III do art. 8º desta Lei, e pelo MME, 15% (quinze por cento) para o custeio dos estudos de planejamento da expansão do sistema energético e 15% (quinze por cento) para o financiamento de estudos, pesquisas, projetos, atividades e serviços de levantamentos geológicos básicos no território nacional;
>
> II - 10% (dez por cento) ao Ministério do Meio Ambiente, destinados, preferencialmente, ao desenvolvimento das seguintes atividades de gestão ambiental relacionadas à cadeia produtiva do petróleo, incluindo as consequências de sua utilização:
>
> III - quarenta por cento para o Estado onde ocorrer a produção em terra, ou confrontante com a plataforma continental onde se realizar a produção;
>
> IV - dez por cento para o Município onde ocorrer a produção em terra, ou confrontante com a plataforma continental onde se realizar a produção.

Portanto, a União fica com 50% da arrecadação total da participação especial, que só em 2023 arrecadou R$42 bilhões. O valor destinado à União, segundo a lei, deveria ser aplicado pelo Ministério do Meio Ambiente e pelo Ministério das Minas e Energia em determinados estudos, mas, conforme visto anteriormente, grande parte dos valores repassados para esses ministérios entra no contingenciamento orçamentário, para fins de produção de resultado primário e pagamento de juros da dívida pública.

### 4.7.4.6 As distorções da divisão dos *royalties* segundo as leis nº 7.990 e nº 9.478 e seu agravamento com a exploração dos recursos do pré-sal

A divisão dos *royalties* e participações especiais pela exploração do petróleo estabelecida pelas leis nº 7.990/1989 e nº 9.478/1997 gera uma brutal concentração de recursos em favor dos estados e municípios da costa brasileira cujos territórios confrontam com as principais áreas marítimas de exploração, especialmente o estado do Rio de Janeiro e seus municípios.

Vejamos alguns números esclarecedores. Em 2012, o estado do Rio de Janeiro arrecadou, sozinho, 26,4% de todos os *royalties* distribuídos para estados e municípios da Federação. Os municípios do Rio de Janeiro, por sua vez, arrecadaram 28,19% desses recursos. Portanto, o estado e os municípios do Rio de Janeiro arrecadaram sozinhos mais da metade (54%) de todos os *royalties* distribuídos para estados e municípios da Federação brasileira. Há também distorções gritantes entre os próprios estados e municípios confrontantes. Em 2012, o município fluminense de Campos dos Goytacazes recebeu R$632 milhões de *royalties*, quantia superior aos *royalties* recebidos individualmente por todos os outros estados da Federação (com exceção do Rio de Janeiro), inclusive os estados confrontantes (Espírito Santo, Sergipe, São Paulo etc.).

Quanto às participações especiais, a concentração de recursos no estado do Rio de Janeiro é ainda maior. Em 2012, o estado do Rio de Janeiro recebeu, individualmente, 71% de todas as participações especiais pagas a estados e municípios da Federação. Os municípios do Rio de Janeiro receberam, por sua vez, 17% desses recursos. Portanto, o estado e os municípios do Rio de Janeiro arrecadaram sozinhos 88% de todas as participações especiais distribuídas para estados e municípios da Federação brasileira em 2012.

De 2013 a 2016, a arrecadação das participações governamentais do petróleo continuou fortemente concentrada no estado do Rio de Janeiro e seus municípios. Contudo, em virtude da forte queda do preço internacional do petróleo ocorrida em meados de 2014, a arrecadação em valores absolutos em 2015 e 2016 foi muito menor do que a ocorrida em anos anteriores, provocando forte crise financeira nos referidos entes federativos.[457]

---

[457] Em junho de 2016, às vésperas da realização dos Jogos Olímpicos, o Estado do Rio de Janeiro decretou estado de calamidade pública em virtude de sua crise financeira. Em resposta, o Governo Federal lhe concedeu empréstimo de 2,9 bilhões de reais, para utilização em gastos com a segurança dos Jogos Olímpicos e Paralímpicos.

O montante de *royalties* e participações especiais recebido pelo estado do Rio de Janeiro em 2015 foi de R$5,3 bilhões, enquanto que o montante de 2014 correspondeu a R$8,7 bi.[458] O valor de 2016 foi ainda inferior ao de 2015, mas a partir de 2017 houve forte recuperação, por força da recuperação do valor do barril do petróleo e do início da produção em plataformas do pré-sal. Em 2018, o montante de *royalties* e participações especiais recebidos pelo estado do Rio de Janeiro foi de R$13 bilhões. A soma do montante de *royalties* e participações especiais recebido por todos os demais estados foi de apenas R$5,5 bilhões, uma injustiça clamorosa.

Vejamos os valores de 2023. Os *royalties* recebidos pelo estado do Rio de Janeiro representaram 83% do total recebido pelo conjunto dos estados. Os *royalties* recebidos pelos municípios do Rio de Janeiro representaram 74,5% do total recebido pelo conjunto dos municípios brasileiros. Quanto às participações especiais, o estado do Rio de Janeiro amealhou 85% dos valores distribuídos ao conjunto dos estados, e os municípios fluminenses, 89,8% dos valores distribuídos ao conjunto dos municípios brasileiros.

Os estados e municípios – basicamente o estado do Rio de Janeiro e os municípios fluminenses – que se beneficiam dessa concentração de recursos defendem seus direitos alegando que o valor das participações se destina a indenizar as perdas que a exploração do petróleo e gás natural gera para seus territórios e populações.

Ocorre que os *royalties*, tal como foram criados pelo legislador ordinário, são devidos tomando por critério o faturamento ou o valor da produção dos campos e blocos, não tendo sido adotado qualquer critério destinado a medir as perdas e danos sociais ou ambientais. Na participação especial, a natureza remuneratória de participação no resultado da exploração é mais patente: a exação incide sobre o resultado ("lucro bruto") somente dos grandes campos de exploração, por isso o Rio de Janeiro e seus municípios (que confrontam com os blocos marítimos com essas características) recebem quase 90% da participação especial total que vai para estados e municípios.

Além disso, analisando a distribuição de recursos somente entre os estados e municípios confrontantes (Rio de Janeiro, Espírito Santo, Alagoas, Sergipe, São Paulo etc.), seria muito estranho que os danos socioambientais ao Rio de Janeiro fossem quase dez vezes superiores aos danos a todos os outros estados e municípios em conjunto.

Na verdade, tal como previstos na legislação atual, os *royalties* e a participação especial não se destinam a indenizar danos dos entes federativos e sim a promover uma participação-apropriação do produto e do lucro de explorações petrolíferas: como as explorações mais produtivas e mais rentáveis estão numa área da plataforma continental e do mar territorial brasileiro que confronta com o território do Rio de Janeiro, este estado e seus municípios ficam com a maior parte dos recursos.

Aliás, no caso da exploração marítima, a que gera mais recursos e cuja prospecção muitas vezes ocorre a centenas de quilômetros mar adentro, não se

---

[458] Cf. informações disponíveis no sítio eletrônico da Agência Nacional do Petróleo, Gás Natural e Biocombustíveis – http://www.anp.gov.br.

pode dizer que os estados costeiros sejam "estados produtores", pois a produção não ocorre em seu território, Com efeito, o *mar territorial* é bem da União (art. 20, VI), enquanto a *plataforma continental* e a *zona econômica exclusiva* não são territórios nem mesmo do Brasil, pertencendo à União tão somente seus recursos naturais (art. 20, V, da Constituição).

Essa lógica contida na Constituição é a mesma do direito internacional. Segundo a Convenção das Nações Unidas sobre o Direito do Mar, assinada na Jamaica em 1982 e já ratificada e incorporada à legislação brasileira,[459] os países (e não suas subdivisões políticas internas) têm soberania somente sobre o mar territorial, seu espaço aéreo e seu subsolo. No caso da plataforma continental e da zona econômica exclusiva, os países somente possuem direitos econômicos de explorar seus recursos naturais.

O estado do Rio de Janeiro também argumenta que a concentração em suas mãos dos *royalties* e participações especiais do petróleo se justifica como compensação das perdas na arrecadação do ICMS que se lhe impuseram com a norma do art. 155, §2º, X, "b", da Constituição. Segundo essa norma, o ICMS não incidirá "sobre operações que destinem a outros Estados petróleo, inclusive lubrificantes, combustíveis líquidos e gasosos dele derivados, e energia elétrica".

A formulação literal da norma indicava que se tratava pura e simplesmente de um caso de imunidade, mas o STF interpretou o dispositivo no sentido de que se tratava não de imunidade pura e simples, e sim de uma regra segundo a qual a arrecadação do ICMS nas operações interestaduais com petróleo, derivados e energia elétrica ficaria toda ela com os estados consumidores.[460]

Com efeito, o regime padrão de divisão do ICMS em operações interestaduais é o previsto pela própria Constituição no art. 155, §2º, incs. IV a VIII. Segundo esse regime, os estados produtores são preferencialmente aquinhoados com a divisão da arrecadação do tributo em operações interestaduais. A norma do art. 155, §2º, X, "b", da Constituição de fato representa um regime específico que resulta em diminuição da arrecadação do ICMS para os estados produtores, diminuição que acaba se comunicando aos municípios produtores, visto que os municípios recebem 25% da arrecadação do ICMS, e essa distribuição é feita principalmente com base no valor adicionado nas operações realizadas nos territórios dos municípios (*vide* art. 158, parágrafo único, da Constituição).

Portanto, o que poderia justificar que os estados e municípios produtores e confrontantes recebessem uma fatia maior dos recursos dos *royalties* e participações especiais sobre a exploração do petróleo seria a necessidade de contrabalançar a norma que determinou que o ICMS sobre as operações interestaduais com petróleo e derivados cabe integralmente aos estados consumidores.

Ocorre que a maior parte da produção de petróleo se dá em explorações marítimas, que não correspondem a uma parte do território dos estados e municípios confrontantes. Seja como for, há de se levar em conta que, a partir da Lei nº 9.478/97,

---

[459] Cf. Lei nº 8.617/1993.
[460] Ver RE nº 198.088. *DJ*, 5 set. 2003.

houve um aumento de 100% da alíquota dos *royalties* e a criação da rentabilíssima participação especial, o que fez com que o volume dessas exações aumentasse exponencialmente, em benefício dos estados e municípios confrontantes.

Não há qualquer estudo jurídico ou econômico demonstrando de modo claro que essas quantias dos *royalties* e participações especiais, que cresceram exponencialmente na última década, correspondam quantitativamente ao aumento do valor do ICMS que os estados confrontantes poderiam arrecadar, caso não existisse a norma do art. 155, §2º, X, "b", da Constituição.

Esse quadro de distorções e concentração de recursos nas mãos dos estados e municípios confrontantes vem assumindo tintas ainda mais fortes com a consolidação da produção comercial de petróleo na área do pré-sal. Os recursos contidos nessa área descoberta em 2007 triplicam as reservas petrolíferas nacionais, e estima-se que, até 2035, o Brasil seja o sexto maior produtor de petróleo e gás natural no mundo. Somente no primeiro bloco licitado na área do pré-sal, a área de Libra, na Bacia de Santos, os *royalties* pagos aos cofres públicos a partir de 2019 (início da produção comercial) serão da ordem de 270 bilhões de reais, ao longo de 35 anos de exploração da área.

Foi sob o pano de fundo do impacto da descoberta das reservas do pré-sal que o Congresso Nacional aprovou, a partir de 2010, uma série de medidas no sentido de alterar substancialmente a divisão, entre os entes federativos, das participações governamentais do setor de petróleo e gás natural. Essas iniciativas legislativas, bem como as reações que provocou no Executivo e no Judiciário, serão objeto da próxima seção.

### 4.7.4.7 Divisão dos *royalties* e participações especiais entre os entes federativos prevista na Lei nº 12.734/2012. Veto presidencial derrubado no Congresso e medida cautelar monocrática deferida pelo Supremo Tribunal Federal em 2013 suspendendo os efeitos da nova divisão. Omissão do STF quanto à submissão da cautelar a referendo do plenário do Tribunal

A primeira iniciativa concreta do Congresso Nacional se deu em 2010, incluindo-se na principal lei sobre o marco regulatório do pré-sal (Lei nº 12.351/2010) um dispositivo (art. 64) que alterava drasticamente a divisão das participações governamentais na exploração de petróleo entre os entes federativos.

Segundo esse art. 64, no caso de exploração marítima, ressalvada a parcela da União, os *royalties* e participações especiais, no regime de concessão e no regime de partilha, para contratos em vigor e futuros, seriam divididos em duas partes: 50% seria destinado a um fundo especial a ser distribuído entre todos os estados e Distrito Federal, de acordo com os critérios de repartição do Fundo de Participação dos Estados (FPE); e 50% seria destinado a um fundo especial a ser distribuído entre todos os municípios, de acordo com os critérios de repartição do Fundo de Participação dos Municípios (FPM).

O art. 64 da Lei nº 12.351/2010 ainda determinava que a União utilizasse sua parcela de *royalties* e participações especiais, bem como sua cota do excedente em óleo nos contratos de partilha, para compensar os estados e municípios que sofressem redução de suas receitas de participações governamentais em virtude da nova regra de divisão, até que as receitas fossem recompostas mediante o aumento de produção de petróleo no mar.

O art. 64 da Lei nº 12.351/2010 foi vetado pelo presidente da República, e o veto não chegou a ser apreciado pelo Congresso Nacional.

No final de 2012, o Congresso Nacional discutiu, votou e aprovou uma nova lei para regular o tema (Lei nº 12.734/2012), estabelecendo novos critérios de divisão de *royalties* e participações especiais entre os entes da Federação, inclusive em relação aos contratos de concessão já assinados (blocos que já estão em exploração comercial). O sistema de divisão estabelecido pela Lei nº 12.734/2012 pode ser assim resumido:

1. Os percentuais de *royalties* e participações especiais destinados a estados e municípios confrontantes, em explorações marítimas, foram substancialmente reduzidos em relação aos percentuais previstos nas leis nº 7.990 e nº 9.478, principalmente no caso dos municípios confrontantes. Em contrapartida, os percentuais destinados pelas leis nº 7.990 e nº 9.478 ao fundo especial, de que participam estados e municípios não confrontantes, foram substancialmente aumentados.
2. Foram estabelecidas regras de transição, para diluir no tempo uma parte dos efeitos das mudanças nos percentuais de distribuição acima mencionados.
3. Determinou-se que as parcelas dos entes não confrontantes fossem dirigidas para um fundo especial para os estados, e um fundo especial para os municípios, cujas regras de distribuição seguem as do Fundo de Participação dos Estados e do Fundo de Participação dos Municípios.
4. Definiu-se que somente podem participar desses fundos especiais os estados e municípios que não receberem recursos na qualidade de entidades confrontantes, cabendo a cada ente fazer uma opção entre receber os recursos do fundo ou receber recursos na qualidade de ente confrontante.
5. Criou-se uma regra para definir um teto ou valor máximo a ser recebido por cada município a título de *royalties* e participações especiais.

Encaminhado para sanção presidencial, o projeto de lei foi parcialmente vetado. No que diz respeito à aplicação da nova divisão para os contratos então em vigor (contratos de concessão em áreas dentro e fora do polígono do pré-sal), o veto presidencial foi total, alegando-se que o projeto de lei era inconstitucional, por violação do art. 5º, XXXVI (proteção do direito adquirido e do ato jurídico perfeito), e do art. 20, §1º, da Constituição. No que diz respeito à aplicação da nova divisão para os contratos de partilha na área do pré-sal (art. 42-B da Lei nº 12.351/2010), não houve veto dos percentuais definidos pelo projeto de lei, tendo sido vetadas somente as regras mencionadas nos itens 4 e 5 do resumo contido no parágrafo anterior.

O veto presidencial foi derrubado pelo Congresso Nacional em 2013, e a presidenta da República foi obrigada a promulgar a Lei nº 12.734/2012 em sua versão original. Ocorre que as novas regras de divisão de *royalties* e participações especiais estabelecidas na Lei nº 12.734 tiveram seus efeitos suspensos pela medida cautelar que a Ministra Cármen Lúcia, do Supremo Tribunal Federal, concedeu ao Estado do Rio de Janeiro na ADI nº 4.917.[461] Desde então decorreram mais de onze anos, e o plenário nunca foi chamado a deliberar sobre a medida cautelar ou sobre o mérito da ação.

A fundamentação da decisão monocrática – que nunca chegou a ser referendada pelo plenário – foi similar à fundamentação do veto presidencial (o legislador teria violado a segurança jurídica e o art. 20, §1º, da Constituição), com a diferença de que a presidenta da República somente vetou a aplicação das novas regras aos contratos em vigor, ao passo que a decisão da Ministra Cármen Lúcia suspendeu a aplicação das novas regras para todo e qualquer contrato.

A decisão que no início de 2013 concedeu a medida liminar ao Estado do RJ e suspendeu a aplicação da legislação foi monocrática e, passados mais de onze anos, nunca chegou a ser submetida a referendo do plenário do tribunal, não tendo sido tampouco apreciado o agravo regimental contra ela interposto.

### 4.7.4.8 *Royalties* nos contratos de partilha da produção. Vácuo legislativo atual quanto às regras para sua divisão entre os entes federativos

Os *royalties* devidos nos contratos de partilha foram fixados em 15% do valor da produção (art. 42, §1º, da Lei nº 12.351/2010, na redação dada pela Lei nº 12.734/2012), devendo ser pagos mensalmente pelo consórcio contratado, em moeda nacional, a partir do início da produção comercial do petróleo.

Os *royalties* pagos, nos contratos de partilha da produção realizada em exploração marítima, aos órgãos da Administração direta da União e aos demais entes federativos têm sua destinação vinculada a gastos com educação e saúde, nos termos da Lei nº 12.858/2013, antes comentada, visto que o primeiro contrato de partilha da produção foi assinado em 2013, após o prazo assinalado na referida lei.

Contudo, a forma de divisão desses *royalties* entre os órgãos da União e os demais entes federativos encontra-se atualmente sem qualquer previsão legal, visto que as regras da Lei nº 12.734/2012 que disciplinavam a matéria tiveram seus efeitos suspensos pela medida cautelar concedida pelo STF nos autos da ADI nº 4.917.[462]

Nessa ADI nº 4.917, ajuizada pelo Estado do Rio de Janeiro contra as novas regras de distribuição das participações governamentais da exploração do petróleo definidas pelo Congresso Nacional, a Ministra Cármen Lúcia concedeu a medida cautelar inclusive para suspender os efeitos do art. 42-B da Lei nº 12.351/2010, que se refere à divisão dos *royalties* nos contratos de partilha da produção.

---

[461] STF, ADI nº 4.917, Relatora Ministra Cármen Lúcia, *DJ*, 21 mar. 2013. Além da Ação nº 4.917 (Estado do Rio de Janeiro), foram ajuizadas sobre o mesmo tema as ações nº 4.916 (Estado do Espírito Santo), nº 4.918 (Assembleia do Estado do Rio de Janeiro) e nº 4.920 (Estado de São Paulo). Nenhuma das ações foi julgada.

[462] STF, ADI nº 4.917, Relatora Ministra Cármen Lúcia, *DJ*, 21 mar. 2013.

A primeira área licitada no regime de partilha da produção foi o campo de Libra, na Bacia de Santos, cujo contrato foi assinado no final de 2013. A partir de 2018 teve início a produção comercial da área, que deverá render aos cofres públicos, somente a título de *royalties*, um montante aproximado de 270 bilhões de reais, ao longo de 35 anos de exploração da área. Portanto, em 2018 se iniciou o pagamento de *royalties* no campo de Libra, sem que tivesse sido sequer apreciada, pelo plenário do STF, a cautelar monocrática concedida em 2013 ao Estado do Rio de Janeiro na ADI nº 4.917.

A Agência Nacional do Petróleo (ANP), diante da decisão da Ministra Cármen Lúcia suspendendo em 2013 a aplicação das normas legais de divisão federativa dos *royalties* especificamente dos contratos de partilha da produção aprovadas pelo Congresso em 2012, decidiu aplicar ao caso os critérios de distribuição previstos nos arts. 48 e 49 da Lei nº 9.478/97. Ocorre, contudo, que essa legislação se aplica aos contratos de concessão e não de partilha da produção. Assim, pela solução questionável da ANP, aplica-se a Lei nº 12.734/2012 somente no que interessa ao estado e aos municípios do Rio de Janeiro: o aumento da alíquota dos *royalties* para 15% nos contratos de partilha da produção. No que não interessa ao estado e aos municípios do Rio de Janeiro (critérios de distribuição dos *royalties* nos contratos de partilha), a Lei nº 12.734/2012 é posta de lado, tomando-se de empréstimo os critérios de distribuição dos *royalties* previstos em legislação aplicável a outros tipos de contrato de exploração de petróleo (concessão).

### 4.7.5 Compensação financeira pela exploração de recursos minerais (CFEM)

#### 4.7.5.1 Período anterior à Lei nº 13.540/2017

As normas para apuração e distribuição da CFEM estão previstas nos arts. 6º e 8º da Lei nº 7.990/1989, bem como no art. 2º da Lei nº 8.001/1990. Os arts. 13 a 16 do Decreto nº 1/1991 também regulamentam a cobrança da exação.

A CFEM pode ser devida em dois momentos: ou por ocasião da venda do produto mineral, ou por ocasião do consumo do mineral num processo de transformação ou industrialização realizado dentro das áreas da jazida, da mina, da salina ou de outros estabelecimentos da empresa mineradora.

No primeiro caso, a base de cálculo da CFEM será o faturamento líquido resultante da venda, definido pela legislação como sendo "o total das receitas de vendas, excluídos os tributos incidentes sobre a comercialização do produto mineral, as despesas de transporte e as de seguros" (art. 2º da Lei nº 8.001/1990).

No segundo caso, a base de cálculo da CFEM é o total do custo do produto mineral (a ser apurado contabilmente) até a última etapa de seu beneficiamento e antes de sua transformação industrial (de acordo com o Decreto nº 1/1991).

As alíquotas da CFEM, que é fiscalizada e cobrada pelo Departamento Nacional de Produção Mineral (DNPM), variam segundo o tipo de mineral, de 0,2 a 3%, conforme a seguinte tabela (art. 2º, §1º, da Lei nº 8.001/1990):
- minério de alumínio, manganês, sal-gema e potássio: 3%;
- ouro: 1% quando extraído por empresas mineradoras, e 0,2% nas demais hipóteses de extração;
- pedras preciosas, pedras coradas lapidáveis, carbonados e metais nobres: 0,2%;
- ferro, fertilizante, carvão e demais substâncias minerais: 2%.

A distribuição da arrecadação da CFEM entre os entes da Federação ocorre da seguinte forma (art. 2º, §2º, da Lei nº 8.001/1990):
- 65% se destinam aos municípios (ou Distrito Federal) onde ocorre a exploração mineral;
- 23% se destinam aos estados (ou Distrito Federal) onde ocorre a exploração mineral;
- 10% se destinam ao Ministério de Minas e Energia, a serem integralmente repassados ao Departamento Nacional de Produção Mineral (DNPM), que destinará 2% desta cota-parte à proteção mineral em regiões mineradoras, por intermédio do Instituto Brasileiro de Meio Ambiente e dos Recursos Naturais Renováveis (Ibama);
- 2% se destinam ao Fundo Nacional de Desenvolvimento Científico e Tecnológico (FNDCT), destinado ao desenvolvimento científico e tecnológico do setor mineral.

As quantias arrecadadas com a CFEM são muito inferiores às arrecadadas com as participações governamentais do setor petrolífero. Em 2013, a arrecadação da CFEM totalizou 2,4 bilhões de reais,[463] enquanto a quantia de *royalties* e participações especiais superou os 32 bilhões de reais. Em 2015, com a queda do preço internacional do minério de ferro, a arrecadação da CFEM totalizou 1,5 bilhão de reais, enquanto a quantia de *royalties* e participações especiais foi de 25 bilhões de reais.

Quanto às regras relativas ao destino da arrecadação da CFEM, a Lei nº 7.990/1989 veda em seu art. 8º a aplicação dos recursos "no pagamento de dívida e no quadro permanente de pessoal", ressalvando-se a utilização dos recursos para: a) pagamento de dívidas para com a União e suas entidades; b) custeio de despesas com manutenção e desenvolvimento do ensino, especialmente na educação básica pública em tempo integral, inclusive as relativas a pagamento de salários e outras verbas de natureza remuneratória a profissionais do magistério em efetivo exercício na rede pública; e c) capitalização de fundos de previdência.

A arrecadação da CFEM se concentra nos dois estados brasileiros com maiores reservas minerais em seus territórios: Minas Gerais e Pará. Em 2013, o Estado de Minas Gerais recebeu 50% e o Estado do Pará recebeu 34% da arrecadação da CFEM distribuída entre os estados e o Distrito Federal. Em 2015, Minas Gerais recebeu

---

[463] Cf. Departamento Nacional de Produção Mineral (DNPM).

43,5% e o Pará recebeu 29% da arrecadação da CFEM distribuída entre os estados e o Distrito Federal.[464]

### 4.7.5.2 Regramento após a Lei nº 13.540/2017

A Lei nº 13.540/2017 trouxe mudanças significativas para a apuração e o recolhimento da CFEM. Vejamos a seguir as principais delas.

No caso de venda dos minerais a terceiros no mercado interno, a base de cálculo deixou de ser "o total das receitas de vendas, excluídos os tributos incidentes sobre a comercialização do produto mineral, as despesas de transporte e as de seguros" e passou a ser "a receita bruta da venda, deduzidos os tributos incidentes sobre sua comercialização" (nova redação do art. 2º, I da Lei nº 8.001/1990). Houve sensível aumento da base de cálculo, ao se extinguir a dedução das despesas de transporte e seguro.

No caso de ocorrer o fato gerador por ocasião do consumo da substância mineral, a base de cálculo deixou de ser o total do custo contábil do produto mineral até a última etapa de seu beneficiamento e antes de sua transformação industrial e passou a ser "a receita bruta calculada, considerado o preço corrente do bem mineral, ou de seu similar, no mercado local, regional, nacional ou internacional, conforme o caso, ou o valor de referência, definido a partir do valor do produto final obtido após a conclusão do respectivo processo de beneficiamento" (nova redação do art. 2º, II da Lei nº 8.001/1990).

No caso de exportação de minerais, para evitar abusos e subfaturamento, a base de cálculo será, no mínimo, o preço parâmetro definido pela Secretaria da Receita Federal, com fundamento na legislação sobre preços de transferência ou, na hipótese de inexistência de tal preço parâmetro, será considerado o valor de referência a ser definido pela Agência Nacional de Mineração.

Além disso, as alíquotas da CFEM foram alteradas. Houve majoração da alíquota do ouro (de 1% para 1,5%), do nióbio (de 2% para 3%) e do minério de ferro (de 2% para 3,5%), além da majoração da alíquota (de 0,2% para 2%) de diamante, pedras preciosas, pedras coradas lapidáveis, carbonados e metais nobres. Houve redução da alíquota (de 2% para 1%) no caso de rochas, areias, cascalhos, saibros e demais substâncias minerais quando destinadas ao uso imediato na construção civil, rochas ornamentais, águas minerais e termais.

No caso do minério de ferro, a Lei nº 13.540/2017 estabeleceu que decreto do presidente da República, a ser publicado em até noventa dias a partir da promulgação desta lei, estabelecerá critérios para que a Agência Nacional de Mineração, mediante demanda devidamente justificada, possa reduzir, excepcionalmente, a alíquota da CFEM do ferro de 3,5% para até 2%, com o objetivo de não prejudicar a viabilidade econômica de jazidas com baixos desempenho e rentabilidade em razão do teor de ferro, da escala de produção, do pagamento de tributos e do número de empregados,

---

[464] Cf. Departamento Nacional de Produção Mineral (DNPM).

sendo que tal decisão e parecer técnico da Agência Nacional de Mineração serão divulgados em seu sítio oficial na internet, e a redução somente entrará em vigor sessenta dias a partir da divulgação.

A distribuição dos recursos da CFEM definida pela Lei nº 13.540/2017 foi a seguinte (art. 2º, §2º, da Lei nº 8.001, na redação dada pela Lei nº 13.540/2017):

I - 7% para a entidade reguladora do setor de mineração;

II - 1% para o Fundo Nacional de Desenvolvimento Científico e Tecnológico (FNDCT);

III - 1,8% para o Centro de Tecnologia Mineral (Cetem), vinculado ao Ministério da Ciência, Tecnologia, Inovações e Comunicações, para a realização de pesquisas, estudos e projetos de tratamento, beneficiamento e industrialização de bens minerais;

IV - 0,2% para o Instituto Brasileiro do Meio Ambiente e dos Recursos Naturais Renováveis (Ibama), para atividades de proteção ambiental em regiões impactadas pela mineração;

V - 15% para o Distrito Federal e os Estados onde ocorrer a produção;

VI - 60% para o Distrito Federal e os Municípios onde ocorrer a produção;

VII - 15% para o Distrito Federal e os Municípios, quando afetados pela atividade de mineração e a produção não ocorrer em seus territórios, nas seguintes situações:

a) cortados pelas infraestruturas utilizadas para o transporte ferroviário ou dutoviário de substâncias minerais;

b) afetados pelas operações portuárias e de embarque e desembarque de substâncias minerais;

c) onde se localizem as pilhas de estéril, as barragens de rejeitos e as instalações de beneficiamento de substâncias minerais, bem como as demais instalações previstas no plano de aproveitamento econômico

Em relação à arrecadação da CFEM direcionada pela legislação ordinária a órgãos federais como o FNDCT, Centro de Tecnologia Mineral e Ibama, é necessário advertir que a Emenda Constitucional nº 135, de 20 de dezembro de 2024, ao prorrogar até 31 de dezembro de 2032 o mecanismo de Desvinculação de Receitas da União (DRU), passou a incluir no rol de receitas com desvinculação de 30% a "órgão, fundo ou despesa" as "receitas patrimoniais", tais como os recursos federais arrecadados com a CFEM.

O efeito das mudanças da Lei nº 13.540/2017 sobre o vulto da arrecadação da CFEM foi considerável. Após quatro anos de arrecadação estagnada (2014-2017), a arrecadação de 2018 (R$3 bilhões), primeiro ano de aplicação da nova legislação, aumentou 65% em relação a 2017; já a arrecadação de 2019 (por volta de R$4,5 bilhões) aumentou quase 50% em relação a 2018. O aumento se deve tanto às majorações de alíquota e base de cálculo promovidas pela legislação, como também ao aumento nos preços internacionais do minério de ferro. Com efeito, a arrecadação da CFEM relativa ao ferro e ao minério de ferro corresponde a aproximadamente 90% do total arrecadado.

No caso dos estados de Minas Gerais e Pará, que ficam com mais de 85% de toda a arrecadação da CFEM, o aumento de 2017 para 2018 foi ainda maior: 90% de aumento no caso do Pará e 69% de aumento no caso de Minas Gerais.

Como se pode verificar no gráfico abaixo, o valor da arrecadação da CFEM cresceu sensivelmente até 2021, quando atingiu o recorde de R$10,3 bilhões, impulsionado pelo aumento da cotação do dólar em relação ao real e pelo aumento do valor do minério de ferro no mercado internacional. A substancial diminuição da arrecadação em 2022 e 2023 com relação a 2021 decorre desses mesmos fatores.

Em relação aos valores da CFEM de 2023, o estado de Minas Gerais e seus municípios receberam o equivalente a 46,4% do total; e o estado do Pará e seus municípios ficaram com 39,3% do total.[465]

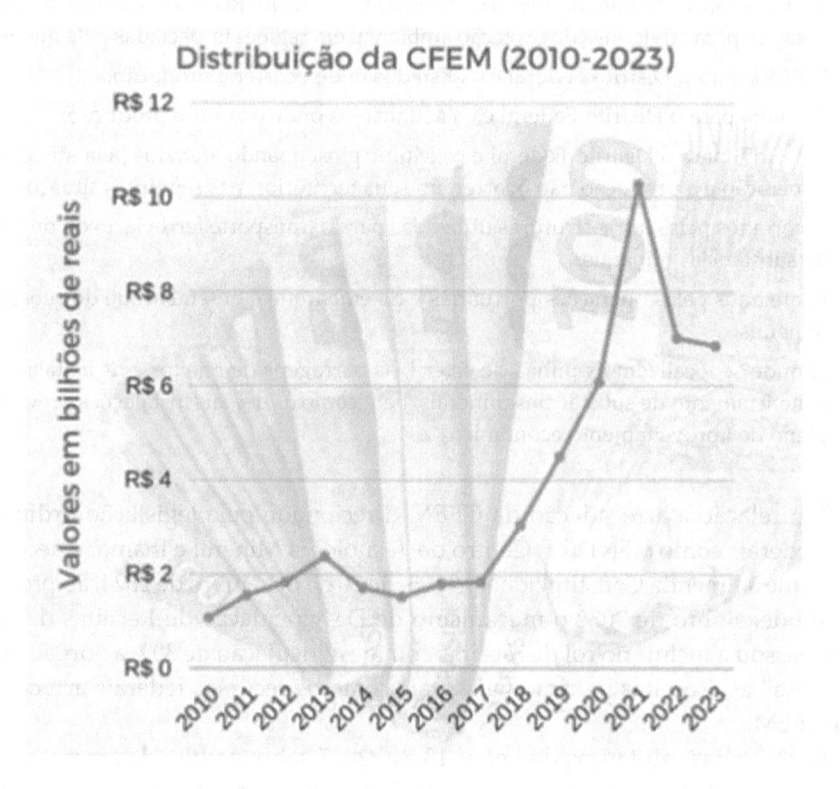

Fonte: Agência Nacional de Mineração (2024).

O Tribunal de Contas da União vem alertando e denunciando há muitos anos o descaso do governo federal em relação ao potencial e à estrutura fiscalizatória do antigo DNPM e da atual ANM. Esse histórico descaso institucional contribuiu para aumentar o risco de tragédias humanas e ambientais, como as de Mariana e

---

[465] Dados disponíveis em: https://sistemas.anm.gov.br/arrecadacao/extra/relatorios/arrecadacao_cfem.aspx. Acesso em: 18 out. 2024.

Brumadinho (MG), além de gerar espaço para uma sonegação milionária dos recursos da CFEM por parte das empresas mineradoras.[466]

Em 2024, o TCU alertou que o Estado brasileiro pode ter deixado de arrecadar, em oito anos, cerca de R$16,4 bilhões em receitas públicas da mineração por causa de falhas na fiscalização das agências governamentais do setor. O plenário do TCU determinou que a Diretoria-Geral da ANM apresente, no prazo de 60 dias, um plano de ação para desenvolver um sistema de arrecadação e cobrança da CFEM e demais receitas. Segundo o ministro relator, "a estrutura fiscalizatória da ANM é incapaz de gerar a expectativa de controle no setor regulado e, mesmo após as poucas fiscalizações, não se logra efetividade na cobrança".

O TCU estima que R$4 bilhões de receita potencial deixaram de ser arrecadados por créditos prescritos entre 2017 e 2021, e outros R$20 bilhões correm o risco de também serem prescritos. Segundo a decisão do TCU, "a equipe atual do contencioso da Cfem, composta por seis servidores e um chefe, é insuficiente para analisar o passivo processual de aproximadamente 12 mil processos de cobrança de Cfem". Os números são impressionantes e fornecem a imagem do descaso: entre 2010 e 2023, o pessoal da ANM foi reduzido de 1.196 para 695 servidores, chegando ao menor efetivo desde a edição do atual Código de Mineração, em 1967. Segundo admitiu a própria ANM, seria necessário, no mínimo, mais 200 servidores para que a demanda de fiscalização fosse atendida. Outro número do descalabro: a Controladoria-Geral da União (CGU) calculou uma queda de 92% no número de fiscalizações realizadas pela ANM: de 2.184 fiscalizações relativas à CFEM em 2014 para apenas 173 fiscalizações em 2019.

Segundo o TCU apurou, a fiscalização, além de ser falha e em número irrisório, é feita em sua maioria mediante visitas aos escritórios das mineradoras, "e não por meio de inspeções aos campos de mineração propriamente ditos – as chamadas fiscalizações *in loco* –, nas quais inconsistências podem ser mais facilmente identificadas a partir da análise dos livros fiscais e das etapas do processo produtivo".[467]

### 4.7.6 MG e PA: "Se não conseguimos aumentar a CFEM... criamos taxas em seu lugar"

Diante da notória crise das finanças estaduais e da demora na aprovação de uma nova legislação federal que permitisse aumentar significativamente a arrecadação da CFEM, Minas (Lei nº 19.976/2011) e Pará (Lei nº 7.591/2011), os maiores estados mineradores da Federação, passaram a arrecadar a partir de 2012 taxas que, sob o

---

[466] Sobre o tema, vide SOUZA, Lívia Maria Cruz Gonçalves de. *Responsabilidade civil por omissão do estado na aplicação da compensação financeira por exploração mineral*. Tese (Doutorado) - Pontifícia Universidade Católica de Minas Gerais. Programa de Pós-Graduação em Direito, Belo Horizonte, 2020; RASO, João Henrique de Carvalho. *Avaliação da compensação financeira pela exploração dos recursos minerais como ferramenta de política pública em prol do desenvolvimento socioeconômico*. Dissertação (Mestrado) - Pontifícia Universidade Católica de Minas Gerais. Programa de Pós-Graduação em Direito, Belo Horizonte, 2021.

[467] AGÊNCIA BRASIL. *TCU cobra ANM por sonegação de R$ 16 bi de mineradoras em impostos*. Brasília, 15 out. 2024. Disponível em: https://agenciabrasil.ebc.com.br/geral/noticia/2024-10/tcu-cobra-anm-por-sonegacao-de-rs-16-bi-de-mineradoras-em-impostos. Acesso em: 18 out. 2024.

pretexto de simplesmente criar uma fonte de custeio para as atividades de fiscalização da atividade mineradora em seu território, na verdade propiciaram vultosa arrecadação, muito superior ao valor do custo estatal das atividades fiscalizatórias.

A forma de cálculo de referidas taxas consiste na multiplicação de um valor em reais pela quantidade (em toneladas) de minério ou mineral extraído pelas empresas. Essas taxas, a nosso ver inconstitucionais, atingiram plenamente os objetivos pelos quais foram criadas: reforçar significativamente a arrecadação tributária dos estados.

O êxito prático das taxas pode ser visualizado claramente com a seguinte comparação. Em 2014, o Estado de Minas Gerais recebeu em seus cofres o valor de R$190 milhões a título de arrecadação da CFEM.[468] No mesmo ano, o valor da taxa de monitoramento e fiscalização sobre as atividades de mineração superou esse valor, ultrapassando o montante de R$240 milhões. Vale dizer: a taxa se mostrou mais rentável para o estado do que a própria CFEM. Por outro lado, nunca houve, por parte do Pará ou de Minas Gerais, qualquer esclarecimento circunstanciado no sentido de demonstrar que os recursos arrecadados com as taxas teriam sido efetivamente aplicados no custeio de órgãos de fiscalização, o que seria de resto impossível, dada a notória desproporção entre os vultosos montantes arrecadados e o diminuto orçamento dos órgãos fiscalizatórios.

Veja-se, no gráfico a seguir, como a proporção de taxas na arrecadação tributária total desses dois estados aumentou de 2011 (antes da criação das taxas) para 2014.

**Efeito arrecadatório das taxas de controle, fiscalização e monitoramento da mineração**

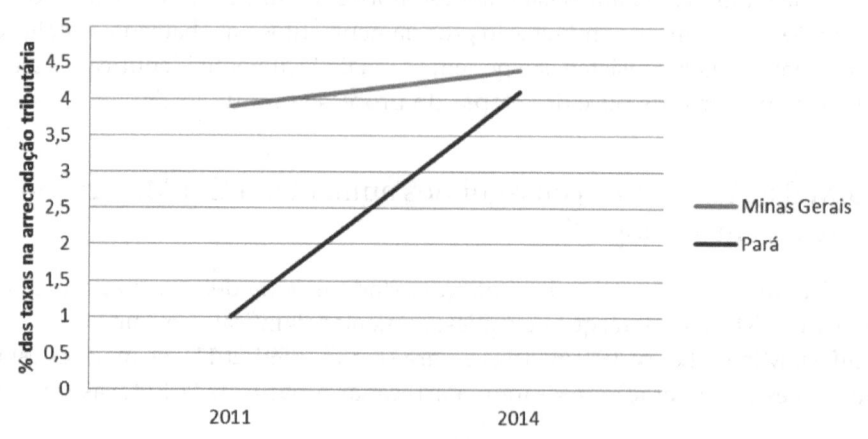

O que explica, de um ponto de vista pragmático, o sucesso dessas taxas? Em primeiro lugar, o fato de que a legislação, estrategicamente, fixou valores

---

[468] Cf. ANM. *Distribuição CFEM Ano*: 2014. Disponível em: https://sistemas.dnpm.gov.br/arrecadacao/extra/Relatorios/distribuicao_cfem_ano.aspx?ano=2014. Acesso em: 29 set. 2016. Vale lembrar que os estados têm direito a receber 23% da arrecadação da CFEM relativa a minerais extraídos de seu território, ficando com os municípios 65% do valor total.

extremamente elevados para serem cobrados por cada tonelada de minério ou mineral extraído, permitindo ao governo estadual, posteriormente, negociar com as empresas mineradoras a redução do valor da taxa a patamares bem mais baixos. Após tal negociação, diversas mineradoras desistiram de ações individuais anteriormente propostas contra a cobrança das taxas.

No caso de Minas Gerais, o valor da taxa por tonelada de minério extraído foi reduzido em 60%, após negociação com as empresas mineradoras. No caso do Pará, a redução foi ainda mais alta: a taxa foi reduzida, após acordo com a Vale, em 2012, de R$6,90 para R$2,30 por tonelada de minério extraído.

Alguns meses após instituídas as taxas mineira e paraense, sua constitucionalidade foi questionada na ADI nº 4.785 (relator ministro Ricardo Lewandowski) e nº 4.786 (relator ministro Celso de Mello),[469] distribuídas no STF em maio de 2012, tendo sido requerida cautelarmente a suspensão da eficácia das leis que instituíram o tributo.

Em dezembro de 2019, o plenário do STF julgou procedente uma ação direta de inconstitucionalidade (ADI nº 6.211) que, a nosso ver, constituiu claro precedente para o julgamento sobre a constitucionalidade das taxas acima comentadas, de Minas Gerais e Pará.

Na ADI nº 6.211 (relator ministro Marco Aurélio, sessão de julgamento de 4.12.2019), a Associação Brasileira dos Produtores Independentes de Energia Elétrica questionou a constitucionalidade de uma taxa instituída pelo estado do Amapá muito similar às taxas mineira e paraense. A taxa do estado do Amapá pretendia ser uma taxa cujo fato gerador consiste no exercício do poder de polícia estadual relativo à fiscalização de atividades de exploração e aproveitamento de recursos hídricos.

Ocorre, conforme observou o relator Marco Aurélio, que a taxa do Amapá era calculada em função do volume dos recursos hídricos utilizados pelo contribuinte (assim como as taxas mineira e paraense tomam o volume de minério produzido), e não em função dos custos ou da extensão maior ou menor da pretensa atividade fiscalizatória. Além disso, observou o ministro Marco Aurélio que havia manifesta ausência de proporcionalidade entre o custo da pretensa fiscalização e o vulto da arrecadação da taxa (tal como ocorre com as taxas mineira e paraense). O relator verificou que o montante arrecadado com a taxa "é dez vezes superior ao orçamento anual da secretaria de gestão do meio ambiente do Estado". Afirmou ainda o ministro Marco Aurélio:

> A própria redação da lei demonstra o caráter eminentemente arrecadatório do tributo instituído, ao prever o aporte do produto da arrecadação para o fomento de iniciativas municipais relacionadas à política estadual de recursos hídricos e para incremento do denominado fundo de recursos hídricos.

---

[469] Também foi questionada, na ADI nº 4.787 (Rel. Min. Luiz Fux), uma taxa similar do estado do Amapá.

Ou seja, percebe-se claramente que parcela substancial do arrecadado sequer é direcionada ao custeio das despesas atinentes ao controle e à fiscalização das atividades de exploração a aproveitamento de recursos hídricos.

A ADI nº 6.211 foi julgada procedente, com a seguinte fundamentação:[470]

> COMPETÊNCIA NORMATIVA – FISCALIZAÇÃO AMBIENTAL – RECURSO HÍDRICOS – EXPLORAÇÃO E APROVEITAMENTO – LEI ESTADUAL. Surge, no âmbito da competência concorrente versada no artigo 23, inciso IX, da Constituição Federal, disciplina atinente ao desempenho de atividade administrativa voltada ao exercício regular do poder de polícia, a ser remunerado mediante taxa, relacionado à exploração e aproveitamento de recursos hídricos voltados à geração de energia elétrica, no que revelam atuação potencialmente danosa ao meio ambiente.
>
> TAXA – PODER DE POLÍCIA – EXERCÍCIO – CUSTOS – ARRECADAÇÃO – INCONGRUÊNCIA. Considerado o princípio da proporcionalidade, conflita com a Constituição Federal instituição de taxa ausente equivalência entre o valor exigido do contribuinte e os custos alusivos ao exercício do poder de polícia – artigo 145, inciso II, da Lei Maior –, sob pena de ter-se espécie tributária de caráter arrecadatório cujo alcance extrapola a obtenção do fim que lhe fundamenta a existência, dificultando ou mesmo inviabilizando o desenvolvimento da atividade econômica.

Na 3ª edição deste *Curso*, afirmamos que o resultado do julgamento dessa taxa do Amapá (ADI nº 6.211) indicava "grande probabilidade de o STF julgar inconstitucionais as taxas mineira e paraense sobre controle, monitoramento e fiscalização das atividades minerárias". Tal não ocorreu. Tanto no caso da lei mineira[471] quanto no caso da lei paraense,[472] o STF julgou, por maioria, que as taxas eram válidas. Em ambos os casos, a maioria dos ministros considerou que deve haver, sim, uma correspondência razoável entre os valores arrecadados com as taxas e os custos aproximados com as atividades fiscalizatórias correspondentes, mas que essa correspondência razoável teria ficado provada nas ações. Contudo, a análise dos votos vencidos indica que as informações contidas nos autos não levam a tal conclusão. Veja-se o voto do ministro Luís Roberto Barroso:[473]

> No caso de Minas Gerais, que não é diferente dos outros casos discutidos - o do Pará, igualmente -, há uma evidente desproporcionalidade. Da minha leitura, para se ficar no caso de Minas Gerais, as três secretarias responsáveis pela fiscalização - as três! - tinham orçamento de 157 milhões para a fiscalização de toda a matéria relacionada ao meio ambiente e demais atribuições da secretaria. O valor da taxa arrecadada era de 450 milhões. Portanto, Ministro Gilmar, arrecada-se um valor que é o triplo do das três secretarias que fiscalizam a matéria, e elas não fiscalizam apenas isso, mas muitas outras

---

[470] STF, ADI nº 6.211, Relator Ministro Marco Aurélio, *DJ* 5 maio 2020.
[471] STF, ADI nº 4.785, Relator Ministro Edson Fachin, *DJ* 14 out. 2022.
[472] STF, ADI nº 4.786, Relator Ministro Nunes Marques, *DJ* 14 out. 2022.
[473] STF, ADI nº 4.786, Relator Ministro Nunes Marques, *DJ* 14 out. 2022, p. 132.

coisas. De modo que, com todas as vênias, o estado tem o direito, sim, de instituir a taxa - acho que pode e deve. Há uma questão fiscal, mas não é matéria em que valha qualquer coisa, porque os estados precisam de dinheiro ou porque as empresas estão gerando lucro. Lucro se tributa por imposto; lucro não se tributa por taxa.

## 4.7.7 RJ: "Se escasseiam os *royalties* e participações especiais... criamos taxas em seu lugar"

O estado do Rio de Janeiro, premido pela grave crise financeira gerada pela brutal queda na arrecadação dos *royalties* e da participação especial pela exploração de petróleo,[474] resolveu criar taxas de "controle, monitoramento e fiscalização ambiental" sobre as atividades de pesquisa, lavra, exploração e produção de petróleo e gás (Lei nº 7.182/2015) e sobre as atividades de geração, transmissão e distribuição de energia elétrica de origem hidráulica, térmica ou termonuclear (Lei nº 7.184/2015).

Assim como no caso de Minas e Pará, as taxas fluminenses dispõem que seu fato gerador seria o exercício do poder de polícia consistente na fiscalização das atividades, mas ao mesmo tempo elegem como base de cálculo uma grandeza que não se relaciona com os custos da atividade fiscalizatória, e sim com o volume de produção das empresas fiscalizadas (barris de petróleo e megawatt-hora). Mesmo admitindo que possa haver em tese uma relação entre o aumento do volume de minério/petróleo extraído ou energia elétrica gerada e o aumento do custo da fiscalização *in loco* de referidas atividades, a mensuração da taxa não pode ser uma função linear entre as duas grandezas, sem nenhum teto, faixas de tributação ou valor máximo para limitar a quantia devida com a taxa. É razoável pensar que os gastos de fiscalização com uma mina que extrai cem mil toneladas de minério são maiores do que os gastos de fiscalização com uma mina que extrai cem toneladas de minério, mas isso não autoriza o legislador a fixar a taxa num valor mil vezes superior no primeiro caso.

É certo que a jurisprudência do Supremo Tribunal Federal admite que a área de um imóvel seja levada em conta para o cálculo de uma taxa de fiscalização sobre o funcionamento de uma atividade econômica no referido imóvel,[475] como também admitiu que o volume do capital das empresas com ações negociadas na Bolsa de Valores fosse critério para o cálculo da taxa devida à Comissão de Valores Mobiliários.[476] Contudo, em ambos os casos, a lei levava em conta a área do imóvel

---

[474] Em 2014, o estado do Rio de Janeiro arrecadou R$8,7 bilhões com *royalties* e participações especiais sobre a exploração do petróleo. Em 2015, esse valor caiu para R$5,3 bilhões. *Vide* informações disponíveis no sítio eletrônico da Agência Nacional do Petróleo, Gás Natural e Biocombustíveis (http://www.anp.gov.br).

[475] *Vide* os acórdãos dos Recursos Extraordinários nº 220.316 (Pleno, Rel. Min. Ilmar Galvão, *DJ*, 29 jun. 2001) e 232.393 (Pleno, Rel. Min. Carlos Velloso, *DJ*, 5 abr. 2002). Para comentários sobre os referidos julgados: GODOI, Marciano Seabra de. Taxas. *In*: GODOI, Marciano Seabra de (coord.). *Sistema tributário na jurisprudência do STF*. São Paulo: Dialética, 2002. p. 341-345.

[476] *Vide* Súmula STF nº 665 e o acórdão do Recurso Extraordinário nº 177.835 (Pleno, Rel. Min. Carlos Velloso, *DJ*, 25 maio 2001). Para comentários sobre os referidos julgados, GODOI, Marciano Seabra de. Taxas. *In*: GODOI, Marciano Seabra de (coord.). *Sistema tributário na jurisprudência do STF*. São Paulo: Dialética, 2002. p. 345-346.

ou o capital das empresas para instituir tabelas de incidência, em que os valores das taxas eram determinados segundo faixas e com teto máximo de valor, algo bem distinto da fórmula matemática valor da taxa = valor em reais (Ufir, UFEMG etc.) x volume de minério/petróleo/energia produzido pelo contribuinte.

O governo do estado do Rio de Janeiro esperava arrecadar R$2 bilhões com a taxa sobre as atividades ligadas à produção de petróleo, e R$215 milhões com a taxa sobre as atividades de geração, transmissão e distribuição de energia elétrica, valores que representam aproximadamente metade da perda arrecadatória sofrida pelos *royalties* e participações especiais entre o ano de 2014 e o ano de 2015. Numa clara evidência de que se trata de uma cobrança destinada a sanear as finanças públicas estaduais, e não a financiar os custos de atividades fiscalizatórias específicas, o orçamento total dos órgãos ambientais do governo fluminense é muitas vezes menor do que a arrecadação que o governo espera obter com as taxas.[477]

Como era de se esperar, foram propostas ações diretas de inconstitucionalidade contra ambas as taxas fluminenses poucos meses após a sua criação. Contra a taxa do petróleo, foram propostas as Ações Diretas de Inconstitucionalidade nº 5.480 e nº 5.512 (relator ministro Teori Zavascki), e contra a taxa da energia elétrica foi proposta a Ação Direta de Inconstitucionalidade nº 5.489 (relator ministro Luís Roberto Barroso).

No caso das ADIs nº 5.480 e 5.512, o STF adotou posicionamento que, a nosso ver, conflita com o posicionamento adotado pela corte no caso das taxas mineira e paraense. No caso das taxas mineira e paraense, sua forma de cálculo consiste na multiplicação de um valor em reais pela quantidade (em toneladas) de minério ou mineral extraído pelas empresas – o que foi considerado válido pelo STF no julgamento das ADIs nº 4.785 e 4.786. Mas, no caso da ADIs nº 5.480 e 5.512, o tribunal considerou que "a base de cálculo indicada pelo art. 4º da Lei 7.182/2015 – barril de petróleo extraído ou unidade equivalente de gás a ser recolhida – não guarda congruência com os custos das atividades de fiscalização exercidas pelo órgão ambiental estadual, o Instituto Estadual do Ambiente (INEA/RJ)", declarando a taxa inconstitucional, por unanimidade.[478]

Argumentação semelhante foi adotada pelo STF para também julgar inconstitucional a taxa fluminense de fiscalização de companhias produtoras de energia elétrica:[479]

> 1. A questão central nesta ação direta está em saber (i) se lei estadual pode instituir tributo na modalidade taxa com fundamento no poder de polícia exercido sobre a atividade de geração, transmissão e ou distribuição de energia no território do respectivo Estado; e, em sendo positiva a resposta, (ii) se o tributo estabelecido pela Lei nº 7.184/2015 do Estado do Rio de Janeiro extrapolou, de alguma forma, essa competência tributária.

---

[477] Cf. RIBEIRO, Ricardo Lodi. O poder de polícia ambiental e a competência para instituir taxas. *Direito do Estado*, n. 212, 2016. Disponível em: http://www.direitodoestado.com.br/colunistas/Ricardo-Lodi-Ribeiro/o-poder-de-policia-ambiental-e-a-competencia-para-instituir-taxas. Acesso em: 25 set. 2016.

[478] STF, ADIs nº 5.480 e 5.512, Relator Ministro Alexandre de Moraes, *DJ* 4 set. 2020.

[479] STF, ADI nº 5.489, Relator Ministro Luís Barroso, *DJ* 12 mar. 2021.

2. A competência político-administrativa comum para a proteção do meio ambiente legitima a criação de tributo na modalidade taxa para remunerar a atividade de fiscalização dos Estados.

3. É legítima a inserção da energia elétrica gerada como elemento de quantificação da obrigação tributária. Razoável concluir que quanto maior a energia elétrica gerada por aquele que explora recursos energéticos, maior pode ser o impacto social e ambiental do empreendimento, e, portanto, maior também deve ser o grau de controle e fiscalização do Poder Público. 4. No entanto, os valores de grandeza fixados pela lei estadual (1 megawatt-hora) em conjunto com o critério da energia elétrica gerada fazem com que o tributo exceda desproporcionalmente o custo da atividade estatal de fiscalização, violando o princípio da capacidade contributiva, na dimensão do custo/benefício, que deve ser aplicado às taxas.

5. Ação direta de inconstitucionalidade julgada procedente. Fixação da seguinte tese: Viola o princípio da capacidade contributiva, na dimensão do custo/benefício, a instituição de taxa de polícia ambiental que exceda flagrante e desproporcionalmente os custos da atividade estatal de fiscalização.

Nossa conclusão é a seguinte: há alguns anos, os estados brasileiros perceberam que, do mesmo modo que a União federal pôde, nas últimas décadas, fazer frente a suas crises fiscais utilizando-se fortemente da criação e aumentos de contribuições sociais de seguridade social e de intervenção no domínio econômico, eles – os estados – também poderiam tentar sanear suas combalidas finanças por meio da criação e cobrança de taxas cuja arrecadação superasse, em muito, o valor a ser destinado ao custeio das atividades estatais previstas legalmente como fatos geradores das taxas.

As experiências de Minas Gerais e do Pará na criação – e posterior negociação de seu valor com as empresas interessadas – de suas taxas sobre atividades minerárias animaram os demais estados, tendo o Rio de Janeiro seguido a mesma estratégia na criação de suas recentes taxas sobre atividades de produção de petróleo e geração de energia elétrica.

A jurisprudência do STF se mostra contraditória quanto à matéria. Em alguns casos, o tribunal decide que é válido fixar taxas de fiscalização tomando como base de cálculo grandezas que medem o volume de produção das empresas fiscalizadas (como se decidiu no caso das taxas de fiscalização minerária de Minas Gerais e Pará, em que a base de cálculo era o volume de minério produzido). Em outros casos, o tribunal decide que é inconstitucional fixar taxas de fiscalização tomando como base de cálculo grandezas que medem o volume de produção das empresas fiscalizadas (como se decidiu no caso das taxas fluminenses constantes das Leis nº 7.182/2015 e 7.184/2015, em que a base de cálculo era também o volume de produção das empresas fiscalizadas – barris de petróleo e megawatt-hora produzidos).

## 4.8 Cessão de direitos creditórios tributários e não tributários para pessoas jurídicas de direito privado e fundos de investimento (Lei Complementar nº 208/2024)

Em julho de 2024, editou-se a Lei Complementar nº 208 para, entre outras providências, autorizar e regulamentar a cessão de direitos creditórios tributários e não tributários para pessoas jurídicas de direito privado e fundos de investimento.

As normas foram introduzidas no art. 39-A da Lei nº 4.320/1964 e têm o seguinte teor:

> Art. 39-A. A União, o Estado, o Distrito Federal ou o Município poderá ceder onerosamente, nos termos desta Lei e de lei específica que o autorize, direitos originados de créditos tributários e não tributários, inclusive quando inscritos em dívida ativa, a pessoas jurídicas de direito privado ou a fundos de investimento regulamentados pela Comissão de Valores Mobiliários (CVM).
>
> § 1º Para fins do disposto no *caput*, a cessão dos direitos creditórios deverá:
>
> I - preservar a natureza do crédito de que se tenha originado o direito cedido, mantendo as garantias e os privilégios desse crédito;
>
> II - manter inalterados os critérios de atualização ou correção de valores e os montantes representados pelo principal, os juros e as multas, assim como as condições de pagamento e as datas de vencimento, os prazos e os demais termos avençados originalmente entre a Fazenda Pública ou o órgão da administração pública e o devedor ou contribuinte;
>
> III - assegurar à Fazenda Pública ou ao órgão da administração pública a prerrogativa de cobrança judicial e extrajudicial dos créditos de que se tenham originado os direitos cedidos;
>
> IV - realizar-se mediante operação definitiva, isentando o cedente de responsabilidade, compromisso ou dívida de que decorra obrigação de pagamento perante o cessionário, de modo que a obrigação de pagamento dos direitos creditórios cedidos permaneça, a todo tempo, com o devedor ou contribuinte;
>
> V - abranger apenas o direito autônomo ao recebimento do crédito, assim como recair somente sobre o produto de créditos já constituídos e reconhecidos pelo devedor ou contribuinte, inclusive mediante a formalização de parcelamento;
>
> VI - ser autorizada, na forma de lei específica do ente, pelo chefe do Poder Executivo ou por autoridade administrativa a quem se faça a delegação dessa competência;
>
> VII - realizar-se até 90 (noventa) dias antes da data de encerramento do mandato do chefe do Poder Executivo, ressalvado o caso em que o integral pagamento pela cessão dos direitos creditórios ocorra após essa data.
>
> § 2º A cessão de direitos creditórios preservará a base de cálculo das vinculações constitucionais no exercício financeiro em que o contribuinte efetuar o pagamento.
>
> § 3º A cessão de direitos creditórios não poderá abranger percentuais do crédito que, por força de regras constitucionais, pertençam a outros entes da Federação.
>
> § 4º As cessões de direitos creditórios realizadas nos termos deste artigo não se enquadram nas definições de que tratam os incisos III e IV do art. 29 e o art. 37 da Lei

Complementar nº 101, de 4 de maio de 2000 (Lei de Responsabilidade Fiscal), sendo consideradas operação de venda definitiva de patrimônio público.

§ 5º As cessões de direitos creditórios tributários são consideradas atividades da administração tributária, não se aplicando a vedação constante do inciso IV do art. 167 da Constituição Federal aos créditos originados de impostos, respeitados os §§ 2º e 3º deste artigo.

§ 6º A receita de capital decorrente da venda de ativos de que trata este artigo observará o disposto no art. 44 da Lei Complementar nº 101, de 4 de maio de 2000 (Lei de Responsabilidade Fiscal), devendo-se destinar pelo menos 50% (cinquenta por cento) desse montante a despesas associadas a regime de previdência social, e o restante, a despesas com investimentos.

§ 7º A cessão de direitos creditórios de que trata este artigo poderá ser realizada por intermédio de sociedade de propósito específico, criada para esse fim pelo ente cedente, dispensada, nessa hipótese, a licitação.

§ 8º É vedado a instituição financeira controlada pelo ente federado cedente:

I - participar de operação de aquisição primária dos direitos creditórios desse ente;

II - adquirir ou negociar direitos creditórios desse ente em mercado secundário;

III - realizar operação lastreada ou garantida pelos direitos creditórios desse ente.

§ 9º O disposto no § 8º deste artigo não impede a instituição financeira pública de participar da estruturação financeira da operação, atuando como prestadora de serviços.

§ 10. A cessão de direitos creditórios originados de parcelamentos administrativos não inscritos em dívida ativa é limitada ao estoque de créditos existentes até a data de publicação da respectiva lei federal, estadual, distrital ou municipal que conceder a autorização legislativa para a operação."

Além de incluir as normas acima na Lei nº 4.320/1964, a Lei Complementar nº 208 dispôs que as cessões de direitos creditórios realizadas pelos entes públicos em data anterior à publicação da Lei Complementar permanecerão regidas pelas respectivas disposições legais e contratuais específicas, vigentes à época de sua realização (art. 3º).

CAPÍTULO 5

# CRÉDITO PÚBLICO

## 5.1 Considerações gerais

O crédito é imprescindível ao funcionamento da economia de mercado, e o Estado também dele se socorre para finalidades fiscais (obtenção de recursos) e extrafiscais (auxílio à política monetária, consolidação do sistema financeiro). Como assevera Aliomar Baleeiro, na maioria dos países, nos últimos séculos, o crédito constituiu processo normal e ordinário de suprimento dos cofres públicos, e vários financistas insistem que não há antinomia entre esse método e o da tributação, sustentando que ambos se identificam (em suas consequências econômicas), enquanto outros assinalam o caráter extraordinário do crédito público.[480]

Historicamente, o uso do crédito público tem sido uma constante entre as nações, sendo certo que o endividamento público, se bem administrado, permite alavancar o bem-estar da sociedade e garantir o bom funcionamento da economia.[481] Tem-se notícia de que, na Grécia Antiga, Xenofonte, no estudo sobre as rendas de Atenas, mencionou empréstimos destinados a barcos de guerra de propriedade pública – e que Cartago pagou a indenização que lhe foi imposta após a batalha de Zama, com recursos tomados de empréstimos de ricos cidadãos romanos.[482]

Já nos séculos XI e XII, o renascimento comercial das cidades impôs novos padrões de comportamento e consumo à nobreza, aos príncipes e aos reis; os superávits financeiros foram substituídos por déficits, por conta do aumento das despesas, sem o correspondente aumento das receitas. Nesse período, conforme enfatiza Caputo Silva, como o aumento de impostos e a emissão de moeda eram considerados soluções difíceis ou indesejadas, passou-se a contar com empréstimos junto aos mercadores ricos da época para o financiamento de despesas ordinárias e emergenciais, como aquelas associadas às guerras. As taxas de juros eram exorbitantes, porque muitas vezes as

---

[480] BALEEIRO, Aliomar. *Uma introdução à ciência das finanças.* 15. ed. Rio de Janeiro: Forense, 1998. p. 459.
[481] Basta referência ao período entre guerras e Pós-Segunda Guerra e a aplicação da fórmula keynesiana de absorção da poupança para saber que assim o é.
[482] BALEEIRO, Aliomar. *Uma introdução à ciência das finanças.* 15. ed. Rio de Janeiro: Forense, 1998. p. 460.

dívidas não se transferiam aos infantes e as garantias chegavam a ser humilhantes, porém pouco efetivas.[483]

Somente a partir do século XVII – com a separação do patrimônio do Estado e do monarca – é que o crédito público assumiu contornos menos heterodoxos, passando a ser utilizado como mecanismo típico de financiamento das despesas públicas. Com a Revolução Industrial, o capitalismo reuniu condições econômicas, jurídicas e políticas que viabilizaram o crescimento e a racionalização do crédito, bem como a profissionalização do setor bancário e de corretoras. No século XIX, a libra esterlina e Londres tornar-se-iam, respectivamente, a moeda e a capital financeira do mundo,[484] papel assumido por *Wall Street* e os EUA no século seguinte. Atualmente, o crescimento da economia chinesa projeta uma equivalência de papéis de destaque nas próximas décadas.

O século XX foi marcado pelo uso intenso e indiscriminado do crédito público pelos Estados capitalistas. A necessidade de recursos para a manutenção das economias de guerra e a busca de receitas para enfrentar os períodos de depressão ditaram o elastecimento e a estipulação de novas técnicas de utilização do crédito público que, a bem da verdade, foi o motor das economias capitalistas. O início do século XXI vem sendo marcado por tentativas de reequilíbrio orçamentário, mas o crédito público continua a ser uma realidade no dia a dia das finanças estatais, fundamentalmente porque os gastos públicos ordinários não sofrem o alívio desejado, diante do financiamento, sem retrocesso, de políticas públicas sociais e de estratégias militares e de inteligência contraterrorismo.

## 5.2 Sistema de crédito público

A disciplina do crédito público engloba princípios, regras, recursos e procedimentos administrativos para obtenção dos meios necessários ao financiamento de iniciativas estatais que geram dívidas.

A correta e criteriosa utilização do crédito público, como se viu no tópico anterior, é de fundamental importância para os Estados, propiciando, se bem utilizado, condições para o ajuste fiscal, a estabilidade econômica e o crescimento econômico sustentado. Tais tarefas pressupõem a organização do sistema de crédito público com a gestão do passivo em níveis compatíveis com a capacidade de pagamento dos Estados, tudo em ordem a contribuir decisivamente para transmitir confiabilidade aos credores e permitir acesso a mercados de capitais nacional e internacional.[485]

Segundo a literatura econômica, existem quatro objetivos básicos pelos quais é justificável a existência e a utilização do endividamento público: (a) financiar

---

[483] SILVA, Anderson Caputo. Origem e história da dívida pública no Brasil até 1963. *In*: SILVA, Anderson Caputo; CARVALHO, Lena Oliveira de; MEDEIROS, Otávio Ladeira de (Org.). *Dívida pública*: a experiência brasileira. Brasília: Secretaria do Tesouro Nacional, Banco Mundial, 2009. p. 33.

[484] BALEEIRO, Aliomar. *Uma introdução à ciência das finanças*. 15. ed. Rio de Janeiro: Forense, 1998. p. 469-471.

[485] SILVA, Anderson Caputo; CARVALHO, Lena Oliveira de; MEDEIROS, Otávio Ladeira de (Org.). *Dívida pública*: a experiência brasileira. Brasília: Secretaria do Tesouro Nacional, Banco Mundial, 2009. p. 17.

o déficit público; (b) propiciar instrumentos adequados à realização da política monetária (no caso específico da dívida interna); (c) criar referencial de longo prazo para financiamento do setor privado, uma vez que as emissões públicas, dados seu alto volume e menor risco de crédito, servem como referência para a precificação de dívida privada; e (d) propiciar a alocação de recursos entre gerações, na medida em que (a depender do prazo dos instrumentos de financiamento) à geração futura caberá o pagamento das despesas realizadas no presente com recursos oriundos do endividamento.[486]

O crédito público pode ser tradicionalmente acionado das seguintes formas: a) contratação de empréstimos junto a instituições financeiras nacionais e internacionais; b) emissão de títulos representativos de valores mobiliários; c) contratação financiada de obras, serviços ou aquisições; d) assunção de dívidas potenciais pela concessão de garantias.[487] Os principais instrumentos de acesso ao crédito público são a emissão de títulos públicos (valores mobiliários) e os contratos de empréstimos e operações assemelhadas.

Os contratos de empréstimo geralmente são realizados com instituições financeiras pertencentes ao sistema financeiro interno de cada país ou com instituições estrangeiras, inclusive com agências multilaterais (Fundo Monetário Internacional – FMI, Banco Interamericano de Desenvolvimento – BID, Banco Mundial). Os empréstimos concedidos por essas agências internacionais de crédito são diferentes dos concedidos por bancos comerciais. Estes se preocupam exclusivamente com a situação macroeconômica do país devedor, enquanto as agências multilaterais exigem que o projeto ou programa financiado seja de vital importância para o desenvolvimento econômico e social do país.[488] Empréstimos públicos podem ter longo, médio e curto prazo; exemplos de empréstimos de curto prazo são os contratos de operação de crédito por antecipação de receita orçamentária, destinados a cobrir insuficiências de caixa momentâneas ao longo do exercício financeiro.[489]

Os valores mobiliários são obrigações assumidas pelo Estado, representadas por títulos emitidos nos termos da legislação, e que garantem aos credores direitos a rendas, juros e resgate do principal (ou não). Podem ser emitidos ao par ou abaixo do par: a paridade representa o mérito de mercado de determinado título.

O Brasil é um repertório de experiências no uso do crédito público representado por títulos da dívida pública. Algumas dessas experiências são bem-sucedidas, como, por exemplo: a) a Lei de 15 de novembro de 1827, que criou a caixa de amortização e instituiu o Grande Livro da Dívida do Brasil; b) o *funding loan* (no Governo Campos

---

[486] PEDRAS, Guilherme Binato Vilela. História da dívida pública no Brasil: de 1964 até os dias atuais. *In*: SILVA, Anderson Caputo; CARVALHO, Lena Oliveira de; MEDEIROS, Otávio Ladeira de (Org.) *Dívida pública*: a experiência brasileira. Brasília: Secretaria do Tesouro Nacional, Banco Mundial, 2009. p. 58.

[487] GOMES, Carla; MUÑOZ, Melisa. *Sistema de Credito Publico*, Disponível em: http://www.monografias.com/trabajos91/sistema-credito-publico/sistema-credito publico.shtml#ixzz2wmzrVc5a. Acesso em: 30 mar. 2014.

[488] GOMES, Carla; MUÑOZ, Melisa. *Sistema de Credito Publico*, Disponível em: http://www.monografias.com/trabajos91/sistema-credito-publico/sistema-credito publico.shtml#ixzz2wmzrVc5a. Acesso em: 30 mar. 2014.

[489] Antes da LRF, estes contratos eram muito comuns no Brasil, em especial nos níveis estadual e municipal. Hoje, encontram-se fortemente regulados pelo art. 38 da LRF.

Salles na virada do século XIX para o XX); c) o lançamento de títulos públicos indexados, como as ORTN (Obrigações Reajustáveis do Tesouro Nacional), durante o governo militar. Já outras experiências não tiveram o mesmo êxito, como, por exemplo: a) o *default* de 1937 (no Governo Vargas); b) a moratória da dívida externa no Governo Sarney, em 1987.

Nas últimas décadas, após a sucessiva adoção de planos econômicos malsucedidos no período da redemocratização (a partir de 1984), o Plano Real (1994), adotado pelo governo do presidente Itamar Franco, sob a coordenação do ministro da Fazenda, Fernando Henrique Cardoso (que foi o sucessor de Itamar na Presidência da República), conseguiu debelar a hiperinflação e permitir um tratamento orçamentariamente adequado do crédito público. Contudo, nos anos seguintes ao Plano Real a política econômica e monetária de altíssimos juros reais levou a um brutal aumento da dívida pública.

A partir do ano 2000, a parametrização legislativa sobre o uso do crédito público passou a ser ditada especialmente pela Lei de Responsabilidade Fiscal (LRF) (Lei Complementar nº 100/2001), que dedicou espaço considerável à sua disciplina, estabelecendo diversos mecanismos inibidores do descontrole da dívida pública, mercê do princípio do equilíbrio entre receitas e despesas.

Atualmente, na esfera da União a disciplina da emissão de títulos da dívida pública, de responsabilidade do Tesouro Nacional, está disciplinada pela Lei nº 10.179/01, que autoriza a emissão com a finalidade de corrigir distorções na arrecadação e na despesa, conforme previsões do orçamento.

Nos termos do art. 2º da Lei nº 10.179/01, os títulos que compõem a dívida federal são: a) LTN (Letras do Tesouro Nacional), emitidas para financiamentos de curto e médio prazos; b) LFT (Letras Financeiras do Tesouro), emitidas para financiamento de curto e médio prazos; c) NTN (Notas do Tesouro Nacional), emitidas para financiamento preferencial de médio e longo prazos.

## 5.3 Normas sobre dívida, endividamento público e operações de crédito na Constituição de 1988

O não pagamento da dívida pública é uma das poucas hipóteses que autorizam a excepcional intervenção federal nos estados e no Distrito Federal. Segundo o art. 34, V, "a", da Constituição, a União intervirá nos estados e no Distrito Federal para "reorganizar as finanças da unidade da Federação que suspender o pagamento da dívida fundada por mais de dois anos consecutivos, salvo motivo de força maior". Do mesmo modo, a Constituição determina que os estados intervirão em seus municípios, e a União, nos municípios localizados em território federal, se "deixar de ser paga, sem motivo de força maior, por dois anos consecutivos, a dívida fundada" (art. 35, I).

A competência para dispor sobre dívida pública, operações de crédito e dívida mobiliária federal é do Congresso Nacional (art. 48, II e XIV, da Constituição), mas é do Senado Federal, de modo privativo, a competência para (art. 52, VI a IX, da Constituição):

- fixar, por proposta do presidente da República, limites globais para o montante da dívida consolidada da União, dos estados, do Distrito Federal e dos municípios;
- dispor sobre limites globais e condições para as operações de crédito externo e interno da União, dos estados, do Distrito Federal e dos municípios, de suas autarquias e demais entidades controladas pelo poder público federal;
- dispor sobre limites e condições para a concessão de garantia da União em operações de crédito externo e interno;
- estabelecer limites globais e condições para o montante da dívida mobiliária dos estados, do Distrito Federal e dos municípios.

A Constituição reservou à lei complementar a disciplina da "dívida pública externa e interna, incluída a das autarquias, fundações e demais entidades controladas pelo poder público", da "concessão de garantias pelas entidades públicas" e da "emissão e resgate de títulos da dívida pública". Essas tarefas são, em grande parte, desempenhadas pela Lei Complementar nº 101/2000, a chamada Lei de Responsabilidade Fiscal.

Em 2021, a Emenda Constitucional nº 109 inseriu na Constituição diversas normas sobre a "sustentabilidade da dívida" pública, a ser disciplinada por lei complementar, que deve especificar: indicadores para sua apuração; níveis de compatibilidade dos resultados fiscais com a trajetória da dívida; trajetória de convergência do montante da dívida com os limites definidos em legislação; medidas de ajuste, suspensões e vedações; e planejamento de alienação de ativos com vistas à redução do montante da dívida (art. 163, VIII, da Constituição). Essa lei complementar encarregada de disciplinar a sustentabilidade da dívida foi autorizada pela EC nº 109/2021 a determinar a aplicação do repertório de mecanismos de ajuste fiscal previsto no art. 167-A da Constituição.

A Lei Complementar nº 200/2023, que regula o assim chamado "Novo Arcabouço Fiscal", determinou em seu art. 2º que a Lei de Diretrizes Orçamentárias deve prever diretrizes de política fiscal e metas anuais de resultado primário que sejam "compatíveis com a trajetória sustentável da dívida pública", considerando como tal o estabelecimento de metas de resultados primários que propiciem "a estabilização da relação entre a Dívida Bruta do Governo Geral (DBGG) e o Produto Interno Bruto (PIB)", conforme o Anexo de Metas Fiscais previsto na Lei de Responsabilidade Fiscal. Outra providência importante da LC nº 200 quanto a esse assunto foi a determinação de que a LDO federal especifique "o efeito esperado e a compatibilidade, no período de 10 (dez) anos, do cumprimento das metas de resultado primário sobre a trajetória de convergência da dívida pública, evidenciando o nível de resultados fiscais consistentes com a estabilização da Dívida Bruta do Governo Geral (DBGG) em relação ao Produto Interno Bruto (PIB)" (nova redação do art. 4º, § 5º, da LRF, determinado pelo art. 11 da LC nº 200/2023).

No projeto de lei de diretrizes orçamentárias enviado pelo Executivo federal ao Congresso em 2024, estima-se que as metas de resultado primário (informadas nos parágrafos acima) propostas no projeto farão com que a dívida bruta do governo geral pare de subir em proporção do PIB somente em 2027, quando atingirá 79,7%.

A partir desse ano, estima-se que a relação dívida/PIB comece a cair, chegando a 74,5% em 2034.[490]

A Emenda nº 109 ainda incluiu na Constituição o mandamento de que os entes federativos conduzam "suas políticas fiscais de forma a manter a dívida pública em níveis sustentáveis", devendo todo o processo orçamentário "refletir a compatibilidade dos indicadores fiscais com a sustentabilidade da dívida" (art. 164-A da Constituição, introduzido pela Emenda nº 109).

Uma importante norma constitucional sobre as operações de crédito é a chamada "regra de ouro", prevista no art. 167, III, da Constituição, que veda a "realização de operações de crédito que excedam o montante das despesas de capital, ressalvadas as operações autorizadas mediante créditos suplementares ou especiais com finalidade precisa, aprovados pelo Poder Legislativo por maioria absoluta".

Essa norma traduz obstáculo à assunção de dívidas que ultrapassem a capacidade financeira das entidades federativas, as quais não devem utilizar recursos de empréstimos no financiamento de despesas correntes.

Diversas emendas constitucionais recentes excepcionaram a aplicação da "regra de ouro". Foi o caso da Emenda Constitucional do "Orçamento de Guerra", aprovada no ano da pandemia de COVID-19 (EC nº 106/2020), que dispensou, durante a integralidade do exercício financeiro em que vigorou a calamidade pública nacional, a observância da regra de ouro (inciso III do *caput* do art. 167 da Constituição). Em junho de 2019, portanto, antes da pandemia, uma lei ordinária (Lei nº 13.843) já havia aprovado crédito suplementar de R$248 bilhões para operações de crédito sem a observância da regra de ouro. Em 2020, mesmo que não houvesse a crise da pandemia e a consequente EC nº 106/2020, a União teria que lançar mão de novos créditos suplementares aprovados pelo Congresso para excepcionar a aplicação da regra de ouro.

Em dezembro de 2022, com a chamada Emenda da Transição (Emenda Constitucional nº 126/2022), o Congresso Nacional permitiu que em 2023 a União gastasse o valor de R$145 bilhões acima do limite decorrente do regime do Teto de Gastos (EC nº 95/2016), ressalvando essas despesas adicionais da observação da regra de ouro (art. 3º da EC nº 126/2022).

## 5.4 Classificações da dívida pública

A contrapartida do uso do crédito público é a geração de dívida pública, pois é daquele que esta se origina, consoante ensina Oliveira Salazar.[491] E o legislador brasileiro tratou exaustivamente da disciplina da dívida pública, classificando-a em: a) dívida fundada e flutuante; b) dívida mobiliária e contratual; c) dívida interna e dívida externa.

---

[490] BRASIL. Poder Executivo Federal. *Projeto de Lei de Diretrizes Orçamentárias*. Dispõe sobre as diretrizes para a elaboração e a execução da Lei Orçamentária de 2025 e dá outras providências. Brasília, 2024, p. 136.

[491] SALAZAR, Oliveira *apud* OLIVEIRA, Regis Fernandes de. *Responsabilidade fiscal*. 2. ed. São Paulo: Revista dos Tribunais, 2002. p. 71.

## 5.4.1 Dívida fundada e dívida flutuante

### 5.4.1.1 Dívida fundada

De acordo com o art. 98 da Lei nº 4.320/64, que se pauta num critério temporal, a dívida fundada ou consolidada compreende os compromissos de exigibilidade superiores a doze meses, contraídos para atender a desequilíbrio orçamentário ou financeiro de obras e serviços públicos.

Complementando a disciplina, o legislador da LRF (art. 29, I) considera dívida fundada ou consolidada o montante total, apurado sem duplicidade, das obrigações financeiras do ente da Federação, assumidas em virtude de leis, contratos, convênios ou tratados e da realização de operações de crédito, para amortização em prazo superior a doze meses, nela devendo ser incluídos: a) a relativa à emissão de títulos de responsabilidade do Banco Central do Brasil (art. 29, §2º); b) a proveniente de operações de crédito de prazo inferior a doze meses cujas receitas tenham constado do orçamento (art. 29, §3º); c) os precatórios judiciais não pagos durante a execução do orçamento em que houverem sido incluídos, pelo menos para fins de apuração dos limites de endividamento (art. 30, §7º).

A Resolução nº 43/2001 do Senado Federal, que dispõe sobre as operações de crédito interno e externo dos estados, do Distrito Federal e dos municípios, em seu art. 2º, III, define dívida pública consolidada como montante total, apurado sem duplicidade, das obrigações financeiras, inclusive as decorrentes de emissão de títulos, do estado, do Distrito Federal ou do município, assumidas em virtude de leis, contratos, convênios ou tratados e da realização de operações de crédito para amortização em prazo superior a 12 (doze) meses, dos precatórios judiciais emitidos a partir de 5.5.2000 e não pagos durante a execução do orçamento em que houverem sido incluídos, e das operações de crédito, que, embora de prazo inferior a 12 (doze) meses, tenham constado como receitas no orçamento.

Caldas Furtado adverte que a dívida fundada decorre das receitas de operações de crédito, que, por disposição constitucional, não podem exceder o montante das despesas de capital, ou seja, a dívida fundada é em princípio integralmente constituída para custear recursos para investimentos, e não para o custeio da máquina pública.[492]

### 5.4.1.2 Dívida flutuante

A dívida flutuante corresponde aos compromissos decorrentes do crédito público, exigíveis dentro do exercício financeiro, compreendendo: a) os restos a pagar, excluídos os serviços da dívida, b) os serviços da dívida a pagar; c) os depósitos; d) os débitos de tesouraria (art. 92).

Os elementos que compõem a *dívida flutuante* têm em comum o fato de consubstanciarem dívida a pagar em até 12 (doze) meses. Nesse cenário, é possível

---

[492] FURTADO, J. R. Caldas. *Direito financeiro*. 3. ed. Belo Horizonte: Fórum, 2012. p. 401-402.

verificar que a noção de dívida flutuante se sobrepõe ao conceito de passivo financeiro do art. 105 da Lei nº 4.320/64, que compreende os compromissos exigíveis cujo pagamento independe de autorização orçamentária.

O pagamento de dívida flutuante, no exercício corrente, independe de empenho: a) por se tratar de empenho já processado no exercício anterior (hipóteses de restos a pagar ou serviços da dívida a pagar); ou b) porque são despesas cuja natureza prescinde de empenho (hipóteses de despesas e débitos de tesouraria).

### 5.4.1.2.1 Restos a pagar

Em certos casos, as fases de efetivação da despesa não são consolidadas no mesmo exercício financeiro, podendo ocorrer empenho e liquidação em um exercício e o pagamento, após ordenamento, ser efetuado no seguinte. Em situações tais, a despesa será inscrita em rubrica orçamentária denominada restos a pagar.

O art. 36 da Lei nº 4.320/64 conceitua restos a pagar como as despesas empenhadas, mas não adimplidas até o último dia do exercício financeiro. O registro dos restos a pagar deve ser feito por exercício e por credor.

Existem duas espécies de restos a pagar: a) *restos a pagar processados*: que se referem a empenhos de despesas executadas (líquidas), os quais, assim, estão prontos para pagamento, pois a execução da despesa orçamentária encontra-se em seu último estágio (pagamento); b) *restos a pagar não processados*: que se referem aos empenhos de despesas ainda não executados, o que faz com que o credor ainda não titularize direito líquido, certo e exigível, na medida em que a despesa não concluiu os estágios da liquidação e do pagamento.

Apenas os *restos a pagar processados* serão considerados *dívida flutuante*, pois as despesas não processadas ainda não refletem obrigações reais, cabendo a sua escrituração nas contas de compensação.

Na LRF, os restos a pagar estão disciplinados no art. 42, que veda ao gestor público, nos últimos dois quadrimestres do seu mandato, contrair obrigação de despesa que não possa ser cumprida integralmente dentro dele, ou que tenha parcelas a serem pagas no exercício seguinte sem que haja suficiente disponibilidade de caixa.

A LRF busca evitar a majoração da dívida pública, por meio do condicionamento da geração de despesas à demonstração de disponibilidade de caixa. Trata-se de comando que visa a impedir que o administrador público transfira para seu sucessor obrigações de pagamento sem a correspondente disponibilidade financeira. Nessa toada, o administrador, para que contraia obrigações nos últimos dois quadrimestres de seu mandato, deverá demonstrar a presença de disponibilidade de recursos, sendo que do seu cálculo devem ser deduzidos os encargos e as despesas que deverão ser adimplidos até o fechamento do exercício financeiro.

Diogo de Figueiredo Moreira Neto considera, todavia, que a vedação para criação ou ampliação de despesa prevista no art. 42 da LRF é inaplicável nas seguintes hipóteses: a) despesas necessárias para a manutenção da continuidade de atividades já em curso que não podem ser interrompidas, pois não envolvem criação ou ampliação de obrigação; b) despesas que derivam de obrigações legais e constitucionais, incluindo as voltadas ao pagamento do serviço da dívida e as previstas pela LDO; c) despesas para as quais exista disponibilidade financeira, mesmo que configure criação ou ampliação de obrigação, desde que considerados os encargos e as despesas cujo adimplemento esteja programado até o término do exercício financeiro.[493]

Do ponto de vista das despesas contratuais, o art. 42 da LRF deve ser lido em conjugação com o art. 105 da Lei nº 14.133/21, consoante o qual a duração dos contratos ficará adstrita à vigência dos respectivos créditos orçamentários. O preceito exige planejamento. Para que se instaure uma contratação no período (dois últimos quadrimestres do mandato), é imprescindível que, consoante o cronograma de desembolso da Administração, haja disponibilidade financeira para fazer face à despesa decorrente de todo o objeto contratual. Em se tratando de contratos de execução continuada e contratos que ultrapassam o exercício financeiro, a disponibilidade deverá ser de molde a fazer face às contraprestações executadas pelo contratado até o final do exercício financeiro (31/12), oportunidade em que ocorrerá a inscrição em restos a pagar.[494]

Bem de ver que a versão da LRF aprovada no Congresso Nacional e submetida à sanção possuía dispositivo mais incisivo do que a citada regra do art. 42. Tratava-se do art. 41, que terminou vetado pelo presidente da República. Dispunha o vetado preceito que observados os limites globais de empenho e movimentação financeira, seriam inscritas em restos a pagar (i) as despesas legalmente empenhadas e liquidadas, mas não pagas no exercício; (ii) as despesas empenhadas e não liquidadas que correspondam a compromissos efetivamente assumidos em virtude de: (a) normas legais e contratos administrativos; (b) convênio, ajuste, acordo ou congênere, com outro ente da Federação, já assinado, publicado e em andamento (com objeto realizado no todo ou em parte). Após deduzido de suas disponibilidades de caixa o montante das inscrições realizadas na forma dos itens (i) e (ii), o Poder ou o Ministério Público poderia inscrever as demais despesas empenhadas, apenas até o limite do saldo remanescente, determinando o cancelamento dos demais (§§2º e 3º).

Se o dispositivo vetado tivesse vigido devidamente acompanhado de norma de transição, teria produzido um ajuste paulatino do saldo de restos a pagar das unidades federativas, proporcionando maior equilíbrio e transparência às contas públicas, especialmente quando conjugado com o art. 42 da LRF.

As razões do veto, por contrariedade ao interesse público, alinhavaram exatamente o contrário, aduzindo que a redação final do dispositivo não mantinha o sentido original que se assentava na restrição básica de contrapartida entre a disponibilidade financeira e a autorização orçamentária. Com isso, o dispositivo permitiria, primeiro, inscrever em restos a pagar várias despesas para, apenas depois, condicionar a inscrição das demais à existência de recursos em caixa. Tal prática,

---

[493] MOREIRA NETO, Diogo de Figueiredo. *Considerações sobre a Lei de Responsabilidade Fiscal*: finanças públicas democráticas. Rio de Janeiro: Renovar, 2001. p. 232.
[494] A respeito, cf. nossa obra *Lei de Responsabilidade Fiscal*: abordagens pontuais. Belo Horizonte: Del Rey, 2000. p. 168-171.

continuou o veto, feriria o princípio do equilíbrio fiscal, pois faria com que fossem assumidos compromissos sem a disponibilidade financeira necessária para saldá-los, criando transtornos para a execução do orçamento e, finalmente, ocasionando o crescimento de restos a pagar e da dívida pública.

O TCU já se manifestou reconhecendo a sua incompetência para fixar limites de inscrição em restos a pagar:

> não compete ao TCU fixar teto que limite a utilização da inscrição em restos a pagar. Cabe à STN/MF e à SOF/MP o estabelecimento dos parâmetros que julgarem pertinentes, não se admitindo a utilização em montante que ofenda aos princípios da anualidade orçamentária e da razoabilidade, e que seja incompatível com o caráter de excepcionalidade dos restos a pagar.[495]

### 5.4.1.2.2 Serviços da dívida a pagar

Os *serviços da dívida a pagar* referem-se aos valores a pagar de parcelas amortizadas do valor principal de empréstimos contraídos, que integram a dívida fundada, bem como os juros e outros encargos. Nesse sentido, considera-se que serviços da dívida a pagar representam dívida fundada convertida em dívida flutuante, na medida em que constituem compromissos inicialmente contabilizados como dívida fundada, mas já empenhados e liquidados em exercício anterior, estando, assim, prontos para pagamento.[496]

### 5.4.1.2.3 Depósitos e débitos de tesouraria

Os *depósitos* são recebimentos de valores de terceiros que ficam à disposição do Poder Público, como depósitos de garantias de instâncias administrativas ou judiciais, consignações em folha, fianças, cauções. Os *débitos de tesouraria* referem-se às operações de crédito por antecipação de receita orçamentária (ARO), as quais deverão ser quitadas necessariamente até o dia 10 de dezembro de cada ano, conforme art. 38, II da LRF.

### 5.4.2 Dívida mobiliária e dívida contratual

O critério que distingue a dívida em mobiliária e contratual relaciona-se com o instrumento jurídico utilizado para a captação dos recursos. A distinção é verificada pelo art. 5º, §1º, da LRF, segundo o qual todas as despesas relativas à dívida pública, mobiliária ou contratual, e as receitas que as atenderão, constarão da lei orçamentária anual.

---

[495] TCU, Plenário. Acórdão nº 2.267/2016.
[496] FURTADO, J. R. Caldas. *Direito financeiro*. 3. ed. Belo Horizonte: Fórum, 2012. p. 400.

A *dívida pública mobiliária* é representada por títulos emitidos pela União, inclusive os do Banco Central do Brasil,[497] pelos estados e pelos municípios (art. 29, II da LRF), a exemplo das ORTN (Obrigações Reajustáveis do Tesouro Nacional).[498] Já a dívida contratual é oriunda de compromissos financeiros assumidos em razão de mútuo, abertura de crédito, aquisição financiada de bens, recebimento antecipado de valores provenientes da venda a termo de bens e serviços, arrendamento mercantil e outras operações assemelhadas.

De acordo com o TCU:

> a possibilidade de a União quitar compromisso financeiro com a emissão de títulos da dívida pública (art. 1º, inc. VIII, da Lei 10.179/2001) está adstrita aos casos de assunção ou reconhecimento de dívida, sem alcançar as obrigações de pagar quantia certa decorrentes de transação judicial ou extrajudicial, as quais se submetem ao art. 100 da Constituição Federal (precatórios). (Acórdão nº 489/2017).

### 5.4.3 Dívida interna e dívida externa

A *dívida interna* é a que o Estado assume dentro do seu território em moeda corrente, em face dos agentes econômicos que nele têm atuação direta, ao passo que *dívida externa* é a que ele assume no estrangeiro com instituições públicas ou privadas em moeda estrangeira. Ambas podem ser de natureza contratual ou mobiliária. O §5º do art. 32 da LRF prevê que os contratos de operação de crédito externo não conterão cláusula que importe na compensação automática de débitos e créditos.

De acordo com o art. 32, §4º, da LRF, sem prejuízo das atribuições próprias do Senado Federal e do Banco Central do Brasil, o Ministério da Fazenda efetuará o registro eletrônico centralizado e atualizado da dívida pública interna e externa, garantido o acesso público às informações, que incluirão a) encargos e condições de contratação; b) saldos atualizados e limites relativos às dívidas consolidada e mobiliária, operações de crédito e concessão de garantias.

Guilherme Pedras[499] assevera que, a partir de 2003, é possível observar consideráveis avanços na administração da dívida pública brasileira. Ao final de 2002, a participação de títulos indexados à taxa Selic na dívida interna era muito alta, de 60,8%, enquanto a participação de títulos prefixados era de apenas 2,2%, e os títulos cambiais representavam 22,4%. Essa estrutura apontava para uma exposição severa da dívida pública a riscos internos, já que a taxa Selic é flutuante, e a riscos externos, pois o câmbio também é flutuante. Em 2014, o quadro era de uma dívida muito menos exposta a riscos: a participação dos títulos prefixados na dívida interna

---

[497] A LRF vedou também a emissão de títulos da dívida pública pelo Banco Central do Brasil a partir de dois anos após a sua publicação, deixando esta missão, no âmbito federal, para a própria União.
[498] TCU, Plenário. Acórdão nº 1.839/2019.
[499] PEDRAS, Guilherme Binato Vilela. História da dívida pública no Brasil: de 1964 até os dias atuais. *In*: SILVA, Anderson Caputo; CARVALHO, Lena Oliveira de; MEDEIROS, Otávio Ladeira de (Org.) *Dívida pública*: a experiência brasileira. Brasília: Secretaria do Tesouro Nacional, Banco Mundial, 2009. p. 58.

é da ordem de 30%, enquanto a participação dos títulos vinculados à taxa Selic é de apenas 15%, sendo ainda mais baixa a participação dos títulos indexados ao câmbio, de apenas 0,4%.[500]

Para o referido autor, o grande desafio para os próximos anos, em paralelo à manutenção de superávits fiscais que garantam a permanência da redução da dívida, consiste exatamente em lograr bom êxito em relação à composição da dívida interna, de modo a alcançar melhora na percepção dos investidores, contribuindo para a consolidação da tendência de redução das taxas de juros. Tal mudança estrutural almejaria impulsionar um círculo virtuoso em que a dívida pública fosse vista como fonte eficiente de canalização de recursos para investimentos públicos e referência para emissões de títulos privados.

Relativamente à dívida externa, a partir de 2006, com a redução expressiva da necessidade de financiamento externo (pela redução da dívida) e com o forte influxo de dólares, o país deixou de necessitar das emissões externas como fonte de financiamento de despesas públicas. Nesse interregno, foram realizadas diversas operações de pré-pagamento de dívida mobiliária federal externa, que remontaram a US$35,7 bilhões, o que garantiu equilíbrio na administração da dívida oriunda de títulos.

Já em relação à dívida contratual, o país antecipou o pagamento da dívida remanescente com o Clube de Paris no valor de US$1,7 bilhão, bem como, ainda no ano de 2005, realizou o pré-pagamento de sua dívida com o FMI, no valor de US$20,4 bilhões. Em abril de 2006, dando prosseguimento ao pagamento antecipado do estoque remanescente de C-Bond (títulos), o país exerceu a cláusula de recompra antecipada dos demais *Bradies*, no valor de US$6,5 bilhões, terminando assim uma importante fase da história do seu endividamento externo. Também no início do referido ano (2006), o Tesouro começou, via Banco Central, um programa de recompra da dívida externa, com vistas à melhora de seu perfil, inicialmente com o resgate dos títulos com vencimento até 2012. Naquele ano foram recomprados US$5,8 bilhões em valor de face.[501]

De acordo com o art. 32, §4º, da LRF, sem prejuízo das atribuições próprias do Senado Federal e do Banco Central do Brasil, o Ministério da Fazenda efetuará o registro eletrônico centralizado e atualizado da dívida pública interna e externa, garantido o acesso público às informações, que incluirão a) encargos e condições de contratação; b) saldos atualizados e limites relativos às dívidas consolidada e mobiliária, operações de crédito e concessão de garantias.

Ademais, o Banco Central do Brasil (Bacen), nas suas relações com entes da Federação (União, estados, Distrito Federal, municípios) está sujeito às vedações constantes do art. 35 da LRF e mais às seguintes: a) compra de título da dívida, na

---

[500] Cf. BCB. *Boletim de Política Fiscal do Banco Central do Brasil* – Abril de 2014. Disponível em: http://www.bcb.gov.br/?ECOIMPOLFISC. Acesso em: 22 maio 2014.

[501] PEDRAS, Guilherme Binato Vilela. História da dívida pública no Brasil: de 1964 até os dias atuais. *In*: SILVA, Anderson Caputo; CARVALHO, Lena Oliveira de; MEDEIROS, Otávio Ladeira de (Org.) *Dívida pública*: a experiência brasileira. Brasília: Secretaria do Tesouro Nacional, Banco Mundial, 2009. p. 58.

data de sua colocação no mercado; b) permuta, ainda que temporária, por intermédio de instituição financeira ou não, de título da dívida de ente da Federação por título da dívida pública federal, bem como a operação de compra e venda, a termo, daquele título, cujo efeito final seja semelhante à permuta; c) concessão de garantia.

O Banco Central do Brasil só poderá comprar diretamente títulos emitidos pela União para refinanciar a dívida mobiliária federal que estiver vencendo na sua carteira, realizada à taxa média e condições alcançadas no dia, em leilão público (art. 35, §§2º e 3º da LRF). E, por fim, é vedado ao Tesouro Nacional adquirir títulos da dívida pública federal, existentes na carteira do Banco Central do Brasil, ainda que com cláusula de reversão, salvo para reduzir a dívida mobiliária.

Sobre a relação do Banco Central com os títulos públicos, Karla de Lima Rocha observa o seguinte:

> até a edição da Lei de Responsabilidade Fiscal (LRF) de 2000, o Banco Central utilizava, além dos títulos do Tesouro Nacional existentes em sua carteira, títulos próprios para fazer política monetária, levando o mercado a não detectar com clareza os objetivos de determinada emissão, prejudicando, assim, a condução tanto da política monetária quanto da política de gerenciamento de dívida. Nesse sentido, a LRF proibiu a emissão de títulos em mercado pelo Banco Central. Por essa lei, a partir de 2002, o Banco Central, no âmbito da política monetária, passou a realizar operações compromissadas e definitivas exclusivamente com títulos do Tesouro Nacional registrados em seu ativo. Essa foi uma importante medida tomada, buscando a separação clara entre as funções de política monetária e fiscal.[502]

## 5.5 Crédito público na Lei de Responsabilidade Fiscal

A Lei de Responsabilidade Fiscal e as Resoluções nº 40/2001 e nº 43/2001 do Senado Federal cumprem as tarefas exigidas pela Constituição em relação à definição de condições e limites para o acionamento do crédito público e o consequente endividamento.

O art. 3º, I, da Resolução nº 40/2001 do Senado prevê que a dívida consolidada líquida não poderá exceder: a) nos estados e Distrito Federal, o valor de 2 (duas) vezes a receita corrente líquida; b) nos municípios, 1,2 (um inteiro e dois décimos) o valor da receita corrente líquida. No caso da União, o Senado Federal não definiu qualquer limite para a relação dívida consolidada/receita corrente líquida.

A redação atual do art. 7º da Resolução nº 43/2001 do Senado prescreve que o montante global das operações de crédito realizadas em um exercício financeiro não poderá ultrapassar 16% da receita corrente, além do que o comprometimento anual com amortizações, juros e demais encargos não poderá exceder 11,5% da mesma receita corrente.

---

[502] ROCHA, Karla de Lima. Estrutura institucional e eventos recentes na administração da Dívida Pública Federal. In: SILVA, Anderson Caputo; CARVALHO, Lena Oliveira de; MEDEIROS, Otávio Ladeira de (Org.). *Dívida pública*: a experiência brasileira. Brasília: Secretaria do Tesouro Nacional, Banco Mundial, 2009. p. 132.

A verificação do cumprimento dos limites é tarefa legalmente atribuída ao Ministério da Fazenda, nos termos do que preceitua o art. 32 da LRF, sem prejuízo da atuação dos órgãos de controle interno e dos tribunais de contas (arts. 71 e 74, CR/88).

As operações de crédito, todas elas, dependem de provocação pelo ente federativo interessado do Ministério da Fazenda, e as condições para aprovação são: a) existência de parecer dos órgãos técnicos e jurídicos do pleiteante, demonstrando a relação custo-benefício, o interesse econômico e social; b) existência de prévia e expressa autorização para a contratação, no texto da lei orçamentária, em créditos adicionais ou lei específica; c) inclusão no orçamento ou em créditos adicionais dos recursos provenientes da operação, exceto no caso de operações por antecipação de receita; d) observância dos limites e condições fixados pelo Senado Federal; e) autorização específica do Senado Federal, quando se tratar de operação de crédito externo; f) atendimento da regra de ouro do art. 167, III; g) observância das demais restrições estabelecidas nessa LRF.

Vale anotar que o art. 32, §3º, da LRF vai além da regra do art. 167, III, da Constituição, agregando mais restrições à regra de ouro das operações de crédito. Nos seus termos: a) não serão computadas nas despesas de capital as realizadas sob a forma de empréstimo ou financiamento a contribuinte, com o intuito de promover incentivo fiscal, tendo por base tributo de competência do ente da federação, se resultar a diminuição, direta ou indireta, do ônus deste; b) se o empréstimo ou financiamento referido for concedido por instituição financeira controlada pelo ente da federação, o valor da operação será deduzido das despesas de capital.

Regra interessante e que merece comentário é a do art. 33 da LRF, que obriga a instituição financeira concedente do crédito que vier a contratar operação de crédito com ente da federação, exceto quando relativa à dívida mobiliária ou à externa, a exigir comprovação de que a operação atende às condições e limites estabelecidos. E veja-se que a ausência dos requisitos e condições gera a nulidade da operação, procedendo-se ao seu cancelamento, mediante a devolução do principal, vedado o pagamento de juros e demais encargos financeiros (§1º).

Essa vedação ao pagamento de juros e demais encargos financeiros ao banco contratante somente será devida se a instituição financeira deixar de cumprir o dever de exigir a comprovação dos requisitos. Se a causa da nulidade for qualquer outra, deve-se aplicar ao caso o art. 59, §1º, da Lei nº 8.666/93.

Note-se que a Lei nº 4.320/64 (art. 3º) determina que a Lei de Orçamento englobe todas as receitas, inclusive as de operações de crédito, quando autorizadas em lei, na mesma linha do que disciplina o art. 165, §8º, da Constituição. Excluem-se as operações de crédito por antecipação de receita, a emissão de papel-moeda e outras entradas compensatórias no ativo e passivo financeiros.

A bem da verdade, somente no critério legal os valores oriundos de operações de crédito são considerados receitas próprias, pois, na realidade, devem ser vistos como movimentos de fundo, à medida que geram contrapartidas no passivo da entidade (dívida).

Na verdade, a Lei de Responsabilidade Fiscal dá uma ampla definição para as operações de crédito, englobando nessa expressão a aquisição financiada de bens, o recebimento antecipado de valores provenientes da venda a termo de bens e serviços, o arrendamento mercantil e outras operações assemelhadas, inclusive com o uso de derivativos financeiros (art. 29, III). Define, ainda, como concessão de garantia, o compromisso de adimplência de obrigação financeira ou contratual assumida por ente da Federação ou entidade a ele vinculada (art. 29, IV, da LRF), trazendo disciplina específica sobre o tema no art. 40 da LRF.

A garantia estará condicionada ao oferecimento de contragarantia, em valor igual ou superior ao da garantia a ser concedida, e à adimplência da entidade que a pleitear relativamente a suas obrigações junto ao garantidor e às entidades por este controladas, observado o seguinte: a) não será exigida contragarantia de órgãos e entidades do próprio ente; b) a contragarantia exigida pela União a estado ou município, ou pelos estados aos municípios, poderá consistir na vinculação de receitas tributárias diretamente arrecadadas e provenientes de transferências constitucionais, com outorga de poderes ao garantidor para retê-las e empregar o respectivo valor na liquidação da dívida vencida.

Este mecanismo de vinculação de receitas está de acordo com o que dispõe o art. 160 da Constituição, que veda a retenção ou qualquer restrição à entrega e ao emprego dos recursos atribuídos, nesta seção, aos estados, ao Distrito Federal e aos municípios, neles compreendidos adicionais e acréscimos relativos a impostos, mas não impede a União e os estados de condicionarem a entrega de recursos ao pagamento de seus créditos, inclusive de suas autarquias (*v.g.*, INSS). Com efeito, de acordo com os §§9º e 10 do art. 40 da LRF, quando honrarem dívida de outro ente, em razão de garantia prestada, a União e os estados poderão condicionar as transferências constitucionais ao ressarcimento daquele pagamento, além do que o inadimplente terá suspenso o acesso a novos créditos ou financiamentos até a total liquidação da mencionada dívida.

No caso de operação de crédito junto a organismo financeiro internacional, ou a instituição federal de crédito e fomento para o repasse de recursos externos, a União só prestará garantia a ente federativo que atenda às exigências legais previstas no §1º do art. 40 da LRF, além de todas as exigências para o recebimento de transferências voluntárias, sendo nula a garantia concedida acima dos limites fixados pelo Senado Federal.

Nos termos do art. 35 da LRF, é vedada a realização de operação de crédito entre um ente da Federação, diretamente ou por intermédio de fundo, autarquia, fundação ou empresa estatal dependente, e outro, inclusive suas entidades da Administração indireta, ainda que sob a forma de novação, refinanciamento ou postergação de dívida contraída anteriormente. Excetuam-se as operações entre instituição financeira estatal e outro ente da Federação, inclusive suas entidades da Administração indireta, que não se destinem a: a) financiar, direta ou indiretamente, despesas correntes, ou seja, que se destinem a despesas de capital; b) refinanciar dívidas não contraídas junto à própria instituição concedente.

As operações de crédito entre uma instituição financeira estatal e o ente da Federação que a controle, na qualidade de beneficiário do empréstimo, estão vedadas (art. 36 da LRF), conquanto não esteja vedado que a instituição financeira controlada venha a adquirir, no mercado, títulos da dívida pública para atender a investimento de seus clientes, ou títulos da dívida de emissão da União para aplicação de recursos próprios. Ainda, nos termos do art. 35, §2º, da LRF, estados e municípios podem comprar títulos da dívida da União como aplicação de suas disponibilidades.

Em âmbito federal, integra a dívida consolidada na União a relativa à emissão de títulos de responsabilidade do Banco Central do Brasil, além do que, em todas as esferas da Federação, integram-na as operações de crédito de prazo inferior a doze meses cujas receitas tenham constado do orçamento.

Considera-se como refinanciamento da dívida mobiliária a emissão de títulos para pagamento do principal da dívida acrescido da atualização monetária (art. 29, V, da LRF), sendo que este refinanciamento não excederá, ao término de cada exercício financeiro, o montante do final do exercício anterior, somado ao das operações de crédito autorizadas no orçamento (para este efeito) e efetivamente realizadas, acrescido de atualização monetária.

Para fins de verificação do atendimento aos limites da dívida pública, as entidades federativas devem apurar o montante da dívida consolidada ao final de cada quadrimestre (art. 30, §3º, da LRF). Havendo excesso, deve a entidade federativa adotar providências para reconduzir a dívida consolidada aos limites legais até o término dos três subsequentes, reduzindo o excedente em pelo menos 25% (vinte e cinco por cento) no primeiro. Vencido este prazo – e enquanto perdurar o excesso, a entidade ficará também impedida de receber transferências voluntárias da União ou do estado (sanção institucional).

Em adendo, ainda enquanto perdurar o excesso, a entidade federativa: a) estará impedida de realizar operação de crédito interna ou externa, inclusive por antecipação de receita (ressalvado o refinanciamento do principal atualizado da dívida mobiliária);[503] b) deverá obter resultado primário necessário à recondução da dívida ao limite, promovendo, entre outras medidas, limitação de empenho.

---

[503] De acordo com o STF, a inadimplência capaz de gerar o impedimento para a operação de crédito é apenas a do Poder Executivo e não a de outros poderes ou entidades da Administração Pública indireta. Vejam-se as duas ementas a seguir: "AGRAVO REGIMENTAL NA AÇÃO CÍVEL ORIGINÁRIA. CONSTITUCIONAL. ADMINISTRATIVO. FINANCEIRO. INSCRIÇÃO DE ESTADO-MEMBRO EM CADASTRO DE INADIMPLENTES DECORRENTE DE ATOS ATRIBUÍDOS A ÓRGÃOS DOTADOS DE AUTONOMIAS INSTITUCIONAL, ORGÂNICO-ADMINISTRATIVA E FINANCEIRA, CONFORME DEFINIÇÕES CONSTITUCIONAIS. ATOS QUE NÃO PODEM ENSEJAR A INSCRIÇÃO, NOS SISTEMAS DE RESTRIÇÃO AO CRÉDITO UTILIZADOS PELA UNIÃO, DE OUTRO ÓRGÃO QUE SOBRE ELES NÃO PODE EXERCER INGERÊNCIA (PODER EXECUTIVO). AGRAVO REGIMENTAL A QUE SE NEGA PROVIMENTO. 1. Não se mostra razoável a anotação do Poder Executivo e de órgãos da Administração direta a ele vinculados nos cadastros de restrição ao crédito em razão da inobservância de limites orçamentários por órgãos dotados de autonomia administrativa, financeira e orçamentária, não sujeitos àquele poder, conforme definições constitucionais. 2. In casu, aplica-se o princípio da intranscendência subjetiva das sanções, consoante tem decidido esta Corte em casos análogos (ACO 1.612-AgR, Rel. Min. Celso de Mello, Tribunal Pleno, DJe de 12/02/2015). 3. Agravo regimental a que se nega provimento" (ACO nº 1.218 AgR. Rel. Min. Luiz Fux, Primeira Turma. *DJ*, 18 set. 2015); "Ementa: AGRAVO REGIMENTAL NA AÇÃO CÍVEL ORIGINÁRIA. CONSTITUCIONAL. ADMINISTRATIVO. FINANCEIRO. ART. 23, §3º, DA LEI DE RESPONSABILIDADE FISCAL. RESTRIÇÕES PARA REALIZAÇÃO DE OPERAÇÕES DE CRÉDITO. OFENSA AO PRINCÍPIO DA INTRANSCENDÊNCIA DAS MEDIDAS RESTRITIVAS DE DIREITOS. OCORRÊNCIA. PENDÊNCIAS ORIUNDAS DO PODER LEGISLATIVO, TRIBUNAL DE CONTAS E MINISTÉRIO PÚBLICO.

Ao Ministério da Fazenda, como órgão de centralização das finanças nacionais, compete divulgar, mensalmente, a relação dos entes que tenham ultrapassado os limites das dívidas consolidada e mobiliária. Também lhe compete verificar o cumprimento dos limites e condições relativos à realização de operações de crédito de cada ente da Federação, inclusive das empresas por eles controladas, direta ou indiretamente (art. 32, §1º, da LRF).

Para efeito de realizar operações de crédito, o ente da Federação interessado deve formular seu pleito junto ao Ministério da Fazenda, fundamentando-o em parecer de seus órgãos técnicos e jurídicos, demonstrando a relação custo-benefício, o interesse econômico e social da operação e o atendimento das condições arroladas nos incs. I a VI do §1º do art. 32 da Lei de Responsabilidade Fiscal.

Isso demonstra que a preocupação do legislador não se dá exclusivamente com o aspecto financeiro da operação, merecendo verificação de perspectivas de resultados econômico e social (efetividade), além da economicidade da operação de crédito.

Dispõe o art. 37 da LRF que se equiparam a operações de crédito e estão vedados: a) captação de recursos a título de antecipação de receita de tributo ou contribuição cujo fato gerador ainda não tenha ocorrido, sem prejuízo do disposto no §7º do art. 150 da Constituição; b) recebimento antecipado de valores de empresa em que o Poder Público detenha, direta ou indiretamente, a maioria do capital social com direito a voto, salvo lucros e dividendos, na forma da legislação;[504] c) assunção direta de compromisso, confissão de dívida ou operação assemelhada, com fornecedor de bens, mercadorias ou serviços, mediante emissão, aceite ou aval de título de crédito, não se aplicando esta vedação a empresas estatais dependentes; d) assunção de obrigação, sem autorização orçamentária, com fornecedores para pagamento *a posteriori* de bens e serviços. Por outro lado, não estão vedadas, porém condicionadas, a realização de operações de crédito por Antecipação de Receita Orçamentária (ARO), destinadas a atender à insuficiência de caixa durante o exercício financeiro.[505] Para que sejam realizadas, o ente da Federação cumprirá as exigências mencionadas no art. 32 e mais as seguintes: a) realizá-las somente a partir do décimo dia do início do exercício; b) liquidá-las, com juros e outros encargos incidentes, até o dia dez de dezembro de cada ano; c) não será autorizada a ARO se forem cobrados outros encargos que não a taxa de juros da operação, obrigatoriamente prefixada ou indexada à taxa básica financeira, ou à que vier a esta substituir; d) estará proibida na pendência de operação

---

[504] JURISPRUDÊNCIA. PRECEDENTES. ACO 1.612-AGR, REL. MIN. CELSO DE MELLO, PLENO, DJE DE 13/2/2015. AGRAVO REGIMENTAL A QUE SE NEGA PROVIMENTO. 1. O Plenário do Supremo Tribunal Federal uniformizou o entendimento no sentido de que o Estado só pode sofrer restrições nos cadastros de devedores da União por atos praticados pelo Executivo. Em consequência, atos do Legislativo, Judiciário, Ministério Público, Tribunal de Contas e dos entes da Administração Pública indireta (como as autarquias e as empresas públicas) não podem gerar sanções da União contra o Estado, diante da ausência de ingerência direta do Executivo sobre eles. (ACO 1.612-AgR, Rel. Min. Celso de Mello, Pleno, DJe 13/2/2015). 2. Agravo regimental a que se nega provimento" (ACO nº 2.099 AgR. Rel. Min. Teori Zavascki, Tribunal Pleno. *DJ*, 22 fev. 2016).

[504] TCU, Plenário. Acórdão nº 2.975/2016.

[505] A operação de ARO não será computada para efeito do que dispõe o inc. III do art. 167 da Constituição, desde que liquidada até 10 de dezembro do exercício em que for realizada.

anterior não integralmente resgatada ou no último ano de mandato do presidente, governador ou prefeito municipal.

De acordo com o TCU:

> constitui operação de crédito a concessão e a utilização de recursos próprios de instituições financeiras controladas pela União para o pagamento de benefícios de programas sociais, subsídios e subvenções de responsabilidade da controladora, em razão de atrasos sistemáticos e relevantes nos repasses dos valores devidos àquelas entidades, contrariando o que estabelecem os arts. 32, §1º, inc. I, 36 e 38, inc. IV, alínea b, da LC 101/2000 (Lei de Responsabilidade Fiscal). (Acórdão nº 2.575/2016)

As operações de crédito por antecipação de receita, realizadas por estados ou municípios, serão efetuadas mediante abertura de crédito junto à instituição financeira vencedora em processo competitivo eletrônico promovido pelo Banco Central do Brasil. Trata-se de um processo licitatório especial, conduzido pelo Bacen.

O Banco Central do Brasil manterá sistema de acompanhamento e controle do saldo do crédito aberto e, no caso de inobservância dos limites, aplicará as sanções cabíveis à instituição credora.

## 5.6 Situação da dívida dos estados perante a União Federal

Em 1997, no bojo do processo de privatização dos bancos públicos e saneamento das finanças estaduais, a União Federal assumiu uma série de dívidas dos estados e passou a deles ser credora. A dívida dos estados junto à União foi consolidada (Lei nº 9.496/1997) e sobre essa dívida passaram a incidir juros calculados com base num índice de inflação (IGP) acrescido de uma taxa mínima de juros de 6% ao ano, dependendo do estado.

À época da consolidação das dívidas estaduais, quando a taxa de juros Selic era muito alta (no final de 1997, ano da consolidação das dívidas, a Selic era de aproximadamente 40% ao ano), os juros pactuados pelos estados com a União Federal eram bem inferiores aos valores de mercado. Contudo, nos anos de 2012-2013, quando o valor da Selic ficou abaixo dos 10% anuais, os juros incidentes sobre as dívidas estaduais se tornaram mais gravosos do que os juros de mercado, fazendo com que os estados se insurgissem contra a manutenção da regra de correção de seus empréstimos definida em 1997.

Diante da insurgência dos estados a partir de 2013, a União inicialmente resistiu, mas depois cedeu, resultando na aprovação da Lei Complementar nº 148/2014, que determinou que a correção das dívidas municipais e estaduais para com a União seria feita, a partir de 2013, pela Selic ou então pela variação do IPCA acrescido de 4% ao ano, o que fosse menor (art. 2º da LC nº 148/2014). Além disso, a Lei Complementar nº 151/2015 obrigou a União a conceder descontos sobre os saldos devedores das dívidas dos estados e municípios em 1º.1.2013, em valor correspondente à diferença entre o saldo devedor então existente e aquele apurado com a utilização da variação acumulada da taxa Selic desde a assinatura dos respectivos contratos (art. 3º da LC nº 148/2014, com a redação dada pela LC nº 151/2015).

Mesmo com essa flexibilização contida na LC nº 148/2014, o endividamento dos estados continuou a subir consideravelmente, e a relação dívida corrente líquida/ receita corrente líquida (DCL/RCL) de diversos entes federativos chegou ao patamar máximo previsto na Resolução do Senado Federal nº 40/2001 (relação de 2 para 1). Segundo dados do Tesouro Nacional relativos a 31.12.2015, a relação DCL/RCL do Rio Grande do Sul era de 200%, a de Minas Gerais, de 199% e a do Rio de Janeiro, 198%.[506]

Neste contexto crítico, em que os estados defendiam que seu alto endividamento decorria da exigência de juros extorsivos pela União e o Tesouro Nacional sustentava que "o descontrole nas despesas com pessoal representa o verdadeiro fator de estrangulamento dos Estados",[507] alguns estados ajuizaram mandados de segurança junto ao STF, pleiteando que a correção das dívidas se fizesse por juros simples ou lineares, e não por juros compostos.

Concedidas as primeiras liminares em favor dos estados no início de 2016, o plenário do STF iniciou o julgamento dos mandados de segurança em 27.4.2016 e o relator (Ministro Edson Fachin) se pronunciou no sentido da denegação da segurança e da validade da incidência dos juros compostos, tudo levando a crer que essa seria também a decisão do plenário do Tribunal. Por iniciativa do Ministro Luís Roberto Barroso, o STF decidiu nessa sessão de 27.4.2016 prorrogar a vigência das liminares anteriormente concedidas por mais 60 dias, até que União e estados chegassem a um acordo sobre a questão. Em 20 de junho, o Ministério da Fazenda anunciou oficialmente que havia chegado a um acordo com os estados.

Segundo esse acordo, o pagamento das parcelas do empréstimo pelos estados ficaria suspenso até dezembro de 2016 (carência total das parcelas). A partir de janeiro de 2017, a carência consistiu em descontos decrescentes no valor das parcelas mensais, até que em meados de 2018 os pagamentos voltassem a ser integrais. As parcelas objeto dessa carência seriam cobradas posteriormente, por força de um alongamento por mais 20 anos do prazo para a dívida ser saldada, alongando-se também por mais 10 anos cinco linhas de crédito do BNDES em favor dos estados. Em contrapartida ao acordo, o ministro da Fazenda anunciou, em agosto de 2016, que seria exigida dos estados a aprovação de um teto de despesas públicas semelhante ao previsto na EC nº 95/2016, além da proibição de concessão de qualquer aumento de pessoal durante um período de 2 anos. Ainda no Governo Dilma, as negociações entre a União e os estados envolviam também um compromisso de que os estados renunciassem completamente a medidas de guerra fiscal no âmbito do ICMS e alterassem alguns procedimentos e critérios em relação à aplicação da LRF, tal como a prática de não incluir as despesas com terceirizados no montante dos gastos com pessoal.

---

[506] Cf. BRASIL. Tesouro Nacional. *Tesouro Nacional lança Boletim de Finanças Públicas de Estados e municípios*. Disponíveis em: http://www.tesouro.fazenda.gov.br/-/tesouro-nacional-lanca-boletim-de-financas-publicas-de-estados-e-municipios. Acesso em: 14 out. 2016.

[507] BRASIL. Tesouro Nacional. *Nota Técnica* – Situação fiscal dos estados. Brasília, abr. 2016. p. 4. Disponível em: http://fazenda.gov.br/noticias/2016/abril/notas-tecnicas-mostram-repercussao-financeira-da-lc-148-2014/nota-tecnica-2016-04-27-situacao-fiscal-dos-estados.pdf. Acesso em: 4 out. 2016.

Após o período de recessão prolongada da economia brasileira vivenciado entre 2015 e 2016, aumentaram bastante as dívidas consolidadas dos estados em proporção de suas receitas correntes líquidas. Em 2018, as maiores relações dívida consolidada/receita corrente líquida eram do Rio de Janeiro (270%), Rio Grande do Sul (220%), Minas Gerais (210%) e São Paulo (205%).[508] Os números eram altos, mas não se comparavam aos valores da dívida federal em proporção de sua receita corrente líquida. Neste período, a dívida bruta consolidada federal ultrapassava 600% da RCL da União, enquanto a dívida consolidada líquida era próxima de 400% da RCL (valores de 2018).[509]

Pelo Decreto Legislativo nº 6, de 20 março de 2020, o Congresso Nacional decretou, instado pelo presidente da República, a ocorrência de estado de calamidade pública, com efeitos até 31 de dezembro de 2020. A motivação para o documento foram as "medidas relacionadas à emergência de saúde pública de importância internacional relacionada ao coronavírus (Covid-19)" (art. 2º do Decreto Legislativo nº 6/2020). A decretação de estado de calamidade pública faz cessar uma série de amarras e limitações financeiras e orçamentárias previstas na Lei de Responsabilidade Fiscal (LC nº 101/2000). Enquanto durou o estado de calamidade, ficaram suspensas as normas que impõem para os entes públicos o respeito a limites máximos para os gastos com pessoal e limites máximos de endividamento público (art. 65 da Lei de Responsabilidade Fiscal).

A Lei Complementar nº 173, de 27 de maio de 2020, estabeleceu o "Programa Federativo de Enfrentamento ao Coronavírus". Uma das medidas dessa lei complementar foi a suspensão do pagamento das dívidas estaduais, distrital e municipais para com a União, no exercício financeiro de 2020.

No ano de 2021, a arrecadação do ICMS aumentou consideravelmente, especialmente em virtude dos frequentes e intensos aumentos de preço dos combustíveis adotados pela Petrobras. Esse forte aumento dos combustíveis durou até meados de 2022.[510] O aumento da arrecadação do ICMS nesse período e, consequentemente, o aumento da receita corrente líquida dos estados provocaram, na maioria deles, uma melhoria da relação dívida consolidada/receita corrente líquida. Entre 2018 e 2022, a relação dívida consolidada/receita corrente líquida do estado de Minas Gerais caiu de 210% para 175%; no Rio de Janeiro, caiu de 270% para 198,3%; em São Paulo, caiu de 205% para 144,5%. Somente no Rio Grande do Sul a dívida, que era altíssima em 2018 (220%), permaneceu no mesmo patamar em 2022 (217%).[511]

---

[508] BRASIL. Ministério da Economia. Secretaria do Tesouro Nacional. Secretaria Especial de Fazenda. *Boletim de Finanças dos Entes Subnacionais*, 2019. p. 25.

[509] Cf. BRASIL. CGU. *CGU afere gestão fiscal do terceiro quadrimestre de 2018*. Disponível em: https://www.cgu.gov.br/noticias/2019/02/cgu-afere-gestao-fiscal-do-terceiro-quadrimestre-de-2018. Acesso em: 15 dez. 2019.

[510] A respeito das movimentações federativas (nos Poderes Executivo, Legislativo e Judiciário) quanto à arrecadação do ICMS no período 2021-2023, vide GODOI, Marciano Seabra de; CIRILO, Simone Bento Martins. O Inédito Diálogo Institucional e Federativo que vem conduzindo a Concretização Normativa da Regra Constitucional da Seletividade de Alíquotas do ICMS. *Revista Direito Tributário Atual*, São Paulo, vol. 55, p. 415-436, 2023.

[511] BRASIL. Ministério da Economia. Secretaria do Tesouro Nacional. Secretaria Especial de Fazenda. *Boletim de Finanças dos Entes Subnacionais*, 2019, p. 25; BRASIL. Ministério da Fazenda. Secretaria do Tesouro Nacional. *Boletim de Finanças dos Entes Subnacionais Ano-Base 2022*. Brasília, 2023, p. 57.

Segue na figura abaixo uma relação do indicador dívida consolidada/receita corrente líquida nos estados brasileiros no ano-base de 2022:

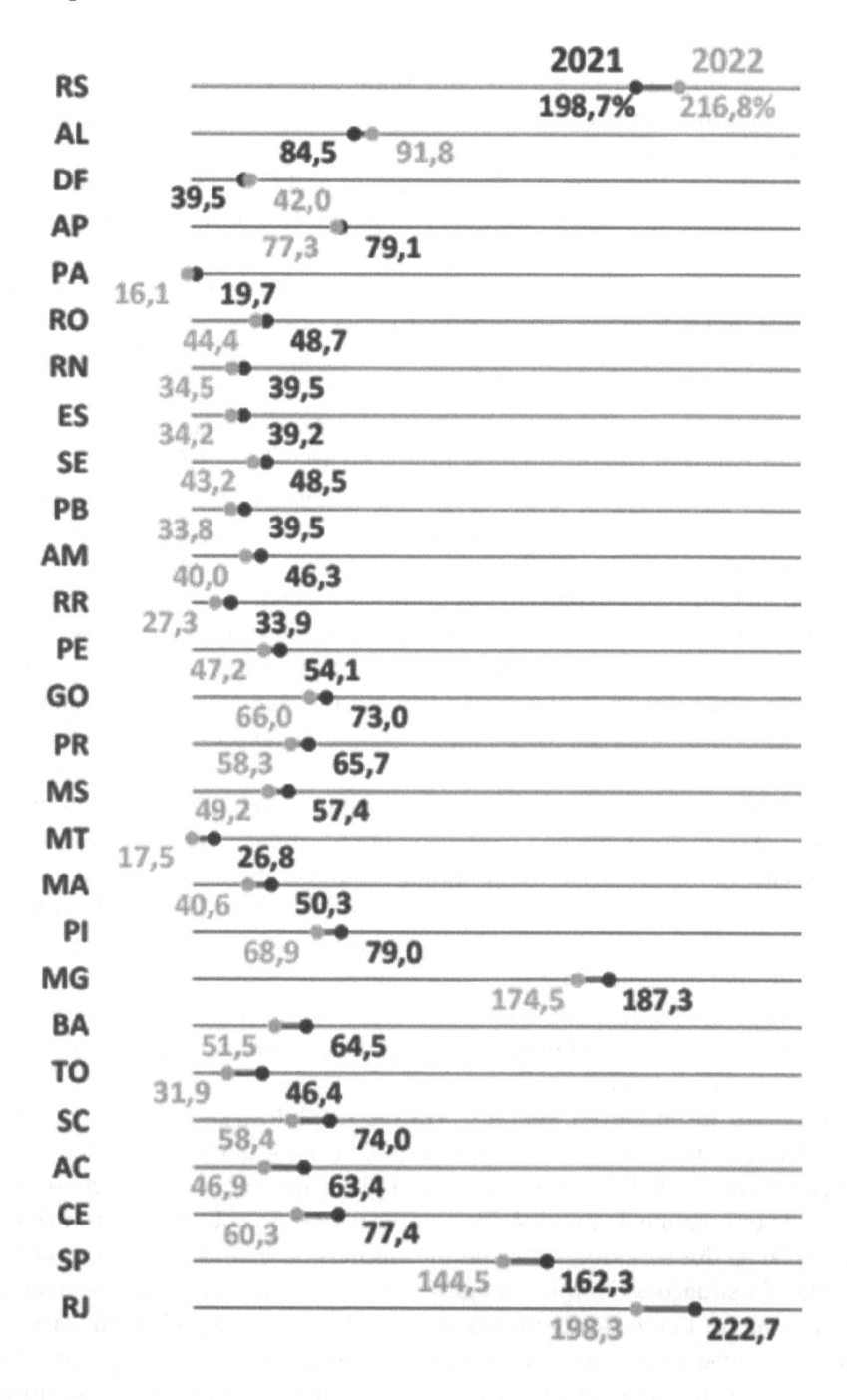

| Estado | 2021 | 2022 |
|---|---|---|
| RS | 198,7% | 216,8% |
| AL | 84,5 | 91,8 |
| DF | 39,5 | 42,0 |
| AP | 77,3 | 79,1 |
| PA | 16,1 | 19,7 |
| RO | 44,4 | 48,7 |
| RN | 34,5 | 39,5 |
| ES | 34,2 | 39,2 |
| SE | 43,2 | 48,5 |
| PB | 33,8 | 39,5 |
| AM | 40,0 | 46,3 |
| RR | 27,3 | 33,9 |
| PE | 47,2 | 54,1 |
| GO | 66,0 | 73,0 |
| PR | 58,3 | 65,7 |
| MS | 49,2 | 57,4 |
| MT | 17,5 | 26,8 |
| MA | 40,6 | 50,3 |
| PI | 68,9 | 79,0 |
| MG | 174,5 | 187,3 |
| BA | 51,5 | 64,5 |
| TO | 31,9 | 46,4 |
| SC | 58,4 | 74,0 |
| AC | 46,9 | 63,4 |
| CE | 60,3 | 77,4 |
| SP | 144,5 | 162,3 |
| RJ | 198,3 | 222,7 |

Fonte: BRASIL. Ministério da Fazenda. Secretaria do Tesouro Nacional. *Boletim de Finanças dos Entes Subnacionais Ano-Base 2022*. Brasília, 2023, p. 57.

## 5.6.1 Regime de Recuperação Fiscal (Lei Complementar nº 159/2017)

Em mais um capítulo da longa história de negociação federativa em busca de soluções para o alto e crônico endividamento dos maiores estados brasileiros, o Congresso Nacional aprovou em 2017 um Regime de Recuperação Fiscal (RRF), nos termos da Lei Complementar nº 159. Esse Regime sofreu diversas alterações em 2021, com a aprovação da Lei Complementar nº 178.

O Regime de Recuperação Fiscal previsto na LC nº 159 aplica-se a estados, e não a municípios. Os estados aos quais o Regime se aplica são estados em grave desequilíbrio financeiro. Para se habilitar ao Regime, o estado deve atender aos seguintes requisitos cumulativos (art. 3º da LC nº 159): a) possuir receita corrente líquida anual menor que sua dívida consolidada; b) possuir despesas correntes superiores a 95% da receita corrente líquida; c) possuir despesas com pessoal (arts. 18 e 19 da LRF) de, no mínimo, 60% da receita corrente líquida aferida; e d) possuir obrigações contraídas com valor total superior às disponibilidades de caixa e equivalentes de caixa de recursos sem vinculação (nos termos do art. 42 da LRF).

Após a aprovação do pedido de adesão, o estado deve elaborar e apresentar à União um Plano de Recuperação Fiscal, que pode ter duração de até nove exercícios financeiros. Na vigência do Regime, o estado deve adotar uma série de condutas no sentido de restringir a expansão das despesas e a concessão de benefícios fiscais.

Eis algumas das vedações determinadas na Lei Complementar nº 159/2017 aos estados que aderirem ao Regime de Recuperação Fiscal: conceder, a qualquer título, vantagem, aumento, reajuste ou adequação de remuneração de membros dos Poderes, servidores empregados públicos e militares (exceto aqueles provenientes de sentença judicial transitada em julgado); criar cargo, emprego ou função que implique aumento de despesa; alterar a estrutura de carreira que implique aumento de despesa; criar ou majorar auxílios, vantagens, bônus, abonos, verbas de representação ou benefícios remuneratórios de qualquer natureza, inclusive indenizatória, em favor de membros dos Poderes, do Ministério Público ou da Defensoria Pública, de servidores e empregados públicos e de militares; criar despesa obrigatória de caráter continuado; adotar medida que implique reajuste de despesa obrigatória acima da variação anual do IPCA, ou de outro índice que vier a substituí-lo, ou da variação anual da receita corrente líquida, o que for menor; adotar medida que implique reajuste de despesa obrigatória.

Uma vez instaurado o Regime, ocorre a flexibilização de regras fiscais com possibilidade de suspensão do pagamento da dívida, desde que o estado adote reformas institucionais de ajuste fiscal, como, por exemplo, a aprovação de um teto de gastos, a criação de um regime de previdência complementar e a cobrança de contribuições previdenciárias dos servidores nos mesmos termos da política adotada pela União.

Há três situações em que o Regime será encerrado: a) quando as condições estabelecidas no Plano de Recuperação Fiscal forem integralmente satisfeitas; b) quando a vigência do Plano de Recuperação Fiscal terminar; e c) quando houver pedido nesse sentido pelo próprio estado, nos termos de lei estadual específica.

Além disso, a Lei Complementar nº 159, de 2017, determina a extinção do Regime se o estado for considerado inadimplente por dois exercícios ou se houver a propositura pelo estado de ação judicial questionando a dívida ou os seus contratos constitutivos.

Os estados de Goiás e Rio Grande do Sul pediram em 2021 seu ingresso no RRF. Para ambos os estados, o Regime teve sua vigência iniciada em 2022. O estado do Rio de Janeiro teve um primeiro RRF entre 2017 e 2020 e um segundo RRF iniciado em 2022.

O estado de Minas Gerais obteve do Supremo Tribunal Federal em 2023, no acórdão da Arguição de Descumprimento de Preceito Fundamental nº 983 (relator ministro Nunes Marques, DJ 21 ago. 2023), uma decisão autorizando que o estado aderisse ao RRF mesmo sem lei específica autorizadora emanada da Assembleia Legislativa. Após várias prorrogações, pelo STF, de medidas cautelares que permitiam ao estado de Minas Gerais beneficiar-se da suspensão da cobrança da dívida perante a União federal mesmo antes de seu ingresso no RRF, o STF homologou em agosto de 2024 um acordo entre a União e o estado, no sentido de "considerar o regime de recuperação fiscal do ente federado como se homologado estivesse, em 1º de agosto de 2024, com efeitos financeiros a partir de 1º de outubro de 2024". Nos termos de tal acordo, estabeleceu-se o prazo de seis meses para efetivação de ações estruturantes pelo estado, com a apresentação de um cronograma para cumprimento das exigências estabelecidas na Lei Complementar nº 159/2017. O estado de Minas Gerais retomou o pagamento das parcelas de sua dívida perante a União em outubro de 2024 e, em 6 de janeiro de 2025, o presidente da República homologou o Plano de Recuperação Fiscal apresentado pelo estado, determinando-se a vigência do Regime de Recuperação Fiscal a partir de 1º de janeiro de 2025.

## 5.6.2 Programa de Pleno Pagamento de Dívidas dos Estados (Propag)

No final de 2024, quando a dívida de todos os estados junto à União Federal tinha o montante aproximado de R$760 bilhões (90% desse valor correspondendo às dívidas de Minas Gerais, São Paulo, Rio de Janeiro e Rio Grande do Sul), o Congresso Nacional aprovou novamente um projeto de lei complementar regulando as dívidas dos estados para com a União Federal. A Lei Complementar nº 212, publicada em 13 de janeiro de 2025, instituiu o Programa de Pleno Pagamento de Dívidas dos Estados (Propag), destinado a promover a revisão dos termos das dívidas dos estados e do Distrito Federal com a União, com o objetivo de apoiar a recuperação fiscal dos estados e do Distrito Federal. Os objetivos do Propag buscam conciliar a concessão de vultosas reduções nos valores das dívidas dos estados com a criação de condições estruturais de incremento de produtividade, de enfrentamento das mudanças climáticas e de melhoria da infraestrutura, da segurança pública e da educação, notadamente a relacionada à formação profissional da população.

A adesão ao Propag dos estados que possuírem dívidas com a União poderá ocorrer até 31 de dezembro de 2025, e essa adesão não implicará para o estado o seu desligamento do Regime de Recuperação Fiscal mencionado no item 5.6.1 acima. Até a data de 31 de dezembro de 2015, os estados poderão pagar sua dívida mediante transferência à União de diversos tipos de ativos, tais como participações societárias em empresas de propriedade do estado, recebíveis originados de créditos inscritos em dívida ativa da fazenda estadual (respeitadas várias condições previstas na LC nº 212) e participações governamentais do estado, como os *royalties*/participações especiais do petróleo e a CFEM.

No projeto de lei complementar aprovado pelo Congresso, os estados também poderiam pagar sua dívida por meio da transferência à União do fluxo de recebíveis junto ao Fundo Nacional de Desenvolvimento Regional (FNDR) do art. 159-A da Constituição previsto na Emenda Constitucional nº 132 (novo regramento constitucional da tributação do consumo), mas essa foi uma das normas do projeto vetadas pelo presidente da República. O veto presidencial alegou que a norma violaria o §1º do art. 159-A da Constituição, que veda "a retenção ou qualquer restrição ao recebimento dos recursos" do FNDR pelos estados.

Segundo a LC nº 212/2025, os valores da dívida dos estados, após a realização dos pagamentos via transferência de ativos como os mencionados acima, serão refinanciados via aditivo contratual por até 30 anos, em parcelas mensais, sendo vedada a contratação de novas operações de crédito para o pagamento dessas parcelas, sob pena de desligamento do Propag.

Os juros reais definidos no aditivo contratual que formaliza a adesão dos estados ao Propag terão valores distintos, de 0% (zero) a 4% ao ano, conforme o estado cumpra ou não uma série de condições, tais como atingir um patamar mínimo de redução da dívida mediante transferência de ativos e realizar investimentos no próprio estado em educação profissional técnica de nível médio, nas universidades estaduais, em infraestrutura para universalização do ensino infantil e educação em tempo integral, e em ações de infraestrutura de saneamento, habitação, adaptação às mudanças climáticas, transportes ou segurança pública, cumprindo-se metas a serem definidas por regulamento específico.

O projeto de lei complementar aprovado no Congresso continha uma norma que permitia aos estados, desde que fossem respeitadas diversas condições estabelecidas na lei complementar, realizarem amortizações extraordinárias de sua dívida mediante "prestação de serviços de cooperação federativa", tais como proteção e defesa civil, segurança pública, proteção a testemunhas, defensoria pública, persecução penal ao crime organizado, saúde, serviços de garantia de direitos à criança, ao adolescente, à mulher, ao idoso, à pessoa com deficiência e ao refugiado e ajuda humanitária. Contudo, essa norma foi vetada pelo presidente da República, por motivo de pretensa violação do art. 113 do ADCT, segundo o qual "a proposição legislativa que crie ou altere despesa obrigatória ou renúncia de receita deverá ser acompanhada da estimativa do seu impacto orçamentário e financeiro".

Outras normas do projeto aprovado no Congresso Nacional também foram vetadas pela Presidência da República, tais como a norma segundo a qual, independentemente da regulamentação do Propag, os estados que solicitassem a adesão ao referido Programa estariam "dispensados da verificação quanto ao cumprimento das metas, dos compromissos e das obrigações do Regime de Recuperação Fiscal no exercício da solicitação". Segundo o veto, essa norma "comprometeria a gestão fiscal responsável e a sustentabilidade das contas públicas dos Estados e do Distrito Federal".

Como contrapartida aos benefícios concedidos aos estados e conforme a lógica aplicada ao Novo Arcabouço Fiscal federal previsto na Lei Complementar nº 200/2023, o Propag exige que os Poderes e órgãos dos estados optantes pelo Propag limitem, no prazo de 12 meses a partir da assinatura do aditivo contratual, o crescimento das suas despesas primárias à variação do IPCA acrescida de: 0% caso não tenha ocorrido aumento real na receita primária no exercício anterior; 50% da variação real positiva da receita primária apurada, caso o estado tenha apurado resultado primário nulo ou negativo; ou 70% da variação real positiva da receita primária apurada, caso o estado tenha apurado resultado primário positivo.

Para compensar os estados que não possuem dívidas com a União ou que possuem dívidas em montante bastante reduzido e que não se beneficiarão das reduções e postergações de dívida previstas no Propag, determinou-se a instituição do Fundo de Equalização Federativa, em favor de todos os estados, com o objetivo de criar condições estruturais de incremento de produtividade, enfrentamento das mudanças climáticas e melhoria da infraestrutura, segurança pública e educação, notadamente a relacionada à formação profissional da população. Esse fundo será abastecido, entre outras receitas, por aportes anuais realizados pelos estados que aderirem ao Propag, calculados sobre o saldo devedor da dívida atualizado. Os recursos desse fundo serão distribuídos anualmente entre os estados, conforme critérios que beneficiam os estados com menor relação dívida consolidada/receita corrente líquida e com maior coeficiente no Fundo de Participação dos Estados (FPE).

Dados divulgados pelo Ministério da Fazenda em janeiro de 2025 estimaram em até R$100 bilhões as reduções nas dívidas dos estados propiciadas, ao longo de cinco anos, pelo Propag previsto na LC nº 212.[512] As reduções na dívida dos estados para com a União determinadas pela LC nº 212/2025 não afetam o resultado primário da União, visto que o Propag reduz receitas financeiras, e não receitas primárias do ente central. Contudo, o resultado nominal da União é afetado, podendo gerar a médio prazo um aumento no endividamento federal, além de tornar ainda mais frágil a chamada "regra de ouro", prevista no art. 167, III, da Constituição.

### 5.6.3 Lei Complementar nº 206/2024 e regras sobre o pagamento da dívida de entes federativos afetados por calamidade pública

Motivados pela tragédia climática e ambiental que assolou o Rio Grande do Sul no primeiro semestre de 2024, os deputados e senadores aprovaram a Lei Complementar nº 206, de 16 de maio de 2024, com o objetivo de autorizar a União

---

[512] LOPES, Letícia *et al*. Governo estima perda de até R$ 100 bilhões com renegociação de dívidas dos estados. *O Globo*, Brasília, 15 jan. 2025.

a postergar o pagamento da dívida de entes federativos afetados por estado de calamidade pública decorrente de eventos climáticos extremos reconhecido pelo Congresso Nacional, reduzindo a taxa de juros dos contratos de dívida dos referidos entes com a União.

O art. 2º da Lei Complementar nº 206 autoriza a União a postergar, parcial ou integralmente, o pagamento do principal e dos juros da dívida e a reduzir a zero por cento a taxa de juros da dívida, pelo período de até trinta e seis meses. Os valores equivalentes aos montantes postergados, calculados com base nas taxas de juros originais dos contratos ou nas condições financeiras aplicadas no regime de recuperação fiscal, deverão ser direcionados integralmente pelos entes federativos afetados por calamidades públicas a plano de investimentos em ações de enfrentamento e mitigação dos danos decorrentes da calamidade pública e de suas consequências sociais e econômicas, por meio de fundo público específico a ser criado no âmbito do ente federativo.

A Lei Complementar nº 206 exige que o ente federativo beneficiado dê publicidade à aplicação dos recursos relativos aos pagamentos postergados, de modo a evidenciar a correlação entre as ações desenvolvidas e os recursos não pagos à União. Além disso, enquanto perdurar a calamidade pública, o ente beneficiado não poderá criar ou majorar despesas correntes ou instituir ou ampliar renúncias de receitas que não estejam relacionadas ao enfrentamento da calamidade pública, exceto no caso de motivação e justificação expressas em relatório específico do chefe do Poder Executivo do ente federativo encaminhado ao Ministério da Fazenda, que decidirá a respeito no prazo de até trinta dias.

## 5.6.4 Leis Complementares nº 194/2022 e 201/2023

Em junho de 2022, numa medida tomada com o objetivo de reduzir fortemente os preços dos combustíveis, gás natural, energia elétrica, comunicações e transporte coletivo – e deste modo aumentar as chances de reeleição do presidente da República –, o Congresso Nacional aprovou e o Executivo sancionou a Lei Complementar nº 194, que determinou mudanças na legislação do ICMS que tiveram como resultado uma forte redução de sua arrecadação.[513]

Determinados artigos da Lei Complementar nº 194 obrigaram a União a compensar os estados, por distintas vias, em relação às perdas de arrecadação do ICMS provocadas por referida norma. Esses artigos foram inicialmente vetados pelo presidente da República, mas posteriormente o veto foi derrubado pelo Congresso Nacional.

Já na vigência do novo governo que assumiu o Executivo federal a partir de 2023, foi negociado entre a União e os estados o conteúdo da Lei Complementar nº 201,

---

[513] Sobre o tema, vide GODOI, Marciano Seabra de; CIRILO, Simone Bento Martins. O inédito diálogo institucional e federativo que vem conduzindo a concretização normativa da regra constitucional da seletividade de alíquotas do ICMS. *Revista Direito Tributário Atual*, Vol. 55, São Paulo, 3º quadrimestre 2023, p. 415-436.

de 21 de outubro de 2023. Essa lei complementar (art. 2º) regulou diversos aspectos contábeis e operacionais do tema e fixou em R$27.014.900.000,00 (vinte e sete bilhões, catorze milhões e novecentos mil reais) a quantia devida a título de quitação total do valor devido pela União aos estados em razão da redução da arrecadação do ICMS ocasionada pela aplicação da Lei Complementar nº 194, determinando o abatimento de valores eventualmente já usufruídos por alguns estados em decorrência de tutela de urgência a eles concedida pelo Supremo Tribunal Federal em ações que tenham esse tema por objeto.

Os valores dos ressarcimentos devidos a cada estado durante os anos de 2023 a 2025 são especificados no anexo único da Lei Complementar nº 201/2023.

## 5.7 Situação atual da dívida pública da União Federal

Em relação à evolução histórica recente e à situação atual da dívida pública federal, remetemos o leitor à análise contida no item 1.3.5.3 *supra*.

## 5.8 Situação atual do endividamento dos municípios

A imensa maioria dos municípios brasileiros (aproximadamente 70%) é formada por pequenos municípios, com população de até 20 mil habitantes. O acesso desse tipo de municípios a operações de crédito é muito restrito, por isso o seu grau de endividamento não é preocupante. Com efeito, a maioria dos municípios sequer possui dívida consolidada líquida, sendo que o endividamento se concentra nos municípios médios e grandes.

Enquanto na União e nos estados o endividamento e o alto valor dos juros e amortizações pagos sobre a dívida pública constituem um grande problema financeiro, apenas 6,4% dos municípios brasileiros apresentaram, nos últimos anos, dificuldades com o pagamento de juros e amortizações.[514]

Esses municípios com alto grau de endividamento geralmente têm como principal credor a União Federal. A situação desses municípios teve uma significativa melhora com a aprovação da Lei Complementar nº 148/2014, que determinou que a correção das dívidas municipais e estaduais para com a União seria feita, a partir de 2013, pela Selic ou então pela variação do IPCA acrescido de 4% ao ano, o que fosse menor (art. 2º da LC nº 148/2014). Além disso, a Lei Complementar nº 151/2015 obrigou a União a conceder descontos sobre os saldos devedores das dívidas dos estados e municípios em 1º.1.2013, em valor correspondente à diferença entre o saldo devedor então existente e aquele apurado com a utilização da variação acumulada da taxa Selic desde a assinatura dos respectivos contratos (art. 3º da LC nº 148/2014, com a redação dada pela LC nº 151/2015).

---

[514] Cf. FIRJAN. *IFGF 2016* – Índice Firjan de Gestão Fiscal – Ano-Base 2015. Rio de Janeiro: Firjan, 2016. Disponível em: http://www.firjan.com.br/data/files/DE/F0/65/91/B34265107778C955F8A809C2/IFGF-2016-versao-completa.pdf. Acesso em: 18 out. 2016.

No caso do município de São Paulo, o efeito da LC nº 148/2014 foi considerável: o saldo devedor da dívida paulistana passou de R$74 bilhões para R$27,5 bilhões (2016).[515] Em 2014, o município de São Paulo gastou R$4,53 bilhões com juros e amortizações de sua dívida renegociada com a União. A partir de 2015 até 2018, esse valor se estabilizou em menos de R$3 bilhões.

Com a LC nº 148/2014, o município do Rio de Janeiro também foi beneficiado pelas alterações nos indexadores da dívida com a União. Com os novos índices de reajuste, o saldo devedor caiu consideravelmente de R$6,18 bilhões para R$740 milhões. Segundo o Tesouro Nacional, a redução das dívidas municipais por força dos novos parâmetros da LC nº 148 alcançou o montante de R$60 bilhões.[516]

Mesmo com a redução do montante da dívida para com a União, as maiores capitais brasileiras têm atualmente um gasto considerável com o pagamento de juros e amortizações. A média das capitais brasileiras com tais gastos saltou de 2,8% da receita corrente líquida (RCL) em 2018 para 3,4% em 2022. São Paulo teve uma excelente evolução: em 2011, gastava 11,7% de sua RCL com juros e amortizações; em 2018, esse valor passou a 6,5% e, em 2022, estava em apenas 2%. Em Belo Horizonte e no Rio de Janeiro, o pagamento de juros e amortizações sobre a corrente líquida não teve variações significativas entre 2018 e 2022. Florianópolis era, em 2018, o município que pagava mais juros e amortizações sobre sua receita corrente líquida (8%) e segue nesse primeiro posto com relação ao ano-base de 2022 (10,4%).

Segue na figura abaixo uma relação dos indicadores de pagamento de juros e amortizações/receita corrente líquida nas capitais brasileiras no ano-base de 2022:

---

[515] Cf. RODRIGUES, Artur. Com renegociação, dívida da cidade de São Paulo cai de R$74 bi para R$27,5 bi. *Folha de São Paulo*, 26 fev. 2016. Disponível em: http://www1.folha.uol.com.br/cotidiano/2016/02/1743985-com-renegociacao-divida-da-cidade-de-sp-cai-de-r-74-bi-para-r-275-bi.shtml. Acesso em: 18 out. 2016.

[516] Cf. FRENTE NACIONAL DE PREFEITOS. Finanças dos municípios do Brasil. *Anuário Multicidades*, ano 15, 2019. p. 168.

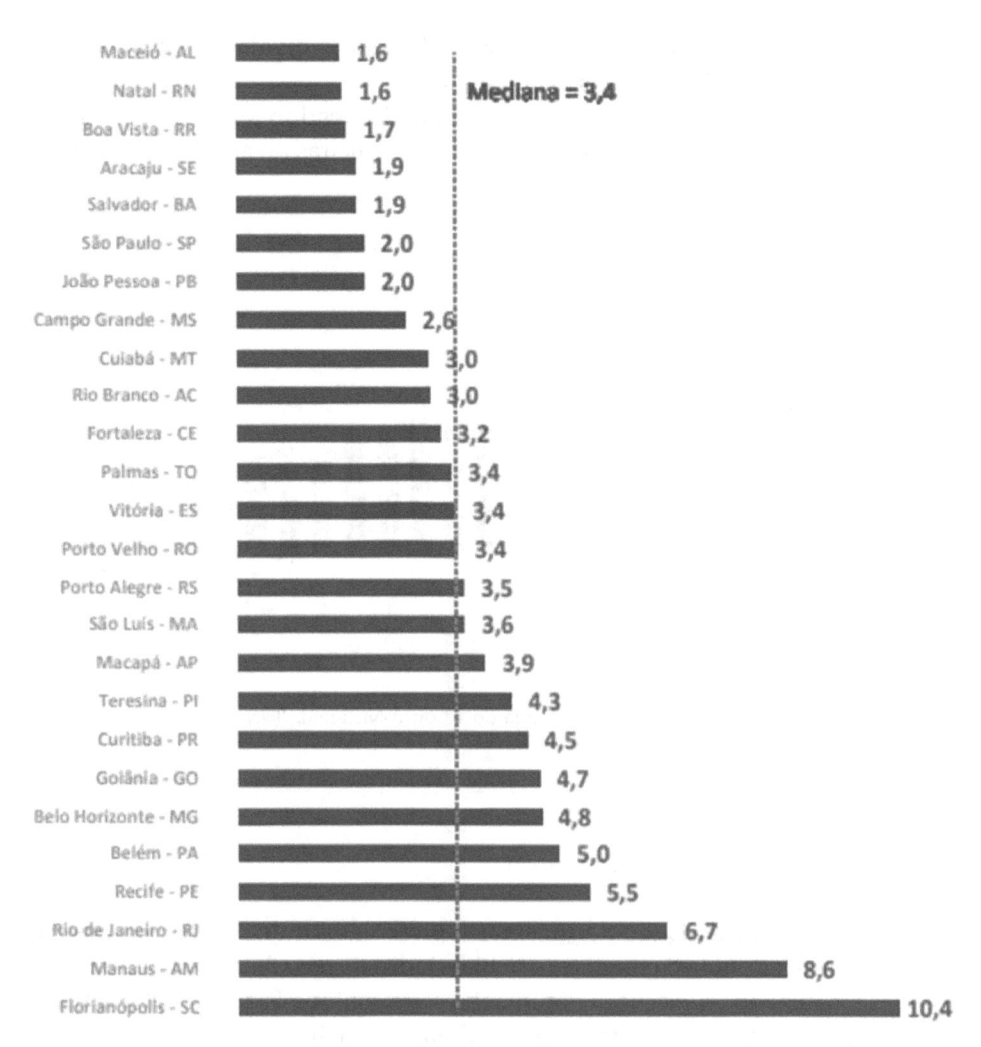

| Capital | Valor |
|---|---|
| Maceió - AL | 1,6 |
| Natal - RN | 1,6 |
| Boa Vista - RR | 1,7 |
| Aracaju - SE | 1,9 |
| Salvador - BA | 1,9 |
| São Paulo - SP | 2,0 |
| João Pessoa - PB | 2,0 |
| Campo Grande - MS | 2,6 |
| Cuiabá - MT | 3,0 |
| Rio Branco - AC | 3,0 |
| Fortaleza - CE | 3,2 |
| Palmas - TO | 3,4 |
| Vitória - ES | 3,4 |
| Porto Velho - RO | 3,4 |
| Porto Alegre - RS | 3,5 |
| São Luís - MA | 3,6 |
| Macapá - AP | 3,9 |
| Teresina - PI | 4,3 |
| Curitiba - PR | 4,5 |
| Goiânia - GO | 4,7 |
| Belo Horizonte - MG | 4,8 |
| Belém - PA | 5,0 |
| Recife - PE | 5,5 |
| Rio de Janeiro - RJ | 6,7 |
| Manaus - AM | 8,6 |
| Florianópolis - SC | 10,4 |

Mediana = 3,4

Fonte: MINISTÉRIO DA FAZENDA. Secretaria do Tesouro Nacional. *Boletim de Finanças dos Entes Subnacionais Ano-Base 2022*. Brasília, 2023, p. 71.

Em termos de proporção entre a dívida total consolidada e a receita corrente líquida, a situação das capitais em 2022 melhorou bastante com relação ao quadro de 2018. A capital mais endividada em 2018 era São Paulo (88,6%), que reduziu a relação dívida total consolidada/receita corrente líquida para 25,8% em 2022. O município do Rio de Janeiro apresentava em 2018 uma dívida consolidada de 75,1% de sua corrente líquida, valor que caiu para 53,3% em 2022. A dívida consolidada de Belo Horizonte reduziu de 40,7% da receita corrente líquida em 2018 para 30,9% em 2022. Florianópolis e Manaus foram das poucas capitais que aumentaram o seu endividamento entre 2018 e 2022: em Florianópolis, a dívida consolidada saltou de

51,7% para 66,6% da receita corrente líquida; em Manaus, a dívida consolidada saltou de 40,9% para 46,9% da receita corrente líquida.[517]

Segue na figura abaixo uma relação dos indicadores de dívida pública consolidada/receita corrente líquida nas capitais brasileiras no ano-base de 2022:

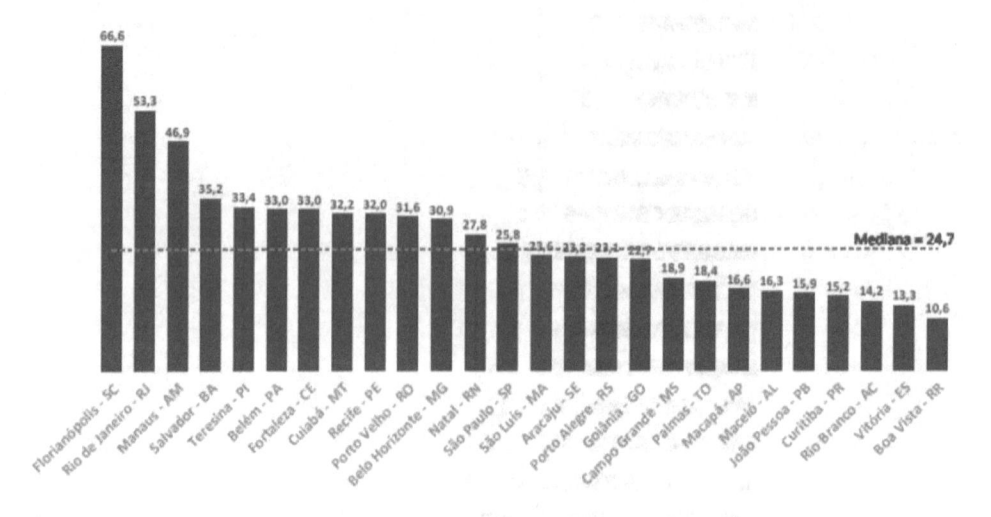

Fonte: BRASIL. Ministério da Fazenda. Secretaria do Tesouro Nacional. *Boletim de Finanças dos Entes Subnacionais Ano-Base 2022*. Brasília, 2023, p. 69.

## 5.9 Precatórios judiciais

Precatórios judiciais são documentos representativos de dívidas das pessoas jurídicas de direito público referentes a débitos judiciais reconhecidos por sentenças passadas em julgado. A execução por quantia certa contra a Fazenda Pública segue sistemática especial, conforme tradição do direito brasileiro.

As diretrizes para o pagamento da condenação pela Fazenda Pública estão consignadas na Constituição da República, que prevê, desde sua redação originária, a ordem cronológica de apresentação dos precatórios, disciplinada no art. 100. De acordo com o TCU, "no pagamento de precatórios, deverão ser observados os limites de gasto com pessoal e de dívida consolidada, conforme preceituam os arts. 19 e 31 da LC 101/2000 (LRF), respectivamente" (Acórdão nº 3.201/2016).

O procedimento para pagamento dos precatórios, após o trânsito em julgado da sentença condenatória na obrigação de dar, é o seguinte: a) o juiz da execução encaminha uma solicitação ao presidente do Tribunal competente; b) este realizará a numeração do precatório e encaminhará uma comunicação à Fazenda Pública

---

[517] BRASIL. Ministério da Economia. Secretaria do Tesouro Nacional. Secretaria Especial de Fazenda. *Boletim de Finanças dos Entes Subnacionais*, 2019, p. 46; BRASIL. Ministério da Fazenda. Secretaria do Tesouro Nacional, *Boletim de Finanças dos Entes Subnacionais Ano-Base 2022*. Brasília, 2023, p. 69.

devedora, requisitando o montante necessário à quitação do precatório; c) a pessoa jurídica de direito público (ou equiparada) deverá destacar no seu orçamento valor suficiente para o pagamento dos precatórios, sendo que as requisições encaminhadas até 2 de abril devem ser inseridas no orçamento do ano seguinte (antes da Emenda Constitucional nº 114/2021, o texto constitucional mencionava para tais efeitos a data de 1º de julho);[518] d) o Poder Executivo liberará em nome do presidente do tribunal competente o montante para a quitação, conforme previsão do orçamento para este fim; e) o presidente enviará os recursos ao juízo da execução para que proceda ao pagamento, com observância da ordem cronológica da ordem de apresentação dos precatórios, bem como das preferências constitucionalmente estabelecidas.[519]

Se o pagamento dos precatórios não for realizado até o fim do exercício em que foram incluídos no orçamento, a Constituição aponta como remédio a intervenção federal (art. 35, V). Porém o STF, por diversas vezes, já adotou a posição de que a intervenção somente tem lugar quando a ausência do pagamento for derivada de omissão voluntária e intencional do ente federado.

Apenas os precatórios posteriores a 5 de maio de 2000 fazem parte da dívida consolidada dos entes federativos. Não integram a dívida consolidada os precatórios anteriores a essa data, bem como os posteriores a essa data, mas que ainda não foram incluídos no orçamento ou que tenham sido incluídos no orçamento em curso e ainda não tenham sido pagos.

No caso dos estados, o valor dos precatórios posteriores a 5 de maio de 2000 vencidos e ainda não pagos era de R$60,5 bilhões em 2017 e subiu para R$100 bilhões em 2023 (aumento de 66%). No caso dos municípios, esse valor era de R$30,3 bilhões em 2017 e subiu para R$45,8 bilhões em 2023 (aumento de 50%).[520]

### 5.9.1 Requisições de Pequeno Valor (RPV)

A Emenda Constitucional nº 20/98 inseriu o §3º no art. 100 da Constituição, criando mecanismo diverso dos precatórios, o de Requisição de Pequeno Valor (RPV), alheio à sistemática originária, porém também com a lógica da lista de exigibilidades.

---

[518] O Supremo Tribunal Federal, no julgamento da Ação Direta de Inconstitucionalidade nº 7.064 (Relator Ministro Luiz Fux, DJ 19 dez. 2023), considerou válida a alteração da data promovida pela Emenda Constitucional nº 114/2023. Conforme se lê no item 38 da ementa do julgado, o Tribunal considerou que "a determinação para que os requisitórios sejam enviados até o dia 02 de abril permite à Administração provisionar os valores que serão despendidos com o pagamento das condenações antes da elaboração da Lei de Diretrizes Orçamentárias (LDO), conforme termos dos arts. 165 da CRFB/88 e 35 do ADCT, o que não era possível na sistemática anterior. A LDO conterá, dentre outras disposições, as diretrizes de política fiscal e respectivas metas, em consonância com trajetória sustentável da dívida pública. Forçoso reconhecer que as dívidas decorrentes do pagamento dos precatórios são uma parcela extremamente relevante do orçamento público; consectariamente, é praticamente impossível ao gestor público descrever metas e trajetória sustentável da dívida pública sem levar em consideração o quanto terá de despender a título de pagamento em condenações judiciais. A alteração torna mais realista a perspectiva de equacionamento da dívida que constará da lei orçamentária".

[519] HABER, Michel et al. Despesa pública. In: OLIVEIRA, Régis Fernandes (coord.). Lições de direito financeiro. São Paulo: Revista dos Tribunais, 2015. p. 56.

[520] Informações disponíveis no site Tesouro Nacional Transparente: www.tesourotransparente.gov.br. Acesso em: 1º out. 2024.

Nos termos do §4º do referido art. 100, em sua redação atual, leis próprias dos entes federativos devem fixar, segundo as diferentes capacidades econômicas, valores distintos para os fins de enquadramento como RPV, sendo o mínimo igual ao valor do maior benefício do regime geral de previdência social.

No caso da União, o art. 17 da Lei nº 10.259/2001 estabelece que as Requisições de Pequeno Valor, a serem pagas independentemente de precatório, terão como limite o mesmo valor fixado para a competência do Juizado Especial Cível – 60 salários mínimos.

Em 2002, a Emenda Constitucional nº 37 acrescentou o §4º ao art. 100 da CR/88 (renumerando os parágrafos seguintes, incluídos pela EC nº 30/00) para vedar que os débitos da Fazenda Pública decorrentes de decisões judiciais ocorressem em parte pelo precatório e em parte pelo Requisitório de Pequeno Valor (RPV).

### 5.9.2 Precatórios pendentes de pagamento na data de promulgação da Constituição (art. 33 do ADCT)

Uma norma do ADCT (art. 33) autorizou que, ressalvados os créditos de natureza alimentar, o valor dos precatórios judiciais pendentes de pagamento na data da promulgação da Constituição poderia ser pago em moeda corrente, com valor atualizado, em prestações anuais, no prazo máximo de oito anos, a partir de 1º de julho de 1989, por decisão editada pelo Poder Executivo até cento e oitenta dias da promulgação da Constituição.

### 5.9.3 Parcelamento de precatórios instituído pela Emenda Constitucional nº 30/2000 (art. 78 do ADCT)

Pela Emenda Constitucional nº 30/2000, foi acrescido o art. 78 ao Ato das Disposições Constitucionais Transitórias, prevendo-se a possibilidade de pagamento dos precatórios pendentes de pagamento na data de promulgação da emenda (13.9.2000), bem como os decorrentes de ações ajuizadas até 31.12.1999, em parcelas anuais, no prazo máximo de 10 anos (*caput*), permitida a cessão dos créditos.

Foram excluídos dessa forma de pagamento: a) as Requisições de Pequeno Valor; b) os créditos de natureza alimentícia; c) os precatórios abrangidos pelo antes mencionado art. 33 do ADCT (pendentes de pagamento na data de promulgação da Constituição); d) os precatórios com recursos correspondentes liberados ou depositados em juízo.

Em 2002, a Emenda Constitucional nº 37 inseriu no ADCT o art. 86 – que definiu situações em que não poderia ser aplicada a regra de parcelamento prevista no mencionado art. 78 do ADCT. Como um dos requisitos para a impossibilidade de aplicação da regra de parcelamento do art. 78 do ADCT era o crédito ser considerado de "pequeno valor", a Emenda Constitucional nº 37 também inseriu no ADCT o art. 87, que definiu o que deveria se compreender por "pequeno valor" até que houvesse disciplina normativa por leis específicas dos entes da federação.

Na Ação Direta de Inconstitucionalidade nº 2.362 (Relator Ministro Edson Fachin, *DJ* 14 ago. 2024), o Supremo Tribunal Federal julgou inconstitucional o regime de parcelamento de precatórios previsto no art. 78 do ADCT. Segundo o Tribunal, "o regime instituído teve impacto desproporcional na vida de milhares de cidadãos e cidadãs que não tiveram reconhecidos seus direitos fundamentais à propriedade, à isonomia e ao devido processo legal substantivo, diante da mora de receber o que lhe era devido, atestado em título judicial transitado em julgado" (item 7 da ementa oficial do acórdão). Houve modulação de efeitos da decisão, conferindo-se efeitos *ex nunc* ao julgamento, mantendo os parcelamentos realizados até a data da medida cautelar concedida no processo (25 de novembro de 2010).

### 5.9.4 Regime especial instituído pela Emenda Constitucional nº 62/2009

Como esta seção deixa de manifesto, desde a promulgação da Constituição de 1988 foram inúmeras as emendas que alteraram a sistemática de pagamento de precatórios, incluindo-se no texto constitucional dezenas de dispositivos permanentes e transitórios sobre o tema.

Alterações bastante significativas ocorreram pela edição da Emenda Constitucional nº 62/09. Uma delas introduziu no art. 100 da Constituição o seu §15, dispondo que lei complementar poderá "estabelecer regime especial para pagamento de crédito de precatórios de Estados, Distrito Federal e Municípios, dispondo sobre vinculações à receita corrente líquida e forma e prazo de liquidação". Até que sobreviesse tal lei complementar, o art. 97 do ADCT (também criado pela EC nº 62/2009) determinou que os estados, o Distrito Federal e os municípios que estivessem em mora na quitação de precatórios vencidos realizariam o pagamento de tais precatórios segundo o regime especial previsto no art. 97 (e seus 18 parágrafos), e não de acordo com as regras gerais do art. 100 da Constituição, podendo inclusive incluir nesse regime especial os precatórios emitidos durante o próprio regime especial.

A adoção do regime especial poderia ocorrer por duas formas distintas, à escolha do ente federado devedor: a primeira teria por base a receita corrente líquida do ente federativo verificada nos 12 meses anteriores à efetivação dos depósitos mensais, a serem calculados conforme percentuais relacionados às esferas federativas e à proporção entre o valor dos precatórios e o valor total da receita corrente líquida (art. 97, §1º, I, e §2º, do ADCT); a segunda tomaria para o cálculo o valor total dos precatórios devidos, que deveriam ser quitados em até 15 (quinze) anos, com depósito anual do valor necessário para fazer frente ao valor parcelado (art. 97, §1º, II, do ADCT).

Numa e noutra opção de pagamento, poderia a Administração destinar até 50% de fundos de sua conta especial, administrada pelo respectivo Tribunal de Justiça, ao pagamento precedido por leilões e acordos diretos com os credores, na forma da lei local, respeitando-se o limite mínimo de 50% para pagamento na ordem cronológica de apresentação.

Outra determinação da Emenda Constitucional nº 62/2009 foi de que, no momento da expedição dos precatórios, deles fosse ser abatido, a título de compensação, valor correspondente aos débitos líquidos e certos, inscritos ou não em dívida ativa, constituídos contra o credor original pela Fazenda Pública devedora, ressalvados aqueles cuja execução estivesse suspensa em virtude de contestação administrativa ou judicial (art. 100, §9º, da Constituição).

Em 2013, no julgamento das Ações Diretas de Inconstitucionalidade nº 4.357 e 4.425, o Supremo Tribunal Federal decidiu pela inconstitucionalidade de vários dispositivos incluídos na Constituição pela Emenda Constitucional nº 62/2009.[521] Foi acatado o pedido de declaração de inconstitucionalidade do regime especial de pagamento de precatórios previsto no art. 97 do ADCT, em ambas as modalidades. Segundo o Tribunal, o regime especial criado pela EC nº 62/09, "ao veicular nova moratória na quitação dos débitos judiciais da Fazenda Pública e ao impor o contingenciamento de recursos para esse fim, viola a cláusula constitucional do Estado de Direito (CF, art. 1º, *caput*), o princípio da separação de poderes (CF, art. 2º), o postulado da isonomia (CF, art. 5º), a garantia do acesso à justiça e a efetividade da tutela jurisdicional (CF, art. 5º, XXXV), o direito adquirido e à coisa julgada (CF, art. 5º, XXXVI)" (item 8 da ementa oficial do acórdão da ADI nº 4.357).

Além disso, o STF declarou inconstitucional a compensação obrigatória determinada no art. 100, §9º, da Constituição, afirmando que tal medida "embaraça a efetividade da jurisdição (CF, art. 5º, XXXV), desrespeita a coisa julgada material (CF, art. 5º, XXXVI), vulnera a separação dos poderes (CF, art. 2º) e ofende a isonomia entre o poder público e o particular (CF, art. 5º, *caput*), cânone essencial do Estado Democrático de Direito (CF, art. 1º, *caput*)" (item 4 da ementa oficial do acórdão da ADI nº 4.357).

A despeito da decisão dessa ADI, a negociação para pagamento de precatórios em si não se afigura lesiva à ordem constitucional se: a) obedece à ordem cronológica de pagamentos; b) promove a quitação de um débito que, em razão de seu vulto, não poderia ser pago de pronto pela Administração. Com efeito, antes da edição da Emenda Constitucional nº 62/09, o STF teve a oportunidade de se manifestar na ADI nº 1.662/SP e em outros julgados sobre os acordos entre a Fazenda Pública e seus credores judiciais. Na ocasião, a tratativa somente não poderia ser levada a efeito em razão da quebra da ordem cronológica dos precatórios.[522]

Em 2015, na continuidade do julgamento das Ações Diretas de Inconstitucionalidade nº 4.357 e 4.425, em que se declarara inconstitucional o regime especial instituído pela Emenda Constitucional nº 62/2009, o STF decidiu "modular os efeitos para que se dê sobrevida ao regime especial de pagamento de precatórios, instituído pela Emenda Constitucional nº 62/2009, por 5 (cinco) exercícios financeiros a contar de primeiro de janeiro de 2016".[523]

---

[521] STF. ADI nº 4.357/DF. Rel. orig. Min. Ayres Britto, Red. p/ acórdão Min. Luiz Fux, 13-14.3.2013; ADI nº 4.425/DF, Rel. orig. Min. Ayres Britto, Red. p/ acórdão Min. Luiz Fux, 13-14.3.2013.

[522] STF. Pleno. Rcl. nº 2.143 Agr/SP. Rel. Min. Celso de Mello. j. 12.3.2003. *DJ*, 6 jun. 2003.

[523] STF. Questão de Ordem na ADI nº 4.357/DF. Relator Ministro Luiz Fux, *DJ* 6 ago. 2015.

## 5.9.5 Alterações introduzidas pela Emenda Constitucional nº 94/2016

Em 15.12.2016, entrou em vigor a Emenda Constitucional nº 94/16, novamente alterando o regime jurídico dos precatórios judiciais. A EC nº 94 alterou a redação do §2º e incluiu os §§17 a 20 no art. 100 da Constituição. Além disso, acrescentou os arts. 101 a 105 no ADCT. As medidas mais significativas da EC nº 94/16 foram:

(a) criação de um sistema de preferência para pagamento de precatórios alimentares cujos titulares, originários ou por sucessão hereditária, tenham 60 (sessenta) anos de idade, ou sejam portadores de doença grave, ou pessoas com deficiência, observados os limites legais a serem definidos e regras de fracionamento;

(b) admissão de financiamentos para pagamento de parcelas excedentes de precatórios de pequeno valor, excetuando-se os limites de endividamento de que tratam os incs. VI e VII do art. 52 da Constituição Federal e a vedação de vinculação de receita prevista no inc. IV do art. 167 da Constituição;

(c) criação de um novo regime de parcelamento de precatórios (art. 101 do ADCT) determinando que os estados, o Distrito Federal e os municípios que, em 25 de março de 2015, estivessem em mora com o pagamento de seus precatórios quitassem até 31 de dezembro de 2020 seus débitos vencidos e os que vencerão dentro desse período, depositando, mensalmente, em conta especial do Tribunal de Justiça local, 1/12 (um doze avos) do valor calculado percentualmente sobre as respectivas receitas correntes líquidas, apuradas no segundo mês anterior ao mês de pagamento, em percentual suficiente para a quitação de seus débitos e, ainda que variável, nunca inferior, em cada exercício, à média do comprometimento percentual da receita corrente líquida no período de 2012 a 2014, em conformidade com plano de pagamento a ser anualmente apresentado ao Tribunal de Justiça local, podendo utilizar para a realização dos depósitos mensais, inclusive, o valor de depósitos judiciais e administrativos em dinheiro referentes a processos judiciais ou administrativos, tributários ou não tributários, nos quais fossem parte o estado, o Distrito Federal ou os municípios, ou suas autarquias, fundações e empresas estatais dependentes;

(d) determinação de que, caso houvesse precatório com valor superior a 15% (quinze por cento) do montante total dos precatórios apresentados num determinado ano, 15% (quinze por cento) do valor desse precatório fossem pagos até o final do exercício seguinte, e o restante, em parcelas iguais nos cinco exercícios subsequentes, acrescidas de juros de mora e correção monetária, ou mediante acordos diretos, perante Juízos Auxiliares de Conciliação de Precatórios, com redução máxima de 40% (quarenta por cento) do valor do crédito atualizado (§20 do art. 100 da Constituição);

(e) estímulo à negociação direta e pagamento de precatórios negociados, desde que observado o percentual de 50% para pagamento dos precatórios na ordem cronológica, respeitadas as preferências dos créditos alimentares e, nessas, as relativas à idade, ao estado de saúde e à deficiência;

(f) regras especiais sobre sequestro de valores nas contas dos estados, do Distrito Federal ou dos municípios, ou de suas autarquias, fundações e empresas estatais dependentes;

(g) enquanto vigente o novo regime de precatórios, foi facultada aos credores de precatórios, próprios ou de terceiros, a compensação com débitos de natureza tributária ou de outra natureza que até 25.3.2015 houvessem sido inscritos na dívida ativa dos estados, do Distrito Federal ou dos municípios, observados os requisitos definidos em lei própria do ente federado.

Na Ação Direta de Inconstitucionalidade nº 5.679, ajuizada em março de 2017, a Procuradoria-Geral da República (PGR) arguiu a inconstitucionalidade da norma da EC nº 94/2016, que permitiu que estados e municípios empregassem o valor de depósitos judiciais para o pagamento de débitos de precatórios em atraso. Segundo a PGR, essa norma violaria a separação de poderes, o direito de propriedade, o acesso à justiça, o devido processo legal e a duração razoável do processo, comprometendo cláusulas pétreas da Constituição (art. 60, §4º, III e IV, da Constituição). Em 2023, o STF julgou improcedente a ação, por unanimidade, e afirmou que "não restou comprovado como as normas impugnadas, por si só, seriam tendentes a abolir direitos e garantias fundamentais". Além disso, observou que "o requerente não demonstrou que o fundo garantidor, tal como idealizado, seja incapaz de assegurar a solvabilidade do sistema e que, assim, haja um risco real de que os particulares não levantem seus depósitos no momento adequado" (item 5 da ementa oficial do acórdão).[524]

## 5.9.6 Alterações introduzidas pela Emenda Constitucional nº 99/2017

Em 14.12.2017, foi editada a EC nº 99, que alterou os arts. 101, 102, 103 e 105 do Ato das Disposições Constitucionais Transitórias, modificando o regime de pagamento de precatórios em mora que havia sido instituído pela EC nº 94/16.

A EC nº 99/17 estendeu de 2020 para 2024 o prazo para que estados e municípios quitassem os precatórios em atraso (regime do art. 101 do ADCT). A alteração constitucional foi motivada pela crise fiscal do país e expressiva diminuição do ritmo de arrecadação de receitas nos estados e municípios. Com isso, restou inviável o cumprimento do prazo de regularização dos precatórios até o exercício financeiro de 2020, conforme estabelecido na EC nº 94/16.

As principais alterações promovidas pela EC nº 99/17 podem ser sintetizadas da seguinte forma:[525]

(a) prorrogação até 31.12.2024 do prazo para quitação dos precatórios conforme o regime previsto no art. 101 do ADCT, prazo que seria novamente prorrogado até 31.12.2029 pela Emenda Constitucional nº 109, de 2021;

---

[524] STF. ADI nº 5.679, Relator Ministro Luís Roberto Barroso, *DJ* 18 out 2023.

[525] BAPTISTA NETO, Luiz de Almeida. Das alterações promovidas pela Emenda Constitucional 99/17 que modifica o regime de pagamento dos precatórios. *Migalhas*, 18 dez. 2017. Disponível em: https://www.migalhas.com.br/dePeso/16,MI271235,101048. Acesso em: 2 ago. 2019.

(b) estipulação do Índice Nacional de Preços do Consumidor Amplo Especial (IPCA-E) ou outro índice que vier a substituí-lo para correção e atualização do valor dos precatórios durante o período;

(c) previsão de instrumentos adicionais de crédito para financiamento dos precatórios (uso de depósitos judiciais e extrajudiciais, condicionado à criação de fundo garantidor remunerado pelo Sistema Especial de Liquidação de Custódia – SELIC);

(d) cancelamento dos requisitórios de precatórios e requisitórios de pequeno valor efetuados a partir de 31.12.2009 e ainda não levantados, assegurada a revalidação dos requisitórios pelos juízos dos processos perante os tribunais, a requerimento dos credores e após a oitiva da entidade devedora, mantidas a posição de ordem cronológica original e a remuneração de todo o período.

A EC nº 99/17 acrescentou também o §2º ao art. 102 do ADCT, dispondo que, na vigência do regime especial previsto no art. 101 desse Ato das Disposições Constitucionais Transitórias, as preferências relativas à idade, ao estado de saúde e à deficiência serão atendidas até o valor equivalente ao quíntuplo fixado em lei para os fins do disposto no §3º do art. 100 da Constituição Federal, admitido o fracionamento para essa finalidade, e o restante será pago em ordem cronológica de apresentação do precatório.

Restou ainda incluído pela EC nº 99/17 o parágrafo único ao art. 103 do ADCT, que impõe uma restrição especial aos entes federativos que possuam precatórios pendentes superiores a 70% da receita corrente líquida. A restrição consiste no seguinte: durante a vigência do regime especial previsto no art. 101 do ADCT, os estados, o Distrito Federal e os municípios que estiverem nessa situação ficarão impedidos de praticar desapropriações, excetuadas as que se baseiem em hipóteses de necessidade pública nas áreas de saúde, educação, segurança pública, transporte público, saneamento básico e habitação de interesse social.

Por fim, a EC nº 99/17 acrescentou os §§2º e 3º ao art. 105 do ADCT para dispor que os estados, o Distrito Federal e os municípios devem regulamentar em até cento e vinte dias, a partir de 1º.1.2018, a compensação dos créditos de precatórios com débitos de natureza tributária ou de outra natureza que até 25.3.2015 tenham sido inscritos na dívida ativa respectiva. Decorrido o prazo sem a regulamentação, ficam os credores de precatórios autorizados a exercer a faculdade da compensação.

### 5.9.7 Alterações introduzidas pela Emenda Constitucional nº 113/2021

Novas alterações no regime constitucional dos precatórios foram promovidas em 2021 pelas Emendas Constitucionais nº 113 e 114.

As principais normas da Emenda Constitucional nº 113/2021 em matéria de precatórios foram as seguintes:

(a) determinação de que, sem que haja interrupção no pagamento do precatório e mediante comunicação da Fazenda Pública ao Tribunal, o valor correspondente aos eventuais débitos inscritos em dívida ativa contra o credor do precatório seja depositado à conta do juízo responsável pela ação de cobrança, que decidirá pelo seu destino definitivo (nova redação do art. 100, §9º, da Constituição, cuja redação originária fora declarada inconstitucional pelo STF nas ADIs nº 4.357 e 4.425);

(b) criação da norma que faculta ao credor, "conforme estabelecido em lei do ente federativo devedor, com auto aplicabilidade para a União", a oferta de créditos líquidos e certos que originalmente lhe são próprios ou adquiridos de terceiros reconhecidos pelo ente federativo ou por decisão judicial transitada em julgado para: quitação de débitos parcelados ou inscritos em dívida ativa do ente devedor; compra de imóveis públicos de propriedade do ente devedor que houverem sido disponibilizados para venda; pagamento de outorga de delegações de serviços públicos e demais espécies de concessão negocial promovidas pelo ente devedor; aquisição, inclusive minoritária, de participação societária, disponibilizada para venda, do ente devedor; compra de direitos, disponibilizados para cessão, do ente devedor, inclusive, no caso da União, da antecipação de valores a serem recebidos a título do excedente em óleo em contratos de partilha de petróleo (nova redação do art. 100, §11, da Constituição);

(c) autorização para que os entes federativos, desde que aceito por ambas as partes envolvidas, utilizem valores objeto de sentenças transitadas em julgado devidos à pessoa jurídica de direito público para amortizar dívidas: em contratos de refinanciamento cujos créditos sejam detidos pelo ente federativo que figure como devedor nas referidas sentenças; em contratos em que houve prestação de garantia a outro ente federativo; em parcelamentos de tributos ou de contribuições sociais; e em obrigações decorrentes do descumprimento de prestação de contas ou de desvio de recursos (inclusão do art. 100, §21, da Constituição);

(d) determinação de que os empréstimos realizados pelos entes federativos para pagamento dos precatórios conforme o regime do art. 101 do ADCT somente podem ser utilizados no pagamento de precatórios "em que houver acordo direto com os credores" (inclusão do art. 101, §5º, do ADCT);

(e) criação da norma (art. 3º da EC nº 113/2021) de que, "nas discussões e nas condenações que envolvam a Fazenda Pública, independentemente de sua natureza e para fins de atualização monetária, de remuneração do capital e de compensação da mora, **inclusive do precatório**, haverá a incidência, uma única vez, até o efetivo pagamento, do índice da taxa referencial do Sistema Especial de Liquidação e de Custódia (Selic), acumulado mensalmente" (negritamos).[526]

---

[526] Sobre o histórico das normas e entendimentos jurisprudenciais a respeito das formas e índices de correção monetária dos precatórios, vide PISCITELLI, Tathiane. *Direito Financeiro*. 9ª edição. São Paulo: Atlas, 2023. p. 227-233.

Em relação à norma da letra (e) acima, a jurisprudência do STF se pacificou no sentido de que não incide a taxa SELIC, prevista no art. 3º da EC nº 113/2021, "no prazo constitucional de pagamento de precatórios do §5º do art. 100 da Constituição". Durante esse denominado "período de graça", os valores inscritos em precatório terão exclusivamente correção monetária, nos termos decididos na ADI nº 4.357-QO/DF e na ADI nº 4.425-QO/DF.[527]

Segundo o art. 5º da EC nº 113/2021, "as alterações relativas ao regime de pagamento dos precatórios aplicam-se a todos os requisitórios já expedidos, inclusive no orçamento fiscal e da seguridade social do exercício de 2022".

No julgamento da Ação Direta de Inconstitucionalidade nº 7.047, realizado em dezembro de 2023, o STF julgou inconstitucional a norma da letra (a) indicada na lista acima, observando que "a redação do art. 100, §9º, da CRFB, estabelecida pela Emenda 113/2021, apesar de sensivelmente diferente daquela declarada inconstitucional pelo Supremo Tribunal Federal nas ADIs 4425 e 4357, contém a mesma essência e não se coaduna com o texto constitucional" (item 17 da ementa oficial do acórdão).[528]

Em relação à norma da letra (b) da lista acima, o STF considerou que a norma é válida desde que dela se retire a cláusula da "autoaplicabilidade para a União".

O STF também julgou inconstitucional a norma indicada na letra (d) acima, com a seguinte fundamentação (itens 28 e 29 da ementa oficial do acórdão da ADI nº 7.047):

> 28. A disposição incluída no § 5º do art. 101 do ADCT pela EC 113/21 possibilitou a contratação do empréstimo referido no § 2º, III, do dispositivo (qual seja, sem quaisquer limitações fiscais) "exclusivamente" para a modalidade de pagamento de precatórios por meio de acordo direto com o credor, modalidade na qual o titular do crédito se obriga a aceitar um deságio de 40% do valor de seu precatório.
>
> 29. A contrario senso, para todas as outras formas de quitação não é possível a contratação específica daquela modalidade de empréstimo. Torna-se possível que sobejem recursos para o pagamento de precatórios sob a forma de acordo com deságio e falte dinheiro para a quitação de débitos na modalidade usual, qual seja, em espécie pela ordem cronológica de apresentação e em respeito às preferências constitucionais. Como asseverado pela Procuradoria-Geral da República em sua manifestação (fls. 79): "É como se o Estado dissesse ao credor que, para pagamento com deságio de 40%, há dinheiro disponível, mas não há para pagamento integral". Ao privilegiar determinada modalidade de quitação de dívida, o art. 101, § 5º, do ADCT prejudica todas as outras opções, inclusive aquela que ontologicamente decorre do regime de precatórios que é o pagamento em dinheiro na ordem de antiguidade da dívida e respeitadas as preferências constitucionais.

Com relação à norma da EC nº 113/2021, que definiu a taxa SELIC para fins de atualização monetária, remuneração do capital e compensação da mora inclusive para

---

[527] STF, RE nº 1.515.163, Relator Ministro Luís Roberto Barroso, *DJ* 21 out. 2024.
[528] STF. ADI nº 7.047, Relator Ministro Luiz Fux, *DJ* 19 dez. 2023.

os precatórios, o STF a reputou válida e oportuna, visto que "a atual sistemática de atualização dos precatórios não se mostra adequada e minimamente razoável em vista do sem número de regras a serem seguidas quando da realização do pagamento do requisitório". Ainda segundo o STF, "a unificação dos índices de correção em um único fator mostra-se desejável por questões de praticabilidade" e "possibilidade de a nova legislação captar requisitórios já expedidos não encerra violação à irretroatividade" (itens 19, 20 e 27 da ementa oficial do acórdão da ADI nº 7.047).

## 5.9.8 Alterações introduzidas pela Emenda Constitucional nº 114/2021

A Emenda Constitucional nº 114, de 16 de dezembro de 2021, criou para a União federal, dentro do chamado Teto de Gastos instituído pela Emenda Constitucional nº 95/2016, uma espécie de subteto para pagamento dos precatórios, conforme regime previsto no art. 107-A do ADCT, *verbis*:

> Art. 107-A. Até o fim de 2026, fica estabelecido, para cada exercício financeiro, limite para alocação na proposta orçamentária das despesas com pagamentos em virtude de sentença judiciária de que trata o art. 100 da Constituição Federal, equivalente ao valor da despesa paga no exercício de 2016, incluídos os restos a pagar pagos, corrigido na forma do § 1º do art. 107 deste Ato das Disposições Constitucionais Transitórias, devendo o espaço fiscal decorrente da diferença entre o valor dos precatórios expedidos e o respectivo limite ser destinado ao programa previsto no parágrafo único do art. 6º e à seguridade social, nos termos do art. 194, ambos da Constituição Federal, a ser calculado da seguinte forma:
>
> I - no exercício de 2022, o espaço fiscal decorrente da diferença entre o valor dos precatórios expedidos e o limite estabelecido no *caput* deste artigo deverá ser destinado ao programa previsto no parágrafo único do art. 6º e à seguridade social, nos termos do art. 194, ambos da Constituição Federal;
>
> II - no exercício de 2023, pela diferença entre o total de precatórios expedidos entre 2 de julho de 2021 e 2 de abril de 2022 e o limite de que trata o *caput* deste artigo válido para o exercício de 2023; e
>
> III - nos exercícios de 2024 a 2026, pela diferença entre o total de precatórios expedidos entre 3 de abril de dois anos anteriores e 2 de abril do ano anterior ao exercício e o limite de que trata o *caput* deste artigo válido para o mesmo exercício.

No julgamento da Ação Direta de Inconstitucionalidade nº 7.064, realizada em dezembro de 2023, o STF considerou que esse subteto para pagamento de precatórios somente era válido para o exercício de 2022, nos termos da seguinte fundamentação (ementa oficial do acórdão):[529]

---

[529] STF, ADI nº 7.064, Relator Ministro Luiz Fux, *DJ* 19 dez. 2023.

15. A medida adotada em 2021, em que pese tenha se mostrado legítima no momento da aprovação da Emenda Constitucional, necessita de escrutínio contínuo de seus efeitos, em vista da gravidade de suas consequências. É que os direitos suprimidos àquele momento excepcional não podem se tornar letra morta máxime em vista da possibilidade de a rolagem da dívida estatal torná-la completamente impagável em um momento futuro.

16. A postergação do pagamento das dívidas de precatórios, que se mostrou medida proporcional e razoável para que o poder público pudesse enfrentar a situação decorrente de uma pandemia mundial em 2022, a partir do exercício de 2023 caracteriza-se como providência fora de esquadro com os princípios de accountability que constam do próprio Texto Constitucional. É dizer que a limitação a direitos individuais que inicialmente manifestou-se como um remédio eficaz para combater os distúrbios sociais causados pela COVID-19, neste momento caminha para se tornar um veneno com possibilidade de prejudicar severamente, em um futuro breve, o pagamento das mesmas despesas com ações sociais anteriormente prestigiadas.

17. Nesse segmento revelam-se legítimas as medidas concernentes à limitação ao pagamento de precatórios apenas para o exercício de 2022, sendo certo que para além desse momento resta incompatível com as cláusulas constitucionais a limitação a direitos dos cidadãos a partir do momento em que cessaram os eventos que justificavam a restrição.

Em sua decisão, o STF determinou que o Executivo pagasse, ainda em 2023, os precatórios que deixaram de ser pagos em 2022 em virtude da aplicação do referido subteto, tendo também declarado expressamente que não são aplicáveis a tais pagamentos os "limites individualizados para o montante global das dotações orçamentárias relativas a despesas primárias" previstos na Lei Complementar nº 200/2023 (Novo Arcabouço Fiscal).

O STF também declarou inconstitucional o art. 6º da Emenda Constitucional nº 114, segundo o qual, "no prazo de 1 (um) ano a contar da promulgação desta Emenda Constitucional, o Congresso Nacional promoverá, por meio de comissão mista, exame analítico dos atos, dos fatos e das políticas públicas com maior potencial gerador de precatórios e de sentenças judiciais contrárias à Fazenda Pública da União". Segundo o STF (item 39 da ementa oficial do acórdão da ADI nº 7.064):

> O estabelecimento de uma comissão de controle externo junto ao Poder Legislativo para avaliação dos precatórios expedidos pelo Poder Judiciário, conforme art. 6º da EC 114/21 destoa do sistema de separação de poderes posto na Constituição Federal. O dispositivo havido da Emenda Constitucional 114/21 subverte a ordem de atribuições, impondo um controle sobre a atividade tanto do Poder Executivo, condenado em demandas judiciais, quanto do Poder Judiciário, que julga o melhor direito e condena o Estado a pagar o cidadão.

A Emenda Constitucional nº 114 também alterou a redação do art. 100, §5º, da Constituição, alterando do dia 1º de julho para o dia 2 de abril a data máxima para a apresentação dos precatórios para que se viabilize seu pagamento até o final do exercício seguinte. O STF julgou válida tal alteração, observando que (item 38 da ementa oficial do acórdão da ADI nº 7.064):

> A determinação para que os requisitórios sejam enviados até o dia 02 de abril permite à Administração provisionar os valores que serão despendidos com o pagamento das condenações antes da elaboração da Lei de Diretrizes Orçamentárias (LDO), conforme termos dos arts. 165 da CRFB/88 e 35 do ADCT, o que não era possível na sistemática anterior. A LDO conterá, dentre outras disposições, as diretrizes de política fiscal e respectivas metas, em consonância com trajetória sustentável da dívida pública. Forçoso reconhecer que as dívidas decorrentes do pagamento dos precatórios são uma parcela extremamente relevante do orçamento público; consectariamente, é praticamente impossível ao gestor público descrever metas e trajetória sustentável da dívida pública sem levar em consideração o quanto terá de despender a título de pagamento em condenações judiciais. A alteração torna mais realista a perspectiva de equacionamento da dívida que constará da lei orçamentária.

Ao findar a presente seção, cabe constatar com preocupação, além do forte ritmo de crescimento do volume financeiro dos precatórios estaduais e municipais nos últimos anos,[530] o incrível número de emendas constitucionais promulgadas desde 1988 (Emendas nº 30, 37, 69, 94, 99, 109, 113 e 114) para alterar as normas que compõem o regime jurídico dos precatórios, um regime cada vez mais prolixo, complexo e instável.

---

[530] No caso dos estados, o volume de precatórios que compõem a dívida consolidada teve aumento de 66% entre 2017 e 2023. No casos dos municípios, esse aumento foi de 50% no mesmo período. Informações disponíveis no *site* Tesouro Nacional Transparente: www.tesourotransparente.gov.br. Acesso em: 1º out. 2024.

CAPÍTULO 6

# ORÇAMENTO PÚBLICO

## 6.1 Considerações gerais

A ideia de orçamento estatal não se desloca, no essencial, do orçamento de qualquer particular. Trata-se de previsão de receitas e despesas de determinado sujeito para certo período de tempo.

Ao envolver as finanças públicas, a essa noção adere outra de natureza política, pois o orçamento é autorização, consentimento popular (povo enquanto titular da soberania) em relação aos gastos públicos e aos sacrifícios necessários para o respectivo financiamento.[531]

Do ponto de vista metodológico, cogita-se a existência dos orçamentos públicos (como hoje se lhes concebe) a partir das revoluções burguesas dos séculos XVII (Revolução Gloriosa) e XVIII (Revolução Norte-Americana e Francesa), embora a gênese das limitações reais ao lançamento de tributos remonte à *Magna Carta Libertatum* (1215), imposta pelos nobres ingleses ao Rei João Sem Terra, e que instituiu a regra segundo a qual nenhum imposto poderia ser lançado sem o prévio consentimento do Conselho dos Comuns do Reino.

Deveras, é com a distinção entre patrimônio e finanças da Coroa e do Estado, e com a adesão do liberalismo político ao princípio da legalidade, que se verifica o início da trajetória dos orçamentos públicos, concebidos como técnica de garantia da liberdade de escolha dos cidadãos e limite ao arbítrio dos governantes.

Nesse sentido, a Constituição dos Estados Unidos da América atribuiu ao Parlamento a competência para lançar os tributos em geral. Também a Declaração de Direitos do Homem e do Cidadão culminou com o tratamento do orçamento na Constituição Francesa de 1791. No Brasil, já a Constituição de 1824 previra apresentação, pelos ministros de Estado (especialmente o da Fazenda), à Câmara dos Deputados de relatórios orçamentários dos anos antecedente e subsequente (art. 172).

Durante o século XIX – época correspondente ao *Estado Polícia* – o orçamento, suas receitas e despesas, tinham tratamento exclusivamente fiscal, apresentando-se como

---

[531] FERRAZ, Luciano. *Controle da Administração Pública*. Belo Horizonte: Mandamentos, 1999. p. 84-85.

instrumento para prover as atividades mínimas a cargo do Estado. O equilíbrio entre receitas e despesas era a tônica, porquanto "os clássicos viam no *déficit* orçamentário graves perigos para o Estado".[532]

O Estado Prestacional ou do Bem-Estar Social (que sucedeu ao Estado Liberal como modelo dominante) trouxe inovações em termos orçamentários, principalmente em virtude do incremento da intervenção estatal nos campos econômico e social, com o consequente aumento das despesas públicas. Os dois conflitos mundiais, mediados pela crise econômica de 1929, sepultaram a possibilidade de manutenção do equilíbrio orçamentário, e sob a influência de Keynes, os financistas passaram a defender não o rígido equilíbrio orçamentário, mas o equilíbrio econômico geral.

Nesse cenário, os orçamentos estatais (segundo orientação de Richard Musgrave) passaram a desempenhar três funções econômicas: a) função alocativa; b) função distributiva; c) função estabilizadora.

A *função alocativa* respeita aos investimentos do Estado em infraestrutura econômica (transporte, energia, comunicações); a *função distributiva* relaciona-se com mecanismos estatais de correção das externalidades negativas (tributação seletiva, tributação progressiva, financiamento de programas sociais de melhoria de renda); a *função estabilizadora* (máxima keynesiana) relaciona-se com quatro objetivos gerais de ordem macroeconômica: a) manutenção do nível de emprego; b) estabilização dos níveis de preços; c) equilíbrio no balanço de pagamento; d) manutenção de razoável taxa de crescimento econômico.[533]

Cada vez mais, as técnicas modernas em termos orçamentários vinculam-se ao planejamento da função estatal. A técnica do orçamento-programa, por exemplo, possibilita a articulação conjunta e dirigida da ação estatal para o cumprimento de metas prioritárias predefinidas, metas estas que, em tese, não dependam dos sabores das conveniências políticas.

A Constituição de 1988 tratou dos orçamentos públicos sob essa perspectiva de planejamento das ações de governo, além da perspectiva de atendimento dos direitos fundamentais (art. 3º da Constituição), os quais, apesar de possuírem raízes filosóficas antigas, fincadas talvez na Antiguidade, também ganharam relevo decisivo com as revoluções liberais do século XVIII, edificando-se paulatinamente desde então até os dias atuais.[534]

O uso das finanças públicas em prol do alcance dos objetivos fundamentais erigidos no art. 3º da Constituição transparece em diversas normas de seu Título VI (Da Tributação e do Orçamento): a) no art. 145, §1º (adoção do princípio da capacidade econômica e da personalização dos impostos), como princípios gerais do sistema tributário nacional); b) no art. 153, VII (inclusão na competência tributária

---

[532] ROSA JR., Luiz Emygidio F. *Manual de direito financeiro e direito tributário*. 20. ed. Rio de Janeiro: Renovar, 2007. p. 77-78.
[533] GIACOMONI, James. *Orçamento público*. 14. ed. São Paulo: Atlas, 2007.
[534] FERRAZ, Luciano; MOTA, Fabrício. Controle externo dos orçamentos públicos: efeitos sobre os contratos administrativos de obras públicas. *In*: CONTI, José Maurício. *Orçamentos públicos*: a Lei 4.320/1964 comentada. São Paulo: Revista dos Tribunais, 2009.

da União do imposto sobre grandes fortunas, tributo de nítido caráter redistributivo, pela primeira vez mencionado nos textos constitucionais brasileiros); c) no art. 153, §2º, I (obrigatoriedade da progressividade do imposto sobre a renda); d) no art. 153, §3º, I (obrigatoriedade da seletividade do imposto sobre produtos industrializados); e) no art. 153, §4º (obrigatoriedade da progressividade do imposto territorial rural e previsão da imunidade da pequena gleba rural como instrumentos de política de reforma agrária); f) art. 155, §2º, III (facultatividade da seletividade do imposto sobre circulação de mercadorias e prestação de serviços de transportes interestadual e intermunicipal e de comunicação); g) nos arts. 159, I, "c", e 161, II (prioridade das regiões menos desenvolvidas no recebimento de transferência de recursos tributários federais, objetivando "promover o equilíbrio socioeconômico entre estados e entre municípios"); e h) no art. 165, §7º (obrigatoriedade de que o orçamento fiscal e de seguridade social tenham entre suas funções a de reduzir desigualdades inter-regionais, segundo critério populacional).[535]

Além disso, a Constituição determinou a vinculação de percentuais da arrecadação de impostos de todos os entes da Federação para o financiamento de políticas públicas prioritárias e diretamente vinculadas à redução das desigualdades sociais: saúde (art. 198, §2º) e educação (art. 212, *caput*). No caso da seguridade social, área especialmente relevante na tarefa de proteção social a indivíduos e grupos em situação de risco ou vulnerabilidade, a Constituição se mostrou especialmente consciente da necessidade de criar um âmbito de fiscalidade próprio para o setor, obrigando à elaboração de um orçamento próprio para a área (art. 165, §5º, III), prevendo diversas fontes específicas de financiamento (contribuições sociais previstas nos incisos do art. 195), autorizando o legislador à criação de fontes adicionais de financiamento (art. 195, §4º) e elegendo a equidade como critério básico para a forma de participação do custeio do sistema (art. 194, parágrafo único, V).[536]

## 6.2 Leis orçamentárias

O texto constitucional, em capítulo dedicado às finanças públicas, disciplina o sistema orçamentário em seus arts. 165 a 169.

O art. 165 da CR/88 estabelece que a arquitetura desse sistema é composta pela Lei do Plano Plurianual (PPA), pela Lei de Diretrizes Orçamentárias (LDO) e pela Lei Orçamentária Anual (LOA), todas de iniciativa do Poder Executivo. Também são de iniciativa exclusiva do chefe do Poder Executivo as leis que tratam de créditos adicionais (suplementares ou especiais).[537] O constituinte, portanto, estabeleceu conjunto de corpos normativos que se vinculam e interagem, dotados de lógica sistêmica própria,

---

[535] GODOI, Marciano Seabra de. Tributação e orçamento nos 25 anos da Constituição de 1988. *Revista de Informação Legislativa*, Brasília, ano 50, n. 200, p. 137-151, out./dez. 2013. p. 139.

[536] GODOI, Marciano Seabra de. Tributação e orçamento nos 25 anos da Constituição de 1988. *Revista de Informação Legislativa*, Brasília, ano 50, n. 200, p. 137-151, out./dez. 2013. p. 139-140.

[537] STF, Tribunal Pleno. ADI nº 2.750. Rel. Min. Eros Grau, j. 6.4.2005. *DJ*, 26 ago. 2005 PP-00005 EMENT VOL-02202-01 PP-00141 RB v. 17, n. 505, 2005, p. 52 *RTJ* VOL-00195-01 PP-00019.

na qual se apoia realização de planejamentos responsáveis e comprometidos com a efetivação de direitos fundamentais.

Para tanto, a Constituição fixa que a LOA deve respeitar as disposições da LDO, e ambas devem estar em consonância com o teor do PPA, sendo que todas elas devem estar adequadas ao planejamento global da ação do Estado (art. 165, §§4º e 7º, art. 166, §4º, art. 167, §1º, CR/88).

### 6.2.1 Natureza jurídica

A natureza jurídica dos orçamentos públicos é tema que há muito tempo desperta debates na doutrina, e que merece atenção redobrada no estudo do direito financeiro, notadamente pelas repercussões práticas que suscita.

Do ponto de vista formal,[538] não há dúvidas de que os orçamentos públicos constituem leis, à medida que são atos emanados pelo Poder Legislativo, com iniciativa do processo reservada ao chefe do Poder Executivo (art. 165, CR/88). Os debates sobre sua natureza jurídica situam-se, pois, na verificação da substância das leis orçamentárias.

No direito europeu, com reflexos no ambiente do direito interno, é possível identificar três concepções teóricas que buscam explicar a natureza dos orçamentos públicos.

A *primeira corrente*, inicialmente desenvolvida na Alemanha, por Laband, compreende o orçamento como simples autorização emanada pelo Parlamento para a prática de atos administrativos. Essa concepção nasce no contexto da luta entre a Monarquia e o Parlamento sobre a majoração de despesas públicas, e representa a proeminência da Administração em relação às questões do planejamento orçamentário. Nesse cenário, o orçamento é visto como um mero plano de gestão, que vincula relações intergovernamentais, porém sem estabelecer direitos subjetivos para os cidadãos.[539] Dita teoria foi desenvolvida na França por Gastón Jèze, que passou a defender que, relativamente à despesa pública, pelo menos nos países que adotassem o princípio da anualidade tributária (que exigia a previsão da receita e da despesa no orçamento para a respectiva cobrança), o orçamento teria natureza jurídica de ato-condição. Assim, todas as suas partes, receitas e despesas, representariam atos-condição, destituídos de caráter normativo.

A *segunda corrente* é denominada teoria da lei em sentido material, desenvolvida inicialmente por Mybach-Rheinfeld, no sentido de que o orçamento tem natureza

---

[538] De acordo com as clássicas lições de Seabra Fagundes, os atos emanados pelo Poder Público poderão ser classificados de acordo com os critérios formal e material. O critério formal ou orgânico classifica o ato segundo o órgão que o expediu. O critério material considera a substância em si do ato (FAGUNDES, Miguel Seabra. *O controle dos atos administrativos pelo Poder Judiciário*. 4. ed. Rio de Janeiro: Forense, 1967. p. 17-18).

[539] Segundo Lobo Torres: "A teoria de que o orçamento é lei formal, que apenas prevê as receitas públicas e autoriza os gastos, sem criar direitos subjetivos e sem modificar as leis tributárias e financeiras, é, a nosso ver, a que melhor se adapta ao direito constitucional brasileiro" (TORRES, Ricardo Lobo. Comentários ao artigo 165. *In*: CANOTILHO, José Joaquim Gomes; MENDES, Gilmar Ferreira; STRECK, Lenio Luiz. *Comentários à Constituição do Brasil*. São Paulo: Saraiva, 2013. p. 1756).

substancial de lei, na medida em que cria direitos e inova o ordenamento jurídico em relação às leis financeiras. Nessa linha, o orçamento seria uma lei típica, dotada de normatividade, inovadora e criadora de direitos subjetivos. Suas previsões seriam suficientes para que os indivíduos buscassem a tutela dos órgãos competentes para chancelar direitos fundamentais.

A *terceira corrente* é intitulada teoria da lei *sui generis*, adotando posição intermediária entre as duas anteriores. De acordo com essa teoria, o orçamento, no que toca à despesa, representa ato-condição, portanto, dotado de natureza administrativa; mas relativamente à receita, possui natureza de lei em sentido material, porquanto a previsão orçamentária apresenta-se como requisito essencial para a efetivação da cobrança dos tributos.

No âmbito nacional, Aliomar Baleeiro contribuiu decisivamente para a formação do entendimento de que o orçamento teria natureza formal de lei e conteúdo de ato condição. Contudo, conforme adverte Lobo Torres, a teoria da lei formal se enfraqueceu nos últimos anos no Brasil (a exemplo dos Estados Unidos), diante da presença no texto constitucional de normas constitucionais de: a) vinculação de receitas e despesas públicas a fundos específicos; b) tributos vinculados a finalidades específicas; c) titulações criadas pelo Poder Judiciário (precatórios, mandados de injunção e outras ações) para garantia dos direitos fundamentais.[540]

O STF ainda não apresentou manifestação peremptória acerca da natureza jurídica dos orçamentos públicos. Contudo, é possível identificar uma mudança de rumos em sua jurisprudência.[541]

Tradicionalmente, como se vê da ADI nº 1.694, de relatoria do Min. Sydney Sanches, o STF compreendia que o orçamento era apenas lei em sentido formal, com natureza e efeitos político-administrativos concretos,[542] o que impedia a análise de sua constitucionalidade em sede de controle abstrato.

Na ADI nº 2.925,[543] entretanto, arguiu-se a inconstitucionalidade de dispositivos de lei orçamentária que autorizavam a abertura de créditos suplementares indicando, de modo genérico, as fontes de receitas. A ação teve como objeto a análise da constitucionalidade de dispositivos da Lei Orçamentária da União, para o exercício financeiro de 2003, que autorizavam a abertura de créditos suplementares para complementação de dotações orçamentárias em cada subtítulo, respeitado o limite de 10% do seu valor, cujos recursos adviriam da anulação parcial de dotações orçamentárias, reserva de contingência e excesso de arrecadação, sob o argumento de violação do art. 174, §4º, III, CR/88.

O STF julgou procedente a ação, uma vez que os referidos dispositivos da LOA permitiam, de modo genérico, a realocação de recursos por meio de créditos

---

[540] TORRES, Ricardo Lobo. Comentários ao artigo 165. *In*: CANOTILHO, José Joaquim Gomes; MENDES, Gilmar Ferreira; STRECK, Lenio Luiz. *Comentários à Constituição do Brasil*. São Paulo: Saraiva, 2013. p. 1756.
[541] Sobre a questão, conferir: CORREIA NETO, Celso Basto. O orçamento público e o Supremo Tribunal Federal. *In*: CONTI, José Maurício; SCAFF, Fernando Facury (Coord.). *Orçamentos públicos e direito financeiro*. São Paulo: Revista dos Tribunais, 2011. p. 111-126.
[542] STF. ADI nº 1.694. Rel. Min. Sydney Sanches. *DJ*, 12 fev. 1998.
[543] ADI nº 2.925. Rel. Min. Marco Aurélio. *DJ*, 19 dez. 2003.

suplementares, sem excepcionar as receitas advindas da Cide Combustíveis que estão vinculadas às atividades prescritas na citada norma constitucional (pagamento de subsídios a preços ou transporte de álcool combustível, gás natural e seus derivados e derivados de petróleo; financiamento de projetos ambientais relacionados com a indústria do petróleo e do gás; financiamento de programas de infraestrutura de transportes).

Desse modo, na ADI nº 2.925, o STF admitiu o controle abstrato, mas não realizou revisão do seu entendimento acerca da natureza jurídica do orçamento. Limitou-se o Pretório Excelso a afirmar que o caso em tela comportava controle abstrato de constitucionalidade, visto que envolvia a apreciação de dispositivos da lei orçamentária com contornos de abstração – e que não diziam respeito às decisões políticas de alocação de receitas e de despesas públicas, matérias típicas do campo da eficácia concreta da lei orçamentária.

Posteriormente, ao apreciar a ADI nº 4.048,[544] que questionou a constitucionalidade da Medida Provisória nº 405/2007, convertida na Lei nº 11.658/08, que admitiu a abertura de crédito extraordinário em favor da Justiça Eleitoral e de diversos órgãos do Poder Executivo, o STF, em sede de medida cautelar, reconheceu sua competência para apreciar, à luz das peculiaridades da situação fática, a presença dos requisitos impostos pelo art. 62, §1º, I, "d", e art. 167, §3º, da CR/88, que respectivamente autorizam a expedição de medida provisória e a abertura de crédito extraordinário. Também neste caso o STF não entrou na discussão acerca do caráter concreto ou abstrato da lei orçamentária (no caso, do ato que autorizou abertura do crédito orçamentário), limitando-se a afirmar a possibilidade de controle do procedimento e dos requisitos para abertura do crédito extraordinário, entendimento reafirmado no pertinente à LDO no julgamento da ADI nº 5.468.[545]

Da breve análise de tais julgados, verifica-se que o STF se limita a afirmar casuisticamente sua competência para apreciar a constitucionalidade de tais atos, sem expor ou fundamentar seu entendimento sobre a natureza jurídica dos orçamentos públicos. Além disso, em nenhum dos julgados o STF chegou a analisar o conteúdo jurídico da fixação de despesas públicas em face da Constituição. Considera-se que o orçamento, em que pese o fato de suas disposições não serem dotadas de obrigatoriedade ou não gerarem direito subjetivo, é ato legislativo de conteúdo normativo, podendo ser objeto de controle abstrato de constitucionalidade, na forma do art. 102, I, "a", da Constituição.

O orçamento não é capaz, sozinho, de criar direitos e obrigações para terceiros, para se consubstanciar em lei em sentido material, mas ele possui conteúdo de ato normativo típico (cogitado do art. 102, I, "a", CR/88), porquanto sob suas rubricas são praticados inúmeros atos administrativos concretos, que geram despesas públicas, além do que seu descumprimento pode gerar sanção ao seu executor (efeito interno do descumprimento da obrigação). Em sendo ato de conteúdo normativo – e lei do

---

[544] ADI nº 4.048. Rel. Min. Gilmar Mendes. *DJ*, 14 maio 2008.
[545] ADI nº 5468/DF. Rel. Min. Luiz Fux, 29 e 30.6.2016.

ponto de vista formal (ato editado pelo Poder Legislativo), admite-se que contra leis orçamentárias contrárias à Constituição instale-se o controle concentrado de constitucionalidade.

### 6.2.1.1 Orçamento autorizativo e orçamento impositivo

Discussão que se coloca na ordem do dia, notadamente após a EC nº 86, de 17.3.2015, refere-se ao caráter vinculante da lei orçamentária. Fala-se, nesse sentido, em orçamento de caráter impositivo e vinculante, como forma de superar o tradicional orçamento autorizativo, que para muitos transforma o orçamento em peça de ficção.[546]

O orçamento impositivo tem o objetivo de frear o ímpeto do Poder Executivo que, mercê do tradicional caráter autorizativo da lei orçamentária, possui excessiva liberdade no redirecionamento dos recursos correspondentes às dotações orçamentárias em diversos setores. É dizer, o orçamento impositivo propõe técnicas que minimizam a discricionariedade do Poder Executivo, tornando a programação orçamentária de execução obrigatória.[547]

A EC nº 86, de 17.3.2015 alterou os arts. 165, 166 e 198 da Constituição, estabelecendo, basicamente, dois pontos. Primeiro, previu vinculação orçamentária parcial no que se refere às emendas parlamentares individuais à Lei de Meios (orçamento impositivo). Segundo, estabeleceu à União percentual mínimo de despesas em ações e serviços públicos de saúde.

No primeiro ponto, a EC nº 86/15 vincula recursos do orçamento federal – 1,2% da receita corrente líquida da União realizada no exercício anterior – para os gastos indicados ao orçamento pelos parlamentares para atendimento de suas bases eleitorais. Essa vinculação aplica-se também às programações incluídas por todas as emendas de iniciativa de bancada de parlamentares de estado ou do Distrito Federal, no montante de até 1% da receita corrente líquida realizada no exercício anterior (conforme determinação da EC nº 100/2019 consubstanciada na redação atual do art. 166, §12 da Constituição).

No segundo ponto, a EC nº 86/15 iguala a situação da União aos estados e municípios, prevendo constitucionalmente percentual obrigatório de despesas com ações e serviços públicos de saúde (não menos que 15% da receita corrente líquida do respectivo exercício financeiro). Com a Emenda do Teto de Gastos (EC nº 95/2016), essa vinculação foi revogada.

A vinculação do percentual orçamentário para as despesas oriundas das emendas parlamentares individuais tem o escopo de alterar a orientação até então vigente, segundo a qual:

> os recursos oriundos de emendas parlamentares individuais, embora possuam relativa obrigatoriedade de execução orçamentária e financeira, não constituem transferências

---

[546] DALLARI, Adilson Abreu. Orçamento impositivo. *In*: CONTI, José Maurício; SCAFF, Fernando Facury (Coord.). *Orçamentos públicos e direito financeiro*. São Paulo: Revistas dos Tribunais, 2011. p. 309-328.

[547] HARADA, Kiyoshi. Orçamento impositivo. Exame da PEC nº 565/06. Âmbito Jurídico, set. 2013.

obrigatórias, tais como as relativas aos fundos de participação dos estados e municípios e outras afins, mas sim transferências voluntárias, pois sua execução depende de condicionantes (inexistência de impedimentos de ordem técnica e de contingenciamento).[548]

Em relação ao caráter impositivo das emendas parlamentares e sua relação com eventuais impedimentos de ordem técnica à sua execução, decidiu o TCU em 2018:

> não há irregularidade quando a execução financeira de recursos orçamentários oriundos de emendas parlamentares individuais não ocorre por fatos alheios à vontade do órgão ou da entidade repassadora. Os recursos oriundos dessas emendas, embora possuam relativa obrigatoriedade de execução orçamentária e financeira (EC 86/2015), não constituem transferências obrigatórias, tais como as relativas aos fundos de participação dos estados e municípios e outras afins, mas sim transferências voluntárias, pois sua execução depende de condicionantes (inexistência de impedimentos de ordem técnica e de contingenciamento). (Acórdão nº 831/2018)

Posteriormente, em 2019, por meio da Emenda Constitucional nº 100, esse entendimento foi incluído no art. 166, §13, da Constituição: "As programações orçamentárias previstas nos §§ 11 e 12 deste artigo [emendas individuais e de bancada] não serão de execução obrigatória nos casos dos impedimentos de ordem técnica".

Após a edição da EC nº 86/15, Fernando Facury Scaff[549] didaticamente arrolou as alterações produzidas no cenário constitucional, pelo que convém reproduzir as conclusões do autor:

a) A EC nº 86/15 estabeleceu uma vinculação de receitas para gastos com emendas parlamentares individuais no percentual de até 1,2% da receita corrente líquida prevista no Projeto de Lei Orçamentária enviado pela União – aproximadamente R$8 bilhões no ano de 2014 –, sendo que metade desse percentual deverá ser destinada a ações e serviços públicos de saúde (art. 166, §9º), sendo vedado seu uso para pagamento de despesas com pessoal ou encargos sociais (art. 166, §10). Este valor destinado à saúde será considerado no montante anual que a União obrigatoriamente deve despender (art. 166, §10).

b) O percentual de 1,2% é de obrigatória execução orçamentária e financeira, conforme os critérios para a execução equitativa da programação definidos na lei complementar prevista no §9º do art. 165. Compreende-se como "execução equitativa" a execução das programações de caráter obrigatório que atenda de forma igualitária e impessoal às emendas apresentadas, independentemente da autoria (art. 166, §18). Nesse percentual devem ser considerados os "restos a pagar" até o limite de 0,6% da receita corrente líquida realizada no exercício anterior (art. 166, §16).

---

[548] TCU, Plenário. Acórdão nº 287/2016 (Levantamento, Rel. Min. José Múcio Monteiro).

[549] SCAFF, Fernando Facury. Surge o orçamento impositivo à brasileira pela Emenda Constitucional 86. *Conjur*, 24 mar. 2015. Coluna Contas à Vista.

c) A obrigatoriedade de execução orçamentária não se aplica quando ocorrer impedimento de ordem técnica (art. 166, §13), entendido como tal aquele que impeça a realização do empenho da despesa.
d) Os recursos desta vinculação para as emendas parlamentares individuais quando destinada a estados, Distrito Federal ou municípios não dependerá da adimplência do ente federativo destinatário e também não integrará a base de cálculo da receita corrente líquida para fins de aplicação dos limites de despesa de pessoal de que trata o *caput* do art. 169 (regulamentado pelos arts. 19 e 20 da LRF (art. 166, §16 da Constituição).
e) Esta vinculação de 1,2% poderá ser contingenciada, na forma do art. 9º da LRF (limitação de empenho), caso haja ameaça do descumprimento da meta de superávit primário estabelecido no anexo de metas fiscais da LDO, o que demonstra que até mesmo os interesses eleitorais cessam quando entra em questão o pagamento dos credores públicos (art. 166, §17, da Constituição, em sua redação original).
f) Vinculação imposta à União do percentual de 15% da RCL do respectivo exercício financeiro para ações e serviços públicos de saúde (art. 198, §2º, I). O preceito cria uma mecânica normativa vinculando um percentual da receita pública ao financiamento da saúde, sendo que a sistemática anterior, revogada pela EC nº 86, transferia a uma lei complementar esta fórmula, que obedecia a um cálculo incremental, sem percentual estabelecido, e com um "efeito catraca" para resguardar eventuais recuos do PIB. A Lei Complementar nº 141/12 regulava a matéria em seu art. 5º, mencionando que a União aplicaria, anualmente, em ações e serviços públicos de saúde, o montante correspondente ao valor empenhado no exercício financeiro anterior, acrescido de, no mínimo, o percentual correspondente à variação nominal do PIB. Os estados devem vincular 12% de sua receita corrente líquida e os municípios 15% (arts. 7º e 8º, LC nº 141/12), o que foi mantido pela EC nº 86 (art. 198, §3º, I da Constituição Federal). Essa regra, agora revogada, levou a União a gastar em 2014 quase R$92 bilhões em saúde (valor superior ao que foi gasto em 2013, R$83 bilhões).

O art. 2º da EC nº 86/15 foi revogado pela EC nº 95/16.

As alterações na Constituição Federal quanto à vinculação do orçamento, embora sejam pertinentes à relação entre os poderes Legislativo e Executivo na execução orçamentária, não se afiguram obrigatoriamente replicáveis em nível estadual e municipal. Será opção de cada entidade prever no respectivo orçamento a parte impositiva e a parte autorizativa. É mesmo possível que os percentuais sejam distintos, conforme a realidade de cada ente.

Desde a Emenda Constitucional nº 86/2015, as emendas parlamentares individuais ao orçamento eram consideradas de alguma forma como de natureza impositiva. Com a EC nº 100/19, alteraram-se os arts. 165 e 166 da Constituição Federal para tornar obrigatória a execução da programação orçamentária proveniente de emendas de bancada de parlamentares de estado ou do Distrito Federal até o valor-limite de 1% da receita corrente líquida da União realizada no exercício anterior. Em 2020, excepcionalmente e como uma regra de transição, o valor-limite será de 0,8% da receita corrente líquida. Assim, o limite para a execução das emendas individuais impositivas ficou em 1,2% da receita corrente líquida, ao passo que o limite para as emendas de bancada impositivas tem um percentual menor, como descrito anteriormente.

Outras alterações foram trazidas pela EC nº 100/19, como a revogação dos incs. I a IV, do §14, do art. 166 da Constituição Federal, que tratavam das medidas que deveriam ser tomadas em caso de impedimentos de ordem técnica que inviabilizassem a execução das emendas parlamentares. Ademais, quando as transferências obrigatórias aos estados e municípios advierem de emendas impositivas, os recursos transferidos não comporão a receita corrente líquida dos entes destinatários.

No art. 166 da Constituição Federal foi incluído, também pela EC nº 100/19, o §17, determinando que os restos a pagar das programações orçamentárias que estão previstas nos §§11 e 12 (emendas impositivas individuais e de bancada) poderão ser consideradas para fins de cumprimento da execução financeira, para as emendas individuais, até o limite de 0,6% da receita corrente líquida, que tiver sido realizada no exercício anterior. Já para as programações de emendas de bancada, o limite é de 0,5%.

O critério equitativo para a execução das emendas está contido no §19 do mesmo artigo, ressaltando que, para a EC nº 100, "considera-se equitativa a execução das programações de caráter obrigatório que observe critérios objetivos e imparciais e que atenda de forma igualitária e impessoal às emendas apresentadas, independentemente da autoria".

Na Ação Direta de Inconstitucionalidade nº 7.697, ajuizada pelo Partido Socialismo e Liberdade (PSOL) em agosto de 2024, questionou-se a validade de todo o conjunto de normas constitucionais que estabeleceram, a partir da EC nº 86/2015, o caráter vinculante de emendas parlamentares (emendas individuais e emendas de bancada). Segundo a ação, as emendas constitucionais que criaram a figura das emendas parlamentares impositivas violaram a cláusula pétrea da separação dos poderes (art. 60, §4º, III, da Constituição).

Conforme explicado e detalhado na seção 6.8.3 da Parte I deste *Curso*, o relator da ADI nº 7.697, ministro Flávio Dino, concedeu parcialmente a cautelar requerida, estabelecendo uma série de restrições à operatividade das emendas parlamentares de cunho impositivo.

### 6.2.1.2 Emendas individuais impositivas com transferência especial ou com finalidade definida (art. 166-A da Constituição – EC nº 105/2019)

Em 12.12.2019 foi promulgada a EC nº 105, que incluiu na Constituição o art. 166-A. Na visão dos parlamentares, as emendas impositivas criadas pela EC nº 86/2015 (que à época tinham um valor anual próximo a R$10 bilhões) estavam com tramitação muito lenta e burocratizada em função da necessidade de a União estabelecer previamente convênios e outras providências administrativas para repassar os recursos a estados, Distrito Federal e municípios. Por isso o objetivo da EC nº 105 foi o de agilizar e desburocratizar a liberação dos recursos das emendas impositivas para estados e municípios.

A característica mais marcante das novas "transferências especiais ou com finalidade definida" é que seus recursos "serão repassados diretamente ao ente federado beneficiado, independentemente de celebração de convênio ou de instrumento congênere" e "pertencerão ao ente federado no ato da efetiva transferência financeira" (art. 166-A, §2º, I e II da Constituição).

A diferença entre a transferência especial e a transferência com finalidade definida é que, nesta última, os recursos são vinculados à programação estabelecida na própria emenda parlamentar, e aplicados nas áreas de competência constitucional da União (art. 166-A, §4º da Constituição). No caso das transferências especiais, pelo menos 70% deverão ser aplicadas em despesas de capital, vedada sua aplicação em despesas de pessoal, encargos com inativos/pensionistas e serviço da dívida (art. 166-A, §§1º e 5º da Constituição).

Nas transferências com finalidade específica, por sua vez, nos termos do §4º do art. 166-A da Constituição, os recursos serão:

a) vinculados à programação estabelecida na emenda parlamentar que aprovar a previsão orçamentária federal da transferência;
b) aplicados nas áreas de competência constitucional da União.

No caso das transferências do tipo especial, há uma alteração da lógica tradicional das transferências voluntárias. Isso porque em razão da desnecessidade de instrumentos jurídicos bilaterais que disciplinem a transferência, bem como do pertencimento dos recursos ao ente recebedor (estados, DF e municípios), a competência fiscalizadora desses recursos passa a ser dos órgãos de controle interno e externos de estados e/ou municípios e não do TCU como seria natural. O mesmo não se pode dizer com relação às transferências com finalidade específica, porquanto a vinculação com áreas de competência constitucional da União, aliada à necessidade dos instrumentos jurídicos, atrai a fiscalização dos órgãos de controle da União (CGU e TCU).

Nas Ações Diretas de Inconstitucionalidade nº 7.688 e 7.695, ajuizadas em meados de 2024, questionou-se a constitucionalidade da figura da emenda individual por meio de transferência especial (conhecida como emendas PIX), prevista na Emenda Constitucional nº 105/2019.

Ambas as ações argumentam que as emendas PIX desrespeitam os princípios constitucionais da publicidade, da transparência, da controlabilidade e rastreabilidade da execução orçamentária. Mesmo tendo sido criadas por uma emenda constitucional, as emendas parlamentares por transferência especial (emendas PIX) seriam inconstitucionais por violarem a cláusula pétrea da separação dos poderes (art. 60, §4º, III, da Constituição), concentrando prerrogativas no âmbito do Legislativo e dificultando o controle por parte do Executivo, provocando uma espécie de apagão fiscalizador no âmbito dos órgãos de controle interno e externo do orçamento federal (no caso dos recursos da emenda PIX, o Tribunal de Contas da União considera que sua fiscalização deve ser realizada pelos órgãos de controle estaduais e locais, e não pelos órgãos federais).

O relator de ambas as ações foi o ministro Flávio Dino, a quem as ações foram direcionadas por prevenção, e não por sorteio, tendo em vista a pertinência temática entre a prática da emenda PIX e a prática das emendas do relator-geral questionadas nas ADPFs nº 850, 851, 854 e 1.014. Tal como explicado e detalhado na seção 6.8.2 da Parte I deste *Curso*, o ministro Flávio Dino concedeu medida cautelar em ambas as ações, medida posteriormente referendada unanimemente pelo plenário do STF no dia 19 de agosto de 2024, estabelecendo uma série de restrições à operatividade das emendas PIX.

## 6.2.2 Plano Plurianual (PPA)

No modelo orçamentário definido pelo constituinte de 1988, o PPA representa o parâmetro inicial de planejamento da atividade pública, durante o período de quatro anos. Trata-se de relevante instrumento que define a direção das políticas de investimento e de programas que se estendem por mais de um exercício financeiro.

Lobo Torres afirma que o plano plurianual é lei formal, dependente do orçamento anual para que possa ter eficácia quanto à realização das despesas. Constitui mera programação ou orientação, que deve ser respeitada pelo Poder Executivo na execução dos orçamentos anuais, mas que não vincula o Poder Legislativo na feitura das leis orçamentárias.[550] Acrescente-se, todavia, que o PPA vincula o Poder Executivo na elaboração da proposta de lei de diretrizes orçamentárias e de orçamento, sob pena de se transformar em aparato inútil e despedido de aplicação prática.

O PPA tem a função de estabelecer programas, metas e diretrizes governamentais de longa duração. Trata-se, portanto, de instrumento de planejamento conjuntural com o objetivo de promover o desenvolvimento econômico do país de forma integrada e equilibrada em todas as regiões. Nesse sentido, o art. 165, §4º, da Constituição dispõe que os planos e programas nacionais, regionais e setoriais previstos na Constituição devem ser elaborados em consonância com o plano plurianual e apreciados pelo Congresso Nacional.

Além disso, o orçamento fiscal e de investimento das empresas estatais, que têm o dever de promover a redução das desigualdades inter-regionais, de acordo com o critério populacional, devem ser compatibilizados com as disposições do PPA.

Nos termos do art. 165, §1º, da Constituição, o PPA deve definir, de forma regionalizada, diretrizes, objetivos e metas da Administração Pública para despesas de capital e outras delas resultantes (despesas de custeio) e despesas alusivas aos programas de duração continuada. Segundo a Constituição, o PPA deve cuidar de dois tipos específicos de despesas públicas: a) as despesas de capital, que resultam na majoração do patrimônio líquido da Administração Pública e b) as despesas de

---

[550] TORRES, Ricardo Lobo. *Tratado de direito constitucional financeiro e tributário*. 2. ed. Rio de Janeiro: Renovar, 2000. v. 5. p. 64.

duração continuada, ou seja, cuja execução ultrapassa um exercício financeiro. Logo, verifica-se que o PPA não se dedica às chamadas despesas correntes, voltadas à manutenção da máquina pública.

Nenhum investimento cuja execução ultrapasse um exercício financeiro poderá ser iniciado sem prévia inclusão no plano plurianual, ou sem lei que autorize a inclusão, sob pena de crime de responsabilidade, a teor do art. 167, §1º, da CR/88.

O art. 165, §9º, I, da CR/88 estatui que compete à lei complementar dispor sobre o exercício financeiro, a vigência, os prazos, a elaboração e a organização do PPA. Enquanto não é editada a sobredita lei, aplicam-se as disposições do art. 32, §2º, I, do ADCT, cujo teor estabelece que o projeto do plano plurianual, para vigência até o final do primeiro exercício financeiro (31 de agosto) do mandato presidencial subsequente, será encaminhado até quatro meses antes do encerramento do primeiro exercício financeiro e devolvido para sanção até o encerramento da sessão legislativa (22 de dezembro). É certo que a referida norma do ADCT, por tratar de matéria que compete à lei complementar com âmbito de aplicação nacional, também é aplicável aos estados-membros e municípios.

Nesses termos, o PPA é elaborado no primeiro ano do mandato do chefe do Poder Executivo e terá vigência nos três últimos anos do respectivo mandato e no primeiro ano do mandato do seu sucessor ou do segundo mandato, em caso de reeleição.

### 6.2.3 Lei de Diretrizes Orçamentárias

A Lei de Diretrizes Orçamentárias (LDO) possui vigência de um ano e compreende as metas e prioridades da Administração Pública federal, incluindo as despesas de capital, para o exercício financeiro subsequente. Além disso, compete à LDO orientar a elaboração da lei orçamentária anual, dispor sobre as alterações na legislação tributária[551] e estabelecer a política de aplicação das agências financeiras oficiais de fomento.

Trata-se de instrumento de planejamento de ações de curto prazo, com vigência anual, de iniciativa do chefe do Poder Executivo e cuja tramitação deve ocorrer no primeiro semestre de cada ano.

O art. 165, §9º, da CR/88 preceitua que lei complementar deverá disciplinar a vigência, os prazos, a elaboração e a organização da LDO. Como o referido ato normativo ainda não foi editado, aplicam-se as disposições do art. 35, §2º, II, do ADCT que determina que o projeto de lei de diretrizes orçamentárias será encaminhado até oito meses e meio antes do encerramento do exercício financeiro (15 de abril) e devolvido para sanção até o encerramento do primeiro período da sessão legislativa. É importante ainda citar que, nos moldes do art. 57, §2º, da CR/88, a interrupção da

---

[551] A relevância de a LDO prever as alterações na legislação tributária refere-se ao fato de que tais mudanças geram impactos no planejamento das receitas do exercício subsequente.

sessão legislativa do mês de julho não ocorrerá se ainda estiver pendente a aprovação do projeto de lei de diretrizes orçamentárias.

Na prática, a aprovação da LDO federal nunca ocorre no primeiro semestre e, nos últimos anos, vem ocorrendo somente nos últimos dias do ano ou mesmo nos primeiros dias do ano seguinte. A LDO relativa à lei orçamentária de 2024 somente foi publicada em 2 de janeiro do próprio ano de 2024 (Lei nº 14.791); a LDO relativa à lei orçamentária de 2025 somente foi publicada em 31 de dezembro de 2024 (Lei nº 15.080).

A LDO constitui apenas um plano prévio, estruturado segundo dados econômicos e sociais, que servirá de subsídio para elaboração da proposta orçamentária do Poder Executivo, Poder Legislativo, Poder Judiciário e Ministério Público, sem jamais criar direitos subjetivos públicos para terceiros, na medida em que tem eficácia restrita às relações interorgânicas do Poder Público.[552] Assim como o PPA, a LDO não vincula o Poder Legislativo na elaboração da lei orçamentária, mas vincula a elaboração da proposta orçamentária pelo Poder Executivo. Além disso, não revoga ou retira eficácia das leis tributárias ou de outros atos normativos que concedem benefícios.[553]

A LDO tem o importante papel de estabelecer mediação e entrosamento entre as disposições do PPA e da LOA. Nesse quadro, a LDO tem competência para eleger as metas e ações prioritárias na execução do orçamento seguinte.

O texto constitucional, em outras passagens, menciona a LDO: a) no art. 169, §1º, II, que dispõe sobre a concessão de qualquer vantagem ou aumento de remuneração, a criação de cargos, empregos e funções ou alteração de estrutura de carreiras, bem como a admissão ou contratação de pessoal, a qualquer título, pelos órgãos e entidades da Administração direta ou indireta, inclusive fundações instituídas e mantidas pelo Poder Público, ressalvadas as empresas públicas e as sociedades de economia mista; b) no art. 99, §§1º e 4º, e art. 127, §§3º e 5º, que impõem ao Poder Judiciário e ao Ministério Público o dever de confeccionar as respectivas propostas orçamentárias em consonância com as estipulações da LDO; c) no art. 134, §2º, que estabelece que as Defensorias Públicas estaduais encerram autonomia funcional e administrativa e devem apresentar proposta orçamentária dentro dos limites da LDO.[554]

No âmbito infraconstitucional, a LRF atribuiu especial relevo à LDO, que deverá dispor sobre: a) equilíbrio entre receitas e despesas (art. 4º, I, "a"); b) critérios e forma de limitação de empenho (contingenciamento de despesa) (art. 4º, I, "b"), para assegurar a obtenção de metas de resultado primário e nominal (art. 9º) ou para garantir a recondução da dívida aos limites de endividamento (art. 31, §1º, II); c) normas relativas ao controle de custos e à avaliação dos resultados dos programas financiados com recursos dos orçamentos (art. 4º, I, "e"); d) demais condições e

---

[552] TORRES, Ricardo Lobo. *Tratado de direito constitucional financeiro e tributário*. 2. ed. Rio de Janeiro: Renovar, 2000. v. 5. p. 66-67.

[553] TORRES, Ricardo Lobo. *In*: CANOTILHO, José Joaquim Gomes; MENDES, Gilmar Ferreira; STRECK, Lenio Luiz. *Comentários à Constituição do Brasil*. São Paulo: Saraiva, 2013. p. 1756.

[554] Sobre autonomia orçamentária da defensoria pública, ver ADPF nº 307 Referendo-MC/DF, Rel. Min. Dias Toffoli, 19.12.2013 (*Informativo*, n. 733).

exigências para transferências de recursos a entidades públicas e privadas (art. 4º, I, "f"); e) índice de preço cuja variação não poderá ser suplantada pela atualização monetária do principal da dívida mobiliária refinanciada (art. 5º §3º); f) concessão ou ampliação de incentivo ou benefício tributário que importe renúncia de despesa (art. 14); g) sobre o conceito de despesa irrelevante (art. 16, §3º); h) percentuais que devem ser aplicados sobre a receita corrente líquida para o cômputo dos recursos financeiros que devem ser repassados aos órgãos do Poder Legislativo, Poder Judiciário, Ministério Público e Defensoria Pública (art. 20, §5º); i) situações extraordinárias que justificam a contratação de hora extra, quando a despesa com pessoal exceder 95% do respectivo limite (art. 22, parágrafo único, V); j) condições para inclusão na LOA ou na lei de créditos adicionais de novos projetos, apenas se os projetos em andamento forem adequadamente cumpridos e contempladas as despesas de conservação do patrimônio público (art. 45, *caput*); k) autorização para que os municípios contribuam para o custeio de despesas de competência de outros entes da Federação (art. 62, I).

### 6.2.4 Lei Orçamentária Anual (LOA)

A Lei Orçamentária Anual, também denominada lei de meios, tem como principal atribuição a estimativa de receitas e a fixação de despesas para o exercício financeiro que corresponde ao ano civil (art. 34 da Lei nº 4.320/64).

O art. 165, §5º, da CR/88 prevê que a lei orçamentária anual deve englobar a previsão de três orçamentos: a) o orçamento fiscal referente aos poderes da União, seus fundos, órgãos e entidades da Administração direta e indireta, inclusive fundações instituídas e mantidas pelo Poder Público; b) o orçamento de investimento das empresas em que a União, direta ou indiretamente, detenha a maioria do capital social com direito a voto e c) o orçamento da seguridade social, abrangendo todas as entidades e órgãos a ela vinculados, da Administração direta ou indireta, bem como os fundos e fundações instituídos e mantidos pelo Poder Público.

Conforme será adiante tratado, a previsão dos sobreditos orçamentos na LOA não ofende o princípio da unidade orçamentária. Pelo contrário, a junção do orçamento fiscal, do orçamento de investimento e do orçamento da seguridade social em uma mesma lei permite a harmonização e a integração de suas disposições.

O orçamento fiscal compreende todas as receitas e despesas do Poder Legislativo, Poder Judiciário e Poder Executivo, bem como dos respectivos fundos, órgãos e entidades da Administração direta e indireta, incluindo as fundações instituídas e mantidas pelo Poder Público.

O orçamento de investimento das empresas em que a União, direta ou indiretamente, detenha a maioria do capital com direito a voto constitui novidade da Constituição de 1988 e tem como objetivo auxiliar no controle da disposição do art. 167, VIII, da CR/88, que veda o emprego, sem autorização em lei específica, de recursos do orçamento (fiscal e da seguridade) para suprir eventuais necessidades ou déficit das empresas estatais.

Reitere-se que, segundo o art. 165, §7º, da CR/88, o orçamento fiscal e o orçamento de investimento das empresas estatais, entre outras funções, devem contribuir para redução das desigualdades inter-regionais, segundo critério populacional, e deverão ser compatibilizados com o plano plurianual.

Por fim, o orçamento da seguridade social cuida dos recursos oriundos do orçamento fiscal e das receitas resultantes das contribuições sociais (art. 195 da CR/88) utilizados no custeio da seguridade social, que compreende um conjunto de ações voltadas para promoção da saúde, previdência e assistência social.

Segundo o art. 165, §9º, I, da CR/88, compete à lei complementar dispor sobre vigência, prazo, elaboração e organização da LOA. Todavia, em face da ausência do referido diploma normativo, deve-se aplicar o art. 35, §2º, III, do ADCT, pelo qual o projeto de lei orçamentária da União será encaminhado até quatro meses antes do encerramento do exercício financeiro (31 de agosto) e devolvido para sanção até o encerramento da sessão legislativa (22 de dezembro). Os estados e municípios devem seguir as disposições do art. 35 do ADCT.

Na seara infraconstitucional, o art. 2º da Lei nº 4.320/64 fixa que a LOA conterá a discriminação da receita e despesa, de forma a evidenciar a política econômica e financeira e o programa de trabalho do Governo, obedecidos os princípios de unidade, universalidade e anualidade. Além disso, os arts. 2º e 22 da Lei nº 4.320/64 definem questões pertinentes ao conteúdo e à forma da LOA.

O art. 2º da Lei nº 4.320/64 prevê que a proposta orçamentária deve ser estruturada pelos seguintes elementos: a) sumário geral da receita por fontes e da despesa por funções do Governo (art. 2º, §1º, I); b) quadro demonstrativo da receita e despesa segundo as categorias econômicas (art. 2º, §1º, II); c) quadro discriminativo da receita por fontes e respectiva legislação (art. 2º, §1º, III); d) quadro das dotações por órgãos do governo e da Administração (art. 2º, §1º, IV); e) quadros demonstrativos da receita e planos de aplicação dos fundos especiais (art. 2º, §2º, I); f) quadros demonstrativos da despesa, na forma dos anexos nº 6 a 9 (art. 2º, §2º, II); g) quadro demonstrativo do programa anual de trabalho do governo, em termos de realização de obras e de prestação de serviços (art. 2º, §2º, III).

O art. 5º da LRF também se dedica à disciplina da LOA. Prevê que a elaboração do projeto da LOA está sujeita às suas disposições e ao que dispuser o PPA e a LDO, devendo conter: a) demonstrativo da compatibilidade da programação dos orçamentos com os objetivos e metas constantes do Anexo de Metas da LDO (art. 5º, I); b) demonstrativo regionalizado do efeito, sobre as receitas e despesas, bem como das medidas de compensação a renúncias de receita e ao aumento de despesas obrigatórias de caráter continuado (art. 5º, II); c) reserva de contingência, cuja forma de utilização e montante, definidos com base na receita corrente líquida, serão estabelecidos na lei de diretrizes orçamentárias, destinadas ao atendimento de passivos contingentes e outros riscos e eventos fiscais imprevistos (art. 5º, III).

Além disso, o art. 5º, §1º, da LRF dispõe que todas as despesas relativas à dívida pública, mobiliária ou contratual, e as receitas que as atenderão, constarão da lei orçamentária anual. O §2º do mesmo dispositivo ainda prevê que o refinanciamento da dívida pública constará separadamente na lei orçamentária e nas de crédito adicional. Por fim, o art. 5º §6º da LRF dispõe que as despesas do Banco Central do Brasil relativas a pessoal e encargos sociais, custeio administrativo, inclusive os destinados a benefícios e assistência aos servidores, e a investimentos integram as despesas da União e devem ser incluídas na LOA.

### 6.2.4.1 Elaboração da lei orçamentária

Conforme já destacado, compete à lei complementar a que se refere o art. 165, §9º, da CR/88 disciplinar a vigência, os prazos, a elaboração e a organização do PPA, da LDO e da LOA. Contudo, até que a referida lei complementar seja editada, deve-se aplicar as normas do art. 35, §2º, do ADCT.

Os projetos das citadas leis orçamentárias seguirão as disposições do processo legislativo, dispostas no texto constitucional para o processo legislativo ordinário, exceto naquilo em que conflitarem com as normas específicas do art. 166 da CR/88, que cuidam especificamente sobre comissão mista de orçamento, as emendas e as modificações do projeto pelo Poder Legislativo.

O art. 165 da CR/88 atribui ao presidente da República a iniciativa para propor os projetos de lei alusivos ao PPA, à LDO e à LOA. Além disso, o seu §5º prescreve que o presidente da República pode enviar mensagem ao Congresso Nacional para propor modificação nos referidos projetos enquanto não deflagrada a votação, na Comissão Mista, da parte cuja alteração é proposta.

No âmbito do processo legislativo das leis orçamentárias federais, as duas Casas do Congresso Nacional devem, na forma do regimento comum, apreciar o projeto enviado pelo presidente da República. A votação deverá ser conjunta com os pareceres da comissão mista (art. 166, §1º).

A possibilidade de emendas ao projeto de lei orçamentária é restrita. Somente podem ser aprovadas quando: a) sejam compatíveis com o plano plurianual e com a lei de diretrizes orçamentárias; b) indiquem os recursos necessários, admitidos apenas os provenientes de anulação de despesa, excluídas as que incidam sobre dotações para pessoal e seus encargos; serviço da dívida; transferências tributárias constitucionais para estados, municípios e Distrito Federal; ou c) sejam relacionadas com a correção de erros ou omissões ou com os dispositivos do texto do projeto de lei (art. 166, §§3º e 4º, CR/88).

Existe a possibilidade, cada vez mais frequente no âmbito federal, de o orçamento não ser votado até o início do exercício financeiro seguinte. Com efeito, nos últimos anos vem se tornando comum que a lei orçamentária anual federal somente seja aprovada e publicada no próprio ano da execução do orçamento, o que constitui uma anomalia: a LOA de 2023 somente foi publicada em 17 de janeiro de 2023 (Lei nº 14.535); a LOA de 2024 somente foi publicada em 22 de janeiro de 2024 (Lei nº 14.822); e a LOA de 2025 não foi aprovada em dezembro de 2024, como determina a Constituição.

A Constituição não disciplina esses casos em que a LOA não é publicada até o último dia do ano anterior ao do próprio orçamento, convivendo quatro correntes doutrinárias que buscam solucionar tal impasse por meio das seguintes medidas:

a) prorrogação do orçamento do ano anterior na proporção de 1/12 das dotações, até que o novo orçamento seja aprovado; b) aplicação do orçamento contido no projeto de lei ainda não aprovado; c) autorização de abertura de créditos adicionais extraordinários via medida provisória; d) aprovação de lei autorizativa para abertura de créditos adicionais.

Lobo Torres noticia que a primeira tese já fora adotada, no Brasil, em ordens constitucionais anteriores (Constituição de 1934 e Constituição de 1946) e que a segunda tese fora encampada por Constituições de índole autoritária (Constituição de 1937 e Constituição 1967 de 1969).[555]

Após a Constituição de 1988, as leis de diretrizes orçamentárias têm solucionado esse impasse. O art. 70 da LDO relativa ao orçamento de 2025 (Lei nº 15.080), por exemplo, determina que, "na hipótese de a Lei Orçamentária de 2025 não ser publicada até 31 de dezembro de 2024" – o que de fato ocorreu –, as programações constantes do Projeto de Lei Orçamentária de 2025 poderão ser executadas para o atendimento de diversos tipos de ações e despesas arroladas nos incisos do artigo, tais como as despesas com obrigações constitucionais ou legais da União, despesas com ações de prevenção a desastres e dotações destinadas à aplicação mínima em ações e serviços públicos de saúde.

Lobo Torres sustenta que a prorrogação do orçamento do exercício anterior é a técnica que mais se afina com os pilares democráticos do atual marco constitucional, uma vez que neutraliza o agir estratégico do Poder Executivo de retardamento da apresentação do projeto de lei orçamentária, para que suas disposições sejam postas em prática sem a devida apreciação do Poder Legislativo.

A solução que se infere diretamente do texto constitucional, todavia, é outra. Advoga-se a possibilidade de abertura de créditos extraordinários para fazer frente às despesas, via medida provisória, na forma do art. 167, §3º, da Constituição. A ausência de aprovação do orçamento, que é dever constitucional do Poder Legislativo, aliada à necessidade de funcionamento da máquina estatal revelam motivo bastante para a configuração da hipótese de relevância e urgência exigidas para a edição da medida excepcional.

Releva registrar, como enfatizado em momento anterior desta obra, que nos estados e municípios em que as constituições estaduais ou leis orgânicas não preveem medidas provisórias, deve-se abrir o crédito extraordinário mediante decreto, com fundamento no art. 44 da Lei nº 4.302/64, comunicando-se o fato imediatamente ao Poder Legislativo. Se este entender que não deve aprovar o crédito, tem a prerrogativa de sustá-lo (decreto), com base no art. 49, V, da Constituição. E então a questão poderá ser levada à discussão no âmbito do Poder Judiciário.

Nas hipóteses de veto ou rejeição do projeto de lei orçamentária, o art. 166, §8º, da Constituição estabelece que os recursos que ficarem sem despesas correspondentes

---

[555] TORRES, Ricardo Lobo. *In*: CANOTILHO, José Joaquim Gomes; MENDES, Gilmar Ferreira; STRECK, Lenio Luiz. *Comentários à Constituição do Brasil*. São Paulo: Saraiva, 2013. p. 1771.

poderão ser utilizados mediante créditos especiais ou suplementares, com prévia e específica autorização legislativa.

### 6.2.4.1.1 Veto absoluto impeditivo de despesas autorizadas no orçamento

Por fim, deve-se abordar o chamado veto absoluto impeditivo, que tem lugar nas hipóteses em que o Congresso Nacional susta a realização de despesas não autorizadas, mesmo que sob a forma de investimentos não programados ou de subsídios não aprovados, que potencialmente poderiam causar dano irreparável ou grave lesão à economia pública. Trata-se, em verdade, de hipótese enquadrável como de controle parlamentar com a colaboração do Tribunal de Contas da União, a ser trabalhado mais adiante nesta obra.

O veto absoluto impeditivo não se confunde com a hipótese de suspensão de atos ilegais e dos contratos pelo Poder Legislativo, nos moldes do art. 71, X, e §§1º e 2º, da Constituição, pois nele a despesa sequer encerra previsão orçamentária, ao passo que, na segunda hipótese, verifica-se uma ilegalidade na despesa devidamente autorizada por lei.

Segundo o art. 72, §§1º e 2º, da Constituição, compete à Comissão Mista permanente, diante de indícios de despesas não autorizadas, ainda que sob a forma de investimentos não programados ou de subsídios não aprovados, solicitar à autoridade governamental responsável que, no prazo de cinco dias, preste os esclarecimentos necessários. Caso não prestados ou insuficientes, a Comissão deve solicitar ao Tribunal de Contas pronunciamento conclusivo sobre a matéria, no prazo de trinta dias. Se o Tribunal de Contas considerar a despesa irregular, a Comissão, se julgar que o gasto pode causar dano irreparável ou grave lesão à economia pública, proporá ao Congresso Nacional sua sustação. O tema será retomado quando do estudo do controle externo da atividade financeira do Estado.

## 6.3 Princípios orçamentários

Em função da especificidade da disciplina jurídica atribuída aos orçamentos públicos, é possível identificar, no sistema jurídico nacional, princípios setoriais que informam a elaboração e a execução do orçamento.

### 6.3.1 Princípio da unidade

O princípio da unidade orçamentária é consagrado pelo art. 2º da Lei nº 4.320/64. Estabelece que todas as receitas e despesas de um ente federado devem estar consignadas num documento único (orçamento anual), permitindo sua apreciação em conjunto, observada a periodicidade anual.

O referido princípio busca permitir a visualização de todas as receitas e despesas da unidade federativa, para verificação do cumprimento do equilíbrio orçamentário, evitando-se manobras para a ocultação de contas especiais (art. 165, §8º, CR/88).

O art. 165, §5º, da Constituição exige que a LOA de cada unidade federada preveja diversas contas, que devem contemplar: a) o orçamento fiscal dos poderes, dos respectivos órgãos e entidades; b) o orçamento de investimento em que o ente federado detenha, direta ou indiretamente, a maioria do capital social com direito a voto; e c) orçamento da seguridade social, abrangendo todas as entidades e órgãos vinculados.

Diversamente do que se poderia pensar em uma primeira análise, o referido dispositivo constitucional reforça o princípio da unidade, pois exige que previsões de naturezas distintas estejam condensadas no mesmo instrumento. Uma exceção ao princípio da unidade está na abertura de créditos adicionais (art. 40 da Lei nº 4.320/64).

Os créditos adicionais são classificados em suplementares, especiais e extraordinários. Os créditos suplementares são destinados ao reforço de dotações insuficientemente previstas na lei orçamentária (art. 167, II e V, CR/88 e art. 41, I, da Lei nº 4.320/64); os especiais são destinados às despesas para as quais não haja dotação específica na lei orçamentária (art. 167, II e V, CR/88 e art. 42, II, da Lei nº 4.320/64); os extraordinários são destinados a despesas urgentes e imprevistas, como exemplo, nos casos de guerra, comoção intestina ou calamidade pública (arts. 41, III, da Lei nº 4.320/64, e 167, V, da CR/88). Não é taxativo o rol legislativo para a abertura de créditos extraordinários, desde que efetivamente presentes os requisitos de relevância e urgência.[556]

De acordo com o TCU, a abertura de crédito extraordinário por meio de medidas provisórias se destina a despesas que preencham os requisitos de imprevisibilidade e urgência delimitados semanticamente pelo texto constitucional como equiparáveis às existentes em situações decorrentes de guerra, comoção interna ou calamidade pública, conforme estabelecido no art. 167, §3º, da Constituição Federal. Em situações de elevado impacto social que não se enquadrem naquelas caracterizadas no referido dispositivo constitucional, devem ser buscadas outras alternativas de remanejamento orçamentário, observados os preceitos constitucionais e legais aplicáveis (Acórdão nº 2.184/2017).

---

[556] TCU, Plenário. Acórdão nº 1.716/2016 (Consulta, Rel. Min. Raimundo Carreiro): "É cabível a abertura de crédito extraordinário quando a insuficiência de dotação puder potencialmente acarretar a descontinuidade de serviços públicos essenciais, tais como a prestação jurisdicional e outros direitos fundamentais que devem ser obrigatoriamente assegurados pelo Estado, nos casos em que a insuficiência de dotação orçamentária possa gerar ônus para a União em razão da ocorrência de obrigação de despesa corrente de caráter inadiável independentemente da previsão de crédito orçamentário, o que levaria ao inevitável reconhecimento e confissão de dívida nos termos do art. 29, §1º, da Lei Complementar 101/2000, desde que atendidos os requisitos da medida provisória, a serem avaliados pelo Congresso Nacional, quanto à relevância e urgência, e os requisitos da despesa quanto à imprevisibilidade e à urgência" (art. 62, §1º, inc. I, "d", c/c o art. 167, §3º, da Constituição Federal). Ver, ainda, TCU, Plenário. Acórdão nº 1.863/2016 (Consulta, Rel. Min. Bruno Dantas); TCU, Plenário. Acórdão nº 1.633/2016 (Monitoramento, Rel. Min. Walton Alencar Rodrigues). No mesmo sentido, ver TCU. Acórdão nº 2.904/2017.

A abertura dos créditos adicionais segue o disposto nos arts. 42 a 46 da Lei nº 4.320/64 e sempre depende de prévia autorização legislativa, salvo no caso dos créditos extraordinários que podem ser autorizados e abertos via medida provisória.

Ressalte-se que a abertura de créditos suplementares (diferentemente do crédito especial) pode vir prevista na própria lei orçamentária, a teor do disposto no art. 165, §8º, c/c art. 7º, I, da Lei nº 4.320/64. Os créditos especiais sempre dependem de autorização específica (art. 167, V, CR/88).

Além disso, conforme disciplina do art. 43 da Lei nº 4.320/64, a abertura dos créditos suplementares e especiais depende da existência de recursos disponíveis para ocorrer a despesa, e será precedida de exposição justificativa. Consideram-se recursos para o fim deste artigo, desde que não comprometidos: a) o superávit financeiro apurado em balanço patrimonial do exercício anterior; b) os provenientes do excesso de arrecadação; e c) os resultantes de anulação parcial ou total de dotações orçamentárias ou de créditos adicionais, autorizados em lei.

Entende-se por superávit financeiro a diferença positiva entre o ativo financeiro e o passivo financeiro, conjugando-se, ainda, os saldos dos créditos adicionais transferidos e as operações de crédito a eles vinculadas; por excesso de arrecadação, o saldo positivo das diferenças acumuladas mês a mês entre a arrecadação prevista e a realizada, considerando-se, ainda, a tendência do exercício; a anulação total ou parcial de dotações orçamentárias ou créditos adicionais consiste no cancelamento de dotação e alocação em outro elemento de despesa, fixados numa mesma categoria de programação.

Os créditos adicionais têm a vigência adstrita ao exercício financeiro em que foram abertos, sendo possível, nos termos do §2º do art. 167 da Constituição, que os créditos especiais e extraordinários, autorizados nos últimos quatro meses do exercício, possam ser reabertos nos limites dos respectivos créditos, incorporando-se ao orçamento do exercício seguinte.

### 6.3.1.1 Fundos especiais

O art. 56 da Lei nº 4.320/64 prevê, como corolário do princípio da unidade orçamentária, o princípio da unidade de tesouraria, segundo o qual o recolhimento de todas as receitas far-se-á em estrita observância a este princípio, vedada qualquer fragmentação de caixas especiais.

Uma das formas por excelência a viabilizar dita vinculação é a constituição de fundos especiais, instrumentos de natureza contábil, financeira e orçamentária, instituídos com o objetivo de propiciar a gestão especializada de recursos – voltando-se, assim, à concretização de finalidades preestabelecidas e objetivamente delimitadas no respectivo ato constitutivo. A constituição dos fundos especiais encontra-se prevista no art. 165, §9º, II, da Constituição da República, no particular, regulamentado pela Lei nº 4.320/64.

O fundo especial não é uma entidade, tampouco um órgão da Administração. Constitui o produto de receitas especificadas que por lei se vinculam à realização de determinados objetivos ou serviços, facultada a adoção de normas peculiares de aplicação (art. 71 da Lei nº 4.320/64). Constituem, pois, exceção ao princípio da unidade de tesouraria, caracterizando-se pelas restrições determinadas por regramentos incidentes sobre certos ativos,[557] não exclusivamente de natureza financeira. Também ativos não financeiros podem ser utilizados para esta finalidade.

A aplicação das receitas orçamentárias vinculadas a fundos especiais far-se-á através de dotação consignada na Lei de Orçamento ou em créditos adicionais (art. 72 da Lei nº 4.320/64). Os fundos especiais "devem ter seus próprios planos de aplicação em que se demonstrem as respectivas origens e aplicações dos recursos, que integrarão o orçamento geral da entidade".[558]

O art. 73 da Lei nº 4.320/64 determina a transferência, salvo determinação em contrário da lei que o instituiu, do saldo positivo do fundo especial apurado em balanço para o exercício seguinte, a crédito do mesmo fundo. E o art. 8º, parágrafo único da LRF dispõe que os recursos legalmente vinculados à finalidade específica serão utilizados exclusivamente para atender ao objeto de sua vinculação, ainda que em exercício diverso daquele em que ocorrer o ingresso.

Logo, nos termos do art. 73 da Lei nº 4.320/64, como regra, o saldo positivo do fundo especial (não o da entidade) apurado em balanço será transferido para o exercício seguinte, a crédito do mesmo fundo, significando que os créditos depositados em favor dos fundos são recursos financeiros destes, que uma vez deduzidos dos compromissos também do fundo representarão saldo patrimonial ao cabo do exercício.[559]

Nesse sentido, o art. 50, I, da LRF, preceitua que a disponibilidade de caixa constará de registro próprio, de modo que os recursos vinculados a órgão, fundo ou despesa obrigatória fiquem identificados e escriturados de forma individualizada.

Os fundos possuem, entre outras, características essenciais que devem ser observadas na sua constituição e funcionamento, a saber: a) vinculam-se a órgão ou entidade que é responsável por sua gestão; b) os ativos adquiridos com seus recursos integram o patrimônio da entidade política, mas são vinculados ao programa de aplicação; e c) possuem contabilidade própria, mediante segregação em contas específicas, com prestação de contas de igual modo específica.

A gestão financeira dos recursos vinculados far-se-á, naturalmente, com empenhos nas dotações fixadas para as despesas dos órgãos ou unidades responsáveis a que se vinculam e conectados aos recursos financeiros do fundo. Mas "as alterações orçamentárias, mediante a abertura de créditos adicionais suplementares ou especiais [...] serão feitas com os recursos do próprio órgão ao qual se vincula o fundo".[560]

Em outras palavras, "sob a ótica do orçamento e da sua execução, a gestão financeira por fundos especiais, em razão das suas peculiaridades, observa o seguinte: os créditos adicionais suplementares e especiais serão autorizados em lei e abertos

---

[557] MACHADO JR., J. Teixeira; REIS, Heraldo da Costa. *A Lei nº 4.320 comentada*. Rio de Janeiro: Ibam, 1997. p. 132.
[558] MACHADO JR., J. Teixeira; REIS, Heraldo da Costa. *A Lei nº 4.320 comentada*. Rio de Janeiro: Ibam, 1997. p. 134.
[559] Cf. TCU, Plenário. Acórdão nº 2.737/2018.
[560] REIS, Heraldo da Costa. *Gestão por fundos*. IBAM e AGEHAB. Disponível em: http://www.agehab.go.gov.br/pehis/download/texto_4.pdf. Acesso em: 27 fev. 2012.

por Decreto do Poder Executivo. Os recursos para a abertura de tais créditos sairão do orçamento do próprio órgão ao qual o fundo (de natureza financeira) está vinculado",[561] restando concluir que, quando a abertura do crédito adicional tem como base o superávit financeiro do fundo (que deve ser calculado no balanço patrimonial do próprio fundo), os recursos vinculados suportarão os efeitos financeiros (não os orçamentários) da despesa correspondente.

### 6.3.2 Princípio da universalidade

O princípio da universalidade, também mencionado no art. 2º da Lei nº 4.320/63, fixa a necessidade de previsão de todas as despesas e receitas de todos os órgãos de uma entidade federativa na LOA, pelas respectivas totalidades, com a explicitação de objetivos, metas e metodologia adotada pelo Poder Público na realização das despesas, sem qualquer tipo de dedução ou compensação. Refere-se, portanto, à noção de "orçamento global".

Nesse sentido, é o art. 165, §5º, da CR/88, que estabelece o dever de a União prever na LOA as receitas e despesas dos seus órgãos, poderes, empresas em que encerre maioria de capital com direito a voto e órgãos vinculados à seguridade social.

O art. 6º da Lei nº 4.320/64 também prevê a noção de universalidade, ao instituir a regra do orçamento bruto, pela qual as receitas e despesas constarão da Lei de Orçamento pelos seus totais, vedadas quaisquer deduções.

De acordo com o TCU:

> nos contratos para arrecadação e manutenção de depósitos judiciais, é irregular a previsão do pagamento da contraprestação devida pela instituição financeira contratada diretamente a fornecedores de bens e serviços aos órgãos do Poder Judiciário, pois a ausência do recolhimento dessa receita à conta única da União viola os princípios da universalidade e da unidade de tesouraria (arts. 2º, 3º, 4º e 56 da Lei 4.320/64 e arts. 1º e 2º do Decreto 93.872/86). (Acórdão nº 267/2016)

Por fim, cabe destacar que o princípio da universalidade não se confunde com o princípio da unidade, que determina a integração dos diversos orçamentos.

### 6.3.3 Princípio da exclusividade

O princípio da exclusividade, previsto no art. 165, §8º, da CR/88, impõe o tratamento exclusivo de matérias próprias na lei do orçamento. Visa a impedir a inserção no corpo da LOA de disposições estranhas, constituindo caudas orçamentárias. Fica, portanto, por conta desse princípio, vedada a inclusão nos orçamentos de dispositivos estranhos à previsão de receitas e à fixação das despesas.

---

[561] REIS, Heraldo da Costa. *Gestão por fundos*. IBAM e AGEHAB. Disponível em: http://www.agehab.go.gov.br/pehis/download/texto_4.pdf. Acesso em: 27 fev. 2012.

Segundo José Afonso da Silva, o princípio da exclusividade busca "evitar que se incluam na lei orçamentária normas relativas a outros campos jurídicos, tais como as que modificam ou ampliam, por exemplo, o Código Civil, o Código Comercial e a legislação de pessoal".[562]

A exclusividade orçamentária é excetuada em relação às hipóteses de autorização para a abertura de créditos suplementares e à contratação de operações de crédito, ainda que por antecipação de receitas. Saliente-se que a autorização para a abertura de créditos suplementares deve atender à razoabilidade, não se verificando espaços para a desconfiguração do orçamento pela via dos referidos créditos.

Note-se que somente a autorização para a abertura de créditos suplementares é permitida no bojo da lei orçamentária anual. Tanto a abertura de créditos especiais quanto as hipóteses de transposição, remanejamento e transferência dependerão de autorizações legislativas específicas, a teor do art. 167, V e VI, da Constituição. Assim, a prática costumeira de inserir no orçamento autorizações para exercício do livre-arbítrio do Poder Executivo deve ser reputada como inconstitucional.

Segundo Machado Jr. e Reis, a diferença entre os casos de abertura de créditos adicionais e os casos de transposição, remanejamento e transferência de recursos orçamentários deve ser destacada. Para os créditos adicionais, o fator determinante é a necessidade da existência de recursos; nos outros três casos, o fator determinante é a reprogramação por repriorização das ações governamentais.[563]

Assim, para os autores, quatro seriam os motivos a justificar a abertura de créditos adicionais: a) variações de preço de mercado dos bens e serviços a serem adquiridos para consumo imediato ou futuro; b) incorreções no planejamento, na programação e na orçamentação das ações governamentais; c) omissões orçamentárias; e d) fatos que independem da vontade do gestor.

### 6.3.4 Princípio da anualidade

O princípio da anualidade diz respeito ao prazo de vigência dos orçamentos, que, em regra, têm validade por um exercício financeiro, compreendendo o interregno entre 1º de janeiro a 31 de dezembro de cada ano. Está previsto expressamente no art. 2º da Lei nº 4.320/64.

Sob o ponto de vista político, o referido princípio busca imprimir o dever de revisão contínua e permanente das receitas e despesas públicas pelo Poder Legislativo. Em relação ao aspecto operacional, o princípio consagra o exercício financeiro como período de início e fim do ciclo orçamentário. Saliente-se que a única lei orçamentária não submetida à anualidade é o PPA, que hoje tem vigência quadrienal.

---

[562] SILVA, José Afonso. *Curso de direito constitucional positivo*. 36. ed. São Paulo: Malheiros, 2013. p. 745-746.
[563] MACHADO JR., J. Teixeira; REIS, Heraldo da Costa. *A Lei nº 4.320 comentada*. 30. ed. Rio de Janeiro: Ibam, 2000/2001. p. 109. Ver, ainda, FURTADO, J. R. Caldas. Créditos adicionais versus transposição, remanejamento ou transferência de recursos. *Jus Navigandi*, Teresina, ano 10, n. 896, dez. 2005. Disponível em: http://jus.com.br/artigos/7715/creditos-adicionais-versus-transposicao-remanejamento-ou-transferencia-de-recursos#ixzz2xXaXoifa. Acesso em: 31 mar. 2014.

Não se deve confundir o princípio da anualidade orçamentária com o princípio da anualidade tributária. Este, que não mais vigora em nosso direito positivo, somente permitia a cobrança de tributo se houvesse a autorização na lei orçamentária, e restou substituído na ordem constitucional brasileira pelo princípio da anterioridade tributária, previsto no art. 150, III, "b", da CR/88.

Sobre o assunto, decidiu o TCU no Acórdão nº 2.033/2019:

> A prática recorrente de elevada inscrição e rolagem de recursos orçamentários na rubrica de restos a pagar ofende os princípios da anualidade orçamentária e da razoabilidade, sendo incompatível com o caráter de excepcionalidade dos restos a pagar, contrariando o disposto no art. 165, inc. III, da Constituição Federal, c/c o art. 2° da Lei 4.320/1964.

E também no Acórdão nº 1.793/2019:

> É irregular a utilização de nota de empenho cuja despesa foi inscrita em restos a pagar como crédito orçamentário para realização de nova licitação, com vistas à conclusão de obra abandonada pela contratada, por ofensa ao princípio da anualidade orçamentária, bem como ao art. 61 da Lei 4.320/1964 e ao art. 21 do Decreto 93.872/1986.

## 6.3.5 Princípio da vedação de estorno

O princípio da vedação de estorno, previsto no art. 167, VI, da CR/88 impõe a impossibilidade de transposição, remanejamento ou transferência de recursos de uma categoria programática a outra ou de um órgão a outro, sem prévia autorização legislativa. Nesse quadro, o caminho para eventual necessidade de estorno ou insuficiência de dotação deve ser o crédito suplementar.

Em relevo no dispositivo constitucional, conforme Flávio Toledo Jr., distintas classificações de despesas públicas: a econômica (despesas correntes e de capital) e a programática (função, subfunção, programa, atividade, projeto, operações especiais). Órgão público, como célula administrativa de primeiro escalão que coordena a movimentação das verbas de unidades subalternas (ex.: órgão = secretaria; unidades vinculadas = gabinete do secretário, hospital X, departamento Y).[564]

Como destacado anteriormente, a transposição, o remanejamento e a transferência são instrumentos para repriorizar ações de governo, enquanto o crédito adicional é instrumento para fazer correções na peça orçamentária, como exemplo, trocar entre elementos de despesa de uma mesma categoria programática.

Logo, se ao longo do exercício financeiro houver a necessidade de priorizar uma área de atuação estatal (*v.g.* combate a endemias) em detrimento de outra (obras de recuperação de vias) será necessária a transposição, o remanejamento ou a

---

[564] TOLEDO JR., Flávio C. de. Permuta entre dotações da mesma categoria econômica não é transposição, remanejamento, nem transferência de recursos orçamentários. *Revista Controle*, v. 9, n. 1, jan./jun. 2013. Disponível em: http://www.tce.ce.gov.br/component/jdownloads/finish/328-revista-controle-volume-xi-n-1-jan-jun-2013/2165-artigo-5. Acesso em: 31 mar. 2014.

transferência. O *remanejamento* destina-se a atender a uma reforma administrativa, que exige realocação de verbas de um órgão para outro, inclusive entidades integrantes da Administração indireta, por exemplo, a extinção da Secretaria da Cultura e a encampação de suas atividades pela Secretaria da Educação, mas pode abranger também a redefinição de responsabilidades por determinando programa governamental, que passa a ser de um órgão ou entidade e não mais de outro. A *transposição* é alteração programática, porém dentro do mesmo órgão ou entidade (câmbio de prioridades entre a construção do posto de saúde e a ampliação do programa de atendimento domiciliar de doentes); a *transferência*, por sua vez, é alteração nas categorias econômicas (corrente ou de capital) dentro do mesmo órgão e do mesmo programa de trabalho, uma repriorização dos gastos a serem efetuados. Por exemplo, a Administração decide realocar recursos destinados à compra de um novo tomógrafo para o centro de imagens de um hospital público (despesa de capital) para fazer a reforma desse mesmo centro (despesa corrente). Embora figuras muito próximas, não se deve confundir a transferência com a abertura de créditos especiais (se bem que ambos exigem autorização legislativa diversa da lei orçamentária). Nas transferências, as atividades administrativas envolvidas continuam em franca execução; nos créditos adicionais especiais, verifica-se a implantação de nova atividade.[565]

## 6.3.6 Princípio da programação

O sistema orçamentário nacional tem o planejamento como caraterística essencial. Portanto, os orçamentos são instrumentos que devem cuidar da especificação de receitas e despesas e a fixação de metas e objetivos. A programação tem como objetivo principal a organização da ação futura para o atingimento dos fins da atividade governamental.

O art. 165, §4º, da Constituição dispõe que os planos e programas nacionais, regionais e setoriais previstos na Constituição devem ser elaborados em consonância com o plano plurianual e apreciados pelo Congresso Nacional. Já o §7º do mesmo dispositivo estabelece que a LDO e a LOA (necessariamente compatíveis com o PPA) têm como função, entre outras, a redução das desigualdades inter-regionais, segundo o critério populacional.

## 6.3.7 Princípio da clareza

O princípio da clareza está implicitamente consagrado no art. 165, §6º, da Constituição e determina que o projeto de lei orçamentária deva ser acompanhado de demonstrativo regionalizado do efeito, sobre as receitas e despesas, de isenções,

---

[565] FURTADO, J. R. Caldas. Créditos adicionais versus transposição, remanejamento ou transferência de recursos. *Jus Navigandi*, Teresina, ano 10, n. 896, dez. 2005. Disponível em: http://jus.com.br/artigos/7715/creditos-adicionais-versus-transposicao-remanejamento-ou-transferencia-de-recursos#ixzz2xXaXoifa. Acesso em: 31 mar. 2014.

anistias, remissões, subsídios e benefícios de natureza financeira, tributária e creditícia. Este dispositivo deve ser lido em conjunto com o art. 70 da Constituição, que atribui aos órgãos de controle interno e externo a competência para fiscalizar as renúncias de receitas, notadamente no aspecto relativo aos benefícios sociais e econômicos envolvidos.

Tal princípio impõe que as disposições orçamentárias organizem as receitas e as despesas de forma clara e fidedigna, sem o emprego de classificações ou rótulos inconsistentes ou tortuosos.[566]

Com efeito, o princípio da clareza volta-se precipuamente ao controle de medidas de incentivo, tais como privilégios e desgravações fiscais, que podem aparecer classificadas como receita pública (isenção, anistia, remissão, crédito fiscal ou dedução) ou como despesa pública (subvenção, subsídio, restituição de tributo a título de incentivo). O referido princípio impõe que essas medidas estejam devidamente formalizadas no orçamento, evitando sua alocação em "esconderijos legais".

## 6.3.8 Princípio da publicidade

O princípio da publicidade do orçamento – e que decorre do princípio da transparência e da publicidade administrativa – está previsto no art. 165, §3º, da Constituição e prevê o dever de o Poder Executivo publicar, até trinta dias após o encerramento de cada bimestre, relatório resumido da execução orçamentária (ver também art. 48 da LRF), bem como no art. 166, §7º, da Constituição, que estabelece que a lei orçamentária deve ser publicada, na forma das regras do processo legislativo, para que tenha reconhecida sua entrada em vigor.

A LRF completa o conteúdo de exigência derivada do princípio da publicidade, ao dispor que são instrumentos de transparência da gestão fiscal, aos quais será dada ampla divulgação, inclusive em meios eletrônicos de acesso público: os planos, orçamentos e leis de diretrizes orçamentárias; as prestações de contas e o respectivo parecer prévio; o Relatório Resumido da Execução Orçamentária e o Relatório de Gestão Fiscal; e as versões simplificadas desses documentos.

O relatório de gestão fiscal é importante documento de transparência e controle da execução orçamentária. Nos termos do art. 54 da LRF, ele deve ser elaborado ao final de cada quadrimestre pelos titulares dos poderes, dos órgãos do Ministério Público e dos Tribunais de Contas, além ainda das autoridades responsáveis pela administração financeira e os agentes responsáveis pelo controle interno.

O relatório conterá comparativo com os limites de que trata a LRF, dos seguintes aspectos: a) despesa total com pessoal, distinguindo-a com inativos e pensionistas; b) dívidas consolidada e mobiliária; c) concessão de garantias; d) operações de crédito, inclusive por antecipação de receita; e e) indicação das medidas corretivas adotadas ou a adotar, se ultrapassados qualquer dos limites.

---

[566] TORRES, Ricardo Lobo. Comentários ao artigo 165. *In*: CANOTILHO, José Joaquim Gomes; MENDES, Gilmar Ferreira; STRECK, Lenio Luiz. *Comentários à Constituição do Brasil*. São Paulo: Saraiva, 2013. p. 1763.

Quando se referir ao último quadrimestre do mandato do chefe do Poder Executivo ou órgão (isto quando o mandato é equivalente ao exercício financeiro), o relatório de gestão fiscal deve agregar, ainda, demonstrativos relativos: a) ao montante das disponibilidades de caixa em 31 de dezembro; b) à inscrição em restos a pagar, das seguintes despesas: b.1) empenhadas e liquidadas, mas não pagas; b.2) empenhadas e não liquidadas; b.3) empenhadas e não liquidadas, porém inscritas até o limite do saldo da disponibilidade de caixa; b.4) não inscritas por falta de disponibilidade de caixa e cujos empenhos foram cancelados; c) ao cumprimento do disposto no inc. II (liquidação das operações de crédito por antecipação de receita até 10 de dezembro do exercício) e na alínea "b" do inc. IV do art. 38 (não realização de antecipação de receita no último ano de mandato do prefeito ou governador).

### 6.3.9 Princípio do equilíbrio orçamentário

O princípio do equilíbrio econômico-financeiro não está expressamente consagrado no texto constitucional, mas pode ser visto como princípio do próprio direito financeiro na atualidade.

Note-se que a Constituição autoriza inferir a existência implícita desse princípio das seguintes disposições: a) art. 167, IV, que veda afetação de receita de impostos à prestação de garantias de operações de crédito, salvo as operações de antecipação de receita; b) art. 167, V, que proíbe a abertura de crédito suplementar ou especial sem indicação dos recursos correspondentes; c) art. 167, VII, que veda a concessão de créditos orçamentários ilimitados; d) art. 167, VIII, que proíbe a utilização de recursos dos orçamentos fiscais e da seguridade social para suprir necessidades ou déficit de empresas, fundações e fundos; e) art. 167, X, que veda transferência voluntária de recursos e a concessão de empréstimos, inclusive por antecipação de receita, pela União e estados e suas instituições financeiras, para pagamento de despesas com pessoal ativo, inativo e pensionista, dos estados, do DF e dos municípios.[567]

José Afonso da Silva descreve que, com o advento do Estado Social e com as crises econômicas do início do século passado, o equilíbrio orçamentário teria passado a ter *status* de ideia utópica, concretizável na medida em que o contexto fático-econômico permitisse. Tal visão não se coaduna com o atual marco constitucional que consagra a força normativa e vinculante dos princípios jurídicos. Equiparar o princípio do equilíbrio orçamentário a um simples ideal desonera os governantes do dever de tomar medidas concretas e efetivas para a promoção do ajustamento entre receitas e despesas e, como consequência, faz com que o estado de "desequilíbrio" das contas públicas se perpetue.[568]

---

[567] TORRES, Ricardo Lobo. Comentários ao artigo 167. *In*: CANOTILHO, José Joaquim Gomes; MENDES, Gilmar Ferreira; STRECK, Lenio Luiz. *Comentários à Constituição do Brasil*. São Paulo: Saraiva, 2013. p. 1783.

[568] SILVA, José Afonso. *Curso de direito constitucional positivo*. 36. ed. São Paulo: Malheiros, 2013. p. 746-747.

## 6.3.10 Princípio da não afetação

O princípio da não afetação encerra importante comando, que veda a técnica de vinculação da arrecadação de impostos à realização de certas despesas, com o objetivo de deixar campo de autonomia para que o Poder Legislativo e o Poder Executivo desenvolvam e executem as políticas públicas prioritárias.

Identificam-se reações distintas ao princípio da não afetação de receitas públicas. Seus adeptos alegam que o princípio confere maior flexibilidade e liberdade na programação dos recursos e que o excesso de vinculações orçamentárias gera ineficiência dos gestores de áreas protegidas. Por outro lado, o referido princípio não tem o condão de assegurar a determinado setor da atividade estatal fonte estável e perene de recursos.[569]

Tal princípio encontra-se consagrado no art. 167, IV, da CR/88, que institui como regra geral a vedação de vinculação de receita de impostos a órgão, fundo ou despesa. Nota-se, portanto, que a proibição não se refere a todos os tributos, seu âmbito de aplicação limita-se às receitas de impostos. Logo, receitas provenientes de outras espécies tributárias (taxas, contribuições, preços públicos) poderão ser objeto de afetação.[570]

Na ADI nº 553, julgada em 2018 após longos vinte e sete anos de sua distribuição, o STF declarou por unanimidade a inconstitucionalidade de normas da Constituição do Estado do Rio de Janeiro que vincularam no mínimo 10% da quota do Fundo de Participação dos Estados recebida pelo Rio de Janeiro a um Fundo de Desenvolvimento Econômico estadual, do qual 20% dos recursos estariam destinados a projetos para microempresas e empresas de pequeno porte.[571]

O princípio da não afetação comporta exceções expressas no art. 167, IV e §4º, da Constituição e outras decorrentes de dispositivos constitucionais específicos ou da lógica constitucional dos institutos de direito financeiro. Seguir-se-á, no particular, a disposição apresentada por Márcio Ferro Catapani.[572]

---

[569] GIACOMONI, James. Receitas vinculadas, despesas obrigatórias e rigidez orçamentária. *In*: CONTI, José Maurício; SCAFF, Fernando Facury (Coord.). *Orçamentos públicos e direito financeiro*. São Paulo: Revistas dos Tribunais, 2011. p. 340.

[570] É possível citar, a título de exemplo, o Fundo de Universalização dos Serviços de Telecomunicações (Fust), criado pela Lei nº 9.998/2000, cuja receita, entre outras fontes, é formada por preço público cobrado pela Agência Nacional de Telecomunicações (art. 3º). Além disso, o STF, na ADI nº 2.059/PR, considerou constitucional lei paranaense que estabeleceu a vinculação de receitas oriundas da cobrança de taxas da atividade notarial ao Fundo de Reequipamento do Poder Judiciário (ADI nº 2.059/PR. Rel. Min. Eros Grau, Pleno. *DJ*, 9 jun. 2006).

[571] ADI nº 553. Rel. Min. Cármen Lúcia. *DJ*, 14 fev. 2019.

[572] CAPATANI, Márcio Ferro. A discricionariedade do Poder Executivo na elaboração do projeto de lei orçamentária anual. *In*: CONTI, José Maurício; SCAFF, Fernando Facury (Coord.). *Orçamentos públicos e direito financeiro*. São Paulo: Revistas dos Tribunais, 2011. p. 245-266.

### 6.3.10.1 Repartição do produto de arrecadação de impostos

Com o objetivo de promover o equilíbrio no federalismo fiscal cooperativo, os arts. 157 a 159 da CR/88 instituíram sistema de partilha de impostos entre as unidades federativas, destacado no capítulo sobre receitas públicas. E este sistema é uma das exceções típicas ao princípio da não afetação da arrecadação de impostos.

### 6.3.10.2 Ações e serviços públicos de saúde

A técnica de vinculação de receita de tributos às ações de saúde, embora não constasse do texto originário da Constituição, restou paulatinamente construída por sucessivas emendas constitucionais. A Emenda de Revisão nº 1/94, ao criar o Fundo Social de Emergência, estabeleceu a vinculação de tributos à área da saúde. A EC nº 10/96 e a EC nº 17/97 estenderam tal modelo de vinculação até 1999.

A EC nº 29/2000 trouxe alterações significativas ao sistema da saúde, prevendo que o sistema único de saúde será financiado com recursos do orçamento da seguridade social, da União, dos estados, do Distrito Federal e dos municípios, além de outras fontes (art. 198, §1º, CR/88) e que os entes federados devem aplicar, anualmente, em ações e serviços de saúde pública percentuais mínimos de recursos do produto de suas arrecadações de impostos e de transferências de mesma natureza, definidos com base em critérios definidos em lei complementar, papel que veio a ser desempenhado pela LC nº 141, editada 12 anos após a EC nº 29/2000.[573]

#### 6.3.10.2.1 Gastos da União

A União, segundo o art. 198, §2º, I, da Constituição, com a redação dada pela EC nº 86/15, deve aplicar, a cada ano, percentual não inferior a 15% (quinze por cento) da receita corrente líquida do respectivo exercício financeiro em ações e serviços públicos de saúde. A fixação desse percentual substitui a regra que constava da LC nº 141/12 (art. 5º), a qual previa a aplicação pela União, anualmente, do montante correspondente ao valor empenhado no exercício financeiro passado, acrescido de, no mínimo, o percentual correspondente à variação nominal do PIB ocorrida no ano anterior ao da LOA.

A Emenda Constitucional nº 86/15 determinou uma fase de transição até se atingir o patamar de 15% previsto no art. 198, §2º, I, da Constituição: 13,2% da receita corrente líquida em 2016; 13,7% da receita corrente líquida em 2017; 14,1% da receita corrente líquida em 2018; 14,5% da receita corrente líquida em 2019; e 15% da receita corrente líquida a partir de 2020 (art. 2º da EC nº 86/15). Além disso, a EC nº 86/15 determinou (art. 3º) que as despesas com ações e serviços públicos de saúde custeados com a parcela da União oriunda da participação no resultado ou da

---

[573] Sobre direito fundamental à saúde e dever do Estado, com enfoque no aspecto do princípio da chamada "reserva do possível", ver ADPF nº 45. Rel. Min. Celso de Mello. *DJ*, 4 maio 2004.

compensação financeira pela exploração de petróleo e gás natural, de que trata o §1º do art. 20 da Constituição Federal, fossem computadas para fins de cumprimento do disposto no inciso I do §2º do art. 198 da Constituição. Antes da promulgação da EC nº 86/15, os recursos federais oriundos da exploração do petróleo e gás natural eram fontes adicionais para o custeio da saúde, como previa o art. 4º da Lei nº 12.858, de 9 de setembro de 2013.

Em 2016, foi proposta pela Procuradoria-Geral da República a Ação Direta de Inconstitucionalidade (ADI) nº 5.595, questionando os mencionados arts. 2º e 3º da EC nº 86/2015. Um dos argumentos da ADI é de que essas normas, modificando as anteriormente previstas no art. 5º da LC nº 141/2012, gerariam uma drástica redução no orçamento da saúde, com violação a diversos preceitos constitucionais. Em 2017, foi concedida liminar para suspender a eficácia dos arts. 2º e 3º da EC nº 86/2015, sob o argumento de que o novo regime orçamentário agravaria o "quadro crônico de subfinanciamento da saúde pública do país, que causa morte e agravos evitáveis à saúde dos cidadãos brasileiros" (Rel. Min. Ricardo Lewandowski). O julgamento de mérito da ADI nº 5.595 ocorreu em 2022:[574] por 6 votos a 5, a ação foi julgada improcedente, declarando-se constitucionais os arts. 2º e 3º da EC nº 86/2015, com o fundamento de que "a Emenda Constitucional 86/2015, ao inovar na disciplina constitucional referente ao investimento público em ações e serviços de saúde, não vulnerou o núcleo essencial das garantias sociais previstas na Constituição em prol das políticas públicas de saúde" (item 3 da ementa oficial do acórdão da ADI nº 5.595).

Durante a vigência da EC nº 95/2016 (Teto de Gastos), a regra de aplicação mínima de recursos na saúde como proporção da arrecadação tributária deixou de existir para a União federal (vide item 1.4 do Capítulo 1 da Parte I deste *Curso*). Em relação a 2017, a EC nº 95 determinou que os gastos da União com saúde respeitassem o percentual de 15% da receita corrente líquida previsto no art. 198, §2º, I, da Constituição, tendo sido revogados os percentuais de transição previstos no art. 2º da EC nº 86/2015. A partir de 2018, os gastos mínimos com saúde deixaram de ser calculados como um percentual da arrecadação tributária e passaram a corresponder ao piso do exercício anterior, corrigido pelo IPCA.

Com a revogação do Teto de Gastos e sua substituição pelo Novo Arcabouço Fiscal (EC nº 126/2022 e LC nº 200/2023), voltaram a vigorar para a União federal os pisos de gastos em saúde e educação conforme percentuais da arrecadação tributária.

### 6.3.10.2.2 Gastos dos estados, Distrito Federal e municípios

O art. 198, §3º, da Constituição, criado pela EC nº 29/2000, prevê que lei complementar, que será reavaliada pelo menos a cada cinco anos, estabelecerá os percentuais de que tratam os incisos II e III do §2º, que são justamente os relativos aos gastos dos estados, do Distrito Federal e dos municípios com ações e serviços públicos de saúde.

---

[574] STF, ADI nº 5.595, Redator do acórdão Ministro Alexandre de Moraes, *DJ* 24 mar. 2023.

Nos termos da Constituição e da LC nº 141/2012, os estados e o Distrito Federal aplicarão, anualmente, em ações e serviços de saúde, no mínimo, 12% da arrecadação dos seguintes impostos ou transferências, deduzidas as parcelas que forem transferidas para os respectivos municípios (art. 198, §2º, II, CR/88; arts. 6º e 9º da LC nº 141/2012): ITCD, ICMS, IPVA, IBS (previsto na EC nº 132/2023), IR-Fonte pertencente aos estados conforme previsto no art. 157, I, da Constituição; parcela dos estados do produto da arrecadação do imposto que a União vier a instituir no exercício de sua competência residual (art. 157, II, da Constituição); recursos do Fundo de Participação dos Estados – FPE (art. 159, I, "a", da Constituição); recursos do IPI e do IS (Imposto Seletivo, previsto no art. 153, VIII, da Constituição) transferidos aos estados nos termos do art. 159, II, da Constituição; receita da dívida ativa decorrente da cobrança de tais impostos ou de processos administrativos ou judiciais; receita com a multa e os juros de mora decorrentes desses impostos.

Nos termos da Constituição e da LC nº 141/2012, os municípios e o Distrito Federal devem aplicar, anualmente, em ações e serviços de saúde, no mínimo, 15% da arrecadação dos seguintes impostos ou transferências (art. 198, §2º, III, CR/88; art. 7º da LC nº 141/2012): IPTU, ITBI, ISS, IBS (previsto na EC nº 132/2023), IR-Fonte pertencente aos municípios conforme previsto no art. 158, I, da Constituição; recursos de ITR transferidos pela União; recursos de IPVA transferidos pelos estados; parcela de ICMS e IBS transferida pelos estados; recursos do FPM previstos no art. 159, I, "b", da Constituição; recursos transferidos pelos estados previstos no art. 159, §3º da Constituição; receita da dívida ativa decorrente da cobrança de tais impostos ou de processos administrativos ou judiciais; e receita com a multa e os juros de mora decorrentes desses impostos.

O art. 11 da Lei Complementar nº 141/2012 determina que os estados, o Distrito Federal e os municípios deverão observar o disposto nas respectivas constituições ou leis orgânicas sempre que os percentuais nelas estabelecidos forem superiores aos fixados na LC nº 141 para aplicação em ações e serviços públicos de saúde. Por maioria, o Supremo Tribunal Federal declarou a inconstitucionalidade dessa regra do art. 11 no julgamento da ADI nº 5.897,[575] em que estava em questão uma norma da Constituição do Estado de Santa Catarina que fixou o piso para gastos em ações e serviços de saúde em 15% (superior aos 12% previstos na LC nº 141). Em decisão que ignora a necessidade premente de mais recursos para financiamento da saúde, o tribunal contrariou, de uma só tacada, o desígnio expresso do constituinte estadual de Santa Catarina e ainda o desígnio expresso do legislador complementar federal, visto que este, na Lei Complementar nº 141, deixou especificamente consignado (art. 11) que as constituições estaduais poderiam fixar patamares superiores ao piso de 12% (para estados) e 15% (para municípios) contidos na LC.

Em decisão de fundamentação incompreensível, pois foi a própria CF que definiu expressamente (art. 198, §3º, I) que cabe ao legislador complementar federal definir o percentual dos pisos, o STF decidiu que esse legislador complementar não

---

[575] STF, ADI nº 5.897, Rel. Min. Luiz Fux. *DJ*, 2 ago. 2019.

pode definir que os constituintes estaduais estão livres para aumentar o valor do piso. Como consignou o voto vencido do Ministro Edson Fachin, "a Lei Complementar 141 transformou em piso o que é piso: 12%. [Ao] não permitir que uma lei complementar estadual assim o faça, nós transformaremos o piso em teto" (ADI nº 5.897, fl. 37).

Registre-se que o Executivo federal procurou em 2019 tomar medidas para esvaziar o piso de gastos com saúde e educação. Na chamada PEC Emergencial enviada ao Congresso (PEC nº 186/2019), propôs-se que as despesas com pagamentos de proventos de aposentadoria e pensão dos funcionários inativos dos setores de saúde e educação pudessem ser consideradas para fins de cumprimento do piso de gastos (novo §7º aos arts. 198 e 212 da CF). Além disso, na chamada PEC do Pacto Federativo (PEC nº 188/2019) enviada ao Congresso, propôs-se que o valor gasto em educação que superar o seu piso específico poderá ser utilizado para reduzir o piso mínimo com ações e serviços de saúde, e vice-versa. Ambas as medidas têm potencial para reduzir substancialmente os recursos públicos efetivamente utilizados nessas duas áreas de importância central para a dignidade humana e a qualidade de vida dos cidadãos brasileiros.

### 6.3.10.3 Manutenção e desenvolvimento do ensino

A Constituição atribui a todos os entes federados participação no sistema de ensino. Compete à União a organização do sistema federal de ensino e o financiamento das instituições de ensino públicas federais. Nesse cenário, os municípios atuarão prioritariamente no ensino fundamental e na educação infantil, e os estados e o Distrito Federal atuarão prioritariamente no ensino fundamental e médio.

O *caput* do art. 212 da CR/88 estabelece que a União deve aplicar, anualmente, nunca menos de dezoito, e os estados, o Distrito Federal e os municípios nunca menos de vinte e cinco por cento da receita resultante de impostos, compreendida a proveniente de transferências, na manutenção e desenvolvimento do ensino.[576]

Essa vinculação constitucional dos valores de impostos/transferências a gastos com a manutenção e desenvolvimento de ensino é naturalmente uma exceção ao princípio orçamentário da não afetação. Quando da vigência da Emenda Constitucional nº 95/2016 (Teto de Gastos), o piso federal de gastos com a manutenção e desenvolvimento do ensino deixou de ser vinculado a um percentual da arrecadação de impostos e passou a estar vinculado aos gastos do exercício anterior, corrigidos pela inflação oficial do período (vide item 1.4 do Capítulo 1 da Parte I deste *Curso*). Com a revogação do Teto de Gastos e sua substituição pelo Novo Arcabouço Fiscal (EC nº 126/2022 e LC nº 200/2023), voltaram a vigorar para a União federal os pisos de gastos em saúde e educação conforme percentuais da arrecadação tributária.

---

[576] Deve-se destacar que, por força do §1º do citado dispositivo constitucional, a parcela da arrecadação de impostos transferida pela União aos estados, ao Distrito Federal e aos municípios, ou pelos estados aos respectivos municípios, não é considerada, para efeito do cálculo previsto neste artigo, receita do governo que a transferir.

A partir de 1996, com a Emenda Constitucional nº 14, a Constituição passou a determinar que no mínimo 15% da arrecadação de impostos/transferências dos estados, Distrito Federal e municípios fosse direcionado especificamente à manutenção e desenvolvimento do *ensino fundamental*. Esses recursos passaram a compor o Fundo de Manutenção e Desenvolvimento do Ensino Fundamental e de Valorização do Magistério (Fundef), instituído no âmbito de cada estado e do Distrito Federal, e a União ficou obrigada a complementar os recursos do Fundo "sempre que, em cada Estado e no Distrito Federal, seu valor por aluno não alcançar o mínimo definido nacionalmente" (art. 60, §3º, do ADCT).

Posteriormente, com a Emenda Constitucional nº 53/2006, os fundos foram rebatizados de Fundos de Manutenção e Desenvolvimento da Educação Básica e de Valorização dos Profissionais da Educação (Fundeb), passando a englobar todo o ensino básico (educação infantil, ensino fundamental e ensino médio), exigindo (art. 60 do ADCT) que estados e Distrito Federal destinassem a seus respectivos fundos 20% de seus impostos próprios e 20% das transferências de receitas tributárias que recebem da União. A destinação de recursos dos municípios ao Fundeb consiste na parcela de 20% das transferências tributárias que recebem da União e dos estados.

Com a Emenda Constitucional nº 108/2020,[577] a natureza desses fundos deixou de ser transitória e passou a ser permanente, tendo sido aumentado o valor exigido como complementação da União federal (vide item 4.6.5 do Capítulo 4 da Parte I deste *Curso*).

Esses fundos desempenham uma importantíssima função redistributiva e equalizadora de oportunidades educacionais, evitando que os alunos de redes estaduais e municipais com poucos recursos tenham uma educação básica cujo financiamento fique aquém de um mínimo de qualidade a ser definido nacionalmente.

No final de 2019, o ministro Alexandre de Moraes concedeu medida cautelar na Ação Direta de Inconstitucionalidade (ADI) nº 6.275 para suspender os efeitos de dispositivos da Constituição do Estado de Mato Grosso que determinam a aplicação de no mínimo 35% da receita de impostos na manutenção e desenvolvimento de educação escolar. Em junho de 2020, a ação foi julgada procedente, com a seguinte fundamentação:[578]

> 1. O art. 212 da Constituição Federal especifica que a "União aplicará, anualmente, nunca menos de dezoito, e os Estados, o Distrito federal e os Municípios, vinte e cinco por cento, no mínimo, da receita resultante de impostos, compreendida a proveniente de transferências, na manutenção e desenvolvimento do ensino".
>
> 2. A gradação de percentual mínimo de recursos destinados à manutenção e ao desenvolvimento do ensino não pode acarretar restrições às competências constitucionais

---

[577] GODOI, Marciano Seabra de; REZENDE, Elisângela Oliveira de. Financiamento da educação básica, o novo Fundeb e as expectativas geradas pela Emenda Constitucional 108/2020. In: SCAFF, Fernando Facury; ROCHA, Sergio André; MURICI, Gustavo Lanna (org.). *Interseções entre o direito financeiro e o direito tributário*. Belo Horizonte: D'Plácido, 2021. p. 591-628.

[578] STF, ADI nº 6.275, Relator Ministro Alexandre de Moraes, *DJ* 19 ago. 2020.

do Poder Executivo para a elaboração das propostas de leis orçamentárias. Inteligência do art. 165 da Constituição Federal.

3. Invalidade de emenda à Constituição estadual que, aprovada em turno único de votação, resulte de emenda parlamentar e acarrete aumento de despesa em proposta do Poder Executivo. Inteligência do art. 60, § 2º, de observância obrigatória por parte dos Estados-Membros, e do art. 63, I, da Constituição Federal. Precedentes.

4. Os artigos impugnados subtraem do Poder Executivo local a legítima atribuição para definir e concretizar, em consonância com as prioridades do Governo em exercício, políticas públicas igualmente relevantes à concretização dos objetivos fundamentais da República Federativa do Brasil, relacionadas a outros direitos fundamentais, a exemplo da saúde e da segurança pública. Ofensa à separação de poderes. Precedentes.

5. Inconstitucionalidade de normas que estabelecem vinculação de receitas tributárias a órgãos, fundos ou despesas, por violação ao art. 167, IV, da Constituição Federal, e restrição à atribuição constitucional do Poder Executivo para elaborar propostas de leis orçamentárias. Precedentes.

6. Medida cautelar confirmada e ação direta de inconstitucionalidade julgada procedente.

### 6.3.10.4 Realização de atividades da administração tributária

Por força da EC nº 42/2003, o art. 37, XXII, da CR/88 estabelece que as administrações tributárias da União, dos estados, do Distrito Federal e dos municípios são "atividades essenciais ao funcionamento do Estado", exercidas por servidores de carreiras específicas, e terão recursos prioritários para a realização de suas atividades, atuando de forma integrada, inclusive com o compartilhamento de cadastros e de informações fiscais, na forma da lei ou convênio.

Em consonância com o teor do dispositivo acima citado, o art. 167, IV, da CR/88 prevê a possibilidade de vinculação de receitas de impostos para o custeio de atividades da administração tributária.

### 6.3.10.5 Prestação de garantias às operações de créditos por antecipação de receita

A operação de crédito por antecipação de receita constitui instrumento de obtenção de receitas com a assunção de dívida de curto prazo, cujo adimplemento deve ser efetuado até o dia dez de dezembro do exercício financeiro em que for contraída (art. 38, II, LRF).

A referida operação não é formalizada como item da receita orçamentária. Trata-se de recebimento antecipado de importância correspondente a item cuja arrecadação se dará ao longo da execução orçamentária, para pagamento de obrigação vincenda, para a qual inexistem recursos disponíveis em dado momento.

O art. 167, IV, da CR/88 autoriza a vinculação de receita futura para honrar a contratação dessas operações de crédito por antecipação, em mais uma exceção ao princípio orçamentário da não afetação.

## 6.3.10.6 Prestação de garantia ou contragarantia à União por parte dos estados e municípios

Tradicionalmente, a União financia a implementação de ações e de políticas públicas promovidas pelos estados e municípios. Com o objetivo de sanear e equilibrar as finanças dessas unidades federadas, o texto constitucional permite a vinculação de suas receitas públicas para prestação de garantia ou contragarantia à União.

Note-se que, se houver a necessidade de a União cobrar tais valores de garantia de estados e municípios, o art. 160, parágrafo único da Constituição lhe autoriza (e às suas autarquias) a estabelecer retenção ou restrição à entrega e ao emprego dos recursos típicos da repartição das receitas tributárias, neles compreendidos adicionais e acréscimos.

O TCU no Acórdão nº 2.435/2019, de Relatoria do Min. Raimundo Carneiro, decidiu o seguinte:

> os bancos estatais federais podem conceder empréstimos ou financiamentos a entes subnacionais sem garantia da União e com vinculação de recursos do Fundo de Participação dos Municípios (FPM) ou do Fundo de Participação dos Estados e do Distrito Federal (FPE), uma vez que tais recursos, após transferidos para os entes federativos, no procedimento de repartição de receitas tributárias, passam a ser considerados como receitas próprias, não se subsumindo à regra geral de não afetação de impostos inserta no art. 167, inc. IV, da Constituição Federal.

## 6.3.10.7 Programa de apoio à inclusão e promoção pessoal

O art. 204, parágrafo único, da Constituição (acrescentado pela EC nº 42/2003) faculta aos estados e ao Distrito Federal vincular a programa de apoio à inclusão e promoção social até cinco décimos por cento de sua receita tributária líquida, vedada a aplicação desses recursos no pagamento de despesas com pessoal e encargos sociais, serviço da dívida e qualquer outra despesa corrente não vinculada diretamente aos investimentos ou ações apoiados.

## 6.3.10.8 Fundo estadual de fomento à cultura

O art. 216, §6º, da Constituição (acrescentado pela EC nº 42/2003) faculta aos estados e ao Distrito Federal vincular a fundo estadual de fomento à cultura até cinco décimos por cento de sua receita tributária líquida, para o financiamento de programas e projetos culturais, vedada a aplicação desses recursos no pagamento de despesas com pessoal e encargos sociais e serviço da dívida e qualquer outra despesa corrente não vinculada diretamente aos investimentos ou ações apoiados.

## 6.3.10.9 Desvinculação da Receita da União (DRU) – Da ECR nº 1/1994 à EC nº 68/2011

A DRU constitui técnica de desvinculação de determinadas receitas orçamentárias previamente vinculadas por lei, que viabiliza o remanejo dos respectivos recursos para outras despesas.

As origens da DRU são encontradas na necessidade de o Governo Federal produzir superávits primários. A primeira iniciativa foi a do Fundo Social de Emergência, instituído pela Emenda de Revisão nº 1 em 1994, para promover a desvinculação de certas receitas para estabilizar a economia em função da criação do Plano Real. A ideia do Fundo Social de Emergência foi novamente colocada em prática com a publicação da EC nº 10/1996, responsável pela criação do Fundo de Estabilização Fiscal, cujo prazo de validade foi posteriormente prorrogado pela EC nº 17/97.

O sistema da DRU foi criado pela EC nº 27/2000 e sucessivamente prorrogado pela EC nº 42/2003, EC nº 56/07 e EC nº 68/2011, que o estendeu até 31.12.2015.

Até 31.12.2015, nos termos da redação do art. 76 do ADCT dada pela EC nº 68/2011, a desvinculação referia-se somente à União, promovendo a desvinculação de órgão, fundo ou despesa de 20% das receitas de impostos, contribuições sociais e de intervenção no domínio econômico, já instituídos ou que viessem a ser criados, viabilizando a realocação desses recursos em outras despesas, especialmente no pagamento de juros da dívida pública.[579] Segundo a sistemática vigente até 31.12.2015, excetuava-se da DRU a arrecadação da contribuição social do salário-educação a que se refere o §5º do art. 212 da Constituição Federal, também não restando prejudicada a vinculação de percentual da receita de impostos federais aos gastos com educação (art. 212 da Constituição). A DRU tampouco reduzia a base de cálculo das transferências devidas pela União aos estados, Distrito Federal e municípios.

## 6.3.10.10 Desvinculação da receita da União, estados e municípios – A EC nº 93/2016 e o avanço do processo de perda de identidade constitucional das espécies tributárias

Em artigo publicado em 2007, abordou-se o processo de "paulatina desconstrução da identidade constitucional" das contribuições de seguridade social.[580] Como se sabe, a identidade constitucional das contribuições sociais de seguridade social não se prende, como no caso das taxas e dos impostos, a características intrínsecas de seu fato gerador, e sim à sua necessária vinculação ao financiamento das atividades

---

[579] Segundo dados do Senado, entre 2007 a 2010, a DRU desvinculou R$195,3 bilhões, uma média anual de R$48,8 bilhões. Cf. SENADO FEDERAL. DRU. *Senado Notícias*. Disponível em: http://www12.senado.gov.br/noticias/entenda-o-assunto/dru. Acesso em: 20 mar. 2014.

[580] GODOI, Marciano Seabra de. Contribuições sociais e de intervenção no domínio econômico: a paulatina desconstrução de sua identidade constitucional. *Revista de Direito Tributário da APET*, n. 15, 2007. p. 81-100.

ligadas à saúde, previdência e assistência social.[581] Contudo, a partir de meados da década de 90 do século passado, num quadro de endividamento público em rápido crescimento aliado a altíssimas taxas de juros reais, a produção de vultosos superávits primários (de onde o governo retira os recursos para pagar os juros da dívida pública) se impôs como prioridade governamental absoluta.

Ora, é difícil compatibilizar o objetivo de criar superávits primários superiores a 2% do PIB com uma realidade constitucional em que a maioria da arrecadação está completamente vinculada a determinadas despesas. Daí que, desde 1994, como visto na seção anterior, passaram a ser continuamente aprovadas emendas constitucionais que desvincularam de qualquer órgão, fundo ou despesa 20% da arrecadação da União com contribuições sociais e de intervenção no domínio econômico, "já instituídos ou que vierem a ser criados" (art. 88 do ADCT, na redação da EC nº 68/2011).

Naquele artigo de 2007, concluiu-se:[582]

> Além de terem sido freneticamente aumentadas e multiplicadas, as contribuições sociais/cides foram – desde 1994 – progressivamente desvinculadas das suas finalidades originariamente previstas no Texto de 1988. Quanto às cides, mesmo a parcela da arrecadação que não restou desvinculada pelas sucessivas emendas de "desvinculação de receitas" acabou sendo em grande parte mantida nos cofres federais (via contingenciamento orçamentário) para que a formação acelerada do superávit primário não restasse prejudicada.
>
> Em nosso sistema constitucional-tributário, enquanto o regime para criação de novos impostos sofre fortes limitações formais e materiais, o regime de criação de novas contribuições sociais e cides vem sendo paulatinamente flexibilizado pela jurisprudência do Supremo Tribunal Federal [...]. A transformação do "Estado de impostos" em "Estado de contribuições", com as contribuições sendo criadas de uma maneira cada vez mais desenvolta e podendo alcançar inclusive os pressupostos de fato que a Constituição reservou a Estados e Municípios, vem provocando uma espécie de "dinamitação do sistema tributário da federação", na expressão do atual decano do STF, o Ministro Sepúlveda Pertence.
>
> Todos esses fatores fizeram com que, cumpridos 18 anos da promulgação da Constituição de 1988, a noção/identidade constitucional das cides e das contribuições sociais esteja hoje seriamente comprometida.

Em 2016, a cadeia de emendas constitucionais de desvinculação de receitas federais iniciada em 1994 foi retomada, com a promulgação da Emenda Constitucional nº 93, de 8.9.2016, cuja redação é a seguinte:

> As Mesas da Câmara dos Deputados e do Senado Federal, nos termos do §3º do art. 60 da Constituição Federal, promulgam a seguinte Emenda ao texto constitucional:

---

[581] SPAGNOL, Werther Botelho. *As contribuições sociais no direito brasileiro*. Rio de Janeiro: Forense, 2002.

[582] GODOI, Marciano Seabra de. Contribuições sociais e de intervenção no domínio econômico: a paulatina desconstrução de sua identidade constitucional. *Revista de Direito Tributário da APET*, n. 15, 2007. p. 99-100.

Art. 1º O art. 76 do Ato das Disposições Constitucionais Transitórias passa a vigorar com a seguinte redação:

"Art. 76. São desvinculados de órgão, fundo ou despesa, até 31 de dezembro de 2023, 30% (trinta por cento) da arrecadação da União relativa às contribuições sociais, sem prejuízo do pagamento das despesas do Regime Geral da Previdência Social, às contribuições de intervenção no domínio econômico e às taxas, já instituídas ou que vierem a ser criadas até a referida data.

§1º (Revogado).

§2º ..................................................................................

§3º (Revogado)" (NR).

Art. 2º O Ato das Disposições Constitucionais Transitórias passa a vigorar acrescido dos seguintes arts. 76-A e 76-B:

"Art. 76-A. São desvinculados de órgão, fundo ou despesa, até 31 de dezembro de 2023, 30% (trinta por cento) das receitas dos Estados e do Distrito Federal relativas a impostos, taxas e multas, já instituídos ou que vierem a ser criados até a referida data, seus adicionais e respectivos acréscimos legais, e outras receitas correntes.

Parágrafo único. Excetuam-se da desvinculação de que trata o caput:

I - recursos destinados ao financiamento das ações e serviços públicos de saúde e à manutenção e desenvolvimento do ensino de que tratam, respectivamente, os incisos II e III do §2º do art. 198 e o art. 212 da Constituição Federal;

II - receitas que pertencem aos Municípios decorrentes de transferências previstas na Constituição Federal;

III - receitas de contribuições previdenciárias e de assistência à saúde dos servidores;

IV - demais transferências obrigatórias e voluntárias entre entes da Federação com destinação especificada em lei;

V - fundos instituídos pelo Poder Judiciário, pelos Tribunais de Contas, pelo Ministério Público, pelas Defensorias Públicas e pelas Procuradorias-Gerais dos Estados e do Distrito Federal."

"Art. 76-B. São desvinculados de órgão, fundo ou despesa, até 31 de dezembro de 2023, 30% (trinta por cento) das receitas dos Municípios relativas a impostos, taxas e multas, já instituídos ou que vierem a ser criados até a referida data, seus adicionais e respectivos acréscimos legais, e outras receitas correntes.

Parágrafo único. Excetuam-se da desvinculação de que trata o caput:

I - recursos destinados ao financiamento das ações e serviços públicos de saúde e à manutenção e desenvolvimento do ensino de que tratam, respectivamente, os incisos II e III do §2º do art. 198 e o art. 212 da Constituição Federal;

II - receitas de contribuições previdenciárias e de assistência à saúde dos servidores;

III - transferências obrigatórias e voluntárias entre entes da Federação com destinação especificada em lei;

IV - fundos instituídos pelo Tribunal de Contas do Município."

Art. 3º Esta Emenda Constitucional entra em vigor na data de sua publicação, produzindo efeitos a partir de 1º de janeiro de 2016.

O percentual de desvinculação de receitas já não é mais de 20%, como ocorria desde 1994, tendo sido fixado no patamar de 30% para o longo período de 2016 a 2023.

O aumento do percentual de desvinculação indica, por si só, que prossegue em marcha acelerada o antes aludido processo de desconstrução da identidade constitucional das contribuições sociais e de intervenção no domínio econômico.

Mas a Emenda Constitucional nº 93/2016 resolveu ampliar, além do percentual de desvinculação de receitas, também o universo de tributos e entes federativos a serem alcançados por ela. Até a Emenda Constitucional nº 68/2011, a desvinculação só ocorria no plano federal, e abrangia em termos práticos as contribuições sociais e as de intervenção no domínio econômico. Agora, a desvinculação de receitas também é implantada no plano estadual e municipal e, nestes planos, atinge a arrecadação de "impostos, taxas e multas, já instituídos ou que vierem a ser criados [...]" – arts. 76-A e 76-B do ADCT, criados pela EC nº 93/2016. A desvinculação de 30% do valor arrecadado com as taxas também passa a valer no âmbito federal.

O impacto da desvinculação de 30%, no que diz respeito aos impostos dos estados e municípios, é fortemente amortecido pelas exceções previstas no parágrafo único dos arts. 76-A e 76-B. A desvinculação não atinge, por exemplo, a destinação obrigatória de 25% dos impostos para gastos na manutenção e desenvolvimento do ensino (art. 212/CF), nem a destinação do percentual de 12% (estados) ou 15% (municípios) dos impostos para o financiamento de ações e serviços públicos de saúde.

Contudo, no caso das taxas, a EC nº 93/2016 não estabelece qualquer exceção de monta para a desvinculação de 30% de sua arrecadação, estando oficialmente abertas as portas para que União, estados e municípios utilizem essa espécie tributária para sanear suas combalidas finanças, arrecadando – como taxas – recursos que não serão utilizados no custeio das atividades que a lei prevê como seus fatos geradores. Ou seja, para toda taxa já criada ou a criar, os entes federativos aplicarão somente 70% de sua arrecadação na atividade estatal em questão (prestação de serviço ou exercício do poder de polícia), reservando 30% para formação de superávit primário. O advento da Emenda Constitucional nº 93 parece fazer emergir no horizonte jurídico uma nova e estranha espécie tributária, uma criatura de corpo estranho e misterioso: dois terços taxa, um terço imposto...

Em 2019, a Emenda Constitucional nº 103 inseriu no art. 76 do ADCT a norma de que a desvinculação de recursos prevista nesse dispositivo não se aplica "às receitas das contribuições sociais destinadas ao custeio da seguridade social". Na verdade, desde a grave crise econômica de 2014-2016, a arrecadação das contribuições sociais de seguridade social previstas no art. 195 da Constituição (antes das desvinculações promovidas pela DRU) havia deixado de ser suficiente para custear os gastos da seguridade social (saúde, previdência e assistência), passando a ser necessário que o orçamento fiscal cobrisse a diferença entre a arrecadação das contribuições sociais e o volume das despesas totais com a seguridade. Com efeito, a DRU fazia sentido no contexto fiscal anterior, de meados da década de 1990 até a crise econômica iniciada em 2014, quando centenas de bilhões de reais de contribuições sociais foram desvinculadas do orçamento da seguridade social para promover a formação de superávits primários e o pagamento dos juros da dívida pública.[583]

A Emenda Constitucional nº 126, de dezembro de 2022, prorrogou o prazo da DRU previsto no art. 76 do ADCT até 31 de dezembro de 2024. A Emenda Constitucional nº 135, de 20 de dezembro de 2024, prorrogou novamente o prazo da DRU até 31 de dezembro de 2032, com um acréscimo importante no rol dos recursos desvinculados: as "receitas patrimoniais", tais como os recursos federais arrecadados com a exploração de petróleo e minerais, ressalvando-se dessa desvinculação adicional somente os recursos do Fundo Social do Pré-Sal (art. 47 da Lei nº 12.351/2010) e os recursos de participações governamentais na exploração de petróleo direcionados à educação e à saúde pelo art. 2º da Lei nº 12.858/2013.

No caso dos estados, Distrito Federal e municípios, a Emenda Constitucional nº 132, de dezembro de 2023, prorrogou o prazo previsto nos artigos 76-A e 76-B do ADCT até 31 de dezembro de 2032.

### 6.3.10.11 A chamada PEC dos Fundos (PEC nº 187/2019) e o desvelamento das reais intenções que sempre estiveram por detrás da criação de diversas Cides

Já em 2007 descrevemos o esquema pelo qual o Governo Federal, desde o início dos anos 2000, conseguia arrecadar vultosos recursos destinados a produzir resultado primário/pagar o serviço da dívida pública sob a roupagem jurídica de *contribuições de intervenção no domínio econômico*, espécies tributárias cuja própria natureza exigiria a vinculação de sua arrecadação a finalidades específicas (distintas do seu uso no pagamento de juros da dívida).

O esquema sempre consistiu no seguinte: a lei ordinária de criação das exações lhes dá o nome de Cides e destina formalmente sua arrecadação a determinados fundos com destinação específica. O fato gerador do tributo é típico de impostos: pagamentos, remessas de recursos ao exterior, faturamento ou receita de determinados setores; este fato gerador não está relacionado, em qualquer aspecto, a benefícios ou contrapartidas específicos aos contribuintes (referibilidade).

No caso da Cide-*Royalties* (leis nº 10.168 e 10.332, ambas de 2001), na verdade um estratagema sutil para repor a arrecadação de parte do imposto de renda que era cobrado em remessas ao estrangeiro em desrespeito a tratados internacionais,[584] o fundo para o qual a lei declarou que iriam afluir os recursos da arrecadação é o Fundo Nacional de Desenvolvimento Científico e Tecnológico – FNDCT. No caso das numerosas Cides criadas na década de 2000 sobre as atividades de telecomunicações,[585] esses fundos são

---

[583] Vide AMORIM, Wanderson Lima de. *A seguridade social de 2006 a 2016*: Uma análise sobre a sustentabilidade do sistema, Brasília: Senado Federal, 2017. p. 35-38.

[584] GODOI, Marciano Seabra de. Contribuições sociais e de intervenção no domínio econômico: a paulatina desconstrução de sua identidade constitucional. *Revista de Direito Tributário da APET*, n. 15, 2007. p. 81-100.

[585] Cf. LARA, Daniela Silveira. *Contribuições de Intervenção no Domínio Econômico (CIDE)*. Pressupostos aplicados à Cide dos serviços de telecomunicações. São Paulo: Almedina, 2019.

o Fundo de Fiscalização das Telecomunicações (Fistel), o Fundo para Desenvolvimento Tecnológico das Telecomunicações (Funttel), o Fundo Setorial do Audiovisual (FSA), além do Fundo de Universalização dos Serviços de Telecomunicações (Fust). Faz parte do *planejamento tributário* usado pelo Governo Federal para criar as exações registrar nas leis de criação das Cides destinações socialmente nobres para tais fundos, como financiar o progresso científico e universalizar o acesso a determinadas tecnologias. Mas tudo é somente um jogo de cena.

A arrecadação anual das Cides acima mencionadas ultrapassa R$10 bilhões anuais, tomando em conta tão somente a arrecadação da Cide-*Royalties* e das Cides do setor de telecomunicações.[586] É muito útil e conveniente para o Governo Federal arrecadar tais recursos por meio de Cides e não por meio de impostos. Caso optasse por arrecadar esses recursos por meio de impostos, o Executivo Federal teria de aprovar no Congresso (art. 154, II, da Constituição) uma lei complementar (para Cides, basta lei ordinária) e 20% de sua arrecadação seria destinada aos estados (art. 157, II da Constituição).

O meticuloso planejamento tributário governamental, que tem as mesmas tintas de artificiosidade dos planejamentos dos contribuintes, consiste em três providências básicas: a primeira, desvincular, por emenda constitucional, uma parcela significativa (20% até a EC nº 93, 30% depois dela) da arrecadação das Cides de qualquer finalidade específica; a segunda providência consiste em, com base na LRF, decretar vultosos contingenciamentos (70, 80%) de recursos desses fundos logo no início do ano; a terceira providência consiste em não usar os recursos do fundo nas finalidades previstas, fazendo incidir a regra da LRF (criada exatamente para isso) segundo a qual os recursos de tais fundos podem ficar sem uso indefinidamente:

> Art. 8º [...]
> Parágrafo único. Os recursos legalmente vinculados a finalidade específica serão utilizados exclusivamente para atender ao objeto de sua vinculação, ainda que em exercício diverso daquele em que ocorrer o ingresso.

Com esse esmerado estratagema, o Governo Federal conseguiu arrecadar centenas de bilhões de reais nas duas últimas décadas somente com as Cides, podendo utilizar os recursos na formação de resultados primários do Tesouro. Parte dos recursos foi desvinculada pelas emendas constitucionais da DRU, e os recursos remanescentes não foram utilizados nas finalidades específicas previstas nas leis de criação, apesar de permanecerem formal e contabilmente nos respectivos fundos.

Em 2019, com a chamada PEC dos Fundos (PEC nº 187/2019, ainda em tramitação), veio a solução final engendrada pela área econômica do Governo Federal: extinguir formalmente os fundos criados por legislação infraconstitucional (exatamente os fundos relativos às Cides) e determinar que seus recursos sejam

---

[586] Cf. GONDIM, Abnor; BERBERT, Lúcia. Impactos da extinção dos fundos setoriais são desconhecidos. *Tele.síntese*, 11 nov. 2019. Disponível em: http://www.telesintese.com.br/impactos-da-extincao-dos-fundos-setoriais-sao-desconhecidos/. Acesso em: 12 dez. 2019.

utilizados na amortização da dívida pública. A justificativa da PEC, contida já em seu art. 1º, é singela: "melhoria da alocação dos recursos públicos". Mas a PEC nº 187/2019 vai além e, além de extinguir os fundos caso estes não sejam ratificados por lei complementar (os executivos lutarão arduamente para que não haja ratificação), em seu art. 4º determina:

> Art. 4º Os dispositivos infraconstitucionais, no âmbito da União, dos Estados, do Distrito Federal e dos Municípios, existentes até a data de publicação desta Emenda Constitucional que vinculem receitas públicas a fundos públicos serão revogados ao final do exercício financeiro em que ocorrer a promulgação desta Emenda Constitucional.
> Parágrafo único. Parte das receitas públicas desvinculadas em decorrência do disposto neste artigo poderá ser destinada a projetos e programas voltados à erradicação da pobreza e a investimentos em infraestrutura que visem a reconstrução nacional.

Duas notas sobre este art. 4º da PEC nº 187. A primeira é que, com sua aprovação, a arrecadação das Cides ficaria definitivamente desvinculada de qualquer atividade específica – o que sempre ocorreu, mas por força de um sutil estratagema jurídico e não de um modo constitucionalmente assumido e aberto como consta da PEC nº 187/2019.

A segunda nota é quanto ao parágrafo único e sua menção à nobre finalidade da "erradicação da pobreza": desde o início dos anos 2000, emendas constitucionais que visam a melhorar o resultado primário apelam para expressões como essas para atrair o apoio de parlamentares desavisados. A primeira medida de desvinculação de recursos da União (DRU), por exemplo, tinha o nome curioso de *Fundo Social de Emergência* (Emenda Constitucional de Revisão nº 1/1994).

Apesar de a PEC nº 187/2019 (ainda em tramitação no Senado no final de 2024) não mencionar – estrategicamente – a expressão *contribuição de intervenção no domínio econômico* em nenhuma de suas linhas, sua eventual aprovação alterará radicalmente o regime jurídico destas figuras tributárias.

### 6.3.10.12 Exclusão das contribuições sociais de seguridade social da DRU (Desvinculação de Receitas da União) pela EC nº 103/2019

Como se viu acima, desde meados da década de 90 do século passado vem incidindo um mecanismo constitucional, constantemente renovado por emendas constitucionais, pelo qual 20% (o valor subiu para 30% a partir de 2016) da arrecadação das contribuições sociais de seguridade social (exceto a contribuição patronal e dos segurados sobre a folha de salários) eram desviados do orçamento da seguridade social para ser utilizados no pagamento de juros da dívida pública.[587]

---

[587] Cf. SALVADOR, Evilásio da Silva. O desmonte do financiamento da seguridade social em contexto de ajuste fiscal. *Revista Serviço Social e Sociedade*, São Paulo, n. 130, p. 426-446, set./dez. 2017.

Isso fazia sentido enquanto havia um quadro de superávit no âmbito das contas globais da seguridade social: receitas totais de contribuições sociais de seguridade social previstas no art. 195 da Constituição menos despesas totais com aposentadorias/pensões (regime geral urbano e rural), gastos federais com saúde e assistência social. Esse superávit das contas globais da seguridade social (excluindo as receitas e despesas dos regimes próprios dos servidores públicos) existiu durante toda a década de 2000 e permaneceu até o ano de 2014. Durante todo esse período, o papel da DRU era retirar parcela significativa de recursos de uma seguridade social globalmente superavitária para possibilitar sua utilização no pagamento do serviço da dívida pública.

A partir de 2014, com a queda brutal nos valores reais da arrecadação federal,[588] o total arrecadado com as contribuições sociais de seguridade social passa a ser menor do que o total gasto pelo Governo Federal com aposentadorias/pensões (regime geral urbano e rural), gastos federais com saúde e assistência social. Nos anos seguintes, essas despesas seguem uma trajetória de alta e as receitas não voltam aos níveis anteriores. Neste quadro estrutural, as receitas de contribuições sociais de seguridade social passam a ser sistematicamente menores do que o total gasto pelo Governo Federal com aposentadorias/pensões (regime geral urbano e rural), gastos federais com saúde e assistência social, devendo a diferença entre os valores ser suprida pelo Tesouro Nacional, não fazendo mais sentido a subsistência da DRU em relação às contribuições de seguridade social.

Daí ter a Emenda Constitucional nº 103/2019 acrescentado o §4º ao art. 76 do ADCT, determinando que a desvinculação de recursos da União "não se aplica às receitas das contribuições sociais destinadas ao custeio da seguridade social". Contudo, a DRU segue sendo estratégica com relação às contribuições de intervenção no domínio econômico: 30% de sua arrecadação é utilizada pelo Tesouro Nacional para reduzir o déficit primário e não para aplicação em gastos específicos mencionados na legislação que as instituiu.

## 6.4 Novas vedações orçamentárias instituídas pela Reforma da Previdência (EC nº 103/2019)

A Emenda Constitucional nº 103/2019 acresceu ao art. 167 da Constituição dois novos incisos. Pelo novo inc. XII, fica vedada a utilização de recursos arrecadados no âmbito dos regimes próprios de previdência social em despesas que sejam distintas do pagamento de benefícios previdenciários dos fundos vinculados a referidos regimes,

---

[588] A queda real da arrecadação previdenciária federal entre 2015 e 2014 foi de 6,59%. No mesmo período, a arrecadação real da CSSL caiu 14% e a arrecadação real do PIS/Cofins caiu 5%. Nova queda real de 3,50% na arrecadação previdenciária federal ocorreu entre 2016 e 2015. A tímida recuperação da arrecadação previdenciária a partir de 2017 não foi nem de longe suficiente para retomar a arrecadação real previdenciária dos patamares de 2014/2013. Cf. BRASIL. Receita Federal. *Relatórios do Resultado da Arrecadação*. Disponível em: http://receita.economia.gov.br/dados/receitadata/arrecadacao/relatorios-do-resultado-da-arrecadacao. Acesso em: 3 dez. 2019.

ou do pagamento das despesas necessárias à organização e ao funcionamento de referidos regimes. Trata-se de medida de responsabilidade fiscal previdenciária, impedindo-se, por exemplo, que valores ou reservas técnicas de fundos previdenciários sejam utilizados para pagamento de despesas correntes com salários, décimo-terceiro de servidores etc.

Pelo novo inc. XIII, fica vedada a transferência voluntária de recursos, a concessão de avais, garantias e subvenções pela União, bem como a concessão de empréstimos e de financiamentos por instituições financeiras federais aos estados, ao Distrito Federal e aos municípios que descumpram regras gerais de organização e de funcionamento de regime próprio de previdência social.

## 6.5 A *regra de ouro* do art. 167, III, da Constituição em tempos de déficit primário crônico

Conforme explica Aliomar Baleeiro, há uma regra antiga de finanças públicas segundo a qual o crédito ou os empréstimos públicos só devem ser tomados para utilização dos recursos em investimentos, ou seja, em gastos que terão benefício econômico e social duradouro. Segundo essa regra, as gerações futuras não ficam prejudicadas ou sobrecarregadas com a tomada de empréstimos públicos: se por um lado essas gerações futuras terão de arcar com a amortização dos créditos, por outro lado receberão, como compensação, benefícios concretos advindos de estradas, ferrovias, redes de comunicação, usinas geradoras de energia, prédios públicos etc. Na formulação de Baleeiro, "o sacrifício da posteridade seria praticamente nulo pelo ativo que se conservaria até a época em que viesse a suportar os ônus financeiros correspondentes".[589]

Em tempos excepcionais, como os de guerra externa ou profunda crise ou recessão econômica, essa *regra de ouro* (créditos públicos devem servir para investimentos e não para financiar gastos correntes) costuma sofrer exceções.[590]

A Constituição de 1988 decidiu adotar expressamente a regra de ouro em seu art. 167, III, *verbis*:

> Art. 167. São vedados: [...]
> III - a realização de operações de créditos que excedam o montante das despesas de capital, ressalvadas as autorizadas mediante créditos suplementares ou especiais com finalidade precisa, aprovados pelo Poder Legislativo por maioria absoluta; [...].

A lógica da regra constitucional é clara: o governo não deve contrair dívidas para financiar suas despesas correntes, como pagamento da folha de salários, gastos

---

[589] BALEEIRO, Aliomar. *Uma introdução à ciência das finanças*. 17. ed. atual. por Hugo de Brito Machado Segundo. Rio de Janeiro: Forense, 2010. p. 599.

[590] BALEEIRO, Aliomar. *Uma introdução à ciência das finanças*. 17. ed. atual. por Hugo de Brito Machado Segundo. Rio de Janeiro: Forense, 2010. p. 600.

gerais de conservação, aposentadoria e pensões, pagamento de fornecedores de bens e serviços etc. Essas despesas correntes devem ser financiadas com os recursos dos tributos e demais receitas públicas patrimoniais ou derivadas.[591]

As despesas de capital abrangem os investimentos, as inversões financeiras e a amortização da dívida pública, e a regra constitucional dispõe que o montante das operações de crédito deve se limitar a tais despesas. Caso haja necessidade de recorrer ao endividamento público para fazer face a outros tipos de despesas, como as correntes, o Executivo necessita obter do Legislativo uma autorização específica mediante abertura de crédito suplementar ou especial com finalidade precisa.

No longo período de 2000 a 2014, a União produzia polpudos superávits primários. É verdade que, após o pagamento vultoso dos juros (serviço da dívida, que tem a natureza de gastos correntes), produzia-se sempre déficit nominal. Contudo, parte considerável dos gastos públicos deste período era composta por investimentos (Programa de Aceleração do Crescimento, Programa Luz para Todos, Programa Minha Casa Minha Vida, investimentos em empresas públicas etc.), o que fazia com que a regra de ouro fosse cumprida sem dificuldades. Ou seja, o montante do déficit nominal (a ser refinanciado) não superava o montante das despesas de capital.

A partir de 2015, a situação mudou completamente: as receitas tributárias caíram, as despesas obrigatórias continuaram a expandir-se, os déficits primários passaram a ser a regra sem exceção, e os déficits nominais atingiram valores muito altos, próximos a 10% do PIB. Além disso, o montante dos investimentos públicos sofreu forte queda a partir de 2014, tendo chegado em 2019 a seu piso histórico em 50 anos.[592] Nessas circunstâncias, o Governo Federal recorreu a partir de 2015 a uma estratégia para continuar cumprindo a regra de ouro: a devolução, pelo BNDES, de vultosos valores repassados à instituição nos anos anteriores. Ou seja, a solução foi financiar a diferença entre as despesas correntes e as receitas correntes com esses recursos do BNDES, sem necessidade de recorrer a operações de crédito superiores aos parcos investimentos.

Daí se explica o fato de o BNDES ter se descapitalizado sensivelmente nos últimos anos e devolvido/repassado ao Tesouro Nacional o valor expressivo de R$409 bilhões entre 2015 e 2019.[593] Mesmo assim foi necessário recorrer à dívida pública em montante superior aos investimentos, o que motivou a necessidade de aprovação, pelo Congresso Nacional, em junho de 2019 (Lei nº 13.843), de crédito suplementar de R$248 bilhões. A maior parte desses gastos corresponde a benefícios previdenciários e assistenciais.

---

[591] Cf. CARVALHO JUNIOR, Antonio Carlos Costa d'Ávila et al. *Regra de ouro na Constituição e na LRF*: considerações históricas e doutrinárias. Brasília: Câmara dos Deputados, 2017.

[592] Cf. ALVARENGA, Darlan. Taxa de investimentos é a menor em mais de 50 anos e fica mais dependente do setor privado. *G1*, 19 jul. 2019. Disponível em: https://g1.globo.com/economia/noticia/2019/07/19/taxa-de-investimentos-e-a-menor-em-mais-de-50-anos-e-fica-mais-dependente-do-setor-privado.ghtml. Acesso em: 12 dez. 2019.

[593] REUTERS. BNDES devolve mais R$30 bilhões ao Tesouro, totalizando R$123 bilhões em 2019. *G1*, 11 dez. 2019. Disponível em: https://g1.globo.com/economia/noticia/2019/12/11/bndes-devolve-mais-r-30-bilhoes-ao-tesouro-totalizando-r-123-bilhoes-em-2019.ghtml. Acesso em: 12 dez. 2019.

Com relação a 2020, mais uma vez a regra de ouro não foi cumprida e o Congresso Nacional aprovou, com a Lei nº 14.008 (de 2 de junho de 2020), a abertura de crédito suplementar de R$343 bilhões, autorizando a realização da receita de operações de crédito por emissão de Títulos de Responsabilidade do Tesouro Nacional, nos termos do art. 167, III, *in fine*.

A Emenda Constitucional nº 109, de março de 2021, autorizou o governo federal a não aplicar o Teto de Gastos, a regra de ouro e outras limitações da Lei de Responsabilidade Fiscal a um valor de até R$44 bilhões a título de "auxílio emergencial residual para enfrentar as consequências sociais e econômicas da pandemia da Covid-19". No final de 2021, a Emenda Constitucional nº 113, de 8 de dezembro de 2021, fez a mesma ressalva com relação a um valor de até R$15 bilhões, "a ser destinado exclusivamente ao atendimento de despesas de vacinação contra a covid-19 ou relacionadas a ações emergenciais e temporárias de caráter socioeconômico".

Assim como a Emenda Constitucional nº 109/2021 havia determinado em relação aos R$44 bilhões destinados ao financiamento do Auxílio Emergencial, a Emenda Constitucional nº 126/2022 dispensou a aplicação da regra de ouro com relação à realização de gastos de R$145 bilhões em 2023. Ou seja, autorizou-se que a União levantasse tais recursos por meio de operações de crédito, sem aplicação da regra de que o montante total das operações de crédito não pode exceder o montante das despesas de capital.

## 6.6 Participação popular efetiva na elaboração das leis orçamentárias[594]

Como se viu nas seções anteriores, o orçamento público brasileiro é composto por três instrumentos com objetivos distintos. Enquanto o Plano Plurianual, válido por quatro anos, se apresenta como um documento de planejamento estratégico de médio prazo em termos de programas contínuos e despesas de capital, a Lei de Diretrizes Orçamentárias define os objetivos e prioridades da Administração Pública e da política fiscal para o curto prazo, estabelecendo as orientações que devem ser seguidas na elaboração da Lei Orçamentária Anual, a qual, por sua vez, promove a relação detalhada das receitas e despesas do orçamento público. Todos esses instrumentos são obrigatórios para todos os entes federativos e devem ser aprovados pelos respectivos parlamentos, nos seus prazos específicos.

A Constituição de 1988 determina que os planos e programas nacionais, regionais e setoriais do governo devem ser elaborados de acordo com o Plano Plurianual e que não podem ser aprovadas alterações ao projeto de Lei do Orçamento Anual quando sejam incompatíveis com o Plano Plurianual e a Lei de Diretrizes Orçamentárias. Essas normas constitucionais justificam que o Plano Plurianual seja considerado pelos pesquisadores como a mais importante e estratégica das normas

---

[594] As seções 6.6 e 6.7 se basearam no estudo GODOI, Marciano Seabra de. Transparencia y participación ciudadana en la política fiscal de la federación brasileña: estado actual. *Revista Debates de Derecho Tributario y Financiero*, Buenos Aires, ano 4, vol. 10, abr. 2024, p. 340-372, realizado a partir de uma pesquisa coletiva dos membros do Grupo de Pesquisa Finanças Públicas, Igualdade e Democracia, vinculado à PUC Minas.

orçamentárias. Por isso é tão importante a participação popular efetiva na sua elaboração. Relembre-se que a Lei de Responsabilidade Fiscal (LRF) determina em seu art. 48 que a transparência das finanças públicas inclui o incentivo à participação popular e à realização de audiências públicas, durante os processos de elaboração e discussão das leis orçamentárias. Mas até que ponto essa participação acontece de fato na prática? Esta seção 6.6 se propõe a tratar exatamente disso.

A literatura que analisa esse tema é extensa, sendo necessário lembrar que o próprio Plano Plurianual assumiu diferentes significados e funcionalidades ao longo da história da República brasileira.[595]

### 6.6.1 Orçamentos participativos em âmbito municipal

Segundo Magalhães, as primeiras experiências dos chamados Orçamentos Participativos ocorreram nas décadas de 1980 e 1990, durante a gestão do Partido dos Trabalhadores no município de Porto Alegre. A experiência de Porto Alegre começou em 1989. A partir da experiência de Porto Alegre, o Orçamento Participativo passou a ser replicado em cerca de mais 170 cidades, com diferentes graus de abrangência do processo participativo e de incorporação das demandas da sociedade.[596]

O caso do Orçamento Participativo Digital (OPD) no município de Belo Horizonte tem chamado a atenção da literatura. A iniciativa do OPD começou em 2006 e oferecia a qualquer eleitor do município de Belo Horizonte a possibilidade de votar em plataforma eletrônica a partir de uma lista de obras públicas pré-selecionadas pela Câmara Municipal, escolhendo aquelas obras que deveriam ser realizadas com recursos orçamentários. Na primeira edição da iniciativa, em 2006, foi identificado um grande entusiasmo da população com o OPD, com cerca de 170 mil participantes. O número diminuiu para 123 mil na edição de 2008 e em 2011 atingiu apenas 23 mil participantes.[597]

Cunha, Coelho e Pozzebon investigaram se todo o potencial de participação cidadã foi aproveitado ou não na plataforma digital em que ocorreu o referido OPD de Belo Horizonte nos anos de 2006, 2008 e 2011. Os autores investigaram o uso das Tecnologias de Informação e Comunicação (TIC) na participação pública, utilizando a Teoria das Representações Sociais como referencial teórico e a Análise Crítica do Discurso como abordagem metodológica. Os autores entendem o OPD como um processo coletivo de tomada de decisão, envolvendo governo e cidadãos.

---

[595] Vide OLIVEIRA, Valéria Rezende de. O processo de participação social nos planos plurianuais do governo federal. In: *Experiências de participação institucionalizada*. Belo Horizonte, Universidade Federal de Minas Gerais, 2013, p. 20-46.

[596] MAGALHÃES, Álvaro. Planejamento e Orçamento Participativo: do caso de Porto Alegre a apontamentos para um sistema nacional. *Boletim de Análise Político-Institucional*, n. 34, [s.l.], mar. 2023, p. 81-88.

[597] Vide SAMPAIO, Rafael Cardoso; MAIA, Rousiley Celi Moreira; MARQUES, Francisco Paulo Jamil Almeida. Participação e deliberação na internet: Um estudo de caso do Orçamento Participativo Digital de Belo Horizonte. *Opinião Pública*, v. 16, n. 2, Campinas, 2010, p. 446-477; BARROS, Samuel Anderson Rocha; SAMPAIO, Cardoso Rafael. A confiança para a manutenção de uma inovação democrática: o caso do orçamento participativo digital de Belo Horizonte. *Cadernos Gestão Pública e Cidadania*, v. 22, n. 72, São Paulo, 2017, p. 151-172.

No entanto, segundo os autores, a abordagem com que o município de Belo Horizonte apresentou a iniciativa limitou-se a um simples instrumento de votação. O discurso do município foi exclusivamente informativo, explicando aos cidadãos o funcionamento da plataforma, com utilização de textos idênticos em anos diferentes. Os autores identificaram poucas menções ao novo potencial deliberativo do PPD. A conclusão dos autores é que tanto o governo quanto a imprensa banalizaram o processo, sem incluir o debate sobre a possibilidade e a necessidade de ampliar a participação popular nas discussões públicas como um poderoso instrumento para alcançar melhorias na governança e na qualidade das decisões.[598]

O Orçamento Participativo Digital do município de Belo Horizonte, com quatro edições anuais, foi na verdade um capítulo específico de uma longa história de orçamentos participativos nessa capital. A iniciativa mais recente (seis edições anuais desde 2014) foi o orçamento participativo infantil e adolescente, em que são os próprios alunos das dezenas de escolas públicas municipais que escolhem as ações prioritárias em cada unidade escolar (o investimento em cada uma das escolas, de acordo com o orçamento participativo para crianças e adolescentes, tem o valor de 20 mil reais). Desde 1993, ano de criação da primeira iniciativa de orçamento participativo, a população de Belo Horizonte escolheu 1.652 obras, das quais 1.395 foram concluídas, e mais de um milhão de participações, presenciais ou virtuais, foram registradas para escolher os projetos, de acordo com dados da Prefeitura de Belo Horizonte divulgados em setembro de 2022.[599] Em 2017, a Câmara Municipal decidiu interromper a prática do orçamento participativo até que fossem concluídas as obras já aprovadas em anos anteriores, mas não realizadas. Em 2022, os vereadores incluíram o orçamento participativo na Lei Orgânica do Município (Lei nº 35/2022), determinando que 0,2% das receitas correntes líquidas devem ser direcionadas para o orçamento participativo, com execução obrigatória.[600]

Tomando como referência a experiência do Orçamento Participativo (OP) no município de São Carlos, no estado de São Paulo, Franzese e Pedroti analisaram como o OP interage com as instituições democráticas atuais e se perguntaram se o OP pode realmente promover maior transparência e responsabilização nas instituições políticas

---

[598] CUNHA, Maria Alexandra Viegas Cortez da; COELHO, Taiane Ritta; POZZEBON, Marlei. Internet e participação: o caso do orçamento participativo digital de Belo Horizonte. *Revista de Administração de Empresas*, v. 54, n. 3, São Paulo, 2004, p. 296-308.

[599] A Prefeitura de Belo Horizonte mantém um painel eletrônico de transparência, ao qual se pode ter acesso pela internet, com informações atualizadas diariamente a respeito da situação das obras, especificando seus tipos, localização nos bairros da cidade, etapas de execução etc. Disponível em: https://prefeitura.pbh.gov.br/governo/orcamento-participativo. Acesso em: 6 set. 2024.

[600] Os recursos do orçamento reservados para o orçamento participativo em Belo Horizonte tiveram uma trajetória de queda nos últimos anos: em 2010, foram de aproximadamente R$180 milhões; em 2019, R$120 milhões; em 2021, R$78 milhões. O percentual dos recursos do orçamento participativo efetivamente executados pelo Poder Executivo também é bastante reduzido: 11% em 2019; 34% em 2020; e 12% em 2021. FIÚZA, Patricia. Com passivo de 257 obras, Orçamento Participativo terá execução obrigatória a partir de 2023. *G1*, Minas Gerais, 17 nov. 2022. Disponível em: https://g1.globo.com/mg/minas-gerais/noticia/2022/11/17/com-passivo-de-257-obras-orcamento-participativo-tera-execucao-obrigatoria-a-partir-de-2023-em-bh.ghtml. Acesso em: 6 set. 2024.

locais. Os autores utilizaram os conceitos de responsividade e representatividade para suas pesquisas. Para os autores, ser responsivo significaria adotar as políticas preferidas e indicadas pelos cidadãos, enquanto ser representativo significaria agir de acordo com o melhor interesse público. Embora exista uma novidade na inclusão dos cidadãos diretamente no processo de decisão orçamentária, os autores consideram que o orçamento participativo não rompe com o sistema representativo, mas, sim, é introduzido nele, oferecendo possibilidades de incrementar ações destinadas a identificar políticas diretamente indicadas pelos cidadãos.[601]

Quanto à ampliação do mecanismo de responsabilização, Franzese e Pedroti afirmam que o orçamento participativo, por si só, não introduz um novo mecanismo de responsabilização, uma vez que não possui um meio que possa responsabilizar o representante quando ele descumpre e não executa a prioridade das obras decididas pelo OP. Em qualquer caso, esse cenário poderia ser alterado através de um arranjo institucional que introduzisse novos meios de responsabilização. No domínio do exercício da democracia representativa, os autores afirmam que o OP pode, a longo prazo, transformar os eleitores em cidadãos mais ativos e mais bem preparados para discernir e decidir sobre assuntos que afetam o interesse público. Na verdade, os autores observam que os eleitores querem implementar projetos que por vezes não são possíveis/viáveis. A compreensão dos aspectos da ação política, das possibilidades e dos limites técnicos aumenta a compreensão dos cidadãos sobre as ações não tomadas pelo governo devido a esses fatores. Assim, por parte dos representados, a apresentação de informações pelos agentes governamentais poderia ajudar a construir um exercício cívico, aprofundando o discernimento dos cidadãos sobre o que é melhor para eles. Por parte do mandatário, afirmam os autores, o benefício estaria justamente nessa maior compreensão cidadã, o que ampliaria o sentimento de representatividade.[602]

### 6.6.2 Orçamentos participativos em âmbito estadual

Em 2015, o Instituto de Pesquisa Econômica Aplicada (Ipea) do governo federal publicou um trabalho coletivo sobre a experiência institucional de elaboração dos PPAs 2012-2015 em alguns estados do Brasil. O estudo incluiu a análise do desenvolvimento e gestão de planos plurianuais em dez estados, com pesquisas voltadas também para a participação social envolvida na construção desses instrumentos de planejamento.[603]

Em pesquisa relacionada à iniciativa do Ipea mencionada no parágrafo anterior, Amaral examinou a experiência de vários estados brasileiros e concluiu que houve casos com alto grau de participação social, como Bahia, Rio Grande do

---

[601] FRANZESE, Cibele; PEDROTI, Paula Maciel. Limites e possibilidades do orçamento participativo: para além da retórica. *Revista de Administração Pública – RAP*, v. 39, n. 2, Rio de Janeiro, 2005, p. 207-231.

[602] FRANZESE, Cibele; PEDROTI, Paula Maciel. Limites e possibilidades do orçamento participativo: para além da retórica. *Revista de Administração Pública – RAP*, v. 39, n. 2, Rio de Janeiro, 2005, p. 207-231.

[603] CARDOSO JUNIOR, J. C.; SANTOS, J. C. dos; PIRES, R. R. (orgs.). *PPA 2012-2015*: a experiência subnacional de planejamento no Brasil. Brasília: Ipea, 2015.

Sul e Ceará, em que a participação popular foi incentivada e ocorreu em diferentes espaços e fóruns. Num segundo grupo de estados, composto por Espírito Santo, São Paulo e Rio de Janeiro, houve uma participação mais contida e discreta, que ocorreu principalmente pelos canais de audiências públicas convocadas pelo Legislativo. Num terceiro grupo de estados, formado por Minas Gerais, Mato Grosso do Sul, Rio Grande do Norte e Paraná, o autor conclui que a participação social na elaboração dos PPAs foi praticamente nula, sem nenhum esforço efetivo do Executivo para a inclusão das demandas sociais nos instrumentos de planejamento.[604]

Em pesquisa publicada em 2023, Avelino analisou as diferentes formas de participação social na construção dos PPAs 2020-2023 dos três estados brasileiros (Bahia, Ceará e Rio Grande do Sul) que apresentaram maior grau de participação popular na pesquisa de Amaral citada no parágrafo anterior. A conclusão de Avelino é que os casos da Bahia e do Ceará mostram continuidade na gestão de seus orçamentos participativos. Os processos participativos não só foram mantidos, mas melhorados a cada ciclo de planejamento. Além disso, o autor reforça que o tema da participação foi incorporado como característica típica do planejamento. Em relação ao Rio Grande do Sul, Avelino destaca que o processo de participação popular na elaboração do orçamento sofreu mudanças drásticas. Anteriormente, para o PPA 2012-2015, foram realizados seminários regionais, em cada região de planejamento, abertos à população, contando também com uma plataforma digital para recebimento de propostas da sociedade civil, além de incentivar a construção de diálogos setoriais entre secretarias governamentais e conselhos num fórum de discussão. Porém, para o PPA 2020-2023 houve uma involução no estado do Rio Grande do Sul quanto a esse tema, o que reduziu a construção do PPA somente a alguns momentos de reuniões envolvendo os Conselhos Regionais de Desenvolvimento do Estado do Rio Grande do Sul. Avelino conclui que, no Rio Grande do Sul e na União federal (período 2019-2022), ocorreu um processo de desconstrução da participação popular na elaboração do orçamento.[605]

### 6.6.3 Orçamentos participativos no plano federal

Na esfera federal, Oliveira afirma que o início da participação social, vista como instrumento de construção da democracia participativa, ocorreu com a elaboração do Plano Plurianual (PPA) 2004-2007. Antes disso, o planejamento do governo nacional concentrava-se no trabalho de especialistas, a chamada "tecnoburocracia" estatal.[606]

Os processos participativos que abrangeram os PPAs de 2004 a 2015 manifestaram diferentes formas, abrangências e intensidades. Apesar de apresentarem diferenças, todos os PPAs de 2004 a 2015 apresentaram semelhanças na representação de entidades

---

[604] AMARAL, L. A. Participação social e conteúdo estratégico nos PPAs estaduais. Brasília: Ipea, 2014.

[605] AVELINO, Daniel Pitangueira de. Participação Social nos PPAs Estaduais: vai desistir ou vai continuar?. *Boletim de Análise Político-Institucional*, n. 34, [s.l.], mar. 2023, p. 89-100.

[606] OLIVEIRA, Valéria Rezende de. O processo de participação social nos planos plurianuais do governo federal. *Experiências de participação institucionalizada*. Universidade Federal de Minas Gerais, Belo Horizonte, 2013. p. 20-46.

e movimentos da sociedade civil no processo de participação. Esse comportamento, porém, foi interrompido em 2019, durante a construção do PPA 2020-2023. Avelino, Santos e Bezerra destacam que o PPA 2020-2023 foi elaborado sem incluir o chamado Fórum Interconselhos, importante ferramenta instituída desde o PPA 2012-2015 como canal de discussão e monitoramento de programas, objetivos e metas, que reúne representantes dos diversos conselhos nacionais e entidades representativas da sociedade. O PPA 2020-2023 contentou-se com uma consulta pública em junho de 2019, que contou cerca de 2.100 participações.[607]

Na verdade, o próprio instrumento do PPA foi fragilizado e desacreditado a partir de 2019 pelo governo federal, como demonstra a Proposta de Emenda à Constituição (PEC) apresentada ao Congresso Nacional pelo governo federal em 2021, a qual previa a retirada do PPA das normas constitucionais,[608] ação considerada por Couto e Cardoso Junior como um "ato muito simbólico de esvaziamento das funções de planejamento do Poder Executivo".[609] A extinção do Ministério do Planejamento e a criação do superministério da Economia, com a Secretaria do Orçamento dando lugar à Secretaria do Planejamento, também foram marcas do enfraquecimento do Poder Executivo em matéria de planejamento. Houve claramente um enfraquecimento do planejamento do Poder Executivo no período aliado a uma clara ascensão do Poder Legislativo como principal protagonista do orçamento público.

Resgatando a ideia de democratização participativa, em 2023 a nova gestão do governo federal voltou à ideia de elaborar o PPA 2024-2027 com a mais ampla participação popular possível. Para tanto, o processo foi construído em três dimensões interligadas: (i) Fórum Interconselhos, que integrou os diferentes conselhos nacionais de políticas públicas; (ii) 26 plenários estaduais e um plenário distrital; (iii) criação da plataforma digital Brasil Participativo, que permitiu aos cidadãos priorizarem programas, cadastrarem propostas, mobilizarem apoios e manifestarem essas opções votando na plataforma.[610]

José Antônio Moroni e Cristiane da Silva Ribeiro, pesquisadores vinculados ao Instituto de Estudos Socioeconômicos (INESC), avaliam que o PPA federal 2024-2027 representou um avanço significativo no processo participativo, mas ainda foi um processo limitado, que precisa ser modificado rapidamente. As estratégias para aumentar a participação popular sugeridas pelos autores incluem a construção de uma Política Nacional de Participação Social e do Sistema Nacional de Participação Popular (que ainda não existem), a priorização de processos de participação coletiva orientados pela educação popular em vez de processos de participação individual

---

[607] AVELINO, Daniel Pitangueira de; SANTOS, Eduardo Gomor dos; BEZERRA, Felipe Portela. A quem serve a participação? Experiência democrática do Fórum Interconselhos no Plano Plurianual 2016-2019. *Boletim de Análise Político-Institucional*, n. 28, [s.l.], abr. 2021, p. 37-44.

[608] PAULO, Luiz Fernando Arantes. A Encruzilhada do Plano Plurianual: entre a extinção e o fortalecimento. *Boletim de Análise Político-Institucional*, n. 27, [s.l.], mar. 2021, p. 11-18.

[609] COUTO, Leandro Freitas; CARDOSO JUNIOR, José Celso. Apresentação – O Plano na Prática: experiências de planejamento e orçamento nos níveis subnacionais e o papel do governo federal. *Boletim de Análise Político-Institucional*, n. 34, [s.l.], mar. 2023, p. 5.

[610] BRASIL. Ministério do Planejamento e Orçamento. Secretaria Nacional de Planejamento. *Plano Plurianual 2024-2027*: mensagem presidencial. Brasília: MPOG, 2023.

e a presença de ministros de Estado em eventos coletivos, não apenas para que possam falar, mas, principalmente, para que possam ouvir as demandas populares num diálogo efetivo.[611]

## 6.7 Os impactos do orçamento público e da política fiscal sobre as mulheres, crianças e outros grupos sociais

A metodologia de pesquisa acadêmica e de luta social conhecida como "orçamento público e direitos humanos"[612] tem uma história de não mais do que algumas décadas e campos de ação específicos variados: transparência orçamentária, participação cidadã no processo orçamentário, orçamento e gênero, orçamento e grupos sociais vulneráveis, políticas macroeconômicas e direitos econômicos e sociais.[613]

Uma das diretrizes para a compreensão e aplicação do Princípio nº 7, definido no âmbito dos Princípios dos Direitos Humanos na Política Fiscal (as pessoas têm direito à informação fiscal, e a política fiscal deve ser transparente, participativa e sujeita à prestação de contas), é a obrigação dos Estados de realizarem avaliações sobre o impacto do orçamento público e da política fiscal na realização dos direitos fundamentais.[614]

No Brasil, ainda não existe uma cultura consolidada nas administrações públicas da federação segundo a qual o orçamento público e a política fiscal sejam vistos como meios de efetivação dos direitos fundamentais. No caso do governo do estado de Minas Gerais, por exemplo, não há relatórios oficiais sobre o impacto das políticas públicas e do orçamento público na equidade de gênero e raça ou na concretização dos direitos humanos.

Uma das poucas iniciativas nesse sentido foi determinada pela Lei de Diretrizes Orçamentárias da União para os anos de 2021 e 2022 (Leis nº 14.116/2020 e 14.194/2021). Essas leis determinaram que o Poder Executivo da União tornasse públicos relatórios sobre a execução e o impacto do orçamento federal sobre as mulheres, a partir do monitoramento de programas e ações voltados às mulheres nos orçamentos fiscais e previdenciários das respectivas leis orçamentárias anuais. Os relatórios foram

---

[611] MORONI, José Antônio; RIBEIRO, Cristiane da Silva. PPA participativo: um novo patamar de participação?. *Nexo*, [s.l.], 2 set. 2023. Disponível em: https://www.nexojornal.com.br/ensaio/2023/09/03/PPA-participativo-um-novo-patamar-de-participação. Acesso em: 11 out. 2023.

[612] Cf. COMISIÓN NACIONAL DE LOS DERECHOS HUMANOS, *Presupuesto público y derechos humanos*: por una agenda para el rediseño del gasto público en México. Ciudad de México, 2018. No Brasil, destacam-se os estudos e relatórios do INESC sobre o tema: OLIVEIRA, Iara P.; MORONI, José A.; BECHIN, Nathalie; MENDES, Elisa R. (orgs.). *Orçamento & Direitos*, INESC, Brasília, 2017; OLIVEIRA, Iara P.; MORONI, José A.; BECHIN, Nathalie (orgs.). *Metodologia Orçamento & Direitos – Referenciais Políticos e Teóricos*. INESC, Brasília, 2017. Em Portugal, cf. COELHO, Joana M. S. T. C. *Orçamento do Estado e Direitos Humanos – Relação possível?*. Faculdade de Direito da Universidade de Coimbra, Coimbra, 2018.

[613] Para uma visão de conjunto sobre essa metodologia, seu desenvolvimento histórico e suas perspectivas de futuro, vide BLYBERG, Ann. O caso da alocação indevida: direitos econômicos e sociais e orçamento público. *SUR*, vol. 6, n. 11, São Paulo, dez. 2009, p. 135-153.

[614] ASOCIACIÓN CIVIL POR LA IGUALDAD Y LA JUSTICIA *et al. Principios de Derechos Humanos en la Política Fiscal*, [s.l.], [s.n.], 2021, p. 38. Disponível em: https://derechosypoliticafiscal.org/es/. Acesso em: 6 set. 2024.

publicados pelo Poder Executivo em 2022[615] e 2023.[616] Numa análise crítica ao relatório de 2022 e ao orçamento de gênero no plano federal no período 2019-2023 sob as vertentes da transparência, transversalidade e governança, Rita Santos concluiu que a iniciativa é necessária e digna, mas a metodologia do monitoramento é frágil e exclui estrategicamente do seu âmbito programas orçamentários com impactos negativos sobre as mulheres.[617]

Nos referidos relatórios elaborados pelo Poder Executivo federal, há um esforço para enquadrar as ações e recursos orçamentários na categoria de despesas destinadas às mulheres, mas quase sempre em uma visão excessivamente ampla (como, por exemplo, no caso das despesas sociais e econômicas).

O estudo de Rita Santos concluiu também que a institucionalização e a materialidade do orçamento de gênero no Brasil "são ainda muito frágeis" e sugeriu que o Parlamento estabeleça urgentemente, através da aprovação de uma lei, as prioridades transversais que devem ser objeto de avaliação de impacto no âmbito do governo federal como um todo, alcançando perspectivas como equidade de gênero e raça, proteção aos direitos humanos, sustentabilidade ambiental e transformação digital, entre outras. Uma disposição específica mencionada no estudo de Rita Santos é que o Parlamento nacional altere o seu regimento, de forma a tornar obrigatório que as propostas de lei obedeçam a um protocolo mínimo de avaliação do impacto da proposta sobre grupos sociais vulneráveis, sobre os direitos humanos e sobre a sustentabilidade ambiental.

Existem muitas iniciativas, estudos e propostas internacionais[618] e brasileiras[619] relativas a essas metodologias para avaliar e monitorar o impacto do orçamento e das finanças públicas sobre populações vulneráveis e direitos fundamentais. No estudo de Rita Santos mencionado acima, fica muito claro que a Administração Pública no Brasil ainda está muito longe de incorporar minimamente a cultura de compromisso com a avaliação e monitoramento constante dos efeitos das políticas públicas e do

---

[615] BRASIL. Ministério da Economia. *A mulher no orçamento 2021*. Ministério da Economia: Brasília, 2022.

[616] BRASIL. Ministério do Planejamento e Orçamento. *A mulher no orçamento 2022*. Ministério do Planejamento e Orçamento: Brasília, 2023.

[617] SANTOS, Rita de Cássia Leal Fonseca dos. *A mulher no orçamento*: evidências sobre transparência, materialidade, transversalidade e desempenho do orçamento sensível a gênero no governo federal no período 2019 a 2023. Senado Federal: Brasília, 2023.

[618] Uma das metodologias mais conhecidas (na qual se baseou o referido estudo da brasileira Rita Santos) é o "Marco para avaliação da gestão das finanças públicas com perspectiva de gênero", desenvolvido por várias organizações internacionais, como ONU, OCDE, FMI e Banco Mundial – cf. SECRETARIADO PEFA. *Marco complementario para la evaluación de la gestión de las finanzas públicas con perspectiva de género*. Washington, 2020. Disponível em: https://www.pefa.org/gender. Acesso em: 19 out. 2023.

[619] Vide FUNDAÇÃO ABRINQ PELOS DIREITOS DA CRIANÇA E DO ADOLESCENTE. *De olho no orçamento criança*. Fundação Abrinq pelos Direitos da Criança e do Adolescente, São Paulo, 2017; FUNDAÇÃO TIDE SETÚBAL. *Orçamentos sensíveis a gênero e raça – Um guia prático para Estados e Municípios*. Fundação Tide Setúbal, São Paulo, [s.d.], [s.l.]; JÁCOME, Márcia L.; VILLELA, Shirley. *Orçamentos Sensíveis a Gênero – Vol. 1*. Programa Orçamentos Sensíveis a Gênero ONU Mulheres, Brasília, 2012; OLIVEIRA, Iara P.; MORONI, José A.; BECHIN, Nathalie; MENDES, Elisa R. (orgs.). *Orçamento & Direitos*. INESC, Brasília, 2017; OLIVEIRA, Iara P.; MORONI, José A.; BECHIN, Nathalie (orgs.). *Metodologia Orçamento & Direitos – Referenciais Políticos e Teóricos*. INESC, Brasília, 2017.

orçamento sobre a equidade de gênero e raça ou sobre a concretização efetiva dos direitos humanos.[620]

## 6.8 A prática do chamado "orçamento secreto" e a reação do Supremo Tribunal Federal

Para que se tenha uma visão concreta da transparência (ou da sua ausência) no manejo das finanças públicas brasileiras, não basta conhecer e interpretar as normas da Constituição de 1988 e da Lei de Responsabilidade Fiscal de 2000. É necessário conhecer também a lógica e a prática das reais relações políticas entre os poderes Legislativo e Executivo, especialmente no decorrer do processo orçamentário.

O Brasil pós-1988 é uma república presidencialista na qual o Congresso Nacional tem um crescente poder e controle sobre o Executivo e na qual, historicamente, o partido político do presidente da República está muito longe de ter maioria parlamentar. Para aprovar as leis orçamentárias anuais e as medidas legislativas necessárias à implementação do seu plano de governo, o presidente da República faz muitos acordos e concessões a vários parlamentares e partidos políticos sem qualquer afinidade ideológica com o seu governo, numa prática conhecida como presidencialismo de (ampla) coalizão.[621]

Desde 1988, um dos expedientes mais utilizados pelo Poder Executivo para obter o apoio de partidos e parlamentares, além de lhes oferecer cargos-chave em ministérios e empresas públicas, é a execução, principalmente às vésperas de votações importantes pelo plenário do Congresso Nacional, das despesas oriundas das emendas individuais que os parlamentares estão autorizados a fazer na proposta orçamentária enviada anualmente ao Congresso pelo Executivo.

Até 2014, as emendas individuais dos parlamentares inseridas no orçamento não eram de execução obrigatória.[622] A partir de 2014, as leis orçamentárias (como a Lei de Diretrizes Orçamentárias para 2014 – Lei nº 12.919/2013) e, depois, duas emendas constitucionais (Emendas nº 86/2015 e nº 100/2019) determinaram que emendas parlamentares individuais e de bancada tivessem execução obrigatória até determinado percentual da receita corrente líquida da União federal no ano anterior ao da execução orçamentária.

No início de 2021, a imprensa nacional denunciou que a obtenção de apoio parlamentar para as iniciativas do Poder Executivo federal ocorria desde 2020 de uma forma inédita. O parlamentar que ocupava o cargo de relator-geral do Orçamento Federal passou a ter muito mais poderes do que antes e usava esses poderes para

---

[620] SANTOS, Rita de Cássia Leal Fonseca dos. *A mulher no orçamento*: evidências sobre transparência, materialidade, transversalidade e desempenho do orçamento sensível a gênero no governo federal no período 2019 a 2023. Senado Federal: Brasília, 2023.

[621] Cf. ABRANCHES, Sérgio. *Presidencialismo de coalizão*: raízes e evolução do modelo político brasileiro. São Paulo: Companhia das Letras, 2018. Sobre as consequências do presidencialismo de coalizão no plano do processo legislativo federal em matéria tributária, cf. CARDOSO, Alessandro Mendes. *Processo Legislativo Tributário Federal e bloqueios à concretização do projeto constitucional*. Porto Alegre: Livraria do Advogado, 2023.

[622] Vide PISCITELLI, Tathiane. *Direito Financeiro*. 9. ed. São Paulo: Atlas, 2023. p. 64.

ordenar despesas (que, no total, chegavam a bilhões de reais) a vários órgãos e ministérios do Poder Executivo federal, despesas pulverizadas em centenas de indicações individuais de parlamentares cujos nomes não apareciam na documentação que formalizava o processo. De forma opaca e, em alguns casos, completamente secreta, os parlamentares definiam o município específico para onde os recursos do orçamento federal deveriam ser enviados, bem como as entidades específicas que recebiam os recursos (geralmente entidades do terceiro setor com algum grau de relação social ou familiar com políticos da região).[623] No esquema que foi batizado de "orçamento secreto", os parlamentares que ocupavam cargos de liderança no Congresso ou que apoiavam o governo tinham cotas de indicação muito maiores para suas indicações individuais (indicações individuais que chegavam a envolver dezenas de milhões de reais), e o esquema tornou-se mais intenso especialmente nos períodos em que o Congresso Nacional elegeu as presidências do Senado e da Câmara dos Deputados.

Sob a lógica do "orçamento secreto", um Poder Executivo enfraquecido politicamente renuncia aos seus poderes orçamentários típicos em troca de apoio a seus projetos e políticas públicas, e principalmente em troca de um escudo de proteção contra a possível abertura, pelo presidente da Câmara dos Deputados, de um processo de *impeachment* do presidente da República. Entre 2020 e 2021, mais de vinte pedidos de abertura de processo de *impeachment* contra o presidente da República foram realizados, mas nenhum deles foi sequer analisado pelo todo-poderoso presidente da Câmara dos Deputados, principal defensor da prática conhecida como "orçamento secreto".

O volume crescente de emendas parlamentares (que saltaram do patamar de 4 bilhões de reais em 2015 para 13 bilhões de reais nos anos 2016-2019, 26 bilhões de reais em 2020 e 48 bilhões de reais em 2024)[624] e o modo concreto de sua execução indicam que uma parte considerável das despesas discricionárias do orçamento federal[625] passou a ser realizada não segundo uma lógica de planejamento eficiente e transparente de políticas públicas estáveis, mas segundo uma lógica eleitoreira e paroquial, em que deputados e senadores utilizam as emendas orçamentárias para enviar dinheiro a suas bases eleitorais a fim de aumentar suas chances de reeleição.[626]

---

[623] Cf. CRUVINEL, Marcello Nogueira. *Das Emendas de Relator ao Orçamento Secreto*. Brasília: Senado Federal-Instituto Legislativo Brasileiro, 2022.

[624] MENDES, Marcos; TOLLINI, Hélio. É assim em todo lugar? Emendas parlamentares no Brasil e em 11 países da OCDE. *Insper*, São Paulo, 2024.

[625] Aproximadamente 92% dos gastos orçamentários no Brasil constituem gastos obrigatórios (salários de servidores, benefícios da previdência social, transferências de recursos a entes federativos etc.) – cf. MEIRA, Laíne *et al*. Despesas obrigatórias e discricionárias no Brasil. *Boletim Economia Empírica*, vol. III, n. XI, 2022, p. 54-60. Quanto aos 8% restantes, chamados de gastos "discricionários", o Poder Executivo tradicionalmente tinha ampla autonomia para administrá-los, mas, a partir de 2014, uma parte cada vez mais significativa desses recursos passou a ser controlada pelo Congresso por meio das emendas impositivas. Em 2023, aproximadamente 30% dos recursos discricionários do orçamento federal ficaram sob controle do Congresso Nacional – VARGAS, Mateus *et al*. Congresso obtém volume inédito de verbas, mas aplicação é falha. *Folha de São Paulo*, Política, São Paulo, 7 out. 2023. No mesmo sentido, vide MENDES, Marcos; TOLLINI, Hélio. É assim em todo lugar? Emendas parlamentares no Brasil e em 11 países da OCDE. *Insper*, São Paulo, 2024.

[626] Sobre o tema, vide PINTO, Élida Graziane. Orçamento secreto como instrumento de execução privada do orçamento público. *In*: DERZI, Misabel Abreu Machado *et al*. (orgs.). *Populismo e o Estado de Direito*. Belo Horizonte: Casa do Direito, 2023. p. 509-524.

Com efeito, pesquisas recentes mostram que as emendas parlamentares pouco beneficiam os municípios cujos votos foram majoritariamente concedidos a candidatos derrotados nas eleições mais recentes,[627] enquanto os municípios que têm patrocinadores influentes no Congresso obtêm uma quantidade excessiva e desproporcional de recursos através de emendas parlamentares.[628] Nos documentos e na tramitação oficial das indicações do relator-geral do orçamento aos ministérios, não havia indicação dos parlamentares autores das emendas, mas o nome desses parlamentares era sempre alardeado e divulgado socialmente no momento da entrega dos recursos ao municípios por assim dizer "premiados" por haverem dado a referidos parlamentares muitos votos nas eleições passadas.

### 6.8.1 Arguições de Descumprimento de Preceito Fundamental (ADPFs) nº 850, 851 e 854

Em meados de 2021, após a descoberta do esquema do "orçamento secreto" pelos órgãos de imprensa, ações judiciais de partidos políticos de oposição foram distribuídas ao Supremo Tribunal Federal, com a fundamentação de que a prática parlamentar vulnerava as normas constitucionais do devido processo orçamentário, bem como os princípios da legalidade, da moralidade, da eficiência, da publicidade e da transparência, em especial o art. 163-A da Constituição (introduzido pela Emenda Constitucional nº 108/2020), dispositivo que exige que os dados orçamentários tenham "rastreabilidade", "comparabilidade" e "publicidade", com divulgação em meio eletrônico de amplo acesso público.

Em novembro de 2021, o plenário do Supremo Tribunal Federal concedeu medida cautelar reconhecendo que as emendas do relator-geral do orçamento operavam "com base na lógica da ocultação dos efetivos requerentes da despesa", atuando o relator-geral "como figura interposta entre parlamentares incógnitos e o orçamento público federal", o que se mostra "incompatível com a forma republicana e o regime democrático de governo". As medidas concretas determinadas pelo STF foram as seguintes (ADPFs nº 850, 851 e 854, Relatora Ministra Rosa Weber, DJ 11 nov. 2021):

> (a) quanto ao orçamento dos exercícios de 2020 e de 2021, ampla publicização aos documentos embasadores da distribuição de recursos das emendas de relator-geral (RP-9);
>
> (b) quanto à execução das despesas indicadas pelo classificador RP 9 (despesas decorrentes de emendas do relator do projeto de lei orçamentária anual), implementação de medidas para que todas as demandas de parlamentares voltadas à distribuição de emendas de relator-geral, independentemente da modalidade de aplicação, sejam registradas em plataforma eletrônica centralizada, em conformidade com os princípios da publicidade e transparência (CF, arts. 37, caput, e 163-A); e

---

[627] Cf. SHALDERS, André et al. Desertos políticos: cidades que votaram em candidatos derrotados não receberam orçamento secreto. *Estadão*, Seção Política, São Paulo, 21 set. 2022.

[628] Cf. RODRIGUES, Artur; FERREIRA, Flávio. Poço vira farra de em reduto de emendas, e cidade de político supera estados inteiros. *Folha de São Paulo*, Política, São Paulo, 7 out. 2023.

(c) quanto ao orçamento do exercício de 2021, a suspensão integral e imediata da execução dos recursos orçamentários oriundos do identificador de resultado primário nº 9 (RP 9), até final julgamento de mérito desta arguição de descumprimento.

Os presidentes da Câmara e do Senado então requereram que o STF revisse em parte sua decisão, de modo a permitir que as emendas do relator-geral continuassem a ser executadas, argumentando que alterações promovidas na legislação interna do parlamento teriam sido suficientes para dar transparência aos atos atacados nas ações. Acolhendo o pedido do Congresso Nacional, o plenário do STF reformulou em parte sua medida cautelar, que passou a figurar nos seguintes termos (ADPFs nº 850, 851 e 854, Relatora Ministra Rosa Weber, DJ 17 dez. 2021):

> 1. Em informações oficiais, o Senhor Presidente do Congresso Nacional, revendo posição anteriormente manifestada nos autos, noticia ter solicitado ao Relator-Geral do orçamento de 2021, em cumprimento à decisão proferida nesta causa, a individualização e o detalhamento das solicitações de despesas que lhe foram dirigidas e das respectivas motivações, além da apresentação dos registros formais por ele detidos (Ofício nº 2285.2021-PRESID).
>
> 2. O Congresso Nacional, por sua vez, editou o Ato conjunto nº 01/2021 e a Resolução nº 02/2021-CN, dispondo sobre procedimentos para assegurar maior publicidade e transparência à execução orçamentária das despesas classificadas com indicador RP 9 (despesas decorrentes de emendas do relator).
>
> 3. O Poder Executivo da União, por meio do Decreto nº 10.888/2021, dando cumprimento ao julgamento emanado desta Corte, criou instrumentos para assegurar a publicidade e a transparência das comunicações realizadas entre os órgãos, fundos e entidades do Poder Executivo federal e o Relator-Geral do orçamento sobre a execução de recursos decorrentes de emendas parlamentares.
>
> 4. As medidas adotadas pelo Congresso Nacional e pelo Poder Executivo da União revelam a presença de um novo quadro, diverso daquele existente à época do julgamento plenário ocorrido nos dias 09 e 10 de novembro de 2021, apto a autorizar o afastamento dos efeitos da suspensão determinada por esta Corte diante do risco de prejuízo que a paralisação da execução orçamentária traz à prestação de serviços essenciais à coletividade, tendo em vista que a maior parte das despesas suspensas envolve serviços de saúde e educação voltados ao atendimento da população carente de Municípios de baixo índice de desenvolvimento humano (conforme Nota Técnica Conjunta CD/SF nº 8/2021).
>
> 5. A nova disciplina jurídica da execução das emendas do relator (Ato Conjunto nº 1/2021, Resolução nº 2/2021-CN e Decreto presidencial nº 10.888/2021) torna mais transparente e seguro o uso das verbas federais, viabilizando a retomada dos programas de governo e dos serviços de utilidade pública cujo financiamento estava suspenso, sem prejuízo da continuidade da adoção de todas as providências necessárias à ampla publicização dos documentos embasadores da distribuição de recursos das emendas do Relator-Geral (RP-9) no período correspondente aos exercícios de 2020 e de 2021.
>
> 6. Pedido acolhido, "ad referendum" do Plenário desta Corte, para afastar a suspensão determinada pelo item "c" da decisão cautelar anteriormente proferida, autorizando,

dessa forma, a execução das despesas classificadas sob o indicador RP 9, com observância, no que couber, das regras do Ato Conjunto das Mesas da Câmara dos Deputados e do Senado Federal nº 1, de 2021, e da Resolução nº 2/2021-CN.

No final de 2022, o plenário do STF julgou procedentes os pedidos das ações que questionaram o "orçamento secreto", em acórdão bastante didático, de cuja ementa extraem-se os seguintes trechos (ADPFs nº 850, 851, 854 e 1.014, Relatora Ministra Rosa Weber, julgamento realizado em 19 dez. 2022, com publicação do acórdão em 28 de abril de 2023):

> (...)
> 6. Chama-se de "orçamento secreto" o esquema de barganha política por meio do qual o Executivo favorece os integrantes de sua base parlamentar mediante a liberação de emendas orçamentárias em troca de apoio legislativo no Congresso Nacional, valendo-se do instrumento das emendas do relator para ocultar a identidade dos parlamentares envolvidos e a quantia (cota ou quinhão) que lhe cabe na partilha informal do orçamento.
> 7. As emendas do relator, além de não possuírem previsão constitucional, operam com base na lógica da ocultação dos efetivos requerentes da despesa, mediante a utilização de rubrica orçamentária única (RP 9), por meio da qual todas as despesas nela previstas são atribuídas, indiscriminadamente, à pessoa do Relator-Geral do orçamento, que atua como figura interposta entre parlamentares incógnitos e o orçamento público federal.
> 8. Também o destino final dos recursos alocados sob a rubrica RP 9 (emendas do relator) acha-se recoberto por um manto de névoas. Cuida-se de categoria orçamentária para a qual se destinam elevadas quantias (mais de R$ 53 bilhões entre 2020 e 2022) vinculadas a finalidades genéricas, vagas e ambíguas, opondo-se frontalmente a qualquer tentativa de conformação do processo orçamentário às diretrizes constitucionais do planejamento, da transparência e da responsabilidade fiscal.
> 9. A captura do orçamento público federal em favor das prioridades eleitoreiras e interesses paroquiais dos congressistas representa grave risco à capacidade institucional do Estado de realizar seus objetivos fundamentais (CF, art. 3º), especialmente em decorrência da pulverização dos investimentos públicos, da precarização do planejamento estratégico, da perda progressiva da eficiência e da economia de escala, tudo em detrimento do interesse público.
> 10. A partilha secreta do orçamento público operada por meio das emendas do relator configura prática institucional inadmissível diante de uma ordem constitucional fundada no primado do ideal republicano, no predomínio dos valores democráticos e no reconhecimento da soberania popular (CF, art. 1º); inaceitável em face dos postulados constitucionais da legalidade, da impessoalidade, da moralidade, da publicidade e da eficiência (CF, art. 37, caput); inconciliável com o planejamento orçamentário (CF, art. 166) e com a responsabilidade na gestão fiscal (LC nº 101/2000; além de incompatível com o direito fundamental a informação (CF, art. 5º, XXXIII) e com as diretrizes que informam os princípios da máxima divulgação, da transparência ativa, da acessibilidade das informações, do fomento à cultura da transparência e do controle social (CF, arts. 5º, XXXIII, "a" e "b", 37, caput e § 3º, II, 165-A e Lei nº 12.527/2011, art. 3º, I a V).

Na parte dispositiva do acórdão, constam as medidas concretas declaradas inconstitucionais pelo STF e, também, as providências que deveriam ser tomadas pelo Congresso Nacional num prazo máximo de 90 dias (ADPFs nº 850, 851, 854 e 1.014, Relatora Ministra Rosa Weber, julgamento realizado em 19 dez. 2022, com publicação do acórdão em 28 de abril de 2023):

> (a) declarar incompatíveis com a ordem constitucional brasileira as práticas orçamentárias viabilizadoras do chamado "esquema do orçamento secreto", consistentes no uso indevido das emendas do Relator-Geral do orçamento para efeito de inclusão de novas despesas públicas ou programações no projeto de lei orçamentária anual da União;
>
> (b) declarar a inconstitucionalidade material do art. 4º do Ato Conjunto das Mesas da Câmara dos Deputados e do Senado Federal nº 1/2021 e do inteiro teor da Resolução CN nº 2/2021;
>
> (c) conferir interpretação conforme às leis orçamentárias anuais de 2021 (Lei nº 14.144/2021) e de 2022 (Lei nº 14.303/2022), vedando a utilização das despesas classificadas sob o indicador orçamentário RP 9 para o propósito de atender a solicitações de despesas e indicações de beneficiários realizadas por Deputados Federais, Senadores da República, Relatores da Comissão Mista de Orçamento (CMO) e quaisquer "usuários externos" não vinculados aos órgãos da Administração Pública Federal, independentemente de tal requisição ter sido formulada pelos sistemas formais ou por vias informais (cabendo, ainda, aos Ministros de Estado titulares das pastas beneficiadas com recursos consignados sob a rubrica RP 9 orientarem a execução desses montantes em conformidade com os programas e projetos existentes nas respectivas áreas, afastado o caráter vinculante das indicações formuladas pelo relator-geral do orçamento, nos moldes do art. 2º, § 1º, do Decreto nº 10.888/2021);
>
> (d) determinar, a todas as unidades orçamentárias e órgãos da Administração Pública em geral que realizaram o empenho, liquidação e pagamento de despesas classificadas sob o indicador orçamentário RP 9, nos exercícios financeiros de 2020 a 2022, a publicação dos dados referentes aos serviços, obras e compras realizadas com tais verbas públicas, assim como a identificação dos respectivos solicitadores e beneficiários, de modo acessível, claro e fidedigno, no prazo de 90 (noventa) dias.

Ocorre que o Congresso Nacional, mesmo depois de publicado e transitado em julgado o acórdão em 2023, permaneceu descumprindo as ordens emanadas pelo STF, o que foi noticiado à Corte por *amici curiae* no início de 2024, quando as ações já se encontravam sob relatoria do ministro Flávio Dino.

Em junho de 2024, o ministro Flávio Dino reconheceu que várias ordens emanadas pelo STF nas ações sobre o "orçamento secreto" ainda não haviam sido devidamente cumpridas pelo Congresso e afirmou que era dever do relator das ações assegurar que a decisão do Tribunal fosse fielmente cumprida. A partir de agosto de 2024, ocorreram várias reuniões e audiências envolvendo representantes dos três Poderes, no sentido de se encontrarem instrumentos para o efetivo cumprimento da decisão do STF.

Em outubro de 2024, o ministro Flávio Dino proferiu decisão afirmando que, mesmo após a realização de audiências com representantes dos Poderes Executivo e Legislativo, permanecia "o grave e inaceitável quadro de descumprimento da decisão do Plenário do STF que, em 2022, determinou a adequação das práticas orçamentárias ao disposto na Constituição Federal". Em consequência, determinou que:[629]

> Em face do evidente descumprimento parcial da decisão de mérito referida, estabeleço que permanecem plenamente vigentes as medidas de impedimento ou restrição à execução das emendas utilizadas para o que se convencionou chamar de "orçamento secreto", ou seja, as emendas RP 9 e RP 8. 6. (...) somente será possível a eventual revisão dos comandos fixados por este tribunal com medidas efetivas conducentes à concretização das regras constitucionais de transparência, rastreabilidade e efetiva entrega de bens e serviços à sociedade, conforme os arts. 163-A e 165, § 10, ambos da CF.

### 6.8.2 Ações Diretas de Inconstitucionalidade nº 7.688 e 7.695

Como explicado na seção 6.2.1.2 da Parte I deste *Curso*, foi inserida na Constituição em 2019 (pela Emenda Constitucional nº 105) a previsão de uma nova modalidade de emenda parlamentar individual impositiva: a modalidade de "transferência especial", na qual os recursos são "repassados diretamente ao ente federado beneficiado, independentemente de celebração de convênio ou de instrumento congênere". Dado que a norma inserida na Constituição não prevê a celebração de convênio que detalhe o planejamento ou a forma de controle da realização dos gastos e tendo em vista que os recursos passam a pertencer ao ente beneficiado no próprio ato da efetiva transferência financeira (art. 166-A, §2º, da Constituição), essas emendas passaram a ser informalmente conhecidas como "emendas PIX".

O valor total das emendas PIX empenhadas em 2020 foi de R$600 milhões em 2020, R$2 bilhões em 2021 e R$3,3 bilhões em 2022. Após a decisão do STF, ocorrida no final de 2022, no sentido da inconstitucionalidade do "orçamento secreto", os valores das emendas PIX empenhadas anualmente aumentaram mais ainda, chegando a R$7,1 bilhões em 2023 e R$ 7,7 bilhões em 2024. Em 2023, 32% das emendas individuais dos parlamentares foram realizadas por meio da "transferência especial" (emenda PIX) criada pela EC nº 105/2019.[630]

Investigações da imprensa apuraram que a taxa de reeleição de prefeitos em 2024 nas cidades mais contempladas com emendas PIX foi de 93,7%, contra um índice de reeleição de 80,29% na generalidade dos municípios.[631]

---

[629] STF, ADPF nº 854, Relator Ministro Flávio Dino, *DJ* 10 out. 2024.
[630] Cf. TRANSPARÊNCIA BRASIL. *Nota Técnica*: Opacidade nas emendas parlamentares perpetua orçamento secreto. Brasília, julho 2024. Disponível em: Nota Técnica - Continuidade do orçamento secreto (transparencia.org.br). Acesso em: 9 set 2024.
[631] TURTELLI, Camila *et al*. Na mira do STF, emendas Pix aumentam 12 vezes em quatro anos e desafiam a governabilidade. *O Globo*, Brasília, 3 jan. 2025. Disponível em: https://oglobo.globo.com/politica/

Outro dado importante é que, na peça orçamentária, a maioria das emendas individuais via "transferências especiais" não informa os seus beneficiários finais, e os municípios beneficiados só são realmente conhecidos na fase de execução orçamentária, não havendo restrição para que tais transferências sejam realizadas em benefício de municípios que apresentem irregularidades em relação a transferências federais anteriores.

A constitucionalidade das emendas PIX criadas pela EC nº 105/2019 foi questionada perante o STF por duas ações diretas de inconstitucionalidade em meados de 2024: a ADI nº 7.688 (ajuizada pela Associação Brasileira de Jornalismo Investigativo) e a ADI nº 7.695 (ajuizada pela Procuradoria-Geral da República). Ambas as ações argumentam que as emendas PIX desrespeitam os princípios constitucionais da publicidade, da transparência, da controlabilidade e da rastreabilidade da execução orçamentária. Mesmo tendo sido criadas por uma emenda constitucional, as emendas parlamentares por transferência especial (emendas PIX) seriam inconstitucionais por violarem a cláusula pétrea da separação dos Poderes (art. 60, §4º, III, da Constituição), concentrando prerrogativas no âmbito do Legislativo e dificultando o controle por parte do Executivo, provocando uma espécie de apagão fiscalizador no âmbito dos órgãos de controle interno e externo do orçamento federal (no caso dos recursos da emenda PIX, o Tribunal de Contas da União considera que sua fiscalização deve ser realizada pelos órgãos de controle estaduais e locais, e não pelos órgãos federais).

O relator de ambas as ações foi o ministro Flávio Dino, a quem as ações foram direcionadas por prevenção, e não por sorteio, tendo em vista a pertinência temática entre a prática da emenda PIX e a prática das emendas do relator-geral questionadas nas ADPFs nº 850, 851, 854 e 1.014.

O ministro Flávio Dino concedeu medida cautelar em ambas as ações, medida posteriormente referendada unanimemente pelo plenário do STF no dia 19 de agosto de 2024. Nas decisões do relator, afirma-se que a probabilidade do direito existe e consiste na "inadequação de mecanismos de controle e transparência quanto às transferências especiais", que não atendem as exigências de rastreabilidade dos dados orçamentários (art. 163-A da Constituição). Por outro lado, o relator registra em sua decisão que as emendas PIX transformam "cada parlamentar, *de per si*, em algo bastante próximo a um ordenador de despesas, como se pertencesse ao Poder Executivo", e, sendo assim,

> se é o parlamentar que IMPÕE em que o dinheiro será gasto, exige-se, caso mantido o instituto na Constituição, inovações simétricas nos sistemas de controle, a fim de que a Constituição seja cumprida (...)
>
> Nesse atípico "jogo", o parlamentar pode argumentar que apenas indica, mas não executa; o Executivo pode informar que está apenas operacionalizando uma "emenda impositiva"; e o gestor estadual ou municipal pode alegar ser mero destinatário de algo

---

noticia/2025/01/03/na-mira-do-stf-emendas-pix-aumentam-12-vezes-em-quatro-anos-e-desafiam-a-governabilidade.ghtml?utm_source=newsletter&utm_medium=email&utm_campaign=newsdiaria. Acesso em 3 jan. 2025.

que vem "carimbado". Em casos de não aderência ao Plano Plurianual (PPA), da falta de economicidade ou de improbidade administrativa, quem responderá por isso? Nesse contexto, compreendo que somente o reforço da transparência e da rastreabilidade pode resolver essa problemática, inclusive à vista desse novo tipo de função parlamentar: a de "ordenador de despesas".

(Ação Direta de Inconstitucionalidade nº 7.695 – Medida Cautelar, Relator Ministro Flávio Dino, DJ 9 ago 2024)

A medida cautelar concedida pelo ministro Dino na ADI nº 7.688, já referendada pelo plenário do STF, consiste nas seguintes determinações:

1) que, doravante, as transferências especiais ("emendas PIX") somente sejam realizadas com o atendimento aos requisitos constitucionais da transparência e da rastreabilidade (art. 163-A da Constituição), conforme regulamentação administrativa de competência constitucional do Poder Executivo (art. 84, incs. II e IV, da CF);

2) que as transferências especiais ("emendas PIX") sejam fiscalizadas nos termos dos arts. 70, 71 e 74 da Constituição Federal, consoante o entendimento desta Corte em situação análoga (ADI 5791, Rel. Min. Ricardo Lewandowski, DJe 12/09/2022). Ou seja, os controles devem ser exercidos mediante a atuação do TCU e da CGU, inclusive quanto às transferências realizadas anteriormente a esta decisão. Por consequência, esclareço, em nome da segurança jurídica, que está configurado o interesse da União para os fins do artigo 109, I e IV, da Constituição;

3) que, doravante, os beneficiados por emendas parlamentares via transferências especiais ("emendas PIX") insiram na plataforma Transferegov.br, PREVIAMENTE ao recebimento dos recursos, informações referentes às transferências, tais como: plano de trabalho, objeto a ser executado, sua finalidade, a estimativa de recursos para a execução e o prazo da execução, bem como a classificação orçamentária da despesa. Consequentemente, o Poder Executivo só poderá liberar os recursos oriundos das "emendas PIX" APÓS o atendimento da referida obrigação pelos futuros destinatários da transferência especial;

4) que, doravante, as transferências especiais ("emendas PIX") na área da SAÚDE somente sejam efetivamente executadas mediante prévio parecer das instâncias competentes de governança do SUS no sentido de que há estrito cumprimento das regras técnicas que o regem, nos termos da Lei nº. 8.080/1990, especialmente de seus arts. 14-A, 35 e 36;

5) que, doravante, a destinação de transferências especiais ("emendas PIX") tenha absoluta vinculação federativa, isto é, Deputados e Senadores só poderão indicá-las para o Estado (ou para Município integrante do Estado) pelo qual foi eleito, em virtude do disposto nos arts. 45 e 46 da Constituição, salvo projeto de âmbito nacional cuja execução ultrapasse os limites territoriais do Estado do parlamentar;

6) que a CGU realize auditoria da aplicação, economicidade e efetividade sobre as transferências especiais ("emendas PIX"), em execução em 2024;

7) que, no prazo de 90 (noventa) dias, a contar desta data: a. a CGU realize auditoria de todos os repasses de "emendas PIX" em benefício de ONGs e demais entidades do terceiro setor, realizados nos anos de 2020 a 2024, e b. as ONGs e demais entidades do terceiro setor informem na internet, com total transparência, os valores oriundos

de "emendas PIX" recebidos nos anos de 2020 a 2024, e em que foram aplicados e convertidos;

8) que seja aberta conta exclusiva para administração dos valores decorrentes de transferências especiais ("emendas PIX") em favor dos entes federados, como forma de assegurar a transparência e a rastreabilidade (art. 163-A da Constituição) e permitir a fiscalização orçamentária.

(Ação Direta de Inconstitucionalidade nº 7.688 – Medida Cautelar, Relator Ministro Flávio Dino, DJ 2 ago 2024)

Na ADI nº 7.695, determinaram-se as mesmas medidas cautelares, mas foi admitida

a continuidade da execução das transferências especiais ("emendas PIX") nas hipóteses de:

1) obras já em andamento, para pagamento de medições, observadas as seguintes condições, de forma cumulativa: a) apresentação de atestado sobre a medição, emitido por órgão a ser definido pelo Poder Executivo Federal; b) total transparência e rastreabilidade do recurso a ser transferido; c) registro do plano de trabalho na plataforma Transferegov.br, e

2) calamidade pública devidamente reconhecida pela Defesa Civil e publicada em Diário Oficial.

(Ação Direta de Inconstitucionalidade nº 7.695 – Medida Cautelar, Relator Ministro Flávio Dino, DJ 9 ago. 2024)

## 6.8.3 Ação Direta de Inconstitucionalidade nº 7.697

Nas Ações Diretas de Inconstitucionalidade nº 7.688 e 7.695, abordadas na seção anterior, o objeto de questionamento se restringe a uma das modalidades de emendas parlamentares impositivas: a emenda individual por meio de transferência especial, prevista na Emenda Constitucional nº 105/2019 e que consta do art. 166-A da Constituição.

Já na Ação Direta de Inconstitucionalidade nº 7.697, ajuizada pelo Partido Socialismo e Liberdade (PSOL) em agosto de 2024, o objeto é bem mais amplo, compreendendo todas as formas de emendas parlamentares de caráter vinculante (emendas individuais e emendas de bancada), cuja origem constitucional remonta à Emenda Constitucional nº 86/2015 (vide seção 6.2.1.1 da Parte I deste *Curso*).

Segundo a argumentação da ação, as emendas parlamentares impositivas instituem uma espécie de "semipresidencialismo orçamentário jamais desejado pelo Constituinte, incompatível com nosso sistema constitucional e antagônico às cláusulas pétreas de nossa Constituição Federal", especialmente a cláusula da separação dos Poderes (art. 60, §4º, III, da Constituição).

Abarcando em seus questionamentos vários dispositivos introduzidos na Constituição pelas Emendas de nº 86/2015, 100/19, 105/2019 e 126/2022, a petição inicial da ADI nº 7.697 denuncia uma "captura do orçamento público" pelas emendas parlamentares (que superam o patamar de 20% dos gastos orçamentários discricionários), as quais promoveriam uma pulverização dos investimentos, obstando a concretização do planejamento e da coordenação de políticas públicas de forma eficiente e efetiva, numa dinâmica democrática e republicana.

No pedido de medida cautelar, o partido político requereu a suspensão da execução obrigatória das emendas parlamentares impositivas, exceto daquelas que já houvessem sido empenhadas, liquidadas e pagas.

O relator da ação, ministro Flávio Dino, após registrar que o percentual de comprometimento da parcela discricionária do orçamento pelas emendas parlamentares impositivas tende a "inviabilizar a consecução de políticas públicas, atingindo o núcleo do Princípio da Separação de Poderes, cuja eficácia deve ser imediatamente resguardada", acolheu em parte o pedido de medida cautelar, nos seguintes termos:

1. Não é compatível com a Constituição Federal a execução de emendas ao orçamento que não obedeçam a critérios técnicos de eficiência, transparência e rastreabilidade, de modo que fica impedida qualquer interpretação que confira caráter absoluto à impositividade de emendas parlamentares;

2. É dever do Poder Executivo aferir, de modo motivado e transparente, se as emendas parlamentares estão aptas à execução, conforme requisitos técnicos constantes da Constituição Federal, normas legais e regulamentares;

3. A execução das emendas parlamentares impositivas, quaisquer que sejam as modalidades existentes ou que venham a ser criadas, somente ocorrerá caso atendidos, de modo motivado, os requisitos, extraídos do texto da Constituição Federal e das normas infraconstitucionais aplicáveis, sem prejuízo de outras regras técnicas adicionalmente estabelecidas em níveis legal e infralegal, conforme rol exemplificativo que se segue:

a) Existência e apresentação prévia de plano de trabalho, a ser aprovado pela autoridade administrativa competente, verificando a compatibilidade do objeto com a finalidade da ação orçamentária, a consonância do objeto com o programa do órgão executor, a proporcionalidade do valor indicado e do cronograma de execução;

b) Compatibilidade com a lei de diretrizes orçamentárias e com o plano plurianual;

c) Efetiva entrega de bens e serviços à sociedade, com eficiência, conforme planejamento e demonstração objetiva, implicando um poder-dever da autoridade administrativa acerca da análise de mérito;

d) Cumprimento de regras de transparência e rastreabilidade que permitam o controle social do gasto público, com a identificação de origem exata da emenda parlamentar e destino das verbas, da fase inicial de votação até a execução do orçamento;

e) Obediência a todos os dispositivos constitucionais e legais que estabeleçam metas fiscais ou limites de despesas.

A execução de emendas impositivas fica sustada até que os poderes Legislativo e Executivo, em diálogo institucional, regulem os novos procedimentos conforme a presente decisão, sem prejuízo de obras efetivamente já iniciadas e em andamento, conforme atestado pelos órgãos administrativos competentes, ou de ações para atendimento de calamidade pública formalmente declarada e reconhecida.

> A análise dos demais questionamentos arguidos na petição inicial, inclusive a pleiteada eliminação definitiva e total das emendas impositivas por inconstitucionalidade insanável, será procedida após as manifestações previstas em lei, quando da decisão final.
>
> (Ação Direta de Inconstitucionalidade nº 7.697 – Medida Cautelar, Relator Ministro Flávio Dino, DJ 14 ago 2024)

Essa decisão provocou forte impacto negativo no Congresso Nacional, o que motivou a realização de uma reunião extraordinária nas dependências do Supremo Tribunal Federal, entre seus onze ministros, o presidente da Câmara dos Deputados, o presidente do Senado, o procurador-geral da República, o advogado-geral da União e o ministro da Casa Civil. Após essa reunião, publicou-se no portal do STF uma Nota Conjunta, com os seguintes termos:

> Em reunião entre os Presidentes do Senado Federal, da Câmara dos Deputados e do Supremo Tribunal Federal (STF), o Ministro da Casa Civil, o Advogado-Geral da União e o Procurador-Geral da República, realizada na Presidência do Supremo Tribunal Federal, em 20 de agosto de 2024, com a presença de todos os Ministros do STF, firmou-se o consenso de que as emendas parlamentares deverão respeitar critérios de transparência, rastreabilidade e correção, com observância do seguinte:
>
> 1. Emendas individuais:
>
> a) Transferência especial (emendas pix): ficam mantidas, com impositividade, observada a necessidade de identificação antecipada do objeto, a concessão de prioridade para obras inacabadas e a prestação de contas perante o TCU;
>
> b) demais emendas individuais: ficam mantidas, com impositividade, nos termos de regulação acerca dos critérios objetivos para determinar o que sejam impedimentos de ordem técnica (CF, art. 166, § 13), a serem estabelecidos em diálogo institucional entre Executivo e Legislativo. Tal regulação deverá ser editada em até dez dias.
>
> 2. Emendas de bancada: Serão destinadas a projetos estruturantes em cada Estado e no Distrito Federal, de acordo com a definição da bancada, vedada a individualização.
>
> 3. Emendas de comissão: Serão destinadas a projetos de interesse nacional ou regional, definidos de comum acordo entre Legislativo e Executivo, conforme procedimentos a serem estabelecidos em até dez dias.
>
> Fica acordado que Executivo e Legislativo ajustarão o tema da vinculação das emendas parlamentares à receita corrente líquida, de modo a que elas não cresçam em proporção superior ao aumento do total das despesas discricionárias. O relator irá, oportunamente, reexaminar o processo.[632]

---

[632] Disponível em: https://noticias.stf.jus.br/postsnoticias/nota-conjunta-sobre-reuniao-entre-ministros-do-stf-camara-senado-e-executivo-sobre-emendas-parlamentares/. Acesso em: 9 set 2024.

## 6.8.4 Reação do Congresso Nacional e edição da Lei Complementar nº 210/2024

As decisões do STF comentadas acima, condicionando o pagamento/execução das emendas parlamentares (em relação a orçamentos de anos anteriores e em relação ao orçamento do ano em curso) ao cumprimento de requisitos e exigências de transparência, rastreabilidade e publicidade (art. 163-A da Constituição) a serem definidas pelo Poder Legislativo geraram um impasse e desencadearam um movimento interinstitucional no sentido de uma rápida aprovação da lei complementar prevista no art. 165, §9º, III, da Constituição. Segundo esse dispositivo, cabe à lei complementar dispor sobre critérios para a execução equitativa das emendas parlamentares e definir procedimentos a serem adotados quando houver impedimentos legais e técnicos, cumprimento de restos a pagar e limitação das programações de caráter obrigatório relacionadas às emendas parlamentares impositivas individuais e de bancada previstas nos §§11 e 12 do art. 166 da Constituição.

Em pouco mais de um mês, elaborou-se e aprovou-se a Lei Complementar nº 210, sancionada sem vetos pelo presidente da República e publicada em 25 de novembro de 2024. Em termos gerais, a LC nº 210 define e regula, no âmbito do orçamento federal, uma série de regras de publicidade, rastreabilidade e eficiência na proposição e execução das emendas parlamentares individuais, de comissão e de bancada, bem como elenca em lista exaustiva as "hipóteses de impedimentos de ordem técnica para execução de emendas parlamentares" (art. 8º), vedando "a imposição de regra, restrição ou impedimento às emendas parlamentares que não sejam aplicáveis às programações orçamentárias discricionárias do Poder Executivo" (art. 14).

Quanto às controversas emendas PIX, previstas no art. 166-A, I, da Constituição, a LC nº 210 buscou criar regras específicas em prol da publicidade, rastreabilidade e eficiência em sua proposição e execução, levando em conta as críticas contidas nas decisões anteriores do STF. De acordo com a regulamentação da LC nº 210, o autor da emenda PIX deve especificar o objeto e o valor da transferência no momento da indicação do ente beneficiado, dando preferência a obras inacabadas beneficiadas anteriormente com emendas de sua autoria (art. 7º). Com efeito, levantamentos da CGU indicaram um imenso número de emendas PIX que iniciam obras que, posteriormente, não são terminadas. Outra importante alteração promovida no âmbito dessas emendas foi a determinação de que seus recursos ficarão sujeitos à apreciação do Tribunal de Contas da União (art. 7º, parágrafo único). Para evitar a falta de transparência e eficiência na execução das emendas PIX censuradas pelo STF, o art. 8º da LC nº 210 determinou:

> Art. 8º O beneficiário das emendas individuais impositivas previstas no inciso I do *caput* do art. 166-A da Constituição Federal deverá indicar no sistema Transferegov.br, ou em outro que vier a substituí-lo, a agência bancária e a conta-corrente específica em que serão depositados os recursos, para que seja realizado o depósito e possibilitada a movimentação do conjunto dos recursos.

Parágrafo único. O Poder Executivo do ente beneficiário das transferências especiais, a que se refere o inciso I do *caput* do art. 166-A da Constituição Federal, deverá comunicar ao respectivo Poder Legislativo, ao Tribunal de Contas da União e aos tribunais de contas estaduais ou municipais, no prazo de 30 (trinta) dias, o valor do recurso recebido, o respectivo plano de trabalho e o cronograma de execução, do que dará ampla publicidade.

A LC nº 210 também regulou o procedimento de proposição e execução das emendas de comissão. Essas emendas, que não possuem caráter vinculante ou impositivo, passaram a receber, a partir de 2023/2024, os bilhões de reais antes movimentados pelas emendas de relator (RP 9) no contexto do "orçamento secreto". Com efeito, em 2020 as emendas de relator representavam aproximadamente R$19 bilhões e foram reduzidas a praticamente zero a partir de 2023; em contrapartida, as emendas de comissão tinham valor inexpressivo nos anos de 2020/2021 e chegaram a R$11 bilhões em 2024.

A LC nº 210 dispõe que somente as comissões permanentes da Câmara, do Senado e do Congresso Nacional poderão apresentar emendas orçamentárias, que devem reservar no mínimo 50% para ações e serviços de saúde, "observados as orientações e os critérios técnicos indicados pelo gestor federal do Sistema Único de Saúde (SUS)" (art. 4º). Ainda segundo a LC nº 210, a aprovação das emendas deve constar de atas de reuniões das comissões, "que serão publicadas e encaminhadas aos órgãos executores em até 5 (cinco) dias" (art. 5º).

Com relação às emendas de bancada, que têm caráter impositivo, a LC nº 210 define que somente poderão "destinar recursos a projetos e ações estruturantes para a unidade da Federação representada pela bancada, vedada a individualização de ações e de projetos para atender a demandas ou a indicações de cada membro da bancada" (art. 2º), elencando-se no §3º do art. 2º vinte políticas públicas consideradas como prioritárias para fins de destinação de recursos. Cada bancada estadual pode apresentar e aprovar até oito emendas, que devem ser registradas em atas de reuniões das bancadas, encaminhadas aos órgãos executores e publicadas pela Comissão Mista de Orçamento do Congresso Nacional (art. 3º).

Ainda na linha de críticas e censuras contidas nas decisões do STF, a LC nº 210 disciplinou em seu art. 11 os limites de crescimento das emendas parlamentares aos projetos de lei orçamentária anual em observância aos princípios de separação de poderes e de responsabilidade fiscal, e autorizou em seu art. 12 o contingenciamento de dotações de emendas parlamentares "até a mesma proporção aplicada às demais despesas discricionárias".

## 6.8.5 Decisões do STF após a edição da LC nº 210

Em decisão de 3 de dezembro de 2024 proferida na ADPF nº 854, referendada pelo plenário do STF, o ministro Flávio Dino reconheceu diversos avanços na regulação das emendas parlamentares prevista na LC nº 210, comentada acima. Em relação a vários pontos do texto da LC nº 210, o ministro Flávio Dino identificou o atendimento ao que fora determinado pelo STF em suas decisões anteriores.

Contudo, foram apontadas em relação à LC nº 210 "algumas insuficiências e incongruências internas, que podem ser solucionadas pela via interpretativa". Uma primeira insuficiência foi apontada com relação às normas sobre as emendas de bancada, pois a LC nº 210 não exige expressamente a exata identificação nominal do parlamentar que sugeriu a emenda à bancada, algo que seria essencial para conferir transparência e rastreabilidade às emendas.

Outra dessas insuficiências se deu com relação ao tratamento conferido pela LC nº 210 às emendas de comissão, na medida em que seu art. 5º dispõe que as propostas de indicação de emendas cabem aos "líderes partidários". O ministro Flávio Dino afirmou que não há fundamento constitucional para somente os líderes partidários fazerem essas indicações, sendo um "imperativo constitucional que qualquer parlamentar membro da comissão seja reconhecido como autêntico legitimado para indicar emendas RP 8".

Uma terceira insuficiência foi detectada em relação às emendas PIX, na medida em que o art. 8º da LC nº 210 não exige expressamente a apresentação ao Executivo, no sistema Transferegov.br, previamente ao depósito dos recursos, do plano de trabalho e seu cronograma de execução. Segundo o ministro Flávio Dino, a apresentação do plano de trabalho e seu cronograma de execução aos órgãos de controle (Poder Legislativo, Tribunais de Contas) pode ser posterior (prazo de 30 dias previsto no art. 8º, parágrafo único), mas a apresentação ao Poder Executivo Federal no Transferegov.br deve ser prévia, a fim de viabilizar a apreciação, pelos Ministérios do Executivo, de eventuais impedimentos de ordem técnica previstos no art. 10 da Lei Complementar nº 210.

Nessa decisão do ministro Flávio Dino do dia 3 de dezembro, são feitas críticas incisivas às alegações da Câmara e do Senado de que seria impossível cumprir as determinações do STF de apresentar o itinerário completo de todas as emendas de relator (RP 9) processadas nos anos anteriores, com a identificação dos parlamentares patrocinadores ou apoiadores de cada emenda. Observou o ministro que seria pouco crível que "a execução de bilhões de reais do dinheiro público tenha se dado sem ofícios, e-mails, planilhas ou que tais documentos existiram e foram destruídos no âmbito dos Poderes Legislativo ou Executivo".

Com base em relatórios da CGU, a decisão constatou entre 2020 e 2023 a migração dos recursos das emendas de relator para as emendas de Comissão, além da incapacidade de a maioria dos municípios assegurar a publicidade e a transparência dos dados recebidos via emendas parlamentares. Além disso, apontou-se com riqueza de dados o altíssimo número de emendas parlamentares que iniciam obras que nunca são concluídas.

Com efeito, o número de obras com recursos federais na área da Saúde que não são terminadas é assustador. No final de 2023, o Ministério da Saúde informou que havia 5.573 empreendimentos não finalizados na área da Saúde, a maioria deles relativos a construções de unidades básicas de saúde (UBS). No início de 2024, o Ministério da Saúde entrou em contato com os municípios nos quais se localizavam as 5,5 mil obras inacabadas e houve manifestação de interesse para retomada em apenas 3.594 empreendimentos. Do total, só houve apresentação de documentação em relação a 2.504 obras e apenas mil foram aprovadas e publicadas em Portaria do Ministério da Saúde.[633] Do total de recursos relativos a emendas parlamentares em 2024 (aproximadamente 40 bilhões de reais), 60% se referiram à área da saúde.[634]

Outra constatação preocupante na decisão do ministro Flávio Dino de 3 de dezembro de 2024 foi que, de 2020 a 2024, foram repassados a organizações não governamentais e demais entidades do terceiro setor o montante de R$5,5 bilhões por meio de emendas parlamentares. A CGU constatou que 2.454 entidades do terceiro setor receberam recursos exclusivamente por meio de emendas parlamentares, com situações recorrentes de capacidade técnica e operacional deficientes, bem como ausência de mecanismos efetivos de transparência e eficiência na aplicação dos recursos. Dentre 26 ONGs selecionadas dentre as que mais receberam recursos de emendas parlamentares, a CGU constatou que somente 15% aplicaram regras e procedimentos de transparência satisfatórios.[635]

Com base nas informações recebidas da CGU, o ministro Flávio Dino concluiu em decisão referendada pelo plenário do STF:

> Como se verifica, o cenário evidenciado pela CGU, **em todos os relatórios apresentados**, é de descumprimento dos requisitos constitucionais de transparência e de rastreabilidade relativamente à execução das emendas parlamentares de **todas as modalidades** (RP 6, RP 7, RP 8 e RP 9). Os relatórios - que ora constituem prova nos autos - **confirmam que a elaboração e a execução de parcela relevante do orçamento público ocorrem com a naturalização do desvio de balizas normativas, a partir de uma engrenagem flagrantemente inconstitucional, montada especialmente a partir do ano de 2019, quando os bilhões de reais alocados pelo Congresso Nacional foram se multiplicando em escala geométrica, simultaneamente a descontroles e opacidades, quadro que se estende à Legislatura atual.**
>
> 39. É precoce afirmar - e nem se constitui objeto específico destas ações (processos estruturais) - que houve ou há crimes em razão da esdrúxula situação constatada. Mas é de clareza solar que **JAMAIS HOUVE TAMANHO DESARRANJO INSTITUCIONAL COM TANTO DINHEIRO PÚBLICO, EM TÃO POUCOS ANOS.** Com efeito, somadas as emendas parlamentares entre 2019 e 2024, chegamos ao montante pago de **R$ 186,3 bilhões de reais.** (Negritos e maiúsculas no original)[636]

---

[633] TEÓFILO, Sarah. À espera: mesmo após anúncio de Lula, Brasil tem 2,7 mil obras de saúde com verbas federais paradas. *O Globo*, Brasília, 6 jan. 2025.

[634] PINTO. Élida Graziane. "Balbúrdia" e controle de emendas parlamentares inscritas no piso em saúde. *Conjur*, 7 jan. 2025. Disponível em: https://www.conjur.com.br/2025-jan-07/balburdia-e-controle-de-emendas-parlamentares-inscritas-no-piso-em-saude/. Acesso em: 9 jan. 2025.

[635] GULLINO, Daniel. Destino de emendas foi transparente em apenas 15% de ONGs analisadas, aponta CGU. *O Globo*, Política, Brasília, 3 jan. 2025. Acesso em: 3 jan. 2025. Disponível em: https://oglobo.globo.com/politica/noticia/2025/01/03/destino-de-emendas-foi-transparente-em-apenas-15percent-de-ongs-analisadas-aponta-cgu.ghtml.

[636] STF, ADPF nº 854, Relator Ministro Flávio Dino, DJ 3 dez. 2024.

A partir dessa conclusão, o STF autorizou no início de dezembro de 2024, no âmbito das diversas ações comentadas nas seções acima, mediante o atendimento a diversas exigências derivadas da Constituição, da Lei de Responsabilidade Fiscal e da LC nº 210/2024, a retomada dos pagamentos referentes às emendas parlamentares.

Mas em meados de dezembro, foi levado a conhecimento do STF o encaminhamento de um Ofício ao Governo Federal, subscrito por 17 líderes partidários da Câmara dos Deputados, com a indicação de 5.449 emendas ao Orçamento, totalizando R$4,2 bilhões, sem aprovação prévia e registro formal pelas comissões, sob o pretexto de ratificar as indicações previamente apresentadas pelos integrantes das comissões.

Segundo um dos partidos políticos que levaram a conhecimento do STF esse fato, sob o pretexto de ratificar indicações previamente aprovadas pelas Comissões da Câmara a título de emendas de comissão, os subscritores do Ofício "estariam tentando modificar a seu talante as indicações previamente encaminhadas pelos presidentes das comissões, bem como suprimir e acrescentar outras".

Em vista desse fato, decisão do ministro Flávio Dino de 23 de dezembro de 2024 determinou, entre outras providências, que a Câmara dos Deputados publicasse em seu *site* as atas das reuniões das Comissões Permanentes nas quais foram aprovadas as 5.449 emendas indicadas no referido Ofício, somente sendo autorizado novo empenho ou pagamento de emenda de comissão mediante o cotejo, pela autoridade administrativa responsável, entre o referido Ofício e as atas das Comissões. Além disso, determinou-se a abertura de inquérito da Polícia Federal para investigar as denúncias de parlamentares no sentido de que as emendas de comissão não são efetivamente deliberadas pelos membros da comissão, e sim definidas por acordos de líderes partidários.

A avaliação do ministro sobre o quadro atual do processo orçamentário federal foi bastante dura:

> Não é compatível com a ordem constitucional, notadamente com os princípios da Administração Pública e das Finanças Públicas, a continuidade desse ciclo de (i) denúncias, nas tribunas das Casas do Congresso Nacional e nos meios de comunicação, acerca de obras malfeitas; (ii) desvios de verbas identificados em auditorias dos Tribunais de Contas e das Controladorias; (iii) malas de dinheiro sendo apreendidas em aviões, cofres, armários ou jogadas por janelas, em face de seguidas operações policiais e do Ministério Público. **Tamanha degradação institucional constitui um inaceitável quadro de inconstitucionalidades em série, demandando a perseverante atuação do Supremo Tribunal Federal.** (Negritos no original)[637]

Em relação às organizações não governamentais que, segundo o relatório da CGU, não apresentam transparência adequada e não divulgam as informações requeridas, determinou-se em decisão de 3 de janeiro de 2025 a imediata suspensão de repasses de verbas de emendas parlamentares.[638]

---

[637] STF, ADPF nº 854, Relator Ministro Flávio Dino, DJ 23 dez. 2024.
[638] STF, ADPF nº 854, Relator Ministro Flávio Dino, DJ 3 dez. 2025.

CAPÍTULO 7

# CONTROLE EXTERNO E INTERNO DAS FINANÇAS PÚBLICAS

## 7.1 Considerações gerais

Lafayette Pondé afirmava que a expressão *controle* tem tamanha amplitude que, a bem dizer, a vida social – ela própria – não é senão um processo contínuo de interação e controle. Controle é um componente indissociável da ideia de ordem e organização – e até poderíamos dizer que ele surgiu no Paraíso com as primeiras palavras do Criador.[639]

Do latim medieval *rotulum*, do francês *rôle*, o vocábulo *controle* originalmente designava o catálogo dos contribuintes pelo qual se contrastava a operação do cobrador de impostos. O *contra-rotulum* ou *contre-rôle* era o registro que possibilitava o confronto entre aquele catálogo e os tributos recolhidos pelo agente responsável.[640]

Atualmente, incorporado em definitivo pelos diversos idiomas, o vocábulo *controle* tem sentido amplo, podendo significar, em ordem decrescente de intensidade e força, tal como ensina Bergeron, dominação (hierarquia/subordinação), direção (comando), limitação (proibição), vigilância (fiscalização contínua), verificação (exame), registro (identificação).[641]

Controlar, como ideia de fiscalização em âmbito estatal, consiste em "verificar se tudo ocorre de acordo com o programa adotado, as ordens dadas e os princípios admitidos", tendo como objetivo "assinalar os erros, a fim de que possa evitar sua repetição".[642]

---

[639] PONDÉ, Lafayette. Controle dos atos da Administração Pública. *Revista de Direito Administrativo*, n. 212, p. 41-47, abr./jun. 1998. p. 41.

[640] MEDAUAR, Odete. *Controle da Administração Pública*. São Paulo: Revista dos Tribunais, 1993. p. 13; GUALAZZI, Eduardo Lobo Botelho. *Regime jurídico dos Tribunais de Contas*. São Paulo: Revista dos Tribunais, 1992. p. 21.

[641] *Apud* MEDAUAR, Odete. *Controle da Administração Pública*. São Paulo: Revista dos Tribunais, 1993. p. 12-14.

[642] FAYOL, Henri. *Administração industrial e geral*: previsão, organização, comando, coordenação e controle. 10. ed. São Paulo: Atlas, 1994. p. 130.

## 7.2 Controle das finanças públicas – Perspectiva histórica

O controle das finanças públicas remonta, embrionariamente, aos tempos do Código indiano de Manu – Séc. XIII a.C., que expressamente consagrava, no livro concernente ao direito público, disposições (*zlotas, versículos*) sobre administração financeira e instrumentos de fiscalização. Também na China antiga noticia-se a existência de um órgão fiscalizador da administração financeira, chefiado por um censor, que contrastava toda a atividade estatal, incluída a do rei.[643] Contudo, foi entre gregos (*logistas*) e romanos (*questores*) que a atividade fiscalizadora do Estado recebeu institucionalização, servindo a experiência desses dois povos de inspiração para as gerações futuras.

No período medieval, na Inglaterra e na França, foram criados dois órgãos de controle das finanças, respectivamente, o *Exchequer* e as *Chambres de Comptes*. O primeiro, na idade moderna, cedeu espaço ao *Comptroller General of the Receipt and Issue of his Majesty's*; as segundas foram consideradas instituições do Antigo Regime e extintas por ocasião da Revolução Francesa. Entretanto, serviriam, mais tarde, de inspiração para a instalação, em 1807, da *Cour de Comptes*, pelas mãos de Napoleão Bonaparte.

E, com efeito, a Declaração dos Direitos do Homem e do Cidadão de 1789, pós-Revolução Francesa, prescreveu a necessidade de submissão da atividade administrativa e financeira dos agentes públicos à ação controladora: "a sociedade tem direito de pedir contas a todo o agente público pela sua administração" (art. 15). Desde então, porquanto não é de se esperar dos detentores do poder uma autolimitação voluntária, foi preciso criar instituições para controlá-los, incorporando-as paulatinamente ao processo do poder.[644]

## 7.3 Controle das finanças públicas na Constituição de 1988

A Constituição da República de 1988 é, na história do constitucionalismo brasileiro, a que maior espaço dedicou à atividade de controle da Administração Pública, o que denota, em si, possibilidades várias de interpretação dos seus contornos e perspectivas. Na Seção IX do Capítulo I (Do Poder Legislativo), do Título IV (Organização dos Poderes), o constituinte tratou da fiscalização contábil, financeira, orçamentária, operacional e patrimonial da União (Administração direta) e das entidades de sua Administração indireta (e também dos particulares que lidem com recursos públicos), que se dará, conforme ditames do art. 70, mediante controle externo e interno.

---

[643] A respeito da evolução histórica da atividade de fiscalização financeira do Estado, é excelente o trabalho de Alfredo Cecílio Lopes (*Ensaio sobre o Tribunal de Contas*. São Paulo: [s.n.], 1947. p. 5-90). Ver também, Marianna Montebello (O Tribunal de Contas e o controle das finanças públicas. *Revista do Tribunal de Contas de Minas Gerais*, Belo Horizonte, v. 31, n. 2, p. 139-235, abr./jun. 1999).

[644] MEDAUAR, Odete. *Controle da Administração Pública*. São Paulo: Revista dos Tribunais, 1993. p. 9.

Dispõe o art. 70, *caput*, da Constituição que a fiscalização contábil, financeira, orçamentária, operacional e patrimonial da União e das entidades da Administração direta e indireta, quanto à legalidade, legitimidade, economicidade, aplicação das subvenções e renúncia de receitas, será exercida pelo Congresso Nacional, mediante controle externo (com o auxílio do Tribunal de Contas da União – art. 71), e pelo sistema de controle interno de cada poder. E o art. 75, por sua vez, determina que as normas estabelecidas nesta seção se aplicam, no que couber, à organização, composição e fiscalização dos Tribunais de Contas dos estados e do Distrito Federal, bem como dos Tribunais e Conselhos de Contas dos municípios.

Como se vê, o controle externo será exercido pelo Poder Legislativo e pelo Tribunal de Contas (estes dois órgãos repartem as atribuições típicas de controle externo), ao passo que o controle interno será exercido pelas controladorias, auditorias ou órgãos congêneres criados no âmbito de cada entidade federativa e de cada poder. Servem de base para a organização dos sistemas de controle externo e interno, no âmbito dos estados e municípios, as disposições da Seção IX do Capítulo I do Título IV da Constituição.

Em linhas gerais, o constituinte determina que a tarefa de fiscalização das finanças públicas em sentido amplo (contábil, financeira, orçamentária, patrimonial e operacional) haverá de ser compartilhada entre:
 a) órgãos de controle externo – Congresso Nacional e Tribunal de Contas da União e respectivos congêneres nos estados e municípios (art. 75, CR/88);
 b) órgãos (ou sistemas) de controle interno de cada poder, que atuarão de forma integrada entre si e institucionalmente articulada com os órgãos de controle externo (art. 74, CR/88) em cada esfera federativa.

Nos termos do art. 70 da Constituição, o espectro sobre o qual recaem as atividades de controle externo e controle interno é imenso: abrangem-se aspectos de legalidade, economicidade, operacionalidade, eficiência e renúncia de receita (efetividade). Isto significa dizer que não basta a atividade de controle (externo e interno) no apontamento da conformidade ou desconformidade dos gastos públicos com a lei. Outras dimensões, juridicamente relevantes, também servem como parâmetros de sindicância da atuação administrativa pelos órgãos de controle interno e externo.

## 7.3.1 Controle externo

Nos termos dos arts. 70 e 71 da Constituição, a expressão *controle externo* é utilizada como gênero a abranger duas espécies: a) controle parlamentar colaborado ou indireto; b) controle pelo Tribunal de Contas.

Para explicar essa dicotomia, o primeiro desafio consiste em não compreender o Tribunal de Contas como órgão submisso ou apêndice do Poder Legislativo. O Tribunal de Contas goza de independência funcional, embora organicamente possa estar encartado dentro do Poder Legislativo. Para que se chegue a essa conclusão, basta a leitura do art. 71, IV, da Constituição, que consagra expressamente a competência do Tribunal de Contas para, de ofício, auditar o próprio Poder Legislativo. Isto é demonstração inequívoca de sua independência funcional. Ademais, o próprio STF, ao reconhecer a autonomia institucional do Tribunal de Contas, já reiterou a impossibilidade deste ser equiparado a órgão delegatário ou a organismo de mero assessoramento técnico do Poder Legislativo.[645]

O segundo desafio é perceber que o Tribunal de Contas possui competências que defluem diretamente do texto constitucional e que não podem ser mitigadas pela legislação infraconstitucional. E ainda que, nas matérias próprias de controle externo, o Poder Legislativo somente atua com o auxílio do Tribunal de Contas (controle parlamentar indireto ou colaborado).

### 7.3.1.1 Controle parlamentar indireto ou colaborado

É cediço que cabe ao Poder Legislativo, além da tarefa de elaborar as leis, controlar atos administrativos dos demais poderes. Neste particular, o Poder Legislativo pode desempenhar esta função diretamente (*v.g.*, instituindo uma CPI, convocando ministros para prestar esclarecimentos) ou indiretamente (valendo-se da colaboração do Tribunal de Contas). No primeiro caso, afirma-se que o controle parlamentar é direto; no segundo, afirma-se que o controle parlamentar é indireto ou colaborado.

Portanto, o controle parlamentar colaborado (ou indireto) é efetivado pelo Poder Legislativo com o auxílio do Tribunal de Contas, e engloba parcela significativa da fiscalização contábil, financeira, orçamentária, patrimonial e operacional da Administração Pública (art. 70, CR/88). Todas as vezes que o Parlamento intenta realizar atividades típicas de controle externo, o constituinte determina que ele seja auxiliado nesta tarefa pelo Tribunal de Contas, provavelmente porque a preponderância de aspectos técnicos da atividade de fiscalização assim o recomenda.

Os casos constitucionalmente previstos em que se verifica o exercício do controle parlamentar indireto ou colaborado são:

- julgamento das contas anuais prestadas pelos chefes do Poder Executivo, que devem ser precedidas de parecer prévio do Tribunal de Contas (art. 71, IX, c/c art. 49, IX, da CR/88);[646]
- solicitação, por qualquer das casas legislativas, comissão técnica ou comissão de inquérito, ao Tribunal de Contas para a realização de auditorias e inspeções de natureza contábil, financeira, operacional (art. 71, IV, da CR/88);
- sustação pelo Poder Legislativo, após comunicação do Tribunal de Contas, de contratos administrativos eivados de ilegalidade (art. 71, §1º, da CR/88);

---

[645] ADI nº 375 MC/AM. Rel. Min. Octávio Galloti. *DJ*, 1991; ADIMC nº 4.190/RJ. Rel. Min. Celso de Mello. *DJ*, 1º jul. 2009.

[646] O STF comunga do entendimento de que o Tribunal de Contas da União, com fulcro no art. 71, IX, da CR/88, pode determinar que a autoridade administrativa promova a anulação do contrato, sob pena de imediata comunicação ao Congresso Nacional, que tem competência para realizar o ato de sustação. Além disso, o STF ressalta que a competência para determinação de medidas aos gestores públicos tem caráter impositivo, não sendo uma simples recomendação (MS nº 24.547/DF. Rel. Min. Celso de Mello. *DJ*, 23 maio 2007).

- sustação, por intermédio da comissão mista permanente de orçamento, prevista no art. 166, §1º, da CR/88, de despesas não autorizadas que possam causar danos irreparáveis à economia pública, depois de ouvido, mediante parecer, o Tribunal de Contas da União (art. 72 da CR/88).

Relativamente à primeira hipótese destacada, a do julgamento das contas prestadas anualmente pelos chefes do Poder Executivo, precedida de parecer prévio a cargo dos Tribunais de Contas, algumas considerações merecem ser feitas.

As contas referidas no art. 71, I c/c o art. 49, IX, da Constituição são contas pertinentes à execução orçamentária da União. São chamadas contas de governo, contas de resultado ou contas globais anuais.

Tais contas de governo não se confundem com as contas que devem prestar os administradores e demais responsáveis (ordenadores de despesas) por bens, dinheiros e valores públicos (contas de gestão), por força do art. 71, II da Constituição, e cujo julgamento compete diretamente ao Tribunal de Contas, ainda quando este administrador ou responsável for o próprio chefe do Poder Executivo (agindo na qualidade de ordenador de despesas).

As duas contas são distintas, o conteúdo de ambas é radicalmente distinto e a competência para o respectivo julgamento é também distinta. Tudo isso, a despeito do que decidiu o STF na Repercussão Geral no RE nº 848.826 comentado *infra*:

a) *Contas de governo* (ou contas globais anuais): são aquelas que prestam os chefes do Poder Executivo, por força do princípio da unidade orçamentária, derivadas da competência destas autoridades para executar a lei orçamentária anual, englobando as contas dos demais poderes e cuja apreciação fica a cargo do Poder Legislativo subsidiado pelo parecer prévio do Tribunal de Contas (art. 71, I, c/c art. 49, IX, CR/88).

b) *Contas de gestão*: são aquelas prestadas por administradores, públicos ou privados, pessoas físicas ou jurídicas (inclusive o chefe do Poder Executivo), que lidam diretamente com recursos da sociedade, e cujo julgamento compete diretamente ao Tribunal de Contas (art. 71, II, CR/88).

Sustenta-se que o substantivo "contas" é utilizado no inc. I do art. 71 da Constituição, com sentido substancialmente diferente do presente no inc. II do mesmo preceito – diferenciação esta imprescindível para fixar a competência do Tribunal de Contas e do Poder Legislativo em matéria de controle externo. O conteúdo substancial de cada uma dessas contas (de gestão e de governo) é distinto: seria improvável pensar que as contas anuais do presidente da República, do governador do estado e do prefeito municipal viessem acompanhadas de notas fiscais, notas de empenho, liquidação de despesas, processos licitatórios. Este conteúdo não é próprio das contas globais anuais (de governo), senão das contas de gestão, dos ordenadores de despesas.

As contas de governo espelham a situação global das finanças da unidade federativa: revelam o cumprir do orçamento, dos planos de governo, dos programas governamentais, os níveis de endividamento, o atendimento a limites de gasto mínimo e máximo previstos para saúde, educação, pessoal. Consubstanciam-se nos balanços gerais previstos na Lei nº 4.320/64 e nos relatórios da Lei Complementar nº 101/2000.

As contas de gestão, ao seu turno, devem vir acompanhadas das notas fiscais, dos empenhos, da liquidação, ordenamentos, tudo em ordem a demonstrar a fidedignidade da lida direta com o dinheiro público.

Nesse sentido, veja-se a Súmula nº 90 do TCU, segundo a qual o parecer prévio, em sentido favorável, emitido pelo Tribunal de Contas da União, e a aprovação, mediante decreto legislativo, pelo Congresso Nacional, das contas anuais do Presidente da República (consubstanciadas nos Balanços Gerais da União e no Relatório da Inspetoria-Geral de Finanças, do Ministério da Fazenda), não isentam os responsáveis por bens, valores e dinheiros públicos ou as autoridades incumbidas da remessa, de apresentarem, ao Tribunal de Contas da União, por intermédio do órgão competente do Sistema de Administração Fazendária, Contabilidade e Auditoria, as tomadas ou prestações de contas em falta, nem prejudicam a incidência de sanções cabíveis, por irregularidades verificadas ou inobservância de disposições legais e regulamentares concernentes à administração financeira e orçamentária da União.

Relativamente às demais três hipóteses de controle parlamentar indireto (ou colaborado), percebe-se que são tarefas em que o papel do Tribunal de Contas é tipicamente de fiscalização, auditoria ou consulta (parecer), servindo ao objetivo de subsidiar ações políticas ou de controle direto (no caso das auditorias – art. 71, IV, CR/88) ou de dar suporte a suspensões cautelares de despesas ilegais e lesivas ao erário ou à economia pública (no caso da sustação de contratos – art. 71, §1º, CR/88 – e despesas contra a economia popular – art. 72, CR/88).

### 7.3.1.2 Controle pelo Tribunal de Contas

A parcela de controle externo (fiscalização contábil, financeira, orçamentária, patrimonial e operacional) que remanesce após a detecção dos casos em que o Poder Legislativo exerce a competência, pertence, por força das disposições constitucionais, ao Tribunal de Contas.

A origem dos Tribunais de Contas brasileiros remonta à edição do Decreto nº 966-A, de 7.11.1890, durante o governo provisório de Deodoro da Fonseca, mas sob inspiração e influência de Rui Barbosa. O Tribunal de Contas foi criado como "corpo de magistratura intermediária à sua administração e à sua legislatura".[647] As Constituições que se seguiram, todas elas, trataram do Tribunal de Contas, garantindo aos seus membros prerrogativas típicas da magistratura.

A Constituição de 1988 não fugiu à regra e tratou, com vagar, dos Tribunais de Contas (arts. 71 a 75). Ao lado do Tribunal de Contas da União, o constituinte consagrou Tribunais de Contas nos estados e no Distrito Federal (art. 75). Nos municípios manteve os Tribunais já existentes na data da Constituição (Rio de Janeiro e São Paulo), mas vedou a criação de novos (art. 31, §4º, CR/88), ao passo que determinou que o auxílio às Câmaras Municipais no controle externo dar-se-ia

---

[647] BARBOSA, Rui. *Obras completas de Ruy Barbosa*. Rio de Janeiro: [s.n.], 1891. v. 18. t. II-III.

de parte do Tribunal de Contas do estado ou pelo Tribunal ou Conselho de Contas estadual para os municípios, onde houver.⁶⁴⁸

Com efeito, a Constituição admite a coexistência de dois Tribunais de Contas no âmbito dos estados, desde que assim o decida o constituinte estadual (art. 31, §1º, CR/88): o primeiro, responsável pelo auxílio à Assembleia Legislativa no controle das contas estaduais; o segundo, competente para prestar auxílio a todas as câmaras municipais do estado, no controle das contas dos respectivos municípios.⁶⁴⁹

O art. 71 da Constituição da República arrola as competências do Tribunal de Contas da União (que se projetam aos congêneres por força do art. 75), umas de auxílio ao Poder Legislativo, outras próprias, consoante enfatizado anteriormente nesta obra. As competências são as elencadas a seguir.

### 7.3.1.2.1 Emissão de parecer prévio sobre as contas anuais dos chefes do Executivo

O Poder Executivo presta contas, como um todo, por intermédio do presidente da República, agregando as contas do Poder Executivo às contas dos demais poderes e das entidades da Administração indireta. Estas contas submetem-se ao parecer prévio do Tribunal de Contas e ao julgamento do Poder Legislativo (art. 49, IX, CR/88). As contas as quais se refere o art. 71, I, da Constituição não se confundem com as contas referidas no art. 71, II, da Constituição. E essa distinção, embora seja fundamental, é muito mal compreendida.

Em recente decisão pelo Regime da Repercussão Geral (RE nº 848.826), por exemplo, o STF, conquanto tratando de matéria de inelegibilidade eleitoral, tangenciou a matéria (que havia sido tratada no RE nº 132.747), para compreender que as contas do chefe do Poder Executivo de todas as esferas sempre competem ao Poder Legislativo, seguindo o regime do parecer prévio aqui apresentado.

A nosso ver, a Constituição estabelece a distinção entre contas globais anuais (contas de governo) e contas de gestão, nos arts. 71, I e II, baseada em critério objetivo (competência em razão da matéria) e não em critério subjetivo (competência em razão da pessoa).

Com efeito, existem dois tipos de prestações de contas. As contas de governo (que englobam a consolidação da execução orçamentária da entidade federativa) e as contas de gestão (de pertencimento e responsabilidade de cada um dos gestores de recursos públicos alocados em quaisquer dos poderes).

As contas que devem se submeter ao regime do parecer prévio são as contas globais anuais prestadas pelo chefe do Poder Executivo, enquanto responsável direto pela execução do orçamento e dos planos de governo. Neste caso, o chefe do Executivo age como agente político, dando pleno cumprimento aos ditames orçamentários, e,

---

⁶⁴⁸ Atualmente, existem Tribunais de Contas nos municípios do Rio de Janeiro e São Paulo, e Tribunais ou Conselhos de Contas estaduais para os municípios nos estados da Bahia, Ceará, Goiás e Pará.

⁶⁴⁹ STF. ADI nº 154/RJ. Rel. Min. Otávio Galloti. *DJ*, 11 out. 1991.

por isso, seu julgamento é político, perante o Parlamento. Há no STJ um julgamento que transmite com exatidão a distinção que se pretende aqui assentar, e cuja ementa merece ser transcrita:

> CONSTITUCIONAL E ADMINISTRATIVO. CONTROLE EXTERNO DA ADMINISTRAÇÃO PÚBLICA. ATOS PRATICADOS POR PREFEITO, NO EXERCÍCIO DE FUNÇÃO ADMINISTRATIVA E GESTORA DE RECURSOS PÚBLICOS. JULGAMENTO PELO TRIBUNAL DE CONTAS. NÃO SUJEIÇÃO AO DECISUM DA CÂMARA MUNICIPAL. COMPETÊNCIAS DIVERSAS. EXEGESE DOS ARTS. 31 E 71 DA CONSTITUIÇÃO FEDERAL.
>
> Os arts. 70 a 75 da Lex Legum deixam ver que o controle externo – contábil, financeiro, orçamentário, operacional e patrimonial – da administração pública é tarefa atribuída ao Poder Legislativo e ao Tribunal de Contas. O primeiro, quando atua nesta seara, o faz com o auxílio do segundo que, por sua vez, detém competências que lhe são próprias e exclusivas e que para serem exercitadas independem da interveniência do Legislativo.
>
> O conteúdo das contas globais prestadas pelo Chefe do Executivo é diverso do conteúdo das contas dos administradores e gestores de recurso público. As primeiras demonstram o retrato da situação das finanças da unidade federativa (União, Estados, DF e Municípios). Revelam o cumprir do orçamento, dos planos de governo, dos programas governamentais, demonstram os níveis de endividamento, o atender aos limites de gasto mínimo e máximo previstos no ordenamento para saúde, educação, gastos com pessoal. Consubstanciam-se, enfim, nos Balanços Gerais prescritos pela Lei 4.320/64. Por isso, é que se submetem ao parecer prévio do Tribunal de Contas e ao julgamento pelo Parlamento (art. 71, I c./c. 49, IX da CF/88). As segundas – contas de administradores e gestores públicos, dizem respeito ao dever de prestar (contas) de todos aqueles que lidam com recursos públicos, captam receitas, ordenam despesas (art. 70, parágrafo único da CF/88). Submetem-se a julgamento direto pelos Tribunais de Contas, podendo gerar imputação de débito e multa (art. 71, II e §3º da CF/88). Destarte, se o Prefeito Municipal assume a dupla função, política e administrativa, respectivamente, a tarefa de executar orçamento e o encargo de captar receitas e ordenar despesas, submete-se a duplo julgamento. Um político perante o Parlamento precedido de parecer prévio; o outro técnico a cargo da Corte de Contas. Inexistente, in casu, prova de que o Prefeito não era o responsável direto pelos atos de administração e gestão de recursos públicos inquinados, deve prevalecer, por força ao art. 19, inc. II, da Constituição, a presunção de veracidade e legitimidade do ato administrativo da Corte de Contas dos Municípios de Goiás. Recurso ordinário desprovido.[650]

Relativamente ao âmbito federal e estadual, bem assim aos municípios de grande porte, nos quais a arrecadação das receitas e os ordenamentos de despesas não são realizados pelo chefe do Executivo, senão pelas unidades orçamentárias da Administração direta (ministérios, secretarias) ou indireta (autarquias, fundações), a distinção não acarreta maiores dificuldades. As contas do chefe do Executivo se

---

[650] RMS nº 11.060/GO. Rel. Min. Laurita Vaz, Rel. p/Acórdão Min. Paulo Medina, 2ª Turma, j. 25.6.2002. *DJ*, p. 159, 16 set. 2002.

submetem ao regime do parecer prévio, enquanto os atos dos ordenadores serão objeto de julgamento por parte do Tribunal de Contas (art. 71, II). "Este julgamento se faz autonomamente das contas do chefe do executivo, porque os responsáveis são individualizados e eventual julgamento desfavorável das contas destes não alcança as contas do Governador, do Presidente ou do Prefeito".[651]

O problema surge em municípios em que o prefeito assume também a condição de ordenador de despesas. Neste caso, ele prestará contas de governo e contas de gestão, submetendo-se, portanto, a duplo julgamento. O primeiro pelo Poder Legislativo, precedido de parecer prévio; o segundo pelo Tribunal de Contas.

O Supremo Tribunal Federal julgou o Recurso nº 848.826 pelo regime da repercussão geral. A tese decorrente foi elaborada pelo presidente do STF, Ministro Ricardo Lewandowski, designado redator do acórdão após divergir do relator, Ministro Luís Roberto Barroso, por entender que, por força da Constituição, só os vereadores detêm o direito de julgar as contas do chefe do Executivo municipal, na medida em que representam os cidadãos. A tese de repercussão geral tem o seguinte teor:

> Para os fins do art. 1º, inc. I, alínea g, da Lei Complementar 64/1990, a apreciação das contas de prefeito, tanto as de governo quanto as de gestão, será exercida pelas Câmaras Municipais, com auxílio dos Tribunais de Contas competentes, cujo parecer prévio somente deixará de prevalecer por decisão de dois terços dos vereadores.

Pelo teor da tese fixada pelo STF, a orientação vale apenas para a discussão dos casos de inelegibilidade (art. 1º, I, alínea "g" da Lei Complementar nº 64/99) – e não para definir a competência em si dos Tribunais de Contas para julgar as contas dos ordenadores de despesas, mesmo quando sejam os chefes do Poder Executivo. Os votos vencedores, todavia, possuem um espectro mais abrangente do que isso.

Na mesma assentada, o STF fixou outra tese:

> Parecer técnico elaborado pelo Tribunal de Contas tem natureza meramente opinativa, competindo exclusivamente à Câmara de Vereadores o julgamento das contas anuais do chefe do Poder Executivo local, sendo incabível o julgamento ficto das contas por decurso de prazo.

### a) Nota sobre o *impeachment* de 2016

Em 2016 o Brasil passou pelo segundo processo de *impeachment* de um presidente da República após a redemocratização da década de 1980. A Presidente Dilma Rousseff – que havia sido eleita em 2014 – foi destituída do mandato pelo Congresso Nacional. Na espécie, a Câmara dos Deputados autorizou (art. 51, I, CF/88) o processamento da presidente por 367 votos a favor e 137 contra, e o Senado Federal, após admissibilidade do processo em primeira fase, cassou a presidente da República

---

[651] RODRIGUES, Edgard Camargo. Reforma administrativa e controle de contas. *Revista do Tribunal de Contas do Estado de São Paulo*, n. 89, p. 27-37, out. 1998/jan. 1999. p. 29.

por 55 votos a favor e 22 contra (art. 52, II, CF/88). A razão de se mencionar o processo de julgamento da presidente nesta obra, independentemente das acesas polêmicas quanto à legitimidade e regularidade jurídica do processo, advém justamente dos fundamentos utilizados pelo Congresso para a decretação da perda do mandato da presidente. Foi a partir do parecer prévio do Tribunal de Contas da União referente às contas anuais de 2014 (Balanço Geral da União) que se elaborou o pedido de cassação do mandato presidencial. Por unanimidade de votos, os ministros do TCU (11) entenderam que as contas apresentadas pela presidente da República conteriam irregularidades graves, que feririam preceitos constitucionais, a Lei Orçamentária Anual e a Lei de Responsabilidade Fiscal, mais especificamente por intermédio das assim denominadas "pedaladas fiscais" e da abertura de créditos adicionais sem autorização legislativa.

As chamadas pedaladas fiscais, segundo o TCU, consistiriam em manobra governamental para maquiar as contas do governo. Com o objetivo de manter índices orçamentários adequados, o Poder Executivo atrasou (é necessário lembrar que este procedimento já havia sido utilizado por todos os governos anteriores ao da Presidente Dilma Rousseff, porém em patamares menos expressivos) repasses de recursos aos bancos estatais (BNDES, CEF e Banco do Brasil) que se destinavam ao custeio de programas sociais. O TCU considerou que o expediente configuraria operação de crédito entre o Governo Federal e os bancos estatais, o que contrariaria o art. 37, II da LRF. Além disso, o TCU afirmou que no exercício de 2014 teria havido abertura de créditos suplementares sem cobertura legal, o que violaria o disposto no art. 167, II da CF/88. Isto porque, com a frustração das metas fiscais no exercício de 2014, teria sido retirado o substrato material e legal para a abertura do referido crédito, mesmo tendo havido a posterior retificação para menos, pelo Congresso, das metas constantes do anexo próprio da Lei de Diretrizes Orçamentárias.

### 7.3.1.2.2 Julgamento de contas dos administradores e demais responsáveis por bens, dinheiros e valores públicos (art. 71, II, CR/88)

As contas referidas no dispositivo (art. 71, II, CR/88) podem ser contas anuais (de gestão) – que todos os órgãos e entidades da Administração Pública apresentam, anualmente, ao Tribunal de Contas, sob a forma de prestação ou tomada (art. 7º, da Lei nº 8.443, de 16.7.1992); ou oriundas de tomadas de contas especiais (TCE).

As contas anuais (prestação ou tomada) são o meio pelo qual os administradores e demais responsáveis por dinheiros, bens e valores públicos prestam contas de sua gestão, cumprindo formalmente o dever constitucional de prestá-las (art. 70, parágrafo único, CR/88). São também chamadas de contas ordinárias, porque devem ser encaminhadas regularmente pelos respectivos responsáveis ao Tribunal de Contas, anualmente.

Já a tomada de contas especial (TCE) é processo administrativo excepcional de controle, que visa a apurar responsabilidades em razão da omissão do dever de prestar contas ou de qualquer irregularidade ou ato ilegal, ilegítimo ou antieconômico do qual resulte dano ao erário, determinando a quantificação e a recomposição (alcance).

As contas anuais não trazem maiores discussões, visto que lidam com aspectos contábeis formais e balanços dos órgãos e entidades, embora de sua análise possam resultar exames mais aprofundados em termos de materialidade das receitas, despesas e créditos.

A tomada de contas especial (TCE) é procedimento administrativo que visa a apurar responsabilidade daquele que der causa à perda, ao extravio ou a outra irregularidade de que resulte dano ao erário, ou que não cumpra o dever de prestar contas.

### a) Tomada de contas especial (TCE)

O procedimento da TCE é regido em âmbito federal pela Instrução Normativa/TCU nº 71/2012, alterada pela Instrução Normativa/TCU nº 76/2016. Em linhas gerais, a TCE subdivide-se em duas fases: a) interna – que se desenvolve no âmbito do próprio órgão ou entidade "jurisdicionado"; b) externa – que se desenvolve no âmbito do Tribunal de Contas.

A fase interna da TCE é destinada à apuração dos fatos que envolvam a regularidade na guarda e aplicação dos recursos públicos. É, portanto, fase preparatória, assemelhando-se à sindicância disciplinar.

A TCE, com regra, deve ser instaurada pela autoridade competente do próprio órgão ou entidade "jurisdicionado" (ou delegado), sob pena de responsabilidade solidária (art. 8º da Lei nº 8.443/92). Pode ser, entretanto, que a TCE seja instaurada a partir de determinação do próprio Tribunal de Contas (v.g., nos casos de omissão na prestação ou inércia na instauração da TCE), ou por recomendação dos órgãos de controle interno. A TCE poderá ainda ser oriunda da conversão de processos de inspeções, auditorias, aposentadorias, hipótese em que a instauração vai diretamente à fase externa da TCE.

A TCE inicia-se com a expedição de ato, explicitando os fatos a serem objeto de apuração e designando a comissão responsável. Em princípio, esta fase se destina, a exemplo do inquérito policial e da sindicância, a responder a duas perguntas fundamentais: se o fato é irregular ou não e se há presunção de autoria.[652]

O procedimento da fase interna pode ser interrompido se não ficar caracterizada a irregularidade, se houver o ressarcimento ou a devolução do bem (salvo se comprovada grave violação a norma de caráter financeiro ou má-fé, o que poderá dar ensejo à aplicação de multa na fase externa). Mesmo assim, deverá a TCE ficar registrada no órgão ou entidade, a fim de servir de esteio às inspeções e auditorias do Tribunal de Contas.

Ao final da fase interna da TCE, a Comissão responsável elabora um relatório conclusivo (semelhante ao do inquérito policial e da sindicância), que é encaminhado

---

[652] BACELLAR FILHO, Romeu Felipe. *Princípios constitucionais do processo administrativo disciplinar*. São Paulo: Max Limonad, 1998. p. 92.

ao órgão de controle interno para manifestação. Ao depois, é remetido à autoridade superior do órgão ou entidade, que o encaminhará ao Tribunal de Contas.

A fase externa se desenrola, como visto, no âmbito do Tribunal de Contas. O processo no seio da Corte de Contas é processo administrativo típico. O ato final é a decisão pela regularidade (contas fidedignas), regularidade com ressalva (contas com falhas formais) ou irregularidade das contas (contas com infrações a normas legais de caráter financeiro, podendo ou não haver imputação de débito).[653] À semelhança dos processos administrativos em geral, existem etapas instrutivas e decisórias, e há a previsão legal de recursos. Aliás, a falta de possibilidade recursal afigura-se como inconstitucional (por afronta ao art. 5º, LV, da Constituição).

Quando as contas são julgadas irregulares, há a imputação de débito ou multa que tem eficácia de título executivo (art. 71, §3º, da CF/88). A forma de cobrança poderá ser administrativa (junto ao TC) ou judicial (via executivo fiscal). Sobre a forma de acionamento judicial, o TCU se posiciona no seguinte sentido:

> compete ao órgão executor decidir discricionariamente quanto à forma de execução dos créditos decorrentes de condenações impostas pelo Tribunal de Contas da União, podendo optar pela inscrição em dívida ativa, seguindo o rito da execução fiscal definido na Lei nº 6.830/80, ou efetuar a execução da dívida nos termos do Código de Processo Civil, hipótese em que o título executivo será o próprio acórdão do Tribunal, conforme o art. 71, §3º, da Constituição Federal.[654]

Quadro comparativo – Instrução Normativa TCU nº 71/2012 –
Dispositivos alterados em razão da Instrução Normativa nº 76,
de 23.11.2016, e pelo Acórdão nº 957/2017-TCU-Plenário

(continua)

| Texto vigente até 31.12.2016 | Texto vigente a partir de 1º.1.2017 |
|---|---|
| Capítulo I | Capítulo I |
| Das Disposições Preliminares | Das Disposições Preliminares |
| Art. 1º A instauração, a organização e o encaminhamento dos processos de tomada de contas especial ao Tribunal de Contas da União obedecerão ao disposto nesta Instrução Normativa. | Art. 1º A instauração, a organização e o encaminhamento dos processos de tomada de contas especial ao Tribunal de Contas da União obedecerão ao disposto nesta Instrução Normativa. |

---

[653] Quando as contas são regulares, é expedida em favor do sujeito quitação. Se são regulares com ressalvas idem, haja vista que as falhas são formais; na hipótese de irregularidade de contas sem débito, o sujeito é apenado com multa; se houver débito além da multa deverá ocorrer a imputação do débito. Outra pena decorrente do julgamento irregular das contas é a inelegibilidade do sujeito, que incide por força do art. 1º, I, "g", da Lei Complementar nº 64/90, com a redação dada pela Lei Complementar nº 135/2012 (Ficha Limpa).

[654] Acórdão nº 1.658/2015 Plenário (Pedido de Reexame, Rel. Min. Benjamin Zymler).

(continua)

| Texto vigente até 31.12.2016 | Texto vigente a partir de 1º.1.2017 |
|---|---|
| Art. 2º Tomada de contas especial é um processo administrativo devidamente formalizado, com rito próprio, para apurar responsabilidade por ocorrência de dano à administração pública federal, com apuração de fatos, quantificação do dano, identificação dos responsáveis e obter o respectivo ressarcimento. | Art. 2º Tomada de contas especial é um processo administrativo devidamente formalizado, com rito próprio, para apurar responsabilidade por ocorrência de dano à administração pública federal, com apuração de fatos, quantificação do dano, identificação dos responsáveis e obter o respectivo ressarcimento. |
| Parágrafo único. Consideram-se responsáveis pessoas físicas ou jurídicas às quais possa ser imputada a obrigação de ressarcir o Erário. | Parágrafo único. Consideram-se responsáveis pessoas físicas ou jurídicas às quais possa ser imputada a obrigação de ressarcir o Erário. |
| Art. 3º Diante da omissão no dever de prestar contas, da não comprovação da aplicação de recursos repassados pela União mediante convênio, contrato de repasse, ou instrumento congênere, da ocorrência de desfalque, alcance, desvio ou desaparecimento de dinheiro, bens ou valores públicos, ou da prática de ato ilegal, ilegítimo ou antieconômico de que resulte dano ao Erário, a autoridade competente deve imediatamente, antes da instauração da tomada de contas especial, adotar medidas administrativas para caracterização ou elisão do dano, observados os princípios norteadores dos processos administrativos. | Art. 3º Diante da omissão no dever de prestar contas, da não comprovação da aplicação de recursos repassados pela União mediante convênio, contrato de repasse, ou instrumento congênere, da ocorrência de desfalque, alcance, desvio ou desaparecimento de dinheiro, bens ou valores públicos, ou da prática de ato ilegal, ilegítimo ou antieconômico de que resulte dano ao Erário, a autoridade competente deve imediatamente, antes da instauração da tomada de contas especial, adotar medidas administrativas para caracterização ou elisão do dano, observados os princípios norteadores dos processos administrativos. |
|  | Parágrafo único. Na hipótese de se constatar a ocorrência de graves irregularidades ou ilegalidades de que não resultem dano ao erário, a autoridade administrativa ou o órgão de controle interno deverão representar os fatos ao Tribunal de Contas da União. (AC) (Instrução Normativa nº 76, de 23/11/2016, DOU de 12/12/2016) |
| Capítulo II | Capítulo II |
| Da Instauração | Da Instauração |
| Art. 4º Esgotadas as medidas administrativas de que trata o art. 3º desta Instrução Normativa sem a elisão do dano, a autoridade competente deve providenciar a imediata instauração de tomada de contas especial, mediante a autuação de processo específico, observado o disposto nesta norma. | Art. 4º Esgotadas as medidas administrativas de que trata o art. 3º, sem a elisão do dano, e subsistindo os pressupostos a que se refere o art. 5º desta Instrução Normativa, a autoridade competente deve providenciar a imediata instauração de tomada de contas especial, mediante a autuação de processo específico (NR)(todo o art.)(Instrução Normativa nº 76, de 23/11/2016, DOU de 12/12/2016). |
|  | §1º A instauração da tomada de contas especial de que trata o *caput* deste artigo não poderá exceder o prazo máximo de cento e oitenta dias, a contar: |
|  | I - nos casos de omissão no dever de prestar contas, do primeiro dia subsequente ao vencimento do prazo para apresentação da prestação de contas; |

(continua)

| Texto vigente até 31.12.2016 | Texto vigente a partir de 1º.1.2017 |
|---|---|
| | II - nos casos em que os elementos constantes das contas apresentadas não permitirem a conclusão de que a aplicação dos recursos observou as normas pertinentes e/ou atingiu os fins colimados, da data-limite para análise da prestação de contas; |
| | III - nos demais casos, da data do evento ilegítimo ou antieconômico, quando conhecida, ou da data da ciência do fato pela administração. |
| | §2º Em caso de autorização do parcelamento do débito, o prazo de que trata o §1º deste artigo será suspenso até a quitação da dívida ou até o seu vencimento antecipado por interrupção do recolhimento. |
| | §3º O prazo definido no §1º deste artigo está sujeito às disposições dos §§1º e 2º do art. 11 e do art. 12 desta Instrução Normativa. |
| | §4º O Tribunal de Contas da União pode determinar a instauração de tomada de contas especial independentemente das medidas administrativas adotadas. |
| | §5º A falta de instauração da tomada de contas especial no prazo previsto no §1º deste artigo, sem motivo justo, poderá ensejar a aplicação da multa prevista no art. 58, II, da Lei 8.443/1992 à autoridade responsável pela omissão, sem prejuízo da aplicação das demais penalidades previstas em lei. |
| Seção I | Seção I |
| Dos pressupostos | Dos pressupostos |
| Art. 5º É pressuposto para instauração de tomada de contas especial a existência de elementos fáticos e jurídicos suficientes para: | Art. 5º É pressuposto para instauração de tomada de contas especial a existência de elementos fáticos e jurídicos que indiquem a omissão no dever de prestar contas e/ou dano ou indício de dano ao erário (NR) (todo o art.) (Instrução Normativa nº 76, de 23/11/2016, DOU de 12/12/2016). |
| | Parágrafo único. O ato que determinar a instauração da tomada de contas especial, deverá indicar, entre outros: |
| I - comprovação da ocorrência de dano; e | I - os agentes públicos omissos e/ou os supostos responsáveis (pessoas físicas e jurídicas) pelos atos que teriam dado causa ao dano ou indício de dano identificado; |
| II - identificação das pessoas físicas ou jurídicas que deram causa ou concorreram para a ocorrência de dano. | II – a situação que teria dado origem ao dano ou indício de dano a ser apurado, lastreada em documentos, narrativas e outros elementos probatórios que deem suporte à sua ocorrência; |

(continua)

| Texto vigente até 31.12.2016 | Texto vigente a partir de 1º.1.2017 |
|---|---|
|  | III - exame da adequação das informações contidas em pareceres de agentes públicos, quanto à identificação e quantificação do dano ou indício de dano; |
|  | IV - evidenciação da relação entre a situação que teria dado origem ao dano ou indício de dano a ser apurado e a conduta da pessoa física ou jurídica supostamente responsável pelo dever de ressarcir os cofres públicos. |
| §1º A demonstração de que tratam os incisos I e II deste artigo abrange, obrigatoriamente: |  |
| I - descrição detalhada da situação que deu origem ao dano, lastreada em documentos, narrativas e outros elementos probatórios que deem suporte à comprovação de sua ocorrência; |  |
| II - exame da suficiência e da adequação das informações, contidas em pareceres de agentes públicos, quanto à identificação e quantificação do dano; |  |
| III - evidenciação da relação entre a situação que deu origem ao dano e a conduta ilegal, ilegítima ou antieconômica da pessoa física ou jurídica a quem se imputa a obrigação de ressarcir os cofres públicos, por ter causado ou concorrido para a ocorrência de dano. |  |
| Seção II | Seção II |
| Da dispensa | Da dispensa |
| Art. 6º Salvo determinação em contrário do Tribunal de Contas da União, fica dispensada a instauração da tomada de contas especial, nas seguintes hipóteses: | Art. 6º Salvo determinação em contrário do Tribunal de Contas da União, fica dispensada a instauração da tomada de contas especial, nas seguintes hipóteses: |
| I - valor do débito atualizado monetariamente for inferior a R$75.000,00; | I - o valor do débito for inferior a R$100.000,00, considerando o modo de referenciação disposto no §3º deste artigo (NR) (Instrução Normativa nº 76, de 23/11/2016, DOU de 12/12/2016); |
| II - houver transcorrido prazo superior a dez anos entre a data provável de ocorrência do dano e a primeira notificação dos responsáveis pela autoridade administrativa competente. | II - houver transcorrido prazo superior a dez anos entre a data provável de ocorrência do dano e a primeira notificação dos responsáveis pela autoridade administrativa competente; |
|  | §1º A dispensa de instauração de tomada de contas especial de valor inferior ao estabelecido no inciso I do *caput* não se aplica aos casos em que a soma dos débitos de um mesmo responsável atingir o referido valor (AC) (Instrução Normativa nº 76, de 23/11/2016, DOU de 12/12/2016). |

(continua)

| Texto vigente até 31.12.2016 | Texto vigente a partir de 1º.1.2017 |
|---|---|
| | §2º. A dispensa de instauração de tomada de contas especiais, conforme previsto no inciso I do *caput*, não exime a autoridade administrativa de adotar outras medidas administrativas ao seu alcance ou requerer ao órgão jurídico pertinente as medidas judiciais e extrajudiciais cabíveis, com vistas à obtenção do ressarcimento do débito apurado, inclusive o protesto, se for o caso (AC) (Instrução Normativa nº 76, de 23/11/2016, DOU de 12/12/2016). |
| | §3º Para fins da aplicação do inciso I do *caput*, deverá proceder-se do seguinte modo (AC) (Instrução Normativa nº 76, de 23/11/2016, DOU de 12/12/2016): |
| | I - no caso de o fator gerador do dano ao erário ser anterior a 1º de janeiro de 2017, o valor original deverá ser atualizado monetariamente até essa data; (NR) (Acórdão nº 957/2017-TCU-Plenário, de 17/5/2017) |
| | II – no caso de o fato gerador do dano ao erário ser posterior a 1º de janeiro de 2017, o valor a ser comparado com o valor-referência definido no inciso I deste artigo será o valor original do débito, sem atualização monetária. (NR) (Acórdão nº 957/2017-TCU-Plenário, de 17/5/2017) |
| Seção III | Seção III |
| Do arquivamento | Do arquivamento |
| Art. 7º Serão arquivadas as tomadas de contas especiais, antes do encaminhamento ao Tribunal de Contas da União, nas hipóteses de: | Art. 7º Serão arquivadas as tomadas de contas especiais, antes do encaminhamento ao Tribunal de Contas da União, nas hipóteses de: |
| I - recolhimento do débito; | I - recolhimento do débito; |
| II - comprovação da não ocorrência do dano imputado aos responsáveis; | II - comprovação da não ocorrência do dano imputado aos responsáveis; |
| III - subsistência de débito inferior ao limite de R$75.000,00, de que trata o inciso I do art. 6º desta Instrução Normativa. | III - subsistência de débito inferior ao limite de R$100.000,00, de que trata o inciso I do art. 6º desta Instrução Normativa. (NR)(Instrução Normativa nº 76, de 23/11/2016, DOU de 12/12/2016) |
| Seção IV | Seção IV |
| Da quantificação do débito | Da quantificação do débito |
| Art. 8º A quantificação do débito far-se-á mediante: | Art. 8º A quantificação do débito far-se-á mediante: |
| I - verificação, quando for possível quantificar com exatidão o real valor devido; ou | I - verificação, quando for possível quantificar com exatidão o real valor devido; ou |
| II - estimativa, quando, por meios confiáveis, apurar-se quantia que seguramente não excederia o real valor devido. | II - estimativa, quando, por meios confiáveis, apurar-se quantia que seguramente não excederia o real valor devido. |

(continua)

| Texto vigente até 31.12.2016 | Texto vigente a partir de 1º.1.2017 |
|---|---|
| Art. 9º A atualização monetária e os juros moratórios incidentes sobre o valor do débito devem ser calculados segundo o prescrito na legislação vigente e com incidência a partir da data de ocorrência do dano. | Art. 9º A atualização monetária e os juros moratórios incidentes sobre o valor do débito devem ser calculados segundo o prescrito na legislação vigente, a partir (NR) (todo o art.) (Instrução Normativa nº 76, de 23/11/2016, DOU de 12/12/2016): |
| | I - da data do crédito na conta bancária específica, quando conhecida, ou da data do repasse dos recursos - no caso de omissão no dever de prestar contas ou de as contas apresentadas não comprovarem a regular aplicação dos recursos, exceto nas ocorrências previstas no inciso II deste artigo; |
| | II - da data do pagamento - quando houver impugnação de despesas específicas e os recursos tiverem sido aplicados no mercado financeiro ou quando caracterizada responsabilidade de terceiro; |
| | III - da data do evento, quando conhecida, ou da data de ciência do fato pela administração - nos demais casos. |
| Capítulo III | Capítulo III |
| Da Organização | Da Organização |
| Art. 10. O processo de tomada de contas especial será composto pelos seguintes documentos: | Art. 10. O processo de tomada de contas especial será composto pelos seguintes documentos (NR) (Instrução Normativa nº 76, de 23/11/2016, DOU de 12/12/2016): |
| I - relatório do tomador das contas, que deve conter: | I - relatório do tomador das contas, que deve conter (NR) (Instrução Normativa nº 76, de 23/11/2016, DOU de 12/12/2016): |
| a) identificação do processo administrativo que originou a tomada de contas especial; | a) identificação do processo administrativo que originou a tomada de contas especial (NR)(Instrução Normativa nº 76, de 23/11/2016, DOU de 12/12/2016); |
| b) número do processo de tomada de contas especial na origem; | b) número do processo de tomada de contas especial na origem; |
| c) identificação dos responsáveis; | c) identificação dos responsáveis; |
| d) quantificação do débito relativamente a cada um dos responsáveis; | d) quantificação do débito relativamente a cada um dos responsáveis; |
| e) relato das situações e dos fatos, com indicação dos atos ilegais, ilegítimos ou antieconômicos de cada um dos responsáveis que deram origem ao dano; | e) relato das situações e dos fatos, com indicação dos atos ilegais, ilegítimos ou antieconômicos de cada um dos responsáveis que deram origem ao dano; |
| f) relato das medidas administrativas adotadas com vistas à elisão do dano; | f) relato das medidas administrativas adotadas com vistas à elisão do dano; |
| g) informação sobre eventuais ações judiciais pertinentes aos fatos que deram ensejo à instauração da tomada de contas especial; | g) informação sobre eventuais ações judiciais pertinentes aos fatos que deram ensejo à instauração da tomada de contas especial; |

(continua)

| Texto vigente até 31.12.2016 | Texto vigente a partir de 1º.1.2017 |
|---|---|
| h) parecer conclusivo do tomador de contas especial quanto à comprovação da ocorrência do dano, à sua quantificação e à correta imputação da obrigação de ressarcir a cada um dos responsáveis; | h) parecer conclusivo do tomador de contas especial quanto à comprovação da ocorrência do dano, à sua quantificação e à correta imputação da obrigação de ressarcir a cada um dos responsáveis; |
| i) outras informações consideradas necessárias. | i) outras informações consideradas necessárias. |
| II - certificado de auditoria, acompanhado do respectivo relatório, em que o órgão de controle interno competente deve manifestar-se expressamente sobre: | II - certificado de auditoria, acompanhado do respectivo relatório, em que o órgão de controle interno competente deve manifestar-se expressamente sobre: |
| a) a adequação das medidas administrativas adotadas pela autoridade competente para a caracterização ou elisão do dano; e | a) a adequação das medidas administrativas adotadas pela autoridade competente para a caracterização ou elisão do dano; e |
| b) o cumprimento das normas pertinentes à instauração e ao desenvolvimento da tomada de contas especial; | b) o cumprimento das normas pertinentes à instauração e ao desenvolvimento da tomada de contas especial; |
| III - parecer conclusivo do dirigente do órgão de controle interno; | III - parecer conclusivo do dirigente do órgão de controle interno; |
| IV - pronunciamento do Ministro de Estado supervisor da área ou da autoridade de nível hierárquico equivalente, atestando ter tomado conhecimento do relatório do tomador de contas especial e do parecer do órgão de controle interno. | IV - pronunciamento do Ministro de Estado supervisor da área ou da autoridade de nível hierárquico equivalente, atestando ter tomado conhecimento do relatório do tomador de contas especial e do parecer do órgão de controle interno. |
| §1º O relatório a que se refere o inciso I deste artigo deve estar acompanhado de cópias: | §1º Devem acompanhar o relatório a que se refere o inciso I deste artigo as peças abaixo relacionadas, cuja localização nos autos deve ser informada, quando nele mencionadas (NR) (Instrução Normativa nº 76, de 23/11/2016, DOU de 12/12/2016): |
| a) dos documentos utilizados para demonstração da ocorrência de dano; | a) dos documentos utilizados para demonstração da ocorrência de dano; |
| b) das notificações remetidas aos responsáveis, acompanhadas dos respectivos avisos de recebimento ou de qualquer outro documento que demonstre a ciência dos responsáveis; | b) das notificações remetidas aos responsáveis, acompanhadas dos respectivos avisos de recebimento ou de qualquer outro documento que demonstre a ciência dos responsáveis; |
| c) dos pareceres emitidos pelas áreas técnicas do órgão ou entidade, incluída a análise das justificativas apresentadas pelos responsáveis; e | c) dos pareceres emitidos pelas áreas técnicas do órgão ou entidade, incluída a análise das justificativas apresentadas pelos responsáveis; e |
| d) de outros documentos considerados necessários ao melhor julgamento da tomada de contas especial pelo Tribunal de Contas da União. | d) de outros documentos considerados necessários ao melhor julgamento da tomada de contas especial pelo Tribunal de Contas da União. |
| §2º A identificação dos responsáveis a que se refere a alínea "c" do inciso I deste artigo será acompanhada de ficha de qualificação do responsável, pessoa física ou jurídica, que conterá: | §2º A identificação dos responsáveis a que se refere a alínea "c" do inciso I deste artigo será acompanhada de ficha de qualificação do responsável, pessoa física ou jurídica, que conterá: |
| a) nome; | a) nome; |
| b) CPF ou CNPJ; | b) CPF ou CNPJ; |

(continua)

| Texto vigente até 31.12.2016 | Texto vigente a partir de 1º.1.2017 |
|---|---|
| c) endereço residencial e número de telefone, atualizados; | c) endereço residencial e número de telefone, atualizados; |
| d) endereços profissional e eletrônico, se conhecidos; | d) endereços profissional e eletrônico, se conhecidos; |
| e) cargo, função e matrícula funcional, ou matrícula no Sistema Integrado de Administração de Recursos Humanos (SIAPE), se for o caso; | e) cargo, função e matrícula funcional, ou matrícula no Sistema Integrado de Administração de Recursos Humanos (SIAPE), se for o caso; |
| f) período de gestão; e | f) período de gestão; e |
| g) identificação do inventariante ou do administrador provisório do espólio e/ou dos herdeiros/sucessores, no caso de responsável falecido. | g) identificação do inventariante ou do administrador provisório do espólio e/ou dos herdeiros/sucessores, no caso de responsável falecido. |
| §3º A quantificação do débito a que se refere a alínea "d" do inciso I deste artigo será acompanhada de demonstrativo financeiro que indique: | §3º A quantificação do débito a que se refere a alínea "d" do inciso I deste artigo será acompanhada de demonstrativo financeiro que indique: |
| a) os responsáveis; | a) os responsáveis; |
| b) a síntese da situação caracterizada como dano ao erário; | b) a síntese da situação caracterizada como dano ao erário; |
| c) o valor histórico e a data de ocorrência; | c) o valor histórico e a data de ocorrência; |
| d) as parcelas ressarcidas e as respectivas datas de recolhimento. | d) as parcelas ressarcidas e as respectivas datas de recolhimento. |
|  | §4º As disposições deste artigo não se aplicam aos processos convertidos em tomada de contas especial pelo Tribunal de Contas da União, com fulcro no art. 47 da Lei 8.443/1992, sendo, nesse caso, obrigatória a cientificação do Ministro de Estado supervisor da área ou autoridade equivalente. (AC) (Instrução Normativa nº 76, de 23/11/2016, DOU de 12/12/2016) |
| Capítulo IV | Capítulo IV |
| Do Encaminhamento | Do Encaminhamento |
| Art. 11. A tomada de contas especial deve ser encaminhada ao Tribunal de Contas da União em até cento e oitenta dias a contar do término do exercício financeiro em que foi instaurada. | Art. 11. A tomada de contas especial deve ser encaminhada ao Tribunal de Contas da União em até cento e oitenta dias após a sua instauração (NR) (Instrução Normativa nº 76, de 23/11/2016, DOU de 12/12/2016). |
| §1º Decisão Normativa poderá fixar prazos diferentes daquele especificado no *caput*. | §1º Decisão Normativa poderá fixar prazos diferentes daquele especificado no *caput*. |

(continua)

| Texto vigente até 31.12.2016 | Texto vigente a partir de 1º.1.2017 |
|---|---|
| §2º Os prazos estabelecidos podem ser prorrogados pelo Plenário do Tribunal de Contas da União, em caráter excepcional, mediante solicitação fundamentada, formulada, conforme o caso, pelo Presidente da Câmara dos Deputados, do Senado Federal, do Supremo Tribunal Federal, dos demais Tribunais Superiores, dos Tribunais Federais nos Estados e no Distrito Federal e do Tribunal de Contas da União; Ministro de Estado, ou outras autoridades de nível hierárquico equivalente. | §2º Os prazos estabelecidos podem ser prorrogados pelo Plenário do Tribunal de Contas da União, em caráter excepcional, mediante solicitação fundamentada, formulada, conforme o caso, pelo Presidente da Câmara dos Deputados, do Senado Federal, do Supremo Tribunal Federal, dos demais Tribunais Superiores, dos Tribunais Federais nos Estados e no Distrito Federal e do Tribunal de Contas da União; Procurador-Geral da República; Ministro de Estado, ou outras autoridades de nível hierárquico equivalente; e, ainda, por Presidente de conselho federal de fiscalização profissional (NR) (Instrução Normativa nº 76, de 23/11/2016, DOU de 12/12/2016). |
| §3º Nos casos em que os trabalhos a cargo do órgão de controle interno não possam ser concluídos a tempo, o respectivo dirigente máximo poderá solicitar, mediante pedido fundamentado, a prorrogação de prazo para apresentação das peças que lhe são pertinentes. | §3º Nos casos em que os trabalhos a cargo do órgão de controle interno não possam ser concluídos a tempo, o respectivo dirigente máximo poderá solicitar, mediante pedido fundamentado, a prorrogação de prazo para apresentação das peças que lhe são pertinentes. |
| Art. 12. O descumprimento dos prazos caracteriza grave infração à norma legal e sujeita a autoridade administrativa omissa às sanções legais. | Art. 12. O descumprimento dos prazos caracteriza grave infração à norma legal e sujeita a autoridade administrativa omissa às sanções legais. |
| Art. 13. Os processos de tomada de contas especial devem ser encaminhados ao Tribunal de Contas da União compostos das peças relacionadas no art. 10 desta Instrução Normativa. | Art. 13. Os processos de tomada de contas especial devem ser encaminhados ao Tribunal de Contas da União compostos das peças relacionadas no art. 10 desta Instrução Normativa. |
| §1º O processo de tomada de contas especial será devolvido pelo Tribunal de Contas da União à unidade de origem se não atendidas as condições previstas no *caput*. | §1º O processo de tomada de contas especial será devolvido pelo Tribunal de Contas da União ao órgão de controle interno se não atendidas as condições previstas no *caput*. (NR) (Instrução Normativa nº 76, de 23/11/2016, DOU de 12/12/2016) |
| §2º Em caso de restituição, a unidade jurisdicionada terá o prazo de trinta dias para sanear o processo e devolvê-lo ao Tribunal de Contas da União. | §2º Em caso de restituição, o órgão de controle interno terá o prazo de sessenta dias para adoção de providências para saneamento do processo e devolução ao Tribunal de Contas da União. (NR) (Instrução Normativa nº 76, de 23/11/2016, DOU de 12/12/2016) |
|  | §3º O prazo definido no §2º deste artigo está sujeito às disposições dos §§1º e 3º do art. 11 e do art. 12 desta Instrução Normativa. (AC) (Instrução Normativa nº 76, de 23/11/2016, DOU de 12/12/2016) |

(continua)

| Texto vigente até 31.12.2016 | Texto vigente a partir de 1º.1.2017 |
|---|---|
| Art. 14. O processo de tomada de contas especial deve ser constituído e encaminhado ao Tribunal de Contas da União em meio eletrônico, salvo impossibilidade devidamente justificada. | Art. 14. O processo de tomada de contas especial deve ser constituído e encaminhado ao Tribunal de Contas da União em meio eletrônico, salvo impossibilidade devidamente justificada. (NR) (Instrução Normativa nº 76, de 23/11/2016, DOU de 12/12/2016) |
| Parágrafo único. O Tribunal de Contas da União regulamentará, por portaria do Presidente, os procedimentos para o envio de tomadas de contas especiais em meio eletrônico. | Parágrafo único. (Revogado) (Instrução Normativa nº 76, de 23/11/2016, DOU de 12/12/2016) |
| Capítulo V | Capítulo V |
| Das Disposições Gerais e Transitórias | Das Disposições Gerais e Transitórias |
| Art. 15. A autoridade competente deve: | Art. 15. A autoridade competente deve: |
| I - registrar nos cadastros de devedores e nos sistemas de informações contábeis, especialmente no previsto na Lei nº 10.522, de 19 de julho de 2002, as informações relativas ao valor do débito e à identificação dos responsáveis; | I - registrar nos cadastros de devedores e nos sistemas de informações contábeis, especialmente no previsto na Lei nº 10.522, de 19 de julho de 2002, as informações relativas ao valor do débito e à identificação dos responsáveis; |
| II dar ciência da providência indicada no inciso anterior ao responsável; | II dar ciência da providência indicada no inciso anterior ao responsável; |
| III - registrar e manter adequadamente organizadas as informações sobre as medidas administrativas adotadas com vistas à caracterização ou elisão do dano; | III - registrar e manter adequadamente organizadas as informações sobre as medidas administrativas adotadas com vistas à caracterização ou elisão do dano; |
| IV - consolidar os diversos débitos do mesmo responsável cujo valor seja inferior ao mencionado no art. 6º, inciso I, desta Instrução Normativa e constituir tomada de contas especial se o seu somatório, perante o mesmo órgão ou entidade repassadora, atingir o referido valor. | IV - (Revogado) (Instrução Normativa nº 76, de 23/11/2016, DOU de 12/12/2016) |
| Art. 16. A autoridade competente providenciará baixa da responsabilidade pelo débito se o Tribunal de Contas da União: | Art. 16. A autoridade competente providenciará baixa da responsabilidade pelo débito se o Tribunal de Contas da União: |
| I - considerar elidida a responsabilidade pelo dano inicialmente imputada ao responsável; | I - considerar elidida a responsabilidade pelo dano inicialmente imputada ao responsável; |
| II - considerar não comprovada a ocorrência de dano; | II - considerar não comprovada a ocorrência de dano; |
| III - arquivar o processo por falta de pressupostos de instauração ou desenvolvimento regular; | III - arquivar o processo por falta de pressupostos de instauração ou desenvolvimento regular; |
| IV - considerar iliquidáveis as contas; | IV - considerar iliquidáveis as contas; |
| V - der quitação ao responsável pelo recolhimento do débito; ou | V - der quitação ao responsável pelo recolhimento do débito; ou |
| VI - arquivar a tomada de contas especial com fundamento no art. 7º, inciso II, desta Instrução Normativa. | VI - arquivar a tomada de contas especial com fundamento no art. 7º, inciso II, desta Instrução Normativa. |

(continua)

| Texto vigente até 31.12.2016 | Texto vigente a partir de 1º.1.2017 |
|---|---|
| Parágrafo único. Na hipótese de o Tribunal de Contas da União concluir por débito de valor diferente daquele originalmente apurado, incumbe à autoridade competente efetuar os ajustes adicionais que se façam necessários com relação às medidas indicadas no art. 15 desta Instrução Normativa. | Parágrafo único. Na hipótese de o Tribunal de Contas da União concluir por débito de valor diferente daquele originalmente apurado, incumbe à autoridade competente efetuar os ajustes adicionais que se façam necessários com relação às medidas indicadas no art. 15 desta Instrução Normativa. |
| Art. 17. O Tribunal de Contas da União poderá, por meio de Decisão Normativa: | Art. 17. O Tribunal de Contas da União poderá, por meio de Decisão Normativa: |
| I - regulamentar, para casos específicos, os prazos e as peças que compõem as tomadas de contas especiais; | I - regulamentar, para casos específicos, os prazos e as peças que compõem as tomadas de contas especiais; |
| II - alterar o valor a que se referem o inciso I do art. 6º e o inciso III do art. 7º desta Instrução Normativa. | II - alterar o valor a que se referem o inciso I do art. 6º e o inciso III do art. 7º desta Instrução Normativa. |
|  | III - disponibilizar orientações relativas às medidas administrativas de que trata o art. 3º desta Instrução Normativa, que poderão ser observadas, em caráter subsidiário e facultativo, a critério da autoridade administrativa, respeitados os normativos próprios de cada órgão ou entidade; (AC) (Instrução Normativa nº 76, de 23/11/2016, DOU de 12/12/2016) |
|  | IV - dispor sobre critérios de priorização de processos de tomada de contas especial; (AC) (Instrução Normativa nº 76, de 23/11/2016, DOU de 12/12/2016) |
|  | V - dispor sobre procedimentos relacionados à implantação de sistema informatizado para a constituição, organização e tramitação do processo de tomada de contas especial. (AC) (Instrução Normativa nº 76, de 23/11/2016, DOU de 12/12/2016) |
|  | VI - fixar a forma de apresentação das tomadas de contas especiais constituídas em razão do disposto no §1º do art. 6º desta Instrução Normativa. (AC) (Instrução Normativa nº 76, de 23/11/2016, DOU de 12/12/2016) (NR) (Acórdão nº 957/2017-TCU-Plenário, de 17/5/2017) |
| Art. 18. A Decisão Normativa anual que fixa forma, conteúdo e prazo dos relatórios de gestão a serem apresentados anualmente ao Tribunal de Contas da União pelos responsáveis por unidades jurisdicionadas, demandará informações sobre: | Art. 18. A Decisão Normativa anual que fixa forma, conteúdo e prazo dos relatórios de gestão a serem apresentados anualmente ao Tribunal de Contas da União pelos responsáveis por unidades jurisdicionadas, demandará informações sobre: |
| I - casos de dano, objeto de medidas administrativas internas; | I - casos de dano, objeto de medidas administrativas internas; |
| II - tomadas de contas especiais cuja instauração foi dispensada nos termos do art. 6º desta Instrução Normativa; | II - tomadas de contas especiais cuja instauração foi dispensada nos termos do art. 6º desta Instrução Normativa; |

(continua)

| Texto vigente até 31.12.2016 | Texto vigente a partir de 1º.1.2017 |
|---|---|
| III - tomadas de contas especiais instauradas, com destaque para aquelas já remetidas e aquelas ainda não remetidas para julgamento pelo Tribunal de Contas da União. | III - tomadas de contas especiais instauradas, com destaque para aquelas já remetidas e aquelas ainda não remetidas para julgamento pelo Tribunal de Contas da União. |
| Art. 19. Aplicam-se as disposições constantes do art. 6º desta Instrução Normativa às tomadas de contas especiais, ainda pendentes de citação válida, que se encontram em tramitação no Tribunal de Contas da União. | Art. 19. Aplicam-se as disposições constantes do art. 6º desta Instrução Normativa às tomadas de contas especiais, ainda pendentes de citação válida, que se encontram em tramitação no Tribunal de Contas da União. |
| Parágrafo único. Instaurada a tomada de contas especial e citados os responsáveis, não se lhe admitirá o arquivamento, ainda na hipótese de o valor apurado como débito ser inferior ao limite estabelecido no art. 6º desta Instrução Normativa. | |
| | §1º Instaurada a tomada de contas especial e citados os responsáveis, não se lhe admitirá o arquivamento, mesmo na hipótese de o valor apurado como débito ser inferior ao limite estabelecido no art. 6º desta Instrução Normativa. (AC) (Instrução Normativa nº 76, de 23/11/2016, DOU de 12/12/2016) |
| | §2º No caso de tomada de contas especial arquivada com fundamento no *caput* em razão do limite estabelecido no inciso I do art. 6º desta Instrução Normativa, o responsável poderá solicitar ao Tribunal de Contas da União o desarquivamento do processo para julgamento ou, ainda, efetuar o pagamento do débito, para que lhe possa ser dada quitação. (AC) (Instrução Normativa nº 76, de 23/11/2016, DOU de 12/12/2016) |
| | Art. 19-A. Os órgãos e entidades competentes têm até o dia 1º de dezembro de 2018 para encaminhar ao Tribunal de Contas da União as respectivas tomadas de contas especiais, nos casos exigidos pela legislação, cujas datas de início de contagem, na forma dos artigos 4º, §1º, 11 e 13, são anteriores a 12 de dezembro de 2016, data da publicação da IN-TCU nº 76/2016, aplicando-se o disposto no art. 12 às hipóteses de descumprimento do citado prazo, inclusive no tocante às sanções a serem impostas aos responsáveis. (AC) (Instrução Normativa nº 76, de 23/11/2016, DOU de 12/12/2016) (NR) (Acórdão nº 957/2017-TCU-Plenário, de 17/5/2017) |
| Art. 20. Fica o Presidente do Tribunal de Contas da União autorizado a expedir orientações gerais acerca desta Instrução Normativa a serem publicadas no Portal do Tribunal de Contas da União. | Art. 20. Fica o Presidente do Tribunal de Contas da União autorizado a expedir orientações gerais acerca desta Instrução Normativa a serem publicadas no Portal do Tribunal de Contas da União. |

(conclusão)

| Texto vigente até 31.12.2016 | Texto vigente a partir de 1º.1.2017 |
|---|---|
| Art. 21. Esta Instrução Normativa entrará em vigor em 1º de janeiro de 2013. | Art. 21. Esta Instrução Normativa entrará em vigor em 1º de janeiro de 2013. |
| Art. 22. Fica revogada a Instrução Normativa TCU nº 56, de 5 de dezembro de 2007, a partir da entrada em vigor desta Instrução Normativa. | Art. 22. Fica revogada a Instrução Normativa TCU nº 56, de 5 de dezembro de 2007, a partir da entrada em vigor desta Instrução Normativa. |
| TCU, Sala das Sessões Ministro Luciano Brandão Alves de Souza, em 28 de novembro de 2012.<br><br>Benjamin Zymler<br>Presidente | TCU, Sala das Sessões Ministro Luciano Brandão Alves de Souza, em 28 de novembro de 2012.<br><br>Benjamin Zymler<br>Presidente |

**b) Natureza jurídica da decisão dos Tribunais de Contas nos processos de julgamento de contas**

A natureza do exercício da função de julgamento de contas dos Tribunais de Contas gera controvérsias de diversos matizes. Parcela da doutrina sustenta que se trata de competência jurisdicional a cargo do Tribunal de Contas, cujo mérito da decisão não é passível de revisão pelo Poder Judiciário; outra parcela da doutrina, entretanto, sustenta o contrário,[655] entendendo tratar-se de função meramente administrativa e, portanto, plenamente passível de revisão quanto ao seu conteúdo pelo Poder Judiciário.[656]

O fato é que, após a Constituição de 1988, não há posicionamento definitivo do Supremo Tribunal Federal sobre o assunto, e isto parece fundamental para nortear o rumo da controvérsia.

Entende-se que a função julgadora do Tribunal de Contas é eminentemente administrativa (art. 71, II, CR/88). E a afirmação tem como base a natureza jurídica do título executivo que se extrai das decisões da Corte de Contas que imputam débito ou multa (art. 71, §3º, CR/88). Tanto estas decisões quanto as que aprovam as contas, em função do princípio do paralelismo de formas, necessariamente revestir-se-ão de mesma natureza.

---

[655] FAGUNDES, Miguel Seabra. *O controle dos atos administrativos pelo Poder Judiciário*. 4. ed. Rio de Janeiro: Forense, 1967. p. 122; NUNES, José de Castro. *Teoria e prática do Poder Judiciário*. Rio de Janeiro: Forense, 1943. p. 15-16; PONTES DE MIRANDA, Francisco Cavalcanti. *Comentários à Constituição de 1967, com a Emenda n. 1 de 1969*. 2. ed. São Paulo: Revista dos Tribunais, 1970. t. III. p. 251; JACOBY FERNANDES, Jorge Ulisses. Limites à revisibilidade judicial das decisões dos Tribunais de Contas. *Revista do Tribunal de Contas do Estado de Minas Gerais*, Belo Horizonte, v. 27, n. 2, p. 69-89, abr./jun. 1998.

[656] GUALAZZI, Eduardo Lobo Botelho. *Regime jurídico dos Tribunais de Contas*. São Paulo: Revista dos Tribunais, 1992. p. 186; MEDAUAR, Odete. *Controle da Administração Pública*. São Paulo: Revista dos Tribunais, 1993. p. 143.

Reza o art. 71, §3º, da Constituição da República que "as decisões do Tribunal de Contas que imputem débito ou multa terão eficácia de título executivo". Se o título fosse judicial, a decisão do Tribunal de Contas seria jurisdicional, mas o constituinte não o qualificou como tal. E, portanto, não é possível pretender que haja aqui uma exceção à tipicidade do exercício das funções estatais.

Este título é extrajudicial. E não se afigura um título extrajudicial especial. Tal como adverte Jaqueline Grossi Fernandes de Carvalho,

> a natureza do título executivo emanado do Tribunal de Contas é extrajudicial, quer dizer, a decisão da Corte deverá ser incluída no rol dos títulos extrajudiciais previstos no art. 585 do Código de Processo Civil, precisamente no seu inc. VII (atualmente é o art. 784, XII, CPC/15).[657]

De fato, dispõe o art. 784, XII do novo CPC/15 que são títulos executivos extrajudiciais todos os demais títulos, a que, por disposição expressa, a lei atribuir força executiva. É o caso da decisão do Tribunal de Contas que imputa débito ou multa. A liquidez e certeza inerentes ao seu caráter de executividade são alcançadas pelo julgamento administrativo definitivo procedido pelo Tribunal de Contas competente.

Sem embargo dessa previsão constitucional, as Administrações Públicas em geral possuem competência para, com fundamento no artigo 39, §1º, da Lei nº 4.320/64, ordinariamente inscreverem em dívida ativa os créditos de natureza tributária e não tributária inadimplidos, em ordem a torná-los executáveis, na forma da Lei nº 6.830/80.

As hipóteses que encerram a competência de julgamento do Tribunal de Contas e a de inscrição em dívida ativa, conquanto tributárias de finalidades semelhantes, devem ser compreendidas como direcionadas a objetivos diversos.[658]

Com efeito, a regra da competência de julgamento de contas e imputação do débito dizem respeito ao manejo direto de recursos públicos por parte dos agentes públicos ou privados, pessoas físicas ou jurídicas, que administrem recursos públicos, conectando-se, portanto, à obrigação constitucional de prestar contas, na forma do artigo 70, parágrafo único, da Constituição.

A ausência da prestação de contas dos recursos recebidos ou a constatação de irregularidade na gestão inaugura a competência de julgamento e imputação do Tribunal de Contas, não sem antes se tenha de cumprir, como curial, a fase interna do procedimento de tomada de contas especial (artigo 8º da Lei nº 8.443/92 do TCU, por exemplo).

---

[657] CARVALHO, Jaqueline Grossi Fernandes de. O título executivo como instrumento de eficácia das decisões do Tribunal de Contas. *Revista do Tribunal de Contas de Minas Gerais*, Belo Horizonte, v. 10, n. 1, p. 163-168, jan./mar. 1994. No mesmo sentido, SOUZA, Osvaldo Rodrigues. *A força das decisões do Tribunal de Contas*. Brasília: Brasília Jurídica, 1998. p. 37.

[658] "Não é cabível a instauração de tomada de contas especial em decorrência do não pagamento por particular de dívida constituída em contrato de arrendamento, pois a responsabilização do particular perante o TCU não ocorre nas hipóteses de simples descumprimento obrigações contratuais". (TCU, Acórdão nº 6.567 – 1ª Câmara).

A previsão de inscrição em dívida ativa, a seu turno, é dirigida a hipóteses em que obrigações de pagamento não são cumpridas pelos destinatários, autorizando a instauração de procedimentos de apuração de débito pelas próprias fazendas públicas credoras, com o consequente manejo posterior da execução fiscal, se for o caso.

Dessa forma, é preciso compreender e conciliar os papéis e a serventia do título executivo oriundo da decisão do Tribunal de Contas e do título executivo resultante da inscrição de débitos em dívida ativa. Não faz sentido que se tenha que realizar ambos os procedimentos para que os créditos possam ser executados pela Fazenda Pública credora.

A razão de ser de tal aspecto é singelo: a aplicação dos procedimentos a cargo do Tribunal de Contas e das fazendas públicas é distinto, além do que, se tudo se der ao mesmo tempo, é bastante provável o *bis in idem*.

Nessa perspectiva, a jurisprudência do Superior Tribunal de Justiça tem se alinhado majoritariamente para a compreensão de que a decisão do Tribunal de Contas que imputa débito ou multa é, por si só, executável, de acordo com as disposições do Código de Processo Civil (artigos 771 e segs.). Todavia, a fim de que se possa seguir os trâmites mais benéficos à Fazenda Pública previstos na Lei nº 6.830/80, a inscrição em dívida ativa será de rigor, a ver que:

> Consoante a orientação jurisprudencial predominante no STJ, não se aplica a Lei 6.830/1980 à execução de decisão condenatória do Tribunal de Contas da União quando não houver inscrição em dívida ativa. Tal decisão já é título executivo extrajudicial, de modo que prescinde da emissão de Certidão de Dívida Ativa, o que determina a adoção do rito do Código de Processo Civil se o administrador discricionariamente opta pela não inscrição. (REsp nº 1.796.937/RJ, relator ministro Herman Benjamin, Segunda Turma, julgado em 23/5/2019, DJe de 30/5/2019).

Portanto, compete à Fazenda Pública credora optar pelo rito do CPC ou da Lei de Execuções Fiscais para efetivar a execução forçada das dívidas imputadas pelas decisões do Tribunal de Contas competente. A inscrição em dívida ativa, que deve ser posterior a essas decisões, servirá apenas para divisar o procedimento típico da subsequente execução.

Tal decisão do Tribunal de Contas dá ensejo à propositura de ação executiva, movida, de acordo com o que dispõe o art. 788 do CPC/15, pelo credor que consta do título (Fazenda Pública beneficiária do alcance) ou pelo Ministério Público, caso a lei lhe confira legitimidade (art. 788, §1º, I do CPC/15). Particularmente, admite-se que o Ministério Público seja órgão constitucionalmente competente para executar as multas impostas pelo Tribunal de Contas, uma vez que o próprio texto constitucional lhe atribui competência para promover a defesa do patrimônio público (art. 129, III, da CR/88), sendo inclusive habilitado para ingressar em juízo, de ofício, para responsabilizar gestores condenados por tribunais e conselhos de contas, conforme previsão da Lei Orgânica do Ministério Público (art. 25, inc. VIII, da Lei nº 8.625/1993).

Todavia, esse não é o entendimento do STF que reiteradamente negou a possibilidade de o Ministério Público promover a execução de multas pelo Tribunal de Contas, sob o simples argumento de que o Ministério Público tem natureza de órgão representante do Poder Executivo.[659]

A forma eleita pelo legislador para que o executado se oponha à ação executiva são os embargos à execução, na forma do art. 745 do CPC, cujo inc. V autoriza o devedor a alegar como fundamento "qualquer matéria que lhe seria lícito deduzir como defesa em processo de conhecimento".

Ora, se a decisão do Tribunal de Contas que imputa débito ou multa tem eficácia de título extrajudicial e o devedor está autorizado a arguir em embargos contra a execução nele fundada, o juiz quando julga decide da existência da razão de ser da imputação, vale dizer da regularidade ou irregularidade das contas, e, portanto, adentra na plenitude da decisão do órgão de controle externo. A decisão do Tribunal de Contas equivale em tudo e por tudo à certidão de dívida ativa da Fazenda Pública, que também é título executivo extrajudicial.

### 7.3.1.2.3 Registro de atos de admissão, aposentadoria, reforma e pensão

Os Tribunais de Contas têm competência para registrar atos de admissão (para verificar se as regras e princípios típicos do concurso público foram cumpridos), aposentadoria, reforma e pensão, que são atos de passagem de servidores para a inatividade, militares para a reserva e pensionamento de seus dependentes, quando custeados por regimes que não o regime geral (RGPS).

A razão de esta competência ter sido atribuída ao Tribunal de Contas é a repercussão que tais atos administrativos trazem para o erário, embora aqui o cabimento da lição do Ministro Victor do Amaral Freire seja irrefutável: preocupa-se com o tostão e não com o milhão.

De acordo com o entendimento dominante, o Tribunal de Contas exerce a competência para que coopere na ultimação do ato inaugural, sendo seu pronunciamento indispensável à integração do ato. Se favorável, este ato se tem como perfeito. Se contrário, ter-lhe-á faltado requisito indispensável ao aperfeiçoamento.[660] Trata-se, portanto, de ato complexo, dependente da manifestação de vontade de mais de um órgão para que possa existir como ato jurídico, alcançando eficácia, validade e perfeição.

No passado, comungamos desse posicionamento, que é agasalhado pela jurisprudência pacífica do STF. Hoje, discordamos e de maneira veemente. É que a perfeição do ato é condição para sua eficácia. Não se pode admitir ato administrativo que não seja perfeito, mas que seja eficaz, que gere efeitos. O que o Tribunal de Contas sindica, em verdade, é a validade do ato, não sua eficácia. Esta, o ato a tem desde quando a Administração admitiu o servidor, o transferiu à inatividade ou à reserva; ou desde quando concedeu a pensão ao beneficiário.

---

[659] RE nº 606.306 AgR/RS. Rel. Min. Ricardo Lewandowski, 1ª Turma, 18.6.2013.
[660] FAGUNDES, Miguel Seabra. *O controle dos atos administrativos pelo Poder Judiciário*. 4. ed. Rio de Janeiro: Forense, 1967. p. 121.

Portanto, é equivocado ver os atos aqui mencionados como atos complexos. Também não são atos administrativos compostos porque o Tribunal de Contas não está na linha de hierarquia da Administração e não lhe cabe simplesmente ratificar o ato inaugural. Não são dois atos simples, porque o registro do Tribunal, ao final, se funde com o ato inaugural depois de emitido; não se trata de procedimento, embora de caráter procedimental a verificação do ato, porque no procedimento o ato preparatório tem conteúdo diferente do ato posterior, apresentando-se como seu ato condição. Os atos de admissão, aposentadoria, reforma e pensão são atos sucessivos, porquanto têm estrutura procedimental, mas conteúdo final de ato único, cujas manifestações de vontade são amalgamadas em um ato só.

Sobre o tema, o STF editou a Súmula Vinculante nº 3, de acordo com a qual nos processos perante o Tribunal de Contas da União asseguram-se o contraditório e ampla defesa quando da decisão puder resultar anulação ou revogação de ato administrativo que beneficie o interessado, excetuada a apreciação de aposentadoria, reforma e pensão.

Conforme é possível notar, o Tribunal de Contas não está obrigado a observar os princípios do contraditório e da ampla defesa nos procedimentos que tenham como objeto a apreciação da legalidade do ato de concessão inicial de aposentadoria, reforma e pensão.

Trata-se de enunciado extremamente criticado por mitigar a aplicação dos princípios do contraditório e da ampla defesa e por não prever prazo decadencial para que o Tribunal de Contas realize o controle de legalidade sobre o ato administrativo de concessão inicial de aposentadoria, reforma ou pensão.

Diante de tal cenário, o STF compreendeu que o TCU tem prazo de 5 (cinco) anos para avaliar a validade do ato de concessão inicial de aposentadoria, reforma ou pensão. Transcorrido *in albis* este prazo, os interessados devem ter a oportunidade de exercer o contraditório e a ampla defesa.[661] Segundo o STF, tal prazo começa a ser contado a partir da data de chegada do processo administrativo no Tribunal de Contas.[662]

Considera-se que este reconhecimento pelo STF da necessidade de respeito ao contraditório e à ampla defesa, somente após cinco anos passados da entrada do processo no Tribunal, não era capaz de corrigir a anomalia da exceção constante da Súmula Vinculante nº 3 do STF.

Tratava-se da única oportunidade em que a garantia constitucional ao contraditório e à ampla defesa fica na dependência da inércia do órgão de controle. E veja-se que, desde que garantido esse contraditório temporalmente ambientado, o Tribunal de Contas continua sem prazo para, meritoriamente, apreciar, para fins de registro, a validade do ato de concessão inicial de aposentadoria, reforma e pensão. Esta situação é, a mais não poder, reveladora de insegurança jurídica e contrária à proteção à confiança legítima do cidadão.

---

[661] MS nº 25.116/DF. Rel. Min. Ayres Britto. *DJ*, 9 fev. 2006; MS nº 24.448/DF. Rel. Min. Ayres Britto, 27.9.2007; MS nº 26.053/DF. Rel. Min. Ricardo Lewandowski, 18.1.2010.
[662] MS nº 24.781/DF. Rel. Min. Gilmar Mendes. *DJ*, 2 mar. 2011.

Ao depois, em 19.02.2020, o Plenário do Supremo Tribunal Federal (STF) apreciou o Tema nº 445 da repercussão geral, no julgamento do Recurso Extraordinário nº 636.553, Rel. Min. Gilmar Mendes, terminando por fixar, por maioria, a tese segundo a qual

> em atenção aos princípios da segurança jurídica e da confiança legítima, os Tribunais de Contas estão sujeitos ao prazo de 5 anos para o julgamento da legalidade do ato de concessão inicial de aposentadoria, reforma ou pensão, a contar da chegada do processo à respectiva Corte de Contas.

A decisão endereça de forma bastante razoável antiga controvérsia no âmbito dos tribunais de contas e do Poder Judiciário, a dos efeitos do transcurso do tempo sobre atos de concessão de aposentadoria, reforma e pensão de servidores públicos submetidos a regime próprio de previdência social.

A partir de agora, portanto, haverá hipóteses em que os tribunais de contas deverão, mercê do princípio constitucional da segurança jurídica e da proteção à confiança, registrar atos de aposentadoria, reforma e pensão com fundamento em prejudicial de mérito, lastreada no transcurso do tempo, tal e qual se verifica no âmbito do processo judicial, ao agasalhar institutos como prescrição e decadência (art. 487, II, do CPC/15).

O julgamento do STF, embora tenha tateado a natureza jurídica do ato de aposentadoria (especialmente o voto do eminente Ministro Edson Fachin, que o qualificou como ato composto), terminou por solucionar o problema pela linha da aplicação direta dos princípios da segurança jurídica e da proteção à confiança, o que, por si só, tem grande mérito.

### 7.3.1.2.4 Inspeções e auditorias de natureza financeira, orçamentária, patrimonial e operacional

As inspeções e auditorias foram introduzidas pela Carta de 1967 em substituição ao sistema de controle prévio, almejando incrementar a eficiência da ação administrativa, baseando-se no sistema anglo-saxão de controle das finanças. Entre nós, um de seus maiores defensores foi o Ministro Victor do Amaral Freire. Conceitualmente, inspeções e auditorias são instrumentos de correção e alerta que permitem análise adequada da posição patrimonial e financeira, o resultado das operações com recursos de acordo com as normas contábeis e financeiras.

As inspeções são procedimentos de fiscalização utilizados pelo Tribunal de Contas para suprir omissões e lacunas de informações, esclarecer dúvidas ou apurar denúncias quanto à legalidade e à legitimidade de fatos da Administração e de atos administrativos praticados por qualquer responsável sujeito à sua jurisdição. As auditorias, conforme esclarece Bento Bugarin, "são processos sistemáticos destinados a obter e avaliar, objetivamente, uma evidência com respeito às afirmações/eventos, a fim de determinar o grau de correspondência entre essas afirmações/eventos e os critérios estabelecidos".[663]

A Constituição de 1988 tratou das auditorias e inspeções a cargo dos Tribunais de Contas, com ênfase nas modernas técnicas de controle, ultrapassando a mera previsão de auditoria tradicional, de legalidade, para assumir um espectro operacional de avaliação da eficiência e da eficácia da atividade administrativa do Estado.

As auditorias operacionais consistem na avaliação sistemática dos programas, projetos, atividades e sistemas governamentais, órgãos e entidades, abrangendo duas modalidades: auditorias de desempenho operacional e avaliação de programas.[664]

As auditorias de desempenho operacional têm como objetivo examinar a ação governamental quanto aos aspectos da: a) economicidade (referente à minimização dos custos da atividade, sem comprometimento dos padrões de qualidade); b) eficiência (a expressar a relação entre os produtos gerados – bens e serviços – e os custos dos insumos empregados); c) eficácia (concernente ao grau de alcance das metas programadas em determinado espaço de tempo, independentemente dos custos).

O foco da auditoria de desempenho operacional é o processo de gestão: planejamento, organização, operacionalização, acompanhamento gerencial, avaliação de resultados. Nela se avaliam: a) como órgão ou entidade adquire, protege e utiliza seus recursos; b) as causas que ensejam práticas antieconômicas e ineficientes; c) o cumprimento de metas (comparação das metas previstas com as metas realizadas); e d) a observância de regras aplicáveis aos aspectos da economicidade, eficiência e eficácia.[665]

As avaliações de programas, de sua parte, examinam a efetividade, a exprimir a relação entre os resultados – impactos observados – e os objetivos – impactos esperados dos programas e projetos governamentais. O foco da avaliação de programas está em apurar em que medida as ações implementadas beneficiaram a sociedade, ou seja, até que ponto os efeitos sociais pretendidos pela ação governamental foram atingidos.

Trata-se, portanto, de um *plus* em relação à auditoria de desempenho operacional se e na medida em que visa aferir os resultados práticos da intervenção governamental. Entre os aspectos a serem analisados na avaliação de programas, destacam-se: a) a própria concepção lógica do programa; b) a correlação existente entre a demanda social das ações programadas e os objetivos estabelecidos; c) as consequências para a sociedade; d) as falhas na implementação do programa; e) os fatores que inibem o desempenho; f) a qualidade dos efeitos; g) a identificação e a propositura de soluções alternativas de menor impacto custo-produto; e h) o cumprimento de regras aplicáveis à sua natureza, aos objetivos e ao público-alvo.[666]

Como se vê, nas auditorias de desempenho operacional investiga-se o funcionamento em si do programa e as metas mensuráveis no respectivo âmbito (número

---

[663] *Apud* CONTI, José Maurício; SCAFF, Fernando Facury (Coord.). *Orçamentos públicos e direito financeiro*. São Paulo: Revistas dos Tribunais, 2011. p. 30.
[664] TCU. Manual de auditoria de natureza operacional. Brasília: TCU, 2000. p. 15.
[665] TCU. Manual de auditoria de natureza operacional. Brasília: TCU, 2000. p. 17.
[666] TCU. Manual de auditoria de natureza operacional. Brasília: TCU, 2000. p. 18-19.

de novas escolas construídas ou reformadas, vacinas aplicadas, servidores treinados, estradas recuperadas), para além do custo de implementação: os princípios vetores deste tipo de auditoria são a economicidade (art. 70, CR/88), a eficiência (arts. 37, *caput*, e 74, I, da CR/88) e a eficácia (art. 74, I, da CR/88).

Já nas avaliações de programa, a análise se projeta para o efeito social (redução da evasão escolar, erradicação de doenças infectocontagiosas, qualidade dos serviços administrativos, redução dos acidentes no trânsito),[667] prestigiando-se os fundamentos e objetivos fundamentais da República Federativa do Brasil: dignidade da pessoa humana, garantia do desenvolvimento nacional, redução das desigualdades sociais.

Nada obstante as características apontadas, o importante é perceber que a atuação dos órgãos de controle mediante essas modernas técnicas não tem o escopo precípuo de detectar e coibir fraudes ou abusos – o que não quer significar que, quando estas sejam detectadas, o órgão de controle não vá reprimi-las –, porquanto o que se busca é a detecção de fatores que estejam a inibir o desempenho operacional do órgão, entidade ou programa, bem assim a produção dos efeitos sociais intuídos, em ordem a formular recomendações para a melhoria desses aspectos.

Conforme Gordillo, o controle existe na medida em que é possível passar da detecção da falta de legalidade às ações corretivas. Se não for assim, não se terá cumprido o fim perseguido e o problema será mais propriamente de responsabilidade pelos fatos que resultam irreparáveis.[668]

### 7.3.1.2.5 Outras atribuições

As competências previstas nos inc. V e VI do art. 71 explicitam, respectivamente, que o Tribunal fiscalizará as empresas supranacionais de cujo capital a União participe, direta ou indiretamente (embora, quando regidas por tratados internacionais, são estes que devem gizar os contornos e as respectivas formas de controle),[669] e fiscalizará a aplicação de recursos públicos repassados, mediante convênio, acordo, ajuste ou instrumento congênere, a estados, Distrito Federal e municípios.

Nesse último caso, note-se que a competência de fiscalização do Tribunal de Contas não se refere às transferências correntes que a União deve fazer aos estados e municípios, por força da repartição das receitas tributárias, conforme previsto nos arts. 157 a 160 da CR/88, mas às transferências voluntárias de recursos federais, utilizando-se, em regra, o convênio como instrumento para a efetivação. A fiscalização dar-se-á primeiramente sobre o órgão (ou entidade) da estrutura federal responsável pelo repasse dos recursos, que também se submeterá à fiscalização do órgão de controle interno (art. 74 da CF/88). Num segundo momento, recairá sobre os agentes

---

[667] Os exemplos foram retirados de TCU. *Manual de auditoria de natureza operacional*. Brasília: TCU, 2000. p. 19.
[668] GORDILLO, Agustin. Problemas del control de la Administración Pública en América Latina. Madrid: Civitas, 1981. p. 119.
[669] TCU. Proc. TC nº 003.064/93-0. Rel. Min. Homero Santos, 21.6.1995. *Revista do Tribunal de Contas da União*, n. 64/60.

dos órgãos e entidades recebedores dos recursos, que responderão pessoalmente pela sua escorreita aplicação.

Frise-se que os governadores dos estados, quando gerenciam diretamente recursos públicos federais, e os prefeitos municipais, quando gerenciam recursos públicos estaduais e federais, equiparam-se aos responsáveis por bens, dinheiros e valores públicos, submetendo-se, relativamente à prestação de contas destes recursos, não ao regime do parecer prévio (art. 71, I, CR/88), mas ao regime do julgamento de contas, que independe do pronunciamento do respectivo Legislativo.

Compete-lhe também conhecer das denúncias formuladas por qualquer cidadão, partido político, sindicato ou associação, sobre ilegalidades e irregularidades que digam respeito à sua competência. É o que se denomina "controle popular dos gastos públicos", bem ao estilo da "Carta-cidadã" de 1988. A denúncia é cabível contra administrador ou responsável ou mesmo particulares que estejam sujeitos à "jurisdição" do Tribunal de Contas competente, devendo ser efetuada por escrito, em linguagem clara e objetiva, com a identificação do denunciante e acompanhada dos indícios ou provas que a fundamentam, pena de arquivamento.

Além disso, o Tribunal de Contas tem competência para expedir medidas cautelares para prevenção de danos ao erário, ofensa a direito de terceiros e para garantir a efetividade de suas decisões. O STF reconheceu a referida atribuição ao Tribunal de Contas, pois o art. 71 da Constituição, ao conferir um conjunto de atribuições ao Tribunal de Contas, implicitamente outorgou os meios necessários para concretização de suas finalidades institucionais, o que engloba a concessão de medidas cautelares inclusive, se necessário, *inaudita altera parte*.[670]

Para o STF, o Tribunal de Contas também está autorizado, no desempenho de suas atribuições, a realizar controle de constitucionalidade das leis (Súmula nº 347). Portanto, no âmbito dos seus procedimentos, a Corte de Contas poderá afastar a aplicação de lei ou ato normativo que considerar ofensivo ao texto constitucional, à moda de um controle incidental de constitucionalidade.

Por outro lado, o STF também identifica algumas limitações no desempenho das atribuições funcionais do Tribunal de Contas. A jurisprudência do STF, por exemplo, entende que o Tribunal de Contas não tem competência para determinar a quebra de sigilo bancário das pessoas subordinadas à sua atividade fiscalizatória, uma vez que a Lei Complementar nº 105/2001 não lhe outorgou tal prerrogativa, sendo inadequado qualquer tipo de interpretação extensiva.[671]

### a) Tribunal de Contas e composição

De acordo com o art. 73 da Constituição da República, o Tribunal de Contas da União, com sede no Distrito Federal, é integrado por nove ministros, quadro próprio

---

[670] STF. MS nº 24.510/DF. Rel. Min. Ellen Gracie, Tribunal Pleno, 19.11.2003. No mesmo sentido: MS nº 26.547/DF. Rel. Min. Celso de Mello. *DJ*, 6 jun. 2007.

[671] STF. MS nº 22.801/DF. Rel. Min. Menezes Direito. *DJ*, 17 dez. 2007.

de pessoal e *jurisdição* em todo o território nacional, exercendo, no que couber, as atribuições previstas no art. 96.

Os ministros do Tribunal de Contas da União serão nomeados entre brasileiros com mais de 35 e menos de 65 anos de idade; idoneidade moral e reputação ilibada; notórios conhecimentos jurídicos, contábeis, econômicos e financeiros ou de administração pública; mais de 10 anos de exercício de função ou de efetiva atividade profissional que exija os notórios conhecimentos acima. Com relação aos demais Tribunais de Contas, deverão ser integrados por sete conselheiros (§1º do art. 73).

A forma de ingresso ao cargo de ministro do TCU é definida no §2º do art. 73 da CR/88, sendo que 1/3 será escolhido pelo presidente da República, após aprovação no Senado Federal, e 2/3, pelo Congresso Nacional. A escolha a ser procedida pelo chefe do Executivo será livre relativamente a uma única vaga; as outras duas deverão ser preenchidas, alternadamente, por auditores e membros do Ministério Público junto ao Tribunal, indicados em lista tríplice pelo Tribunal, segundo critérios de antiguidade e merecimento. Uma vez escolhidos os integrantes de cada classe, as vagas ficam *carimbadas* e serão sempre preenchidas por integrantes da mesma classe, observando-se os critérios constitucionais.

No âmbito dos Tribunais de Contas Estaduais, ao Poder Legislativo compete a indicação de 4 (quatro) conselheiros, e ao chefe do Executivo, 3 (três), dos quais apenas 1 (um) poderá ser por ele livremente escolhido, os outros dois serão escolhidos entre auditores e membros do Ministério Público junto ao Tribunal de Contas, em lista tríplice elaborada pelo Tribunal, segundo critérios de antiguidade e merecimento. A ordem a ser seguida nas nomeações deverá estar disciplinada na Constituição (ou lei orgânica) local, conforme exegese firmada pelo Supremo Tribunal Federal, no julgamento da ADI nº 219.[672]

### b) Auditores ou ministros substitutos

Conforme é possível perceber, pelo menos um dos nove ministros do TCU e um dos sete conselheiros dos tribunais de contas estaduais e municipais são, ou devem ser, oriundos do corpo de auditores, cuja escolha é feita pelo chefe do Executivo, por meio de lista tríplice confeccionada pelo respectivo Tribunal, segundo os critérios de antiguidade e merecimento.

O auditor do Tribunal de Contas aparece, portanto, como um dos atores do controle externo, contribuindo para o bom e regular desempenho das relevantes atribuições destinadas às cortes de contas. Trata-se, nas palavras do Ministro Carlos Ayres Britto,[673] de cargo regrado pela Constituição como um elemento de composição do próprio Tribunal.

---

[672] ADI nº 219. Rel. Min. Sepúlveda Pertence. *DJ*, 23 set. 1994.
[673] ADI nº 1.994/ES. Rel. Min. Eros Grau. *DJ*, 24 maio 2006.

A criação e a disciplina do cargo de auditor é prevista no art. 73, §4º, da Constituição, que lhe atribui as garantias e os impedimentos próprios de juiz de direito.[674]

As atribuições do cargo de auditores são definidas nas leis orgânicas dos tribunais, destacando como mais relevante a de substituir os ministros ou conselheiros, nos casos de vacância, ausências, impedimentos, licenças ou outros afastamentos legais dos respectivos titulares.

### c) Ministério Público junto ao Tribunal de Contas

A Constituição de 1988 fortaleceu a instituição do Ministério Público, atribuindo-lhe a qualificação de órgão essencial à função jurisdicional, para a defesa da ordem jurídica, do regime democrático, dos interesses sociais e individuais indisponíveis (art. 127 da CF/88). Os arts. 130 e 73, §2º, I, da Constituição fazem menção expressa à existência de um órgão do *parquet*, com atuação perante as Cortes de Contas.

O Supremo Tribunal Federal, no julgamento da ADI nº 789-1/DF,[675] firmou o entendimento no sentido de que o Ministério Público junto ao Tribunal de Contas integra a intimidade estrutural do próprio Tribunal de Contas, e a respectiva lei orgânica é de iniciativa da Corte de Contas respectiva.

Com efeito, a conclusão a que chegou o STF se retira

> da simples letra do art. 130 da CF/88, quando prevê que haverá uma investidura inicial na carreira de procurador junto à Corte de Contas. Consequentemente, as disposições das Constituições Estaduais (ou de Leis Orgânicas Municipais, onde houver) que determinem o funcionamento de órgãos (membros) do Ministério Público ordinário junto aos Tribunais de Contas são inconstitucionais.[676]

O Ministério Público junto ao Tribunal de Contas é composto por membros que fazem parte de carreira própria e têm os mesmos direitos, vedações e forma de investidura dos membros do Ministério Público ordinário.[677] [678]

Posteriormente, a instituição do *parquet* especializado restou replicada para praticamente todos os Tribunais de Contas do Brasil. Os limites da autonomia do

---

[674] DINIZ, Gilberto Pinto Monteiro. Auditor do Tribunal de Contas: cargo público de extração constitucional. *Revista do TCEMG*, ano XXX, v. 83, n. 2, abr./jun. 2012. Disponível em: http://revista.tce.mg.gov.br/Revista/RetornaRevista/621.

[675] ADI nº 789-1/DF. Tribunal Pleno, 26.5.1994. *DJ*, 19 dez. 1994.

[676] FERRAZ, Luciano. *Controle da Administração Pública*: elementos para compreensão dos Tribunais de Contas. Belo Horizonte: Mandamentos, 1999. p. 137-138.

[677] O STF manifestou-se no sentido de que o Ministério Público junto ao TCU não integra o MPU, cujos ramos estão dispostos no art. 128, I, da CR/88, estando vinculado ao TCU (ADI nº 892/RS. Rel. Min. Sepúlveda Pertence, 18.3.2002). Logo, *mutatis mutandis*, o STF entendeu que o MP junto aos Tribunais de Contas dos Estados não pode pertencer ao Ministério Público Estadual (ADI nº 2.884/RJ. Rel. Min. Celso de Mello, 2.12.2004).

[678] ADI nº 328. Rel. Min. Ricardo Lewandowski. *DJ*, 2 fev. 2009.

Ministério Público de Contas ante os próprios Tribunais de Contas e os demais poderes está em discussão na ADI nº 4.725/RR, pendente de julgamento.

## 7.3.1.2.6 Controle interno

O art. 74, *caput*, da CR/88, ao versar sobre os sistemas de controle interno, não deixa margem para que as entidades federativas, ou melhor, cada um de seus poderes, institua ou não os respectivos órgãos com as competências de fiscalização típicas, nitidamente relacionadas com finanças públicas (*lato sensu*).

Com efeito, a expressão de que se vale o constituinte, a propósito, é "manterão", a demonstrar que a instituição do sistema de controle interno de cada poder é obrigação e não faculdade. E isso se justifica pela necessidade de órgãos de controle com atuação mais próxima dos fatos diários da Administração Pública, mantendo convergência funcional com órgãos de controle externo, notadamente com Tribunais de Contas.[679]

Por tal razão, dispõe o inc. IV do art. 74 da CR/88 que compete aos órgãos de controle interno "apoiar o controle externo no exercício de sua missão institucional", além do que o §1º do mesmo preceito dispõe haver responsabilidade solidária dos seus agentes pela ausência de comunicação ao Tribunal de Contas de qualquer irregularidade ou ilegalidade de que tiverem conhecimento no exercício de sua função.

Todavia, o desenho orgânico e a distribuição das competências previstas nos incisos do art. 74 da Constituição aos órgãos de controle interno de cada entidade federativa é questão que depende de lei (e muitas vezes de atos administrativos normativos secundários), observada a iniciativa respectiva em cada caso.

Na esfera da União, o órgão que atualmente exerce o papel de controle interno do Poder Executivo Federal é o Ministério da Transparência, Fiscalização e Controladoria-Geral da União, conforme disciplina da Lei nº 13.341/16, que alterou a Lei nº 10.683/03. O órgão, integrante da estrutura da Presidência da República, tem competência para: a) decidir, preliminarmente, sobre as representações ou denúncias fundamentadas que receber, indicando as providências cabíveis; b) instaurar os procedimentos e processos administrativos a seu cargo, constituindo comissões, e requisitar a instauração daqueles que venham sendo injustificadamente retardados pela autoridade responsável; c) acompanhar procedimentos e processos administrativos em curso em órgãos ou entidades da Administração Pública Federal; d) realizar inspeções e avocar procedimentos e processos em curso na Administração Pública Federal, para exame de sua regularidade, propondo a adoção de providências ou a correção de falhas; e) efetivar ou promover a declaração da nulidade de procedimento ou processo administrativo e, se for o caso, a imediata e regular apuração dos fatos mencionados nos autos e na nulidade declarada; f) requisitar procedimentos e processos administrativos já arquivados por autoridade da Administração Pública Federal; g) requisitar a órgão ou entidade da Administração Pública Federal ou, quando

---

[679] Ver, no Tribunal de Contas do Estado de Minas Gerais (TCMG), as consultas nº 640.596, 649.438, 653.861, 654.085, 751.297, 769.940.

for o caso, propor ao presidente da República que sejam solicitados informações e documentos necessários a trabalhos do Ministério da Transparência, Fiscalização e Controladoria-Geral da União – CGU; h) requisitar aos órgãos e às entidades federais servidores e empregados necessários à constituição das comissões referidas no inc. II, e de outras análogas, bem como qualquer servidor ou empregado indispensável à instrução do processo; i) propor medidas legislativas ou administrativas e sugerir ações que visem evitar a repetição de irregularidades constatadas; j) receber as reclamações relativas à prestação de serviços públicos em geral e promover a apuração do exercício negligente de cargo, emprego ou função na Administração Pública Federal, quando não houver disposição legal que atribua a competência a outros órgãos; e k) desenvolver outras atribuições de que o incumba o presidente da República.

O Ministério da Transparência, Fiscalização e Controladoria-Geral da União substituiu a antiga Controladoria-Geral da União (CGU), incorporando-lhe as atribuições. A CGU atuava como órgão central do Poder Executivo Federal com funções de controle interno, correição e ouvidoria. A atividade de controle interno, conforme previsto no art. 74 da Constituição da República, é apenas uma das que o Ministério da Transparência, Fiscalização e Controladoria-Geral da União executa, como órgão supervisor do sistema de controle interno do Poder Executivo Federal. O Ministério também exerce, por força de lei, a supervisão técnica dos órgãos do sistema de correição (controle disciplinar) e das unidades de ouvidoria (interface com a sociedade) do Poder Executivo Federal, além da articulação com Advocacia-Geral da União, Ministério Público e Tribunal de Contas da União.

Os titulares dos órgãos do sistema de controle interno do Poder Executivo Federal devem cientificar o ministro de Estado da Transparência, Fiscalização e Controladoria-Geral da União (CGU) acerca de irregularidades que, registradas em seus relatórios, tratem de atos ou fatos atribuíveis a agentes da Administração Pública Federal e das quais haja resultado ou possa resultar prejuízo ao erário de valor superior ao limite fixado pelo Tribunal de Contas da União para efeito da tomada de contas especial elaborada de forma simplificada.

Convém destacar que a expressão "controle interno" (como sistema ou organismo de controle do art. 74, CR/88) não é sinônima da expressão "controle interno", utilizada corriqueiramente pela doutrina administrativista para designar a atividade de controle que um órgão administrativo realiza sobre si mesmo – e que se encontra fundada nas súmulas nº 346 e nº 473 do Supremo Tribunal Federal e nas leis de processos administrativos em geral (Lei nº 9.784/99, art. 53).

É com a finalidade de apartá-los, evitando confusões, que se dá preferência por designar a segunda "autocontrole", significando que "administração deve anular seus próprios atos, quando eivados de vício de legalidade, e pode revogá-los por motivo de conveniência ou oportunidade, respeitados os direitos adquiridos" (art. 53, Lei nº 9.784/99).

Benjamin Zymler tem opinião parecida. Para ele, é necessário caracterizar o controle interno como gênero do qual constituem espécies o controle administrativo e o sistema de controle interno estatuído no art. 74 da Constituição Federal. O controle administrativo seria a modalidade de controle exercido pela Administração que tem por objeto a oportunidade e o mérito do ato administrativo (autocontrole de mérito). Quanto ao controle financeiro e orçamentário, o qual o art. 74 da Constituição Federal deixou a cargo do sistema de controle interno, cumpre destacar que, além do apoio ao controle externo, a este incumbe, também, a avaliação das metas previstas no plano plurianual, a execução de programas de governo e dos orçamentos da União; a comprovação da legalidade e avaliação dos resultados, quanto à eficácia e eficiência, da gestão financeira e patrimonial nos órgãos e entidades da Administração Federal; o exercício das operações de crédito, avais, garantias, bem como dos direitos e haveres da União; o controle do endividamento federal e a elaboração da programação financeira do Tesouro Nacional.[680]

Controle interno, tal como colocado no art. 74 da Carta, designa organismos incumbidos de realizar, em harmonia com os órgãos de controle externo (tribunais de contas e poderes legislativos), a fiscalização financeira, contábil, orçamentária, operacional e patrimonial da Administração Pública em amplo sentido (art. 70 c/c 74 da Constituição). Tais órgãos detêm competência *ratione materiae* parelha à dos órgãos de controle externo, mas não possuem atribuições de julgamento administrativo e de coerção, típicas daqueles (salvo se a legislação infraconstitucional lhe atribuir outras competências).

É dizer: os órgãos de controle interno típicos são órgãos de fiscalização, mas a apreciação final e o uso das sanções em face das ilegalidades detectadas afiguram-se incumbência constitucionalmente afeta aos órgãos de controle externo, fundamentalmente os Tribunais de Contas, e à própria Administração Pública (autotutela e correição disciplinar).

Sustenta-se há tempos, desde agosto de 2003,[681] que os órgãos de controle interno (que se estruturarão, o quanto possível, em carreiras compostas por servidores efetivos), deveriam ser encabeçados por agentes públicos detentores de prerrogativas especiais – independência funcional – nomeados pelos chefes de poder para mandatos fixos e não coincidentes com os deles, a exemplo do que acontece com os dirigentes das agências reguladoras no Brasil.

Bem verdade que não é isso que se vê na Administração Pública brasileira: os órgãos de controle interno são normalmente estruturados para ter como agente hierárquico máximo um servidor ocupante de cargo comissionado, nomeado pelo chefe do poder respectivo e demissível *ad nutum* (sem justo motivo), o que por si só não lhe retira a oportunidade do exercício escorreito da função, mas deixa ver a fragilidade do vínculo para com o Estado e a sociedade. É o caso do Ministério da Transparência, Fiscalização e Controladoria-Geral da União, destacado em linhas acima.

A destacada independência funcional (do dirigente do sistema de controle interno) garantida pela proposta dos mandatos fixos reforçaria o papel técnico do

---

[680] Cabe observar, em acréscimo, que se o gênero controle interno abarca o controle administrativo (autocontrole), o sistema de controle interno (controle interno propriamente dito), como diz Zymler, deveria abarcar também o controle interno correcional (controle disciplinar)

[681] FERRAZ, Luciano. *Novos rumos para o controle da Administração Pública*. Tese (Doutorado) – Faculdade de Direito, Universidade Federal de Minas Gerais, Belo Horizonte, 2003.

controle interno, até porque seus integrantes não devem ser classificados como típicos agentes políticos. O Tribunal de Contas de Minas Gerais, por exemplo, entende que "controladores [...] não são agentes políticos, uma vez que [...] não representam a 'vontade superior do Estado', não participando, portanto, das decisões políticas do Governo, sendo escolhidos por sua aptidão técnica profissional".[682]

A estrutura do sistema de controle interno de cada entidade federativa dependerá da vontade político-administrativa de se conceber um sistema efetivo de controle, sendo certo que:

> o efeito da atuação do controle interno tem estreita ligação com o grau de liberdade que lhe seja dado ter, conferindo-lhe, assim, não só a possibilidade de controlar a despesa, mas, também, a otimização da utilização dos recursos com resultados para toda a Administração Pública, e, por consequência, para a sociedade em geral.[683]

Os representantes do controle interno, a despeito dos laços de responsabilidade com os Tribunais de Contas, interpretam as normas e precedentes aplicáveis, a fim de emitir juízos conclusivos sobre os diversos temas que analisam. Não há empecilho a que a opinião do controle interno divirja do administrador e até mesmo da opinião final do próprio Tribunal de Contas. Há diferença substancial entre o dever de comunicar irregularidades e ilegalidades (art. 74, §1º da CR/88) e a possibilidade de se formar convicção própria sobre questões administrativas que lhe sejam submetidas.

Deveras, quem pode aferir, em primeiro momento, se a irregularidade é formal ou não, e se há ou não grave violação da norma legal com repercussão para o erário, é a autoridade responsável pelo controle interno. Esta, todavia, não pode deixar de comunicar ao controle externo a ocorrência de qualquer irregularidade, posto que "aquilo que para ele [controle interno] é formal poderá aos olhos da Casa de Contas, ser grave e causador de prejuízo ao erário".[684]

Note-se, que, sem embargo do dever de comunicação, reconhece-se aos integrantes do controle interno a possibilidade de interpretações dissonantes relativamente a posições assumidas *a posteriori* pela Corte de Contas, sem que isso lhes transfira responsabilidade solidária. Note-se também que a Constituição não fixa o momento da comunicação das ilegalidades ou irregularidades ao Tribunal de Contas, supondo-se que a legislação infraconstitucional o fará, respeitando-se obviamente critérios de razoabilidade.

De todo modo, consolida-se o entendimento de que o controle externo somente deve ser acionado após o esgotamento das providências administrativas internas pelo órgão de controle interno, vale dizer: "uma vez verificada a ilegalidade e sanada internamente, não há porque acionar o Tribunal" – "se o controle interno, exercendo

---

[682] TCMG. Consulta nº 811.245. Rel. Cons. Adriene Andrade, Sessão de 24.2.2010. *Revista do Tribunal de Contas do Estado de Minas Gerais*, v. 75, n. 2, p. 167, abr./jun. 2010.
[683] TCMG. Consulta nº 640.465, Sessão de 19.9.2001. Rel. Cons. Eduardo Carone Costa.
[684] TCMG. Consulta nº 751.297, Sessão de 24.9.2008. Rel. Cons. Eduardo Carone Costa.

a sua função, apura um fato e consegue revertê-lo, ele não tem que acionar. Só deve acionar se não tiver êxito".[685]

Tudo isso deve ser aquilatado levando-se em conta que cabe precipuamente ao controle interno a função de acompanhar a execução dos atos, indicando, em caráter opinativo, preventiva ou corretivamente, ações a serem desempenhadas visando ao atendimento da legislação.[686]

Essa peculiaridade preventiva e corretiva do controle interno permite concluir que sua atuação repressiva constitui *ultima ratio*, pois o que lhe é fundamental é contribuir para a regularidade, a eficiência e a efetividade da Administração Pública, propondo atuações coercitivas apenas nos casos cuja reprovabilidade da conduta efetivamente o exija.

Bem verdade que a edição da Lei nº 12.846/13 (equivocadamente denominada Lei Anticorrupção Empresarial) descortinou um novo flanco de atuação para os órgãos de controle interno, especialmente a Controladoria-Geral da União, no Controle da Administração Pública.

A Lei nº 12.846, de 1º de agosto de 2013 e em vigor desde o dia 29 de janeiro de 2014, dispõe sobre a responsabilização administrativa e civil de pessoas jurídicas pela prática de atos contra a Administração Pública, nacional ou estrangeira, e dá outras providências. Trata-se da Lei de Improbidade Empresarial, e não propriamente da Lei Anticorrupção, como propagado país afora.[687]

A nova lei, juntamente com a Lei de Improbidade Administrativa (Lei nº 8.429/92), com as Leis dos Crimes de Responsabilidade (Lei nº 1.079/52 e Decreto-Lei nº 201/67), com a Lei das Inelegibilidades (Lei Complementar nº 64/90 e suas alterações) e com diversos tipos penais, cujo bem jurídico tutelado é a regularidade das relações internas e externas com a Administração Pública, prescreve um microssistema normativo de tutela da ética nas relações político-administrativas no Brasil.

A promulgação da Lei nº 12.846/13 é em parte inspirada em normativos multilaterais, tais como a Convenção Interamericana contra a Corrupção, editada pela Organização dos Estados Americanos (OEA, 1996); a Convenção sobre Combate à Corrupção de Funcionários Estrangeiros em Transações Comerciais Internacionais, editada pela Organização para a Cooperação do Desenvolvimento Econômico (OCDE, 1997); a Convenção das Nações Unidas contra a Corrupção (ONU, 2005), bem como em normas de países desenvolvidos, como o *Foreign Corrupt Practices Act* (EUA, 1997) e o *Bribery Act* (Reino Unido, 2011).

Afirma-se que a inspiração é parcial porque parcela significativa da lei tem como parâmetro a Lei nº 8.429/92 (Lei de Improbidade Administrativa), em vigor no Brasil desde o início da década de 1990 como reflexo de escândalos como o *impeachment* do presidente Collor e o episódio dos anões do orçamento.

---

[685] TCMG. Consulta nº 751.297, Sessão de 24.9.2008. Rel. Cons. Eduardo Carone Costa.
[686] TCMG. Consulta nº 640.465, Sessão de 19.9.2001. Rel. Cons. Eduardo Carone Costa.
[687] FERRAZ, Luciano. Resenha Legislativa sobre a Lei 12.846/2013 – lei de improbidade empresarial. *Fórum de Direito Municipal e Gestão das Cidades: FMGC*, ano 1, n. 2, nov./dez. 2013. p. 89 *et seq.*

O objetivo central da nova legislação é tutelar a lisura comportamental dos agentes de mercado que se relacionam com o poder público no Brasil, impregnando os estratagemas comerciais com a noção corporativa de *compliance* – o conjunto de práticas e disciplinas adotadas pelas empresas para alinhar o comportamento corporativo ao cumprimento das normas legais e das políticas governamentais aplicáveis ao setor de atuação, inclusive mediante mecanismos e procedimentos internos de integridade, auditoria e incentivo à denúncia de irregularidades, e a aplicação efetiva de códigos de ética e de conduta no respectivo âmbito (ver, a propósito, o art. 7º, VIII, da Lei nº 12.846/13).

A Lei nº 12.846/13 institui, em âmbito interno, processo administrativo disciplinar empresarial (arts. 6º a 17), bem como, em âmbito judicial, novo tipo de ação civil pública, de caráter punitivo, com legitimidade atribuída às advocacias públicas e equivalentes em cada esfera e ao Ministério Público (arts. 18 a 21).[688]

As disposições da Lei nº 12.846/13 prescrevem hipóteses e procedimentos de punição (controle sancionatório) de sociedades empresárias e simples (de direito e de fato), personificadas ou não, pela prática de condutas consideradas atentatórias ao patrimônio público nacional ou estrangeiro ou de organizações públicas internacionais, aos princípios da Administração Pública e aos compromissos internacionais assumidos pelo Brasil. Seus preceitos são aplicáveis também a empresas estatais (quando funcionam como contratadas ou beneficiárias de ações da Administração Pública), consórcios empresariais e grupos econômicos (art. 4º, §2º).[689]

Essa definição do polo passivo (que não contempla agentes públicos, apenas empresas e equiparados), aliada à semelhança do bem jurídico tutelado (ética no serviço público), induz à compreensão de que a Lei nº 12.846/13 é, deveras, a Lei de Improbidade Empresarial. Seu fundamento constitucional de validade é o mesmo da Lei de Improbidade Administrativa, ou seja, os §§4º e 5º do art. 37 da Constituição da República, aplicando-se, a exemplo desta, integralmente (tirante alguns preceitos exclusivos da esfera federal, *v.g.*, art. 8º, §2º, e art. 16, §1º) à União, estados, Distrito Federal e municípios.

Em análise sistêmica do ordenamento jurídico brasileiro, o que se vê – com respeito aos autores do projeto de lei, em especial à Controladoria-Geral da União (CGU), que sustenta uma aplicação cumulada da nova lei com a Lei de Improbidade Administrativa[690] – é que ambas mutuamente se excluem, sob pena de *bis in idem*.

O que se diz, em outros termos, é que a Lei nº 12.846/13 vem complementar as disposições da Lei de Improbidade Administrativa (Lei nº 8.429/92) para penalizar administrativa e judicialmente condutas exclusivamente empresariais (não condutas

---

[688] O Decreto nº 11.129, de 2022, regulamenta as disposições da Lei nº 12.846/13, disciplinando, em nível federal, o Processo Administrativo de Responsabilização (PAR).

[689] A extensão das penalidades e do dever de ressarcimento às sociedades controladas e coligadas, em solidariedade, é questionável do ponto de vista societário. Isso por conta da distinção da personalidade jurídica de cada uma das empresas – e o que isso implica em termos de deveres e responsabilidades e, ainda, no que se refere à multa, por conta do princípio da individualização das penas (art. 5º, XLVI, CR/88).

[690] HAGE, Jorge. Palestra realizada no 10º Congresso Nacional de Licitações e Compras Governamentais. Salvador, Bahia, 26 a 28 de novembro de 2014.

imputáveis a agentes públicos e forjadas em conluio com particulares) que, direta ou indiretamente, causem prejuízos financeiros ou éticos à Administração Pública nacional, estrangeira ou multilateral, terminando por colmatar lacuna até então existente no direito brasileiro.[691]

Com efeito, antes da nova lei, sedimentou-se a orientação de que a Lei nº 8.429/92 (LIA) aplicava-se, no que coubesse (art. 3º), às empresas particulares, apenas e na medida em que tiverem elas concorrido, induzido desonestamente ou se beneficiado indevidamente do ato de improbidade administrativa,[692] sempre dependendo do seu processamento ou punição do concurso efetivo do agente público, que comparecerá, em litisconsórcio com ela, no polo passivo da lide, conforme entendimento pacificado pelo Superior Tribunal de Justiça.[693]

Desse modo, a partir da Lei nº 12.846/13, as condutas empresariais ímprobas passarão a ter ambiência de tutela jurídica punitiva autônoma, porém excludente, em relação à da Lei nº 8.429/92. É dizer: a lei nova terá aplicação para condutas empresariais nela definidas, desde que não tenham contado com a participação direta ou indireta de agentes públicos em conjunto com os agentes empresariais.[694]

Essa tese veio a lume no artigo intitulado *Reflexões sobre a Lei nº 12.846/2013 e seus impactos nas relações público-privadas – lei de improbidade empresarial e não lei anticorrupção*[695] e terminou por contar com acolhida recente da Terceira Turma do Tribunal Regional Federal da 4ª Região, no julgamento dos Agravos de Instrumento nº 5023972-66.2017.4.04.0000/PR e nº 5039527-89.2018.4.04.0000/PR, ambos de relatoria da Des. Federal Vânia Hack, no caso envolvendo a Petrobras e a Construtora Norberto Odebrecht, tendo como interessados a União (através da AGU) e o Ministério Público Federal.

---

[691] Não existia até então no direito brasileiro, além da disciplina criminal e cível, legislação de natureza administrativa, de caráter punitivo, que abarcasse atos empresariais "puros" que causassem reflexos nocivos à Administração Pública.

[692] Relativamente à figura do beneficiário e à possibilidade de responsabilização por improbidade administrativa, a questão deve ser tratada com cautela, fundamentalmente diante da jurisprudência do STJ sobre boa-fé e do que dispõe o art. 59, §1º, da Lei nº 8.666/93 (que é posterior à Lei de Improbidade Administrativa).

[693] Cf., por todos, STJ – REsp nº 155.992/PA e REsp nº 896.044/PA.

[694] A maioria das condutas de improbidade empresarial descritas na lei já era tratada em outros diplomas legais, a modo de ver: Art. 5º: I - prometer, oferecer ou dar, direta ou indiretamente, vantagem indevida a agente público, ou a terceira pessoa a ele relacionada – correspondente às conduta descritas nos artigos 9º, I, II, III, V, VI, IX, X da Lei nº 8.429/1992. IV - no tocante a licitações e contratos: a) frustrar ou fraudar, mediante ajuste, combinação ou qualquer outro expediente, o caráter competitivo de procedimento licitatório público (art. 90 da Lei nº 8.666/93); b) impedir, perturbar ou fraudar a realização de qualquer ato de procedimento licitatório público (art. 92 da Lei nº 8.666/93); c) afastar ou procurar afastar licitante, por meio de fraude ou oferecimento de vantagem de qualquer tipo (art. 95 da Lei nº 8.666/93); d) fraudar licitação pública ou contrato dela decorrente (dispositivo genérico que abrange o item "a" da Lei nº 12.846/2013; e) criar, de modo fraudulento ou irregular, pessoa jurídica para participar de licitação pública ou celebrar contrato administrativo (art. 92 da Lei nº 8.666/93, parágrafo único); f) obter vantagem ou benefício indevido, de modo fraudulento, de modificações ou prorrogações de contratos celebrados com a administração pública, sem autorização em lei, no ato convocatório da licitação pública ou nos respectivos instrumentos contratuais; g) manipular ou fraudar o equilíbrio econômico-financeiro dos contratos celebrados com a administração pública (art. 92, parágrafo único).

[695] FERRAZ, Luciano. Reflexões sobre a Lei nº 12.846/2013 e seus impactos nas relações público-privadas: lei de improbidade empresarial e não lei anticorrupção. *Revista Brasileira de Direito Público – RBDP*, Belo Horizonte, ano 12, n. 47, p. 33-43, out./dez. 2014.

Por ocasião do julgamento do primeiro recurso, interposto pela União contra a decisão proferida na ACP nº 5025956-71.2016.4.04.7000/PR, que afastou o bloqueio cautelar das empresas do Grupo Odebrecht, a Terceira Turma do TRF 4, em 22.08.2017, entendeu que, "enquanto a Lei de Improbidade Administrativa (LIA) busca, primordialmente, punir o agente público ímprobo, alcançando, eventualmente, o particular, a Lei Anticorrupção (LAC) tem por objetivo punir a pessoa jurídica envolvida em práticas corruptas, podendo também, em sentido inverso, identificar agentes públicos coniventes, levando-os, por consequência, para o campo de incidência da LIA", complementando que "não há antinomia ab-rogante entre os artigos 1º e 2º da Lei nº 8.249/1992 e o artigo 1º da Lei nº 12.846/2013, pois, naquela, justamente o legislador pátrio objetivou responsabilizar subjetivamente o agente ímprobo, e nesta, o *mens legislatoris* foi a responsabilização objetiva da pessoa jurídica envolvida nos atos de corrupção".

Assim, pode-se dizer que a Lei de Improbidade Administrativa e a Lei de Improbidade Empresarial, aplicáveis cada qual a determinada realidade de agentes e condutas, apresentam-se qual irmãs siamesas, de modo que os assentamentos jurisprudenciais e doutrinários construídos a propósito da primeira, já após década e meia de vigência, devem ser o farol para a interpretação da nova lei, sem prejuízo de algumas peculiaridades distintivas e das críticas sobre os exageros em torno da aplicação da Lei nº 8.429/92.

Convém registrar que, em tema de improbidade administrativa, a Lei nº 14.230/21 estabeleceu modificações que vêm sendo ora confirmadas ora afastadas pelo STF, valendo destaque para o Tema nº 1.199 da repercussão geral, que reconheceu a aplicação da tese da responsabilidade mitigada (respeitada a coisa julgada) na retroatividade mais benéfica trazida pela lei, ressalvada a prescrição intercorrente.

Acredita-se que o entendimento de que a imputação às empresas das penalidades (repete-se para não deixar dúvidas – penalidades) previstas na Lei nº 12.846/13 dependerá sempre da análise do elemento subjetivo da conduta dos agentes empresariais – e isso, convém registrar, a despeito da defeituosa redação dos seus artigos 1º e 2º, que aludem a uma espécie de responsabilidade objetiva no cometimento das condutas (que se afiguram passíveis de interpretação conforme a Constituição). Isso porque, nos termos da jurisprudência pacífica do STJ, o elemento subjetivo é essencial à caracterização da improbidade administrativa (e deverá ser também para a configuração da improbidade empresarial), à luz da natureza sancionatória da Lei nº 8.429/1992 (e da Lei nº 12.846/2013), o que afastaria, dentro do nosso ordenamento jurídico, a responsabilidade objetiva.[696]

Mas não é só. A leitura do art. 5º da Lei nº 12.846/2013 demonstra que todas as condutas ali descritas – e que são propriamente as condutas tidas como lesivas à probidade empresarial – também dependem da presença do elemento anímico

---

[696] Cf., por todos, STJ – REsp nº 654.721/MT e REsp nº 604.151/RS. Quer-se aqui deixar registrado que este parágrafo é atinente às penalidades previstas na Lei nº 12.846/13. Isto porque deveres de ressarcimento empresariais podem seguir lógica de imputação objetiva do dever.

(da pessoa física que faz as vezes da empresa), pelo menos para que as infrações tipificadas tenham lugar.

Note-se, ainda no âmbito do elemento subjetivo das condutas, que a Lei nº 12.846/13 não prevê a possibilidade de imputação de sanções a condutas culposas (descritas no art. 5º), talvez por ter confiado demais na possibilidade de imputação da responsabilidade objetiva prevista no art. 1º. O silêncio do legislador faz inexorável a aproximação, ainda que não tenha sido essa a intenção dos seus progenitores, entre o art. 5º da lei nova e os artigos 9º, 10 e 11 da Lei nº 8.429/92 (com a redação dada pela Lei nº 4.230/21). Esses últimos exigem a presença do dolo (específico) para efeito de imputação dessas sanções, e este deve efetivamente ser o caminho na interpretação da Lei de Improbidade Empresarial, seja porque ambas – ela e a de improbidade – têm o mesmo fundamento de validade (§§4º e 5º do art. 37 da CR/88), seja porque sanções objetivas não se compatibilizam com as normas do ordenamento constitucional brasileiro (individualização das penas).

Nesse sentido, a redação do art. 5º da Lei nº 12.846/13, diferentemente dos artigos 9º e 10 da Lei nº 8.429/1992 (cujo rol é exemplificativo), arrola taxativamente, tal como o art. 11 (após da redação da Lei nº 14.230/21), as condutas passíveis de penalização nos seus termos. Isso porque o legislador se utilizou da expressão "assim entendidas" (*vide* parte final do dispositivo), deixando ver tratar-se de rol exaustivo.

As advertências apresentadas servem também para os órgãos de controle interno em todos os âmbitos federativos, os quais, a seguir-se o modelo prescrito na Lei nº 12.846/13 para a Controladoria-Geral da União (CGU), terão incremento significativo em seu papel de fiscalização e vigilância, devendo compatibilizá-los, na medida do possível, com os contornos traçados para o exercício das respectivas competências, pelo art. 74 da Constituição.

Bem de ver que a lei dá competência decisória ao órgão de controle interno em matéria de penalidade, disposição que desborda da prescrição constitucional das competências das controladorias, mas que a lei pode atribuir a órgãos desse tipo. Ao processo administrativo previsto na lei a cargo da Administração Pública federal ou da Controladoria-Geral da União, aplicar-se-ão, no que couberem, as regras próprias da Lei de Processo Administrativo Federal (Lei nº 9.784/99), descabendo a tentativa de regulamentar esse processo, via decreto, quando em contradição à Lei de Processo, mercê do princípio da hierarquia das normas. Em âmbito estadual e municipal, prima-se pela verificação das competências dos respectivos órgãos de controle interno, assim como a observação das leis locais de processo administrativo. Na ausência destas, aplicar-se-ão as disposições da Lei Federal nº 9.784/99.[697]

Anota-se preocupação relativamente ao inciso V do art. 5º da Lei nº 12.863/13, que penaliza a conduta correspondente a dificultar atividade de investigação ou fiscalização de órgãos, entidades ou agentes públicos, ou intervir em sua atuação, inclusive no âmbito das agências reguladoras e dos órgãos de fiscalização do sistema

---

[697] O STJ firmou entendimento no sentido de que, na ausência de leis processuais administrativas próprias, estados e municípios devem obediência à legislação federal (Cf. por todos, RESP nº 852.493/DF, 5ª T, Min. Arnaldo Esteves Lima).

financeiro nacional. O dispositivo é problemático. A conduta ali descrita, para ser considerada como tocada pela lei, deve vir acompanhada de subterfúgios fraudulentos, que constituam vilipêndios ao ordenamento jurídico, não servindo ao enquadramento a simples falta de colaboração da empresa com os órgãos de controle; afinal, ninguém é obrigado a fazer prova contra si mesmo – *nemo tenetur se detegere*.[698]

A Lei nº 12.846/2013 prevê penas de multa (art. 6º, I) e de publicação extraordinária (art. 6º, II) aplicáveis isoladamente ou em conjunto pela Administração Pública ou pela Controladoria-Geral da União. Além delas, judicialmente, é possível que o Judiciário aplique as seguintes penas (art. 19): (a) perdimento dos bens, direitos ou valores que representem vantagem ou proveito direta ou indiretamente obtidos com a infração; (b) suspensão ou interdição parcial de suas atividades; (c) dissolução compulsória da pessoa jurídica; (d) proibição de receber incentivos, subsídios, subvenções, doações ou empréstimos de órgãos ou entidades públicas e de instituições financeiras públicas ou controladas pelo poder público, pelo prazo mínimo de 1 (um) e máximo de 5 (cinco) anos.

Convém registrar preocupação com a possibilidade de propositura da ação conjuntamente contra as empresas e respectivos administradores, que deve ser vista com cautela, a partir de interpretação conjugada dos artigos 3º e 14 da nova lei. É dizer: as pessoas físicas somente serão apenadas nos casos em que vier a ser aplicada a desconsideração da personalidade jurídica, na forma preconizada pelo art. 14 da Lei nº 12.846/13.

De qualquer forma, espera-se que o uso das disposições da Lei nº 12.846/13 pelos órgãos legitimados seja mais prudente para que os esforços e os resultados de sua aplicação prática possam efetivamente gerar benefícios, em amplo sentido, à sociedade brasileira. Não se deseja que a Lei de Improbidade Empresarial se transforme apenas em mais um dos instrumentos de aumento do "custo Brasil", com reflexos nocivos sobre a economia e a sociedade.

## 7.4 Controle consensual da Administração Pública: termos de ajustamento de gestão e solução consensual do TCU

Mais modernamente, pelo menos nos últimos 25 anos, sob a nomenclatura "controle consensual da Administração Pública", tem-se sustentado que os órgãos de controle interno e os órgãos de controle externo devem primar por solucionar, sempre que possível, os impasses havidos em torno da sua atuação administrativa, pela via do consenso, e não pela via da sanção. Chega-se a falar em era da consensualidade e no princípio constitucional da consensualidade.

Dito princípio tem fundamento constitucional no preâmbulo da Constituição da República, que afirma estar o Estado brasileiro comprometido na ordem interna e internacional com a solução pacífica das controvérsias (que pode se instalar em

---

[698] Cf., por todos, STF – HC nº 77.135, HC nº 939.916, HC nº 78.708.

âmbito administrativo entre órgãos controladores e controlados). Também no art. 4º, VII, da Constituição que impõe ao Estado brasileiro, nas relações internacionais, como princípio, a solução pacífica dos conflitos.[699] O princípio da consensualidade tem dado suporte a diversos instrumentos inovadores do direito administrativo e financeiro, do qual o exemplo mais prodigioso é o Termo de Ajustamento de Gestão.[700]

A primeira experiência com o TAG foi na Controladoria-Geral do Município de Belo Horizonte, pelo Decreto nº 12.634, de janeiro de 2007; depois, os tribunais de contas estaduais e municipais (o primeiro foi o TCE de Goiás, pela Lei nº 17.620, de janeiro 2011; o segundo foi o TCE de Minas Gerais, pela Lei Complementar nº 120, de dezembro de 2011) passaram a se valer do Termo de Ajustamento, Ajuste ou Compromisso de Gestão (TAG) como instrumento jurídico apto a proporcionar soluções consensuais no âmbito de finanças públicas, em especial das licitações e contratos administrativos. Atualmente, praticamente todos os tribunais de contas estaduais e municipais, com raríssimas exceções, estabelecem em suas leis orgânicas e/ou normas internas o TAG ou similar.

Até o ano de 2020, já haviam adotado em suas respectivas estruturas de processo o Termo de Ajustamento de Gestão (TAG), mecanismo assemelhado à solução consensual do TCU, os seguintes tribunais de contas brasileiros: "Acre, Amapá, Amazonas, Bahia (TCE), Ceará, Espírito Santo, Goiás (TCE e TCM), Mato Grosso, Mato Grosso do Sul, Minas Gerais, Pará (TCM), Paraíba, Paraná, Pernambuco, Piauí, Rio de Janeiro (TCE), Rio Grande do Norte, Rondônia, Roraima, Sergipe e Tocantins", e depois disso o TCM-SP, o TCM-RJ.[701]

Na sequência das experiências estaduais, as alterações da LINDB, pela Lei nº 13.655/2018, com a previsão de cláusula de ajuste no art. 26, possibilitaram, no âmbito da União, a edição do Decreto nº 9.830/2019, cujo art. 11 dispôs sobre o Termo de Ajustamento de Gestão a cargo da Controladoria-Geral da União (CGU).

O TCU, embora também já tivesse utilizado, mesmo sem previsão em normas internas, o Termo de Ajustamento de Gestão (TAG) para solucionar conflitos (Acórdãos nº 1707/2017-Plenário e 393/2018-Plenário), a partir de dezembro de 2022 passou a adotar mecanismo consensual de controle, com perfil e contornos similares ao TAG, porém fundado na Lei de Mediação – Lei nº 13.140/2015.

Por intermédio da edição da Instrução Normativa nº 91, de 22 de dezembro de 2022, o TCU instituiu o procedimento de solução consensual de controvérsias relevantes e prevenção de conflitos afetos a órgãos e entidades da Administração Pública Federal. Para tanto, criou um órgão técnico denominado Secex-Consenso (Secretaria de Controle Externo de Solução Consensual e Prevenção de Conflitos).

---

[699] FERRAZ, Luciano. *Controle e Consensualidade*: fundamentos para o controle consensual da Administração Pública. Belo Horizonte: Fórum, 2019.

[700] FERRAZ, Luciano. *Controle e Consensualidade*: fundamentos para o controle consensual da Administração Pública. Belo Horizonte: Fórum, 2019.

[701] FERRAZ, Luciano. *Controle e Consensualidade*: fundamentos para o controle consensual da Administração Pública. 2. ed. Belo Horizonte: Fórum, 2020. p. 229.

Em princípio, a aplicação da solução consensual no TCU leva à autocomposição das partes (União e contratado, por exemplo), mas ela também gera efeitos substitutivos dos processos ou das sanções de sua competência, assemelhando-se, no âmago de suas competências, ao TAG adotado pelos outros tribunais de contas.

Recentemente, a expansão da consensualidade administrativa no âmbito do TCU registra esse perfil mais substitutivo e menos mediador, como constou do Acórdão nº 1.425/2024-Plenário, que dispôs: "Em tomada de contas especial instaurada com fundamento na não comprovação da contrapartida em contrato de subvenção econômica para a realização de projeto abarcado pela Lei de Inovação (art. 19, § 3º, Lei 10.973/2004), quando não houver registro de irregularidade na execução do objeto, alcançando a subvenção o seu objetivo principal, e verificada a boa-fé dos responsáveis, pode o TCU sobrestar o processo e determinar ao repassador, com fundamento no art. 3º, §3º, do CPC, aplicável subsidiariamente aos processos do Tribunal, que inicie tratativas junto à empresa beneficiária dos recursos com vistas à adoção de meio de solução consensual para admitir a dação em pagamento como forma de quitação do débito, desde que demonstrados o interesse público no objeto transacionado e a vantajosidade para a Administração."

O Partido Novo ingressou com a ADPF nº 1.183 no STF contra a iniciativa do TCU ao editar a IN-91-TCU e instituir a Secex-Consenso. A relatoria é do ministro Edson Fachin.

Alega o Partido Novo na ADPF que a criação do método de solução de conflitos e da secretaria interna do TCU viola os princípios da legalidade, da separação de poderes, da moralidade republicanos, porquanto ausente, no caso, o poder regulamentar do TCU.

O ponto central refere-se às competências constitucionais do TCU, conforme estabelecido nos artigos 71, IX, 73, combinados com o art. 96, I, "a" e "b", e art. 75 da Constituição Federal, e no princípio constitucional da consensualidade (derivado do preâmbulo da Constituição c/c no art. 4º, VII c/c o art. 71, IX, da Constituição c/c art. 5º, LIV, da Constituição: devido processo legal administrativo).

Dentre as vantagens da atuação consensual do estado, estão: (i) o incentivo ao potencial criativo e operativo dos entes da constelação social (colaboração) e da constelação estatal (cooperação); (ii) a redução de custos para o Estado e a sociedade (economicidade); e (iii) a redução ou prevenção de conflitos, uma vez que tende a brecar seu espraiamento para outras esferas e reduzir seus efeitos danosos, pois os acordos gozam de maior legitimidade, por serem fruto da construção conjunta.

Como fundamentos centrais da atuação consensual da Administração, destacam-se, pela pertinência, a "dialogicidade", caracterizada pela abertura da Administração Pública ao diálogo franco com o mercado, os cidadãos e a sociedade civil, e a "contratualização", que denota a crescente utilização da técnica contratual em variados domínios da atuação administrativa.[702]

---

[702] FERRAZ, Luciano. *Controle e Consensualidade*: fundamentos para o controle consensual da Administração Pública. 2. ed. Belo Horizonte: Fórum, 2020. p. 90.

Passando-se, especificamente, ao contexto do controle da Administração Pública, é possível traçar uma oposição entre o controle consensual e o controle sancionatório. Neste, o controle-sanção ou a conduta do controlado é conforme as regras e procedimentos ou não é, ensejando penalização em caso de desconformidade, independentemente das circunstâncias práticas vivenciadas pelo sujeito na ocasião e das consequências futuras, às vezes negativas para o próprio funcionamento da máquina administrativa.[703] Normalmente realizado *a posteriori*, esse tipo de controle (sanção), no mais das vezes, não tem compromisso com a correção de rumos, centrando-se na responsabilização: "Faz-se autópsia ao invés de se fazer biópsia".[704]

Não servindo a ações corretivas, o controle perde em efetividade, como alerta Gordillo:[705]

> [...] el control existe en la medida en que resulta posible pasar de la detección de la falta de legalidad, mérito y oportunidad, a acciones correctivas. De no ser así, no se ha cumplido el fin perseguido y el problema es más bien de responsabilidad por hechos que resultan irreparables.

Já o controle consensual, que prestigia a linguagem da eficiência administrativa, "surgiu como apt[o] a propiciar a integração entre os novos paradigmas da juridicidade e da administração consensual, permitindo que a atividade de controle não se sujeite exclusivamente a uma visão maniqueísta de 'crime-castigo' assumindo contornos de diálogo institucional, e dos fundamentos do Estado Democrático de Direito: [...] não se cogita propor a extinção das formas tradicionais de controle com viés repressivo e sancionatório. Busca-se complementariedade, a utilização de métodos que se insiram no contexto do direito e Administração Pública para revelar tendências controladoras, que estimulem transparência, eficiência, economicidade, eficácia, efetividade".[706]

## 7.5 Responsabilidade dos agentes públicos em matéria de direito financeiro

Na perspectiva trazida nos tópicos anteriores, é obrigatório fazer alusão à Lei nº 13.655/18, que introduziu disposições sobre segurança jurídica e eficiência na aplicação do direito público (arts. 20 a 30), inserindo no corpo da Lei de Introdução às Normas do Direito Brasileiro – LINDB (Decreto-Lei nº 4.657/42) disposições que impactaram as noções sobre controle e responsabilização.

---

[703] FERRAZ, Luciano. *Controle e Consensualidade*: fundamentos para o controle consensual da Administração Pública. 2. ed. Belo Horizonte: Fórum, 2020. p. 94.

[704] FERRAZ, Luciano. *Controle e Consensualidade*: fundamentos para o controle consensual da Administração Pública. 2. ed. Belo Horizonte: Fórum, 2020. p. 107.

[705] GORDILLO, Agustin. *Problemas del control de la administración pública en América Latina*. Madrid: Civitas, 1981. p. 119.

[706] FERRAZ, Luciano. *Controle e Consensualidade*: fundamentos para o controle consensual da Administração Pública 2. ed. Belo Horizonte: Fórum, 2020. p. 207.

As alterações promovidas pela Lei nº 13.655/18 na LINDB objetivaram conferir segurança jurídica aos gestores públicos. São elas praticamente uma resposta do legislador democrático à ausência de parâmetros de controle e responsabilização no exercício das funções administrativa, controladora e judicial, pelo que é de se supor que o estabelecimento da regra do art. 28 da LINDB efetivamente desejou alterar o panorama das responsabilidades públicas no Brasil.

De acordo com o art. 28 da LINDB, o agente público responderá pessoalmente por suas decisões ou opiniões técnicas em caso de dolo ou erro grosseiro, o que significa dizer que não basta a mera presunção ou a culpa simples para que se faça incidir a responsabilidade dos agentes, emanada das decisões de órgãos controladores.

Ao depois da edição das disposições publicistas da LINDB, o Plenário do TCU expediu o Acórdão nº 2.391/2018 (Rel. Min. Benjamim Zymler). Essa decisão apresentou sensível "evolução de sentido" se comparada com decisões anteriores do próprio TCU, dado que, pela primeira vez (após a edição da Lei nº 13.655/18), a expressão "erro grosseiro" foi interpretada com conteúdo jurídico parelho à clássica noção de "culpa grave". Até então, ganhava destaque no âmbito do TCU o Acórdão nº 1.628/2018 (Plenário, Rel. Min. Benjamin Zymler), mercê do qual a expressão "erro grosseiro" era interpretada com base na noção fluída de "administrador médio".

Com efeito, Juliana Bonacorsi de Palma, em artigo de referência,[707] demonstrou – pela análise de 133 acórdãos do TCU – que a métrica do "administrador médio", entre todas aquelas utilizadas para fixar a responsabilidade naquele tribunal, era, de longe, a "mais pitoresca": o administrador médio é, antes de tudo, um sujeito leal, cauteloso e diligente (Ac. nº 1.781/2017; Ac. nº 243/2010; Ac. nº 3.288/2011). Sua conduta é sempre razoável e irrepreensível, orientada por um senso comum que extrai das normas seu verdadeiro sentido teleológico (Ac. nº 3.493/2010; Ac. nº 117/2010). Quanto ao grau de conhecimento técnico exigido, o TCU titubeia. Por um lado, precisa ser sabedor de práticas habituais e consolidadas, dominando com mestria os instrumentos jurídicos (Ac. nº 2.151/2013; Ac. nº 1.659/2017). Por outro, requer do administrador médio o básico fundamental, não lhe exigindo exame de detalhes de minutas de ajustes ou acordos administrativos que lhe sejam submetidos à aprovação, por exemplo (Ac. nº 4.424/2018; Ac. nº 3.241/2013; Ac. nº 3.170/2013; Ac. nº 740/2013). Sua atuação é preventiva: ele devolve os valores acrescidos da remuneração por aplicação financeira aos cofres federais com prestação de contas, e não se apressa para aplicar esses recursos (Ac. nº 8.658/2011; Ac. nº 3.170/2013). Não deixa de verificar a regularidade dos pagamentos sob sua responsabilidade (Ac. nº 4.636/2012), não descumpre determinação do TCU e não se envolve pessoalmente em irregularidades administrativas (Ac. nº 2.139/2010).

Como se vê, a jurisprudência do TCU sobre o "administrador médio" apresentou, num exame rigoroso a respeito dos pressupostos inerentes à responsabilização funcional,

---

[707] PALMA, Juliana Bonacorsi de. Quem é o 'administrador médio' do TCU? *Jota*, 22 ago. 2018. Disponível em: https://www.jota.info/opiniao-e-analise/colunas/controlepublico/quem-e-o-administrador-medio-do-tcu-22082018. Acesso em: 10 dez. 2019.

o conteúdo bastante próximo da responsabilidade objetiva, fundamentalmente porque o elemento subjetivo das condutas passou a ser avaliado sob o prisma exclusivo da violação à norma legal, não se demonstrando "mediano" o indivíduo que pratica ilegalidades (ainda que despida de dolo ou culpa grave), ou que, obviamente, destoa do entendimento atual da Corte de Contas.

Convém verificar, nesse passo, que a construção pretoriana do TCU que deu ensejo à "teoria do administrador médio" caminha de mãos dadas com a doutrinação jurisprudencial do STJ sobre "dolo genérico" ou "dolo *in re ipsa*" (presumido) em matéria de improbidade administrativa. Em ambos os casos, os tribunais não raramente se bastam em examinar, em tese, condutas vedadas pelo ordenamento, para concluir – independentemente do contexto e do elemento subjetivo e do resultado pela presença do dolo genérico que conduz à responsabilização.

Sobre esse tema, Flávio Unes Pereira analisou, entre outros, o voto do Ministro Herman Benjamim no julgamento do REsp nº 765.212 e demonstrou que, embora tenha prevalecido na ocasião (contra a convicção do ministro) a tese da necessidade do dolo para os casos de improbidade do art. 11 da Lei nº 8.429/92 – a construção pretoriana posterior, baseada justamente nesse precedente –, sob os auspícios da noção de dolo genérico, passou a considerar, bastante à responsabilização, a mera violação à lei, em vez de a vontade livre e consciente do autor em agir em desconformidade com o ordenamento, visando ao resultado vedado.[708]

Voltando ao Acórdão nº 2.391/2018 do Plenário do TCU, se, por um lado, os ministros procederam a uma melhor definição do conteúdo jurídico de "erro grosseiro" (atribuindo-lhe a mesma expressão jurídica da "culpa grave"), adotaram, por outro, interpretação restritiva e seletiva a respeito da "dimensão de aplicabilidade" do novo art. 28 da LINDB.

Com efeito, a propósito do dispositivo em debate, o TCU segregou duas sortes de responsabilidade. Uma, de ordem punitiva, que exige do agente público, para fins responsabilidade, a presença do dolo ou do "erro grosseiro" (culpa grave); a segunda, de ordem reparatória, alheia ao âmbito de incidência da nova regra da LINDB, que se regula autonomamente pela disposição do art. 37, §6º da Constituição – e que exige dolo ou culpa simples.

Em artigo, Joel Niebuhr apontou, com fundamento em três fontes distintas de argumentação, o equívoco dessa nova orientação emanada do TCU. O primeiro argumento, creditado pelo autor ao Professor Clovis Beznos, é o de que nada impede que o legislador infraconstitucional discipline e estabeleça balizas e condicionantes, definindo graus de culpa para efeito da obrigação de indenização por parte de agentes públicos. Não existe proibição constitucional a que o legislador possa fazê-lo, sendo absolutamente frequente essa hipótese na legislação infraconstitucional. A respeito, confira-se o inc. I do art. 143 e o art. 181, ambos do Código de Processo Civil, que

---

[708] PEREIRA, Flávio Unes. Improbidade administrativa e dolo genérico. *Jota*, 10 ago. 2015. Disponível em: https://www.jota.info/opiniao-e-analise/artigos/improbidade-administrativa-e-o-dolo-generico-10082015. Acesso em: 10 dez. 2019.

prescrevem que magistrados e membros do Ministério Público somente podem ser responsabilizados por perdas e danos se procederem com dolo ou fraude, aplicando-se a mesma regra para ministros do TCU.

> Ninguém discute, especialmente magistrados, membros do Ministério Público e ministros do Tribunal de Contas da União, que é permitido ao legislador infraconstitucional restringir as suas responsabilidades por perdas e danos, inclusive afastando a possibilidade de responderem por conduta meramente culposa, ainda que por culpa grave.[709]

O segundo argumento de Niebuhr, haurido da jurisprudência do STF, é o de que descabe ao TCU realizar controle de constitucionalidade de lei.[710] Na opinião do autor, "o Tribunal de Contas da União tratou da constitucionalidade do art. 28 da LINDB. Fez uma espécie de interpretação conforme a Constituição, porque restringiu o alcance literal e mais amplo do dispositivo, defendendo que ele ofenderia o §6º do art. 37 da Constituição Federal".[711]

O terceiro argumento de Niebuhr, atribuído a um dos autores deste livro, o Professor Luciano Ferraz, é o de que o §6º do art. 37 da Constituição dedica-se aos danos causados pelos agentes públicos a terceiros (externos), e não aos danos causados pelos agentes públicos à própria Administração Pública (internos). O texto constitucional, com efeito, é categórico, ao dizer que "as pessoas jurídicas de direito público e as de direito privado prestadoras de serviços públicos responderão pelos danos que seus agentes, nessa qualidade, causarem a terceiros [...]" – e como consequência o legislador democrático pode definir a responsabilidade interna de maneira diversa, sob pena de inconstitucionalidade da responsabilidade funcional dos magistrados, membros do Ministério Público e dos tribunais de contas.

Nesse sentido, o Decreto nº 9.830, de 10.6.2019 disciplinou a questão, ainda que com foco na Administração Pública Federal, passando a estabelecer, no seu art. 12 e parágrafos, que:

- Considera-se erro grosseiro aquele manifesto, evidente e inescusável praticado com culpa grave, caracterizado por ação ou omissão com elevado grau de negligência, imprudência ou imperícia.
- Não será configurado dolo ou erro grosseiro do agente público se não restar comprovada, nos autos do processo de responsabilização, situação ou circunstância fática capaz de caracterizar o dolo ou o erro grosseiro.
- O mero nexo de causalidade entre a conduta e o resultado danoso não implica responsabilização, exceto se comprovado o dolo ou o erro grosseiro do agente público.

---

[709] NIEBUHR, Joel de Menezes. O erro grosseiro: análise crítica do Acórdão nº 2.391/2018 do TCU. *Blog Zênite*, 14 nov. 2018. Disponível em: https://www.zenite.blog.br/o-erro-grosseiro-analise-critica-do-acordao-no-2-3912018-do-tcu/. Acesso em: 28 jan. 2020.

[710] Confira-se STF. MCMS nº 35.410/DF. Rel. Min. Alexandre Moraes, em 15.12.2017.

[711] NIEBUHR, Joel de Menezes. O erro grosseiro: análise crítica do Acórdão nº 2.391/2018 do TCU. *Blog Zênite*, 14 nov. 2018. Disponível em: https://www.zenite.blog.br/o-erro-grosseiro-analise-critica-do-acordao-no-2-3912018-do-tcu/. Acesso em: 28 jan. 2020.

- A complexidade da matéria e das atribuições exercidas pelo agente público serão consideradas em eventual responsabilização do agente público.
- O montante do dano ao erário, ainda que expressivo, não poderá, por si só, ser elemento para caracterizar o erro grosseiro ou o dolo.
- A responsabilização pela opinião técnica não se estende de forma automática ao decisor que a adotou como fundamento de decidir e somente se configurará se estiverem presentes elementos suficientes para o decisor aferir o dolo ou o erro grosseiro da opinião técnica ou se houver conluio entre os agentes.
- No exercício do poder hierárquico, só responderá por culpa *in vigilando* aquele cuja omissão caracterizar erro grosseiro ou dolo.
- O disposto neste artigo não exime o agente público de atuar de forma diligente e eficiente no cumprimento dos seus deveres constitucionais e legais.

Por tudo o que se discorreu, é perceptível que o constituinte imaginou um sistema articulado de fiscalização das finanças públicas. A harmonia desse conjunto dependerá do exercício efetivo das competências prescritas no ordenamento por parte dos órgãos de controle externo e dos órgãos de controle interno. Porém, o sucesso dessa articulação dependerá da confiança reciprocamente cultivada entre os dois sistemas de controle: os órgãos de controle externo não devem desconfiar dos órgãos de controle interno, devendo, ao contrário, creditar sua atuação, de modo a não exercer sua atividade num ciclo pouco inteligente de controle sobre o controle.

Em tempos de pandemia de COVID-19, foi editada a Medida Provisória nº 966, que tinha também a intenção de dar maior segurança a decisões dos gestores responsáveis pelas tomadas de decisão no enfrentamento da COVID-19. Essa medida provisória trouxe disposição semelhante à do art. 28 da LINDB, a exigir que a responsabilidade dos agentes públicos brasileiros somente pudesse ser verificada nos casos de dolo e erro grosseiro.

O art. 28 da LINDB, o art. 1º da MP 966 (convertida na Lei nº 13.979/00) e o Decreto nº 9.830/19 (artigos 12 a 14) foram objeto da ADI nº 6.421, movida pelo REDE e Sustentabilidade, ao fundamento de que se encontrava presente inconstitucionalidade material dos dispositivos, já que a Constituição exige tão somente culpa ou dolo para a configuração da responsabilidade subjetiva do agente público (art. 37, §§4º, 5º e 6º, CF/88), ao passo que o erro grosseiro, previsto nos dispositivos impugnados, limitaria tal responsabilidade à hipótese de culpa grave e que a blindagem do agente público proporcionada pelos preceitos hostilizados causa, de modo reflexo, inúmeros prejuízos à sociedade, na medida em que não precisará refletir adequadamente sobre suas decisões, bastando-lhe alegar que não agiu por culpa grave (erro grosseiro) ou dolo.

O Plenário do STF, sob a relatoria do ministro Roberto Barroso, decidiu pela perda parcial do objeto da ação quanto ao pedido de declaração de inconstitucionalidade da Medida Provisória nº 966/2020 e, na parte conhecida, pela improcedência do pedido de declaração de inconstitucionalidade do art. 28 da LINDB e dos arts. 12 e 14 do Decreto nº 9.830/2019, fixando-se as seguintes teses de julgamento:

1. Compete ao legislador ordinário dimensionar o conceito de culpa previsto no art. 37, § 6º, da CF, respeitado o princípio da proporcionalidade, em especial na sua vertente de vedação à proteção insuficiente.

2. Estão abrangidas pela ideia de erro grosseiro as noções de imprudência, negligência e imperícia, quando efetivamente graves.

Em suma, a decisão do STF terminou por se sedimentar na mesma linha das sustentações que constaram sobre o tema na 3ª edição deste livro.

# PARTE II

# DIREITO TRIBUTÁRIO

# TÍTULO I

# NOÇÕES GERAIS

CAPÍTULO 1

# DEFINIÇÃO DE TRIBUTO E PODER DE TRIBUTAR

## 1.1 Justificativa atual do poder de tributar

Ao longo da história universal, os governos normalmente se valeram de alguma forma de tributo para financiar suas atividades. A isso aludia Aliomar Baleeiro com a frase com que iniciou sua célebre obra *Limitações constitucionais ao poder de tributar*: "o tributo é vetusta e fiel sombra do poder político há mais de 20 séculos".[712]

O poder de tributar pode ser conceituado, em termos gerais e aproximativos, como a prerrogativa soberana do Estado de exigir os recursos de que necessita das pessoas que estão de alguma maneira sob seus domínios territoriais. Mas o sentido que o tributo e o poder de tributar têm hoje, em nossa sociedade e em nossa ordem constitucional concreta, é bem distinto dos significados dessas instituições em épocas remotas, como no feudalismo ou no período colonial da expansão marítima de Portugal e Espanha.

Para entender a justificativa e o sentido do poder de tributar nas atuais coordenadas jurídicas e econômicas, é necessário abordar sua relação com o princípio da livre iniciativa, um dos fundamentos de nossa ordem econômica (cf. arts. 170 a 174 da Constituição).

Na sociedade em que vivemos, ao contrário do que vigorou em ordens sociais passadas, os indivíduos são livres para desenvolver atividades profissionais e econômicas que visem ao lucro e à acumulação de patrimônio e capital. Na ordem constitucional atual, a exploração de atividade econômica é inclusive preferencialmente desenvolvida pela iniciativa privada, podendo ser exercida diretamente pelo Estado somente em casos previstos na Constituição, ou quando isto for necessário à segurança nacional ou a um relevante interesse coletivo, conforme definido em lei. O papel característico do Estado brasileiro contemporâneo em relação à atividade econômica não é o do Estado-Empresário e sim o de agente normativo e regulador, com o exercício das funções de fiscalização, incentivo e planejamento.

---

[712] BALEEIRO, Aliomar. *Limitações constitucionais ao poder de tributar*. 8. ed. atual. por Misabel Abreu Machado Derzi. Rio de Janeiro: Forense, 2010. p. 1.

E qual a relação entre a livre iniciativa como fundamento da ordem econômica e o poder de tributar? Para que o regime de livre iniciativa se desenvolva de modo estável, eficiente e previsível, para que os agentes econômicos atuem e interajam no mercado com segurança e confiança no funcionamento do sistema, é necessário que o Estado se faça presente e atuante no desenho e administração de uma série de instituições: parlamentos representativos, tribunais, agências reguladoras e de fomento, autoridades monetárias, forças de segurança pública, órgãos do Poder Executivo incumbidos da política e do planejamento econômico, órgãos de controle e fiscalização da gestão pública, órgãos responsáveis pela prestação de serviços públicos etc. Todo este aparato institucional naturalmente tem custos muito relevantes, que no Estado Fiscal são suportados fundamentalmente pelos tributos, frutos do exercício concreto do poder de tributar.

Por outro lado, para que o regime de livre iniciativa possa se desenvolver de forma justa e com real e equitativa igualdade de oportunidades em relação a todos os cidadãos, para que o regime de livre iniciativa não seja uma simples fachada a encobrir a nua e crua lei do mais forte, para que a liberdade econômica atue a favor e não contra a dignidade humana, é necessário que o Estado desenvolva políticas públicas efetivas voltadas à seguridade social, à erradicação da miséria, à redução das desigualdades sociais e regionais e à universalização do acesso à educação, saúde, transporte, moradia etc. Essas políticas públicas são suportadas por gastos orçamentários que devem ser custeados mais uma vez pelas receitas públicas, obtidas, em sua maior parte, no contexto do Estado Fiscal, por meio do exercício do poder de tributar.

O exercício da liberdade econômica por parte dos agentes privados gera contínuos fluxos de renda, consumo e acumulação patrimonial. O poder de tributar incidirá fundamentalmente sobre essas manifestações de riqueza, sobre os típicos resultados econômicos da livre iniciativa. Como se viu antes, não se trata de uma incidência injustificada ou gratuita: essa incidência do poder de tributar sobre a economia privada é necessária para que a livre iniciativa, o mercado e o sistema econômico como um todo se desenvolvam com estabilidade, eficiência, segurança e justiça social.

É um grave erro supor que os indivíduos *primeiro* recebem seus rendimentos, realizam seus gastos ou acumulam seu patrimônio sem qualquer interferência ou intervenção do Estado, o qual somente apareceria *num momento seguinte*, o da tributação, para diminuir ganhos privados e restringir direitos individuais. Na verdade, o Poder Público e todos os seus aparatos institucionais se fazem presentes inclusive na etapa que se supõe prévia à tributação: o indivíduo tem direito ao seu salário, seu lucro ou sua herança em virtude e nos termos da legislação em vigor, tal qual produzida, executada e garantida – em muitos casos pelo uso da força – por instituições públicas custeadas por tributos. Numa economia capitalista de mercado, o poder de tributar e o tributo compõem, tanto quanto os institutos da autonomia da vontade, da liberdade de contratar e dos direitos de propriedade, o quadro institucional necessário para a geração de riquezas, as trocas comerciais e a preservação de direitos individuais e coletivos dos cidadãos e das empresas.

## 1.2 Apontamentos introdutórios à definição legal de tributo

Previamente à definição legal de tributo, julgamos necessário um breve histórico[713] da atividade impositiva. Ainda que a voo de pássaro, uma visão do passado permitirá uma ideia mais clara do que constitui a tributação, dos seus limites e de sua importância dentro da Administração Pública e da sociedade contemporânea.

Não pretendemos fazer um inventário das distintas espécies tributárias existentes, ao longo dos tempos, em várias civilizações, mas tão somente traçar resumidamente as linhas evolutivas do tributo no direito ocidental, objetivando aclarar conceitos e justificar formas de imposição. A tributação deve ser sempre estudada em consonância com a realidade social, em um contexto de época. Miguel Caldani,[714] discorrendo sobre a filosofia do tributo, já afirmava que poucas matérias como o direito tributário mostram a necessidade de compreender o mundo jurídico em sua profundidade "tridimensional", que não somente se refere às normas, senão à realidade social que estas normas descrevem e integram e à justiça que há de realizar as normas e a realidade social.

A origem dos tributos remonta à criação das primeiras formas sociais politicamente organizadas. Desde já, pode-se afirmar que o tributo é o instrumental básico viabilizador de qualquer sociedade constituída. Assim, quanto mais evoluída for a organização da sociedade, mais evoluída deverá ser a tributação, que se iniciou por meio de imposições isoladas, sem planejamento, até chegar aos complexos sistemas tributários atuais.

Na Grécia antiga, à época das Cidades-Estados, encontramos valiosos subsídios para o estudo das formas tributárias.[715] Um dos pilares da democracia ateniense era uma concepção radical sobre a liberdade individual; em contrapartida, era de interesse comum sustentar e manter a organização política vigente. Diante disso, uma primeira questão pode ser colocada: como conciliar liberdade e exação? Para os gregos a solução foi concentrar a tributação sob a forma de tributos indiretos de consumo, aduana e similares. As imposições diretas – tidas como agressoras da liberdade individual – foram substituídas pelas *liturgias*, ou seja, doações espontâneas dos cidadãos tendentes a financiar atividades de interesse comum, tais como festas e construções de monumentos públicos. Essa situação era particularmente facilitada tendo em vista que a organização social era restrita à *polis*, e o serviço militar era obrigatório, evitando-se, desta forma, gastos excessivos com exércitos mercenários. Entretanto, com a proliferação das atividades bélicas, essa estrutura não se pôde manter, e o Poder Público foi obrigado a reforçar o erário, tributando diretamente

---

[713] *Vide* análise mais completa em SPAGNOL, Werther Botelho. *Da tributação e sua destinação*. Belo Horizonte: Del Rey, 1994.

[714] CIURO CALDANI, Miguel Angel. Aportes para la comprensión jusfilosófica de los tributos. *In*: CONGRESO INTERAMERICANO DE LA TRIBUTACIÓN, IV. *Anales...* Buenos Aires: Depalma, 1984.

[715] Sainz de Bujanda, em excelente estudo, dá-nos uma clara visão do tema em seu *Hacienda y derecho* (Madrid: Instituto de Estudios Políticos, 1975. v. 1. p. 135 *et seq.*).

o cidadão. Destarte, criou-se um imposto extraordinário de guerra – *eisphora* –, que, devido à frequência das guerras, adquiriu um caráter ordinário.

Percebe-se, portanto, que, transformando-se a realidade social, deve a tributação adequar-se a ela.

Da Cidade-Estado grega ao Império romano, os princípios impositivos sofreram grande alteração. Os ideais belicosos e expansionistas de Roma necessitavam de uma organização administrativa mais complexa e, por conseguinte, de uma tributação mais elaborada. Assim, além da tributação indireta, instituiu-se o *tributum civium*, com a função de custear o exército, depois transformado em *tributum ex censu*,[716] baseado nos resultados de um censo sobre a situação dos cidadãos de Roma. Não obstante esse fato, ainda persistia entre os romanos, a exemplo dos gregos, uma aversão às imposições diretas, o que obrigava o Estado a devolver a quantia arrecadada, em caso de campanha militar vitoriosa.[717]

Com o passar dos tempos, devido aos êxitos militares, Roma colocou em segundo plano a tributação direta sobre o cidadão, optando por tributar apenas os povos vencidos. Naturalmente, esta linha impositiva só poderia viger sob o domínio da espada, e, uma vez decadente o Império, não havia como sustentar a tributação. Para tanto, tentaram-se reformas fiscais como a de Diocleciano, com as quais se procurava sanear as finanças e reintroduzir a tributação direta sobre o cidadão. Justificando o insucesso dessas reformas, Sainz de Bujanda[718] conclui que elas "ocorreram às vésperas de uma mudança política fundamental: quando Roma ia converter-se de um povo conquistador a um Estado vencido".

Na Idade Média, com o surgimento do feudalismo em virtude da fragmentação do Império romano, debilita-se a ideia de Estado. O sentimento de identidade nacional perde força em relação ao vínculo de vassalagem, entrelaçado a um forte sentimento religioso. Inicia-se, assim, uma era de pequenos reinos e de uma nobreza poderosa, em virtude, principalmente, da fragilidade do poder real e da necessidade de segurança da população em relação às constantes invasões bárbaras. Devido à quase inexistência de uma máquina administrativa ou de serviços públicos, a tributação à época constituía basicamente forma de exploração e manutenção da estratificação social. Nesse sentido, Paulina Blanco,[719] discorrendo sobre os impostos na Idade Média, é incisiva: "O imposto deixou de ser uma instituição de direito público para

---

[716] Vide TAILLADES, Pedro Luis. Los tributos en la Edad Antigua. *In*: CONGRESO INTERAMERICANO DE LA TRIBUTACIÓN, IV. *Anales...* Buenos Aires: Depalma, 1984. p. 125; e SAINZ DE BUJANDA, Fernando. *Hacienda y derecho*. Madrid: Instituto de Estudios Políticos, 1975. v. 1. p. 155.

[717] Sainz de Bujanda, discorrendo sobre o tema, expunha que para os romanos persistia um dilema: como dar a esta prestação econômica ao Estado um caráter de imposto se as cargas tributárias eram incompatíveis com a liberdade do cidadão? Naturalmente, o instinto jurídico os levou a resolver a anomalia dando ao tributo o caráter de empréstimo forçado. A lógica jurídica – fundada, obviamente, nas concepções da época – resultou salva: o cidadão livre, que não podia, sem comprometer sua liberdade, suportar cargas fiscais, podia, por outro lado, sem humilhação, *emprestar* ao Estado.

[718] SAINZ DE BUJANDA, Fernando. *Hacienda y derecho*. Madrid: Instituto de Estudios Políticos, 1975. v. 1. p. 155.

[719] BLANCO, Paulina. Los tributos en la Edad Media. *In*: CONGRESO INTERAMERICANO DE LA TRIBUTACIÓN, IV. *Anales...* Buenos Aires: Depalma, 1984. p. 198.

ser um sinal de servidão". Não havia distinção entre interesse público e interesse pessoal do monarca, e os ingressos a título de tributação ou advindos do patrimônio pessoal se confundiam.

Sainz de Bujanda,[720] na linha de Garcia Gallo, classifica as imposições no feudalismo em dois grupos: as de caráter privado e as de caráter público. As primeiras advinham do direito de propriedade, tanto da monarquia como da nobreza, e as segundas eram impostas diretamente pelo rei (imposições indiretas e diretas) e arrecadadas por meio da nobreza, que tinha imunidade. Em tese, a única tributação sobre os nobres era o serviço militar, ou o pagamento da *Fonsadera*,[721] tributo exigido para gastos de guerra, reparo de fossos e castelos, sendo pago somente por aqueles que não podiam ir pessoalmente ao campo de batalha.

A tributação direta assumia caráter excepcional, sendo imposta para necessidades específicas do monarca. Não havia regularidade de ingressos porque tampouco existia uma regularidade de finalidades que afetasse algum ingresso. Note-se, então, que as imposições diretas estavam por demais comprometidas com a noção de ingresso-gasto, o que por si só justificava a tributação. Nesse sentido, conforme magistério de Rodríguez Bereijo,[722] considerando a concepção dominante na Idade Média, que partia do caráter de consentimento do tributo, este se apresentava justificado, em sua existência e quantia, pelo gasto que se destinava a cobrir.

Com o advento de uma nova classe social, a burguesia, e o consequente aparecimento dos burgos e de pequenas cidades, o sistema impositivo feudal sofreu radical transformação. De um lado, as novas aglomerações populacionais exigiam a prestação de determinados serviços públicos, o que possibilitava o aparecimento de outra fonte impositiva para o monarca; de outro, os privilégios fiscais da nobreza enfraqueciam a monarquia e não eram mais condizentes com a realidade que se apresentava.

Diante da nova ordem, em uma primeira etapa, introduziram-se então os *serviços*, inicialmente de caráter excepcional e contando com a prévia autorização da *curia regia*, organismo que assessorava o rei em questões de governo. Com o gradual fortalecimento da burguesia, passou esta a ter representantes junto à *curia*, anteriormente composta somente pelo clero e nobreza, originando-se as Cortes Medievais, cuja função básica era autorizar, em nome dos súditos, a imposição fiscal, constituindo-se, desta forma, em um embrião do princípio da legalidade.

Com o florescimento dos centros urbanos e a consequente decadência da estrutura feudal, há um fortalecimento do poder central, que acaba por originar o Estado Moderno. Com a unificação política, surge a necessidade de uma máquina

---

[720] SAINZ DE BUJANDA, Fernando. *Hacienda y derecho*. Madrid: Instituto de Estudios Políticos, 1975. v. 1. p. 211.

[721] Paulina Blanco faz um interessante inventário das imposições medievais em seu trabalho "Los tributos en la Edad Media" (*In*: CONGRESO INTERAMERICANO DE LA TRIBUTACIÓN, IV. *Anales*... Buenos Aires: Depalma, 1984. p. 198-202).

[722] RODRÍGUEZ BEREIJO, Álvaro. *Introducción al estudio del derecho financiero*. Madrid: Instituto de Estudos Fiscales, 1976. p. 83. Tradução livre.

burocrática para administrar todo um vasto território e, consequentemente, a criação de um sistema tributário para sustentá-la.[723]

O Estado Nacional manifestou-se inicialmente sob a forma absolutista, eliminando o controle das Cortes, e adquiriu, como observa Sainz de Bujanda,[724] soberania e supremacia financeiras, acabando de vez com a doutrina do caráter voluntário dos impostos diretos. Nesse quadro, se a concentração de poderes foi boa a princípio, por unificar o reino e eliminar tendências desagregadoras, possibilitando a modernização do sistema arrecadatório, acabou por trazer, em seu bojo, o despotismo.

Coloca-se, então, em xeque a noção de ingresso-gasto para as imposições diretas, expressão prática de um princípio que remonta à Grécia antiga, ou seja, o prévio consentimento do cidadão para imposição da tributação direta. Isso porque a assunção de crescentes responsabilidades pelo Estado, com a administração de um vasto território, impede o *controle visual* do sujeito passivo sobre a arrecadação e aplicação dos tributos, favorecendo a malversação dos recursos públicos. Como já alertava Puviani,[725] com o progresso da civilização, a designação tributária a uma utilidade de caráter público, precisa e imediata, vai cedendo espaço a uma designação de serviços mediatos e complexos. Aponta o autor que esta nova noção de serviço público, mais vaga e imprecisa, permite o consentimento do povo para a realização de gastos e obras desconhecidas, bem como o funcionamento de um governo oculto, incompreendido em seus mecanismos e em seus verdadeiros fins, facilitando o equívoco e a ilusão em grande escala, de modo a favorecer a separação moral entre cidadãos e o Estado e a fusão deste com o príncipe.

É precisamente essa nova realidade que provoca uma mudança fundamental em toda a estrutura da tributação, funcionando como um divisor de águas para seu estudo. Não sendo mais possível o controle visual da tributação direta pelo contribuinte e tendo esta a supremacia no sistema arrecadatório, desenvolveu-se o controle parlamentar sobre os ingressos e gastos da Fazenda, calcado em normas e regras de direito positivo. Assim, a relação tributária vai gradativamente evoluindo e, sendo inicialmente uma relação de poder, assume característica da relação jurídica, com base na lei, no parlamento, cujo corolário evolutivo se dará com a codificação de normas e princípios gerais de direito tributário.[726] É neste novo contexto de divisão de poderes que encontraremos as balizas e os princípios retores da moderna atividade tributante.

---

[723] Confira-se MARTÍN QUERALT, Juan; LOZANO SERRANO, Carmelo. *Curso de derecho financiero y tributario*. 2. ed. Madrid: Tecnos, 1991. p. 25.

[724] SAINZ DE BUJANDA, Fernando. *Hacienda y derecho*. Madrid: Instituto de Estudios Políticos, 1975. v. 1. p. 258.

[725] *Apud* RODRÍGUEZ BEREIJO, Álvaro. *Introducción al estudio del derecho financiero*. Madrid: Instituto de Estudos Fiscales, 1976. p. 85.

[726] Em 1919 promulga-se na Alemanha a *Reichsabgabenordnung*, que para a maioria da doutrina consistiu-se no primeiro passo para a codificação e evolução do direito tributário como disciplina autônoma.

## 1.3 Definição legal de tributo

A Constituição Federal (art. 146, III, "a") remete à legislação complementar de normas gerais a definição de tributo e de suas espécies. O Código Tributário Nacional, em seu art. 3º, oferece a seguinte definição:

> Tributo é toda prestação pecuniária compulsória, em moeda ou cujo valor nela se possa exprimir, que não constitua sanção de ato ilícito, instituída em lei e cobrada mediante atividade administrativa plenamente vinculada.

Entendemos, com Geraldo Ataliba,[727] tratar-se de excelente conceito, permitindo a definição exata de uma exação como de natureza tributária.

Vejamos, com a devida minúcia, a letra da lei. Trata-se, então, o tributo, de objeto de uma relação jurídica obrigacional (prestação), estipulado em dinheiro (pecuniária), não tendo origem em ato de vontade do obrigado (o tributo é uma prestação *compulsória*).

Ademais, o pagamento deve ser feito em moeda ou nas formas do art. 162 do CTN (valor que nela se possa exprimir, como cheque, selo etc.). Pelo fato de o tributo ser uma prestação, só pode ser fruto de ato lícito, não se confundindo com penalidade (não é sanção de ato ilícito). A imposição tributária deve ainda respeitar o princípio da legalidade tributária (ser instituído em lei), princípio este que deverá balizar não somente a instituição do tributo, mas também a forma como se dará a sua exigência por parte do Fisco, não havendo discricionariedade (cobrado mediante atividade administrativa plenamente vinculada).

Pelo exposto, reafirmamos a excelência da definição contida na legislação complementar. Cumpre o seu principal objetivo, como seja, permite identificar com exatidão a natureza tributária de uma obrigação. Assim, toda vez que o contribuinte estiver na contingência obrigacional de entregar dinheiro ao Poder Público e a obrigação não for decorrente de multa, obrigação convencional ou indenização por dano, estará satisfazendo uma obrigação tributária.

## 1.4 Direito tributário e autonomia científica

Do ponto de vista normativo, o direito tributário consiste no conjunto de normas que dizem respeito, direta ou indiretamente, ao tributo e às relações dele derivadas. Como afirma Aliomar Baleeiro,[728] o direito tributário é o sub-ramo do direito financeiro que apresenta a maior riqueza e vastidão de diplomas normativos no direito positivo de vários países.

Do ponto de vista científico, o direito tributário é o conhecimento rigoroso e metodologicamente fundamentado das normas jurídicas e das relações institucionais

---

[727] ATALIBA, Geraldo. *Hipótese de incidência tributária*. 5. ed. São Paulo: Malheiros, 1997. p. 31.
[728] BALEEIRO, Aliomar. *Uma introdução à ciência das finanças*. 17. ed. atual. por Hugo de Brito Machado Segundo. Rio de Janeiro: Forense, 2010. p. 42.

concernentes ao tributo. No direito tributário como ciência, é preciso abandonar a postura exclusivamente normativista e estudar também o papel institucional dos atores envolvidos no complexo fenômeno da tributação.

A inserção do direito tributário no ordenamento jurídico tradicionalmente é tratada pela doutrina como o inventário das relações do direito tributário com o direito constitucional, com o direito civil, com o direito administrativo etc.[729] Nesse inventário de relações, a tônica é a chamada "unidade do sistema jurídico",[730] negando-se autonomia científica ao direito tributário.

A discussão sobre a autonomia do direito tributário é bastante datada. Até o século XIX, quando na Europa ainda não havia se afirmado completamente o Estado Fiscal[731] nem havia disciplinas e cadeiras de direito tributário nas faculdades de direito, o problema da autonomia do direito tributário obviamente nem se colocava.

À medida que – no decorrer do século XIX e na primeira metade do século XX – avultava a importância e o significado social e econômico do tributo, principalmente do imposto, começaram a surgir as cátedras, as obras e os professores especializados em direito tributário, e neste momento era de se esperar que os catedráticos das disciplinas já centenárias – direito civil de um lado e direito administrativo de outro – questionassem a maturidade científica do ramo então nascente e resistissem em aceitar que esse novo ramo fosse reconhecido como tal. Então os professores de direito tributário se esmeraram em arrolar argumentos para demonstrar que a disciplina jurídica dos tributos tinha princípios (como o da capacidade econômica) e institutos próprios (como o do lançamento), e que seria um erro estudar tal disciplina como um mero apêndice do direito administrativo, ou como um mero complemento do direito civil.[732]

Hoje em dia os tributaristas negam peremptoriamente que haja "autonomia científica" do direito tributário, mas essa negativa tem um sentido bem diferente da negativa brandida pelos civilistas e administrativistas do século XIX. Diz-se atualmente que o direito tributário não tem autonomia científica no sentido de que suas normas são entrelaçadas com as normas dos outros ramos do direito e têm a mesma natureza delas, demandando os mesmos métodos de interpretação. Além disso, a "unidade da ordem jurídica" significa que uma "valoração fundamental constitucional" deve informar todos os ramos jurídicos, e que as valorações fundamentais de cada um desses ramos não podem ser desrespeitadas ou negligenciadas pelos outros.[733]

Mas isso não significa que o direito tributário positivo não possa criar institutos/princípios próprios ou alterar com alguma desenvoltura – para fins de incidência

---

[729] Cf. TORRES, Ricardo Lobo. *Curso de direito financeiro e tributário*. 10. ed. Rio de Janeiro: Renovar, 2003. p. 16-22 e AMARO, Luciano. *Direito tributário brasileiro*. 14. ed. São Paulo: Saraiva, 2008. p. 11-13.

[730] Cf. CARVALHO, Paulo de Barros. *Curso de direito tributário*. 19. ed. São Paulo: Saraiva, 2007. p. 13-17 e COÊLHO, Sacha Calmon Navarro. *Curso de direito tributário brasileiro*. 9. ed. Rio de Janeiro: Forense, 2007. p. 33.

[731] Cf. GODOI, Marciano Seabra de. *Justiça, igualdade e direito tributário*. São Paulo: Dialética, 1999. p. 173-183.

[732] Cf. FALCÃO, Amílcar de Araújo. *Introdução ao direito tributário*. 4. ed. Rio de Janeiro: Forense, 1993. p. 12-20.

[733] Cf. TIPKE, Klaus; LANG, Joachim. *Direito tributário*. Tradução de Luiz Dória Furquim. Porto Alegre: Sergio Antonio Fabris, 2008. v. I. p. 68-70.

tributária – conceitos oriundos de outros ramos do direito. Os princípios e institutos próprios do direito tributário (desenvolvidos principalmente no século XX) lhe dão uma *identidade*, mas não uma *autonomia* em relação aos demais ramos do direito.

## 1.5 Fiscalidade e extrafiscalidade[734]

Desde meados do século XX, adota-se em todo o mundo a extrafiscalidade, ou seja, a prática de utilizar o direito tributário não como instrumento para distribuir entre os indivíduos os ônus do financiamento das instituições e das políticas públicas que contribuem decisivamente para a concretização dos direitos individuais, coletivos e sociais (objeto da fiscalidade), mas com o fim preponderante de atingir alguns objetivos socioeconômicos específicos (como a proteção do meio ambiente ou o desenvolvimento de determinado setor industrial, por exemplo) por meio da indução ou dissuasão de determinadas condutas.[735]

A literatura sobre a extrafiscalidade é vastíssima,[736] principalmente a que diz respeito à proteção do meio ambiente por meio do direito tributário.[737]

Apesar de o Código Tributário Nacional de 1966 não tratar do tema, a possibilidade jurídica de o tributo ser utilizado com uma finalidade preponderantemente não fiscal é algo pacífico, há várias décadas, na legislação brasileira e na literatura acadêmica especializada. Basta lembrar que o regime militar instalado em 1964 utilizou largamente, e com mais intensidade na década de 1970, amplos benefícios fiscais na legislação do imposto sobre a renda para acelerar a acumulação privada de

---

[734] Esta seção é uma versão resumida dos capítulos de livro GODOI, Marciano Seabra de; REIS, Patrícia Barbosa de Oliveira, A macabra extrafiscalidade da morte: instrumentalização do direito tributário pelo governo brasileiro entre 2019 e 2022 para promover a proliferação do porte e do uso de armas de fogo. *In*: RIBEIRO, João Sérgio *et al.* (coords.). *O futuro da extrafiscalidade e do Estado social*. Braga: Escola de Direito da Universidade do Minho, 2023. p. 115-132; e GODOI, Marciano Seabra de. *Extrafiscalidade, tributação e mudanças climáticas*: o delicado momento atual em termos globais e as particularidades do contexto brasileiro, inédito.

[735] Cf. BALEEIRO, Aliomar. *Uma Introdução à Ciência das Finanças*. 14. ed. Rio de Janeiro: Forense, 1995. p. 176-184.

[736] Na literatura brasileira e portuguesa, vide SOUSA FRANCO, Antonio L. de. *Finanças Públicas e Direito Financeiro, Volume I*. Coimbra: Almedina, 1997. p. 45; VASQUES, Sérgio, *Os Impostos do Pecado – O álcool, o tabaco, o jogo e o fisco*. Coimbra: Almedina, 1999; NABAIS, José Casalta. *Direito Fiscal*. 11. ed. Coimbra: Almedina, 2019. p. 401-410; SILVA, Suzana Tavares da. *Direito Fiscal – Teoria Geral*. Coimbra: Imprensa da Universidade de Coimbra, 2013. p. 50-52; BECKER, Alfredo Augusto. *Teoria Geral do Direito Tributário*. 2. ed. São Paulo: Saraiva, 1972. p. 529-545; MEIRELLES, Hely Lopes. *Direito Municipal Brasileiro*. 6. ed. atualizada por Izabel C. L. Monteiro e Yara D. P. Monteiro. São Paulo: Malheiros, 1993. p. 151; SCHOUERI, Luís Eduardo. *Normas Tributárias Indutoras e Intervenção Econômica*. Rio de Janeiro: Forense, 2005; MACHADO SEGUNDO, Hugo de Brito. Ciência do Direito Tributário, Economia Comportamental e Extrafiscalidade. *Revista Brasileira de Políticas Públicas*, vol. 8, n. 2, ago. 2018, p. 640-659. Para uma revisão bibliográfica da doutrina espanhola sobre a extrafiscalidade, cf. GODOI, Marciano Seabra de. Extrafiscalidad y sus límites constitucionales. *Revista Internacional de Direito Tributário da ABRADT*, Belo Horizonte, vol. 1, n. 1, jan./jun. 2004, p. 219-262.

[737] Cf. PIMENTA, Paulo Roberto Lyrio. *Direito tributário ambiental*. Rio de Janeiro: Forense, 2020; SOARES, Claudia Alexandra Dias. *O imposto ecológico – Contributo para o estudo dos instrumentos econômicos de defesa do ambiente*. Coimbra: Coimbra Editora, 2001; OLIVEIRA, José Marcos Domingues de. *Direito Tributário e Meio Ambiente*. Rio de Janeiro: Renovar, 1995.

capital,⁷³⁸ conformando um modelo de desenvolvimento extremamente concentrador de renda e riqueza.

Na Constituição de 1988, a extrafiscalidade foi explicitamente reconhecida e autorizada em várias normas. O art. 151, I, autoriza a "concessão de incentivos fiscais destinados a promover o equilíbrio do desenvolvimento socioeconômico entre as diferentes regiões do País". Já o art. 153, §2º, I, ordena que as alíquotas do ITR sejam fixadas "de forma a desestimular a manutenção de propriedades improdutivas".

Portanto, a autorização constitucional da utilização extrafiscal do tributo já existia quando, em 2003, a Emenda Constitucional nº 42 alterou a redação do art. 170, VI, para deixar explícita a possibilidade de defender o meio ambiente (um dos princípios da ordem econômica segundo o art. 170 da Constituição) por meio de "tratamento diferenciado conforme o impacto ambiental dos produtos e serviços e de seus processos de elaboração e prestação"; ou quando, mais recentemente, a Emenda Constitucional nº 132/2023 incluiu a "defesa do meio ambiente" entre os cinco princípios do Sistema Tributário Nacional previstos no novo art. 145, §3º, da Constituição.

Mas da validade jurídico-constitucional da extrafiscalidade não decorre que, do ponto de vista da política fiscal, ela deva ser utilizada sempre, ou com muita frequência. Não é preciso muita pesquisa para encontrar milhares de exemplos de uso extrafiscal do tributo no Brasil, a grande maioria deles no sentido da desoneração total ou parcial da carga tributária com vistas a gerar aumento de investimentos ou avanços na proteção ambiental. Mas é muito difícil encontrar evidências concretas de usos extrafiscais do tributo que tenham sido objeto de monitoramento efetivo quanto a seus resultados, e mais difícil ainda encontrar evidências de resultados concretos inequivocamente positivos desses usos extrafiscais do tributo por meio de desonerações e incentivos.⁷³⁹

No mais das vezes, a extrafiscalidade na realidade brasileira é uma política de benefícios/desonerações fiscais (e não de agravamentos da carga tributária) que decorre de pressões por parte dos atores econômicos beneficiados, sem que as desonerações tenham objetivos que se traduzam em metas objetivas e mensuráveis, e sem que haja qualquer mecanismo de monitoramento e avaliação dos resultados das desonerações.

Ou seja, a extrafiscalidade pela via da desoneração está profundamente enraizada na política tributária brasileira, mas seu uso racional e condicionado por governança, monitoramento e avaliação transparente com controle social é algo inédito. Essa característica da política fiscal brasileira é tão profunda e arraigada que nem mesmo uma norma constitucional imperativa foi capaz de modificá-la. Com efeito, em 2021, a Emenda Constitucional nº 109 determinou que uma lei complementar deve definir "critérios objetivos, metas de desempenho e procedimentos para a

---

⁷³⁸ Cf. OLIVEIRA, Fabrício Augusto de. *Economia e Política das Finanças Públicas no Brasil*. São Paulo: Hucitec, 2009. p. 160-162.

⁷³⁹ Cf. CARVALHO, Cassius Vinicius de. *A extrafiscalidade e seus reflexos para a atividade empresarial e para o poder público na perspectiva do setor automotivo*. Dissertação (mestrado profissional) – Escola de Direito de São Paulo da Fundação Getulio Vargas, São Paulo, 2018.

concessão e a alteração de incentivo ou benefício de natureza tributária, financeira ou creditícia para pessoas jurídicas do qual decorra diminuição de receita ou aumento de despesa", inclusive "regras para a avaliação periódica obrigatória dos impactos econômico-sociais dos incentivos ou benefícios (...) com divulgação irrestrita dos respectivos resultados". A força de inércia da cultura da extrafiscalidade como desoneração desprovida de qualquer governança é tamanha que, como já se esperava, até o momento o Congresso Nacional não votou a lei complementar exigida pela Emenda Constitucional nº 109/2021.

Na doutrina tributária brasileira, muitos autores se mostram reticentes ou mesmo abertamente críticos de uma fiscalidade avançada em termos de capacidade econômica, progressividade e efetiva tributação dos estratos mais ricos da sociedade e, como contraponto, revelam uma acesa empolgação em relação às potencialidades da extrafiscalidade. Vejamos dois exemplos.

Ives Gandra da Silva Martins, crítico acerbo da instituição do imposto sobre grandes fortunas e de uma visão mais receptiva à progressividade de alíquotas nos impostos em geral,[740] revela-se um militante da extrafiscalidade como "grande instrumento de moralização de costumes" e propõe gravar pesadamente a "exploração do lenocínio, copular ou fotográfico", os jogos de azar, o "campo difícil da toxicomania", num movimento de "utilizar-se da obrigação tributária como forma corrente de recondução da lei positiva aos contornos próprios da lei natural".[741]

Alfredo Augusto Becker considerou a inclusão do princípio da capacidade econômica nas constituições do século XX uma "constitucionalização do equívoco". Por outro lado, o autor propõe que ao direito tributário caiba um papel essencial na "revolução" destinada a instalar entre nós uma "nova civilização". Mas esse papel não caberia ao direito tributário da fiscalidade, e sim ao da extrafiscalidade, ainda que o autor não indique em que medidas concretas haveria de se manifestar essa extrafiscalidade revolucionária.[742]

Não é exagero afirmar que a maioria da doutrina do direito tributário brasileiro tende a ver valores e afirmação de direitos fundamentais somente na extrafiscalidade, identificando na fiscalidade uma "mera" tarefa de manutenção do "Estado" ou da máquina pública. A passagem a seguir é bastante representativa dessa tendência[743] (GOUVÊA, 2006, 38):

> Verificamos, assim, que a tributação tem dupla finalidade: a) auferir recursos para que o Estado subsista; e b) garantir a realização dos direitos fundamentais dos cidadãos, os verdadeiros fins do Estado.

---

[740] BASTOS, Celso Ribeiro; MARTINS, Ives Gandra da Silva. *Comentários à Constituição do Brasil (promulgada em 05 de outubro de 1988)*. Vol. 6, Tomo I, São Paulo: Saraiva, 1990, p. 549.

[741] MARTINS, Ives Gandra da Silva. *Teoria da Imposição Tributária*. 2. edição. São Paulo: LTr, 1998. p. 313.

[742] BECKER, Alfredo Augusto. *Teoria Geral do Direito Tributário*. 2. ed. São Paulo: Saraiva, 1972. p. 441-447, 529, 535-545.

[743] GOUVÊA, Marcos de Freitas. *A Extrafiscalidade no Direito Tributário*. Belo Horizonte: Del Rey, 2006. p. 38.

Quando falamos em "auferir recursos para o Estado", segundo regras constitucionais, referimo-nos à "fiscalidade". Consideramos a fiscalidade desvinculada de valores, afeita apenas a receitas e despesas.

Quando nos referimos à efetiva consecução de fins do Estado, mediante o uso do instrumento fiscal, reportamo-nos à "extrafiscalidade". Tomamos por extrafiscalidade os objetivos axiológicos da tributação.

Outra manifestação desse encanto com a extrafiscalidade e desencanto com a fiscalidade é a proposta de dividir as normas tributárias em dois grupos: no primeiro grupo, estariam as "normas relativas à cobrança tributária", em que se dá uma "restrição de direitos fundamentais"; no segundo grupo, estariam as "normas extrafiscais que reduzem o montante tributário a ser cobrado, como as normas de imunidade, de isenções e benefícios fiscais em geral", onde "se verifica sobremaneira a proteção dos direitos fundamentais dos contribuintes mais diretamente atingidos". A proposta vai além e chega a resultados práticos: as normas do primeiro grupo, como são vistas como "restritivas dos direitos de liberdade e de propriedade dos contribuintes", devem ser interpretadas com "maior respeito maior ao texto tal como colocado pelo constituinte ou legislador"; as normas do segundo grupo, protetoras dos direitos fundamentais, demandam uma "interpretação mais aberta à consideração de sua finalidade, na medida em que visa à promoção de finalidades definidas constitucionalmente (e, portanto, à promoção de direitos), e não à restrição".[744]

As visões acima não reconhecem ao fenômeno da fiscalidade a dimensão e as características que ele tem no bojo do Estado Democrático de Direito. A fiscalidade, com sua função de definir o montante e a forma de distribuição dos ônus tributários entre os agentes econômicos e classes sociais, realiza necessariamente uma série de valores e objetivos constitucionais. Essa incapacidade de ver o fenômeno fiscal para além da "simples" ou da "mera" arrecadação se manifesta, por exemplo, na posição de que a progressividade do imposto sobre a renda seria uma medida extrafiscal, visto que não visaria "somente à arrecadação", e sim a um objetivo de redução das desigualdades sociais. Posições como essa não percebem que, num sistema tributário em que vigora de fato a capacidade econômica (art. 145 da Constituição) e numa República que tem como um dos fundamentos a dignidade da pessoa humana (art. 1º, III, da Constituição) e um dos objetivos fundamentais "erradicar a pobreza e a marginalização e reduzir as desigualdades sociais e regionais" (art. 3º, III, da Constituição), o objetivo dos tributos fiscais não pode ser "simplesmente" ou "meramente" arrecadatório.[745]

---

[744] LEÃO, Martha Toribio. *O direito fundamental de economizar tributos*: entre legalidade, liberdade e solidariedade. São Paulo: Malheiros, 2018. p. 257-259. Para uma crítica dessa proposta, cf. GODOI, Marciano Seabra de; DANDE, João Victor Araújo. Será mesmo o tributo uma restrição a direitos fundamentais? *Revista Direito Tributário Atual*, n. 50, ano 40, São Paulo: IBDT, 2022, p. 305-324.

[745] Nesse sentido, vide CARAVELLI, Flávia Renata Vilela. *Extrafiscalidade – Reconstrução conceitual no contexto do Estado Democrático de Direito e aplicações no direito tributário*. Belo Horizonte: Arraes, 2015.

Boa parte dos tributaristas brasileiros tem uma visão descrente da fiscalidade (ou do uso fiscal dos tributos) enquanto um comportamento estatal apto a transformar a sociedade em prol dos objetivos fundamentais da República. Duvidam, por exemplo, que o imposto sobre grandes fortunas ou que alíquotas progressivas do imposto sobre heranças, ou que alíquotas progressivas do imposto de renda sobre distribuição de lucros e dividendos sejam fundamentadas na solidariedade social e possam ter um papel verdadeiramente positivo sobre os rumos da sociedade em relação à redução das desigualdades. Contudo, quando se trata da extrafiscalidade, a análise da doutrina em geral passa a ser extremamente otimista, como se o tributo então adquirisse poderes imensos para alterar a realidade[746] e dele passasse a depender o azar ou a sorte do meio ambiente, dos empregos, da pesquisa, da inovação tecnológica etc. Mas essa alta confiança na potencialidade do tributo (e mais especificamente em sua ausência ou minoração) para alterar os rumos da sociedade dificilmente vem acompanhada de evidências de relações causais ou tendências comportamentais com lastro empírico concreto.

---

[746] Como se viu antes, Alfredo Augusto Becker via na tributação extrafiscal a força "revolucionária" que iria criar entre nós uma "nova civilização" (BECKER, Alfredo Augusto. *Teoria Geral do Direito Tributário*. 2. ed. São Paulo: Saraiva, 1972. p. 529).

CAPÍTULO 2

# DIVISÃO DO TRIBUTO EM ESPÉCIES

## 2.1 Apontamentos para a divisão do tributo em espécies

Não é suficiente ao intérprete identificar determinada prestação como de natureza tributária. Mormente em países federativos, como é o caso brasileiro, mister se faz definir com precisão as diferentes espécies tributárias, uma vez que, conforme veremos ao longo do trabalho, questões de competência, incidência, discriminação de rendas e, inclusive, limitações ao poder de tributar são variáveis em função da espécie de tributo instituída.

O Código Tributário Nacional, em seu art. 4º, cuja leitura deve ser combinada com a dos arts. 16, 77 e 81 do mesmo diploma, oferece os seguintes critérios para a identificação da natureza específica de um tributo:

> Art. 4º A natureza jurídica específica do tributo é determinada pelo fato gerador da respectiva obrigação, sendo irrelevantes para qualificá-la:
> I - a denominação e demais características formais adotadas pela lei;
> II - a destinação legal do produto da arrecadação.

Verifica-se, pois, que o legislador complementar indicou três balizas para a condução da distinção entre espécies de tributo, como seja: (i) a distinção é feita fundamentalmente pela análise do fato gerador da obrigação; (ii) o nome dado pelo legislador ao tributo é irrelevante; (iii) a destinação dada em lei ao produto da arrecadação igualmente desimporta.

O Código indica, então, o que é importante e o que não é. Tem-se, preliminarmente, como importante, a análise do fato gerador do tributo. Ao definir imposto, o art. 16 estatui que "é o tributo cuja obrigação tem por fato gerador uma situação independente de qualquer atividade estatal específica, relativa ao contribuinte".

Posteriormente, o mesmo Código Tributário Nacional indica, em seus arts. 77 e 81, que as taxas e as contribuições de melhoria possuem fato gerador vinculado a uma atuação/atividade estatal específica. É ver:

Art. 77. As taxas cobradas pela União, pelos Estados, pelo Distrito Federal ou pelos Municípios, no âmbito de suas respectivas atribuições, têm como fato gerador o exercício regular do poder de polícia, ou a utilização, efetiva ou potencial, de serviço público específico e divisível, prestado ao contribuinte ou posto à sua disposição. [...]

Art. 81. A contribuição de melhoria cobrada pela União, pelos Estados, pelo Distrito Federal ou pelos Municípios, no âmbito de suas respectivas atribuições, é instituída para fazer face ao custo de obras públicas de que decorra valorização imobiliária, tendo como limite total a despesa realizada e como limite individual o acréscimo de valor que da obra resultar para cada imóvel beneficiado.

Como visto e sacramentado pelo legislador responsável pela codificação das normas gerais de direito tributário, pela análise do fato gerador, se vinculado ou não a uma atividade/atuação estatal, teremos: (i) imposto (fato gerador não vinculado), (ii) taxa (fato gerador vinculado à prestação de um serviço específico e divisível ou ao exercício regular do poder de polícia) e, finalmente, (iii) contribuição de melhoria (fato gerador vinculado à realização de obra pública de que decorra valorização imobiliária para o contribuinte).

Constata-se, pois, que o CTN acabou por considerar como elemento essencial para a divisão dos tributos em espécie tributária a natureza do fato gerador. A consideração isolada do fato gerador, para fins da distinção das espécies tributárias, nada mais é que a tradução, em nosso direito positivo, de uma teoria glorificadora do fato gerador como símbolo da purificação dos estudos tributários, de larga aceitação aqui e alhures.

Manifestaram-se neste sentido, para exemplificar, Dino Jarach[747] e Amilcar de Araújo Falcão,[748] para quem:

> o fato gerador é um conceito fundamental e nuclear para o estudo do Direito Tributário. Escritores existem – os da chamada escola da glorificação do fato gerador – que entendem não passar toda a teoria do Direito Tributário material de um desenvolvimento da própria teoria do fato gerador.

Em verdade, a utilização do fato gerador da obrigação tributária como única baliza para a divisão do tributo em espécies[749] teve em Geraldo Ataliba[750] o seu principal teórico. Segundo o saudoso jurista, o elemento decisivo para a identificação da espécie tributária seria encontrado pela análise do fato gerador[751] da obrigação,

---

[747] JARACH, Dino. *O fato imponível*: teoria geral do direito tributário. São Paulo: Revista dos Tribunais, 1989.

[748] FALCÃO, Amílcar de Araújo. *Fato gerador da obrigação tributária*. 6. ed. Rio de Janeiro: Forense, 1995. p. 11-12.

[749] Alguns autores, entre eles Paulo de Barros Carvalho, somam ao fato gerador também a análise da base de cálculo como elemento distintivo entre as espécies. Registramos nossa discordância, uma vez que a base de cálculo apenas confirma a constitucionalidade do tributo quando estabelecida em consonância com o fato gerador. Caso contrário, o tributo se mostra inconstitucional.

[750] ATALIBA, Geraldo. *Hipótese de incidência tributária*. 5. ed. São Paulo: Malheiros, 1997. p. 115 *et seq*. Ver também FALCÃO, Amílcar de Araújo. *Fato gerador da obrigação tributária*. 6. ed. Rio de Janeiro: Forense, 1995.

[751] Cumpre esclarecer que Geraldo Ataliba, com o fito de distinguir duas realidades diferentes, ou seja, a descrição do fato previsto na lei e o próprio fato concreto ocorrido no mundo fenomênico, prefere tratar

se vinculado ou não a uma atividade estatal. As normas veiculadoras de tributos descrevem hipoteticamente um fato lícito que, ocorrido em concreto, vai desencadear o surgimento do dever tributário (obrigação de entregar dinheiro ou equivalente aos cofres públicos). O fato lícito descrito pode guardar uma relação com situação ou atividade do particular ou então estar relacionado com uma atividade exercida pelo Poder Público.

De fato, ao compararmos a regulamentação dos tributos existentes, verificamos que estes possuem por fato gerador ou uma atividade do Poder Público ou, pelo contrário, um fato ou acontecimento inteiramente indiferente a uma atividade estatal.

Diante dessa constatação, Ataliba, em sua obra *Hipótese de incidência tributária*, acompanhado por outros grandes nomes, propõe uma classificação tripartida dos tributos, por meio da qual teríamos:

a) IMPOSTO: quando o fato gerador da obrigação não estiver vinculado a uma atividade estatal (ex.: perceber renda ou possuir um veículo);

b) TAXA: quando o fato gerador da obrigação estiver vinculado a uma atuação estatal relativa ao contribuinte, que pode consistir na prestação de um serviço específico e divisível ou no exercício regular do poder de polícia (ex.: fornecimento de água ou a fiscalização de uma atividade do contribuinte);

c) CONTRIBUIÇÃO DE MELHORIA: quando o fato gerador estiver vinculado à execução de obra pública que venha acarretar especial valorização sobre um imóvel particular.[752]

Embora bastante didática e de reconhecida importância na história de evolução do direito tributário, a teorização da divisão do tributo em espécies por meio da análise do fato gerador da exação, se vinculado ou não a uma atividade estatal, não é suficiente para explicar a matéria diante do Texto Constitucional atual. Conquanto possua aparente rigor científico, posto que centrada na hipótese da norma tributária, peca, a nosso ver, com a devida vênia, por desconsiderar as funções constitucionalmente postas aos tributos, funções estas que irão condicionar o exercício válido da competência tributária.

Ademais, à luz da teoria tributária, pretender que o fato gerador da obrigação seja o único critério de identificação de uma espécie tributária, desconsiderando o destino dado constitucionalmente ao produto da arrecadação tributária, não se adequa ao papel assumido pelo poder de tributar na atual conjuntura do Estado Democrático de Direito.

---

o primeiro por hipótese de incidência e, o segundo, por fato imponível. Por considerarmos irrelevante a questão terminológica para o que ora se propõe, utilizaremos indistintamente a expressão "fato gerador", por ter sido consagrada pelo legislador complementar.

[752] ATALIBA, Geraldo. *Hipótese de incidência tributária*. 5. ed. São Paulo: Malheiros, 1997.

## 2.2 A insuficiência do fato gerador como baliza única para a divisão do tributo em espécies

### 2.2.1 A legitimidade do poder de tributar na conjuntura do Estado Democrático de Direito e a importância da destinação constitucional

O poder tributário, assim definido como o poder normativo em matéria tributária, sempre foi entendido por muitos como um dos conteúdos essenciais da soberania. Por consequência, a imposição de tributos era simples manifestação da soberania do Estado sobre o indivíduo.

Operando um breve retorno à história, tão somente para conduzir a lógica aqui exposta, pode-se notar que a abordagem dada ao poder tributário pode ser a mesma, caso feita de forma descuidada, tanto nas monarquias absolutistas como no Estado atual, no qual impera o princípio da separação de poderes, próprio do Estado Democrático de Direito.

Na Idade Média, como consequência do fracionamento político próprio do feudalismo, o poder deixou de ser algo único, incontestável, originário, passando a transitório, relativo e questionável. Instaurou-se, assim, um grande vazio de poder, uma crise de autoridade que viria a comprometer inclusive as então embrionárias monarquias nacionais.

Destarte, era necessária a quebra da ordem política existente, estribada sobre a interdependência de vários titulares de pequenos poderes esfacelados em mãos diversas (senhor feudal, vassalo, monarquia, igreja etc.), concentrando-se novamente o poder nas mãos de uma única pessoa, que viria a ser a personificação do Estado. Neste ponto, como lembra Bravo Gala,[753] impõe-se a necessidade de conceituar juridicamente a submissão de todos ao novo titular do poder. Surge, assim, o conceito de soberania como teorização da concentração dos poderes em uma unidade superior, ou seja, o Estado. Para Bereijo,[754] a teoria da soberania supõe a tradução, no campo teórico, do processo histórico de concentração de poder que tem lugar, com diferentes alternativas, nos países europeus nos séculos XVI e XVII.

As digressões até agora feitas sobre o conceito de soberania permitem interessantes reflexões no campo tributário. Acabamos de ver que a noção de soberania implica a separação e a contraposição entre a autoridade do soberano e o povo. A autoridade do soberano está, então, acima de qualquer limitação que se oponha à sua própria natureza. Partindo dessa premissa, e sendo o poder tributário um dos atributos da soberania, a relação tributária é entendida como uma relação de poder, centrada no único objetivo de permitir a arrecadação de recursos para a manutenção deste mesmo poder.

---

[753] BRAVO GALA, Pedro. Introducíón a la edición castellana abreviada de los seis libros de la República. *In*: BODIN, Jean. *Los seis libros de la república*. Madri: Tecnos, 2006.

[754] RODRÍGUEZ BEREIJO, Álvaro. *Introducción al estudio del derecho financiero*. Madrid: Instituto de Estudos Fiscales, 1976. p. 210-211. Tradução livre.

É interessante notar que esse raciocínio pode admitir transposição, em tese, para justificar o poder tributário e, consequentemente, explicar a relação tributária mesmo em Estados Democráticos de Direito. Ainda que se admita a impropriedade de lançar mão do conceito de soberania para justificar a potestade impositiva em nosso atual sistema jurídico, sob o argumento de que a matéria tributária se encontra sob o pálio da legalidade, no sentido de autoimposição, ainda assim, como dito, uma análise descuidada e pouco criteriosa da relação tributária pode acabar por justificá-la como relação de poder.

Assim, glorificar o fato gerador como único referencial para a análise do tributo, de sua natureza jurídica específica, significa uma redução inaceitável na abordagem do intérprete, por desprezar os fins constitucionais do tributo, que legitimam sua existência. É que, enquanto soberano, o poder se justifica por si mesmo e o tributo interessa como fonte de recursos para a sua manutenção. Ocorrendo, pois, o fato gerador, nasce o direito à prestação tributária e o destino que lhe é dado é estranho à matéria tributária, por se tratar de gasto em razão do poder, e assim previamente justificado pela sua própria existência.

Ao contrário, sendo o tributo um meio para o financiamento das funções constitucionalmente reservadas ao titular do poder, sua exigência persiste pela ocorrência do fato gerador, mas sua justificativa está na implementação daquelas funções, balizadoras do regular exercício do poder. Destarte, a análise da relação jurídica tributária passa a se estender à implementação dos fins a serem atingidos por meio do tributo. Instaura-se, pois, o juízo de legitimidade da imposição, sacado da correlação entre ingresso e gasto público. Conforme se verá adiante, o exercício válido da competência impositiva e até mesmo a ocorrência do fato gerador serão inferidos por meio da consideração da finalidade constitucionalmente posta aos tributos.

### 2.2.2 A importância assumida pela destinação constitucional do produto da arrecadação

Como visto atrás, o Código Tributário Nacional, em seu art. 4º, II, determina não ser a destinação *legal* do produto da arrecadação relevante para a determinação da natureza jurídica específica de um tributo. Não obstante, tal mandamento não se constitui em licença para a desconsideração da destinação *constitucional* do produto da arrecadação de um tributo.

Como se verá, o legislador constituinte, quando da distribuição das competências tributárias, orientou-se fundamentalmente pela análise do gasto público a ser coberto com a imposição dos tributos.

## 2.3 Interdependência entre ingressos e gastos públicos – Noção básica para a definição das espécies tributárias

A finalidade maior da atividade tributária, sem embargo de não ser a única, é fazer frente aos gastos advindos da implementação pelo Estado de seus fins constitucionalmente postos. Dessa forma, a tributação é parte integrante da atividade financeira do Estado, devendo, portanto, ser estudada não como um compartimento estanque, mas em consonância com as normas jurídicas que integram o direito financeiro. A conexão entre ingressos e gastos públicos é de capital importância para o equilíbrio da atividade financeira, havendo entre eles uma relação de instrumentalidade e funcionabilidade, não sendo possível conceber uns sem os outros.

Podemos, portanto, fazendo uma redução da definição de ingressos públicos, afirmar que há uma conexão entre tributos e gastos públicos; além desta conexão de fato, indaga Bereijo se também pode existir uma unidade conceitual e de lógica jurídica. A esta indagação podemos acrescentar a conveniência ou não da dita unidade. Ingrosso[755] afirma com precisão que a homogeneidade, entendida como método de reduzir a um corpo científico unitário um conjunto de conhecimentos, não está tanto nos fenômenos em si ou nas relações que são objeto de observação, mas sim nas *manifestações desses fenômenos*, que o estudioso toma em consideração para reduzi-los a um sistema científico. Destarte, a relação de instrumentalidade presente no binômio ingressos-gastos não pode ser olvidada ou estudada de forma assistemática se quisermos ter a exata apreensão do fenômeno, tal qual acaba por concluir Bereijo,[756] em resposta à indagação que formulara:

> a unidade essencial do fenômeno financeiro, a conexão entre os ingressos e os gastos públicos, vem dada por um critério teleológico: a finalidade das normas e o interesse juridicamente protegido. Existe uma conexão instrumental, não apenas em um plano lógico, mas também em um plano jurídico, entre os ingressos e os gastos públicos.

Impende notar que um estudo consistente e, principalmente, útil da matéria não pode ser feito com abstração da *ratio legis* das normas financeiras. É fundamental que o intérprete se atenha às finalidades para as quais tenha sido criada a norma. Bereijo,[757] mais uma vez, coloca lapidarmente a questão: "O poder impositivo, o tributo, se apoiam em uma razão objetiva, substancial, e não somente em um argumento meramente formal (legalidade tributária): a necessidade de cobertura dos gastos públicos". O imposto, como dizia Blumenstein, não é uma prestação a fundo perdido.

Importa ressaltar, outrossim, que a busca de uma tributação justa, estribada em uma justa repartição da carga tributária, há que passar pela consideração de justiça nos gastos públicos, visto que ambos estão sob a égide de um único critério político. Assim, a tributação como fenômeno jurídico só se justifica ante uma visão unitária do binômio ingressos-gastos públicos.

As considerações doutrinárias sobre a *causa* da imposição tributária (substrato ideológico da conexão ingresso-gasto) foram objeto dos mais distintos enfoques e

---

[755] *Apud* RODRÍGUEZ BEREIJO, Álvaro. *Introducción al estudio del derecho financiero*. Madrid: Instituto de Estudos Fiscales, 1976. p. 71.

[756] RODRÍGUEZ BEREIJO, Álvaro. *Introducción al estudio del derecho financiero*. Madrid: Instituto de Estudos Fiscales, 1976. p. 72.

[757] RODRÍGUEZ BEREIJO, Álvaro. *Introducción al estudio del derecho financiero*. Madrid: Instituto de Estudos Fiscales, 1976. p. 72.

conclusões. Há autores, inclusive, que acabaram por concluir no sentido da inexistência, pois, ao contrário das obrigações de direito privado, nas quais impera a *vontade*, as obrigações tributárias são *ex lege*.

Oreste Ranelletti, ainda no século XIX, ofereceu os primeiros subsídios ao estudo da causa em direito tributário, com a publicação de seu trabalho *Natura giuridica dell'imposta*, em 1898. O autor definiu imposto como a contribuição exigida aos súditos pelo Poder Público, segundo norma geral, destinada à consecução indistinta dos fins coletivos para o alcance geral dos objetivos públicos. Assim, os gastos com os serviços públicos eram a causa primeira do imposto, e, como causa segunda, a riqueza ou o consumo, representativos da capacidade contributiva.

Benvenuto Griziotti, resgatando em parte os estudos de Ranelletti, demonstra a existência de uma relação lógica entre os serviços públicos prestados e a capacidade contributiva (causa segunda da imposição para Ranelletti). Deve-se notar que a noção de *causa* para Griziotti difere da de juristas como Blumenstein ou Jarach, que a analisam no âmbito do fato gerador e não como fundamento lógico deste. O mestre de Pavia, com sua teoria da causa em direito financeiro, foi o primeiro a alertar para a necessidade de estudar a tributação em sua relação lógica com os serviços públicos, ou seja, a tributação deve ser estudada como ingresso para satisfazer os gastos públicos.

Juristas como Giannini, pregando a pureza do método científico, formaram uma reação, a nosso ver excessiva, à dita teoria, ao afirmarem carecer de relevância jurídica o estudo da causa da obrigação tributária. Estas posições anticausalistas acabaram por ensejar estudos estanques, limitados, do fenômeno tributário e proporcionaram uma visão capenga da atividade tributante.

Griziotti[758] alertava, já na década de 30, para o erro de uma possível discrepância entre os critérios políticos regentes do ingresso e do gasto público. Os gastos não podem nunca estar afetados a princípios ou finalidades distintos dos relativos à obtenção dos ingressos e vice-versa. Esta mútua afetação é um dos princípios basilares da atividade financeira, pois os ingressos somente podem justificar-se em relação aos gastos. A assunção de obrigações pelo Poder Público é o que legitima a arrecadação de recursos.

Este princípio, válido para todos os ingressos públicos, assume capital importância no estudo das normas e regras regentes dos ingressos tributários, em especial advindos de contribuições especiais e empréstimos compulsórios. E merece ainda maior destaque ante a consideração do fato de os ingressos tributários constituírem o principal meio de ingressos públicos e, no Estado Moderno, assumirem crescente relevo dada a gradativa perda de importância da arrecadação patrimonial.

Assim, o estudo do binômio ingressos-gastos públicos como legitimador da arrecadação tributária não se justifica apenas no âmbito do direito financeiro, mas também como garantia ao contribuinte, garantia esta consagrada em nosso Texto Maior, não podendo ser desconsiderada pelo legislador ordinário ou pelo intérprete julgador.

---

[758] GRIZIOTTI, Benvenuto. *Principios de política, derecho y ciencia de la hacienda*. Madri: Reus, 1935.

A interdependência entre o ingresso tributário e o gasto público sempre foi uma constante histórica. Inicialmente, como já assinalado, o controle, praticamente visual, era facilitado pela existência de dois fatos básicos. Em primeiro lugar, os gastos ordinários do Estado eram suportados em sua maior parte pelos rendimentos do patrimônio pessoal do monarca e, em segundo, pelas reduzidas dimensões territoriais e pela quase ausência de serviços públicos prestados. Dessa forma, as imposições indiretas eram justificadas pelo poder de polícia, e as diretas, de caráter excepcional, encontravam sua justificativa em necessidades excepcionais, sentidas por todos.

O surgimento do Estado Moderno e o gradativo incremento de suas atividades, além, repetimos, da constante perda de importância da arrecadação patrimonial, acabaram por gerar um complexo sistema arrecadatório impositivo, o qual, se por um lado extrapolou os horizontes do controle visual, por outro não teve o poder de isolar o estudo do direito tributário do contexto de todo o direito financeiro. Esta evolução não debilitou ou desnaturou a concepção unitária da atividade financeira, consubstanciada no binômio ingresso-gasto, mas tão somente veio alterar o nível de controle, passando este de visual para legal ou orçamentário.[759]

Assim, o princípio da legalidade tributária, anteriormente uno e indivisível, sofre uma bifurcação (construção de Otto Mayer) em legalidade orçamentária e legalidade tributária, ambas afetas ao consentimento parlamentar, a primeira para gastos públicos, e a segunda para ingressos públicos. A junção desses dois princípios (legalidade orçamentária e legalidade tributária) nos dará o princípio geral da legalidade financeira, traduzido pela submissão do binômio ingressos-gastos ao controle da lei.

## 2.4 As funções constitucionais específicas dos tributos

As funções do moderno Estado Democrático de Direito extrapolam, e muito, as do Estado Liberal, norteado pela teoria do *laissez-faire, laissez-passer*.

Assim, nos termos já assinalados, os tributos não se prestam mais apenas a cobrir os gastos públicos tradicionais, assumindo crescente papel como instrumento financiador e indutor das modificações sociais.

Destarte, nossa Constituição, ao fazer a previsão das competências impositivas, distribuiu-as conforme o gasto público a cujo financiamento se destinam. Ademais, conforme a natureza do gasto, prescreve espécies tributárias distintas, como passamos a ver.

No art. 145 da Constituição, inaugurando o capítulo do Sistema Tributário Nacional, há a previsão da competência para a instituição de impostos, taxas e contribuições de melhoria (tributos que, como regra, poderiam ser instituídos por todas as pessoas políticas de direito constitucional interno). Para a primeira espécie,

---

[759] A Constituição Federal brasileira de 1988 revestiu de tal importância o controle orçamentário que, a exemplo de anteriores, em seu art. 85, VI, considera crime de responsabilidade do Presidente da República os atos que atentem contra a lei orçamentária.

o legislador silencia quanto à sua função específica, sobressaindo por óbvio a sua finalidade clássica de fazer frente ao gasto público genérico.

Em relação às taxas, fica claro que sua instituição se deve dar para cobrir os gastos relativos ao exercício regular do poder de polícia ou decorrentes da prestação, efetiva ou potencial, de serviços públicos específicos e divisíveis, prestados ao contribuinte ou postos à sua disposição.

No tocante à terceira espécie, contribuição de melhoria, o tributo se destina a custear obras públicas que suscitam especial valorização do imóvel particular.

Já no art. 148, o Constituinte prevê a competência exclusiva da União Federal para a criação de empréstimos compulsórios para atender a despesas extraordinárias decorrentes de guerra externa ou sua iminência, calamidade pública ou de investimento público de caráter urgente e relevante interesse nacional.

Finalmente, em seu art. 149, a Constituição outorga também à União Federal competência para a criação de contribuições especiais, de caráter social, interventivo ou corporativo, com a finalidade de custear uma atuação direta do Estado nas respectivas áreas. Ressalvada a regra geral do *caput*, há previsão de competência estadual e municipal para a instituição de contribuição previdenciária de seus próprios servidores; e de competência municipal para a instituição de contribuição para o custeio do serviço de iluminação pública.

Resta claro, dessa forma, que o legislador constituinte, a par de distribuir as competências tributárias por espécie de tributo, prescreveu ainda funções específicas a cada uma delas.

## 2.4.1 Os distintos objetivos buscados pelo legislador com a imposição dos tributos

Segundo as funções constitucionalmente consagradas para cada espécie tributária, pode o legislador infraconstitucional manejar os tributos com objetivos distintos, ou seja, com objetivos fiscais ou extrafiscais.

Os objetivos meramente fiscais se traduzem pela obtenção de recursos para o erário por meio da tributação. No caso, a instituição de um tributo é feita tão somente com finalidade arrecadatória, não objetivando o legislador, por meio da exação, induzir qualquer comportamento da parte do contribuinte ou intervir diretamente na atividade econômica. A seu turno, o legislador pode utilizar o tributo não apenas como meio de arrecadação, ficando, até mesmo, esta função relegada a um segundo plano, mas com objetivos políticos outros, como a indução de um comportamento do particular (ITR progressivo para propriedades improdutivas) ou o controle da atividade econômica (aumentar a alíquota do IOF para conter uma explosão do consumo).

## 2.5 Redução do tributo a espécies

A redução analítica do tributo a espécies é necessária ao intérprete do direito tributário, como visto, tanto para a identificação do regime jurídico aplicável quanto para a verificação da competência impositiva por parte do ente tributante. Impõe-se, dessa forma, a construção de um modelo teórico capaz de explicar, justificar e sistematizar a distribuição da matéria no texto constitucional com o fito de estabelecer uma base consistente para a análise e controle da atividade impositiva exercida pelo Estado.

O modelo teórico majoritariamente aceito tanto pela doutrina nacional quanto pela estrangeira é aquele que se serve da análise da vinculação ou não do fato gerador do tributo a uma atividade estatal para encontrar as respostas às questões aqui formuladas.

Cuidamos anteriormente de iniciar algumas críticas à consideração do fato gerador como elemento de distinção entre as espécies tributárias. Passamos agora a completá-las por meio de uma análise crítica da teoria dos fatos geradores vinculados e não vinculados.

Como mencionado no item 2.1 deste capítulo, os fatos geradores de tributo ou correspondem direta ou indiretamente a uma atividade estatal ou são a ela completamente estranhos, isto é, os tributos sempre possuirão ou um fato gerador vinculado ou, ao contrário, um fato gerador não vinculado. Os fatos vinculados geram taxa quando referentes a um serviço público ou ao exercício regular do poder de polícia, ou contribuição de melhoria, quando relativos a uma obra pública. De outro modo, teríamos imposto sempre que o fato gerador fosse não vinculado.

Vamos agora à seguinte crítica: a teoria em questão não explica a contento como operar a redução tanto das contribuições especiais como dos empréstimos compulsórios a uma das três espécies mencionadas. A dificuldade pode ser ilustrada em duas passagens da obra de Paulo de Barros Carvalho. Vejam-se suas palavras ao discorrer sobre a natureza jurídica específica dos empréstimos compulsórios:

> Tais exações poderão revestir qualquer das formas que correspondem às espécies do gênero tributo. Para reconhecê-las como imposto, taxa ou contribuição de melhoria, basta aplicar o operativo critério constitucional representado pelo binômio hipótese de incidência (base de cálculo).[760]

Ainda para o mesmo autor, as contribuições sociais "são tributos que, como tais, podem assumir a feição de impostos ou de taxas".[761]

Não se pode admitir que, em razão do fato gerador eleito pelo legislador, tenhamos que aplicar a uma contribuição ora o regime jurídico de um imposto, ora o de uma taxa. Em direito, como já dito em outro lugar, "as coisas são ou não são". Ademais, como veremos mais adiante, tanto as contribuições especiais como

---

[760] CARVALHO, Paulo de Barros. *Curso de direito tributário*. 12. ed. São Paulo: Saraiva, 1999. p. 33.
[761] CARVALHO, Paulo de Barros. *Curso de direito tributário*. 12. ed. São Paulo: Saraiva, 1999. p. 44.

os empréstimos compulsórios possuem o produto de sua arrecadação afeto a uma despesa específica, o que é vedado aos impostos por expressa disposição constitucional (art. 167, IV).

Há que se considerar, pois, a par do fato gerador, também o gasto público que fundamenta a instituição do tributo. Do ponto de vista da evolução histórica da atividade impositiva, os tributos podem ser classificados por suas funções ou objetivos, e, ainda, pelo destino de sua arrecadação, dividindo-se, neste caso, em fiscais (não afetados) e finalísticos (afetados), consoante o tipo de gasto a que se destinam.

Os tributos fiscais são cobrados com o objetivo de garantir a manutenção das atividades inerentes ao exercício do poder. São instituídos para fazer frente às despesas ordinárias do Estado. Sua principal característica é justamente a de serem regidos pelo princípio da não afetação a qualquer despesa específica.

A razão de ser da existência destes tributos se justifica por necessidades da Administração Pública, traduzidas nos princípios da praticidade e da solidariedade, e encontra correspondência nas regras para o orçamento público. Neste ponto, em reforço à exposição, vale esboçar aqui, em algumas pinceladas, um quadro sobre os orçamentos públicos.

Suas origens coincidem com os primórdios da formulação teórica do princípio da legalidade tributária, no sentido de autoimposição, e com ele se confundem. Nesse sentido, são oportunas as palavras de Martín Queralt e Lozano Serrano, quando relacionam o orçamento e a legalidade, pois:

> não é exagerado afirmar que o orçamento se encontra na origem dos atuais parlamentos, pois dado o caráter patrimonialista da Fazenda medieval, nutrida fundamentalmente com os ingressos derivados do patrimônio real, a pretensão dos monarcas de acudir ao tributo como o instrumento esporádico e extraordinário de financiamento para certos gastos ocasionais requeria o consentimento dos súditos, expressado nas assembleias.[762]

Desse modo, o princípio de autoimposição, como exigência de que essas contribuições extraordinárias fossem aprovadas pelos representantes de quem havia de custeá-las, erige-se no princípio político e jurídico do qual derivará posteriormente o instituto jurídico do orçamento.

Destarte, as regras iniciais relativas aos orçamentos públicos, erigidas pela doutrina financeira no século XV, estabeleciam os seguintes nortes para a sua elaboração: 1. Os ingressos devem cobrir apenas as necessidades para que tenham sido solicitados; 2. Não se pode arrecadar mais do que tenha sido solicitado; 3. O tributo não deve durar além das necessidades extraordinárias que determinaram sua criação.

Com a gradativa evolução do conceito de Estado, associada à perda de importância da arrecadação patrimonial, substituída pela imposição de tributos, acaba por evoluir, consequentemente, a noção de orçamento. Não mais se poderia concebê-lo como forma de controle dos gastos pessoais do titular do poder, mas

---

[762] MARTÍN QUERALT, Juan; LOZANO SERRANO, Carmelo. *Curso de derecho financiero y tributario*. 2. ed. Madrid: Tecnos, 1991. p. 54. Tradução livre.

como meio de controle jurídico e político dos gastos necessários à manutenção do Estado, administrado no interesse do cidadão.

Alterada a realidade, alteram-se também os nortes para a sua elaboração. Tendo sido superada a perspectiva transitória do orçamento como peça de controle da arrecadação de recursos extraordinários para cobrir gastos igualmente extraordinários, firma-se o orçamento como instrumento jurídico de controle político dos ingressos e gastos referentes à Administração Pública. Nesse novo contexto, são construídos dois grandes princípios orçamentários, cuja correta apreensão é fundamental para a análise dos tributos fiscais. São eles os princípios da unidade e da universalidade.[763]

O princípio da unidade orçamentária ou caixa único, datado, historicamente, dos primeiros anos do século XVIII, postula a centralização dos ingressos e gastos em uma dependência única. Segundo esse princípio, a totalidade dos ingressos públicos destina-se a cobrir, em conjunto e indistintamente, a totalidade dos gastos públicos. Foi engendrado fundamentalmente para facilitar e assegurar o controle de toda a atividade financeira referente à Administração Pública por parte do Poder Legislativo, permitindo ainda que a decisão política possa contemplar toda a matéria de forma global. Sua formulação negativa enseja novo princípio, vale dizer, a não afetação dos ingressos a determinados gastos, não podendo haver prioridade de algum destes em relação a uma fonte determinada.

Como reflexo da não afetação entre ingressos e gastos públicos nasce o princípio da universalidade orçamentária, traduzindo a solidariedade de todos para a manutenção do Estado. Ao se fazer com que o conjunto dos ingressos responda pelo conjunto dos gastos, garante-se que a oportunidade da implementação destes possa ser política, independentemente de uma fonte de recursos específica (consideração isolada de determinados fatos ou contribuintes).

Os tributos fiscais por excelência são os impostos. Trata-se de exações que possuem por fato gerador uma situação ou atividade do contribuinte inteiramente alheia a uma atividade estatal (gasto público) a ele referente. Dessa forma, o produto de sua arrecadação destina-se ao gasto público genérico, integrando o caixa único do poder competente para a sua exigência. Não por outra razão, a Constituição Federal estabelece, em seu art. 167, IV, como regra geral,[764] a vedação à vinculação da receita de impostos a órgão, fundo ou despesa. Trata-se de regra que visa a preservar o

---

[763] Alguns autores, como Trotabas e García Noveros, preferem tratá-los como manifestações de um único princípio. Entretanto, entendemos mais adequado seu estudo como princípios independentes.

[764] As exceções a esta regra geral, contempladas pelo art. 167, IV, da CF/88, são as seguintes: para ações e serviços públicos de saúde, para manutenção e desenvolvimento de ensino, para a realização de atividades da administração tributária e, ainda, para fins de prestação de garantias às operações de crédito por antecipação de receita. Neste aspecto, merece ser feita uma crítica à postura do legislador constituinte derivado que, por ocasião das diversas reformas constitucionais, além de acrescer novas hipóteses de exceção à regra de não afetação, também buscou "constitucionalizar" a prática do legislador ordinário, especialmente o estadual, de vincular parcela do produto de arrecadação de impostos à finalidade/despesa específica. É o que se verifica com a EC nº 42/03, que, por seu art. 4º, buscou convalidar, até 2010, os adicionais do ICMS cobrados pelos estados e vinculados ao fundo de combate à pobreza, em desacordo com a redação da CF/88 e LC nº 87/96.

princípio da universalidade, permitindo o exercício da solidariedade na consecução do gasto público.

A evolução doutrinária e as finalidades da moderna tributação contribuíram para a proliferação de exceções ao princípio da não afetação. As exceções podem ser instrumentalizadas por via de orçamentos extraordinários, orçamentos autônomos e contas específicas.[765]

É de se notar que, em situações determinadas, a Administração Pública atua diretamente em relação ao administrado, com maior ou menor intensidade, consoante a orientação política adotada. Esta atuação pode se dar mediante o exercício regular de um poder de polícia; pela prestação de um serviço específico e divisível ou por meio de uma obra pública; pelo fomento de determinada atividade econômica; por meio da implementação e garantia de direitos fundamentais constitucionalmente consagrados; ou, ainda, para fazer frente a despesas extraordinárias e urgentes de interesse coletivo. Nesses casos, o gasto público deve ser sustentado por meio de ingressos específicos, pré-afetados.

O elemento comum aos tributos finalísticos está justamente no fato de a destinação a um gasto público específico integrar o seu regime jurídico, seja por condicionar o surgimento do fato gerador, seja por condicionar o exercício válido da competência impositiva. Examinemos, agora, as suas especificidades.

As taxas são tributos instituídos em razão do exercício do poder de polícia pelo Estado ou da utilização, efetiva ou potencial, de serviços públicos específicos e divisíveis. Note-se que um gasto público específico com o contribuinte é a essência da sua instituição e em sua ausência não há que se falar em obrigação tributária. Tanto é assim que a Constituição estabelece que a atuação pública deve ser específica e divisível, justamente para que se possa individualizar a cota-parte do contribuinte no montante global do gasto. Por se tratar de tributo finalístico, ou seja, não destinado ao gasto público genérico, o Poder competente tem como limite para sua exigência o valor do próprio gasto público específico.

As contribuições de melhoria são tributos instituídos em razão de uma valorização imobiliária do patrimônio particular em decorrência de obra pública. Assim, para o nascimento da obrigação tributária é necessário que o gasto público específico realizado (obra) venha valorizar em especial a propriedade imobiliária de determinado contribuinte. Esse tributo admite, entretanto, duas técnicas distintas de cobrança, sendo que, conforme a opção do legislador, estaremos diante de um tributo fiscal ou finalístico. É da teoria geral desse tributo a duplicidade do critério impositivo, podendo ser instituído para gravar a valorização patrimonial ou para recuperar parte do custo da obra.

A utilização do tributo como forma de gravar a valorização patrimonial advinda de obra pública é de inspiração inglesa, sendo a mais-valia (valorização do imóvel) agregada ao patrimônio particular o fundamento do gravame. Por outro

---

[765] No caso francês, existe uma conta especial com o seguinte título: "Gastos cobertos mediante recursos afetados". Sobre o assunto vale conferir DUVERGER, Maurice. *Finances publiques*. 11. ed. Paris: Presses Univesitaires de France, 1988.

lado, existe uma segunda posição, de origem alemã, centrada na concepção de que o fundamento da exação é garantir que particulares especialmente beneficiados por uma obra pública respondam por parte de seu custo.

Essas distintas posições se explicam na origem do instituto. No caso inglês, busca-se apenas evitar que uma obra pública financiada por toda a sociedade reflita benefícios específicos para determinados contribuintes. No caso alemão, o fundamento filosófico é distinto, uma vez que a norma objetiva diluir entre os beneficiários diretos os custos de uma obra pública.

A Constituição de 1967, em sua redação original, não contemplava integralmente nenhuma das posições doutrinárias referidas. Estabeleceu-se que a exação teria como limite total a despesa realizada com a obra e como limite individual o acréscimo de valor ao imóvel beneficiado. Posteriormente, foi revogada a prescrição de um limite individual, baseado na valorização do imóvel, sobrevindo o critério do custo da obra como retor da imposição fiscal. Assim, o benefício patrimonial passa a ser apenas condição para o estabelecimento do gravame, não mais condicionando o seu aspecto quantitativo, que será fixado em atenção ao custo da obra.

A Constituição vigente, ao prever a figura tributária em comento, limitou-se a condicionar sua instituição à existência de obras públicas, não prescrevendo limite à sua imposição. Visto que o Código Tributário Nacional já se encontra derrogado, neste particular, antes da Constituição de 1988, entendemos que o legislador é livre na adoção dos critérios para sua instituição (custo ou benefício) até que sobrevenha lei complementar regulando a matéria.

Destarte, se a vontade política for gravar a valorização imobiliária, o tributo assumirá funções fiscais, uma vez que está dissociado do gasto público como critério de exigência. Em caso oposto, optando-se por instituir o tributo em função do custo da obra, estaremos diante de uma tributação finalística, havendo que se destinar a arrecadação à conta dos gastos específicos com a mesma obra.

Constituem os empréstimos compulsórios tributos finalísticos por excelência. Sua instituição destina-se ao atendimento de gastos extraordinários decorrentes de calamidade pública, guerra externa ou necessidade de investimento público de caráter urgente e de relevante interesse nacional. Há aqui uma particularidade que os distingue das duas espécies anteriores, taxas e contribuição de melhoria. É que nas mencionadas exações o gasto público consubstanciado na atuação estatal constitui o próprio fato gerador do tributo, isto é, a obrigação tributária nasce e é decorrente do gasto público. Um exemplo: se não existe o fornecimento pelo Estado de energia elétrica ao contribuinte, não é possível a exigência de taxa de luz, por absoluta inexistência de fato gerador.

No caso do tributo em análise, o fato gerador da obrigação surgirá independentemente da realização de qualquer gasto público específico em relação ao contribuinte, mas, por determinação constitucional, o produto de sua arrecadação será vinculado à despesa que fundamentou sua instituição. Assim, ao se analisar a dinâmica da imposição de um empréstimo compulsório, observa-se que, uma vez ocorrido na prática o fato gerador descrito na norma, há o nascimento da obrigação tributária e, consequentemente, o surgimento de um direito de crédito em favor do

Estado, direito este cuja exigência só será legítima quando da efetiva consecução dos objetivos que fundamentarem a exação. Portanto, não se trata de dizer que o fato gerador de um empréstimo compulsório está vinculado à realização de um gasto, visto que este apenas determina a legitimidade da obrigação formalmente preexistente e independente de um eventual desvio de finalidade.

Assim, somente é lícito ao poder impositivo exigir um empréstimo compulsório até o limite da despesa e exclusivamente para a sua consecução. Qualquer desvio de finalidade ou superdimensionamento das necessidades vai macular inapelavelmente a norma tributária – vício de origem –, já que ela é ilegítima diante da Constituição e acabaria por ensejar um enriquecimento sem causa por parte do poder tributante.

As contribuições especiais são tributos destinados ao financiamento de gastos públicos específicos, atuando como instrumento de intervenção do Estado no campo social e econômico. A exemplo dos empréstimos compulsórios, o produto de sua arrecadação é especialmente afetado a determinada despesa, cuja realização legitima o exercício da competência impositiva por parte do Poder Público. Podem ser subdivididas em sociais, corporativas ou interventivas. As duas últimas destinam-se ao fornecimento de recursos aos órgãos representativos de categorias profissionais ou econômicas (corporativas) ou à viabilização da intervenção do Estado no domínio econômico (interventivas). Quanto às contribuições sociais, são os tributos postos na Constituição para o financiamento de determinados direitos sociais assegurados ao cidadão.

Apesar de todo criticável do ponto de vista da técnica tributária, impende destacar que, a partir da Emenda Constitucional nº 39, de 2002, podem os municípios instituir, na forma das respectivas leis, para o custeio do serviço de iluminação pública, contribuição especial para esse mister, competência que a Emenda Constitucional nº 132, de 2023, estendeu para também abarcar o custeio de sistemas de monitoramento para segurança e preservação de logradouros públicos.[766] Dessa forma, a tripartição clássica das contribuições (sociais, interventivas e corporativas), posta no texto originário da Constituição, foi alterada pelo legislador constituinte a fim de que os municípios pudessem continuar, na prática, a cobrar as antigas taxas de iluminação pública, muito embora tratasse *in casu* de serviço público não específico e divisível e tenham sido julgadas inconstitucionais pelos tribunais. Destarte, procurou o constituinte derivado ressuscitar, na ordem jurídica, ditas taxas com o nome de contribuição, embora, em sua gênese, de contribuição nada tenham.

O mesmo desvirtuamento da sistemática prevista pelo Constituinte originário se verifica na outorga de competência, pela Emenda Constitucional nº 132, de 2023, para que alguns estados possam instituir, até 2043, "contribuição" destinada a investimentos em obras de infraestrutura e habitação sobre produtos primários e semielaborados:

---

[766] Nova redação dada pela EC nº 132/23 ao art. 149-A da CF/88: "Art. 149-A. Os Municípios e o Distrito Federal poderão instituir contribuição, na forma das respectivas leis, para o custeio, a expansão e a melhoria do serviço de iluminação pública e de sistemas de monitoramento para segurança e preservação de logradouros públicos, observado o disposto no art. 150, I e III".

Art. 136 do ADCT. Os Estados que possuíam, em 30 de abril de 2023, fundos destinados a investimentos em obras de infraestrutura e habitação e financiados por contribuições sobre produtos primários e semielaborados estabelecidas como condição à aplicação de diferimento, regime especial ou outro tratamento diferenciado, relativos ao imposto de que trata o art. 155, II, da Constituição Federal, poderão instituir contribuições semelhantes, não vinculadas ao referido imposto, observado que:

I - a alíquota ou o percentual de contribuição não poderão ser superiores e a base de incidência não poderá ser mais ampla que os das respectivas contribuições vigentes em 30 de abril de 2023;

II - a instituição de contribuição nos termos deste artigo implicará a extinção da contribuição correspondente, vinculada ao imposto de que trata o art. 155, II, da Constituição Federal, vigente em 30 de abril de 2023;

III - a destinação de sua receita deverá ser a mesma das contribuições vigentes em 30 de abril de 2023;

IV - a contribuição instituída nos termos do *caput* será extinta em 31 de dezembro de 2043.

Mais uma vez, estamos diante de uma hipótese de convalidação, pelo Poder Constituinte Derivado, da inconstitucionalidade consubstanciada na exigência, por alguns estados da federação, que contribuintes beneficiados com incentivos fiscais de ICMS vertam parte desses valores a fundos estaduais específicos.[767] Ao julgar a ADI nº 5.635 – em que se questionou o Fundo Estadual de Equilíbrio Fiscal (FEEF), bem como o Fundo Orçamentário Temporário (FOT), ambos criados pelo estado do Rio de Janeiro –, decidiu o STF, por maioria, que, no caso concreto, não teria havido ofensa ao art. 167, IV, da CF/1988, por esses fundos se caracterizarem como "atípicos", "haja vista não se destinarem a organizar programações específicas e detalhadas, que possam viabilizar o controle e a aplicação dos recursos em ações ou objetivos predeterminados".[768] Não obstante, ressalvou o ministro relator em seu voto:

---

[767] Por ofensa ao art. 167, IV, da CF, que veda a vinculação de receita de impostos a órgão, fundo ou despesa.

[768] Justifica-se, no voto vencedor, proferido pelo relator, ministro Barroso, que: "13. De acordo com o art. 167, IV, da CF/1988, os fundos são necessariamente instituídos por lei e constituem reservas de receitas para aplicação determinada. Além de terem os seus recursos definidos em lei, estão vinculados à realização de programas específicos de certo órgão da Administração, possibilitando uma gestão descentralizada de verbas públicas. A principal característica dos fundos públicos, por conseguinte, é que não oferecem efetiva margem de liberdade ao gestor para a alocação dos recursos. Configuram exceção ao princípio da unidade de tesouraria, tendo em vista que as receitas que o compõem não ingressam na Conta Única do ente federado. 14. Nem todas as receitas podem ser carreadas aos fundos públicos. O art. 167, IV, da CF/1988, veda a destinação da receita de impostos a órgão, fundo ou despesa, salvo no caso de os recursos serem empregados para ações e serviços públicos de saúde, manutenção ou desenvolvimento do ensino, dentre outras hipóteses. 15. A Lei estadual nº 7.428/2016 criou o Fundo Estadual de Equilíbrio Fiscal – FEEF, condicionando a fruição de benefícios fiscais de ICMS ao depósito de 10% do montante da vantagem fiscal, no aludido fundo. Como o nome já sugeria, o FEEF se destinava a promover o equilíbrio fiscal do Estado, com receitas utilizadas *prioritariamente ao pagamento de salários*. Com o advento da Lei estadual nº 8.645/2019, tal fundo foi substituído pelo Fundo Orçamentário Temporário – FOT, de mesma natureza e finalidade. Nessa nova sistemática, os recursos auferidos pelo FOT continuam a ter por objetivo atingir o equilíbrio fiscal do Estado (art. 6º do aludido diploma legal), mas *sem a destinação ou vinculação das receitas a qualquer despesa.*

18. (...) Assim, buscando compatibilizar os dispositivos da legislação estadual ao art. 167, IV, da CF/1988, *deve ser afastada qualquer exegese que vincule as receitas vertidas ao FEEF/FOT a um programa governamental específico. Os recursos que compõem esses fundos devem ter destinação genérica, podendo atender a quaisquer demandas. Entendimento diverso que pretenda estabelecer uma ordem de prioridade, em abstrato, para a consecução primeira de determinadas despesas em prejuízo de outras, afronta a aludida desvinculação das receitas tributárias imposta pela Constituição.* (Destaques no original)

Ou seja, a Corte Suprema acabou por confirmar que a vinculação ao custeio de uma despesa específica importaria ofensa à Constituição, motivo pelo qual se buscou, com a EC nº 132/23, convalidar a dita inconstitucionalidade, permitindo que estados possam, nas circunstâncias acima descritas, no lugar dos referidos fundos, criar "contribuição".

Em resumo, em relação à União federal, a competência continua sendo para instituir contribuições sociais, interventivas e corporativas. Não obstante, foi permitido, por emenda constitucional, que (i) municípios cobrem "contribuição" destinada ao custeio do serviço de iluminação pública e de sistemas de monitoramento para segurança e preservação de logradouros públicos, e que (ii) alguns estados[769] possam instituir, até 2043, "contribuição" destinada a investimentos em obras de infraestrutura e habitação sobre produtos primários e semielaborados. Não podendo deixar de ser mencionado, ainda, que, desde a redação original, União, estados e municípios possuem competência para instituir contribuições de seus servidores para custeio de seu regime próprio de previdência.[770]

---

16. Intimada a esclarecer sobre a classificação financeira-orçamentária dos recursos destinados ao FEEF/FOT, a Secretaria de Fazenda do Estado do Rio de Janeiro informou que tais fundos não estão ligados a uma unidade orçamentária (UO) ou a uma unidade gestora (UG) e que, a despeito de exibirem a nomenclatura de "fundos", são, em verdade, fontes de recursos sem destinação de receita específica (doc. 94). Mesmo com a extinção do FEEF e a criação do FOT, não foi alterada a classificação orçamentária dos recursos, FR 102. Isso indica que tanto o FEEF quanto o FOT continuam a ser fontes de recursos, cuja execução de despesas pode ser rastreada/mapeada via SIAFE-RIO.

17. Nesse contexto, o FEEF e o FOT se caracterizam como fundos atípicos, haja vista não se destinarem a organizar programações específicas e detalhadas, que possam viabilizar o controle e a aplicação dos recursos em ações ou objetivos predeterminados. Por essa razão, não constituem unidades orçamentárias, não estão vinculados a um órgão ou a um gestor determinado nem são destinados a programas de trabalho específicos ou detalhados. Tais fundos atípicos se caracterizam como uma estratégia de particularizar recursos no orçamento, conferindo relativa margem de liberdade ao órgão executivo quanto à alocação das receitas auferidas". (Destaques no original)

[769] Estados que possuíam, em 30 de abril de 2023, fundos destinados a investimentos em obras de infraestrutura e habitação financiados pela cobrança, como condição para a fruição de incentivos fiscais de ICMS, de parcela de tais incentivos sobre produtos primários e semielaborados.

[770] Nos termos da redação do §1º do art. 149, com a redação dada pela EC nº 103, de 2019: "A União, os Estados, o Distrito Federal e os Municípios instituirão, por meio de lei, contribuições para custeio de regime próprio de previdência social, cobradas dos servidores ativos, dos aposentados e dos pensionistas, que poderão ter alíquotas progressivas de acordo com o valor da base de contribuição ou dos proventos de aposentadoria e de pensões".

## 2.5.1 A identificação da espécie por meio da análise da norma tributária

A construção de um modelo teórico capaz de explicar a contento a divisão do tributo em espécies é tarefa difícil, mormente em nosso sistema jurídico. É interessante notar que, mesmo alhures, trata-se de um problema recorrente. Desde os esforços doutrinários de autores de escol como Ranelletti e Griziotti, passando pelas teorias revisionistas de Giannini, Berliri e Jarach, busca-se com afinco o estabelecimento de bases científicas para o estudo do direito tributário como disciplina autônoma. Particularmente em relação à definição das espécies tributárias, a eleição do fato gerador ou fato imponível como o critério de análise revestido de maior rigor científico obteve larga aceitação entre nós nos últimos tempos. Jarach, citado por todos, afirma que o estudo da relação jurídica tributária somente poderia ser feito pela análise do fato imponível, sendo que "esta é a razão por que este ensaio de uma teoria geral de direito tributário material está construído ao redor da teoria do fato imponível".[771]

Nesse sentido, como já mencionado em passagens anteriores, a eleição do fato gerador como norte para identificação da espécie tributária, independente da destinação legal da arrecadação, foi consagrada nos primórdios do CTN, merecendo os encômios, à época, de grande parte da doutrina. Paulo de Barros Carvalho criticava a classificação dos tributos segundo a receita, considerando o critério juridicamente precário:

> O evolver dos tempos e o desprendimento gradativo da ciência do direito tributário, com relação às categorias econômicas e financeiras que o iluminavam, encarregaram-se de demonstrar, pouco a pouco, a deficiência do critério subjacente àquela classificação.[772]

Em verdade, tanto os elogios ao Código Tributário Nacional quanto as críticas à utilização da destinação da arrecadação como critério classificatório, por levar em conta critérios financeiros ou econômicos, devem ser contextualizados previamente a qualquer contraposição. Caso contrário, corremos o risco de uma crítica apressada ou até mesmo injusta.

É importante levar em consideração o fato de que as manifestações citadas são um reflexo na doutrina nacional de toda uma revisão feita pela doutrina estrangeira a estudos embrionários de direito tributário, de grande valor nessa época – e aqui deve ser citado, para ilustrar, o trabalho de Griziotti –,[773] mas que eram considerados criticáveis pela utilização excessiva de critérios econômicos e financeiros. Destarte, a bem da pureza do método científico, procurou-se centrar o enfoque da matéria no estudo do fato gerador da obrigação, expurgando-se assim qualquer critério financeiro, como a destinação dada aos recursos arrecadados. Confira-se a posição

---

[771] JARACH, Dino. *O fato imponível*: teoria geral do direito tributário. São Paulo: Revista dos Tribunais, 1989. p. 83.
[772] CARVALHO, Paulo de Barros. *Teoria da norma tributária*. 2. ed. São Paulo: Revista dos Tribunais, 1981. p. 109.
[773] GRIZIOTTI, Benvenuto. *Studi di scienza delle finanze e diritto finanziario*. 2. ed. Milano: Giuffre, 1956.

de Giannini,[774] sustentando a irrelevância para o direito tributário do destino dado ao produto da arrecadação fiscal:

Com efeito, é claro que o destino do produto de um imposto a um especial serviço público não tem nenhuma influência sobre sua estrutura jurídica, dado que a obrigação do sujeito passivo surge, em este como em qualquer outro imposto, com a simples realização do fato gerador.

Entretanto, o estudo do direito tributário e, em especial, a matéria aqui tratada devem acompanhar a evolução legislativa, principalmente em nível constitucional. Desta forma, determinadas críticas, embora tenham sido procedentes no passado, não mais possuem atualidade. É o caso daquelas feitas à consideração, em direito tributário, da destinação dada ao produto da arrecadação fiscal. Isso porque, fundamentalmente, a partir da Constituição de 1988, o estudo da destinação dos tributos não mais interessa apenas à ciência das finanças ou no máximo ao direito financeiro e orçamentário, mas, efetivamente, será uma baliza na identificação das espécies de tributo, bem como no controle do exercício da competência impositiva. Assim, a redução do tributo a espécies não mais poderá ser norteada exclusivamente pela análise do fato gerador da obrigação, na moderna ordem constitucional e diante dos desígnios de um Estado Democrático de Direito. Marco Aurélio Greco, discorrendo sobre o critério de classificação das espécies tributárias fundado na identificação do fato gerador como vinculado ou não a uma atuação estatal, observa com precisão: "Esta classificação apresenta inegáveis qualidades e sua utilidade demonstrou-se imensa nos últimos trinta anos. Porém, sofre com o imprevisto, aquilo que existe na realidade mas não encontra um enquadramento imediato e cristalino".[775] Assim, continua o autor, a classificação baseada apenas no fato gerador "sofre quando surge um ornitorrinco (para usar o exemplo de Umberto Eco), figura que não encontrou espaço numa classificação 'científica' da época e que demorou oitenta anos para ser 'cientificamente classificado' (através de uma mudança na classificação anterior)".

Tratando-se da classificação do tributo em espécies perante a teoria do direito tributário e o texto constitucional atual, a imagem do ornitorrinco trazida por Umberto Eco, nos termos relatados por Marco Aurélio Greco, parece-nos bastante sugestiva. Ora, quando da "descoberta" do animal pela comunidade científica, este não se enquadrava em nenhuma das classificações até então existentes, pois era ao mesmo tempo ovíparo e mamífero. Não seria desarrazoado afirmar que, quanto à sua identificação, tanto as contribuições como os empréstimos compulsórios sofrem da "síndrome do ornitorrinco". Como classificar é preciso, tanto para fins de controle do exercício da competência impositiva quanto para a aplicação do regime jurídico, passamos à tarefa que se impõe.

Para a construção de um modelo teórico de classificação, devemos observar os referenciais contidos na Constituição, analisando-os, ainda, na perspectiva da teoria geral do direito tributário. Vale agora destacá-los separadamente:

---

[774] GIANNINI, A. D. *Instituzioni di diritto tributario*. Milano: Giuffre, 1968. p. 78.
[775] GRECO, Marco Aurelio. *Contribuições*: uma figura "sui generis". São Paulo: Dialética, 2000. p. 92.

1º) A CF/88 estabelece, em seu art. 145, que a União, os Estados, o Distrito Federal e os Municípios poderão instituir os seguintes tributos: IMPOSTOS, TAXAS e CONTRIBUIÇÕES DE MELHORIA;

2º) A CF/88 estabelece, ainda nos arts. 148 e 149, como regra geral, a competência da União para a instituição de EMPRÉSTIMOS COMPULSÓRIOS e CONTRIBUIÇÕES (sociais, corporativas e interventivas);

3º) A CF/88 veda como regra geral a vinculação do produto da arrecadação dos impostos a órgão, fundo ou despesa (art. 167, IV);

4º) A CF/88 pré-afeta a arrecadação dos empréstimos compulsórios e das contribuições a despesas específicas, inclusive determinando, no caso das contribuições destinadas à seguridade social, sua previsão em orçamento autônomo (art. 165, §5º, III);

5º) A CF/88 remete à Lei Complementar de normas gerais a definição dos tributos e de suas espécies (art. 146, III, "a") e, nestes termos, o Código Tributário Nacional oferece a seguinte redação:

Art. 3º Tributo é toda prestação pecuniária compulsória, em moeda ou cujo valor nela se possa exprimir, que não constitua sanção de ato ilícito, instituída em lei e cobrada mediante atividade administrativa plenamente vinculada.

Art. 4º A natureza jurídica específica do tributo é determinada pelo fato gerador da respectiva obrigação, sendo irrelevantes para qualificá-la:

I - a denominação e demais características formais adotadas pela lei;

II - a destinação legal do produto da sua arrecadação.

Diante desses referenciais, afirmamos, em obra anterior,[776] serem subespécies os empréstimos compulsórios e as contribuições:

> A classificação das espécies tributárias deve estar fulcrada na Constituição, e, neste sentido, o Texto Magno, ao incorporar todo o contexto evolutivo tributário, consagrou, além das três espécies clássicas – impostos, taxas e contribuições de melhoria – duas subdivisões: tributos de afetação obrigatória, compostas pelas contribuições e empréstimos compulsórios.

A alocação dos empréstimos compulsórios e das contribuições como subdivisões e não como espécies autônomas deu-se em razão da dificuldade de seu enquadramento em um critério classificatório fundado exclusivamente na análise do fato gerador. Seguindo-se o referencial estabelecido pela legislação complementar, facilmente identificamos as exações em comento como tributos (art. 3º do Código Tributário Nacional) e, note-se, trata-se de conceito totalmente adequado se confrontado com a teoria geral do direito tributário. Partindo-se da análise do fato gerador (art. 4º do Código Tributário Nacional), observa-se que são em sua maioria próprios de impostos (excepcionalmente podem configurar taxas no caso das contribuições).

---

[776] SPAGNOL, Werther Botelho. *Da tributação e sua destinação*. Belo Horizonte: Del Rey, 1994. p. 34-35.

Entretanto, é da teoria geral dos impostos sua destinação ao gasto público genérico, à manutenção das atividades ordinárias do Estado. O produto de sua arrecadação integra livremente o caixa público, sendo assegurado ao administrador liberdade na sua aplicação nos limites e diretrizes orçamentárias. Tanto é assim que a própria Constituição proíbe a pré-afetação de sua receita a órgão, fundo ou despesa. Ademais, é da teoria geral das contribuições e dos empréstimos compulsórios justamente a afetação do produto de sua arrecadação a despesas específicas, as quais fundamentam a sua instituição. Fica evidente, portanto, a pouca utilidade da redução dos tributos afetados a uma das três figuras tributárias clássicas, por meio da identificação do fato gerador. Se assim procedêssemos, seríamos forçados a aplicar regimes jurídicos específicos de forma distinta em uma mesma espécie.

Impende sempre destacar que a classificação do tributo em espécies deve possuir a utilidade de possibilitar ao intérprete, por meio dela, analisar, entender e, principalmente, inferir o necessário controle sobre o exercício da atividade impositiva por parte do Poder Público. Assim, pouco importa se a classificação se dará por meio da enumeração de tipos que integram um mesmo gênero ou, ao contrário, por meio da separação desses mesmos tipos em espécies opostas em um gênero. O que realmente interessa é a sua utilidade.

Neste sentido, sendo o tributo um instrumento de arrecadação destinado ao financiamento das despesas públicas e, conforme já afirmado, tendo a Constituição outorgado as competências tributárias em função das despesas a serem atendidas pelo tributo, entendemos que uma classificação verdadeiramente útil dos tributos não pode desprezar a destinação constitucional dada ao produto da arrecadação. Sendo a consideração da arrecadação um elemento da teoria geral dos tributos e tendo sido inegavelmente constitucionalizada, torna-se imprescindível sua utilização como critério de separação entre os tributos, permitindo a um só tempo operar o controle do exercício da competência como, também, determinar o regime jurídico a ser aplicado ao tributo.

Para melhor nos explicarmos, valem algumas digressões sobre a fenomenologia da tributação e todo o desenho normativo que ela encerra. A doutrina tradicionalmente adota um enfoque dicotômico da norma jurídica, decompondo-a logicamente em uma hipótese à qual se associa um mandamento. Uma vez configurada a hipótese na prática, instaura-se a relação jurídica tributária explicitada pelo mandamento.

Dito de outra forma, ao se configurarem em concreto todos os aspectos da *hipótese*, tem-se por ocorrido o fato gerador e, por consequência, surge a obrigação para o sujeito passivo de entregar dinheiro aos cofres públicos nos termos e condições descritos pelos aspectos do *mandamento*.

Tratando-se de tributos fiscais, não afetados, o *mandamento* será sempre neutro para a identificação da espécie tributária. O comando nele contido vai limitar-se a indicar a forma para o cumprimento da obrigação de entregar dinheiro aos cofres públicos para a consecução do gasto público genérico. Nestes termos, não especificado o gasto, a análise da espécie se reduz ao ingresso. Sendo a *hipótese* descritiva de um fato ou situação independente de uma atuação do Poder Público, teremos imposto.

Caso contrário, sendo a *hipótese* descritiva de fato ou situação relativa à atuação do Poder Público, teremos taxa ou contribuição de melhoria. Nada mais do que isso!

Entretanto, nos termos já afirmados, a tributação, sob o manto da Constituição Federal de 1988, não se resume às suas funções fiscais, não constituindo apenas instrumento para a arrecadação de recursos tendentes ao financiamento e manutenção das atividades próprias do Estado, assim entendidas em uma perspectiva de Estado liberal, não interventor. Assumindo, pois, a tributação a função de financiar uma atuação direta do Poder Público nos campos social e econômico, permite a Constituição a criação de tributos específicos para este mister, que não se impõem em razão da existência de um gasto público genérico, e sim de gastos públicos específicos, e somente em virtude da existência destes irão se legitimar. Neste caso, o *mandamento* não mais se torna neutro para efeitos de identificação da espécie, pois vai explicitar em seu comando o destino do dinheiro arrecadado. Assim, nos tributos finalísticos, a identificação da espécie tributária deverá mesclar a análise tanto da *hipótese* quanto do *mandamento*. No caso das taxas e contribuições de melhoria, em razão de o gasto público condicionar o surgimento do fato gerador, sua inferência se dará pela análise da *hipótese*, devendo esta ser descritiva de uma atuação estatal. Quanto às contribuições especiais e aos empréstimos compulsórios, em razão de a *hipótese* descrever um fato ou situação do contribuinte, tal qual nos impostos, será pelo destino da arrecadação explicitado no *mandamento* que identificaremos sua natureza específica. Havendo explicitação de destinação específica, teremos uma contribuição ou um empréstimo compulsório. Por último, quanto aos impostos, a destinação do produto de sua arrecadação é afeta ao gasto genérico, sendo especificada, *a posteriori*, dentro do orçamento.

O direito, comumente, trabalha com programas finalísticos, para usar a terminologia de *Luhmann*. Tais programas se avolumam com a passagem do modelo de Estado Liberal "Policial" do começo do século passado, para o Estado "Interventor" de nossos dias. À medida que a tributação passa a acompanhar a mudança na forma de Estado, transcende suas funções clássicas, sendo agora também imposta em atenção a finalidades específicas. Assumindo os fins de maior relevância,[777] "as normas não valem porque algo ocorreu ou porque elas regulam determinada matéria, vale dizer, porque sua previsão está incluída no âmbito material constitucionalmente qualificado. As normas serão válidas em função do que elas visam ou daquilo para que elas servem".

Diante dos fins previstos pela norma constitucional quando da outorga das competências impositivas, podemos inferir a existência de tributos fiscais ou não afetados e de tributos finalísticos ou afetados. A redução destes mesmos tributos em espécies autônomas deverá ser feita por meio de técnicas distintas, enfocando tanto a *hipótese* como o *mandamento* da norma jurídica tributária. Na tributação fiscal, diante da já afirmada neutralidade do *mandamento* (o critério finalístico indicará

---

[777] GRECO, Marco Aurelio. *Contribuições*: uma figura "sui generis". São Paulo: Dialética, 2000. p. 42.

gasto público genérico), a espécie será identificada por meio da análise do aspecto material da *hipótese*.

Nos tributos finalísticos, sendo os fins especialmente relevantes, a espécie de tributo será identificada por meio da análise ora da *hipótese* (taxa e contribuição de melhoria) ora do *mandamento* (empréstimos compulsórios e contribuições especiais). Para tanto, cumpre acrescer aos aspectos do *mandamento* da norma tributária também o aspecto finalístico. Por meio deste, pode o intérprete colher da norma tributária qual será o destino do produto da arrecadação do tributo instituído e, assim, verificar a legitimidade da exação e o regime jurídico a ela aplicado, ou seja, os limites formais e materiais para a incidência válida da tributação.

A relevância da inclusão do aspecto finalístico nos aspectos do *mandamento* pode ser inferida da necessária correlação entre as normas de competência e de incidência tributárias. No caso dos tributos nos quais a destinação do produto da arrecadação condiciona o exercício válido da competência, empréstimos compulsórios e contribuições especiais, a norma de incidência, para adequar-se à norma de competência, deverá prever em seu *mandamento* o destino a ser dado ao produto da arrecadação, tendo em vista que para tais exações a atribuição de competência está vinculada ao atendimento de finalidades específicas. Confira-se no quadro a seguir.

**Norma tributária**

| Hipótese de incidência<br>Aspectos | Mandamento<br>Aspectos |
|---|---|
| Material – Descrição do fato. Ex.: perceber renda | Pessoal – Descrição dos sujeitos ativo e passivo |
| Temporal – Quando o fato será considerado perfeito e acabado. Ex.: renda percebida durante o exercício financeiro | Quantitativo – Descrição da base de cálculo, alíquota ou valor fixo |
| Espacial – Limites de validade da norma | Operacional – Indicações de como, quando e onde pagar |
| Pessoal – Descrição das pessoas com capacidade para a realização da hipótese | Finalístico – Indicação do destino a ser dado ao produto da arrecadação |

É importante destacar que o fato de o aspecto finalístico não vir explicitado na norma de incidência não implica a possibilidade de desconsideração da finalidade e consequente destinação constitucional do tributo. Não é expresso na norma em razão, apenas, de a finalidade não ser precondição ao exercício válido da competência. Entretanto, se, por acaso, em momento posterior à incidência existir desvirtuamento da finalidade, aí sim, repita-se, em momento posterior, a incidência tributária restará ilegítima em face da Constituição.

Nos impostos, o aspecto finalístico não é expresso, uma vez que os ingressos obtidos se destinam indistintamente à cobertura da totalidade dos gastos públicos (caixa único). Nas taxas e contribuições de melhoria, o aspecto finalístico é igualmente não expresso, já que o gasto público vai condicionar o surgimento do fato gerador, possibilitando sua identificação pelo critério material da hipótese. Nas contribuições especiais e empréstimos compulsórios, o aspecto finalístico é expresso, devendo os ingressos ser contabilizados de forma apartada e destinados ao gasto específico que fundamentou a instituição do tributo.

Finalmente, os tributos, no que concerne às espécies, podem ser assim esquematizados:

| Tributos fiscais |
| --- |
| Identificação da espécie pelo aspecto material da hipótese |
| a) Impostos |
| b) Contribuições de melhoria (valorização imobiliária) |

| Tributos finalísticos | |
| --- | --- |
| Identificação da espécie pelo aspecto material da hipótese | Identificação da espécie pelo aspecto finalístico do mandamento |
| a) Taxas | a) Contribuições especiais |
| b) Contribuições de melhoria (custo da obra) | b) Empréstimos compulsórios |

Finalmente, fechando o tema da redução do tributo em espécies, vale a seguinte sistematização:
1. Identificação do imposto: o aspecto material da hipótese da norma descreve fato lícito não vinculado a uma atuação estatal, e o aspecto finalístico do mandamento, por expressa determinação constitucional, deve ser neutro, não existindo, pois, indicação do destino a ser dado ao produto da arrecadação (gasto público genérico).
2. Identificação da taxa: o aspecto material da hipótese da norma descreve fato vinculado a uma atuação estatal, que pode ser traduzida na prestação de serviço público ou no exercício regular do poder de polícia.
3. Identificação da contribuição de melhoria: o aspecto material da hipótese da norma descreve fato vinculado a uma atuação estatal consubstanciado na realização de obra pública que acarrete efetiva valorização de imóvel particular.
4. Identificação dos empréstimos compulsórios: o aspecto material da hipótese da norma descreve fato lícito não vinculado a uma atuação estatal, e o aspecto finalístico do mandamento, por expressa determinação constitucional, indica o destino a ser dado ao produto da arrecadação (despesas extraordinárias decorrentes de calamidade pública ou guerra externa).
5. Identificação das contribuições especiais (sociais, interventivas, corporativas e, ainda, excepcionalmente, (i) de iluminação pública e do monitoramento

para segurança e preservação de logradouros públicos[778] e, (ii) até 2043, "contribuição" destinada a investimentos em obras de infraestrutura e habitação sobre produtos primários e semielaborados):[779] o aspecto material da hipótese da norma descreve fato lícito não vinculado a uma atuação estatal, exceto no caso da iluminação pública, e o aspecto finalístico do mandamento, por expressa determinação constitucional, indica o destino a ser dado ao produto da arrecadação (seguridade social, custeio da intervenção da União no domínio econômico, no interesse de categorias profissionais ou econômicas e, excepcionalmente, para o custeio da iluminação pública e do monitoramento para segurança e preservação de logradouros públicos e, ainda, destinada a investimentos em obras de infraestrutura e habitação).

---

[778] A ser instituída pelos municípios.

[779] A ser instituída por alguns estados: os que possuíam, em 30 de abril de 2023, fundos destinados a investimentos em obras de infraestrutura e habitação financiados pela cobrança, como condição para a fruição de incentivos fiscais de ICMS, de parcela de tais incentivos sobre produtos primários e semielaborados.

CAPÍTULO 3

# PERFIL GENÉRICO DOS TRIBUTOS EM ESPÉCIE

Após terem sido lançados os apontamentos teóricos para a compreensão dos tributos, suas funções e estrutura normativa, bem como fincadas as balizas para a identificação das espécies tributárias, tracemos agora o perfil genérico de cada uma delas.

## 3.1 Impostos

Os impostos são tributos destinados ao financiamento difuso da máquina estatal. Por meio desta figura tributária, pode o Poder Público tributar determinados sinais de capacidade contributiva apresentados pelo contribuinte (fato gerador não vinculado) e aplicar o produto arrecadado no custeio do gasto público geral, uma vez que, como visto, o art. 167, IV, da CF/88 veda a vinculação dos impostos a órgão, fundos ou despesas específicas. Destaca-se, pois, sua grande importância para a Administração Pública. Isto porque sua imposição se legitima independentemente de uma atuação estatal diretamente relacionada ao contribuinte obrigado, não havendo qualquer obrigação de aplicação do produto da arrecadação no interesse (referibilidade direta) específico do contribuinte.

Assim, é o imposto a espécie tributária que permite ao legislador maior discricionariedade impositiva. Em vista disto, a Constituição Federal delimita exaustivamente a competência legislativa para sua instituição entre as pessoas políticas, União (art. 153), estados (arts. 155, 156-A e 156-B) e municípios (arts. 156, 156-A e 156-B), reservando, por fim, para a primeira, as competências residual e extraordinária (art. 154, I e II).

Pelo fato de o imposto não guardar relação com qualquer atividade estatal específica, o Poder Público goza de ampla liberdade para a eleição dos gastos públicos que financiará com o produto de sua arrecadação, ressalvados casos excepcionais de vinculação antes mencionados.

Esta liberdade tem sua razão de ser na evolução do conceito de Estado e, por conseguinte, de gasto público. Como anteriormente salientado, a imposição tributária sempre vai estar legitimada pela cobertura de um gasto ou finalidade pública. Entretanto, dentro da cada vez mais complexa estruturação estatal, os gastos públicos tendem a se multiplicar, tornando impossível, na maioria dos casos, vincular um ingresso a um gasto público específico. Desta forma, toda a construção histórica, relativa ao controle e, por suposto, à legitimação da imposição em função de uma necessidade específica, foi reformulada para se adaptar à nova realidade, vale dizer, o imposto se reveste de legitimidade ante a existência de um gasto público geral.

Por toda a maleabilidade e não afetação específica do produto de sua arrecadação, os impostos constituem fundamental fonte de ingressos para o Estado, destinando-se principalmente à manutenção da máquina administrativa ordinária estatal.

### 3.1.1 Impostos diretos e indiretos

A classificação dos impostos em diretos e indiretos, apesar de atender a critérios fundamentalmente econômicos, assume grande interesse didático quando do estudo da política de imposição fiscal.[780]

Os impostos diretos são aqueles que gravam diretamente a riqueza, traduzida pela simples circunstância de o sujeito passivo possuir um patrimônio ou obter uma renda. Os impostos indiretos gravam, por sua vez, não a riqueza em si mesma, mas sua utilização, circulação ou consumo.

A classificação em comento recebe críticas por não contemplar, satisfatoriamente, o enquadramento de alguns tipos de imposição (sobre serviços etc.); não sendo raro encontrar na doutrina autores que entendem a distinção como carecedora de relevância jurídica.

Entretanto, seu grande mérito é fornecer elementos para a análise da imposição tributária global, sob uma ótica de política ou sociologia fiscal. Por meio dela podemos sacar os traços evolutivos da tributação, observando, *verbi gratia*, que a imposição direta está historicamente associada ao conceito de progressividade (justiça distributiva), e a indireta sempre esteve balizada por critérios comutativos (regressivos) em relação ao sujeito passivo (ressalvando-se a utilização do princípio da seletividade em benefício de determinados produtos).

A classificação dos impostos em diretos ou indiretos é também adequada para o estudo da psicologia dos tributos, visto que, historicamente, os tributos indiretos tiveram sempre mais aceitação, pelo sujeito passivo, que os diretos. Todos estes dados devem ser objeto de detalhado estudo, tanto pelo legislador como pelo intérprete, na

---

[780] A distinção entre impostos diretos e indiretos é a mais antiga e, segundo os professores Martín Queralt e Lozano Serrano, "nasce no âmbito dos estudos econômicos, partindo da ideia, própria dos fisiocratas, de que existem certos tributos que gravam as classes produtivas, incidindo diretamente sobre a riqueza social, enquanto que outros tributos recaem sobre as classes economicamente improdutivas ou estéreis, incidindo só de forma indireta sobre essa mesma riqueza social. [...] o tributo que grava as rendas agrárias constituía o paradigma do imposto direto, ao gravar a fonte produtiva da riqueza por excelência. Ao contrário, o imposto indireto por antonomásia será o imposto que grava o consumo de bens. Sobre tal ponto de partida – plenamente conforme com os postulados fisiocráticos que identificam a terra como a fonte de riquezas por excelência –, com a ideia de que os impostos diretos são os que gravam a renda ou o patrimônio de uma pessoa, enquanto os impostos indiretos são aqueles que gravam o emprego ou gasto dessa renda e o tráfego patrimonial" (MARTÍN QUERALT, Juan; LOZANO SERRANO, Carmelo. *Curso de derecho financiero y tributario*. 2. ed. Madrid: Tecnos, 1991. p. 130. Tradução livre).

medida em que estão diretamente relacionados com a instrumentalidade e a justiça[781] de todo o sistema tributário.

Dentro desta distinção, impende ainda gizar a posição, entre outros, de Sainz de Bujanda, que fala de métodos impositivos diretos e indiretos.[782] Os métodos diretos ensejariam impostos que não comportam a transferência do encargo tributário, sendo indiretos quando for possível ao sujeito passivo transferir a um terceiro o ônus fiscal. E nos parece ter sido esta a linha adotada pelo art. 166 do CTN, o qual estabelece, conforme se verá em capítulo próprio, como condição para que o contribuinte peça restituição de tributos indiretos (tidos como aqueles que comportem, por sua natureza, transferência do respectivo encargo financeiro) que produza prova de que assumiu o ônus econômico da exação.

## 3.2 Taxas

A noção econômica de taxa como um tributo distinto do imposto é muito antiga. Essa ideia já era explicada e justificada, por exemplo, por Adam Smith, no século XVIII, em sua célebre obra *A riqueza das nações*.[783] O raciocínio discorre assim: quando o Estado realiza atividades que beneficiam economicamente algumas pessoas determinadas (prestação de serviços públicos específicos e divisíveis, como o serviço de coleta e destinação ambientalmente adequada de resíduos sólidos), ou quando o Estado fiscaliza (para garantia da ordem pública, da segurança, da saúde pública) determinadas atividades privadas (como o poder de polícia exercido na atividade de licenciamento de veículos automotores), não é justo que os recursos gastos com essas atividades sejam suportados por todos os contribuintes. Esses gastos devem ser suportados somente pelas pessoas para quem o Estado presta os serviços, ou pelas pessoas em relação às quais o Estado exerce sua fiscalização ou poder de polícia.

Essa antiga ideia de justiça econômica, quando transposta para o plano técnico-jurídico, tem basicamente duas consequências (conforme determinam o art. 145 da CF e os arts. 77 a 80 do CTN):[784]

- 1ª consequência, no plano do fato gerador: para que se possa cobrar uma taxa, é necessário que o Estado preste um serviço público divisível (que possa ser mensurado em unidades autônomas) dirigido especificamente ao contribuinte da taxa, ou pelo menos que coloque à disposição do contribuinte

---

[781] Neste ponto, cumpre salientar que o grau de evolução de um sistema tributário será diretamente inferido da prevalência ou não de exações diretas. Isso porque o tributo direto permitirá uma melhor individualização da potencialidade econômica e, consequentemente, da capacidade para contribuir.

[782] SAINZ DE BUJANDA, Fernando. *Hacienda y derecho*. Madrid: Instituto de Estudios Políticos, 1975. v. 1.

[783] SMITH, Adam. *A riqueza das nações*. São Paulo: Nova Cultural, 1988. p. 90-100.

[784] Cf. ATALIBA, Geraldo. Taxas e preços no novo texto constitucional. *Revista de Direito Tributário*, São Paulo, v. 13, n. 47, p. 142-154, 1989; CARVALHO, Rubens Miranda de. *Contribuição de melhoria e taxas no direito brasileiro*. São Paulo: Juarez de Oliveira, 1999; ICHIARA, Yoshiaki. Taxas no sistema tributário brasileiro. *Cadernos de Direito Tributário e Finanças Públicas*, São Paulo, n. 25, p. 175-184, 1998; JANCZESKI, Celio Armando. *Taxas*: doutrina e jurisprudência. Curitiba: Juruá, 1999; MORAES, Bernardo Ribeiro de. *Doutrina e prática das taxas*. São Paulo: Quartier Latin, 2007.

esse serviço público.[785] Em se tratando de fiscalização, de exercício do poder de polícia,[786] é necessário que o Estado tenha competência administrativa para realizar a fiscalização e que essa seja efetivamente realizada por órgãos em efetivo e regular funcionamento;[787]

- 2ª consequência, no plano da base de cálculo ou da quantificação da taxa:[788] deve haver uma proporção razoável entre o valor da taxa e o custo estatal incorrido na prestação do serviço ou no exercício do poder de polícia. Não se exige uma identidade, uma coincidência exata entre o valor arrecadado e os custos estatais; exige-se somente uma proporção razoável entre as duas grandezas.[789] Isso explica o fato de que a taxa não é, por sua própria natureza, um tributo que provoca aumento de arrecadação líquida para os cofres públicos, pois à receita arrecadada com a taxa se contrapõe uma despesa, de similar magnitude, relacionada aos gastos incorridos com as atividades estatais que constituem o seu fato gerador.[790]

Se essa segunda consequência não é respeitada pelo legislador, tem-se uma situação anômala, em que o valor arrecadado com a taxa é muito superior ao valor aproximado do custo das atividades estatais que justificam a cobrança do tributo e, sendo assim, a taxa passa a funcionar como um instrumento de aumento de arrecadação tributária líquida, desnaturando sua identidade jurídica.

As diferenças entre a figura da taxa e a figura do imposto são, portanto, nítidas: ao contrário da taxa, o fato gerador do imposto é uma atividade de cunho econômico realizada pelo contribuinte (e não pelo Estado), daí sua base de cálculo ser uma medida daquela atividade econômica. No imposto, a incidência do tributo não está condicionada a nenhuma atividade estatal específica relacionada ao contribuinte. Exatamente por isso, o valor arrecadado com o imposto se destina ao custeio dos diversos tipos de gastos públicos. A Constituição pode determinar – e de fato determina – que parcelas

---

[785] Cf. BANDEIRA DE MELLO, Celso Antônio. Taxa de serviço. *Revista de Direito Tributário*, São Paulo, n. 9/10, p. 25-31, 1979.

[786] Cf. BANDEIRA DE MELLO, Celso Antônio. Taxa de polícia – Serviço público e exploração de atividade econômica – Regime tributário. *Revista de Direito Tributário*, São Paulo, n. 55, p. 68-81, 1991; e BRITO, Edvaldo. Taxas em razão do exercício do poder de polícia. *Revista de Direito Tributário*, São Paulo, n. 7/8, p. 232-260, 1979.

[787] Rafhael Frattari afirma com razão que a jurisprudência do STF, ao permitir a cobrança de taxas de fiscalização mesmo de contribuintes que não tenham sido efetivamente fiscalizados, bastando que exista um órgão fiscalizatório em funcionamento, acabou contribuindo para criar o seguinte problema: "a partir de então os entes políticos estão livres para instituírem taxas, bastando, para tanto, criar, ainda que apenas formalmente, um setor ou órgão de fiscalização, o que em muitos municípios significa apenas uma lei municipal e uma placa em alguma sala da prefeitura, nada mais" (FRATTARI, Rafhael. As taxas de fiscalização em crise: a culpa é do Supremo Tribunal Federal? *Revista de Direito Administrativo*, v. 261, p. 147-177, set./dez. 2012. p. 173).

[788] CARVALHO, Paulo de Barros. Base de cálculo como fato jurídico e a taxa de classificação de produtos vegetais. *Revista Dialética de Direito Tributário*, São Paulo, n. 37, p. 118-143, 1998.

[789] GODOI, Marciano Seabra de. Taxas. In: GODOI, Marciano Seabra de (Coord.). *Sistema tributário nacional na jurisprudência do STF*. São Paulo: Dialética, 2002. p. 334-356.

[790] Cf. ÁVILA, Humberto. As taxas e sua mensuração. *Revista Dialética de Direito Tributário*, n. 204, p. 37-44, set. 2012.

da arrecadação dos impostos sejam vinculadas a determinados gastos – como gastos com educação e saúde, ou como no caso de transferência obrigatória de recursos a outros entes federativos (fundos de participação dos estados e municípios), mas mesmo nesses casos o valor arrecadado nada tem a ver com uma atividade estatal especificamente relacionada com o contribuinte do tributo.

### 3.2.1 Taxas de serviço e taxas de polícia

Taxas são tributos destinados a permitir que o Poder Público possa se remunerar pela prestação direta de serviços ao contribuinte, ou pela fiscalização de atividades desenvolvidas por este mesmo contribuinte. Desta forma, os limites para a imposição e arrecadação já nascem predefinidos. O fato gerador do tributo é, portanto, condicionado pelo Poder Público; ou seja, inexiste à ausência de uma atuação estatal.

Neste sentido, o custo do serviço prestado ou da fiscalização realizada é, a um só tempo, condição da exação e limite para a sua quantificação. Qualquer exigência que exceda os custos da atividade estatal torna-se ilegítima, pois implicará em transmutar um tributo finalístico por excelência em um tributo fiscal. Assim, a base de cálculo deve sempre espelhar os custos com a prestação do serviço ou com a atividade de fiscalização, sendo, pois, até mesmo desnecessária a ressalva no sentido de que "as taxas não poderão ter base de cálculo própria de imposto" (art. 145, §2º, da Constituição Federal de 1988).

As taxas podem ser instituídas ora em razão do exercício regular do poder de polícia, ora em razão da prestação de serviços públicos específicos e divisíveis. Como poder de polícia considera-se:

> a atividade da administração pública que, limitando ou disciplinando direito, interesse ou liberdade, regula a prática de ato ou abstenção de fato, em razão de interesse público concernente à segurança, à higiene, à ordem, aos costumes, à disciplina da produção e do mercado, ao exercício de atividades econômicas dependentes de concessão ou autorização do Poder Público, à tranquilidade pública ou ao respeito à propriedade e aos direitos individuais ou coletivos. (Art. 78 do CTN)

O poder de polícia será exercido de forma regular quando desempenhado por autoridade pública competente, nos limites da lei.

Quanto às taxas de serviço, deve ser observado que nem todo serviço prestado pode dar ensejo à sua instituição. Os serviços prestados devem ser, na dicção do legislador constituinte e complementar, específicos e divisíveis. É dizer, devem ser passíveis de utilização em separado por parte do contribuinte. Destarte, há serviços que em razão de sua natureza devem ser custeados por meio da arrecadação fiscal e não por meio da tributação específica. Para ilustrar, temos o exemplo das taxas de iluminação pública. Como se verá no tópico seguinte, elas foram julgadas inconstitucionais, de forma reiterada, justamente por não traduzirem um serviço específico e divisível.

Finalmente, outro ponto a se destacar dentro do perfil genérico das taxas é que se permite sua instituição mesmo nos casos em que o serviço público seja apenas colocado à disposição do contribuinte, desde que específico e divisível e de utilização compulsória, não sendo requisito necessário a efetiva utilização por parte do usuário. Não obstante, no caso das taxas de polícia, não se admite "fiscalização potencial", sendo, pois, sua instituição válida apenas como decorrência de efetiva atuação do Poder Público ante o administrado.

## 3.2.2 Principais aspectos do regime jurídico das taxas segundo a jurisprudência do STF

Como visto acima, as taxas, espécie do gênero tributo, de competência de todos os entes da Federação, representam o valor exigido pela Administração Pública em decorrência do exercício do poder de polícia, ou como contraprestação a um serviço público, especial e divisível, fruído ou posto à disposição do administrado. Conforme preceitua o art. 145, II, da Constituição Federal, as taxas são devidas "em razão do exercício do poder de polícia ou pela utilização efetiva ou potencial, de serviços públicos específicos e divisíveis". Esta disciplina é repetida pelo Código Tributário Nacional, que ainda estabelece importantes definições sobre os termos inseridos na Constituição.[791]

A partir destas noções básicas, pode-se inferir que a causa desta espécie tributária se vincula à existência de uma atividade a cargo do Estado, direcionada a determinado contribuinte. Exige-se, ademais, que os serviços públicos sejam prestados de forma específica e divisível. A especificidade da atividade estatal, segundo Celso Antônio Bandeira de Mello,[792] consiste na "[...] atividade que congrega meios materiais, pessoal e organização, mantida, regida e controlada pelo Estado, para a satisfação de uma necessidade pública em regime de Direito Público". Noutro turno, Aliomar Baleeiro[793] aponta que "[...] a divisibilidade supõe a possibilidade de identificação de cada contribuinte-usuário e a medida de sua utilização efetiva ou potencial".

Assim, verifica-se que o critério material da hipótese de incidência das taxas pressupõe uma relação jurídica estabelecida entre serviço público e sujeito passivo,

---

[791] "Art. 78. Considera-se poder de polícia atividade da administração pública que, limitando ou disciplinando direito, interesse ou liberdade, regula a prática de ato ou abstenção de fato, em razão de intêresse público concernente à segurança, à higiene, à ordem, aos costumes, à disciplina da produção e do mercado, ao exercício de atividades econômicas dependentes de concessão ou autorização do Poder Público, à tranquilidade pública ou ao respeito à propriedade e aos direitos individuais ou coletivos. [...] Art. 79. Os serviços públicos a que se refere o artigo 77 consideram-se: I - utilizados pelo contribuinte: a) efetivamente, quando por ele usufruídos a qualquer título; b) potencialmente, quando, sendo de utilização compulsória, sejam postos à sua disposição mediante atividade administrativa em efetivo funcionamento; II - específicos, quando possam ser destacados em unidades autônomas de intervenção, de utilidade, ou de necessidades públicas; III - divisíveis, quando suscetíveis de utilização, separadamente, por parte de cada um dos seus usuários".

[792] BANDEIRA DE MELLO, Celso Antônio. *Elementos de direito administrativo*. São Paulo: Revista dos Tribunais, 1980. p. 27.

[793] BALEEIRO, Aliomar. *Direito tributário brasileiro*. 11. ed. atual. por Misabel Abreu Machado Derzi. Rio de Janeiro: Forense, 1999. p. 565.

circunstância que afasta seu financiamento pela coletividade. Por esta razão, impõe-se que a obrigação tributária guarde estreita relação com o custo suportado pela Administração em decorrência do exercício do poder de polícia e/ou do serviço público, para que a cobrança não se dê de forma abusiva/inconstitucional. Pelo princípio da referibilidade, de observância obrigatória para a implementação das taxas, a cobrança deste tributo deixa de justificar-se pelo propósito meramente arrecadatório, configurando legítima fonte de custeio atrelada a uma prestação estatal específica, cujo beneficiário possa ser identificado.

Com foco nestas características que identificam esta espécie tributária, o STF já sumulou uma série de verbetes a respeito. Nesta linha, passamos a uma breve contextualização das principais súmulas editadas nos últimos anos, sob a égide da Constituição Federal de 1988.

(i) Súmula nº 667: "Viola a garantia constitucional de acesso à jurisdição a taxa judiciária calculada sem limite sobre o valor da causa".

A súmula, como se vê, representa importante garantia aos jurisdicionados, na medida em que o Supremo, tendo validado a cobrança de uma taxa como condição de acesso ao Judiciário (*vide* ADI nº 948/GO), atentou-se para a preservação deste direito, exigindo a fixação de limites razoáveis para a valoração do tributo.

O entendimento sumulado assenta-se, também, no caráter contraprestacional das taxas em relação à prestação positiva do Estado, exigindo que o tributo seja quantificado com especial atenção ao dispêndio público correlato. Nesta linha, considerou-se admissível a implementação de uma taxa cujo montante se altera conforme o valor da causa, sem guardar relação de correspondência com o serviço público, específico e divisível, prestado ao contribuinte. Mas, por outro lado, o STF considerou inconstitucional a ausência de estipulação de um limite para o gravame, seja por ofensa ao direito de ação, seja pela violação à natureza jurídica das taxas, que figuram como uma contraprestação ao serviço público.

Entre as decisões que antecederam a citada súmula,[794] cabe destaque à Representação nº 1.077, ocasião em que o Supremo assentou que, considerando-se que a referida taxa serve "[...] de contraprestação à atuação de órgãos da Justiça cujas despesas não sejam cobertas por custas e emolumentos, tem ela – como toda e qualquer contraprestação – um limite, que é o custo da atividade do Estado dirigido àquele contribuinte [...]". Assim, não "[...] pode a taxa dessa natureza ultrapassar uma equivalência razoável entre o custo real dos serviços e o montante a que pode ser compelido o contribuinte a pagar [...]".

(ii) Súmula nº 670: "O serviço de iluminação pública não pode ser remunerado mediante taxa".

Historicamente, o serviço de iluminação pública era cobrado por alguns municípios na própria fatura de energia elétrica, e era exigido dos contribuintes sob as vestes de uma taxa. Contudo, por não ser possível individualizar quem é

---

[794] Confira-se, também: ADI nº 948-MC, ADI nº 1378-MC, ADI nº 1926-MC, ADI nº 1651-MC, ADI nº 948 e ADI nº 1772-MC.

beneficiado pelo citado serviço e, tampouco, precisar qual o efetivo benefício percebido por cada um, nota-se, sem maiores esforços, que tal serviço não é passível de ser custeado por meio da instituição de taxas; o que levou a reiteradas decisões do STF pela inconstitucionalidade da exação cobrada em casos tais,[795] culminando na edição da súmula em comento.

Com efeito, o fornecimento de iluminação pública é realizado de forma geral aos cidadãos, direcionado à coletividade, não atendendo, assim, ao requisito da especificidade, inserto na Constituição da República e no CTN. A prestação deste serviço deveria ser financiada por impostos, que, como visto, se prestam justamente para cobrir gastos gerais da Administração Pública.

Em 11.3.2015, em sessão plenária, o STF aprovou o enunciado da Súmula Vinculante nº 41 com o mesmo teor da Súmula nº 670, anteriormente comentada: "O serviço de iluminação pública não pode ser remunerado mediante taxa".

Finalmente, vale destacar, é de todo criticável a tentativa de contornar os óbices à cobrança da taxa em exame por meio da edição da EC nº 34, que outorgou competência aos municípios para a instituição de "contribuição" destinada ao custeio do serviço de iluminação pública. Com a edição da dita emenda constitucional, procurou-se "constitucionalizar" a *taxa*, que passou a constar de forma expressa na Constituição sob a roupagem de uma "contribuição de iluminação pública" (CIP). Contudo, o fato gerador do tributo continua a ser próprio de taxa (vinculado) e não de contribuição.

Apreciando a constitucionalidade da contribuição para o custeio do serviço de iluminação pública instituída pelo município de São José/SC, o Plenário do STF considerou o tributo válido, inclusive a sistemática de cálculo baseada no consumo de energia elétrica do contribuinte.[796] Nos termos do voto do relator, Ministro Ricardo Lewandowski, a maioria do Plenário considerou que se trata de um "tributo de caráter *sui generis*, que não se confunde com um imposto, porque sua receita se destina a finalidade específica, nem com uma taxa, por não exigir a contraprestação individualizada de um serviço ao contribuinte". Ficou vencido o Ministro Marco Aurélio, que afirmou que a contribuição era uma afronta à jurisprudência do STF que considerara inconstitucional a taxa de iluminação pública.

Com a EC nº 132/2023, a contribuição municipal para o custeio do serviço de iluminação pública foi expandida. Em sua redação atual, o art. 149-A da Constituição prevê que essa contribuição se destina ao custeio, expansão e melhoria do serviço de iluminação pública "e de sistemas de monitoramento para segurança e preservação de logradouros públicos".

(iii) Súmula Vinculante nº 19: "A taxa cobrada exclusivamente em razão dos serviços públicos de coleta, remoção e tratamento ou destinação de lixo ou resíduos provenientes de imóveis não viola o artigo 145, II, da Constituição Federal".

---

[795] *Vide* RE nº 233.332, RE nº 231.764 e AI nº 231.132 AgR.
[796] RE nº 573.675. *DJ*, 22 maio 2009.

A edição desta súmula adveio de discussões sobre a constitucionalidade de taxas instituídas para o financiamento dos serviços públicos de coleta e remoção de lixo, por suposta inobservância dos critérios da especificidade e divisibilidade, expostos anteriormente.

O STF, contudo, definiu a controvérsia de forma diversa do que defendiam os contribuintes, consignando que o valor destes serviços pode ser calculado individualmente em relação a cada imóvel beneficiado com a coleta/remoção/tratamento do lixo, "[...] desde que essas atividades sejam completamente dissociadas de outros serviços públicos de limpeza realizados em benefício da população em geral (*uti universi*) e de forma indivisível [...]" (RE nº 576.321). Ou seja, segundo o STF, a prestação de tais serviços é realizada de forma específica e ordenada, além de ser possível individualizar aqueles beneficiados com a atuação estatal, inclusive mensurando os graus de aproveitamento: em conformidade com a presunção legal, os maiores imóveis demandam uma maior atuação da administração.

Outro aspecto questionado pelos contribuintes liga-se estreitamente ao atendimento do critério da divisibilidade; refere-se justamente à mensuração do tributo com base na metragem quadrada do imóvel. De acordo com as leis municipais impugnadas, esta grandeza serviria de parâmetro para a divisão do custo total do serviço proporcionalmente a cada contribuinte. Assim, por se basear no metro quadrado, teria sido utilizada base de cálculo própria de imposto para quantificação da taxa (o IPTU), o que é vedado de forma expressa pela CF/88, art. 145, §2º.

Esta tese foi afastada pelo Supremo[797] com fulcro em dois principais argumentos: o primeiro deles, no sentido de que o tamanho do imóvel foi utilizado apenas para mensurar a alíquota da taxa, pois a efetiva base de cálculo seria o preço do serviço; em segundo lugar, o Tribunal entendeu que não viola a Constituição adotar um ou mais critérios que compõem a base de cálculo de determinado imposto, para apuração do montante devido.

Diante destes argumentos, foram validadas as mencionadas taxas, inclusive o método de quantificação, legitimando-se a adoção de critérios aplicáveis para a determinação da base de cálculo de impostos, o que levou à edição de outra súmula, explorada adiante.

(iv) Súmula Vinculante nº 29: "É constitucional a adoção, no cálculo do valor de taxa, de um ou mais elementos da base de cálculo própria de determinado imposto, desde que não haja integral identidade entre uma base e outra".

A redação desta súmula, como se nota, é bastante genérica e, por esta razão, o intérprete deve ter cautela ao extrair o entendimento que ensejou sua edição.

Muitas das decisões que antecederam a súmula foram proferidas em demandas nas quais se discutia a constitucionalidade de certas taxas, que supostamente adotavam como base de cálculo elementos próprios dos impostos, a exemplo da taxa de coleta de lixo, mensurada a partir do tamanho do imóvel (critério que se relaciona ao IPTU).

---

[797] *Vide* RE nº 232.393.

Todavia, deve-se atentar que, tecnicamente, o tamanho do imóvel não determina a base de cálculo destas taxas. Em verdade, a metragem presta-se como norte para viabilizar a divisão do custo total do serviço público – este sim a base de cálculo – entre os administrados. Assim, não há se falar que houve a utilização de um elemento de imposto para fixação da base de incidência da taxa; motivo pelo qual se fez a ressalva no sentido de que o verbete sumular deve ser interpretado com temperamento.

Com efeito, o que restou assentado pelo STF é que, não necessariamente, a adoção de um ou mais elementos da base de cálculo própria de determinado imposto, para a apuração de uma taxa, levará à sua inconstitucionalidade. Isso porque, em se tratando de taxa, a base de cálculo deve corresponder, da forma mais próxima o possível, ao custo do poder de polícia e/ou ao serviço público prestado, sendo incabível adotar elementos próprios de impostos, cuja mensuração baseia-se na capacidade contributiva.

Tem-se, assim, como crítica à súmula, seu teor genérico, que acaba possibilitando um esvaziamento do dispositivo constitucional. A previsão legal, que deveria ser entendida como uma garantia ao contribuinte, acaba sendo fundamento para extensão dos poderes da fiscalização.

(v) Aplicação do princípio da capacidade contributiva às taxas: finalmente, uma questão que se coloca a respeito das taxas, ainda não apreciada de forma satisfatória pelo STF, refere-se à aplicabilidade do princípio da capacidade contributiva, inserto no art. 145, §1º, da CF/88, cuja literalidade, como sabido, refere-se apenas aos impostos. A indagação é plausível, pois, afora a discussão atinente à limitação do preceito constitucional, impostos e taxas possuem conformações diversas, destacando-se o caráter retributivo destas; o que acaba por afastar a relação com a capacidade econômica, uma vez que cerne da tributação reside no gozo de uma utilidade pública e não em signos presuntivos de riqueza.

Não obstante, ao analisar a matéria, o Supremo já teve a oportunidade de se pronunciar, por diversas vezes,[798] pela aplicabilidade do mencionado princípio às taxas, a exemplo do julgado a seguir:

> É certo que a capacidade contributiva inserta no §1º do art. 145 da Constituição diz respeito a impostos. Nada impede, entretanto, que se tente também aplicá-la a outros tributos, como forma daquilo que constitui, talvez, o princípio mais importante do direito tributário, que é a justiça tributária, que se alcança pela prática da isonomia tributária. (ADI nº 4.531)

Em que pese o entendimento externado, todavia, quando se passa ao exame das situações que lhe deram ensejo, verifica-se que, a pretexto de tratar da aplicabilidade do princípio da capacidade contributiva, os acórdãos versavam, em verdade, sobre

---

[798] No mesmo sentido: RE nº 191.417 AgR, RE nº 216.259 AgR, RE nº 189.307/CE e 244.167/DF, ADI nº 4531, RE nº 177.835, RE nº 232.393 e ADIN nº 1948.

o caráter retributivo das taxas; isto é, da necessária referibilidade entre a prestação estatal e sua contrapartida.

Essa assertiva fica mais clara a partir do estudo dos acórdãos proferidos sobre a matéria, a exemplo da ADI nº 1.948/RS, na qual restou assentada a constitucionalidade da taxa de fiscalização, cobrada pela CVM (Comissão de Valores Mobiliários). Esta taxa foi instituída com fundamento no exercício do poder de polícia e sua quantificação varia de forma diretamente proporcional ao patrimônio líquido da empresa.

O voto vencedor pautou-se, essencialmente, no argumento de que as empresas que possuem maior patrimônio demandam ampla atuação do Estado para fins fiscalizatórios, devendo ser majorado, portanto, o valor da taxa. Neste sentido, nota-se, a questão central debatida dizia respeito à validade de se presumir haver uma vinculação entre patrimônio líquido de uma empresa e a atividade de fiscalização, o que restou bem sintetizado na ADI nº 4.531, retromencionada, nos seguintes termos: "É a complexidade do serviço de fiscalização que fixa os níveis de cobrança da taxa de que se cuida".

Em outro julgado, que tratou da taxa de coleta de lixo (RE nº 232.393/SP), discutiu-se a possibilidade de graduação do valor do tributo de acordo com o tamanho do imóvel. Na ocasião, foi atestada a conformidade da exação com a ordem constitucional, consignando-se que "[...] conforme a generalidade dos casos, a maior área construída corresponderá maior produção de lixo, e consequentemente, maior custo do serviço, a taxa é constitucional". Ao final, conclui-se: "A presunção é razoável e, de certa forma, realiza, também, o princípio da capacidade contributiva do art. 145, §1º, da C. F., que, sem embargo de ter como destinatário os impostos, nada impede que possa aplicar-se, na medida do possível, às taxas".

Novamente, portanto, percebe-se o equívoco terminológico da decisão, pois apesar de os julgadores tratarem, textualmente, da capacidade contributiva, o acórdão embasou-se no princípio da referibilidade que, como visto no decorrer do presente trabalho, apresenta-se como elemento marcante para a identificação desta espécie tributária.

### 3.2.2.1 A oscilante jurisprudência do Supremo Tribunal Federal sobre a constitucionalidade ou não da taxa de prevenção e combate a incêndios

A jurisprudência do STF historicamente oscilou bastante em torno da validade jurídica das taxas de prevenção e combate a incêndios.[799]

Sob a Constituição de 1946 (que autorizava os entes federativos a instituir taxas no art. 30, II), sucederam-se três enunciados de súmula: o Enunciado nº 138

---

[799] Para uma análise detalhada do tema, cf. GODOI, Marciano Seabra de. A polêmica taxa de extinção de incêndios e a oscilante jurisprudência do Supremo Tribunal Federal: reconstrução crítica de uma longa e confusa trama. *Revista de Direito Internacional Econômico e Tributário – RDIET*, Brasília, v. 15, nº 2, p. 488-536, jul./dez. 2020.

(1963) declarava a inconstitucionalidade da "taxa contra fogo, do Estado de Minas Gerais" e o Enunciado nº 274 (1963) declarava "inconstitucional a taxa de serviços contra fogo cobrada pelo Estado de Pernambuco".

Posteriormente, por influência de Aliomar Baleeiro, que publicara parecer pela constitucionalidade deste tipo de taxa em 1964 na *Revista de Direito Administrativo* e passara a integrar a corte a partir de 1965, o STF reviu seu posicionamento e passou a considerar válida a instituição de taxas dessa natureza. O Enunciado de Súmula nº 549 (1969) revogou o antigo Enunciado nº 274 para dispor: "A Taxa de Bombeiros do Estado de Pernambuco é constitucional, revogada a Súmula 274".

A partir de então, as decisões passaram a ser pela constitucionalidade da exação, inclusive quando a taxa é instituída pelo município e não pelo estado. Foi o caso das taxas do município de Santo André[800] e do município de Campinas.[801] No caso da taxa mineira, sua constitucionalidade foi declarada pela Segunda Turma do STF em 2007.[802]

Em 2017, o Plenário voltou a discutir a matéria e desta feita declarou a inconstitucionalidade da taxa de combate a sinistros, de 1978, do município de São Paulo.[803] Posteriormente, julgando recurso de embargos de declaração opostos pelo município de São Paulo, a corte modulou os efeitos desta declaração de inconstitucionalidade, afirmando que "a alteração de jurisprudência consolidada há quase duas décadas justifica a eficácia prospectiva do novo pronunciamento, em atenção à segurança jurídica e ao interesse social".[804]

O grande problema passou a ser se a decisão do STF no RE nº 643.247 constituía ou não precedente no sentido da inconstitucionalidade também das várias taxas estaduais de prevenção e extinção de incêndio atualmente em vigor. Lendo-se alguns dos votos do acórdão do RE nº 643.247, não havia dúvida de que a fundamentação se aplicava tanto a taxas municipais quanto a taxas estaduais. No voto do Ministro Marco Aurélio, por exemplo, registra-se expressamente que "nem mesmo o Estado poderia, no âmbito da segurança pública revelada pela prevenção e combate a incêndios, instituir validamente a taxa [...]". Contudo, em outros votos, como no voto do Ministro Luís Roberto Barroso, o fundamento da inconstitucionalidade era exclusivamente a intromissão do município em matéria de competência dos estados.

Como o STF não se preocupa em fundamentar suas decisões de Plenário no entendimento da corte como um todo, e sim no entendimento isolado de cada um de seus membros, a leitura do acórdão do RE nº 643.247 é ambígua quanto a qual foi, para a maioria dos ministros, o fundamento da inconstitucionalidade, ambiguidade presente inclusive na redação da tese fixada para o Tema nº 16 da sistemática de repercussão geral:

---

[800] STF, Pleno. Rel. Min. Ilmar Galvão. *DJ*, 30 abr. 1999.
[801] STF, 1ª Turma. Rel. Min. Ilmar Galvão. *DJ*, 12 nov. 1999.
[802] STF, RE nº 473.611 AgR, Rel. Min. Eros Grau, Segunda Turma, DJ 3 ago. 2007.
[803] STF, RE nº 643.247. Rel. Min. Marco Aurélio. *DJ*, 19 dez. 2017.
[804] STF, Embargos de Declaração no RE nº 643.247. Rel. Min. Marco Aurélio. *DJ*, 28 jun. 2019.

A segurança pública, presentes a prevenção e o combate a incêndios, faz-se, no campo da atividade precípua, pela unidade da Federação, e, porque serviço essencial, tem como a viabilizá-la a arrecadação de impostos, não cabendo ao município a criação de taxa para tal fim.

O Plenário do STF poderia e deveria ter se dado conta desse problema e deixado claro, no julgamento do RE nº 643.247, se o motivo da inconstitucionalidade da taxa paulistana atingia também as taxas estaduais. Mas não o fez.

Reflexo da ambiguidade dessa decisão do Plenário do STF de 2017 foi a sucessão de decisões judiciais sobre a taxa mineira de prevenção e extinção de incêndios. Com base no acórdão do RE nº 643.247, a Ordem dos Advogados de Minas Gerais propôs ação judicial e obteve do Tribunal de Justiça de Minas Gerais ordem para que o Estado de Minas Gerais interrompesse a cobrança de sua taxa de prevenção e extinção de incêndio, criada em 1999. Em 2019, essa liminar foi suspensa pelo então presidente do Supremo Tribunal Federal (ministro Dias Toffoli), que aduziu em sua decisão que o precedente do RE nº 643.247 "não parece adequado" para fundamentar a declaração de inconstitucionalidade de taxas de prevenção e extinção de incêndios estaduais.[805] Posteriormente, em 2020, o ministro Dias Toffoli voltou atrás e revogou sua decisão de 2019.[806]

Uma decisão inequívoca do plenário no sentido da inconstitucionalidade também das taxas estaduais de extinção de incêndios foi proferida no final de 2019, no julgamento da ADI nº 2.908, ajuizada contra o Estado de Sergipe.[807] Neste acórdão, oriundo de julgamento pelo plenário virtual, o longo voto da relatora, que noticia a trajetória jurisprudencial do tema no STF, nada mencionou sobre o julgamento pelo plenário do RE 643.247, que assentara, dois anos antes, uma tese de repercussão geral exatamente sobre o assunto em questão. O único voto escrito além do da relatora foi o do ministro Dias Toffoli, que se pronunciou pela modulação dos efeitos da decisão. Contudo, a modulação de efeitos foi negada pelo plenário no caso da ADI nº 2.908.[808]

No caso da taxa de extinção de incêndios de Minas Gerais, sua inconstitucionalidade foi declarada na ADI nº 4.411, contra os votos de 4 Ministros (Alexandre de Moraes, Dias Toffoli, Luís Roberto Barroso e Ricardo Lewandowski).[809] A modulação de efeitos negada no caso da taxa de Sergipe foi concedida pelo plenário do STF no caso da taxa mineira, tendo sido decidido que a inconstitucionalidade da taxa teria eficácia a partir da data de publicação (1.º set. 2020) da ata do julgamento, ressalvados os processos administrativos e as ações judiciais pendentes de conclusão até a referida data, bem como os fatos geradores anteriores à referida data, em relação aos quais não tenha havido pagamento.[810]

---

[805] STF, Suspensão de Segurança nº 5.322. Rel. Min. Presidente Dias Toffoli. *DJ*, 13 set. 2019.
[806] STF, Medida Cautelar na Suspensão de Segurança nº 5.322/MG, DJ 14 fev. 2020.
[807] STF, ADI nº 2.908-SE, Relatora Ministra Cármen Lúcia, DJ 6 nov. 2019.
[808] STF, Embargos de Declaração na ADI nº 2.908-SE, Relatora Ministra Cármen Lúcia, DJ 23 abr. 2020.
[809] STF, ADI nº 4.411-MG, Relator Ministro Marco Aurélio, DJ 24 set. 2020.
[810] STF, Embargos de Declaração na ADI nº 4.411-MG, Redator do Acórdão Ministro Roberto Barroso, DJ 7 jun. 2023.

### 3.2.3 Taxa e preço público

É importante, ainda, em se tratando do perfil genérico das taxas, especialmente da taxa decorrente de serviços, marcar a diferença entre este tributo e a figura do preço público (tarifas e pedágio).

A doutrina é uníssona quando apresenta a primeira e básica distinção entre taxa e preço, qual seja: a taxa é uma obrigação *ex lege* e o preço *ex contractu*. Ou, dentro do rigor expositivo do Professor Ferreiro Lapatza,[811] na primeira, a vontade do obrigado diz respeito ao fato gerador da obrigação e, na segunda, a vontade diz respeito à própria obrigação; além de a primeira constituir uma obrigação de direito público e, a segunda, de direito privado.

Não obstante, continua latente a principal questão, que é justamente a de se determinar qual é o serviço passível de ser custeado via taxa e qual o será via preço público. O Professor Ferreiro Lapatza[812] faz uma primeira distinção ao dizer que os serviços custeados por taxas são aqueles cuja natureza é inerente ao Estado, vale dizer, quando apenas o Estado possa realizá-los ou quando seja necessária para a comunidade sua realização pelo Estado. Continua o professor espanhol afirmando que, quando a atividade da Administração é similar à que pode desenvolver qualquer particular, e seu fim primordial é o lucro, torna-se claro que esta prestação de serviços deve estar regida pelo direito privado e custeada por meio de preços. Entretanto, termina por reconhecer que se trata de uma eleição política de finalidades, eleição esta que não está condicionada por conceitos ou qualificações prévias, que definam tecnicamente de forma definitiva a exigência de uma taxa ou de um preço público. Portanto, à ausência de conceitos ou qualificações prévias no direito positivo, a distinção entre serviços prestados via taxa ou preço acaba por se dar *a posteriori*, condicionada à eleição do regime jurídico (público ou privado) que o legislador quiser instituir.

O direito positivo espanhol, ao contrário do direito pátrio, não se limita a conceituar a figura tributária, mas também define os critérios objetivos para o estabelecimento dos serviços a serem custeados exclusivamente por taxas. A Lei Geral Tributária estabelece dois critérios para defini-los: a) que sejam de solicitação ou recepção obrigatória; b) que não sejam susceptíveis de realização pela iniciativa privada, por se tratar de serviços ou atividades que impliquem uma manifestação de autoridade ou que estejam sob reserva de lei.

A Lei de Taxas e Preços Públicos procura aclarar as disposições acima, definindo que não se considerará voluntária a solicitação do serviço quando a solicitação se dê em virtude de lei ou quando a solicitação constitua condição prévia para realizar atividades ou obter direitos.

Portanto, o legislador espanhol procurou afetar ao regime das taxas os serviços de solicitação ou recepção obrigatória, além dos que impliquem ato de autoridade ou

---

[811] FERREIRO LAPATZA, José Juan. Tasas y precios públicos: la nueva parafiscalidad. *Revista Española de Derecho Financiero*, n. 64, p. 485-518, 1989. p. 488.

[812] FERREIRO LAPATZA, José Juan. Tasas y precios públicos: la nueva parafiscalidad. *Revista Española de Derecho Financiero*, n. 64, p. 485-518, 1989. p. 488.

reserva de lei. Não havendo dúvidas quanto ao último critério, cabem importantes questionamentos sobre o primeiro. Inicialmente, como lembra Ferreiro Lapatza,[813] é ilógico falar de solicitação, pois sempre que o serviço for prestado em virtude de solicitação do particular, esta será necessariamente obrigatória. Por outro lado, a questão da obrigatoriedade do serviço é por demais subjetiva. Martín Queralt,[814] ilustrando a imprecisão dos critérios em comento, nos dá notícia de que o Tribunal Constitucional italiano considerou como tributo as contas telefônicas, não obstante fossem originárias de uma relação de direito privado, por entender que o serviço telefônico é essencial dentro da sociedade atual, de uso obrigatório em sentido amplo.

A inexistência de critérios objetivos para distinguir classes ou espécies de serviços públicos acaba por levar à inexorável conclusão de que taxa e preço público são destinados a financiar a mesma coisa. Assim, tanto a Lei Geral Tributária como a Lei de Taxas e Preços Públicos (leis ordinárias), ao pretenderem regular campos distintos para aplicação de taxas e preços, acabaram, na verdade, por dar um *cheque em branco* ao Executivo em matéria tributária. Conforme ressaltado, sendo a distinção apenas possível *a posteriori*, a legislação ordinária espanhola acaba por legitimar o fato de que a prestação de um serviço público e a consequente exigência de um preço (sem atenção aos princípios constitucionais tributários) é de exclusivo discernimento da Administração Pública.[815]

Naturalmente, foi inevitável o rechaço doutrinário e o hasteamento das bandeiras da legalidade e da segurança jurídica. Ferreiro Lapatza[816] considera o preço como um autêntico tributo e "chamando o tributo de preço público, o legislador quer assim evitar as consequências do princípio da legalidade, consagrado, como sabemos, no artigo 31.3 de nossa Constituição". O Professor Martín Queralt, em excelente estudo do tema,[817] afirma que o legislador parece querer acudir ao cômodo expediente de negar a natureza tributária de um ingresso público para afastá-lo do âmbito da reserva de lei.

Como já tivemos oportunidade de ressaltar, o direito positivo brasileiro não faz uma referência específica a um limite para serviços a serem custeados por taxas, restringindo-se a estabelecer, tanto na Constituição como no Código Tributário, que estas se destinam a custear serviços públicos.

---

[813] FERREIRO LAPATZA, José Juan. Tasas y precios públicos: la nueva parafiscalidad. *Revista Española de Derecho Financiero*, n. 64, p. 485-518, 1989.

[814] MARTÍN QUERALT, Juan. Tasas y precios públicos. *Revista de Hacienda Autonómica y Local*, n. 58, p. 305 *et seq*.

[815] No caso espanhol a situação é ainda mais alarmante pelo fato de a Lei nº 39/88 (reguladora dos *Haciendas Locales*) determinar que o valor exigido a título de taxa terá como limite máximo o custo do serviço, e, para os preços públicos, o valor terá como limite mínimo o custo do serviço. Destarte, todo o *plus* exigido do contribuinte na instituição de um preço, extrapolando o custo do serviço, é uma imposição à margem do princípio da legalidade.

[816] FERREIRO LAPATZA, José Juan. Tasas y precios públicos: la nueva parafiscalidad. *Revista Española de Derecho Financiero*, n. 64, p. 485-518, 1989. p. 498. Tradução livre.

[817] MARTÍN QUERALT, Juan. Tasas y precios públicos. *Revista de Hacienda Autonómica y Local*, n. 58, p. 305 *et seq*.

Como bem lembra Ataliba,[818] a doutrina brasileira e inclusive boa parte da jurisprudência tendem a legitimar certa liberdade de opção do Poder Público para a instituição indistinta de preços ou taxas. O autor justifica essa tendência em virtude de uma recepção pouco crítica e criteriosa da doutrina estrangeira e pelo legado histórico da Constituição de 1946. Não obstante, importante segmento doutrinário continua sustentando não ser a taxa o único instrumento de custeio de um serviço público prestado pelo Estado. Para Sacha Calmon,[819] "a realidade está em que os serviços públicos de utilidades, específicos e divisíveis, podem ser remunerados por preços (regime contratual) ou por taxas (regime de direito público). O dilema resolve-se pela opção do legislador".

A nosso ver, esse posicionamento em defesa da simples discricionariedade do legislador merece ponderações. A busca de critérios objetivos há de passar, imperativamente, pela análise do fim buscado com a prestação do serviço. O texto constitucional reservou ao particular a exploração da atividade econômica (obtenção de lucro), ressalvando os casos de segurança nacional ou relevante interesse coletivo definido em lei (art. 173). Por outro lado, a Constituição incumbiu ao Poder Público a prestação de serviços públicos (sem intuito de lucro), permitindo, entretanto, a concessão por licitação do direito de prestação (exploração) do serviço público a particulares. É exatamente neste ponto que devemos operar a distinção entre o campo de exigência de taxa e de preço público.

A Carta Magna, ao prever expressamente a possibilidade de o particular prestar serviços públicos, fá-lo em reconhecimento à impossibilidade concreta de o Poder Público satisfazer a contento a todas as múltiplas necessidades dos administrados. Agora, a partir do momento em que a iniciativa privada se encarrega da prestação de um serviço público, ocorre uma desnaturação de sua finalidade, que não mais se resume à mera satisfação de uma necessidade pública; mas exige, também, a obtenção de lucro (sem o qual não haveria a participação do particular).

Como já salientado, a Constituição determina que a remuneração de um serviço público específico e divisível se dará por via da taxa (que, como tributo, deve respeito aos princípios constitucionais da legalidade etc.). Sem embargo, quando dispõe sobre a regulamentação da prestação do serviço público pelo particular (havendo a impossibilidade de sua remuneração por taxa), determina que a lei disporá sobre a *política tarifária* (art. 175, parágrafo único).

Destarte, a Carta de Princípios afasta da esfera tributária a remuneração dos serviços públicos prestados por particulares, a fim de viabilizar a obtenção de lucro, e os coloca sob o regime tarifário (preços).

---

[818] "Importantíssimo é, também, considerar que as nossas primeiras elaborações doutrinárias foram desenvolvidas sob o regime da Constituição de 1946. Esta, em seu art. 30, preceituava competir à União, aos Estados e Municípios instituir I – Contribuição de Melhoria [...]; II – Taxas [...]; III – quaisquer outras receitas que possam provir do exercício de suas atribuições e da utilização de seus bens e serviços" (ATALIBA, Geraldo. *Hipótese de incidência tributária*. 5. ed. São Paulo: Malheiros, 1997. p. 164-165). Na verdade, o inc. III do art. 30 da Constituição anulava o I e o II.

[819] COÊLHO, Sacha Calmon Navarro. *Comentários à Constituição de 1988*: sistema tributário. Rio de Janeiro: Forense, 1991. p. 52.

Em resumo, quando um serviço público for prestado diretamente pela Administração, a finalidade única da prestação é atender a uma necessidade pública, e sua remuneração se dará necessariamente por taxa. Quando um serviço público, atendidas as prescrições legais, for prestado por particulares, terá dupla finalidade (satisfação de uma necessidade pública e lucro), e sua remuneração se dará pela figura do preço público.

Vale ilustrar a conclusão com o exemplo do pedágio, que é pago pelo serviço de conservação de vias públicas. Se a conservação das vias é concedida a particulares, o pedágio cobrado por estes será preço. Se a conservação incumbe ao Estado, ele pode optar por fazê-la diretamente ou indiretamente (empresa pública, sociedade de economia mista, concessão a empresas privadas etc.), no primeiro caso o valor cobrado terá a natureza jurídica de taxa e, no segundo, de preço público/tarifa.

### 3.2.4 Relevância quantitativa das taxas no âmbito das receitas tributárias atuais dos entes federativos brasileiros. As recentes taxas de controle, fiscalização e monitoramento de atividades mineradoras e petrolíferas

Eis a seguir um gráfico que compara o peso relativo das taxas no total de receitas tributárias arrecadadas atualmente pelos entes federativos brasileiros, entre 2014/15 e 2021/23.

**Taxas - Peso relativo (%) na arrecadação tributária dos entes**

— União — Estados e DF — Municípios

Fonte: Elaboração própria com base em: BRASIL. Ministério da Fazenda. *Carga tributária no Brasil – 2022*. Brasília, 2023; CONFAZ. *Boletim de Arrecadação de Tributos Estaduais*. Disponível em: https://www.confaz.fazenda.gov.br/boletim-de-arrecadacao-dos-tributos-estaduais; BREMAEKER, François. *As receitas tributárias municipais em 2014*. Rio de Janeiro: Observatório de Informações Municipais, 2016; e FRENTE NACIONAL DE PREFEITOS. Finanças dos municípios do Brasil. *Anuário Multicidades*, Ano 18, 2023.

Como a competência da União para instituir e cobrar impostos e contribuições é muito mais ampla do que a dos estados e municípios, é natural que o peso das taxas, na arrecadação federal, seja bem mais diminuto, correspondendo em 2014 a 0,4% e em 2022 a 0,2% do total da arrecadação tributária.

No conjunto dos estados, as taxas correspondiam a 2% do total da arrecadação tributária em 2014, valor que aumentou significativamente para 2,9% em 2023. Contudo, essa proporção apresenta grandes diferenças entre os estados. As taxas representam em Minas Gerais aproximadamente 4% da receita tributária total. No Pará, essa proporção é ainda maior, tendo aumentado intensamente a partir de 2012, chegando a 13% em 2023. Por outro lado, o Rio de Janeiro tem uma arrecadação quase irrisória a título de taxas (0,05% do total da arrecadação tributária).[820]

Por sua natureza jurídica, as taxas deveriam arrecadar um montante similar àquele que o próprio ente arrecadador gasta na prestação do serviço público específico e divisível ou no exercício do poder de polícia que constitui o seu fato gerador. Portanto, segundo essa lógica que ressai das normas gerais atualmente em vigor, a taxa não deveria ser um instrumento ao qual os entes públicos recorrem quando almejam aumentar sua arrecadação destinada a fazer face aos gastos gerais da Administração e às despesas decorrentes das diversas políticas públicas. Não deveria, mas é.[821]

No caso de Minas Gerais e Pará, a partir de 2012, passaram a ser cobradas das empresas de mineração taxas de controle, monitoramento e fiscalização as quais, em virtude de sua base de cálculo, acabam por ter efeitos arrecadatórios similares aos de um imposto sobre a extração mineral, ou aos efeitos da compensação financeira pela exploração de recursos minerais (CFEM).

No caso do Rio de Janeiro, o valor extremamente diminuto da arrecadação de taxas tem explicação na tradicional abundância de arrecadação por este estado de recursos não tributários oriundos da exploração do petróleo e do gás natural (*royalties* e participações especiais). Enquanto perdurou aquela abundância, o estado fluminense era o que menos cobrava taxas em proporção das receitas tributárias totais; acabada a abundância de *royalties* e participações especiais, o governo fluminense descobriu que, na prática, e seguindo o exemplo dos vizinhos mineiros, uma só taxa sobre as atividades petrolíferas poderia arrecadar bilhões de reais e ser a tábua de salvação do saneamento das finanças estaduais.

Para uma discussão mais detalhada dessas taxas de controle, monitoramento e fiscalização de atividades mineradoras e petrolíferas nos estados de Minas Gerais, Pará e Rio de Janeiro, remetemos o leitor aos itens 4.7.6 e 4.7.7 da Parte I deste *Curso*.

Os municípios arrecadaram em 2014, a título de taxas, o equivalente a 7% de sua arrecadação tributária total. É natural que essa proporção seja bem maior do que a verificada no caso da União e dos estados, visto que os impostos de competência

---

[820] Cf. informações disponíveis em: https://www.confaz.fazenda.gov.br/boletim-de-arrecadacao-dos-tributos-estaduais. Acesso em: 25 out. 2024.

[821] Neste sentido, cf. FRATTARI, Rafhael. As taxas de fiscalização em crise: a culpa é do Supremo Tribunal Federal? *Revista de Direito Administrativo*, v. 261, p. 147-177, set./dez. 2012.

municipal têm muito menos potencial arrecadatório do que os impostos de competência federal e estadual.

Contudo, é importante registrar que o peso relativo das taxas na arrecadação tributária municipal vem declinando ao longo dos últimos anos. Em 2007, por exemplo, a arrecadação das taxas representou 8,6% do total da arrecadação tributária, valor bem superior aos 7% verificados em 2014.[822] Em 2021, essa proporção ficou em 6,75%. Isso vem ocorrendo não porque o valor das taxas municipais esteja declinando, mas porque a carga tributária total dos municípios vem apresentando altas consecutivas ao longo dos últimos anos.[823]

### 3.2.5 A EC nº 93/2016 e a desvinculação orçamentária de recursos relacionados à arrecadação das taxas

Como observamos no item 6.3.10.10 da Parte I deste *Curso* (ao qual ora remetemos o leitor), em 2016 a cadeia de emendas constitucionais de desvinculação de receitas federais iniciada em 1994 foi retomada, com a promulgação da Emenda Constitucional nº 93, de 8.9.2016.

A Emenda Constitucional nº 93/2016 resolveu ampliar, além do percentual de desvinculação de receitas, também o universo de tributos e entes federativos a serem alcançados por ela. Até a Emenda Constitucional nº 68/2011, a desvinculação só ocorria no plano federal, e abrangia em termos práticos as contribuições sociais e as de intervenção no domínio econômico. Agora, a desvinculação de receitas também é implantada no plano estadual e municipal, e nestes planos atinge a arrecadação de "impostos, taxas e multas, já instituídos ou que vierem a ser criados [...]" – arts. 76-A e 76-B do ADCT, criados pela EC nº 93/2016. A desvinculação de 30% do valor arrecadado com as taxas também passa a valer no âmbito federal.

O impacto da desvinculação de 30%, no que diz respeito aos impostos dos estados e municípios, é fortemente amortecido pelas exceções previstas no parágrafo único dos arts. 76-A e 76-B. Contudo, no caso das taxas, a EC nº 93/2016 não estabelece qualquer exceção de monta para a desvinculação de 30% de sua arrecadação, estando oficialmente abertas as portas para que União, estados e municípios utilizem essa espécie tributária para sanear suas combalidas finanças, arrecadando – como taxas – recursos que não serão utilizados no custeio das atividades que a lei prevê como seus fatos geradores. Ou seja, para toda taxa já criada ou a criar, os entes federativos aplicarão somente 70% de sua arrecadação na atividade estatal em questão (prestação de serviço ou exercício do poder de polícia), reservando 30% para formação de

---

[822] Cf. BREMAEKER, François. *As receitas tributárias municipais em 2007*: Estudo Técnico n. 3. Salvador: Transparência Municipal, 2008.

[823] A carga tributária municipal correspondia a 5,54% da carga tributária total em 2011, valor que subiu para 6,37% em 2015, 6,54% em 2018 e 6,72% em 2022. Cf. BRASIL. Ministério da Fazenda. *Carga tributária no Brasil* – 2022. Brasília, 2023; BRASIL. Ministério da Fazenda. Receita Federal. CETAD – Centro de Estudos Tributários e Aduaneiros. *Carga Tributária no Brasil, 2015*: análise por tributo e bases de incidência. Brasília: Ministério da Fazenda, 2016.

superávit primário. O advento da Emenda Constitucional nº 93 parece fazer emergir no horizonte jurídico uma nova e estranha espécie tributária, uma criatura de corpo estranho e misterioso: dois terços taxa, um terço imposto...

A Emenda Constitucional nº 126, de dezembro de 2022, prorrogou o prazo previsto no art. 76 do ADCT até 31 de dezembro de 2024. A Emenda Constitucional nº 135, de 20 de dezembro de 2024, prorrogou novamente o prazo até 31 de dezembro de 2032.

No caso dos estados, Distrito Federal e municípios, a Emenda Constitucional nº 132, de dezembro de 2023, prorrogou o prazo previsto nos artigos 76-A e 76-B do ADCT até 31 de dezembro de 2032.

## 3.3 Contribuições de melhoria

A contribuição de melhoria é uma espécie tributária destinada a gravar uma valorização imobiliária do patrimônio particular em decorrência de obra pública. Terá competência para sua instituição a pessoa política responsável pela obra, estando o fato gerador da obrigação vinculado à existência de uma efetiva valorização patrimonial. Por sua vez, o sujeito passivo será o proprietário do imóvel beneficiado.

Definidos os sujeitos ativo e passivo, bem como o fato gerador da obrigação, divide-se a doutrina em relação ao critério quantitativo da base de cálculo: valor da obra ou valorização do imóvel. A primeira posição, de origem alemã, está centrada na concepção de que o fundamento da contribuição é garantir que particulares especialmente beneficiados por uma obra pública respondam por parte de seu custo. Por outro lado, uma segunda posição, de origem inglesa, sustenta ser a mais-valia (valorização do imóvel) agregada ao patrimônio particular o fundamento do gravame.

Essas distintas posições se explicam na origem do instituto. No caso inglês, busca-se apenas evitar que uma obra pública financiada por toda a sociedade reflita benefícios específicos para determinados contribuintes. No caso alemão, o fundamento filosófico é distinto, na medida em que a norma objetiva diluir entre os beneficiários diretos os custos de uma obra pública.

A Constituição de 1967, em sua redação original, não contemplava integralmente nenhuma das posições doutrinárias referidas. Estabeleceu-se que a exação teria como limite total a despesa realizada com a obra e, como limite individual, o acréscimo de valor ao imóvel beneficiado. Posteriormente, foi revogada a prescrição de um limite individual, baseado na valorização do imóvel, sobrevindo o critério do custo da obra como a referência da imposição fiscal. Assim, o benefício patrimonial passou a ser apenas condição para o estabelecimento do gravame, não mais condicionando o seu aspecto quantitativo, que será estabelecido em atenção exclusiva ao custo da obra.

A Constituição vigente, ao prever a figura tributária em comento, limitou-se a condicionar sua instituição à existência de obras públicas, não prescrevendo limite à sua imposição. Visto que o Código Tributário Nacional já se encontra derrogado, neste particular, antes da Constituição de 1988, entendemos que o legislador é livre na adoção dos critérios para sua instituição (custo ou benefício) até que sobrevenha lei complementar regulando a matéria.

Assim, são distintos os perfis de enquadramento das contribuições de melhoria, conforme dito anteriormente. Podem se enquadrar tanto como tributos fiscais, como também tributos finalísticos. No direito brasileiro há, portanto, ampla liberdade legislativa. Caso o legislador pretenda gravar a valorização que advier para o imóvel em razão de obra pública, estará instituindo tributo fiscal. Caso contrário, se a opção legislativa for no sentido de exigir que o contribuinte concorra com o Poder Público nos custos da obra, então ter-se-á um tributo finalístico.

## 3.4 Empréstimos compulsórios

Trata-se o empréstimo compulsório de tributo excepcional e transitório, cuja competência para a instituição é exclusiva da União Federal, consoante desenho genérico do art. 148 da Constituição, *verbis*:

> Art. 148. A União, mediante lei complementar, poderá instituir empréstimos compulsórios:
> 
> I - para atender a despesas extraordinárias, decorrentes de calamidade pública, de guerra externa ou sua iminência;
> 
> II - no caso de investimento público de caráter urgente e de relevante interesse nacional, observado o disposto no art. 150, III, "b".
> 
> Parágrafo único. A aplicação dos recursos provenientes de empréstimo compulsório será vinculada à despesa que fundamentou sua instituição.

Há aqui uma peculiaridade em relação às espécies anteriormente tratadas. Dita peculiaridade reside no fato de o legislador constituinte não ter se ocupado de explicitar os fatos geradores ou mesmo as bases de incidência passíveis para a instituição do tributo. Em realidade, cuidou a Constituição apenas de regular as condições de fato para que o tributo possa ser instituído, como seja, calamidade pública, guerra externa ou sua iminência ou investimento público urgente ou de relevante interesse nacional.

Entendemos, assim, que uma vez atendidas as condições de fato, há espaço aberto para o exercício da competência legislativa, independentemente de considerações sobre bitributação ou *bis in idem*, proibições existentes apenas para tributos da mesma espécie. Não obstante, não vislumbramos risco de um eventual abuso, por parte da União, no exercício do poder de tributar. A uma, em razão de as condições de fato que legitimam a instituição do tributo serem transitórias e a aplicação dos recursos arrecadados ser a elas vinculada; e, a duas, por ser da ontologia do tributo, conforme o próprio nome indica, a obrigação, por parte da Administração, de devolução do montante arrecadado a partir do momento em que cessarem as condições de sua instituição.

Dita obrigação de devolução, inclusive, despertou no passado superado debate sobre a natureza jurídico-tributária da exação (se se tratava de tributo ou não).

Na verdade, em decorrência de um empréstimo compulsório existem duas relações jurídicas sucessivas. A primeira, relação tributária, nasce com a ocorrência do fato gerador hipoteticamente previsto pela norma de incidência e terá fim com o cumprimento da obrigação pelo sujeito passivo. Extinta a relação jurídica anterior pelo pagamento, dá-se, então, a hipótese de incidência da segunda relação jurídica (administrativa), cujo objeto é a obrigação de devolução pela União, dentro das condições legais, do tributo anteriormente arrecadado a este título.

## 3.5 Contribuições especiais

O perfil genérico das contribuições especiais merece uma exposição mais cuidadosa. Isso porque, ao contrário das espécies anteriormente tratadas, seus contornos não foram ainda suficientemente traçados pela doutrina e jurisprudência. A Constituição Federal, no *caput* do art. 149, consagra três tipos de contribuições de competência da União federal, com distintos objetivos, o que nos permite individualizá-las como corporativas, interventivas e sociais. Ademais, há previsão de competência estadual e municipal para a instituição de contribuições previdenciárias de seus servidores para custeio de regime próprio de previdência desses. E, ainda, foi permitido, por emenda constitucional, que (i) municípios cobrem "contribuição" destinada ao custeio do serviço de iluminação pública e de sistemas de monitoramento para segurança e preservação de logradouros públicos, e (ii) alguns estados[824] possam instituir, até 2043, "contribuição" destinada a investimentos em obras de infraestrutura e habitação sobre produtos primários e semielaborados. São as contribuições tributo pensadas como fonte de recursos para o atendimento de despesas específicas, fugindo, pois, à lógica dos impostos, que são fonte de recursos para o orçamento fiscal. Uma vez instituída uma contribuição, a despesa a ela referente passa a ter na origem fonte de financiamento seguro, não sujeita a decisões políticas inerentes à oportunidade das dotações orçamentárias.

### 3.5.1 Contribuições sociais

As contribuições sociais são tributos destinados ao financiamento da outorga e garantia pelo Poder Público de direitos sociais aos cidadãos.[825] A competência para sua instituição se encontra explicitada no art. 195 da Constituição Federal. Somam-se a elas as contribuições preexistentes ao texto de 1988, as quais cuidou o legislador constituinte de expressamente recepcionar.

---

[824] Estados que possuíam, em 30 de abril de 2023, fundos destinados a investimentos em obras de infraestrutura e habitação financiados pela cobrança, como condição para a fruição de incentivos fiscais de ICMS, de parcela de tais incentivos sobre produtos primários e semielaborados.

[825] Verificar análise completa do tema em SPAGNOL, Werther Botelho. *As contribuições sociais no direito brasileiro*. Rio de Janeiro: Forense, 2002.

### 3.5.1.1 Contribuições sociais *stricto sensu*

As contribuições sociais *stricto sensu* foram previstas no texto constitucional como um dos instrumentos destinados ao financiamento da seguridade social, assim entendida como um conjunto integrado de ações destinadas a assegurar os direitos relativos à saúde, assistência e previdência social. Sua instituição se encontra regulamentada nos arts. 194 e 195 da Constituição.

O financiamento da seguridade social pode ser feito consoante dois modelos básicos: assistencial e contributivo. O primeiro pressupõe o financiamento direto por meio do orçamento fiscal, ou seja, não há exigências tributárias específicas para este mister, devendo seu custo ser suportado pela cobrança de impostos em geral. No segundo, o financiamento se dará pelo pagamento de contribuições sociais, impostas aos agentes do processo produtivo (empresários e trabalhadores), não existindo transferências do orçamento fiscal. A Constituição Federal de 1988 estabeleceu um modelo misto de financiamento, prescrevendo que a seguridade social será suportada por toda a sociedade, com recursos provenientes tanto do orçamento fiscal das pessoas políticas como por meio da imposição de contribuições sociais. Confira-se:

> Art. 195. A seguridade social será financiada por toda a sociedade, de forma direta e indireta, nos termos da lei, mediante recursos provenientes dos orçamentos da União, dos Estados, do Distrito Federal e dos Municípios, e das seguintes contribuições sociais [...].

Há de se elogiar, pois, a opção do legislador constituinte em conferir a independência e a necessária estabilidade financeira à previdência. Deve ser consignado, também, que o equilíbrio entre as diversas dotações orçamentárias é imperioso na consecução de uma seguridade pública sólida. Havendo a prevalência das contribuições sobre as transferências orçamentárias ou vice-versa, o resultado será uma distorção do sistema, com nefastas consequências, como exemplifica W. Pelikan[826] no caso das contribuições sobre a folha de salários. É que um abuso na sua instituição vai sobrecarregar especialmente as empresas que empregam grande número de trabalhadores, beneficiando, por conseguinte, as que possuem maior automação. Neste caso, o desequilíbrio viria pela necessidade da substituição da mão de obra por maquinário, em razão da competitividade, gerando desemprego e, consequentemente, menor arrecadação global e mais despesas de índole previdenciária.

Com o objetivo de ampliar e diversificar ao máximo as fontes de financiamento da seguridade social, estabeleceu o constituinte, *a priori*, seis bases de incidência, reservando ainda à União Federal competência residual para a regulamentação de novas bases. Destarte, caberá à União gravar, nos termos do art. 195 da CF/88:

---

[826] *Apud* DERZI, Misabel Abreu Machado. Contribuição para o Finsocial. *Revista de Direito Tributário*, n. 55, 1991. p. 195.

1. O empregador, a empresa ou entidade a ela equiparada, fazendo incidir o tributo sobre:

a) a folha de salários e demais rendimentos do trabalho pagos ou creditados, a qualquer título, à pessoa física que lhe preste serviço, mesmo sem vínculo empregatício;

b) a receita ou o faturamento;

c) o lucro;

2. O trabalhador e os demais segurados da previdência social;

3. A receita de concursos de prognósticos.

4. O importador de bens ou serviços do exterior, ou quem a lei a ele equiparar.

5. Bens e serviços, nos termos de lei complementar.[827]

Cumpre esclarecer que a competência para tributar bens e serviços (item 5 acima) foi incluída no âmbito da Reforma Tributária promovida pela EC nº 132/23, que previu a criação da Contribuição sobre Bens e Serviços (CBS) em substituição às contribuições incidentes sobre receita ou faturamento (item 1, "b", acima) e sobre a importação de bens ou serviços do exterior (item 4 acima). Sem prejuízo do período de transição previsto pela mencionada EC nº 132/23, em 2027 será cobrada "a contribuição prevista no art. 195, V, da Constituição Federal" e "serão extintas as contribuições previstas no art. 195, I, 'b', e IV, e a contribuição para o Programa de Integração Social de que trata o art. 239".[828] [829]

É fácil verificar que, com as bases de incidência retrotranscritas, dispõe a União de poderoso instrumental para o financiamento da seguridade social. Seria desejável, pois, que no exercício da atividade impositiva, por meio das contribuições sociais *stricto sensu*, se buscasse uma tributação equilibrada e que não viesse a sobrecarregar a atividade produtiva. Não obstante, principalmente no que toca ao gravame incidente sobre o empregador ou a empresa, o que se verifica é uma verdadeira sobrecarga de contribuições, especialmente as incidentes sobre a folha de salários e a receita (essa última substituída, no âmbito da Reforma Tributária promovida pela EC nº 132/23, pela contribuição sobre bens e serviços).

Na tentativa de se reduzirem as atuais distorções entre as diversas bases de custeio eleitas, emendas constitucionais inseriram os seguintes parágrafos ao art. 195:

---

[827] Referida lei complementar está em processo de aprovação pelo Congresso Nacional e, atendendo ao que dispõe o parágrafo único do art. 124 do ADCT, com a redação dada pelo art. 2º da EC nº 132/23, é a mesma que instituirá o IBS, Imposto sobre Bens e Serviços, de competência compartilhada entre estados e municípios.

[828] Também incidente sobre o faturamento ou receita das pessoas jurídicas.

[829] De acordo com a redação dada pelo art. 2º da EC nº 132/23 ao art. 126 do ADCT:
"Art. 126. A partir de 2027:
I - serão cobrados:
a) a contribuição prevista no art. 195, V, da Constituição Federal;
II - serão extintas as contribuições previstas no art. 195, I, "b", e IV, e a contribuição para o Programa de Integração Social de que trata o art. 239, todos da Constituição Federal, desde que instituída a contribuição referida na alínea "a" do inciso I".

§ 9º As contribuições sociais previstas no inciso I do caput deste artigo poderão ter alíquotas diferenciadas em razão da atividade econômica, da utilização intensiva de mão de obra, do porte da empresa ou da condição estrutural do mercado de trabalho, sendo também autorizada a adoção de bases de cálculo diferenciadas apenas no caso das alíneas «b» e «c» do inciso I do caput.

§12. A lei definirá os setores de atividade econômica para os quais as contribuições incidentes na forma dos incisos I, b; e IV do *caput*, serão não-cumulativas.

§13. Aplica-se o disposto no §12 inclusive na hipótese de substituição gradual, total ou parcial, da contribuição incidente na forma do inciso I, a, pela incidente sobre a receita ou o faturamento.

Em relação às contribuições sociais, não raras vezes o legislador ordinário, quando da instituição do tributo, acaba por extrapolar a base de competência que lhe foi outorgada pelo art. 195 da Constituição Federal; o que apenas lhe seria permitido se estivesse exercendo a competência residual, com os requisitos que lhe são próprios, previstos pelo §4º do mesmo dispositivo.

É o que se deu com a instituição de contribuição cobrada da pessoa jurídica pelos serviços prestados por cooperativa de trabalho. Como visto, a CF apenas permite a tributação da remuneração paga à pessoa física, situação que não abarca a cooperativa, não sendo possível entender que ela seria mera substituta dos cooperados.

Nesse sentido, decidiu o Pleno do STF:

> O art. 22, IV da Lei nº 8.212/91, com a redação da Lei nº 9.876/99, ao instituir contribuição previdenciária incidente sobre o valor bruto da nota fiscal ou fatura, extrapolou a norma do art. 195, inc. I, *a*, da Constituição, descaracterizando a contribuição hipoteticamente incidente sobre os rendimentos do trabalho dos cooperados, tributando o faturamento da cooperativa, com evidente *bis in idem*. Representa, assim, nova fonte de custeio, a qual somente poderia ser instituída por lei complementar, com base no art. 195, §4º - com a remissão feita ao art. 154, I, da Constituição.[830]

Em outra ocasião, quando da edição da Lei nº 10.865/04, que instituiu as contribuições ao PIS/Cofins – Importação, o legislador ordinário acabou por também exceder a competência constitucional, contida nos arts. 149, II e §2º, III, c/c 195, IV, "a", da CF, para tributação do valor aduaneiro. Com efeito, o legislador ordinário determinou que essa grandeza (valor aduaneiro) fosse acrescida do valor do ICMS e das próprias contribuições. Esse acréscimo foi julgado inconstitucional pelo Pleno do STF, uma vez que "A referência ao valor aduaneiro no art. 149, §2º, III, a, da CF implicou utilização de expressão com sentido técnico inequívoco, porquanto já era utilizada pela legislação tributária para indicar a base de cálculo do Imposto sobre a Importação". Afirmou ainda o STF:

---

[830] RE nº 595.838 (Rel. Min. Dias Toffoli. *DJ*, 25 fev. 2015), decidido sob o rito de repercussão geral.

A Lei 10.865/04, ao instituir o PIS/PASEP - Importação e a COFINS - Importação, não alargou propriamente o conceito de valor aduaneiro, de modo que passasse a abranger, para fins de apuração de tais contribuições, outras grandezas nele não contidas. O que fez foi desconsiderar a imposição constitucional de que as contribuições sociais sobre a importação que tenham alíquota ad valorem sejam calculadas com base no valor aduaneiro, extrapolando a norma do art. 149, §2º, III, a, da Constituição Federal.[831]

Na mesma linha, o Pleno do STF declarou, em duas ocasiões, a inconstitucionalidade da inclusão do ICMS na base de cálculo das contribuições incidentes sobre o faturamento e a receita (a contribuição destinada ao PIS e a COFINS). Na primeira ocasião,[832] o julgamento que redundou na declaração da inconstitucionalidade se iniciou no Plenário em 1999 e só veio a terminar no ano de 2014, com dois votos vencidos. Como este primeiro julgado não se submeteu à sistemática da repercussão geral, em 2017 ocorreu novo julgamento no Plenário e, com quatro votos vencidos, declarou-se novamente que "O ICMS não compõe a base de cálculo para a incidência do PIS e da Cofins".[833]

Por fim, caberá ainda competência à União, aos estados, ao Distrito Federal e aos municípios para a instituição de contribuições incidentes sobre a remuneração de seus próprios servidores – ativos, aposentados e pensionistas – quando estes forem beneficiários de sistemas de seguridade social próprios (art. 149, §1º). Note-se que o alcance da competência tributária de estados e municípios é reduzido em relação ao da União. Enquanto essa, além dos próprios servidores, pode tributar toda a sociedade, como seja, empregador, empresa, empregados e autônomos (art. 195), para o financiamento da seguridade social geral, aqueles tributam apenas para o financiamento de sistemas previdenciários próprios, fechados para seus servidores, nos termos que se passarão a expor com detalhes a seguir.

### 3.5.1.1.1 A reforma constitucional da previdência social de 2019 (EC nº 103/2019) e as alterações promovidas nos artigos da Constituição que tratam das contribuições previdenciárias

No dia 12.11.2019, o Congresso Nacional promulgou a Emenda Constitucional nº 103, que alterou em muitos aspectos os direitos e deveres relativos à previdência social brasileira, tanto no setor privado como no setor público.

Não foi a primeira reforma constitucional da previdência social: após 1988, podemos citar como exemplos de reforma da previdência as emendas constitucionais nº 3/1993, 20/1998 e 41/2003.

Os efeitos gerais da reforma promovida pela EC nº 103/2019 são os seguintes: os segurados deverão contribuir por mais tempo e ter idade mais avançada para ter direito a se aposentar; como o cálculo do valor da aposentadoria levará em

---

[831] RE nº 559.937 (Rel. Min. Dias Toffoli. *DJ*, 17 out. 2013), decidido sob o rito de repercussão geral.
[832] RE nº 240.785. Rel. Min. Cármen Lúcia. *DJ*, 13 out. 2014.
[833] Tema nº 69 da repercussão geral. RE nº 574.706. Rel. Min. Cármen Lúcia. *DJ*, 2 out. 2017.

conta todo o histórico de contribuições mensais sem descartar as 20% mais baixas (regra anterior), os benefícios pagos pelo regime geral serão reduzidos; quanto às contribuições previdenciárias pagas pelos segurados, as suas alíquotas passarão a ser progressivas em função das remunerações recebidas.

A proposta original do Governo Federal continha regras que praticamente inviabilizavam a aposentadoria no meio rural, e promoviam cortes de direitos no âmbito do Benefício de Prestação Continuada, programa assistencial destinado a idosos em condição de miserabilidade. Essas regras de maior truculência e total insensibilidade social não foram aprovadas pelos congressistas. O Governo Federal também buscava no projeto original de reforma previdenciária autorizar a instituição futura do regime de capitalização, o que tampouco restou aprovado pelo Congresso.

Com relação ao endurecimento das regras para obter a aposentadoria, a emenda constitucional dispõe sobre diversas regras de transição, tanto para o regime geral como para os servidores públicos, de modo a propiciar a segurados que já estão contribuindo há muitos anos para a previdência social aposentadoria sem ter que se submeter integralmente aos novos requisitos.

O propósito da presente seção não é analisar as novas regras para aposentadoria e pensão e sim apresentar as alterações que a reforma constitucional da previdência de 2019 promoveu no âmbito – tributário – das contribuições responsáveis pelo financiamento do sistema.

### a) Art. 149, §1º

No âmbito do art. 149, §1º da Constituição, que trata da contribuição previdenciária cobrada dos servidores públicos, houve sensíveis mudanças. A redação do dispositivo modificada pela EC nº 103 explicita que as contribuições deverão ser cobradas "dos servidores ativos, dos aposentados e dos pensionistas" (o que antes já era previsto no art. 40 da Constituição, mas não no art. 149, §1º, da CF), e poderão ter alíquotas progressivas em função do valor da base de contribuição ou dos proventos de aposentadoria e pensões (regra inexistente anteriormente).

Foram criados pela EC nº 103/2019 os §§1º-A, 1º-B e 1º-C do art. 149.

O art. 149, §1º-A, modifica a regra do art. 40, §18, da Constituição (acrescido pela EC nº 41/2003). Até a EC nº 103/2019, vigorava a regra (art. 40, §18 da CF) de que a contribuição previdenciária incidente sobre proventos de aposentadoria e pensão pagos no regime próprio só incidiria sobre o montante dos proventos que ultrapassasse o limite máximo de benefícios do regime geral (atualmente na casa de R$6 mil). O novo art. 149, §1º-A, determina que, quando houver déficit atuarial, a "contribuição ordinária" dos aposentados e pensionistas poderá incidir sobre o valor que superar o salário-mínimo.

O novo art. 149, §1º-B e C, aplica-se somente à União e determina que, se a providência do art. 149, §1º-A não equacionar o déficit atuarial, a União poderá instituir, além da contribuição ordinária, uma contribuição extraordinária a ser cobrada dos servidores públicos ativos, dos aposentados e dos pensionistas, que vigorará por tempo determinado e será acompanhada de outras medidas destinadas a equacionar o déficit atuarial.

### b) Art. 194

Uma mudança aparentemente sutil, mas muito significativa, foi a promovida pela EC nº 103 na redação do art. 194, parágrafo único, VI da Constituição.

O art. 194, parágrafo único, define os seguintes objetivos na organização da seguridade social pelo Poder Público: universalidade da cobertura e do atendimento, uniformidade e equivalência dos benefícios e serviços às populações urbanas e rurais, seletividade e distributividade na prestação dos benefícios e serviços, irredutibilidade do valor dos benefícios, equidade na forma de participação no custeio, diversidade da base de financiamento, caráter democrático e descentralizado da Administração.

A EC nº 103 alterou a redação do inc. VI do art. 194, parágrafo único, da Constituição. A redação original do dispositivo era "diversidade da base de financiamento", no sentido de haver contribuições sociais de seguridade sobre diversas bases econômicas – folha de salários e demais rendimentos pagos aos segurados, receita/faturamento das empresas, lucro das empresas etc. A nova redação estabelecida pela EC nº 103 é a seguinte: "diversidade da base de financiamento, identificando-se, em rubricas contábeis específicas para cada área, as receitas e as despesas vinculadas a ações de saúde, previdência e assistência social, preservado o caráter contributivo da previdência social".

O objetivo dessa mudança da EC nº 103 é o de compartimentalizar rigidamente a seguridade social em três áreas separadas: saúde, previdência e assistência social. Um dos principais argumentos para se defender que a previdência social brasileira não era deficitária até 2015 é a afirmação de que, segundo a Constituição de 1988, a seguridade social é uma realidade orçamentariamente unificada, em que as contribuições sobre folha, receita/faturamento, lucro etc. financiam tanto a saúde quanto a assistência e a previdência, não se devendo comparar separadamente as contribuições sobre folha (segurados e empresas) com os benefícios pagos pelo INSS a título de aposentadoria e pensão para apurar eventual "déficit" ou "rombo" da previdência, devendo-se comparar, na verdade, de um ponto de vista constitucional, o total arrecadado a título de contribuições de seguridade social com o total de despesas orçamentárias nas áreas de saúde, previdência e assistência.[834]

O propósito dessa alteração no art. 194, parágrafo único, VI, é exatamente o de desconstruir a visão do parágrafo acima, buscando "carimbar" algumas receitas como vinculadas somente à saúde e outras receitas como vinculadas somente à assistência, a fim de definir separadamente qual é o superávit ou déficit da saúde, da assistência e da previdência social. Trata-se, como se vê, de uma autêntica desconstrução da ideia una e ampla de seguridade social tal como desenhada em 1988.

---

[834] Neste sentido, *vide* GODOI, Marciano Seabra de. O déficit da Previdência Social sob a ótica da Constituição Federal. *Revista Fórum de Direito Tributário*, v. 26, p. 169-181, 2007.

## c) Art. 195

Alterou-se a redação do art. 195, II da Constituição, que prevê a cobrança de contribuições do trabalhador e demais segurados da previdência social, de modo a incluir a frase "podendo ser adotadas alíquotas progressivas de acordo com o valor do salário de contribuição". Manteve-se a regra de que não incidirá contribuição sobre as aposentadorias e pensões concedidas pelo regime geral da previdência social.

Mesmo antes dessa mudança na redação do art. 195, II da Constituição, já havia cobrança de contribuições do trabalhador e demais segurados com alíquotas progressivas, variando, conforme faixas de remuneração, entre 8% e 11%, com a base de cálculo limitada ao teto de benefícios do regime geral (aproximadamente R$6 mil reais). Com a EC nº 103, as alíquotas passaram a variar, conforme faixas de remuneração, entre 7,5% e 14%.

Houve alteração na redação do art. 195, §9º da Constituição. A redação anterior previa a possibilidade de haver alíquotas ou bases de cálculo diferenciadas para as contribuições previstas no inc. I do art. 195 (contribuições a cargo do empregador, empresa ou entidade a ela equiparada sobre folha de salários e demais rendimentos pagos a pessoas físicas, receita/faturamento e lucro), em razão de atividade econômica, utilização intensiva de mão de obra, porte da empresa ou condição estrutural do mercado de trabalho. Na nova redação, são mantidos os mesmos critérios para autorizar a diferenciação, mas prevê-se a possibilidade somente de alíquotas diferenciadas para a contribuição sobre folha, reservando-se a possibilidade de alíquotas e bases de cálculo diferenciadas somente para as contribuições sobre receita/faturamento e lucro (alíneas "b" e "c" do art. 195, I).

A redação do §11 do art. 195 (acrescido ao texto constitucional pela EC nº 20/1998) foi alterada pela EC nº 103. Antes, havia vedação de remissão ou anistia das contribuições sociais sobre folha de salários (empresa e trabalhador) para débitos em montante superior ao fixado em lei complementar. Numa demonstração de que o poder legislativo é conivente com a já tradicional política brasileira de concessão periódica de generosas remissões e anistias de tributos, a lei complementar prevista no dispositivo nunca foi editada. Na nova redação do dispositivo, amplia-se o conteúdo da vedação, que passa também a incidir sobre moratória e parcelamento em prazo superior a sessenta meses das contribuições sociais sobre folha de salários (empresa e trabalhador). Destaque-se que essa foi, entre centenas de novas normas aprovadas na EC nº 103, a única que se destinou a combater a evasão de contribuições sociais por parte das empresas.

Revogou-se o §13 do art. 195 da Constituição (introduzido pela EC nº 42/2003). Esse parágrafo previa que, em caso de substituição da contribuição patronal sobre a folha por uma contribuição sobre receita ou faturamento, a lei deveria definir os setores de atividade econômica para os quais essa contribuição sobre receita/faturamento seria não cumulativa. A intenção da revogação é a de retirar da Constituição possíveis embaraços para o projeto já anunciado pelo Governo Federal de substituir a contribuição patronal sobre folha de salários por uma contribuição cumulativa incidente sobre transações financeiras.

## d) Art. 239

O art. 239 da Constituição trata das contribuições do PIS e do Pasep, que existem desde a década de 70 do século passado. O *caput* do art. 239 determinou que, a partir de 1988, essas contribuições passassem a financiar o programa do seguro-desemprego e o abono anual.

A EC nº 103/2019 alterou o *caput* do art. 239 para determinar que a arrecadação das contribuições do PIS/Pasep financiará outras ações da previdência social além do seguro-desemprego e do abono anual. Com relação ao abono anual, registre-se que o projeto inicial da reforma da previdência oriundo do Executivo previa que somente os segurados com remuneração de até um salário-mínimo poderiam recebê-lo. Essa restrição foi rejeitada pela Câmara (que fixou o valor de R$1.364,43 como teto de remuneração para os beneficiários do abono anual) e também pelo Senado Federal, que manteve as regras sem alteração (segurados com remuneração mensal até dois salários-mínimos podem receber o abono anual de um salário-mínimo).

Também foi alterada a redação do §1º do art. 239. A regra anterior previa que pelo menos 40% da arrecadação do PIS/Pasep seriam destinados a financiar programas de desenvolvimento econômico no âmbito do Banco Nacional de Desenvolvimento Econômico e Social. A nova redação do dispositivo diminuiu esse valor para 28%. A mudança se insere numa nova visão sobre a importância e o papel do BNDES. Como se sabe, a partir de dezembro de 2015, iniciou-se um processo acelerado de descapitalização do BNDES, que, até 2019, devolveu aos cofres do Tesouro Nacional aproximadamente R$300 bilhões.[835] Também decorrente dessa nova visão é o §5º introduzido ao art. 239 da Constituição, segundo o qual os programas do BNDES financiados com os recursos do PIS/Pasep serão anualmente avaliados e divulgados em meio de comunicação social eletrônico, além de apresentados na Comissão Mista de Orçamento do Congresso Nacional.

## e) Art. 76, ADCT (DRU)

Como vimos no capítulo deste *Curso* destinado ao orçamento público, desde meados da década de 90 do século passado vem incidindo um mecanismo constitucional, constantemente renovado por emendas constitucionais, pelo qual 20% (o valor subiu para 30% a partir de 2016) da arrecadação das contribuições sociais de seguridade social (exceto a contribuição patronal e dos segurados sobre a folha de salários) eram desviados do orçamento da seguridade social para ser utilizados no pagamento de juros da dívida pública.[836]

Isso fazia sentido enquanto havia um quadro de superávit no âmbito das contas globais da seguridade social: receitas totais de contribuições sociais de

---

[835] Vide FATO: o BNDES já devolveu mais de R$300 bilhões para o Tesouro Nacional. *Agência de Notícias BNDES*, 19 out. 2018. Disponível em: https://agenciadenoticias.bndes.gov.br/detalhe/fatoboato/Fato-O-BNDES-ja-devolveu-mais-de-R$-300-bilhoes-para-o-Tesouro-Nacional/. Acesso em: 3 dez. 2019.

[836] Cf. SALVADOR, Evilásio da Silva. O desmonte do financiamento da seguridade social em contexto de ajuste fiscal. *Revista Serviço Social e Sociedade*, São Paulo, n. 130, p. 426-446, set./dez. 2017.

seguridade social previstas no art. 195 da Constituição menos despesas totais com aposentadorias/pensões (regime geral urbano e rural), gastos federais com saúde e assistência social. Esse superávit das contas globais da seguridade social (excluindo as receitas e despesas dos regimes próprios dos servidores públicos) existiu durante toda a década de 2000 e permaneceu até o ano de 2014. Durante todo esse período, o papel da DRU era retirar parcela significativa de recursos de uma seguridade social globalmente superavitária para possibilitar sua utilização no pagamento do serviço da dívida pública.

A partir de 2014, com a queda brutal nos valores reais da arrecadação federal,[837] o total arrecadado com as contribuições sociais de seguridade social passa a ser menor do que o total gasto pelo Governo Federal com aposentadorias/pensões (regime geral urbano e rural), gastos federais com saúde e assistência social. Nos anos seguintes, essas despesas seguem uma trajetória de alta e as receitas não voltam aos níveis anteriores. Neste quadro estrutural, as receitas de contribuições sociais de seguridade social passam a ser sistematicamente menores do que o total gasto pelo Governo Federal com aposentadorias/pensões (regime geral urbano e rural), gastos federais com saúde e assistência social, devendo a diferença entre os valores ser suprida pelo Tesouro Nacional, não fazendo mais sentido a subsistência da DRU em relação às contribuições de seguridade social.

Daí ter a Emenda Constitucional nº 103/2019 acrescentado o §4º ao art. 76 do ADCT, determinando que a desvinculação de recursos da União (DRU) "não se aplica às receitas das contribuições sociais destinadas ao custeio da seguridade social". Contudo, a DRU segue sendo estratégica com relação às contribuições de intervenção no domínio econômico: 30% de sua arrecadação é utilizada pelo Tesouro Nacional para reduzir o déficit primário e não para aplicação em gastos específicos mencionados na legislação que as instituiu.

**f) Alíquotas progressivas da contribuição previdenciária dos servidores ativos, aposentados e pensionistas do Governo Federal**

Até a vigência da EC nº 103/2019, a alíquota da contribuição previdenciária dos servidores ativos, aposentados e pensionistas do Governo Federal era de 11%, nos termos do art. 4º da Lei nº 10.887/2004. Para reduzir a alíquota para remunerações inferiores e aumentá-la significativamente para patamares superiores de remuneração, de modo progressivo, a própria Emenda Constitucional nº 103/2019 fixou provisoriamente os valores das novas alíquotas, aplicáveis a partir de março de 2020, das

---

[837] A queda real da arrecadação previdenciária federal entre 2015 e 2014 foi de 6,59%. No mesmo período, a arrecadação real da CSSL caiu 14% e a arrecadação real do PIS/Cofins caiu 5%. Nova queda real de 3,50% na arrecadação previdenciária federal ocorreu entre 2016 e 2015. A tímida recuperação da arrecadação previdenciária a partir de 2017 não foi nem de longe suficiente para retomar a arrecadação real previdenciária dos patamares de 2014/2013. Cf. BRASIL. Receita Federal. *Relatórios do Resultado da Arrecadação* – 2019. Disponível em: http://receita.economia.gov.br/dados/receitadata/arrecadacao/relatorios-do-resultado-da-arrecadacao. Acesso em: 3 dez. 2019.

contribuições previdenciárias dos servidores ativos, aposentados e pensionistas do Governo Federal. *Verbis*:

> Art. 11. Até que entre em vigor lei que altere a alíquota da contribuição previdenciária de que tratam os arts. 4º, 5º e 6º da Lei nº 10.887, de 18 de junho de 2004, esta será de 14% (quatorze por cento).
>
> §1º A alíquota prevista no caput será reduzida ou majorada, considerado o valor da base de contribuição ou do benefício recebido, de acordo com os seguintes parâmetros:
>
> I - até 1 (um) salário-mínimo, redução de seis inteiros e cinco décimos pontos percentuais;
>
> II - acima de 1 (um) salário-mínimo até R$2.000,00 (dois mil reais), redução de cinco pontos percentuais;
>
> III - de R$2.000,01 (dois mil reais e um centavo) até R$3.000,00 (três mil reais), redução de dois pontos percentuais;
>
> IV - de R$3.000,01 (três mil reais e um centavo) até R$5.839,45 (cinco mil, oitocentos e trinta e nove reais e quarenta e cinco centavos), sem redução ou acréscimo;
>
> V - de R$5.839,46 (cinco mil, oitocentos e trinta e nove reais e quarenta e seis centavos) até R$10.000,00 (dez mil reais), acréscimo de meio ponto percentual;
>
> VI - de R$10.000,01 (dez mil reais e um centavo) até R$20.000,00 (vinte mil reais), acréscimo de dois inteiros e cinco décimos pontos percentuais;
>
> VII - de R$20.000,01 (vinte mil reais e um centavo) até R$39.000,00 (trinta e nove mil reais), acréscimo de cinco pontos percentuais; e
>
> VIII - acima de R$39.000,00 (trinta e nove mil reais), acréscimo de oito pontos percentuais.
>
> §2º A alíquota, reduzida ou majorada nos termos do disposto no §1º, será aplicada de forma progressiva sobre a base de contribuição do servidor ativo, incidindo cada alíquota sobre a faixa de valores compreendida nos respectivos limites.
>
> §3º Os valores previstos no §1º serão reajustados, a partir da data de entrada em vigor desta Emenda Constitucional, na mesma data e com o mesmo índice em que se der o reajuste dos benefícios do Regime Geral de Previdência Social, ressalvados aqueles vinculados ao salário-mínimo, aos quais se aplica a legislação específica.
>
> §4º A alíquota de contribuição de que trata o caput, com a redução ou a majoração decorrentes do disposto no §1º, será devida pelos aposentados e pensionistas de quaisquer dos Poderes da União, incluídas suas entidades autárquicas e suas fundações, e incidirá sobre o valor da parcela dos proventos de aposentadoria e de pensões que supere o limite máximo estabelecido para os benefícios do Regime Geral de Previdência Social, hipótese em que será considerada a totalidade do valor do benefício para fins de definição das alíquotas aplicáveis.

Observe-se que, segundo o *caput* do art. 11, essas alíquotas fixadas no próprio texto constitucional emendado podem ser alteradas por lei ordinária. Isso é uma constante na EC nº 103, que fixa provisoriamente uma série de regras de benefício (requisitos para aposentadoria, por exemplo) e custeio que pode ser, posteriormente, alterada por normas infraconstitucionais. As novas alíquotas se aplicam a partir de 1º.3.2020 (anterioridade nonagesimal).

No próprio ano de 2019 foram ajuizadas várias ações diretas de inconstitucionalidade requerendo ao Supremo Tribunal Federal que declare a inconstitucionalidade de tal progressividade de alíquotas dos servidores públicos federais, aposentados e pensionistas. As ações foram ajuizadas pela Associação Nacional dos Auditores Fiscais da Receita Federal (ADI nº 6.271), Associação Nacional dos Defensores Públicos (ADI nº 6.254), Frente Associativa da Magistratura e do Ministério Público (ADIs nº 6.255 e 6.266) e Associação dos Juízes Federais do Brasil (ADI nº 6.258). Contra a reforma da previdência realizada pela EC nº 103/2019, foram ajuizadas, no total, 13 Ações Diretas de Inconstitucionalidade (nº 6.254, 6.256, 6.279, 6.289, 6.367, 6.384, 6.385, 6.916, 6.255, 6.258, 6.271, 6.361 e 6.731).

No caso dos regimes próprios de previdência dos estados e municípios, o art. 9º, §4º, da EC nº 103 determinou que as alíquotas das contribuições dos servidores não poderão ser inferiores às alíquotas federais (alteradas pela EC nº 103), exceto se demonstrado que o regime próprio de previdência social não possui déficit atuarial a ser equacionado, hipótese em que a alíquota não poderá ser inferior às alíquotas aplicáveis ao Regime Geral de Previdência Social.

**g) Alíquotas progressivas da contribuição do regime geral da previdência social**

Segundo o art. 28 da EC nº 103, as alíquotas das contribuições do segurado empregado, doméstico e avulso, serão progressivas em função do montante da remuneração do segurado. A incidência será em cascata, nos termos da legislação do imposto de renda da pessoa física. As novas alíquotas (7,5% a 14%) se aplicam a partir de 1º.3.2020 (anterioridade nonagesimal).

Antes da entrada em vigor da EC nº 103, as alíquotas dos segurados eram de 8% para remunerações até R$1.751,81; 9% para remunerações entre R$1.751,82 e R$2.919,72; e 11% para remunerações acima de R$2.919,73, limitada a base de cálculo ao teto máximo de benefícios do regime geral (R$5.839,45 no ano de 2019). Essas alíquotas, quando aplicadas, incidiam sobre toda a remuneração do segurado e não em cascata, como se dá no novo regime instituído pela EC nº 103.

Para os segurados cuja remuneração é igual ou superior ao teto de benefícios do regime geral, a mudança da EC nº 103 representou uma carga adicional de 0,68% (a alíquota efetiva era de 11% e, após a EC nº 103, passou a ser de 11,68%). Para os segurados que recebem 1 salário-mínimo, a mudança da EC nº 103 representou uma diminuição de 0,5% na contribuição previdenciária.

**h) Alíquota diferenciada de CSLL para instituições financeiras**

Entre setembro de 2015 e dezembro de 2018, vigorou (*vide* Lei nº 13.169/2015, art. 1º) uma alíquota agravada de 20% relativa à contribuição social sobre o lucro (CSLL) de várias espécies de instituições financeiras (a alíquota aplicável à generalidade dos contribuintes é de 9%). A partir de 1º.1.2019, a alíquota da CSLL das instituições financeiras em geral passou a ser de 15%.

A EC nº 103 determinou, em seu art. 32, que os "bancos de qualquer espécie" (inc. I do art. 1º, §1º, da LC nº 105/2001) voltassem a recolher a CSLL de 20% a partir de 1º.3.2020 (anterioridade nonagesimal, art. 36, I, da EC nº 103/2019). Ressalte-se que a fixação da alíquota pela EC nº 103 foi provisória, "até que entre em vigor lei que disponha sobre a alíquota da contribuição de que trata a Lei nº 7.689, de 15 de dezembro de 1988" (*caput* do art. 32 da EC nº 103/2019).

Em 2021, a Medida Provisória nº 1.034, posteriormente convertida na Lei nº 14.183, determinou que, até 31 de dezembro de 2021, algumas instituições financeiras (como os bancos) passassem a recolher a CSLL pela alíquota de 25%, e outros tipos de instituições financeiras (como as seguradoras) recolhessem a contribuição pela alíquota de 20%. A partir de 2022, essas alíquotas foram fixadas, respectivamente, em 20% e 15%. No início de 2022, sobreveio nova majoração temporária dessas alíquotas, para 21% e 16%, respectivamente, entre 1º de agosto e 31 de dezembro de 2022 (Lei nº 14.446/2022, conversão da Medida Provisória nº 1.115/2022).

Em agosto de 2024, o Executivo federal enviou ao Congresso Nacional projeto de lei majorando novamente as alíquotas da contribuição social sobre o lucro (CSLL). Segundo o PL nº 3.394/24:
- até 31 de dezembro de 2025, a alíquota da CSLL fica majorada de 15% para 22%, no caso de instituições financeiras como seguradoras, corretoras de títulos etc.;
- até 31 de dezembro de 2025, a alíquota da CSLL fica majorada de 20% para 22%, no caso dos bancos;
- até 31 de dezembro de 2025, a alíquota da CSLL das pessoas jurídicas em geral fica majorada de 9% para 10%.

### 3.5.1.1.2 A chamada contribuição do Funrural e o erro cometido pelo STF no julgamento do RE nº 718.874[838]

Ao longo de pouco mais de quatro anos, de 2005 a 2010, o Plenário do STF deliberou sobre a inconstitucionalidade da contribuição previdenciária patronal do produtor rural pessoa física, calculada sobre a receita bruta proveniente da comercialização da sua produção. Na sessão do Plenário de 3.2.2010, o julgamento terminou com o resultado unânime de julgar inconstitucional a referida incidência, e com a decisão por não proceder à modulação de efeitos, neste particular vencida a Ministra Ellen Gracie.[839]

Até a edição da Lei nº 8.540/1992, havia dois regimes distintos para dita contribuição social: (1) no regime dos empregadores rurais pessoas físicas, a contribuição previdenciária patronal incidia sobre a folha de salários, seguindo a regra geral do art. 195, I, da Constituição; (2) no regime dos produtores rurais que exercem atividades em regime de economia familiar, sem empregados permanentes, a

---

[838] Red. Min. Alexandre de Moraes. *DJ*, 27 set. 2017.
[839] RE nº 363.852. Rel. Min. Marco Aurélio. *DJ*, 23 abr. 2010.

contribuição previdenciária incidia sobre o resultado da comercialização da produção, em substituição à incidência sobre a folha de salários, conforme a regra específica do art. 195, §8º, da Constituição.[840]

A Lei nº 8.540/1992 veio unificar esses regimes, estabelecendo na redação do art. 25 da Lei nº 8.212/1991 que, em ambos os casos, a incidência se daria sobre a receita bruta proveniente da comercialização da produção, e não sobre a folha de salários. A Lei nº 8.540/1992 também reduziu a alíquota incidente sobre tal base, que era de 3% (segundo a redação original da Lei nº 8.212/1991) e passou a ser de 2%.

A tese do RE nº 363.852 era simples: no caso dos produtores rurais pessoas físicas que fossem empregadores regulares e, portanto, não se enquadrassem na categoria de economia familiar, a incidência sobre a receita proveniente da comercialização da produção não era prevista na própria Constituição, constituindo incidência nova, para a qual se exige a edição de lei complementar, nos termos do art. 195, §4º c/c o art. 154, I da Constituição. Segundo essa tese, a receita proveniente da comercialização da produção não pode ser subsumida no conceito de "faturamento", previsto no art. 195, I, da Constituição, que somente se aplica às pessoas jurídicas e não alcança a pessoa física. Portanto haveria uma base de cálculo nova, não prevista no art. 195, I, da Constituição, daí a necessidade da lei complementar.

Com efeito, a base de cálculo "resultado da comercialização da produção" da pessoa física foi prevista pela Constituição (art. 195, §8º) somente para a contribuição a cargo dos produtores rurais da economia familiar ou de subsistência, que não têm empregados permanentes. Os produtores rurais pessoas físicas que são empregadores estão em categoria distinta, e, para substituir a contribuição incidente sobre a sua folha de salários por uma contribuição sobre base distinta das previstas no art. 195, I, da Constituição, é necessária a instituição de lei complementar, nos termos do art. 195, §4º, da Constituição. Por outro lado, não colhe a tese da Fazenda Nacional de que "resultado da comercialização da produção" equivale a "faturamento", base de cálculo já prevista na redação originária da Constituição, pois na jurisprudência do STF o conceito de faturamento supõe que se tenha a presença de uma pessoa jurídica, e não de uma pessoa física. Aliás, a diferença entre "faturamento" e "resultado da comercialização da produção" parece derivar da própria existência, no texto constitucional, do §8º do art. 195.

Após o julgamento do RE nº 363.852, a Fazenda Nacional adotou uma estratégia argumentativa para tentar *salvar* a contribuição do Funrural a partir de 2001. No RE nº 718.874, argumentou a Fazenda Nacional que a Lei nº 10.256/2001 teria regularizado ou validado a cobrança da exação, dando a entender que essa lei teria reinstituído a contribuição, já sob o pálio da redação atual do art. 195, I, da Constituição (pós EC nº 20/1998), que se refere não só à base "faturamento" (que o STF vincula às atividades de pessoas jurídicas), mas também à base "receita". Vale dizer: em 2001, sob o pálio

---

[840] "Art. 195. [...] §8º [na redação dada pela EC 20/1998]. O produtor, o parceiro, o meeiro e o arrendatário rurais e o pescador artesanal, bem como os respectivos cônjuges, que exerçam suas atividades em regime de economia familiar, sem empregados permanentes, contribuirão para a seguridade social mediante a aplicação de uma alíquota sobre o resultado da comercialização da produção e farão jus aos benefícios nos termos da lei".

da EC nº 20/98, já não mais seria necessária a adoção de lei complementar para promover a cobrança da contribuição dos empregadores rurais sobre a receita da comercialização da produção, pois já não se trataria de uma contribuição *nova*, visto que "receita" já seria uma base de cálculo prevista no art. 195, I, da Constituição.

A maioria dos ministros, no julgamento do RE nº 718.874,[841] acolheu esse argumento da Fazenda Nacional, o qual, contudo, mostra-se claramente equivocado. Com efeito, o argumento da Fazenda Nacional seria correto se a Lei nº 10.256/2001 houvesse realmente recriado ou reinstituído a contribuição sobre os empregadores rurais pessoas físicas. Mas tal não ocorreu em absoluto. A Lei nº 10.256/2001 nada mais fez do que alterar a redação do *caput* do art. 25 da Lei nº 8.212/1991 para desobrigar os empregadores rurais pessoas físicas de continuarem a pagar a contribuição sobre a folha. A alíquota da contribuição sobre a receita da comercialização foi prevista nos incisos do art. 25, conforme a redação dada pela Lei nº 8.540/1992 e mantida pela Lei nº 9.528/1997, incisos introduzidos pela Lei nº 8.540/1992 que foram declarados inconstitucionais no RE nº 363.852. Portanto, a Lei nº 10.256/2001 não reinstituiu ou recriou a contribuição sobre a receita da comercialização da produção a cargo dos empregadores rurais pessoas físicas.

No julgamento do RE nº 718.874,[842] fixou-se a seguinte tese: "É constitucional formal e materialmente a contribuição social do empregador rural pessoa física, instituída pela Lei 10.256/01, incidente sobre a receita bruta obtida com a comercialização de sua produção".

Ocorre que, ao contrário de instituir ou restabelecer cobrança de tributo, a Lei nº 10.256 veio simplesmente desonerar um grupo de contribuintes (empregador rural pessoa física) da contribuição sobre a folha de salários. A lei não se prestou a restaurar ou restabelecer qualquer redação legal anterior da Lei nº 8.212/1991. No que concerne ao produtor rural pessoa física empregador, o propósito da lei foi simplesmente dispor que a contribuição incidente sobre a receita bruta proveniente da comercialização da sua produção seria cobrada "em substituição" à contribuição incidente sobre a folha de salários. Não há nenhuma instituição ou restabelecimento de contribuição.

Os ministros que compuseram a maioria no julgamento do RE nº 718.874 afirmaram que a Lei nº 10.256 teria buscado adequar a contribuição do Funrural aos parâmetros constitucionais. Nada disso procede. A Lei nº 10.256/2001 não é resposta do legislador ao decidido no RE nº 363.852, em que se declarou a inconstitucionalidade do tributo, mesmo porque o respectivo julgamento ocorreu vários anos após a lei de 2001, com acórdão publicado em 2010. Não perceberam os ministros que compuseram a maioria no RE nº 718.874 algo muito claro: a Lei nº 10.256/2001, ao alterar a redação do art. 25 da Lei nº 8.212/91, estava na verdade desonerando o empregador rural pessoa física da contribuição sobre a folha, e não reinstituindo para esse contribuinte a contribuição sobre o valor da comercialização de sua produção rural, que na verdade

---

[841] Red. Min. Alexandre de Moraes. *DJ*, 27 set. 2017.
[842] Red. Min. Alexandre de Moraes. *DJ*, 27 set. 2017.

estava sendo cobrada normalmente sobre esse contribuinte em 2001 (o STF somente viria a declará-la inconstitucional muitos anos mais tarde).[843]

Ao final do acórdão do RE nº 718.874, chamam a atenção algumas observações gerais feitas pelo Ministro Luís Roberto Barroso acerca da postura mais "deferente" que o STF deveria adotar no controle de constitucionalidade de leis tributárias. Apesar de se tratar de uma observação *obiter dictum* e não ter sido expressamente apoiada (nem rechaçada) por nenhum outro ministro, é necessário registrar e refletir sobre o seu conteúdo, *verbis* (RE nº 718.874, fl. 117-118):

> [...] eu penso – e aqui eu acho que numa linha que se aproxima com a que, neste momento, defende o Ministro Gilmar – que o Judiciário deve ser mais interventivo, quando se trate da proteção de direitos fundamentais; e *mais deferente*, quando se trate de questões econômicas, de questões administrativas e de questões tributárias, um pouco por deficiência na capacidade institucional de lidar com questões sistêmicas, e um pouco, porque essa é a lógica do processo político – decisões econômicas e administrativas. Assim, se há uma *clara violação ao direito do contribuinte*, evidentemente, nós devemos intervir. Mas, fora das situações de *evidente inconstitucionalidade*, em matéria econômica, matéria administrativa e matéria tributária, o Judiciário deve intervir com grande moderação e preocupado com as consequências sistêmicas que pode produzir. Repito: onde há um direito fundamental violado, inclusive, o do contribuinte, o Judiciário deve cumprir o seu papel, mas, nas situações de fronteira, nas situações em que haja uma *racionalidade mínima na tributação* e uma justificativa aceitável, eu penso que nós não devamos criar esse problema, porque a consequência é o rebote, eles vão ter que fazer alguma coisa em seguida para recompor aquela eventual perda. (Grifos nossos)

O que mais chama a atenção é a proposta – nunca antes formulada de forma tão clara e direta na jurisprudência do STF – de que, em matéria tributária, somente as violações *claras* de direito e as inconstitucionalidades *evidentes* sejam declaradas pelo STF, prestando-se deferência às opções políticas do legislador sempre que haja uma "racionalidade mínima na tributação" ou uma "justificativa aceitável". Trata-se da proposição de uma espécie de critério interpretativo *in dubio pro fisco* no âmbito das normas tributárias em sua possível violação da Constituição? É necessário que a doutrina reflita e se pronuncie sobre o sentido e o alcance dessas afirmações do Ministro Luís Roberto Barroso sobre o sentido do controle de constitucionalidade em matéria tributária.

---

[843] Sobre o tema, confira-se GODOI, Marciano Seabra de. *Crítica à jurisprudência atual do STF em matéria tributária*. São Paulo: Dialética, 2011. p. 156-165 e a excelente dissertação de mestrado de Tiago de Almeida Mendonça "O caso Funrural e o diálogo institucional na contemporaneidade brasileira" (Orientador: Marciano Seabra de Godoi. Dissertação (Mestrado) – Programa de Pós-Graduação em Direito, PUC Minas, Belo Horizonte, 2018).

### 3.5.1.2 O problema das contribuições sociais *lato sensu* (contribuições sociais gerais)

A Carta Constitucional de 1998 estabelece, em seu Título II, Capítulo II, arts. 6º a 11, os direitos sociais do cidadão. No referido art. 6º são nominados os direitos sociais genéricos, quais sejam: educação, saúde, trabalho, lazer, segurança, previdência social, proteção à maternidade e à infância e assistência aos desempregados. Do art. 7º em diante, cuida o constituinte de enumerar e disciplinar os direitos do trabalhador.

As contribuições sociais *lato sensu* (ou contribuições sociais gerais) inserem-se no âmbito do financiamento suplementar desses direitos sociais garantidos ao cidadão, merecendo ser estudadas com cuidado. Em nossa avaliação, como já exposto em obra específica sobre o tema,[844] não cuidou a Constituição de outorgar competência à União para sua instituição, mas, ao contrário, procurou-se apenas garantir a continuidade da arrecadação de algumas contribuições preexistentes ao texto de 1988.

Da análise da Carta Maior, verifica-se a recepção e a consequente afetação do produto da arrecadação de apenas três contribuições sociais gerais,[845] respectivamente Finsocial, salário-educação e PIS/Pasep. Confira-se:

> Art. 56. Até que a lei disponha sobre o art. 195, I, a arrecadação decorrente de, no mínimo, cinco dos seis décimos percentuais correspondentes à alíquota da Contribuição de que trata o Decreto-Lei nº 1940, de 25 de maio de 1982, alterada pelo Decreto-Lei nº 2.049, de 1º de agosto de 1983, pelo Decreto nº 91236, de 8 de maio de 1995, e pela Lei nº 7.611, de 8 de julho de 1987, passa a integrar a receita da seguridade social, ressalvados, exclusivamente no exercício de 1988, os compromissos assumidos com programas e projetos em andamento. (ADCT)

> Art. 212. [...]
> §5º O ensino fundamental público terá como fonte adicional de financiamento a contribuição social do salário-educação recolhida, pelas empresas, na forma da lei.

> Art. 239. A arrecadação decorrente das contribuições para o Programa de Integração Social, criado pela Lei Complementar nº 7, de 7 de setembro de 1970, e para o Programa de Formação do Patrimônio do Servidor Público, criado pela Lei Complementar nº 8, de 3 de dezembro de 1970, passa, a partir da promulgação desta Constituição, a financiar,

---

[844] Verificar análise completa do tema em SPAGNOL, Werther Botelho. *As contribuições sociais no direito brasileiro*. Rio de Janeiro: Forense, 2002.

[845] Pela dicção do art. 240 da CF/88, ou seja, "ficam ressalvadas do disposto no art. 195 as atuais contribuições compulsórias dos empregadores sobre a folha de salários, destinadas às entidades privadas de serviço social e de formação profissional vinculadas ao sistema sindical", infere-se que se trata de contribuições corporativas, tais quais as relativas ao Sesc e Senac. Vale conferir, ainda, a opinião contrária de Ives Gandra da Silva Martins (Contribuições sociais para o sistema "S" – Constitucionalização da imposição por força do artigo 240 da Lei Suprema – Recepção pela nova ordem do artigo 577 da CLT. *Revista Dialética de Direito Tributário*, n. 57, jun. 2000. p. 124 *et seq.*).

nos termos que a lei dispuser, o programa do seguro-desemprego e o abono de que trata o §3º deste artigo. (CF)

É de se notar, pois, que a Constituição não outorga competência para a instituição de tributo novo por meio dos artigos retromencionados. O que fez o constituinte foi garantir, de forma provisória (Finsocial) ou permanente (nos outros dois casos), que a promulgação da nova Carta de Princípios não comprometesse determinado fluxo de arrecadação preexistente, cuidando de afetá-lo a uma especial destinação social. Dessa forma, foram as três contribuições como que petrificadas em seus termos pela Carta de 1988 e, assim, qualquer alteração a elas pertinente equivaleria à instituição de tributo novo.

Ademais, em nossa avaliação, o texto constitucional não suporta a incidência de qualquer outra contribuição que não aquelas previstas para o financiamento da seguridade social (*stricto sensu*). O art. 149 da Constituição Federal outorga competência à União Federal para a instituição de contribuições sociais. Posteriormente, nos arts. 194 e 195, o constituinte explicita as condições para a sua instituição (competência ordinária e residual) e cobrança (destinação do produto da arrecadação à seguridade social). Não podemos, pois, em matéria de contribuições sociais, analisar o disposto no art. 149 de forma apartada dos arts. 194 e 195, tendo em vista que o art. 149 não estabelece os contribuintes, fatos geradores ou bases de incidência, nem mesmo define situação de fato ou de direito autorizativa da incidência do tributo. Destarte, a instituição de contribuições sociais deverá estar sempre balizada pelos arts. 194 e 195, por meio dos quais o constituinte explicitou a competência originalmente outorgada pelo art. 149. Ou seja, são os dois dispositivos conjugados que outorgam competência à União Federal para instituição de contribuições sociais *stricto sensu*, não havendo se falar em fontes de competência distintas em cada um dos dispositivos.

Entender de outra forma equivale a compreender que, pelo *caput* do art. 149, a União tem competência para instituir contribuições sobre qualquer base de incidência, desde que destinada a custear um direito social (qualquer tema tratado nos capítulos da "Ordem Social" da CF de 1988, como cultura, desporto, ciência e tecnologia etc.). Em outras palavras, seria lhe outorgar um verdadeiro "cheque em branco" e fazer com que os impostos percam seu caráter básico de fonte de custeio das despesas públicas gerais, pois poderiam ser criadas tantas contribuições gerais quantas fossem as atividades federais nos setores mencionados.

Não obstante o exposto, o STF firmou jurisprudência – em nossa visão, criticável – garantindo a possibilidade de a União federal instituir novas contribuições sociais gerais, sob o estribo solitário do art. 149 da Constituição. Por exemplo, quando da apreciação pelo Supremo Tribunal Federal das ADIs nº 2.556 e nº 2.568, em que se questionou as contribuições previstas pela LC nº 110/01, cuja finalidade era o ressarcimento dos expurgos inflacionários aos beneficiários do FGTS, foi ali reconhecida a possibilidade de instituição das chamadas contribuições sociais gerais, destinadas a custear direitos sociais outros que não os relativos à seguridade social.

## 3.5.2 Contribuições interventivas

Depara-se o intérprete com efetivas dificuldades na tarefa de definir o perfil genérico das contribuições interventivas. Isso porque, na redação original da Constituição de 88, as suas bases de incidência teóricas não foram explicitadas, bem como não se exigiu, para a ocorrência do fato gerador, qualquer referibilidade direta ao sujeito passivo do tributo. Tal fato, contudo, não pode autorizar conclusão no sentido de serem as contribuições interventivas tributos meramente fiscais. É importante destacar que, por se tratarem de contribuições e não de impostos, obrigatoriamente o produto de sua arrecadação deve ser afetado à despesa específica. De fato, o próprio legislador constituinte deixou fincado tratarem-se as contribuições em tela de instrumento de atuação interventiva do Estado no domínio econômico.

O tema se torna especialmente preocupante porque, a exemplo dos impostos, possuem as contribuições fato gerador não vinculado, mas, ao contrário daqueles, as bases de incidência não foram discriminadas na Constituição, limitando-se o constituinte a indicar a sua função interventiva. Assim, é justamente por meio da análise das funções do tributo que poderemos delimitar os limites para a sua imposição.

Eros Roberto Grau observa, com precisão, que o Poder Público ora intervém "no" domínio econômico, ora intervém "sobre" o domínio econômico. Para tal, ele explica existirem três modalidades de intervenção: (i) por absorção ou participação, (ii) por direção e (iii) por indução. Assim, o Estado intervirá por absorção ou participação quando desenvolver ação como agente (sujeito) econômico (absorção, quando atuar em regime de monopólio; participação, quando atuar como agente econômico de forma concorrente com as empresas privadas). De outra forma, no caso de intervenção por direção ou indução, o Estado desenvolverá atuação como regulador da atividade econômica, de modo que intervirá sobre o domínio econômico. E arremata o autor:

Quando o faz por "direção", o Estado exerce pressão sobre a economia, estabelecendo mecanismos e normas de comportamento compulsório para os sujeitos da "atividade econômica em sentido estrito". Quando o faz, por "indução", o Estado manipula os instrumentos de intervenção em consonância e na conformidade das leis que regem o funcionamento dos mercados.[846]

As distinções acima explicitadas são relevantes para delimitar o campo de instituição da contribuição interventiva. Quando o Poder Público atua *no* domínio econômico, o faz sob o regime de monopólio ou em concorrência com o particular, não havendo se falar em contribuição interventiva, pois, em última análise, seria ele mesmo (o Poder Público) o contribuinte.

Por outro lado, quando o Poder Público atua *sobre* o domínio econômico, não concorre com o particular, mas, tão somente, induz ou dirige a atividade exercida pelo particular. Neste caso, há espaço para a tributação. Entretanto, daí exsurge baliza relevante para a instituição do tributo, qual seja: a atuação pública a ser custeada deve se dar no interesse da atividade econômica. Destarte, a referibilidade do tributo

---

[846] GRAU, Eros Roberto. *A ordem econômica na Constituição de 1988*. São Paulo: Malheiros, 2006. p. 126-127.

deixa de ser relativa ao sujeito passivo isoladamente considerado, como nas taxas, mas revela-se na indução ou direção de determinada atividade econômica exercida pelo administrado.

Posto o limite genérico do tributo, como seja, custeio das despesas com a direção ou indução de determinada atividade econômica exercida pelo particular, os limites específicos defluem naturalmente. O sujeito passivo deverá ser necessariamente a pessoa que explora e que se beneficia da atividade econômica. Quanto às bases de incidência, cabem duas observações. Na redação original da Constituição, como dito, não havia explicitação do campo material de incidência. Após os acréscimos trazidos pelas emendas nº 33, 34 e 42, foram consagradas duas bases teóricas de incidência: 1ª – importação de produtos estrangeiros e serviços; 2ª – custeio do serviço de iluminação pública e, a partir da EC nº 132/23, também de sistemas de monitoramento para segurança e preservação de logradouros públicos. Nestes casos o tributo pode ser instituído por lei ordinária. Nos demais casos, previamente à instituição da contribuição, é necessário a edição de lei complementar prévia (art. 146, III, da CF).

Expliquemo-nos. Como dito acima, as bases de incidência genéricas para o tributo não foram postas na Constituição. Entretanto, no *caput* do art. 149 há salutar remissão ao art. 146, III, em que se preconiza como exigência prévia à instituição de tributos a existência de lei complementar dispondo sobre:

> Art. 146. Cabe à lei complementar: [...]
> 
> III - estabelecer normas gerais em matéria de legislação tributária, especialmente sobre:
> 
> a) a definição de tributos e suas espécies, bem como, em relação aos impostos discriminados nesta constituição, a dos respectivos fatos geradores, bases de cálculo e contribuintes; [...].

Do exposto, duas interpretações se afiguram possíveis. A primeira, mais liberal ao legislador ordinário, servir-se-ia da literalidade para, distinguindo entre contribuição e imposto, afirmar que apenas para a instituição da última figura tributária seria necessária a edição de lei complementar prévia, indicando os fatos geradores, as bases de cálculo e os contribuintes possíveis. A segunda, mais elaborada por suposto, estribada em uma análise sistemática do texto constitucional, nos permitiria afirmar que se, para os impostos, mesmo ante a existência de bases de incidência predeterminadas (renda, propriedade etc.), cuidou o constituinte de exigir a disciplina em lei complementar dos conceitos de fato gerador, base de cálculo e dos contribuintes possíveis, com maior razão, e aí revela-se o sentido da remissão ao art. 146, deveria ser previamente exigida a edição de lei complementar de normas gerais com o fito de balizar a atuação do legislador ordinário na instituição de contribuições interventivas. Não obstante, ao analisar a divergência apresentada, o STF já se pronunciou pela prescindibilidade da lei complementar para a instituição da Contribuição Interventiva.[847]

---

[847] Veja-se, por todos, o RE nº 396.266 e o RE nº 635.682.

De todas as formas, qualquer que seja a corrente hermenêutica adotada, o perfil genérico do tributo, inferido diretamente da letra do art. 149, deve ser respeitado, impondo as seguintes balizas:

1ª A situação de fato autorizativa da tributação é a intervenção do Estado sobre o domínio econômico.

2ª A referida intervenção deve se dar sobre atividade econômica específica e determinada, não se admitindo tributação a este título sob o pretexto de uma atuação genérica e difusa do Estado.

3ª O contribuinte possível para o tributo somente poderá ser aquele que desenvolve a atividade econômica objeto da intervenção e dela se beneficiar em sentido amplo (difuso). Neste caso, não estamos a falar, como já alertado anteriormente, na legitimação do tributo pela referibilidade (exigência de contraprestação direta, como ocorre com as taxas), mas sim que o legislador deve observar, quando da eleição do sujeito passivo possível, a sua necessária vinculação com a indução ou direção de determinada atividade econômica.

Se as balizas acima fossem respeitadas, não defrontariam os contribuintes com alguns disparates tributários, como exemplo, a contribuição destinada ao FNDCT (Fundo Nacional de Desenvolvimento Científico e Tecnológico), órgão que visa estimular o desenvolvimento tecnológico brasileiro, mediante programas de pesquisa científica e tecnológica cooperativa entre universidades, centros de pesquisa e o setor produtivo. Tal contribuição foi criada pela Lei nº 10.168, de 29.12.2000, alterada pela Lei nº 10.332, de 20.12.2001, sendo devida pela pessoa jurídica detentora de licença de uso ou adquirente de conhecimentos tecnológicos, bem como aquela signatária de contratos que impliquem transferência de tecnologia, firmados com residentes ou domiciliados no exterior, incidente sobre os valores pagos, creditados, entregues, empregados ou remetidos, a cada mês, àquelas pessoas residentes ou domiciliadas no exterior, a título de remuneração decorrente das obrigações em tela (*royalties*). Verifica-se, assim, que o sujeito passivo não desenvolve qualquer atividade de pesquisa científica. Muito ao contrário, adquire dito conhecimento de terceiros, não sendo, pois, beneficiário direto da atuação estatal. Ademais, não trata a legislação citada de regulamentação de intervenção sobre atividade econômica específica e determinada, mas, tão somente, da busca de recursos para o fomento da produção científica nacional.

Finalmente, registre-se que a chamada PEC dos Fundos Públicos (PEC nº 187/2019) desvelou muito claramente *quais as reais intenções governamentais que sempre estiveram por trás da criação de diversas Cides – vide* item 6.3.10.11 da Parte I deste *Curso*.

### 3.5.3 Contribuições corporativas

As contribuições corporativas destinam-se ao fornecimento de recursos aos órgãos representativos de categorias profissionais ou econômicas. Padecem dos mesmos vícios em sua estrutura impositiva verificados no estudo das contribuições interventivas. É de se afirmar apenas, em complemento, que, possuindo o tributo a finalidade de atender aos interesses de categorias determinadas, é palmar o estabelecimento de dois critérios balizadores de sua imposição. Em primeiro lugar, deve ser afirmado que os contribuintes possíveis são os membros de categorias profissionais ou econômicas e, ainda, que ditos tributos devem necessariamente possuir natureza parafiscal, ou seja, devem ser arrecadados e administrados diretamente pelos órgãos representativos das ditas categorias.

Atualmente, a cobrança das contribuições corporativas pelos conselhos profissionais é regulamentada pela Lei nº 12.514/2011 (arts. 3º a 10), que determina critérios e parâmetros para a fixação do valor das exações e sua respectiva cobrança pelos próprios conselhos, desde que respeitado um valor máximo fixado na lei. Esses dispositivos foram objeto de duas ações diretas de inconstitucionalidade, nº 4.697/DF e nº 4.762/DF, julgadas improcedentes pelo STF no ano de 2016, ocasião em que o Tribunal definiu que essas anuidades têm natureza jurídica de contribuições corporativas com caráter tributário, cuja instituição independe de lei complementar, tendo ainda permitido sua cobrança escalonada, ao argumento de que a progressividade, visando à perfectibilização da capacidade contributiva, deve incidir sobre todas as espécies tributárias.[848] Com relação ao princípio da legalidade estrita e a uma eventual necessidade de o próprio legislador (e não os conselhos profissionais) fixarem o valor da exação, o tribunal decidiu, na ementa oficial do julgado, que se mostra:

> adequada e suficiente a determinação do mandamento tributário no bojo da lei impugnada, por meio da fixação de tetos aos critérios materiais das hipóteses de incidência das contribuições profissionais, à luz da chave analítica formada pelas categorias da praticabilidade e da parafiscalidade.

A legislação anterior à Lei nº 12.514/2011 era a Lei nº 11.000, de 15.12.2004, declarada inconstitucional pelo STF no RE nº 704.292.[849] À diferença da Lei nº 12.514, a Lei nº 11.000 deixava os conselhos profissionais completamente livres para fixar, como bem entendessem, os valores da exação. A tese fixada pelo tribunal quanto à Lei nº 11.000 foi a seguinte:

> É inconstitucional, por ofensa ao princípio da legalidade tributária, lei que delega aos conselhos de fiscalização de profissões regulamentadas a competência de fixar ou majorar, sem parâmetro legal, o valor das contribuições de interesse das categorias profissionais e econômicas, usualmente cobradas sob o título de anuidades, vedada, ademais, a atualização desse valor pelos conselhos em percentual superior aos índices legalmente previstos.

---

[848] ADIs nº 4.697 e 4.762. Rel. Min. Edson Fachin. *DJ*, 30 mar. 2017 (acórdãos com trânsito em julgado).
[849] Rel. Min. Dias Toffoli. *DJ*, 3 ago. 2017 (transitado em julgado).

### 3.5.3.1 Contribuição sindical

A cobrança da contribuição sindical, prevista nos arts. 578 e 579 da CLT (Consolidação das Leis do Trabalho, aprovada pelo Decreto-Lei nº 5.452/43), foi alterada pelo advento da Lei nº 13.467/17. Antes, era devida por todos aqueles que participassem de determinada categoria econômica ou profissional em favor do sindicato representativo da mesma categoria ou profissão (independentemente de filiação).

Segundo a nova redação do art. 579 da CLT, o desconto da contribuição sindical está "condicionado à autorização prévia e expressa dos que participarem de uma determinada categoria econômica ou profissional, ou de uma profissão liberal, em favor do sindicato representativo da mesma categoria ou profissão (...)", devendo os empregadores descontar da folha de pagamento relativa ao mês de março "a contribuição sindical dos empregados que autorizaram prévia e expressamente o seu recolhimento aos respectivos sindicatos".

Portanto, com a promulgação da nova legislação, o desconto da contribuição sindical passou a estar condicionado à autorização prévia e expressa dos participantes da respectiva categoria econômica ou profissional. Assim, por meio de lei ordinária, o que era compulsório tornou-se facultativo, dando início a uma nova celeuma sobre a sua natureza e o regime jurídico a ela aplicável.

O STF já se manifestou, em reiteradas oportunidades,[850] que a contribuição sindical foi recepcionada pelo art. 8º, inc. IV, parte final, da Constituição Federal de 1988, segundo o qual "a assembleia geral fixará a contribuição que, em se tratando de categoria profissional, será descontada em folha, para custeio do sistema confederativo da representação sindical respectiva, independentemente da contribuição prevista em lei". Referido dispositivo constitucional extremou, de um lado, a contribuição assistencial ou confederativa (primeira parte) e, de outro, a contribuição sindical (parte final), permitindo a manutenção de sua cobrança após o advento do novo texto constitucional.[851] [852]

---

[850] "Sindicato. Contribuição sindical da categoria: recepção. A recepção pela ordem constitucional vigente da contribuição sindical compulsória, prevista no art. 578 CLT e exigível de todos os integrantes da categoria, independentemente de sua filiação ao sindicato resulta do art. 8º, IV, in fine, da Constituição; não obsta à recepção a proclamação, no caput do art. 8º, do princípio da liberdade sindical, que há de ser compreendido a partir dos termos em que a Lei Fundamental a positivou, nos quais a unicidade (art. 8º, II) e a própria contribuição sindical de natureza tributária (art. 8º, IV) – marcas características do modelo corporativista resistente –, dão a medida da sua relatividade Cf. MI 144, Pertence, RTJ 147/868, 874); nem impede a recepção questionada a falta da lei complementar prevista no art. 146, III, CF, à qual alude o art. 149, à vista do disposto no art. 34, §§3º e 4º, das Disposições Transitórias Cf. RE 146733, Moreira Alves, RTJ 146/684, 694)" RE nº 180.745. Rel. Min. Sepúlveda Pertence, Primeira Turma, j. 24.3.1998). No mesmo sentido: RE nº 279.393 AgR. Rel. Min. Carlos Velloso, Segunda Turma, j. 6.9.2005 e MS nº 28.465. Rel. Min. Marco Aurélio, Primeira Turma, j. 18.3.2014.

[851] De acordo com o art. 34, §5º, do ADCT (Ato das Disposições Constitucionais Transitórias), "vigente o novo sistema tributário nacional, fica assegurada a aplicação da legislação anterior, no que não seja incompatível com ele e com a legislação referida nos §3º e §4º".

[852] Alexandre de Morais, atualmente Ministro do STF, foi incisivo em seus comentários doutrinários: "É certo que ninguém será obrigado a filiar-se ou manter-se filiado a sindicato (CF, art. 8º, V), não podendo o sindicato

Decidiu a Corte Constitucional, também, pelo caráter tributário da contribuição sindical prevista na redação original dos arts. 578 e seguintes da CLT, por preencher todos os requisitos estatuídos no art. 3º do CTN.[853] Dessa forma, o enquadramento da contribuição sindical como contribuição instituída no interesse de categorias profissionais ou econômicas deflui da mera leitura do art. 149 da Carta Magna, sendo esse o regime jurídico-constitucional a ela aplicável.

Como já mencionado nos tópicos antecedentes, o STF firmou posicionamento no sentido de que a Constituição não exige lei complementar para a instituição de contribuições especiais (tal exigência estaria restrita, nos termos do art. 146, inc. III, aos fatos geradores, base de cálculo e contribuintes dos impostos). Esse entendimento foi aplicado no bojo da ADI nº 4.697, constando no voto do relator, Ministro Edson Fachin, que "à luz da dicção do Texto Constitucional, o entendimento iterativo desta Corte é no sentido da dispensabilidade de lei complementar para a criação das contribuições de intervenção no domínio econômico e de interesse das categorias profissionais".

Ante a tradicional e consolidada jurisprudência do STF sobre a inexigibilidade de lei complementar para a criação (e, consequentemente, extinção) das contribuições de intervenção no domínio econômico e de interesse das categorias econômicas ou profissionais, tem-se como constitucional a utilização da Lei Ordinária nº 13.467/17 para tornar facultativa a contribuição sindical.

Nesse contexto, ademais, em julgamento realizado em 2018, o STF declarou constitucional, por maioria, no bojo da ADI nº 5.794,[854] a extinção da compulsoriedade da contribuição sindical determinada pela Lei nº 13.467/17. Entendeu-se que não se pode "admitir que a contribuição sindical seja imposta a trabalhadores e empregadores quando a Constituição determina que ninguém é obrigado a se filiar ou a se manter filiado a uma entidade sindical". Veja-se a fundamentação ao acórdão (itens 5 e 6 da ementa oficial do acórdão):

> 5. A Carta Magna não contém qualquer comando impondo a compulsoriedade da contribuição sindical, na medida em que o art. 8º, IV, da Constituição remete à lei a tarefa de dispor sobre a referida contribuição e o art. 149 da Lei Maior, por sua vez, limita-se a conferir à União o poder de criar contribuições sociais, o que, evidentemente, inclui a prerrogativa de extinguir ou modificar a natureza de contribuições existentes.

---

compelir os não filiados para obrigá-los a pagar-lhe contribuição assistencial nem obrigar aos filiados a permanecerem no sindicato. Porém, não se pode confundir a chamada contribuição assistencial ou confederativa com a contribuição sindical. A primeira é prevista no início do inciso IV, art. 8º, da Constituição Federal ('a assembleia geral fixará a contribuição que, em se tratando de categoria profissional, será descontada em folha, para custeio do sistema confederativo da representação sindical respectiva'); enquanto a segunda é prevista no final do citado inciso ('independentemente da contribuição prevista em lei')" (MORAIS, Alexandre de. *Direito constitucional*. 30. ed. São Paulo: Atlas, 2014. p. 212).

[853] É o que restou decidido no MS nº 28.465. Rel. Min. Marco Aurélio, Primeira Turma, j. 18.3.2014, bem como no RE nº 279.393 AgR. Rel. Min. Carlos Velloso, Segunda Turma, j. 6.9.2005 e RE nº 180.745. Rel. Min. Sepúlveda Pertence, Primeira Turma, j. 24.3.1098.

[854] Red. Min. Luiz Fux. *DJ*, 23 abr. 2019.

6. A supressão do caráter compulsório das contribuições sindicais não vulnera o princípio constitucional da autonomia da organização sindical, previsto no art. 8º, I, da Carta Magna, nem configura retrocesso social e violação aos direitos básicos de proteção ao trabalhador insculpidos nos artigos 1º, III e IV, 5º, XXXV, LV e LXXIV, 6º e 7º da Constituição.

Não obstante, decorrido mais de cinco anos, em 2023, o STF reviu o posicionamento anterior, com alteração de voto do ministro Gilmar Mendes, então relator, para dar efeitos infringentes aos embargos de declaração opostos no bojo do julgamento do Tema 935, fixando a seguinte tese: "É constitucional a instituição, por acordo ou convenção coletivos, de contribuições assistenciais a serem impostas a todos os empregados da categoria, ainda que não sindicalizados, desde que assegurado o direito de oposição". Note-se que esse entendimento diz respeito às contribuições assistenciais, e não à contribuição sindical propriamente dita.

## 3.5.4 Contribuição para o custeio de iluminação pública e de sistemas de monitoramento para segurança e preservação de logradouros públicos

A Emenda Constitucional nº 39/02 acresceu ao Texto Maior o art. 149-A, consagrando aos municípios (Distrito Federal) competência para a instituição de contribuição para o custeio do serviço de iluminação pública. Dentro da tradição do sistema constitucional brasileiro, a remuneração de serviços públicos prestados ao cidadão contribuinte sempre se operou por meio de taxas (CF/88, art. 145, II). Não obstante, o serviço de iluminação pública não é específico ou divisível, fato que acabou por levar à declaração de inconstitucionalidade de diversas taxas instituídas com este fim, culminando na edição de Súmula Vinculante pelo STF (nº 670: "O serviço de iluminação pública não pode ser remunerado mediante taxa"), conforme já tratado em tópico específico sobre a matéria.

Ante a decisão soberana do Poder Judiciário no sentido de declarar a inconstitucionalidade do tributo, veio à baila vetusta tradição nacional, qual seja a de alterar a própria Constituição (EC nº 39/02) para permitir que o tributo, anteriormente cobrado como "taxa", pudesse ser validamente instituído e cobrado como "contribuição".

A par de todas as críticas, também já postas em tópico próprio, cabe destacar que o posicionamento atual do STF[855] é no sentido de que a EC nº 39/02 não fere cláusula pétrea e, desta forma, é constitucional.

---

[855] Quando do julgamento do Recurso Extraordinário nº 573.675/SC DJ, 22 maio 2009), com repercussão geral declarada. Vale destacar que, por ocasião deste julgamento, o STF firmou posicionamento no sentido de considerar constitucional a exigência das contribuições para o custeio do serviço de iluminação pública em relação à eleição dos consumidores de energia elétrica como contribuintes da exação e à estipulação de sistema progressivo de alíquotas de acordo com a qualidade do consumidor (residencial ou não residencial) e com a quantidade consumida de energia elétrica. Contudo, por outro lado, ainda se encontra pendente de julgamento o alcance do conceito de "serviço de iluminação pública" erigido na Constituição, e a consequente constitucionalidade da instituição da contribuição para o custeio de melhoramento e expansão da rede de iluminação pública.

Por fim, como já anteriormente mencionado, além da outorga de competência aos municípios para o custeio do serviço de iluminação pública, a Emenda Constitucional nº 132, de 2023, incluiu também o custeio de sistemas de monitoramento para segurança e preservação de logradouros públicos.[856]

A arrecadação dessa contribuição vem crescendo significativamente nos últimos anos, como se pode ver no gráfico a seguir:

**Evolução da arrecadação da Cosip**
em R$ bilhões corrigidos pelo IPCA médio de 2021

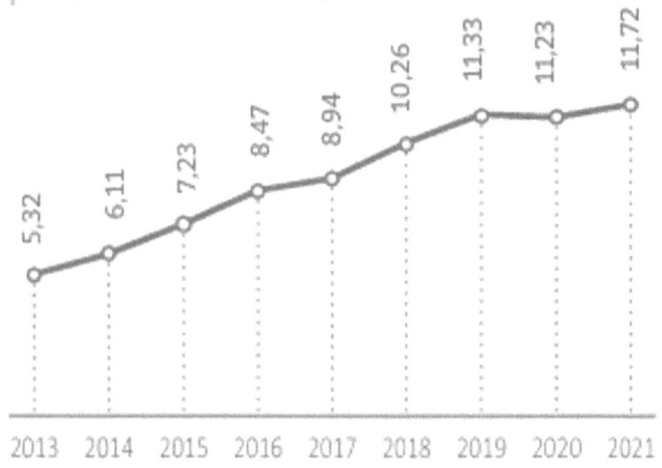

| 2013 | 2014 | 2015 | 2016 | 2017 | 2018 | 2019 | 2020 | 2021 |
|------|------|------|------|------|------|------|------|------|
| 5,32 | 6,11 | 7,23 | 8,47 | 8,94 | 10,26 | 11,33 | 11,23 | 11,72 |

Fonte: FRENTE NACIONAL DE PREFEITOS. Finanças dos municípios do Brasil. *Anuário Multicidades*, Ano 18, 2023, p. 108.

Segundo informações da Secretaria do Tesouro Nacional, em 2021 4.165 municípios promoveram a arrecadação dessa contribuição. 54,2% da arrecadação nacional da contribuição vêm dos municípios com mais de 200 mil habitantes.

A arrecadação efetiva desse tributo teve um impulso com o advento do art. 218 da Resolução da Agência Nacional de Energia Elétrica (Aneel) nº 414/2010, que determinou a transferência dos ativos e equipamentos de iluminação pública das companhias de energia elétrica para as prefeituras, delegando-lhes a responsabilidade legal pela prestação do serviço de iluminação pública.[857]

A tabela a seguir contém dados interessantes sobre as seis maiores arrecadações da contribuição de iluminação pública em território nacional:

---

[856] Nova redação dada pela EC nº 132/23 ao art. 149-A da CF/88: "Art. 149-A. Os Municípios e o Distrito Federal poderão instituir contribuição, na forma das respectivas leis, para o custeio, a expansão e a melhoria do serviço de iluminação pública e de sistemas de monitoramento para segurança e preservação de logradouros públicos, observado o disposto no art. 150, I e III".

[857] FRENTE NACIONAL DE PREFEITOS. Finanças dos municípios do Brasil. *Anuário Multicidades*, Ano 18, 2023, p. 112.

| Posição | UF | População 2021 | Municípios | 2019 | 2020 | 2021 | Variação 2021/2020 | Cosip per capita 2021 em R$ |
|---|---|---|---|---|---|---|---|---|
| | | | | em R$ milhões corrigidos pelo IPCA médio de 2021 | | | | |
| 1º | SP | 12.396.372 | São Paulo | 651,51 | 634,20 | 596,48 | -5,9% | 48,12 |
| 2º | RJ | 6.775.561 | Rio de Janeiro | 507,87 | 404,23 | 392,11 | -3,0% | 57,87 |
| 3º | CE | 2.703.391 | Fortaleza | 225,11 | 221,04 | 224,72 | 1,7% | 83,13 |
| 4º | AM | 2.255.903 | Manaus | 180,10 | 180,05 | 190,62 | 5,9% | 84,50 |
| 5º | MG | 2.530.701 | Belo Horizonte | 173,29 | 181,42 | 190,36 | 4,9% | 75,22 |
| 6º | BA | 2.900.319 | Salvador | 207,88 | 203,59 | 183,38 | -9,9% | 63,23 |

Fonte: FRENTE NACIONAL DE PREFEITOS. Finanças dos municípios do Brasil. *Anuário Multicidades*, Ano 18, 2023, p. 110.

TÍTULO II

# O DIREITO TRIBUTÁRIO NA CONSTITUIÇÃO FEDERAL

CAPÍTULO 1

# COMPETÊNCIA TRIBUTÁRIA

A Constituição Federal, em seu Título VI, Capítulo I, oferece as regras do Sistema Tributário Nacional. Tais regras, didaticamente, referem-se a quatro matérias específicas, como seja, outorga a repartição das competências tributárias; princípios; imunidades e repartição das receitas tributárias entre as pessoas políticas da federação. Cuidaremos neste primeiro capítulo da disciplina das competências tributárias.

## 1.1 Características da competência tributária

Inicialmente, é oportuno destacar as características da competência tributária, a saber:

1ª. Privatividade ou exclusividade: as competências tributárias foram exaustivamente repartidas entre as pessoas políticas de direito constitucional interno. Nas palavras de Roque Carrazza,[858] "as normas constitucionais que discriminam as competências tributárias possuem duplo comando: 1. Habilitam a pessoa política contemplada – e somente ela – a criar, querendo, um dado tributo; e 2. Proíbem os demais de virem a instituí-lo". Destarte, mesmo quando se alude, apenas para fins didáticos, à competência "comum" para os tributos vinculados, em verdade, apenas se põe em relevo que a Constituição não se ocupou de indicar expressamente, de forma nominal, a pessoa competente. Não obstante, em razão de ser o fato gerador vinculado, somente a pessoa com competência administrativa poderá instituir o tributo. Mesmo nos casos de competência administrativa comum, somente poderá tributar a pessoa que prestar o serviço, exercer o poder de polícia ou realizar a obra que gerar valorização imobiliária.

2ª. Indelegabilidade: a competência tributária constitucional atribuída é indelegável. Não obstante, a capacidade tributária ativa, é dizer, a capacidade para figurar no polo ativo da obrigação (exigir o tributo), é delegável.

---

[858] CARRAZZA, Roque Antonio. *Curso de direito constitucional tributário*. 2. ed. São Paulo: Revista dos Tribunais, 1980. p. 259.

3ª. Incaducabilidade: a competência tributária não se perde em razão da inércia de seu titular.

4ª. Inalterabilidade: a competência tributária não pode ser estendida ou reduzida por meio de legislação infraconstitucional.

5ª. Facultatividade: a outorga de competência traduz uma faculdade para o seu titular. É a conveniência política ou econômica que ditará o seu exercício. Lembre-se do imposto sobre grandes fortunas (art. 153, VII), que, contados até agora mais de trinta anos desde a outorga da competência, ainda não foi instituído. A Lei de Responsabilidade Fiscal (LC nº 101/00) procura inibir o não exercício da competência por parte dos estados e municípios, impondo "sanções" administrativas pela inércia do titular. Trata-se de medida salutar, posto que, por se tratar o tributo da principal receita pública, sua instituição é fundamento para o oferecimento de serviços públicos de qualidade aos administrados. Não obstante, é bom gizar, a competência permanece como uma faculdade, embora o seu não exercício deva ser desestimulado.

Ainda sobre as características da competência, importante pontuarmos breves considerações sobre a inovação trazida pela Reforma Tributária implementada pela Emenda Constitucional nº 132/23, a denominada "competência compartilhada".

No âmbito da Reforma, com intuito de aproximar a tributação do consumo no Brasil de um modelo semelhante ao do Imposto sobre Valor Agregado ou Adicionado (IVA) – é dizer, verdadeiramente não cumulativo, com incidência no destino e, principalmente, com legislação uniforme em todo o território nacional –, o Imposto sobre a Circulação de Mercadorias e Serviços (ICMS) e o Imposto sobre Serviços de Qualquer Natureza (ISSQN) serão substituídos pelo Imposto sobre Bens e Serviços (IBS).[859]

E para atender o desígnio da tão clamada uniformidade, no novo modelo, o IBS é trazido pelo Constituinte Derivado como um imposto de competência compartilhada entre estados, Distrito Federal e municípios:

> Do Imposto de Competência Compartilhada entre Estados, Distrito Federal e Municípios
>
> Art. 156-A. Lei complementar instituirá imposto sobre bens e serviços de competência compartilhada entre Estados, Distrito Federal e Municípios.
>
> § 1º O imposto previsto no *caput* será informado pelo princípio da neutralidade e atenderá ao seguinte:
>
> IV - terá legislação única e uniforme em todo o território nacional, ressalvado o disposto no inciso V;
>
> V - cada ente federativo fixará sua alíquota própria por lei específica;
>
> VI - a alíquota fixada pelo ente federativo na forma do inciso V será a mesma para todas as operações com bens materiais ou imateriais, inclusive direitos, ou com serviços, ressalvadas as hipóteses previstas nesta Constituição;

---

[859] Já o Imposto sobre Produtos Industrializados (IPI) será substituído pelo Imposto Seletivo sobre bens e serviços prejudiciais à saúde ou ao meio ambiente (IS), de competência da União federal.

VII - será cobrado pelo somatório das alíquotas do Estado e do Município de destino da operação;

De acordo com a norma do §5º do art. 156-A, caberá à lei complementar definir, entre outros, a hipótese de incidência do imposto sobre bens e serviços,[860] o regime da não cumulatividade do imposto, os critérios para a definição do destino da operação, o processo administrativo fiscal do imposto, as hipóteses de devolução do imposto a pessoas físicas com o objetivo de reduzir as desigualdades de renda e os critérios para as obrigações tributárias acessórias, visando à sua simplificação. Parte dessas tarefas já foi cumprida com a edição da Lei Complementar nº 214, publicada em 16 de janeiro de 2025. Com relação ao processo administrativo do IBS, suas regras não constam da Lei Complementar nº 214, ainda estando em tramitação em outro projeto de lei complementar no Congresso Nacional.

Por fim, nos termos do art. 156-B, fica estabelecido que:

> Art. 156-B. Os Estados, o Distrito Federal e os Municípios exercerão de forma integrada, exclusivamente por meio do Comitê Gestor do Imposto sobre Bens e Serviços, nos termos e limites estabelecidos nesta Constituição e em lei complementar, as seguintes competências administrativas relativas ao imposto de que trata o art. 156-A:
>
> I - editar regulamento único e uniformizar a interpretação e a aplicação da legislação do imposto;
>
> II - arrecadar o imposto, efetuar as compensações e distribuir o produto da arrecadação entre Estados, Distrito Federal e Municípios;
>
> III - decidir o contencioso administrativo.

Deparamo-nos então com uma forma nova de exercício da competência: caberá à União federal, por meio de lei complementar de caráter nacional, instituir e regulamentar o imposto; aos estados, Distrito Federal e municípios, titulares da arrecadação tributária, restou apenas competência para a definição de uma parte (a alíquota) do critério quantitativo da hipótese de incidência tributária, além das chamadas competências administrativas, a serem exercidas, nos termos do art. 156-B, de forma integrada, por meio do Comitê Gestor do Imposto (para editar regulamento, arrecadar e decidir o contencioso administrativo relativo ao imposto).

Não obstante, a CF trata o IBS como um imposto de "Competência Compartilhada entre Estados, Distrito Federal e Municípios", e não entre esses entes e a União federal.

Ao assim prescrever, em nossa avaliação, o Constituinte Derivado buscou repisar que a lei complementar a que faz referência nada mais é do que uma lei de

---

[860] De acordo com §8º do art. 156-A da Constituição, inserido pela EC nº 132/2023, a lei complementar "poderá estabelecer o conceito de operações com serviços, seu conteúdo e alcance, admitida essa definição para qualquer operação que não seja classificada como operação com bens materiais ou imateriais, inclusive direitos".

caráter nacional,[861] justificada especialmente na necessidade de uniformização e no fato de o IBS ser exigido no destino (e não mais na origem).[862]

Tal fato não altera, todavia, as características da competência tributária anteriormente descritas. Ela continua dotada dos atributos da privatividade, indelegabilidade, incaducabilidade, inalterabilidade e facultatividade. Em relação à privatividade, cumpre esclarecer que o IBS não deixa de contar com o referido atributo: ainda que exercida de forma compartilhada, a competência é privativa de estados e municípios (e exercida por meio de lei complementar nacional), o que tem o condão de impedir que outros entes federativos a exerçam.

Como visto acima, o art. 156-B da Constituição, inserido pela EC nº 132, dispõe que os estados, o Distrito Federal e os municípios exercerão sua competência compartilhada a respeito do IBS de forma integrada, exclusivamente por meio do Comitê Gestor do IBS, ao qual cabe editar regulamento único e uniformizar a interpretação e a aplicação da legislação do imposto, arrecadá-lo, efetuar compensações e distribuir o produto da arrecadação entre os entes competentes, bem como decidir o contencioso administrativo do imposto.

A Lei Complementar nº 214, publicada em 16 de janeiro de 2025, definiu referido Comitê Gestor como uma "entidade pública com caráter técnico e operacional sob regime especial, com sede e foro no Distrito Federal, dotado de independência técnica, administrativa, orçamentária e financeira", com "atuação caracterizada pela ausência de vinculação, tutela ou subordinação hierárquica a qualquer órgão da administração pública" (art. 480).

A Lei Complementar nº 214/2025 também determinou que o Conselho Superior do Comitê Gestor do IBS seja instalado em até 120 dias a contar da publicação da lei, ocorrida em 16 de janeiro de 2025. A composição e o quórum de deliberação desse Conselho Superior, que é a máxima instância de deliberação do Comitê Gestor do IBS, são regulados nos §§3 e 4º do art. 156-B da Constituição, inserido pela EC nº 132/2023.

## 1.2 Outorga e repartição das competências tributárias

A Constituição Federal não cria tributos, mas outorga competência para União, estados, Distrito Federal e municípios fazê-lo. Cumpre inicialmente discorrer sobre os insumos doutrinários que vieram balizar tanto a outorga como a repartição das competências tributárias. Assim, é importante recordar a teorização sobre a vinculação ou não dos fatos geradores de tributos a uma atividade/atuação estatal. Como exposto na primeira parte deste trabalho, os fatos que gerarão um tributo dependem ou não

---

[861] BATISTA JÚNIOR, Onofre Alves. *Manual de Direito Tributário*. 2. ed. Belo Horizonte: Casa do Direito, 2024. p. 253.

[862] Há quem entenda, todavia, que o Constituinte Derivado, ao demandar lei complementar, estaria outorgando competência também à União federal em relação a um imposto cuja arrecadação pertence a estados e municípios, incorrendo, com isso, em inconstitucionalidade por ofensa ao pacto federativo. A título de exemplo, vide o pensamento de BATISTA JÚNIOR, Onofre Alves. *Manual de Direito Tributário*. 2. ed. Belo Horizonte: Casa do Direito, 2024. p. 253.

de uma conduta do Estado diretamente relacionada ao contribuinte. Dessa forma, examinaremos de modo apartado essas distintas realidades.

Para os tributos cujo fato gerador é vinculado a uma atividade/atuação do Estado, como seja, taxas e contribuições de melhoria, tem-se a outorga de competência comum às pessoas políticas. Não há, pois, na Constituição, uma discriminação dentro do Sistema Tributário de quais seriam as taxas ou as contribuições de melhoria que de forma específica poderiam ser instituídas pela União, estados, Distrito Federal ou municípios. Duas seriam as razões para o que foi exposto. A primeira reside no fato de que, por se estar a tratar de tributos de fato gerador vinculado, a incidência tributária é condicionada à participação do poder público, circunstância capaz de inibir, em tese, a dupla imposição sobre o mesmo contribuinte. Em outras palavras: se o município prestar o serviço, será ele competente para tributar ou, ainda, se a União realizar a obra, caberá a ela instituir a contribuição de melhoria. A segunda razão, igualmente relevante, está na constatação de que a distribuição das competências administrativas, feita de maneira prévia, balizadora da possibilidade e oportunidade da atuação dos poderes públicos, também eliminaria a hipótese de dupla incidência fiscal. Destarte, a Constituição Federal outorga apenas, de forma genérica e não específica, em seu art. 145, II e III, competência para a União, os estados, o Distrito Federal e os municípios instituírem taxas e contribuições de melhoria.

No caso dos tributos cujo fato gerador não é vinculado, vale dizer, impostos, contribuições especiais e empréstimos compulsórios, temos situação oposta, que impõe a distribuição privativa das competências. Justifica-se em razão dos fatos geradores dos tributos acima mencionados independerem de qualquer atividade ou atuação dos poderes públicos, exsurgindo daí a necessidade de o legislador constituinte separar os fatos considerados tributáveis e reparti-los entre os entes da federação, evitando assim a multiplicação desses tributos pelas pessoas políticas de direito constitucional interno. Do contrário, tomando como exemplo a percepção de renda, fato gerador do imposto de renda, caso o contribuinte a percebesse em Belo Horizonte, também a estaria percebendo em Minas Gerais e no Brasil, o que poderia ensejar a absurda pretensão de uma tributação sobre a renda concomitantemente federal, estadual e municipal. Dessa forma, o legislador constituinte discriminou no art. 153 as bases de incidência, fatos geradores não vinculados, tributáveis pela União por meio de impostos sobre:

(i) importação de produtos estrangeiros (II);
(ii) exportação, para o exterior, de produtos nacionais ou nacionalizados (IE);
(iii) renda e proventos de qualquer natureza (IR);
(iv) produtos industrializados (IPI); sendo que, nesse caso, por força do art. 126 do ADCT, na redação dada pela Emenda Constitucional nº 132/23, a qual promoveu a recente Reforma Tributária, o tributo terá suas alíquotas reduzidas a zero, exceto em relação aos produtos que tenham industrialização incentivada na Zona Franca de Manaus, conforme critérios estabelecidos em lei complementar;

(v) operações de crédito, câmbio e seguro, ou relativas a títulos ou valores mobiliários (IOF), sendo que, a partir de 2027, por conta da Reforma Tributária promovida pela EC nº 132/23, a operação com seguro está excluída da referida competência;
(vi) sobre propriedade territorial rural (ITR);
(vii) sobre grandes fortunas, nos termos de lei complementar;
(viii) sobre produção, extração, comercialização ou importação de bens e serviços prejudiciais à saúde ou ao meio ambiente (Imposto Seletivo – IS); competência que foi introduzida pela Reforma Tributária prevista pela EC nº 132/23 para, a partir de 2027, substituir aquela indicada no item 4 acima.[863]

Ademais, ainda no que concerne à competência para a criação de impostos, a Constituição outorgou em seu art. 154, I e II, competência residual e extraordinária à União. Pela primeira, mediante lei complementar, o legislador federal poderá instituir novos impostos, desde que não reincidam sobre os fatos acima ou sobre fatos previstos na competência estadual ou municipal e que sejam não cumulativos. Quanto à segunda, competência extraordinária, está prevista para a instituição de impostos na iminência ou no caso de guerra externa. Nessa hipótese, excepcionalmente, é possível o *bis in idem* e a bitributação, é dizer, tributar novamente fatos já tributados pela própria União, bem como é permitida a invasão da competência dos demais entes federados.

No que toca aos estados,[864] o texto constitucional, em seu art. 155, define as bases de incidência para a instituição de impostos, quais sejam:
(i) transmissão *causa mortis* e doação, de quaisquer bens ou direitos (ITCMD);
(ii) operações relativas à circulação de mercadorias e sobre prestações de serviços de transporte interestadual e intermunicipal e de comunicação, ainda que as operações e as prestações se iniciem no exterior (ICMS), sendo que, por conta da Reforma Tributária promovida pela EC nº 132/23, a partir de 2033 fica tal competência extinta, sendo integralmente substituída por aquela prevista no art. 156-A, compartilhada com os municípios, para a instituição do IBS, imposto incidente sobre operações com bens materiais ou imateriais, inclusive direitos, ou com serviços;
(iii) propriedade de veículos automotores (IPVA), tendo a Reforma Tributária promovida pela EC nº 132/23 ampliado a referida competência para também abarcar veículos aquáticos e aéreos, com algumas exceções previstas no próprio texto constitucional.[865]

---

[863] Por força do art. 126 do ADCT, alínea "b", do inciso II, na redação dada pela Emenda Constitucional nº 132/23, o Imposto Seletivo não incidirá de forma cumulativa com o IPI.
[864] O Distrito Federal, nos termos da Constituição Federal, acumula as competências estadual e municipal.
[865] São exceções:
a) aeronaves agrícolas e de operador certificado para prestar serviços aéreos a terceiros;
b) embarcações de pessoa jurídica que detenha outorga para prestar serviços de transporte aquaviário ou de pessoa física ou jurídica que pratique pesca industrial, artesanal, científica ou de subsistência;

Com referência aos municípios, no art. 156 da Carta Magna, o constituinte reservou competência para a instituição de impostos sobre:
(i) propriedade predial e territorial urbana (IPTU);
(ii) transmissão "inter vivos", a qualquer título, por ato oneroso, de bens imóveis, por natureza ou acessão física, e de direitos reais sobre imóveis, exceto os de garantia, bem como cessão de direitos à sua aquisição (ITBI);
(iii) serviços de qualquer natureza, não compreendidos no art. 155, II, definidos em lei complementar (ISSQN), sendo que, por conta da Reforma Tributária promovida pela EC nº 132/23, a partir de 2033 fica tal competência extinta, sendo integralmente substituída por aquela prevista no art. 156-A, compartilhada com os estados, para a instituição do IBS, imposto incidente sobre operações com bens materiais ou imateriais, inclusive direitos, ou com serviços.

Em relação aos demais tributos que possuem fato gerador não vinculado a uma atividade/atuação estatal, lembre-se, empréstimos compulsórios e contribuições especiais, a Constituição Federal, em seus arts. 148 e 149, outorga competência privativa à União. Deve ser ressaltada, no caso da última espécie citada, a competência dos estados, Distrito Federal e municípios para instituir contribuição social, cobrada de seus servidores, para o custeio, em benefício destes, de sistemas próprios de previdência e assistência social, bem como a competência dos municípios para a instituição de contribuição para o custeio do serviço de iluminação pública e de sistemas de monitoramento para segurança e preservação de logradouros públicos, e, ainda, a competência para que alguns estados[866] possam instituir, até 2043, "contribuição" destinada a investimentos em obras de infraestrutura e habitação sobre produtos primários e semielaborados.

## 1.3 Regras para o exercício das competências tributárias

Uma vez abordado o tema da distribuição de competências entre as pessoas políticas, cabe agora perquirir sobre as regras gerais postas na Constituição, que condicionarão o seu exercício. Isso porque, embora a competência seja defluência natural do Texto Maior, há a necessidade de balizamentos prévios, postos na legislação complementar, que deverão ser considerados em conjunto com as normas constitucionais atribuidoras da competência quando da imposição do tributo. Assim, dispôs o legislador constituinte:

---

c) plataformas suscetíveis de se locomoverem na água por meios próprios, inclusive aquelas cuja finalidade principal seja a exploração de atividades econômicas em águas territoriais e na zona econômica exclusiva e embarcações que tenham essa mesma finalidade principal;
d) tratores e máquinas agrícolas.

[866] Estados que possuíam, em 30 de abril de 2023, fundos destinados a investimentos em obras de infraestrutura e habitação financiados pela cobrança, como condição para a fruição de incentivos fiscais de ICMS, de parcela de tais incentivos sobre produtos primários e semielaborados.

Art. 146. Cabe à lei complementar:

I - [...]

II - [...]

III - estabelecer normas gerais em matéria de legislação tributária, especialmente sobre:

a) definição de tributos e de suas espécies, bem como, em relação aos impostos discriminados nesta Constituição, a dos respectivos fatos geradores, bases de cálculo e contribuintes;

b) obrigação, lançamento, crédito, prescrição e decadência tributários;

c) adequado tratamento tributário ao ato cooperativo praticado pelas sociedades cooperativas, inclusive em relação aos tributos previstos nos arts. 156-A e 195, V;

d) definição de tratamento diferenciado e favorecido para as microempresas e para as empresas de pequeno porte, inclusive regimes especiais ou simplificados no caso dos impostos previstos nos arts. 155, II, e 156-A, das contribuições sociais previstas no art. 195, I e V, e § 12 e da contribuição a que se refere o art. 239.

§ 1º A lei complementar de que trata o inciso III, d, também poderá instituir um regime único de arrecadação dos impostos e contribuições da União, dos Estados, do Distrito Federal e dos Municípios, observado que:

I será opcional para o contribuinte;

II poderão ser estabelecidas condições de enquadramento diferenciadas por Estado;

III o recolhimento será unificado e centralizado e a distribuição da parcela de recursos pertencentes aos respectivos entes federados será imediata, vedada qualquer retenção ou condicionamento;

IV a arrecadação, a fiscalização e a cobrança poderão ser compartilhadas pelos entes federados, adotado cadastro nacional único de contribuintes.

§ 2º É facultado ao optante pelo regime único de que trata o § 1º apurar e recolher os tributos previstos nos arts. 156-A e 195, V, nos termos estabelecidos nesses artigos, hipótese em que as parcelas a eles relativas não serão cobradas pelo regime único.

§ 3º Na hipótese de o recolhimento dos tributos previstos nos arts. 156-A e 195, V, ser realizado por meio do regime único de que trata o § 1º, enquanto perdurar a opção:

I - não será permitida a apropriação de créditos dos tributos previstos nos arts. 156-A e 195, V, pelo contribuinte optante pelo regime único; e

II - será permitida a apropriação de créditos dos tributos previstos nos arts. 156-A e 195, V, pelo adquirente não optante pelo regime único de que trata o § 1º de bens materiais ou imateriais, inclusive direitos, e de serviços do optante, em montante equivalente ao cobrado por meio do regime único."

Art. 146-A. Lei complementar poderá estabelecer critérios especiais de tributação, com o objetivo de prevenir desequilíbrios da concorrência, sem prejuízo da competência de a União, por lei, estabelecer normas de igual objetivo.

Destarte, tanto a regulamentação das bases de incidência dos tributos, a ser realizada pelos legisladores federal, estadual e municipal, como a explicitação das regras relativas ao cumprimento e exigência da obrigação tributária deverão observar o regramento posto na legislação complementar de normas gerais. O veículo legislativo para a instituição de um tributo, em regra, é a lei ordinária. Excepcionalmente, em razão de disposição constitucional expressa, para as normas relativas à instituição dos impostos residuais (art. 154, I, CF/88), das contribuições sociais residuais (art. 195, §4º, da CF/88) e dos empréstimos compulsórios (art. 148 da CF/88), exige-se *quorum* qualificado, devendo ser utilizada lei complementar.

Em razão da Reforma Tributária promovida pela EC nº 132/23, determinou-se que o Imposto sobre Bens e Serviços (IBS) e a Contribuição sobre Bens e Serviços (CBS) fossem instituídos por lei complementar, por força do art. 156-A e inciso V do art. 195 da CF/88. A EC nº 132/23 também determinou a instituição por lei complementar do novo imposto federal sobre extração, comercialização ou importação de bens e serviços prejudiciais à saúde ou ao meio ambiente (alcunhado de imposto seletivo). A instituição desses tributos ocorreu por meio da Lei Complementar nº 214, de 16 de janeiro de 2025, que previu e regulou suas normas gerais (hipótese de incidência, sujeição passiva, base de cálculo etc.).

## 1.4 Observância da lei complementar de normas gerais como condição prévia ao exercício da competência tributária

Nos termos da dicção do art. 146, III, retrocitado, resta claro que o exercício da competência impositiva deve se dar com a observância das alíneas "b", "c" e "d". É dizer, a instituição e a exigência de um tributo deverão observar os contornos das normas gerais relativas à definição de obrigação, lançamento, crédito, prescrição e decadência, bem como a adequado tratamento tributário a ser dispensado ao ato cooperativo praticado pelas sociedades cooperativas, sem olvidar, ainda, de tratamento diferenciado e favorecido para as microempresas e empresas de pequeno porte.

É com relação ao disposto na alínea "a" que remanescem dúvidas. Isso porque o legislador constituinte restringe a observância da definição prévia, em normas gerais, a respeito de contribuinte, fato gerador e base de cálculo, apenas quando da instituição de impostos.

A não extensão dessa restrição às taxas e contribuições de melhoria tem sentido. É que, no caso desses tributos, ambos de fato gerador vinculado, há como inferir, por sua própria ontologia, os limites para a sua criação. Como já verificado, o fato gerador das taxas e contribuições de melhoria surge em decorrência de atuação/atividade diretamente relacionada ao contribuinte e, dessa forma, é natural a identificação daquele. Inferência natural é, igualmente, a base de cálculo, como seja, o tributo deve ser calculado com base nos custos incorridos pelo poder público quando da ocorrência do fato gerador.

Quanto aos demais tributos de fato gerador não vinculado, empréstimos compulsórios e contribuições especiais, é de se propor aqui uma análise mais acurada. Para os empréstimos compulsórios, a ausência de remissão ao disposto na alínea "a" do art. 146 da Constituição pode ser entendida em razão da excepcionalidade do tributo, somada à obrigação de devolução do montante arrecadado. Ademais, os empréstimos compulsórios somente podem ser instituídos por lei complementar.

Em se tratando de contribuições especiais, deve ser lembrado que o legislador constituinte exige, no art. 149, que o legislador ordinário observe genericamente o disposto no art. 146, III. Deve ser entendido, a bem de uma interpretação sistemática, que a remissão se aplica no que couber. O fato de a letra do dispositivo em comento referir-se apenas a impostos não impede sua aplicação, caso necessário, também às contribuições. No caso das contribuições corporativas, em razão de sua própria ontologia, vale o mesmo arrazoado aduzido para as taxas, sendo, pois, dispensável a exigência de legislação complementar prévia. Quanto às contribuições interventivas, a nosso ver, a definição prévia de contribuintes, bases de cálculo e fato gerador é um imperativo, como já exposto quando de análise de seu perfil genérico. Finalmente, em relação às contribuições sociais, nos termos explanados na primeira parte, tendo a outorga de competência prevista no art. 149 da Constituição sido explicitada no art. 195 do mesmo diploma, a existência de legislação de normas gerais prévias é desnecessária.[867] Conforme observado anteriormente, no art. 195, o constituinte já detalha as informações necessárias à instituição do tributo. Não obstante, apenas para argumentar, se subsistente o criticável posicionamento segundo o qual, pelo art. 149 da Constituição, poderia a União instituir contribuições sociais "gerais", resta evidente a necessidade da observância de uma lei complementar de normas gerais previamente à imposição válida do tributo.

Especificamente no tocante aos impostos, em que a letra da Constituição não deixa dúvidas sobre a necessidade prévia de lei complementar de normas gerais para o exercício da competência, a questão a ser analisada diz respeito à possibilidade de estados e municípios exercerem sua competência plena quando inexistente a referida lei complementar dispondo sobre fato gerador, base de cálculo e contribuinte. Ao julgar o caso do IPVA, o entendimento do STF (REAgRg nº 206.500-5)[868] foi no sentido de que, nos termos do §3º do art. 24 da CF/88, "inexistindo lei federal sobre normas gerais, os Estados exercerão a competência legislativa plena, para atender a suas peculiaridades". Destaca-se que tal entendimento não foi adotado pelo STF quando do julgamento do Adicional do Imposto de Renda Estadual (Aire) que podia ser instituído pelos estados, conforme competência original da CF/88, revogada pela EC nº 03/93. Nessa ocasião, tomando por base o fato de que a ausência de lei complementar

---

[867] Não obstante, para a instituição da Contribuição sobre Bens e Serviços (CBS), competência inserida no bojo da Reforma Tributária promovida pela EC nº 132/23, foi exigida lei complementar:
Art. 195. A seguridade social será financiada por toda a sociedade, de forma direta e indireta, nos termos da lei, mediante recursos provenientes dos orçamentos da União, dos Estados, do Distrito Federal e dos Municípios, e das seguintes contribuições sociais:
(...)
V - sobre bens e serviços, nos termos de lei complementar.

[868] STF, RE AgRg nº 206.500, Relator Ministro Néri da Silveira, Segunda Turma, DJ, 17 dez. 1999. No mesmo sentido, STF, AG nº 167.777/DF, Relator Ministro Marco Aurélio, Segunda Turma, DJ 9 maio 1997; STF, RE nº 236.931/SP, Relator Ministro Ilmar Galvão, Primeira Turma, DJ 29 out. 1999.

culminaria em sérios conflitos de competência entre os estados,[869] o STF acabou por não aplicar o §3º do art. 24 da CF/88, declarando inconstitucional o Aire.[870]

No RE nº 567.935,[871] o Plenário do STF considerou inconstitucional dispositivo de lei ordinária (Lei nº 7.798/1989) que alargara a base de cálculo do imposto sobre produtos industrializados (IPI) definida pela Lei nº 4.502/1964 e pelo art. 47, II, do Código Tributário Nacional (Lei nº 5.172/1966), violando, assim, o art. 146, III, "a" (*in fine*), da Constituição de 1988. Com efeito, a Lei nº 7.798/1989 determinou que os descontos incondicionais passariam a compor a base de cálculo do IPI, em contrariedade ao que dispunham normas anteriores que, por delimitarem as *normas gerais de direito tributário* (fato gerador, base de cálculo e contribuintes) relativas ao IPI, possuem *status* de lei complementar, somente podendo ser alteradas ou revogadas por outras leis complementares.

Em 2021, sob o rito da repercussão geral, decidiu o STF, no Tema nº 825, que "É vedado aos estados e ao Distrito Federal instituir o ITCMD nas hipóteses referidas no art. 155, § 1º, III, da Constituição Federal [hipóteses em que (i) o doador tem domicílio ou residência no exterior (ii) o de cujus possuía bens, era residente ou domiciliado ou teve o seu inventário processado no exterior] sem a edição da lei complementar exigida pelo referido dispositivo constitucional".[872]

Nesse julgamento, apesar de reconhecer a competência residual dos estados, contida no art. 24, I, §3º, da Constituição, compreendeu a Corte Constitucional que, para a hipótese específica (art. 155, §1º, III), a referida lei complementar seria de exigência obrigatória, até mesmo para evitar possíveis conflitos de competência entre os entes federados:

> 3. A combinação do art. 24, I, § 3º, da CF, com o art. 34, § 3º, do ADCT dá amparo constitucional à legislação supletiva dos estados na edição de lei complementar que discipline o ITCMD, até que sobrevenham as normas gerais da União a que se refere o art. 146, III, a, da Constituição Federal. De igual modo, no uso da competência privativa, poderão os estados e o Distrito Federal, por meio de lei ordinária, instituir o ITCMD no âmbito local, dando ensejo à cobrança válida do tributo, nas hipóteses do § 1º, incisos I e II, do art. 155.

---

[869] É que, ao instituir o Aire, ao invés de os estados criarem apenas um adicional ao IR federal, acabaram por inovar nas regras de incidência do imposto e, especialmente, adotar diversos critérios para definir o sujeito passivo do tributo, especialmente quando matrizes e filiais estavam localizadas em diversos territórios.

[870] "Adicional estadual do imposto sobre a renda (art. 155, II, da CF). Impossibilidade de sua cobrança, sem prévia lei complementar (art. 146 da CF/88). Sendo ela indispensável à dirimência de conflito de competência entre os Estados da Federação, não bastam, para dispensar sua edição, os permissivos inscritos no art. 24, parágrafo 3º, da Constituição e no art. 34 e seus parágrafos do ADCT. Recurso extraordinário provido para declarar a inconstitucionalidade da Lei nº 1.394, de 02.12.88, do Estado do Rio de Janeiro, concedendo-se a segurança" (STF, RE nº 136.215-4, Relator Ministro Octavio Gallotti, Plenário, DJ 18 fev. 1993).

[871] STF, RE nº 567.935, Relator Ministro Marco Aurélio, Pleno, *DJ*, 4 nov. 2014.

[872] STF, RE nº 851.108, Relator Ministro Dias Toffoli, Pleno, DJ, 20 abr. 2021. Sobre o tema, vide GODOI, Marciano Seabra de; FURMAN, Melody Araújo Pinto. Os Estados e o Distrito Federal podem cobrar o imposto sobre heranças e doações em situações internacionais antes da edição da lei complementar prevista na Constituição? *Revista de Direito Internacional Econômico e Tributário*, vol. 13, n.1, 2018, p. 1-44.

4. Sobre a regra especial do art. 155, § 1º, III, da Constituição, é importante atentar para a diferença entre as múltiplas funções da lei complementar e seus reflexos sobre eventual competência supletiva dos estados. Embora a Constituição de 1988 atribua aos estados a competência para a instituição do ITCMD (art. 155, I), também a limita ao estabelecer que cabe a lei complementar – e não a leis estaduais – regular tal competência em relação aos casos em que o "de cujus possuía bens, era residente ou domiciliado ou teve seu inventário processado no exterior" (art. 155, § 1º, III, b). 5. Prescinde de lei complementar a instituição do imposto sobre transmissão causa mortis e doação de bens imóveis – e respectivos direitos -, móveis, títulos e créditos no contexto nacional. Já nas hipóteses em que há um elemento relevante de conexão com o exterior, a Constituição exige lei complementar para se estabelecerem os elementos de conexão e fixar a qual unidade federada caberá o imposto.

# CAPÍTULO 2

# VISÃO GERAL DO SISTEMA TRIBUTÁRIO NACIONAL (ARTS. 145 A 162 DA CONSTITUIÇÃO)

## 2.1 A disciplina do sistema tributário nas constituições republicanas e a orientação da Constituição de 1988

Desde a primeira constituição republicana do Brasil, a de 1891, as normas sobre os tributos eram inseridas no início do texto constitucional, em títulos denominados "Da Organização Federal" (1891, 1934, 1946) ou "Da Organização Nacional" (1937, 1967-1969), nos quais se discriminava a competência tributária própria de cada ente federativo, se definiam as formas de participação dos entes no produto da arrecadação de tributos de competência de outros entes etc. Havia também a tradição de inserir vedações em matéria tributária (como a vedação de cobrar tributos sem lei que os estabeleça e a vedação de cobrar tributos de modo retroativo) no rol das "Declarações de Direitos" inseridas na parte final do texto constitucional (na Carta de 1967-1969, essas vedações se localizavam no art. 153; na Constituição de 1946, no art. 141).

Com o passar do tempo, a disciplina da matéria tributária nas constituições brasileiras foi se avolumando e se tornando cada vez mais detalhada e complexa. Em 1951, Aliomar Baleeiro afirmou que "nenhuma Constituição excede a brasileira, a partir da redação de 1946, pelo zelo com que reduziu a disposições jurídicas" os princípios tributários construídos pela ciência das finanças, e "nenhuma outra contém tantas limitações expressas em matéria financeira".[873] Na década seguinte, em 1968, Geraldo Ataliba afirmou que, enquanto as constituições dos demais países "tratam genericamente do poder tributário e somente das diretrizes gerais a serem obedecidas, e das limitações reputadas fundamentais", o sistema constitucional tributário brasileiro "é o mais rígido de quantos se conhece, além de complexo e extenso".[874]

Segundo Ataliba, o propósito das constituições brasileiras seria reduzir ao máximo a "margem de discrição" do legislador tributário ordinário, de modo que tudo

---

[873] BALEEIRO, Aliomar. *Limitações constitucionais ao poder de tributar.* 8ª edição atualizada por Misabel Abreu Machado Derzi. Rio de Janeiro: Forense, 2010. p. 2 (1ª edição de 1951).

[874] ATALIBA, Geraldo. *Sistema Constitucional Tributário Brasileiro.* São Paulo: RT, 1968. p. 21.

o que se pode fazer em matéria tributária "é previsto, quanto ao conteúdo, à forma, à oportunidade, à qualidade e à quantidade – de antemão – pela Constituição".[875] Para Ataliba, essa característica do sistema tributário brasileiro o tornaria de "invejável perfeição técnica", "o mais perfeito de quantos existem".[876]

É bastante questionável o acerto desse raciocínio de que normas constitucionais tributárias extensas, rígidas, analíticas, limitadoras e exaustivas propiciem ou conduzam a um sistema livre de "conflitos, atritos, dúvidas e problemas de atuação".[877] De todo modo, o constituinte de 1987-1988 optou por respeitar e mesmo aprofundar essa tradição de inserir na Constituição numerosas e exaustivas normas tributárias.

A novidade em 1988 foi que as normas tributárias e financeiras deixaram de ocupar os títulos e capítulos reservados à Organização do Estado e da Federação e ganharam um título próprio (Título VI), denominado "Da Tributação e do Orçamento". Este Título VI tem duas partes bem definidas: na primeira parte (Capítulo I), constrói-se o "Sistema Tributário Nacional" (artigos 145 a 162); na segunda parte (Capítulo II), a matéria é o direito financeiro e orçamentário (artigos 163 a 169).[878]

O Sistema Tributário Nacional é regulado nos artigos 145 a 162 da Constituição, mas, fora desses dispositivos, também há normas tributárias, como no art. 195 (que regula com exaustividade as contribuições destinadas ao financiamento da seguridade social), no art. 212, §5º (que trata da contribuição do salário-educação destinada a complementar o financiamento da educação básica) ou no art. 240 (que preservou a exigibilidade de contribuições sociais cobradas das empresas e incidentes sobre a folha de salários, com arrecadação destinada às entidades privadas de serviço social e de formação profissional vinculadas ao sistema sindical). No Ato das Disposições Constitucionais Transitórias (ADCT) da Constituição de 1988, também há numerosas normas tributárias, fruto de diversas emendas constitucionais que, ao longo das últimas décadas, modificaram, aumentaram e tornaram ainda mais complexo o sistema tributário brasileiro.

## 2.2 Visão de conjunto sobre os principais blocos normativos do Sistema Tributário Nacional

Numa visão de conjunto do Sistema Tributário Nacional contido na Constituição de 1988, podemos identificar os seguintes blocos normativos:

---

[875] ATALIBA, Geraldo. Evolução do Sistema Constitucional Tributário. *Revista de Informação Legislativa do Senado Federal*, n. 18, abr./jun. 1968, p. 72.

[876] ATALIBA, Geraldo. *Sistema Constitucional Tributário Brasileiro*. São Paulo: RT, 1968. p. 19.

[877] ATALIBA, Geraldo. *Sistema Constitucional Tributário Brasileiro*. São Paulo: RT, 1968. p. 34.

[878] As normas da Constituição relativas ao direito financeiro e orçamentário são tratadas neste *Curso* em sua Parte I. No Capítulo das Finanças Públicas (arts. 163 a 169), a Constituição já foi modificada 15 vezes. Para se ter uma ideia de como o texto foi alterado e ampliado: na redação original da Constituição, os arts. 163 a 169 tinham 1.565 palavras; após os inúmeros acréscimos e modificações promovidos por emendas constitucionais, os referidos artigos contam atualmente com 5.224 palavras.

- normas sobre as espécies e subespécies de tributo, com suas características principais (hipóteses de incidência, bases de cálculo, causas que justificam sua instituição etc.) e os entes políticos com competência (exclusiva, comum, extraordinária) para instituí-las (arts. 145 a 149);[879]
- normas sobre princípios aplicáveis ao Sistema Tributário Nacional, como a capacidade econômica e a pessoalidade (art. 145, §1º), cabendo destacar que o rol desses princípios foi notavelmente expandido pela Emenda Constitucional nº 132, de 2023, que incluiu no art. 145 da Constituição dois novos parágrafos fazendo menção a seis princípios (simplicidade, transparência, justiça tributária, cooperação, defesa do meio ambiente e atenuação de efeitos regressivos);
- normas contendo vedações ou limitações[880] dirigidas indistintamente ao poder de tributar de todos os entes políticos (art. 150), inclusive as clássicas imunidades tributárias, valendo registrar que o Supremo Tribunal Federal considera essas limitações como cláusulas imodificáveis da Constituição, seja por configurarem um pilar do regime federativo (imunidade tributária recíproca entre os entes), seja por constituírem direitos individuais dos contribuintes (legalidade, irretroatividade, anterioridade) – ambas as matérias contempladas no art. 60, §4º, da Constituição como não passíveis de restrição nem sequer por emenda constitucional;
- normas contendo vedações dirigidas ao poder de tributar da União federal (art. 151) e ao poder de tributar dos estados, Distrito Federal e municípios (art. 152), com o propósito de preservação da federação e do mercado único;
- normas sobre os impostos de competência dos entes federativos (arts. 153 a 156-B),[881] com especificação (às vezes de modo mais exaustivo, às vezes de modo mais sucinto) de sua materialidade e de seu regime jurídico, destacando-se o grau de minúcia e detalhe com que o ICMS foi regulado pelo texto constitucional e suas numerosas emendas;[882]
- normas específicas e detalhadas (art. 195) sobre as contribuições que os entes federativos podem instituir para financiar os gastos públicos em saúde, assistência e previdência social (suas possíveis hipóteses de incidência, bases de cálculo, contribuintes)[883] – incluindo a previsão de minúcias e

---

[879] Essas normas são estudadas neste *Curso* em sua Parte II, Título I, Capítulos 2 e 3.

[880] Na organização dos títulos e capítulos do Sistema Tributário Nacional, os "princípios" são formalmente mencionados na denominação da Seção I ("Dos Princípios Gerais" – arts. 145 e 149). Contudo, as limitações do poder de tributar reguladas fora dessa Seção I, no art. 150 da Constituição, são quase sempre identificadas e tratadas pela doutrina e pela jurisprudência como autênticos "princípios tributários" – princípios da legalidade, da irretroatividade, da anterioridade, da igualdade, do não confisco.

[881] Essas normas são estudadas neste *Curso* em sua Parte II, Título II, Capítulo 1.

[882] Na redação original, a Constituição utilizava 592 palavras para tratar do ICMS; na redação atual, após várias emendas, o regime desse imposto se tornou bem mais complexo, e as normas constitucionais específicas sobre o ICMS empregam mais de mil palavras.

[883] Essas normas são estudadas neste *Curso* em sua Parte II, Título I, Capítulo 3.

- detalhes sobre seu regime jurídico, cada vez mais expandido por emendas constitucionais;[884]
- normas específicas e detalhadas sobre numerosas hipóteses de transferência de arrecadação tributária entre os entes federativos (arts. 157 a 162), com disciplina extensa sobre cada uma das transferências (definições qualitativas e quantitativas) visando em geral à redução de desigualdades regionais no âmbito da federação;[885]
- normas definindo as numerosas matérias que devem ser reguladas por lei complementar (art. 146; art. 148; art. 153, VII; 154, I; art. 155, §1º, III, §2º, XII; art. 156, §3º), sendo que em boa parte dessas matérias, o Congresso Nacional permaneceu sem legislar, o que motivou, em alguns casos, que o STF reconhecesse sua omissão e lhe conferisse um prazo para supri-la.

---

[884] O art. 195 da Constituição tinha em sua redação original oito parágrafos e 345 palavras; em 2024, após várias emendas constitucionais, o artigo 195 tem 19 parágrafos e 847 palavras.

[885] Essas normas de repartição de receita tributária são abordadas neste *Curso* em sua Parte I, Capítulo 6.

# CAPÍTULO 3

# PRINCÍPIOS GERAIS DO SISTEMA TRIBUTÁRIO NACIONAL

## 3.1 A curiosa configuração da Seção "Dos Princípios Gerais", que abre o capítulo da Constituição de 1988 que trata do Sistema Tributário Nacional

As normas do Sistema Tributário Nacional previsto no Capítulo I do Título VI da Constituição de 1988 foram divididas em seis seções temáticas. Três seções foram reservadas para distribuir competências e regular os impostos da União, dos estados, do Distrito Federal e dos municípios (arts. 153 a 156). Uma seção foi reservada para distribuir entre os entes federativos o produto da arrecadação tributária (arts. 157 a 162). Uma seção foi reservada para impor aos entes federativos diversas vedações batizadas oficialmente – e com inspiração na obra de Aliomar Baleeiro – de "limitações do poder de tributar" (arts. 150 a 152).

A seção que abre o Capítulo I do Título VI da Constituição de 1988 recebe o nome "Dos Princípios Gerais" (arts. 145 a 149). Contudo, várias normas previstas nessa seção não apresentam características próprias das normas jurídicas que, tecnicamente, são consideradas como *princípios*. Se se adota um conceito mais tradicional de princípio, considerando-o como um alicerce, um fundamento ou um "mandamento nuclear de um sistema",[886] nada terá de princípio, por exemplo, a norma do art. 147 da Constituição, segundo a qual "competem à União, em Território Federal, os impostos estaduais e, se o Território não for dividido em Municípios, cumulativamente, os impostos municipais; ao Distrito Federal cabem os impostos municipais".

Se se adota o conceito de princípio como norma imediatamente finalística "para cuja aplicação se demanda uma avaliação da correlação entre o estado de coisas a ser promovido e os efeitos decorrentes da conduta havida como necessária à sua

---

[886] Esse é o conceito clássico de Celso Antônio Bandeira de Mello (MELLO, Celso Antônio Bandeira de. *Elementos de Direito Administrativo*. São Paulo: RT, 1980. p. 230), também adotado por Souto Maior Borges (BORGES, José Souto Maior. *Lei Complementar Tributária*. São Paulo: RT, 1975. p. 13) e pela maioria dos juristas brasileiros.

promoção",[887] nada terá de princípio nem a norma acima citada (do art. 147), nem a norma do art. 146, III, "a", da Constituição, segundo a qual cabe à lei complementar definir tributo e indicar suas espécies.

Outra peculiaridade em relação à Seção I do Capítulo I do Título VI da Constituição, chamada "Dos Princípios Gerais", é que nenhuma de suas normas utilizava em seu texto – até o advento da EC nº 132 – o vocábulo "princípio". Mesmo não tendo sido utilizado o vocábulo "princípio" na redação do dispositivo do art. 145, §1º, da Constituição, aí se vislumbra – e talvez esse seja o único caso em relação às normas da seção "Dos Princípios Gerais" anteriores ao advento da EC nº 132 – uma norma com típicas características principiológicas, no sentido de "normas que ordenam que algo seja realizado na maior medida possível dentro das possibilidades fáticas e jurídicas existentes":[888]

> § 1º Sempre que possível, os impostos terão caráter pessoal e serão graduados segundo a capacidade econômica do contribuinte, facultado à administração tributária, especialmente para conferir efetividade a esses objetivos, identificar, respeitados os direitos individuais e nos termos da lei, o patrimônio, os rendimentos e as atividades econômicas do contribuinte.

No presente *Curso*, o estudo do art. 145, §§1º e 2º, da Constituição será realizado no Capítulo 4 a seguir, no contexto de sua inter-relação com as limitações do poder de tributar e levando em conta a vasta jurisprudência do STF sobre a matéria. Relembre-se que, na tradição da doutrina e da jurisprudência do direito tributário brasileiro, as limitações do poder de tributar reguladas no art. 150 da Constituição, fora da Seção "Dos Princípios Gerais" (arts. 145-149), são quase sempre identificadas e tratadas como autênticos "princípios constitucionais tributários", como os princípios da legalidade, da irretroatividade, da anterioridade, da igualdade e do não confisco.

Sérgio André Rocha, constatando que a grande maioria das normas contidas na seção "Dos Princípios Gerais" do Sistema Tributário Nacional não apresenta a estrutura típica de princípios, afirma o seguinte:[889]

> De fato, por mais que a seção I deste capítulo seja intitulada "Dos princípios gerais", nota-se que a palavra "princípios" nesta expressão não foi utilizada para denotar um tipo de norma jurídica finalística, mas sim em uma acepção vernacular frouxa para se referir a "fundamentos", "pontos de partida estruturantes".

---

[887] ÁVILA, Humberto. *Teoria dos Princípios*. 7ª edição. São Paulo: Malheiros, 2007. p. 78-79.

[888] ALEXY, Robert. *Teoria dos Direitos Fundamentais*. Tradução: Virgílio Afonso da Silva. São Paulo: Malheiros, 2008. p. 90.

[889] ROCHA, Sergio André. Reforma tributária e princípios do Sistema Tributário Nacional. *Consultor Jurídico*, 14 ago. 2023. Disponível em: https://www.conjur.com.br/2023-ago-14/justica-tributaria-reforma-tributaria-principios-sistema-tributario-nacional/. Acesso em: 12 fev. 2024.

Com efeito, o termo "princípios" foi usado na denominação da Seção I do capítulo sobre o Sistema Tributário Nacional de uma forma vaga e imprecisa. Por outro lado, a não ser no caso do art. 145, §1º (com sua referência à capacidade econômica e à pessoalidade), as normas originalmente contidas nessa seção não se revestem de conteúdo finalístico. Talvez a nomenclatura mais apropriada para designar fielmente o conteúdo das normas destes artigos 145 a 149 da Constituição (até a EC nº 132) não seja exatamente "fundamentos" ou "pontos de partida estruturantes", mas, sim, "competências tributárias dos entes federativos". Com efeito, as normas dos arts. 145 a 149 repartem entre os entes federativos a competência para instituir cada uma das espécies e subespécies tributárias, além de estabelecer os papéis e tarefas reservados à lei complementar – quase todos eles relacionados intimamente com o exercício das competências tributárias, como a tarefa de prevenir e dirimir conflitos de competência e a tarefa de regular as limitações do poder de tributar.

## 3.2 O furor principiológico da Emenda Constitucional nº 132: os novos §§3º e 4º do art. 145 da Constituição

A EC nº 132 alterou a redação de dispositivos da Seção "Dos Princípios Gerais" e lhe introduziu outros. Por um lado, a emenda manteve a tradição de inserir nessa seção normas que não guardam qualquer relação com o nome que designa a seção, como os novos artigos 149-B e 149-C da Constituição, que contêm normas com a estrutura de *regras*,[890] e não de *princípios*:

> Art. 149-B. Os tributos previstos nos arts. 156-A e 195, V, observarão as mesmas regras em relação a:
>
> I - fatos geradores, bases de cálculo, hipóteses de não incidência e sujeitos passivos;
>
> II - imunidades;
>
> III - regimes específicos, diferenciados ou favorecidos de tributação;
>
> IV - regras de não cumulatividade e de creditamento.
>
> Parágrafo único. Os tributos de que trata o *caput* observarão as imunidades previstas no art. 150, VI, não se aplicando a ambos os tributos o disposto no art. 195, § 7º.

> Art. 149-C. O produto da arrecadação do imposto previsto no art. 156-A e da contribuição prevista no art. 195, V, incidentes sobre operações contratadas pela administração pública direta, por autarquias e por fundações públicas, inclusive suas importações, será integralmente destinado ao ente federativo contratante, mediante redução a zero das alíquotas do imposto e da contribuição devidos aos demais entes e equivalente elevação da alíquota do tributo devido ao ente contratante.

---

[890] No sentido de normas que contêm "determinações no âmbito daquilo que é fática e juridicamente possível" – ALEXY, Robert. *Teoria dos Direitos Fundamentais*. Tradução: Virgílio Afonso da Silva. São Paulo: Malheiros, 2008. p. 91.

§ 1º As operações de que trata o *caput* poderão ter alíquotas reduzidas de modo uniforme, nos termos de lei complementar.

§ 2º Lei complementar poderá prever hipóteses em que não se aplicará o disposto no *caput* e no § 1º.

§ 3º Nas importações efetuadas pela administração pública direta, por autarquias e por fundações públicas, o disposto no art. 150, VI, «a», será implementado na forma do disposto no *caput* e no § 1º, assegurada a igualdade de tratamento em relação às aquisições internas.

Aliás, quanto a estes novos artigos 149-B e 149-C, além de não se referirem a *princípios*, tampouco se referem à distribuição de competência tributária entre os entes federativos (matéria regulada pela grande maioria dos dispositivos dessa seção que abrange os artigos 145 a 149 da Constituição). Como constituem regras específicas concernentes ao IBS e à CBS, deveriam ter sido introduzidas nos artigos 156 e 195 da Constituição, e não no artigo 149.

Por outro lado, a EC nº 132, tomada de certo furor principiológico, inseriu de uma vez cinco princípios no dispositivo do novo art. 145, §3º, da Constituição:

Art. 145 (...)
§ 3º O Sistema Tributário Nacional deve observar os princípios da simplicidade, da transparência, da justiça tributária, da cooperação e da defesa do meio ambiente.

Ainda que não tenha sido utilizado o vocábulo *princípio* no dispositivo do art. 145, §4º, nele também se vislumbra um comando com estrutura normativa própria de princípio, e não de regra: "Art. 145 (...) § 4º As alterações na legislação tributária buscarão atenuar efeitos regressivos".

O novo art. 145, §3º, da Constituição foi duramente condenado pelo ex-secretário da Receita Federal Everardo Maciel, que viu nos princípios ali elencados uma "combinação explosiva", que agravará os embates judiciais e a patologia da alta litigiosidade de nosso "colossal" contencioso tributário.[891]

Sergio André Rocha não recebeu o novo art. 145, §3º, com tantas reservas e represensões como Everardo Maciel, mas viu na formulação do dispositivo o risco de que se o considere indevidamente como um "catálogo exaustivo" dos princípios tributários da Constituição de 1988, sugerindo que talvez fosse preferível permanecer com a existência de princípios "mais implícitos do que explícitos". Além disso, o autor sentiu falta da inclusão expressa dos "princípios da segurança jurídica, igualdade e capacidade contributiva" no catálogo de princípios do art. 145, §3º, da Constituição.[892]

---

[891] MACIEL, Everardo. Tributação e a guerra das palavras. *Blog do Noblat*, Metrópoles, 5 out. 2023. Disponível em: https://www.metropoles.com/blog-do-noblat/artigos/tributacao-e-a-guerra-das-palavras-por-everardo-maciel. Acesso em: 12 fev. 2024.

[892] ROCHA, Sergio André. Reforma tributária e princípios do Sistema Tributário Nacional. *Consultor Jurídico*, 14 ago. 2023. Disponível em: https://www.conjur.com.br/2023-ago-14/justica-tributaria-reforma-tributaria-principios-sistema-tributario-nacional/. Acesso em: 12 fev. 2024.

Sobre o novo princípio da justiça tributária, Sergio André afirma:[893]

> Justiça tributária é outro princípio – ou valor – constitucional que já orienta o Sistema Tributário Nacional. Assim como a transparência, são muitas e distintas as suas consequências. Pode-se estabelecer, de forma simplificada, que a justiça tributária demanda que a carga financeira da arrecadação tributária seja distribuída de forma justa entre os cidadãos, que aqueles que manifestem capacidade econômica efetivamente recolham os tributos devidos, e que ninguém seja demandado a pagar tributos fora das situações previstas na Constituição e nas leis infraconstitucionais. De toda forma, faz sentido a menção à justiça tributária.

Não parece haver dúvidas de que "a justiça tributária já orienta o Sistema Tributário Nacional" desde a promulgação da Constituição de 1988. Mas, então, qual é o sentido e quais são as consequências dessa norma introduzida pela EC nº 132, segundo a qual o Sistema Tributário Nacional deve observar o *princípio da justiça tributária*? Uma explicitação didática de algo já implícito? Trata-se de uma alteração normativa retórica sem efeitos jurídicos concretos?

## 3.3 A justiça tributária como *valor*, e não como *princípio*: a teoria de Ricardo Lobo Torres

Para Ricardo Lobo Torres, o direito relaciona-se intimamente com a ética. Com essa afirmação, o autor naturalmente não está *equiparando* direito e ética nem querendo dizer que os indivíduos devem cumprir deveres ou sanções no plano jurídico por força da aplicação de normas éticas. A relação íntima entre direito e ética se dá não no plano do julgamento da conduta individual, mas no "plano normativo abstrato".[894]

Segundo o autor, *valores* éticos, como liberdade e justiça, são também as "ideias básicas do direito".[895] Esses valores, assim como os direitos fundamentais, não surgem originariamente com a Constituição: o que a Constituição opera é sua concretização ou especificação em "princípios e regras de direito".[896] A justiça, portanto, é situada pelo autor no plano dos valores (ao mesmo tempo jurídicos e morais),[897] e não no plano dos princípios jurídicos.

---

[893] ROCHA, Sergio André. Reforma tributária e princípios do Sistema Tributário Nacional. *Consultor Jurídico*, 14 ago. 2023. Disponível em: https://www.conjur.com.br/2023-ago-14/justica-tributaria-reforma-tributaria-principios-sistema-tributario-nacional/. Acesso em: 12 fev. 2024.
[894] TORRES, Ricardo Lobo. *Tratado de Direito Constitucional Financeiro e Tributário – Volume II*. Valores e Princípios Constitucionais Tributários. Rio de Janeiro: Renovar, 2005. p. 4-5.
[895] TORRES, Ricardo Lobo, *op. cit.*, p. 41.
[896] TORRES, Ricardo Lobo, *op. cit.*, p. 10.
[897] O autor adverte que, em sua teoria, não se estabelecem "diferenças entre os termos ética e moral, que serão tratados como sinônimos". TORRES, Ricardo Lobo, *op. cit.*, p. 3.

Eis a posição desse autor sobre as relações entre valores e princípios, lembrando mais uma vez que a justiça, a liberdade, a segurança jurídica e a solidariedade são por ele consideradas como valores:

> Enquanto os valores são ideias absolutamente abstratas,[898] supraconstitucionais e insuscetíveis de se traduzirem em linguagem constitucional, os princípios se situam no espaço compreendido entre os valores e as regras, exibindo em parte a generalidade e abstração daqueles e a concretude das regras.
>
> Os princípios, de menor generalidade e abstração que os valores, podem ingressar no discurso constitucional, representando um primeiro estágio de concretização dos valores. Mas, se estiverem ausentes da escritura constitucional, nem por isso perderão seus atributos característicos.[899]

A justiça tributária, para o autor, sendo um valor e, portanto, necessariamente abstrata, ganharia "graus de concretude pelos princípios e subprincípios", sendo a capacidade contributiva um de seus princípios maiores.[900] Portanto, Ricardo Lobo Torres considerava *normal* que não existisse em nossa Constituição – tal como era o caso até o advento do art. 145, §3º – uma norma sobre a justiça tributária. O autor vai além e afirma:

> (...) nenhuma eficácia teria a regra constitucional que declarasse imperar a justiça ou a liberdade no país. Os valores jurídicos só adquirem a sua plena determinação e só participam do discurso constitucional através dos princípios e das normas e, em outro plano, pela interpretação.[901]

Ricardo Lobo Torres reconhece que o art. 3º, I, da Constituição de 1988 menciona explicitamente que é objetivo fundamental da República constituir uma "sociedade livre, justa e solidária". Não seria esse um caso em que os valores *liberdade*, *justiça* e *solidariedade* ganham expressamente "dicção constitucional"? O autor não dá o braço a torcer e afirma que esse dispositivo é mera "exortação para o trabalho do legislador",[902] entrando na mesma categoria dos preâmbulos. Eis aqui um dos pontos em que a Constituição de 1988 não se dobra à teoria desse autor.[903]

---

[898] Mas o autor adverte que os valores "não se situam etereamente no mundo das ideias, pois estão em permanente contato com a facticidade". TORRES, Ricardo Lobo, *op. cit.*, p. 49.

[899] TORRES, Ricardo Lobo, *op. cit.*, p. 195.

[900] TORRES, Ricardo Lobo, *op. cit.*, p. 114.

[901] TORRES, Ricardo Lobo, *op. cit.*, p. 49.

[902] TORRES, Ricardo Lobo, *op. cit.*, p. 50.

[903] A teoria de Ricardo Lobo Torres sobre o mínimo existencial encontra muitas dificuldades para se compatibilizar com a Constituição de 1988, sendo que, por vezes, o próprio autor acaba inadvertidamente reconhecendo essa realidade – GODOI, Marciano Seabra de; FURMAN, Melody Araújo Pinto. Apontamentos sobre o direito ao mínimo existencial na obra de Ricardo Lobo Torres. In: ROCHA, Sergio André; TORRES, Silvia Faber. *Direito Financeiro e Tributário na obra de Ricardo Lobo Torres*. Belo Horizonte: Arraes, 2020. p. 332-333.

De todo modo, o fato de haver no texto constitucional esparsas referências à justiça, liberdade, segurança e solidariedade não prejudica o raciocínio do autor segundo o qual essas noções têm altíssimo grau de abstração e adquirirão concretude somente com a enunciação de princípios e regras, seja no texto constitucional, seja fora dele.

Especificamente quanto ao valor *justiça tributária*, Ricardo Lobo Torres o considera um caso de justiça distributiva, que se concretiza como justiça contributiva e ganha concretude nos seguintes princípios (alguns constitucionais, outros não): capacidade contributiva (que, segundo o autor, seria aplicável somente aos impostos e se desdobraria em vários subprincípios), custo-benefício (aplicável às taxas e contribuições de melhoria), distribuição de rendas e desenvolvimento econômico, poluidor-pagador e consumidor-pagador, incidência do tributo sobre atividades ilícitas que possuem consistência econômica (*non olet*), ajustes de preços de transferência (aos quais o autor se refere como *arm's length*) e equidade.[904]

## 3.4 Qual o sentido e quais as consequências da norma segundo a qual o Sistema Tributário Nacional deve observar o *princípio da justiça tributária*?

Se seguíssemos à risca as afirmativas de Ricardo Lobo Torres de que a justiça tributária não se coaduna com, ou é insuscetível de "dicção constitucional",[905] e de que "nenhuma eficácia teria a regra constitucional que declarasse imperar a justiça ou a liberdade no país",[906] teríamos de concluir que é inútil a nova norma, introduzida pela EC nº 132, segundo a qual o Sistema Tributário Nacional deve observar o *princípio da justiça tributária*.

Mas já se observou que a Constituição de 1988, em alguns pontos, não se deixa encaixar nas premissas teóricas de Ricardo Lobo Torres. Além disso, o Poder Judiciário brasileiro, em geral, e o Supremo Tribunal Federal, em particular, costumam ter uma interpretação da Constituição que lhes reserva um papel muito mais ativo e desenvolto do que o papel do Poder Judiciário pressuposto na obra de Lobo Torres, bastando dizer que dificilmente um ministro ou ministra do STF concordaria com sua afirmação de que o artigo 3º da Constituição brasileira é norma meramente "programática e exortativa para o trabalho do legislador".[907]

Sendo assim, não se pode considerar inútil ou despicienda a norma do art. 145, §3º, da Constituição, que ordena que o Sistema Tributário Nacional deve observar o princípio da justiça tributária. De um ponto de vista meramente semântico e sistemático, a norma de que o Sistema Tributário Nacional deve observar o princípio

---

[904] TORRES, Ricardo Lobo, *Tratado de Direito Constitucional Financeiro e Tributário – Volume II*. Valores e Princípios Constitucionais Tributários. Rio de Janeiro: Renovar, 2005. p. 287-397.
[905] TORRES, Ricardo Lobo, *op. cit.*, p. 114.
[906] TORRES, Ricardo Lobo, *op. cit.*, p. 49.
[907] TORRES, Ricardo Lobo, *op. cit.*, p. 50.

da justiça tributária de fato parece ser excessivamente abstrata (pois não define ou especifica o conteúdo da justiça tributária) e simplesmente explicitar algo que já era implícito (alguém defenderia que, antes da EC nº 132, o Sistema Tributário Nacional não devia obediência à justiça tributária?). Mas, de um ponto de vista pragmático e contextual, uma consequência palpável da adoção desse novo princípio de justiça tributária (mesmo que não tenha sido essa a intenção dos deputados e senadores que aprovaram a EC nº 132) pode ser a abertura ao Poder Judiciário (especialmente ao STF) de mais espaço na jurisdição constitucional para interferir na política tributária do Executivo e do Legislativo, seja para bloquear determinadas medidas, seja para impelir o Legislativo a produzir normas reclamadas expressamente pela Constituição, cuja ausência provoca sérios déficits e distorções de justiça distributiva quanto aos ônus dos tributos.[908]

## 3.5 Os princípios da simplicidade, da transparência, da cooperação e da defesa do meio ambiente

Como afirma Hugo de Brito Machado Segundo, as normas dos dois parágrafos inseridos pela EC nº 132 no art. 145 "veiculam típicos mandamentos de otimização, ou normas que determinam a promoção de fins, objetivos, propósitos, metas ou um 'estado ideal de coisas', sem indicar os meios a tanto necessários". Outro aspecto importante identificado pelo autor cearense é que o legislador responsável por observar os princípios mencionados nos §§3º e 4º do art. 145 da Constituição deve estar atento para a necessidade de sua conciliação ou mútua limitação. Com efeito, medidas de simplicidade e simplificação podem eventualmente conflitar com a justiça tributária e a atenuação de efeitos regressivos da tributação; a defesa do meio ambiente por meio de normas tributárias também pode eventualmente conflitar com medidas de combate à regressividade da carga tributária.[909]

Quanto ao princípio da defesa do meio ambiente, não há dúvida de que, mesmo antes da EC nº 132, o Sistema Tributário Nacional deveria observá-lo. A proteção do meio ambiente desde a redação originária da Constituição de 1988 constitui um dos princípios da ordem econômica (art. 170, IV, da Constituição) e, em 2003, a Emenda Constitucional nº 42 deixou explícito que esse princípio inclui o "tratamento diferenciado conforme o impacto ambiental dos produtos e serviços e de seus processos de elaboração e prestação", sendo natural que o tratamento *tributário* seja uma das principais formas de realizar esse objetivo. Em diversas normas da EC nº 132, há comandos explícitos e específicos no sentido de que a proteção do meio ambiente seja um propósito a ser buscado pelas normas tributárias.[910] Nesse sentido,

---

[908] Vide STF, Ação Direta de Inconstitucionalidade por Omissão nº 67, Relator Ministro Dias Toffoli, *DJ*, 29 jun. 2022.

[909] MACHADO SEGUNDO, Hugo de Brito. *Reforma Tributária comentada e comparada – Emenda Constitucional 132, de 20 de dezembro de 2023*. São Paulo: Atlas, 2024. Posição 18 de 277.

[910] Eis alguns exemplos: a criação do imposto seletivo destinado a incidir sobre bens e serviços prejudiciais à saúde ou ao meio ambiente (art. 153, VIII); a previsão de alíquotas do IPVA diferenciadas em função do impacto ambiental (art. 155, §6º, II).

o novo §3º do art. 145, ao mencionar o princípio da proteção do meio ambiente, simplesmente explicita topograficamente no texto constitucional relativo ao Sistema Tributário Nacional um critério de justiça tributária já implicitamente previsto nas normas constitucionais reguladoras da ordem econômica (art. 170, IV, da Constituição).

O princípio da cooperação ordena que, na maior medida possível dentro das possibilidades fáticas e jurídicas existentes,[911] a relação entre os contribuintes e a administração tributária seja construída não numa lógica adversarial, e sim em bases de confiança mútua, proteção da segurança e valorização das condutas de cooperação. Trata-se de um princípio desenvolvido há muitas décadas no âmbito do direito comparado a partir de orientações e pesquisas desenvolvidas por organismos internacionais.[912] No Brasil, programas de *compliance* tributário cooperativo já são desenvolvidos com bons resultados há vários anos,[913] valendo citar o Programa Nos Conformes, do estado de São Paulo;[914] o Programa Contribuinte Pai d'Égua, do estado do Ceará;[915] e o Programa-Piloto de Conformidade Cooperativa Fiscal - Confia, da Secretaria Especial da Receita Federal do Brasil.[916]

O princípio da simplicidade tributária prescreve que as obrigações tributárias principais – e, especialmente, os deveres tributários acessórios – tenham o conteúdo mais simples possível, naturalmente dentro das possibilidades fáticas e jurídicas existentes no ordenamento. Em agosto de 2023, portanto, ainda antes da promulgação da Emenda Constitucional nº 132, a Lei Complementar nº 199 instituiu o Estatuto Nacional de Simplificação de Obrigações Tributárias Acessórias, "com a finalidade de diminuir os custos de cumprimento das obrigações tributárias e de incentivar a conformidade por parte dos contribuintes" (art. 1º). Os objetivos fundamentais desse Estatuto se dirigem à simplificação das obrigações tributárias acessórias, englobando: a emissão unificada de documentos fiscais eletrônicos, a instituição da Nota Fiscal Brasil Eletrônica, as declarações tributárias pré-preenchidas, a facilitação dos meios de pagamento de tributos e contribuições por meio da unificação dos documentos de arrecadação, a unificação e compartilhamento de cadastros e a instituição do Registro Cadastral Unificado. A Lei Complementar nº 199 determinou que as ações de simplificação de obrigações tributárias acessórias serão geridas pelo Comitê Nacional de Simplificação de Obrigações Tributárias Acessórias, que terá como objetivo a automatização da escrituração fiscal de todos os tributos, com mínima intervenção do contribuinte, gerada a partir dos documentos fiscais eletrônicos por

---

[911] ALEXY, Robert. *Teoria dos Direitos Fundamentais*. Tradução: Virgílio Afonso da Silva. São Paulo: Malheiros, 2008. p. 90.

[912] MARTINHO, Jorge Eduardo de Souza. Compliance tributário no mundo e a experiência brasileira – Estudos baseados na teoria do contrato fiscal, na cultura tributária e na moral tributária. Belo Horizonte: Arraes, 2023.

[913] MARTINHO, Jorge Eduardo de Souza. Os programas brasileiros de compliance tributário sob a perspectiva da isonomia enquanto direito fundamental. *Revista Direito Tributário Atual*, São Paulo, vol. 46, 3º quadrimestre 2020, p. 236-262.

[914] Informações disponíveis em: https://portal.fazenda.sp.gov.br/servicos/nosconformes. Acesso em: 29 out. 2024.

[915] Informações disponíveis em: https://www.sefaz.ce.gov.br/pai-degua/. Acesso em: 29 out. 2024.

[916] Vide RECEITA FEDERAL DO BRASIL, Portaria nº 387, 13 de dezembro de 2023.

ele emitidos. Cabe também registrar que a Emenda Constitucional nº 132 dispôs que os critérios para definição das obrigações tributárias acessórias do IBS devem visar à "simplificação" (art. 156-A, §5º, IX).

O princípio da transparência e sua aplicação ao direito financeiro e tributário naturalmente não ingressaram na Constituição de 1988 somente com o advento da Emenda Constitucional nº 132.[917] A transparência ordena que "a atividade financeira deve se desenvolver segundo os ditames da clareza, abertura e simplicidade", dirigindo-se tanto ao contribuinte quanto ao poder público, devendo inspirar "a elaboração do orçamento, o controle das renúncias de receita, a gestão orçamentária, a declaração de direitos do contribuinte e o combate à corrupção".[918] A nova tributação do consumo desenhada pelo imposto sobre bens e serviços de competência compartilhada entre estados, Distrito Federal e municípios pretende ser um divisor de águas em relação à transparência da carga tributária indireta no Brasil, superando o quadro atual, em que as alíquotas e bases de cálculo do ICMS aplicáveis aos grandes contribuintes são previstas em milhares de regimes especiais casuístas e opacos, e não em disposições legais dotadas de generalidade e publicidade, o que acabou tornando letra-morta o art. 150, §5º, da Constituição e sua acanhada legislação regulamentadora.[919]

Um marco importante quanto ao princípio da transparência foi a aprovação da Lei Complementar nº 187/2021, que alterou o art. 198 do Código Tributário Nacional para dispor expressamente que "não é vedada" a divulgação de informações relativas a "incentivo, renúncia, benefício ou imunidade de natureza tributária cujo beneficiário seja pessoa jurídica". Colocando essa norma em prática, o secretário especial da Receita Federal do Brasil editou a Portaria nº 319/2023, que instituiu uma política de transparência ativa sobre tais informações. Nos diversos anexos de tal portaria, há informações qualitativas e quantitativas detalhadas sobre os incentivos, renúncias, benefícios ou imunidades de natureza tributária cujo beneficiário seja pessoa jurídica.[920]

---

[917] GODOI, Marciano Seabra de. Transparencia y participación ciudadana en la política fiscal de la federación brasileña: estado actual, *Revista Debates de Derecho Tributario y Financiero*, Buenos Aires, ano 4, vol. 10, abr. 2024, p. 340-372.

[918] TORRES, Ricardo Lobo. *Tratado de Direito Constitucional Financeiro e Tributário – Volume II*. Valores e Princípios Constitucionais Tributários. Rio de Janeiro: Renovar, 2005. p. 243-251.

[919] O art. 150, §5º, da Constituição dispõe que "A lei determinará medidas para que os consumidores sejam esclarecidos acerca dos impostos que incidam sobre mercadorias e serviços". A lei responsável por executar essa tarefa – Lei nº 12.741/2012, editada somente 24 anos após a promulgação da Constituição – não logrou definir mecanismos que efetivamente tornem transparente para o consumidor final o peso dos tributos que oneram o seu consumo. Além disso, a Lei nº 12.741/2012 não é fiscalizada nem pelas administrações tributárias nem pelos órgãos de defesa do consumidor – cf. CAVALCANTE, Denise Lucena; HOLANDA, Fábio Campelo Conrado de. Relações de consumo e transparência fiscal: o descaso em relação à Lei nº 12.741/2012. *Revista de Direito Internacional Econômico e Tributário*, vol. 12, n. 1, 2017, p. 246-260; DIAS, Nélia Carolina Silva. *Transparência tributária nas relações de consumo e a Lei nº 12.741/2012*. Dissertação de mestrado apresentada ao Programa de Pós-graduação em Direito da Pontifícia Universidade Católica de Minas Gerais, Belo Horizonte, 2019.

[920] Informações disponíveis em: https://www.gov.br/receitafederal/pt-br/centrais-de-conteudo/planilhas/beneficios-e-renuncias-fiscais. Acesso em: 31 out. 2024.

## 3.6 A atenuação de efeitos regressivos da carga tributária

O novo §4º do art. 145 da Constituição é, sem dúvida, uma norma concretizadora da justiça tributária. Determinar que "as alterações na legislação tributária buscarão atenuar efeitos regressivos" significa fixar um critério de justiça distributiva para as futuras normas tributárias a serem formuladas pelos legisladores de todos os entes políticos, a partir do reconhecimento, agora do próprio texto constitucional, de que o ordenamento tributário conformado nesses mais de 35 anos de vigência da Constituição de 1988 atingiu um acentuado grau de regressividade, intensificando – e não mitigando, como seria de se esperar num Estado Democrático de Direito – a altíssima concentração de renda e riqueza na sociedade brasileira.[921]

A regressividade da tributação brasileira nunca foi uma escolha do sistema tributário tal como desenhado na Constituição, e sim uma decorrência das concretas decisões dos legisladores e do Poder Executivo das três esferas da federação nesses mais de 35 anos de vigência da Constituição.[922]

A EC nº 132 determina que, tanto com relação ao IBS quanto com relação à CBS, uma lei complementar disponha sobre "as hipóteses de devolução do imposto a pessoas físicas, inclusive os limites e os beneficiários, com o objetivo de reduzir as desigualdades de renda" (artigo 156-A, §5º, VIII e art. 195, §18). No caso do IBS, essa devolução "será obrigatória nas operações de fornecimento de energia elétrica e de gás liquefeito de petróleo ao consumidor de baixa renda, podendo a lei complementar determinar que seja calculada e concedida no momento da cobrança da operação" (artigo 156-A, §13). A Lei Complementar nº 214, de 16 de janeiro de 2025, regulou a "devolução personalizada do IBS e da CBS" em seus artigos 112 a 124.

Essa devolução do imposto a determinada categoria de pessoas físicas constitui uma medida claramente orientada à atenuação de efeitos regressivos da tributação, não existente na legislação complementar do ICMS. Na sistemática inicialmente imaginada pelos proponentes (PEC nº 45/2019) da nova tributação do consumo, a alíquota do IVA seria única e, para remediar ou anular os efeitos do aumento da carga tributária que isso provocaria em relação a itens de consumo básico e essencial (vários deles atualmente tributados com alíquotas reduzidas no âmbito do ICMS), essa devolução (ou *cashback*) seria destinada à população de baixa renda. Mas, como era de se esperar, na tramitação da emenda constitucional perdeu-se completamente a ideia de uma alíquota única, tendo surgido em seu lugar um sistema complexo, em que o *cashback* convive – tanto no IBS quanto na CBS – com cestas de produtos

---

[921] Cf. GODOI, Marciano Seabra de. Concentração de renda e riqueza e mobilidade social: a persistente recusa da política tributária brasileira a reduzir a desigualdade. *Revista de Informação Legislativa: RIL*, Brasília, DF, v. 59, n. 235, p. 61-74, jul./set. 2022. Disponível em: https://www12.senado.leg.br/ril/edicoes/59/235/ril_v59_n235_p61. Acesso em: 13 fev. 2024.

[922] Cf. GODOI, Marciano Seabra de. Nosso sistema tributário é *ótimo*. *Ótimo* para os interesses daqueles contribuintes que têm poder suficiente para definir as *regras concretas* de nosso sistema tributário. *In*: XAVIER, Bianca Ramos *et al.* (orgs.). *Estado, Igualdade e Justiça – Estudos em Homenagem ao Professor Ricardo Lodi*. Rio de Janeiro: Lumen Juris, 2022. p. 261-270.

e serviços com alíquota zero, isentos, com redução de 100%, 60% e 30% da alíquota de referência (arts. 8º e 9º da EC nº 132).

Outra novidade bastante relevante da EC nº 132 em termos de *justiça tributária* é a norma segundo a qual os regimes de alíquota reduzida ou de isenção do IBS e da CBS devem ser "submetidos a avaliação quinquenal de custo-benefício, podendo a lei fixar regime de transição para a alíquota padrão (...)", devendo tal avaliação quinquenal examinar o impacto da legislação do IBS e da CBS "na promoção da igualdade entre homens e mulheres" (art. 9º, §§10 e 11, da EC nº 132). Essa norma concretiza, ao mesmo tempo, a justiça tributária, a redução de regressividade, a igualdade e a transparência, mas pode acabar "não pegando", como ocorreu com o art. 4º da EC nº 109/2021, segundo a qual uma lei complementar deve fixar "critérios objetivos, metas de desempenho e procedimentos para a concessão e a alteração de incentivo ou benefício de natureza tributária, financeira ou creditícia para pessoas jurídicas do qual decorra diminuição de receita ou aumento de despesa" e regras para a avaliação periódica obrigatória dos impactos econômicos e sociais dos incentivos ou benefícios tributários, "com divulgação irrestrita dos respectivos resultados". Passados mais de três anos desde esse comando específico da EC nº 109, não há qualquer sinal de que a lei complementar por ela exigida será aprovada pelo Congresso Nacional.

A avaliação quinquenal da eficiência, eficácia e efetividade do IBS, da CBS e do Imposto Seletivo enquanto políticas sociais, ambientais e de desenvolvimento econômico é regulada nos artigos 475 e 476 da Lei Complementar nº 214, de 16 de janeiro de 2025.

CAPÍTULO 4

# LIMITAÇÕES DO PODER DE TRIBUTAR

## 4.1 Limitações constitucionais do poder de tributar no direito brasileiro. Plano de estudo

Nenhum outro país do mundo se compara ao Brasil no que diz respeito à quantidade de normas sobre limitações do poder de tributar incluídas no texto constitucional. Examinando a Carta de 1967 com as alterações da Emenda Constitucional nº 1/1969, Aliomar Baleeiro identificou nada menos do que 25 normas das quais decorreriam *limitações ao poder de tributar*.[923] Nesta identificação, Aliomar Baleeiro tinha em mente um conceito amplo de limitações constitucionais do poder de tributar, que englobava normas sobre direitos individuais (como a legalidade tributária, por exemplo), normas sobre divisão da competência tributária entre os entes federativos e normas específicas sobre determinados impostos (como a norma da não cumulatividade, por exemplo).

Com a Constituição de 1988, a matéria tributária ganhou ainda mais destaque, complexidade e extensão. As disposições sobre matéria tributária não foram incluídas, como se fazia nas constituições anteriores, no título dedicado à Organização do Estado. Dedicou-se um título exclusivo do texto constitucional para tratar *Da Tributação e do Orçamento* (Título VI, arts. 145 a 169), dividido em dois capítulos: um sobre o sistema tributário nacional e outro sobre as finanças públicas. Em 1988, a expressão até então de âmbito doutrinário "limitações do poder de tributar" foi levada ao próprio texto constitucional, dando nome à Seção II (arts. 150 a 152) do capítulo dedicado ao Sistema Tributário Nacional.

Pode-se desenvolver didaticamente o tema das limitações do poder de tributar segundo uma abordagem ampla ou uma abordagem restrita. Na abordagem ampla, por limitações do poder de tributar se entendem todas as normas constitucionais (previstas não só no capítulo do Sistema Tributário Nacional, mas também em outras partes do texto constitucional) ou infraconstitucionais que estabelecem algum tipo

---

[923] BALEEIRO, Aliomar. *Limitações constitucionais ao poder de tributar*. 8. ed. atual. por Misabel Abreu Machado Derzi. Rio de Janeiro: Forense, 2010. p. 24-27.

de balizamento ou limitação da prerrogativa estatal de instituir e cobrar tributos. Na abordagem restrita, por limitações do poder de tributar se entendem especificamente as vedações previstas nos arts. 150 a 152 da Constituição de 1988, dispositivos contidos na seção denominada exatamente de "limitações do poder de tributar".

Utilizaremos nesta seção a abordagem restrita, limitando nossa análise às normas dos arts. 150 a 152 do texto constitucional, visto que as normas que não estão previstas nesses artigos, mas que constituem limitações do poder de tributar no sentido amplo antes mencionado, já são tratadas em outras partes deste *Curso*, como a destinada ao tema da competência tributária e sua divisão entre os entes federativos.

Em primeiro lugar, trataremos das clássicas vedações relacionadas à legalidade, igualdade, irretroatividade, anterioridade, não confisco e tributação interestadual ou intermunicipal limitadora do tráfego de pessoas ou bens no território nacional (art. 150, I a V, da Constituição). Em seguida, analisaremos cada uma das imunidades tributárias, tanto as previstas no art. 150, VI, da Constituição quanto as previstas em outros dispositivos do texto constitucional. Finalmente, trataremos das demais normas elencadas nos arts. 150 a 152 da Constituição.

## 4.2 Legalidade e tipicidade[924]

A legalidade tributária é a exigência de que os tributos sejam criados e regulados por *lei*, no sentido de um ato formalmente emanado do Poder Legislativo. Já o conceito de tipicidade tributária remete ao sentido em que se há de interpretar o verbo "estabelecer" contido no art. 150, I, da Constituição de 1988, que veda aos entes federativos "exigir ou aumentar tributo sem lei que o estabeleça".

A tipicidade significa que a lei que estabelece a exigência do tributo não pode ser lacônica nem genérica. O art. 97 do Código Tributário Nacional, detalhando ou desdobrando a norma do referido art. 150, I, da Constituição, estabelece que a própria lei (e não um ato infralegal que atue por delegação do legislador) deve *definir* concretamente o sujeito passivo e o fato gerador do tributo, bem como *fixar* sua forma de cálculo (o que implica, em geral, o estabelecimento pela lei de bases de cálculo e alíquotas). Portanto, os elementos da obrigação tributária devem ser *definidos pela própria lei*. O legislador não pode simplesmente *autorizar* a cobrança de um tributo e deixar que seus elementos sejam fixados por ato do Poder Executivo.

Mas a tipicidade ainda significa algo mais do que isso. Significa que a lei deve definir os principais aspectos do tributo com um grau satisfatório de *precisão* e *concretude*, sem recorrer a conceitos vagos e sem dar margem à discricionariedade administrativa na cobrança do tributo.

A jurisprudência do Supremo Tribunal Federal reconhece essa exigência de precisão e concretude na definição dos elementos do tributo como um aspecto

---

[924] Esta seção corresponde a uma versão didática, com acréscimos e atualizações, do artigo "O quê e o porquê da tipicidade tributária" de Marciano Seabra de Godoi (*In*: RIBEIRO, Ricardo Lodi; ROCHA, Sergio André (coords.). *Legalidade e tipicidade no direito tributário*. São Paulo: Quartier Latin, 2008. p. 72-99).

particular do princípio da legalidade tributária.[925] Na Medida Cautelar na Ação Direta de Inconstitucionalidade nº 2.247,[926] discutia-se a constitucionalidade de uma taxa instituída por portaria do Ministério do Meio Ambiente. A cautelar foi concedida à unanimidade, com fundamento na legalidade tributária (art. 150, I, da Constituição), que impede que uma taxa seja criada por ato infralegal. Mas no voto do relator há ainda outro argumento, que remete ao conceito de tipicidade e indica a necessidade de a lei tributária manejar conceitos precisos e concretos na definição do fato gerador: "Ressalte-se, ainda, que a utilização de expressões vagas como 'outras espécies' e 'outros aquáticos' [...] gera caracterização imprecisa das atividades ensejadoras da cobrança da taxa, [...] incompatível com a legalidade tributária".

Uma consequência da tipicidade tributária é a impossibilidade de aplicar a *analogia* para exigir tributo não previsto em lei (art. 108, §1º, do CTN). Outra consequência é a impossibilidade de *discricionariedade* administrativa no âmbito da aplicação das normas que definem as obrigações tributárias, daí o CTN definir que o tributo será cobrado "mediante atividade administrativa plenamente vinculada" (art. 3º).

A *legalidade tributária* (art. 150, I, da Constituição), qualificada pela *tipicidade*, tem, portanto, uma conotação mais rígida e exigente do que a legalidade genérica estabelecida no art. 5º, II, da Constituição ("ninguém será obrigado a fazer ou deixar de fazer alguma coisa senão em virtude de lei"). *Precisão, delimitação conceitual* e *impossibilidade de delegação a atos infralegais* são os elementos da legalidade tributária qualificada pela tipicidade, mas não da legalidade genérica do art. 5º, II, da Constituição.

A legalidade tributária, determinando que os tributos sejam estabelecidos por atos do Poder Legislativo, tem uma clara relação com o princípio democrático. Trata-se de fornecer legitimidade ao dever de pagar tributos, no sentido de que o povo tributa a si mesmo, visto que seus representantes eleitos (e não a Administração ou os tribunais) são os responsáveis pela definição qualitativa e quantitativa dos encargos tributários.

A tipicidade, exigindo que o estabelecimento dos tributos por parte do legislador contemple as características de *exaustividade, precisão* e *impossibilidade de delegação a atos infralegais*, se justifica fundamentalmente por questões de certeza e de segurança jurídica. Além de reforçar e dar substância ao princípio democrático (impedindo que a legalidade se corrompa numa simples autorização legal de cobrança de tributos), a tipicidade existe para elevar a um grau qualificado a certeza e a segurança jurídica no âmbito do direito tributário.

Vale esclarecer que esse sentido de *tipicidade*, apesar de oriundo da doutrina alemã, é de signo oposto ao conceito de *tipo* (ou *raciocínio por tipos*) também manejado pela doutrina alemã.[927] Enquanto no direito penal latino-americano a palavra alemã

---

[925] Sobre a legalidade tributária e a jurisprudência do STF, cf. SCHOUERI, Luís Eduardo; FERREIRA, Diogo Olm; LUZ, Victor Lyra Guimarães, *Legalidade Tributária e o Supremo Tribunal Federal*. São Paulo: IBDT, 2021.

[926] STF, ADI-MC nº 2.247, Rel. Min. Ilmar Galvão. *DJ*, 10 nov. 2000.

[927] Cf. DERZI, Misabel de Abreu Machado. *Direito tributário, direito penal e tipo*. São Paulo: Revista dos Tribunais, 1988. p. 113.

*Tatbestand* se traduziu como *tipo* – gerando a confusão terminológica e a falsa correspondência com o termo alemão *Typus* –, no direito tributário o termo *Tatbestand* ganhou outras traduções como *fato imponível, hipótese de incidência* ou simplesmente *fato gerador* (expressão preferida pela legislação brasileira).

Portanto, *tipo penal, tipicidade penal* e *tipicidade tributária* nada têm a ver com o *tipo* ou o *raciocínio tipológico* a que se refere, por exemplo, Karl Larenz. O *tipo* é uma realidade mais ou menos fluida, sem notas necessárias ou suficientes, que aponta para uma noção globalizante e que somente se concretiza com sucessivas aplicações valorativas.[928] Ao contrário disso, o *tipo penal* (de onde vem a expressão *tipicidade penal*) consiste em *conceitos precisos* que podem ser aplicados pelos juízes e tribunais com maior segurança e previsibilidade.

Alguns doutrinadores brasileiros têm uma concepção da tipicidade tributária que vai muito além da descrita anteriormente. Para essa concepção, a tipicidade tributária exige que a lei esgote totalmente qualquer espécie de valoração no que diz respeito à interpretação e aplicação da norma de incidência tributária, devendo os órgãos aplicadores se limitar a uma "pura subsunção lógica dos fatos na norma, independentemente de qualquer *livre* valoração *pessoal*".[929]

Não há dúvida de que a atividade interpretativa e aplicativa do direito não é *livre*, nem *pessoal*, mesmo que não se esteja no campo da tipicidade. O problema é supor que a realidade concreta possa ser qualificada pelo intérprete/aplicador "por mera dedução" lógica da própria lei.

Esses doutrinadores (que podemos chamar de conceitualistas) acreditam que, após interpretar *corretamente* a lei (*descobrindo* seu *verdadeiro* sentido), o intérprete obtém algo como um metro articulado; basta colocar este metro articulado sobre os fatos concretos para, medindo-os segundo os parâmetros objetivamente definidos na lei, operar a subsunção lógica, cujo resultado acredita-se ser a fiel expressão da *vontade da lei* para aquele caso concreto. Essa doutrina conceitualista da aplicação mediante *simples subsunção lógico-dedutiva do fato na lei*, e da vedação de qualquer valoração que escape daquela *completamente exaurida* pelo legislador, simplesmente fala de outro mundo que não aquele em que o direito (o direito tributário ou qualquer outro ramo do direito) é efetivamente interpretado e aplicado.

Há um precedente do STF que demonstra que o princípio da tipicidade tributária não corresponde ao figurino conceitualista mencionado acima. A chamada contribuição do SAT (seguro de acidentes do trabalho) é devida pelas empresas ao INSS, e sua arrecadação se destina a financiar o custeio das indenizações pagas pela seguridade social aos trabalhadores que sofrem acidentes do trabalho. A exação, à época do julgamento do STF, tinha a seguinte estrutura: uma lei ordinária (Lei nº 8.212/91, art. 22, II) instituía a base de cálculo (total da remuneração paga mensalmente pelas empresas aos segurados empregados e avulsos) e três alíquotas (1%, 2% e 3%) que

---

[928] Cf. LARENZ, Karl. *Metodología de la ciencia del derecho*. Tradução de Marcelino Rodríguez Molinero da última edição alemã de 1991. Barcelona: Ariel, 1994. p. 203-221.

[929] Cf. XAVIER, Alberto. Tipicidad y legalidad en el derecho tributario. *Revista de Derecho Financiero y Hacienda Pública*, n. 120, p. 1257-1309, 1975. p. 1278.

eram aplicáveis a "empresas em cuja atividade preponderante" o risco de acidentes do trabalho fosse considerado – por decretos do Poder Executivo – respectivamente *leve, médio* ou *grave*. Ou seja, a lei *por si mesma* não determinava quais as atividades empresariais específicas que se submeteriam a cada uma das três alíquotas: isso ficava a cargo de decretos do Poder Executivo, sendo que o §3º do art. 22 da Lei nº 8.212/91 determinava que tais enquadramentos poderiam ser revistos por decreto, caso as estatísticas viessem a demonstrar, por exemplo, que uma atividade considerada de risco leve vinha apresentando um índice crescente de acidentes do trabalho.

No RE nº 343.446,[930] o Plenário do STF enfrentou a seguinte questão: viola a legalidade/tipicidade tributária (art. 150, I, da Constituição) a delegação da Lei nº 8.212/91 para que decretos promovam o enquadramento e alterações de enquadramento de atividades empresariais específicas em cada uma das alíquotas previstas na lei? O Plenário considerou, à unanimidade, que uma tal delegação não viola a legalidade/tipicidade. O voto do relator rechaçou a alegação de que a Lei nº 8.212/91 (art. 22, II) estivesse concedendo uma "delegação pura" aos decretos. Entendeu-se que pode ser tarefa delegada aos decretos a "aferição dos dados e elementos" concretos da realidade fática, para seu enquadramento naqueles "parâmetros e padrões" necessariamente fixados em lei formal. Depois de afirmar que tanto a base de cálculo quanto a alíquota devem vir determinadas pela própria lei, o relator concluiu:

> Em certos casos, entretanto, a aplicação da lei, no caso concreto, exige a aferição de dados e elementos. Nesses casos, a lei, fixando parâmetros e padrões, comete ao regulamento essa aferição. Não há falar, em casos assim, em delegação pura, que é ofensiva ao princípio da legalidade genérica (CF, art. 5º, II) e da legalidade tributária (CF, art. 150, I).

O decidido no RE nº 343.446 constitui uma peremptória negação da visão conceitualista da "reserva absoluta de lei formal" ou "tipicidade fechada", segundo a qual o legislador deve descrever os elementos da obrigação tributária com *total precisão*, esgotando *definitivamente* todas as valorações da realidade, o que reduziria o papel dos decretos e dos intérpretes/aplicadores a um mero mecanismo de subsunção lógico-dedutiva.

Mesmo que a norma de incidência tributária oriunda do Legislativo defina ela própria os elementos do tributo sem delegar tal tarefa ao Poder Executivo; mesmo que seja redigida sem o auxílio de conceitos vagos e não permita a discricionariedade administrativa no procedimento de fiscalização e cobrança do tributo, ainda assim não será possível subsumir fatos a normas por *simples dedução lógica* e sem qualquer valoração da realidade que não seja aquela "definitivamente"[931] realizada pelo legislador na estipulação do texto legal.

---

[930] STF, RE nº 343.446, Rel. Min. Velloso. *DJ*, 4 abr. 2003.

[931] XAVIER, Alberto. Tipicidad y legalidad en el derecho tributario. *Revista de Derecho Financiero y Hacienda Pública*, n. 120, p. 1257-1309, 1975. p. 1303.

### 4.2.1 Art. 150, §6º, da Constituição – Uma limitação ao poder de não tributar

A vedação de exigir ou aumentar tributo sem lei que o estabeleça (legalidade especificamente *tributária*) não é uma novidade da Constituição de 1988 (art. 150, I). Essa norma já constava expressamente da redação original da Carta de 1967 (arts. 20, I, e 150, §29) e de sua redação modificada pela Emenda Constitucional nº 1/1969 (arts. 19, I, e 153, §29). A legalidade tributária também figurava expressamente nos textos constitucionais anteriores.[932]

Mas a norma do art. 150, §6º, da Constituição de 1988 representou uma novidade. Em sua redação original, o dispositivo determinava que "qualquer anistia ou remissão que envolva matéria tributária ou previdenciária só poderá ser concedida através de lei específica, federal, estadual ou municipal". Em 1993, a vedação foi ampliada, e o dispositivo passou a dispor o seguinte:

> qualquer subsídio ou isenção, redução de base de cálculo, concessão de crédito presumido, anistia ou remissão, relativos a impostos, taxas ou contribuições, só poderá ser concedido mediante lei específica, federal, estadual ou municipal, que regule exclusivamente as matérias acima enumeradas ou o correspondente tributo ou contribuição, sem prejuízo do disposto no art. 155, §2º, XII.

Aliomar Baleeiro já mencionava a existência de limitações que se endereçam ao *poder de não tributar*,[933] e esse dispositivo do art. 150, §6º, se insere exatamente nesta linha de vedações, do mesmo modo que o previsto no art. 151, III, da Constituição, que veda à União instituir isenções de tributos de competência de outros entes federativos.

O objetivo do art. 150, §6º, é duplo: por um lado, ao deixar expresso que a reserva de lei formal também se aplica ao exercício do poder de não tributar em suas mais diversas formas e modalidades, impede que o legislador delegue à discricionariedade do Poder Executivo a tarefa de conceder desonerações tributárias. Por outro lado, impede que o legislador insira normas de exoneração tributária em leis que tratam de outros temas. O Ex-Ministro do STF Nelson Jobim, que foi também deputado federal constituinte, observou que a norma do art. 150, §6º, visou combater o hábito do parlamento brasileiro de "introduzir em qualquer tipo de lei um art. específico concedendo anistia ou isenção, que servia inclusive no processo de negociação legislativa como instrumento de coação ou de barganha".[934]

A literalidade do art. 150, §6º, indica a necessidade de a desoneração tributária ser veiculada por lei específica, que regule *exclusivamente* o tema da desoneração ou do imposto abrangido por esta. A jurisprudência do STF, contudo, flexibilizou

---

[932] BALEEIRO, Aliomar. *Limitações constitucionais ao poder de tributar*. 8. ed. atual. por Misabel Abreu Machado Derzi. Rio de Janeiro: Forense, 2010. p. 81-84.

[933] BALEEIRO, Aliomar. *Limitações constitucionais ao poder de tributar*. 8. ed. atual. por Misabel Abreu Machado Derzi. Rio de Janeiro: Forense, 2010. p. 3.

[934] STF, ADI nº 155, Relator Ministro Octávio Gallotti, *DJ*, fl. 130, 8 set. 2000.

consideravelmente essa exigência. Segundo essa jurisprudência, que se desvia da literalidade do texto constitucional, não é necessário que a lei regule *exclusivamente* a desoneração tributária; basta que o tema da desoneração tributária se ache "inter-relacionado ao objetivo da lei" para que se considere "atendido o requisito da especificidade".[935] Num precedente de 2011, o STF voltou a decidir que o dispositivo constitucional não exige que a matéria da desoneração seja o assunto exclusivo de uma lei, bastando que exista alguma pertinência entre a desoneração e o tema da lei, e que a desoneração não tenha sido camuflada no texto legal, passando despercebida durante os debates parlamentares.[936]

Em 2015, o Plenário do STF decidiu que é inconstitucional (por violação do devido processo legislativo e do princípio democrático) a tradicional prática de inserir, mediante emenda parlamentar no processo legislativo de conversão de medida provisória em lei, matérias de conteúdo temático totalmente estranho ao objeto originário da medida provisória.[937] Como essa prática era antiga e tradicional no Poder Legislativo brasileiro, o STF decidiu não declarar a inconstitucionalidade da norma questionada na ADI nº 5.127, e afirmou também que serão mantidas hígidas todas as leis de conversão, fruto dessa prática, promulgadas até a data do julgamento de referida ADI (15.10.2015). Após essa data, emendas parlamentares que introduzam, no texto de medidas provisórias, matérias estranhas a seu objeto provocarão a inconstitucionalidade formal das normas assim criadas. Essa orientação do STF vale também, naturalmente, para as situações, muito comuns, em que parlamentares inserem normas de desoneração tributária no texto de projetos de conversão de medidas provisórias cujo objeto originário nada tem a ver com aquelas normas.

### 4.2.2 A legalidade nos impostos regulatórios

No caso de quatro impostos federais de marcado caráter extrafiscal ou regulatório (impostos sobre a importação, sobre a exportação, sobre produtos industrializados e sobre operações financeiras), a Constituição faculta excepcionalmente ao Poder Executivo alterar suas alíquotas, desde que o faça nas condições e limites estabelecidos em lei (art. 153, §1º, da Constituição).

Em tese, essa norma constitucional não representaria uma autêntica mitigação da legalidade tributária, pois se prevê a necessidade de as alterações de alíquota pelo Poder Executivo respeitarem as condições e os limites estabelecidos em lei. Contudo, na prática, há uma clara mitigação da legalidade, visto que as condições e os limites estabelecidos por lei são extraordinariamente amplos e vagos.

No caso do IPI, por exemplo, a condição para o Executivo alterar as alíquotas é que isso "se torne necessário" para "atingir os objetivos da política econômica governamental". Nada mais vago. Quanto aos limites de alteração da alíquota fixada

---

[935] STF, ADI nº 1.376, Relator Ministro Ilmar Galvão, Voto do Min. Ilmar Galvão. *DJ*, fl. 180, 31 ago. 2001.
[936] STF, ADI nº 4.033, Relator Ministro Joaquim Barbosa *DJ*, fl. 12-13, 7 fev. 2011.
[937] STF, ADI nº 5.127, Redator do Acórdão Ministro Edson Fachin, *DJ*, 11 maio 2016.

em lei, o Executivo é autorizado a reduzi-la a zero ou aumentá-la em até 30 pontos percentuais (cf. art. 4º do Decreto-Lei nº 1.199/1971).

No caso do imposto sobre a exportação, a condição estabelecida em lei para a alteração de alíquotas por ato do Executivo é simplesmente que a alteração se dê "para atender aos objetivos da política cambial e de comércio exterior". Os limites para a alteração da alíquota fixada em lei são bastante amplos, podendo a alíquota ser zerada ou aumentada em até cinco vezes por ato do Poder Executivo (cf. art. 3º do Decreto-Lei nº 1.578/1977).

No regime constitucional anterior, a faculdade outorgada ao Executivo abrangia a alteração também das bases de cálculo de referidos impostos; portanto a Constituição de 1988 reduziu em alguma medida o âmbito de mitigação da legalidade tributária. O imposto sobre operações financeiras (IOF), que abrange as operações de crédito, seguro, câmbio e relativas a títulos e valores mobiliários, não constava do rol de impostos cuja alteração da base de cálculo e da alíquota a Carta de 1967/69 facultara ao Poder Executivo.

No RE nº 225.602,[938] o STF decidiu à unanimidade que as condições e os limites em que o Executivo pode alterar as alíquotas dos impostos regulatórios podem ser definidos por lei ordinária, não havendo necessidade de lei complementar para tal definição.

A jurisprudência do STF, interpretando o art. 153, §1º, da Constituição, considera que o decreto presidencial não é a única via pela qual o Poder Executivo pode alterar as alíquotas dos impostos acima mencionados. No RE nº 570.680,[939] decidiu-se por maioria que é constitucional a norma do Decreto nº 3.756/2001 que atribuía à Câmara de Comércio Exterior (Camex), órgão vinculado ao Ministério da Indústria e Comércio Exterior, poderes para alterar as alíquotas do imposto de exportação, respeitados os limites e condições estabelecidos no Decreto-Lei nº 1.598/1977.

### 4.2.3 Legalidade tributária e medidas provisórias

A Constituição de 1988 deixou de prever a figura do decreto-lei, existente na ordem constitucional pretérita, e, em seu lugar, criou o instituto da medida provisória. Ambas as figuras tratam de uma legitimação extraordinária do Poder Executivo para editar normas "com força de lei", tendo como justificativa uma situação de urgência e relevância da matéria objeto da medida.

Editado o decreto-lei (art. 58 da Carta de 1967 e art. 55 após a EC nº 1/1969), este entrava em vigor imediatamente, e deveria ser apreciado pelo Congresso Nacional em 60 dias. O Congresso Nacional não tinha o poder de emendar ou alterar o texto do decreto-lei, e o decurso do prazo de 60 dias sem a sua apreciação resultava na aprovação tácita do decreto-lei. A sistemática prevista originariamente na Constituição de 1988 (art. 62) previa que a medida provisória entrava em vigor

---

[938] STF, RE nº 225.602, Pleno. Rel. Min. Carlos Velloso. *DJ*, 6 abr. 2001.

[939] STF, RE nº 570.680, Pleno, Relator Min. Ricardo Lewandowski. *DJ*, 4 dez. 2009.

desde a sua publicação e era submetida ao Congresso Nacional para deliberação num prazo de 30 dias. Ao contrário do que antes ocorria com o decreto-lei, o Congresso poderia emendar o texto da medida provisória, e sua não conversão em lei no prazo de 30 dias provocaria sua perda de eficácia desde a edição. Outra diferença entre os dois institutos é que as matérias passíveis de edição de decreto-lei eram previstas expressamente no texto constitucional, ao passo que o art. 62 da Constituição de 1988, em sua redação original, não fazia qualquer delimitação temática.

Contrariando a maioria das manifestações doutrinárias manifestadas àquela altura sobre o tema, o Supremo Tribunal Federal considerou constitucional o uso da medida provisória para disciplinar matéria tributária, inclusive para instituir ou aumentar tributos. Essa orientação foi inicialmente firmada, por unanimidade, no julgamento do RE nº 146.733.[940] Posteriormente, essa orientação foi confirmada no julgamento da ADI-MC nº 1.005,[941] vencido o Ministro Marco Aurélio. Prevaleceu entre os ministros o argumento de que, como o STF considerava cabível a edição de decreto-lei para instituir ou aumentar tributos, o mesmo entendimento deveria ser firmado para o caso das medidas provisórias, instrumentos em relação aos quais a redação originária da Constituição de 1988 não realizara qualquer delimitação temática.

Posteriormente, com a promulgação da EC nº 32/2001, houve a delimitação das matérias que não são passíveis de edição de medida provisória (art. 62, §1º). Entre essas matérias não se encontra o direito tributário. Contudo, em relação às matérias tributárias reservadas à lei complementar (como exemplo, a instituição de impostos residuais pela União Federal – art. 154, I), a edição de medida provisória restou vedada (art. 62, §1º, III).

### 4.2.4 Legalidade e instituição de tributo por emenda constitucional

O Supremo Tribunal Federal considera que a legalidade tributária não é violada se uma emenda constitucional institui, ela mesma, os elementos da obrigação tributária, ou reprista legislação ordinária anterior que continha tais elementos.

Tal entendimento foi adotado no julgamento da ADI nº 2.031.[942] As leis ordinárias que instituíram a CPMF já haviam perdido vigência e eficácia quando foi promulgada a EC nº 21/1999, que recriou a CPMF, inclusive estabelecendo sua alíquota, e repristinou as leis ordinárias antes mencionadas. Na petição inicial da ADI nº 2.031, alegou-se que uma emenda constitucional não poderia ela própria reinstituir determinado tributo, pois isso retiraria do chefe do Poder Executivo o poder de veto quanto à matéria aprovada no parlamento (nas emendas constitucionais, a matéria não vai à sanção presidencial). No julgamento da ADI nº 2.031, prevaleceu o argumento de que, se o veto presidencial pode ser rejeitado pela maioria absoluta do parlamento,

---

[940] STF, RE nº 146.733, Pleno. Rel. Min. Moreira Alves. *DJ*, 6 nov. 1992.
[941] STF, ADI-MC nº 1.005, Rel. Min. Moreira Alves. *DJ*, 19 maio 1995.
[942] STF, ADI nº 2.031, Rel. Min. Ellen Gracie. *DJ*, 17 out. 2003.

não há óbice para o parlamento, por um quórum ainda maior (quórum de emenda constitucional), instituir diretamente determinado tributo.

### 4.2.5 Legalidade e definição do prazo de vencimento da obrigação tributária

Quanto à tarefa de definir a data do vencimento do tributo, a jurisprudência do STF considera que o legislador pode delegar tal atribuição a atos do Poder Executivo. No julgamento do RE nº 140.669,[943] estava em jogo a constitucionalidade do art. 66 da Lei nº 7.450/1985, que autorizou o ministro da Fazenda a fixar "prazo de pagamento de receitas federais compulsórias". O Tribunal Regional Federal da 5ª Região havia declarado a inconstitucionalidade do dispositivo legal, por vulneração do art. 6º da Carta de 1967 (redação dada pela EC nº 1/1969), que veda "a qualquer dos Poderes delegar atribuições". Neste acórdão, prevaleceu o posicionamento do então Juiz Federal Hugo de Brito Machado, que sustentava que o mandamento da norma tributária deve ser fixado em todos os seus elementos (quem deve pagar, quanto deve pagar e quando deve pagar) pelo próprio legislador.

A maioria dos ministros seguiu o entendimento do relator, Ilmar Galvão, para quem não há dispositivo constitucional que submeta à reserva de lei a definição do prazo de pagamento dos tributos, matéria de resto não prevista no art. 97 do Código Tributário Nacional. Assim, decidiu-se que nada impede que haja a *deslegalização* desse tema. Ficaram vencidos os ministros Sepúlveda Pertence, Marco Aurélio e Carlos Velloso. Em seu voto, o Ministro Sepúlveda Pertence asseverou que o tempo do cumprimento da obrigação tributária é aspecto de "prisma substantivo" e de "inegável relevância" para a relação entre o contribuinte e a administração tributária, não havendo como subtraí-lo da reserva de lei formal prevista no art. 150, I, da Constituição.

### 4.2.6 Legalidade tributária e a taxa para expedição da anotação de responsabilidade técnica (ART). Considerações do tribunal sobre gradações da legalidade tributária conforme as espécies tributárias

Todo contrato de execução de obras ou prestação de serviços de engenharia, arquitetura ou agronomia deve se submeter à *anotação de responsabilidade técnica* (ART), que define, para todos os efeitos legais, os responsáveis técnicos pelo empreendimento (Lei nº 6.496/1977). Os órgãos fiscalizadores (conselhos regionais), ao procederem à referida anotação, exercem poder de polícia, dando ensejo à cobrança de uma taxa.

Até o advento da Lei nº 6.994/1982, o valor dessa taxa era determinado livremente pelo Conselho Federal de Engenharia, Arquitetura e Agronomia,

---

[943] STF, RE nº 140.669, Pleno, Rel. Min. Ilmar Galvão. *DJ*, 14 maio 2001.

*ad referendum* do ministro do Trabalho (art. 2º, §2º da Lei nº 6.496/1977). A Lei nº 6.994 não definiu um valor exato para a taxa, que continuou tendo seus valores fixados pelo conselho federal, mas fixou um teto máximo para balizar a cobrança do tributo (art. 2º, parágrafo único da Lei nº 6.994).

A jurisprudência do STF caminhava no sentido de considerar que a simples fixação de um teto máximo para a taxa ART não bastava para assegurar o cumprimento da legalidade tributária. Neste sentido foi o julgamento do Recurso Extraordinário com Agravo nº 748.445.[944]

Em 2016, essa jurisprudência sobre a taxa ART foi revertida, e o Tribunal passou a decidir que o estabelecimento de um teto máximo para a taxa ART atende às exigências da legalidade tributária. No julgamento do RE nº 838.284,[945] prevaleceu o voto do relator no sentido de que a espécie tributária "taxa" demanda uma análise diferenciada quanto às exigências da estrita legalidade. No caso das taxas, admitir-se-ia certo "grau de indeterminação", podendo haver maior abertura dos tipos tributários, deixando-se "ao regulamento uma carga maior de cognição da realidade, especialmente em matéria técnica". Nos termos do voto do relator, "a ortodoxa legalidade tributária, absoluta e exauriente, deve ser afastada, tendo em vista a complexidade da vida moderna e a necessidade de a legislação tributária adaptar-se à realidade em constante transformação".

Veja-se o seguinte item da ementa oficial do julgado:

> 1. Na jurisprudência atual da Corte, o princípio da reserva de lei não é absoluto. Caminha-se para uma legalidade suficiente, sendo que sua maior ou menor abertura depende da natureza e da estrutura do tributo a que se aplica. No tocante às taxas cobradas em razão do exercício do poder de polícia, por força da ausência de exauriente e minuciosa definição legal dos serviços compreendidos, admite-se o especial diálogo da lei com os regulamentos na fixação do aspecto quantitativo da regra matriz de incidência. A lei autorizadora, em todo caso, deve ser legitimamente justificada e o diálogo com o regulamento deve-se dar em termos de subordinação, desenvolvimento e complementariedade.

O voto do relator foi seguido pelos demais ministros, com exceção dos ministros Ricardo Lewandowski e Marco Aurélio, que consideraram que a legalidade tributária não se contenta com a simples fixação de um teto máximo para o valor da taxa. A tese fixada pelo Plenário no julgamento da taxa ART foi a seguinte:

> Não viola a legalidade tributária a lei que, prescrevendo o teto, possibilita ao ato normativo infralegal fixar o valor de taxa em proporção razoável com os custos da atuação estatal, valor esse que não pode ser atualizado por ato do próprio conselho de fiscalização em percentual superior aos índices de correção monetária legalmente previstos.

---

[944] STF, ARE nº 748.445. Rel. Min. Ricardo Lewandowski. *DJ*, 12 fev. 2014.
[945] STF, RE nº 838.284, Pleno, Rel. Min. Dias Toffoli. *DJ*, 22 set. 2017.

O julgamento do RE nº 838.284, bem como a tese fixada pelo Tribunal acerca do respectivo tema, caminham na mesma senda teórica inaugurada, na jurisprudência do STF, com o julgamento sobre a constitucionalidade da contribuição social destinada a financiar as indenizações do seguro de acidentes do trabalho (SAT) – RE nº 343.446,[946] o qual comentamos *supra*.

### 4.2.7 Duas visões sobre a legalidade tributária e suas respectivas consequências – os acórdãos do STF no Recurso Extraordinário nº 1.043.313 e na Ação Direta de Inconstitucionalidade nº 5.277[947]

O Recurso Extraordinário nº 1.043.313 e a Ação Direta de Inconstitucionalidade nº 5.277 versam sobre situações semelhantes. No recurso extraordinário, um contribuinte se insurge contra um aumento, por decreto, da alíquota das contribuições do PIS e da COFINS sobre receitas financeiras de contribuintes sujeitos ao regime não cumulativo das contribuições, aumento autorizado por norma legislativa própria (art. 27, §2º, da Lei nº 10.865/2004), que facultou ao Poder Executivo "reduzir e restabelecer" as alíquotas fixadas pela lei relativamente a tal incidência.

A norma legislativa impugnada abstratamente na ADI nº 2.577 (art. 5º, §§8º a 11 da Lei nº 9.718/98, inseridos pela Lei nº 11.727/08) tem uma feição bastante semelhante: após fixar as alíquotas para a incidência concentrada das contribuições do PIS e da COFINS nas primeiras etapas da cadeia produtiva do álcool, inclusive para fins carburantes, o legislador ordinário autoriza o Poder Executivo a "fixar coeficientes para redução das alíquotas", as quais poderão ser alteradas pelo Executivo "para mais ou para menos", desde que não superem o teto correspondente à aplicação das alíquotas cheias do PIS e da COFINS (1,65% e 7,6%) sobre o preço médio de venda a varejo do produto (álcool, inclusive para fins carburantes).

Portanto, em ambos os casos, está no centro da discussão uma norma de lei ordinária que, fixando determinadas alíquotas para a incidência de contribuições sociais de seguridade social, delega ao Executivo o poder de reduzir ou restabelecer aquelas alíquotas.

Na ADI nº 2.577, a Procuradoria-Geral da República defende a posição de que a delegação legislativa é inconstitucional, por violação à norma da legalidade tributária (art. 150, I e §6º, da Constituição). O argumento central dessa posição é que a lei tributária somente pode efetuar delegações de redução, restabelecimento e aumento de alíquotas ao Poder Executivo nos casos expressamente autorizados pela própria Constituição de 1988 (art. 153, §1º; art. 177, §4º, I, "b"; art. 155, §2º, XII, "g"

---

[946] STF, RE nº 343.446, Pleno, Rel. Min. Carlos Velloso. *DJ*, 4 abr. 2003.

[947] A presente seção corresponde a uma versão resumida do estudo GODOI, Marciano Seabra de. Legalidade tributária: duas visões e suas respectivas consequências – Comentários aos acórdãos do STF no RE 1.043.313 e na ADI 5.277. *In*: VII Congresso Brasileiro de Direito Tributário Atual IBDT ADJUFE AJUFESP DEF FD-USP, 2021, São Paulo. *Anais do VII Congresso Brasileiro de Direito Tributário Atual - Consistência decisória em matéria tributária nos tribunais superiores: aspectos materiais e processuais*, São Paulo: IBDT, 2021. p. 108-122.

e "h" e §4º, IV, "c"), valendo tais autorizações constitucionais expressas, *a contrario sensu*, como normas proibitivas da delegação em quaisquer outras situações.

No caso do RE nº 1.043.313, além de outras alegações paralelas que aqui não serão analisadas, o contribuinte argumenta que a delegação legislativa que autoriza o Executivo a reduzir e restabelecer a alíquota seria inconstitucional por violação da norma da legalidade tributária (arts. 150, I; art. 153, §1º, *a contrario sensu*, da Constituição). O contribuinte não reputa inválido o decreto que, exercendo num primeiro momento a delegação legislativa tida por inconstitucional, reduziu a zero a alíquota das contribuições incidentes sobre as receitas financeiras. Segundo o contribuinte, somente seria inválido o decreto que posteriormente aumentou a alíquota, visto que "as limitações do poder de tributar constituem garantias para o contribuinte, e não para o Estado" (p. 5 do acórdão).

Os dois casos foram decididos conforme uma única *rationale*, desenvolvida no voto do ministro relator de ambos os feitos, Dias Toffoli.[948] Segundo essa *rationale*, o princípio da legalidade tributária não teria as mesmas exigências com relação a todas as espécies tributárias; para as espécies com menor grau de coatividade (taxas e outras exações que contemplam atuações estatais referidas diretamente ao contribuinte), as exigências seriam menores; no caso das espécies com maior grau de coatividade (os impostos e as contribuições sem "referibilidade" entre o pagamento do tributo e algum tipo de atuação estatal em benefício do contribuinte), as exigências da legalidade tributária seriam em tese maiores, podendo ser flexibilizadas quando houver atuação extrafiscal do Poder Executivo de acordo com condições estabelecidas pelo legislador. De todo modo, prossegue o raciocínio do voto condutor dos acórdãos: a definição sobre estar ou não autorizada uma flexibilização da legalidade tributária somente poderia ocorrer "à luz de cada caso concreto", cabendo ao Supremo Tribunal Federal "aferir se a delegação da lei em sentido formal atende à legalidade suficiente" (p. 21 do acórdão).

Em ambos os casos, a maioria dos ministros aderiu ao raciocínio do relator, que considerou que se tratava de uma delegação legislativa válida, visto que estariam presentes os elementos da extrafiscalidade[949] e a definição pelo legislador de condições específicas para que as alíquotas pudessem ser reduzidas ou restabelecidas. Nos dois casos, também se adotou a posição do ministro relator segundo a qual, quando dos movimentos de aumento ou restabelecimento das alíquotas até o teto fixado na lei, o ato do Poder Executivo deve sujeitar-se à regra da anterioridade nonagesimal aplicável às contribuições de seguridade social.

A posição majoritária nos acórdãos não conseguiu responder à principal indagação da posição contrária: se o princípio da legalidade tributária permitisse que a lei ordinária delegasse a decretos do Executivo o poder de reduzir e restabelecer

---

[948] STF, RE nº 1.043.313, Pleno, Relator Ministro Dias Toffoli, *DJ* 25 mar. 2021; STF, ADI nº 5.277, *DJ*, 25 mar. 2021.

[949] Sobre o tema da extrafiscalidade, vide CARAVELLI, Flávia Renata Vilela. *Extrafiscalidade – Reconstrução conceitual no contexto do Estado Democrático de Direito e aplicações no direito tributário*. Belo Horizonte: Arraes, 2015.

alíquotas, qual seria o sentido normativo dos dispositivos constitucionais que autorizaram esse tipo de delegação em casos e situações específicas (art. 177, §4º, I, "b"; art. 155, §2º, XII, "g" e "h" e §4º, IV, "c", todos da Constituição)?

Ao contrário do que afirmaram vários ministros em seus votos no Recurso Extraordinário nº 1.043.313 e na Ação Direta de Inconstitucionalidade nº 5.277, a delegação legislativa analisada nesses julgados tem um padrão bem distinto das delegações legislativas admitidas pelo STF em julgados anteriores (contribuições corporativas, taxa de anotação de responsabilidade técnica e alíquotas adicionais para financiamento das indenizações por acidentes de trabalho). Nesses julgados anteriores, a delegação legislativa não envolvia carta-branca para o Poder Executivo reduzir e restabelecer a carga tributária de tributos com alto poder arrecadatório, como o PIS e a COFINS. No caso das contribuições corporativas e da taxa de anotação de responsabilidade técnica, a delegação é quase uma consequência natural da parafiscalidade. No caso das alíquotas adicionais para financiamento das indenizações por acidentes de trabalho, a lei criou uma sistemática de constante e recorrente aferição da realidade fática quanto a padrões e parâmetros legais, resultando daí a razoabilidade da delegação.

Não há nas normas legais questionadas na ADI nº 2.577 e no RE nº 1.043.313 qualquer conteúdo extrafiscal nem a fixação de condições (objetivas ou subjetivas) para que seja exercido o poder de o Executivo reduzir ou restabelecer alíquotas. O claro objetivo desse padrão de delegação é possibilitar que o Executivo, discricionariamente, reduza ou restabeleça a carga tributária de PIS/COFINS sobre determinada categoria de contribuintes ou situações. No caso da delegação contida no art. 27, §2º, da Lei nº 10.865/2004, nada há em termos de aferição de padrões e realidades fáticas a cargo do Executivo, como no caso da delegação legislativa validada pelo STF no RE nº 343.446, sendo a inexistência de qualquer conteúdo extrafiscal algo chapado e patente. Por isso mesmo, o Executivo, primeiro quando reduziu as alíquotas a zero e, depois, quando as elevou a determinado patamar, nada informou ou justificou (pois não precisava fazê-lo) em termos de pretensos objetivos extrafiscais das medidas.

O que moveu a grande maioria dos ministros não foi tanto a *rationale* do voto do relator. Foi algo bem mais simples e direto: a constatação de que, ao fim e ao cabo, os interesses patrimoniais imediatos dos contribuintes das obrigações tributárias alcançadas pela delegação legislativa são favorecidos por ela, e não contrariados. O ministro Luís Roberto Barroso afirmou que a delegação existe "em favor do contribuinte", e não em sua ameaça: "No fundo, se decreto não houvesse, prevaleceria alíquota mais elevada do que a que se tinha" (p. 52 do acórdão).

Com efeito, se se encara a legalidade tributária simplesmente como um escudo do contribuinte contra investidas estatais, como um instrumento de proteção do patrimônio individual do contribuinte contra exigências tributárias que podem atingir-lhe, de fato não há motivo para invalidar delegações legislativas que permitem ao Executivo reduzir e restabelecer, para determinados contribuintes, as alíquotas fixadas genericamente na lei. A conclusão será distinta caso se adote outra visão da legalidade tributária: uma visão que a relacione com o princípio democrático e encare como elemento de legitimidade ao dever de pagar tributos, no sentido de que o povo tributa a si mesmo, visto que seus representantes eleitos (e não a Administração ou os tribunais) são os responsáveis pela definição qualitativa e quantitativa dos encargos tributários.

Não só entre os ministros do STF, mas também entre o público e a população em geral, a visão da legalidade tributária como escudo contra a tributação é mais viva do que a legalidade tributária como instrumento de legitimação político-discursiva da tributação (sentido material do processo legislativo).

Caso o Executivo e o Legislativo levem a sério e sigam à risca a teoria geral e a *rationale* do voto condutor dos acórdãos, pode-se ter em breve um sistema tributário em que a legislação de boa parte dos tributos limita-se a fixar tetos quantitativos para as exações, deixando ao Executivo a tarefa de flutuar livremente a carga tributária de vastos setores econômicos, conforme desígnios retórica e vagamente chamados de extrafiscais.

## 4.3 Irretroatividade

A Constituição veda, em seu art. 150, III, "a", que a norma que institui ou majora tributos tenha caráter retroativo, ou seja, alcance fatos ou situações ocorridos antes do início da vigência da norma. Essa regra traduz a exigência mais básica e intuitiva da segurança jurídica, que seria letra morta se um fato ocorrido hoje pudesse ser considerado fato gerador de um tributo instituído amanhã, ainda que tal instituição se desse mediante lei.

Exatamente porque representa uma exigência irrenunciável do Estado de Direito e da segurança jurídica, a irretroatividade prevista no art. 150, III, "a", da Constituição é norma que não comporta qualquer exceção. Nem mesmo os tributos criados para atender a situações de emergência, como calamidade pública, guerra externa ou sua iminência (cf. arts. 148, I, e 154, II, da Constituição), podem eleger como fatos geradores situações ocorridas antes do início da vigência da lei que os instituir ou aumentar.

Não se trata de uma regra que determine que em todo e qualquer caso a norma tributária está impedida de determinar efeitos retroativos. Normas tributárias que extingam tributos, ou os minorem, podem alcançar situações pretéritas, desde que assim se determine inequivocamente no conteúdo da norma.

Um exemplo de criação de tributo com caráter retroativo é o caso do empréstimo compulsório instituído em 1983 pelo Decreto-Lei nº 2.047. Em julho de 1983, criou-se um empréstimo compulsório tendo como fato gerador a obtenção de determinados rendimentos no ano de 1982. O caso foi levado ao STF, que no RE nº 111.954[950] declarou a inconstitucionalidade da exação, pelo fato de esta ter sido criada retroativamente sobre fatos ocorridos no ano anterior. Mesmo não havendo na ordem constitucional então em vigor um dispositivo expresso e específico vedando a retroatividade da norma criadora de tributos, a exação foi declarada inconstitucional por unanimidade.

---

[950] STF, RE nº 111.954, Pleno. Rel. Min. Oscar Corrêa. *DJ*, 24 jun. 1988.

Em seu voto, o Ministro Célio Borja destacou: "alcançou-se fato pretérito, já exaurido no tempo, para sujeitá-lo a um dever jurídico que inexistia no momento da sua ocorrência".

## 4.4 Anterioridade

Além do respeito à irretroatividade, a instituição ou aumento de tributo deve obedecer, em regra, a outra vedação ligada à segurança jurídica: a anterioridade da lei tributária. O propósito básico da anterioridade tributária (nem sempre realizado em sua plenitude) é o de garantir ao contribuinte que haja um razoável período de tempo entre a criação ou aumento legal de determinado tributo e sua incidência concreta sobre os fatos, evitando-se assim, além da retroatividade da cobrança, a surpresa do contribuinte. A anterioridade da lei tributária, ao contrário da irretroatividade, possui na Constituição de 1988 diversos regimes próprios (anterioridade anual, anterioridade nonagesimal, anterioridade mista) e admite também diversas exceções (como ocorre, por exemplo, no caso dos tributos emergenciais como o empréstimo compulsório de emergência e o imposto extraordinário de guerra – arts. 148, I, e 154, II, da Constituição).

### 4.4.1 Da *anualidade* ou exigência de autorização orçamentária anual (CF de 1946, Carta de 1967) para o regime da *anterioridade* da lei tributária (EC nº 1/69, Constituição de 1988)

Pode-se dizer que a origem da preocupação com a não surpresa no direito tributário brasileiro remonta à Constituição de 1946, que, por influência do então Deputado Constituinte Aliomar Baleeiro, fez registrar em seu art. 141, §34, que nenhum tributo "será cobrado em cada exercício sem prévia autorização orçamentária", com exceção do imposto de importação e do imposto extraordinário de guerra. A Constituição de 1946 erigia, assim, a norma conhecida na doutrina como anualidade do tributo, ou a exigência de que a cobrança dos tributos fosse autorizada expressamente na lei do orçamento anual. Na formulação de Baleeiro, a anualidade significava que as leis tributárias em vigor somente poderiam criar obrigações tributárias se o orçamento mencionasse a autorização para aquele exercício. Um dispositivo da lei orçamentária deveria fazer remissão a todas as leis tributárias cuja aplicação estava autorizada para o ano seguinte. Por isso Baleeiro defendia que o orçamento seria um "ato-condição" para a cobrança dos tributos: "é em face das necessidades e medidas planejadas para satisfazê-las que os representantes concedem, ou não, autorização para cobrança dos impostos regulados pelas várias leis anteriormente existentes".[951]

---

[951] BALEEIRO, Aliomar. *Limitações constitucionais ao poder de tributar*. 8. ed. atual. por Misabel Abreu Machado Derzi. Rio de Janeiro: Forense, 2010. p. 85.

Mas pouco a pouco essa regra constitucional (que constou da Constituição de 1946 e da redação original da Carta de 1967) foi perdendo força, a ponto de o próprio Supremo Tribunal Federal ignorá-la em não poucos precedentes. A Súmula nº 66 do STF (editada em 1963) dispõe que "é legítima a cobrança do tributo que houver sido aumentado após o orçamento, mas antes do início do respectivo exercício financeiro". Estranhamente, o dispositivo constitucional vigente à época da adoção da Súmula nº 66 era muito claro no sentido de que "nenhum tributo será cobrado em cada exercício sem prévia autorização orçamentária" (art. 141, §34, da Constituição de 1946), e os precedentes que deram origem à Súmula nº 66 não contêm qualquer fundamentação convincente para haver promovido um desvio tão nítido em relação ao conteúdo do texto constitucional então em vigor.

A anualidade e sua exigência de autorização orçamentária prévia a qualquer exigência tributária foi revogada em 1965 pela Emenda Constitucional nº 18, mas voltou a ser adotada pela redação original da Carta de 1967 (art. 150, §29). Posteriormente, a Emenda Constitucional nº 1/1969 abandonou de vez essa norma, substituindo-a pela da anterioridade, que não se referia mais a qualquer autorização orçamentária, limitando-se a dispor (art. 153, §29) que nenhum tributo seria "cobrado em cada exercício, sem que a lei que o houver instituído ou aumentado esteja em vigor antes do início do exercício financeiro", a não ser no caso das diversas exceções mencionadas no texto constitucional (tributos emergenciais, tributos extrafiscais etc.).

A Constituição de 1988 optou por não retomar a exigência de autorização orçamentária prévia para a cobrança dos tributos (anualidade), e manteve a solução da anterioridade. Com a Constituição de 1988, em sua redação original, a anterioridade tributária foi desdobrada em dois regimes jurídicos próprios, o do art. 150, III, "b" (anterioridade de exercício, em termos similares ao previsto na ordem constitucional anterior), e o do art. 195, §6º (anterioridade nonagesimal aplicável à criação e majoração de contribuições sociais de seguridade social), mantendo-se a tradição de excepcionar da regra da anterioridade a criação e majoração de diversas figuras tributárias (cf. art. 150, §1º). Posteriormente, com a EC nº 42/2003, criou-se mais um regime quanto à anterioridade tributária, o regime misto (art. 150, III, "c"), conforme será detalhado nas seções a seguir.

### 4.4.2 Anterioridade tributária como garantia individual e cláusula pétrea

A Emenda Constitucional nº 3/1993 autorizou a União a instituir um novo imposto sobre movimentação financeira, e determinou que a esse imposto não se aplicaria a norma da anterioridade prevista no art. 150, III, "b", da Constituição de 1988. O Supremo Tribunal Federal foi então provocado a declarar a inconstitucionalidade de referida emenda, e para isso teve de examinar se a norma da anterioridade tributária compõe o rol de direitos e garantias individuais que o art. 60, §4º, IV, da Constituição protege inclusive contra investidas do poder constituinte derivado.

No julgamento da ADI nº 939,[952] duas correntes se formaram. A corrente minoritária negou que a anterioridade seja um verdadeiro direito individual, argumentando que se trata de uma norma sem a conotação histórica e política outrora ostentada pela regra da anualidade ou autorização orçamentária para cobrança de tributos. Também argumentou essa corrente minoritária que a anterioridade está entrecortada de numerosas exceções pela própria Constituição, e que, mesmo nos casos em que se aplica, não logra proteger de fato o contribuinte contra aumentos repentinos de tributos, pois não há garantia de um necessário intervalo de tempo razoável entre o momento em que se institui e o momento em que se cobra o tributo: "nenhum de nós está livre de ser legitimamente cobrado, na primeira semana do mês de janeiro, de um tributo que se tenha inventado na última semana de dezembro. Santo Deus! Isso não é garantia para ninguém".[953]

Contudo, para a corrente majoritária a tradição constitucional brasileira sempre situou a vedação relativa à anualidade/anterioridade tributária como "direito individual" (art. 141, §34, da CF de 1946, art. 150, §29, da Carta de 1967, art. 153, §29, após a EC nº 1/1969), não havendo razão para considerar que a Constituição de 1988 pudesse ter rompido com essa visão. Prevaleceu, assim, a visão de que a anterioridade tributária é um direito individual do contribuinte protegido pelo art. 60, §4º, IV, da Constituição, tendo sido declarada inconstitucional a norma da EC nº 3/1993 que afastou da cobrança do imposto sobre movimentação financeira a aplicação do art. 150, III, "b", da Constituição.

### 4.4.3 Anterioridade e medidas provisórias

Como vimos anteriormente, os ministros do STF, mantendo a jurisprudência anteriormente formada a respeito dos decretos-leis e sua idoneidade para regular tributo,[954] consideraram que, nos termos da Constituição de 1988, medida provisória é instrumento hábil a regular a matéria tributária, inclusive para fins de instituição e aumento de tributos.[955] O STF rechaçou o argumento, sustentado pela quase totalidade da doutrina de então, de que o requisito de urgência necessário para a edição de uma medida provisória seria incompatível com a norma da anterioridade tributária e a consequente postergação da eficácia das leis que instituem ou majoram tributos.

Além de considerar que medida provisória pode regular matéria tributária, a jurisprudência do STF também considerou constitucional a prática da reedição sucessiva, pelo Executivo, de medidas provisórias não apreciadas pelo Congresso Nacional.[956] O Ministro Paulo Brossard argumentou, a nosso ver, com todo acerto, que a reedição de medidas provisórias subverte a essência do instituto, visto que

---

[952] STF, ADI nº 939, Rel. Min. Sydney Sanches. *DJ*, 18 mar. 1994.
[953] STF, ADI-MC nº 939, Rel. Min. Sydney Sanches, Voto do Min. Francisco Rezek *DJ*, 17 set. 1993.
[954] STF, RE nº 99.698. Rel. Min. Moreira Alves, 2ª Turma. *DJ*, 17 jun. 1983.
[955] STF, RE nº 146.733. Rel. Min. Moreira Alves, Pleno. *DJ*, 6 nov. 1992.
[956] STF, ADI-MC nº 295. Rel. p/ acórdão Min. Marco Aurélio. *DJ*, 22 ago. 1997.

transforma o provisório em permanente, permitindo que o Poder Executivo se aproprie de competências exclusivas do Legislativo. Mas seu argumento não foi aceito pela maioria dos ministros do STF, que considerou válida a reedição sucessiva de medidas provisórias, prática que infelizmente medrou consideravelmente na década de 90 do século passado, principalmente no âmbito do direito tributário. Tributos importantíssimos como o imposto sobre a renda e as contribuições sociais de seguridade social passaram a ter sua legislação sistematicamente alterada por medidas provisórias reeditadas por anos a fio, criando um grave déficit de representatividade democrática para o direito tributário brasileiro.

Pacificado no STF o entendimento pela possibilidade de medida provisória regular matéria tributária, colocou-se a questão de como aplicar, nesse quadro, a norma da anterioridade tributária. Ou seja, tratava-se de saber se o lapso temporal mencionado pela norma da anterioridade tributária deveria ser contado a partir da publicação da medida provisória ou a partir da publicação da lei de conversão. Por outro lado, uma vez aceita a prática da reedição sucessiva de medidas provisórias, colocou-se o problema de contar o lapso temporal a partir da primeira medida provisória editada, ou a partir da medida provisória que viesse efetivamente a ser convertida em lei, ou finalmente a partir da própria lei de conversão.

A jurisprudência do STF adotou os seguintes entendimentos. Se não houvesse alteração substancial entre o texto da medida provisória e o texto da lei de conversão, o prazo de anterioridade contar-se-ia a partir da edição da medida provisória.[957] Caso houvesse alteração substancial entre o texto da medida provisória e o texto da lei de conversão, o prazo de anterioridade contar-se-ia a partir da publicação da lei de conversão.[958] Em 2014, o Plenário voltou a decidir nesse sentido: se determinado aumento da carga tributária decorresse de dispositivo que houvesse sido inserido na tramitação legislativa da MP e não constasse de sua redação original, então o prazo de anterioridade contar-se-ia a partir da publicação da lei de conversão.[959]

Em se tratando de uma cadeia de várias medidas provisórias editadas sem solução de continuidade, fenômeno comum na legislação tributária federal produzida durante os anos 90, a jurisprudência dos tribunais regionais federais se inclinava no sentido de que o prazo da anterioridade deveria ser contado da data de publicação da medida provisória efetivamente convertida em lei. Mas o STF veio decidir o tema adotando a visão de que o marco deveria ser a data de publicação da primeira medida provisória.[960] Nesse precedente, estava em questão uma medida provisória que promovia majorações da contribuição social do PIS e que restou sem apreciação do Congresso Nacional por 36 meses (de 1995 a 1998), sendo reeditada pelo Executivo a cada 30 dias.

---

[957] RE nº 197.790. Rel. Min. Ilmar Galvão, Pleno. *DJ*, 21 nov. 1997.
[958] RE nº 169.740. Rel. Min. Moreira Alves, Pleno. *DJ*, 17 nov. 1995.
[959] RE nº 568.503, Relatora Min. Cármen Lúcia, *DJ*, 14 mar. 2014.
[960] RE nº 232.896. Rel. Min. Velloso, Pleno. *DJ*, 1º out. 1999.

A situação dos contribuintes, de acordo com a jurisprudência firmada no STF sobre o tema, era de fato desalentadora: criações e majorações de tributos federais submetidos pela Constituição à legalidade e à anterioridade ficavam anos a fio sem o exame e aprovação do Legislativo, o que não impedia que tais criações a aumentos de tributo gerassem efeitos concretos a partir da primeira medida provisória editada pelo Executivo. Os prejuízos à legitimidade democrática da legislação tributária e à segurança jurídica eram tão graves que o Congresso Nacional promulgou a Emenda Constitucional nº 32/2001, que vedou a reedição de medidas provisórias (nova redação do art. 62, §10, *in fine*) e, a respeito da aplicação da norma da anterioridade tributária, determinou o seguinte na nova redação do art. 62, §2º, do texto constitucional:

> Medida provisória que implique instituição ou majoração de impostos, exceto os previstos nos arts. 153, I, II, IV, V, e 154, II, só produzirá efeitos no exercício financeiro seguinte se houver sido convertida em lei até o último dia daquele em que foi editada.

A relação entre o dispositivo em tela e a jurisprudência anteriormente consagrada no STF é evidente. Nos casos regulados pelo dispositivo, como exemplo, no caso de medida provisória que majore o imposto sobre a renda, é como se o prazo relativo à anterioridade fosse contado da lei de conversão e não da medida provisória. Com isso, a Emenda nº 32 impede que o imposto sobre a renda seja majorado para o ano seguinte com a edição pelo Executivo de uma medida provisória no apagar das luzes do ano em curso, situação na qual a norma de anterioridade tributária, mesmo reconhecida pelo STF como direito individual e cláusula pétrea, representaria quase nada em termos concretos e efetivos.

Mas o dispositivo acima mencionado tem um raio de alcance bastante limitado. Não alcança as espécies tributárias distintas do imposto e, quanto aos impostos federais, somente atinge o imposto sobre a renda, o imposto sobre a propriedade territorial rural e o imposto sobre grandes fortunas. Quanto aos demais tributos instituídos ou majorados por medida provisória, continua a valer a jurisprudência do STF sobre a forma de contagem do prazo de anterioridade – a partir da publicação da medida provisória e não da lei de conversão. De todo modo, mesmo para esses casos não alcançados pela regra do art. 62, §2º, da Constituição, a proibição de reedição de medidas provisórias no mesmo exercício de sua rejeição e a regra da perda de sua eficácia por decurso de prazo já representam um grande avanço em termos de democracia e segurança jurídica.

### 4.4.4 Os atuais regimes jurídicos quanto à anterioridade tributária

Após o advento da Emenda Constitucional nº 42/2003, que alterou as normas sobre anterioridade tributária constantes da redação original da Constituição de 1988, os tributos se dividem entre 5 grupos relativamente à aplicação da norma da anterioridade tributária.

- Grupo 1: neste grupo estão os tributos cuja instituição e aumento não se submetem a qualquer prazo de anterioridade, dada sua conotação extrafiscal/regulatória ou emergencial. Neste grupo estão o imposto sobre importação de produtos estrangeiros (art. 153, I), o imposto sobre exportação de produtos nacionais ou nacionalizados (art. 153, II), o imposto sobre operações de crédito, câmbio e seguro, ou relativas a títulos e valores mobiliários (art. 153, V), o empréstimo compulsório de emergência (art. 148, I) e o imposto extraordinário de guerra (art. 154, II).
- Grupo 2: neste grupo está o imposto sobre a renda e proventos de qualquer natureza, cuja instituição e aumento se submetem exclusivamente à anterioridade de exercício prevista no art. 150, III, "b", da Constituição, segundo o qual é "vedado cobrar tributos no mesmo exercício financeiro em que haja sido publicada a lei que os instituiu ou aumentou".
- Grupo 3: neste grupo estão os tributos cuja instituição e aumento se submetem exclusivamente à anterioridade de prazo nonagesimal prevista no art. 195, §6º (contribuições sociais de seguridade social, inclusive a CBS prevista na EC nº 132/2023), e no art. 150, III, "c", primeira parte (imposto sobre produtos industrializados).
- Grupo 4: neste grupo, o mais numeroso, estão os tributos que se submetem ao prazo da anterioridade mista, a que se refere o art. 150, III, "c", da Constituição. A instituição ou aumento desses tributos deve observar cumulativamente a anterioridade de exercício e a anterioridade nonagesimal, adotando-se o prazo que se mostrar mais alongado no caso concreto. Aumentada a alíquota do tributo por lei ordinária publicada no dia 31 de dezembro, por exemplo, o aumento somente será eficaz a partir de 90 dias da publicação da lei. Aumentada a alíquota do tributo por lei ordinária publicada no dia 1º de janeiro, por exemplo, o aumento somente será eficaz no primeiro dia do exercício seguinte. Estão nesse grupo todas as taxas (art. 145, II) e contribuições de melhoria (art. 145, III), os empréstimos compulsórios de investimento (art. 148, II), as contribuições de intervenção no domínio econômico e de interesse das categorias profissionais ou econômicas (art. 149), as contribuições sociais gerais (como a contribuição do salário-educação, por exemplo), a contribuição municipal para o custeio do serviço de iluminação pública e sistemas de monitoramento para segurança e preservação de logradouros públicos (art. 149-A) e todos os impostos estaduais e municipais (inclusive o IBS de competência compartilhada entre estados, Distrito Federal e municípios – art. 156-A), com exceção dos dois impostos mencionados no Grupo 5.
- Grupo 5: neste grupo estão o imposto sobre a propriedade predial e territorial urbana (art. 156, I) e o imposto sobre a propriedade de veículos automotores (art. 155, III). No caso desses impostos, a majoração de sua base de cálculo está sujeita tão somente à anterioridade de exercício, enquanto sua criação ou demais formas de aumento estão sujeitas à anterioridade mista.

Nas Ações Diretas de Inconstitucionalidade nº 7.066, 7.070 e 7.078,[961] decidiu-se sobre o momento em que seria válido iniciar a cobrança do chamado diferencial de alíquota do ICMS previsto pela EC nº 87/2015 e regulamentado pela Lei Complementar nº 190, publicada em 4 de janeiro de 2022. O STF decidiu que não seria aplicável a regra da anterioridade de exercício, visto que, no entendimento da maioria dos ministros, referida lei complementar não teria aumentado ou criado obrigação tributária nova, e sim estabelecido regra de repartição da arrecadação entre os estados. Essa decisão, tomada pela maioria do plenário (6 x 5) em 2023, é bastante questionável, visto que a obediência à anterioridade anual e nonagesimal fora determinada pela própria Lei Complementar nº 190 (art. 3º) e o próprio STF decidira, no julgamento do RE nº 1.287.019, que o mencionado diferencial de alíquota constituía nova relação obrigacional, por isso mesmo ensejadora de necessária regulamentação por lei complementar.[962]

### 4.4.5 Anterioridade e sua aplicabilidade à revogação de isenções e outros benefícios fiscais

Durante muito tempo, a jurisprudência do STF entendeu que a anterioridade tributária não se aplicaria a medidas de revogação de isenções e benefícios fiscais, daí advindo o enunciado da Súmula nº 615, editada sob a ordem constitucional pretérita.

Contudo, atualmente a jurisprudência é pacífica no sentido de que a anterioridade tributária também se aplica a medidas de revogação ou cancelamento de benefícios fiscais. Por seu caráter didático, cita-se a seguir trecho da ementa oficial do acórdão relativo aos Embargos de Divergência no Recurso Extraordinário nº 564.225:[963]

> Como regra, ambas as espécies de anterioridade, geral e nonagesimal, se aplicam à instituição ou à majoração de tributos. Contudo, há casos em que apenas uma das anterioridades será aplicável e há casos em que nenhuma delas se aplicará. Essas situações estão expressas no § 1º do art. 150 e em outras passagens da Constituição. Sobre o assunto, vide o art. 155, § 4º, IV, c; o art. 177, § 4º, I, b; e o art. 195, § 6º, da CF/88. Nas hipóteses de redução ou de supressão de benefícios ou de incentivos fiscais que acarretem majoração indireta de tributos, a observância das espécies de anterioridade deve também respeitar tais preceitos, sem se olvidar, ademais, da data da entrada em vigor da EC nº 42/03, que inseriu no texto constitucional a garantia da anterioridade nonagesimal.

---

[961] STF, ADIs nº 7.066, 7.070 e 7.078, Relator Ministro Alexandre de Moraes, DJ, 6 maio 2024.
[962] STF, RE nº 1.287.019, Pleno, Redator do Acórdão Ministro Dias Toffoli, DJ, 25 maio 2021.
[963] STF, Embargos de Declaração no Agravo Regimental nos Embargos de Divergência no Recurso Especial nº 564.225, Pleno, Relator Ministro Alexandre de Moraes, DJ, 16 dez. 2020.

## 4.4.6 Anterioridade, irretroatividade e a sombria e persistente Súmula nº 584 do STF, finalmente cancelada em 2020[964]

A Súmula nº 584 do STF dispõe que "Ao imposto de renda calculado sobre os rendimentos do ano-base, aplica-se a lei vigente no exercício financeiro em que deve ser apresentada a declaração". Os precedentes que levaram à edição desta súmula consideraram que leis publicadas no final de um ano-calendário poderiam majorar o imposto de renda devido sobre os rendimentos auferidos nesse próprio ano-calendário. Vale dizer: segundo o entendimento da súmula, o contribuinte inicia o ano-calendário ciente do imposto de renda que deve pagar sobre seus rendimentos, mas até o término do ano-calendário pode ser surpreendido com uma lei que majora o imposto devido sobre todos os rendimentos que obteve desde o dia 1º de janeiro deste ano-calendário.

É muito difícil encontrar alguma maneira de defender a razoabilidade do que dispõe a Súmula nº 584 do STF. É de uma inconstitucionalidade gritante considerar que as regras que determinarão a incidência do imposto de renda sobre determinado ano-calendário podem ser definidas por lei publicada em qualquer momento desse ano-calendário.

Desde a década de 90 do século passado, o próprio Executivo Federal deixou de se valer deste entendimento esdrúxulo segundo o qual o fato gerador do imposto de renda somente se *apresenta* ao mundo jurídico no dia 31 de dezembro, e por isso qualquer lei publicada antes dessa data considera-se *prévia* à ocorrência do fato gerador. O raciocínio subjacente à Súmula nº 584 é o de que, antes do dia 31 de dezembro, o fato gerador do imposto sobre a renda e da contribuição social sobre o lucro está apenas *pendente*, ainda não ocorreu, e por isso uma majoração legal determinada até o dia 31 de dezembro pode ter eficácia em relação ao fato gerador desse ano-calendário.

O raciocínio subjacente à Súmula nº 584 foi aplicado no julgamento do RE nº 197.790.[965] O Ministro Ilmar Galvão liderou a opinião majoritária de que, como o aumento da contribuição social sobre o lucro determinado pela MP nº 86/89 passou a ser operante a partir de 24.12.1989 (data em que se perfez o período de 90 dias previsto no art. 195, §6º, da Constituição), esse aumento poderia perfeitamente ser aplicado sobre todo o lucro apurado pelas empresas no ano-base de 1989. Felizmente houve, nesse caso, quatro votos vencidos (ministros Maurício Corrêa, Marco Aurélio, Carlos Velloso e Celso de Mello), que consideraram que o aumento da alíquota da contribuição social sobre o lucro determinado pela medida provisória editada em setembro de 1989 não poderia se aplicar ao lucro apurado no ano-base de 1989. Afirmou em seu voto o Ministro Maurício Corrêa, com total lucidez: "o fato gerador do lucro de uma empresa não ocorre em um único momento, mas é formado no

---

[964] Esta seção corresponde à atualização do exame crítico da Súmula nº 584 realizado originalmente em GODOI, Marciano Seabra de. *Crítica à jurisprudência atual do STF em matéria tributária*. São Paulo: Dialética, 2011. p. 91-95.
[965] STF, RE nº 197.790, Pleno. Rel. Min. Ilmar Galvão. *DJ*, 21 nov. 1997.

curso de uma série de aquisições de disponibilidade, [...] efetivamente, tal lucro não poderia ser atingido em relação a todas as entradas e saídas anteriores".

Esse precedente do RE nº 197.790, julgado em 1997, voltou à baila em 2011. No julgamento do RE nº 587.008,[966] tratava-se do julgamento da constitucionalidade do dispositivo da Emenda Constitucional nº 10/1996, que majorou de 18 para 30% a alíquota da CSLL das instituições financeiras. A emenda foi publicada em março de 1996, e pretendeu aplicar a alíquota majorada de 30% ao resultado de todo o ano de 1996. Por isso o acórdão recorrido declarou corretamente ter havido a violação da anterioridade nonagesimal prevista no art. 195, §6º, da Constituição, e decidiu que a nova alíquota somente poderia incidir sobre os resultados apurados a partir de 90 dias contados da publicação da emenda.

Em seu recurso extraordinário, a União argumentou que a anterioridade nonagesimal não teria aplicação no caso, visto que não teria havido majoração da alíquota da CSLL, mas sim sua simples prorrogação, uma vez que a alíquota de 30% fora instituída antes, pela ECR nº 1/1994. O argumento seria procedente (e harmônico com a jurisprudência do STF, como se verá no item 2.4.7 *infra*) se não se desviasse dos dados concretos do caso: na verdade, a alíquota de 30% instituída pela ECR nº 1/94 deixou de valer no dia 31.12.1995, e a partir do dia 1º.1.1996 voltou a valer a alíquota de 18%. Esse fato foi, como se esperava, percebido unanimemente pelos ministros, que negaram provimento ao recurso da União.

Mas no recurso da União havia outro argumento, que se fundamentava efetivamente no precedente do Tribunal antes comentado, o RE nº 197.790. O argumento era o de que, como o fato gerador da CSLL somente ocorreu no dia 31.12.1996, o aumento da alíquota de 18 para 30% poderia ser aplicado sobre todo o resultado do ano, já que entre a data da publicação da emenda (março de 1996) e a data da ocorrência do fato gerador (dezembro de 1996) havia mais de 90 dias. Esse argumento foi de fato validado pela jurisprudência do STF no RE nº 197.790, como se viu antes, e foi corroborado pelo parecer do Ministério Público no RE nº 587.008.

No acórdão do RE nº 587.008, o relator deixou de se manifestar sobre esse argumento, afirmando laconicamente que o acórdão recorrido não teria tratado do tema. O fato é que o Tribunal perdeu uma grande oportunidade de abandonar clara e inequivocamente os pressupostos da Súmula nº 584. O único julgador que se manifestou especificamente sobre esse argumento da União foi a Ministra Ellen Gracie (fls. 448-458), que em seu voto reconheceu que há precedentes do STF no sentido da Súmula nº 584, mas apontou para a "necessidade de revisão do posicionamento da corte" (fl. 455). Rechaçando com clareza os pressupostos da Súmula nº 584 e do RE nº 197.790, a Ministra Ellen Gracie afirmou (fl. 458):

> tratando-se de tributo com fato gerador complexo ou de período, tenho que só respeita o art. 195, §6º, da Constituição a lei publicada noventa dias antes do início do período.

---

[966] STF, RE nº 587.008, Pleno, Rel. Min. Dias Toffoli. *DJ*, 6 maio 2011.

Publicada no curso de um período, só poderá ser aplicada ao período subsequente e, ainda assim, apenas quando sua publicação anteceda em noventa dias o seu início.

O caso concreto discutido no RE nº 183.130, cujo julgamento se iniciou em 1998 e terminou 16 anos depois, expõe toda a violência do entendimento consubstanciado na Súmula nº 584: o Decreto-Lei nº 2.413/1988 havia definido que a alíquota do imposto de renda sobre o lucro decorrente de determinadas exportações era, para o ano-calendário de 1989, de 6%. No dia 29.12.1989, foi publicada uma lei (Lei nº 7.988) majorando a alíquota de 6 para 18%, e determinando que essa nova alíquota fosse aplicada sobre o lucro auferido durante todo o ano-calendário de 1989.

O acórdão recorrido no RE nº 183.130 considerou que era contrária à regra da irretroatividade (art. 150, III, "a", da Constituição) a aplicação da nova alíquota aos lucros do próprio ano-calendário de 1989. O relator, Ministro Carlos Velloso, negou provimento ao recurso e confirmou o acórdão recorrido, declarando inconstitucional, por violação à irretroatividade, a aplicação da nova alíquota aos lucros do próprio ano-calendário de 1989. Se o fato gerador do imposto de renda inegavelmente se refere a fatos ocorridos desde o dia 1º de janeiro do ano-calendário, a norma que no decorrer desse ano-calendário majora o imposto sobre os rendimentos do próprio ano-calendário implica agressão ao art. 150, III, "a" e "b", da Constituição.

O voto do Ministro Carlos Velloso foi proferido na sessão de 20.5.1998. Nesta sessão, o Ministro Nelson Jobim pediu vista dos autos, e tardou nada menos do que sete anos e dez meses para proferir o seu voto, o que só ocorreu na sessão de 15.3.2006. O voto do Ministro Nelson Jobim foi curioso. Inicialmente, prestigiou a Súmula nº 584, tida por correta, sob o argumento de que, em se tratando do fato gerador do imposto de renda, o relevante seria o instante em que o ano-calendário termina, em 31.12, e que, portanto, toda e qualquer norma publicada até essa data deve ser considerada "anterior" ou "prévia" à ocorrência do fato gerador, podendo majorar livremente o imposto que será calculado sobre todo o ano-calendário.

Contudo, após esse introito em que homenageia a Súmula nº 584, o voto do Ministro Jobim afirma que, no caso concreto, a alíquota majorada não poderia ser exigida em relação ao ano-calendário de 1989, porque a legislação que fixara a alíquota em 6% era de natureza extrafiscal, destinando-se a estimular as exportações, e que "não seria possível modificar as regras de incentivo, sob pena de quebra do vínculo de confiança entre o Poder Público e a pessoa privada e da própria eficácia de políticas de incentivo fiscal". Ainda segundo o Ministro Nelson Jobim, "no caso do imposto de renda ser utilizado em caráter extrafiscal, a configuração do fato gerador dar-se-ia no momento da realização da operação para, então, ser tributado com alíquota reduzida".[967]

Após o voto do Ministro Nelson Jobim, na sessão de 15.3.2006, sobreveio novo pedido de vista, do Ministro Eros Grau. Na sessão de 25.10.2007, o julgamento foi retomado: os ministros Eros Grau e Menezes Direito discordaram dos dois votos

---

[967] Cf. *Informativo STF*, n. 419.

anteriormente dados e resolveram seguir estritamente o disposto na Súmula nº 584, considerando válida a aplicação da alíquota de 18% sobre todo o lucro do ano-base de 1989. O Ministro Joaquim Barbosa aderiu ao voto do relator, Ministro Carlos Velloso, considerando inconstitucional a aplicação da alíquota majorada ao próprio ano-base de 1989.

Na sessão de 25.10.2007, houve novo pedido de vista, desta feita do Ministro Cezar Peluso. O Ministro Peluso tardou mais de cinco anos com os autos do processo em seu gabinete, mas, mesmo assim, não proferiu voto. Com sua aposentadoria, os autos foram remetidos ao gabinete do Ministro Teori Zavascki, em março de 2013.

Finalmente, na sessão do Plenário do STF de 25.9.2014, o julgamento terminou, tendo sido negado provimento ao recurso da União por 8 votos a 2.[968] A maioria dos ministros adotou, em seu voto, a fundamentação contida no voto do Ministro Nelson Jobim, acima mencionado.

Na 1ª edição deste *Curso,* afirmamos que era surpreendente – e decepcionante – que três ministros do STF (Nelson Jobim, Menezes Direito e Eros Grau) houvessem apoiado a Súmula nº 584 em seus votos no julgamento do RE nº 183.130. Como considerar que a União não está cobrando a majoração de um imposto no mesmo ano em que foi publicada a lei que decretou tal majoração? Como não ver retroatividade numa lei que, publicada a dois dias do término do ano, triplica a alíquota do imposto incidente sobre os fatos tributáveis ocorridos desde o início desse mesmo ano?

Esperávamos que a posição e a fundamentação dos ministros Carlos Velloso, Joaquim Barbosa e Marco Aurélio, no sentido de reconhecer a violação da irretroatividade/anterioridade e cancelar a Súmula nº 584, tivesse ao final prevalecido. Tal não ocorreu, tendo prevalecido o posicionamento do Ministro Nelson Jobim, segundo o qual "no caso do imposto de renda ser utilizado em caráter extrafiscal, a configuração do fato gerador dar-se-ia no momento da realização da operação para, então, ser tributado com alíquota reduzida".

Discordamos dessa visão majoritária. Não nos parece que o caráter extrafiscal de uma norma seja capaz, por si só, de alterar a conformação do aspecto temporal do fato gerador do imposto a que se refere. O caráter de incentivo fiscal da alíquota de 6% do imposto de renda definida no Decreto-Lei nº 2.413 não tem o condão de alterar o momento em que se consideram ocorridos os fatos geradores do imposto. O correto seria, a nosso ver, reconhecer pura e simplesmente que a majoração do imposto, por lei publicada nos últimos dias no ano-base, não poderia alcançar o lucro real produzido no próprio ano-base, independentemente de se tratar ou não de uma revogação de política extrafiscal.

A fundamentação do voto do Ministro Jobim acabou mantendo de pé a Súmula nº 584 e, ao mesmo tempo, impediu no caso concreto a ocorrência da flagrante inconstitucionalidade engendrada no aumento retroativo da alíquota do imposto. Tal fundamentação veio a ser majoritária, mas é de se registrar que pelo menos dois ministros que a ela aderiram fizeram questão de sinalizar que não estavam afirmando

---

[968] STF, RE nº 183.130, Redator do Acórdão Min. Teori Zavascki. *DJ*, 17 nov. 2014.

a validade da Súmula nº 584. O Ministro Luís Roberto Barroso afirmou: "não estou me comprometendo com a subsistência ou não da Súmula nº 584, que gostaria de reservar para um momento de maior reflexão" (fl. 72). O Ministro Gilmar Mendes disse que "quase" se filiou à corrente do Ministro Carlos Velloso, e que "por enquanto" não iria se manifestar pelo cancelamento da Súmula nº 584 (fl. 74).

A fundamentação do acórdão que julgou o RE nº 183.130 voltou a ser utilizada no julgamento do RE nº 592.396,[969] submetido à sistemática da repercussão geral (Tema nº 168), cuja tese foi fixada nos seguintes termos:

> É inconstitucional a aplicação retroativa de lei que majora a alíquota incidente sobre o lucro proveniente de operações incentivadas ocorridas no passado, ainda que no mesmo ano-base, tendo em vista que o fato gerador se consolida no momento em que ocorre cada operação de exportação, à luz da extrafiscalidade da tributação na espécie.

O cancelamento do enunciado da Súmula nº 584 veio a ocorrer, finalmente, em 2020, no julgamento pelo Plenário do Recurso Extraordinário nº 159.180.[970] No julgamento desse recurso, julgou-se se era válido um adicional de imposto sobre a renda instituído por um decreto-lei editado em agosto de 1988 com o objetivo de alcançar o lucro das empresas apurado nesse mesmo ano-base de 1988 (Decreto-Lei nº 2.462, de 30 de agosto de 1988). De modo correto, o STF julgou tal exigência inconstitucional, "considerada a violação dos princípios da irretroatividade e da anterioridade". No mesmo julgamento, por unanimidade, decidiu-se cancelar o enunciado da Súmula nº 584.

### 4.4.7 Anterioridade tributária e o que se deve entender por data de publicação da lei – O caso da Lei nº 8.383/1991 e da MP nº 812/1994

A Medida Provisória nº 812, que majorou o imposto sobre a renda e a contribuição social sobre o lucro líquido, foi impressa numa edição do *Diário Oficial da União* que somente chegou ao guichê da Imprensa Oficial em Brasília às 19h45 do dia 31.12.1994, sábado. Essa edição do *Diário Oficial* foi disponibilizada no setor de vendas da Imprensa Oficial somente após as 20h do sábado. Segundo o entendimento da doutrina e de alguns precedentes da Justiça Federal de primeira e segunda instância, esta medida provisória não poderia ser tida como *publicada* em 31.12.1994, pois não houve a normal circulação do *Diário Oficial* nesta data. Somente houve a normal circulação desta edição do *Diário Oficial* nos primeiros dias do ano de 1995. Não podendo tal medida provisória ser tida por *publicada* em 31.12.1994, as majorações tributárias nela contidas somente poderiam ser eficazes a partir do

---

[969] STF, RE nº 592.396, Pleno, Rel. Min. Edson Fachin. *DJ*, 28 mar. 2016.
[970] STF, RE nº 159.180, Pleno, Rel. Min. Marco Aurélio, DJ, 17 ago. 2020.

ano-base de 1996, sob pena de violação à norma da anterioridade tributária prevista no art. 150, III, "b", da Constituição.

Essa mesma situação ocorrera três anos antes, com a publicação da Lei nº 8.383. O *Diário Oficial da União* de 31.12.1991, em cujas páginas estampou-se o texto da Lei nº 8.383, somente veio a circular normalmente no dia 2.1.1992.

Examinando esses casos, o Supremo Tribunal Federal adotou um conceito formal e pouco exigente de *data de publicação*, considerando que não é necessário haver a normal circulação do *Diário Oficial* para que seu conteúdo se considere publicado.[971]

Essas posturas do Executivo (de editar medidas provisórias majorando tributos no dia 31 de dezembro para valerem no dia seguinte), do Legislativo (de aprovar leis majorando tributos nos últimos dias do ano para valerem no dia seguinte) e do Judiciário (de considerar que uma lei pode ser tida por publicada no dia 31 de dezembro mesmo não tendo o *Diário Oficial* circulado regular e normalmente nesta data) demonstram que, de fato, pode ser extremamente ilusória e ingênua a relação entre a norma constitucional da anterioridade tributária e a proteção da confiança ou da não surpresa do contribuinte em relação a majorações inopinadas da carga tributária.

### 4.4.8 Anterioridade e medidas de prorrogação da vigência de tributos temporários

No ano de 2002, por ocasião do julgamento de duas ações diretas de inconstitucionalidade contra a EC nº 37/2002 (que prorrogou a vigência da CPMF), o Plenário do STF decidiu por unanimidade que não deve obediência à regra da anterioridade tributária a norma publicada antes do término de vigência de um tributo, que se limita a prorrogar, no tempo, referida vigência.[972]

A mesma questão voltou a se colocar perante o Plenário do Tribunal em 2009. Desta feita, tratava-se de normas que prorrogavam determinadas alíquotas que, não fossem as tais normas de prorrogação, deixariam de valer. Em ambos os casos, as normas de prorrogação foram publicadas nos últimos dias antes daquela que seria a data final para a vigência das alíquotas temporárias. No RE nº 566.032,[973] tratava-se da norma constitucional (EC nº 42/2003) que prorrogou a vigência da alíquota de 0,38% da extinta CPMF. Não fosse a norma de prorrogação, passaria a viger – no dia seguinte à publicação da emenda – a alíquota de 0,08%. Já no RE nº 584.100,[974] tratava-se de lei ordinária de São Paulo, que prorrogou a alíquota de 18% do ICMS. Não fosse a norma de prorrogação, passaria a viger a alíquota de 17%.

---

[971] STF, RE nº 202.414. Rel. Min. Carlos Velloso, 2ª Turma. *DJ*, 14 fev. 1998 e RE nº 232.084. Rel. Min. Ilmar Galvão, 1ª Turma. *DJ*, 16 jun. 2000.
[972] ADIs nº 2.666 e nº 2.673. Rel. Min. Ellen Gracie. *DJ*, 6 dez. 2002.
[973] STF, RE nº 566.032, Rel. Min. Gilmar Mendes, Pleno. *DJ*, 23 out. 2009.
[974] STF, RE nº 584.100, Rel. Min. Ellen Gracie, Pleno. *DJ*, 5 fev. 2010.

No RE nº 584.100, a Relatora Ministra Ellen Gracie simplesmente fez referência ao decidido nas ADIs nº 2.666 e nº 2.673, e reafirmou que a regra constitucional da anterioridade somente seria aplicável "nos casos de criação ou majoração de tributos, não nos casos de simples prorrogação de alíquotas já aplicadas anteriormente" (fl. 1.185). Já no RE nº 566.032, o Relator Ministro Gilmar Mendes aduziu o argumento de que o contribuinte já arcava com a alíquota de 0,38% e que haveria somente uma "expectativa de diminuição de alíquota".

Em ambos os casos, a posição dos relatores foi majoritária, ficando vencidos os ministros Marco Aurélio, Ayres Britto e Celso de Mello. Os argumentos da corrente vencida foram os de que o propósito da regra da anterioridade é justamente evitar a surpresa e permitir o planejamento das ações do contribuinte, e, nos casos concretos, as normas segundo as quais determinadas alíquotas dariam lugar a alíquotas menores foram abruptamente revogadas.

Adotando a premissa de que a Constituição deve ser interpretada e aplicada de forma a privilegiar o contexto e a teleologia da norma, os argumentos da corrente majoritária quanto a essa aplicação da anterioridade não procedem.

Em seu voto no RE nº 566.032, o Ministro Gilmar Mendes deu muita ênfase ao fato de que o contribuinte já arcava com a alíquota de 0,38%, e que haveria somente uma "expectativa de diminuição de alíquota", concluindo: "Cabe lembrar que esta Corte, reiteradamente, afasta a tese de direito adquirido a regime jurídico, hipótese que se aproxima a esse caso" (fl. 1760). Ora, em vez de fundamentar a não aplicação da regra da anterioridade, o argumento do Ministro Gilmar Mendes na verdade serve de fundamento para a posição inversa, a posição da corrente minoritária. Com efeito, a aplicação da regra da anterioridade se baseia exatamente na existência de uma simples "expectativa" – por parte do contribuinte – de que o ordenamento jurídico não será alterado para aumentar as exigências tributárias. O princípio da não surpresa, cerne da anterioridade, socorre exatamente aquele que tem "mera expectativa", a expectativa de que o ordenamento tributário se manterá como se encontra, e no caso concreto o ordenamento jurídico previa que a alíquota seria efetivamente reduzida numa data concreta.

De outra parte, o Ministro Gilmar Mendes procura rechaçar a aplicação da regra de anterioridade afirmando que "não existe direito adquirido a determinado regime jurídico, hipótese que se aproxima a esse caso". A afirmação não faz sentido. Qual seria a relação – ainda que aproximada – entre a aplicação da regra da anterioridade e a suposição de um direito adquirido a determinado regime? No caso concreto, o contribuinte não afirmou nem sugeriu ter direito adquirido a coisa alguma, a regime jurídico algum, simplesmente requereu que a eficácia da alteração legislativa fosse precedida de certo lapso de tempo. Ora, se o contribuinte afirmasse ou sugerisse que tinha direito adquirido a recolher o tributo sob determinada alíquota, não pediria ao juiz a aplicação da regra da anterioridade, e sim que continuasse indefinidamente a recolher o tributo sob aquela alíquota, em relação à qual teria o tal direito adquirido.

Uma norma que determina que a alíquota $x$ extinguir-se-á na data de 31.12 acaso não é digna de gerar no contribuinte uma legítima expectativa de que tal extinção efetivamente ocorra? Em termos de potencial de criação de expectativas legítimas no contribuinte (e é disso mesmo que se trata na regra de anterioridade), há diferença relevante entre essa norma e uma norma que simplesmente determina que a alíquota do tributo, de forma permanente, é de $x$? Se ambas as normas são igualmente capazes de gerar legítimas expectativas no contribuinte, por que considerar que a anterioridade somente deve proteger o contribuinte no segundo caso, mas não no primeiro?

A postura do STF quanto a esse aspecto da anterioridade tributária infelizmente leva à seguinte conclusão: em relação a uma norma constitucional ou infraconstitucional que declara solenemente que determinada alíquota ou que determinado tributo será cobrado apenas de forma temporária e extinguir-se-á em certa data, há que se considerar que sua revogação, mesmo que operada no último dia do prazo previsto originalmente, *não supõe surpresa alguma*, sendo, antes, aquilo com que o contribuinte deveria razoavelmente contar...

### 4.4.9 Anterioridade e alteração da data do vencimento da obrigação tributária

Já foi observado anteriormente, quando do estudo da legalidade tributária, que a fixação e a alteração da data de vencimento da obrigação tributária não são consideradas pelo Supremo Tribunal Federal sujeitas à reserva legal.[975] O Tribunal também considera que a alteração do prazo de recolhimento do tributo não se sujeita à anterioridade tributária, tendo sido tal entendimento alçado ao texto da Súmula nº 669, editada em 24.9.2003: "Norma legal que altera o prazo de recolhimento da obrigação tributária não se sujeita ao princípio da anterioridade".

Na sessão de julgamento do Plenário do STF de 17.6.2015, o enunciado de Súmula nº 669 foi erigido a enunciado de Súmula Vinculante (nº 50), com a mesma redação. Na aprovação desse enunciado da Súmula Vinculante nº 50, ficaram vencidos os ministros Marco Aurélio e Dias Toffoli.

### 4.4.10 Anterioridade e repristinação das alíquotas da contribuição do PIS e da COFINS incidentes sobre receitas financeiras auferidas pelas pessoas jurídicas sujeitas ao regime não cumulativo das contribuições (Decreto nº 11.374/2023)

No dia 30 de dezembro de 2022, editou-se o Decreto nº 11.322/2022, que reduziu à metade as alíquotas das contribuições do PIS e da COFINS sobre receitas financeiras auferidas por pessoas jurídicas sujeitas ao regime de apuração não cumulativa de tais contribuições. O Decreto nº 11.322/2022 entrou em vigor na data de sua publicação e determinou que sua produção de efeitos se daria "a partir de 1º de janeiro de 2023".

No dia 1º de janeiro de 2023, o novo governo eleito nas eleições gerais de 2022 editou o Decreto nº 11.374/2023, que entrou em vigor na data de edição e revogou

---

[975] RE nº 140.669. Rel. Min. Ilmar Galvão, Pleno. *DJ*, 14 maio 2001.

imediatamente as disposições do Decreto nº 11.322/2022, repristinando as alíquotas das contribuições do PIS e da COFINS sobre as receitas financeiras constantes do Decreto nº 8.426/2015.

Na ADC nº 84 e na ADI nº 7.342, discutiu-se se a repristinação das alíquotas deveria ou não respeitar a regra da anterioridade. O STF decidiu que a anterioridade não deveria ser aplicada ao caso, visto que as disposições do Decreto nº 11.322/2022 nunca chegaram a produzir efeitos, tendo sido revogadas no dia do início de sua eficácia. Segundo o tribunal, "o Decreto nº 11.374/2023 não instituiu, restabeleceu ou majorou tributo, de modo a atrair o princípio da anterioridade nonagesimal", não havendo violação aos "princípios da segurança jurídica e da não surpresa, uma vez que o contribuinte já experimentava, desde 2015, a incidência das alíquotas de 0,65% e 4%".[976]

O STF também decidiu que:[977]

> A edição do Decreto n. 11.322 no último dia útil de 2022 compromete o dever de responsabilidade dos agentes públicos, contrariando, assim, as diretrizes do art. 2º do Decreto n. 7.221/2010 e que decorrem, ao fim e ao cabo, dos princípios republicano e democrático previstos no art. 1º da Constituição Federal, e dos princípios que regem a Administração Pública insculpidos no art. 37 do texto constitucional.

Aplicando o entendimento da ADC nº 84 e da ADI nº 7.342 ao Recurso Extraordinário nº 1.501.643, o STF fixou a seguinte tese para o Tema nº 1.337: "A aplicação das alíquotas integrais do PIS e da COFINS, a partir da repristinação promovida pelo Decreto nº 11.374/2023, não está submetida à anterioridade nonagesimal".[978]

## 4.5 Igualdade e capacidade econômica

O direito à igualdade constante do *caput* do art. 5º da Constituição não significa que o Estado ou as leis devam conferir a todas as pessoas o mesmo tratamento, um tratamento *igual*. No direito das sucessões, por exemplo, o tratamento dos descendentes é bem distinto do tratamento conferido aos ascendentes. No direito eleitoral, o tratamento dos maiores de 70 anos é distinto do tratamento dos demais eleitores. Na verdade, em todos os ramos da legislação há a definição de regimes jurídicos distintos para diversas categorias e situações. O direito à igualdade não consiste, pois, em assegurar a todos um tratamento *igual*, mas sim um tratamento *igualitário*.

O direito à igualdade, como direito fundamental, significa que as pessoas têm o direito de não serem diferenciadas segundo critérios ou parâmetros desproporcionais, arbitrários ou discriminatórios. Para averiguar se a diversidade de tratamento é ou não

---

[976] STF, ADC nº 84, Relator Ministro Cristiano Zanin, DJ, 22 out. 2024; STF, ADI nº 7.342, Relator Ministro Cristiano Zanin, DJ, 22 out. 2024.
[977] STF, ADC nº 84, Relator Ministro Cristiano Zanin, DJ, 22 out. 2024; STF, ADI nº 7.342, Relator Ministro Cristiano Zanin, DJ, 22 out. 2024, item 4 da ementa oficial.
[978] STF, RE nº 1.501.643, Relator Ministro Luís Roberto Barroso, DJ, 22 out. 2024.

discriminatória, deve-se analisar, além do critério de diferenciação, em que contexto o trato diferenciado está inserido.⁹⁷⁹ Por exemplo: não viola o direito à igualdade utilizar o critério do rendimento familiar *per capita* para diferenciar as pessoas no contexto ou para fins de concessão de bolsas de estudo para acesso ao ensino superior, mas seria atentatório à igualdade utilizar esse mesmo critério para diferenciar as pessoas no contexto da atribuição do direito de votar e de ser votado (voto censitário).

O direito fundamental à igualdade se refere tanto ao papel do juiz ou do aplicador da lei (igualdade formal, igualdade *perante a lei*), quanto ao papel do legislador (igualdade material, igualdade *no conteúdo da lei*). O legislador está impedido de elaborar normas gerais que engendrem parâmetros ou fatores arbitrários de diferenciação, enquanto as demais autoridades públicas, no cumprimento de ofício ou na aplicação contenciosa da legislação já posta, estão impedidas de adotar critérios de diferenciação não previstos nas normas que aplicam, ou que provoquem tratamento seletivo ou discriminatório.

No direito tributário, a importância do direito à igualdade salta aos olhos, afinal a tributação consiste, em última instância, na definição de quais pessoas arcarão com o ônus econômico de custear as despesas públicas, e na definição de como esse ônus econômico será distribuído entre cada uma daquelas pessoas.

No período do absolutismo, na etapa anterior ao Estado de Direito, o ônus tributário era distribuído com base nos estamentos sociais: os indivíduos da nobreza e do clero eram poupados do dever de pagar tributos, os quais recaíam exclusivamente sobre os servos e a burguesia. No Estado de Direito surgido com a eclosão das revoluções liberais do século XVIII, o tributo adquire o caráter da generalidade, deixando de ser um ônus exclusivo de determinadas classes sociais. A partir de então, o critério básico a presidir a distribuição dos ônus tributários passou a ser o critério da capacidade econômica dos contribuintes. Na Declaração dos Direitos do Homem e do Cidadão (1793) que se seguiu à Revolução Francesa, constava (art. 13) que os tributos deveriam ser "igualmente repartidos entre todos os cidadãos em razão das suas faculdades [econômicas]". A mesma disposição (tributo como obrigação geral informada pela capacidade econômica) foi adotada por nossa primeira constituição: "ninguém será isento de contribuir para as despesas do Estado em proporção dos seus haveres" (art. 179, XV, da Constituição Política do Império do Brasil).

Ocorre que a capacidade econômica, apesar de ser o critério básico, não é o único parâmetro apto a presidir a distribuição igualitária do ônus tributário entre os contribuintes.⁹⁸⁰ Quando se trata de uma *tributação extrafiscal*, ou seja, de uma tributação que persegue objetivos distintos do mero levantamento de recursos para satisfação dos gastos públicos, é natural que o critério da capacidade econômica dê lugar a outros parâmetros de divisão e distribuição da carga tributária. Um bom exemplo deste fenômeno é a legislação do imposto territorial rural (ITR),

---

⁹⁷⁹ BANDEIRA DE MELLO, Celso Antônio. *Conteúdo Jurídico do Princípio da Igualdade*. São Paulo: Malheiros, 2010.

⁹⁸⁰ Sobre o tema, *vide* GODOI, Marciano Seabra de. *Justiça, igualdade e direito tributário*. São Paulo: Dialética, 1999. p. 173-259.

previsto no art. 153, VI, da Constituição: se o imposto fosse estruturado segundo a capacidade econômica dos contribuintes, os proprietários dos imóveis produtivos e lucrativos seriam mais onerados do que os proprietários dos imóveis improdutivos; contudo, como o principal objetivo do imposto não é o de arrecadar recursos e sim o de "desestimular a manutenção de propriedades improdutivas" (art. 153, §4º, da Constituição), a legislação que regula o imposto (*vide* Lei nº 9.393, de 1996) determina que os contribuintes mais onerados são exatamente os proprietários dos imóveis menos produtivos e lucrativos.

Para averiguar se uma tributação extrafiscal que se desvia do critério da capacidade econômica é ou não compatível com a norma da igualdade, é preciso avaliar se o objetivo buscado com a tributação encontra ou não respaldo na Constituição. A tributação mais onerosa de produtos altamente poluidores do meio ambiente encontra respaldo no art. 170, VI, da Constituição, que institui a defesa do meio ambiente como princípio da ordem econômica e autoriza tratamento diferenciado conforme o impacto ambiental de produtos e serviços. Já uma eventual tributação mais onerosa de determinados filmes considerados pelo legislador ou pelo Poder Executivo como vulgares ou violentos, reservando-se uma tributação menos onerosa para filmes considerados edificantes ou moralmente sadios, seria inconstitucional por chocar-se, ainda que indiretamente, com o direito fundamental à livre expressão da atividade artística (art. 5º, IX, da Constituição).

## 4.5.1 Tratamento do tema da igualdade tributária na Constituição de 1988 e na jurisprudência do Supremo Tribunal Federal

O tema da igualdade ou isonomia especificamente no âmbito tributário nunca havia sido regulado expressamente no texto constitucional até o advento da Constituição de 1988, que em seu art. 150, II, dispôs ser vedado aos entes federativos:

> Instituir tratamento desigual entre contribuintes que se encontrem em situação equivalente, proibida qualquer distinção em razão de ocupação profissional ou função por eles exercida, independentemente da denominação jurídica dos rendimentos, títulos ou direitos.

O dispositivo merece ser analisado em duas partes. Na primeira parte, o texto é uma paráfrase da conhecida máxima de que os iguais devem ser tratados igualmente, e os desiguais desigualmente, na medida de suas desigualdades. A questão é saber em que casos se pode validamente considerar que dois contribuintes estão em *situação equivalente*, e em que casos suas situações não se equivalem. É o legislador (e não o chefe do Executivo ou o juiz) o responsável por avaliar e decidir se determinadas situações são ou não equivalentes para fins de tratamento tributário. O legislador desfruta de ampla liberdade nessa decisão, e nisso consiste a definição da política tributária de um país, de um Estado-Membro ou de determinado município. Mas essa liberdade do legislador, ainda que ampla, não é total. Um exemplo extraído da jurisprudência do STF: o legislador tributário pode ou não determinar que os veículos automotores dedicados ao transporte escolar tenham isenção do IPVA, mas não pode determinar que a isenção se restrinja aos veículos automotores dedicados ao transporte escolar que sejam membros de determinada cooperativa.[981]

Quando se depara com casos em que a política tributária exercida pelo legislador provoca tratamentos distintos entre determinadas categorias de contribuintes, o STF geralmente indaga se há ou não motivos razoáveis ou plausíveis para o trato diferenciado. Vejamos alguns exemplos. Na ADI nº 1.276,[982] o Tribunal considerou válido o tratamento favorecido, no âmbito do IPVA, concedido a empresas cujos empregados com 40 anos ou mais representassem no mínimo 30% da mão de obra total da empresa. Entendeu-se que o legislador se utilizou do potencial extrafiscal do imposto para, abrindo mão de parte de sua arrecadação, estimular uma conduta socialmente desejável (oferecer empregos a pessoas mais velhas) e tentar equilibrar uma situação de desigualdade real (vantagem dos jovens em relação aos mais velhos no contexto competitivo do mercado de trabalho). Já na ADI nº 3.260,[983] o Tribunal considerou um "privilégio injustificado" a isenção de toda e qualquer taxa estadual concedida por uma lei potiguar aos membros do Ministério Público do Estado do Rio Grande do Norte. Na ADI nº 4.259,[984] o Tribunal considerou que um programa paraibano de incentivos financeiros (oriundos da arrecadação de ICMS) a pilotos de automobilismo definira critérios "sob medida" para que tão somente um indivíduo fizesse jus aos incentivos, o que configura violação do princípio da igualdade.

No julgamento da ADI nº 4.276,[985] o tribunal se deparou com uma lei estadual do Mato Grosso que institui isenção do IPVA para os veículos automotores dos oficiais de justiça do estado. Ademais de apontarem vícios formais da lei que criou referida isenção, os ministros decidiram que o benefício constituía privilégio sem justificativa racional, a violar a isonomia tributária. Prevaleceu o ponto de vista de que não são somente os oficiais de justiça que fazem uso, entre as categorias que compõem o funcionalismo público, dos carros particulares para o cumprimento de deveres funcionais, com o que não haveria justificativa plausível para o tratamento pontual estabelecido na lei de Mato Grosso. O único voto vencido foi o do Ministro Marco Aurélio, que, contudo, não ofereceu qualquer argumento no sentido da adequação da norma ao princípio da isonomia, limitando-se a argumentar, em seu voto, que a lei não configurava uma medida de guerra fiscal (p. 19 do acórdão).

Em 2016, a legislação tributária federal criou uma hipótese de tratamento diferenciado que vem despertando acesa controvérsia. Trata-se do Regime Especial de Regularização Cambial e Tributária (RERCT) criado pela Lei nº 12.354/2016. Esse regime se refere a recursos, bens ou direitos de origem lícita, não declarados ou declarados incorretamente, remetidos, mantidos no exterior ou repatriados

---

[981] STF, ADI nº 1.655, Relator Ministro Maurício Corrêa, *DJ*, 2 abr. 2004.
[982] STF, ADI nº 1.276, Relator Ministra Ellen Gracie, *DJ*, 29 nov. 2002.
[983] STF, ADI nº 3.260, Relator Ministro Eros Grau, *DJ*, 29 jun. 2007.
[984] STF, ADI nº 4.259, Relator Ministro Edson Fachin, *DJ*, 16 mar. 2016.
[985] STF, ADI nº 4.276, Relator Ministro Luiz Fux, *DJ*, 18 set. 2014.

por residentes ou domiciliados no Brasil. O benefício previsto na lei é o seguinte: ao declarar ao fisco federal os recursos, bens e direitos, e ao mesmo tempo sobre eles pagar o imposto sobre a renda (15%) e a multa (100% do imposto devido), o contribuinte ganha, em troca, a extinção da punibilidade de uma série de crimes por ele possivelmente cometidos.

A aplicação desse regime, que gerou a arrecadação ao fisco federal de R$50 bilhões de reais em 2016, foi negada pela lei (art. 11) aos "detentores de cargos, empregos e funções públicas de direção ou eletivas", bem como "ao respectivo cônjuge e aos parentes consanguíneos ou afins, até o segundo grau ou por adoção, na data de publicação desta Lei". A possível violação dessa norma ao princípio da igualdade tributária (art. 150, II da Constituição) foi sustentada numa ação direta de inconstitucionalidade (ADI nº 5.586) distribuída por um partido político ao STF em 6.9.2016. Como era de se prever, o Tribunal não se manifestou sobre o pedido cautelar da ação antes do término do prazo para que os beneficiários do regime promovessem a declaração dos recursos e o pagamento do imposto e da multa.

Ainda passando em revista decisões recentes do STF relacionadas com o tema da isonomia tributária, é de se registrar a curiosa diferença de tratamento tributário estabelecida – pelo Tribunal e não pela legislação – entre o transporte de passageiros por via aérea e por via terrestre. No primeiro caso, no transporte de passageiros por via aérea, o Tribunal entendeu que a incidência do ICMS seria inconstitucional;[986] no segundo caso, no transporte de passageiros por via terrestre, o Tribunal entendeu que a cobrança do ICMS é válida.[987]

A segunda parte do art. 150, II, da Constituição tem uma explicação histórica concreta, relacionada à legislação do imposto sobre a renda das pessoas físicas. A Carta de 1967-69, ao instituir a competência federal para cobrar o imposto sobre a renda, dispunha que essa competência não incluía a tributação de "ajuda de custo e diárias pagas pelos cofres públicos na forma da lei" (art. 21, IV). Com base nessa ressalva constitucional, diplomas legislativos instituíram isenções do imposto de renda relativamente a diversos tipos de proventos recebidos por prestigiosas categorias de servidores públicos, como magistrados, legisladores e militares. Um exemplo é a norma do art. 2º do Decreto-Lei nº 2.019/1983, que determinou a não incidência do imposto sobre a renda relativamente às verbas de representação dos magistrados.

Foi exatamente para revogar esses privilégios do regime anterior que a segunda parte do art. 150, II, da Constituição vedou expressamente o estabelecimento de distinções tributárias "em razão de ocupação profissional ou função" exercida pelos contribuintes, bem como o estabelecimento de distinções levando em conta a denominação jurídica dos rendimentos, títulos ou direitos. Com efeito, a legislação do regime anterior era pródiga em conceder isenções do imposto de renda levando

---

[986] STF, ADI nº 1.600, Redator do Acórdão Ministro Nelson Jobim. *DJ*, 20 jun. 2003.
[987] STF, ADI nº 2.669, Redator do Acórdão Ministro Marco Aurélio. *DJ*, 6 ago. 2014. Para uma análise específica e detalhada dessa questão, *vide* GODOI, Marciano Seabra de. A jurisprudência do Supremo Tribunal Federal e a curiosa diferença de tratamento tributário no transporte de passageiros por vias aérea e terrestre. *Revista de Estudos Institucionais*, v. 2, p. 443-466, 2016.

em conta simplesmente a denominação "verba de representação", ou "diária", relativamente à remuneração de determinados servidores públicos.

Mas não se deve dar uma interpretação estritamente literal a essa segunda parte do art. 150, II, da Constituição, pois em alguns casos poderá ser justificada uma diferenciação tributária em função da ocupação profissional dos contribuintes. Isto ocorreu no julgamento da ADI nº 1.643,[988] em que o STF considerou válido que a legislação que confere tratamento tributário favorecido e facilitado às micro e pequenas empresas (Simples) exclua desse tratamento os indivíduos e sociedades que se dediquem às profissões liberais (advogados, médicos etc.). Segundo a decisão da maioria do STF, o trato diferenciado estaria justificado, pois os profissionais liberais não sofrem, como os micro e pequenos comerciantes, o impacto do domínio do mercado pelas grandes empresas, não estão inseridos na economia informal e não necessitam de uma especial assistência do Estado para disputar o mercado de trabalho.

Vale lembrar que, a partir da Lei Complementar nº 147/2014, as atividades das profissões liberais estão autorizadas a usufruir do regime do Simples. Com relação a tal regime, não pode dele se beneficiar a empresa que possua débito com o Instituto Nacional do Seguro Social ou com as fazendas públicas federal, estadual ou municipal, cuja exigibilidade não esteja suspensa (art. 17, V da Lei Complementar nº 123/2006). No julgamento do RE nº 627.543,[989] o STF decidiu que tal regra não viola a igualdade tributária, visto que seria "desarrazoado" o favorecimento de contribuintes que participassem do mercado com uma vantagem competitiva decorrente de sua condição de inadimplentes para com a Fazenda Pública. Ainda nesse acórdão do RE nº 627.543, considerou-se que a vedação de que empresas inadimplentes para com a Fazenda Pública participem do regime do Simples não configura sanção política (meio indireto de cobrança tributária) e sim um simples requisito para fruição de regime tributário favorecido e facultativo.

### 4.5.1.1 Alíquotas agravadas de contribuições sociais para as instituições financeiras

No caso das contribuições sociais de seguridade social devidas pelo empregador, empresa ou entidade a ela equiparada (art. 195, I da Constituição), o Supremo Tribunal Federal considerou válida a alíquota adicional de 2,5% sobre a folha de salários das instituições financeiras (e entidades a elas equiparadas). Tal foi a decisão unânime no RE nº 598.572,[990] que fixou a seguinte tese jurídica (Tema nº 204 da sistemática de repercussão geral): "É constitucional a previsão legal de diferenciação de alíquotas em relação às contribuições previdenciárias incidentes sobre a folha de salários de instituições financeiras ou de entidades a elas legalmente equiparadas, após a edição da EC 20/98". A referência à EC nº 20/98 se deve a que tal diploma acrescentou ao

---

[988] STF, ADI nº 1.643, Relator Ministro Maurício Corrêa, *DJ*, 14 mar. 2003.
[989] STF, RE nº 627.543, Relator Ministro Dias Toffoli, *DJ*, 29 out. 2014.
[990] STF, RE nº 598.572, Relator Ministro Edson Fachin, *DJ*, 9 ago. 2016.

art. 195 um parágrafo (§9º) autorizando que as contribuições sociais de seguridade social do empregador/empresa tenham "alíquotas ou bases de cálculo diferenciadas, em razão da atividade econômica ou da utilização intensiva de mão-de-obra".[991] Quanto ao adicional de 2,5% na contribuição sobre a folha devido pelas instituições financeiras no período anterior à edição da EC nº 20/98, o tema foi apreciado em 2018 no julgamento do RE nº 599.309 (Tema nº 470).

Na segunda edição deste *Curso* (2017), afirmamos que, como quase todos os ministros que votaram no RE nº 598.572 basearam seus votos no argumento de que as instituições financeiras teriam maior capacidade contributiva que os demais setores, e que tal diferenciação se justifica pelo princípio da equidade na forma de participação no custeio da seguridade social (art. 194, parágrafo único, V da Constituição), era muito provável que a diferenciação fosse também considerada válida pelo STF inclusive no período anterior à EC nº 20/98 (Tema nº 470 da repercussão geral, RE nº 599.309). De fato, tal ocorreu. No julgamento realizado em 6.6.2018 no Plenário, a maioria dos ministros considerou válido o adicional inclusive antes da EC nº 20/98, vencido o Ministro Marco Aurélio.[992]

Em julgamento semelhante ao comentado acima, e ocorrido no mesmo dia, o Plenário do STF também considerou válida, vencido o Ministro Marco Aurélio, a majoração de 3% para 4% da alíquota da contribuição da COFINS devida pelas instituições financeiras, dando ao Tema nº 515 da repercussão geral a seguinte tese de julgamento: "É constitucional a majoração diferenciada de alíquotas em relação às contribuições sociais incidentes sobre o faturamento ou a receita de instituições financeiras ou de entidades a elas legalmente equiparáveis".[993]

### 4.5.1.2 Tratamento tributário mais gravoso de sociedades de economia mista e empresas públicas em relação a empresas concorrentes do setor privado

Em seu art. 173, §1º, a redação original da Constituição de 1988 dispunha que "a empresa pública, a sociedade de economia mista e outras entidades que explorem atividade econômica sujeitam-se ao regime jurídico próprio das empresas privadas, inclusive quanto às obrigações trabalhistas e tributárias".

---

[991] A atual redação desse dispositivo, conferida pela EC nº 103/2019, é a seguinte: "As contribuições sociais previstas no inciso I do caput deste artigo poderão ter alíquotas diferenciadas em razão da atividade econômica, da utilização intensiva de mão de obra, do porte da empresa ou da condição estrutural do mercado de trabalho, sendo também autorizada a adoção de bases de cálculo diferenciadas apenas no caso das alíneas 'b' e 'c' do inciso I do caput".

[992] STF, RE nº 599.309, Rel. Min. Ricardo Lewandowski, DJ 12 dez. 2019.

[993] RE nº 656.089. Rel. Min. Dias Toffoli, DJ 11 dez. 2019. Sobre esse tema, e sustentando ponto de vista contrário ao que prevaleceu no Plenário do STF, *vide* GODOI, Marciano Seabra de. O tratamento agravado das instituições financeiras na legislação das contribuições sociais sobre o lucro e sobre a folha de salários e demais rendimentos do trabalho In: PAULSEN, Leandro; CARDOSO, Alessandro Mendes (Coord.). *Contribuições previdenciárias sobre a remuneração*. Porto Alegre: Livraria do Advogado, 2013. p. 67-80.

Após a EC nº 19/1998, o texto constitucional passou a ter nova redação:

> Art. 173. [...]
> §1º A lei estabelecerá o estatuto jurídico da empresa pública, da sociedade de economia mista e de suas subsidiárias que explorem atividade econômica de produção ou comercialização de bens ou de prestação de serviços, dispondo sobre:
> I - sua função social e formas de fiscalização pelo Estado e pela sociedade;
> II - a sujeição ao regime jurídico próprio das empresas privadas, inclusive quanto aos direitos e obrigações civis, comerciais, trabalhistas e tributários; [...].

Não obstante a literalidade do dispositivo constitucional no sentido de que empresas públicas e sociedades de economia mista que explorem atividade econômica devem ter regimes tributários "próprios" dos regimes de seus concorrentes no setor privado, o Plenário do STF decidiu que é válido o regime tributário mais gravoso da contribuição do Pasep ao qual devem se submeter as empresas públicas.

Mesmo reconhecendo que o regime tributário da contribuição ao PIS (ao qual se sujeitam os bancos privados, por exemplo) é mais benéfico do que o regime tributário da contribuição ao Pasep (ao qual se sujeitam as empresas públicas), o tribunal considerou que a norma constitucional representa garantia ao setor privado e não às empresas públicas, e fixou a seguinte tese:

> Não ofende o art. 173, §1º, II, da Constituição Federal, a escolha legislativa de reputar não equivalentes a situação das empresas privadas com relação a das sociedades de economia mista, das empresas públicas e respectivas subsidiárias que exploram atividade econômica, para fins de submissão ao regime tributário das contribuições para o PIS e para o PASEP, à luz dos princípios da igualdade tributária e da seletividade no financiamento da Seguridade Social.[994]

### 4.5.1.3 Parcelamentos e vedação de inclusão de valores depositados em juízo

Pode uma portaria do Ministério da Fazenda dispor que determinado parcelamento de débitos tributários não seja franqueado a contribuintes que tenham ingressado com ação judicial e efetuado o depósito do tributo em juízo? No RE nº 640.905,[995] o Plenário decidiu, por maioria de 6 x 5 votos, que tal limitação é constitucional. Segundo o entendimento da maioria dos ministros, a Portaria nº 655/1993 não viola a isonomia, visto que o critério de distinção guarda relação lógica com o objetivo pretendido pela norma: induzir os contribuintes em mora a regularizar sua situação (no caso de contribuintes com depósitos judiciais, essa indução não faria sentido visto

---

[994] STF, RE nº 577.494. Rel. Min. Edson Fachin. *DJ*, 1º mar. 2019.
[995] STF, RE nº 640.905, Rel. Min. Luiz Fux. *DJ*, 1º fev. 2018.

que a conversão dos depósitos em renda tributária é uma decorrência automática do desfecho da ação favorável ao fisco). Tal precedente do STF, independentemente de ter sido acertado ou não, mostra-se bastante relevante, haja vista a frequência com que parcelamentos tributários são criados no Brasil, sendo que é bastante comum que débitos com depósito judicial não sejam considerados (pela lei ou por atos infralegais) passíveis de inclusão em referidos parcelamentos.

### 4.5.1.4 Tratamento agravado do IRPF em relação a não residentes e isonomia tributária

O art. 7º da Lei nº 9.779/1999, na redação dada pela Lei nº 13.315/2016, dispõe que:

> Art. 7.º Os rendimentos do trabalho, com ou sem vínculo empregatício, de aposentadoria, de pensão e os da prestação de serviços, pagos, creditados, entregues, empregados ou remetidos a residentes ou domiciliados no exterior, sujeitam-se à incidência do imposto de renda na fonte à alíquota de 25% (vinte e cinco por cento).

No julgamento do Recurso Extraordinário com Agravo nº 1.327.491, o plenário do STF decidiu que tal norma viola a isonomia, visto que tais rendimentos, para os contribuintes residentes no país, são submetidos a uma tabela de alíquotas progressivas, e não a uma alíquota única de 25%. Além disso, decidiu-se que haveria desrespeito à vedação de instituir tributo com efeito de confisco. Segundo entendeu a unanimidade dos ministros, não há "justificativa razoável para o tratamento tributário em questão aos residentes e domiciliados no exterior, o qual é, em termos gerais e abstratos, muitíssimo mais gravoso do que aquele conferido aos residentes e domiciliados no Brasil em situações similares". Com a decisão, aplica-se a tabela progressiva de alíquotas do IRPF também aos rendimentos do trabalho, com ou sem vínculo empregatício, de aposentadoria, de pensão e os da prestação de serviços, pagos, creditados, entregues, empregados ou remetidos a residentes ou domiciliados no exterior.[996]

## 4.5.2 Tratamento do tema da capacidade econômica na Constituição de 1988

Até 1988, o único texto constitucional a dispor expressamente sobre a capacidade econômica como critério de distribuição do ônus tributário havia sido o de 1946, que em seu art. 202 dispunha: "os tributos terão caráter pessoal sempre que isso for possível, e serão graduados conforme a capacidade econômica do contribuinte".

Nas cartas constitucionais do período militar, nada se disse a respeito da capacidade econômica como critério de graduação tributária. Aliás, antes mesmo da

---

[996] STF, ARE nº 1.327.491, Relator Ministro Dias Toffoli, DJ 29 out. 2024.

adoção da Carta de 1967, o art. 202 da Constituição de 1946 já havia sido expressamente revogado pela Emenda nº 18/1965. É provável que, na visão da tecnocracia responsável pela ampla reforma tributária de 1965, esse art. 202 constituísse uma norma excessivamente aberta e vaga, podendo servir inclusive a interferências judiciais indevidas na condução da política fiscal pelo Poder Executivo. Doutrinadores apegados a um formalismo e conceitualismo extremo consideravam que a capacidade econômica não tinha qualquer conteúdo jurídico próprio, e que o art. 202 da Constituição de 1946 havia promovido a "constitucionalização do equívoco".[997]

Foi com inegável inspiração nesse dispositivo da Constituição de 1946 que o texto constitucional de 1988 inseriu a capacidade econômica entre as normas relativas aos "princípios gerais" do sistema tributário nacional, determinando o seguinte em seu art. 145, §1º:

> Sempre que possível, os impostos terão caráter pessoal e serão graduados segundo a capacidade econômica do contribuinte, facultado à administração tributária, especialmente para conferir efetividade a esses objetivos, identificar, respeitados os direitos individuais e nos termos da lei, o patrimônio, o rendimento e as atividades econômicas do contribuinte.

Esse dispositivo constitucional caracteriza o caráter pessoal dos impostos e sua graduação segundo a capacidade econômica do contribuinte como "objetivos" a serem perseguidos "sempre que possível". Não se trata, portanto, de uma típica *regra*, no sentido de determinação normativa de caráter definitivo e peremptório. O caráter pessoal dos impostos e sua graduação segundo a capacidade econômica do contribuinte parecem encaixar-se muito bem na condição de *princípios jurídicos*, enquanto "normas que ordenam que algo seja realizado na maior medida possível dentro das possibilidades fáticas e jurídicas existentes".[998]

Impostos com *caráter pessoal* são aqueles cujo fato gerador e base de cálculo são definidos pela legislação levando em conta circunstâncias pessoais de cada contribuinte. O imposto de renda da pessoa física tem nítido caráter pessoal: as circunstâncias pessoais do contribuinte (se tem muitos ou poucos dependentes, se incorre em muitas ou poucas despesas médicas consigo e com seus dependentes, se padece ou não de determinadas doenças muito graves etc.) influem diretamente sobre a intensidade do dever de pagar o tributo.

Na maioria dos impostos previstos na Constituição (arts. 153, 155 e 156), o caráter pessoal fica em segundo plano, ganhando maior relevância as características objetivas encontráveis no próprio fato gerador do tributo. Veja-se o caso do IPVA. As condições pessoais do proprietário do veículo em princípio não influenciam seu dever tributário, o que importa são as condições objetivas do próprio veículo automotor

---

[997] Vide BECKER, Alfredo Augusto. *Teoria geral do direito tributário*. São Paulo: Saraiva, 1963. p. 441.
[998] ALEXY, Robert. *Teoria dos direitos fundamentais*. Tradução: Virgílio Afonso da Silva. São Paulo: Malheiros, 2008. p. 90.

(seu tipo, sua utilização, e principalmente seu valor econômico). O mesmo se diga em relação ao IPTU: dois vizinhos proprietários de idênticos imóveis em dado edifício de apartamentos terão o mesmo valor a pagar a título do imposto, não importando se um deles está desempregado e tem família numerosa, enquanto o outro é solteiro e aufere vultosos rendimentos. Por isso o IPVA e o IPTU são exemplos de impostos reais – reais no sentido de estruturados em torno das características de uma coisa (*res*).

Nada impede que o legislador insira alguns aspectos pessoais em impostos reais, como a criação de isenção do IPTU para proprietários aposentados com renda até 1 salário mínimo, ou como a criação de isenção de IPVA para pessoas com deficiência (proprietárias de veículos adaptados). Essas medidas pontuais, contudo, não subvertem a lógica real dos referidos impostos. Conferir caráter pessoal a impostos reais (IPTU, ITR, IPVA) ou sobre o consumo (ICMS, IPI, ISSQN) é tarefa que esbarra em diversos empecilhos de natureza fática e jurídica. Por exemplo: como viabilizar a praticidade do recolhimento do ICMS sobre a venda de determinada mercadoria se a base de cálculo do imposto levar em conta características pessoais do comprador? Como viabilizar a fiscalização e cobrança do IPVA se a base de cálculo do imposto levar em conta a vida econômica do proprietário do veículo? Além disso, há o risco de desnaturar determinado imposto caso se introduzam em sua sistemática dados pessoais estranhos ao seu fato gerador propriamente dito: esse foi o problema que levou o STF a declarar inválida a cobrança de IPTU que levava em conta o total de imóveis de propriedade de cada contribuinte (Súmula nº 589).

Quanto à capacidade econômica, esta se faz presente tanto nos impostos pessoais quanto nos impostos reais e sobre o consumo. Com efeito, todos os impostos previstos na Constituição (arts. 153, 155 e 156) apresentam fatos geradores (renda, propriedade, transferência de bens e direitos, prestação de serviços etc.) que consubstanciam fatos, atos, negócios ou operações com nítida relevância econômica. Os fatos geradores são sempre signos presuntivos de riqueza.

Nem sempre é possível *graduar* a intensidade do tributo conforme a capacidade econômica subjetiva do contribuinte. No imposto de renda e no imposto sobre grandes fortunas, a graduação do imposto de fato se faz levando em conta a capacidade econômica efetiva, real e global do contribuinte. Já nos impostos reais e sobre o consumo, a graduação do tributo se faz levando em conta a capacidade econômica manifestada objetivamente na realização do fato gerador.

Nos impostos indiretos sobre o consumo (ICMS, IPI), a Constituição indica que se deve levar em consideração a capacidade econômica manifestada objetivamente pelo consumidor final dos produtos, mercadorias e serviços, capacidade econômica que não se confunde com a capacidade econômica subjetiva do contribuinte do imposto propriamente dito (fabricante/vendedor). Por isso a Constituição se refere à *seletividade* desses impostos (arts. 153, §3º, I, e 155, §2º, III), por meio da qual a intensidade da tributação leva em conta a *essencialidade* dos produtos (no caso do IPI), mercadorias e serviços (no caso do ICMS).

### 4.5.2.1 A tarefa de dar efetividade ao princípio da capacidade econômica e o acesso da fiscalização tributária a informações bancárias do contribuinte

O §1º do art. 145 da Constituição, em sua parte final, determina que, especialmente para conferir efetividade aos objetivos de imprimir caráter pessoal e graduar os impostos segundo a capacidade econômica do contribuinte, fica facultado à administração tributária "identificar, respeitados os direitos e garantias individuais e nos termos da lei, o patrimônio, o rendimento e as atividades econômicas do contribuinte".

Até o advento da Lei Complementar nº 105/2001, a administração tributária somente poderia ter acesso a informações bancárias dos contribuintes caso esses se dispusessem voluntariamente a oferecê-las. Na recusa do contribuinte, o fisco somente poderia ter acesso a tais informações mediante uma autorização judicial prévia, em que se verificasse a existência de indícios de alguma irregularidade cometida pelo contribuinte.

Com a Lei Complementar nº 105/2001, essa situação se altera e passa-se a obrigar as instituições financeiras a prestar ao fisco dois tipos de informações bancárias sobre seus clientes, independentemente de decisão judicial prévia autorizativa.

O primeiro tipo de acesso (art. 5º da LC) se refere à entrega periódica e automática ao fisco federal de "informes relacionados com a identificação dos titulares das operações e os montantes globais mensalmente movimentados, vedada a inserção de qualquer elemento que permita identificar a sua origem ou a natureza dos gastos a partir deles efetuados".

O segundo tipo de acesso se refere à entrega, por parte de instituições financeiras a autoridades fiscais federais, estaduais e municipais, de "documentos, livros e registros" referentes a "contas de depósitos e aplicações financeiras". Neste segundo caso, as informações são muito mais detalhadas e, por isso, somente podem ser requeridas pelo fisco "quando houver processo administrativo instaurado ou procedimento fiscal em curso e tais exames sejam considerados indispensáveis pela autoridade administrativa competente" (art. 6º da LC nº 105/2001).

Ambos os tipos de informação devem, segundo a LC nº 105, ser mantidos sob sigilo fiscal, cuja violação é sancionada administrativa, civil e criminalmente pelos arts. 10 e 11 da LC nº 105/2001.

A legislação instituidora da possibilidade de acesso da fiscalização tributária a informações bancárias dos contribuintes sem prévia autorização judicial foi tida por inconstitucional e abusiva por parte de diversos setores sociais, motivando o ajuizamento de quatro ações diretas de inconstitucionalidade (ADIs nº 2.390, 2.386, 2.397 e 2.859), além, naturalmente, de numerosas lides individuais sobre a matéria.

Após debruçar-se sobre o tema por longos 15 anos (a ADI nº 2.386 foi ajuizada no início de 2001), e após ter sinalizado em 2010 (no julgamento do RE nº 389.808) que tomaria uma posição no sentido da inconstitucionalidade da LC nº 105, o STF finalmente decidiu que o acesso do fisco a informações bancárias do contribuinte, mesmo sem exame jurisdicional prévio, é constitucional.[999]

O acórdão das ADIs, por maioria, contra o voto dos ministros mais longevos na Corte (Celso de Mello e Marco Aurélio), afirmou que a LC nº 105 determinou a simples

> transferência de dados sigilosos de um determinado portador, que tem o dever de sigilo, para outro, que mantém a obrigação de sigilo, permanecendo resguardadas a intimidade e a privacidade e a vida privada do correntista, exatamente como determina o art. 145, §1º, da Constituição Federal.[1000]

Ainda no acórdão conjunto das ADIs, afirmou-se que, correlato aos generosos direitos individuais, sociais, econômicos e culturais do cidadão previstos na Constituição de 1988, figura também o dever fundamental de pagar tributos, "visto que são eles que, majoritariamente, financiam ações estatais voltadas à concretização dos direitos do cidadão". No quadro dessa equação entre direitos e deveres, considerou-se que seria necessário adotar "mecanismos efetivos de combate à sonegação fiscal, sendo o instrumento fiscalizatório instituído nos arts. 5º e 6º da Lei Complementar 105/2001 de extrema significância nessa tarefa".

O acórdão do RE nº 601.314 caminhou na mesma trilha de fundamentação das ADIs, e fixou a tese (Tema nº 225 da sistemática de repercussão geral) de que "O artigo 6º da Lei Complementar 105/2001 não ofende o direito ao sigilo bancário, pois realiza a igualdade entre os cidadãos, por meio do princípio da capacidade contributiva, bem como estabelece requisitos objetivos e o traslado do dever de sigilo da esfera bancária para a esfera fiscal".[1001] No acórdão relativo às ADIs, faz-se uma expressa ressalva no sentido de que estados e municípios:

> somente poderão obter as informações de que trata o art. 6º da Lei Complementar 105 quando a matéria estiver devidamente regulamentada, de maneira análoga ao Decreto Federal 3.724/2001, de modo a resguardar as garantias processuais do contribuinte, na forma preconizada na Lei 9.784/2000, e o sigilo dos seus dados bancários.

---

[999] STF, ADIs nº 2.390, 2.386, 2.397 e 2.859, Relator Ministro Dias Toffoli. *DJ*, 21 out. 2016 e RE nº 601.314, Relator Ministro Edson Fachin, *DJ*, 16 set. 2016.

[1000] STF, julgamento conjunto das ADIs nº 2.390, 2.386, 2.397 e 2.859. *DJ*, 21 out. 2016 Ementa oficial do acórdão, sob relatoria do Ministro Toffoli.

[1001] Cf. FREITAS JÚNIOR, Efigênio de. O entendimento do STF pela constitucionalidade do acesso do fisco aos dados bancários dos contribuintes e o peso dos compromissos internacionais assumidos pelo Brasil. *In*: MURICI, Gustavo Lanna; CARDOSO, Oscar Valente; RODRIGUES, Raphael Silva. *Estudos de direito processual e tributário em homenagem ao Ministro Teori Zavascki*. Belo Horizonte: D'Plácido, 2018. p. 371-393. Sobre a fundamentação desse acórdão na existência do direito fundamental de pagar impostos, cf. GODOI, Marciano Seabra de. O que está em jogo com a afirmação de que o pagamento de tributos é um dever fundamental? *In*: GODOI, Marciano Seabra de; ROCHA, Sergio André. (Org.). *O dever fundamental de pagar impostos – O que realmente significa e como vem influenciando nossa jurisprudência?* Belo Horizonte: D'Plácido, 2017. p. 185-212.

Em 2019,[1002] o Plenário do STF analisou a possibilidade de a administração tributária enviar ao Ministério Público, para fins de instrução da ação penal, informações sobre os créditos tributários constituídos contra os contribuintes independentemente de conhecimento e autorização judicial prévios. A tese fixada pela maioria dos ministros neste julgamento, vencidos os ministros Celso de Mello e Marco Aurélio (que exigiam a autorização judicial prévia), foi a seguinte:

a) É válido o compartilhamento, com os órgãos de persecução penal para fins criminais, dos relatórios de inteligência financeira do Conselho de Controle de Atividades Financeiras – Coaf e da íntegra do procedimento fiscalizatório da Receita Federal do Brasil que define o lançamento do tributo, sem a obrigatoriedade de prévia autorização judicial, devendo ser resguardado o sigilo das informações em procedimentos formalmente instaurados e sujeitos a posterior controle jurisdicional.

b) O compartilhamento das informações deve ser feito unicamente por meio de comunicações formais, com garantia de sigilo, certificação do destinatário e estabelecimento de instrumentos efetivos de apuração e correção de eventuais desvios.

## 4.5.3 Jurisprudência do STF sobre capacidade econômica e progressividade de alíquotas[1003]

### 4.5.3.1 IPTU e progressividade de alíquotas em razão do valor do imóvel: RE nº 153.771 (1996), Súmula STF nº 668 (2010) e RE nº 602.347 (2016)

Em 1996, o Plenário do STF entendeu que era inconstitucional a fixação, pelo legislador municipal, de alíquotas progressivas do IPTU em razão do valor do imóvel.[1004] Segundo o Tribunal, da interpretação do art. 145, §1º, da Constituição decorreria que a pessoalidade e a capacidade econômica somente se aplicam aos impostos pessoais, como o imposto de renda. Como o IPTU é um imposto real, a ele não se poderia aplicar o critério da capacidade econômica e, consequentemente, a progressividade de alíquotas (progressão de alíquotas à medida que aumenta a base de cálculo do imposto). Na visão do Tribunal, o art. 145, §1º, da Constituição determinaria que a capacidade econômica somente pode ser aferida em relação à *pessoa* do contribuinte (sua renda ou seu patrimônio globalmente considerado), e nunca em relação a uma coisa isolada e em si mesma, como se dá no caso do fato

---

[1002] STF, RE nº 1.055.941. Rel. Min. Dias Toffoli, Pleno. DJ, 18 mar. 2021.

[1003] Esta seção corresponde a uma atualização do capítulo dedicado ao tema da progressividade em GODOI, Marciano Seabra de. *Crítica à jurisprudência atual do STF em matéria tributária*. São Paulo: Dialética, 2011. p. 96-113.

[1004] STF, RE nº 153.771, Redator do Acórdão Ministro Moreira Alves, Pleno. *DJ*, 5 set. 1997.

gerador do IPTU. A progressividade, vista como necessariamente uma decorrência da capacidade econômica, foi tida como logicamente incompatível com os impostos reais.

A nosso ver, essa interpretação do art. 145, §1º, da Constituição estava equivocada. É certo que a capacidade econômica encontra seu campo ideal de aplicação num imposto sobre os rendimentos globais de uma pessoa física ou jurídica. Mas disso não resulta que em um imposto real como o IPTU não se possa ou não se deva levar em conta a capacidade econômica do contribuinte. Aliás, o Ministro Moreira Alves não percebeu que mesmo no tradicional sistema do IPTU proporcional, de alíquotas fixas aplicadas sobre o valor venal do imóvel, a capacidade econômica do contribuinte revelada pela propriedade do imóvel é naturalmente levada em conta pela legislação. Se a lei não levasse em conta a capacidade econômica para estabelecer o IPTU, teríamos, por exemplo, a técnica da capitação, pela qual todos os proprietários pagariam a título de imposto um mesmo valor em moeda corrente. Vale dizer, o próprio fato de o IPTU ter por base de cálculo o valor venal do imóvel (sobre o qual se aplica uma alíquota) é uma evidência de que a obrigação tributária foi estipulada levando-se em conta a capacidade econômica.

Por que consideramos perfeitamente válido e ajustado à Constituição um imposto sobre a propriedade imobiliária ou sobre a propriedade de um veículo automotor que tome por base de cálculo o valor dos bens, mas reputaríamos completamente inválido e mesmo estapafúrdio um imposto calculado sobre o número de pintas que uma pessoa tem no rosto, ou um imposto segundo o qual toda pessoa calva devesse recolher ao Estado anualmente uma quantia fixa em reais? Porque no caso do IPTU temos um imposto que grava uma clara manifestação de capacidade econômica (ainda que tomada em seu aspecto objetivo), e nos outros casos temos um imposto cujo fato gerador em nada pode fazer presumir qualquer tipo de capacidade econômica de quem é chamado a pagar o tributo.

Nos impostos reais, não se leva em conta a capacidade econômica global e subjetiva do contribuinte (tal como poderia e deveria ocorrer no imposto de renda da pessoa física), mas sim a capacidade econômica manifestada por um dado fato econômico objetivamente considerado. Nos impostos reais, são limitadas as possibilidades de personalização da imposição. A exigência do IPTU não pode ser quantificada pelo legislador tomando por parâmetro, por exemplo, o patrimônio global do contribuinte, ou sua renda, ou seu consumo, pois neste caso teríamos a desnaturação ou o desvirtuamento constitucional do imposto, o legislador estaria instituindo um imposto distinto daquele cuja competência lhe foi fixada na Constituição.

O Ministro Sepúlveda Pertence afirmou em seu voto no RE nº 153.771 que sua conclusão pela inconstitucionalidade do IPTU progressivo em razão do valor do imóvel foi determinada pelo conteúdo da segunda parte do art. 145, §1º, da Constituição. Como visto antes, esta segunda parte do dispositivo determina que, "especialmente" para "conferir efetividade" aos "objetivos" de emprestar caráter pessoal e graduar os impostos segundo a capacidade econômica do contribuinte, é "facultado à administração tributária identificar, respeitados os direitos individuais e nos termos da lei, o patrimônio, os rendimentos e as atividades econômicas dos contribuintes".

A interpretação do Ministro Sepúlveda Pertence foi a de que este trecho do art. 145, §1º, da Constituição estaria a) obrigando o legislador a somente tomar como critério de graduação do imposto a "capacidade econômica efetiva, real e global do contribuinte", e b) refutando "a tese de que a propriedade imobiliária de grande valor geraria presunção *juris et de jure* de capacidade contributiva".

Essa interpretação nos parece equivocada. Ao contrário do que supôs o ministro, a parte final do art. 145, §1º, da Constituição trata de atribuir uma *faculdade* à "administração tributária", e não de fixar critérios segundo os quais o legislador deve se guiar no desenho dos elementos da obrigação tributária. A referência, no final do art. 145, §1º, da Constituição, à identificação do "patrimônio", "rendimentos" e "atividades do contribuinte", foi claramente feita no contexto dos poderes de fiscalização da administração tributária. A parte final do art. 145, §1º, refere-se ao clássico problema dos poderes de fiscalização da administração tributária ante os direitos individuais de intimidade e privacidade do contribuinte (o caso do sigilo bancário e sua possível flexibilização ante a administração tributária), e não guarda qualquer relação com a forma de o legislador aplicar a capacidade econômica no desenho de cada tributo.

Além de contrária à literalidade da parte final do art. 145, §1º, da Constituição, o raciocínio do Ministro Sepúlveda Pertence leva ao seguinte paradoxo: praticamente toda a discriminação constitucional de competências tributárias realizada pela Constituição de 1988 em seus arts. 153 a 156 seria alheia ou infensa ao princípio da capacidade econômica tratado no art. 145, §1º, pois dos 13 impostos discriminados na Constituição, somente dois são guiados pela "capacidade econômica efetiva, real e global do contribuinte": o imposto de renda e o imposto sobre grandes fortunas. Todos os demais impostos (sobre a propriedade imóvel, sobre a propriedade de veículos automotores, sobre o consumo, sobre a transferência de propriedade, sobre o comércio exterior) captam a capacidade econômica de uma forma objetiva e presumida.

Quatro anos após o STF haver rechaçado por inconstitucional a progressividade fiscal do IPTU (RE nº 153.771), o Congresso Nacional promulgou a Emenda Constitucional nº 29/2000, que em seu art. 3º alterou a redação originária do art. 156, §1º, da Constituição, para determinar que, sem prejuízo da progressividade extrafiscal a que alude o art. 182, §4º, da Constituição, o IPTU "poderá ser progressivo em razão do valor do imóvel" (redação atual do art. 156, §1º, I, da Constituição).

Tendo como principal precedente o acórdão do RE nº 153.771, foi aprovada pelo STF na sessão plenária de 24.9.2003 a Súmula nº 668, *verbis*: "É inconstitucional a lei municipal que tenha estabelecido, antes da Emenda Constitucional 29/2000, alíquotas progressivas para o IPTU, salvo se destinada a assegurar o cumprimento da função social da propriedade urbana".

Aprovada a Súmula nº 668, remanesceu a seguinte questão: a inconstitucionalidade da lei municipal estabelecedora da progressividade de alíquotas no período anterior à EC nº 29/2000 obsta a cobrança do imposto pela alíquota mínima prevista em lei?

As turmas do STF apresentavam julgados em ambos os sentidos, até que em 2015 essa questão foi pacificada, com o julgamento do RE nº 602.347,[1005] no qual se fixou a seguinte tese (Tema nº 226 da repercussão geral): "Declarada inconstitucional a progressividade de alíquota tributária, é devido o tributo calculado pela alíquota mínima correspondente, de acordo com a destinação do imóvel". Nos termos do voto do relator, Ministro Edson Fachin, a Corte adotou o princípio de que a inconstitucionalidade não deve ser estendida a partes da lei que podem subsistir de forma autônoma e, nesse caso, considerou-se que, adotada a alíquota mínima sobre a base de cálculo, a tributação pelo IPTU seria proporcional, e não progressiva. Ainda segundo o relator, solução contrária geraria "injustiça fiscal", atentaria contra o "legítimo interesse de cobrar tributos democraticamente pactuados pela comunidade política" e contribuiria para a "regressividade do sistema tributário como um todo".

### 4.5.3.2 IPTU e progressividade de alíquotas em razão do valor do imóvel após a EC nº 29/2000: RE nº 423.768 (2010)

Contra o art. 3º da EC nº 29/2000, acima mencionada, foi proposta a ADI nº 2.732, em 2002, pela Confederação Nacional do Comércio. Na inicial da ADI, sustenta-se que o art. 3º da EC nº 29 contraria frontalmente o que restou decidido pelo STF no RE nº 153.771, e conclui-se pela inconstitucionalidade da nova redação do art. 156, §1º, da Constituição, por violação aos direitos individuais (art. 60, §4º, IV, da Constituição) da propriedade privada (art. 5º, XXII, da Constituição) e da capacidade econômica (art. 145, §1º, da Constituição).

Antes do julgamento da ADI nº 2.732,[1006] o Pleno julgou o RE nº 423.768.[1007] Neste recurso, o Município de São Paulo requereu a reforma de acórdão que declarara inconstitucional o art. 3º da EC nº 29 e fulminara a lei paulistana que, com base na nova redação do art. 156, §1º, da Constituição, houvera instituído o IPTU progressivo em razão do valor do imóvel.

O julgamento do RE nº 423.768 apresentou votação unânime no sentido da reforma do acórdão do tribunal local e do reconhecimento da constitucionalidade do art. 3º da EC nº 29. Nesse julgamento do RE nº 423.768, a maioria da atual composição do Tribunal demonstrou ter uma visão muito distinta daquela demonstrada no RE nº 153.551 sobre o sentido do art. 145, §1º, da Constituição.

Tanto no voto do relator, Ministro Marco Aurélio, quanto nos votos dos ministros Ayres Britto e Cármen Lúcia, declara-se abertamente que é errônea – ou uma "falsa premissa", na expressão do Ministro Ayres Britto – a visão de que a progressividade é incompatível com o imposto real, ou a visão de que a capacidade econômica somente pode ser levada em conta nos impostos pessoais sobre os rendimentos globais do

---

[1005] STF, RE nº 602.347, Relator Ministro Edson Fachin, Pleno, *DJ*, 12 abr. 2016.
[1006] STF, ADI nº 2.732, Rel. Min. Dias Toffoli. *DJ*, 11 dez. 2015.
[1007] STF, RE nº 423.768, Rel. Min. Marco Aurélio, Pleno. *DJ*, 10 mai. 2011.

contribuinte. Nenhum dos três ministros escondeu que, no julgamento do RE nº 153.771, teria ficado vencido, na companhia do Ministro Carlos Velloso.

É certo que os votos dos ministros Gilmar Mendes e Sepúlveda Pertence adotaram uma visão oposta, a de que o precedente do RE nº 153.771 estava correto e por isso se justificava a "exceção" representada pela atual redação do art. 156, §1º, da Constituição. Quanto aos demais ministros, com exceção do Ministro Lewandowski e do Ministro Celso de Mello, sua adesão a uma nova visão do art. 145, §1º, da Constituição ficou implicitamente confirmada por ocasião do julgamento acerca das alíquotas progressivas do imposto sobre heranças e doações (RE nº 562.045), analisado a seguir.

### 4.5.3.3 Impostos reais e progressividade fiscal: a alteração jurisprudencial manifestada no RE nº 562.045 (2013)

No RE nº 562.045,[1008] o Estado do Rio Grande do Sul busca reformar acórdão que considerou inconstitucional a progressividade de alíquotas do imposto sobre heranças e doações (ITCMD). O relator, Ministro Ricardo Lewandowski, desproveu o recurso do estado gaúcho, baseando-se no argumento de que a progressividade somente poderia ser efetivada pelo legislador caso autorizada expressamente no texto constitucional, pois o art. 145, §1º, da Constituição veda a progressividade nos impostos de caráter real, como o ITCMD. Esse argumento do Ministro Lewandowski estava em perfeita consonância com o que o Tribunal decidira no RE nº 153.771 (analisado acima), mas o resultado do julgamento foi no sentido contrário. Após o voto do Ministro Lewandowski, o Ministro Eros Grau abriu a divergência e proveu o recurso do Estado do Rio Grande do Sul, considerando constitucional a progressividade de alíquotas, sob o argumento de que é errôneo o entendimento de que o art. 145, §1º, da Constituição somente admite a aplicação da capacidade econômica aos impostos pessoais. Apoiaram o voto do Ministro Eros Grau todos os demais ministros da Corte, a não ser o Ministro Marco Aurélio.

Em seu voto, Ayres Britto admitiu explicitamente a mudança da jurisprudência do STF no sentido de se haver superado a visão do RE nº 153.771 acerca do sentido do art. 145, §1º, e da capacidade econômica. Especificamente sobre o ITCMD, Ayres Britto afirmou que na redação originária da Constituição não há nenhuma norma que impeça a adoção, pelo legislador estadual, de alíquotas progressivas, haja vista que a pretensa incompatibilidade da capacidade econômica com os impostos ditos reais era uma "falsa premissa" adotada no RE nº 153.771, mas afastada no RE nº 423.768.

A Ministra Ellen Gracie afirmou que a classificação dos impostos em reais e pessoais é apenas uma classificação genérica, que não impede que o legislador tome medidas pontuais de personalização nos ditos impostos reais. Num voto que implicitamente negou todas as premissas dogmáticas adotadas no RE nº 153.771, a Ministra Ellen Gracie deixou antever que, em sua posição, a progressividade de

---

[1008] STF, RE nº 562.045, Redatora do Acórdão Ministra Cármen Lúcia, Pleno, *DJ*, 27 nov. 2013.

alíquotas se justifica para o ITCMD (em que a transmissão patrimonial é sempre a título gratuito e acresce o patrimônio do donatário, do herdeiro ou do legatário), mas não para o ITBI (em que a transmissão é sempre a título oneroso, e a rigor não acresce o patrimônio do adquirente do imóvel ou do direito). O Ministro Zavascki também foi enfático: "o princípio da capacidade contributiva deve ser aplicado a todos os impostos".

Por outro lado, não procede a afirmação do Ministro Marco Aurélio de que a progressividade de alíquotas do ITCMD equivaleria à "regulamentação, por vias transversas, do imposto sobre grandes fortunas". Trata-se de fatos tributáveis totalmente distintos. O imposto sobre grandes fortunas, na remotíssima hipótese de vir a ser algum dia instituído por lei complementar, incidiria de forma periódica, provavelmente com frequência anual, somente sobre as pessoas de patrimônio vultosíssimo. Por outro lado, o ITCMD supõe necessariamente um acréscimo patrimonial na pessoa do herdeiro, legatário ou donatário, o que não se verifica no imposto sobre grandes fortunas, em que se tributa um patrimônio estático, daí as alíquotas do imposto sobre grandes fortunas serem naturalmente muito inferiores à alíquota do imposto sobre heranças.

O outro argumento contido no voto do Ministro Marco Aurélio também se mostra equivocado. Segundo ele, afronta a capacidade econômica admitir a progressão de alíquotas do imposto sobre heranças e doações "sem que haja qualquer consideração econômica [subjetiva] do sujeito passivo da obrigação tributária", visto que "sem pessoalidade, haverá inevitavelmente injustiça". Ora, se o problema é a ausência de consideração das condições subjetivas do sujeito passivo, então o imposto será sempre inconstitucional, tenha ou não alíquotas progressivas. O exemplo que o ministro deu em seu voto para basear seu entendimento pela inconstitucionalidade das alíquotas progressivas do imposto – exemplo no qual duas pessoas com distintas situações econômicas (um franciscano e outro argentário) pagam o mesmo nível de imposto – serve com muito mais força para argumentar no sentido da inconstitucionalidade do sistema tradicional de alíquota única nos impostos reais.

### 4.5.3.4 Progressividade de alíquotas do imposto territorial rural

O imposto territorial rural (ITR) é um tributo tipicamente extrafiscal, visto que sua missão constitucional não é arrecadar fundos para financiar as despesas públicas e sim atuar como instrumento de reforma agrária, induzindo proprietários de imóveis rurais improdutivos a tornarem suas terras produtivas ou então a venderem suas propriedades a quem possa torná-las produtivas.

Na redação original de 1988, o art. 153, §4º da Constituição dispunha que o ITR "terá suas alíquotas fixadas de forma a desestimular a manutenção de propriedades improdutivas [...]". A Emenda Constitucional nº 42/2003 alterou a redação do texto, dispondo que o ITR "será progressivo e terá suas alíquotas fixadas de forma a desestimular a manutenção de propriedades improdutivas".

Desde 1996, a legislação ordinária relativa ao ITR (Lei nº 9.393/1996) determina que a alíquota do imposto seja progressiva em função da extensão da área total do imóvel e em função do grau de utilização do imóvel em atividades rurais produtivas. A menor alíquota é de 0,03% (para imóveis com área total até 50 hectares e grau de utilização maior que 80%) e a maior alíquota é de 20% (para imóveis com área total superior a 5.000 hectares e grau de utilização até 30%).

No AgRg no RE nº 1.038.357,[1009] o contribuinte alegou que seria inconstitucional que a progressividade do ITR levasse em conta o tamanho da propriedade, pois o tamanho por si só não indica maior ou menor produtividade do imóvel rural. Ou seja, alegou o contribuinte que imóveis com um mesmo grau de produtividade devem sofrer a incidência da mesma alíquota, independentemente de seu tamanho.

A resposta unânime da 1ª Turma do STF, no sentido da constitucionalidade das alíquotas fixadas na Lei nº 9.393/1996, teve duplo fundamento.

Em primeiro lugar, afirmou-se que é natural que o legislador responsável pela política de reforma agrária seja mais exigente, em termos de produtividade, em relação aos imóveis mais extensos.

Em segundo lugar, afirmou-se que nada impede que a progressividade do ITR leve em conta, por si só, a extensão dos imóveis, como signo presuntivo de maior capacidade econômica, não sendo aceita pelo STF, após o precedente que validou a progressividade fiscal do imposto sobre heranças e doações (RE nº 562.045), a distinção entre impostos reais e imposto pessoais com o fito de negar a aplicação da progressividade aos impostos reais.

Trata-se de mais um caso em que o tribunal indica expressamente que o entendimento exarado no RE nº 153.771 (julgado em 1996) foi superado com o RE nº 562.045 (julgado em 2013). O curioso é que, mesmo assim, o STF mantém em vigor sua Súmula nº 656, aprovada em 2003, que utiliza explicitamente o precedente do RE nº 153.771 para considerar inconstitucional a progressividade de alíquotas em razão do valor do imóvel no âmbito do imposto sobre transmissão de imóveis *inter vivos* por ato oneroso (ITBI).

### 4.5.4 Capacidade econômica e taxas

O texto do art. 145, §1º, da Constituição relaciona o princípio da capacidade econômica com os "impostos", não mencionando a figura das taxas. Nesse particular, a norma de 1988 se diferencia da norma da Constituição de 1946, cujo dispositivo relativo à capacidade econômica (art. 202) utilizava genericamente o vocábulo "tributos".

Como o fato gerador das taxas deve ser sempre uma atuação do Poder Público (prestação de serviço público específico e divisível ou exercício regular do poder de polícia), não faz sentido que esses *tributos vinculados* sejam graduados segundo a capacidade econômica dos contribuintes, sob pena de se desnaturar a espécie tributária e converter a taxa num imposto disfarçado. É exatamente para evitar essa

---

[1009] STF, Ag.Rg. no RE nº 1.038.357, Rel. Min. Dias Toffoli, 1ª Turma. *DJ*, 26 fev. 2018.

desnaturação que o §2º do art. 145 da Constituição veda que as taxas tenham "base de cálculo própria de impostos".

Nas taxas, é de se admitir que a capacidade econômica dos contribuintes seja levada em conta somente de modo residual e extraordinário, como nas hipóteses de concessão de isenção, em favor dos mais pobres, de taxas ligadas ao exercício de direitos fundamentais (isenção de custas judiciais, por exemplo).

Contudo, por diversas vezes a jurisprudência do STF se manifestou no sentido de concordar que o legislador se utilize da capacidade econômica como critério de graduação das taxas. Tal ocorreu, por exemplo, no julgamento da ADI nº 453,[1010] que declarou a constitucionalidade da taxa de fiscalização dos mercados de títulos e valores mobiliários devida pelas empresas de auditoria em favor da Comissão de Valores Mobiliários (CVM). A gradação dessa taxa leva em conta, entre outros parâmetros, o patrimônio líquido e o número de estabelecimentos dos contribuintes. No entendimento do STF, há "ausência de violação ao princípio da isonomia, haja vista o diploma legal em tela ter estabelecido valores específicos para cada faixa de contribuintes, sendo esses fixados segundo a capacidade contributiva de cada profissional" (item 4 da ementa oficial do acórdão).

### 4.5.5 Capacidade econômica e capacidade contributiva

Tanto na Constituição de 1946 (art. 202) quanto na Constituição de 1988 (art. 145, §1º), o constituinte utilizou a expressão "capacidade econômica", e não a expressão – muito mais utilizada pela doutrina brasileira atual – "capacidade contributiva". A doutrina brasileira se utiliza muito da expressão "capacidade contributiva" por força da influência da doutrina da Itália, cuja Constituição – datada de 1947 – prescreve que todos estão obrigados a contribuir com o financiamento dos gastos públicos "na proporção de sua *capacidade contributiva*" (art. 53).

Na doutrina italiana, houve diversas iniciativas de distinguir, de um ponto de vista teórico, os conceitos de capacidade econômica e capacidade contributiva. Para Francesco Moschetti, na capacidade econômica levar-se-ia em conta simplesmente o potencial econômico manifestado por alguém na prática de determinada conduta (ser proprietário de um bem, consumir produtos ou serviços, transferir patrimônio, herdar, auferir rendimentos etc.), sem ulteriores qualificações. Já na capacidade contributiva, o fato bruto da capacidade econômica seria qualificado juridicamente por uma série de valores constitucionais: capacidade contributiva não seria, portanto, toda e qualquer manifestação de riqueza, "mas somente aquela potência econômica que se deve julgar idônea para concorrer aos gastos públicos, à luz de fundamentais exigências econômicas e sociais acolhidas em nossa Constituição".[1011]

---

[1010] STF, ADI nº 453, Relator Ministro Gilmar Mendes, *DJ*, 16 mar. 2007.

[1011] MOSCHETTI, Francesco. *El principio de capacidad contributiva*. Madrid: Instituto de Estudios Fiscales, 1980. p. 278. Tradução livre.

Essa distinção tinha por objetivo sustentar que, na tributação extrafiscal cada vez mais presente nos Estados intervencionistas do pós-guerra, a *capacidade econômica* deixava de ser o critério básico da tributação, mas não havia desrespeito ao princípio de gradação dos tributos segundo a *capacidade contributiva*, tal como exigido constitucionalmente.

### 4.5.6 Capacidade econômica e imposto sobre a renda das pessoas físicas (IRPF) na jurisprudência do STF (RE nº 388.312 e RE nº 614.406)

A legislação do IRPF (*vide* Lei nº 7.713/1988 e Lei nº 9.250/1995) contém uma tabela de alíquotas progressivas por faixas de rendimentos (as alíquotas atuais são de 7,5, 15, 22,5 e 27,5%), além de diversas quantias passíveis de dedução da base de cálculo (quantias fixas, como no caso da dedução relativa aos dependentes, e tetos de valores, como no caso da dedução com gastos de instrução do contribuinte e seus dependentes).

Se não ocorre qualquer correção monetária das faixas de rendimentos da tabela progressiva (como se deu no período de 1996 até 2002), ou se a taxa anual de inflação supera em muito a correção monetária das faixas de rendimentos da tabela progressiva e das quantias (fixas e tetos) passíveis de dedução, haverá aumento da carga tributária do IRPF, visto que os rendimentos tributáveis dos contribuintes se reajustarão ano a ano em termos nominais (evitando, ou pelo menos minorando, a corrosão do poder aquisitivo da moeda) e se sujeitarão a alíquotas mais altas (em virtude da mudança de faixa de rendimentos), ficando as deduções cada vez mais defasadas com relação aos gastos reais com a subsistência e a instrução do contribuinte e seus dependentes.

No RE nº 388.312,[1012] o contribuinte argumentou que o fenômeno descrito no parágrafo anterior (aumento do IRPF por força da não correção ou da correção monetária defasada das faixas de rendimentos da tabela progressiva) violava o princípio constitucional da capacidade econômica (art. 145, §1º), bem como a vedação constitucional de tributo com efeito confiscatório (art. 150, IV). Para se ter uma ideia da intensidade do aumento do IRPF ao longo dos últimos anos, basta dizer que, em 1995, a parcela isenta do imposto (R$900,00 mensais) correspondia a 9 salários mínimos da época (o salário mínimo de 1995 foi fixado em R$100,00), enquanto que em 2001 a parcela isenta correspondia a 5 salários mínimos e, atualmente, a parcela isenta (de R$1.903,98) corresponde a apenas 2,1 salários mínimos (o salário mínimo em 2017 foi fixado em R$945 segundo a Lei Orçamentária enviada ao Congresso em 2016).

Contudo, no julgamento do RE nº 388.312, o STF rechaçou referidas alegações, afirmando que a decisão por corrigir ou não os valores da tabela é de competência exclusiva dos poderes Executivo e Legislativo, que têm o "poder estatal de organizar a

---

[1012] STF, RE nº 388.312, Redatora do Acórdão Ministra Cármen Lúcia, Pleno. *DJ*, 11 out. 2011.

vida econômica e financeira do país" (item 3 da ementa oficial). O único voto vencido foi o do Ministro Marco Aurélio.

Três anos depois, o STF voltou a se deparar com uma questão em que se colocava uma possível violação, pela legislação do IRPF, do princípio da capacidade econômica e da igualdade. No RE nº 614.406, discutiu-se a constitucionalidade da forma de tributação, pelo IRPF, dos rendimentos recebidos acumuladamente. Esses rendimentos correspondem a remunerações relativas a vários meses ou anos-calendário passados que, não recebidos à época em que devidos, vêm a ser recebidos, de uma vez só, por força de uma condenação judicial. Segundo o art. 12 da Lei nº 7.713/1988, esses rendimentos deveriam ser tributados segundo a mesma sistemática reservada aos rendimentos correntes (regime de caixa), o que fazia com que a alíquota aplicada sobre os rendimentos recebidos acumuladamente fosse, na maioria das vezes, muito superior à alíquota que seria aplicada sobre tais rendimentos, caso estes houvessem sido recebidos à época própria.

No julgamento do RE nº 614.406,[1013] a argumentação da relatora, Ministra Ellen Gracie, caminhava na mesma trilha seguida pelo STF no RE nº 388.312, no sentido de que, ainda que injustiça houvesse no caso, inexistiria inconstitucionalidade na adoção do regime de caixa, não podendo o intérprete e aplicador da lei afastá-la. Segundo a Ministra Ellen Gracie, na senda do que fora decidido no RE nº 388.312, "só ao legislador, por razões de política tributária, é permitido inovar, criando norma especial" (p. 16 do acórdão).

Ocorre, contudo, que os demais ministros entenderam de forma totalmente oposta, prevalecendo no RE nº 614.406 o ponto de vista do Ministro Marco Aurélio, que fora o único voto vencido no RE nº 388.312. Segundo o voto vencedor do Ministro Marco Aurélio no RE nº 614.406 (p. 20 do acórdão):

> Aqueles que receberam os valores nas épocas próprias ficaram sujeitos a certa alíquota. O contribuinte que viu resistida a satisfação do direito e teve que ingressar em Juízo será apenado, alfim, mediante a incidência de alíquota maior. Mais do que isso, tem-se o envolvimento da capacidade contributiva, porque não é dado aferi-la, tendo em conta o que apontei como disponibilidade financeira, que diz respeito à posse, mas o estado jurídico notado à época em que o contribuinte teve jus à parcela sujeita ao Imposto de Renda. O desprezo a esses dois princípios conduziria a verdadeiro confisco e, diria, à majoração da alíquota do Imposto de Renda.

A postura do Tribunal foi bastante diversa, no RE nº 388.312 e no RE nº 614.406, quanto às exigências que os princípios da capacidade econômica e da igualdade impõem ao legislador ordinário no momento de conformar os sistemas e métodos de tributação dos rendimentos das pessoas físicas.

O Executivo e o legislador federal já haviam alterado o regime de tributação, pelo IRPF, dos rendimentos recebidos acumuladamente, mediante a criação, em

---

[1013] STF, RE nº 614.406, Redator do Acórdão Ministro Marco Aurélio, Pleno, *DJ*, 27 nov. 2014.

2010 (Lei nº 12.350/2010), do art. 12-A da Lei nº 7.713/1988, que instituiu sistemática própria para a tributação, em separado, dos

> rendimentos do trabalho e os provenientes de aposentadoria, pensão, transferência para a reserva remunerada ou reforma, pagos pela Previdência Social da União, dos Estados, do Distrito Federal e dos municípios, quando correspondentes a anos-calendários anteriores ao do recebimento.

Contudo, como o decidido pelo STF no RE nº 614.406 resultava na inconstitucionalidade da tributação, pelo regime de caixa, de todo e qualquer rendimento recebido acumuladamente pelo contribuinte, a redação do art. 12-A da Lei nº 7.713/1988 teve de ser novamente alterada. Na nova redação desse art. 12-A, dada pela Lei nº 13.149/2015, a tributação em separado não se aplica somente aos rendimentos do trabalho e de benefícios previdenciários, mas a todos os rendimentos recebidos acumuladamente que se submetem à tabela progressiva e correspondem a anos-calendário anteriores ao do recebimento.

### 4.6 Vedação de utilização de tributo com efeito de confisco

Tributo *confiscatório, sufocante* ou *proibitivo* é aquele que, por sua exagerada magnitude ou proporção, provoca ou tende a provocar a perda da propriedade gravada, ou a cessação da atividade que pretende tributar ou da atividade que gera os frutos econômicos (rendimentos, ganhos) que o tributo pretende gravar. Trata-se de uma espécie de desvio de poder, em que o *poder de tributar* degenera-se em *poder de destruir*.

A primeira constituição brasileira a prever expressamente a vedação de utilização de tributo com efeito de confisco foi a de 1988 (art. 150, IV). Mas essa vedação já era, havia muitas décadas, observada na jurisprudência do Supremo Tribunal Federal,[1014] como uma decorrência necessária do respeito ao direito individual à propriedade privada, à livre iniciativa e à liberdade de profissão.

Além disso, percebia-se que o tributo confiscatório é a própria negação do princípio da capacidade econômica; afinal, como pode se ajustar à capacidade econômica do contribuinte revelada em determinado fato gerador um tributo que inviabiliza ou tende a inviabilizar economicamente a própria ocorrência ou reiteração no tempo desse fato gerador?

A regra, portanto, é que o poder de tributar seja o "poder de conservar, de modo a não perturbar a economia privada, nem a suscitar embaraço ou desencorajamento da indústria, comércio ou lavoura, em razão de tarifas exorbitantes".[1015] Contudo, se o objeto da tributação for uma conduta que, não obstante lícita, apresente fortes e inegáveis prejuízos ao interesse público ou a políticas públicas perseguidas com

---

[1014] Cf. GODOI, Marciano Seabra de; CARDOSO, Alessandro Mendes. Princípio do não-confisco. *In*: GODOI, Marciano Seabra de (Coord.). *Sistema Tributário Nacional na jurisprudência do STF*. São Paulo: Dialética, 2002.

[1015] STF, RE nº 18.331, Relator Ministro Orozimbo Nonato. *DJ*, 21 set. 1951.

respaldo na Constituição, então se admite que, não chegando a ser proibitivo ou sufocante, o tributo possa ser francamente desencorajador. A própria Constituição autoriza implícita ou expressamente a extrafiscalidade desencorajadora de atividades danosas ao interesse público: é o caso do uso da progressividade do ITR para "desencorajar a manutenção de propriedades improdutivas" (art. 153, §4º, I) e do uso da progressividade no tempo do IPTU como instrumento de pressão para que o proprietário do solo urbano não edificado, subutilizado ou não utilizado "promova seu adequado aproveitamento" (art. 182, §4º).

Na ADI nº 2.551, analisou-se uma taxa instituída pelo Estado de Minas Gerais cujo fato gerador é o fornecimento, do Estado para as companhias seguradoras, de dados cadastrais dos proprietários de veículos para fins de cobrança do seguro obrigatório de danos pessoais causados por veículos automotores de vias terrestres (DPVAT). O valor da taxa, cujo sujeito passivo são as seguradoras e cujo ônus econômico não pode ser repassado por essas ao segurado, foi fixado pela lei mineira em R$10 (dez reais) por veículo, quantia que as seguradoras demonstraram ser em muitos casos superior ao montante total do prêmio de seguro que pode legalmente ser cobrado dos proprietários de veículo. Esse dado, além de outros vícios da legislação da taxa, levou o STF a reconhecer uma violação *in casu* ao art. 150, IV, da Constituição e conceder a medida cautelar requerida.[1016]

Outro precedente no qual o STF se convenceu de ter havido violação do art. 150, IV, da Constituição é o interessante julgamento da ADI nº 2010,[1017] que questionou dispositivo da legislação federal (Lei nº 9.783/1999) que introduziu alíquotas progressivas de 9% (sobre os proventos de R$1.200 a R$2.500) e 14% (sobre os proventos superiores a R$2.500) a serem acrescidas à contribuição previdenciária de 11% incidente sobre o total dos proventos dos servidores públicos federais e seus pensionistas. O curioso em relação a tal julgado foi a discussão em torno do problema de o efeito confiscatório dever ser avaliado levando-se em conta cada incidência tributária em separado, ou a carga tributária em conjunto. Prevaleceu a corrente favorável a levar-se em conta a carga tributária em conjunto. Para a maioria dos ministros, a alíquota máxima da contribuição previdenciária (alíquota básica de 11% somada à alíquota progressiva de 14%), somada à alíquota do imposto de renda da pessoa física, levaria a incidência tributária global a aproximadamente 50% dos proventos dos servidores federais, o que se mostraria francamente confiscatório.

O mais comum em caso de julgamento de recursos extraordinários é o STF julgar prejudicada a alegação de tributo com efeito confiscatório, alegando que a aferição da confiscatoriedade demandaria revolvimento pelo Tribunal de todo o conjunto probatório do processo, contrariamente ao determinado pela Súmula nº 279 do STF.[1018]

---

[1016] STF, ADIMC nº 2.551, Relator Ministro Celso de Mello. *DJ*, 20 abr. 2006.
[1017] STF, ADI nº 2.010, Relator Ministro Celso de Mello, *DJ*, 12 abr. 2002.
[1018] Neste sentido, *vide* STF, RE nº 388.312, Redatora do Acórdão Ministra Cármen Lúcia, Pleno. *DJ*, 11 out. 2011.

Na sessão de 27.6.2019, o Plenário do STF confirmou inúmeros julgados anteriores e decidiu, por maioria, que não fere a proibição de confisco nem a capacidade contributiva norma legal, que limita a compensação de prejuízos fiscais das pessoas jurídicas a 30% do lucro líquido ajustado do período (arts. 42 e 58 da Lei nº 8.981/1995, arts. 15 e 16 da Lei nº 9.065/1995) – Tema nº 117 da repercussão geral, RE nº 591.340.[1019]

A maioria dos ministros entendeu da seguinte forma:

> Em um País que adota um sistema de livre concorrência, não há a obrigatoriedade da previsão de compensação de prejuízos. Não há tampouco uma cláusula pétrea que garanta a sobrevivência de empresas ineficientes, que não conseguiram, por qualquer que seja o motivo, sobreviver ao mercado.[1020]

Restaram vencidos os ministros Edson Fachin, Marco Aurélio e Ricardo Lewandowski, que consideravam que a limitação dos prejuízos violava o conceito constitucional de renda, a capacidade contributiva das empresas e a vedação de confisco. Nesse julgamento, o ministro Luís Roberto Barroso voltou a defender – assim como já havia feito no julgamento do caso do Funrural em 2018 – que "o STF deve ser proativo na preservação das regras do jogo democrático e na garantia dos direitos fundamentais, mas deve ser autocontido em questões administrativas, econômicas e tributárias, a menos que se caracterize claramente a violação de um direito fundamental".[1021]

## 4.6.1 Vedação de efeito de confisco e multas tributárias

A jurisprudência do STF possui vários precedentes em que o Tribunal considera que não só o tributo em si mesmo, mas também a sanção pecuniária imposta por força da prática de infrações tributárias, deve respeitar a vedação constitucional do efeito confiscatório. Neste sentido foi o decidido na ADIMC nº 1.075[1022] e na ADI nº 551.[1023] Em alguns casos, o Tribunal parece ser guiado pelo raciocínio simplista de que multa pecuniária superior ao próprio valor do tributo é, *ipso facto*, confiscatória – *vide* Ag. Rg. no RE nº 754.554.[1024]

Parece-nos que, para aferir a constitucionalidade das normas que estabelecem multas tributárias, mais relevante do que indagar sobre sua eventual confiscatoriedade é indagar se há ou não proporcionalidade entre o vulto da sanção pecuniária e a

---

[1019] STF, RE nº 591.340, Redator do Acórdão Ministro Alexandre de Moraes, Pleno, DJ 3 fev. 2020.
[1020] STF, RE nº 591.340, Redator do Acórdão Ministro Alexandre de Moraes, Pleno, DJ 3 fev. 2020.
[1021] STF, RE nº 591.340, Redator do Acórdão Ministro Alexandre de Moraes, Pleno, DJ 3 fev. 2020.
[1022] STF, ADI nº 1.075, Relator Ministro Celso de Mello, *DJ*, 24 nov. 2006.
[1023] STF, ADI nº 551, Relator Ministro Ilmar Galvão, *DJ*, 14 fev. 2003.
[1024] STF, Ag. Rg. no RE nº 754.554, *DJ*, 22 out. 2013.

gravidade da infração apenada.¹⁰²⁵ Isso foi muito bem percebido no julgamento da ADI nº 551, em que se observou que "o eventual caráter de confisco de tais multas não pode ser dissociado da proporcionalidade que deve existir entre a violação da norma jurídica tributária e sua jurídica, a própria multa" (fl. 43). Uma multa de 100% do valor do tributo revelar-se-ia desproporcional caso apenasse a simples mora do recolhimento do tributo, mas não poderia ser considerada desproporcional – muito menos violadora do art. 150, IV, da Constituição – caso sancionasse uma prática de sonegação fiscal fraudulenta por parte do contribuinte. Vale dizer: o que pode se revelar inconstitucional não é a multa ser consideravelmente alta, e sim a multa ser "estridentemente iníqua" na expressão de Aliomar Baleeiro.¹⁰²⁶

Também é comum encontrar na jurisprudência do STF casos em que o Tribunal, considerando abusivo ou confiscatório o percentual fixado a título de multa pecuniária pelo descumprimento de deveres ou obrigações tributárias, procede à redução do percentual, arbitrando outro considerado mais razoável, proporcional ou justo.¹⁰²⁷ Esse proceder busca fundamento numa interpretação *a contrario sensu* do art. 108, §2º, do Código Tributário Nacional, que veda ao aplicador da norma tributária dispensar o pagamento de *tributo* previsto em lei, não estendendo tal vedação à dispensa do pagamento de *multa* por considerações de equidade – nesse sentido, *vide* o voto do Ministro Aliomar Baleeiro no antes referido RE nº 78.291.¹⁰²⁸

Em 2024, por unanimidade, o plenário do STF decidiu que as multas aplicadas em casos de sonegação, fraude ou conluio devem se limitar a 100% da dívida tributária, e a 150% nos casos de reincidência. Os ministros afirmaram que a Constituição exige que valor das multas tributárias seja fixado de forma razoável e proporcional, não podendo ser excessivamente baixo – o que desestimularia os contribuintes a cumprir a legislação tributária – nem excessivamente alto – o que vulneraria a vedação da cobrança de tributos com efeito de confisco.

A decisão do STF tem efeitos retroativos à edição da Lei nº 14.689/2023 (que alterou a Lei nº 9.430/1996 para estabelecer em 100% do valor do crédito tributário a multa em casos de sonegação ou fraude, e 150% nos casos de reincidência) e se aplicará a todos os entes federativos até que o Congresso Nacional aprove uma lei complementar regulamentando o tema.¹⁰²⁹

---

¹⁰²⁵ Cf. GODOI, Marciano Seabra de. Decisões judiciais que limitam de forma genérica a multa de ofício a 100% do valor do tributo: desvio e deturpação da jurisprudência do STF. In: ROCHA, Valdir de Oliveira (coord.). *Grandes questões atuais do direito tributário*. v. 19. São Paulo: Dialética, 2015. p. 288-318.

¹⁰²⁶ Cf. STF, RE nº 78.291, Relator Ministro Aliomar Baleeiro. *DJ*, 23 out. 1974.

¹⁰²⁷ Cf. STF, RE nº 81.550, Relator Ministro Xavier de Albuquerque. *DJ*, 20 maio 1975.

¹⁰²⁸ STF, RE nº 78.291, Relator Ministro Aliomar Baleeiro. *DJ*, 23 out. 1974. A respeito da proibição constitucional do efeito de confisco (art. 150, IV) ser estendida à multa tributária e à jurisprudência do STF, cf. GODOI, Marciano Seabra de. Decisões judiciais que limitam de forma genérica a multa de ofício a 100% do valor do tributo: desvio e deturpação da jurisprudência do STF. In: ROCHA, Valdir de Oliveira (Coord.). *Grandes questões atuais do direito tributário*. v. 19. São Paulo: Dialética, 2015. p. 288-318.

¹⁰²⁹ STF, RE nº 736.090, Relator Ministro Dias Toffoli, Pleno, j. 3 out. 2024.

## 4.7 Vedação de tributos interestaduais e intermunicipais que limitem o tráfego de pessoas ou bens no território nacional

O dispositivo do art. 150, V, da Constituição tem longa tradição em nosso direito. Já na Constituição de 1891 se vedava à União e aos estados "criar impostos de trânsito pelo território de um Estado, ou na passagem para outro" (art. 11), regra que foi repetida com algumas variações em todas as constituições que se seguiram.

Trata-se de medida que, juntamente com outras regras contidas no texto constitucional,[1030] pretende assegurar a unidade econômica do mercado interno brasileiro. Atualmente, no contexto do capitalismo global do século XXI, soariam estranhas e improváveis exigências tributárias que tivessem por fato gerador o mero deslocamento de pessoas ou bens pelo território nacional. Mas na época do feudalismo, quando ainda não haviam se constituído politicamente os Estados Nacionais, havia muitos tributos cobrados sobre a "passagem" de pessoas ou bens por determinadas propriedades privadas, ou sobre pontes, encruzilhadas etc. Mesmo depois da centralização política e territorial que marcou o fim do feudalismo, a cobrança dessa espécie de tributos continuou a ocorrer, inclusive no âmbito do Brasil Colônia. Para acabar com tais práticas antiquadas é que foi estabelecida a regra do art. 11 da Constituição de 1891, acima mencionada.

É importante lembrar que o art. 150, V, da Constituição veda a imposição de tributos sobre o próprio ato de trânsito ou tráfego interestadual ou intermunicipal de pessoas ou bens. O dispositivo naturalmente não proíbe a imposição de impostos (como é o caso do ICMS) sobre as operações comerciais interestaduais e intermunicipais, bem como sobre o serviço de transporte de natureza intermunicipal ou interestadual.

O dispositivo constitucional também ressalvou de sua vedação a cobrança de pedágio "pela utilização de vias conservadas pelo Poder Público". A natureza jurídica do pedágio é controversa: trata-se de um tributo ou de uma tarifa? Para alguns doutrinadores, a referência à figura do pedágio por um dispositivo constitucional (art. 150, V) localizado no capítulo destinado ao "sistema tributário nacional" seria a confirmação de sua natureza tributária. Para os que defendem sua natureza tributária, tratar-se-ia de uma taxa cujo fato gerador corresponde à utilização – pelo contribuinte – do serviço público específico de conservação de vias.

Parece mais acertado conceber que a relação jurídica entre o usuário das vias públicas e o órgão cobrador do pedágio pode tanto ser de natureza tributária (taxa) como de natureza contratual (tarifa). Caso a própria Administração Pública preste diretamente o serviço de conservação da via, ter-se-á uma taxa. Caso o serviço de conservação da via seja concedido a um particular para que o explore economicamente, a cobrança que se fará do usuário seguirá as diretrizes do contrato de concessão e terá a natureza jurídica de tarifa. Essa segunda modalidade de cobrança do pedágio, em

---

[1030] A determinação de que a tributação federal seja uniforme em todo o país (art. 151, I) e a vedação de que estados e municípios criem diferenças tributárias em função da origem ou do destino de bens e serviços (art. 152) são também normas constitucionais destinadas a assegurar, sob o ponto de vista fiscal, a unidade econômica do mercado interno.

que esse assume a natureza de tarifa, é o mais difundido na atualidade, e sob essa roupagem faz todo sentido que incida sobre a tarifa cobrada do usuário o imposto sobre serviços de qualquer natureza, como determina o art. 1º, §3º, da LC nº 116/2003.

### 4.7.1 O pedágio e a jurisprudência do STF[1031]

No julgamento da Ação Direta de Inconstitucionalidade nº 447,[1032] que declarou inconstitucional a taxa de conservação rodoviária instituída pela Lei nº 8.155/1990 (cujo fato gerador era a aquisição de combustível líquido e por isso violou o art. 155, §3º, da Constituição em sua redação original), o Ministro Moreira Alves explicitou sua posição segundo a qual o pedágio configura preço público e não taxa. O Ministro Sepúlveda Pertence, por sua vez, admitiu que o pedágio pode ser configurado pelo legislador tanto por meio de taxa quanto por meio de tarifa ou preço público, mas sempre deve guardar correspondência com a utilização efetiva de estradas e rodovias, vedada a sua cobrança pela utilização meramente potencial das estradas ou rodovias.

Na Ação Direta de Inconstitucionalidade nº 800,[1033] a inicial sustentava que a cobrança de pedágio somente poderia ser instituída por lei, tendo em vista que a natureza do pedágio seria de taxa. O Plenário do STF entendeu que o pedágio instituído pelo Decreto nº 34.417, do governador do Rio Grande do Sul, tinha a natureza jurídica de preço público, não se submetendo aos rigores do regime tributário. O relator, Ministro Ilmar Galvão, negou o caráter compulsório da cobrança, afirmando tratar-se de retribuições facultativas pela aquisição de bens ou utilização de serviços, transferidos ou prestados pela Administração Pública ou por seus delegados ou mesmo por particulares, "a quem os adquira ou os utilize voluntariamente". Asseverou-se ainda que, nesse figurino do pedágio enquanto tarifa, é necessário que as estradas "apresentem condições especiais de tráfego", e sempre esteja disponível uma estrada alternativa em que não haja cobrança de tarifa.

Contudo, esta primeira aproximação do Plenário do STF à natureza jurídica do pedágio veio a ser negada pela Segunda Turma do Tribunal nos acórdãos proferidos nos recursos extraordinários nº 194.862 e nº 181.475.[1034] Analisando a constitucionalidade da lei federal que instituiu o denominado selo-pedágio, o Ministro Relator Carlos Velloso expressou no seu voto o entendimento de que o pedágio seria taxa e não preço público, lançando mão do argumento antes referido, segundo o qual a referência à figura do pedágio por um dispositivo constitucional (art. 150, V) localizado no capítulo destinado ao "sistema tributário nacional" seria a confirmação de sua natureza tributária. Os ministros da Segunda Turma entenderam que a taxa

---

[1031] A presente seção corresponde a uma parte do estudo "Conceito de tributo", de Marciano Seabra de Godoi, Myrian Passos Santiago e Flávia Caldeira Brant Ribeiro de Figueiredo (*In*: GODOI, Marciano Seabra de (Coord.). *Sistema tributário nacional na jurisprudência do STF*. São Paulo: Dialética, 2002. p. 53-54).

[1032] STF, ADI nº 447, Relator Ministro Octávio Gallotti, DJ 5 mar. 1993.

[1033] STF, ADIMC nº 800, Relator Ministro Ilmar Galvão, *DJ*, 18 dez. 1992.

[1034] STF, RE nº 194.862 e RE nº 181.475, Relator Ministro Carlos Velloso, Pleno, Segunda Turma, *DJ*, 25 jun. 1999.

consubstanciada no selo pedágio (Lei nº 7.712/1988) seria válida e teria fato gerador distinto do IPVA. O fato gerador da taxa seria a conservação da estrada ou rodovia "e ocorre quando da utilização de rodovias federais, pontes e obras de arte especiais que as integram".

Na sistemática do selo-pedágio, já revogada desde 1990, exigia-se que os veículos que trafegassem por rodovias federais levassem aposto ao para-brisa um selo cujo valor em OTN era variável em função do tipo, do número de eixos e do ano de fabricação do veículo. Neste sistema, o usuário que utilizava a rodovia apenas uma vez pagava o mesmo valor que o usuário que a utilizava dezenas de vezes no mês relativo ao selo em vigor.

Os ministros da Segunda Turma rechaçaram que tal sistemática violava o princípio da isonomia, pois, "não havendo como apurar com exatidão se o valor cobrado pelo Estado corresponderia ao custo do serviço público colocado à disposição do contribuinte, aprouve ao legislador fixar a validade do selo pedágio por um mês" (voto do Ministro Maurício Corrêa), o que, de acordo com a Segunda Turma, era uma medida "razoável", que guardava uma prudente proporcionalidade entre o custo do serviço e o valor da taxa cobrada. A razoabilidade desse sistema do selo pedágio foi negada em *obiter dictum* pelo Ministro Sepúlveda Pertence no voto que proferiu na ADI nº 447 (acima comentada), quando observou que o ano de fabricação do veículo era um critério totalmente alheio à intensidade da utilização efetiva das rodovias federais, "afora a falta de proporcionalidade entre o uso e o montante do tributo, porque bastava o que chamei de 'utilização mínima mensal', para fazê-lo devido por inteiro".

No julgamento do mérito da ADI nº 800, em 2014, foi confirmado o entendimento da medida cautelar, de que, "no atual estágio normativo constitucional, o pedágio cobrado pela efetiva utilização de rodovias não tem natureza tributária, mas sim de preço público, não estando, consequentemente, sujeita ao princípio da legalidade estrita".[1035] Em seu voto, o ministro Teori Zavascki fez questão de se referir ao caso do selo pedágio e fazer uma espécie de *distinguishing*:

> A discussão doutrinária a respeito do tema foi, de alguma forma, contaminada pela figura do denominado "selo-pedágio", prevista na Lei 7.712/88, que a 2ª Turma do Supremo Tribunal Federal, com toda a razão, considerou tratar-se de taxa (RE 181475/RS, 2ª Turma, rel. Min. Carlos Velloso, j. 04/05/1999, DJ de 25/06/1999). Dito "selo-pedágio" foi instituído pela Lei 7.712/88, que assim o disciplinou: (...)
>
> Tratava-se, portanto, de uma exação compulsória a todos os usuários de rodovias federais, por meio de um pagamento renovável mensalmente (art. 3º do Decreto 97.532/89), independentemente da frequência de uso das rodovias. Era cobrada antecipadamente, como contrapartida a um serviço específico ou divisível, prestado ao contribuinte ou posto à sua disposição. Há, como se percebe, profundas diferenças entre o "selo-pedágio", previsto na Lei de 1988, e o pedágio, tal como hoje está disciplinado. Esse último somente é cobrado se, quando e cada vez que houver efetivo uso da rodovia, o que não ocorria

---

[1035] STF, ADI nº 800, Relator Ministro Teori Zavascki, DJ, 1º jul. 2014.

com o "selo-pedágio", que era exigido em valor fixo, independentemente do número de vezes que o contribuinte fazia uso das estradas durante o mês. Essas profundas diferenças entre um e outro indicam, sem dúvida, que a decisão da 2ª Turma do STF no RE 181475 (tratando de "selo pedágio") não pode servir de paradigma na definição da natureza jurídica do pedágio.

No mesmo acórdão, em *obiter dictum*, o relator, ministro Teori Zavascki, observou que:[1036]

> a despeito dos debates na doutrina e na jurisprudência, é irrelevante também, para a definição da natureza jurídica do pedágio, a existência ou não de via alternativa gratuita para o usuário trafegar. Essa condição não está estabelecida na Constituição. É certo que a cobrança de pedágio pode importar, indiretamente, em forma de limitar o tráfego de pessoas. Todavia, essa mesma restrição, e em grau ainda mais severo, se verifica quando, por insuficiência de recursos, o Estado não constrói rodovias ou não conserva adequadamente as que existem. Consciente dessa realidade, a Constituição Federal autorizou a cobrança de pedágio em rodovias conservadas pelo Poder Público, inobstante a limitação de tráfego que tal cobrança possa eventualmente acarretar. Assim, a contrapartida de oferecimento de via alternativa gratuita como condição para a cobrança de pedágio não é uma exigência constitucional. Ela, ademais, não está sequer prevista em lei ordinária. A Lei 8.987/95, que regulamenta a concessão e permissão de serviços públicos, nunca impôs tal exigência. Pelo contrário, nos termos do seu art. 9º, § 1º (alterado pela Lei 9.648/98), "a tarifa não será subordinada à legislação específica anterior e somente nos casos expressamente previstos em lei, sua cobrança poderá ser condicionada à existência de serviço público alternativo e gratuito para o usuário".

## 4.8 Imunidades

As imunidades são normas constitucionais que delimitam negativamente a própria competência tributária dos entes políticos da Federação. Diferenciam-se com clareza das isenções, pois essas supõem a existência e o exercício concreto de uma competência tributária pelo legislador infraconstitucional.

As imunidades previstas no art. 150, VI, da Constituição se referem somente à espécie tributária *imposto* e são tidas pela jurisprudência do STF como verdadeiras cláusulas pétreas, não podendo ser suprimidas ou restringidas nem mesmo pelo constituinte derivado.[1037] O fundamento dessas imunidades do art. 150, VI, da Constituição, chamadas *imunidades genéricas*, é a proteção da própria Federação (no caso da imunidade recíproca prevista no art. 150, VI, "a") e de determinadas liberdades fundamentais dos cidadãos (liberdade de crença, liberdade de expressão da atividade intelectual etc.) ante o poder de tributar do Estado.

---

[1036] STF, ADI nº 800, Relator Ministro Teori Zavascki, DJ, 1º jul. 2014.

[1037] *Vide* STF, ADI nº 939, Relator Ministro Sydney Sanches. *DJ*, 18 mar. 1994.

Além dessas imunidades a *impostos* previstas no art. 150, VI, da Constituição, há outras normas de imunidade espalhadas pelo texto constitucional, referindo-se ora a impostos específicos (p. ex. o art. 155, §2º, X, "a"), ora a contribuições (p. ex. o art. 149, §2º, I), ora a taxas (art. 5º, XXXIV). Em algumas ocasiões, o STF se pronunciou no sentido de que essas imunidades situadas fora do art. 150, VI, da Constituição não constituem cláusulas pétreas, podendo ser alteradas ou revogadas por emenda constitucional, como foi o caso da revogação do art. 153, §2º, II, da Constituição pela EC nº 20/1998.[1038]

Outra diferença entre as imunidades do art. 150, VI, da Constituição e as demais imunidades espalhadas pelo texto constitucional é que, em relação às primeiras, o STF revela forte tendência de interpretá-las ampliativamente, de modo a "maximizar-lhes o potencial de efetividade",[1039] ao passo que em relação às segundas há manifestações hesitantes, ora se afirmando que as imunidades não merecem interpretação nem restritiva, nem ampliativa, cabendo ao intérprete "ser fiel ao sentido e à extensão da norma",[1040] ora se afirmando abertamente que imunidade é "exceção" e por isso cabe "interpretar os preceitos regedores de forma estrita" (*vide* ementa oficial do RE nº 564.413).

## 4.8.1 Imunidade recíproca[1041]

Sendo um instituto destinado a proteger e conservar a Federação, e particularmente inspirado na tradição constitucional dos Estados Unidos da América,[1042] a imunidade recíproca naturalmente não foi contemplada na Constituição imperial de 1824, que adotou a forma unitária de Estado. Na Constituição republicana de 1891, já sob a forma federativa de Estado, a imunidade recíproca foi normatizada por meio de uma redação simples e direta: "Art. 10. É proibido aos Estados tributar bens e rendas federais ou serviços a cargo da União, e reciprocamente".

Na Constituição de 1934, a norma sobre a imunidade recíproca (art. 17, X) apresentou duas alterações de monta com relação à norma de 1891: passou-se a prever expressamente a figura do Distrito Federal e dos municípios como incluídos na imunidade recíproca, e esta foi estendida para alcançar também as concessões de serviços públicos, no sentido de vedar a tributação sobre os serviços concedidos e sobre o aparelhamento instalado e utilizado na prestação dos serviços.

---

[1038] *Vide* STF, RE nº 372.600, Relatora Ministra Ellen Gracie, Segunda Turma, *DJ*, 23 abr. 2004.

[1039] *Vide* STF, RE nº 237.718, Relator Ministro Sepúlveda Pertence, Pleno. *DJ*, 06 set. 2001.

[1040] *Vide* voto da Ministra Ellen Gracie em STF, RE nº 564.413, Relator Ministro Marco Aurélio, *DJ*, 6 dez. 2010.

[1041] A presente seção corresponde a uma síntese e atualização de GODOI, Marciano Seabra de. Imunidade recíproca e ordem econômica: o caso da cessão do uso de bens imóveis de propriedade dos entes públicos e o IPTU. *In*: ROCHA, Valdir de Oliveira (Coord.). *Grandes questões atuais do direito tributário*. v. 15. São Paulo: Dialética, 2011. p. 252-273.

[1042] Cf. TORRES, Ricardo Lobo. *Tratado de direito constitucional, financeiro e tributário* – Os direitos humanos e a tributação: imunidades e isonomia. Rio de Janeiro: Renovar, 2005. v. 3. p. 225-229.

Na Carta outorgada de 1937, a imunidade deixou de abranger a concessão de serviços públicos. O parágrafo único do art. 32 da Carta de 1937 dispôs que "os serviços públicos concedidos não gozam de isenção tributária, salvo a que lhes for outorgada, no interesse comum, por lei especial". Quando a Constituição de 1937 se refere à "isenção tributária", deve-se entender tal expressão como dizendo respeito, na verdade, ao instituto da imunidade. No próprio texto da Constituição de 1988 há um exemplo de confusão do constituinte entre imunidade e isenção (art. 195, §7º), sendo que o STF se posicionou no sentido de interpretar a norma como sendo relativa ao instituto da imunidade.[1043]

Quanto à não extensão da imunidade recíproca aos serviços públicos concedidos, a Constituição de 1946 manteve a solução da Carta de 1937. Outra mudança foi que, a partir de 1946, o texto constitucional passou a se referir à imunidade recíproca vinculando-a à atividade de lançar "impostos" (art. 31, V), e não à atividade de "tributar" – expressão mais ampla, pois referida em princípio a todas as espécies tributárias.

A tendência de restrição do alcance da imunidade recíproca se verificou novamente com a promulgação da Emenda Constitucional nº 18, em 1965. A inovação consistiu em afirmar que a imunidade recíproca se aplicava às autarquias (tal como a jurisprudência do STF já vinha há muito decidindo), mas somente "no que se refere ao patrimônio, à renda ou aos serviços vinculados às suas finalidades essenciais, ou delas decorrentes" (art. 2º, §1º, da EC nº 18/1965). Essa norma, posteriormente repetida no Código Tributário Nacional de 1966 (art. 12) e na Carta de 1967 (art. 20, §1º), buscava reverter a jurisprudência do STF segundo a qual permanecia imune ao IPTU o imóvel objeto de promessa de compra e venda entre uma autarquia e um particular, só cessando a imunidade quando da transferência da propriedade (Súmula nº 74 do STF).[1044]

Essa norma constitucional de 1965 (EC nº 18) que restringiu a imunidade recíproca ao patrimônio vinculado às "finalidades essenciais" das autarquias levou realmente o STF a alterar sua jurisprudência e cancelar a referida Súmula nº 74, adotando-se posteriormente a Súmula nº 583.[1045]

A novidade da Carta de 1967 em relação às constituições anteriores foi a norma segundo a qual a exploração de atividade econômica pelo Estado, por meio de empresas públicas, autarquias ou sociedades de economia mista, seria regida pelas mesmas normas aplicáveis às empresas privadas (art. 163, §2º), ficando a empresa pública que explorasse atividade não monopolizada "sujeita ao mesmo regime tributário aplicável às empresas privadas" (art. 163, §3º).

As normas referidas no parágrafo anterior, constantes da redação original da Constituição de 1967, foram mantidas pela EC nº 1, de 1969, tendo sido acrescentado ao

---

[1043] Cf. STF, RMS nº 22.192, Relator Ministro Celso de Mello, DJ, 19 dez. 1996.
[1044] STF, Súmula nº 74: "O imóvel transcrito em nome de autarquia, embora objeto de promessa de venda a particulares, continua imune de impostos locais".
[1045] STF, Súmula nº 583: "Promitente comprador de imóvel residencial transcrito em nome de autarquia é contribuinte do imposto predial territorial urbano".

texto constitucional que a imunidade recíproca não "exonera o promitente comprador da obrigação de pagar imposto que incidir sobre imóvel objeto de promessa de compra e venda" (art. 19, §1º, da CF de 1967, na redação dada pela EC nº 1, de 1969). Essa restrição já era aplicada pela jurisprudência do STF desde a promulgação da EC nº 18, de 1965, como vimos acima.

No que diz respeito à imunidade recíproca, a Constituição de 1988 não trouxe inovações de monta em relação à ordem anterior. Foram incluídas – ao lado das autarquias – as "fundações instituídas e mantidas pelo Poder Público" no âmbito da imunidade recíproca, no que se refere ao "patrimônio, à renda e aos serviços, vinculados a suas finalidades essenciais ou às delas decorrentes" (art. 150, §2º). No art. 150, §3º, do atual texto constitucional, mantiveram-se as regras segundo as quais a imunidade recíproca não alcança a exploração de atividades econômicas, nem exonera o promitente comprador da obrigação de pagar imposto relativamente ao bem imóvel. No atual art. 173, manteve-se a regra de que as empresas públicas e sociedades de economia mista que explorem atividade econômica se sujeitam ao mesmo regime tributário das empresas privadas, não podendo "gozar de privilégios fiscais não extensivos às do setor privado" (atual art. 173, §2º).

Ao invés de seguir o exemplo dos textos constitucionais anteriores, em que se mencionava claramente que a imunidade recíproca não se estendia aos "serviços públicos concedidos", optou-se em 1988 por um texto ambíguo, que exclui a imunidade recíproca nos casos "em que haja contraprestação ou pagamento de preços ou tarifas pelo usuário". Hugo de Brito Machado observa com razão que, a prevalecer o elemento literal da norma, serviços públicos prestados pelos próprios entes públicos ou por empresas públicas delegatárias de serviços públicos, sem que se tenha qualquer contrato de concessão, ficariam excluídos da imunidade recíproca, a qual só abrangeria a categoria restrita dos serviços gratuitos.[1046]

Uma novidade digna de nota é que a atual Constituição não repetiu a norma de 1967/69 (art. 170, §3º), segundo a qual "a empresa pública que explorar atividade não monopolizada ficará sujeita ao mesmo regime tributário aplicável às empresas privadas". Essa norma de 1967/69 dispunha, *a contrario sensu*, que a exploração de atividade econômica sob regime de monopólio se incluía na imunidade recíproca, o que despertava reservas e receios na doutrina. Suprimida tal norma na Constituição de 1988, a consequência é que a exploração de atividade econômica (visando ao lucro) pelo Estado (empresa pública ou sociedade de economia mista), mesmo em se tratando de regime de monopólio, não se insere no âmbito da imunidade recíproca.[1047]

No julgamento do RE nº 405.267,[1048] o Plenário do STF decidiu por unanimidade que as caixas de assistência dos advogados (presentes nas seccionais da OAB) prestam serviço público delegado, possuem *status* jurídico de ente público e não exploram

---

[1046] Cf. MACHADO, Hugo de Brito. *Curso de direito tributário*. 31. ed. São Paulo: Malheiros, 2010. p. 301-302.

[1047] Neste sentido, *vide* STF, RE-AgR nº 285.716, Relator Ministro Joaquim Barbosa, Segunda Turma. *DJ*, 26 mar. 2010.

[1048] STF, RE nº 405.267, Relator Min. Edson Fachin, Pleno. *DJ*, 18 out. 2018.

atividades econômicas em sentido estrito com intuito lucrativo, pelo que a essas entidades deve-se garantir a imunidade recíproca prevista no art. 150, VI, "a" da Constituição.

### 4.8.1.1 Imunidade recíproca e impostos indiretos

Até a década de 60 do século passado, a jurisprudência predominante no STF reconhecia a imunidade dos entes públicos nas situações em que estes eram contribuintes de fato dos impostos sobre o consumo. No RE nº 68.450,[1049] o Estado da Bahia pretendia ver reconhecida a imunidade do imposto de consumo sobre chassis comprados de fabricantes em São Paulo para serem utilizados no serviço público de construção rodoviária. A 1ª Turma decidiu à unanimidade pelo reconhecimento da imunidade, liderada pelo voto do Ministro Aliomar Baleeiro.

Contudo, a partir do julgamento dos Embargos de Divergência no RE nº 68.215,[1050] o ponto de vista defendido por Baleeiro se tornou minoritário. No ERE nº 68.215, o Pleno decidiu que "se, na conformidade da lei, contribuinte é o industrial ou quem a lei a ele equiparar, pouco importa para o efeito da imunidade ou isenção, a repercussão econômica do tributo" (voto do Ministro Thompson Flores), restando vencidos os ministros Aliomar Baleeiro e Amaral Santos.

A partir de então, prevalece o entendimento de que "não é possível opor à forma jurídica a realidade econômica para excluir uma obrigação fiscal previamente definida na lei". Considera-se que "contribuinte de fato é estranho à relação tributária e não pode alegar, a seu favor, a imunidade recíproca",[1051] daí surgindo a Súmula nº 591, que dispõe: "a imunidade ou a isenção tributária do comprador não se estende ao produtor, contribuinte do imposto sobre produtos industrializados".

Em 2017, o Plenário do STF[1052] reafirmou essa antiga jurisprudência e fixou em relação ao Tema nº 342 da sistemática de repercussão geral a seguinte tese:

> A imunidade tributária subjetiva aplica-se a seus beneficiários na posição de contribuinte de direito, mas não na de simples contribuinte de fato, sendo irrelevante para a verificação da existência do beneplácito constitucional a repercussão econômica do tributo envolvido.

Para buscar neutralizar os efeitos econômicos da incidência da tributação indireta nas compras governamentais, a Emenda Constitucional nº 132/2023 incluiu no novo art. 149-C da Constituição a norma segundo a qual:

> Art. 149-C. O produto da arrecadação do imposto previsto no art. 156-A e da contribuição prevista no art. 195, V, incidentes sobre operações contratadas pela administração

---

[1049] STF, RE nº 68.450, Relator Ministro Aliomar Baleeiro, Primeira Turma, *DJ*, 10 dez. 1969.
[1050] STF, Emb. Div. no RE nº 68215, Redator do Acórdão Min. Thompson Flores, Pleno, *DJ*, 14 abr. 1971.
[1051] STF, RE nº 68.741, Relator Bilac Pinto, Segunda Turma. *DJ*, 21 out. 1970 e STF, RE nº 72.862, Relator Ministro Eloy da Rocha, Primeira Turma, *DJ*, 16 ago. 1972.
[1052] STF, RE nº 608.872, Rel. Ministro Dias Toffoli. *DJ*, 27 set. 2017.

pública direta, por autarquias e por fundações públicas, inclusive suas importações, será integralmente destinado ao ente federativo contratante, mediante redução a zero das alíquotas do imposto e da contribuição devidos aos demais entes e equivalente elevação da alíquota do tributo devido ao ente contratante.

A regulamentação desse mecanismo de neutralização dos efeitos econômicos da tributação indireta nas compras governamentais consta dos artigos 372, 472 e 473 da Lei Complementar nº 214, de 16 de janeiro de 2025.

### 4.8.1.2 Sentido de "patrimônio, renda e serviços" na jurisprudência do STF

Uma interpretação restritiva do art. 150, VI, "a", da Constituição poderia levar à conclusão de que a imunidade recíproca, a vedar aos entes políticos a tributação sobre "patrimônio, renda ou serviços" uns dos outros, somente se aplicaria ao imposto sobre a renda, ao IPTU, ao ITR, ao IPVA (impostos sobre o patrimônio) e ao ISSQN. Contudo, a interpretação que se faz não é essa. No RE nº 192.888,[1053] reconheceu-se a imunidade dos municípios ao imposto sobre operações de crédito, câmbio e seguro, ou relativas a títulos e valores mobiliários (IOF), afastando-se uma interpretação mais restritiva da expressão "patrimônio, renda ou serviços". Também no julgamento da ADI nº 939,[1054] que afastou a incidência do IPMF sobre as operações financeiras dos entes federativos,[1055] adotou-se a mesma orientação quanto à interpretação do art. 150, VI, "a", da Constituição.

### 4.8.1.3 Imunidade recíproca, empresas públicas e sociedades de economia mista[1056]

Nos últimos anos, a jurisprudência do STF se consolidou no sentido de que a imunidade recíproca tem aplicação quando se trata da prestação de serviço público (seja por autarquia, por empresa pública ou por sociedade de economia mista) derivada de delegação legislativa, mesmo que se tenha a cobrança de tarifa ou outra forma de contraprestação do usuário dos serviços.

No caso da Infraero (sobre cujas atividades se exigia o ISSQN), a jurisprudência do Tribunal[1057] destacou o fato de se tratar de um serviço público explorado diretamente

---

[1053] STF, RE nº 192.888, Relator Ministro Carlos Velloso, Segunda Turma, *DJ*, 11 out. 1996.

[1054] STF, ADI nº 939, Relator Ministro Sydney Sanches, *DJ*, 18 mar. 1994.

[1055] No acórdão da ADI nº 939, o STF declarou inconstitucionais os dispositivos da Emenda Constitucional nº 3/1993 que autorizavam a incidência de um imposto – o antigo IPMF – sobre as pessoas e situações imunes previstas no art. 150, VI, da Constituição. Ou seja, o constituinte derivado procurou *excepcionar* o IPMF das imunidades genéricas, no que foi censurado pelo STF.

[1056] A presente seção se baseia em GODOI, Marciano Seabra de. Imunidade recíproca e ordem econômica: o caso da cessão do uso de bens imóveis de propriedade dos entes públicos e o IPTU. In: ROCHA, Valdir de Oliveira (Coord.). *Grandes questões atuais do direito tributário*. v. 15. São Paulo: Dialética, 2011. p. 252-273.

[1057] Cf. STF, RE AgR nº 363.412, Relator Ministro Celso de Mello, Segunda Turma. *DJ*, 19 set. 2008.

pela União (art. 21, XII, "c", da Constituição), por meio de uma empresa pública (instrumentalidade estatal) que por determinação legal deve aplicar integralmente os recursos obtidos na ampliação e melhoria dos serviços públicos para os quais foi criada.

No caso do Serviço Autônomo de Água e Esgoto do município de Senador Firmino (SAAE), sobre cujos veículos se exigia o IPVA, a Segunda Turma destacou que se tratava de autarquia destinada à prestação de serviços públicos essenciais, que não configuravam exploração econômica *stricto sensu*, pois não havia contrato de concessão nem ânimo de trazer acréscimo patrimonial ao ente estatal.[1058]

Interpretado literal e isoladamente, o trecho do art. 150, §3º, da Constituição que afasta a imunidade recíproca dos casos em que "haja contraprestação ou pagamento de preços ou tarifas pelo usuário [do serviço]" determinaria que mesmo uma autarquia ou fundação que cobrasse qualquer tipo de tarifa, ou outra forma de contraprestação pela prestação de seus serviços, estaria excluída da imunidade recíproca. Do mesmo modo, caso se interprete literal e isoladamente o art. 173, §2º, da Constituição, a conclusão será que uma empresa pública ou uma sociedade de economia mista nunca terão suas atividades incluídas na imunidade recíproca, pois "não poderão gozar de privilégios fiscais não extensivos às [empresas] do setor privado".

O Ministro Sepúlveda Pertence, no voto que proferiu no RE nº 253.472, explicitou a grande amplitude da literalidade do art. 150, §3º, da Constituição, no trecho em que afasta da imunidade recíproca os casos em que haja contraprestação ou pagamento de preços ou tarifas pelo usuário. Mesmo reconhecendo que a Codesp atuava como delegatária – e não como concessionária de serviço público – e não exercia atividade econômica em sentido estrito, o Ministro Pertence afirmou que "a dificuldade é o dispositivo [art. 150, §3º] a que alude o Ministro Marco Aurélio: exclui da imunidade tributária recíproca patrimônio, rendas ou serviços em que haja contraprestação ou pagamento de preços", aduzindo que "aí se aplicaria ainda [que houvesse] a exploração direta pela União [mediante delegação legislativa]".[1059]

Todo esse problema interpretativo foi gerado pelo fato de o constituinte de 1987/88 não ter se referido de modo claro e objetivo à relação entre a imunidade recíproca e os serviços públicos objeto de concessão. Como vimos antes, a única Constituição brasileira que incluiu os serviços concedidos na imunidade recíproca foi a de 1934. As Constituições de 1937, 1946 e 1967 (antes e depois da EC nº 1/69) excluíram com clareza a imunidade recíproca do âmbito dos "serviços públicos concedidos" (expressão utilizada em todos os textos constitucionais referidos). O texto da Constituição de 1988, ao invés de dispor claramente que a imunidade recíproca não alcança os serviços públicos concedidos, preferiu utilizar-se de um circunlóquio, afirmando que a imunidade recíproca não se aplica aos casos em que "haja contraprestação ou pagamento de preços ou tarifas pelo usuário" (trecho do art. 150, §3º, da Constituição).

---

[1058] Cf. STF, RE-AgR nº 399.307, Relator Ministro Joaquim Barbosa, Segunda Turma. *DJ*, 30 abr. 2010.

[1059] Cf. STF, RE nº 253.472, Redator do Acórdão Ministro Joaquim Barbosa, Pleno. *DJ*, 1º fev. 2011, fl.813.

De todo modo, a jurisprudência do STF se consolidou – a nosso ver corretamente – no sentido de não seguir a estrita literalidade do referido trecho do art. 150, §3º, da Constituição, mas somente aplicá-lo no caso de concessão ou permissão de serviços públicos. Quanto ao art. 173, §2º, da Constituição, que afirma que a empresa pública e a sociedade de economia mista "não poderão gozar de privilégios fiscais não extensivos às [empresas] do setor privado", a jurisprudência do STF advertiu corretamente para o fato de que se trata de um parágrafo de um artigo que dispõe sobre a "exploração direta de atividade econômica pelo Estado", ou seja, atividade econômica empresarial *stricto sensu*, que não se confunde com a prestação direta, pelo Estado, de serviços públicos.

A Emenda Constitucional nº 132/2023 alterou a redação do art. 150, §2º, da Constituição para incluir no texto uma referência expressa à "empresa pública prestadora de serviço postal". Eis o texto com a redação determinada pela EC nº 132/2023:

> § 2º A vedação do inciso VI, «a», é extensiva às autarquias e às fundações instituídas e mantidas pelo poder público e à empresa pública prestadora de serviço postal, no que se refere ao patrimônio, à renda e aos serviços vinculados a suas finalidades essenciais ou às delas decorrentes.

Essa alteração da Constituição tem sua origem no julgamento pelo STF do RE nº 601.392, em que o Município de Curitiba pleiteava o reconhecimento do direito de submeter ao ISSQN os serviços prestados pela ECT que não fossem os tipicamente postais (aqueles previstos no art. 9º da Lei nº 6.538/1978). O Tribunal Regional Federal da 4ª Região deu razão ao município e decidiu contra a imunidade, sobrevindo recurso extraordinário da ECT. Segundo a tese defendida pela ECT perante o STF, todas as atividades da empresa seriam imunes, com base no argumento do *subsídio cruzado*. Segundo esse argumento, a ECT está obrigada por lei a atender a diversas demandas sociais relacionadas à efetivação de direitos fundamentais de comunicação e integração social dos cidadãos de baixa renda, por isso as tarifas dos serviços tipicamente postais (previstos no art. 9º da Lei nº 6.538/1978) são fixadas em patamares inferiores aos seus custos, o que provoca déficit financeiro em relação a tais atividades da empresa, gerando a necessidade de recorrer à prestação de outros serviços afins – como entrega de correspondência bancária, entrega de encomendas, venda nas agências dos correios de títulos de capitalização/sorteios – para produzir um superávit capaz de fazer face ao déficit verificado nos serviços tipicamente postais.

Esse argumento do *subsídio cruzado* se insere numa estratégia de requerer a aplicação, ao caso concreto, da razão subjacente à Súmula nº 724 do STF, que estendeu a imunidade das entidades previstas no art. 150, VI, "c", da Constituição aos imóveis alugados a terceiros por tais entidades, desde que o valor dos aluguéis fosse aplicado nas atividades essenciais daquelas entidades. De forma análoga, argumenta a ECT, a imunidade deve ser garantida inclusive aos serviços nos quais a empresa compete com as empresas privadas, pois o produto dessas atividades comerciais da ECT é aplicado integralmente nas atividades tipicamente postais (que constituem serviço público).

Numa votação apertada ocorrida em 2013, com seis votos contra cinco, o STF entendeu que a imunidade deve ser concedida por inteiro à ECT, sem diferenciar as atividades nas quais a empresa compete com as empresas privadas das atividades tipicamente postais que constituem serviço público. O argumento para tal decisão foi, além do subsídio cruzado acima comentado, o relevante papel de "integração nacional" desempenhado pelos Correios.[1060]

Os imóveis de propriedade da Caixa Econômica Federal, uma empresa pública que exerce atividade econômica visando ao lucro, naturalmente não estão imunes aos impostos. Contudo, no caso dos imóveis vinculados ao Fundo de Arrendamento Residencial (criado pela Lei nº 10.188/2001), deve-se reconhecer sua imunidade, conforme decidido pelo STF no RE nº 928.902.[1061] Eis a parte essencial da fundamentação adotada pelo tribunal (ementa oficial):

> 2. O Fundo de Arrendamento Residencial possui típica natureza fiduciária: a União, por meio da integralização de cotas, repassa à Caixa Econômica Federal os recursos necessários à consecução do PAR, que passam a integrar o FAR, cujo patrimônio, contudo, não se confunde com o da empresa pública e está afetado aos fins da Lei 10.188/2001, sendo revertido ao ente federal ao final do programa.
>
> 3. O patrimônio afetado à execução do Programa de Arrendamento Residencial (PAR) é mantido por um fundo cujo patrimônio não se confunde com o da Caixa Econômica Federal, sendo formado por recursos da União e voltado à prestação de serviço público e para concretude das normas constitucionais anteriormente descritas [direito social de moradia, erradicação da pobreza e da marginalização como objetivo fundamental da República]

### 4.8.1.4 Alteração da jurisprudência do STF sobre o âmbito da imunidade recíproca e a sujeição passiva no IPTU – REs nº 434.251, 601.720 e 594.015[1062]

A jurisprudência tradicional do STF e do STJ quanto à imunidade – em relação ao IPTU – de bens públicos cedidos temporariamente a particulares era a seguinte: não é válida a cobrança do imposto, seja porque, sendo o imóvel de propriedade de um ente público, o caso é de imunidade recíproca, nos termos do art. 150, VI, "a" da CF, seja porque o CTN não contempla entre os possíveis sujeitos passivos do IPTU o detentor da posse precária e desdobrada de um bem imóvel (como ocorre

---

[1060] STF, RE nº 601.392, Redator do acórdão Ministro Gilmar Mendes, Pleno. *DJ*, 5 jun. 2013.

[1061] STF, RE nº 928.902 (Tema nº 884), Rel. Min. Alexandre de Moraes. *DJ*, 12 set. 2019.

[1062] Para maiores detalhes sobre o tema, *vide* GODOI, Imunidade recíproca e ordem econômica: o caso da cessão do uso de bens imóveis de propriedade dos entes públicos e o IPTU. *In*: ROCHA, Valdir de Oliveira (Coord.). *Grandes questões atuais do direito* tributário. v. 15. São Paulo: Dialética, 2011. p. 252-273.

com o locatário ou com o cessionário), somente cabendo cogitar a sujeição passiva do detentor da posse quando esta se der com ânimo de dono.[1063]

Esse entendimento leva a que a imunidade seja aplicada também em situações em que os imóveis são utilizados por particulares (cessionários) na exploração econômica de negócios que nada têm a ver com a prestação de serviços públicos. O Ministro Joaquim Barbosa, a partir de 2010, defendeu a mudança dessa linha jurisprudencial. É isso o que estava em jogo no julgamento do RE nº 434.251 iniciado com o voto do Relator Joaquim Barbosa em 2010, que trata de um imóvel do Aeroporto de Jacarepaguá cedido pela Infraero a uma empresa de revenda de veículos. O Ministro Joaquim Barbosa votou no sentido de negar a imunidade, argumentando que o cessionário do bem não é uma instrumentalidade estatal, desempenha uma atividade inserida na livre concorrência (revenda de automóveis) e em nada relacionada à exploração de serviços públicos.

Sobre a sujeição passiva no IPTU, o entendimento do Ministro Joaquim Barbosa foi (no mesmo sentido em que se pronunciaram os ministros Marco Aurélio, Cezar Peluso e Ricardo Lewandowski no RE nº 253.472) o de que a legislação local e o CTN autorizam a sujeição passiva de titular da posse desdobrada e precária de imóvel público objeto de locação ou cessão de uso, já que o art. 34 do CTN dispõe que será contribuinte do IPTU o possuidor do imóvel "a qualquer título", e não somente o possuidor com ânimo de dono.

Após o voto do Ministro Joaquim Barbosa, na sessão do Plenário de 26.8.2010, o Ministro Dias Toffoli proferiu voto em sentido contrário, afirmando que o caso era de aplicação da imunidade recíproca. O ministro disse que se manteria "fiel à jurisprudência da Corte", defendendo o entendimento tradicional de que o titular da posse precária e desdobrada de bem imóvel não pode figurar como sujeito passivo do IPTU.

Após o voto do Ministro Toffoli, nesta sessão de 26.8.2010, a Ministra Cármen Lúcia pediu vista dos autos, e permaneceu mais de cinco anos sem devolvê-los para prosseguir o julgamento do recurso.

Em 2016, a relatoria do RE nº 434.251 passou às mãos do Ministro Edson Fachin, que determinou que o julgamento sobre a imunidade dos imóveis públicos cedidos onerosamente a particulares para exploração de atividades econômicas deveria ocorrer no bojo de outro recurso, o RE nº 601.720, que trata do mesmo tema discutido no RE nº 434.251 e cuja repercussão geral fora reconhecida pelo Tribunal em 2011 (Tema nº 437).

O julgamento do RE nº 601.720 teve início na sessão de 4.2.2016, com o voto do Ministro Edson Fachin seguindo a mesma orientação (posição tradicional no sentido de afirmar a imunidade) do voto dado pelo Ministro Toffoli no RE nº 434.251. O resultado do acórdão do RE nº 601.720[1064] foi favorável aos fiscos municipais, restando vencidos os ministros Edson Fachin e Celso de Mello. A tese definida pelo tribunal

---

[1063] Cf. STF, RE nº 253.394, Relator Ministro Ilmar Galvão, Primeira Turma, *DJ*, 11 abr. 2003 e STF, RE nº 265.749, Relator Ministro Maurício Corrêa, Segunda Turma. *DJ*, 12 set. 2003.

[1064] STF, RE nº 601.720, Redator do Acórdão Min. Marco Aurélio, Pleno. *DJ*, 5 set. 2017.

(Tema nº 437) foi a seguinte: "Incide o IPTU, considerado imóvel de pessoa jurídica de direito público cedido a pessoa jurídica de direito privado, devedora do tributo". O mesmo entendimento foi aplicado no julgamento do RE nº 434.251.[1065]

A mesma orientação jurisprudencial se verificou no julgamento do RE nº 594.015,[1066] que deu ao Tema nº 385 da sistemática da repercussão geral a seguinte solução:

> A imunidade recíproca, prevista no art. 150, VI, a, da Constituição não se estende a empresa privada arrendatária de imóvel público, quando seja ela exploradora de atividade econômica com fins lucrativos. Nessa hipótese é constitucional a cobrança do IPTU pelo município.

### 4.8.1.5 Imunidade recíproca e responsabilidade tributária

No julgamento do RE nº 599.176, colocava-se uma questão interessante: transferida a responsabilidade de um crédito tributário regularmente constituído para um ente imune, este ente imune pode invocar a imunidade recíproca para se ver desobrigado do crédito transferido? No caso concreto, um crédito tributário municipal foi originalmente constituído contra a Rede Ferroviária Federal S/A e, posteriormente, com a liquidação de referida sociedade de economia mista, seus créditos tributários foram transferidos para a União Federal. No julgamento do feito,[1067] o Plenário do STF decidiu por unanimidade que não pode haver uma espécie de aplicação retroativa da imunidade recíproca, não podendo o sucessor invocar a imunidade em relação a fatos ocorridos quando o devedor do imposto não ostentava a condição de ente imune.

### 4.8.1.6 Imunidade recíproca e serviços de cartórios

No julgamento da ADI nº 3.089,[1068] o STF decidiu, vencido o Ministro Carlos Britto, que a imunidade recíproca não alcança a prestação de serviços públicos notariais e cartoriais. A conclusão do tribunal foi a de que "a imunidade recíproca é uma garantia ou prerrogativa imediata de entidades políticas federativas, e não de particulares que executem, com inequívoco intuito lucrativo, serviços públicos mediante concessão ou delegação, devidamente remunerados".

## 4.8.2 Imunidade dos templos de qualquer culto

Ao surgir como Estado nacional, o Brasil tinha no catolicismo sua religião oficial. O art. 5º da Constituição de 1824 estabelecia que a Igreja Católica Apostólica

---

[1065] STF, RE nº 434.251, Redatora do Acórdão Min. Cármen Lúcia, Pleno. *DJ*, 31 ago. 2017.
[1066] STF, RE nº 594.015, Rel. Min. Marco Aurélio, Pleno. *DJ*, 25 ago. 2017.
[1067] STF, RE nº 599.176, Relator Ministro Joaquim Barbosa, Pleno. *DJ*, 30 out. 2014.
[1068] STF, ADI nº 3.089, Redator do Acórdão Min. Joaquim Barbosa. *DJ*, 1º ago. 2008.

Romana "continuará a ser a Religião do Império". As outras religiões, não oficiais, eram toleradas em seu culto particular ou doméstico, desde que não adquirissem "forma alguma exterior de templo". Em épocas mais remotas, no período dos Estados patrimoniais, a Igreja era não só imune ao poder tributário do Estado como também, ela própria, uma fonte autônoma de imposição tributária, havendo uma fiscalidade paralela da Igreja e da nobreza em relação à fiscalidade estatal.[1069]

A República veio instaurar a laicidade do Estado brasileiro, determinando a Constituição de 1891 (art. 11, III) que União e estados estavam impedidos de "estabelecer, subvencionar ou embaraçar o exercício de cultos religiosos". Esta norma vem constando de todas as constituições posteriores, estando prevista atualmente no art. 19, I, da Constituição de 1988, que veda a todos os entes políticos estabelecer cultos religiosos ou igrejas, subvencioná-los, "ou manter com eles ou seus representantes relações de dependência ou aliança, ressalvada, na forma da lei, a colaboração de interesse público".

A liberdade de consciência e de crença é um direito fundamental previsto no art. 5º, VI, da Constituição, que assegura também "o livre exercício dos cultos religiosos" e garante "na forma da lei, a proteção aos locais de culto e a suas liturgias". Como o poder de tributar pode engendrar também o poder de destruir, desde 1946 as constituições brasileiras preveem a imunidade dos *templos de qualquer culto*, com o propósito de evitar que a liberdade religiosa dos cidadãos seja, direta ou indiretamente, restringida ou diminuída por meio da tributação.

Na Constituição de 1988, a imunidade dos templos de qualquer culto é prevista no art. 150, VI, "b". A diferença da Constituição de 1988 em relação às anteriores, nesse particular, é que se declara que a imunidade dos templos compreende "somente o patrimônio, a renda e os serviços, relacionados com as finalidades essenciais" das entidades religiosas (art. 150, §4º).

Sob a Constituição de 1988, a primeira linha de entendimento da Corte está consubstanciada no RE nº 237.718,[1070] que estabeleceu uma diferença clara entre a imunidade dos templos (art. 150, III, "b") e a imunidade das entidades de assistência social sem fins lucrativos (art. 150, III, "c"). Dado o caráter laico do Estado brasileiro, a imunidade dos templos não pode ser confundida com qualquer incentivo ou subsídio à manifestação religiosa, por isso a extensão da imunidade abarca o templo e suas dependências, mas não outros imóveis da instituição religiosa destinados a finalidades econômicas estranhas ao culto religioso. De modo diverso, a imunidade das entidades assistenciais sem fins lucrativos é "norma de estímulo, de direito promocional, de sanção premial a atividades privadas de interesse público" (voto do relator, Min. Sepúlveda Pertence), daí sua extensão mais ampla, para alcançar imóveis que, não obstante destinados a outras atividades econômicas, propiciam recursos utilizados pela instituição em atividades assistenciais.

---

[1069] Cf. TORRES, Ricardo Lobo. *Tratado de direito constitucional, financeiro e tributário* – Os direitos humanos e a tributação: imunidades e isonomia. Rio de Janeiro: Renovar, 2005. v. 3. p. 249.

[1070] STF, RE nº 237.718, Relator Ministro Sepúlveda Pertence, Pleno, *DJ*, 06 set. 2001.

Contudo, no julgamento do RE nº 325.822,[1071] abandonou-se toda a tradição interpretativa do STF a respeito da imunidade dos templos. A maioria do Plenário, liderada pelo Ministro Moreira Alves, adotou uma interpretação do art. 150, §4º, da Constituição de modo a abandonar a duplicidade de critérios exposta anteriormente. No caso concreto, entidades religiosas pleiteavam que mesmo seus lotes vagos e seus prédios comerciais dados em locação fossem protegidos pela imunidade. Segundo a corrente majoritária, a leitura do art. 150, §4º, indica que não há na Constituição distinção entre a imunidade dos templos e a das instituições assistenciais para efeitos de alargar seu campo de incidência inclusive quanto aos bens imóveis alugados a terceiros com objetivo de auferir receitas para cumprimento dos fins institucionais das entidades. É curioso que um dispositivo introduzido na Constituição para restringir o alcance da imunidade (art. 150, §4º) tenha sido utilizado na fundamentação de uma posição que implicou forte expansão do alcance da imunidade.

A corrente minoritária no RE nº 325.822 se opôs veementemente ao abandono do tradicional critério interpretativo da imunidade. Os ministros Ellen Gracie e Sepúlveda Pertence denunciaram que a posição da maioria ameaçava o caráter laico do Estado brasileiro e o princípio da separação entre Igreja e Estado. O Ministro Sepúlveda Pertence afirmou que a teleologia da imunidade dos templos não pode ser contrariada por uma interpretação puramente literal do art. 150, §4º, da Constituição, e concluiu: "Chego, com o eminente Relator, aos anexos necessários ao culto, mas não financio propaganda de religião, desde as publicações gratuitas às televisões confessionais" (fl. 272).

### 4.8.2.1 Cemitérios e imunidade dos templos[1072]

O STF enfrentou a questão de se os cemitérios também se inserem na imunidade dos templos no julgamento do RE nº 578.562[1073] e do RE nº 544.815.

No caso do RE nº 578.562, o julgamento foi realizado em uma só sessão plenária (21.5.2008), algo raro no STF. No RE nº 578.562, decidiu-se que o imóvel dos cemitérios que caracterizam extensões de entidades religiosas está imune (no caso concreto, o cemitério era um anexo da capela onde se pratica o culto da igreja anglicana em Salvador).

Na mesma sessão em que se julgou o RE nº 578.562, iniciou-se o julgamento de um caso (RE nº 544.815) em que o cemitério era de propriedade de uma pessoa física, explorado por uma empresa comercial. Argumentou o contribuinte que, mesmo não se tratando de um cemitério ligado a uma entidade religiosa, o fato de os parentes dos mortos ali celebrarem ritos e realizarem suas orações daria ao lugar a condição de "templo de qualquer culto", para fins da aplicação da imunidade tributária.

---

[1071] STF, RE nº 325.822, Redator do Acórdão Ministro Gilmar Mendes, Pleno, *DJ*, 14 maio 2004.
[1072] Esta seção corresponde a uma síntese didática de GODOI, Marciano Seabra de. *Crítica à jurisprudência atual do STF em matéria tributária*. São Paulo: Dialética, 2011. p. 32-36.
[1073] STF, RE nº 578.562, Relator Ministro Eros Grau, Pleno, *DJ*, 12 set. 2008.

O relator do RE nº 544.815, Ministro Joaquim Barbosa, considerou que não se qualifica como "templo de qualquer culto" um cemitério explorado comercialmente por pessoa física ou jurídica sem vínculo com determinada entidade religiosa. O entendimento do relator foi endossado pelos ministros Cármen Lúcia, Ricardo Lewandowski, Cezar Peluso e Marco Aurélio, além de ter sido no mesmo sentido do voto que o Ministro Eros Grau proferiu no RE nº 578.562. O Ministro Ayres Britto dissentiu do relator, afirmando – na mesma linha do que fizera no voto proferido no RE nº 578.562 – que a Constituição protege do poder tributário templos de "qualquer" culto, sendo que o simples fato de pessoas frequentarem o cemitério para reverenciar a memória de seus entes queridos já faria do local um *templo*, independentemente de se tratar de um cemitério de determinada entidade eclesiástica.

Em seguida, com cinco votos a um no sentido da denegação da imunidade, pediu vista dos autos o Ministro Celso de Mello, em maio de 2008. Em 2014, o recorrente do RE nº 544.815 formalizou renúncia ao direito em que se fundava a ação, o que foi homologado pelo STF.[1074]

Como a orientação que desde 2002 emana do RE nº 325.822 (e passou a ser, a partir de então, aplicada sem dissensões pelos ministros da atual composição) tende a dar mais protagonismo à entidade religiosa ou eclesiástica – como pessoa jurídica – do que ao espaço físico do templo propriamente dito, era natural que o Plenário reconhecesse unanimemente no RE nº 578.562 (com todos os ministros presentes à sessão) a imunidade do cemitério da igreja anglicana, cemitério exclusivamente reservado aos fiéis daquela confissão religiosa e de resto situado – como um anexo – no próprio imóvel da capela anglicana. Se até salas e lojas alugadas a terceiros por uma igreja são incluídas pela jurisprudência na imunidade dos "templos de qualquer culto" (RE nº 325.822), com mais razão ainda devem ser incluídos em tal imunidade os cemitérios destinados aos fiéis de determinada confissão religiosa.

Em seu voto no RE nº 544.815, o Ministro Ayres Britto afirmou que a tributação do cemitério pelo IPTU seria capaz de arranhar a garantia de liberdade de crença e de culto. Ser um local de reverência, adoração e veneração de pessoas queridas tornaria o cemitério – mesmo os explorados por empresa comercial – um templo de qualquer culto imune ao IPTU. Segundo Ayres Britto "no cemitério, há como que todos os cultos reunidos, vale dizer, há uma ambiência, um clima, uma atmosfera de todas as religiosidades" (voto no RE nº 578.562).

Ora, a ser correto o referido argumento, deveriam ser excluídos da incidência do IPTU também os locais que em determinadas residências privadas são destinados quase que exclusivamente a servir de lugar para as orações dos residentes devotos. Com efeito, se o aspecto socioinstitucional (ser o cemitério uma extensão de determinada entidade eclesiástica) não for relevante, e sim o aspecto da subjetividade das orações e preces, a extensão da imunidade tornar-se-á extremamente fluida e virtualmente incontrolável.

---

[1074] STF, Questão de Ordem no RE nº 544.815, Relator Ministro Edson Fachin, Pleno, DJ 18 dez. 2015.

## 4.8.2.2 Imunidade dos templos e maçonaria

No RE nº 562.351,[1075] o STF decidiu que as entidades da maçonaria não se qualificam como religiosas e por isso seus locais de culto não estão abrangidos pela imunidade do art. 150, VI, "b", da Constituição. Na visão da maioria dos votos, a imunidade dos templos de qualquer culto supõe que se trate de alguma forma de religião, e os próprios documentos oficiais que estabelecem a ideologia, os fins e os propósitos da maçonaria indicam que esta não configura uma religião. Na visão do único voto dissidente, do Ministro Marco Aurélio, há "inequívocos elementos de religiosidade na prática maçônica", mas, independentemente disso, a imunidade prevista no art. 150, V, "b", da Constituição supõe a existência de um templo, mas não de uma religião: "não vejo, na referência a templo, necessariamente uma religião".

É curioso observar que, no julgamento do RE nº 562.351, a quase totalidade dos ministros aceitou a premissa, estampada no voto do relator (Ministro Lewandowski), de que

> As liberdades, como é sabido, devem ser interpretadas de forma extensiva, para que o Estado não crie qualquer óbice à manifestação de consciência, como é o caso sob exame, porém, às imunidades deve ser dado tratamento diametralmente oposto, ou seja, restritivo.

Essa afirmação de que, em princípio e de forma geral, as imunidades devem ser interpretadas de modo restritivo contraria a tradição jurisprudencial no STF, conforme visto anteriormente. Aparentemente, os ministros primeiro tomam partido quanto ao mérito da questão concreta colocada sob julgamento e, após formarem sua convicção quanto a ser ou não caso de imunidade, colocam no introito de seus votos afirmações genéricas sobre o modo *correto* de interpretar as imunidades. Quando no caso concreto concordam com a aplicação da imunidade, afirmam que o correto é interpretar as normas de imunidades de modo ampliativo; quando no caso concreto discordam da aplicação da imunidade, afirmam que o correto é interpretar as normas de imunidades de modo restritivo.

Tomem-se como exemplo duas posições manifestadas pelo Ministro Marco Aurélio. No RE nº 564.413, ao redigir a ementa oficial do acórdão na condição de seu relator, o Ministro Marco Aurélio consignou que a imunidade é norma de exceção, e por isso cabe "interpretar os preceitos regedores de forma estrita".[1076] Já em seu voto no caso da maçonaria (RE nº 562.351), o ministro asseverou que "o Supremo, embora com pontuais oscilações, tem encampado o entendimento de se conferir às imunidades interpretação ampla".[1077] No RE nº 564.413, o ministro decidiu que o caso concreto não era imune; no RE nº 562.351, o Ministro decidiu que o caso concreto era imune.

---

[1075] STF, RE nº 562.351, Relator Ministro Ricardo Lewandowski, Pleno, *DJ*, 14 dez. 2012.

[1076] STF, RE nº 564.413, Relator Ministro Marco Aurélio, Pleno, *DJ*, 6 dez. 2010.

[1077] STF, RE nº 562.351, Relator Ministro Ricardo Lewandowski, Pleno, *DJ*, 14 dez. 2012.

O recorrente maçom também alegava ser instituição de assistência social, praticante da filantropia, fazendo jus à imunidade do art. 150, III, "c", da Constituição. Quanto a esse ponto, o STF entendeu que não poderia no julgamento do recurso extraordinário revolver o conjunto fático probatório que levara o tribunal recorrido a entender como não configurados os requisitos constantes do art. 14 do CTN, necessários para se caracterizar a imunidade das instituições de assistência social.

### 4.8.2.3 Emenda Constitucional nº 132/2023: da imunidade de "templos de qualquer culto" para a imunidade de "instituições religiosas e templos de qualquer culto, inclusive suas organizações assistenciais e beneficentes"

A Emenda Constitucional nº 132/2023 alterou a redação do art. 150, VI, "b", da Constituição. Antes da EC nº 132, o texto constitucional vedava aos entes federativos instituir impostos sobre "templos de qualquer culto". A EC nº 132 alterou o texto, de modo a ampliar seu sentido, vedando que os entes federativos instituam imposto sobre "instituições religiosas e templos de qualquer culto, inclusive suas organizações assistenciais e beneficentes".

Note-se que, na jurisprudência do STF, desde o precedente do RE nº 325.822[1078] a imunidade dos "templos de qualquer culto" já havia passado a ser entendida e aplicada como uma imunidade de "instituições religiosas". Além disso, a mudança efetuada pela EC nº 132 tornou o texto do art. 150, VI, "b", coerente o art. 156, §1º-A, que a Emenda Constitucional nº 116 incluíra no texto constitucional em 2022. Segundo esse art. 156, §1º-A, haverá imunidade do IPTU no caso de imóvel que tiver por locatárias as "entidades abrangidas pela imunidade de que trata a alínea 'b' do inciso VI do *caput* do art. 150 desta Constituição".

Registrando no Código Tributário Nacional a mudança efetuada pela EC nº 132/2023, o art. 496 da Lei Complementar nº 214, de 16 de janeiro de 2025, alterou a redação do art. 9º, IV, "b", do Código Tributário Nacional. Onde se afirmava a imunidade dos "templos de qualquer culto", passou-se a afirmar a imunidade das "entidades religiosas e templos de qualquer culto, inclusive suas organizações assistenciais e beneficentes".

## 4.8.3 Imunidade (patrimônio, renda ou serviços) dos partidos políticos (incluindo suas fundações), entidades sindicais dos trabalhadores, instituições de educação e assistência social, sem fins lucrativos, atendidos os requisitos da lei

A imunidade dos partidos políticos e das instituições de educação e assistência social surgiu na Constituição de 1946 (art. 31, V, "b") e vem sendo mantida desde

---

[1078] STF, RE nº 325.822, Redator do Acórdão Ministro Gilmar Mendes, Pleno, *DJ*, 14 maio 2004.

então, com uma ou outra alteração na redação dos dispositivos constitucionais que lhe dão suporte. A Constituição de 1988 inovou ao conceder imunidade às fundações dos partidos políticos e às entidades sindicais dos trabalhadores.

O fundamento da imunidade dos partidos e suas fundações é a liberdade e o pluralismo político. Os partidos políticos são atores fundamentais do regime democrático previsto na Constituição, daí a necessidade de impedir que o poder tributário possa de alguma maneira conflitar com seu livre funcionamento. Do ponto de vista puramente financeiro, também seria um contrassenso exigir impostos dos partidos políticos, visto que esses se sustentam fundamentalmente dos recursos públicos do fundo partidário (art. 17, §3º, da Constituição).

O fundamento da imunidade das entidades sindicais é a liberdade sindical e de associação, mas a imunidade se aplica tão somente aos sindicatos dos trabalhadores, não alcançando os sindicatos patronais, desafiando por isso a crítica de alguns autores.[1079]

O fundamento da imunidade das instituições de educação sem fins lucrativos é o direito fundamental à educação, que deve ser promovida e incentivada pelo Estado (art. 205 da Constituição), sendo a coexistência de instituições públicas e privadas de ensino um dos princípios do regime estabelecido na Constituição (art. 206, III, da Constituição). No caso das instituições de assistência social sem fins lucrativos, a imunidade se fundamenta na ideia de que a liberdade individual supõe o acesso a um mínimo existencial, merecendo toda pessoa, enquanto tal, o acesso a condições materiais mínimas para se garantir uma equitativa igualdade de oportunidades.[1080]

No caso das instituições de educação e assistência social sem fins lucrativos, a lógica da imunidade é simples: não se pode exigir impostos de atividades desinteressadas e altruísticas (sem fins lucrativos) que se destinam a oferecer aos cidadãos o acesso a direitos básicos que o Estado, sozinho, não teria condições de realizar integralmente.

### 4.8.3.1 Imunidade das instituições de educação e de assistência social, sem fins lucrativos – Os "requisitos da lei" (art. 150, VI, "c" da Constituição) e o alcance da reserva de lei complementar

Quando a Constituição submete a imunidade das instituições de educação e assistência social sem fins lucrativos ao atendimento dos "requisitos da lei", não está dando um cheque em branco para que o legislador infraconstitucional crie, discricionariamente, requisitos e condicionantes dos mais diversos tipos. A interpretação que o STF dá a essa cláusula constitucional é que o papel do legislador é o de estabelecer regras de constituição e funcionamento para as referidas instituições, de modo a evitar que "falsas instituições de assistência e educação sejam favorecidas

---

[1079] Cf. MACHADO, Hugo de Brito. *Curso de direito tributário*. 31. ed. São Paulo: Malheiros, 2010. p. 291.
[1080] TORRES, Ricardo Lobo. *Tratado de direito constitucional, financeiro e tributário* – Os direitos humanos e a tributação: imunidades e isonomia. Rio de Janeiro: Renovar, 2005. v. 3. p. 267.

pela imunidade. É para evitar fraude que a Constituição determina sejam observados os requisitos da lei".[1081]

Tais requisitos legais encontram-se definidos no art. 14 do Código Tributário Nacional. São três os requisitos a serem cumpridos pelas instituições: não distribuir a outras pessoas físicas ou jurídicas qualquer parcela de sua renda ou patrimônio, a qualquer título; aplicar os seus recursos integralmente no país e sempre na manutenção de seus objetivos institucionais; e manter escrituração contábil regular, com as formalidades capazes de assegurar sua exatidão.

Como o art. 150, VI, "c", da Constituição não menciona expressamente o termo "lei complementar", a jurisprudência antiga do STF chegou a interpretar o dispositivo como se este fizesse referência à lei ordinária, o mesmo ocorrendo no que diz respeito ao art. 195, §7º, da Constituição.[1082] Para esse entendimento antigo, o art. 150, VI, "c", ao não se referir à lei complementar, teria estabelecido uma exceção à regra geral do art. 146, II, que remete às leis complementares a tarefa de "regular as limitações constitucionais ao poder de tributar", visto que as imunidades constituem inegáveis limitações ao poder de tributar.

Esse entendimento adotado antigamente, além de amplamente criticado pela doutrina, acabou sendo superado na própria jurisprudência do STF. No julgamento da medida cautelar requerida na ADI nº 2.028,[1083] o Ministro Relator Moreira Alves mencionou a relevância da tese tradicional do critério literal ("só é exigível lei complementar quando a Constituição expressamente a ela faz alusão [...]"), mas ponderou:

> É certo, porém, que há forte corrente doutrinária que entende que, sendo a imunidade uma limitação constitucional ao poder de tributar, embora o §7º do art. 195 só se refira a "lei" sem qualificá-la como complementar – e o mesmo ocorre quanto ao art. 150, VI, "c", da Carta Magna –, essa expressão, ao invés de ser entendida como exceção ao princípio geral que se encontra no art. 146, II [...] deve ser interpretada em conjugação com esse princípio para se exigir lei complementar para o estabelecimento dos requisitos a ser observados pelas entidades em causa.

Nos anos de 2017 e 2018, o julgamento de diversas ADIs (nº 1.802, 2.028, 2.036, 2.228, 2.621) que tramitavam no STF havia quase vinte anos indicou que o Plenário do Tribunal fixou a seguinte interpretação sobre a reserva de lei complementar para regular as imunidades: o modo beneficente de atuação das entidades acobertadas pela imunidade, especialmente a previsão de contrapartidas a serem observadas pelas entidades, deve necessariamente ser definido por lei complementar. Já os aspectos procedimentais necessários à verificação do atendimento das finalidades constitucionais da regra de imunidade, tais como os referentes à certificação, à fiscalização e ao controle administrativo, são passíveis de definição por lei ordinária.

---

[1081] STF, RE nº 93.770, Relator Ministro Soares Muñoz, Primeira Turma, *DJ*, 3 abr. 1981, excerto do voto do relator.
[1082] Cf. STF, RE nº 225.602, Relator Ministro Carlos Velloso, Pleno. *DJ*, 6 abr. 2001.
[1083] STF, ADIMC nº 2.028, Relator Ministro Moreira Alves, *DJ*, 16 jun. 2000.

Esta foi a fundamentação utilizada pela maioria dos ministros para declarar, em julgamento de 2017, a inconstitucionalidade de diversas normas de lei ordinária questionadas nas ADIs nº 2.028 e 2.036,[1084] e nas ADIs nº 2.228 e 2.621.[1085] Essa fundamentação voltou a ser utilizada, dessa vez por unanimidade, no julgamento da ADI nº 1.802,[1086] que declarou a inconstitucionalidade de diversas normas da Lei nº 9.532/1997 que haviam restringido o gozo da imunidade das instituições previstas no art. 150, VI, "c" da Constituição.

No dia 18.12.2019, o Plenário do STF terminou o julgamento de embargos de declaração opostos quanto ao acórdão de 2017 que havia julgado as ADIs nº 2.028, 2.036, 2.228 e 2.621. No julgamento dos embargos de declaração, que foram parcialmente acolhidos, esclareceu-se que o julgamento das ADIs nº 2.028 e 2.036 se deu por unanimidade (e não por maioria, como se afirmara no acórdão) e reafirmou-se que apenas lei complementar pode estabelecer as contrapartidas para que as entidades usufruam da imunidade tributária prevista no art. 195, §7º, da Constituição Federal (art. 195, §7º). Atendendo ao pleito da Fazenda Nacional, assentou-se no julgamento dos embargos de declaração que os aspectos procedimentais da imunidade, relacionados à certificação, à fiscalização e ao controle das entidades beneficentes de assistência social podem ser veiculados por lei ordinária:[1087]

> 3. Aspectos procedimentais referentes à certificação, fiscalização e controle administrativo são passíveis de definição em lei ordinária, somente exigível a lei complementar para a definição do modo beneficente de atuação das entidades de assistência social contempladas no art. 195, § 7º, da Lei Maior, especialmente no que se refere à instituição de contrapartidas a serem por elas observadas.

Em 18 de dezembro de 2019 também foi finalizado o julgamento de embargos de declaração opostos contra o acórdão que havia sido proferido no RE nº 566.622. No acórdão de 2017,[1088] constara da ementa oficial que "a regência de imunidade faz-se mediante lei complementar", o que aparentemente contradiz o entendimento assentado nas ADIs comentadas no parágrafo anterior. No julgamento dos embargos de declaração, finalizado em 18.12.2019, que foram parcialmente acolhidos, declarou-se, em linha com o decidido nas ADIs, a constitucionalidade do art. 55, inc. II, da Lei nº 8.212/1991, na redação original e nas redações dadas posteriormente pelo art. 5º da Lei nº 9.429/1996 e pelo art. 3º da Medida Provisória nº 2187/2001. Segundo esse dispositivo, que vigorou até a entrada em vigor da Lei nº 12.101/2009, é necessário, para a fruição da imunidade das entidades beneficentes, que estas sejam portadoras

---

[1084] STF, ADI nº 2.028 e ADI nº 2.036, Rel. Min. Rosa Weber. *DJ*, 8 maio 2017.

[1085] STF, ADI nº 2.228 e ADI nº 2.621, Rel. Min. Rosa Weber. *DJ*, 16 maio 2017.

[1086] STF, ADI nº 1.802, Rel. Min. Dias Toffoli. *DJ*, 3 maio 2018.

[1087] STF, Emb. Decl. na ADI nº 2.028, Relatora Ministra Rosa Weber. *DJ*, 8 maio 2020; STF, Emb. Decl. na ADI nº 2.036, Rel. Min. Rosa Weber. DJ, 22 jun. 2020; STF, Emb. Decl. na ADI nº 2.228, Rel. Min. Rosa Weber. DJ, 22 jun. 2020; STF, Emb. Decl. na ADI nº 2.621, Rel. Min. Rosa Weber. DJ, 22 jun. 2020.

[1088] STF, RE nº 566.622, Rel. Min. Marco Aurélio. Pleno, *DJ*, 23 ago. 2017.

do Certificado e do Registro de Entidade Beneficente de Assistência Social fornecidos pelo Conselho Nacional de Assistência Social, renovado a cada três anos. A tese de repercussão geral (Tema nº 32) foi reformulada no julgamento dos embargos de declaração, e tomou a seguinte forma: "A lei complementar é forma exigível para a definição do modo beneficente de atuação das entidades de assistência social contempladas pelo art. 195, §7º, da Constituição Federal, especialmente no que se refere à instituição de contrapartidas a serem por elas observadas".[1089]

Nem a Constituição nem o CTN determinam que, para usufruírem da imunidade, as instituições devam prestar serviços gratuitamente ou não possam apurar resultados positivos do confronto entre receitas e despesas. Por diversas vezes, o STF afastou a concepção de que somente se qualificam para gozar a imunidade as instituições de assistência que prestam assistência gratuita e geral a toda a população.[1090] A Lei nº 9.532/1997 definiu novas regras para o gozo da imunidade do art. 150, VI, "c", da Constituição, mas no julgamento da medida cautelar requerida na ADI nº 1.802[1091] o Pleno do STF suspendeu a eficácia de algumas das novas regras, como a que dispõe que não estão abrangidos pela imunidade os rendimentos e ganhos de capital auferidos em aplicações financeiras (art. 12, §1º, da Lei nº 9.532). No julgamento final da ADI nº 1.802, realizado vinte anos depois do julgamento da cautelar, foi mantida a declaração de inconstitucionalidade de referidos dispositivos.[1092]

Também quanto às instituições de educação, o STF entende que a imunidade não está condicionada ao fato de que essas instituições nada cobrem pelos serviços educacionais, como decidido no RE nº 93.463 sob o pálio da EC nº 1/1969[1093] e no RE nº 58.691[1094] sob o pálio da Constituição de 1946. Mas se o estatuto da entidade educacional permite de alguma maneira que os sócios recebam distribuição dos rendimentos da entidade, então a imunidade deve ser negada.[1095]

### 4.8.3.2 Imunidade, quanto ao ICMS, da venda de mercadorias pelas instituições mencionadas no art. 150, VI, "c", da Constituição. A questão da repercussão do ônus tributário[1096]

Em se tratando da venda de mercadorias por instituições de assistência social ou de educação sem fins lucrativos, a Primeira Turma do STF se opunha ao

---

[1089] STF, RE nº 566.622, Redatora do Acórdão Ministra Rosa Weber, Pleno, *DJ* 11 maio 2020.

[1090] STF, RE nº 74.792, Relator Ministro Djaci Falcão, Primeira Turma, *DJ*, 8 ago. 1973.

[1091] STF, ADIMC nº 1.802, Relator Ministro Sepúlveda Pertence, *DJ*, 13 fev. 2004.

[1092] STF, ADI nº 1.802, Rel. Min. Dias Toffoli. *DJ*, 3 maio 2018.

[1093] STF, RE nº 93.463, Relator Ministro Cordeiro Guerra, Segunda Turma, *DJ*, 14 maio 1982.

[1094] STF, RE nº 58.691, Relator Ministro Evandro Lins, Primeira Turma, *DJ*, 14 set. 1966.

[1095] STF, RE nº 108.737, Relator Ministro Aldir Passarinho, Segunda Turma, *DJ*, 27 out. 1989.

[1096] A presente e as próximas duas seções relativas a aspectos da imunidade do art. 150, VI, "c", da Constituição se baseiam em GODOI, Marciano Seabra de. *Questões atuais do direito tributário na jurisprudência do STF*, São Paulo: Dialética, 2006. p. 43-50.

reconhecimento da imunidade do ICMS,[1097] ao passo que a Segunda Turma reconhecia tal imunidade.[1098]

A questão restou pacificada em 2003, tendo prevalecido o entendimento[1099] favorável à extensão da imunidade aos casos em que as entidades de assistência social promovem a venda de mercadorias, não importando que o ônus econômico do imposto recaia sobre outra pessoa que não os entes imunes. Para a corrente que prevaleceu, a norma de imunidade protege e beneficia a atividade comercial das entidades assistenciais desde que isso resulte em aportes direcionados para as finalidades essenciais das entidades.

Quanto ao argumento da corrente minoritária de que a imunidade das entidades assistenciais que comercializam mercadorias e serviços poderia trazer desequilíbrios de concorrência em detrimento das empresas privadas que não são abrangidas pela imunidade, prevaleceu a tese de que as instituições assistenciais não produzem em escala industrial, sendo sua atividade marginal e residual no contexto global do mercado, incapaz, portanto, de gerar efetivos problemas de concorrência.

A imunidade das instituições de educação e de assistência social também se aplica aos impostos incidentes sobre a importação de mercadorias relacionadas às atividades essenciais das mencionadas entidades, seja o IPI, seja o próprio imposto de importação – *vide* RE nº 88.671[1100] e RE nº 89.590.[1101]

### 4.8.3.3 Imóveis das instituições do art. 150, VI, "c", da Constituição alugados a terceiros. Súmula nº 724 do STF

Para alguns, os imóveis que as instituições de educação ou de assistência social alugam a terceiros não se revelam "relacionados com as finalidades essenciais" de referidas entidades, conforme exigido pelo art. 150, §4º, da Constituição. Não foi essa a orientação prevalecente no STF. A *destinação* dos recursos arrecadados pelas entidades do art. 150, VI, "c", da Constituição foi decisiva no julgamento sobre a imunidade dos imóveis que tais instituições alugam a terceiros.

Em março de 2001, o Pleno decidiu que a imunidade do IPTU alcança também os imóveis de propriedade das entidades do art. 150, VI, "c", da Constituição que estejam alugados a terceiros com a finalidade de arrecadar recursos para atingir as finalidades institucionais das entidades.[1102] No julgamento do RE nº 235.737,[1103] aplicou-se o precedente do RE nº 237.718 para garantir a imunidade do ITBI que incidiria sobre a aquisição de um imóvel pelo Senac (Serviço Nacional de Aprendizagem

---

[1097] STF, RE nº 281.433, Relator Ministro Moreira Alves, Primeira Turma. *DJ*, 14 dez. 2001.
[1098] STF, RE nº 210.251, Relator Ministro Carlos Velloso, Segunda Turma. *DJ*, 05 fev. 1999.
[1099] STF, Emb. Div. no RE nº 210.251, Redator do Acórdão Ministro Gilmar Mendes, *DJ*, 28 nov. 2003.
[1100] STF, RE nº 88.671, Relator Ministro Xavier de Albuquerque, Primeira Turma, *DJ*, 3 jul. 1979.
[1101] STF, RE nº 89.590, Relator Rafael Mayer, Primeira Turma, *DJ*, 10 set. 1979.
[1102] STF, RE nº 237.718, Relator Ministro Sepúlveda Pertence, Pleno. *DJ*, 6 set. 2001.
[1103] STF, RE nº 235.737, Relator Ministro Moreira Alves, Primeira Turma, *DJ*, 17 maio 2002.

Comercial), que alugaria esse imóvel para apurar fundos que pudessem auxiliar no desempenho de suas funções institucionais.

Tal orientação se consubstanciou na edição da Súmula nº 724,[1104] que dispõe: "Ainda quando alugado a terceiros, permanece imune ao IPTU o imóvel pertencente a qualquer das entidades referidas pelo art. 150, VI, 'c', da Constituição, desde que o valor dos aluguéis seja aplicado nas atividades essenciais de tais entidades".

Na sessão plenária de 18.6.2015, o STF adotou a Súmula Vinculante nº 52, com o seguinte teor:

> Ainda quando alugado a terceiros, permanece imune ao IPTU o imóvel pertencente a qualquer das entidades referidas pelo art. 150, VI, 'c', da Constituição Federal, desde que o valor dos aluguéis seja aplicado nas atividades para as quais tais entidades foram constituídas.

### 4.8.3.4 Imunidade de entidades fechadas de previdência privada. Súmula nº 730 do STF

As entidades fechadas de previdência privada são formadas por uma entidade mantenedora ou patrocinadora (geralmente uma empresa) e por beneficiários (geralmente os empregados da empresa) e se destinam a complementar, em favor dos beneficiários, os benefícios da previdência estatal.

Perante a Carta de 1967/69, a jurisprudência do STF fixou o entendimento de que, para se enquadrar no conceito de "instituições de assistência social" (e, portanto, usufruir da imunidade do art. 19, III, "c", da Carta), as entidades fechadas de previdência privada não podem exigir contribuições ("prêmios, joias") de seus beneficiários; vale dizer, as entidades devem contar tão somente com o patrocínio das entidades mantenedoras (geralmente os empregadores dos beneficiários).

Em 1993, ocorreu um julgamento na Primeira Turma[1105] que prenunciou que a jurisprudência do Tribunal poderia ser revista. Tratava-se de um caso em que a entidade fechada exigia contribuições de seus beneficiários, e por isso o relator lhe negou a imunidade. O prenúncio de uma possível mudança de orientação estava no fato de os votos dos ministros Ilmar Galvão e Sepúlveda Pertence manifestarem uma clara disposição de abraçarem o entendimento de que, mesmo havendo contribuição dos beneficiários, as entidades fechadas de previdência privada poderiam ser tidas como "instituições de assistência social sem fins lucrativos" (art. 150, VI, "c", da Constituição de 1988). De fato, tanto o Ministro Ilmar Galvão quanto o Ministro Sepúlveda Pertence iriam propor a revisão da jurisprudência do STF num julgamento que ocorreria oito anos depois, em 2001.

Em novembro de 2001, no julgamento em Plenário do RE nº 202.700,[1106] quatro ministros acolheram a tese de que não há que se exigir a ausência de contribuição

---

[1104] STF, Súmula 724, DJ, 11 dez. 2003.
[1105] STF, RE nº 136.332, Relator Ministro Octavio Gallotti, Primeira Turma. DJ, 25 jun. 1993.
[1106] STF, RE nº 202.700, Relator Ministro Maurício Corrêa, Pleno, DJ, 1º mar. 2002.

por parte dos beneficiários para que a entidade fechada de previdência privada se caracterize como instituição de assistência social sem fins lucrativos e possa gozar da imunidade prevista no art. 150, VI, "c", da Constituição. Liderando essa corrente minoritária, o Ministro Sepúlveda Pertence afirmou que o conceito de "assistência" presente no art. 150, VI, da Constituição não pode ser misturado ou contagiado pelo conceito de "assistência social pública" do art. 203 da Constituição. O próprio art. 149, parágrafo único, da Constituição (em sua redação original), ao permitir que os entes federativos cobrem contribuição de seus servidores para custeio de sistema de "assistência social", confirmaria que o conceito de gratuidade não é da essência do conceito de assistência.

Afirmou também o Ministro Pertence que a gratuidade seria característica necessária das "entidades *beneficentes* de assistência social" mencionadas no art. 195, §7º, da Constituição. Assim, as "entidades beneficentes de assistência social" fazem jus às exonerações do art. 150, VI, "c" (impostos) e do art. 195, §7º (contribuições de seguridade social), ao passo que as "instituições de assistência social sem fins lucrativos" (entre as quais as entidades fechadas de previdência privada) fazem jus somente à exoneração dos impostos.

Ao final, prevaleceu a postura tradicional já formada sob a égide da ordem constitucional passada, segundo a qual, havendo contribuição dos beneficiários, caracteriza-se uma relação contratual que não se qualifica como de verdadeira "assistência". Esse entendimento foi cristalizado na edição da Súmula nº 730:[1107] "A imunidade tributária conferida a instituições de assistência social sem fins lucrativos pelo art. 150, VI, 'c', da Constituição, somente alcança as entidades fechadas de previdência social privada se não houver contribuição dos beneficiários".

### 4.8.4 Imunidade dos livros, jornais, periódicos e do papel destinado a sua impressão[1108]

No Estado Novo (1937-1946), o regime ditatorial utilizou-se do contingenciamento das importações de papel para dificultar e embaraçar a atividade da imprensa crítica ao governo. Com a redemocratização do país, e por iniciativa do escritor e então constituinte Jorge Amado, introduziu-se na Constituição de 1946 a regra que vedava aos entes políticos "lançar imposto sobre papel destinado exclusivamente à impressão de jornais, periódicos e livros" (art. 31, V, "c"). Em 1967, essa imunidade foi ampliada, para abranger não só o papel destinado à impressão, como também os próprios "livros, jornais e periódicos" (art. 20, III, "d"), regra mantida na Constituição de 1988 (art. 150, VI, "d").

---

[1107] STF, Súmula 730. *DJ*, 11 dez. 2003.
[1108] A presente seção sintetiza e atualiza os seguintes estudos anteriores: GODOI, Marciano Seabra de; RESENDE, Flávia de Araujo; ROSA, Karina Perdigão. Imunidades. *In*: GODOI, Marciano Seabra de (Coord.). *Sistema tributário nacional na jurisprudência do STF*. São Paulo: Dialética, 2002. p. 197-219; e GODOI, Marciano Seabra de. *Questões atuais do direito tributário na jurisprudência do STF*. São Paulo: Dialética, 2006. p. 50-52.

A visão majoritária tanto na doutrina como na jurisprudência é de que o fundamento dessa imunidade é a liberdade de manifestação do pensamento (art. 5º, IV, da Constituição) e a liberdade de expressão da atividade intelectual, artística, científica e de comunicação (art. 5º, IX, da Constituição), além da norma que assegura a todos o acesso à informação (art. 5º, XIV, da Constituição). Contudo, para autores como Ricardo Lobo Torres, a norma do art. 150, VI, "d", da Constituição revela simples privilégio de editoras e imprensa, e tem como fundamento o objetivo utilitarista de baratear o custo dos livros e das publicações.[1109]

Na ADI nº 939,[1110] afirmou-se e reiterou-se muitas vezes que o fundamento da imunidade seria a proteção da "liberdade de expressão intelectual e da liberdade de informação", ou a proteção do "direito básico de manifestação do pensamento".[1111] No RE nº 174.476,[1112] asseverou-se (ementa oficial) também que "a razão de ser da imunidade prevista no texto constitucional [...] está no interesse da sociedade em ver afastados procedimentos, ainda que normatizados, capazes de inibir a produção material e intelectual de livros, jornais e periódicos".

Contudo, num julgamento que ampliou consideravelmente os limites da imunidade, o objetivo de baratear o custo dos jornais foi identificado como o fundamento preponderante da norma. Com efeito, no RE nº 87.049, o STF decidiu que, não obstante o texto constitucional não se referir a qualquer serviço, a imunidade dos jornais (ementa oficial) "é ampla, abrangendo os serviços prestados pela empresa jornalística na transmissão de anúncios e de propaganda". O Ministro Cunha Peixoto afirmou que "nenhum jornal pode viver sem anúncio", e o Ministro Moreira Alves foi taxativo: "se o objetivo da norma constitucional é inequivocamente o de [...] facilitar a circulação de jornais, dentro dele se insere o da imunidade de tributo sobre prestação de serviço [veiculação de propaganda] que integra a natureza desse veículo de comunicação".[1113]

Esse entendimento do STF que estendeu a imunidade até o ponto de abarcar os serviços de publicidade e propaganda realizados pelas empresas jornalísticas dá margem a se duvidar da afirmativa doutrinária de que a imunidade do art. 150, VI, "d", é *objetiva* (contempla e protege somente a venda de produtos objetivamente considerados) e não subjetiva (não contempla ou protege as empresas que promovem a venda de jornais, livros e periódicos). Contudo, a subjetivização da imunidade promovida pela jurisprudência do STF não chega ao ponto de atingir o imposto sobre a renda das empresas, nem o já extinto imposto sobre a movimentação financeira

---

[1109] Cf. TORRES, Ricardo Lobo. *Tratado de direito constitucional, financeiro e tributário* – Os direitos humanos e a tributação: imunidades e isonomia. Rio de Janeiro: Renovar, 2005. v. 3. p. 296-300.

[1110] STF, ADI nº 939, Relator Ministro Sydney Sanches, *DJ*, 18 mar. 1994.

[1111] A ADI nº 939 se referia à Emenda Constitucional nº 3/1993, que pretendeu autorizar a incidência de um imposto – o antigo IPMF – sem observância da regra constitucional da anterioridade e das imunidades previstas no art. 150, VI, da Constituição.

[1112] STF, RE nº 174.476, Redator do Acórdão Ministro Marco Aurélio, Pleno, *DJ*, 12 dez. 1997.

[1113] STF, RE nº 87.049, Relator Ministro Xavier de Albuquerque, Pleno, *DJ*, 1º set. 1978.

(IPMF) incidente sobre os recursos oriundos da comercialização de livros, jornais e periódicos.[1114]

Ao longo de décadas, a jurisprudência do STF veio conformando um alcance generoso para a imunidade dos livros, jornais e periódicos. Estão abrangidos pela imunidade, além dos livros propriamente ditos, as apostilas,[1115] as listas telefônicas,[1116] ficando de fora agendas, catálogos comerciais e cardápios.

No ano de 2004, decidiu-se que a imunidade abrange também os chamados "álbuns de figurinhas".[1117] O acórdão recorrido havia negado a imunidade, argumentando que o álbum (da Editora Globo) se destinava tão somente a divulgar uma novela da Rede Globo. Em seu voto, a relatora afirmou que não cabe ao aplicador da Constituição restringir o alcance da imunidade "por força de um juízo subjetivo acerca da qualidade cultural ou do valor pedagógico de uma publicação destinada ao público infanto juvenil" (fl. 600).

Discutiu-se por muito tempo na doutrina a possível extensão da imunidade aos livros digitais ou eletrônicos,[1118] tendo sido de entendimento majoritário que a imunidade tem em vista o conteúdo das publicações da mídia escrita (livros, jornais e periódicos), e não seu suporte material específico (papel, *compact disc*, arquivo digital etc.). A questão da imunidade dos livros eletrônicos (*e-books*) foi reconhecida como de repercussão geral pelo STF em 2012 (RE nº 330.817), sendo também objeto de controvérsia a imunidade dos equipamentos (*hardware e-book readers*) destinados à leitura e manuseio dos arquivos digitais que contêm as publicações (RE nº 749.448).

O Tribunal julgou a questão em 2017, dando ao Tema nº 593 da sistemática de repercussão geral a seguinte solução: "A imunidade tributária constante do art. 150, VI, d, da CF/88 aplica-se ao livro eletrônico (*e-book*), inclusive aos suportes exclusivamente utilizados para fixá-lo".[1119]

Na ADI nº 773,[1120] o STF declarou inconstitucional norma da Constituição do Estado do Rio de Janeiro que criara nova hipótese de imunidade, a abranger, além dos livros, jornais e periódicos, os "veículos de radiodifusão". Considerou o STF que as imunidades previstas no art. 150, VI da Constituição são "normas de reprodução obrigatória" nas Constituições estaduais, não se admitindo inovações como a promovida pela Constituição fluminense.

---

[1114] STF, RE nº 206.774, Relator Ministro Ilmar Galvão, Primeira Turma. *DJ*, 29 out. 1999.
[1115] STF, RE nº 183.403, Relator Ministro Marco Aurélio, Segunda Turma. *DJ*, 4 maio 2001.
[1116] STF, RE nº 101.441, Relator Ministro Sydney Sanches, Pleno. *DJ*, 19 ago. 1988.
[1117] STF, RE nº 221.239, Relatora Ministra Ellen Gracie, Segunda Turma. *DJ*, 06 ago. 2004.
[1118] Cf. MACHADO, Hugo de Brito (Coord.). *Imunidade tributária do livro eletrônico*. 2. ed. São Paulo: Atlas, 2003.
[1119] STF, RE nº 330.817, Rel. Min. Dias Toffoli, Pleno. *DJ*, 31 ago. 2017.
[1120] STF, ADI nº 773, Relator Ministro Gilmar Mendes, *DJ*, 30 out. 2014.

### 4.8.4.1 Súmula STF nº 657 – Os insumos das editoras e empresas jornalísticas e a imunidade dos livros, jornais e periódicos

Importante questão interpretativa acerca da imunidade dos livros, jornais e periódicos é saber se a imunidade abrange todo o processo produtivo dessas mídias escritas (que envolve dezenas de insumos, na forma de bens materiais e serviços), ou se abrange, quanto aos insumos, somente o "papel destinado à sua impressão".

No RE nº 174.476 e no RE nº 190.761,[1121] o STF decidiu por 6 votos contra 5 que é alcançado pela imunidade não só o papel destinado à impressão, mas também o papel fotográfico utilizado pelas empresas jornalísticas como insumo na produção dos jornais. A lógica interpretativa então adotada foi clara: "papel destinado à impressão é tudo quanto, ajustando-se ao conceito físico de papel, entra no processo direto de produção do livro ou do periódico" (voto do Ministro Francisco Rezek). Posteriormente, aplicando essa mesma lógica interpretativa, decidiu-se que não faziam jus à imunidade as tintas e soluções alcalinas utilizadas na fabricação dos jornais e livros,[1122] pois, caso contrário, estar-se-ia extravasando o máximo possível o significado literal da expressão "papel destinado a sua impressão".

Ou seja, o STF estendeu a imunidade aos filmes e papéis fotográficos com base numa interpretação histórico-evolutiva da Constituição, adaptando a semântica do texto constitucional ao contexto tecnológico de produção dos jornais e periódicos. Mas quanto às tintas e aditivos, fez-se decisivo o seguinte argumento do Ministro Sepúlveda Pertence:[1123] "desde o momento primitivo o jornal se fazia de papel e de tinta. E o constituinte, à base de precedentes históricos de contenção, sobretudo, do papel importado para os jornais malquistos pelo Governo, decidiu atribuir essa imunidade ao papel, mas não à tinta".

Pacificada a questão na jurisprudência do STF, editou-se, em 2003, a Súmula nº 657:[1124] "A imunidade prevista no art. 150, VI, 'd', da Constituição Federal abrange os filmes e papéis fotográficos necessários à publicação de jornais e periódicos". Para maior detalhamento, veja-se a lista de insumos que o STF já reconheceu como englobados na imunidade: papéis fotográficos não impressionados, não revelados, para imagens monocromáticas;[1125] papel telefoto, papel fotográfico para fotocomposição por *laser*;[1126] polímero de propileno (ou filme BOPP), que consiste numa película usada para dar resistência às capas de livros,[1127] que os ministros consideraram assimilável ao papel.

Levando em conta os acórdãos que deram origem à Súmula nº 657, dela decorre que não estão abrangidos pela imunidade, por exemplo, os seguintes insumos: tintas, aditivos e soluções alcalinas utilizados na fabricação dos jornais e periódicos

---

[1121] STF, RE nº 174.476 e RE nº 190.761, Redator dos Acórdãos Ministro Marco Aurélio. Pleno. *DJ*, 12 dez. 1997.
[1122] STF, RE nº 203.859, Redator do Acórdão Ministro Maurício Corrêa, Pleno. *DJ*, 24 ago. 2001.
[1123] STF, RE nº 265.025, Relator Ministro Moreira Alves, Primeira Turma. *DJ*, 21 set. 2001.
[1124] STF, Súmula nº 657, *DJ*, 13 out. 2003.
[1125] STF, RE nº 207.462, Relator Ministro Carlos Velloso, Segunda Turma, *DJ*, 19 dez. 1997.
[1126] STF, RE nº 200.607, Relator Ministro Carlos Velloso, Segunda Turma, *DJ*, 06 jun. 1997.
[1127] STF, RE nº 392.221, Relator Ministro Carlos Velloso, Segunda Turma. *DJ*, 11 jun. 2004.

(RE nº 203.859), chapas para gravação destinadas à impressão de jornais (RE nº 212.112), peças de reposição[1128] e bens para montagem de parque gráfico.[1129]

Contudo, no RE nº 202.149, a Primeira Turma do STF decidiu em sentido oposto ao determinado na Súmula nº 657, entendendo que não só o material assimilável ao papel, mas todo e qualquer insumo relativo ao processo de fabricação estaria incluído na imunidade, que seria "ampla, total, apanhando produto, maquinário e insumos".[1130] Contra referido acórdão da Primeira Turma foi interposto o recurso de embargos de divergência. Após longos anos, esses embargos de divergência, vencido o Ministro Marco Aurélio, foram providos pelo Plenário,[1131] prevalecendo o entendimento consubstanciado na Súmula nº 657 e negando-se o direito que havia sido declarado anteriormente pela Primeira Turma.

Quanto aos serviços tomados pelas editoras e empresas jornalísticas como insumos no processo de fabricação e comercialização dos livros, jornais e periódicos, como os serviços de composição gráfica, impressão, editoração e distribuição, a jurisprudência do STF é francamente contraditória, havendo tanto acórdãos no sentido da intributabilidade dos serviços pelo ISSQN,[1132] quanto em sentido contrário.[1133]

Em 2013, a Segunda Turma proferiu um acórdão reconhecendo a existência desses pronunciamentos anteriores tanto num sentido quanto no outro e, liderada pelo Ministro Cezar Peluso, resolveu aplicar ao problema o critério do "perigo de gravosidade ou onerosidade tributária excessiva" da tributação do insumo: caso o serviço-insumo tenha "modesta influência na formação dos custos operacionais da empresa [editora ou jornalística]", denega-se a imunidade. Caso contrário, quando o serviço-insumo tenha importante impacto econômico e sua tributação implique algum risco de inviabilidade "da relevantíssima atividade de confecção de jornais", declara-se a imunidade.[1134] O curioso é que os ministros que votaram com base nesse critério (em si mesmo extremamente vago e de controle virtualmente impossível) não indicaram quais eram os elementos fático-probatórios contidos nos autos que indicavam concretamente que o serviço em causa tinha modesta influência econômica sobre o preço final do jornal.

---

[1128] STF, RE nº 230.782, Relator Ministro Ilmar Galvão, Primeira Turma, *DJ*, 10 nov. 2000.

[1129] STF, AI nº 530.911, Relator Ministro Sepúlveda Pertence, Primeira Turma, *DJ*, 31 mar. 2006.

[1130] STF, RE nº 202.149, Relator Ministro Menezes Direito, Primeira Turma, *DJ*, 11 out. 2011.

[1131] STF, Ag. Reg. Emb. Div. no RE nº 202.149, Rel. Min. Celso de Mello, Pleno. *DJ*, 21 jun. 2018.

[1132] STF, RE nº 102.141, Relator Ministro Carlos Madeira, Segunda Turma, *DJ*, 29 nov. 1985; STF, RE nº 134.071, Relator Ministro Ilmar Galvão, Primeira Turma. *DJ*, 30 out. 1992; RE nº 114.790, Relator Ministro Sepúlveda Pertence, Primeira Turma. *DJ*, 03 out. 1997; RE nº 453.670, Relator Ministro Marco Aurélio, Segunda Turma. *DJ*, 10 ago. 2005.

[1133] STF, RE nº 116.607, Relator Ministro Carlos Velloso, Segunda Turma, *DJ*, 26 nov. 1999; STF, RE nº 230.782, Relator Ministro Ilmar Galvão, Primeira Turma. *DJ*, 11 dez. 1990; STF, RE nº 229.703, Relator Ministro Moreira Alves, Primeira Turma. *DJ*, 17 maio 2002.

[1134] STF, RE nº 434.826, Redator do Acórdão Ministro Celso de Mello, Segunda Turma, *DJ*, 12 dez. 2013 – citações de trechos do voto do Ministro Cezar Peluso.

## 4.8.5 Imunidade dos fonogramas e videofonogramas musicais brasileiros

Com o objetivo de reduzir consideravelmente o preço de CDs, DVDs e arquivos digitais contendo obras musicais produzidas no Brasil e de autores brasileiros ou interpretadas por autores brasileiros, e dessa forma combater a contrafação largamente difundida no setor, o Congresso Nacional promulgou no final de 2013 a Emenda Constitucional nº 75, que introduziu no art. 150, VI, da Constituição a alínea "e", vedando a todos os entes federativos instituir impostos sobre

> fonogramas e videofonogramas musicais produzidos no Brasil contendo obras musicais ou literomusicais de autores brasileiros e/ou obras em geral interpretadas por artistas brasileiros bem como os suportes materiais ou arquivos digitais que os contenham, salvo na etapa de replicação industrial de mídias ópticas de leitura a laser.

A exposição de motivos da chamada *PEC da Música* afirma ser "urgente a implantação de medidas que fortaleçam a produção musical brasileira, diante da avalanche cruel de pirataria e da realidade inexorável da internet". Segundo a expectativa dos parlamentares, a medida irá provocar uma redução média de 30% no preço final de CDs, DVDs e arquivos digitais alcançados pela norma.

Um fonograma musical, levando em conta a Lei nº 9.610/1998 (que dispõe sobre direitos autorais), é uma fixação de sons de uma execução ou interpretação musical que não seja incluída em uma obra audiovisual, daí o dispositivo mencionar também os videofonogramas musicais, fixação de sons e imagens de uma execução ou interpretação musical.

O conteúdo nacionalista do dispositivo fica patente quando se leva em conta que, para usufruir da imunidade, é preciso que as fixações/gravações musicais sejam produzidas no Brasil e se refiram a obras (música instrumental ou canções com letra) de autores brasileiros ou interpretadas por artistas brasileiros.

Depois de produzidos e gravados pelos artistas os fonogramas de um álbum musical, segue-se a etapa consistente em reproduzir ou replicar tais fonogramas em escala industrial, fixando-se a matriz dos fonogramas em milhares de CDs a serem comercializados no mercado. A cláusula final do dispositivo determina que não se inclui na imunidade essa "etapa de replicação industrial de mídias ópticas de leitura a laser", o que significa dizer que essa atividade permanece tributável pelos entes da Federação.

O objetivo dessa cláusula final, segundo os debates parlamentares travados na aprovação da emenda, foi o de preservar o diferencial tributário da Zona Franca de Manaus, ou seja, garantir que somente a replicação industrial de mídias ópticas de leitura a laser realizadas no âmbito da Zona Franca de Manaus terá tratamento fiscal favorecido. Tal ressalva não contentou o governador do estado do Amazonas, que rapidamente ajuizou ação direta de inconstitucionalidade (ADI nº 5.058) contra a EC nº 75/2013, argumentando que a desoneração de fonogramas, videofonogramas e seus suportes materiais, promovida pela nova hipótese de imunidade, retira quanto a esse segmento do mercado as vantagens comparativas que a Constituição (arts. 40 e 92 do ADCT) garante à Zona Franca de Manaus.

A ADI nº 5.058 foi julgada improcedente, por unanimidade, com o fundamento de que a Emenda Constitucional nº 75/2013 não afetou o regime jurídico da Zona Franca de Manaus.[1135]

### 4.8.6 Imunidade do art. 195, §7º, da Constituição

Apesar de o texto do art. 195, §7º, da Constituição dispor que as entidades beneficentes de assistência social que atendam às exigências da lei estão "isentas" de contribuição para a seguridade social, trata-se na verdade de uma hipótese de imunidade, dado que a norma delimita negativamente a própria competência tributária da União Federal. É pacífico na doutrina e na jurisprudência do STF[1136] que houve imprecisão terminológica do constituinte na redação de referido dispositivo, devendo-se ler "imunes" onde consta "isentas".

A Constituição de 1988 diferencia as "instituições de assistência social sem fins lucrativos" das "entidades beneficentes de assistência social". As primeiras fazem jus a uma imunidade relativa a *impostos* sobre seu patrimônio, renda e serviços (art. 150, VI, "c"), enquanto as segundas fazem jus a uma imunidade relativa a *contribuições* de seguridade social. Ambas as imunidades estão, contudo, sujeitas ao atendimento de "requisitos" (art. 150, VI, "c") e "exigências" (art. 195, §7º) estabelecidos em lei.

No caso do art. 150, VI, "c", como vimos antes, os requisitos legais são os do art. 14 do CTN, sendo que o STF suspendeu a vigência de regras estabelecidas na Lei nº 9.532/1997 que buscaram restringir indevidamente o acesso à imunidade. No caso do art. 195, §7º, o legislador infraconstitucional tardou alguns anos para estabelecer as exigências para o gozo da imunidade, até que o STF determinou, no julgamento do Mandado de Injunção nº 232,[1137] que o Congresso Nacional legislasse sobre o tema em até seis meses, sob pena de os contribuintes, após esse prazo, poderem usufruir diretamente da imunidade.

A Lei nº 9.732/1998 estabeleceu alguns requisitos polêmicos para o gozo da imunidade do art. 195, §7º, da Constituição, especialmente a exigência de que as entidades promovessem "gratuitamente e em caráter exclusivo, a assistência social beneficente a pessoas carentes" (redação do art. 55, III da Lei nº 8.212/1991 dada pela Lei nº 9.732/1998). Levada a questão ao STF, deliberou-se em juízo cautelar que as entidades beneficentes de assistência social a que alude o art. 195, §7º, para se qualificarem como tal, devem ser filantrópicas, no sentido de atender aos necessitados de forma gratuita, mas não necessitam ser "exclusivamente filantrópicas".[1138] No

---

[1135] STF, ADI nº 5.058, Relator Ministro Alexandre de Moraes, DJ 3 out. 2019.
[1136] *Vide*, p. ex., STF, RMS nº 22.192, Relator Ministro Celso de Mello, Primeira Turma. *DJ*, 19 dez. 1996.
[1137] STF, MI nº 232, Relator Ministro Moreira Alves, *DJ*, 27 mar. 1992.
[1138] STF, ADIMC nº 2.028, Rel. Min. Moreira Alves. *DJ*, 16 jun. 2000.

julgamento da medida cautelar requerida na ADI nº 2.028, suspendeu-se a eficácia do dispositivo da Lei nº 9.732 mencionado no parágrafo anterior, considerando-se que o legislador infraconstitucional havia restringido indevidamente o alcance da imunidade. Segundo o STF, a imunidade do art. 195, §7º, da Constituição se dirige a entidades que pratiquem a filantropia (daí seu caráter "beneficente"), mas não pode o legislador exigir que a entidade imune pratique exclusivamente o atendimento gratuito aos necessitados. Nos termos do voto do Ministro Marco Aurélio, são também consideradas "beneficentes" as entidades que "atuam de forma gratuita em relação aos necessitados, procedendo à cobrança junto àqueles que possuam recursos suficientes". Segundo o Ministro Moreira Alves, essas entidades não exclusivamente filantrópicas têm melhores condições de atendimento aos carentes por ela assistidos, e por isso devem ter sua criação estimulada para o auxílio ao Estado nesse setor de assistência social (que envolve também prestações na área educacional e de saúde), "máxime em época em que, como a atual, são escassas as doações para a manutenção das que se dedicam exclusivamente à filantropia".[1139]

Em 2017, o Plenário do STF julgou o mérito de diversas ADIs que estavam tramitando havia décadas e em que se discutia a existência ou não de reserva de lei complementar para a regulação da imunidade prevista no art. 195, §7º da Constituição. Nos acórdãos que julgaram as ADIs nº 2.028 e 2.036[1140] e as ADIs nº 2.228 2.621,[1141] a maioria dos julgadores aderiu ao voto do Ministro Teori Zavascki, que adotara a seguinte orientação: o modo beneficente de atuação das entidades acobertadas pela imunidade, especialmente a previsão de contrapartidas a serem observadas pelas entidades, deve necessariamente ser definido por lei complementar; já os aspectos procedimentais necessários à verificação do atendimento das finalidades constitucionais da regra de imunidade, tais como os referentes à certificação, à fiscalização e ao controle administrativo das entidades, são passíveis de definição por lei ordinária. De acordo com essa fundamentação, bem distinta da fundamentação adotada no voto do Ministro Marco Aurélio, lei ordinária pode exigir a apresentação de certificados de assistência social por parte das instituições e os requisitos do art. 14 do CTN não são os únicos a serem exigidos para a fruição da imunidade do art. 195, §7º, da Constituição.

Os acórdãos mencionados no parágrafo anterior foram objeto de embargos de declaração. No acórdão relativo a tais embargos, reafirmou-se que apenas lei complementar pode estabelecer as contrapartidas para que as entidades usufruam da imunidade tributária prevista no art. 195, §7º, da Constituição Federal (art. 195, §7º). Atendendo ao pleito da Fazenda Nacional, assentou-se no julgamento dos embargos de declaração que os aspectos procedimentais da imunidade, relacionados

---

[1139] STF, ADIMC nº 2.028, Rel. Min. Moreira Alves. *DJ*, 16 jun. 2000.
[1140] STF, ADI nº 2.028 e ADI nº 2.036, Rel. Min. Rosa Weber. *DJ*, 8 maio 2017.
[1141] STF, ADI nº 2.228 e ADI nº 2.621, Rel. Min. Rosa Weber. *DJ*, 16 maio 2017.

à certificação, à fiscalização e ao controle das entidades beneficentes de assistência social, podem ser veiculados por lei ordinária:[1142]

> 3. Aspectos procedimentais referentes à certificação, fiscalização e controle administrativo são passíveis de definição em lei ordinária, somente exigível a lei complementar para a definição do modo beneficente de atuação das entidades de assistência social contempladas no art. 195, § 7º, da Lei Maior, especialmente no que se refere à instituição de contrapartidas a serem por elas observadas.

Na mesma sessão do Plenário (23.2.2017) em que se realizou o julgamento (que se arrastava desde 2014 por força de pedidos de vista) das ADIs acima mencionadas, realizou-se o julgamento do Recurso Extraordinário nº 566.622.[1143] No acórdão desse recurso extraordinário representativo de controvérsia com repercussão geral, prevaleceu a tese do Ministro Marco Aurélio (vencida na fundamentação dos acórdãos das ADIs) e adotou-se a seguinte tese para o Tema nº 32 da sistemática de repercussão geral: "Os requisitos para o gozo de imunidade hão de estar previstos em lei complementar". Como essa tese era conflitante com a que prevaleceu no julgamento das ADIs, houve embargos de declaração também quanto ao acórdão do Recurso Extraordinário nº 566.622.

Em 18 de dezembro de 2019, foi finalizado o julgamento de embargos de declaração opostos contra o acórdão que havia sido proferido no RE nº 566.622. No acórdão de 2017,[1144] constara da ementa oficial que "a regência de imunidade faz-se mediante lei complementar", o que aparentemente contradiz o entendimento assentado nas ADIs comentadas no parágrafo anterior. No julgamento dos embargos de declaração, finalizado em 18.12.2019, que foram parcialmente acolhidos, declarou-se, em linha com o decidido nas ADIs, a constitucionalidade do art. 55, inc. II, da Lei nº 8.212/1991, na redação original e nas redações dadas posteriormente pelo art. 5º da Lei nº 9.429/1996 e pelo art. 3º da Medida Provisória nº 2187/2001. Segundo esse dispositivo, que vigorou até a entrada em vigor da Lei nº 12.101/2009, é necessário, para a fruição da imunidade das entidades beneficentes, que estas sejam portadoras do Certificado e do Registro de Entidade Beneficente de Assistência Social fornecidos pelo Conselho Nacional de Assistência Social, renovado a cada três anos. A tese de repercussão geral (Tema nº 32) foi reformulada no julgamento dos embargos de declaração e tomou a seguinte forma: "A lei complementar é forma exigível para a definição do modo beneficente de atuação das entidades de assistência social contempladas pelo art. 195, §7º, da Constituição Federal, especialmente no que se refere à instituição de contrapartidas a serem por elas observadas".[1145]

---

[1142] STF, Emb. Decl. na ADI nº 2.028, Relatora Ministra Rosa Weber. *DJ*, 8 maio 2020; STF, Emb. Decl. na ADI nº 2.036, Rel. Min. Rosa Weber. DJ, 22 jun. 2020; STF, Emb. Decl. na ADI nº 2.228, Rel. Min. Rosa Weber. DJ, 22 jun. 2020; STF, Emb. Decl. na ADI nº 2.621, Rel. Min. Rosa Weber. DJ, 22 jun. 2020.

[1143] STF, RE nº 566.622, Pleno. Rel. Min. Marco Aurélio. *DJ*, 23 ago. 2017.

[1144] STF, RE nº 566.622, Pleno. Rel. Min. Marco Aurélio. Pleno, *DJ*, 23 ago. 2017.

[1145] STF, RE nº 566.622, Redatora do Acórdão Ministra Rosa Weber, Pleno, *DJ* 11 maio 2020.

Todo o imbróglio acima relatado revela a extrema dificuldade de o STF cumprir sua missão institucional no âmbito das lides tributárias. As ADIs nº 2.028 e 2.036 foram ajuizadas no século passado sobre um tema de extrema relevância para o fisco e para a sociedade (requisitos para o gozo da imunidade de entidades beneficentes de assistência social). O STF julgou o mérito das ADIs somente em 2017, mas, na mesma sessão de julgamento, julgou com outro critério um recurso extraordinário (RE nº 566.622) cuja matéria de fundo era a mesma das ADIs.

### 4.8.6.1 Inconstitucionalidades da Lei nº 12.101, de 2009

A Lei nº 12.101/2009 previa que as entidades beneficentes, prestando serviços nas áreas de assistência social, saúde ou educação, deveriam obter certificado de entidade beneficente de assistência social, a ser renovado periodicamente; além disso, deveriam garantir um percentual mínimo de prestação de serviços ao SUS (no caso das instituições de saúde conveniadas) ou de serviços gratuitos prestados à população (p. ex., garantindo um percentual mínimo de bolsas de estudo totais ou parciais no caso das entidades beneficentes atuantes na área da educação).

A Lei nº 12.101/2009 foi objeto da ADI nº 4.480 ajuizada em 2010, e da ADI nº 4.891 ajuizada em 2012. Como as causas de pedir dessas ADIs nº 4.480 e 4.891 são semelhantes às causas de pedir das ADIs nº 2.028, 2.036, 2.228 e 2.621, todas as ADIs deveriam ter sido julgadas conjuntamente, de modo a encerrar as controvérsias e incertezas sobre tema tão relevante.

Na ADI nº 4.480, foram apontados vícios formais e materiais nas normas da Lei nº 12.101/2009. Com relação aos vícios formais, afirmou-se que o artigo 195, §7º, da Constituição trata de imunidade, e não isenção, e por isso sua regulamentação somente poderia ser feita por lei complementar. Como se viu na seção anterior, essa argumentação não é de todo compatível com a decisão tomada pelo STF nas Ações Diretas de Inconstitucionalidade nº 2.028, 2.036, 2.228 e 2.621.

No que tange aos vícios materiais, alegou-se que os dispositivos da Lei nº 12.101 descaracterizariam a imunidade ao restringir o conceito de assistência social e impor obrigação de prestação de serviços gratuitos como uma condição necessária para as entidades beneficentes serem imunes; além disso, a Lei nº 12.101 teria situado a certificação das entidades como ato constitutivo – e não declaratório – da imunidade.

O julgamento da ADI nº 4.480 ocorreu pelo Plenário Virtual em março de 2020.[1146] Em seu voto, o relator ministro Gilmar Mendes aplicou ao caso a orientação da corte definida no julgamento, realizado no final de 2019, dos embargos de declaração no RE nº 566.621 e nas ADIs nº 2.028, 2.036, 2.228 e 2.621 (vide seção anterior). Segundo observou em seu voto:

> Os "lindes da imunidade" devem ser disciplinados por lei complementar. Entretanto, as normas reguladoras da constituição e funcionamento da entidade imune, para evitar

---

[1146] STF, ADI nº 4.480, Relator Ministro Gilmar Mendes, DJ 15 abr. 2020.

que 'falsas instituições de assistência e educação sejam favorecidas pela imunidade', em fraude à Constituição, podem ser estabelecidas por meio de lei ordinária, prescindindo, portanto, da edição de lei complementar.

No acórdão da ADI nº 4.480, o STF julgou inconstitucionais várias normas da Lei nº 12.101/2009, como aquelas que contêm exigências de concessão de bolsa de estudos com requisitos quanto à forma de distribuição e percentual a ser ofertado e a regra segundo a qual a certificação das entidades como beneficentes exige que essas prestem serviços ou ações socioassistenciais, de forma gratuita, continuada e planejada, para os usuários e para quem deles necessitar, sem discriminação (redação do art. 18 da Lei nº 12.101 dada pela Lei nº 12.868, de 2013).[1147]

Em embargos de declaração opostos contra o acórdão da ADI nº 4.480, a União requereu a modulação de efeitos da decisão, mas o pedido foi rejeitado pela maioria do Plenário.[1148]

Quanto à ADI nº 4.491, ajuizada pelo Conselho Federal da OAB, o STF somente a julgou em 2022. Como a esta altura a Lei Complementar nº 187/2021 já havia revogado a Lei nº 12.101/2009, a ADI foi julgada prejudicada por perda superveniente de seu objeto.[1149]

### 4.8.6.2 Edição da Lei Complementar nº 187/2021 como consequência da declaração de inconstitucionalidade da Lei nº 12.101/2009

Poucos meses após o término do julgamento da ADI nº 4.480, que declarou inconstitucionais vários dispositivos da Lei nº 12.101/2009, foi editada a Lei Complementar nº 187/2021, que revogou expressamente a Lei nº 12.101 e estabeleceu uma série de normas contendo procedimentos e requisitos relacionados ao gozo da imunidade prevista no art. 195, §7º, da Constituição relativamente às contribuições sociais previstas nos incisos I, III e IV do *caput* do art. 195 e no art. 239 da Constituição Federal.

Nos termos do art. 2º da LC nº 187, "entidade beneficente" é a pessoa jurídica de direito privado, sem fins lucrativos, que "presta serviço nas áreas de assistência social, de saúde e de educação, assim certificada na forma desta Lei Complementar". Além de prever requisitos gerais para a caracterização de uma entidade beneficente (art. 3º), a LC nº 187 estabelece uma série de requisitos para a certificação da entidade beneficente, requisitos que têm configuração própria para cada área de prestação de serviços: saúde, educação ou assistência social (inclusive na redução de demandas de drogas).

No caso da saúde, por exemplo, a certificação prevista na LC nº 187 exige que a entidade, alternativamente: –(i) preste serviços ao SUS; (ii) preste serviços gratuitos;

---

[1147] STF, ADI nº 4.480, Relator Ministro Gilmar Mendes, DJ 15 abr. 2020.
[1148] STF, Emb. Decl. na ADI nº 4.480, Redator do Acórdão o Ministro Marco Aurélio, DJ 15 abr. 2021.
[1149] STF, ADI nº 4.491, Relator Ministro Gilmar Mendes, DJ 22 set. 2022.

(iii) atue na promoção à saúde; (iv) seja de reconhecida excelência e realize projetos de apoio ao desenvolvimento institucional do SUS (art. 7º).

No caso de prestação de serviços ao SUS, a certificação para gozo da imunidade depende de a entidade: celebrar contrato, convênio ou instrumento congênere com o gestor do SUS e comprovar, anualmente, a prestação de seus serviços ao SUS no percentual mínimo de 60%, com base nas internações e nos atendimentos ambulatoriais realizados (art. 8º da LC nº 187).

No caso da educação, as entidades devem comprovar a oferta de gratuidade na forma de bolsas de estudo e de benefícios, tal como regulado em detalhes nos artigos 19 a 28 da LC nº 187.

Segundo o art. 41 da LC nº 187/2021:

> A partir da entrada em vigor desta Lei Complementar, ficam extintos os créditos decorrentes de contribuições sociais lançados contra instituições sem fins lucrativos que atuam nas áreas de saúde, de educação ou de assistência social, expressamente motivados por decisões derivadas de processos administrativos ou judiciais com base em dispositivos da legislação ordinária declarados inconstitucionais, em razão dos efeitos da inconstitucionalidade declarada pelo Supremo Tribunal Federal no julgamento das Ações Diretas de Inconstitucionalidade nº 2028 e 4480 e correlatas.

Não houvesse o Supremo Tribunal Federal tardado incompreensíveis 18 anos para julgar a ADI nº 2.028 (vide seção 4.8.6 acima), não teria havido tantos prejuízos – não só de natureza arrecadatória – nas políticas públicas relacionadas às entidades de assistência social nas áreas da educação e da saúde. Não se trata de uma questão juridicamente complexa e, ao final de 18 anos, o STF afirmou, em 2017, o que já estava sugerido em suas primeiras manifestações sobre o tema: que os requisitos concretos em termos de percentuais de gratuidade (na saúde e na assistência) e bolsas de estudo (na educação) a serem exigidos das entidades beneficentes devem ser fixados em lei complementar, e não em lei ordinária. Também o Executivo e o Legislativo falharam nessas últimas décadas ao não tomarem a iniciativa de implementar a definição desses requisitos em uma lei complementar, e não em leis ordinárias, como foi o caso da Lei nº 9.532/1997 e da Lei nº 12.101/2009.

### 4.8.6.3 Art. 195, §7º, da Constituição e sua aplicabilidade à contribuição ao PIS

No RE nº 636.941, a União Federal argumentava que a contribuição ao PIS não seria alcançada pela imunidade prevista no art. 195, §7º da Constituição, visto que não haveria legislação específica a prever os critérios para fruição do benefício em relação ao PIS. Julgando o caso,[1150] o STF considerou por unanimidade que a contribuição do PIS também é alcançada pela imunidade do art. 195, §7º da Constituição, devendo ser

---

[1150] STF, RE nº 636.941, Rel. Luiz Fux. Pleno. *DJ*, 4 abr. 2014.

cumpridos, para a fruição da desoneração, os requisitos previstos na Lei nº 8.212/1991 e diplomas posteriores.

## 4.8.7 Outras imunidades

Em relação às imunidades do art. 150, VI, da Constituição, o STF, como vimos antes, por diversas vezes afirmou sua condição de cláusulas pétreas, sua natureza de contraponto fiscal de direitos e garantias fundamentais.

Mas existem outras imunidades espalhadas pela Constituição, cujo fundamento se relaciona não à proteção de direitos fundamentais e sim à persecução de objetivos de natureza econômica, daí a jurisprudência do STF[1151] considerar ser possível sua alteração ou revogação pelo poder constituinte derivado. De fato, são várias as emendas constitucionais que revogaram ou alteraram a redação de dispositivos relativos a imunidades.

Vejamos a seguir, em breve síntese, quais são essas imunidades dispersas pelo texto constitucional.

Há um conjunto de imunidades voltadas à desoneração das exportações, com vistas a dar competitividade para os produtos nacionais e assim favorecer a formação de reservas cambiais e o saldo positivo da balança comercial brasileira. Deste tipo são as imunidades do art. 149, §2º, I (não incidência de contribuições sociais e de intervenção no domínio econômico sobre as "receitas decorrentes de exportação"),[1152] do art. 153, §3º, III (não incidência do IPI sobre produtos destinados ao exterior) e do art. 155, §2º, X, "a", da Constituição (não incidência de ICMS sobre exportação de mercadorias ou serviços prestados a destinatários no exterior, assegurando-se a manutenção do crédito relativo ao imposto cobrado nas operações e prestações anteriores).

Havia na redação original na Constituição (art. 153, §2º, II) uma hipótese de imunidade do imposto sobre a renda em relação a proventos de aposentadoria e pensão pagos pelos cofres públicos a maiores de 65 anos cuja renda total se constituísse exclusivamente de rendimentos do trabalho. Essa imunidade era condicionada à regulamentação pelo legislador, o que nunca ocorreu, vindo finalmente a ser revogada pela EC nº 20/1998. Uma isenção de conteúdo parecido com o do benefício previsto originalmente na Constituição é garantida pela legislação ordinária do imposto sobre a renda e proventos de qualquer natureza (*vide* art. 4º, VI, da Lei nº 9.250/1995).

No âmbito do imposto territorial rural, outorga-se imunidade a "pequenas glebas rurais, definidas em lei, quando as explore o proprietário que não possua outro imóvel" (art. 153, §4º, II, da Constituição, na redação dada pela EC nº 42/2003). Na redação original do dispositivo, exigia-se que o proprietário explorasse o imóvel

---

[1151] STF, RE nº 372.600, Relatora Ministra Ellen Gracie, Segunda Turma. *DJ*, 23 abr. 2004.
[1152] Essa imunidade não alcança a contribuição social sobre o lucro (Lei nº 7.689/1988) devida pelas empresas que exportam bens ou serviços para o exterior. Para mais detalhes, *vide* GODOI, Marciano Seabra de. *Crítica à jurisprudência atual do STF em matéria tributária*. São Paulo: Dialética, 2011. p. 12-29.

com seu trabalho pessoal, ou com sua família. A definição de pequena gleba rural consta da Lei nº 9.393/1996, havendo limites específicos de acordo com a localização do imóvel no território nacional.

Com relação ao ICMS, há uma aparente imunidade no art. 155, §2º, X, "b", da Constituição. A literalidade do texto indica que estariam fora do âmbito de incidência do ICMS as operações interestaduais com petróleo, lubrificantes, combustíveis líquidos e gasosos derivados de petróleo e energia elétrica. Mas a jurisprudência do STF viu no dispositivo uma simples determinação de que tais operações devem ser tributadas pelo estado de destino, na entrada das mercadorias em seu território, vedando sua tributação ao estado de origem.[1153]

Ainda com relação ao ICMS, a Constituição veda sua incidência sobre as prestações de serviço de radiodifusão sonora e de sons e imagens de recepção livre e gratuita (art. 155, §2º, X, "d"). Essa imunidade não constava do texto constitucional original, tendo sido incluída pela EC nº 42/2003, que buscou impedir uma tributação considerada válida pelo STF no julgamento da ADI nº 1.467.[1154]

Em relação a algumas operações específicas, a Constituição declara que somente determinados impostos podem sobre elas incidir, estabelecendo, *a contrario sensu*, sua imunidade a todo e qualquer outro imposto. É o caso (art. 153, §5º c/c art. 155, §2º, X, "c", da Constituição) das operações com ouro na condição de ativo financeiro ou instrumento cambial (somente passível de tributação pelo imposto federal sobre operações financeiras – IOF) e das operações relativas à energia elétrica, serviços de telecomunicações, derivados de petróleo, combustíveis e minerais do país (somente passível de tributação pelo ICMS e pelos impostos de exportação/importação, nos termos do art. 155, §3º, da Constituição). Neste último caso, a redação original da Constituição resguardava tais serviços e operações da incidência de qualquer outro "tributo", dando margem à tese de que nenhuma contribuição social poderia ser sobre eles exigida, tese essa rejeitada pela jurisprudência do STF (*vide* Súmula STF nº 659).[1155]

A Constituição declara não sujeitas ao ITBI (imposto sobre transmissão onerosa e *inter vivos* de bens imóveis e direitos reais – exceto os de garantia) a transmissão de bens ou direitos incorporados ao patrimônio de pessoa jurídica em realização de capital e a transmissão de bens ou direitos decorrente de reorganizações empresariais (fusão, cisão, incorporação, extinção), salvo se o destinatário dos imóveis ou direitos tiver como atividade preponderante a atividade de compra e venda, locação ou arrendamento de bens imóveis (art. 156, §2º, I, da Constituição). O objetivo da norma, que é complementada pelo art. 37 do CTN, é impedir que o ônus do ITBI onere

---

[1153] STF, RE nº 198.088, Relator Ministro Ilmar Galvão, Pleno. *DJ*, 05 set. 2003. Para maiores detalhes, *vide* GODOI, Marciano Seabra de. *Questões atuais do direito tributário na jurisprudência do STF*. São Paulo: Dialética, 2006. p. 14-17.

[1154] STF, ADI nº 1.467, Relator Ministro Sydney Sanches, *DJ*, 11 abr. 2003.

[1155] STF, Súmula 659, DJ 13 out. 2003: "É legítima a cobrança da COFINS, do PIS e do FINSOCIAL sobre as operações relativas a energia elétrica, serviços de telecomunicações, derivados de petróleo, combustíveis e minerais do País". Para maiores detalhes, *vide* GODOI, Marciano Seabra de. *Questões atuais do direito tributário na jurisprudência do STF*. São Paulo: Dialética, 2006. p. 52-54.

excessivamente e acabe dificultando as operações de reorganizações empresariais cada vez mais frequentes na economia contemporânea.

No título destinado à ordem econômica, a Constituição afirma que as operações de transferência de imóveis desapropriados para fins de reforma agrária são "isentas de impostos federais, estaduais e municipais" (art. 184, §5º). O dispositivo merece dois breves comentários. Mais uma vez o constituinte utilizou a terminologia da isenção em contexto próprio de imunidade (vide art. 195, §7º, da Constituição). Sobre o alcance do dispositivo, deve-se levar em conta que, para bem cumprir seu objetivo, deve alcançar não só a operação entre o Poder Público e o proprietário do bem desapropriado, como também a transferência do imóvel desapropriado do Poder Público para as famílias assentadas nos programas de reforma agrária.[1156] A imunidade não alcança, contudo, as operações de transferência dos títulos da dívida agrária do proprietário do imóvel desapropriado para um terceiro.[1157]

Em relação aos dois tributos que comporão a nova tributação do consumo prevista na EC nº 132/2023 – o Imposto sobre Bens e Serviços (IBS) e a Contribuição sobre Bens e Serviços (CBS) –, o art. 149-B da Constituição (acrescido pela EC nº 132) prevê em seu parágrafo único que ambos os tributos "observarão as imunidades previstas no art. 150, VI, não se aplicando a ambos os tributos o disposto no art. 195, §7º". As imunidades do IBS e da CBS são tratadas nos artigos 8º e 9º da Lei Complementar nº 214, de 16 de janeiro de 2025.

Algumas normas contidas nos incisos do art. 5º da Constituição configuram imunidades lastreadas na dignidade da pessoa humana ou no chamado mínimo vital,[1158] retirando do Estado competência para cobrar taxas em determinadas situações. É o caso dos incisos XXXIV (impossibilidade de exigência de taxas em relação ao exercício do direito de petição ou para obtenção de certidões para defesa de direitos e esclarecimento de situações de interesse pessoal), LXXIV (assistência jurídica integral e gratuita aos que comprovarem insuficiência de recursos), LXXVI (gratuidade aos reconhecidamente pobres do registro civil de nascimento e da certidão de óbito) e LXXVII (gratuidade das ações de *habeas corpus*, *habeas data* e dos atos necessários ao exercício da cidadania).

## 4.9 A norma do art. 150, §5º, da Constituição e a exigência de medidas de esclarecimento dos contribuintes sobre a imposição indireta

Num dispositivo inédito na tradição constitucional brasileira, a Constituição de 1988 determinou em seu art. 150, §5º que "a lei determinará medidas para que os

---

[1156] Cf. VELLOSO, Andrei Pitten. *Constituição tributária interpretada*. São Paulo: Atlas, 2007, p. 333-334.

[1157] STF, RE nº 169.628, Relator Ministro Maurício Corrêa, Segunda Turma. *DJ*, 19 abr. 2002.

[1158] Ricardo Lobo Torres, além das imunidades do art. 5º, consideradas pelo autor como imunidades *explícitas*, observa na Constituição diversas outras imunidades *implícitas*, lastreadas no respeito ao mínimo vital e à dignidade da pessoa humana (TORRES, Ricardo Lobo. *Tratado de direito constitucional, financeiro e tributário – Os direitos humanos e a tributação: imunidades e isonomia*. Rio de Janeiro: Renovar, 2005. v. 3).

consumidores sejam esclarecidos acerca dos impostos que incidam sobre mercadorias e serviços".

A importância dessa norma deve ser sopesada a partir da constatação de que a carga tributária brasileira tem como característica mais marcante a ampla preponderância dos tributos sobre o consumo de mercadorias e serviços, em detrimento da tributação da renda ou do patrimônio.

Como se viu na Parte I desse *Curso*, a carga tributária total brasileira é muito similar à carga tributária média nos países da OCDE. Mas as diferenças são marcantes quando se analisa a composição da carga tributária por bases de incidência: no Brasil, os tributos sobre o consumo de bens e serviços correspondem a quase 50% da carga tributária total, enquanto na média da OCDE essa proporção não chega a 40%. Em contrapartida, os tributos sobre a renda representam, no Brasil, menos de 20% da carga tributária total, ao passo que na média da OCDE essa proporção é de aproximadamente 35%.[1159]

Como a tributação do consumo de bens e serviços é jurídica (ICMS, IPI) ou economicamente (contribuições sociais sobre a receita e o faturamento) transferida para o preço dos bens e serviços, seu ônus efetivo recai mais fortemente sobre a parcela da população que emprega a quase totalidade de seus rendimentos na aquisição de bens e serviços. A pesadíssima tributação do consumo vigente no país é responsável pela regressividade do sistema tributário brasileiro em seu conjunto.

Um indivíduo com renda de até 2 salários mínimos mensais tende a consumir toda sua renda na compra de bens e serviços, ao passo que um indivíduo com renda superior a 30 salários mínimos tende a reservar boa parte de sua renda para poupança ou investimento. Um estudo do Ipea mediu em detalhes a intensidade dessa regressividade tributária: as famílias com renda mensal de até 2 salários mínimos arcaram, em 2008, com um ônus tributário (composto exclusivamente pelos tributos embutidos no preço dos bens e serviços consumidos) de 53,9% de sua renda, ao passo que as famílias com renda mensal acima de 30 salários mínimos arcaram com um ônus tributário (formado por tributos indiretos e por tributos sobre a renda e patrimônio) de 29% de sua renda total.[1160]

Diante dessa pesada regressividade, avulta em importância o direito do consumidor de ser informado sobre o montante dos tributos que incidem sobre o consumo de bens e serviços. Contudo, tardou nada menos do que 24 anos para que o Congresso Nacional cumprisse a determinação do art. 150, §5º, da Constituição.

No final de 2012, sancionou-se a Lei nº 12.741, que determinou que deve constar dos documentos emitidos por ocasião de venda ao consumidor de mercadorias e serviços o valor aproximado do somatório dos tributos federais, estaduais e municipais

---

[1159] Dados estatísticos extraídos de BRASIL. Ministério da Fazenda. *Carga Tributária no Brasil* – 2012. Disponível em: http://www.receita.fazenda.gov.br/historico/esttributarios/Estatisticas/CargaTributariaBR2012.htm e OECD. *Revenue Statistics Tax Structures*. Disponível em: http://www.oecd.org/ctp/tax-policy/revenue-statistics-tax-structures.htm. Acessos em: 2 fev. 2014.

[1160] INSTITUTO DE PESQUISA ECONÔMICA APLICADA – IPEA. *Receita pública*: quem paga e como se gasta no Brasil. Brasília: Ipea, 2009. Comunicado da Presidência; n. 22. Disponível em: http://agencia.ipea.gov.br/images/stories/PDFs/comunicado/090630_comunicadoipea22.pdf.

cuja incidência influi na formação do preço de venda. A lei permite que o valor aproximado da carga tributária sobre cada mercadoria ou serviço seja calculado e fornecido semestralmente por instituição de pesquisa econômica de âmbito nacional reconhecidamente idônea.

Nos termos do art. 5º da Lei nº 12.741, sujeitar-se-ão às sanções previstas no Código de Defesa do Consumidor (Lei nº 8.078/1990) as empresas que descumprirem o dever de informar ao consumidor o valor dos tributos cuja incidência influi na formação do preço de venda. Na redação original da Lei nº 12.741, essas sanções começariam a ser aplicáveis seis meses após a publicação da lei. Contudo, no ano seguinte a Lei nº 12.741 foi alterada, e adiou-se em mais um ano a possibilidade de aplicação das sanções (postergadas para junho de 2014). Poucos dias antes de finalmente poderem ser aplicadas as sanções, foi editada, por pressão do meio empresarial, a Medida Provisória nº 649/2014, que determinou que "a fiscalização, no que se refere à informação relativa à carga tributária objeto desta Lei, será exclusivamente orientadora até 31 de dezembro de 2014". Essa medida provisória não foi apreciada e teve seu prazo de vigência encerrado no dia 3 de outubro de 2014.

Como se afirmou no item 3.5 *supra*, a Lei nº 12.741/2012, editada somente 24 anos após a promulgação da Constituição, não logrou definir mecanismos que efetivamente tornem transparente para o consumidor final o peso dos tributos que oneram o seu consumo. Além disso, a Lei nº 12.741/2012 não é fiscalizada nem pelas administrações tributárias nem pelos órgãos de defesa do consumidor, numa atmosfera de interesse e desmazelo vivamente denunciada pelas pesquisas realizadas sobre o tema (vide item 3.5 *supra*).

## 4.10 A norma do art. 150, §7º, da Constituição e a substituição tributária progressiva[1161]

A chamada substituição tributária para frente ou progressiva consiste em, mediante lei, atribuir-se a um contribuinte do início da cadeia de produção e circulação (por exemplo, o estabelecimento fabricante de um produto como cerveja ou cimento) a responsabilidade por recolher ele mesmo o imposto (como o ICMS) devido pelos estabelecimentos comerciais ao longo de toda a cadeia de circulação. Com base em pesquisas econômicas de mercado, define-se uma margem de valor agregado ao longo da cadeia, ou então um valor monetário para a última etapa da cadeia e, com base nesse parâmetro (*vide* art. 8º da Lei Complementar nº 87/1996), exige-se o imposto do responsável (substituto), sendo que o valor recolhido pelo substituto será transferido economicamente – visto que será embutido no preço da mercadoria – para os sucessivos adquirentes do produto, até o seu consumidor final.

---

[1161] Esta seção corresponde a uma síntese atualizada e com acréscimos dos seguintes estudos anteriores: GODOI, Marciano Seabra de; TEIXEIRA, Alessandra Machado Brandão. Ficções e presunções tributárias. *In*: GODOI, Marciano Seabra de (Coord.). *Sistema Tributário Nacional na jurisprudência do STF*. São Paulo: Dialética, 2002, 170-184 e GODOI, Marciano Seabra de. *Questões atuais do direito tributário na jurisprudência do STF*. São Paulo: Dialética, 2006. p. 99-104.

Após a promulgação da Constituição de 1988, a constitucionalidade desse regime de substituição tributária para frente foi posta em dúvida pela maioria da doutrina brasileira e pela própria jurisprudência do Superior Tribunal de Justiça, o que motivou o Congresso Nacional a promulgar a EC nº 3/1993, para acrescentar ao art. 150 da Constituição o seguinte dispositivo:

> §7º A lei poderá atribuir a sujeito passivo de obrigação tributária a condição de responsável pelo pagamento de imposto ou contribuição, cujo fato gerador deva ocorrer posteriormente, assegurada a imediata e preferencial restituição da quantia paga, caso não se realize o fato gerador presumido.

No RE nº 213.396,[1162] o caso concreto (responsabilidade, por substituição, das montadoras de veículos em relação ao ICMS devido pelas concessionárias nas operações posteriores) se referia ao período anterior à entrada em vigor do referido §7º do art. 150 da Constituição. Para a corrente minoritária formada no STF neste julgamento, a própria necessidade de se promulgar a EC nº 3/93 seria uma forte evidência de que, até então, a substituição tributária para frente seria inconstitucional. Segundo essa corrente, seria inconstitucional uma modalidade de substituição tributária em que, com base em presunção de acontecimentos futuros, realiza-se plenamente a incidência tributária, afinal "sem fato gerador não há tributo". Para o Ministro Marco Aurélio, o próprio §7º do art. 150 seria inconstitucional, "tendo em conta a rigidez da Carta da República, dessa qualidade decorrendo a respectiva supremacia, valendo notar a proibição de ser alterada tendo em conta direitos e garantias individuais".

Contudo, a corrente majoritária que prevaleceu no julgamento do RE nº 213.396 sustentou que a substituição tributária para frente é válida mesmo antes da promulgação da EC nº 3/1993, pois o exercício da competência tributária outorgada pela Constituição aos entes federativos não está preso à estrutura tradicional da obrigação tributária que surge com a ocorrência do fato gerador. O legislador teria liberdade para configurar a exigência do tributo segundo outros parâmetros operativos, tais como o modelo aplicativo da antecipação ou da substituição tributária. Segundo tal entendimento, o legislador pode construir o fato imponível como "gerador" da obrigação tributária (modelo tradicional) ou como "legitimador" do recolhimento antecipado (como no modelo da substituição tributária prevista genericamente no art. 128 do CTN). Mas tal modelo "alternativo" da antecipação não pode ser construído arbitrariamente. O momento da antecipação (fase preliminar) deve guardar uma vinculação efetiva com o momento da ocorrência do fato tributável (fase final), devendo haver uma razoável certeza quanto à ocorrência do fato tributável e quanto à sua intensidade.

---

[1162] STF, RE nº 213.396, Relator Ministro Ilmar Galvão, Pleno. *DJ*, 1º dez. 2000.

## 4.10.1 O controverso problema da "imediata e preferencial restituição da quantia paga" no mecanismo da substituição tributária progressiva

A literalidade do art. 150, §7º, da Constituição indica que, nos casos de substituição tributária para frente, a restituição da quantia paga tem lugar somente "caso não se realize o fato gerador presumido". Todavia, o conteúdo do acórdão prolatado no RE nº 213.396, acima comentado, deixava dúvidas sobre a existência de um direito à restituição inclusive quando o fato tributável ocorre por um preço menor do que o previsto no parâmetro que fora definido para se exigir a antecipação do tributo.

Esta questão do alcance do direito à restituição da quantia antecipada foi enfrentada pelo STF no julgamento da ADI nº 1.851, proposta contra uma cláusula do Convênio ICMS nº 13/1997, que dispunha:

> Não caberá restituição ou cobrança complementar do ICMS quando a operação ou prestação subsequente à cobrança do imposto se realizar com valor inferior ou superior àquele estabelecido com base no art. 8º da Lei Complementar nº 87, de 13 de setembro de 1996.

Julgando a medida cautelar dessa ADI, o Ministro Ilmar Galvão decidiu que a referida cláusula se deixava levar por um apego excessivo à literalidade da parte final do art. 150, §7º, da Constituição, que somente menciona a restituição "caso não se realize o fato gerador". Segundo a decisão proferida à unanimidade no julgamento da cautelar,[1163] o caráter indevido do ICMS-ST se dá não apenas no caso de não ocorrência do fato gerador (porque houve perecimento das mercadorias, por exemplo), mas também no caso em que o valor utilizado para o cálculo do ICMS-ST se mostre superior ao montante pelo qual as operações reais foram praticadas.

Contudo, na ADI nº 1.851 ocorreu um daqueles raros casos em que o mérito da ação direta é julgado de forma oposta ao que se havia decidido no julgamento da cautelar. Em 2002, a maioria do Plenário decidiu que a referida cláusula do Convênio ICMS nº 13/1997 era constitucional, julgando-se improcedente a ADI nº 1.851.[1164] Prevaleceram no julgamento do mérito da ADI os seguintes argumentos: a base de cálculo do ICMS-ST não é estabelecida de forma arbitrária, mas sim de acordo com parâmetros de mercado obtidos por pesquisas econômicas idôneas ou outros métodos confiáveis, tal como exigido pelo art. 8º da LC nº 87/1996; se o valor utilizado como parâmetro para cobrança do ICMS-ST for razoável, serão de menor monta as eventuais diferenças (para mais ou para menos) entre a base de cálculo presumida e o valor das operações em concreto; se ficar entendido que há dever de ressarcimento ou de recolhimento complementar no caso de divergência entre a base presumida e o valor real das operações, o sistema da substituição tributária, que visa à praticidade e à

---

[1163] STF, ADI-MC nº 1.851, Relator Ministro Ilmar Galvão, j. 3 set.1998. *DJ*, 23 out. 1998.

[1164] STF, ADI nº 1.851, Relator Ministro Ilmar Galvão, *DJ*, 22 nov. 2002.

repressão da sonegação, restará totalmente desvirtuado e inviabilizado, tornando virtualmente inócua a figura prevista no art. 150, §7º, da Constituição.

Ocorre que algumas assembleias estaduais aprovaram leis que determinaram a restituição do ICMS-ST na hipótese em que o valor da operação ou prestação promovida pelo contribuinte-substituído fosse inferior àquela presumida pela legislação. Esse é o caso da Lei nº 9.176/1995, de São Paulo, e da Lei nº 11.408/1996, de Pernambuco. Após o julgamento do mérito da ADI nº 1.851 (em maio de 2002), os governadores de São Paulo e Pernambuco se animaram a ajuizar ações diretas de inconstitucionalidade arguindo a inconstitucionalidade de tais leis estaduais, com base no seguinte argumento: se a restituição prevista em tais leis não é providência exigida pela Constituição e pelo regime da substituição tributária estabelecido em seu art. 150, §7º, então se trata de um benefício fiscal oriundo da iniciativa exclusiva dos legisladores estaduais, benefício este que deveria necessariamente ter passado pelo crivo de todos os estados conforme determina o art. 155, §2º, XII, "g", da Constituição (complementado pelo art. 1º da Lei Complementar nº 24/75).

Caso o entendimento emitido pelo STF no julgamento do mérito da ADI nº 1.851 fosse mantido, as ações diretas dos governadores seriam julgadas procedentes. Contudo, cinco ministros decidiram votar nas ações diretas nº 2.675 e nº 2.777 de acordo com o que o STF decidira no julgamento da cautelar, e não no julgamento do mérito da ADI nº 1.851.

A tramitação do julgamento das ações diretas nº 2.675 e nº 2.777 demonstra muito bem como o STF não vem, há algum tempo, desempenhando satisfatoriamente sua tarefa de controlar a constitucionalidade de leis tributárias de modo a assegurar um mínimo de segurança jurídica para os contribuintes e para os entes políticos da Federação. Ao longo de um período de cinco anos, de 2003 até 2007, o julgamento das ações se arrastou com diversos adiamentos e pedidos de vista, alguns deles consumindo mais de dois anos, até que se chegou a uma situação de empate, com cinco votos de cada lado. Cabia ao Ministro Carlos Britto proferir o voto de desempate. Passados mais de três anos com os autos no gabinete do ministro, decidiu-se, em 2010, simplesmente *não decidir*.

De fato, o Plenário deliberou em 2010 que o julgamento dessas ações diretas nº 2.675 e nº 2.777 ficaria sobrestado até a conclusão do julgamento do RE nº 593.849, que trata da mesma questão jurídica e que em 2009 teve sua repercussão geral reconhecida.

O julgamento do RE nº 593.849 somente se realizou em 2016, juntamente com o desfecho do julgamento das ADIs nº 2.675 e 2.777, acima mencionadas. A maioria dos ministros decidiu que "é devida a restituição da diferença do ICMS pago a mais, no regime de substituição tributária para a frente, se a base de cálculo da operação for inferior à presumida".[1165] No caso concreto do RE nº 593.849, o Tribunal reconheceu ao contribuinte o direito de lançar em sua escrita fiscal os créditos de ICMS pagos a maior por força da diferença entre o valor da base de cálculo presumida e o valor da operação concretamente ocorrida.

---

[1165] STF, RE nº 593.849, Relator Ministro Edson Fachin, Pleno. DJ, 5 abr. 2017.

Prevaleceu o voto do ministro relator, Edson Fachin, segundo o qual a substituição tributária para frente se baseia no "princípio da praticidade", que "encontra freio nos princípios da igualdade, capacidade contributiva e vedação do confisco". Ainda segundo o voto do relator:

> na qualidade de invenção humana voltada a discriminar o público do privado e redistribuir renda e patrimônio, a tributação não pode transformar uma ficção jurídica em uma presunção "juris et de jure", tal como ocorreria se o fato gerador presumido tivesse caráter definitivo, logo alheio à narrativa extraída da realidade do processo econômico.[1166]

Ficaram vencidos os ministros Dias Toffoli, Teori Zavascki e Gilmar Mendes, que argumentaram que considerar a base de cálculo presumida como meramente provisória inviabiliza o instituto da substituição tributária para frente, e lembraram que o valor presumido não pode ser arbitrário, visto que deve levar em conta a média praticada pelo mercado.

O Plenário decidiu modular os efeitos do julgamento do RE nº 593.849. Tendo em vista o interesse social e a segurança jurídica, decidiu-se preservar as situações passadas que transitaram em julgado em sentido oposto ao do julgamento do RE nº 593.849, e também as situações não judicializadas até a data do julgamento do recurso.

No caso das ADIs nº 2.675 e 2.777, o Ministro Luís Roberto Barroso proferiu na sessão de 19.10.2016 o 11º voto, o voto de desempate, pendente desde 2007, e se manifestou pela improcedência das ações, no sentido da constitucionalidade das leis pernambucana e paulista que determinaram ser devida a restituição do ICMS na hipótese em que o valor da operação ou prestação promovida pelo contribuinte substituído fosse inferior ao valor da base de cálculo presumida.[1167]

Em suma, o Tribunal decidiu, em 2016, voltar a adotar a posição que adotara em 1998 (no julgamento da cautelar da ADI nº 1.851), e que fora revertida, pelo próprio Tribunal, em 2002 (no julgamento do mérito da ADI nº 1.851).

## 4.11 Vedações à União previstas no art. 151 da Constituição

As normas do art. 151 da Constituição constituem vedações dirigidas especificamente à União, e têm por objetivo garantir a igualdade e a independência dos entes estaduais e municipais em relação ao ente federal. O propósito das vedações é impedir que a União se utilize de poderes tributários para criar alguma espécie de abalo no pacto e no equilíbrio federativo.

A primeira regra (art. 151, I, da Constituição) impede que a União promova na legislação de algum imposto federal medidas que não tenham uniformidade em todo o território nacional, ou beneficiem determinados estados ou municípios em detrimento

---

[1166] STF, RE nº 593.849, Relator Ministro Edson Fachin, Pleno. DJ, 5 abr. 2017.
[1167] STF, ADI nº 2.675, Relator Ministro Ricardo Lewandowski, *DJ* 30 jun. 2017; STF, ADI nº 2.777, Redator do Acórdão Ministro Ricardo Lewandowski, *DJ* 30 jun. 2017.

de outros. A cláusula final do art. 151, I, contudo, autoriza a concessão de incentivos fiscais destinada a promover o equilíbrio do desenvolvimento socioeconômico entre as diferentes regiões do país. Essa autorização é plenamente justificada, visto que nesse caso não há diferenciação arbitrária ou motivada por favoritismos ou perseguições políticas, trata-se de medida destinada a perseguir um dos objetivos fundamentais da República: reduzir as desigualdades sociais e regionais (art. 3º, III, da Constituição). Na legislação do imposto sobre a renda das pessoas jurídicas e do imposto sobre produtos industrializados, é muito comum a concessão de medidas setoriais com esse objetivo, sendo que o STF tem considerado que tais benefícios fiscais se fundam em juízos de conveniência e oportunidade do legislador, não cabendo em princípio a interferência do Poder Judiciário.[1168]

No RE nº 592.145,[1169] o Plenário do STF examinou a constitucionalidade de normas legais do imposto sobre produtos industrializados (art. 2º da Lei nº 8.393/1991) que instituíram tratamento favorecido para as saídas de açúcar para as áreas de atuação da Sudam e da Sudene (isenção) e, adicionalmente, para operações internas nos estados do Rio de Janeiro e do Espírito Santo (redução de alíquota). Um contribuinte do IPI que não vendia produtos destinados aos locais beneficiados pelas referidas normas defendeu que estas desrespeitavam, entre outros dispositivos, o art. 151, I, da Constituição. Segundo sua argumentação, Rio de Janeiro e Espírito Santo são desenvolvidos e não constituem "regiões" e, sim, estados, não podendo ser aplicada ao caso a faculdade prevista na parte final do art. 151, I, da Constituição. A unanimidade dos ministros considerou válidas as normas legais, observando que a redução de alíquota se destinava a compensar os custos adicionais de produção do açúcar no RJ e ES em comparação com os demais estados da Região Sudeste, tendo em vista a política – então praticada – de preços nacionais unificados para o açúcar de cana. Neste acórdão, o Tribunal também rechaçou a alegação de que a alíquota de IPI de 18% para o açúcar de cana seria contrária à regra da seletividade (art. 153, §3º, I, da Constituição).

O art. 151, II, da Constituição veda que a União se utilize indevidamente do imposto sobre a renda e proventos de qualquer natureza para prejudicar os demais entes da Federação. Caso o imposto incidente sobre a renda dos servidores públicos federais fosse inferior ao imposto incidente sobre os servidores públicos estaduais e municipais, ter-se-ia uma indevida vantagem comparativa entre os empregos públicos federais e os dos demais entes, uma espécie de concorrência desleal entre os entes federativos no que diz respeito ao seu potencial de atração dos melhores quadros do serviço público.

Do mesmo modo, haveria um mau uso das competências tributárias da União Federal caso o imposto incidente sobre os rendimentos das obrigações da dívida pública federal fosse menor do que o incidente sobre os rendimentos das obrigações

---

[1168] STF, RE nº 344.331, Rel. Min. Ellen Gracie, Primeira Turma. *DJ*, 14 mar. 2003.

[1169] STF, RE nº 592.145, Rel. Min. Marco Aurélio, Pleno. *DJ*, 1º fev. 2018. Tema nº 80 da sistemática da repercussão geral.

das dívidas dos outros entes federativos. Isso seria um sério fator de desestímulo em relação à aquisição de títulos da dívida estadual, municipal e distrital, possibilitando à União que pagasse uma taxa de juros diminuída em relação aos juros aplicáveis ao financiamento das dívidas dos demais entes da Federação.

### 4.11.1 Proibição das isenções heterônomas e o caso dos tratados internacionais

Na Carta de 1967 e sua Emenda nº 1 de 1969 (art. 19, §2º), a União estava autorizada a, mediante lei complementar e atendendo a relevante interesse social ou econômico nacional, conceder isenções de impostos estaduais e municipais. Na Constituição de 1988, seguindo seu movimento de descentralização política e fortalecimento da autonomia financeira dos entes locais, esse quadro é alterado e as chamadas isenções heterônomas passam a ser vedadas nos termos do art. 151, III. A partir da nova ordem constitucional, somente tem competência para isentar aquele ente político que também é competente para instituir o imposto.

Em relação às isenções heterônomas concedidas pela União em legislação nacional anteriormente à entrada em vigor da Constituição de 1988, aplica-se, quando se tratar de isenção aplicável a determinados setores econômicos, a regra do art. 41 do Ato das Disposições Constitucionais Transitórias, segundo a qual os poderes executivos da União, do Distrito Federal e dos municípios reavaliarão todos os incentivos fiscais de natureza setorial então em vigor, propondo aos poderes legislativos respectivos as medidas cabíveis, considerando-se tais incentivos "revogados após dois anos, a partir da data da promulgação da Constituição, os incentivos que não forem confirmados por lei" (art. 41, §1º, do ADCT).

Em relação a dispositivos da legislação nacional responsável por definir normas gerais sobre o ISSQN, o STF entendeu que as regras que definem regimes específicos para quantificação do imposto (caso dos serviços prestados sob a forma de trabalho pessoal do próprio contribuinte e de determinadas profissões liberais)[1170] não constituem regra de isenção parcial, e sendo assim a eles não se aplica o disposto no art. 151, III, da Constituição.[1171]

No Recurso Especial nº 90.871,[1172] o Superior Tribunal de Justiça decidiu que "não pode a União firmar tratados internacionais isentando o ICMS de determinados fatos geradores, se inexiste lei estadual em tal sentido" (item 2 da ementa oficial). Decidiu-se que os tratados ratificados pelo Brasil que importem isenções de tributos estaduais ou municipais não teriam sido recepcionados pela Constituição de 1988, que vedou as chamadas isenções heterônomas em seu art. 151, III.

Tratados como o do GATT vêm sendo interpretados de longa data pelo STF (Súmula nº 575) e pelo STJ (Súmulas nº 20 e nº 71) no sentido de que, uma vez concedida

---

[1170] Cf. art. 9.º, §§1º a 3º, do Decreto-Lei nº 406/1968, ainda em vigor.

[1171] STF, RE nº 236.604, Relator Ministro Carlos Velloso, Pleno. *DJ*, 6 ago. 1999.

[1172] STJ, REsp nº 90.871, Relator Ministro José Delgado, Primeira Turma, *DJ*, 20 out. 1997.

isenção do ICMS a determinado produto nacional, deve ser estendida tal isenção a seu similar importado de país signatário do tratado, para manter-se a paridade de tratamento determinada no acordo internacional. A prevalecer o entendimento do REsp nº 90.871, tratados como o do GATT deixariam de ter tal funcionalidade, pois a extensão da isenção estadual estabelecida pelo tratado internacional estaria ocorrendo em conflito com o art. 151, III, da Constituição. Da mesma forma, qualquer integração regional como a do Mercosul, que implicasse isenção de impostos estaduais ou municipais via tratado, teria de ser aprovada por lei de cada uma das entidades federativas envolvidas, algo muito pouco provável.

Essa posição adotada no REsp nº 90.871, a par de promover uma brutal e inoportuna restrição das prerrogativas do Estado brasileiro em termos de política convencional e de integração econômica, aplica o art. 151, III, da Constituição a hipóteses não previstas naquela norma. A *ratio* do art. 151, III, da Constituição de 1988 foi a descentralização do federalismo brasileiro, com a vedação das isenções de impostos estaduais ou municipais anteriormente determinadas por lei complementar da União sempre que este ente central quisesse atender a um "relevante interesse social ou econômico nacional" (as chamadas isenções heterônomas eram autorizadas no art. 19, §2º, da Emenda Constitucional nº 1, de 1969).

O atual texto constitucional, ao afastar a prática das chamadas isenções heterônomas, teve por objetivo limitar as prerrogativas da União Federal como ente central da Federação, e não limitar as prerrogativas do Estado brasileiro, da República Federativa do Brasil como pessoa de direito internacional público.

Mas não é só isso. A Constituição Federal de 1988, nada obstante ter retirado da lei complementar a prerrogativa de criar isenções de impostos estaduais e municipais, manteve no papel da lei complementar "excluir da incidência" do ICMS e do ISSQN produtos e serviços destinados ao exterior (arts. 155, §2º, XII, "e", e 156, §3º, II, da Constituição). Ora, se a política comercial da nação, da República Federativa do Brasil, foi tão importante a ponto de a Constituição de 1988 permitir que a lei complementar excluísse da incidência dos principais impostos dos estados e municípios as operações ligadas ao comércio exterior, é forçoso admitir que a mesma Constituição não cria empecilhos para que o Estado brasileiro (e não a União em sentido estrito) se comprometa internacionalmente a garantir determinadas isenções de impostos estaduais e municipais como forma de estreitar laços comerciais com outras nações, ou mesmo integrar-se em blocos econômicos regionais.

Por outro lado, revelar-se-ia certamente inconstitucional (o que poderia ser apurado em sede de controle abstrato ou difuso) qualquer tratado comercial que criasse isenções de tamanha envergadura que pusessem em risco a autonomia financeira de estados e municípios, valor constitucional que tem muito mais peso que uma eventual integração econômica regional. Mas neste caso não se teria uma vulneração ao art. 151, III, do Texto Maior, e sim ao próprio federalismo, cláusula pétrea da Constituição nos termos de seu art. 60, §4º, I.

Esta questão dos tratados internacionais que concedem isenções de impostos municipais ou estaduais veio a ser decidida de forma unânime pelo Plenário do STF no RE nº 229.096,[1173] cujas sessões de julgamento tardaram nada menos do que nove anos para terminar. Todos os ministros entenderam que o art. 151, III, da Constituição se aplica a atos normativos internos da União Federal como ordem jurídica parcial, como uma das pessoas políticas da Federação, mas não a atos de direito internacional, em que o sujeito é o Estado Federal (ordem jurídica total), a República Federativa do Brasil dotada de soberania.

Essa conclusão sobre o alcance do art. 151, III, da Constituição já constava do voto do Ministro Nelson Jobim na ADI nº 1.600,[1174] figurando inclusive na ementa oficial do acórdão, mas nos votos proferidos na ADI nº 1.600 não houve maior aprofundamento sobre o tema, o que veio a se dar somente no acórdão do referido RE nº 229.096, inteiramente voltado para essa questão.

## 4.12 Vedação aos entes estaduais e locais de discriminação tributária em razão da procedência ou destino de bens e serviços de qualquer natureza

É infelizmente muito comum encontrar na legislação tributária de alguns estados tratamentos mais agravados a produtos fabricados em outros estados da Federação, ou a produtos que se destinam a outros estados da Federação, em comparação com o tratamento mais benéfico dispensado a mercadorias produzidas e consumidas internamente.

Tais medidas protecionistas atentam contra a incolumidade política da Federação e contra a racionalidade econômica de um mercado que pretende ser unitário no âmbito nacional, criando barreiras fiscais que distorcem a livre concorrência e instauram insegurança jurídica nos agentes econômicos.

Por todas essas razões, é de longa tradição no direito constitucional brasileiro a norma que veda aos entes estaduais e locais promover diferenciação tributária em função da procedência ou do destino de bens e serviços. Essa norma constava, com algumas variações, do art. 19, IV, da Constituição de 1934, do art. 32 da Constituição de 1946 e do art. 20, III, da Carta de 1967, na redação dada por sua Emenda nº 1/1969.

Na jurisprudência do STF, encontram-se diversos precedentes invalidando normas que instituíram tratamento discriminatório ou privilegiado tendo em vista apenas o fator de localização territorial do objeto do tributo.

Aplicando a norma da Constituição de 1934 que disciplinava o assunto, decidiu o STF no RE nº 17.624[1175] que o Estado do Rio Grande do Sul promovia discriminação tributária inconstitucional ao devolver, somente aos produtores gaúchos, a quase totalidade de determinada exação cobrada sobre a comercialização de álcool naquele estado. Sintomaticamente, a legislação gaúcha que promovera tal diferenciação criara um fundo destinado à "defesa da produção" do estado.

---

[1173] STF, RE nº 229.096, Redatora do Acórdão Ministra Cármen Lúcia, Pleno. *DJ*, 11 abr. 2008.

[1174] STF, ADI nº 1.600, Redator do Acórdão Ministro Nelson Jobim, *DJ*, 20 jun. 2003.

[1175] STF, RE nº 17.624, Relator Ministro Ribeiro da Costa, Primeira Turma, *DJ*, 26 jun. 1952.

Em 1963, já sob o pálio da Constituição de 1946, o STF declarou a inconstitucionalidade de determinada lei fluminense que, tendo em vista garantir o tratamento favorecido do imposto de vendas e consignações às operações promovidas por pequenos produtores, estabeleceu que, para tais efeitos, não seria considerada produzida por "pequeno produtor" a mercadoria que não fosse consumida no próprio estado.[1176]

No julgamento do RMS nº 17.444,[1177] o STF declarou inconstitucional uma lei do município de Santo André que havia determinado que o imposto de indústrias e profissões (atual ISSQN) seria cobrado mediante a alíquota de 1% no caso das "indústrias com produção realizada e vendida no município", e mediante a alíquota de 2% no caso das "indústrias com produção realizada no município e transferida para venda fora do município".

No RMS nº 17.949,[1178] considerou-se inconstitucional dispositivo da legislação do Estado do Espírito Santo que tratava diferenciadamente o imposto sobre vendas e consignações de mercadorias que se destinavam a outros estados, mediante definições de bases de cálculo mais agravadas.

No período mais recente, o Tribunal invalidou um decreto fluminense que reduzia a base de cálculo de saídas internas de café torrado ou moído, desde que o café tivesse sido produzido em estabelecimento industrial localizado no Estado do Rio de Janeiro.[1179]

Examinando a legislação tributária recente produzida no Estado de Minas Gerais, há um caso de clara vulneração do art. 152 da Constituição.[1180] A Lei nº 19.976/2011 criou uma taxa cujo fato gerador consiste no exercício do poder de polícia exercido por diversos órgãos e instituições do Estado relativamente ao controle, monitoramento e fiscalização das atividades de pesquisa, lavra, exploração e aproveitamento de recursos minerários no território mineiro. Independentemente de outros vícios passíveis de identificação com relação à referida taxa, o fato é que a lei criou uma curiosa isenção (art. 7º, I) para os mineradores cuja produção é industrializada no Estado de Minas Gerais, determinando que, para usufruir de tal isenção, "o contribuinte deverá obter, a cada operação de venda, declaração do adquirente de que o mineral ou minério será empregado em processo de industrialização no Estado [...]" (art. 7º, §1º, da Lei nº 19.976/2011).

Ora, se o objetivo da taxa é mesmo repartir entre os mineradores os custos da atividade de fiscalizá-los, não há justificativa para isentar do pagamento da taxa os mineradores cuja extração de minério se destina à industrialização no território de Minas Gerais. O protecionismo da medida fica patente na própria exposição

---

[1176] STF, RMS nº 9.632, Relator Ministro Luiz Gallotti, Pleno. *DJ*, 19 jun. 1963.

[1177] STF, RMS nº 17.444, Relator Ministro Evandro Lins, Pleno. *DJ*, 16 out. 1968.

[1178] STF, RMS nº 17.949, Relator Ministro Evandro Lins, Segunda Turma. *DJ*, 25 set. 1968.

[1179] STF, ADI nº 3.389 e ADI nº 3.673, Relator Ministro Joaquim Barbosa. *DJ*, 1º fev. 2008.

[1180] A análise completa da taxa consta de GODOI, Marciano Seabra de; CASTRO JÚNIOR, Paulo Honório de. Considerações críticas sobre a nova taxa de controle, monitoramento e fiscalização das atividades de mineração em Minas Gerais (Lei Estadual nº 19.976, de 2011). *Revista Dialética de Direito Tributário*, n. 209, p. 108-123, fev. 2013.

de motivos contida na mensagem do Executivo que encaminhou o projeto de lei à Assembleia, em que a isenção é tida por "medida de política tributária" destinada a "estimular a agregação de valor em território mineiro".

A isenção choca-se claramente com o art. 152 da Constituição: houve diferenciação de natureza tributária com relação a determinados bens (recursos minerários) em razão de seu destino (industrialização no estado ou fora do estado).

Note-se que a vedação contida no art. 152 da Constituição não se restringe a medidas relativas a impostos, mas abrange toda e qualquer diferença *tributária*, incluindo também a instituição de taxas.

## 4.13 Sanções políticas na jurisprudência do Supremo Tribunal Federal

O objetivo dessa seção é passar em revista a longa – e sinuosa – jurisprudência do STF acerca das chamadas "sanções políticas", designação tradicional e usualmente utilizada para aquelas medidas adotadas pelo fisco com o objetivo de, de alguma maneira, induzir ou forçar o contribuinte a recolher os tributos sem a utilização da via tradicional da cobrança judicial/execução fiscal.[1181]

### 4.13.1 Súmulas nº 70 e 323: interdição de estabelecimento e apreensão de mercadorias como meios indiretos de cobrança de tributos

A Súmula nº 70, aprovada em dezembro de 1963, dispõe que "é inadmissível a interdição de estabelecimento como meio coercitivo para cobrança de tributo". Sua adoção se baseou em dois precedentes: RE nº 39.933 e RMS nº 9.698. A Súmula nº 323, aprovada conjuntamente com a Súmula nº 70, dispõe que "é inadmissível a apreensão de mercadorias como meio coercitivo para pagamento de tributos". Sua adoção se baseou no RE nº 39.933.

No RE nº 39.933,[1182] discutia-se um dispositivo da legislação do Município de Major Izidoro (AL) que permitia a apreensão de bens e mercadorias "como meio de forçar o pagamento de tributos" (fl. 1.197). O Pleno, por unanimidade, declarou a inconstitucionalidade do dispositivo legal, mas curiosamente não há no voto do

---

[1181] Sobre o tema das sanções políticas, *vide* PENHA, Marcos Bueno Brandão da. *Sanções não pecuniárias no direito tributário*: análise crítica da doutrina e da jurisprudência acerca das denominadas sanções políticas. Rio de Janeiro: Lumen Juris, 2016; DUTRA, Adriano Antônio Gomes. A legitimidade das sanções políticas na perspectiva do dever fundamental de pagar tributos. *Direito Público – Revista Jurídica da Advocacia-Geral do Estado de Minas Gerais*, Belo Horizonte, v. 7, n. 1/2, p. 9-27, jan./dez. 2010; GANDARA, Leonardo. *Sanções políticas e o direito tributário*. Belo Horizonte: D'Plácido, 2015; SANTIAGO, Julio Cesar. ARE 914.045: Sanções políticas e medidas restritivas às atividades econômicas dos contribuintes. *In*: CAMPOS, Carlos Alexandre de Azevedo; IBRAHIM, Fabio Zambitte; OLIVEIRA, Gustavo da Gama Vital de (Coord.). *Análise crítica da jurisprudência tributária do Supremo Tribunal Federal*. Salvador: JusPodivm, 2017. p. 323-340; GODOI, Marciano Seabra de. *Crítica à jurisprudência atual do STF em matéria tributária*. São Paulo: Dialética, 2011. p. 116-143.

[1182] STF, RE nº 39.933, Rel. Min. Ary Franco, Pleno. *DJ*, 13 abr. 1961.

relator (o único que proferiu voto escrito) qualquer fundamentação para sua decisão: o relator limita-se a afirmar que "não é lícita a apreensão de mercadorias" (fl. 1.199). A única fundamentação para a declaração da inconstitucionalidade encontra-se no parecer do Ministério Público, que sustenta que seria "manifesta" a "ilegalidade do ato", pois não cabe ao município "fazer justiça de mão própria se a lei estabelece a ação executiva fiscal, para a cobrança da dívida ativa da Fazenda Pública em geral" (fl. 1.198).

No RMS nº 9.698,[1183] não se questionava um dispositivo legal, mas, sim, um ato específico do diretor do Departamento de Renda Mercantil do Estado da Guanabara, "que ordenou a interdição do estabelecimento até o pagamento do débito [fiscal]" (fl. 222). Neste caso, a fundamentação para a concessão unânime da segurança pelo Plenário do STF foi explicitada pelo relator e pelo Ministro Pedro Chaves. O relator repetiu a argumentação do Ministério Público no RE nº 39.933, no sentido de que o meio "regular e adequado" para a cobrança do tributo é o Executivo fiscal, aduzindo que o ato atacado no mandado de segurança era "extravagante", "drástico", "arbitrário" e "contrário ao estado de direito em que vivemos" (fl. 224). O Ministro Pedro Chaves afirmou que o fisco já goza de "muitos favores e privilégios" de ordem processual e legal para a cobrança de seus créditos, e que o ato questionado no mandado de segurança "pretende evitar, inconstitucionalmente, que a parte se defenda em juízo, ameaçando de fechar o estabelecimento" (fl. 225).

Na ADI nº 395, o Conselho Federal da OAB questionou a constitucionalidade de uma norma da Constituição do Estado de São Paulo que assim dispõe: "não se compreende como limitação ao tráfego de bens a apreensão de mercadorias, quando desacompanhadas de documentação fiscal idônea, hipótese em que ficarão retidas até a comprovação da legitimidade de sua posse pelo proprietário". A argumentação contida na ADI era a de que a norma constituía uma sanção política, um meio indireto para forçar o contribuinte a pagar o crédito tributário, em violação da jurisprudência do STF (Súmula nº 323) e da norma constitucional que garante a liberdade do exercício de qualquer trabalho, ofício ou profissão (art. 5º, XIII da Constituição).

Julgada na sessão de 17.5.2007, a ação foi considerada improcedente por unanimidade.[1184] A relatora, Ministra Cármen Lúcia, afirmou que a norma não determinava a apreensão de mercadorias para fins de pagamento do imposto considerado devido pela autoridade fiscal. O caso seria simplesmente de apreensão temporária até que se comprove a legitimidade da posse da mercadoria, o que não supõe a exigência dos tributos eventualmente devidos como condição para a liberação das mercadorias. Afastou-se, portanto, nesses casos, a aplicação da Súmula nº 323.

---

[1183] STF, RMS nº 9.968, Rel. Min. Henrique D'Ávila, Pleno. *DJ*, 31 out. 1962.

[1184] STF, ADI nº 395, Rel. Min. Cármen Lúcia. *DJ*, 17 ago. 2007.

## 4.13.2 Súmula nº 547: restrições quanto a atos da vida empresarial/profissional usadas como meio indireto de cobrança de tributos

A Súmula nº 547, aprovada em dezembro de 1969, dispõe: "Não é lícito à autoridade proibir que o contribuinte em débito adquira estampilhas, despache mercadorias nas alfândegas e exerça suas atividades profissionais". Ela se refere a uma questão análoga à das súmulas nº 70 e 323 (aprovadas em 1963); ou seja, se refere ao uso de meios coercitivos – distintos do ajuizamento da execução fiscal – pelos quais o Estado busca indiretamente cobrar seus créditos tributários.

No ano de 1937, dois decretos-leis (nº 5 e nº 42) estabeleceram que, caso o contribuinte não pagasse nem depositasse (visando a uma futura ação judicial) a quantia relativa a créditos tributários considerados devidos pelas instâncias administrativas federais, o contribuinte estaria impedido, por exemplo, de "despachar mercadorias nas Alfândegas" e de "adquirir estampilhas[1185] dos impostos de consumo e de vendas mercantis" (art. 1º do Decreto-Lei nº 5, de 1937 e arts. 2º e 3º do Decreto-Lei nº 42, de 1937).

Durante as décadas de 50 e 60 do século XX, as turmas do STF ora consideraram tais dispositivos constitucionais, ora os consideraram inconstitucionais.

Nos REs nº 33.523[1186] e 36.791,[1187] a Primeira Turma considerou que tal legislação era "perfeitamente legal". As exigências dos decretos-leis foram tidas por medidas de "alto alcance moralizador" e em defesa dos "superiores interesses da administração pública" (voto do relator no RE nº 33.523). Quanto ao argumento de que as medidas violavam a liberdade de comércio, afirmou-se que o exercício do comércio pode ser adstrito a exigências estabelecidas em lei, e que as sanções impostas nos referidos decretos-leis se inseriam nestas possíveis exigências e restrições legais. No acórdão do RE nº 33.523, utiliza-se a expressão "execução política" para classificar as medidas em discussão, para diferenciá-las da "execução judicial" da dívida ativa do fisco. O relator, Ministro Mota Filho, apoiou a opinião do Ministro Sampaio Costa, do antigo Tribunal Federal de Recursos, segundo a qual se tratava de uma autorizada "maneira política de execução do fisco", "tipo de execução compulsória, execução política, chamada prévia", pela qual se obrigava o indivíduo, "mediante sanções indiretas, a pagar imediatamente o débito" (fl. 392). Ou seja, as expressões "execução política" e "sanções indiretas" foram num primeiro momento aceitas e usadas pelos próprios defensores da validade das medidas.

A partir de meados da década de 60, as decisões passaram a ser em sentido oposto. No RE nº 57.235,[1188] a Primeira Turma abandonou a postura anterior e

---

[1185] Pela legislação do antigo *imposto de consumo*, que se transformaria no *imposto sobre produtos industrializados* (IPI) em 1965, o contribuinte pagava o imposto adquirindo "estampilhas" (pequenos selos), que deveriam ser afixadas nos produtos.

[1186] STF, RE nº 33.523, Rel. Min. Candido Mota Filho, Primeira Turma. *DJ*, 18 set. 1957.

[1187] STF, RE nº 36.791, Rel. Min. Nelson Hungria, Primeira Turma. *DJ*, 4 jul. 1958.

[1188] STF, RE nº 57.325, Rel. Min. Evandro Lins e Silva, Primeira Turma. *DJ*, 9 jun. 1965

passou a considerar que as disposições dos decretos-leis "não se coadunam com o livre exercício de atividades lícitas". No RE nº 63.045,[1189] a Primeira Turma voltou a se manifestar no sentido de que as normas cerceavam a atividade profissional do contribuinte e indiretamente lhe negavam o acesso às vias judiciais.

No ano de 1968, o Plenário se manifestou sobre o tema e, por unanimidade, considerou que as normas dos decretos-leis de 1937 constituíam "bloqueio de atividades lícitas", atentavam contra o "princípio da liberdade de profissão" e não poderiam prevalecer ante o art. 150, §4º, da Carta de 1967 ("A lei não poderá excluir da apreciação do Poder Judiciário qualquer lesão de direito individual") – REs nº 63.047[1190] e 60.664.[1191]

No voto que proferiu no RE nº 60.664, o Ministro Aliomar Baleeiro afirmou que o regime do Decreto-Lei nº 5, de 1937, instituíra indiretamente o "princípio *solve et repete*" (grifos no original), que teria sido posteriormente revogado pela legislação federal (fl. 555). Já no voto que proferiu como relator no RE nº 64.054,[1192] o Ministro Aliomar Baleeiro reafirmou a posição consolidada no Tribunal segundo a qual a Fazenda Pública deve cobrar seus créditos pelo Executivo fiscal, sem bloquear nem impedir direta ou indiretamente a atividade profissional lícita do contribuinte, aduzindo que os decretos-leis nº 5 e 42, de 1937, eram "diplomas da ditadura" (fl. 580).

Outros tipos de restrições a atos da vida profissional e empresarial foram examinados pelo STF na ADI nº 173, proposta pela Confederação Nacional da Indústria contra dispositivos da Lei nº 7.711/1988 que exigiam prova de "quitação de créditos tributários" como condição para a "transferência de domicílio para o exterior", habilitação e licitação promovida por órgão da Administração Federal, "registro ou arquivamento de contrato social" e outros atos societários.

Tanto no acórdão que concedeu a cautelar[1193] quanto no acórdão que julgou o mérito da ADI nº 173,[1194] as medidas legais foram consideradas como sanções políticas. No acórdão que julgou o mérito da ação, decidiu-se por unanimidade que a exigência de quitação prévia de tributos como condição para a transferência de domicílio para o exterior e para o registro de atos societários e de outros atos negociais constitui sanção política que constrange o contribuinte ao recolhimento do crédito tributário e obstaculiza o livre acesso ao Poder Judiciário.

Quanto à exigência de quitação de tributos como condição para participação em licitação pública, a ação direta não foi conhecida visto que a norma questionada (art. 1º, II da Lei nº 7.711/1988) restou revogada pelas normas da Lei nº 8.666/1993 que disciplinaram a exigência de regularidade fiscal como condição para habilitação nas licitações públicas. Mesmo não se tendo conhecido essa parte do pedido da

---

[1189] STF, RE nº 63.045, Rel. Min. Oswaldo Trigueiro, Primeira Turma. *DJ*, 6 mar. 1968.

[1190] STF, RE nº 63.047, Rel. Min. Gonçalves de Oliveira, Pleno. *DJ*, 19 jun. 1968.

[1191] STF, RE nº 60.664, Rel. Min. Gonçalves de Oliveira, Pleno. *DJ*, 29 maio 1968.

[1192] STF, RE nº 64.054, Rel. Min. Aliomar Baleeiro, Segunda Turma. *DJ*, 24 abr. 1968.

[1193] STF, ADI-MC nº 173, Rel. Min. Moreira Alves. *DJ*, 27 abr. 1990.

[1194] STF, ADI nº 173, Rel. Min. Joaquim Barbosa. *DJ*, 20 mar. 2009.

ação, os ministros deliberaram que deveria ser explicitado no acórdão da ADI nº 173 que a "regularidade fiscal" que pode ser exigida quanto à habilitação nas licitações públicas não pressupõe necessariamente a "quitação dos tributos", podendo o licitante demonstrar que a exigibilidade dos créditos tributários está suspensa por medida administrativa ou judicial.

### 4.13.3 Sanções políticas e submissão de contribuintes do ICMS a regimes especiais de cobrança e fiscalização

Ao longo das décadas de 70 e 80, a jurisprudência do STF se consolidou no sentido de considerar inconstitucional – por violação ao direito individual de livre exercício de qualquer trabalho, ofício ou profissão (art. 153, §23 da Carta de 1967/69) – aquilo que considerou outro tipo de "sanção política": a submissão de determinados contribuintes do ICMS a regimes especiais de cobrança e fiscalização. Esses regimes especiais, impostos a contribuintes classificados pelo fisco como *devedores contumazes* do ICMS, consistem basicamente na exigência do pagamento do imposto de forma antecipada e a cada operação praticada, como condição para a autorização – sempre limitada – de impressão de notas fiscais.

Nos REs nº 76.455,[1195] 100.918,[1196] 106.759[1197] e 115.452,[1198] entendeu-se – sempre à unanimidade – que esses regimes especiais de fiscalização e cobrança impedem ou pelo menos bloqueiam de modo significativo a atividade profissional lícita dos contribuintes, violando por isso o art. 153, §23 da Carta de 1967/69.

O Plenário se manifestou sobre o tema no ERE nº 115.452.[1199] A Fazenda do Estado de São Paulo confrontou o acórdão do RE nº 115.452[1200] com o decidido pela Segunda Turma nos Embargos de Declaração no RE nº 111.042,[1201] requerendo a prevalência do decidido neste último acórdão. Neste precedente (RE nº 111.042 – ED), a Segunda Turma considerou que, havendo lei específica autorizando a aplicação do regime especial de fiscalização e cobrança do ICMS, é válida a exigência antecipada do imposto, operação a operação. Esse entendimento da Segunda Turma mostrava-se em contradição com uma ampla gama de acórdãos de ambas as turmas, e no ERE nº 115.542 o Pleno se manifestou à unanimidade no sentido de que, mesmo havendo lei específica autorizando a aplicação do referido regime especial, este se mostra inconstitucional por violação ao direito individual ao livre exercício de ofício, trabalho ou profissão.

---

[1195] STF, RE nº 76.455, Rel. Min. Leitão de Abreu, Segunda Turma. *DJ*, 21 maio 1975.
[1196] STF, RE nº 100.918, Rel. Min. Moreira Alves, Segunda Turma. *DJ*, 5 out. 1984.
[1197] STF, RE nº 106.759, Rel. Min. Oscar Corrêa, Primeira Turma. *DJ*, 18 out. 1985.
[1198] STF, RE nº 115.452, Rel. Min. Octavio Gallotti, Primeira Turma. *DJ*, 22 abr. 1988.
[1199] STF, ERE nº 115.452, Rel. Min. Carlos Velloso, Pleno. *DJ*, 16 nov. 1990.
[1200] STF, RE nº 115.452, Rel. Min. Octavio Gallotti, Primeira Turma. *DJ*, 22 abr. 1988.
[1201] STF, Emb Decl no RE 111.042, Rel. Min. Carlos Madeira, Segunda Turma. *DJ*, 7 ago. 1987.

Este entendimento continuou a ser aplicado em decisões monocráticas proferidas pelos componentes da Corte.[1202] Nessas decisões, os ministros consideram que viola os arts. 5º, XIII[1203] e 170, parágrafo único[1204] da Constituição de 1988 a imposição de regimes especiais de fiscalização e cobrança do ICMS que impliquem, por exemplo, a exigência de garantia real ou fidejussória dos contribuintes inadimplentes para fins de autorização de impressão de talonário de notas fiscais.

Os julgados sobre essa matéria foram todos unânimes, até que o Ministro Eros Grau manifestou sua divergência no julgamento, pelo pleno, do RE nº 413.782.[1205]

No julgamento deste RE nº 413.782[1206], estava em questão um ato do fisco de Santa Catarina que, com base em previsão legal específica, indeferiu pedido de impressão de bloco de notas fiscais, visto que o contribuinte respondia por créditos tributários do ICMS, contra si lavrados, não questionados na esfera administrativa ou judicial. Segundo o fisco, a autorização para impressão de talonário de nota fiscal estaria vedada, podendo-se permitir somente a impressão de nota fiscal *operação a operação*, e mesmo assim após o efetivo recolhimento do ICMS devido. O relator, Ministro Marco Aurélio, proferiu voto repisando o clássico argumento contido na jurisprudência do Tribunal: os créditos tributários devem ser exigidos por meio da execução fiscal, sendo desproporcional, irrazoável e violador da livre iniciativa e do livre exercício de atividade econômica condicionar ao imediato pagamento de créditos tributários o exercício de determinados atos empresariais.

Apoiando o voto do relator, o Ministro Nelson Jobim aduziu um argumento adicional: ao exigir o recolhimento antecipado do ICMS devido em cada operação, o fisco estaria impedindo a realização das compensações de créditos a que o contribuinte teria direito por força da não cumulatividade do imposto, prevista constitucionalmente.

O Ministro Eros Grau discordou dos votos dos ministros Marco Aurélio e Nelson Jobim. Quanto ao argumento de restrição desproporcional ao exercício de atividade econômica, o Ministro Eros Grau asseverou que "não há, absolutamente, no caso, restrição ao exercício de atividade mercantil". Numa frase que aparentemente nega toda a jurisprudência tradicional do STF contra as sanções políticas ou indiretas, o Ministro Eros Grau aduziu: "não posso dar uma interpretação ao princípio da liberdade de iniciativa econômica de modo a permitir que a ordem jurídico-tributária não seja rigorosamente atendida" (fl. 628). Quanto ao argumento da violação à não cumulatividade do ICMS, o Ministro Eros Grau afirmou que se trataria de "um problema de administração tributária, não um problema de Direito Tributário"

---

[1202] *Vide*, por exemplo, as decisões monocráticas no RE nºnº 409.958, Relator Ministro Gilmar Mendes (DJ 5 nov. 2011), no RE nº 414.714, Relator Ministro Joaquim Barbosa (DJ 11 nov. 2004) e RE nº 434.987, Relator Ministro Cezar Peluso (DJ 14 dez. 2004).

[1203] "Art. 5.º, XIII. É livre o exercício de qualquer trabalho, ofício ou profissão, atendidas as qualificações profissionais que a lei estabelecer".

[1204] "Art. 170, parágrafo único. É assegurado a todos o livre exercício de qualquer atividade econômica, independentemente de autorização de órgãos públicos, salvo nos casos previstos em lei".

[1205] STF, RE nº 413.782, Rel. Min. Marco Aurélio, Pleno. *DJ*, 3 jun. 2005.

[1206] Para um exame crítico desse acórdão, *vide* GODOI, Marciano Seabra de. *Questões atuais do direito tributário na jurisprudência do STF*. São Paulo: Dialética, 2006. p. 55-56.

(fl. 629). Após diversos apartes do Ministro Jobim, que insistiam em que a não cumulatividade do ICMS estaria sendo violada, o Ministro Eros Grau manteve seu voto, acrescentando: "Suponho que exista, na legislação, mecanismo que permita essa compensação" (fl. 630).

Nenhum dos demais ministros seguiu a divergência do Ministro Eros Grau. A Ministra Ellen Gracie admitiu que a medida do fisco não implicava a total vedação do exercício da atividade empresarial, "porque afinal possível seria sempre a utilização dessas notas solteiras, notas individuais"; contudo, ponderou a ministra que "essa prática, sem dúvida nenhuma, prejudica grandemente o funcionamento de qualquer empresa" (fl. 637).

O Ministro Gilmar Mendes procurou, em seu voto, realizar um teste de proporcionalidade quanto à medida fiscal em questão. Admitindo que a medida poderia passar no teste de adequação, o ministro asseverou que não ocorreria o mesmo quanto ao teste da necessidade, "porque há outros meios menos invasivos, menos drásticos e adequados para solver a questão" (fl. 635).

O voto mais substancioso do acórdão do RE nº 413.782 foi o do Ministro Celso de Mello. Passando em revista a jurisprudência do STF (sob as Constituições de 1946, 1967 e 1988) e a doutrina brasileira sobre o tema das sanções políticas, o Ministro Celso de Mello ponderou que, se é certo que a liberdade de exercício de atividade econômica ou profissional "não se reveste de natureza absoluta" (fl. 640), por outro lado revela-se gravosa, desproporcional e irrazoável a prática fiscal de restringir drasticamente o exercício da atividade empresarial com a ameaça de sanções destinadas, em última medida, a garantir o recebimento imediato de créditos tributários em aberto, devendo o fisco se valer do Executivo fiscal para promover a cobrança forçada de seus créditos.

### 4.13.4 Sanções políticas e cancelamento do registro especial de fabricantes de cigarro por inadimplência tributária

Durante os anos de 2007 a 2010, o Plenário do STF discutiu longamente – primeiro numa ação cautelar, depois no correspondente recurso extraordinário, e por fim numa ação direta – a constitucionalidade de uma possível sanção política contida na legislação federal que regula a fabricação de cigarros (Decreto-Lei nº 1.593/1977).

A fabricação de cigarros somente é considerada uma atividade lícita se cada estabelecimento do fabricante possuir um "registro especial", concedido pela Receita Federal do Brasil. Esse registro especial é condicionado a que, entre outras exigências, o fabricante mantenha estrito cumprimento de suas obrigações tributárias. O art. 2º, II, do Decreto-Lei nº 1.593/1977, na redação dada pela Lei nº 9.822/1999, determina que o registro especial será cancelado se a autoridade fiscal constatar, por exemplo, o "não-cumprimento de obrigação tributária principal ou acessória, relativa a tributo ou contribuição administrado pela Secretaria da Receita Federal".

No caso de se constatar esse "não-cumprimento de obrigação principal ou acessória", o fabricante-contribuinte será intimado a "regularizar sua situação fiscal ou a apresentar os esclarecimentos e provas cabíveis, em dez dias" (art. 2º, §2º, do referido decreto-lei). Analisando os documentos e alegações do fabricante de cigarros, a autoridade fiscal poderá cancelar o registro especial no caso de "falta de regularização da situação fiscal", cabendo recurso – sem efeito suspensivo – ao secretário da Receita Federal. A decisão do secretário considera-se definitiva na esfera administrativa (art. 2º, §5º, do referido decreto-lei).

Na Ação Cautelar nº 1.657, distribuída ao Ministro Joaquim Barbosa em 2007, um fabricante de cigarros que teve seu registro especial cancelado por falta de regularidade fiscal requereu a concessão de efeito suspensivo a recurso extraordinário por ele interposto contra acórdão do Tribunal Regional Federal da 2ª Região, que considerara constitucional o cancelamento do registro, nos termos da legislação acima citada. Segundo esse acórdão, a pena de cancelamento do registro especial pela falta de regularidade fiscal não é uma sanção política ou uma maneira indireta de exigir o pagamento dos créditos tributários, mas sim uma forma de compatibilizar o exercício da livre iniciativa com o direito de todos à saúde, pois "a arrecadação tributária decorrente da fabricação do tabaco é imprescindível para que [o Estado] possa arcar com os custos das doenças relacionadas ao consumo de cigarros" (item 5 da ementa oficial).

Na cautelar, o fabricante-contribuinte alegou que o acórdão do TRF seria contrário à jurisprudência do STF que proscreve com firmeza as sanções políticas, e foi feita menção a uma decisão do Ministro Celso de Mello proferida em 2005 (RE nº 415.015), na qual o ministro repeliu – por ser considerada uma sanção política – um ato do fisco do Rio Grande do Sul que cancelara, por falta de regularidade fiscal, a permanência do mesmo fabricante no cadastro estadual de contribuintes.

No julgamento da medida cautelar requerida na ação cautelar,[1207] duas correntes se formaram.

Quatro ministros (Joaquim Barbosa, Marco Aurélio, Celso de Mello e Sepúlveda Pertence) concederam a medida cautelar para emprestar efeito suspensivo ao recurso extraordinário pendente de julgamento. Esses quatro ministros consideraram que estariam presentes tanto o *fumus boni iuris* (possível caracterização de sanção política, com vulneração da jurisprudência do STF), quanto o *periculum in mora* (o fabricante-contribuinte se encontrava impedido de exercer suas atividades econômicas, arcando com perdas econômicas que poderiam ser irreversíveis, caso se aguardasse o término do julgamento do recurso extraordinário) necessários para a excepcional concessão de efeito suspensivo a recurso extraordinário.

Mas sete ministros, sob a liderança do Ministro Cezar Peluso, votaram pela denegação da cautelar, sustentando que não haveria qualquer plausibilidade jurídica no argumento de existência de sanção política (ausência de *fumus boni iuris*) no art. 2º do Decreto-Lei nº 1.593/1977, dada a "singularidade do mercado e do caso" (ementa oficial).

---

[1207] STF, MC na AC nº 1.657. Rel. p/ acórdão Min. Cezar Peluso, Pleno. *DJ*, 31 ago. 2007.

A singularidade do mercado seria a altíssima carga tributária existente sobre a fabricação de cigarros (aproximadamente 70% do preço final do produto), estabelecida com vistas a coibir cada vez mais o consumo de um produto tão nocivo à saúde (princípio da seletividade do IPI). Retirando-se os tributos do preço de venda do cigarro, o impacto sobre a demanda é bem maior do que o que se verificaria em setores em que a carga tributária é menor; com a sensível redução do preço provocada pela sonegação, o consumo do produto tende a atingir níveis ainda mais perigosos à saúde pública.

A singularidade do caso concreto estaria em que a inadimplência contumaz e sistemática é somente de um fabricante, que se utiliza da sonegação para poder vender seu produto bem mais barato do que os concorrentes, e com isso conquistar rapidamente uma fatia cada vez maior do mercado, em violação da livre concorrência prestigiada no art. 170, IV, da Constituição.

O julgamento da medida cautelar (AC nº 1.657) ocorreu em junho de 2007. Em 7.5.2008, o Ministro Joaquim Barbosa proferiu seu voto no recurso extraordinário (RE nº 550.769), cujo efeito suspensivo havia sido pedido na cautelar. O relator iniciou seu voto[1208] apoiando e reafirmando a linha jurisprudencial que rechaça as sanções políticas como violadoras do devido processo legal e do livre exercício de profissão ou atividade econômica, mas em seguida ponderou que essa linha jurisprudencial não pode servir de anteparo "ao deliberado e temerário desrespeito à legislação tributária". Segundo o relator, não há falar em autêntica sanção política se as restrições à liberdade de exercício de atividade econômica servem para – de forma proporcional e razoável – combater estruturas empresariais que se utilizam de uma sistemática inadimplência tributária para conquistar vantagem concorrencial.

O Ministro Joaquim Barbosa afirmou que o texto do art. 2º, II, do Decreto-Lei nº 1.593/1977, que faculta à autoridade fiscal cancelar o registro especial em caso de "não-cumprimento de obrigação tributária principal ou acessória", é ambíguo, não aponta critérios claros sobre o que deve ser considerado um "não-cumprimento de obrigação tributária principal ou acessória", e pode efetivamente dar margem a uma aplicação desproporcional que caracterize uma autêntica sanção política (meio oblíquo de cobrança de créditos tributários fora dos trâmites do Executivo fiscal). Segundo o ministro, a interpretação/aplicação razoável e proporcional do Decreto-Lei nº 1.593/1977 deve garantir que o cancelamento do registro somente ocorra em casos em que: a) o valor do crédito tributário seja "vultoso" ou "relevante"; b) tenha sido garantido ao fabricante-contribuinte o exercício do devido processo legal no controle de validade do ato de aplicação da penalidade de cancelamento do registro; e c) tenha sido garantido ao fabricante-contribuinte o exercício do devido processo legal no controle de validade das exigências tributárias cujo lançamento levou ao cancelamento do registro.

Aplicando ao caso concreto do recurso extraordinário essa proposta interpretativa do Decreto-Lei nº 1.593/1977, o Ministro Joaquim Barbosa considerou que não houve

---

[1208] Vide Informativo STF, n. 505, 2008.

na espécie uso desproporcional ou irrazoável da prerrogativa de cancelamento administrativo do registro especial. O valor dos créditos tributários em aberto seria extremamente relevante (na casa dos bilhões de reais), e teria sido preservada a efetividade do devido processo legal tanto em relação ao controle do ato de aplicação da penalidade quanto no que toca ao controle do ato de lançamento dos tributos, tendo ressaltado o relator a fragilidade das teses jurídicas que sustentavam a "sistemática e contumaz inobservância das normas de tributação" por parte da recorrente.

Após o voto do Ministro Joaquim Barbosa, o julgamento do RE nº 550.769 foi interrompido pelo pedido de vista do Ministro Ricardo Lewandowski, na sessão de 7.5.2008. O Ministro Lewandowski devolveu os autos para julgamento ainda em 2008, mas o julgamento do feito foi retomado no Plenário somente em 2013. Com os votos vencidos dos ministros Gilmar Mendes, Marco Aurélio e Celso de Mello, o Plenário acompanhou o voto do Relator Joaquim Barbosa e considerou que, no caso, não havia sanção política, nos termos da fundamentação antes descrita.[1209]

### 4.13.4.1 O julgamento da ADI nº 3.952

O julgamento da ADI nº 3.952, em que se questiona a validade da mesma norma legal examinada no RE nº 550.769, demonstra como o STF vem falhando em sua tarefa jurisdicional em matéria tributária. Após sucessivas interrupções e retomadas, com votos individuais desconexos entre si, o julgamento iniciado no Plenário em 2010 parecia ter chegado ao fim depois de oito anos, no dia 5 de setembro de 2018, mas os ministros não conseguiram nessa sessão chegar a uma conclusão sobre qual foi na verdade o resultado do julgamento, deixando assim de proclamar o seu resultado.

A ADI nº 3.952 foi proposta em 2007 pelo Partido Trabalhista Cristão, alegando-se que a norma que permite à autoridade fiscal cancelar o registro especial dos fabricantes de cigarro em caso de não cumprimento de obrigação tributária consistiria numa sanção política violadora do devido processo legal, da livre iniciativa e do livre exercício de profissão ou atividade econômica, os mesmos fundamentos jurídicos utilizados pelo fabricante-contribuinte no RE nº 550.769, acima comentado.

O voto do Ministro Joaquim Barbosa na ADI nº 3.952, proferido em 2010, seguiu a mesma trilha argumentativa de seu voto no RE nº 550.769. Segundo o ministro, é necessário recorrer ao expediente da "interpretação conforme a Constituição" para estabelecer "um mecanismo de frenagem da brutalidade" do Decreto-Lei nº 1.593/1977, na redação dada pela Lei nº 9.822/1999. Essa "brutalidade" decorreria do fato de que, nos estritos termos do art. 2º, II do decreto-lei, todo e qualquer caso de não pagamento em dia dos tributos levaria ao cancelamento do registro especial, o que na opinião do ministro configuraria uma clara sanção política. Por isso o Ministro Joaquim Barbosa votou pela procedência parcial da ação, para aplicar no caso o cânone da "interpretação conforme" e afastar toda e qualquer interpretação do art. 2º, II do Decreto-Lei nº 1.593/1977 que deixe de levar em conta os três critérios já mencionados

---

[1209] STF, RE nº 550.769, Rel. Min. Joaquim Barbosa, Pleno. *DJ*, 3 abr. 2014 (transitado em julgado em 2016).

no voto que o ministro proferira no RE nº 550.769: necessidade de haver relevância quantitativa dos créditos tributários em aberto; necessidade de garantir-se o devido processo legal quanto ao controle de validade do ato de aplicação da penalidade de cancelamento do registro; e necessidade de garantir-se o devido processo legal quanto ao controle de validade dos atos de lançamento e exigência dos próprios créditos tributários em questão.

Após o voto do Ministro Joaquim Barbosa, houve longos debates entre alguns ministros. Nestes debates, os ministros Marco Aurélio e Celso de Mello consideraram que o Decreto-Lei nº 1.593/1977 contém uma autêntica sanção política, rechaçada pela jurisprudência pacífica do tribunal. Por outro lado, o Ministro Cezar Peluso – que proferiu o voto-líder no julgamento da Ação Cautelar nº 1.657 – fez questão de apartear o Ministro Celso de Mello para aduzir que no caso não se trataria somente de proteger o interesse fiscal, mas envolveria também a salvaguarda do princípio da livre concorrência. O Ministro Celso de Mello redarguiu que a salvaguarda da livre concorrência mediante mecanismos diferenciados de tributação somente poderia ser realizada com solução normativa veiculada por lei complementar, nos termos do art. 146-A da Constituição, mas sem neutralização ou comprometimento dos direitos fundamentais do contribuinte.

Após esses debates, realizados em 2010, a Ministra Cármen Lúcia pediu vista dos autos, e somente os devolveu para julgamento em 2015. O julgamento só foi retomado no Plenário em 2018. Várias correntes se formaram. As ministras Cármen Lúcia e Rosa Weber acompanharam o voto do relator. O Ministro Alexandre de Moraes inaugurou nova corrente, no sentido de dar procedência parcial para dar interpretação conforme a Constituição ao §5º do art. 2º do Decreto-Lei nº 1.593/77, no sentido de que o recurso deve ter efeito suspensivo, no que foi acompanhado pelos ministros Ricardo Lewandowski, Gilmar Mendes e Celso de Mello. O Ministro Luiz Fux adotou posicionamento distinto de todos os demais, e julgou improcedente a ação. Já o Ministro Marco Aurélio julgou totalmente procedente a ação. Diante de quatro correntes de entendimento, nenhuma delas majoritária, instaurou-se a perplexidade e indecisão, e decidiu-se suspender o julgamento para "proclamação do resultado em assentada posterior" (sessão plenária de 5 de setembro de 2018).

Essa situação esdrúxula, em que o julgamento de uma ADI arrastou-se por uma década e, ao término da declaração dos votos desencontrados e desconexos, os ministros não conseguiram saber qual foi afinal o resultado do julgamento, também se deu com a ADI nº 2.588,[1210] também relativa a um tema de direito tributário. Mas na ADI nº 2.588 a proclamação do resultado ocorreu uma semana após o término do julgamento, enquanto na ADI nº 3.952 a tardança já dura mais de um ano.

Na sessão de 5 de setembro de 2018, o plenário do Tribunal anunciou que o resultado do julgamento seria proclamado "em assentada posterior". Isso só veio a ocorrer mais de cinco anos depois, em novembro de 2023. O resultado final

---

[1210] STF, ADI nº 2.588, Red. p/ acórdão Min. Joaquim Barbosa, Pleno. DJ, 10 fev. 2014.

proclamado pelo plenário foi a procedência parcial da ADI nº 3.952, com a seguinte tese (ementa oficial):[1211]

> 1. Ao contribuinte alegadamente inadimplente é garantido o direito de insurgir-se contra a exigência tributária que repute indevida ou a aplicação de restrição administrativa que ponha em risco o livre exercício de sua atividade comercial. Entretanto, não pode o contribuinte, sob o pálio da livre de iniciativa, adotar prática comercial dirigida à inadimplência contumaz e preordenada para, valendo-se de infundadas impugnações administrativas ou judiciais sobre a exigibilidade da exação, alcançar vantagem competitiva capaz de desequilibrar a concorrência e frustrar o atendimento à função extrafiscal do tributo.
>
> 2. O cancelamento, pela autoridade fiscal, do registro especial para o funcionamento de empresa dedicada à fabricação de cigarros deve atender aos critérios de razoabilidade e proporcionalidade da medida, sendo precedido: a) da apuração do montante dos débitos tributários não quitados; b) do atendimento ao devido processo legal na aferição da exigibilidade das obrigações tributárias; e c) do exame do cumprimento do devido processo legal para aplicação da sanção. Eventual recurso do sujeito passivo tributário contra o cancelamento do registro especial de funcionamento da empresa tabagista disporá de efeito suspensivo.

Vale registrar que o legislador, diante do julgamento do RE nº 550.769, decidiu alterar a "brutalidade" (expressão do ministro Joaquim Barbosa) da regra do art. 2º, II, do Decreto-Lei nº 1.593/1977. Na nova sistemática estabelecida pela Lei nº 12.715/2012, o cancelamento do registro por não recolhimento dos tributos devidos por fabricantes de cigarro deve se dar quando houver prática *reiterada* de não recolhimento ou recolhimento a menor por parte do contribuinte (art. 2º, §1º, do Decreto-Lei nº 1.593/1977, na redação da Lei nº 12.715/2012).

### 4.13.5 Protesto de certidões de dívidas tributárias e sanção política

Desde o início dos anos 2000, tomou forma e corpo a prática de os fiscos encaminharem para protesto certidões de dívida ativa de baixo valor, prática que vem se revelando mais eficiente, para fins de recebimento do crédito, do que a via – para muitos *falida* – da execução fiscal. A prática foi prevista e validada pelo legislador federal em 2012 (Lei nº 12.767), com a inclusão na Lei nº 9.492/1997 de regra segundo a qual "incluem-se entre os títulos sujeitos a protesto as certidões de dívida ativa da União, dos Estados, do Distrito Federal, dos municípios e das respectivas autarquias e fundações públicas".

Contestada no Superior Tribunal de Justiça, essa regra foi validada. A Confederação Nacional da Indústria ofereceu, pois, ação direta (ADI nº 5.135) alegando que tal norma constitui sanção política, visto que se trata de um modo indireto de

---

[1211] STF, ADI nº 3.952, Redatora do Acórdão Ministra Cármen Lúcia, DJ 8 mar. 2024.

forçar o devedor do tributo a recolhê-lo fora da via própria da cobrança judicial/execução fiscal.

O veredicto do STF[1212] foi no sentido de que não se trata propriamente de uma sanção política. Na fundamentação do acórdão, com votos vencidos dos ministros Edson Fachin, Ricardo Lewandowski e Marco Aurélio, não é toda e qualquer medida coercitiva do recolhimento de créditos tributários que se constitui como sanção política vedada. Para se perfilar como vera sanção política, é necessário que tal medida coercitiva "restrinja direitos fundamentais dos contribuintes devedores de forma desproporcional e irrazoável, o que não ocorre no caso do protesto de CDAs". Ainda segundo a fundamentação do acórdão, o fato de a execução fiscal ser o instrumento típico para a cobrança judicial da dívida ativa não exclui mecanismos extrajudiciais, como o protesto de CDA, sendo que o protesto não impede o devedor de acessar o Poder Judiciário para discutir a validade do crédito. Por outro lado, a maioria do Plenário entendeu que a publicidade que é conferida ao débito tributário pelo protesto não representa embaraço à livre iniciativa e à liberdade profissional, pois não compromete diretamente a organização e a condução das atividades societárias (diferentemente das hipóteses de interdição de estabelecimento, apreensão de mercadorias). Ainda no entendimento do acórdão, restrições mercadológicas e comerciais advindas do protesto seriam, quando muito, uma decorrência indireta do instrumento, que, porém, não podem ser imputadas ao Fisco, mas aos próprios atores do mercado creditício.

Examinou-se também a proporcionalidade da medida restritiva do protesto, e se a considerou necessária, adequada e proporcional. Apesar de a ação direta ter sido julgada totalmente improcedente, o tribunal decidiu que "a Administração Tributária deverá se cercar de algumas cautelas para evitar desvios e abusos no manejo do instrumento". Essas cautelas consistem basicamente no estabelecimento de "parâmetros claros, objetivos e compatíveis com a Constituição para identificar os créditos que serão protestados", e na

> revisão de eventuais atos de protesto que, à luz do caso concreto, gerem situações de inconstitucionalidade (e.g., protesto de créditos cuja invalidade tenha sido assentada em julgados de Cortes Superiores por meio das sistemáticas da repercussão geral e de recursos repetitivos) ou de ilegalidade (e.g., créditos prescritos, decaídos, em excesso, cobrados em duplicidade).

A tese fixada no julgamento da ADI nº 5.135 foi a seguinte: "O protesto das Certidões de Dívida Ativa constitui mecanismo constitucional e legítimo, por não restringir de forma desproporcional quaisquer direitos fundamentais garantidos aos contribuintes e, assim, não constituir sanção política".

Veja-se, portanto, que a maioria dos ministros optou por uma decisão que respeitasse e confirmasse a jurisprudência do Tribunal acerca da invalidade de sanções políticas, elencando, contudo, razões para considerar o protesto de CDA como algo

---

[1212] STF, ADI nº 5.135. Rel. Min. Luís Roberto Barroso. *DJ*, 7 fev. 2018.

que não se encaixaria nesta categoria. Os três ministros vencidos consideraram que havia, sim, vera sanção política. Segundo o Ministro Edson Fachin, por exemplo, o protesto de CDA implica indevida restrição nas atividades comerciais dos contribuintes, pois "o crédito é, com frequência, um dos instrumentos da atividade empresarial, tanto quanto as mercadorias ou o próprio exercício da atividade profissional", sendo a execução fiscal instrumento menos oneroso para, ao tempo em que autoriza ação fiscal, não restringir desproporcionalmente a atividade empresarial.

Em conclusão, temos que nenhum dos ministros proferiu voto no sentido de superar ou alterar a jurisprudência do tribunal acerca da ilicitude das sanções políticas. A maioria considerou que, à luz da jurisprudência, não se tinha sanção política no caso do protesto das CDAs, enquanto a minoria considerou que o protesto de CDAs se encaixava perfeitamente no perfil de sanções políticas configurado na jurisprudência do tribunal.

### 4.13.5.1 Eficiência administrativa e extinção de execuções fiscais de baixo valor

No julgamento do RE nº 1.355.208 (Tema de Repercussão Geral nº 1.184), o plenário do STF decidiu que um juiz catarinense, ao extinguir uma execução fiscal de pequeno valor (R$528,41) de um município de Santa Catarina com base em súmula do Tribunal catarinense e do Conselho da Magistratura de Santa Catarina e também com base na alteração legislativa nacional que possibilitou protesto de certidões da dívida ativa, respeitou o princípio da eficiência administrativa, visto que "gastos de recursos públicos vultosos para obtenção de cobranças de pequeno valor são desproporcionais e sem razão jurídica válida", havendo outros meios de satisfação de créditos previstos na legislação vigente, notadamente o protesto de certidões de dívida ativa.[1213]

Com base nesse julgado do STF, o Conselho Nacional de Justiça baixou a Resolução nº 547,[1214] de 22 de fevereiro de 2024, com o seguinte conteúdo:

> Art. 1º É legítima a extinção de execução fiscal de baixo valor pela ausência de interesse de agir, tendo em vista o princípio constitucional da eficiência administrativa, respeitada a competência constitucional de cada ente federado.
>
> § 1º Deverão ser extintas as execuções fiscais de valor inferior a R$ 10.000,00 (dez mil reais) quando do ajuizamento, em que não haja movimentação útil há mais de um ano sem citação do executado ou, ainda que citado, não tenham sido localizados bens penhoráveis.

---

[1213] STF, RE nº 1.355.208, Relatora Ministra Cármen Lúcia, DJ 1.º abr. 2024.

[1214] CONSELHO NACIONAL DE JUSTIÇA, Resolução nº 547, *Institui medidas de tratamento racional e eficiente na tramitação das execuções fiscais pendentes no Poder Judiciário, a partir do julgamento do tema 1184 da repercussão geral pelo STF*, DJ 22 fev. 2024.

§ 2º Para aferição do valor previsto no § 1º, em cada caso concreto, deverão ser somados os valores de execuções que estejam apensadas e propostas em face do mesmo executado.

§ 3º O disposto no § 1º não impede nova propositura da execução fiscal se forem encontrados bens do executado, desde que não consumada a prescrição.

§ 4º Na hipótese do § 3º, o prazo prescricional para nova propositura terá como termo inicial um ano após a data da ciência da Fazenda Pública a respeito da não localização do devedor ou da inexistência de bens penhoráveis no primeiro ajuizamento.

§ 5º A Fazenda Pública poderá requerer nos autos a não aplicação, por até 90 (noventa) dias, do § 1º deste artigo, caso demonstre que, dentro desse prazo, poderá localizar bens do devedor.

Art. 2º O ajuizamento de execução fiscal dependerá de prévia tentativa de conciliação ou adoção de solução administrativa.

§ 1º A tentativa de conciliação pode ser satisfeita, exemplificativamente, pela existência de lei geral de parcelamento ou oferecimento de algum tipo de vantagem na via administrativa, como redução ou extinção de juros ou multas, ou oportunidade concreta de transação na qual o executado, em tese, se enquadre.

§ 2º A notificação do executado para pagamento antes do ajuizamento da execução fiscal configura adoção de solução administrativa.

§ 3º Presume-se cumprido o disposto nos §§ 1º e 2º quando a providência estiver prevista em ato normativo do ente exequente.

Art. 3º O ajuizamento da execução fiscal dependerá, ainda, de prévio protesto do título, salvo por motivo de eficiência administrativa, comprovando-se a inadequação da medida.

Parágrafo único. Pode ser dispensada a exigência do protesto nas seguintes hipóteses, sem prejuízo de outras, conforme análise do juiz no caso concreto:

I – comunicação da inscrição em dívida ativa aos órgãos que operam bancos de dados e cadastros relativos a consumidores e aos serviços de proteção ao crédito e congêneres (Lei nº 10.522/2002, art. 20-B, § 3.º, I);

II – existência da averbação, inclusive por meio eletrônico, da certidão de dívida ativa nos órgãos de registro de bens e direitos sujeitos a arresto ou penhora (Lei nº 10.522/2002, art. 20-B, § 3.º, II); ou

III – indicação, no ato de ajuizamento da execução fiscal, de bens ou direitos penhoráveis de titularidade do executado.

Art. 4º Os cartórios de notas e de registro de imóveis deverão comunicar às respectivas prefeituras, em periodicidade não superior a 60 (sessenta) dias, todas as mudanças na titularidade de imóveis realizadas no período, a fim de permitir a atualização cadastral dos contribuintes das Fazendas Municipais.

A Lei Complementar nº 208, de 2 de julho de 2024, também constitui outro desdobramento normativo do entendimento de que é válido (e não constitui sanção política) o protesto extrajudicial de certidões de dívida ativa. Essa lei complementar alterou a redação do art. 174, II, do Código Tributário Nacional. Na redação anterior, a prescrição da ação para cobrança do crédito tributário se interrompia com o "protesto judicial". Na nova redação dada pela LC nº 208, a prescrição se interrompe "pelo protesto judicial ou extrajudicial".

A mesma LC nº 208/2024 veiculou normas bastante relevantes autorizando e regulando a cessão onerosa de direitos creditórios de natureza tributária a não tributária pelos entes públicos a pessoas jurídicas de direito privado ou fundos de investimento regulamentados pela Comissão de Valores Mobiliários (vide Parte I deste *Curso*, Capítulo 4, item 4.8).

### 4.13.6 Exclusão por inadimplência do regime do Simples Nacional e sanção política

Segundo o art. 17, V da Lei Complementar nº 123/2006, não poderão recolher os tributos com os benefícios do regime do Simples Nacional os contribuintes que possuam débitos tributários em aberto, sem suspensão de exigibilidade. No RE nº 627.543, alegou o contribuinte que tal medida, ademais de atentatória da isonomia, constitui sanção política, visto que induz ou força indiretamente o contribuinte a saldar seus débitos tributários, sem que para tanto o fisco lance mão da cobrança judicial/execução fiscal.

No julgamento do RE nº 627.543,[1215] houve menos polêmica entre os ministros do que no caso da ADI do protesto de certidões de dívida ativa. No caso do RE nº 627.543, o único voto vencido foi o do Ministro Marco Aurélio. A ampla maioria entendeu que, relativamente ao argumento de violação da isonomia, a discriminação não era arbitrária e sim necessária para evitar desequilíbrios na concorrência.

Com relação a uma pretensa caracterização de sanção política, o voto do relator observou que toda medida de exigência de regularidade fiscal (como no caso da participação em licitação pública) induz indiretamente ao pagamento dos tributos fora da via da execução fiscal. Para ser sanção política, a medida indutora do pagamento dos tributos deve ser arbitrária e desproporcional, o que não seria o caso da medida em questão, mesmo porque – afirmou o relator – os micro e pequenos empresários dispõem de várias opções de parcelamento de seus tributos em aberto. Afirmou também o relator (fl. 14-5):

> Não é demais relembrar que a exigência de regularidade fiscal (lato sensu), como visto, não é requisito que se faz presente somente para a adesão ao simples nacional. Admitir o ingresso no programa daquele que não possui regularidade fiscal (lato sensu) e que já adiantou para o Fisco que não pretende sequer parcelar o débito, ou mesmo buscar outra forma de suspensão do crédito tributário de que trata o art. 151 do CTN, é incutir no contribuinte que se sacrificou para honrar seus compromissos a sensação de que o dever de pagar seus tributos é débil e inconveniente, na medida em que adimplentes e inadimplentes recebem o mesmo tratamento jurídico.

---

[1215] STF, RE nº 627.543, Rel. Min. Dias Toffoli. *DJ*, 29 out. 2014.

Segundo o voto vencido do Ministro Marco Aurélio, a medida em questão tem a mesma natureza das medidas consideradas sanções políticas pela jurisprudência do STF, tendo sido feita referência em seu voto às Súmulas nº 70, 323 e 547.

## 4.13.7 Licenciamento anual de veículos automotores, exigência de regularidade fiscal e sanção política

O Código de Trânsito Brasileiro (Lei nº 9.503/1997) estabelece em seu art. 128, VIII, que, para a expedição anual do Certificado de Registro de Veículo, exige-se do proprietário o "comprovante de quitação de débitos relativos a tributos, encargos e multas de trânsito vinculados ao veículo, independentemente da responsabilidade pelas infrações cometidas". Na ADI nº 2.998, esse dispositivo foi uma das normas do Código de Trânsito acusadas de inconstitucionais pelo Conselho Federal da Ordem dos Advogados.

No julgamento da ADI nº 2.998,[1216] somente um julgador considerou que tal norma consubstanciava sanção política. O Ministro Celso de Mello afirmou que a norma consubstancia sanção política, não podendo o Estado

> valer-se de meios indiretos de coerção, convertendo-os em instrumentos de acertamento da relação tributária, para, em função deles e mediante interdição ou restrição ao exercício de uma atividade lícita de natureza econômica ou de caráter profissional, constranger o contribuinte a adimplir obrigações eventualmente em atraso.[1217]

Os demais ministros entenderam que tal norma não consubstancia violação ao direito de propriedade nem sanção política (como alegou a OAB), mas sim de uma medida "inerente às sucessivas renovações do certificado de registro do veículo junto ao órgão competente".

## 4.13.8 Legislação desportiva, regularidade fiscal como "critério técnico" de participação em competições e sanção política

Na ADI nº 5.450 (de relatoria do Ministro Alexandre de Moraes), cujo julgamento finalizou-se em 18.12.2019, decidiu-se por unanimidade que o art. 40 da Lei nº 13.155/2015 contém norma de sanção política.

O art. 40 da Lei nº 13.155 alterou a redação do art. 10 do Estatuto do Torcedor (Lei nº 10.671/2003) para dispor o seguinte:

> Art. 10. É direito do torcedor que a participação das entidades de prática desportiva em competições organizadas pelas entidades de que trata o art. 5º seja exclusivamente em virtude de critério técnico previamente definido.

---

[1216] STF, ADI nº 2.998, Rel. Min. Marco Aurélio, DJ, 31 jul. 2020.
[1217] STF, ADI nº 2.998, Rel. Min. Marco Aurélio, DJ, 31 jul. 2020.

§1º Para os fins do disposto neste artigo, considera-se critério técnico a habilitação de entidade de prática desportiva em razão de: (Redação dada pela Lei nº 13.155, de 2015)

I - colocação obtida em competição anterior; e (Incluído pela Lei nº 13.155, de 2015)

II - cumprimento dos seguintes requisitos: (Incluído pela Lei nº 13.155, de 2015)

a) regularidade fiscal, atestada por meio de apresentação de Certidão Negativa de Débitos relativos a Créditos Tributários Federais e à Dívida Ativa da União - CND; (Incluído pela Lei nº 13.155, de 2015)

b) apresentação de certificado de regularidade do Fundo de Garantia do Tempo de Serviço - FGTS; e (Incluído pela Lei nº 13.155, de 2015)

c) comprovação de pagamento dos vencimentos acertados em contratos de trabalho e dos contratos de imagem dos atletas. (Incluído pela Lei nº 13.155, de 2015)

Segundo a unanimidade dos ministros, o atendimento a requisitos de natureza fiscal (apresentação de certidão negativa de débitos) como critério técnico para a habilitação de entidade de prática desportiva, até mesmo com a possibilidade de rebaixamento de divisão às agremiações que não cumprirem tais requisitos não desportivos (fiscais e trabalhistas), não apresenta nenhuma relação com o desempenho esportivo da entidade. No entendimento do Tribunal:

> O artigo 40 da norma impugnada, na parte em que altera o art. 10, §§ 1º, 3º e 5º da Lei 10.671/2003, ao impor o atendimento de critérios de âmbito exclusivamente fiscal ou trabalhista para garantir a habilitação nos campeonatos, independentemente da adesão das entidades desportivas profissionais ao PROFUT, podendo acarretar o rebaixamento de divisão dos clubes que não cumprirem tais requisitos, caracteriza meio indireto e coercitivo de cobrança de tributos e outras obrigações ("sanção política"), pelo que é inconstitucional.[1218]

## 4.13.9 Conclusão

Pelos desdobramentos recentes do tema na jurisprudência do STF, pode-se concluir que não será necessariamente uma *sanção política inconstitucional* toda e qualquer providência administrativa ou legal que induza ou constranja o contribuinte, fora da via processual da cobrança judicial/execução fiscal, a pagar créditos tributários em aberto. Não será decisivo para a caracterização de uma sanção política inconstitucional o fato de um contribuinte sofrer algum tipo de prejuízo ou restrição de direitos caso não recolha o tributo em tais circunstâncias.

Nos precedentes recentes relativos ao protesto de certidões de dívida ativa, exigência de quitação do IPVA para licenciamento anual de veículos e exigência de adimplência para permanência no regime do Simples, viu-se uma minoria de ministros defendendo uma noção mais ampla para as sanções políticas e uma maioria de ministros defendendo uma noção mais estrita para as sanções políticas.

---

[1218] STF, ADI nº 5.450, Relator Ministro Alexandre de Moraes, DJ 16 abr. 2020.

De acordo com a noção mais ampla (minoritária), sempre que o fisco usar uma via indireta e fora da execução fiscal para cobrar créditos tributários haverá sanção política a ser derrubada pelo Judiciário. De acordo com a visão mais estrita (majoritária), para se caracterizar uma vera sanção política não basta que o fisco use uma via indireta e fora da execução fiscal para cobrar ou induzir o pagamento dos créditos tributários, é necessário que o uso dessa via indireta agrida direitos fundamentais do contribuinte sem o respeito aos cânones da razoabilidade/proporcionalidade.

TÍTULO III

# NORMAS GERAIS DE DIREITO TRIBUTÁRIO NO CÓDIGO TRIBUTÁRIO NACIONAL

Todos os entes federativos são dotados de autonomia (art. 18, *caput*, da Constituição). Para ser efetiva, essa autonomia deve incluir naturalmente a competência legislativa dos entes da Federação para instituir e cobrar seus tributos. Tal realidade poderia levar a uma situação caótica, em que cada um dos estados federados tivesse um conceito próprio de tributo, em que cada um dos milhares de municípios brasileiros regulasse de modo peculiar institutos nucleares do direito tributário, como o lançamento, a prescrição e a decadência, as garantias e os privilégios do crédito tributário etc.

Para evitar essa multiplicidade caótica de inúmeros *sistemas tributários* convivendo em desarmonia dentro de uma mesma Federação, a Constituição prevê a figura das "normas gerais em matéria de legislação tributária" (art. 146, III), especificamente em sua função de uniformizar, em relação à produção legislativa e atuação executiva de todos os entes federativos, a normatização de questões e instituições nucleares do direito tributário.

Por força dessas normas gerais, o conceito de tributo a ser respeitado pela legislação de todos os entes federativos será único (art. 146, III, "a") e será uniforme o tratamento dispensado à figura da obrigação, do lançamento do crédito, da prescrição e da decadência no âmbito do direito tributário (art. 146, III, "b").

O veículo normativo que introduz essas normas gerais no ordenamento é, desde a ordem constitucional pretérita (art. 18, §1º, da Carta de 1967/69), a lei complementar, cujo quórum de aprovação exige maioria absoluta (art. 69 da Constituição) dos membros do parlamento. Em relação à ordem constitucional pretérita, a Constituição de 1988 inovou no sentido de explicitar, detalhadamente, nas alíneas do seu art. 146, III, os possíveis conteúdos das normas gerais em matéria de legislação tributária.

No que diz respeito à definição de tributo e suas espécies (art. 146, III, "a"), bem como ao tratamento da obrigação, lançamento, crédito, prescrição e decadência tributários (art. 146, III, "b"), trata-se de tarefas já desenvolvidas pelo Código Tributário Nacional, aprovado em 1966 e poucas vezes modificado desde então. Apesar de terem sido introduzidas no ordenamento por uma lei ordinária (Lei nº 5.172/1966),[1219] essas normas gerais somente podem ser revogadas ou modificadas pela aprovação de leis complementares, pois a matéria de que tratam é prevista na Constituição como própria de leis complementares.[1220]

---

[1219] A figura da lei complementar não constava da redação originária da Constituição de 1946. A EC nº 18/1965, que realizou ampla reforma tributária no país após o golpe civil-militar de 1964, fez muitas referências à figura da lei complementar, mas não havia norma constitucional que lhe regulasse o processo legislativo, o que veio a ocorrer somente com a Carta de 1967. Por isso o Código Tributário Nacional, de 1966, foi aprovado como lei ordinária. Contudo, com relação a diversas matérias tratadas em seus dispositivos, o CTN apresenta *status* de lei complementar, haja vista que tais matérias (como a definição de tributo, por exemplo, contida em seu art. 3º) são reservadas pelo texto constitucional à regulamentação via lei complementar (art. 146 da Constituição).

[1220] Dois exemplos de alteração de normas gerais de direito tributário previstas no CTN por meio de leis complementares: alteração da norma do art. 178 do CTN pela LC nº 24/1975 e alteração da norma do art. 174, I, do CTN pela LC nº 118/2005.

No Livro Segundo do Código Tributário Nacional, arts. 96 a 208, buscou-se sistematizar e uniformizar para todos os entes da Federação o tratamento de diversas questões e instituições de importância central para o direito tributário, dividindo-se os temas em quatro títulos: Legislação Tributária, Obrigação Tributária, Crédito Tributário e Administração Tributária.

CAPÍTULO 1

# LEGISLAÇÃO TRIBUTÁRIA

## 1.1 Fontes formais do direito tributário

A *legislação tributária*, mencionada no art. 96 do CTN, é formada por normas de diversos tipos e com distintos patamares hierárquicos. A nota comum a todas elas é o assunto de que tratam: o tributo e as inúmeras relações que dele se derivam.

Algumas normas da legislação tributária têm origem no processo legislativo, podendo ser previstas na própria Constituição, em emendas constitucionais, leis complementares, leis ordinárias, leis delegadas,[1221] medidas provisórias, decretos legislativos e resoluções. Cada uma dessas figuras tem âmbitos próprios de atuação e desempenha determinadas tarefas no sistema tributário. Para instituir alguns tributos, por exemplo, é necessária a aprovação de uma lei complementar, enquanto para a instituição da maioria dos tributos basta a aprovação de uma lei ordinária.

Apesar de considerado inconstitucional por parte da doutrina nacional, o uso da medida provisória para instituir e regular tributos foi validado pela jurisprudência do STF,[1222] e é por meio de medidas provisórias que a maioria da legislação tributária federal é introduzida no ordenamento jurídico. As resoluções do Senado, por exemplo, desempenham relevante papel no estabelecimento de diversos tipos de alíquota para os impostos estaduais, enquanto o decreto legislativo é responsável por autorizar o Executivo a ratificar os tratados internacionais em matéria tributária.

Outras normas da legislação tributária são produzidas exclusivamente pelo Poder Executivo, como os decretos. O art. 99 do CTN explicita que os decretos não são *autônomos* em relação aos atos legais em função dos quais foram expedidos. Ou seja, se a lei tratou de tema reservado à atuação do Poder Legislativo (como exemplo, a definição do fato gerador de determinado tributo), o decreto não pode inovar ou se desviar da normatização ali estabelecida. Mas não se deve pensar que

---

[1221] A lei delegada tem um âmbito muito restrito de atuação no direito tributário, visto que não podem ser objeto de delegação os atos de competência exclusiva do Legislativo. Sobre o tema, *vide* a ADI nº 1.247. DJ, 8 set. 1995.

[1222] Para maiores detalhes, *vide* o capítulo deste *Curso* dedicado à legalidade, e seu tópico específico acerca das medidas provisórias.

os decretos simplesmente repetem ou detalham o que já está integralmente disposto nas leis tributárias.[1223] As leis tributárias costumam veicular conceitos jurídicos indeterminados,[1224] e os decretos muitas vezes são responsáveis por, em prol da segurança jurídica, dar maior concretude a tais conceitos. Naturalmente existe o risco de que essa concretização se faça de modo abusivo ou irregular, mas nesse caso cabe ao Poder Judiciário declarar a ilegalidade da atuação do Executivo.[1225]

Uma função importantíssima dos decretos em matéria tributária é a de consolidar periodicamente, em texto único, a legislação relativa a cada um dos tributos. A necessidade dessa consolidação é marcante na área tributária, em que as mudanças na legislação, vindas em profusão tanto do Legislativo quanto do Executivo, são constantes, e ocorrem muitas vezes de forma assistemática e não raro contraditória, levando o contribuinte, mesmo os mais bem assessorados, a sérios problemas de cognoscibilidade e previsibilidade normativa. Esse papel dos decretos, tão importante para conferir maior grau de segurança jurídica à tributação, é previsto expressamente no art. 212 do CTN, mas infelizmente não vem sendo desempenhado a contento pelo Poder Executivo dos entes federativos. Os regulamentos dos impostos contidos em textos únicos tardam décadas para ser atualizados pelo Executivo, como é o caso do Regulamento do Imposto sobre a Renda e Proventos de Qualquer Natureza, cuja penúltima versão é de 1999 (Decreto nº 3.000) e cuja última versão é de 2018 (Decreto nº 9.580).

Outro exemplo de figuras que compõem a legislação tributária e provêm de órgãos do Poder Executivo são as chamadas *normas complementares* (art. 100 do CTN). Enquanto os decretos são atos normativos exarados exclusivamente pelo chefe do Executivo e/ou por outras autoridades administrativas de alta hierarquia (como ministros e secretários de Estado), as normas complementares (como portarias, instruções normativas etc.) provêm de diversas autoridades administrativas singulares (secretário da Receita Federal, por exemplo) e de órgãos administrativos de julgamento (juntas de julgamento, conselhos de contribuintes, conselhos de recursos fiscais) para cujas decisões a lei tenha atribuído eficácia normativa (como é o caso das *súmulas vinculantes* – em relação à administração tributária federal – do Conselho Administrativo de Recursos Fiscais do Ministério da Fazenda).

Compõem também o rol de normas complementares as práticas reiteradamente observadas pelas autoridades administrativas e os convênios celebrados entre os entes políticos da Federação. Caso o costume administrativo (práticas reiteradas da Administração) se mostre contrário à lei (costume *contra legem*), a própria Administração deve revê-lo, mas o contribuinte que houver se comportado de acordo com ele será

---

[1223] Evidência disso é o decidido pelo STF (alíquotas da contribuição do SAT) no RE nº 343.446 *DJ*, 4 abr. 2003) – *vide* item 2.2, capítulo 2, título II, da 2ª parte deste *Curso*, dedicado ao tema da legalidade tributária.

[1224] Exemplos de conceitos jurídicos indeterminados na legislação tributária: "despesas necessárias" no âmbito da legislação do imposto de renda das pessoas jurídicas; pessoa física "residente" no Brasil no âmbito do imposto de renda das pessoas físicas.

[1225] Sobre como lidar com a existência de conceitos jurídicos indeterminados no direito tributário, cf. RIBEIRO, Ricardo Lodi. *A segurança jurídica do contribuinte*. Rio de Janeiro: Lumen Juris, 2008. p. 141-163 e SCHOUERI, Luís Eduardo. *Direito tributário*. 2. ed. São Paulo: Saraiva, 2012. p. 289-295.

protegido contra medidas sancionatórias e compensatórias (cobrança de multa, juros e correção monetária), conforme será visto mais detalhadamente a seguir.

Para que os operadores do direito tenham um conhecimento integral do direito tributário positivo, é preciso levar em conta, além da *legislação tributária* mencionada no art. 96 do CTN, a jurisprudência dos tribunais superiores, notadamente as súmulas vinculantes do Supremo Tribunal Federal (art. 103-A da Constituição) e os acórdãos prolatados pelo STF e pelo STJ sob a sistemática dos chamados *recursos repetitivos* (arts. 543-B e 543-C do Código de Processo Civil).

## 1.2 Regulamentação da reserva de lei em matéria tributária – Art. 97 do CTN

Afirmamos anteriormente que, se a lei houver tratado de tema reservado à atuação do Poder Legislativo, o decreto não pode inovar ou se desviar da normatização ali estabelecida. O art. 97 do CTN, explicitando o alcance da regra da legalidade tributária fixada no art. 150, I e §6º, da Constituição, estabelece quais são esses temas submetidos à reserva legal. Além da fixação dos elementos centrais da obrigação tributária (fato gerador, sujeito passivo, base de cálculo, alíquota), o art. 97 do CTN também inclui na reserva legal: a) a cominação de penalidades pelo descumprimento da legislação tributária, inclusive a previsão de hipóteses de dispensa e redução de tais penalidades; e b) o estabelecimento de hipóteses de exclusão, suspensão e extinção de créditos tributários.[1226]

Eis o texto do art. 97 do CTN:

> Art. 97. Somente a lei pode estabelecer:
>
> I - a instituição de tributos, ou a sua extinção;
>
> II - a majoração de tributos, ou sua redução, ressalvado o disposto nos artigos 21, 26, 39, 57 e 65;
>
> III - a definição do fato gerador da obrigação tributária principal, ressalvado o disposto no inciso I do §3º do artigo 52, e do seu sujeito passivo;
>
> IV - a fixação de alíquota do tributo e da sua base de cálculo, ressalvado o disposto nos artigos 21, 26, 39, 57 e 65;
>
> V - a cominação de penalidades para as ações ou omissões contrárias a seus dispositivos, ou para outras infrações nela definidas;
>
> VI - as hipóteses de exclusão, suspensão e extinção de créditos tributários, ou de dispensa ou redução de penalidades.
>
> §1º Equipara-se à majoração do tributo a modificação da sua base de cálculo, que importe em torná-lo mais oneroso.

---

[1226] Em relação às hipóteses de exclusão, suspensão e extinção do crédito tributário, *vide* o capítulo 3 do título III da 2ª parte deste *Curso*.

§2º Não constitui majoração de tributo, para os fins do disposto no inciso II deste artigo, a atualização do valor monetário da respectiva base de cálculo.

Portanto, nem todas as obrigações do sujeito passivo necessitam de previsão em lei em sentido formal. As obrigações acessórias, por exemplo, não constam do rol do art. 97 do CTN. Tampouco consta do rol do art. 97 a previsão do prazo de vencimento da obrigação tributária, que, como visto antes, a jurisprudência do STF reputa como não alcançada pela reserva de lei.

Os dois parágrafos do art. 97 do CTN procuram estabelecer o que se deve entender por *majoração do tributo*, visto que, salvo exceções previstas na Constituição, somente a lei em sentido formal pode determinar tal medida.

O §1º dispõe: "equipara-se à majoração do tributo a modificação da sua base de cálculo, que importe em torná-lo mais oneroso". A base de cálculo é o critério eleito pela lei para mensurar economicamente a realização do fato gerador. Caso o critério de mensuração seja alterado, pode ocorrer a majoração concreta do tributo, e nesse caso a alteração do critério deve ser veiculada por lei em sentido formal. Tome-se o exemplo do lucro real (uma das possíveis bases de cálculo do IRPJ), que até 1996 previa a dedução da despesa relativa à contribuição social sobre o lucro devida pela pessoa jurídica. A partir de 1996 (Lei nº 9.316), a base de cálculo foi alterada, não mais se permitindo na apuração do lucro real o abatimento da contribuição social sobre o lucro. A alteração da base de cálculo naturalmente deveria ter sido feita – como foi – por meio de lei.

O §2º do art. 97 estatui que não constitui majoração de tributo "a atualização do valor monetário da respectiva base de cálculo".

O Supremo Tribunal Federal valeu-se desses parágrafos do art. 97 do CTN para decidir uma importante questão relativa ao imposto sobre a propriedade predial e territorial urbana (IPTU). A base de cálculo do IPTU estabelecida no Código Tributário Nacional é o "valor venal do imóvel" (art. 33 do CTN). A legislação da maioria dos municípios brasileiros estabelece que o valor venal dos imóveis será apurado a partir de uma planta genérica de valores. A área urbana do município é dividida em zonas, e para cada zona se estabelece um valor monetário correspondente ao preço médio do metro quadrado (terreno). No que tange ao valor da área construída, são definidos valores do metro quadrado segundo o padrão de acabamento da construção, os materiais nela utilizados, além de outros parâmetros (obsolescência do imóvel, condições geográficas do terreno etc.).

Segundo a jurisprudência do STF,[1227] posteriormente acatada e seguida no STJ (Súmula nº 160), essas plantas genéricas de valores devem ser estabelecidas por lei e, além disso, é necessário aprovar nova lei sempre que os valores monetários correspondentes ao preço médio do metro quadrado (terreno) forem alterados em

---

[1227] RE nº 87.763. *DJ*, 23 nov. 1979.

percentual superior ao da inflação oficial do período.[1228] No acórdão do RE nº 648.245, o plenário do STF decidiu por unanimidade que "é inconstitucional a majoração do IPTU sem edição de lei em sentido formal, vedada a atualização, por ato do Executivo, em percentual superior aos índices oficiais".[1229]

Essa postura já consolidada na jurisprudência dos tribunais superiores contraria a lição doutrinária segundo a qual cabe à lei definir a base de cálculo abstrata, ou seja, o critério de mensuração do fato gerador (no caso, o valor venal do imóvel), mas não a base de cálculo concreta, ou o valor monetário resultante da aplicação do parâmetro contido na base de cálculo sobre a realidade concreta.[1230] Em virtude dessa jurisprudência, a maioria dos municípios brasileiros cobra o IPTU levando em conta valores muito inferiores ao valor venal dos imóveis, tardando muitos anos, às vezes décadas, para que o legislador municipal aprove lei ajustando os valores da planta genérica à realidade concreta e atual do mercado imobiliário.

Essa realidade normativa sobre a legalidade na definição da base de cálculo do IPTU ganhou novo capítulo com a Emenda Constitucional nº 132, de 2023. Essa emenda incluiu na Constituição a regra do art. 156, §1º, III, segundo a qual o IPTU "poderá ter sua base de cálculo atualizada pelo Poder Executivo, conforme critérios estabelecidos em lei municipal". No âmbito da jurisprudência do STF, deve-se destacar, na mesma linha da referida norma da EC nº 132, o entendimento oriundo do julgamento em 2023 do Recurso Extraordinário com Agravo nº 1.245.097 (Tema nº 1.084), no sentido de que é "constitucional a lei municipal que delega ao Poder Executivo a avaliação individualizada, para fins de cobrança do IPTU, de imóvel novo não previsto na Planta Genérica de Valores, desde que fixados em lei os critérios para a avaliação técnica e assegurado ao contribuinte o direito ao contraditório".[1231]

Finalmente, ressaltamos que os dispositivos do CTN mencionados nos incs. II a IV do art. 97 se referem a normas total ou parcialmente revogadas. Os arts. 21, 26 e 65 do CTN dão ao Poder Executivo a prerrogativa de alterar, por decreto, a base de cálculo e a alíquota dos impostos aduaneiros e do imposto sobre operações financeiras, sendo que a prerrogativa de alterar por decreto a *base de cálculo* desses tributos foi revogada com o advento da CF de 1988 (art. 153, §1º). A norma do art. 52, §3º, do CTN, relativo ao antigo ICM, está completamente revogada. A norma do art. 39 do CTN se refere a um imposto modificado pela Constituição de 1988, que sobre o tema da fixação de sua alíquota máxima previu a regra do seu art. 155, §1º, IV (competência do Senado Federal para fixar as alíquotas máximas do imposto sobre heranças e doações).

---

[1228] Para maiores detalhes sobre a jurisprudência do STF estabelecida nessa questão, cf. GODOI, Marciano Seabra de; VIOTTI, Cristiano Augusto Ganz. Legalidade tributária. *In*: GODOI, Marciano Seabra de (Coord.). *Sistema Tributário Nacional na jurisprudência do STF*. São Paulo: Dialética, 2002. p. 256-259.

[1229] STF, RE nº 648.245, Relator Ministro Gilmar Mendes, *DJ* 24 fev. 2014.

[1230] Nos dizeres de Geraldo Ataliba, que criticou vivamente a solução dada pelo STF à questão comentada no texto, "a base de cálculo é um conceito legal de tamanho; base calculada é magnitude concreta, é a precisa medida de um fato" (ATALIBA, Geraldo. *Hipótese de incidência tributária*. 5. ed. São Paulo: Malheiros, 1997. p. 101).

[1231] STF, RE Ag nº 1.245.097, Relator Ministro Luís Roberto Barroso, *DJ* 27 jul. 2023.

## 1.3 O art. 98 do CTN e os tratados internacionais para evitar a dupla tributação da renda e do capital[1232]

### 1.3.1 Noções introdutórias sobre o direito dos tratados

A principal codificação do direito internacional público convencional cristalizou-se com a Convenção de Viena sobre o direito dos tratados, elaborada em âmbito universal em 1969. Sua entrada em vigor ocorreu em 1980 e atualmente já tem a adesão de mais de cem Estados. O Brasil aderiu à Convenção de Viena em 2009 (Decreto Legislativo nº 496/2009 e Decreto nº 7.030/2009), tendo sido formulada reserva pelo Governo brasileiro com relação a dois de seus dispositivos (arts. 25 e 66, relativos, respectivamente, à aplicação provisória dos tratados e ao processo de solução judicial, de arbitragem e de conciliação).

O tratado é um acordo internacional (entre Estados e/ou organizações internacionais) celebrado por escrito e regido pelo direito internacional. Dois Estados podem firmar um acordo internacional entre si remetendo a questão somente à ordem jurídica interna de uma das partes, e neste caso não se terá um verdadeiro *tratado*, mas um simples *contrato* internacional.

O termo *tratado* é reservado geralmente para os acordos internacionais mais solenes e de conteúdo predominantemente político, enquanto os termos *acordo, convenção* e *convênio*, entre muitos outros, se prestam a nomear instrumentos especializados em determinada matéria, como a comercial ou tributária.

A celebração dos tratados pode ser dividida em três fases: uma fase inicial que compreende a negociação, a adoção e a autenticação do texto do tratado; uma fase intermediária em que o Executivo pede e obtém a autorização dos parlamentos estatais para exprimir o consentimento na esfera internacional e obrigar-se pelo tratado; e uma fase final em que o órgão competente manifesta internacionalmente (pela assinatura definitiva, pela troca de notas, pela ratificação ou pela adesão) o consentimento do Estado em obrigar-se pelo tratado. Consumada a manifestação definitiva do consentimento, o tratado ou entra em vigor imediatamente ou o faz de forma diferida, após certa *vacatio* pactuada pelas partes.

A fase inicial e a fase final têm suas regras estabelecidas principalmente na referida Convenção de Viena sobre o direito dos tratados de 1969, enquanto a fase intermediária obedece às regras internas de cada Estado, geralmente oriundas da própria Constituição.

Os direitos internos regulam principalmente a fase intermediária da celebração dos tratados, mas também existem normas internas sobre a fase inicial da negociação dos acordos. A Constituição brasileira determina que compete privativamente ao presidente da República "manter relações com os Estados estrangeiros" e "celebrar

---

[1232] A presente seção corresponde a uma versão sintética e atualizada do estudo de Marciano Seabra de Godoi "Os tratados ou convenções internacionais para evitar a dupla tributação e sua hierarquia normativa no direito brasileiro" (*In*: SCHOUERI, Luís Eduardo (Org.). *Direito tributário*: homenagem a Alcides Jorge Costa. São Paulo: Quartier Latin, 2003. v. 2, p. 975-1.008).

tratados, convenções e atos internacionais [...]" (art. 84, VII e VIII). Desta forma, é o Poder Executivo da União que detém a iniciativa e a competência para negociar e firmar os acordos internacionais, reservado ao Congresso Nacional o poder de fiscalização e controle dos atos do Executivo, conforme determina o art. 49, X, da Constituição.

Mas a função por excelência do Parlamento é a de, uma vez autenticado o texto do tratado pelos negociadores (e, portanto, finda a etapa prévia de negociação), *autorizar* o Executivo a manifestar o consentimento do Estado em obrigar-se internacionalmente pelo tratado. Esta participação decisiva do Parlamento no processo de celebração dos tratados é uma conquista democrática presente atualmente na generalidade das Constituições, o que veio agregar maior complexidade ao direito dos tratados, o qual passou a regular-se tanto pelo direito internacional propriamente dito, quanto pelo direito constitucional.

O art. 84, VIII, da Constituição dispõe que a celebração dos tratados pelo presidente da República está sujeita "a referendo do Congresso Nacional". Por sua vez, o art. 49, I, dispõe que compete exclusivamente ao Congresso "resolver definitivamente sobre tratados, acordos ou atos internacionais [...]". Ainda que o teor literal do texto constitucional brasileiro possa levar a tanto, não é correto dizer que o Parlamento *ratifica* um tratado. A ratificação, que é uma das formas (além da assinatura, da troca de notas e da adesão) de manifestação internacional do consentimento do Estado, é ato unilateral do Poder Executivo a ser exercido no plano internacional e que necessita ser simplesmente *autorizado* pelo Parlamento, não cabendo, por outro lado, dizer que o Executivo tenha a *obrigatoriedade* de ratificar um tratado cuja autorização já lhe tenha sido dada pelo Parlamento.

O constituinte brasileiro elegeu, para definir os tratados sujeitos à intervenção parlamentar, o critério bastante amplo de acarretar "encargos ou compromissos gravosos ao patrimônio nacional" (art. 49, I, da Constituição). No que toca às convenções para evitar a dupla tributação, é claríssima a necessidade de autorização parlamentar para sua ratificação.

No Brasil, a autorização parlamentar da ratificação dos tratados é obtida primeiro na Câmara dos Deputados (maioria absoluta dos presentes à sessão) e depois no Senado Federal (mesmo *quorum*). A autorização para a ratificação do tratado se dá por meio de um decreto legislativo assinado pelo presidente do Senado e publicado no *Diário Oficial da União*. O decreto legislativo não tem o condão de obrigar, mas somente o de autorizar o presidente da República a ratificar o tratado.

O Congresso Nacional, ao dar sua autorização à ratificação do tratado, pode suprimir em parte ou integralmente as reservas que o Poder Executivo vinculou originariamente ao tratado, e mesmo adicionar outras reservas ao texto convencional. Diante das modificações que o Parlamento venha a fazer no que toca às reservas, o Poder Executivo decidirá entre ratificar o tratado nos termos autorizados pelo Parlamento ou não o ratificar.

A denúncia é o ato pelo qual uma parte manifesta sua vontade de dar por terminado um tratado. Os tratados podem ter uma duração limitada ou ilimitada. Neste último caso, os tratados costumam conter uma cláusula de denúncia com efeito imediato ou após certo período de tempo. A denúncia regulada nas cláusulas de um tratado pode ser incondicional ou estar submetida a condições materiais, formais ou temporais. As condições mais usuais são as temporais, como o necessário transcurso de certo número de anos desde a entrada em vigor do tratado e a exigência de que a denúncia seja formulada em determinados períodos do ano, como ocorre na maioria das convenções de dupla tributação.

### 1.3.2 Os tratados internacionais e sua relação com o direito interno – Jurisprudência tradicional do STF e sua recente alteração

As relações entre o direito interno dos Estados e o direito internacional público são geralmente contempladas segundo dois pontos de vista teóricos: o monismo e o dualismo. Para a corrente monista, os ordenamentos internacional e nacional seriam por natureza concatenados, com o direito internacional e os direitos nacionais formando um sistema único e universal, no qual o direito internacional teria a função de determinar os âmbitos de validade pessoal e territorial dos ordenamentos nacionais.

Segundo a corrente dualista ou pluralista, não há nenhuma relação necessária entre o direito internacional e o direito interno, os quais representariam dois ordenamentos independentes, com diferentes conteúdos e provenientes de fontes de produção diversas.

A divergência prática mais acentuada entre as duas concepções se manifesta com respeito à recepção do direito internacional pelo direito interno, e quanto aos possíveis conflitos entre as duas ordens. Para os monistas, uma vez que os dois ordenamentos estão concatenados, não há necessidade lógica de uma norma positiva do direito interno que converta ou transforme a norma internacional em norma interna. Contrariamente, os dualistas ou pluralistas defendem a necessidade de uma norma de recepção ou transformação, sem a qual o direito internacional restaria inoperante para o direito interno e os dois ordenamentos permaneceriam incomunicáveis.

Dependendo da forma pela qual as Constituições regulam a recepção do direito internacional pelo direito interno, pode-se dizer que se tem um sistema monista ou um sistema dualista.

Em algumas Constituições, a hierarquia normativa superior dos tratados em geral com relação à legislação interna é determinada expressamente. Tal ocorre, por exemplo, na Constituição espanhola (art. 96), na Constituição francesa (art. 55) e na Constituição holandesa (art. 94). No Brasil, a Constituição de 1988, antes da promulgação da EC nº 45/2004, não dispunha expressamente nem sobre o processo de recepção dos tratados pelo direito interno nem sobre o *status* ou a hierarquia normativa dos tratados com relação à legislação interna.

No Recurso Extraordinário nº 71.154,[1233] o Pleno do STF decidiu que os tratados não necessitam, para vigorar no plano interno, de lei interna de transformação, pois a intervenção parlamentar se dá com o decreto legislativo que autoriza a ratificação

---

[1233] STF, RE nº 71.154, Relator Ministro Oswaldo Trigueiro, *DJ*, 25 ago. 1971.

do tratado. Essa orientação, firmada no início da década de 70 do século passado, permanece válida atualmente.[1234]

Mas o que dizer do decreto presidencial que, mesmo na ausência de qualquer previsão constitucional, seguindo a praxe vigente desde o período imperial, promove a *promulgação* do tratado? Quais os seus precisos efeitos? Confirmando o que a doutrina já vinha escrevendo a respeito, o STF, no julgamento da medida cautelar requerida na Ação Direta de Inconstitucionalidade nº 1.480[1235] decidiu que, além de promover a publicação do texto do tratado, o decreto presidencial tem por efeito determinar a "executoriedade do ato internacional, que passa, então, e somente então, a vincular e a obrigar no plano do direito positivo interno" (voto do Relator Ministro Celso de Mello). O fato de, no Brasil, ser um decreto presidencial e não uma lei ordinária o instrumento que integra o tratado no ordenamento interno está a indicar que o tratado se aplica internamente *como tratado propriamente dito*, e não como *tratado transformado em lei*. Isto é importante tendo em vista decidir quais regras devem ser seguidas para interpretar devidamente os tratados para evitar a dupla tributação, se as regras fornecidas pelo direito internacional (arts. 31 a 33 da Convenção de Viena de 1969) ou as regras do direito interno.

Naqueles Estados (dualistas) em que se exige um ato legislativo de transformação das normas convencionais em normas internas, a hierarquia do tratado será a hierarquia do instrumento através do qual as normas convencionais se introduzem no direito interno, como é o caso do Reino Unido, em que o Parlamento pode, por legislação posterior, revogar total ou parcialmente a legislação que promoveu a incorporação do tratado.

Mas naqueles Estados em que não se dá a transformação e em que os tratados são aplicados internamente como tal (como na Espanha, Brasil ou Estados Unidos), as soluções quanto à hierarquia dos tratados com relação à legislação interna não são uniformes.

Há sistemas monistas (no sentido de que não há necessidade de transformação do tratado em direito interno via instrumento legislativo) cuja Constituição é expressa quanto à superioridade hierárquica dos tratados em relação à legislação ordinária (França, Espanha, Holanda).

Mas também há países, como os Estados Unidos, cujo monismo (no sentido acima indicado) não implica a superioridade hierárquica dos tratados em geral em relação à legislação ordinária. Neste sistema, o conflito entre o tratado em geral e a lei ordinária posterior pode ser resolvido pelo critério cronológico (o ato posterior revoga o ato anterior) e pelo critério da especialidade (o ato geral posterior não revoga o ato específico anterior).

Neste sistema em que há paridade hierárquica entre tratado e lei interna infraconstitucional, a jurisprudência norte-americana utiliza diversas técnicas

---

[1234] Luís Eduardo Schoueri apresenta fortes argumentos demonstrando porque não prevalece no Brasil a exigência dualista da "transformação" (SCHOUERI, Luís Eduardo. *Planejamento fiscal através de acordos de bitributação*: treaty shopping. São Paulo: Revista dos Tribunais, 1995. p. 31-39).

[1235] STF, ADI-MC nº 1.480, Relator Ministro Celso de Mello, *DJ*, 18 maio 2001.

interpretativas direcionadas a evitar, sempre que possível, uma colisão entre um tratado e uma lei interna posterior. Contudo, nos casos excepcionais em que se constata o inequívoco propósito da lei interna em vulnerar um tratado firmado anteriormente, os órgãos jurisdicionais internos dos Estados em que vigora a paridade hierárquica entre tratados e leis admitem a superação do tratado pela legislação subsequente (*treaty override*), o que provoca graves consequências em matéria de responsabilidade internacional do Estado.

Uma vez que as Constituições brasileiras ao longo da história não continham dispositivo expresso sobre a hierarquia normativa dos tratados internacionais, coube ao Supremo Tribunal Federal a tarefa de explicitar a questão.

Até o julgamento do RE nº 80.004, finalizado em 1977,[1236] vigorava no STF a posição de considerar que o tratado prevalecia sobre as leis posteriores, sem qualquer distinção entre tratados sobre direitos humanos e tratados sobre outras matérias. No RE nº 80.004, alterou-se esse entendimento, passando-se a considerar que a Constituição brasileira não conferia aos tratados internacionais hierarquia superior à das leis ordinárias, com o que se conclui que lei ordinária posterior ao tratado, desde que o fizesse expressamente e de forma específica, poderia afastar regra contida na avença internacional. Segundo essa posição, a constatação da violação de uma obrigação assumida internacionalmente (*treaty override*), ainda que prejudique as demais partes no acordo internacional e gere sanções contra o Estado no âmbito externo, não autoriza o Judiciário a deixar de aplicar a lei interna colidente com o tratado.

O RE nº 80.004 foi julgado quando estava em vigor a Carta de 1969. Entre outros precedentes pós-1988, o julgamento da medida cautelar na Ação Direta de Inconstitucionalidade nº 1.480[1237] não deixava dúvidas de que as conclusões (explicitadas no parágrafo anterior) a que a maioria do STF chegou no julgamento do RE nº 80.004 (perante a Carta de 1969) continuavam a prevalecer diante da Constituição de 1988.

## 1.3.3 A EC nº 45/2004 e a alteração da jurisprudência do STF no que diz respeito ao status hierárquico dos tratados internacionais

O art. 5º, §2º, da Constituição de 1988 dispõe, no título dos direitos e garantias fundamentais, que "os direitos e garantias expressos nesta Constituição não excluem outros decorrentes do regime e dos princípios por ela adotados, ou dos tratados internacionais em que a República Federativa do Brasil seja parte". A maioria dos doutrinadores brasileiros interpreta este dispositivo no sentido de que a Constituição estaria reconhecendo *status* constitucional aos direitos e garantias fundamentais que viessem a ser previstos em tratados internacionais ratificados pelo Estado brasileiro após a CF de 1988, inaugurando assim uma nova etapa no direito constitucional brasileiro, que tradicionalmente reservou aos tratados a força de lei ordinária.

---

[1236] STF, RE nº 80.004, Relator Ministro Xavier de Albuquerque, *DJ*, 29 dez. 1977.

[1237] STF, ADI-MC nº 1.480, Relator Ministro Celso de Mello, *DJ*, 18 maio 2001.

A jurisprudência do STF nas décadas de 80 e 90 do século passado, capitaneada pelo Ministro Moreira Alves, interpretava o art. 5º, §2º, da Constituição de maneira distinta. No julgamento do Habeas Corpus nº 72.131,[1238] em que se discutiram os efeitos do Pacto de São José da Costa Rica sobre a questão da prisão civil do depositário infiel (art. 5º, LXVII, da Constituição), mesmo aqueles ministros que propugnavam a prevalência do mencionado tratado sobre a legislação interna anterior o faziam com base no critério cronológico e não com base na hierarquia constitucional ou supralegal do tratado.

Ou seja, o entendimento do Tribunal era o de que a hierarquia puramente legal dos tratados internacionais (tal como decidido no RE nº 80.004) também valia para os tratados de direitos humanos. Isso restou confirmado também no julgamento da cautelar na ADI nº 1.480, antes referido, em que se discutiram tratados da Organização Internacional do Trabalho, prevalecendo o entendimento segundo o qual "o §2º do art. 5º da Constituição não se aplica aos tratados internacionais sobre direitos e garantias fundamentais que ingressaram em nosso ordenamento jurídico após a promulgação da Constituição de 1988, isso porque ainda não se admite tratado internacional com força de emenda constitucional", como observou o Ministro Moreira Alves em seu voto, entre outros, no RE nº 253.071.[1239] Portanto, a visão do Tribunal era de que o art. 5º, §2º, da Constituição de 1988 dizia respeito somente aos tratados anteriores à Constituição.

Coube ao Ministro Sepúlveda Pertence lançar as sementes do entendimento segundo o qual os tratados de direitos humanos, não obstante não possuírem estatura constitucional, têm hierarquia superior ao das leis infraconstitucionais. No voto proferido no RHC nº 79.785,[1240] o Ministro Sepúlveda Pertence afirmou que a jurisprudência do STF sobre a paridade hierárquica entre tratado internacional e lei ordinária não deveria ser aplicada aos tratados sobre direitos humanos, propondo:

> aceitar a outorga de força supralegal às convenções de direitos humanos, de modo a dar aplicação direta a suas normas – até, se necessário contra a lei ordinária – sempre que, sem ferir a Constituição, a complementem, especificando ou ampliando os direitos e garantias dela constantes.

Nos anos que se seguiram ao julgamento deste RHC nº 79.785 (julgamento ocorrido em 2000), foi promulgada a Emenda Constitucional nº 45 (em 2004), que incluiu ao art. 5º da Constituição um terceiro parágrafo, dispondo que "os tratados e convenções internacionais sobre direitos humanos que forem aprovados, em cada Casa do Congresso Nacional, em dois turnos, por três quintos dos votos dos respectivos membros, serão equivalentes às emendas constitucionais". Esta norma constitucional viria a ser decisiva para que, em julgamentos iniciados a partir de 2006, o Supremo Tribunal Federal modificasse sua jurisprudência e passasse a reconhecer (na senda

---

[1238] RE nº 72.131, Redator do Acórdão Ministro Moreira Alves, *DJ*, 1º ago. 2003.

[1239] STF, RE nº 253.071, Relator Ministro Moreira Alves, *DJ*, 29 jun. 2001.

[1240] STF, RHC nº 79.785, Relator Ministro Sepúlveda Pertence, *DJ*, 22 nov. 2002.

indicada pelo referido voto do Ministro Sepúlveda Pertence seis anos antes) *status* de supralegalidade aos tratados internacionais sobre direitos humanos.

Com efeito, na sessão plenária de 3.12.2008 terminou o julgamento de diversos recursos e *habeas corpus* (RE nº 466.343, RE nº 349.703, HC nº 92.566 – todos publicados em 5.6.2009[1241] – e HC nº 87.585, publicado em 26.6.2009) em que restou fixada uma nova orientação da jurisprudência do STF, a orientação segundo a qual os tratados internacionais que tratem de direitos humanos têm hierarquia supralegal.

O entendimento hoje majoritário no STF é o de que somente os tratados de direitos humanos cuja ratificação for aprovado pelo Congresso pelo rito da emenda constitucional (art. 5º, §3º, da Constituição, incluído pela EC nº 45/2004) terão estatura constitucional. Os demais tratados de direitos humanos têm hierarquia supralegal.

Há um ponto importante a destacar: ainda que os votos principais dos ministros Gilmar Mendes, Celso de Mello e Menezes Direito tenham sempre feito referência à distinta estatura hierárquica dos tratados "sobre direitos humanos" (§§2º e 3º do art. 5º da Constituição) e não sobre os tratados em geral, o Ministro Gilmar Mendes fez juntar em praticamente todos os processos um "aditamento de voto" no qual parece apoiar o caráter supralegal de todo e qualquer tratado internacional – e não somente dos tratados sobre direitos humanos. Nestes aditamentos de voto, o Ministro Gilmar Mendes – da mesma forma que o Ministro Celso de Mello em seus votos – prestigia o entendimento antigo do STF (anterior ao RE nº 80.004) que interpreta no sentido de que todo e qualquer tratado teria supremacia em relação às leis ordinárias, valoriza o art. 98 do Código Tributário Nacional (interpretado no sentido de dar "preponderância" aos tratados sobre normas infraconstitucionais internas) e justifica a tese da supralegalidade com base na regra *pacta sunt servanda* (que naturalmente se aplica a todo e qualquer tratado e não somente aos de direitos humanos) e por diversas ocasiões afirma a preponderância dos "tratados internacionais" (sem qualificá-los como "de direitos humanos") sobre a legislação interna.

É muito provável que o STF passe a admitir que o caráter de supralegalidade vigora em relação a todo e qualquer tratado internacional, e não somente aos tratados sobre direitos humanos. Caso isso ocorra, as suspeitas de inconstitucionalidade do art. 98 do CTN (comentadas a seguir) deixariam de ser justificadas.

### 1.3.4 O art. 98 do Código Tributário Nacional e a jurisprudência do STF

Dispõe o art. 98 do CTN que "os tratados e as convenções internacionais revogam ou modificam a legislação tributária interna e serão observados pela que lhes sobrevenha".

Em primeiro lugar, esclareça-se que os termos "tratados" e "convenções internacionais" não possuem significado distinto, simplesmente reafirmam, com

---

[1241] STF, RE nº 466.343, Relator Ministro Cezar Peluso, *DJ* 5 jun. 2009; STF, RE nº 349.703, Relator Ministro Ayres Britto, *DJ* 5 jun. 2009; STF, HC nº 92.566, Relator Ministro Ricardo Lewandowski, *DJ* 5 jun. 2009.

diferentes apelidos, o mesmo objeto: acordos internacionais ratificados regularmente pelo Estado brasileiro.

Sobre a expressão "revogam ou modificam a legislação tributária interna", o dispositivo determina em realidade que os tratados, ao se incorporarem no ordenamento, reduzem o âmbito de aplicação do direito interno sem que se possa cogitar de uma verdadeira *revogação* da legislação tributária, que simplesmente se torna relativamente inaplicável a certo círculo de pessoas e situações previstas no tratado.[1242]

Duas importantes questões se colocam em relação à análise do dispositivo: a) a prevalência dos tratados sobre a legislação tributária interna anterior e posterior foi determinada pelo art. 98 do CTN tendo em vista simplesmente o critério da especialidade ou também uma questão hierárquica? b) em caso de se admitir que o art. 98 do CTN determina a superioridade hierárquica dos tratados sobre a legislação tributária interna, seria constitucional tal determinação?

Em relação à primeira questão, a doutrina se divide. Alguns autores afirmam que a prevalência dos tratados no campo tributário prevista no art. 98 do CTN é simplesmente uma questão de especialidade das regras do tratado em relação às regras gerais da legislação interna.[1243] Desta postura decorre logicamente que o legislador ordinário, desde que o faça de modo inequívoco e expressamente, pode editar lei posterior que prevaleça sobre o tratado (*treaty override*), pois não haveria hierarquia normativa entre o tratado e a lei tributária ordinária.[1244]

Em posição distinta, a maioria dos autores interpreta o art. 98 do CTN no sentido de afirmar uma superioridade hierárquica entre os tratados e a legislação tributária ordinária, com o que estaria afastada a possibilidade de lei ordinária posterior, ainda que de forma consciente e inequívoca, vulnerar o tratado.

Até a recente modificação ocorrida na jurisprudência do STF com o julgamento dos acórdãos comentados no tópico anterior, não se poderia afirmar com segurança que o art. 98 do CTN estaria simplesmente confirmando no âmbito tributário a superioridade hierárquica de todo e qualquer tratado em relação à legislação interna, pois esta prevalência hierárquica era reiteradamente negada pela jurisprudência do STF (RE nº 80.004 – já comentado – e todos os que o seguiram, até o julgamento dos processos mencionados no tópico anterior).

Contudo, esses questionamentos e suspeições em relação ao art. 98 do CTN sempre foram superficiais e nunca foram capazes de levar a que o STF deixasse de aplicar o dispositivo, ou então o deixasse de interpretar como determinando realmente uma hierarquia normativa entre os tratados e as leis ordinárias. Mesmo antes da guinada jurisprudencial mencionada no tópico anterior, a jurisprudência do STF nas últimas décadas sempre aplicou o art. 98 do CTN de maneira recorrente, sem que

---

[1242] Cf. XAVIER, Alberto. *Direito tributário internacional do Brasil*. 5. ed. Rio de Janeiro: Forense, 1998. p. 124.

[1243] Cf. AMARO, Luciano. *Direito tributário brasileiro*. 14. ed. São Paulo: Saraiva, 2008. p. 181-184 e SANTIAGO, Igor Mauler. *Direito tributário internacional*: métodos de solução dos conflitos, 2006. p. 56.

[1244] Neste sentido: ROCHA, Sergio André. *Treaty override no ordenamento jurídico brasileiro*. São Paulo: Quartier Latin, 2006. p. 116-117.

houvessem prosperado em sequer uma ocasião as dúvidas outrora levantadas pelo Ministro Cunha Peixoto e Moreira Alves acerca da constitucionalidade do dispositivo em exame. Aliás, a Súmula nº 575 do Tribunal[1245] decorre do art. 98 do CTN, e vem sendo aplicada firmemente até a atualidade.

Como se observou no tópico anterior, a guinada jurisprudencial do STF com os julgamentos finalizados em 2008 se voltou, à primeira vista, somente aos tratados sobre direitos humanos, tidos como de estatura supralegal. Contudo, no voto do Ministro Gilmar Mendes nos acórdãos do RE nº 460.320, defende-se que há fundamentos bastantes para conferir a todo e qualquer tratado internacional o caráter de supralegalidade. Quanto ao chamado *treaty override*, observou-se que sua possibilidade, "inclusive em sede estadual e municipal, estaria defasada com relação às exigências de cooperação, boa-fé e estabilidade do atual panorama internacional" e concluiu-se que "a recepção do art. 98 do CTN pela ordem constitucional independeria da desatualizada classificação em tratados-contratos e tratados-leis".[1246]

Também na ADI nº 2.588[1247] (julgamento finalizado em 10.4.2013, acórdão ainda não publicado), houve nas últimas sessões do longo julgamento diversos debates entre os ministros acerca da relação entre a legislação tributária interna e os tratados internacionais contra a dupla tributação, sendo que todos os julgadores manifestaram posicionamentos cuja premissa era a validade do art. 98 do CTN e a supralegalidade dos tratados (pelo menos os tratados de dupla tributação) em relação à legislação interna.

## 1.4 Normas complementares e proteção da confiança do contribuinte

A legislação tributária é em geral muito extensa, detalhista, e às vezes de difícil entendimento. Além disso, são frequentes suas alterações. Tudo isso contribui para que seja bastante plausível que as próprias autoridades administrativas tenham dúvidas sobre como interpretar e aplicar a legislação tributária.

Pode ocorrer que as autoridades administrativas fixem numa norma complementar (portaria, instrução) determinado entendimento sobre um texto legal, e, posteriormente, cheguem à conclusão de que tal entendimento era equivocado e ilegal. Nesse caso, as autoridades devem rever sua norma complementar anterior, substituindo-a por outra, desta vez acorde com a lei.

Mas como fica a situação do contribuinte que seguiu a orientação das autoridades e se comportou segundo os mandamentos da primeira norma complementar? As autoridades administrativas podem lhe exigir os tributos conforme o regime

---

[1245] STF, Súmula nº 575: "À mercadoria importada de país signatário do GATT, ou membro da ALALC, estende-se a isenção do imposto concedida a similar nacional".

[1246] STF, RE nº 460.320, Redator do Acórdão Ministro Dias Toffoli, DJ 6 out. 2020. Sobre esse caso, cf. GODOI, Marciano Seabra de. O Superior Tribunal de Justiça e a aplicação do Tratado Brasil-Suécia para evitar a dupla tributação da renda: crítica ao acórdão do Recurso Especial 429.945. *Revista Dialética de Direito Tributário*, Vol. 189, p. 95-101, 2011.

[1247] STF, ADI nº 2.588, Redator do Acórdão Ministro Joaquim Barbosa, DJ 10 fev. 2014.

estabelecido na segunda norma complementar, tida como a única acorde com a lei? Esse é o problema enfrentado no art. 100, parágrafo único, do CTN, que dispõe:

> Art. 100. São normas complementares das leis, dos tratados e das convenções internacionais e dos decretos:
> I - os atos normativos expedidos pelas autoridades administrativas;
> II - as decisões dos órgãos singulares ou coletivos de jurisdição administrativa, a que a lei atribua eficácia normativa;
> III - as práticas reiteradamente observadas pelas autoridades administrativas;
> IV - os convênios que entre si celebrem a União, os Estados, o Distrito Federal e os Municípios.
> Parágrafo único. A observância das normas referidas neste artigo exclui a imposição de penalidades, a cobrança de juros de mora e a atualização do valor monetário da base de cálculo do tributo.

Portanto, a solução legal foi a seguinte: permitir ao fisco que exija os tributos de acordo com os mandamentos da lei, mas vedar ao fisco que aplique sanções contra o contribuinte que seguiu suas normas complementares anteriores, e também que exija juros ou aplique correção monetária sobre o valor do tributo.

Essa solução do Código Tributário Nacional é uma tentativa de conciliar os ditames da legalidade e do caráter vinculado do tributo com a proteção da confiança do contribuinte de boa-fé,[1248] que não poderia ser punido por confiar numa interpretação oficial da norma legal promovida pelas próprias autoridades administrativas.

## 1.5 Vigência e aplicação da legislação tributária

O Código Tributário Nacional determina (art. 101) que a vigência no espaço e no tempo da legislação tributária rege-se pelas disposições aplicáveis às normas jurídicas em geral, com as ressalvas previstas no próprio CTN. As disposições gerais mencionadas no art. 101 são aquelas previstas na Lei de Introdução às Normas do

---

[1248] Sobre o importante tema da segurança jurídica e a proteção da confiança no direito tributário atual, *vide* SANCHES, José Luis Saldanha. *A segurança jurídica no Estado Social de Direito*. Lisboa: Centro de Estudos Fiscais, 1985; PAULSEN, Leandro. *Segurança jurídica, certeza do direito e tributação*. Porto Alegre: Livraria do Advogado, 2006; PIMENTA, Paulo Roberto Lyrio. O princípio da segurança jurídica em face da mudança da jurisprudência tributária. *In*: ROCHA, Valdir de Oliveira (Coord.). *Grandes questões atuais do direito tributário*. São Paulo: Dialética, 2006. v. 10; RIBEIRO, Ricardo Lodi. A proteção da confiança legítima do contribuinte. *Revista Dialética de Direito Tributário*, n. 145, p. 99-115, out. 2007; DERZI, Misabel Abreu Machado. *Modificações da jurisprudência no direito tributário*: proteção da confiança, boa-fé objetiva e irretroatividade como limitações constitucionais ao Poder Judicial de Tributar. São Paulo: Noeses, 2009; ÁVILA, Humberto. *Segurança jurídica*: entre permanência, mudança e realização no direito tributário. São Paulo: Malheiros, 2011; TORRES, Heleno. *Direito constitucional tributário e segurança jurídica*. 2. ed. São Paulo: Revista dos Tribunais, 2012 e GODOI, Marciano Seabra de. Proteção da segurança jurídica e guinadas jurisprudenciais em matéria tributária: análise da doutrina atual e de alguns casos recentes. *In*: ROCHA, Valdir de Oliveira (Org.). *Grandes questões atuais do direito tributário*. São Paulo: Dialética, 2012. v. 16.

Direito Brasileiro, como a que determina que "salvo disposição contrária, a lei começa a vigorar em todo o país quarenta e cinco dias depois de oficialmente publicada" (art. 1º do Decreto-Lei nº 4.657/1942, com a redação da Lei nº 12.376/2010).

Na verdade, o normal e comum é que a legislação tributária determine ela mesma a data de sua entrada em vigor, não tendo maior relevância prática no direito tributário a regra geral da *vacatio* de 45 dias prevista na Lei de Introdução às Normas do Direito Brasileiro.

O art. 104 do Código Tributário Nacional dispõe que as leis que instituem ou majoram os impostos sobre a renda e o patrimônio "entrem em vigor no primeiro dia do exercício seguinte àquele em que ocorra a sua publicação". Deve-se recordar qual o contexto constitucional vigente quando veio à luz esse dispositivo do art. 104: vigorava àquela altura a regra estabelecida pela Emenda Constitucional nº 18/1965, segundo a qual os entes políticos estavam proibidos de "cobrar imposto sobre o patrimônio e a renda, com base em lei posterior à data inicial do exercício financeiro a que corresponda" (art. 2º, II, da EC nº 18/1965).

Portanto, o art. 104 do CTN é simplesmente uma paráfrase do que era então estabelecido constitucionalmente a respeito do que hoje chamamos de anterioridade tributária. Àquela altura, a anterioridade somente se referia aos impostos sobre o patrimônio e a renda. Atualmente, o regramento constitucional da anterioridade tributária (art. 150, III, "b" e "c" e §1º, da Constituição) alcança muitos outros tributos além dos impostos sobre a renda e o patrimônio, e prevê regimes distintos de aplicação (anterioridade de exercício, anterioridade nonagesimal, anterioridade mista) para cada um deles.[1249]

Quanto à vigência e aplicação da legislação tributária no espaço, o art. 102 do CTN disciplina o problema da possível extraterritorialidade da legislação dos Estados federados, dos municípios e do Distrito Federal. A *regra* é a territorialidade da legislação, sendo a extraterritorialidade uma *exceção*, nos limites porventura reconhecidos nos convênios em que tomem parte os entes federativos, ou reconhecidos em normas gerais de direito tributário.

A jurisprudência do STJ, durante muito tempo, entendeu que a regra do art. 12, "a", do Decreto-Lei nº 406/1968, que determina que a cobrança do ISSQN compete ao município onde se localiza o estabelecimento prestador do serviço, feriria o princípio da territorialidade da lei tributária, devendo o ISSQN necessariamente competir ao município onde se executa materialmente o serviço.[1250] Trata-se de entendimento errôneo, pois o critério do estabelecimento prestador também foi definido segundo a lógica da territorialidade: exige-se que o estabelecimento prestador esteja no *território* do município competente para arrecadar o imposto, não havendo qualquer exigência extraterritorial de imposto.

---

[1249] *Vide* a parte deste *Curso* relativa à anterioridade tributária: Item 2.4 do capítulo 2, título II, 2ª parte.
[1250] Cf. STJ, REsp nº 54.002, Relator Ministro Demócrito Reinaldo, *DJ*, 8 maio 1995.

## 1.5.1 Aplicação *imediata* da legislação a fatos geradores *futuros* e *pendentes* – A regra do art. 105 do CTN e suas possíveis compreensões

O art. 105 do CTN afirma que a legislação tributária "aplica-se imediatamente aos fatos geradores futuros e aos pendentes". Expressou-se muito mal o legislador. Em primeiro lugar, é estranho e mesmo contraditório cogitar de uma aplicação *imediata* a fatos geradores *futuros*. Se os fatos geradores são *futuros*, a aplicação da legislação não pode ser *imediata*. O que se quis dizer foi que, entrando em vigor, a legislação se mostra apta a incidir sobre os fatos geradores que ocorrerem a partir de então.

E o que seria um fato gerador *pendente*? O próprio art. 105 responde que são "aqueles cuja ocorrência tenha tido início, mas não esteja completa nos termos do art. 116". Um exemplo pode ilustrar o que buscou o legislador ao redigir o art. 105 do CTN.

A importação de uma mercadoria do exterior é um procedimento complexo que envolve diversas etapas. O importador deve inicialmente habilitar-se para operar no Siscomex (cf. Decreto nº 660/1992). Posteriormente, se desenvolve a etapa de negociação comercial entre importador e exportador, até que as partes se vinculam ao cumprimento de uma operação comercial formalizada documentalmente e apresentada à autoridade aduaneira. Segue-se a etapa de licenciamento da importação, para somente depois ocorrer efetivamente o ingresso da mercadoria no território brasileiro. Para fins de incidência do imposto de importação, a legislação considera ocorrido o fato gerador na data do registro, na repartição aduaneira, da Declaração de Importação (art. 23 do Decreto-Lei nº 37/1966). Esse registro ocorre naturalmente bem depois de ter o importador contratado com o exportador a venda da mercadoria, ou de ter ocorrido o embarque das mercadorias num porto estrangeiro.

Aplicando-se a regra do art. 105 do CTN ao caso do imposto de importação, pode-se dizer que o fato gerador estará *pendente* até que ocorra o registro, na repartição aduaneira, da Declaração de Importação, após o que o fato gerador se reputará *ocorrido*. O que determina o art. 105 é que, caso a legislação majore a alíquota do imposto de importação, essa alíquota majorada poderá ser aplicada aos fatos geradores *pendentes*, ou seja, aos casos em que já ocorreram algumas etapas da importação, mas não o registro da Declaração de Importação.

Consideramos que o mais correto, no exemplo dado anteriormente, seria simplesmente asseverar que o fato gerador não ocorre até que se registre a Declaração de Importação.[1251] Dizer que o fato gerador se encontra *pendente* não reflete exatamente a realidade normativa do imposto de importação. Contudo, como em ambas as interpretações a consequência é a mesma – a possibilidade de se aplicar a legislação que entrou em vigor antes do registro da Declaração de Importação –, o problema acaba sendo de ordem menor.

---

[1251] Neste sentido, cf. STF, RE nº 225.602, Relator Ministro Carlos Velloso, *DJ*, 25 nov. 1998.

Problema de grandes proporções é, contudo, a busca de respaldo normativo no art. 105 do CTN para validar a abominável aplicação de leis que majoram o imposto sobre a renda sobre os fatos geradores relativos ao mesmo ano-base em que se deu sua publicação. A interpretação insidiosa do art. 105 constrói a falácia de que, em impostos cujo fato gerador se perfaz ao longo de dado período de tempo (como o ano-calendário em relação ao imposto sobre a renda das pessoas físicas, por exemplo), lei publicada até o último dia do período poderia promover majorações do imposto em relação ao próprio período em curso, pois o fato gerador ainda estaria *pendente* de ocorrer. Esse raciocínio, fortemente contestado pela doutrina, está por detrás da famigerada Súmula nº 584 do STF, finalmente cancelada pelo STF em 2020, no julgamento do RE nº 159.180,[1252] detalhadamente explicada e criticada neste *Curso* (*vide* item 2.4.5 do Capítulo 2, Título II, da 2ª Parte).

## 1.5.2 Aplicação retroativa da lei sancionadora mais benigna (art. 106, II, do CTN)

O art. 106 do CTN estabelece dois casos excepcionais de aplicação retroativa da lei tributária, *verbis*:

> Art. 106. A lei aplica-se a ato ou fato pretérito:
> 
> I - em qualquer caso, quando seja expressamente interpretativa, excluída a aplicação de penalidade à infração dos dispositivos interpretados;
> 
> II - tratando-se de ato não definitivamente julgado:
> 
> a) quando deixe de defini-lo como infração;
> 
> b) quando deixe de tratá-lo como contrário a qualquer exigência de ação ou omissão, desde que não tenha sido fraudulento e não tenha implicado em falta de pagamento de tributo;
> 
> c) quando lhe comine penalidade menos severa que a prevista na lei vigente ao tempo da sua prática.

Um dos casos não é propriamente de retroatividade da lei tributária, mas sim de retroatividade da lei sancionadora mais benigna ao acusado. Com efeito, no inc. II do art. 106 se regula a situação em que uma norma sancionadora é modificada no sentido de deixar de definir determinada conduta como infração (alínea "a"), ou então no sentido de lhe cominar sanção mais branda (alínea "c"). Em ambos os casos, se a modificação normativa ocorre quando o acusado ainda está impugnando (em juízo ou perante os órgãos administrativos) a aplicação da medida punitiva, então se deve aplicar retroativamente a norma sancionadora mais benigna.

A alínea "b" do inc. II do art. 106 do CTN estabelece uma norma que parece incompatível com a norma da alínea "a" do mesmo inciso. Ambas se referem à

---

[1252] STF, RE nº 159.180, Redator do Acórdão Ministro Alexandre de Moraes, DJ 17 ago. 2020.

situação em que determinada conduta deixa de ser considerada como infração, mas a alínea "b" condiciona a retroatividade da lei mais benigna a que a conduta não tenha sido fraudulenta nem tenha implicado falta de pagamento de tributo, ao passo que a alínea "a" não estabelece qualquer condição para a retroatividade. Uma possível tentativa de compatibilizar as duas normas é entender que a alínea "a" se refere a uma conduta que configurava infração à obrigação tributária principal, ao passo que a alínea "b" se refere a uma conduta que configurava infração a uma obrigação tributária acessória.

Advirta-se que o caso regulado no art. 106, II, do CTN nada tem a ver com a situação em que a lei deixa de considerar determinada conduta como fato gerador de um tributo, ou então lhe reduz a alíquota ou a base de cálculo. Nesses casos, não se trata de modificação benigna de direito sancionador e sim de modificação benigna da norma de incidência tributária, não se podendo pleitear a aplicação retroativa da lei a menos que essa aplicação retroativa seja determinada pela própria lei.

### 1.5.3 Aplicação retroativa de *lei expressamente interpretativa* (art. 106, I, do CTN) e o caso da LC nº 118/2005[1253]

O outro caso de aplicação retroativa da lei tributária previsto no art. 106 do CTN é o da lei *expressamente interpretativa* (art. 106, I).

A chamada interpretação autêntica é aquela realizada pelo próprio legislador por meio de ato legislativo em sentido formal, instituto antigo e bem conhecido pela doutrina brasileira.[1254] Contudo, não há, nem na Parte Geral do Código Civil nem na Lei de Introdução às Normas do Direito Brasileiro, regulamentação específica do tema. O único exemplo de positivação das chamadas leis interpretativas é o do art. 106, I, do CTN, que dispõe que "a lei aplica-se a ato ou fato pretérito em qualquer caso, quando seja expressamente interpretativa, excluída a aplicação de penalidade à infração dos dispositivos interpretados".

O que seria uma "lei expressamente interpretativa"? Parece-nos que se trata de uma lei que fixa ou elege *uma* entre as possíveis interpretações que defluem do texto de uma lei pretérita. O legislador, percebendo que editou lei propiciadora de mais de uma interpretação possível, decide editar outra lei, fixando desde logo uma entre as possíveis interpretações a que poderiam finalmente chegar os tribunais; dessa forma, o legislador reduz a incerteza e a insegurança causadas pela lei primeira. O advérbio "expressamente" indica que a lei em questão deve indicar explicitamente seu propósito de interpretar lei anterior, valendo a advertência de Baleeiro no sentido de que não há necessidade de a lei utilizar especificamente a expressão "expressamente

---

[1253] A presente seção se baseia nos seguintes estudos: GODOI, Marciano Seabra de. A Lei Complementar nº 118/05 e o polêmico conceito de "Lei expressamente interpretativa" no direito tributário brasileiro. *Revista Fórum de Direito Tributário*, Belo Horizonte, ano 3, n. 15, p. 75-86, maio/jun. 2005 e GODOI, Marciano Seabra de. *Crítica à jurisprudência atual do STF em matéria tributária*. São Paulo: Dialética, 2011. p. 191-207.

[1254] *Vide* MAXIMILIANO, Carlos. *Hermenêutica e aplicação do direito*. 16. ed. Rio de Janeiro: Forense, 1997. p. 87-95.

interpretativa", bastando que se reporte aos dispositivos interpretados e lhes defina o sentido e alcance.[1255]

Figuremos um exemplo. O legislador cria um novo tributo, e estabelece na lei de instituição dois regimes de apuração, arrolando as atividades econômicas sujeitas a um e a outro regime. Contudo, após alguns meses de vigência da lei, percebe-se que há uma *dúvida fundada* a respeito do enquadramento de dada atividade econômica, ou a respeito da extensão de um conceito indeterminado constante da lei originária. Aplicando-se com rigor os diversos métodos de interpretação jurídica, ainda assim remanesceriam duas interpretações possíveis e razoáveis da lei instituidora da exação. Se nada fizesse o legislador, os tribunais chegariam, ao cabo de vários anos, talvez décadas, a uma solução. Mas, até lá, um elevado grau de incerteza e insegurança atormentaria os contribuintes e o fisco. A solução da lei interpretativa se insere nesse contexto, sendo que o CTN teve o bom senso de reconhecer que, não obstante a lei interpretativa se aplique retroativamente desde a edição da lei interpretada, está vedada a imposição de sanções à infração dos dispositivos interpretados.

Alguns doutrinadores manifestam clara oposição ao instituto da lei interpretativa. Os argumentos são tanto lógico-conceituais como relativos ao direito constitucional positivo. Luciano Amaro defende que a lei interpretativa, de um ponto de vista lógico, seria *inútil*: "ou ela *inova* o direito anterior (e, por isso é retroativa com as consequências daí decorrentes), ou ela se limita a *repetir* o que já dizia a lei anterior [...]".[1256]

Carlos Maximiliano chega a defender abertamente a *inconstitucionalidade* das leis interpretativas, que segundo ele afrontariam o princípio da divisão dos poderes.[1257]

Quanto ao argumento lógico-conceitual oposto às leis interpretativas ("ou inovam ou repetem"), este se baseia na premissa de que as normas postas pelo legislador permitem uma – e *somente uma* – interpretação *correta*. Partindo dessa premissa, as leis interpretativas realmente estariam fadadas a ser em verdade *leis novas* (se se apartassem da única interpretação correta) ou *leis inócuas* ou *excrescentes* (se se limitassem a repetir a única interpretação correta).

Mas essa premissa não é verdadeira. As normas jurídicas, vertidas em linguagens naturais repletas de termos vagos e ambíguos, não raro permitem mais de uma interpretação razoável, nenhuma delas podendo ser taxada de errônea ou equivocada. O próprio Luciano Amaro, ao comentar o art. 146 do CTN, admite a existência de situações em que o fisco migra de um critério legalmente válido para outro também legítimo.[1258] Nessas situações em que a aplicação rigorosa dos métodos hermenêuticos não basta para eleger uma e somente uma interpretação razoável ou correta, é possível que o legislador decida editar lei interpretativa adotando uma das possíveis linhas de interpretação.

---

[1255] Cf. BALEEIRO, Aliomar. *Direito tributário brasileiro*. 11. ed. atual. por Misabel Abreu Machado Derzi. Rio de Janeiro: Forense, 1999. p. 670.

[1256] AMARO, Luciano. *Direito tributário brasileiro*. 14. ed. São Paulo: Saraiva, 2008. p. 201. O autor cita diversos outros doutrinadores que pensam da mesma forma.

[1257] MAXIMILIANO, Carlos. *Hermenêutica e aplicação do direito*. 16. ed. Rio de Janeiro: Forense, 1997. p. 93.

[1258] AMARO, Luciano. *Direito tributário brasileiro*. 14. ed. São Paulo: Saraiva, 2008. p. 356.

Quanto ao argumento de inconstitucionalidade, seus adeptos pintam um quadro com cores muito mais fortes do que realmente são. Certamente seria inconstitucional, nos dias atuais, a concepção já prevalente no direito romano e mesmo no direito francês posterior à Revolução de 1789 (Escola da Exegese), segundo a qual se desconfiava dos doutrinadores e dos juízes, e se reservava somente ao legislador a tarefa de interpretar as leis. A própria Constituição imperial de 1824 determinava ser da competência do Legislativo (e não do Judiciário) "fazer leis, *interpretá-las*, suspendê-las e revogá-las" (art. 15, VIII).

Mas no quadro de um Estado Democrático de Direito, a pura e simples possibilidade de o legislador editar leis interpretativas não implica o fato de que a tarefa de interpretar esteja sendo em parte *subtraída* do Poder Judiciário. Mesmo porque a lei interpretativa submete-se integralmente ao crivo dos tribunais, que decidirão soberanamente se se trata realmente de uma lei *interpretativa* ou não. Concluindo o Poder Judiciário que a lei posterior trouxe em seu bojo uma interpretação que não cabe na *moldura interpretativa* da lei anterior, ou que a lei posterior se desvia da clara e inequívoca solução hermenêutica que emana da lei anterior, naturalmente se negará à *pretensa* lei interpretativa o dom da retroatividade. Essa será tida como lei nova, e como tal será tratada.

No julgamento da Medida Cautelar na ADI nº 605,[1259] o Supremo Tribunal Federal decidiu que o ordenamento constitucional brasileiro admite a possibilidade de edição de leis interpretativas de caráter retroativo, visto que o fato de o Poder Judiciário ser o intérprete natural e soberano das leis não retira do Poder Legislativo a potestade de manifestar-se (em situações certamente eventuais e esparsas) sobre o alcance e a extensão das normas legais. Vale dizer: admitir a constitucionalidade do art. 106, I, do CTN não significa reconhecer qualquer *imunidade* à lei interpretativa. Cabe ao Poder Judiciário – e somente a ele – decidir se o Poder Legislativo editou uma *verdadeira* lei interpretativa e se esta poderá ou não se aplicar retroativamente.

Vejamos agora o caso da LC nº 118/2005, sua tentativa de introduzir no ordenamento, com efeitos retroativos, uma norma expressamente interpretativa, e a solução final dada ao caso pelo Poder Judiciário.

A legislação da maioria dos impostos e contribuições atualmente em vigor exige que o próprio sujeito passivo apure o valor do tributo devido e o recolha aos cofres públicos, sem qualquer manifestação prévia da Administração. O CTN, no *caput* do seu art. 150, chama tal regime de "lançamento por homologação", que se perfaz pelo ato em que a autoridade administrativa, "tomando conhecimento da atividade assim exercida pelo obrigado [antecipação do pagamento], expressamente a homologa". Aduz o §4º do referido art. 150 que o prazo para a homologação é de cinco anos, a contar do fato gerador, e que após esse prazo se opera a homologação tácita, considerando-se "definitivamente extinto" o crédito tributário, salvo se comprovada a ocorrência de dolo, fraude ou simulação.

---

[1259] STF, ADI nº 605, Relator Ministro Celso de Mello, *DJ*, 5 mar. 1993.

De outra parte, o art. 168, I, do CTN determina que, no caso de haver cobrança ou pagamento de tributo a maior (por erro do contribuinte ou não), o prazo para pleitear a restituição do indébito é de cinco anos, contados "da data da extinção do crédito tributário".

A aplicação do art. 168, I, do CTN aos casos de pagamento a maior de tributos com lançamento por homologação não parecia deixar dúvidas de que o prazo de 5 anos se inicia da data do *pagamento*, momento em que se dá a extinção do crédito tributário, prevista no art. 156, I, do CTN. Mas a Primeira Seção do Superior Tribunal de Justiça, a partir de 1995, firmou o entendimento de que, nos tributos lançados por homologação, a extinção do crédito tributário que dá início ao prazo do art. 168, I, somente ocorre após a homologação expressa ou tácita a ser exercida pelo fisco, nos termos do art. 150, §4º, do CTN. Ou seja, o STJ decidiu vincular o início do prazo do art. 168, I (prazo de *prescrição* para o contribuinte requerer a repetição do que pagou indevidamente ou a maior) ao término do prazo do art. 150, §4º, do CTN (prazo de *decadência* para o fisco exigir de ofício, do contribuinte, o que esse teria deixado de recolher ou teria recolhido a menor).

Ainda que se possa criticar a tese que ficou conhecida como dos *cinco mais cinco*, este entendimento correspondeu à interpretação oficial do órgão a quem cabe a última palavra em termos de interpretação do CTN, tendo em vista que a Constituição de 1988 outorga ao STJ a competência para uniformizar a interpretação da legislação federal, nos termos do seu art. 105, III.

Diante desse quadro, o art. 3º da LC nº 118 foi concebido para constituir aquilo que o art. 106, I, do CTN denomina de lei *expressamente interpretativa*, a qual se pode aplicar retroativamente. Por isso o art. 4º da LC nº 118 dispôs que, para a aplicação do art. 3º, seria "observado" o disposto no art. 106, I, do CTN.

Mas o que fez o art. 3º da LC nº 118 foi *superar* ou *reverter* um entendimento já consolidado havia uma década no seio do tribunal responsável pela última palavra a respeito da interpretação do CTN. De forma oposta ao entendimento consolidado no STJ, o art. 3º da LC nº 118 determinou que a extinção do crédito que marca o início do prazo de cinco anos do art. 168, I, "ocorre, no caso de tributo sujeito a lançamento por homologação, no momento do pagamento antecipado de que trata o §1º do art. 150 da referida Lei". E o art. 4º da LC nº 118 determinou que, na aplicação do art. 3º da mesma lei, seria observado o disposto no art. 106, I, do CTN, ou seja, o caráter retroativo.

Ocorre que a lei interpretativa não se presta a que o legislador reverta ou supere, com efeitos retroativos, entendimentos já consolidados nos tribunais a quem compete a interpretação dos dispositivos legais. Utilizada com esse viés, a lei interpretativa passa a ser um instrumento autoritário que abala a segurança jurídica e as estruturas do princípio da separação e harmonia entre os poderes.

Não se nega a legitimidade de o legislador reverter determinada linha interpretativa dos tribunais. Portanto, nada impedia que a LC nº 118 alterasse o CTN e determinasse que o prazo para repetição do indébito tributário passaria a ser de cinco anos do pagamento antecipado, e não de dez anos após o fato gerador do tributo. Mas essa iniciativa nunca poderia ter sido implementada buscando-se amparo no art. 106, I, do CTN, para operar retroativamente.

No julgamento do incidente de inconstitucionalidade ocorrido no STJ em 2007,[1260] todos os ministros da Corte Especial declararam a inconstitucionalidade da aplicação retroativa do art. 3º da LC nº 118.

Diante desse quadro, não se esperava que no STF a tese da constitucionalidade da aplicação retroativa do art. 3º da LC nº 118 fosse angariar apoios. Mas angariou o apoio de nada menos do que quatro dos dez ministros que votaram no julgamento do RE nº 566.621.[1261]

A corrente liderada pela relatora, Ministra Ellen Gracie, asseverou – a nosso ver corretamente – que a interpretação autêntica e as leis interpretativas são válidas, mas absolutamente excepcionais, em nosso ordenamento jurídico. Em segundo lugar, reconheceu-se que cabe ao STJ a uniformização da interpretação da legislação federal, e que à época da edição da LC nº 118 a jurisprudência deste tribunal estava consolidada no sentido da tese dos cinco mais cinco, não podendo, portanto, ser tida como *interpretativa* – e sim como *inovadora* – a norma do art. 3º da LC nº 118.

A corrente em sentido contrário, aceitando a constitucionalidade do efeito retroativo da LC nº 118, foi liderada pelo voto do Ministro Marco Aurélio, que reconheceu que havia sim jurisprudência consolidada no STJ e que a LC nº 118 foi uma forma de o Executivo afastar do cenário jurídico a jurisprudência daquele tribunal, "não interpondo em si um recurso", mas sim "buscando a solução no Congresso Nacional". O Ministro Marco Aurélio admitiu o caráter retroativo da LC nº 118 como uma forma de "corrigir" o erro interpretativo que, influenciado pela "inteligência" dos "criativos advogados tributaristas", o STJ teria perpetrado quanto à interpretação da legislação federal.[1262]

## 1.6 Interpretação e integração do direito e da legislação tributária[1263]

### 1.6.1 Em que consiste o ato de interpretar e aplicar o direito?

A formulação linguística presente nos textos da legislação não significa de modo algum que a norma jurídica esteja *dada* e caiba ao intérprete somente *cumpri-la fielmente*. O texto escrito (e suas possibilidades semânticas) permite tão somente uma aproximação inicial do intérprete ao conteúdo da norma, funcionando como uma espécie de demarcação inicial do terreno no qual os argumentos interpretativos haverão de se contrapor. Mesmo que o seu texto escrito seja claro e sem ambiguidades, o

---

[1260] STJ, AI no EREsp nº 644.736, Relator Ministro Teori Zavascki, *DJ*, 27 ago. 2007.

[1261] STF, RE nº 566.621, Relatora Ministra Ellen Gracie, *DJ*, 11 out. 2011.

[1262] Para uma crítica aos fundamentos dos votos de ambas as correntes de entendimento, cf. GODOI, Marciano Seabra de. *Crítica à jurisprudência atual do STF em matéria tributária*. São Paulo: Dialética, 2011. p. 191-207.

[1263] A presente seção corresponde a uma síntese do estudo anterior GODOI, Marciano Seabra de. Interpretação do direito tributário. *In*: ROCHA, Sergio André (Coord.). *Curso de direito tributário*. São Paulo: Quartier Latin, 2012.

conteúdo da norma somente será fixado paulatinamente, à medida que a realidade se descortinar diante do intérprete.

Se a norma jurídica se destina a ordenar e a coordenar a realidade social (e não a render ensejo para que os doutrinadores exercitem sua cultura jurídica), somente com o desenrolar (de difícil previsibilidade) dessa realidade social é que o conteúdo da norma irá se desenhando – daí não existir *interpretação* sem *aplicação* do direito. Do lado dos intérpretes, que somente desvelam a norma à medida que são chamados a aplicá-la sobre casos concretos, sua contraposição de argumentos interpretativos supõe frequentemente o manejo de convicções valorativas mais profundas e a realização de constatações fáticas e empíricas que nem sempre são objeto de normas jurídicas.

Há noções doutrinárias sobre interpretação jurídica que conseguem captar em grande medida o que ocorre *de fato* nos tribunais, nas academias, nos escritórios de advocacia. É o caso da afirmativa de Karl Larenz de que interpretar é uma atividade mediadora pela qual o intérprete procura *compreender* o sentido de um texto que se lhe converteu *problemático*, sendo que nessa procura o intérprete deve identificar circunstâncias *hermeneuticamente relevantes* que serão utilizadas como *indícios* tendo em vista chegar ao significado que *aqui e agora* se mostra – não como o *logicamente vinculante* – mas como *o mais pertinente* entre outros significados *possíveis*.[1264]

Mas uma parte da doutrina, notadamente da doutrina do direito tributário, insiste em ignorar o *mundo real da jurisprudência* e se aferra a uma noção bem diferente sobre o que significa a interpretação do direito. Alfredo Augusto Becker publicou dois livros nos quais o tema da interpretação da norma jurídica ocupa lugar de destaque.[1265] A visão do autor sobre o direito e sobre a natureza do ato da interpretação jurídica é a seguinte:

> A interpretação das leis é uma ciência que – a rigor e a final – se reduz a alguns poucos princípios. Devemos redescobri-los. Embora pareça contraditório, as diversas teorias hermenêuticas [...] são evasivas que o intérprete adota por preguiça de encontrar e aplicar aquelas poucas e simples regras da ciência da interpretação jurídica. Em lugar dessas regras (que o intérprete ignora ou despreza) ele inventa teorias complicadas e métodos confusos, tudo para "justificar" a sua preguiça intelectual de – com paciência e objetividade – apreender e aplicar aquelas poucas e simples regras de hermenêutica jurídica.[1266]

É de um simplismo assustador afirmar que a interpretação das leis se reduz a "alguns poucos princípios" que a "ciência" deveria "redescobrir", e que as principais teorias hermenêuticas que marcaram o século XX seriam simplesmente "desculpas"

---

[1264] LARENZ, Karl. *Metodología de la ciencia del derecho*. Tradução de Marcelino Rodríguez Molinero da última edição alemã de 1991. Barcelona: Ariel, 1994. p. 192-193.
[1265] BECKER, Alfredo Augusto. *Teoria geral do direito tributário*. 2. ed. São Paulo: Saraiva, 1972 e BECKER, Alfredo Augusto. *Carnaval tributário*. 2. ed. São Paulo: Lejus, 1999.
[1266] BECKER, Alfredo Augusto. *Carnaval tributário*. 2. ed. São Paulo: Lejus, 1999. p. 107.

derivadas da "preguiça" de seus autores. A visão ingenuamente simplificadora do direito fica ainda mais clara no seguinte excerto:

> Para o *juiz a lei é um fato essencialmente* imutável *(salvo pelo advento de uma nova lei) e que só admite uma única interpretação* [...]. Infelizmente muitos juízes interpretam a lei imersos na confusão da atitude mental *política* com a atitude mental jurídica. Nesse caso, *o juiz imagina estar interpretando a lei, quando, na verdade, está fazendo política* [...]. O juiz confundiu o poder de fazer ou refazer a lei com o poder de aplicá-la.[1267] (Grifos nossos)

Nessa visão incrivelmente irreal, "a lei impõe a todos e particularmente ao juiz um modo determinado e único de pensar e é precisamente o modo indicado pelo legislador".[1268] É preciso fechar os olhos para o que se passa nos tribunais, nos seminários, nas salas de aula, nos escritórios de advocacia, para insistir nessa visão da interpretação jurídica como uma "ciência" que permite ao intérprete "descobrir" o "único" e "imutável" sentido da norma, como se a norma jurídica fosse um dado objetivo, que caberia ao intérprete-cientista simplesmente *observar*, de forma neutra e imparcial.

No modelo de Becker, a interpretação deve ser algo *passivo* (o juiz deve ser apolítico e amoral, já que seu papel não é "refazer a lei" e sim interpretá-la), *neutro* e *objetivo*, pois na verdade a incidência da norma seria "infalível" ou "automática", e, portanto, para o autor é a rigor equivocado afirmar que o juiz "aplica" a norma: "é errado dizer que o Órgão Judiciário 'aplica' a lei. O Órgão Judiciário investiga se houve (ou não) a incidência da regra jurídica e analisa (esclarece) os efeitos jurídicos dela decorrentes [...]".[1269]

A metáfora que o autor encontrou para explicar a incidência das normas jurídicas é extremamente sintomática do carregado cientificismo que preside toda a sua obra: "A *juridicidade* tem grande analogia com a *energia* eletromagnética e a *incidência* da regra jurídica projeta-se e atua com automatismo, instantaneidade e efeitos muito semelhantes a uma *descarga* eletromagnética".[1270]

Se a incidência das normas jurídicas pode ser comparada com uma descarga eletromagnética, o estudo das normas (como o das leis da física) deve ser feito independentemente da realidade específica de cada ordenamento jurídico. Daí Becker reconhecer que sua obra "não comenta nem analisa nenhuma legislação [muito menos a jurisprudência]. Apenas ensina o seu leitor a pensar e, depois, por si mesmo, resolver o seu problema jurídico resultante de qualquer lei tributária", "independente do tempo e lugar", "anterior ou posterior ao livro".[1271] Ou seja, da mesma forma que um físico conhece a infalibilidade de uma lei gravitacional que

---

[1267] BECKER, Alfredo Augusto. *Carnaval tributário*. 2. ed. São Paulo: Lejus, 1999. p. 98.

[1268] BECKER, Alfredo Augusto. *Carnaval tributário*. 2. ed. São Paulo: Lejus, 1999. p. 99.

[1269] BECKER, Alfredo Augusto. *Teoria geral do direito tributário*. 2. ed. São Paulo: Saraiva, 1972. p. 281.

[1270] BECKER, Alfredo Augusto. *Teoria geral do direito tributário*. 2. ed. São Paulo: Saraiva, 1972. p. 278.

[1271] BECKER, Alfredo Augusto. *Carnaval tributário*. 2. ed. São Paulo: Lejus, 1999. p. 29.

tem eficácia tanto no Brasil quanto no Afeganistão, o jurista deve conhecer "qual é o único significado da linguagem jurídica"[1272] e para isso basta conhecer os "poucos princípios" da ciência interpretativa.

Ao contrário do que supõe o cientificismo de Becker, os advogados, juízes e ministros dos tribunais superiores não divergem entre si sobre o sentido de uma lei ou de um conjunto de leis porque são *preguiçosos*, ou porque *fingem aplicar o direito* quando na verdade estão *fazendo política*. Os intérpretes divergem entre si porque a interpretação jurídica é uma tarefa que não se pode cumprir sem uma considerável carga criativa,[1273] e sem que muito frequentemente entrem em ação determinadas convicções do intérprete (convicções que podem mudar com o passar do tempo e com a alteração do quadro político-institucional do país) sobre *o que é* e *quais são os fundamentos* dessa instituição social a que chamamos *direito*.

O mesmo ocorre com relação ao direito tributário, que no Brasil – muito mais do que em qualquer outro país – é *fortemente constitucionalizado*. Se um juiz considera que a principal função da forma atual de nosso Estado é, intervindo o menos possível na ordem social, promover segurança e certeza jurídicas para que as pessoas físicas e jurídicas possam exercer livremente sua autonomia privada desde que tal exercício não prejudique a autonomia dos demais cidadãos, então sua concepção sobre *o papel do tributo, do sistema tributário* e *da própria interpretação do direito tributário* será uma concepção bem distinta da de um juiz que considere que o paradigma atual de Estado exige a transformação das condições sociais de modo a que todos os cidadãos tenham uma liberdade o mais igual possível no que diz respeito ao nível de participação na definição dos rumos políticos da sociedade (autonomia pública) e uma igualdade equitativa de oportunidades para a busca e realização de seus projetos pessoais de vida (autonomia privada).

É claro que o ordenamento jurídico não é uma massa informe que possa ser livremente moldada pelas mãos de intérpretes que não foram eleitos pelo povo. O princípio democrático e a divisão dos poderes garantem que as decisões tomadas pelos legisladores das diversas entidades federativas condicionem em grande medida as interpretações que conformarão o conteúdo concreto das normas jurídicas do ordenamento. Mas é uma ilusão pensar que o direito já sai *pronto* dos corredores dos órgãos legislativos ou dos gabinetes dos órgãos executivos.

A história do direito começa bem antes desse momento canônico em que uma lei é sancionada ou um decreto é assinado, e continua por muito tempo depois, pelo tempo necessário para que a realidade social – de um lado – e a atividade valorativa dos intérpretes – de outro lado – conformem – e depois voltem a alterar uma e outra vez – o conteúdo concreto de cada norma jurídica.[1274] Para não perder o fio dessa meada, aquele que se propõe conhecer e ensinar o direito não pode tão somente estar a par do que se aprova nos parlamentos ou nos gabinetes. É necessário conhecer em

---

[1272] BECKER, Alfredo Augusto. *Carnaval tributário*. 2. ed. São Paulo: Lejus, 1999. p. 28.
[1273] Cf. ANDRADE, José Maria Arruda de. *Interpretação da norma tributária*. São Paulo: MP, 2006.
[1274] DWORKIN, Ronald. *Law's empire*. 9. ed. Cambridge: Harvard University Press, 1995. p. 349-50.

profundidade: a) os condicionamentos históricos e culturais da experiência jurídica concreta vivida em determinado país (daí ser muito mais verdadeiro ensinar o *direito tributário brasileiro* do que ensinar um direito tributário pretensamente universal); b) as relações fático-sociais relevantes para determinada regulação jurídica (é impossível compreender a complexa legislação do ICMS sobre combustíveis se não se entende a estrutura empresarial, logística e mercadológica do setor produtor e distribuidor de combustíveis) e c) a evolução jurisprudencial (nem sempre coerente e consciente de seu papel institucional) responsável por cristalizar o conteúdo das normas jurídicas.

Tudo isso indica que só conhece verdadeiramente um ordenamento jurídico quem se coloca na perspectiva de um participante de tal ordenamento, o que demonstra a completa ingenuidade de crer – como parece ter sido o caso de Becker e outros positivistas – que a interpretação jurídica se resolve numa simples questão de haurir conhecimentos numa *belíssima teoria geral* (conhecedora dos *poucos e simples* fundamentos da *verdadeira ciência do direito*), que apesar de não "comentar nem analisar nenhuma legislação", seria capaz de "ensinar o intérprete a pensar" e, "depois, por si mesmo, resolver o seu problema jurídico resultante de qualquer lei tributária, independente do tempo e lugar".

## 1.6.2 O direito tributário deve ser interpretado como qualquer outro ramo do direito?

Durante muitos séculos o tributo significou de fato e de direito um autêntico jugo social, um agravo à liberdade de quem o pagava, uma degradação da cidadania de quem o devia.[1275] Até o estabelecimento, a partir de fins do século XVIII, do chamado *Estado Fiscal*, o tributo era algo *excepcional* em dois sentidos: no sentido de que não era a forma comum e ordinária de ingresso e financiamento público e no sentido de que era percebido como uma exceção à regra de que a norma jurídica se inspira em princípios gerais tidos como justos na consciência coletiva de um povo, e não em puras razões de conveniência dos governantes.[1276] Esse caráter odioso que era imputado ao tributo explica o famoso adágio de Modestino contido no *Digesto*: "entendo que não cometeria qualquer falta quem, em questões duvidosas, respondesse categoricamente contra o fisco".[1277]

Inclusive no século XIX, já em pleno Estado Fiscal, ainda prevalecia a opinião doutrinária e jurisprudencial de que, dado o caráter restritivo e odioso do tributo, as normas de incidência tributária deveriam ser interpretadas de maneira literal e, na dúvida, sempre a favor do contribuinte.[1278]

---

[1275] Cf. SAINZ DE BUJANDA, Fernando. *Hacienda y derecho*. Madrid: Instituto de Estudios Políticos, 1975. v. 1. p. 119-463.
[1276] Cf. VANONI, Ezio. *Naturaleza e interpretación de las leyes tributarias*. Madrid: Instituto de Estudios Fiscales, 1973. p. 29-30.
[1277] Cf. FALCÃO, Amílcar de Araújo. *Introdução ao direito tributário*. 4. ed. Rio de Janeiro: Forense, 1993. p. 64.
[1278] Cf. BERLIRI, Antonio. *Principios de derecho tributário*. Madrid: Editorial de Derecho Financiero, 1964. v. 1. p. 96.

A partir do século XX, o direito tributário perdeu a pecha de *excepcional* e passou a ser considerado um *direito comum, ordinário*, que não demanda métodos especiais para sua interpretação. A doutrina brasileira do direito tributário, sendo toda ela produzida a partir da segunda metade do século XX, nunca pôs em questão esse caráter ordinário e comum do direito tributário, não obstante alguns autores adotarem ainda hoje posturas muito parecidas com as que, no século passado, consideravam *odioso* e *restritivo de direitos* o dever de pagar impostos.[1279]

Sobre a superação do caráter restritivo e odioso do direito tributário, são expressivas as palavras do pioneiro Rubens Gomes de Sousa, para quem "a tributação deixa de ser uma limitação da propriedade e dos direitos dela decorrentes, para ser apenas uma condição de seu exercício, imposta pelo interesse coletivo". Sua conclusão é a seguinte:

> o direito tributário não é excepcional, justamente porque corresponde à consciência coletiva: se esta considera necessária a existência do Estado, tem de admitir também a necessidade dos tributos, porque o Estado precisa de meios financeiros para realizar seus fins; logo, *o direito tributário é direito comum*.[1280]

## 1.6.3 Análise das normas do CTN sobre interpretação e integração do direito tributário – Arts. 108 a 112[1281]

A maioria da doutrina brasileira se manifesta criticamente contra as normas do CTN que, nos arts. 107 a 112, buscaram disciplinar a interpretação e a integração da legislação tributária.[1282] É curioso que, apenas cinco anos após a promulgação do CTN, ninguém menos que Rubens Gomes de Sousa (grande artífice intelectual do Código) tenha vindo confessar publicamente que sua postura quanto às normas de interpretação contidas no CTN era "nitidamente crítica", inclusive apontando a necessidade de sua revisão.[1283]

O art. 107 do CTN afirma que "a legislação tributária será interpretada conforme o disposto neste Capítulo". Na redação original do projeto de Rubens Gomes de Sousa (art. 73) constava um dispositivo bem diferente: "na aplicação da legislação tributária, são admissíveis quaisquer métodos ou processos de interpretação". A redação definitiva, como se vê, buscou dar um tom mais rígido e determinado para o tema.

---

[1279] Cf. MARTINS, Ives Gandra da Silva. *Teoria da imposição tributária*. 2. ed. São Paulo: LTr, 1998.

[1280] SOUSA, Rubens Gomes de. *Compêndio de legislação tributária*. São Paulo: Resenha Tributária, 1975. p. 55-56.

[1281] Sobre esse tema, *vide* GODOI, Marciano Seabra de; SALIBA, Luciana Goulart Ferreira. Interpretação e aplicação da lei tributária. *In*: MACHADO, Hugo de Brito (Coord.). *Interpretação e aplicação da lei tributária*. São Paulo: Dialética, 2010.

[1282] Cf. TORRES, Ricardo Lobo. *Normas de interpretação e integração do direito tributário*. 4. ed. Rio de Janeiro: Renovar, 2006.

[1283] SOUSA, Rubens Gomes de. Normas de interpretação no Código Tributário Nacional. *In*: ATALIBA, Geraldo et al. (Coord.). *Interpretação no direito tributário*. São Paulo: Saraiva, Educ, 1975. p. 362.

## 1.6.3.1 Art. 108

Vejamos agora o tema da integração e sua regulação no art. 108 do CTN, cuja redação é a seguinte:

> Art. 108. Na ausência de disposição expressa, a autoridade competente para aplicar a legislação tributária utilizará sucessivamente, na ordem indicada:
> I - a analogia;
> II - os princípios gerais de direito tributário;
> III - os princípios gerais de direito público;
> IV - a equidade.
> §1º O emprego da analogia não poderá resultar na exigência de tributo não previsto em lei.
> §2º O emprego da equidade não poderá resultar na dispensa do pagamento de tributo devido.

No projeto de Gomes de Sousa, percebia-se nitidamente que, enquanto o art. 73 (correspondente ao atual art. 107 do CTN) disciplinava os "métodos ou processos de interpretação" a serem usados na "aplicação da legislação tributária", o art. 75 (correspondente ao atual art. 108 do CTN) disciplinava os "métodos ou processos supletivos de interpretação" a serem utilizados na *integração* da legislação tributária.

Como na redação definitiva do art. 107 do CTN não se fez referência à questão dos métodos de interpretação da legislação tributária (afirmando-se simplesmente que "a legislação tributária será interpretada conforme o disposto neste Capítulo"), soa um tanto estranho o legislador disciplinar os métodos de *integração* (art. 108), sem, contudo, disciplinar os próprios métodos de *interpretação* (art. 107).

Baleeiro tem uma compreensão muito peculiar deste art. 108.[1284] Em primeiro lugar, supõe que neste dispositivo esteja uma hierarquia de "regras de interpretação", quando na verdade o art. 108 se refere ao problema mais específico da *integração* da legislação tributária, daí eleger como primeiro "método supletivo" (expressão do projeto) exatamente a analogia.

Em segundo lugar, Baleeiro afirma que o art. 108 "parece" alcançar somente os "agentes do Fisco", mas o autor não desenvolve essa ideia. O projeto (art. 75) se referia à "autoridade administrativa ou judiciária competente" para a aplicação da legislação tributária, enquanto a redação final do Código empregou a expressão "autoridade competente para aplicar a legislação tributária". Portanto, o artigo se dirige também à autoridade judicial, tendo razão Luciano Amaro ao ponderar que "não faria sentido que o Fisco estivesse adstrito a aplicar a lei de uma maneira, e o contribuinte ou o juiz devesse (ou pudesse) aplicá-la de modo diverso".[1285]

---

[1284] BALEEIRO, Aliomar. *Direito tributário brasileiro*. 11. ed. atual. por Misabel Abreu Machado Derzi. Rio de Janeiro: Forense, 1999. p. 678.
[1285] AMARO, Luciano. *Direito tributário brasileiro*. 14. ed. São Paulo: Saraiva, 2008. p. 210.

Baleeiro[1286] e Rubens Gomes de Sousa[1287] sustentam uma posição pouco convincente, segundo a qual a ordem indicada no artigo seria taxativa, mas a primeira frase do artigo ("na ausência de disposição expressa") estaria a indicar que a lei (estadual, federal, municipal) poderia determinar uma ordem diferente de métodos. Parece-nos que a primeira frase do art. 108 se refere à ausência de uma norma regulando especificamente o caso concreto, e não à ausência de uma norma federal, estadual ou municipal que discipline os métodos de integração da lei tributária.[1288] De qualquer forma, a redação do art. 108 é criticável, pois a integração da legislação supõe a *ausência de norma para o caso concreto*, e não a ausência de *norma expressa*, pois a rigor o que é expresso ou implícito é o *texto*, e não a *norma* que se constrói a partir do texto.

A intenção do art. 108 do CTN é – nas palavras de Gomes de Sousa – "afastar o recurso a métodos ou processos de hermenêutica incompatíveis com a natureza e as finalidades próprias do direito tributário".[1289]

Numa atitude própria do positivismo, a gradação dos incisos vai da solução mais particular (a analogia *legis*) para a solução mais geral (princípios gerais de direito público e equidade). A analogia *legis* – a mais comum e conhecida, pois exige menos carga criativa por parte do aplicador – supõe que haja uma norma específica que regule um caso diferente, mas substancialmente análogo (com a mesma *ratio* ou razão regulatória), ao caso concreto posto diante do aplicador. Já a analogia *juris* supõe que haja várias normas regulando vários casos, e que dessa regulação complexa o aplicador possa retirar um *princípio geral* aplicável também ao caso concreto posto diante do aplicador.

Note-se que a gradação legal não menciona os princípios gerais de direito privado. Esses princípios gerais de direito privado são vetados pelo CTN como *métodos supletivos* para promover a *integração* da legislação tributária (art. 108, *a contrario sensu*) e como métodos de interpretação (fora do contexto da integração) das normas que tratam dos efeitos tributários dos atos praticados pelos contribuintes (art. 109, conforme será visto a seguir).

Quanto aos princípios gerais de direito tributário e de direito público (previstos nos incisos do art. 108), estes naturalmente não se prestam somente a iluminar o momento da *integração* da legislação tributária, agindo também no momento da interpretação da própria legislação tributária.

O art. 108, §1º, do CTN afirma que "o emprego da analogia não poderá resultar na exigência de tributo não previsto em lei", o que é uma reafirmação da regra constitucional da legalidade tributária.

---

[1286] BALEEIRO, Aliomar. *Direito tributário brasileiro*. 11. ed. atual. por Misabel Abreu Machado Derzi. Rio de Janeiro: Forense, 1999. p. 678.

[1287] SOUSA, Rubens Gomes de. Normas de interpretação no Código Tributário Nacional. *In*: ATALIBA, Geraldo et al. (Coord.). *Interpretação no direito tributário*. São Paulo: Saraiva, Educ, 1975. p. 376.

[1288] Neste mesmo sentido, AMARO, Luciano. *Direito tributário brasileiro*. 14. ed. São Paulo: Saraiva, 2008. p. 211.

[1289] BRASIL. Ministério da Fazenda. *Trabalhos da Comissão Especial do Código Tributário Nacional*. Rio de Janeiro: Ministério da Fazenda, 1954. p. 181-182.

Comentando o sentido da integração por analogia, Luciano Amaro afirma que para distingui-la da interpretação extensiva seria necessária "uma incursão pela mente do legislador [...] perquirir se o legislador 'pensou' ou não na hipótese, para, no primeiro caso, aplicar-se a interpretação extensiva, e, no segundo, a integração analógica".[1290] Essa *psicologização* da interpretação é não só desnecessária, como contribui para desvirtuar o sentido da atividade de interpretação jurídica, que é por natureza um ato criativo que se dirige a um objeto ou a uma manifestação objetiva[1291] e não se confunde com a interpretação conversacional.[1292]

Ainda que a diferença entre interpretação extensiva e analogia não seja tanto de natureza e sim de grau, a interpretação extensiva chega a um dos resultados possíveis da interpretação de uma norma, respeitando-se os limites do mínimo e do máximo sentido literal possível de seus termos em seu contexto próprio. Na interpretação extensiva, o intérprete chega à conclusão de que há norma para o caso concreto, ao passo que a analogia *legis* supõe que não há norma para o caso concreto (daí ser necessária a integração), ainda que tal ausência normativa seja contrária ao plano regulador ou a *ratio legis* da legislação existente.[1293]

Portanto, não cabe concluir, a partir do §1º do art. 108, que também a interpretação extensiva esteja vedada no que diz respeito à "definição das hipóteses de incidência do tributo". A ideia de que deve prevalecer a "interpretação estrita" dessas normas faz lembrar as concepções ultrapassadas do tributo como algo odioso e excepcional.

O art. 108, §2º, do CTN determina que "o emprego da equidade não poderá resultar na dispensa do pagamento de tributo devido", o que é – por assim dizer – o *reverso da medalha* da regra constitucional da legalidade tributária.

Luciano Amaro explica muito bem que a equidade vedada pelo §2º do art. 108 do CTN não se refere exatamente a uma ausência de norma (lacuna) que exija *integração*, e sim a uma situação em que o aplicador da lei – diante de uma norma de incidência tributária que considera injusta ou por demais rigorosa para o caso concreto – cria uma norma de exceção que exclui do âmbito de incidência da norma aquele caso concreto. *A contrario sensu* do que determina o §2º do art. 108, esse procedimento por equidade é permitido no que toca à matéria punitiva (infrações e sanções tributárias).[1294]

## 1.6.3.2 Art. 109

O art. 109 do CTN afirma que "os princípios gerais de direito privado utilizam-se para pesquisa da definição, do conteúdo e do alcance de seus institutos, conceitos e formas, mas não para definição dos respectivos efeitos tributários".

---

[1290] AMARO, Luciano. *Direito tributário brasileiro*. 14. ed. São Paulo: Saraiva, 2008. p. 212.
[1291] Cf. BETTI, Emilio. *Interpretação da lei e dos atos jurídicos*. São Paulo: Martins Fontes, 2007. p. XXXIII.
[1292] Cf. DWORKIN, Ronald. *Law's empire*. 9. ed. Cambridge: Harvard University Press, 1995. p. 52.
[1293] Cf. LARENZ, Karl. *Metodología de la ciencia del derecho*. Tradução de Marcelino Rodríguez Molinero da última edição alemã de 1991. Barcelona: Ariel, 1994. p. 360 *et seq.*
[1294] AMARO, Luciano. *Direito tributário brasileiro*. 14. ed. São Paulo: Saraiva, 2008. p. 216-217.

A interpretação desse dispositivo não é fácil. Ricardo Lobo Torres afirma que o dispositivo tem duas partes conflitantes entre si, a primeira parte valorizando a forma e o direito privado, a segunda parte valorizando a substância e o direito tributário.[1295] Rubens Gomes de Sousa, responsável pela paternidade intelectual do dispositivo, o interpreta de uma maneira extremamente confusa e pouco convincente.[1296]

A nosso ver, o art. 109 se destina a delimitar o papel que os princípios gerais de direito privado têm na interpretação da lei tributária. O que o dispositivo determina é que, caso a legislação tributária faça menção a conceitos, institutos e formas de direito privado (p. ex. salário, dividendo, residência, domicílio) e não pressuponha ou estabeleça uma conceituação própria desses institutos que seja distinta da conceituação oriunda do direito privado, o intérprete deve lançar mão dos princípios gerais de direito privado para verificar o alcance e o sentido desses institutos. Se a lei tributária lança uma exação sobre os contratos de *leasing*, sem transfigurar seu sentido oriundo do direito privado, e se num caso concreto se discute se o imposto é devido ou não exatamente porque se discute se ocorreu ou não o fato gerador, o intérprete da lei tributária então terá que recorrer aos princípios gerais de direito privado implícitos na legislação do *leasing* para verificar o verdadeiro alcance do instituto, e consequentemente decidir pela ocorrência ou não do fato gerador. Isso é o que se estatui na primeira parte do art. 109: "os princípios gerais de direito privado utilizam-se para pesquisa da definição, do conteúdo e do alcance de seus institutos e formas [...]". Na redação do projeto do CTN (art. 76), ficava mais claro o sentido dessa norma:

Os princípios gerais de direito privado constituem método ou processo supletivo de interpretação da legislação tributária unicamente para pesquisa da definição, conteúdo e alcance próprios dos conceitos, formas e institutos de direito privado a que faça referência aquela legislação [tributária] [...].

A segunda parte do art. 109 do CTN determina que o intérprete não use os princípios gerais de direito privado para interpretar a própria legislação que regule os efeitos ou as consequências tributárias da prática daqueles institutos, conceitos e formas de direito privado. Luciano Amaro exemplifica muito bem essa questão, ao afirmar que os princípios que informam a relação entre o consumidor e o fornecedor (contidos, por exemplo, no Código de Defesa do Consumidor) não podem ser usados para interpretar normas tributárias relativas às obrigações do fornecedor (enquanto contribuinte de algum tributo) para com o fisco. Da mesma forma, "o empregado,

---

[1295] TORRES, Ricardo Lobo. *Normas de interpretação e integração do direito tributário*. 4. ed. Rio de Janeiro: Renovar, 2006. p. 147.

[1296] "O conteúdo real deste dispositivo é, portanto, um mecanismo para permitir ao aplicador da lei contrariar as manobras de evasão, aplicando, aliás, a norma geral de direito processual, de que o juiz, quando se convença de que as partes instauraram o processo para obter resultado diverso daquele que aparece, dará sentença por forma que obste esse resultado, ou seja, ao abuso da lei" (SOUSA, Rubens Gomes de. Normas de interpretação no Código Tributário Nacional. *In*: ATALIBA, Geraldo *et al.* (Coord.). *Interpretação no direito tributário*. São Paulo: Saraiva, Educ, 1975. p. 378).

hipossuficiente na relação trabalhista, não pode invocar essa condição na relação tributária cujo polo passivo venha a ocupar".[1297]

Em resumo: se a legislação tributária não se refere a institutos e conceitos do direito privado ou a eles se refere transformando seu sentido "para fins de aplicação da legislação tributária" (expressão muito comum na legislação tributária), não cabe cogitar sobre a aplicação da primeira parte do art. 109 do CTN. Se a legislação tributária faz menção a um instituto do direito privado sem lhe especificar um sentido diferente, então o conceito deste instituto tal como configurado no direito privado será *determinante* para concluir se a lei tributária incidirá ou não, e os princípios gerais de direito privado podem ser utilizados para investigar se num caso concreto houve ou não a prática daquele instituto de direito privado.

Fora disso, fora dessa investigação sobre o alcance ou o conteúdo de um instituto do direito privado mencionado na legislação tributária, os princípios gerais de direito privado são irrelevantes em matéria tributária. Tal conclusão está em linha com o art. 108 do CTN, que não prevê em seus incisos ("processos supletivos de interpretação" na expressão do art. 75 do projeto) os princípios gerais de direito privado, daí o relatório de Gomes de Sousa ao Projeto de CTN afirmar que o art. 76 do projeto (atual art. 109) "completaria" a norma do art. 75 (atual art. 108).[1298]

### 1.6.3.3 Art. 110

O art. 110 do CTN dispõe:

> Art. 110. A lei tributária não pode alterar a definição, o conteúdo e o alcance de institutos, conceitos e formas de direito privado, utilizados, expressa ou implicitamente, pela Constituição Federal, pelas Constituições dos Estados, ou pelas Leis Orgânicas do Distrito Federal ou dos Municípios, para definir ou limitar competências tributárias.

Ao contrário do controverso art. 109, o art. 110 do CTN é quase sempre saudado e elogiado pela doutrina e pela jurisprudência. Pouquíssimos são os autores que o criticam.[1299]

Verifiquemos inicialmente o histórico da norma. No Anteprojeto de Gomes de Sousa ultimado em 1953, a regra do atual art. 110 do CTN não era prevista. Gilberto de Ulhôa Canto fez oficialmente a sugestão de determinar que a possibilidade de o legislador tributário alterar conceitos de direito privado não se aplica aos conceitos, formas e institutos de direito privado, utilizados expressa ou implicitamente na

---

[1297] AMARO, Luciano. *Direito tributário brasileiro*. 14. ed. São Paulo: Saraiva, 2008. p. 219.
[1298] BRASIL. Ministério da Fazenda. *Trabalhos da Comissão Especial do Código Tributário Nacional*. Rio de Janeiro: Ministério da Fazenda, 1954. p. 183.
[1299] *Vide* GUIMARÃES, Carlos da Rocha. Direito tributário: direito fiscal. *In*: SANTOS, João Manoel de Carvalho (Coord.). *Repertório enciclopédico do direito brasileiro*. Rio de Janeiro: Borsoi, [s.d.]. v. 18. p. 18-40 e TORRES, Ricardo Lobo. *Normas de interpretação e integração do direito tributário*. 4. ed. Rio de Janeiro: Renovar, 2006. p. 171-194.

Constituição Federal, para a definição da competência tributária, explicando que o objetivo da mudança era assegurar estabilidade aos conceitos de direito privado empregados na Constituição ao fixar competência tributária. Não fosse assim, a discriminação constitucional de rendas tributárias poderia "sofrer toda a sorte de golpes e deformações".[1300]

Ulhôa Canto advertia:

> Houve Estados que tentaram definir, para efeito de incidência do Imposto de Transmissão Imobiliária, navio como bem imóvel [...] Houve um Estado que há alguns anos atrás tentou definir como compra e venda, para efeito do mesmo Imposto de Transmissão Imobiliária, a locação de bem imóvel, quando feita por período superior a, digamos, vinte anos. É claro que essa norma não poderia prevalecer; e é isso que o art. 110 [do CTN] diz.[1301]

Levando em conta esse aspecto da questão, a norma do art. 110 do CTN mostra-se plenamente justificada e pode ser considerada uma decorrência lógica da rigidez constitucional que vigora em nosso ordenamento. Daí o Ministro Sepúlveda Pertence ter afirmado que o art. 110 do CTN está implícito na discriminação constitucional de competências tributárias e por isso tem valor meramente "expletivo ou didático",[1302] e daí o STJ inclusive considerar corretamente que "a violação ao art. 110 do CTN não pode ser analisada em sede de recurso especial, uma vez que tal dispositivo, sendo mera explicitação do princípio da supremacia da Carta Magna, possui nítida carga constitucional".[1303] Aliás, na década de 1970, o Ministro Luiz Gallotti afirmava[1304] que "se a lei pudesse chamar de compra o que não é compra, de importação o que não é importação, de renda o que não é renda, ruiria todo o sistema tributário inscrito na Constituição".

A crítica que Ricardo Lobo Torres dirige ao art. 110 do CTN é a de que o dispositivo induz a uma interpretação da Constituição que privilegia o método literal-sistemático em detrimento do método teleológico, inclusive em questões em que não está em risco a rigidez da discriminação constitucional de rendas entre os entes da Federação.[1305] Já Carlos da Rocha Guimarães critica o art. 110 argumentando que "como é a União quem legisla sobre direito privado, poderia ela, mudando os

---

[1300] BRASIL. Ministério da Fazenda. *Trabalhos da Comissão Especial do Código Tributário Nacional*. Rio de Janeiro: Ministério da Fazenda, 1954. p. 428.

[1301] CANTO, Gilberto de Ulhôa. Legislação tributária, sua vigência, sua eficácia, sua aplicação, interpretação e integração. *Revista Forense*, n. 267, 1979. p. 30.

[1302] STF, RE nº 116.121, Redator do Acórdão Ministro Marco Aurélio, *DJ*, 25 maio 2001.

[1303] STJ, REsp nº 550.099, Relator Ministro Castro Meira, *DJ*, 1º fev. 2006.

[1304] STF, RE nº 71.758, Relator Ministro Thompson Flores, *DJ*, 29 ago. 1973.

[1305] TORRES, Ricardo Lobo. *Normas de interpretação e integração do direito tributário*. 4. ed. Rio de Janeiro: Renovar, 2006. p. 171-194.

nomes dos institutos, alterar, a seu bel prazer, a competência privativa dos poderes locais, a qual de *privativa* só teria o nome".[1306]

A crítica de Ricardo Lobo Torres, pouco lembrada e discutida na doutrina, merece ser levada em conta. De fato, o art. 110 do CTN não estabelece um pretenso primado do direito privado sobre o direito tributário.[1307] Se se lê corretamente e até o fim o art. 110, vê-se que a simples referência do texto constitucional a uma expressão próxima da utilizada no direito privado não basta para que o intérprete conclua *necessariamente* que a norma constitucional definiu a competência tributária tomando por base um instituto do direito privado.

Uma maneira de evitar que o art. 110 conduza a essa tendência – criticada por Lobo Torres – *de privatização ou de literalidade da interpretação constitucional-tributária* é conceber o dispositivo não como um artigo sobre a interpretação do direito tributário, e sim como um artigo voltado ao legislador ordinário (não ao intérprete), definindo (ou confirmando) regras de competência tributária.[1308]

A posição de Ricardo Lobo Torres sobre o art. 110 do CTN, acima comentada, foi expressamente adotada no voto do Relator Luiz Fux no julgamento do RE nº 651.703 (sessão de julgamento de 29.9.2016), em que se decidiu que o ISSQN incide sobre a atividade das operadoras de planos de saúde. Neste RE nº 651.703, o contribuinte argumentava que a atividade de efetuar a cobertura dos gastos dos beneficiários não pode ser considerada uma obrigação de fazer, mas sim uma "prestação de dar, mais precisamente uma obrigação de pagar". Segundo o contribuinte, o art. 110 do CTN determina que o conceito de "serviço de qualquer natureza", utilizado pela Constituição para atribuir competência tributária aos municípios, deve ser interpretado conforme o sentido de serviço para o direito privado, argumento que convenceu o Ministro Marco Aurélio. Contudo, para o Relator Luiz Fux, "o art. 110 do Código Tributário Nacional [...] não veicula norma de interpretação constitucional" e "não tem a amplitude conferida por sua interpretação literal". Afirmou ainda o Ministro Luiz Fux, em nítida influência doutrinária de Ricardo Lobo Torres, que:

> a chamada "Constituição Tributária" deve ser interpretada de acordo com o pluralismo metodológico, abrindo-se para a interpretação segundo variados métodos, desde o literal até o sistemático e teleológico. Por isso, os conceitos constitucionais tributários não são fechados e unívocos, devendo-se recorrer também aos aportes de ciências afins para a sua exegese, como a Ciência das Finanças, a Economia e a Contabilidade. Dessa sorte,

---

[1306] GUIMARÃES, Carlos da Rocha. Direito tributário: direito fiscal. *In*: SANTOS, João Manoel de Carvalho (Coord.). *Repertório enciclopédico do direito brasileiro*. Rio de Janeiro: Borsoi, [s.d.]. v. 18. p. 30.

[1307] Sobre o tema, vide as seguintes pesquisas sobre a interpretação econômica no direito tributário como aplicação da interpretação teleológica: SALIBA, Luciana Goulart Ferreira, Interpretação econômica do direito tributário. Dissertação de Mestrado. Programa de Pós-Graduação em Direito da PUC Minas. Belo Horizonte, 2010; GALENDI JUNIOR, Ricardo André. *A consideração econômica no Direito Tributário*. São Paulo: IBDT, 2020; TUNES, Thiana de Souza Cairo. *A interpretação econômica no direito tributário*. Tese de Doutorado. Programa de Pós-Graduação em Direito da Universidade Federal da Bahia. Salvador, 2024.

[1308] Neste sentido, *vide* AMARO, Luciano. *Direito tributário brasileiro*. 14. ed. São Paulo: Saraiva, 2008. p. 220.

embora os conceitos de Direito Civil exerçam papel importante na interpretação dos conceitos constitucionais tributários, eles não exaurem a atividade interpretativa [...].[1309]

O julgamento do RE nº 651.703 e as considerações acima transcritas sobre o art. 110 do CTN parecem marcar certo retorno do STF às posições sustentadas pelo Tribunal antes do julgamento do RE nº 116.121, como se argumenta no item a seguir.

Finalmente, registre-se que o art. 110 do CTN muitas vezes é tomado pelo que em verdade não é. O art. 110 não dispõe que o legislador tributário está sempre impedido de alterar a definição, o conteúdo e o alcance de institutos, conceitos e formas de direito privado. Essa vedação existirá se uma norma constitucional houver utilizado estes institutos, conceitos e formas para atribuir competência tributária a um ente político, tal como ocorre com o art. 155, I, da Constituição de 1988, que usa os conceitos de *transmissão causa mortis* e *doação* para atribuir competência tributária aos estados e ao Distrito Federal.

O conceito de domicílio e residência, por exemplo, consta do Código Civil de 2002 (arts. 70 a 78), mas não é utilizado pela Constituição, nem expressa nem implicitamente, para conferir competência tributária a entes políticos. Por isso não há qualquer violação ao art. 110 do CTN no fato de a legislação do imposto sobre a renda e proventos de qualquer natureza construir e utilizar um conceito próprio de *residência*, distinto do conceito privado previsto no Código Civil.

### 1.6.3.3.1 O conceito constitucional de "serviço de qualquer natureza", o art. 110 do CTN e a jurisprudência do STF

Afirmamos acima que o julgamento do RE nº 651.703, ocorrido em 2016 e que versou sobre a constitucionalidade da exigência de ISSQN sobre a atividade das operadoras de planos de saúde (atividade prevista na lista de serviços anexa à LC nº 116/2003 nos itens 4.22 e 4.23), constitui um retorno do STF às posições sustentadas pelo Tribunal antes mesmo da promulgação da Constituição de 1988. Vejamos mais de perto a questão.

Até o ano de 2000, a jurisprudência do STF considerava que a Constituição (seja a de 1967/69, seja a de 1988), ao conferir aos municípios competência para instituir imposto sobre "serviços de qualquer natureza" (art. 24, II da Constituição de 1967/69, art. 156, III da Constituição de 1988), não se referia ao conceito civilista de *locação de serviços*, que remonta à contraposição – de origem romanística – entre *obrigações de dar* e *obrigações de fazer*. Este entendimento jurisprudencial, que consta, por exemplo, do acórdão do RE nº 112.947,[1310] afirmava que a Constituição atribuía competência aos municípios com base numa compreensão pragmática de serviços, segundo a qual toda "venda de bem imaterial", por não se enquadrar na hipótese de

---

[1309] STF, RE nº 651.703, Relator Ministro Luiz Fux, DJ, 26 abr. 2017.

[1310] STF, RE nº 112.947, Rel. Min. Carlos Madeira, Segunda Turma. *DJ*, 7 ago. 1987.

incidência do imposto sobre circulação de mercadorias (de competência estadual), poderia ser tributada pelos municípios.

No ano de 2000, por seis votos a cinco e sob a liderança do Ministro Marco Aurélio, essa jurisprudência tradicional foi suplantada. No julgamento do RE nº 116.121,[1311] prevaleceu o ponto de vista segundo o qual o direito tributário não pode se desviar da conceituação que o direito privado define para seus institutos (art. 110 do CTN), e neste sentido o fato gerador do ISSQN deve ser construído a partir da contraposição estabelecida no direito civil entre obrigações de dar e obrigações de fazer. No caso concreto, discutia-se a validade da tributação da atividade empresarial de locação de máquinas e equipamentos, e o veredito final foi, por escassa maioria de votos, o de que aquela atividade empresarial não constituía vera obrigação de fazer, e, portanto, não era alcançada pelo imposto sobre serviços.

Foi com base nessa virada jurisprudencial ocorrida no STF em 2000 que o presidente da República vetou o subitem 3.01 da Lista de Serviços anexa à LC nº 116/2003, que previa como fato gerador do ISSQN a "locação de bens móveis".

No ano de 2009, o Plenário do STF decidiu por dez votos a um que é válida a incidência do ISSQN sobre o *leasing* financeiro.[1312] O *leasing* financeiro consiste num negócio jurídico no qual uma pessoa (arrendadora) adquire bens de outra (fornecedora) e entrega seu uso e gozo a uma terceira pessoa (arrendatária). O arrendatário paga ao arrendador uma contraprestação periódica, e ao final do contrato pode exercer a opção de compra do bem, por um valor residual estabelecido previamente no contrato.

A tese do contribuinte e do acórdão recorrido no RE nº 547.245 foi a de que, no *leasing* financeiro, a arrendadora não desempenha uma autêntica obrigação de fazer, e por isso a sua tributação pelo ISSQN violaria a jurisprudência do STF estabelecida no RE nº 116.121, acima comentado. Nas palavras do Ministro Marco Aurélio, único a concordar com a tese, "a arrendadora não presta serviços à arrendatária. O que faz é entregar-lhe um bem e, a partir dessa entrega, ter a contraprestação pela utilização do próprio bem móvel" (fl. 896).

Analisando os votos proferidos no acórdão do RE nº 547.245, percebe-se que a postura interpretativa que prevaleceu em 2000 no julgamento do RE nº 116.121 foi rechaçada. Enquanto a maioria formada em 2000 adotava uma postura conceitualista mais rígida, vinculando o alcance da incidência do ISSQN à aplicação de clássicos institutos civilistas (locação de coisas, locação de serviços, obrigação de dar, obrigação de fazer), a postura de 2009 é de cunho pragmático, pois considera que os contratos engendrados na economia contemporânea não se ajustam às classificações tradicionais do direito civil.

O primeiro aspecto a se levar em conta nessa análise é que, dos onze ministros que participaram do julgamento do RE nº 116.121 em 2000, apenas dois participaram do julgamento do RE nº 547.245 em 2009. Um deles, o Ministro Marco Aurélio, que ficou vencido, afirmou expressamente – em tom de advertência – que o Tribunal

---

[1311] STF, RE nº 116.121, Redator do Acórdão Min. Marco Aurélio. *DJ*, 25 maio 2001.
[1312] STF, RE nº 547.245. Rel. Min. Eros Grau. *DJ*, 5 mar. 2010.

estava se desviando da orientação firmada em 2000 no RE nº 116.121. Após dizer que havia uma semelhança absoluta entre as questões examinadas nos dois casos, Marco Aurélio afirmou: "São passados, é certo, nove anos, mas não houve mudança substancial da Carta da República a ditar outra óptica. Houve mudança, sim, na composição do Supremo, mas o Direito posto continua o mesmo" (fl. 895).

O rechaço à postura do RE nº 116.121 ficou mais claro e explícito nos votos dos ministros Eros Grau, Joaquim Barbosa e Cezar Peluso. Eros Grau assume abertamente que há serviços tributáveis pelo ISSQN que "não consubstanciam típicas obrigações de fazer", e que é errônea a afirmação de que "haveria serviço apenas nas prestações de fazer, nos termos do que define o direito privado" (fl. 868-A). Joaquim Barbosa também avança contra a premissa básica do RE nº 116.121, de que o direito privado tem um conceito único e inequívoco de prestação de serviço (fls. 878-880). Cezar Peluso, aludindo implicitamente à doutrina adotada no RE nº 116.121, aponta claramente um "erro" histórico e de perspectiva.

É também interessante notar como os mesmos argumentos utilizados pela corrente minoritária no julgamento do RE nº 116.121 passaram a ser utilizados pela corrente majoritária no julgamento do RE nº 547.245, o que demonstra que em 2009 houve um movimento inverso ao que ocorrera em 2000.

No RE nº 116.121, um dos argumentos da corrente minoritária foi o de que o fato de a Constituição utilizar a expressão "imposto sobre serviços 'de qualquer natureza'" indica que o conceito de serviços ao qual alude a Constituição é um conceito lato, largo, que não se confunde com o conceito restrito de "obrigação de fazer" oriundo do direito civil tradicional. O Ministro Octávio Gallotti utilizou esse argumento em seu voto no RE nº 116.121 (fl. 683), quando ficou vencido, e o mesmo argumento voltou a ser utilizado no julgamento do RE nº 547.245, em 2009, nos votos dos ministros Eros Grau (fl. 868-A) e Ayres Britto (fl. 892).

O argumento de que se deve levar em conta a *neutralidade tributária*, de modo a evitar interpretações que levem à total ausência de tributação de determinadas atividades, foi usado no voto do Ministro Ilmar Galvão no RE nº 116.121 (fl. 714) e voltou a ser utilizado no RE nº 547.245 nos votos dos ministros Joaquim Barbosa (fl. 884) e Ricardo Lewandowski (fl. 891).

No julgamento do RE nº 651.703, em 2016, todos os ministros que votaram pela constitucionalidade da incidência do ISSQN sobre a atividade das operadoras de planos de saúde se referiram ao acórdão do RE nº 547.245, tido como um precedente marcante que, "ao permitir a incidência do ISSQN nas operações de 'leasing' financeiro e 'leaseback', sinalizou que a interpretação do conceito de 'serviços' no texto constitucional tem um sentido mais amplo do o conceito de 'obrigação de fazer'", e que, portanto, "'prestação de serviços' não tem por premissa a configuração dada pelo Direito Civil".[1313] O único ministro vencido foi o Ministro Marco Aurélio, que mais uma vez registrou sua discordância quanto ao abandono, pela Corte, da

---

[1313] STF, RE nº 651.703, Relator Ministro Luiz Fux, DJ 26 abr. 2017.

posição que, sob sua liderança, houvera sido adotada no julgamento do RE nº 116.121 (julgamento ocorrido em 2000).

Em 2020, no julgamento do RE nº 784.439, em que estava em questão o caráter taxativo ou exemplificativo da lista de serviços tributáveis pelo ISSQN, o STF reafirmou sua jurisprudência e decidiu pelo sentido taxativo da lista de serviços. O que chama a atenção no acórdão são as referências claras ao fato de a "jurisprudência" do STF não mais se identificar com a postura do acórdão do RE nº 116.121 quanto à relação entre as formas e institutos do direito privado (como obrigações de dar x obrigações de fazer) e a liberdade conformadora do legislador complementar do ISSQN. Veja-se o item 8 da ementa oficial:[1314]

> 8. Embora a lei complementar não tenha plena liberdade de qualificar como serviços tudo aquilo que queira, a jurisprudência do Supremo Tribunal Federal não exige que ela inclua apenas aquelas atividades que o Direito Privado qualificaria como tais. Precedentes nesse sentido julgados em regime de repercussão geral, a saber: RE 592.905, Rel. Ministro Eros Grau, e RE 651.703, Rel. Ministro Luiz Fux, em que examinadas as incidências do ISS, respectivamente, sobre as operações de arrendamento mercantil e sobre aquelas das empresas de planos privados de assistência à saúde.

No mesmo sentido foram as observações do voto do Ministro Dias Toffoli no acórdão da ADI nº 3.142:[1315]

> Notadamente a partir do exame do RE nº 592.905/SC e do RE nº 547.245/SC, ambos de relatoria do Ministro Eros Grau, o Tribunal Pleno passou a consignar que a diferença entre obrigações de dar e de fazer seria, em variados casos, – especialmente por força da complexidade de diversas figuras negociais hodiernas – insuficiente para solucionar a questão da validade da cobrança de ISS relativamente a determinada operação, devendo, assim, tal dicotomia ser apreciada com temperamento nas controvérsias desse tipo. A partir desses julgados, ainda, a Corte passou a consignar que o conceito de serviço a que se refere o art. 156, III, da Constituição Federal não deveria ser interpretado exclusivamente nos termos da legislação de Direito Civil.

### 1.6.3.4 Art. 111

O art. 111 do CTN afirma:

> Art. 111. Interpreta-se literalmente a legislação tributária que disponha sobre:
> I - suspensão ou exclusão do crédito tributário;
> II - outorga de isenção;
> III - dispensa do cumprimento de obrigações tributárias acessórias.

---

[1314] STF, RE nº 784.439, Relatora Ministra Rosa Weber, DJ 15 set. 2020.
[1315] STF, ADI nº 3.142, Relator Ministro Dias Toffoli, 9 out. 2020.

Rubens Gomes de Sousa afirmava com convicção em seu *Compêndio de legislação tributária* que a teoria da interpretação literal ou estrita "conduz a resultados pouco satisfatórios", por isso "a interpretação deve ser *teleológica*, isto é, deve visar a realização das finalidades ou objetivos da lei".[1316]

Então como explicar que no Anteprojeto e no Projeto de Gomes de Sousa, bem como no texto final do CTN aprovado em 1966, se obrigue o aplicador da lei tributária a interpretar "literalmente" a legislação tributária que outorgue isenção, dispense o cumprimento de obrigações acessórias e disponha sobre suspensão ou exclusão do crédito tributário? A resposta está ligada a determinada visão muito difundida na doutrina tributária da primeira metade do século XX, segundo a qual o direito tributário protege sempre o interesse arrecadatório do fisco, e as normas que negam esse interesse (concedendo, por exemplo, uma isenção) são por isso mesmo *excepcionais*, devendo ser interpretadas de maneira estrita.

Por isso o relatório sobre o Projeto do CTN de 1954 afirma que o art. 77 (atual art. 111), derrogando a regra geral do art. 73 (que definia que na interpretação do direito tributário se admitissem "quaisquer métodos de interpretação jurídica"), "enumera hipóteses de interpretação literal, o que, por sua vez, se justifica em razão do caráter excepcional de tais hipóteses, em relação à regra geral do art. 65".[1317]

No atual Estado Democrático de Direito, que não admite que reduzamos a missão constitucional do direito tributário a simplesmente "arrecadar dinheiro", naturalmente se mostra equivocada a premissa teórica – que, como se viu, está na base do art. 111 do CTN – de que as normas de isenção são *excepcionais*. Mas é compreensível que, à época do CTN, se tivessem essas reservas com relação às normas de isenção, bastando lembrar a teratologia (pelo menos aos olhos do tempo atual) da isenção do imposto de renda sobre os proventos de magistrados e outras categorias, isenção que ganhou autorização constitucional com a EC nº 1/1969 e a redação que foi dada ao art. 21, IV, da Carta de 1967, somente tendo sido extirpada de nosso direito com o art. 150, II, da Constituição de 1988. Foi talvez por causa dessas e outras isenções odiosas que o art. 111 do CTN acabou encampando a tese do caráter excepcional das isenções.

Há uma tendência natural a pensar que a expressão "interpretam-se literalmente" significa "interpretam-se restritivamente", no sentido de que na interpretação literal o intérprete deve procurar chegar a uma extensão mínima do alcance das isenções. Contudo, o relatório do Projeto do CTN de 1954 rechaçou as sugestões de alteração do texto que propunham que se grafasse "restritivamente" em vez de "literalmente". O relatório afirmou que tais sugestões não foram adotadas porque "o objetivo visado é delimitar a interpretação à letra da lei, sem porém admitir a restrição, em eventual prejuízo do contribuinte, das concessões nela previstas".[1318]

---

[1316] SOUSA, Rubens Gomes de. *Compêndio de legislação tributária*. São Paulo: Resenha Tributária, 1975. p. 80.

[1317] BRASIL. Ministério da Fazenda. *Trabalhos da Comissão Especial do Código Tributário Nacional*. Rio de Janeiro: Ministério da Fazenda, 1954. p. 183.

[1318] BRASIL. Ministério da Fazenda. *Trabalhos da Comissão Especial do Código Tributário Nacional*. Rio de Janeiro: Ministério da Fazenda, 1954. p. 184.

É interessante que as autoridades fiscais e mesmo o Poder Judiciário geralmente utilizam o art. 111 do CTN nesse sentido de interpretação restritiva,[1319] o que é expressamente rechaçado por Gomes de Sousa. O critério "literal" previsto no art. 111 pode levar a uma interpretação extensiva, no sentido de acabar abrangendo um conjunto de fatos mais amplo que o conjunto de fatos que seria abrangido se utilizarmos o critério contextual. Figure-se o exemplo de uma isenção sobre a "venda de flores", estando a norma inserida num contexto relativo a atividades de floriculturas e empresas afins. Por um critério estritamente literal, as alcachofras vendidas no setor alimentício também seriam alcançadas pela isenção, ao passo que a interpretação pelo contexto da norma indicaria o contrário.

Por outro lado, a ideia de que o intérprete deve se apegar ao sentido *literal* é hermeneuticamente problemática, pois não existe somente um sentido *literal* para palavras ou expressões.

Por tudo isso, Gilberto de Ulhôa Canto, principal artífice do texto final aprovado em 1966, confessa que o art. 111 foi "um dos pontos em que mais se errou na elaboração do CTN", e admite o erro valorativo contido em tal norma:

> Trata-se de um resquício do tempo em que a isenção era dada para favorecer pessoas, simplesmente porque o soberano podia dispor da vida e do patrimônio dos seus vassalos. Hoje não é mais assim. A isenção só é dada em consideração a importantes, relevantes interesses coletivos, de sorte que ela deve ser interpretada da mesma maneira que qualquer lei, teleologicamente, sistematicamente, literalmente.[1320]

Consideramos que a única maneira de *salvar* o art. 111 do CTN é interpretá-lo no sentido da vedação de integrações analógicas das normas de isenção. Da mesma forma que a norma que estabelece o fato gerador e o sujeito passivo de um tributo não pode sofrer aplicação por analogia (art. 108, §1º, do CTN), tampouco pode ser estendida ou ampliada, por argumentos analógicos, a norma de isenção. Neste sentido são as ponderações de Monteiro de Barros[1321] e Hugo de Brito Machado Segundo,[1322] bem como a tendência de alguns acórdãos sobre o tema.[1323]

## 1.6.3.5 Art. 112

Chegamos finalmente ao art. 112 do CTN, que dispõe:

> Art. 112. A lei tributária que define infrações, ou lhe comina penalidades, interpreta-se da maneira mais favorável ao acusado, em caso de dúvida quanto:

---

[1319] *Vide*, por exemplo, o REsp nº 464.419, Relator Ministro Luiz Fux, *DJ*, 2 jun. 2003.

[1320] CANTO, Gilberto de Ulhôa. Legislação tributária, sua vigência, sua eficácia, sua aplicação, interpretação e integração. *Revista Forense*, n. 267, 1979. p. 30.

[1321] BARROS, José Eduardo Monteiro de. Interpretação econômica em direito tributário. *In*: ATALIBA, Geraldo et al. Interpretação no direito tributário. São Paulo: Saraiva, 1975. p. 187.

[1322] MACHADO SEGUNDO, Hugo de Brito. *Código Tributário Nacional*. São Paulo: Atlas, 2007. p. 209-210.

[1323] *Vide* STJ, REsp nº 98.809, Relator Ministro Ari Pargendler, *DJ*, 10 ago. 1998.

I - à capitulação legal do fato;

II - à natureza ou às circunstâncias materiais do fato, ou à natureza ou extensão dos seus efeitos;

III - à autoria, imputabilidade, ou punibilidade;

IV - à natureza da penalidade aplicável, ou à sua graduação.

Trata-se simplesmente de um mandamento para aplicar ao direito tributário sancionador a conhecida máxima do *in dubio pro reo* do direito penal.

Ao contrário dos arts. 109 a 111, o art. 112 do CTN não apresenta maiores dificuldades interpretativas, constituindo a legítima e acertada projeção do milenar princípio do *in dubio pro reo* no campo do direito tributário sancionador.

Vale lembrar, contudo, que o dispositivo não se aplica à interpretação das normas que tratam dos elementos da obrigação tributária (fato gerador, base de cálculo, alíquota, sujeito passivo) e sim à interpretação das normas que tratam de infrações e sanções tributárias (direito tributário sancionador).

Vale dizer: não se trata do *in dubio pro contribuinte,* e sim do *in dubio pro reo.* Ives Gandra Martins parece refutar essa distinção, quando afirma que o legislador brasileiro "faz opções claras sobre dever ser o direito fiscal interpretado da forma mais favorável ao sujeito mais fraco da relação tributária".[1324] Mas tal afirmação só faria sentido se ainda vivêssemos sob o paradigma protoliberal do caráter odioso do tributo, o que não se verifica em absoluto.[1325]

---

[1324] MARTINS, Ives Gandra da Silva. *Teoria da imposição tributária.* 2. ed. São Paulo: LTr, 1998. p. 208.

[1325] Sobre o tema do art. 112 do CTN e das investidas recentes de alguns setores doutrinários no sentido de tentar reinstituir entre nós o princípio do *in dubio pro contribuinte, vide* GODOI, Marciano Seabra de. A volta do in dubio pro contribuinte: avanço ou retrocesso? *In:* ROCHA, Valdir de Oliveira (Org.). *Grandes questões atuais do direito tributário.* São Paulo: Dialética, 2013. v. 17. p. 181-197.

## CAPÍTULO 2

# A RELAÇÃO JURÍDICO-TRIBUTÁRIA

Tem o presente capítulo por objeto a apresentação dos elementos relativos ao vínculo jurídico formado entre o sujeito ativo (Poder Público, ou quem lhe fizer as vezes) e o sujeito passivo da relação tributária. O sujeito ativo é o titular do direito subjetivo de exigir do sujeito passivo (contribuinte ou responsável) uma prestação de índole tributária. Para tanto, vale novamente demonstrar a estrutura da norma tributária:

Norma tributária

| Hipótese de incidência<br>Aspectos | Mandamento<br>Aspectos |
|---|---|
| Material – Descrição do fato. Ex.: perceber renda | Pessoal – Descrição dos sujeitos ativo e passivo |
| Temporal – Quando o fato será considerado perfeito e acabado. Ex.: renda percebida durante o exercício financeiro | Quantitativo – Descrição da base de cálculo, alíquota ou valor fixo |
| Espacial – Limites de validade da norma | Operacional – Indicações de como, quando e onde pagar |
| Pessoal – Descrição das pessoas com capacidade para a realização da hipótese | Finalístico – Indicação do destino a ser dado ao produto da arrecadação |

## 2.1 Obrigação tributária

A obrigação tributária surge da adequação (subsunção) do conceito individual do fato efetivamente ocorrido no mundo fenomênico à hipótese abstrata prevista pela norma tributária. Desta forma, uma vez ocorridos em concreto todos os aspectos da hipótese de incidência, surgirá a obrigação tributária, isto é, o dever de pagar o tributo ou realizar determinadas prestações, nos exatos termos explicitados pelos aspectos do mandamento da norma tributária.

Segundo o Código Tributário Nacional, a obrigação tributária é principal ou acessória (art. 113). A obrigação principal tem por objeto o pagamento de tributo ou penalidade pecuniária e extingue-se juntamente com o crédito dela decorrente. Em outras palavras: a obrigação principal cumpre-se com o pagamento (ou outra forma de liquidação prevista pela legislação). Todavia, importante um alerta: não há aqui se confundir tributo com multa. A obrigação traduz um crédito e este pode se originar de um tributo ou de uma multa. O que se pretende é que todo o crédito, seja oriundo de fato lícito (tributo) ou ilícito (multa), possa ser exigido conjuntamente e sob as mesmas condições. Não por outra razão, o §3º do art. 113 dispõe que "a obrigação acessória, pelo simples fato de sua inobservância, converte-se em obrigação principal relativamente a penalidade pecuniária".

A obrigação acessória tem por objeto prestações, positivas ou negativas, previstas pela legislação no interesse da arrecadação ou da fiscalização tributária. Em verdade, traduz deveres administrativos a cargo do sujeito passivo, como o de emitir nota fiscal, preencher e transmitir declarações, manter escrituração em dia etc. Existe para viabilizar a leitura, por parte do sujeito ativo, da ocorrência do fato gerador.

A sua acessoriedade, portanto, não é aquela comum às relações jurídicas de direito privado, nas quais o que é acessório tem a sua sorte vinculada ao considerado principal. A obrigação tributária é acessória quando e porque se destina ao fim último de possibilitar a aferição do recolhimento do tributo, ainda que este, em situação específica, não incida ou seja devido. Não por outro motivo é que se constata, na jurisprudência do Superior Tribunal de Justiça, o entendimento de que "a obrigação acessória possui caráter autônomo em relação à principal, pois mesmo não existindo obrigação principal a ser adimplida, pode haver obrigação acessória a ser cumprida, no interesse da arrecadação ou da fiscalização de tributos".[1326] [1327]

Mas essa autonomia não é irrestrita, posto que se encontra limitada pela correspondente norma tributária de incidência, na configuração antes exposta. Os deveres instrumentais deverão estar justificados na exação que se quer arrecadar e/ou fiscalizar, conforme já esclareceu o Supremo Tribunal Federal, ao decidir pela inconstitucionalidade de lei paulistana que obrigava prestadores de serviço situados fora de São Paulo a se inscreverem nos cadastros desse município.[1328] Nas palavras do Ministro Marco Aurélio, a fim exemplificar como se deve dar essa relação de

---

[1326] REsp nº 1.400.057/SC, relator Ministro Sérgio Kukina, Primeira Turma, julgado em 7/12/2021, DJe de 10/12/2021.

[1327] De fato, o próprio Código Tributário Nacional, ao cuidar das hipóteses de exclusão do crédito tributário (que serão examinadas adiante), prescreve que "a exclusão do crédito tributário não dispensa o cumprimento das obrigações acessórias dependentes da obrigação principal cujo crédito seja excluído, ou dela conseqüentes" (art. 175).

[1328] Tema de Repercussão Geral nº 1.020, cuja tese é a seguinte: "É incompatível com a Constituição Federal disposição normativa a prever a obrigatoriedade de cadastro, em órgão da Administração municipal, de prestador de serviços não estabelecido no território do Município e imposição ao tomador da retenção do Imposto Sobre Serviços – ISS quando descumprida a obrigação acessória" (RE 1167509, Relator(a): MARCO AURÉLIO, Tribunal Pleno, julgado em 01-03-2021, PROCESSO ELETRÔNICO REPERCUSSÃO GERAL - MÉRITO DJe-050 DIVULG 15-03-2021 PUBLIC 16-03-2021).

sujeição, "se não há competência para instituição do tributo, como é possível o fisco municipal criar obrigação acessória?".[1329]

## 2.2 Fato gerador da obrigação tributária

Na doutrina tributária clássica e, aqui, cita-se, por todos, o nome de Geraldo Ataliba, muitas críticas foram feitas à expressão "fato gerador" do tributo. Por ela nomeavam-se, da mesma forma, tanto o fato hipoteticamente previsto na norma como o fato efetivamente ocorrido no mundo fenomênico. Preferia-se, pois, utilizar os termos "hipótese de incidência" e "fato imponível". A nosso ver, tratam as críticas de mero academicismo, pelo que, para fins de harmonização da linguagem, utilizaremos indistintamente a expressão "fato gerador", na linha adotada pelo legislador.

O fato gerador da obrigação principal ocorre pela adequação da situação de fato aos aspectos da hipótese normativa. Não há que se confundir fato gerador com o aspecto material da norma. Como visto, o aspecto material limita-se à definição do fato lícito, fato este que se tornará gerador de tributos caso se verifiquem os demais aspectos da hipótese. Como exemplo, podemos citar o caso da compra e venda de uma estante usada entre particulares. Embora possamos verificar a ocorrência concreta da situação descrita no aspecto material da hipótese do ICMS, circulação econômica de mercadorias, não há fato gerador tributável em razão do aspecto pessoal (somente realizam o fato gerador do ICMS o comerciante, o produtor ou o industrial).

Destarte, a verificação da ocorrência do fato gerador envolve a concretização de todos os aspectos da hipótese da norma de incidência tributária. Deve, pois, o operador do direito se ater não apenas à descrição do fato, mas, ainda, observar quando este mesmo fato será considerado perfeito e acabado (aspecto temporal), sem perder de vista os limites de validade da norma (aspecto espacial) e as pessoas com capacidade para a realização do fato lícito por ela descrito (aspecto pessoal da hipótese).

### 2.2.1 Modalidades de fato gerador

Pela análise do aspecto temporal da hipótese da norma tributária, podemos inferir a existência de três modalidades distintas de fatos geradores: instantâneos, continuados ou complexivos. A eleição do momento adequado para a realização do fato gerador se dá no plano teórico da elaboração da norma, condicionada pelo perfil das bases de incidência previstas na Constituição Federal.

O fato gerador do tributo é considerado instantâneo quando o legislador restringir sua ocorrência a determinada unidade de tempo, nela se esgotando. A cada nova ocorrência, ressurgirá o fato gerador, originando sucessivas obrigações tributárias autônomas. É o exemplo clássico do ICMS ou do IPI.

---

[1329] RE 1167509, Relator(a): MARCO AURÉLIO, Tribunal Pleno, julgado em 01-03-2021, PROCESSO ELETRÔNICO REPERCUSSÃO GERAL - MÉRITO DJe-050 DIVULG 15-03-2021 PUBLIC 16-03-2021.

Os fatos geradores ditos continuados configuram situações duradouras que se desdobram e se renovam no tempo. Há tributos que, pela análise de seu perfil constitucional, incidem sobre situações continuadas, que permanecem ao longo do tempo. Para ilustrar, tomemos o exemplo do IPTU sobre determinado imóvel. *In casu*, a propriedade ou a condição de proprietário se indetermina ao longo do tempo. Não seria razoável admitir a eleição, aqui, de fato gerador instantâneo, o que resultaria em obrigações diárias, autônomas, de pagamento do IPTU. Assim, o legislador elege determinados lapsos temporais (via de regra em conformidade com o exercício financeiro), findos os quais se renova a incidência tributária.

Por fim, os tributos de fato gerador complexivo são aqueles que demandam, para a configuração de sua ocorrência, a verificação de uma série de situações autônomas ao longo de determinado lapso temporal. É a hipótese da tributação sobre a renda. Para a correta identificação da ocorrência do fato lícito, como seja, a percepção de renda, é necessário verificar, ao longo de determinado período (convencionou-se aqui também a equiparação ao exercício financeiro), a ocorrência de receitas ou rendimentos tributáveis, dos quais serão deduzidas as despesas necessárias à percepção daquelas. Assim, o processo de formação do fato tem início em dado momento e se aperfeiçoa em momento futuro.

## 2.2.2 Dissimulação da ocorrência do fato gerador – A norma do art. 116, parágrafo único, do CTN e o combate aos planejamentos tributários abusivos no direito brasileiro[1330]

### 2.2.2.1 Os conceitos de elisão, evasão e elusão tributária

No Brasil, a expressão *elisão tributária*, apesar de não constar da legislação, é bastante utilizada pela doutrina e pela jurisprudência, e designa tradicionalmente os comportamentos lícitos por meio dos quais os contribuintes organizam e dispõem sua vida patrimonial e negocial de modo a, sem infringir o ordenamento jurídico, atrair a menor carga possível de obrigações tributárias.

Se o contribuinte evita, reduz ou posterga o pagamento dos tributos por meio de condutas ilícitas, que implicam infração do ordenamento jurídico, tem-se o fenômeno que se designa genericamente com a expressão *evasão tributária*. Neste caso, que no Brasil também pode ser denominado *sonegação tributária*, o contribuinte pratica o fato gerador da obrigação e busca de maneira fraudulenta escapar do dever de recolher o tributo. Um exemplo típico de evasão tributária é a prática comum de vender um imóvel por determinado preço e registrar o contrato de compra e venda por um

---

[1330] A presente seção corresponde a uma síntese didática do estudo apresentado em GODOI, Marciano Seabra de. Estudo comparativo sobre o combate ao planejamento tributário abusivo na Espanha e no Brasil: sugestão de alterações legislativas no ordenamento brasileiro. *Revista de Informação Legislativa*, Brasília, n. 194, p. 117-146, abr./ jun. 2012. p. 117-146.

valor inferior ao realmente recebido pelo vendedor, de modo a buscar escapar do dever de pagar o imposto de renda sobre o ganho de capital ocorrido na operação.

Vê-se, portanto, que na *elisão* se evita a prática do fato gerador do tributo, ao passo que na *evasão* o que se busca é ocultar a realização do fato gerador.

Ocorre que há um tipo de conduta dos contribuintes que não se encaixa nem no conceito de elisão, nem no conceito de evasão. Trata-se do comportamento pelo qual o contribuinte se utiliza de meios artificiosos e abusivos para, sob uma aparência de legalidade e licitude, buscar evitar a ocorrência do fato gerador do tributo ou buscar se colocar dentro de um regime tributário mais benéfico, criado pela legislação para abarcar outras situações.

Para designar esse terceiro tipo de conduta, o direito espanhol utiliza a expressão *elusión fiscal*,[1331] e o direito tributário internacional utiliza a expressão *tax avoidance*. No caso do Brasil, esse terceiro tipo de conduta dos contribuintes não era objeto de tratamento legislativo, nem de maiores investigações da doutrina, até ser criado, em 2001, o art. 116, parágrafo único, do CTN, cujo propósito assumido expressamente no projeto de lei que lhe deu origem foi o de coibir planejamentos tributários "sofisticados" ou "praticados com abuso".

Após o advento do art. 116, parágrafo único, do CTN, podemos utilizar a expressão *elusão* ou *planejamento tributário abusivo* para designar esse comportamento pelo qual o sujeito passivo busca evitar a ocorrência do fato gerador recorrendo à prática de atos ou negócios jurídicos artificiosos e distorcidos, conforme o clássico exemplo da criação de uma sociedade com o único propósito de transmitir onerosamente um imóvel de uma pessoa para outra, sem praticar o fato gerador do imposto sobre transmissão onerosa de imóveis.

Nesse exemplo simples, mas extremamente esclarecedor, "A" deseja vender para "B" o imóvel *x*, mas não quer arcar com o ônus da incidência do imposto sobre a compra e venda. Para tentar evitar essa incidência, "A" e "B" constituem a sociedade S. "A" integraliza suas cotas mediante a cessão à sociedade S do imóvel *x*; "B" integraliza suas cotas em dinheiro, em quantia equivalente ao preço do imóvel *x*. Algum tempo depois da constituição de S, a sociedade é liquidada, e os sócios estabelecem que o imóvel *x* será transferido para "B", e a quantia em dinheiro será transferida para "A". O exemplo é esclarecedor porque nele as partes se utilizam de um instituto (negócio jurídico de sociedade) de um modo artificioso e distorcido, aproveitando do instituto somente seu envoltório formal, sem a existência de uma mínima substância econômica subjacente.[1332]

Desde meados do século passado, a legislação de diversos países (Alemanha, Holanda, França, Espanha) passou a conter regras destinadas a combater a prática da elusão, regras conhecidas internacionalmente como *normas gerais antielusão* ou *normas gerais antiabuso* (*general anti-avoidance rules*). Além das normas gerais, destinadas a combater em princípio qualquer tipo de comportamento elusivo, a legislação desses

---

[1331] Cf. PALAO TABOADA, Carlos. El fraude a la ley en derecho tributario. *Revista de Derecho Financiero y Hacienda Pública*, Madrid, n. 63, p. 677-695, 1966.

[1332] Há uma norma específica do Código Tributário Nacional para essa hipótese (art. 36, parágrafo único).

países também contempla normas específicas antielusão, ou seja, normas que coíbem um caso específico de planejamento tributário abusivo, no âmbito de um imposto específico. No Brasil, a legislação tributária contempla, há muitas décadas, a existência de normas específicas antielusão, mas até o advento do art. 116, parágrafo único, do CTN, em 2001, o legislador não havia tomado a iniciativa de criar uma norma geral antielusão.

Em resumo: enquanto na *evasão* o que se busca é ocultar a prática do fato gerador ou ocultar da Administração os reais elementos da obrigação tributária, na *elisão* e na *elusão* fiscal o objetivo do contribuinte é praticar atos e negócios jurídicos que não provoquem ou provoquem na menor medida possível a incidência de obrigações tributárias. A diferença é que, na *elusão*, os atos e negócios engendrados pelas partes são considerados abusivos/artificiosos, já que sua formalização manipula e distorce os institutos e as normas jurídicas em busca de vantagens econômicas indevidas, enquanto, na *elisão*, a conduta das partes é considerada perfeitamente válida e eficaz.

### 2.2.2.2 Elusão tributária, normas gerais, fraude à lei e abuso do direito

Fraude à lei e abuso do direito são institutos seculares e muito conhecidos no âmbito do direito civil. Em ambos os institutos, tem-se um comportamento que, sob uma capa de legalidade e licitude, prejudica terceiros mediante a prática de atos ou negócios jurídicos de modo artificioso e distorcido, fora do contexto próprio para o qual foram criados pelo direito. Esses institutos secularmente conhecidos e estudados no direito civil foram utilizados pelo legislador e pela doutrina tributária de diversos países para descrever os atos de elusão, e as normas gerais que os combatem.

Na doutrina brasileira, por exemplo, Amílcar de Araújo Falcão demonstrava total conhecimento da doutrina tributária alemã do "abuso das possibilidades de configuração oferecidas pelo direito", que corresponde exatamente à utilização da noção de fraude à lei para disciplinar os casos de elusão. Falcão anotou que o fenômeno "não passa de um caso particular de *fraus legis*, a que a *praxis* deu uma importância especial", e propôs que a conduta fosse frustrada quando o contribuinte promovesse uma grave "distorção da forma jurídica" para dar um "rodeio" na norma tributária desvantajosa. Sem negar o direito de o contribuinte "dispor de seus negócios, de modo a pagar menos tributos", o autor ressalta que não se pode admitir uma grosseira "manipulação" do "revestimento jurídico" do fato gerador.[1333]

Nos países com ordenamento jurídico de tradição romano-germânica, descreveu-se e combateu-se o fenômeno da elusão por meio de normas gerais que o caracterizavam como uma espécie de fraude à lei (Alemanha, Holanda, Espanha, Portugal) ou como uma forma de abuso do direito (França). Já nos países anglo-saxões, essa conduta foi compreendida e combatida diretamente pela jurisprudência, que, primeiro nos Estados Unidos e posteriormente na Inglaterra, pouco a pouco foi

---

[1333] FALCÃO, Amílcar de Araújo. *Fato gerador da obrigação tributária*. 6. ed. Rio de Janeiro: Forense, 1995. p. 33-34.

desenvolvendo uma doutrina que desconsidera, para efeitos tributários, os atos e negócios jurídicos que em seu conjunto se mostrem desprovidos de substância econômica e racionalidade empresarial, que visem exclusivamente a reduzir encargos tributários sem respeitar os propósitos e objetivos da lei.

A caracterização da elusão como fraude à lei ou abuso do direito, e a utilização dessas figuras para descrever o mecanismo de reação das normas gerais, responde ao seguinte propósito: combater com eficácia os planejamentos tributários abusivos, sem negar aos contribuintes as garantias do Estado de Direito e o próprio direito à economia tributária, e sem ter que sobrecarregar a legislação tributária com centenas de regras casuísticas (normas específicas antielusão), feitas sob medida para cada novo planejamento tributário engendrado artificiosamente no mercado.

### 2.2.2.3 Breve síntese sobre a evolução histórica do combate à elusão tributária no Brasil – Do Anteprojeto de Código Tributário Nacional à LC nº 104/2001

Em 1951, por sugestão dos então parlamentares Aliomar Baleeiro e Bilac Pinto, Rubens Gomes de Sousa iniciou a redação de um Anteprojeto de Código Tributário Nacional, que, segundo os planos de Baleeiro e Bilac Pinto, seria por eles apresentado à Câmara dos Deputados.[1334]

Em 1953, Baleeiro sugeriu ao Ministro da Fazenda que o Governo promovesse a codificação do direito tributário em nível nacional, e indicou o nome de Gomes de Sousa para presidir a comissão que se encarregaria da elaboração do projeto. A comissão foi constituída – sob a presidência de Gomes de Sousa – em 1953, e em 1954 o Projeto de Código Tributário Nacional foi enviado pelo Presidente da República Getúlio Vargas ao Congresso Nacional.

Tanto no Anteprojeto como no Projeto de Código Tributário, constava uma norma que possui certa semelhança com a norma do art. 116, parágrafo único, do CTN. No art. 131, parágrafo único, do Anteprojeto de Gomes de Sousa (art. 86 do projeto), dispunha-se:

> Art. 131. Parágrafo único. A autoridade administrativa ou judiciária competente para aplicar a legislação tributária terá em vista, independentemente da intenção das partes, mas sem prejuízo dos efeitos penais dessa intenção quando seja o caso, que a utilização de conceitos, formas e institutos de direito privado não deverá dar lugar à evasão ou redução do tributo devido com base nos resultados efetivos do estado de fato ou situação jurídica efetivamente ocorrente ou constituída, nos termos do art. 129, quando os conceitos, formas ou institutos de direito privado utilizados pelas partes não correspondam aos legalmente ou usualmente aplicáveis à hipótese de que se tratar.

---

[1334] Cf. BALEEIRO, Aliomar. O Código Tributário Nacional, segundo a correspondência de Rubens Gomes de Sousa. *In*: BALEEIRO, Aliomar et al. *Proposições tributárias*. São Paulo: Resenha Tributária, 1975. p. 5-33.

A redação do artigo é criticável, pois, no abuso de formas ou no abuso das possibilidades de configuração do direito, não se trata de usar formas *não usuais* ou *não correntes*, e sim de formas artificiosas, distorcidas e manipuladas. De todo modo, é de se registrar a preocupação do Anteprojeto e do Projeto de "cercear a evasão tributária procurada através do que a doutrina alemã chama 'o abuso de formas de direito privado'". Rubens Gomes de Sousa também entendia que tal dispositivo era de se aplicar em casos de fraude à lei tributária.[1335]

A equivocada e lamentável obstinação de Alfredo Augusto Becker[1336] em vincular o autoritarismo em geral e o nazismo em particular a qualquer forma de doutrina que combata o abuso do direito ou a fraude à lei no direito tributário parece ter sido determinante para que o Código Tributário Nacional de 1966, ao contrário do Anteprojeto (1953) e do Projeto (1954) anteriormente preparados por Rubens Gomes de Sousa, não contivesse qualquer norma geral antielusão.

É estranho Becker afirmar que essa teoria teria sido "introduzida" no Código Tributário alemão pelo nazismo, pois por suas leituras ele sabia certamente que essa norma surgiu no Código de 1919 e permaneceu no direito alemão – como permanece até hoje (art. 42 do Código de 1977) – após a queda do nazismo.

O único dispositivo do Código Tributário Nacional de 1966 que alguma parcela da doutrina brasileira considera ter relação com o tema do combate à elusão tributária é o art. 109, que analisamos no capítulo deste *Curso* relativo à interpretação da legislação tributária (cf. item 1.6 do Capítulo 1, Título III, da 2ª Parte) e em relação ao qual não constatamos qualquer conteúdo de combate aos planejamentos tributários abusivos.

No Brasil, é ainda tradição entre os tributaristas estes se recusarem a admitir a existência de um terceiro campo de conduta do contribuinte, distinto da elisão e da evasão tributária. Por isso mesmo é que, ao contrário dos demais países ocidentais, a expressão *elusão*[1337] somente começou a ser utilizada há muito pouco tempo pela doutrina brasileira.[1338]

Grande parte dos autores brasileiros só reconhece e nomeia dois campos de atuação do contribuinte: o da elisão (lícita) e o da evasão (ilícita). Se o contribuinte não pratica simulação (no sentido de uma declaração de vontade total ou parcialmente falsa), falsificação documental ou outras fraudes do gênero (que caracterizam *evasão*), sua conduta é considerada inatacável, mesmo que o contribuinte tenha adotado formas jurídicas manifestamente artificiosas para atingir resultados práticos completamente

---

[1335] BRASIL. Ministério da Fazenda. *Trabalhos da Comissão Especial do Código Tributário Nacional*. Rio de Janeiro: Ministério da Fazenda, 1954. p. 195-196.

[1336] BECKER, Alfredo Augusto. *Carnaval tributário*. 2. ed. São Paulo: Lejus, 1999. p. 30-31.

[1337] *Elusão* remete a *eludir*, cujo sentido é bem conhecido e se ajusta à perfeição ao comportamento presente nos chamados planejamentos tributários abusivos: "evitar algo de modo astucioso, com destreza ou com artifício" (HOUAISS, Antonio; VILLAR, Mauro de Salles. *Dicionário Houaiss da língua portuguesa*. Rio de Janeiro: Objetiva, 2001. p. 1113).

[1338] Cf. GODOI, Marciano Seabra de. A figura da fraude à lei tributária prevista no parágrafo único do art. 116 do CTN. *Revista Dialética de Direito Tributário*, São Paulo, n. 68, p. 101-123, 2001. p. 110 e TORRES, Heleno. *Direito tributário e direito privado*: autonomia privada, simulação, elusão tributária. São Paulo: Revista dos Tribunais, 2003.

distanciados daqueles para os que tais formas jurídicas foram criadas pelo direito positivo.

Para essa posição ainda muito influente na doutrina brasileira, os princípios da "reserva absoluta de lei em sentido formal", "tipicidade fechada" e da proibição de tributar mediante analogia tornariam inconstitucional qualquer combate a operações de planejamento tributário mediante a aplicação de normas gerais lastreadas em institutos como o abuso do direito ou a fraude à lei.[1339]

Contudo, os autores que podemos chamar *clássicos*, que iniciaram a construção científica do direito tributário no Brasil, encaravam com muito mais naturalidade a aplicação de técnicas como a fraude à lei tributária. E muitos desses autores defenderam especificamente a contenção da elusão tributária mediante a técnica da fraude à lei tributária ou do abuso de formas jurídicas. Autores como Rubens Gomes de Sousa, Amílcar de Araújo Falcão, Ruy Barbosa Nogueira e Geraldo Ataliba sustentaram pontos de vista sobre os limites do planejamento tributário muito menos formalistas do que os sustentados por grande parte da doutrina atual.[1340] Quanto à doutrina atual, os maiores defensores da viabilidade constitucional das normas gerais antiabuso são Ricardo Lobo Torres[1341] e Marco Aurélio Greco.[1342]

Em 2001, o Poder Executivo encaminhou ao Congresso Nacional um projeto que veio a ser convertido na Lei Complementar nº 104/2001, que, entre outras providências, incluiu no CTN o seguinte dispositivo:

> Art. 116, parágrafo único: A autoridade administrativa poderá desconsiderar atos ou negócios jurídicos praticados com a finalidade de dissimular a ocorrência do fato gerador do tributo ou a natureza dos elementos constitutivos da obrigação tributária, observados os procedimentos a serem estabelecidos em lei ordinária.

A exposição de motivos do projeto de lei complementar afirmava que a norma constituiria "um instrumento eficaz para o combate aos procedimentos de planejamento tributário praticados com abuso de forma ou de direito". Diante desta

---

[1339] *Vide*, por todos, XAVIER, Alberto. *Tipicidade da tributação, simulação e norma antielisiva*. São Paulo: Dialética, 2001.

[1340] Cf. SOUSA, Rubens Gomes de. *Compêndio de legislação tributária*. São Paulo: Resenha Tributária, 1975. p. 75-82; FALCÃO, Amílcar de Araújo. *Introdução ao direito tributário*. 4. ed. Rio de Janeiro: Forense, 1993. p. 61; FALCÃO, Amílcar de Araújo. *Fato gerador da obrigação tributária*. 6. ed. Rio de Janeiro: Forense, 1995. p. 32; NOGUEIRA, Ruy Barbosa. *Da interpretação e da aplicação das leis tributárias*. 2. ed. São Paulo: Revista dos Tribunais, 1965. p. 65-66; NOGUEIRA, Ruy Barbosa. *Curso de direito tributário*. 12. ed. São Paulo: Saraiva, 1994. p. 93; ATALIBA, Geraldo. *Apontamentos de ciência das finanças, direito financeiro e tributário*. São Paulo: Revista dos Tribunais, 1969. p. 295; ATALIBA, Geraldo (Coord.). *Interpretação no direito tributário*. São Paulo: Saraiva, Educ, 1975. p. 193.

[1341] Cf. TORRES, Ricardo Lobo. *Normas de interpretação e integração do direito tributário*. 4. ed. Rio de Janeiro: Renovar, 2006 e TORRES, Ricardo Lobo. Elisão abusiva e simulação na jurisprudência do Supremo Tribunal Federal e do Conselho de Contribuintes. *In*: YAMASHITA, Douglas (Coord.). *Planejamento tributário à luz da jurisprudência*. São Paulo: Lex, 2007.

[1342] Cf. GRECO, Marco Aurelio. *Planejamento fiscal e interpretação da lei tributária*. São Paulo: Dialética, 1998 e GRECO, Marco Aurelio. *Planejamento tributário*. 4. ed. São Paulo: Dialética, 2011.

norma, parte da doutrina nacional adotou a seguinte interpretação: o dispositivo regula a hipótese de "atos ou negócios simulados" ("dissimulação" teria o sentido jurídico de "simulação relativa") e assim não trouxe nada de realmente novo, pois doutrina e jurisprudência há muito chegaram a uma sólida posição de que os atos ou negócios simulados não fazem parte da elisão tributária, mas constituem formas de praticar "infração tributária" ou simplesmente "evasão".

Alberto Xavier defendeu[1343] que o efeito do dispositivo teria sido permitir que o fisco desconsiderasse o ato simulado sem ter que previamente demandar a nulidade do ato em juízo (*vide* art. 105 do antigo Código Civil). Consideramos um equívoco essa afirmação, pois doutrina e jurisprudência anteriores à LC nº 104 já consideravam sem maiores hesitações que o fisco, para combater a simulação relativa praticada pelo contribuinte, não necessita requerer que o Poder Judiciário decrete a nulidade do ato simulado,[1344] estando essa orientação implícita no art. 149, VII, do CTN, posterior ao Código Civil de 1916.

Outra parte da doutrina brasileira preferiu defender a interpretação de que o dispositivo veio, de maneira inconstitucional, proibir radical e terminantemente todo e qualquer planejamento tributário, e para tanto deu poderes à administração tributária para realizar uma interpretação econômica das normas impositivas e exigir tributos por analogia. Essa foi a interpretação defendida na petição inicial da Ação Direta de Inconstitucionalidade nº 2.446, proposta pela Confederação Nacional do Comércio em 2001 e julgada pelo STF (Plenário Virtual) em 2022.[1345]

Em nossa opinião, a alteração do CTN veio ao encontro de uma tendência mundial de adotar *normas gerais* de combate à elusão tributária:[1346] certamente continua permitido o planejamento tributário, mas quando este promove uma distorção ou um uso *artificioso e forçado* de determinados atos ou negócios jurídicos previstos na lei civil ou empresarial para outros fins, então as autoridades fiscalizadoras podem desconsiderar tais formalizações e aplicar a norma tributária eludida ou defraudada.

Por outro lado, consideramos que a existência de uma norma geral antielusão contida no Código Tributário *obriga* o fisco a recorrer a tal via para corrigir os atos elusivos dos contribuintes, não sendo correta a aplicação conjunta ou mesmo subsidiária das figuras da fraude à lei e do abuso do direito previstas no Código Civil de 2002 (arts. 166, VI, e 187, respectivamente).

A sistematização que o Código Civil de 2002 imprimiu às figuras da fraude à lei e do abuso do direito é inapropriada para o tratamento da elusão tributária.

---

[1343] XAVIER, Alberto. *Tipicidade da tributação, simulação e norma antielisiva*. São Paulo: Dialética, 2001. p. 70-73.

[1344] Sampaio Dória observava corretamente que "o propósito fiscal é unicamente o de receber o tributo devido pela prática do ato dissimulado, pouco importando a permanência dos efeitos jurídicos dos atos aparentes", concluindo que "a decretação de nulidade do negócio simulado, em seu aspecto substancial, não é imprescindível para que o fisco receba os tributos devidos" (DÓRIA, Antônio Roberto Sampaio. *Elisão e evasão fiscal*. São Paulo: Lael, 1971. p. 42). Essa orientação sempre prevaleceu no Conselho de Contribuintes do Ministério da Fazenda.

[1345] STF, ADI nº 2.446, Relatora Ministra Cármen Lúcia, DJ, 27 abr. 2022.

[1346] Vale relembrar que a exposição de motivos do projeto de lei e os debates parlamentares sempre se referiram claramente aos limites do planejamento e da elisão fiscal, e não à hipótese de simulação.

Quanto à fraude à lei, a disciplina do Código Civil brasileiro considera *nulo* o negócio praticado em fraude à lei (art. 166, VI), e naturalmente faz depender essa nulidade de uma sentença judicial, ao passo que todos os países que possuem normas gerais antielusão utilizam a técnica da *desconsideração* ou *inoponibilidade fiscal* do ato elusivo, que obviamente independe de uma decisão judicial (embora, naturalmente, a desconsideração possa ser revista *a posteriori* por um ato judicial). Além disso, o art. 166, VI, do Código Civil restringe-se aos *negócios jurídicos* em fraude à lei, sem abranger os casos não incomuns de atos *in fraudem legis* que não são contratos ou negócios jurídicos *stricto sensu*.[1347]

Combater a elusão tributária mediante anulação judicial de atos da vida civil e comercial significaria, além de procrastinar e tumultuar o procedimento, criar desnecessariamente uma série de contratempos e efeitos colaterais a terceiros. Da mesma forma que no Brasil a simulação dos atos dos contribuintes prevista no CTN (por exemplo, no art. 149, VII) e em leis tributárias esparsas nunca foi demandada previamente no juízo cível pela Fazenda Pública, e sim caracterizada pela autoridade fiscal no exercício do lançamento, pensamos que a qualificação dos atos do contribuinte como elusivos (e sua consequente desconsideração) somente deve ocorrer no bojo dos procedimentos administrativos específicos previstos na parte final do art. 116, parágrafo único, do CTN. Se a desconsideração se tornar definitiva na esfera administrativa, então o contribuinte poderá questioná-la no Poder Judiciário, nas varas competentes para examinar a matéria tributária, e não nas varas cíveis.

Parece-nos que foi algo saudável, e mesmo necessário, a iniciativa de criar legislativamente uma norma geral antielusão como "um instrumento eficaz para o combate aos procedimentos de planejamento tributário praticados com abuso de forma ou de direito", expressão utilizada na Exposição de Motivos do Projeto de Lei Complementar. O que nos parece criticável no art. 116, parágrafo único, do CTN é a falta de estabelecimento de critérios substantivos para uma definição mais precisa do que se deve entender por atos ou negócios jurídicos que pratiquem a "dissimulação da ocorrência do fato gerador ou da natureza dos elementos constitutivos da obrigação tributária".

É certo que as normas gerais antielusão têm, por definição, uma textura aberta e não se destinam a uma aplicação automática por mera subsunção lógica, cabendo à jurisprudência o papel de ir paulatinamente definindo, à luz dos casos concretos, seus contornos precisos. Contudo, comparada, por exemplo, com as normas gerais antielusão de países como Espanha e Portugal, a norma brasileira de 2001 se destaca por sua redação menos objetiva e precisa.

A norma portuguesa, assim como a norma espanhola atualmente em vigor, estabelece o critério do abuso de formas jurídicas como a pedra de toque para a interpretação e aplicação da norma geral. A referência no texto da norma aos motivos exclusiva ou preponderantemente voltados à eliminação ou diferimento de tributos,

---

[1347] Cf. PONTES DE MIRANDA, Francisco Cavalcanti. *Tratado de direito privado* – Parte geral. Rio de Janeiro: Borsoi, 1954. t. I. p. 45.

e cumulativamente ao caráter artificioso dos atos ou negócios jurídicos praticados, constitui um valioso elemento inicial para que, a partir dele, a jurisprudência desempenhe sua tarefa concretizadora.

O Poder Executivo buscou corrigir o relativo laconismo do art. 116, parágrafo único, do CTN com a edição da Medida Provisória nº 66, no ano seguinte à aprovação da norma geral. Mas essa tentativa acabou sendo rejeitada pelo Congresso Nacional e, desde então, o Poder Executivo deixou de enviar propostas ao Congresso Nacional para fins de definição dos procedimentos de aplicação da norma geral antielusão, procedimentos cuja definição prévia é exigida expressamente pela norma do parágrafo único do art. 116 do CTN.

### 2.2.2.4 O conceito amplo e causalista de simulação como a efetiva norma geral antielusão em vigor no ordenamento brasileiro

Como até o presente momento não foram definidos pelo Congresso Nacional os procedimentos para a aplicação da norma do art. 116, parágrafo único, do CTN, que permanece numa espécie de limbo jurídico, poder-se-ia pensar que o ordenamento brasileiro segue desprovido de uma norma geral que combata os planejamentos tributários considerados abusivos.

Contudo, a análise da jurisprudência atual do Conselho Administrativo de Recursos Fiscais (antigo Conselho de Contribuintes do Ministério da Fazenda)[1348] e dos tribunais do Poder Judiciário não deixa dúvidas de que os planejamentos tributários abusivos são combatidos pela Administração e pelos juízes pela aplicação de uma norma geral antielusão alternativa. Essa norma alternativa é aquela que determina (art. 149, VII, do CTN) que a autoridade administrativa deve desconsiderar os atos e negócios jurídicos praticados com *simulação*, aplicando o direito tributário aos atos e negócios *efetivamente* postos em prática pelas partes.

O entendimento tradicional na doutrina brasileira é o de que a simulação só ocorre quando as partes de um negócio jurídico declaram, num contrato ou numa escritura, algum *fato* ou *dado* concreto que se mostra falso (p. ex. declara-se que o preço de venda de um imóvel é de R$500 mil, mas o vendedor recebe do comprador de fato R$1 milhão). Ou então, se as partes omitem ou escondem, num contrato ou numa escritura, um *fato* real que nega o que está declarado no documento. A simulação seria, portanto, uma questão de "fingimento ou manipulação dos fatos praticados",[1349] com intuito de lesar terceiros, inclusive o fisco.

---

[1348] Sobre o tema, *vide* o estudo GODOI, Marciano Seabra de; FERRAZ, Andréa Karla. Planejamento tributário e simulação: estudo e análise dos casos Rexnord e Josapar. *Revista Direito GV*, v. 8, n. 1, p. 359-379, jan./jun. 2012. *Vide* também ROLIM, João Dácio; ROSENBLATT, Paulo. Dez anos da norma geral antielisiva no Brasil. *Revista Dialética de Direito Tributário*, n. 197, p. 83-96, 2012.

[1349] TORRES, Ricardo Lobo. Elisão abusiva e simulação na jurisprudência do Supremo Tribunal Federal e do Conselho de Contribuintes. *In*: YAMASHITA, Douglas (Coord.). *Planejamento tributário à luz da jurisprudência*. São Paulo: Lex, 2007. p. 334.

Essa visão considera a divergência entre a *vontade interna* e a *vontade manifesta* como o principal requisito da simulação.[1350] Na clássica explicação do jurista italiano Ferrara, na simulação a "não conformidade entre o que se quer e o que se declara é comum a ambas as partes e concertada entre elas".[1351] Segundo essa concepção, que pode ser considerada *restritiva*, somente há simulação se as partes mentem sobre fatos ou sobre dados concretos, escondendo-os ou inventando-os, total ou parcialmente, qualitativa ou quantitativamente. Por isso Ricardo Lobo Torres afirma que na simulação "discute-se sobretudo a respeito da matéria de fato", e a prova "é seu ponto nevrálgico".[1352]

Contudo, o conceito de simulação é, no âmbito do próprio direito civil brasileiro, bastante controverso. Ainda que nem sempre deixem isso explícito, diversos civilistas definem e aplicam o conceito de simulação com base numa *visão causalista*, a mesma visão contida na jurisprudência do CARF acima mencionada. A causa dos negócios jurídicos pode ser definida como o "fim econômico ou social reconhecido e garantido pelo direito, uma finalidade objetiva e determinante do negócio que o agente busca além da realização do ato em si mesmo".[1353] A causa é, portanto, o propósito, a razão de ser, a finalidade prática que se persegue com a prática de determinado negócio jurídico. Orlando Gomes, inclusive, promove uma classificação dos negócios jurídicos com base nas *causas típicas* de cada um deles (a cada negócio "corresponde causa específica que o distingue dos outros tipos"): o seguro é, por exemplo, um negócio jurídico cuja causa é a "prevenção de riscos", ao passo que o contrato de sociedade tem como causa uma associação de interesses, compondo a categoria dos "negócios associativos".[1354]

Muitos autores consideram a simulação não como um problema de divergência entre a vontade interna e a vontade declarada, mas sim como um *vício na causa dos negócios*, no sentido de que as partes usam determinada estrutura negocial (compra e venda) para atingir um resultado prático (doar um patrimônio) que não corresponde à causa típica do negócio posto em prática. Na formulação de Orlando Gomes sobre a simulação relativa, "ao lado do contrato simulado há um contrato dissimulado, que disfarça sua verdadeira causa".[1355]

Os autores causalistas afirmam que na simulação não há propriamente um vício do consentimento (como no erro ou no dolo), pois as partes, consciente e

---

[1350] Cf. ALVES, José Carlos Moreira. Abuso de formas, abuso de direito, dolo, negócios jurídicos simulados, fraude à lei, negócio indireto e dissimulação. *In*: SEMINÁRIO INTERNACIONAL SOBRE ELISÃO FISCAL. *Anais...* Brasília: Esaf, 2001. p. 64-65 e PONTES DE MIRANDA, Francisco Cavalcanti. *Tratado de direito privado* – Parte geral. Rio de Janeiro: Borsoi, 1954. t. I. p. 53.

[1351] FERRARA, Francesco. *A simulação dos negócios jurídicos*. Campinas: Red Livros, 1999. p. 52.

[1352] TORRES, Ricardo Lobo. Elisão abusiva e simulação na jurisprudência do Supremo Tribunal Federal e do Conselho de Contribuintes. *In*: YAMASHITA, Douglas (Coord.). *Planejamento tributário à luz da jurisprudência*. São Paulo: Lex, 2007. p. 345.

[1353] PEREIRA, Caio Mário da Silva. *Instituições de direito civil*. Rio de Janeiro: Forense, 2005. v. 1. p. 505.

[1354] GOMES, Orlando. *Introdução ao direito civil*. Rio de Janeiro: Forense, 1977. p. 364-365.

[1355] GOMES, Orlando. *Introdução ao direito civil*. Rio de Janeiro: Forense, 1977. p. 516.

deliberadamente, emitem um ato de vontade.[1356] O que ocorre é que o ato simulado não corresponde aos propósitos efetivos dos agentes da simulação. Por isso diversos autores veem na simulação uma "divergência consciente entre a intenção prática e a causa típica do negócio".[1357]

Tanto na concepção causalista quanto na concepção restritiva vista anteriormente, o negócio simulado é visto como "não verdadeiro". Mas isso a partir de perspectivas diferentes. Com efeito, na perspectiva causalista haverá simulação mesmo que as partes não inventem nem escondam de ninguém um *fato ou dado específico* no bojo de cada um dos negócios praticados.

## 2.2.2.5 Análise do decidido pelo STF no acórdão da ADI nº 2.446

Por unanimidade, o STF rechaçou a alegação da petição inicial da ação (formulada pela Confederação Nacional do Comércio em 2001) de que o parágrafo único do art. 116 do CTN seria uma norma que proibiria o planejamento tributário por meio da adoção da "interpretação econômica" e da autorização da "tributação por analogia". Também por unanimidade, considerou-se que o parágrafo único do art. 116 do CTN, não sendo uma "norma antielisão" (no sentido de coibir o planejamento tributário), é uma norma que combate a "evasão fiscal", campo em que não se insere o planejamento tributário que afasta licitamente a ocorrência do fato gerador.

Outra definição objetiva do acórdão foi que a norma introduzida no CTN pela LC nº 104 é plenamente constitucional, neste ponto vencidos os Ministros Ricardo Lewandowski e Alexandre de Moraes. Esses dois ministros entenderam que a norma seria inconstitucional pelo motivo de violar o "princípio da reserva de jurisdição", o qual colocaria somente nas mãos do Poder Judiciário a prerrogativa de declarar simulados os atos e negócios praticados pelos contribuintes, não podendo a simulação ser declarada pela autoridade fiscal no ato do lançamento. Finalmente, decidiu-se à unanimidade que o art. 116, parágrafo único, do CTN depende, para sua aplicação concreta, da edição de uma lei ordinária ainda não aprovada pelo Congresso Nacional.

Não é possível, com base exclusivamente no voto da Relatora Ministra Cármen Lúcia, ter razoável segurança sobre o sentido prático da afirmação do acórdão de que a norma do art. 116, parágrafo único, do CTN combate a "evasão fiscal". Lendo-se o voto do Ministro Lewandowski, que apoiou expressamente a afirmação da Relatora de que a norma é contra a evasão, e não contra a elisão, a situação é bem distinta. Fazendo remissão à doutrina de Sacha Calmon Navarro Coêlho, o voto do Ministro Lewandowski é muito claro em sua interpretação do dispositivo questionado na ação, ao afirmar que (p. 20 do acórdão): "Caberá à autoridade administrativa investigar a presença de vícios capazes de macular a existência do negócio jurídico (simulação e dissimulação) ou a sua validade, em fraude à lei, abuso de forma ou abuso de direito".

---

[1356] ABREU, José. *O negócio jurídico e sua teoria geral*. São Paulo: Saraiva, 1988. p. 276-277.

[1357] BETTI, Emilio. *Teoria geral do negócio jurídico*. Tradução de Ricardo Rodrigues Gama. Campinas: LZN, 2003. t. II. p. 277.

Vale dizer, comportamentos em fraude à lei, abuso de forma e abuso de direito são inequivocamente situados pelo voto no âmbito da evasão fiscal, e, portanto, são considerados como institutos a serem aplicados no âmbito da desconsideração de atos e negócios jurídicos mencionada no art. 116, parágrafo único, do CTN.

Portanto, nos termos do voto do Ministro Lewandowski, pode-se dizer que a afirmação de que a norma é contra a evasão, na medida em que inclui expressamente em tal campo os atos em fraude à lei, abuso de direito ou abuso de formas jurídicas, tem o mesmo sentido geral da afirmação dos autores que identificam no dispositivo uma norma antiabuso.

No terceiro voto escrito do acórdão, o Ministro Toffoli não é tão claro como o Ministro Lewandowski, mas parece indicar que compartilha a visão de que comportamentos em fraude à lei, abuso de forma e abuso de direito situam-se no âmbito da evasão fiscal e, portanto, são considerados como institutos a serem aplicados no âmbito da desconsideração de atos e negócios jurídicos mencionada no art. 116, parágrafo único, do CTN.

A fundamentação dos votos escritos do acórdão da ADI nº 2.446 sinaliza um alinhamento à posição doutrinária cuja abordagem dualista (elisão x evasão) não veta, para efeitos de identificar comportamentos no campo da evasão, a adoção de institutos como abuso de direito, fraude à lei, ausência de causa e abuso de formas jurídicas como mecanismos de controle do planejamento tributário.[1358]

## 2.2.3 Fato gerador da obrigação tributária e atos ilícitos

O tributo, sendo o sustentáculo material do aparato estatal, dos serviços públicos e das políticas públicas, naturalmente não poderia ter como hipótese de incidência um fato ilícito. Isto seria um contrassenso. A ordem jurídica não poderia ter como sua mais importante fonte de financiamento algo que dependesse da ocorrência de ilicitudes.

Daí o art. 3º do CTN explicitar que o tributo não tem natureza sancionatória; se algo constitui sanção pela prática de ilícito, tributo não é. O legislador, ao criar a norma que contém a hipótese de incidência de um tributo, não poderá prever aí a ocorrência de uma ilicitude. Caso o faça, não instituirá propriamente um tributo, e sim uma sanção pecuniária. O art. 118 do CTN, ao dispor que "a definição legal do fato gerador é interpretada abstraindo-se da validade jurídica dos atos efetivamente praticados" ou "da natureza do seu objeto ou dos seus efeitos", não supõe qualquer contradição com aquela nota do conceito de tributo (não constituir sanção por ato ilícito). Vejamos o exemplo do imposto sobre a renda. Seu fato gerador (auferir renda) nada tem de ilícito. Se esse fato gerador ocorre concretamente, nasce a obrigação tributária, independentemente de uma possível ilicitude dos atos cuja prática redundaram no

---

[1358] Para uma análise crítica do conteúdo do acórdão da ADI nº 2.446, vide GODOI, Marciano Seabra de Godoi. Exercício de Compreensão Crítica do Acórdão do Supremo Tribunal Federal na Ação Direta de Inconstitucionalidade n. 2.446 (2022) e de suas Consequências Práticas sobre o Planejamento Tributário no Direito Brasileiro. *Revista de Direito Tributário Atual*, Vol. 52, 3º quadrimestre 2022, p. 465-485.

auferimento da renda. O mesmo se diga em relação ao imposto sobre prestação de serviços, num caso em que o serviço foi prestado por uma pessoa sem a habilitação legal necessária para tanto.

Mas há casos em que a invalidade de determinado ato jurídico atinge o próprio âmago do fato gerador do tributo. Imagine-se que um imóvel é doado de "A" para "B", recolhendo-se o imposto respectivo. Passados alguns meses, a doação é declarada nula por uma autoridade judicial, retornando o imóvel para o patrimônio do pretenso doador. Nessa hipótese, não há como sustentar que a invalidade jurídica da doação seja algo circunstancial, e por isso mesmo deva ser abstraída da análise sobre a efetiva incidência do tributo.

De fato, antes de se cogitar da validade ou invalidade de ato jurídico, há de se perquirir por sua própria existência. Nesse sentido, o Superior Tribunal de Justiça esclarece que a interpretação do art. 118 do CTN "passa pela separação dos planos de existência, validade e eficácia dos fatos jurídicos submetidos à tributação".[1359] Se estes existem, mas são inválidos ou ilícitos (hipótese do inciso I), ou se existem e são válidos, mas são ineficazes (não produzem os efeitos pertinentes, caso do inciso II), a tributação será possível (melhor dizendo, mandatória), já que o fato gerador terá ocorrido (os aspectos da hipótese de incidência verificados em concreto). Porém, de acordo com o STJ, "se inexistente o fato jurídico, não se pode cogitar sequer da sua validade, ou tampouco da sua eficácia".[1360] No caso julgado, o Tribunal entendeu indevido o ITR sobre propriedades rurais cujos registros foram posteriormente anulados por decisões judiciais transitadas em julgado, "vez que o arcabouço normativo de direito privado considera existente a transmissão da propriedade apenas com o registro do título translativo no Registro de Imóveis".[1361]

Em certa medida, o Supremo Tribunal Federal, quando julgou se as vendas inadimplidas poderiam ser tributadas por PIS e COFINS (isto é, se as receitas registradas como decorrência de tais vendas, mesmo não recebidas, poderiam se submeter a ambas as contribuições, cuja base constitucional de incidência é o faturamento ou receita – art. 195, I, b), adotou o mandamento contido no art. 118 do CTN.[1362] O entendimento foi pela possibilidade da tributação justamente porque o "inadimplemento é evento posterior que não compõe o critério material da hipótese de incidência das referidas contribuições; (...) o fato gerador da obrigação ocorre com o aperfeiçoamento do contrato de compra e venda (entrega do produto), e não com o recebimento do preço acordado".[1363] Ou seja, se existente a operação de venda (e, consequentemente, pelo princípio contábil da competência, a contabilização da receita), a posterior ineficácia

---

[1359] STJ, AREsp nº 1.750.232/SP, relator Ministro Benedito Gonçalves, Primeira Turma, julgado em 20/6/2023, DJe de 26/6/2023.

[1360] *Idem*.

[1361] *Idem*.

[1362] Tema de Repercussão Geral nº 87. RE 586482, Relator(a): DIAS TOFFOLI, Tribunal Pleno, julgado em 23-11-2011, ACÓRDÃO ELETRÔNICO REPERCUSSÃO GERAL - MÉRITO DJe-119 DIVULG 18-06-2012 PUBLIC 19-06-2012 RDDT n. 204, 2012, p. 149-157 RT v. 101, n. 923, 2012, p. 691-706 RTJ VOL-00234-01 PP-00180.

[1363] *Idem*.

desse negócio jurídico (não se receber o montante correspondente ao preço) não influenciaria, na visão do Tribunal, na ocorrência do fato gerador.

Como conclusão, é importante ter em conta que não se pode aplicar o art. 118 do CTN de forma açodada e irrefletida. A aplicação desse dispositivo somente tem lugar quando a pretensa ilicitude ou invalidade ou ineficácia de determinada conduta apresenta uma relação meramente circunstancial com a configuração do fato gerador. Não se deve esquecer que o próprio art. 118 do CTN expressamente se declara como uma norma relativa à *interpretação da definição legal do fato gerador* de cada tributo ("Art. 118. A definição legal do fato gerador é interpretada [...]").

Dito isso, a atualidade aponta pela relevância de se considerar a tributação dos jogos de azar. Recentemente, a temática esteve em voga com a autorização das "apostas de quota fixa" pela Lei Federal nº 14.790/2023,[1364] que abarcam, no jargão esportivo, as chamadas *"bets"*. A tributação do resultado da aposta ilegal – pelo imposto de renda, por exemplo – parece não encontrar maiores dificuldades em vista do que foi aqui exposto, a partir do art. 118 do CTN. O maior desafio está no gravame fiscal sobre a atividade em si, quando não autorizada pelo ordenamento. No caso das *"bets"*, no entanto, justamente pela regulamentação, superou-se o entrave, estando os debates jurídicos, agora, sobre as possibilidades de tributação.[1365] O debate sobre a moralidade da "legalização" dos jogos de azar permanece, mas o potencial arrecadatório com a medida certamente pesará contrariamente a que com esta se recue.[1366]

---

[1364] Segundo o art. 51, que alterou o art. 29 da Lei nº 13.756, de 12 de dezembro de 2018, a aposta de quota fixa "consiste em sistema de apostas relativas a eventos reais ou virtuais em que é definido, no momento de efetivação da aposta, quanto o apostador pode ganhar em caso de acerto do prognóstico".

[1365] Atualmente, além da tributação corporativa genérica, os operadores de aposta se sujeitam à contribuição social de concursos de prognósticos (art. 195, III, da Constituição e art. 26 da Lei n. 8,2128/1991) e a taxa de fiscalização (art. 32 da Lei n. 13.756/2018). Há também a previsão de destinações específicas dos recursos arrecadados com as apostas, para despesas como educação, segurança pública, esporte etc., hipótese não considerada pela lei correspondente como tributo (art. 30 da Lei n. 13.756/2018). Com a reforma tributária, a tributação dos jogos de azar por IBS, CBS e IS assumiu posição de destaque. Na Constituição, além da competência mais genérica para o IS, há a previsão específica da incidência sobre as apostas para o IBS/CBS (art. 156-A, 6º, II). No projeto de lei complementar para regulação dos três tributos (IBS, CBS e IS, pelo PLP n. 68/2024), já aprovado na Câmara de Deputados, mas ainda em discussão no Senado Federal, vê-se as seguintes disposições:
"Art. 237. Os concursos de prognósticos, em meio físico ou virtual, compreendidas todas as modalidades lotéricas, incluídos as apostas de quota fixa e os sweepstakes, as apostas de turfe e as demais apostas, ficam sujeitos a regime específico de incidência do IBS e da CBS, de acordo com o disposto neste Capítulo. [...]
Art. 243. Ficarão sujeitas à incidência do IBS e da CBS pela mesma alíquota prevista para concursos de prognósticos no País as entidades domiciliadas no exterior que prestarem, por meio virtual, serviços de concursos de prognósticos de que trata este Capítulo para apostadores residentes ou domiciliados no País. [...]
Art. 406. Fica instituído o Imposto Seletivo - IS, de que trata o inciso VIII do art. 153 da Constituição Federal, incidente sobre a produção, extração, comercialização ou importação de bens e serviços prejudiciais à saúde ou ao meio ambiente. § 1º Para fins de incidência do Imposto Seletivo, consideram-se prejudiciais à saúde ou ao meio ambiente os bens classificados nos códigos da NCM/SH e o carvão mineral, e os serviços listados no Anexo XVII, referentes a: I - veículos; II - embarcações e aeronaves; III - produtos fumígenos; IV - bebidas alcoólicas; V - bebidas açucaradas; VI - bens minerais; e VII - concursos de prognósticos e fantasy sport".

[1366] Segundo a Folha de São Paulo, em reportagem de janeiro de 2024, "os gastos de brasileiros com jogos e apostas online, as chamadas bets, atingiram cerca de US$ 11,1 bilhões entre janeiro e novembro do ano

## 2.3 Sujeição ativa

O estudo da sujeição ativa em direito tributário é o estudo da pessoa titular da competência para exigir o cumprimento da obrigação tributária. O sujeito ativo será sempre uma pessoa jurídica de direito público em decorrência da regra geral da destinação pública dos tributos. Sua identificação se opera pela análise do aspecto pessoal do mandamento da norma tributária.

O sujeito ativo é, na maioria das vezes, a própria pessoa política titular da competência para a instituição do tributo. Importante esclarecer, entretanto, que competência tributária e capacidade tributária ativa são conceitos que não se confundem. Em decorrência da competência, outorgada na Constituição Federal, a pessoa política institui, por meio de lei, o tributo. E, dessa mesma lei, infere-se a pessoa titular da capacidade tributária ativa, como seja, a capacidade para figurar como sujeito ativo da relação jurídico-tributário. Em regra, a pessoa competente para instituir o tributo é a pessoa titular da capacidade de exigi-lo. Há situações, entretanto, em geral decorrentes do perfil constitucional da exação, que a pessoa titular da capacidade tributária ativa (sujeito ativo) se difere daquela titular da competência. Nestes casos, em princípio, estar-se-ia diante do fenômeno da parafiscalidade.

Para que efetivamente nos deparemos com um tributo parafiscal, é necessária a ocorrência simultânea de dois requisitos, a saber: a) o primeiro configura-se pela não coincidência entre o sujeito ativo e a pessoa titular da competência impositiva; b) o segundo configura-se pela outorga, na lei, seguindo autorização implícita na Constituição, da disponibilidade ao sujeito ativo do produto da arrecadação.[1367] Não se deve, pois, confundir meros deveres administrativos de retenção com parafiscalidade. Assim, muitas vezes, como é o caso típico do IR, a legislação impõe à fonte pagadora o dever de efetuar a retenção do imposto "na fonte" e posteriormente transferi-lo aos cofres públicos. Neste caso, não se trata de parafiscalidade, pois a lei não atribui (nem poderia) a disponibilidade da receita do imposto retido à pessoa responsável pela retenção.

Situação distinta se passa com o ITR. Nos termos do inciso III do §4º do art. 153 da Constituição, o imposto "será fiscalizado e cobrado pelos Municípios que

---

passado, o equivalente a R$ 54 bilhões. O valor aproximado corresponde a remessas feitas para empresas do setor que atuam no exterior" (https://www1.folha.uol.com.br/esporte/2024/01/brasileiros-gastaram-mais-de-r-50-bilhoes-em-apostas-online-em-2023.shtml. Acesso em: 01 set. 2024, às 17h37min).

[1367] Sobre o tema, o STJ, no ano de 2024, sumulou o seu entendimento no sentido de que "a legitimidade passiva, em demandas que visam à restituição de contribuições de terceiros, está vinculada à capacidade tributária ativa; assim, nas hipóteses em que as entidades terceiras são meras destinatárias das contribuições, não possuem elas legitimidade ad causam para figurar no polo passivo, juntamente com a União" (Súmula nº 666, Primeira Seção, julgado em 18/4/2024, DJe de 22/4/2024). Estava em discussão a legitimidade passiva dos serviços sociais destinatários das contribuições do sistema "S", a exemplo do SESI, SENAI, SESC, SENAC, para figurarem em ações judiciais intentadas por contribuintes para buscarem a devolução de tributos indevidamente recolhidos. O Superior Tribunal de Justiça esclareceu que, nesse caso, como as referidas entidades não detêm a capacidade tributária ativa (apesar da destinação dos recursos com as contribuições a elas, a cobrança continuou e continua sendo feita pela União – Receita Federal do Brasil), não teriam legitimidade para figurar no polo passivo das demandas judiciais.

assim optarem, na forma da lei, desde que não implique redução do imposto ou qualquer outra forma de renúncia fiscal". Além disso, de acordo com o inciso II do art. 158 do texto constitucional, "pertencem aos Municípios (...) cinqüenta por cento do produto da arrecadação do imposto da União sobre a propriedade territorial rural, relativamente aos imóveis neles situados, cabendo a totalidade na hipótese da opção a que se refere o art. 153, § 4º, III". Ou seja: havendo a opção do Município, a transferência de receita dá lugar à parafiscalidade, caso em que, apesar de instituído pela União federal, o ITR passa a ser fiscalizado e arrecadado pelo município do local do imóvel rural gravado.

De mais a mais, ainda sobre o tema em análise, importa observar que a Reforma Tributária (EC nº 132/2023) trouxe situação *sui generis*, que demanda considerações. Ao reboque da competência compartilhada trazida pelo art. 156-A da Constituição, previu-se, no dispositivo seguinte, art. 156-B, a criação do Comitê Gestor do Imposto sobre Bens e Serviços, competente para, nos termos do inciso II, "arrecadar o imposto, efetuar as compensações e distribuir o produto da arrecadação entre Estados, Distrito Federal e Municípios". Não se trata, como se nota, do fenômeno da parafiscalidade, já que o produto da arrecadação não ficará com a entidade distinta da competente para a instituição do tributo, mas, sem sombra de dúvidas, cuida-se de realidade nova, que certamente demandará reflexões e estudos com a sua efetiva implementação.[1368]

Finalmente, fechando a questão da parafiscalidade, é necessário perquirir se, pela análise da Constituição, existiria ou não uma parafiscalidade necessária para determinados tributos ou se sua instituição seria mera faculdade do legislador. É que, compulsando a Constituição Federal, no que toca à disciplina da outorga das competências impositivas, verifica-se, em muitos casos, notadamente quanto às contribuições corporativas e sociais, que a função do tributo é o financiamento de despesas específicas, não fiscais, gerenciadas em orçamentos autônomos. Seria então de se reconhecer a inexistência de capacidade tributária ativa da União Federal para arrecadar e administrar as contribuições destinadas à seguridade social. Isso em razão da previsão de orçamento autônomo para a seguridade social (CF, art. 165, §5º) e de possuir o INSS (autarquia) estrutura administrativa independente da Administração central. Neste sentido, afirma Misabel Derzi que "a Constituição cassou expressamente a capacidade tributária ativa da União, ou seja, tão só a aptidão para exigir e arrecadar o tributo. Essa interpretação parece-nos ser a única cabível, pela letra e pelo espírito dos dispositivos magnos".[1369]

O Supremo Tribunal Federal (RE nº 146.733-9/SP), contudo, apreciando a constitucionalidade da contribuição social sobre o lucro, entendeu que, não obstante a existência de autonomia orçamentária para a seguridade social, apartada do orçamento fiscal, não haveria impedimento para que sua arrecadação se desse diretamente pela Receita Federal. Enfim, o Tribunal decidiu que o simples fato de haver arrecadação direta pela Receita Federal não implica necessariamente desvio

---

[1368] Ainda em curso, com o PLP n. 108/2024, em discussão na Câmara de Deputados.

[1369] DERZI, Misabel Abreu Machado. Contribuição para o Finsocial. *Revista de Direito Tributário*, n. 55, 1991. p. 211.

de finalidade e apenas se esse desvio for cabalmente demonstrado é que haverá a inconstitucionalidade da exação.

Neste aspecto, registre-se a crítica de José Marcos Domingues de Oliveira:

> Parece posicionamento fundado em doutrina superada pelo texto constitucional que, ademais, enseja ao Poder Executivo margem de manipulação sobre os recursos das contribuições. Afinal, se os recursos são destinados à Seguridade, qual a razão legítima pra não serem arrecadados pela Seguridade?[1370]

## 2.4 Sujeição passiva – Contribuinte e responsável

O Código Tributário Nacional oferece balizamento genérico para a identificação do sujeito passivo da relação jurídico-tributária. Vejamos:

> Art. 121. Sujeito passivo da obrigação principal é a pessoa obrigada ao pagamento do tributo ou penalidade pecuniária.
>
> Parágrafo único. O sujeito passivo da obrigação principal diz-se:
>
> I - Contribuinte, quando tenha relação pessoal e direta com a situação que constitua o respectivo fato gerador;
>
> II - Responsável, quando, sem revestir a condição de contribuinte, sua obrigação decorra de disposição expressa de lei.
>
> Art. 122. Sujeito passivo da obrigação acessória é a pessoa obrigada às prestações que constituam o seu objeto.

Pela dicção do legislador complementar, o sujeito passivo é obrigado ao pagamento do tributo na condição de contribuinte ou responsável. É dito contribuinte quando realizar o fato gerador. Será responsável o sujeito passivo que, embora não tenha realizado o fato gerador, por determinação legal, esteja obrigado ao pagamento do tributo.[1371] Por sua vez, não possuindo a obrigação acessória conteúdo patrimonial, o sujeito passivo desta não reveste a condição de contribuinte ou responsável, visto não estar obrigado ao pagamento de tributo.

Não deve causar espécie o fato de não ser o contribuinte, repita-se, a pessoa que realiza o fato gerador, o único sujeito passivo possível da obrigação tributária. Em verdade, a obrigação tributária deve sempre traduzir a capacidade contributiva

---

[1370] OLIVEIRA, José Marcos Domingues de. As contribuições parafiscais no sistema tributário nacional e a moralidade fiscal. *In*: REZENDE, Condorcet (Org.). *Estudos tributários*. [s.l.]: [s.n.], 1999. p. 318.

[1371] Em repercussão geral, Tema nº 13, o STF já esclareceu que "a responsabilidade tributária pressupõe duas normas autônomas: a regra matriz de incidência tributária e a regra matriz de responsabilidade tributária, cada uma com seu pressuposto de fato e seus sujeitos próprios. A referência ao responsável enquanto terceiro (dritter Persone, terzo ou tercero) evidencia que não participa da relação contributiva, mas de uma relação específica de responsabilidade tributária, inconfundível com aquela" (RE nº 562.276, Relator(a): ELLEN GRACIE, Tribunal Pleno, julgado em 03-11-2010, PUBLIC 10-02-2011).

da pessoa que realiza o fato gerador, sendo pois o contribuinte o alvo natural de todo o arcabouço normativo. Entretanto, há situações em que, por praticidade ou punição, a obrigação tributária é transferida por lei a pessoa distinta daquela que efetivamente realiza o fato gerador.

Para uma melhor abordagem do tema, que merece ser estudado com a devida minúcia, cumpre separar as hipóteses de sujeição passiva em direta e indireta, consoante esquema a seguir:

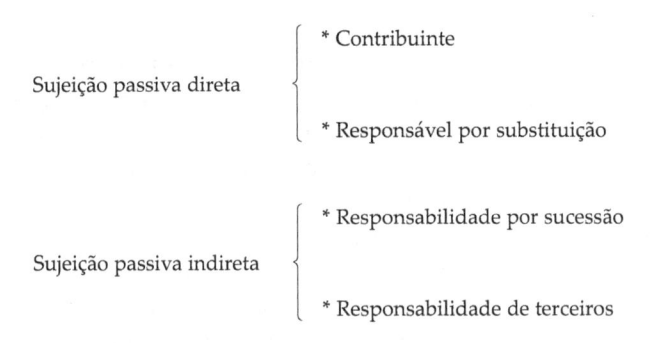

Sujeição passiva direta
* Contribuinte
* Responsável por substituição

Sujeição passiva indireta
* Responsabilidade por sucessão
* Responsabilidade de terceiros

## 2.4.1 Sujeição passiva direta

Nas hipóteses de sujeição passiva direta, a obrigação tributária surge diretamente para a pessoa indicada no aspecto pessoal do mandamento da norma tributária. Assim, será sujeito passivo a pessoa originalmente especificada pelo legislador e, portanto, primeiro destinatário da norma de incidência.

## 2.4.1.1 Contribuinte

O contribuinte, como seja, a pessoa que realiza o fato gerador tributário, é o sujeito passivo por excelência da obrigação tributária. Isso porque, conforme já demonstrado, quando da outorga pela Constituição Federal das competências tributárias, elegeu o constituinte determinados fatos ou situações passíveis de ser objeto da legislação impositiva. Nada mais natural que a pessoa que realiza ditos fatos ou se encontre presente em determinadas situações seja alçada à condição de sujeito passivo do tributo. Destarte, somente pela eleição do contribuinte como sujeito passivo da obrigação estar-se-ia tributando de forma segura o destinatário implicitamente referido na norma constitucional atribuidora de competência. Deve, portanto, ser esta a regra geral.

## 2.4.1.2 Responsável por substituição

Defrontamo-nos aqui com a segunda hipótese de sujeição passiva direta, ou seja, o responsável por substituição. É de se notar que embora o sujeito passivo previsto pela norma não realize o fato gerador, a obrigação tributária surge diretamente para a pessoa que substitui o contribuinte. Nestes casos, por razões de praticidade e economicidade, prefere o legislador exigir o tributo de pessoa alheia à realização do fato gerador. Há duas hipóteses de substituição tributária, denominadas "para trás" (ou regressiva) e "para frente" (ou progressiva). Na primeira, a lei atribui ao sujeito passivo a responsabilidade pelo recolhimento de tributo cujo fato gerador ocorreu no passado. É o caso, *v.g.*, de se eleger o industrial como substituto pelo recolhimento dos tributos incidentes na aquisição de insumos. Neste caso, falando-se do ICMS, o tributo incidiria na transferência pelo fornecedor do insumo à indústria. Não obstante, prefere o legislador concentrar a exigência em um único sujeito passivo (industrial), tornando-o responsável por substituição pelo pagamento do tributo que seria devido pelo fornecedor, posto ter sido ele a pessoa que praticou o fato gerador.

Na segunda hipótese, substituição tributária "para frente", a regra se altera, atribuindo a lei ao substituto o dever de recolher tributo devido em razão de fato gerador que provavelmente irá ocorrer no futuro. Nesta hipótese, é necessário considerações adicionais, pois a exigência de tributo sobre fato gerador futuro importa em presumir a ocorrência deste fato gerador. Em direito tributário sabemos quão sensível é o tema das presunções fiscais, visto que, em geral, fere de morte o princípio da capacidade contributiva. Nesse contexto, muito se questionou sobre a possibilidade da instituição da substituição tributária "para frente", considerando que implicaria, na prática, a exigência de tributo sem a prévia ocorrência do fato gerador. É o exemplo da substituição tributária prevista no âmbito do ICMS para o comércio de veículos automotores. Pela sistemática vigente, a montadora é alçada à condição de responsável por substituição pelo tributo devido pela concessionária, cujo fato gerador ocorre quando da venda do veículo por esta ao consumidor final. Assim, a montadora recolhe antecipadamente o ICMS que supostamente seria devido quando da transferência da propriedade do veículo pela concessionária ao adquirente do produto (consumidor final). Ou seja, estar-se-ia a exigir o tributo antes mesmo da ocorrência do fato gerador. Haveria, pois, a concessionária que suportar o ônus tributário (que naturalmente lhe é transferido pela montadora) antes de realizar o fato gerador (venda do veículo), o qual demonstraria e faria surgir a sua capacidade para contribuir.

Não por outras razões, tornou-se a substituição tributária "para frente" objeto de inúmeras críticas doutrinárias e questionamentos judiciais. Seguindo-se a prática corrente no direito brasileiro e, diga-se de passagem, lamentável, procurou-se, por meio de emenda à Constituição, legitimar a sistemática em comento, com o acréscimo do §7º ao texto do art. 150. Confira-se:

> §7º A lei poderá atribuir a sujeito passivo de obrigação tributária a condição de responsável pelo pagamento de imposto ou contribuição, cujo fato gerador deva ocorrer posteriormente, assegurada a imediata e preferencial restituição da quantia paga, caso não se realize o fato gerador presumido.

Do mandamento constitucional supracitado, pode-se inferir duas balizas. Pela primeira, resta clara a permissão para que se tribute fato gerador futuro por meio de presunção. Pela segunda, observa-se que não se trata de presunção definitiva, admitindo então a ulterior verificação de desrespeito ou não ao princípio da capacidade contributiva. De sorte que, havendo desrespeito ao dito princípio, é assegurada a imediata e preferencial restituição do tributo pago a maior. Nestes termos, forçoso concluir que o regime de substituição tributária para frente nunca poderá ser instituído de forma definitiva, sob pena de desrespeito à segunda baliza posta pelo legislador constituinte. Não se pode, por meio do regime de substituição, criar presunções que não possam em momento posterior ser efetivamente verificadas. Isto porque presumir a ocorrência de fato gerador futuro implica presumir, outrossim, o critério quantitativo do mandamento da norma, mais precisamente, implica presumir a base de cálculo do fato futuro.

É precisamente por meio da constatação de que a presunção de ocorrência futura de fato gerador implica necessariamente a presunção de base de cálculo para o tributo, que se coloca em relevo a oportunidade e necessidade de se assegurar a possibilidade de devolução, ao substituído (pessoa que efetivamente realizou o fato gerador), do tributo indevidamente por ele suportado a maior. Tomemos dois exemplos para ilustrar a questão. Supondo que a montadora efetue a venda de um veículo à concessionária. Na qualidade de substituta, deve recolher o ICMS devido na operação futura, qual seja, na venda do veículo pela concessionária ao consumidor final. É imperativo se presumir, então, não apenas o fato futuro (venda do veículo ao consumo final), como também a base de cálculo (valor da venda). Quanto à primeira presunção, comprovada a não ocorrência do fato em razão de perecimento do bem ou sua devolução, deve o tributo ser integralmente restituído ao substituído. Quanto à segunda presunção, tendo o fato gerador ilustrado uma base de cálculo inferior à presumida, deve o tributo ser proporcionalmente restituído. Exatamente nessa linha, é de se destacar que o Pleno do STF, em decisão de 2016, do RE nº 593.849, acabou por definir que "É devida a restituição da diferença do Imposto sobre Circulação de Mercadorias e Serviços (ICMS) pago a mais no regime de substituição tributária para a frente se a base de cálculo efetiva da operação for inferior à presumida".[1372] Conforme informativo do STF:

> Em seu voto pelo provimento do recurso, o relator, ministro Edson Fachin, destacou que o princípio da praticidade, que justifica a existência do sistema de substituição tributária, não pode se sobrepor aos princípios da igualdade, da capacidade contributiva e da vedação ao confisco. Os mecanismos de simplificação não podem deixar em segundo plano os direitos e garantias dos contribuintes.
>
> "A tributação não pode transformar uma ficção jurídica em uma verdade absoluta, tal como ocorreria se o fato gerador presumido tivesse caráter definitivo, logo, alheia à realidade extraída da realidade do processo econômico", explica o relator.

---

[1372] Tese do julgamento fixada para fins de repercussão geral, conforme informativo do STF de 19.10.2016.

O ministro também propôs a modulação dos efeitos da decisão, caso saia majoritária sua posição no Plenário, a fim de minimizar o impacto da mudança de entendimento da Corte. A proposta é que os efeitos da decisão se restrinjam às ações judiciais pendentes e aos casos futuros, após a fixação do entendimento, a fim de permitir o realinhamento das administrações tributárias.[1373]

Finalmente, fechando o que até agora foi exposto sobre a substituição tributária, é necessário deixar fincado que a norma tributária se destina sempre a impor o gravame ao contribuinte (que é a pessoa que realiza o fato gerador). Destarte, nas hipóteses de substituição, o substituído, embora não tenha obrigação de recolhimento, suportará o ônus tributário, sendo a demonstração de sua capacidade contributiva o foco da tributação. Desta forma, deve ser assegurada ao substituído a possibilidade de recuperar o ônus fiscal, uma vez que o responsável por substituição deverá apenas recolher, mas não concorrer com seu próprio patrimônio para o pagamento do tributo. Ademais, deve o substituto ter sempre relação direta com a situação que constitua o fato gerador, permitindo àquele reaver naturalmente do substituído, dentro do negócio jurídico particular (fato gerador), o tributo a seu encargo.

## 2.4.2 Sujeição passiva indireta

Nas hipóteses de sujeição passiva indireta opera-se a transferência da responsabilidade pelo cumprimento da obrigação tributária, nascida originalmente a cargo do contribuinte ou responsável por substituição, para os sucessores ou terceiros indicados em lei. Para a correta apreensão do fenômeno da sujeição passiva indireta, devemos considerar duas distintas hipóteses de incidência normativa sucessivas no tempo. É o que Misabel Derzi, em suas notas de atualização à obra de Baleeiro, chama de normas de incidência básica e secundária e que nós preferimos chamar de normas de incidência e de transferência de responsabilidade tributária. Em um primeiro momento, ocorrendo em concreto todos os aspectos da hipótese da norma de incidência tributária, tem-se por ocorrido o fato gerador do tributo, surgindo, por consequência, a obrigação tributária a ser explicitada pelos aspectos do mandamento da mesma norma. Entre estes aspectos, se encontra o pessoal, com a indicação do sujeito passivo, que sempre será o contribuinte ou o substituto. Em um momento posterior, caso não ocorra o pagamento do tributo, poderá haver a transferência para outros sujeitos passivos da responsabilidade pelo cumprimento da obrigação. A transferência ocorrerá se configurada a hipótese da norma de transferência (sucessão ou sub-rogação legal de terceiros), transferindo-se, pois, a responsabilidade dos sujeitos passivos diretos (contribuintes ou substitutos) para os sujeitos passivos indiretos (sucessores ou terceiros).

É importante destacar que o cumprimento da obrigação tributária, mesmo na hipótese de transferência aos sujeitos passivos indiretos, será feito na forma e nas

---

[1373] Notícia veiculada no *site* do STF em 13.10.2016.

condições estabelecidas pela norma de incidência. Não se opera qualquer alteração no objeto da obrigação tributária em razão da transferência da responsabilidade pelo seu cumprimento ao sujeito passivo indireto. Destarte, a obrigação será cumprida nos exatos termos originalmente vinculados ao sujeito passivo direto, sendo inteiramente aplicável o regime jurídico pertinente à pessoa que realizou o fato gerador tributário.

No tocante à sujeição passiva indireta, observa-se que o CTN, por seu art. 128, previu a possibilidade de o legislador ordinário, "atribuir de modo expresso a responsabilidade pelo crédito tributário a terceira pessoa, vinculada ao fato gerador da respectiva obrigação, excluindo a responsabilidade do contribuinte ou atribuindo-a a este em caráter supletivo do cumprimento total ou parcial da referida obrigação"; sem prejuízo das hipóteses de responsabilidade previstas pelo próprio Código, a seguir comentadas.[1374]

### 2.4.2.1 Responsabilidade dos sucessores

O Código Tributário Nacional trata da transferência integral da responsabilidade aos sucessores pelo cumprimento da obrigação tributária nas situações a seguir elencadas, esclarecendo que a responsabilidade se aplica aos créditos tributários definitivamente constituídos ou em curso de constituição à data dos atos de sucessão, e aos constituídos posteriormente aos mesmos atos, desde que relativos a obrigações tributárias surgidas até a referida data.

1. Sucessão imobiliária:

> Art. 130. Os créditos tributários relativos a impostos cujo fato gerador seja a propriedade, o domínio útil ou a posse de bens imóveis, e bem assim os relativos a taxas pela prestação de serviços referentes a tais bens, ou a contribuições de melhoria, sub-rogam-se na pessoa dos respectivos adquirentes, salvo quando conste do título a prova de sua quitação.

Trata-se de hipótese de sub-rogação, ao fundamento de que o tributo consistiria em ônus real sobre o imóvel, o que leva parte da doutrina a defender que a responsabilidade está limitada ao valor do bem transferido,[1375] havendo também manifestações em sentido oposto (de que a responsabilidade não se limita ao valor do imóvel).[1376]

---

[1374] Em julgado já acima citado (Tema RG nº 13 – RE nº 562.276), o STF destacou a necessidade de observância do art. 128 para que haja a responsabilização tributária de terceiro não contribuinte (sobre os arts. 124 e 135, outros comentários serão feitos adiante): "O Código Tributário Nacional estabelece algumas regras matrizes de responsabilidade tributária, como a do art. 135, III, bem como diretrizes para que o legislador de cada ente político estabeleça outras regras específicas de responsabilidade tributária relativamente aos tributos da sua competência, conforme seu art. 128. 3. O preceito do art. 124, II, no sentido de que são solidariamente obrigadas 'as pessoas expressamente designadas por lei', não autoriza o legislador a criar novos casos de responsabilidade tributária sem a observância dos requisitos exigidos pelo art. 128 do CTN, tampouco a desconsiderar as regras matrizes de responsabilidade de terceiros estabelecidas em caráter geral pelos arts. 134 e 135 do mesmo diploma".

[1375] MACHADO, Hugo de Brito. *Comentários ao Código Tributário Nacional*. São Paulo: Atlas, 2004. v. II. p. 531-532.

[1376] MARTINS, Ives Gandra. *Comentários ao CTN*. [s.l.]: [s.n.], 1998. v. 2. p. 228.

Em recurso repetitivo (Tema nº 209), o Superior Tribunal de Justiça, sobre o ponto, esclarece que os impostos que gravam o patrimônio (ITR e IPTU) têm origem em relação jurídica que surge de hipótese de incidência exclusivamente encartada "na titularidade de direito real, razão pela qual consubstanciam obrigações *propter rem*, impondo-se sua assunção a todos aqueles que sucederem o titular do imóvel".[1377]

De todas as formas, há uma excludente de responsabilidade prevista pelo próprio Código: fazer constar na escritura de transferência da propriedade prova de quitação do tributo. Nessa hipótese, é o alienante que permanecerá responsável pelo imposto, ainda que o imóvel seja transferido (cuida-se, pois, de natural hipótese de proteção do terceiro adquirente de boa-fé).

2. Sucessão por aquisição e remição de bens diversos ou *causa mortis*:

Art. 131. São pessoalmente responsáveis:

I - o adquirente ou remitente, pelos tributos relativos aos bens adquiridos ou remidos;

II - o sucessor a qualquer título e o cônjuge meeiro, pelos tributos devidos pelo *de cujus* até a data da partilha ou adjudicação, limitada esta responsabilidade ao montante do quinhão, do legado ou da meação;

III - o espólio, pelos tributos devidos pelo de cujus até a data da abertura da sucessão.

Verifica-se que o inc. I acaba por expandir a responsabilidade já tratada no art. 130, para abranger também os bens móveis.[1378] Os incs. II e III cuidam de natural hipótese de responsabilidade em caso de sucessão *causa mortis*.

---

[1377] E prossegue, esclarecendo as circunstâncias e consequências desse entendimento, inclusive à luz do art. 130 do CTN: "5. Conseqüentemente, a obrigação tributária, quanto ao IPTU e ao ITR, acompanha o imóvel em todas as suas mutações subjetivas, ainda que se refira a fatos imponíveis anteriores à alteração da titularidade do imóvel, exegese que encontra reforço na hipótese de responsabilidade tributária por sucessão prevista nos artigos 130 e 131, I, do CTN, verbis: [...]. 6. O promitente comprador (possuidor a qualquer título) do imóvel, bem como seu proprietário/promitente vendedor (aquele que tem a propriedade registrada no Registro de Imóveis), consoante entendimento exarado pela Primeira Seção do STJ, quando do julgamento dos Recursos Especiais 1.110.551/SP e 1.111.202/SP (submetidos ao rito do artigo 543-C, do CPC), são contribuintes responsáveis pelo pagamento do IPTU (Rel. Ministro Mauro Campbell Marques, julgado em 10.06.2009, DJe 18.06.2009). 7. É que, nas hipóteses em que verificada a 'contemporaneidade' do exercício da posse direta e da propriedade (e não a efetiva sucessão do direito real de propriedade, tendo em vista a inexistência de registro do compromisso de compra e venda no cartório competente), o imposto sobre o patrimônio poderá ser exigido de qualquer um dos sujeitos passivos 'coexistentes', exegese aplicável à espécie, por força do princípio de hermenêutica *ubi eadem ratio ibi eadem* legis dispositivo (...)" (REsp nº 1.073.846/SP, relator Ministro Luiz Fux, Primeira Seção, julgado em 25/11/2009, DJe de 18/12/2009).

[1378] Nos Tribunais, é comum a querela a respeito da possibilidade de se responsabilizar o alienante de veículo automotor, pelo IPVA, em relação a fatos geradores posteriores ao negócio jurídico, o qual se concretiza, é sabido, dada a sua natureza de bem móvel, pela tradição. Em 2022, julgando o Tema de Recurso Repetitivo nº 1.118, o STJ decidiu em favor dos estados e DF, fazendo os esclarecimentos e impondo as condicionantes delineadas a seguir (o art. 124 do CTN, também citado, será abordado, neste manual, em seção específica, adiante): "II – O art. 134 do Código de Trânsito Brasileiro - CTB não permite aos Estados e ao Distrito Federal imputarem sujeição passiva tributária ao vendedor do veículo automotor, pelo pagamento do IPVA devido após a alienação do bem, quando não comunicada, no prazo legal, a transação ao órgão de trânsito. III – O art. 124, II do CTN, aliado a entendimento vinculante do Supremo Tribunal Federal, autoriza os Estados e o Distrito Federal a editarem lei específica para disciplinar, no âmbito de suas competências, a sujeição

3. Sucessão por fusão, transformação ou incorporação de pessoas jurídicas:

Art. 132. A pessoa jurídica de direito privado que resultar de fusão, transformação ou incorporação de outra ou em outra é responsável pelos tributos devidos até a data do ato pelas pessoas jurídicas de direito privado fusionadas, transformadas ou incorporadas.

Embora o dispositivo não se refira às penalidades, a jurisprudência do STJ se consolidou no sentido de que, "na hipótese de sucessão empresarial, a responsabilidade da sucessora abrange não apenas os tributos devidos pela sucedida, mas também as multas moratórias ou punitivas referentes a fatos geradores ocorridos até a data da sucessão" (Súmula nº 554).[1379] No mesmo sentido, o Tema Repetitivo nº 382.[1380]

Além disso, o art. 132, conquanto tampouco mencione a "cisão" como hipótese ensejadora da responsabilização, também a esta se aplica, de acordo com a jurisprudência do STJ, tendo em vista que (i) ela não constou expressamente no rol de operações que importam responsabilidade dos sucessores pelo fato de, quando editado o Código Tributário Nacional, não estar prevista na legislação comercial, o que somente veio a ocorrer com a Lei nº 6.404/76; e (ii) de igual modo às demais operações societárias, ela também implica efeito de sucessão de empresas, eis que há continuidade da atividade da pessoa jurídica primeira pela sociedade dela resultante. Entende-se, assim, com relação ao art. 132 do CTN que, "embora não conste de seu rol o instituto da cisão, é certo que também se trata de modalidade de 'mutação empresarial', razão pela qual deve receber o mesmo tratamento jurídico dado às demais espécies de sucessão" (cf. voto do relator no REsp nº 852.972).[1381]

---

passiva do IPVA, podendo, por meio de legislação local, cominar à terceira pessoa a solidariedade pelo pagamento do imposto" (REsp nº 1.881.788, relatora ministra Regina Helena Costa, Primeira Seção, julgado em 23/11/2022, DJ e de 01/12/2022).

[1379] Um dos precedentes justificadores do verbete assim esclarece a sua razão de ser: "1. Em interpretação ao disposto no art. 133 do CTN, o STJ tem entendido que a responsabilidade tributária dos sucessores estende-se às multas impostas ao sucedido, sejam de natureza moratória ou punitiva, pois integram o patrimônio jurídico-material da sociedade empresarial sucedida. 2. "Os arts. 132 e 133, do CTN, impõem ao sucessor a responsabilidade integral, tanto pelos eventuais tributos devidos quanto pela multa decorrente, seja ela de caráter moratório ou punitivo. A multa aplicada antes da sucessão se incorpora ao patrimônio do contribuinte, podendo ser exigida do sucessor, sendo que, em qualquer hipótese, o sucedido permanece como responsável. É devida, pois, a multa, sem se fazer distinção se é de caráter moratório ou punitivo; é ela imposição decorrente do não-pagamento do tributo na época do vencimento" (REsp n. 592.007/RS, Rel. Min. José Delgado, DJ de 22/3/2004). 2. Recurso especial provido." (REsp n. 1.085.071/SP, relator Ministro Benedito Gonçalves, Primeira Turma, julgado em 21/5/2009, DJe de 8/6/2009.)

[1380] "A responsabilidade tributária do sucessor abrange, além dos tributos devidos pelo sucedido, as multas moratórias ou punitivas, que, por representarem dívida de valor, acompanham o passivo do patrimônio adquirido pelo sucessor, desde que seu fato gerador tenha ocorrido até a data da sucessão".

[1381] Veja-se, a título exemplificativo: "PROCESSUAL CIVIL E TRIBUTÁRIO. EXECUÇÃO FISCAL [...]. *CISÃO DE EMPRESA. HIPÓTESE DE SUCESSÃO, NÃO PREVISTA NO ART. 132 DO CTN* [...]. 2. Embora não conste expressamente do rol do art. 132 CTN, a cisão da sociedade é modalidade de mutação empresarial sujeita, para efeito de responsabilidade tributária, ao mesmo tratamento jurídico conferido às demais espécies de sucessão (REsp 970.585/RS, 1ª Turma, Min. José Delgado, *DJe* de 07/04/2008 [...]" (STJ, 1ª Turma. REsp nº 852.972. Rel. Min. Teori Albino Zavascki, j. 25.5.2010. *DJe*, 8 jun. 2010); no mesmo sentido: "TRIBUTÁRIO [...]. 1. *A empresa resultante de cisão que incorpora parte do patrimônio da outra responde solidariamente pelos débitos*

De todas as formas, no âmbito federal, com fulcro no inc. II do art. 124 do CTN, foi estabelecida responsabilidade solidária entre as empresas cindenda e cindida, pelo art. 5º, §1º, "b", do Decreto-Lei nº 1.598/77.[1382] Caso assim não o fosse, a cisão poderia ser utilizada para evitar o pagamento de débitos tributários (bastaria, para tal, em uma operação de cisão parcial, que fossem deixados exclusivamente na empresa cindida ou transferidos exclusivamente para a cindenda).

Finalmente, prevê o CTN que a responsabilidade estatuída no art. 132 aplica-se aos casos de extinção de pessoas jurídicas de direito privado, quando a exploração da respectiva atividade seja continuada por qualquer sócio remanescente, ou seu espólio, sob a mesma ou outra razão social, ou sob firma individual. Objetiva-se aqui abarcar as situações em que ocorre apenas a extinção formal da pessoa jurídica, continuando a atividade empresarial materialmente ativa pelo sócio (ou seu espólio).

4. Sucessão por aquisição de fundo de comércio ou estabelecimento:

> Art. 133. A pessoa natural ou jurídica de direito privado que adquirir de outra, por qualquer título, fundo de comércio ou estabelecimento comercial, industrial ou profissional, e continuar a respectiva exploração, sob a mesma ou outra razão social ou sob firma ou nome individual, responde pelos tributos, relativos ao fundo ou estabelecimento adquirido, devidos até a data do ato:
>
> I - integralmente, se o alienante cessar a exploração do comércio, indústria ou atividade;
>
> II - subsidiariamente com o alienante, se este prosseguir na exploração ou iniciar dentro de 6 (seis) meses, a contar da data da alienação, nova atividade no mesmo ou em outro ramo de comércio, indústria ou profissão.

Importante esclarecer que, ao mencionar a responsabilidade integral do adquirente, quando o alienante encerra suas atividades, o CTN com isso não quis excluir a responsabilidade desse último. A melhor interpretação, a nosso ver, é no sentido de que, em verdade, se objetivou a instituição de uma responsabilidade solidária entre adquirente e alienante, de modo a distingui-la da responsabilidade subsidiária, prevista no inc. II do dispositivo em comento, para a hipótese em que o alienante permanece exercendo atividade econômica (ou a retoma em seis meses) no mesmo ou outro setor, situação na qual o adquirente com ele responderá, mas apenas de forma subsidiária.

---

*da empresa cindida*. Irrelevância da vinculação direta do sucessor do fato gerador da obrigação [...]" (STJ, 1ª Turma. REsp nº 970.585. Rel. Min. José Delgado, j. 4.3.2008. *DJe*, 7 abr. 2008) (grifos nossos).

[1382] Entende Hugo de Brito Machado que "A sociedade que absorver parcela do patrimônio da companhia cindida sucede a esta nos direitos e obrigações relacionados no ato da cisão; no caso de cisão com extinção, as sociedades que absorverem parcelas do patrimônio da companhia cindida sucederão a esta, na proporção dos patrimônios Líquidos transferidos, nos direitos e obrigações não relacionados. Além disso, na cisão com extinção da companhia cindida, as sociedades que absorverem parcelas do seu patrimônio responderão solidariamente pelas obrigações da companhia extinta. A companhia cindida que subsistir e as que absorverem parcelas do seu patrimônio responderão solidariamente pelas obrigações da primeira anteriores à cisão" (MACHADO, Hugo de Brito. *Comentários ao Código Tributário Nacional*. São Paulo: Atlas, 2004. v. II. p. 555).

Importa ainda mencionar que a aquisição de fundo de comércio não se confunde com a mera locação de parque industrial, hipótese na qual não há responsabilidade do locador por débitos tributários do locatário, conforme inclusive já reconhecido pela própria Administração Federal, por meio do Parecer SCT nº 02/72,[1383] e pela jurisprudência do STJ.[1384] Assim, ainda que ocorra arrendamento do estabelecimento industrial, não haverá se falar em responsabilidade do locador, desde que o modelo do contrato de arrendamento não se transvista, por óbvio, em verdadeira operação de trespasse do estabelecimento (e, para tanto, aspectos como o tempo de locação, a permanência da gestão e administração anteriores, entre outros, serão decisivos).

Importa também mencionar que, nos termos do §1º do art. 133, não haverá responsabilidade na hipótese de alienação judicial em processo de falência ou naquela de filial ou unidade produtiva isolada, em processo de recuperação judicial; desde que o adquirente não seja (i) sócio da sociedade falida ou em recuperação judicial, ou sociedade controlada pelo devedor falido ou em recuperação judicial; (ii) parente, em linha reta ou colateral até o 4º (quarto) grau, consanguíneo ou afim, do devedor falido ou em recuperação judicial ou de qualquer de seus sócios; ou (iii) identificado como agente do falido ou do devedor em recuperação judicial com o objetivo de fraudar a sucessão tributária.

### 2.4.2.2 Responsabilidade de terceiros

Como se viu acima, o CTN, ao longo dos arts. 128 a 133, regula diversas hipóteses em que determinadas pessoas assumem o papel de "responsáveis tributários". A maioria dos casos previstos no CTN trata de alguma forma de *sucessão*. Aquele que figura

---

[1383] "1. Levantam-se dúvidas sobre se se torna responsável pelos débitos tributários do locador a pessoa jurídica que tomar de arrendamento máquinas daquele, quando as peculiaridades do caso implicarem na cessação de atividade da indústria do locador e no atendimento, pela locatária, de sua clientela. 2. Segundo o art. 133 do Código Tributário Nacional, responde pelos tributos, relativos ao fundo ou estabelecimento adquirido, a pessoa natural ou jurídica de direito privado que adquirir de outra, por qualquer título, fundo de comércio ou estabelecimento comercial, industrial ou profissional e continuar a respectiva exploração. Esse preceito legal, como se vê, vincula à aquisição do fundo ou do estabelecimento a assunção por terceiro de responsabilidade tributária. 3. Para o deslinde da dúvida, portanto, cabe decompor em seus fatores primos o art. 133 do Código, ou seja, verificar o significado das expressões 'adquirir', 'estabelecimento comercial' e 'fundo de comércio'. Após isso, verificar se a locação de máquinas é suscetível de produzir o efeito previsto no citado dispositivo. [...] 6. Visto que a aquisição que importa na sub-rogação da obrigação tributária é a aquisição de propriedade, e examinado o objeto da aquisição que leva a essa sub-rogação, conclui-se que o fato de alguém tomar de arrendamento as máquinas de um estabelecimento industrial não constitui, por si só, razão para transferir-se o ônus tributário da pessoa do arrendador para a do arrendatário, ainda que a clientela daquele passe a ser atendida por este".

[1384] Da qual citamos, a título de exemplo, a seguinte ementa: "TRIBUTÁRIO. EMBARGOS À EXECUÇÃO. RESPONSABILIDADE POR SUCESSÃO. ART. 133 DO CTN. CONTRATO DE LOCAÇÃO. SUBSUNÇÃO À HIPÓTESE LEGAL. NÃO OCORRÊNCIA. 1. 'A responsabilidade do art. 133 do CTN ocorre pela aquisição do fundo de comércio ou estabelecimento, ou seja, pressupõe a aquisição da propriedade com todos os poderes inerentes ao domínio, o que não se caracteriza pela celebração de contrato de locação, ainda que mantida a mesma atividade exercida pelo locador' (REsp 1.140.655/PR. Rel. Ministra Eliana Calmon, Segunda Turma, j. 17.12.2009, *DJe* 19.02.2010). 2. Recurso especial provido" (REsp nº 1.293.144/RS. Rel. Min. Castro Meira, Segunda Turma, j. 16.4.2013. *DJe*, 26 abr. 2013).

como *sucessor* acaba por receber também o encargo de *responsável* por determinadas obrigações tributárias existentes à época da sucessão, não importando se já houve ou não o lançamento e a constituição do crédito tributário. Há casos de responsabilidade tributária a) por aquisição de bens móveis ou imóveis; b) em decorrência de sucessão *causa mortis*; c) em decorrência de operações de sucessão empresarial (incorporação, fusão, cisão); e d) em decorrência de operações de aquisição de fundos de comércio.

Terminada a relação dos casos de "responsabilidade dos sucessores", o CTN abre uma seção chamada de "responsabilidade de terceiros", que abrange os arts. 134 e 135. Tem se aqui as hipóteses em que o CTN atribui responsabilidade a pessoas que não são contribuintes ou seus sucessores, mas que possuem obrigação de fiscalização ou administração.

> Art. 134. Nos casos de impossibilidade de exigência do cumprimento da obrigação principal pelo contribuinte, respondem solidariamente com este nos atos em que interviem ou pelas omissões de que forem responsáveis:
>
> I - os pais, pelos tributos devidos por seus filhos menores;
>
> II - os tutores e curadores, pelos tributos devidos por seus tutelados ou curatelados;
>
> III - os administradores de bens de terceiros, pelos tributos devidos por estes;
>
> IV - o inventariante, pelos tributos devidos pelo espólio;
>
> V - o síndico e o comissário, pelos tributos devidos pela massa falida ou pelo concordatário;
>
> VI - os tabeliães, escrivães e demais serventuários de ofício, pelos tributos devidos sobre os atos praticados por eles, ou perante eles, em razão do seu ofício;
>
> VII - os sócios, no caso de liquidação de sociedade de pessoas.
>
> Parágrafo único. O disposto neste artigo só se aplica, em matéria de penalidades, às de caráter moratório. [...]

O art. 134 arrola sete situações em que um "terceiro" pode influir decisivamente no surgimento e no adimplemento das obrigações tributárias. Essas pessoas são chamadas de *terceiros* para diferenciá-las dos *contribuintes*, com quem possuem uma relação especial. Os pais são *terceiros* em relação a seus filhos menores que sejam contribuintes de determinado tributo; os administradores de bens alheios são *terceiros* em relação ao proprietário dos bens que seja contribuinte de determinado tributo; o inventariante é um *terceiro* em relação ao espólio; o tabelião é um *terceiro* em relação às pessoas que praticam fatos geradores (como a compra e venda de um imóvel) formalizados perante tal tabelião.

Importante destacar que a responsabilidade desses terceiros mencionados nos sete incisos do art. 134 é, em verdade, *subsidiária* (pois o *caput* do artigo pressupõe a "impossibilidade de exigência do cumprimento da obrigação principal pelo contribuinte") e ocorrerá somente em relação a *atos* em que os tais terceiros *interviem* ou "pelas omissões de que forem responsáveis". Exemplifiquemos: o tabelião que culposamente deixa de exigir a apresentação do comprovante do recolhimento do ITBI relativo a uma operação de compra e venda de imóvel torna-se responsável subsidiário pelo recolhimento do imposto. O escrivão da vara de sucessões que culposamente se omitir quanto à fiscalização do recolhimento do imposto sobre heranças se torna responsável subsidiário pelo recolhimento do imposto. O síndico que se omite culposamente e não se dá conta dos prazos de vencimento dos tributos devidos pela massa falida se torna responsável subsidiário pelo recolhimento de tais tributos.

O último inciso do art. 134 estende a "responsabilidade de terceiros" aos "sócios, no caso de liquidação de sociedade de pessoas". Doutrina e jurisprudência consideram – cobertas de razão – que por "sociedade de pessoas" devem ser entendidas – no contexto específico dessa norma – aquelas sociedades em que a responsabilidade dos sócios não se limita à integralização das quotas do capital social. Somente nesses casos, em que o próprio direito privado prevê a possibilidade de os sócios responderem com seu patrimônio pessoal pelas dívidas da sociedade, naturalmente se impõe aos sócios a responsabilidade tributária no caso de liquidação da sociedade.

Em acréscimo, o Código deixa expresso que, em relação às multas, apenas se transferem as de caráter moratório (e, no caso do art. 208, apenas os juros de mora).

Vale ainda a advertência de que os administradores de bens de terceiros, caso do inciso III, "não se confundem com administradores de empresas. Aqueles atuam com condutas reguladas pelo Código Civil, sendo os gestores de negócios (arts. 861 a 875) e mandatários em geral (artigos 653 a 692)".[1385] Se o art. 134 trata de uma responsabilidade "subsidiária", o art. 135 institui hipóteses de responsabilidade que chama "pessoal" e se dirige a três categorias de pessoas: a) aquelas mesmas pessoas referidas nos sete incisos do art. 134; b) os mandatários, prepostos e empregados; e c) os diretores, gerentes ou representantes de pessoas jurídicas de direito privado. O *caput* do art. 135 determina que essas pessoas somente assumem responsabilidade pessoal "pelos créditos correspondentes a obrigações tributárias resultantes de atos praticados com excesso de poderes ou infração de lei, contrato social ou estatutos". É ver:

> Art. 135. São pessoalmente responsáveis pelos créditos correspondentes a obrigações tributárias resultantes de atos praticados com excesso de poderes ou infração de lei, contrato social ou estatutos:
>
> I - as pessoas referidas no artigo anterior;
>
> II - os mandatários, prepostos e empregados;
>
> III - os diretores, gerentes ou representantes de pessoas jurídicas de direito privado.

Questão tormentosa que se coloca é se a menção à responsabilidade pessoal do agente exclui a figura do sujeito passivo originário. É dizer, estaria o legislador

---

[1385] BECHO, Renato Lopes. A responsabilidade tributária dos sócios tem fundamento legal? *RDDT* 182/107, 2010.

instituindo hipótese de solidariedade, ou estaria a atribuir responsabilidade exclusiva às pessoas referidas nos artigos mencionados *retro*.[1386]

A literalidade do *caput* do art. 135 parece englobar tão somente situações em que as pessoas arroladas em seus três incisos praticam atos que prejudicam ou traem a confiança de outras pessoas privadas, e, portanto, essas outras pessoas são retiradas da condição de sujeito passivo do tributo, passando a figurar como responsável "exclusivo" o *terceiro* mencionado num dos três incisos do art. 135. Se um diretor pratica operações em nome de uma empresa, mas, segundo os estatutos sociais, não tem poderes para tanto, os tributos resultantes de tais operações seriam de responsabilidade "pessoal" do diretor, excluindo-se a responsabilidade da empresa. O mesmo poderia ocorrer com um síndico em relação à massa falida. Somente esse tipo de situação se encaixaria perfeitamente à previsão legal de "obrigações tributárias resultantes de atos praticados com excesso de poderes ou infração de lei, contrato social ou estatutos".

Contudo, se adotada essa interpretação literal, diversas situações comuns do cotidiano empresarial ficariam fora do alcance da norma do art. 135. Uma situação bastante comum é da gestão tributária fraudulenta praticada por diretores e gerentes. Neste caso, as obrigações tributárias em si decorreram de fatos geradores encartados no próprio exercício do objeto social da empresa (como a compra e venda de mercadorias); a obrigação tributária não resultou de atos ilícitos do gerente ou do diretor, o problema (que gera a responsabilização dos diretores e gerentes) está no inadimplemento *fraudulento* das obrigações tributárias.

Outra situação muito comum que não estaria englobada na literalidade do art. 135 é da *dissolução fraudulenta da sociedade*. Findo um período em que a empresa praticou grande número de fatos geradores de determinado imposto sem recolher os impostos correspondentes, o patrimônio da empresa é distribuído informalmente entre os sócios e a sociedade deixa de ter existência fática. Neste caso, é o inadimplemento fraudulento da obrigação tributária (e não a obrigação tributária em si) que é "resultante de atos praticados com excesso de poderes ou infração de lei, contrato social ou estatutos".

Em arremate da referida discussão, cumpre lembrar que não há se confundir a norma de incidência tributária com a norma de transferência da obrigação tributária.[1387] Ademais, pela letra do art. 128 do Código Tributário Nacional, a lei que atribui de modo expresso a responsabilidade pelo crédito tributário a terceira pessoa deve excluir a responsabilidade do sujeito passivo direto ou lhe atribuir, apenas em caráter supletivo, a responsabilidade pelo cumprimento da obrigação. Destarte, em assim não o procedendo (não excluindo de forma expressa a responsabilidade dos

---

[1386] Há quem defenda a inexistência de solidariedade, justificando que, nos casos de atuação com excesso de poderes, com infração à lei, ao contrato ou aos estatutos, a obrigação tributária nasce diretamente contra o agente, excluindo a figura do contribuinte originário. VAZ, José Otávio de Vianna. *A responsabilidade tributária dos administradores de sociedade no CTN*. [s.l.]: [s.n.], 2003. p. 120-121.

[1387] A propósito, conforme se assinalou anteriormente, para o STF (Tema RG nº 13), a "responsabilidade tributária pressupõe duas normas autônomas: a regra matriz de incidência tributária e a regra matriz de responsabilidade tributária, cada uma com seu pressuposto de fato e seus sujeitos próprios".

contribuintes), os dispositivos mencionados têm o condão apenas de agregar, ao polo passivo da obrigação, as pessoas nele referidas.

### 2.4.2.3 O art. 135 do Código Tributário Nacional e sua interpretação/ aplicação pelo Superior Tribunal de Justiça

A jurisprudência do STJ – a nosso ver, de forma correta – não se prende à literalidade do art. 135 do CTN, e aplica o seu inc. III em basicamente dois tipos de situação: o inadimplemento *fraudulento* de obrigações tributárias mediante participação do diretor, gerente ou representante da sociedade (sejam sócios ou não) e a dissolução irregular da sociedade. É o que se infere das seguintes súmulas, editadas pelo Tribunal:

> Súmula n. 430. O inadimplemento da obrigação tributária pela sociedade não gera, por si só, a responsabilidade solidária do sócio-gerente.
>
> Súmula n. 435: Presume-se dissolvida irregularmente a empresa que deixar de funcionar no seu domicílio fiscal, sem comunicação aos órgãos competentes, legitimando o redirecionamento da execução fiscal para o sócio-gerente.

Para que bem se compreenda a questão, vale um breve histórico da jurisprudência sobre a matéria. Houve época (meados da década de 1990) em que o STJ chegou a acolher a tese de alguns procuradores fazendários segundo a qual os diretores e sócios das empresas se tornariam responsáveis pelos tributos devidos pela pessoa jurídica pelo simples fato do seu não recolhimento tempestivo, o que autorizaria a inclusão automática dos diretores e sócios nas certidões de dívida ativa, na condição de "coobrigados" pelo crédito tributário. Contudo, há muito restou pacificado na 1ª Seção do STJ que a simples falta de recolhimento de tributo, sem atos de *sonegação* propriamente dita, não configura *violação à lei* para efeitos do art. 135 do CTN e a consequente responsabilização dos gerentes, diretores e representantes da pessoa jurídica (sócios ou não).

As seguintes ementas refletem fielmente o posicionamento há muito consolidado no STJ sobre a matéria:

> TRIBUTÁRIO. SOCIEDADE ANÔNIMA E/OU SOCIEDADE POR QUOTAS DE RESPONSABILIDADE LIMITADA. LIMITES DA RESPONSABILIDADE DO DIRETOR E/OU DO SÓCIO-GERENTE.
>
> Quem está obrigada a recolher os tributos devidos pela empresa é a pessoa jurídica, e, não obstante ela atue por intermédio de seu órgão, o diretor ou sócio-gerente, a obrigação tributária é daquela, e não destes. Sempre, portanto, que a empresa deixa de recolher o tributo na data do respectivo vencimento, a impontualidade ou inadimplência é da pessoa jurídica, não do diretor ou do sócio-gerente, que só respondem, e excepcionalmente, pelo débito, se resultar de atos praticados com excesso de mandato ou infração à lei, contrato social ou estatutos, exatamente nos termos do que dispõe o artigo 135, inciso III, do Código Tributário Nacional. [...]. (REsp nº 100.739/SP. Rel. Min. Ari Pargendler, 2ª Turma. *DJ*, 1º fev. 1999)

EXECUÇÃO FISCAL – SÓCIO-GERENTE FALECIDO – ATO ILÍCITO – NÃO APURAÇÃO – RESPONSABILIDADE INEXISTENTE – EXECUÇÃO CONTRA FILHAS DO SÓCIO FALECIDO – ABUSO PROCESSUAL.

I – Não se pode atribuir a responsabilidade substitutiva para sócios, diretores ou gerentes, revista no art. 135, III, do CTN, sem que seja antes apurada a prática de ato ou fato eivado de excesso de poderes ou infração de lei, contrato social ou estatutos.

II – Não ocorre a substituição tributária pela simples circunstância de a sociedade achar-se em débito para com o fisco.

III – Não é responsável tributário pelas dívidas da sociedade o sócio-gerente que transferiu regularmente suas cotas a terceiros, continuando, com estes, a empresa. [...]. (Recurso Especial nº 382.469. Rel. Min. Humberto Gomes de Barros. *DJ*, 24 fev. 2003)

TRIBUTÁRIO – AGRAVO REGIMENTAL – SÓCIO-GERENTE – *RESPONSABILIDADE* TRIBUTÁRIA – NATUREZA SUBJETIVA.

1. É dominante no STJ a tese de que o não-recolhimento do tributo, por si só, não constitui infração à lei suficiente a ensejar a *responsabilidade* solidária dos *sócios*, ainda que exerçam gerência, sendo necessário provar que agiram os mesmos dolosamente, com *fraude* ou excesso de poderes. [...]. (Agravo Regimental no Recurso Especial nº 346.109. Rel. Min. Eliana Calmon, 2ª Turma. *DJ*, 4 ago. 2003)

Posteriormente, o posicionamento foi sedimentado sob o regime de recursos repetitivos, da seguinte forma:

Temas Repetitivos 96 e 97.

A entrega de declaração pelo contribuinte reconhecendo débito fiscal constitui o crédito tributário, dispensada qualquer outra providência por parte do fisco. A simples falta de pagamento do tributo não configura, por si só, nem em tese, circunstância que acarreta a responsabilidade subsidiária do sócio, prevista no art. 135 do CTN. É indispensável, para tanto, que tenha agido com excesso de poderes ou infração à lei, ao contrato social ou ao estatuto da empresa".

Portanto, em se tratando de inadimplemento de obrigações tributárias da pessoa jurídica, o patrimônio pessoal dos gerentes e diretores (sócios ou não) da empresa responderá pelas dívidas somente se esses gerentes ou diretores tiverem participado dolosamente de atos de *sonegação*, como compra de notas frias (para escrituração de pretensos créditos de ICMS), venda de mercadorias ocultadas pelo "caixa 2", falsificação de documentos etc. Demonstrando o fisco a existência de indícios dessas práticas, a execução fiscal poderá ser direcionada tanto para a pessoa jurídica quanto para a pessoa dos gerentes e diretores que participaram da sonegação. Ou seja, é necessária a demonstração, pelo fisco, de que os sócios cuja citação é requerida exerceram efetivamente uma atividade gerencial (ainda que essa não estivesse prevista formalmente no contrato social) no período das manobras fraudulentas que resultaram no inadimplemento das obrigações.

Há outros aspectos correlatos em relação aos quais a jurisprudência do STJ também parece já haver se pacificado. Não se aplica o art. 135 do CTN no caso de execução de dívidas em favor do Fundo de Garantia do Tempo de Serviço (FGTS) e de multas por infração à legislação trabalhista. Igualmente descabe a responsabilização do sócio ou do gerente nos termos do art. 135 do CTN pelo simples fato de ele não haver pleiteado a autofalência da sociedade, ou na hipótese de ser decretada judicialmente a falência da sociedade.

Talvez o caso mais comum de aplicação do art. 135, III, do CTN pelo STJ seja o da chamada "dissolução irregular da sociedade", vale dizer, a manobra pela qual os sócios promovem a liquidação "de fato" da empresa, embolsando seus eventuais ganhos e dividindo seu patrimônio, restando da sociedade apenas um número no CNPJ, um contrato social anódino e que nunca será objeto de um distrato formal registrado na Junta Comercial, e um endereço fictício ou caduco.

Nestes casos, a jurisprudência do STJ admite o redirecionamento da execução fiscal para a pessoa dos sócios nomeados no contrato social. Mas a Fazenda Pública deve demonstrar ao juízo a existência de indícios concretos da tal "dissolução irregular da sociedade", indícios colhidos ou na fase administrativa de constituição do crédito ou na fase judicial de execução. Demonstrados tais indícios, fica autorizada a citação dos sócios e estes terão de demonstrar sua inocência no bojo dos embargos à execução. A seguinte ementa é muito didática a respeito do assunto:

PROCESSUAL CIVIL E TRIBUTÁRIO – EXECUÇÃO FISCAL – REDIRECIONAMENTO – RESPONSABILIDADE PESSOAL PELO INADIMPLEMENTO DA OBRIGAÇÃO TRIBUTÁRIA DA SOCIEDADE – ART. 135, III DO CTN – APLICAÇÃO DA SÚMULA 211/STJ.

1. Em matéria de responsabilidade dos sócios de sociedade limitada, é necessário fazer a distinção entre empresa que se dissolve irregularmente daquela que continua a funcionar.

2. *Em se tratando de sociedade que se extingue irregularmente, cabe a responsabilidade dos sócios, os quais podem provar não terem agido com dolo, culpa, fraude ou excesso de poder.*

3. *Não demonstrada a dissolução irregular da sociedade, a prova em desfavor do sócio passa a ser do exequente (inúmeros precedentes).*

4. É pacífica a jurisprudência desta Corte no sentido de que o sócio somente pode ser pessoalmente responsabilizado pelo inadimplemento da obrigação tributária da sociedade se agiu dolosamente, com fraude ou excesso de poderes.

5. *A comprovação da responsabilidade do sócio é imprescindível para que a execução fiscal seja redirecionada, mediante citação do mesmo.* [...]. (Agravo Regimental no Recurso Especial nº 536.531. Rel. Min. Eliana Calmon, 2ª Turma. DJ, 25 abr. 2005. Grifos nossos)

Assim, os ministros do STJ passaram a definir pouco a pouco o que se deve entender por *indícios suficientes* de dissolução irregular da sociedade. No Recurso Especial nº 796.345,[1388] a Ministra Eliana Calmon (relatora) liderou os demais ministros

---

[1388] 2ª Turma. DJ, 4 maio 2006.

no sentido de reformar o entendimento do TRF da 4ª Região que havia sido por demais exigente quanto à demonstração dos indícios de dissolução irregular da sociedade. Segundo o TRF, além de indícios da dissolução irregular da empresa, o fisco deveria comprovar "que houve atuação dolosa ou culposa dos sócios". Segundo a Ministra Eliana Calmon, basta a demonstração de que a empresa não funciona mais no endereço que consta dos cadastros fiscais. Nesse caso, há uma espécie de inversão do ônus da prova. Tem razão a ministra ao afirmar:

> presume-se dissolvida irregularmente a empresa que deixa de funcionar no seu domicílio fiscal, sem comunicação aos órgãos competentes, comercial e tributário, cabendo a responsabilização do sócio-gerente, o qual pode provar não ter agido com dolo, culpa, fraude ou excesso de poder, ou ainda, que efetivamente não tenha ocorrido a dissolução irregular.

Trata-se de um entendimento pragmático e realista, que acabou sendo sumulado pelo Tribunal (Súmula nº 435, citada acima).

Em 2022, a jurisprudência do STJ deu mais um passo no sentido de sua uniformização, consolidando o entendimento de que, nesses casos de encerramento irregular de pessoas jurídicas, apenas o sócio ou terceiro não sócio que estiver na posição de gerência quando do evento da dissolução é que poderá ser responsabilizado nos termos do art. 135:

> Tema Repetitivo 962.
>
> O redirecionamento da execução fiscal, quando fundado na dissolução irregular da pessoa jurídica executada ou na presunção de sua ocorrência, não pode ser autorizado contra o sócio ou o terceiro não sócio que, embora exercesse poderes de gerência ao tempo do fato gerador, sem incorrer em prática de atos com excesso de poderes ou infração à lei, ao contrato social ou aos estatutos, dela regularmente se retirou e não deu causa à sua posterior dissolução irregular, conforme art. 135, III, do CTN.

> Tema Repetitivo 981.
>
> O redirecionamento da execução fiscal, quando fundado na dissolução irregular da pessoa jurídica executada ou na presunção de sua ocorrência, pode ser autorizado contra o sócio ou o terceiro não sócio, com poderes de administração na data em que configurada ou presumida a dissolução irregular, ainda que não tenha exercido poderes de gerência quando ocorrido o fato gerador do tributo não adimplido, conforme art. 135, III, do CTN.

Finalmente, cabe lembrar que a Fazenda Pública deve obedecer a um prazo de prescrição quanto ao redirecionamento da execução fiscal para a pessoa do diretor ou gerente da empresa (sócio ou não). A jurisprudência do STJ se pacificou em 2019, no seguinte sentido:

Tema Repetitivo n. 444.

(i) o prazo de *redirecionamento* da Execução Fiscal, fixado em cinco anos, contado da diligência de citação da pessoa jurídica, é aplicável quando o referido ato ilícito, previsto no art. 135, III, do CTN, for precedente a esse ato processual;

(ii) a citação positiva do sujeito passivo devedor original da obrigação tributária, por si só, não provoca o início do prazo prescricional quando o ato de *dissolução irregular* for a ela subsequente, uma vez que, em tal circunstância, inexistirá, na aludida data (da citação), pretensão contra os sócios-gerentes (conforme decidido no REsp 1.101.728/SP, no rito do art. 543-C do CPC/1973, o mero inadimplemento da exação não configura ilícito atribuível aos sujeitos de direito descritos no art. 135 do CTN). O termo inicial do prazo prescricional para a cobrança do crédito dos sócios-gerentes infratores, nesse contexto, é a data da prática de ato inequívoco indicador do intuito de inviabilizar a satisfação do crédito tributário já em curso de cobrança executiva promovida contra a empresa contribuinte, a ser demonstrado pelo Fisco, nos termos do art. 593 do CPC/1973 (art. 792 do novo CPC - fraude à execução), combinado com o art. 185 do CTN (presunção de fraude contra a Fazenda Pública); e,

(iii) em qualquer hipótese, a decretação da prescrição para o *redirecionamento* impõe seja demonstrada a inércia da Fazenda Pública, no lustro que se seguiu à citação da empresa originalmente devedora (REsp 1.222.444/RS) ou ao ato inequívoco mencionado no item anterior (respectivamente, nos casos de *dissolução irregular* precedente ou superveniente à citação da empresa), cabendo às instâncias ordinárias o exame dos fatos e provas atinentes à demonstração da prática de atos concretos na direção da cobrança do crédito tributário no decurso do prazo prescricional".

## 2.4.3 Convenções particulares e sujeição passiva

Sendo o tributo uma prestação compulsória e instituída em lei (art. 3º do CTN), a definição de seus sujeitos passivos obviamente é matéria reservada aos desígnios do legislador, não podendo ser moldada pelo acordo de vontades de particulares. Isto é o que explicita o art. 123 do CTN.

Não se trata de dizer que são *nulas* as convenções particulares que atribuam a "A" ou a "B" a condição de responsáveis pelo pagamento de determinado tributo. Trata-se simplesmente de registrar que tais convenções não são *oponíveis* ao fisco.

No caso de imóveis alugados, o mais comum é que o contrato de locação preveja que cabe ao locatário arcar com o pagamento do imposto sobre a propriedade predial e territorial urbana (IPTU). Essa cláusula do contrato, mesmo sendo válida e gerando efeitos entre as partes do negócio, não pode ser oposta ao fisco municipal, não altera o desígnio legislativo segundo o qual é o proprietário (e não o locatário) o contribuinte do imposto.[1389]

---

[1389] A propósito, o STJ, pela Súmula nº 614, afirma: "O locatário não possui legitimidade ativa para discutir a relação jurídico-tributária de IPTU e de taxas referentes ao imóvel alugado nem para repetir indébito desses tributos".

## 2.4.4 Capacidade tributária

Nos termos do art. 126 do CTN, a sujeição passiva ocorrerá independentemente (i) da capacidade civil das pessoas naturais; (ii) de achar-se a pessoa natural sujeita a medidas que importem privação ou limitação do exercício de atividades civis, comerciais ou profissionais, ou da administração direta de seus bens ou negócios; e (iii) de estar a pessoa jurídica regularmente constituída, bastando que configure uma unidade econômica ou profissional.[1390] Trata aqui o CTN de ressalvar que, embora os atos ilícitos, como a venda de entorpecentes, não possam ser tributados, atos lícitos exercidos ilicitamente o podem ser.

## 2.4.5 Domicílio tributário do sujeito passivo

O art. 127 prevê que na falta de eleição, pelo contribuinte ou responsável, de domicílio tributário, considera-se como tal:

> I - quanto às pessoas naturais, a sua residência habitual, ou, sendo esta incerta ou desconhecida, o centro habitual de sua atividade;
>
> II - quanto às pessoas jurídicas de direito privado ou às firmas individuais, o lugar da sua sede, ou, em relação aos atos ou fatos que derem origem à obrigação, o de cada estabelecimento;
>
> III - quanto às pessoas jurídicas de direito público, qualquer de suas repartições no território da entidade tributante.

Estatui ainda o Código que, quando não couber a aplicação das regras fixadas em qualquer dos incisos deste artigo, considerar-se-á como domicílio tributário do contribuinte ou responsável o lugar da situação dos bens ou da ocorrência dos atos ou fatos que deram origem à obrigação. E, também, que a autoridade administrativa pode recusar o domicílio eleito, quando impossibilite ou dificulte a arrecadação ou a fiscalização do tributo, aplicando-se então a regra do parágrafo anterior.

De mais a mais, deve-se notar que o inciso II do art. 127 é normalmente apontado como *sedes materiae* do chamado princípio da autonomia dos estabelecimentos, segundo o qual, para fins tributários, cada estabelecimento de uma sociedade empresária deve ser considerado de forma isolada ou independente. Não se trata, no entanto, de diretriz absoluta, conforme já bem exposto pelo STJ, em recurso repetitivo (Tema nº 614), oportunidade em que também fincou seus respectivos fundamentos e balizas:

---

[1390] É conhecido o entendimento do STJ segundo o qual "a municipalidade competente para realizar a cobrança do ISS é a do local do estabelecimento prestador dos serviços. Considera-se como tal a localidade em que há uma unidade econômica ou profissional, isto é, onde a atividade é desenvolvida, independentemente de ser formalmente considerada com sede ou filial da pessoa jurídica" (REsp 1.160.253/MG, Rel. Min. CASTRO MEIRA, Segunda Turma, DJe de 19/8/10).

[...] 3. O princípio tributário da autonomia dos estabelecimentos, cujo conteúdo normativo preceitua que estes devem ser considerados, na forma da legislação específica de cada tributo, unidades autônomas e independentes nas relações jurídico-tributárias travadas com a Administração Fiscal, é um instituto de direito material, ligado à questão do nascimento da obrigação tributária de cada imposto especificamente considerado e não tem relação com a responsabilidade patrimonial dos devedores prevista em um regramento de direito processual, ou com os limites da responsabilidade dos bens da empresa e dos sócios definidos no direito empresarial.

4. A obrigação de que cada estabelecimento se inscreva com número próprio no CNPJ tem especial relevância para a atividade fiscalizatória da administração tributária, não afastando a unidade patrimonial da empresa, cabendo ressaltar que a inscrição da filial no CNPJ é derivada do CNPJ da matriz.

5. Nessa toada, limitar a satisfação do crédito público, notadamente do crédito tributário, a somente o patrimônio do estabelecimento que participou da situação caracterizada como fato gerador é adotar interpretação absurda e odiosa. Absurda porque não se concilia, por exemplo, com a cobrança dos créditos em uma situação de falência, onde todos os bens da pessoa jurídica (todos os estabelecimentos) são arrecadados para pagamento de todos os credores, ou com a possibilidade de responsabilidade contratual subsidiária dos sócios pelas obrigações da sociedade como um todo (v.g. arts. 1.023, 1.024, 1.039, 1.045, 1.052, 1.088 do CC/2002), ou com a administração de todos os estabelecimentos da sociedade pelos mesmos órgãos de deliberação, direção, gerência e fiscalização. Odiosa porque, por princípio, o credor privado não pode ter mais privilégios que o credor público, salvo exceções legalmente expressas e justificáveis.[1391]

## 2.5 Solidariedade

Para garantir o adequado cumprimento da obrigação tributária, dispõe o Código Tributário Nacional, em seção específica, sobre a solidariedade e seus efeitos. De início, determina o legislador:

> Art. 124. São solidariamente obrigadas:
> I - as pessoas que tenham interesse comum na situação que constitua o fato gerador da obrigação principal;
> II - as pessoas expressamente designadas por lei.
> Parágrafo único. A solidariedade referida neste artigo não comporta benefício de ordem.
> Art. 125. Salvo disposição de lei em contrário, são os seguintes os efeitos da solidariedade:
> I - o pagamento efetuado por um dos obrigados aproveita aos demais;
> II - a isenção ou remissão de crédito exonera todos os obrigados, salvo se outorgada pessoalmente a um deles, subsistindo, nesse caso, a solidariedade quanto aos demais pelo saldo;

---

[1391] REsp n. 1.355.812/RS, relator Ministro Mauro Campbell Marques, Primeira Seção, julgado em 22/5/2013, DJe de 31/5/2013.

III - a interrupção da prescrição, em favor ou contra um dos obrigados, favorece ou prejudica aos demais.

A aplicação do instituto da solidariedade às hipóteses de sujeição passiva merece devida análise para que se possa delimitar seu alcance, mormente ante a real abrangência da expressão "interesse comum".

Como visto, há relevante distinção entre os sujeitos passivos da relação jurídico-tributária, como seja, o contribuinte (sujeito passivo natural) e o responsável (sujeito passivo por equiparação legal). Nesse sentido, é importante lembrar que ora o sujeito passivo tem relação pessoal e direta com a situação que constitua fato gerador do tributo, ora sua condição, de obrigado ao cumprimento da obrigação, decorre de expressa disposição legal.

Assim, o disposto no inc. I do art. 124 do CTN somente tem aplicação entre contribuintes. É palmar que o "interesse comum" a que alude o legislador é "interesse jurídico" coincidente entre pessoas titulares da capacidade contributiva *lato sensu* na situação que constitua o fato gerador da obrigação tributária. Não se deve confundir interesse jurídico comum com interesse pessoal, de fato ou afetivo, na situação regulada pela norma jurídica. Vale um exemplo: pai e filho, proprietários de um imóvel, têm interesse comum para fins de IPTU em razão da copropriedade. Noutro giro, caso esse mesmo imóvel passe à propriedade exclusiva do filho, o pai deixa de ser titular da riqueza tributável e, desta forma, somente pode ser solidário artificialmente, por equiparação legal, nos termos do art. 124, II.

Assim, o instituto da solidariedade, nas hipóteses previstas pelo CTN, busca regular os efeitos de duas situações distintas: a solidariedade entre contribuintes (inc. I) e a solidariedade entre responsáveis, por expressa designação legal (inc. II).

Esclareça-se, ademais, que a previsão constante no inc. II não confere amplos poderes ao legislador, em relação às hipóteses de responsabilidade listadas pelo próprio Código. A título de exemplo, se o CTN previu responsabilidade subsidiária para determinada situação, não poderia o legislador ordinário tratá-la como solidária, utilizando para tal a previsão do inc. II. Da mesma forma, se o CTN previu como responsável o sócio gestor, não pode o legislador ordinário incluir como responsável solidário, com base no referido inc. II, sócio que não tenha poder de gestão. Exatamente nesse sentido, decidiu o STF, por ocasião do já citado julgamento do RE nº 562.276,[1392]

---

[1392] "DIREITO TRIBUTÁRIO. RESPONSABILIDADE TRIBUTÁRIA. NORMAS GERAIS DE DIREITO TRIBUTÁRIO. ART 146, III, DA CF. ART. 135, III, DO CTN. SÓCIOS DE SOCIEDADE LIMITADA. ART. 13 DA LEI 8.620/93. INCONSTITUCIONALIDADES FORMAL E MATERIAL. REPERCUSSÃO GERAL. APLICAÇÃO DA DECISÃO PELOS DEMAIS TRIBUNAIS. 1. Todas as espécies tributárias, entre as quais as contribuições de seguridade social, estão sujeitas às normas gerais de direito tributário. 2. O Código Tributário Nacional estabelece algumas regras matrizes de responsabilidade tributária, como a do art. 135, III, bem como diretrizes para que o legislador de cada ente político estabeleça outras regras específicas de responsabilidade tributária relativamente aos tributos da sua competência, conforme seu art. 128. 3. O preceito do art. 124, II, no sentido de que são solidariamente obrigadas 'as pessoas expressamente designadas por lei', não autoriza o legislador a criar novos casos de responsabilidade tributária sem a observância dos requisitos exigidos pelo art. 128 do CTN, tampouco a desconsiderar as regras matrizes de responsabilidade de terceiros estabelecidas em caráter geral pelos arts. 134 e 135 do mesmo diploma. A previsão legal de solidariedade entre devedores – de modo

sob o rito de repercussão geral, que a possibilidade de o legislador ordinário estabelecer responsabilidade solidária não lhe autoriza a exceder o alcance da responsabilidade regulamentada pelo próprio CTN.

Nesse sentido, a jurisprudência do STJ sempre afastou a responsabilidade entre empresas de um mesmo grupo econômico unicamente em razão de interesse econômico comum.[1393] Entretanto, ainda não se manifestou sobre a linha defendida pela RFB

---

que o pagamento efetuado por um aproveite aos demais, que a interrupção da prescrição, em favor ou contra um dos obrigados, também lhes tenha efeitos comuns e que a isenção ou remissão de crédito exonere a todos os obrigados quando não seja pessoal (art. 125 do CTN) – pressupõe que a própria condição de devedor tenha sido estabelecida validamente. 4. A responsabilidade tributária pressupõe duas normas autônomas: a regra matriz de incidência tributária e a regra matriz de responsabilidade tributária, cada uma com seu pressuposto de fato e seus sujeitos próprios. A referência ao responsável enquanto terceiro (dritter Persone, terzo ou tercero) evidencia que não participa da relação contributiva, mas de uma relação específica de responsabilidade tributária, inconfundível com aquela. O 'terceiro' só pode ser chamado responsabilizado na hipótese de descumprimento de deveres próprios de colaboração para com a Administração Tributária, estabelecidos, ainda que a contrario sensu, na regra matriz de responsabilidade tributária, e desde que tenha contribuído para a situação de inadimplemento pelo contribuinte. 5. O art. 135, III, do CTN responsabiliza apenas aqueles que estejam na direção, gerência ou representação da pessoa jurídica e tão-somente quando pratiquem atos com excesso de poder ou infração à lei, contrato social ou estatutos. Desse modo, apenas o sócio com poderes de gestão ou representação da sociedade é que pode ser responsabilizado, o que resguarda a pessoalidade entre o ilícito (mal gestão ou representação) e a conseqüência de ter de responder pelo tributo devido pela sociedade. 6. O art. 13 da Lei 8.620/93 não se limitou a repetir ou detalhar a regra de responsabilidade constante do art. 135 do CTN, tampouco cuidou de uma nova hipótese específica e distinta. Ao vincular à simples condição de sócio a obrigação de responder solidariamente pelos débitos da sociedade limitada perante a Seguridade Social, tratou a mesma situação genérica regulada pelo art. 135, III, do CTN, mas de modo diverso, incorrendo em inconstitucionalidade por violação ao art. 146, III, da CF. 7. O art. 13 da Lei 8.620/93 também se reveste de inconstitucionalidade material, porquanto não é dado ao legislador estabelecer confusão entre os patrimônios das pessoas física e jurídica, o que, além de impor desconsideração ex lege e objetiva da personalidade jurídica, descaracterizando as sociedades limitadas, implica irrazoabilidade e inibe a iniciativa privada, afrontando os arts. 5º, XIII, e 170, parágrafo único, da Constituição. 8. Reconhecida a inconstitucionalidade do art. 13 da Lei 8.620/93 na parte em que determinou que os sócios das empresas por cotas de responsabilidade limitada responderiam solidariamente, com seus bens pessoais, pelos débitos junto à Seguridade Social. 9. Recurso extraordinário da União desprovido. 10. Aos recursos sobrestados, que aguardavam a análise da matéria por este STF, aplica-se o art. 543-B, §3º, do CPC" RE nº 562.276. Rel. Min. Ellen Gracie, Tribunal Pleno, j. 3.11.2010, Repercussão Geral – Mérito *DJe*-027 Divulg 09-02-2011 Public 10-02-2011 Ement Vol-02461-02 PP-00419 RTJ Vol-00223-01 PP-00527 RDDT n. 187, 2011, p. 186-193 RT v. 100, n. 907, 2011, p. 428-442).

[1393] "A responsabilidade solidária do art. 124 do CTN não decorre exclusivamente da demonstração da formação de grupo econômico, demandando a comprovação de práticas comuns, prática conjunta do fato gerador ou, ainda, quando há confusão patrimonial. (...) O tribunal de origem concluiu que existem fatores suficientes para autorizar a responsabilização da ora Agravante pela dívida tributária a cargo da executada, dada a sua atuação nas empresas e associações, que lhe são vinculadas, criadas para blindar o patrimônio" (AgInt nos EDcl no REsp nº 2.101.179/SP, relatora Ministra Regina Helena Costa, Primeira Turma, julgado em 8/4/2024, DJe de 11/4/2024).

"Nos termos da jurisprudência pacífica do STJ, existe responsabilidade tributária solidária entre empresas de um mesmo grupo econômico, apenas quando ambas realizem conjuntamente a situação configuradora do fato gerador, não bastando o mero interesse econômico na consecução de referida situação" (AgRg no REsp nº 1.433.631/PE. Rel. Min. Humberto Martins. *DJe*, 13 mar. 2015).

"'Para se caracterizar responsabilidade solidária em matéria tributária entre duas empresas pertencentes ao mesmo conglomerado financeiro, é imprescindível que ambas realizem conjuntamente a situação configuradora do fato gerador, sendo irrelevante a mera participação no resultado dos eventuais lucros auferidos pela outra empresa coligada ou do mesmo grupo econômico'. In casu, verifica-se que o Banco Safra S/A não integra o pólo passivo da execução, tão-somente pela presunção de solidariedade decorrente

no bojo do Parecer Normativo da Cosit/RFB nº 4/2018, que rejeitou a compreensão de que o interesse comum/jurídico estaria consubstanciado apenas quando as pessoas estiverem do mesmo lado de uma relação jurídica (ambos compradores ou vendedores, por exemplo) em situações de ilicitude. Argumenta-se que, a partir do momento em que se reúnem para cometimento de ilícito, as partes não mais estariam em lados contrapostos, mas sim em cooperação para afetar o fisco numa segunda relação paralela àquela constante do negócio jurídico. A partir dessa constatação, defende-se a possibilidade de atribuição de responsabilidade ao terceiro que praticou atos ilícitos em conjunto com o contribuinte, com fundamento no art. 124, I, do CTN. Isto é: atos ilícitos praticados por terceiros que concorreram ou que concorrem para a implementação da sonegação fiscal. Para a Receita Federal, há um elo que aproxima os participantes do fato (ainda que em posições contrapostas), fazendo surgir, em determinadas hipóteses, a responsabilidade solidária prevista no art. 124, I, do CTN.

## 2.6 Responsabilidade por infração

A responsabilidade por infrações à legislação tributária recebe tratamento disperso ao longo do Código Tributário Nacional. Diante disso, sistematizamos a matéria de forma a identificar sua aplicação às diversas hipóteses de sujeição passiva.

De início, vale lembrar que as infrações tributárias admitem, quanto às sanções delas decorrentes, várias classificações. As distintas classificações são fruto ora da natureza da obrigação não observada, ora da análise da intenção do agente. Como já estudado, a obrigação tributária divide-se em principal ou acessória. As infrações relativas à obrigação principal dizem-se substanciais, enquanto as infrações às obrigações acessórias reputam-se como formais. Neste ponto, importante destacar que as sanções por descumprimento das infrações substanciais ou formais deverão sempre ter o caráter de multas punitivas, sendo questionável a exigência de multa moratória por atraso no pagamento do tributo, uma vez que este atraso já é compensado pelo pagamento de juros de mora.

A seu turno, classificam-se as infrações em objetivas ou subjetivas em razão do ânimo do infrator. Nas infrações objetivas não cabe especular sobre a vontade do sujeito passivo, sendo que nas subjetivas é necessário perquirir sobre a existência de dolo ou culpa.

Nas hipóteses de sujeição passiva direta, a responsabilidade por infrações à legislação tributária independe da intenção do agente ou do responsável e da efetividade, natureza e extensão dos efeitos do ato, salvo disposição de lei em contrário (art. 136 do CTN). Referido dispositivo consagra, em termos nítidos e sem restrições,

---

do fato de pertencer ao mesmo grupo econômico da empresa Safra Leasing S/A Arrendamento Mercantil. Há que se considerar, necessariamente, que são pessoas jurídicas distintas e que referido banco não ostenta a condição de contribuinte, uma vez que a prestação de serviço decorrente de operações de leasing deu-se entre o tomador e a empresa arrendadora" (REsp nº 884.845/SC. Rel. Min. Luiz Fux, Primeira Turma, j. 5.2.2009. DJe, 18.2.2009).

o critério da responsabilidade objetiva para a configuração das infrações tributárias. Os elementos volitivos do sujeito passivo, como dolo e culpa, nada interessam no exame destas infrações. Por outro lado, também é certo que o art. 136 não repudia por completo a responsabilidade subjetiva, mormente quando admite que a legislação – federal, estadual ou municipal – pode fixar critérios específicos de subjetivação. De mais a mais, não se deve extrair da responsabilização objetiva a possibilidade de se penalizarem comportamentos do contribuinte que não se revelem ilícitos propriamente ditos. Conforme recentemente decidido pelo STF, em repercussão geral (Tema nº 736), a imposição de sanção tributária depende de conduta ilegal do contribuinte, não se podendo admitir que abarque hipótese de mero exercício de prerrogativa legal (direito subjetivo), sob pena de desproporcionalidade e violação aos direitos de petição e ao devido processo legal. No caso julgado, o Supremo examinou a previsão dos §§15 e 17 do art. 74 da Lei Federal nº 9.430/1996, que cominavam multa isolada pelo simples indeferimento de pedidos de ressarcimento e compensação, e declarou a inconstitucionalidade de ambos os parágrafos justamente porque a prática apenada não representava, *a priori* e de forma geral, uma conduta ilícita.[1394]

Da mesma forma que a responsabilidade pelo cumprimento da obrigação tributária pode ser transferida a pessoas não originalmente previstas no aspecto pessoal

---

[1394] "1. Fixação de tese jurídica para o Tema 736 da sistemática da repercussão geral: "É inconstitucional a multa isolada prevista em lei para incidir diante da mera negativa de homologação de compensação tributária por não consistir em ato ilícito com aptidão para propiciar automática penalidade pecuniária". 2. O pedido de compensação tributária não se compatibiliza com a função teleológica repressora das multas tributárias, porquanto a automaticidade da sanção, sem quaisquer considerações de índole subjetiva acerca do animus do agente, representaria imputar ilicitude ao próprio exercício de um direito subjetivo público com guarida constitucional. 3. A matéria constitucional controvertida consiste em saber se é constitucional o art. 74, §§15 e 17, da Lei 9.430/96, em que se prevê multa ao contribuinte que tenha indeferido seu pedido administrativo de ressarcimento ou de homologação de compensação tributária declarada. 4. Verifica-se que o §15 do artigo precitado foi derrogado pela Lei 13.137/15; o que não impede seu conhecimento e análise em sede de Recurso Extraordinário considerando a dimensão dos interesses subjetivos discutidos em sede de controle difuso. 5. Por outro lado, o §17 do artigo 74 da lei impugnada também sofreu alteração legislativa, desde o reconhecimento da repercussão geral da questão pelo Plenário do STF. Nada obstante, verifica-se que o cerne da controvérsia persiste, uma vez que somente se alterou a base sobre a qual se calcula o valor da multa isolada, isto é, do valor do crédito objeto de declaração para o montante do débito. Nesse sentido, permanece a potencialidade de ofensa à Constituição da República no tocante ao direito de petição e ao princípio do devido processo legal. 6. Compreende-se uma falta de correlação entre a multa tributária e o pedido administrativo de compensação tributária, ainda que não homologado pela Administração Tributária, uma vez que este se traduz em legítimo exercício do direito de petição do contribuinte. Precedentes e Doutrina. 7. O art. 74, §17, da Lei 9.430/96, representa uma ofensa ao devido processo legal nas duas dimensões do princípio. No campo processual, não se observa no processo administrativo fiscal em exame uma garantia às partes em relação ao exercício de suas faculdades e poderes processuais. Na seara substancial, o dispositivo precitado não se mostra razoável na medida em que a legitimidade tributária é inobservada, visto a insatisfação simultânea do binômio eficiência e justiça fiscal por parte da estatalidade. 8. A aferição da correção material da conduta do contribuinte que busca à compensação tributária na via administrativa deve ser, necessariamente, mediada por um juízo concreto e fundamentado relativo à inobservância do princípio da boa-fé em sua dimensão objetiva. Somente a partir dessa avaliação motivada, é possível confirmar eventual abusividade no exercício do direito de petição, traduzível em ilicitude apta a gerar sanção tributária. 9. Recurso extraordinário conhecido e negado provimento na medida em que inconstitucionais, tanto o já revogado § 15, quanto o atual § 17 do art. 74 da Lei 9.430/1996, mantendo, assim, a decisão proferida pelo Tribunal a quo" (RE 796939, Relator(a): EDSON FACHIN, Tribunal Pleno, julgado em 18-03-2023, PUBLIC 23-05-2023).

do mandamento da norma, a responsabilidade pelo pagamento das penalidades pecuniárias decorrentes de infração à legislação também pode ser transferida em certos casos. Nas hipóteses de transferência da responsabilidade tributária a terceiros, são transferíveis apenas as multas moratórias (art. 134, parágrafo único). Nas hipóteses de transferência da obrigação aos sucessores, com exceção da responsabilidade pós-sucessão imobiliária prevista pelo art. 130 do CTN, não devem estes ficar responsáveis por qualquer espécie de multas, posto não terem concorrido direta ou indiretamente pela prática do ilícito. Por isso mesmo, conforme já visto, o legislador, quando disciplina a responsabilidade dos sucessores, refere-se sempre a *tributos*, nunca ao crédito tributário (que compreende tributos e multas).

No entanto, como igualmente já exposto acima, a jurisprudência do STJ, em entendimento sumulado (Súmula nº 554; Tema Repetitivo nº 382), entende que, "na hipótese de sucessão empresarial, a responsabilidade da sucessora abrange não apenas os tributos devidos pela sucedida, mas também as multas moratórias ou punitivas referentes a fatos geradores ocorridos até a data da sucessão".

Por outro lado, há casos em que o Código Tributário Nacional consagra a responsabilidade pessoal do agente, ora por todo o crédito tributário, ora apenas pelas multas. Confira-se a letra dos arts. 135 e 137:

> Art. 135. São pessoalmente responsáveis pelos créditos correspondentes a obrigações tributárias resultantes de atos praticados com excesso de poderes ou infração de lei, contrato social ou estatutos:
> 
> I - as pessoas referidas no artigo anterior;
> 
> II - os mandatários, prepostos e empregados;
> 
> III - os diretores, gerentes ou representantes de pessoas jurídicas de direito privado. [...]
> 
> Art. 137. A responsabilidade é pessoal ao agente:
> 
> I - quanto às infrações conceituadas por lei como crimes ou contravenções, salvo quando praticadas no exercício regular de administração, mandato, função, cargo ou emprego, ou no cumprimento de ordem expressa emitida por quem de direito;
> 
> II - quanto às infrações em cuja definição o dolo específico do agente seja elementar;
> 
> III - quanto às infrações que decorram direta e exclusivamente de dolo específico:
> 
> a) das pessoas referidas no art. 134, contra aquelas por quem respondem;
> 
> b) dos mandatários, prepostos ou empregados, contra seus mandantes, preponentes ou empregadores;
> 
> c) dos diretores, gerentes ou representantes de pessoas jurídicas de direito privado, contra estas.

A responsabilidade pessoal do art. 135 já foi comentada anteriormente, e a do art. 137 refere-se a hipóteses de condutas dolosas dos agentes envolvidos.

## 2.6.1 Exclusão da responsabilidade – Denúncia espontânea e seus efeitos

Em dispositivo específico, o legislador procurou disciplinar causa excludente da responsabilidade por infrações. Trata-se da consagração do instituto da denúncia espontânea. Vejamos:

> Art. 138. A responsabilidade é excluída pela denúncia espontânea da infração, acompanhada, se for o caso, do pagamento do tributo devido e dos juros de mora, ou do depósito da importância arbitrada pela autoridade administrativa, quando o montante do tributo dependa de apuração.
>
> Parágrafo único. Não se considera espontânea a denúncia apresentada após o início de qualquer procedimento administrativo ou medida de fiscalização, relacionadas com a infração.

A possibilidade da denúncia espontânea pelo sujeito passivo das infrações à legislação tributária apresenta-se como estímulo a um constante acerto de contas com as burras estatais. De fato, à inexistência do disposto em comento, não haveria razão para um sujeito passivo em débito com a Fazenda Pública se antecipar à fiscalização, pois tal ato traria os mesmos efeitos de uma autuação fiscal, com o lançamento não apenas do tributo, mas também das penalidades incidentes pelo não recolhimento da exação no devido tempo. Tendo o legislador, por óbvio, procurado privilegiar a conduta espontânea do devedor em denunciar seu débito, afigura-se despicienda a ressalva do parágrafo único do art. 138 do CTN.

Merece ser destacada, aqui, a jurisprudência do STJ, cristalizada no Verbete Sumular nº 360, no sentido de que os benefícios da denúncia espontânea não se aplicam aos tributos sujeitos ao lançamento por homologação, regularmente declarados, mas pagos a destempo.[1395] O entendimento ora sumulado separa as situações nas quais o fato gerador e o pagamento são denunciados a destempo e, portanto, o direito ao crédito era desconhecido da autoridade fiscal, das hipóteses em que o fato gerador era conhecido (declarado ao fisco em DCTF ou GIA, por exemplo), mas o pagamento foi efetuado em momento posterior. Assim, a denúncia espontânea suficiente para produzir os efeitos que lhe são próprios, na letra do art. 138 do CTN, deve ser sempre de um fato gerador (ou sua real extensão), não podendo ser evocada nos casos de mero atraso de pagamento.

Ademais, há reflexos do instituto em análise que merecem comentário mais detido. Deve ficar claro que a denúncia espontânea da infração exclui a possibilidade da

---

[1395] Posicionamento depois ratificado em sede de recurso repetitivo: Tema nº 61 ("Não resta caracterizada a denúncia espontânea, com a consequente exclusão da multa moratória, nos casos de tributos declarados, porém pagos a destempo pelo contribuinte, ainda que o pagamento seja integral") e Tema nº 385 ("A denúncia espontânea resta configurada na hipótese em que o contribuinte, após efetuar a declaração parcial do débito tributário (sujeito a lançamento por homologação) acompanhado do respectivo pagamento integral, retifica-a (antes de qualquer procedimento da Administração Tributária), noticiando a existência de diferença a maior, cuja quitação se dá concomitantemente").

imposição de qualquer tipo de multa, seja ela punitiva (relativa a infrações substanciais ou formais) ou, como já foi criticado, moratória. Com efeito, não existe diferença entre a multa moratória e a punitiva, uma vez que toda multa é pelo descumprimento do dever de pagar tributo. O simples atraso no recebimento do tributo pelo fisco já é compensado pelo acréscimo de juros moratórios, não havendo se falar em penalidade (multa) neste sentido. Como lembra Sacha Calmon:

> Para os fins do art. 138, não faz mais sentido distinguir entre multas moratórias (não punitivas) e multas propriamente ditas e, pois, irrecusavelmente punitivas. Todo dever tributário, seja de dar (pagar tributos), seja de fazer ou não fazer (deveres acessórios), uma vez descumprido, acarreta a aplicação de uma sanção.[1396]

Trilhando essa linha, o STJ consolidou entendimento, em sede de recurso repetitivo, de que a "denúncia espontânea exclui as penalidades pecuniárias, ou seja, as multas de caráter eminentemente punitivo, nas quais se incluem as multas moratórias, decorrentes da impontualidade do contribuinte".[1397]

Cabe ainda relatar a polêmica discussão sobre a possibilidade de a denúncia espontânea abarcar as infrações formais, por descumprimento de obrigação acessória, e não apenas aquelas materiais. A jurisprudência do STJ se formou no sentido de que denúncia espontânea alcança apenas as infrações decorrentes do não pagamento de tributo (obrigação principal), não se estendendo aos casos de descumprimento de obrigações acessórias.[1398] No âmbito do Carf, inclusive, foi editado o Verbete Sumular nº 49: "A denúncia espontânea (art. 138 do Código Tributário Nacional) não alcança a penalidade decorrente do atraso na entrega de declaração". Trata-se de posicionamento questionável, já que o descumprimento de obrigações acessórias também caracteriza infração tributária e o CTN cuidou de expressamente determinar que o tributo deve ser recolhido "se for o caso".

É igualmente objeto de debates a aplicação da denúncia espontânea aos delitos tributários, é dizer, aos ilícitos tributários também tipificados pelo direito penal (apropriação indébita etc.). Ives Gandra[1399] afirma que "a denúncia espontânea exclui

---

[1396] COÊLHO, Sacha Calmon Navarro. *Manual de direito tributário*. [s.l.]: [s.n.], 2000. p. 416.

[1397] REsp nº 1.149.022/SP.

[1398] A título exemplificativo: "TRIBUTÁRIO. PROCESSUAL CIVIL. AUSÊNCIA DE VIOLAÇÃO DO ART. 535 DO CPC. OMISSÃO NÃO CARACTERIZADA. TRIBUTO SUJEITO A LANÇAMENTO POR HOMOLOGAÇÃO. ATRASO NA ENTREGA DA DCTF. APLICAÇÃO DE MULTA. POSSIBILIDADE. DENÚNCIA ESPONTÂNEA NÃO CARACTERIZADA. 1. Inexiste violação do art. 535 do CPC quando a prestação jurisdicional é dada na medida da pretensão deduzida, com enfrentamento e resolução das questões abordadas no recurso. 2. Nos termos da jurisprudência do STJ, a denúncia espontânea não é capaz de afastar a multa decorrente do atraso na entrega da Declaração de Contribuições e Tributos Federais (DCTF), pois os efeitos do art. 138 do CTN não se estendem às obrigações acessórias autônomas. Precedente: AgRg nos EDcl no AREsp 209.663/BA. Rel. Min. HERMAN BENJAMIN, SEGUNDA TURMA, j. 04.04.2013, DJe 10/05/2013.Agravo regimental improvido" (AgRg no REsp nº 1.466.966/RS. Rel. Min. Humberto Martins, Segunda Turma, j. 5.5.2015. *DJe*, 11 maio 2015).

[1399] MARTINS, Ives Gandra da Silva. Art. 138. *In*: NASCIMENTO, Carlos Valder (Org.). *Comentários ao Código Tributário Nacional*. Rio de Janeiro: Forense, 1997. p. 274.

a responsabilidade tributária, mas a penal é excluída pela legislação pertinente". Misabel Derzi advoga tese contrária, afirmando com propriedade:

> Se o Direito Tributário autoriza o comportamento, ou exclui a responsabilidade tributária, automaticamente não mais se configura o crime. Por isso é que, excluindo o art. 138 do CTN, em face da denúncia espontânea, a responsabilidade tributária por infração, ilidida fica a responsabilidade criminal.[1400]

É que o direito penal tributário é um direito de superposição, ou seja, se superpõe ao direito tributário, reforçando a sanção nele prevista. Destarte, em homenagem ao princípio da unidade do injusto, se excluída a punibilidade pelo ilícito tributário, em razão da denúncia espontânea da infração, não há mais sanção a ser reforçada por meio do direito penal.

Nesse ponto, é importante assinalar recente acórdão do STF, em exame da Ação Direta de Inconstitucionalidade nº 4.273, com foco em dispositivos legais que, versando sobre os crimes tributários dos arts. 1º e 2º da Lei nº 8.137/1990 e arts. 168-A e 337-A do Código Penal, determinam a extinção e a suspensão da pretensão punitiva do Estado nos casos de, respectivamente, pagamento integral do tributo e seu parcelamento.[1401] A Procuradoria-Geral da República sustentou que as disposições enfraqueceriam a função arrecadadora dos referidos tipos penais, pois colocariam em xeque o atributo da "ameaça de pena", inclusive estimulando a prática da ilicitude em ditas hipóteses. Todavia, o STF, no ano de 2023, sob a relatoria do Ministro Nunes Marques, entendeu que não. Entendeu o Tribunal que inexistiria a alegada invalidade das regras citadas, com supedâneo nas seguintes razões:

---

[1400] Misabel Abreu Machado Derzi em BALEEIRO, Aliomar. *Direito tributário brasileiro*. 11. ed. atual. por Misabel Abreu Machado Derzi. Rio de Janeiro: Forense, 1999. p. 766-767).

[1401] Lei nº 10.684/2003: "Art. 9º- É suspensa a pretensão punitiva do Estado, referente aos crimes previstos nos arts. 1º e 2º da Lei nº 8.137, de 27 de dezembro de 1990, e nos arts. 168A e 337A do Decreto-Lei nº 2.848, de 7 de dezembro de 1940 – Código Penal, durante o período em que a pessoa jurídica relacionada com o agente dos aludidos crimes estiver incluída no regime de parcelamento. § 1º A prescrição criminal não corre durante o período de suspensão da pretensão punitiva. § 2º Extingue-se a punibilidade dos crimes referidos neste artigo quando a pessoa jurídica relacionada com o agente efetuar o pagamento integral dos débitos oriundos de tributos e contribuições sociais, inclusive acessórios".
Lei nº 11.941/2009: "Art. 67. Na hipótese de parcelamento do crédito tributário antes do oferecimento da denúncia, essa somente poderá ser aceita na superveniência de inadimplemento da obrigação objeto da denúncia. Art. 68. É suspensa a pretensão punitiva do Estado, referente aos crimes previstos nos arts. 1º e 2º da Lei nº 8.137, de 27 de dezembro de 1990, e nos arts. 168-A e 337-A do Decreto-Lei nº 2.848, de 7 de dezembro de 1940 – Código Penal, limitada a suspensão aos débitos que tiverem sido objeto de concessão de parcelamento, enquanto não forem rescindidos os parcelamentos de que tratam os arts. 1º a 3º desta Lei, observado o disposto no art. 69 desta Lei. Parágrafo único. A prescrição criminal não corre durante o período de suspensão da pretensão punitiva. Art. 69. Extingue-se a punibilidade dos crimes referidos no art. 68 quando a pessoa jurídica relacionada com o agente efetuar o pagamento integral dos débitos oriundos de tributos e contribuições sociais, inclusive acessórios, que tiverem sido objeto de concessão de parcelamento. Parágrafo único. Na hipótese de pagamento efetuado pela pessoa física prevista no § 15 do art. 1º desta Lei, a extinção da punibilidade ocorrerá com o pagamento integral dos valores correspondentes à ação penal.

10. Os arts. 67 e 69 da Lei n. 11.941/2009 e o art. 9º da Lei n. 10.684/2003 não contrariam o art. 5º, caput, da Constituição de 1988, tendo em vista que as medidas de suspensão e de extinção da punibilidade prestigiam a liberdade, a propriedade e a livre iniciativa ao deixarem as sanções penais pela prática dos delitos contra a ordem tributária como *ultima ratio*, em conformidade com o postulado da proporcionalidade e da intervenção mínima do direito penal.

11. A suspensão da pretensão punitiva e do prazo da prescrição penal, decorrente do parcelamento dos débitos tributários, e a extinção da punibilidade, ante o pagamento integral desses mesmos débitos, mostram-se providências adequadas à proteção do bem jurídico tutelado pelas normas penais incriminadoras, porquanto estimulam e perseguem a reparação do dano causado ao erário em virtude da sonegação. Essas medidas afastam o excesso caracterizado pela restrição ao direito fundamental à liberdade, derivado da imposição da sanção penal, quando os débitos estiverem sendo regularmente pagos ou já tenham sido integralmente quitados, o que revela, nesse caso, a suficiência das normas tributárias para a proteção do patrimônio público.

12. As medidas versadas nas normas questionadas se afiguram suficientes para a tutela do bem jurídico em análise, diante da previsão, pelo legislador, do sobrestamento da pretensão punitiva na esfera penal e do prazo prescricional para que o Estado a exerça. Rescindido o parcelamento tributário em razão do inadimplemento, caso subsista a lesão ao erário, a persecução penal se restabelecerá, podendo resultar na imposição de sanção privativa da liberdade ao autor do crime.

Por fim, em matéria de denúncia espontânea, cumpre analisar a condição posta na lei, no sentido de que deve ser a denúncia acompanhada pelo pagamento do tributo devido e dos juros de mora. Merece ser destacado, quanto ao pagamento, que este deve ser feito nos termos da legislação em vigor. Não se exige pagamento à vista como condição à exclusão da punibilidade. Assim, se a legislação admite o pagamento parcelado, trata-se de opção posta ao sujeito passivo e que, uma vez por ele exercida, não deveria ilidir os efeitos da denúncia espontânea.[1402] Ademais, lembre-se, o pagamento é apenas uma das formas de extinção da obrigação tributária, efeito perseguido e estimulado pelo legislador complementar na dicção do art. 138.

---

[1402] Todavia, para a generalidade dos casos, o STJ entende de forma contrária, no sentido de que "o instituto da denúncia espontânea (art. 138 do CTN) não se aplica nos casos de parcelamento de débito tributário". A orientação foi fixada com o Tema Repetitivo nº 101 e adotou como fundamentos, entre outros, os seguintes: "O instituto da denúncia espontânea da infração constitui-se num favor legal, uma forma de estímulo ao contribuinte, para que regularize sua situação perante o fisco, procedendo, quando for o caso, ao pagamento do tributo, antes do procedimento administrativo ou medida de fiscalização relacionados com a infração. Nos casos em que há parcelamento do débito tributário, não deve ser aplicado o benefício da denúncia espontânea da infração, visto que o cumprimento da obrigação foi desmembrado, e só será quitada quando satisfeito integralmente o crédito. O parcelamento, pois, não é pagamento, e a este não substitui, mesmo porque não há a presunção de que, pagas algumas parcelas, as demais igualmente serão adimplidas, nos termos do artigo art. 158, I, do mencionado Codex. Esse parece o entendimento mais consentâneo com a sistemática do Código Tributário Nacional, que determina, para afastar a responsabilidade do contribuinte, que haja o pagamento do devido, apto a reparar a delonga do contribuinte. Nesse sentido o enunciado da Súmula n. 208 do extinto Tribunal Federal de Recursos: 'a simples confissão de dívida, acompanhada do seu pedido de parcelamento, não configura denúncia espontânea'" (REsp nº 284.189/SP, relator Ministro Franciulli Netto, Primeira Seção, julgado em 17/6/2002, DJ de 26/5/2003, p. 254).

Por isso mesmo, também a compensação, por exemplo, quando realizada de forma espontânea, deveria produzir os mesmos efeitos do pagamento.[1403] Em relação à exigência de que o pagamento seja acompanhado de juros de mora, deve ser considerado que estes não devem possuir caráter punitivo, prestando-se, apenas, à recomposição monetária do tributo em atraso.

---

[1403] No entanto, também para esse caso, "a jurisprudência do Superior Tribunal de Justiça consolidou-se no sentido de que é incabível a aplicação do benefício da denúncia espontânea, previsto no art. 138 do CTN, aos casos de compensação tributária, justamente porque, nessa hipótese, a extinção do débito estará submetida à ulterior condição resolutória da sua homologação pelo fisco, a qual, caso não ocorra, implicará o não pagamento do crédito tributário, havendo, por consequência, a incidência dos encargos moratórios. Precedentes" (AgInt nos EDcl nos EREsp nº 1.657.437/RS, relator Ministro Gurgel de Faria, Primeira Seção, julgado em 12/9/2018, DJe de 17/10/2018).

CAPÍTULO 3

# CRÉDITO TRIBUTÁRIO

Nos termos já examinados ao longo do trabalho, uma vez verificados de forma concreta todos os aspectos da hipótese de incidência da norma tributária, consuma-se o fato gerador e, via de consequência, surge a obrigação tributária, cuja explicitação ocorre pelos aspectos do mandamento. Vimos, igualmente, que a obrigação tributária se distingue em principal e acessória. A primeira tem por objeto o pagamento de tributo ou penalidade pecuniária, e a segunda, por sua vez, meros deveres instrumentais no interesse da arrecadação ou fiscalização. É de conhecimento comum dos operadores do direito em geral que uma relação jurídico-obrigacional pressupõe três elementos, quais sejam, sujeito ativo, sujeito passivo e objeto. O sujeito ativo é o credor do objeto, sendo o sujeito passivo dele devedor. O objeto da obrigação tributária principal é o crédito tributário. Do ponto de vista do sujeito passivo, tal soma é o seu débito e, do ponto de vista do sujeito ativo, é o seu crédito. Destarte, o estudo do crédito tributário é o estudo do direito subjetivo de que é portador o sujeito ativo de uma obrigação tributária e que lhe permite exigir determinado valor, em pecúnia, do sujeito passivo.

Nesta linha, previu o legislador complementar que o crédito tributário decorre da obrigação principal e tem a mesma natureza desta (art. 139 do CTN). E, ainda, que:

> Art. 140. As circunstâncias que modificam o crédito tributário, sua extensão ou seus efeitos, ou as garantias ou os privilégios a ele atribuídos, ou que excluem a sua exigibilidade não afetam a obrigação tributária que lhe deu origem.
>
> Art. 141. O crédito tributário regularmente constituído somente se modifica ou se extingue, ou tem sua exigibilidade suspensa ou excluída nos casos previstos nesta Lei, fora dos quais não podem ser dispensadas, sob pena de responsabilidade funcional na forma da lei, a sua efetivação ou as respectivas garantias.

Os dispositivos transcritos demonstram um excesso de zelo do legislador com as possibilidades de alteração do crédito tributário regularmente constituído; cabendo, inclusive, uma crítica ao mandamento contido no art. 140, dado que, alterado o objeto da relação tributária, alterar-se-á também a obrigação. Já o segundo dispositivo nada mais é do que a positivação, no CTN, do princípio da indisponibilidade dos bens públicos.

## 3.1 Constituição do crédito tributário – A figura do lançamento

Inaugurando o capítulo dedicado à constituição do crédito tributário, o legislador assim dispôs:

> Art. 142. Compete privativamente à autoridade administrativa constituir o crédito tributário pelo lançamento, assim entendido o procedimento administrativo tendente a verificar a ocorrência do fato gerador da obrigação correspondente, determinar a matéria tributável, calcular o montante do tributo devido, identificar o sujeito passivo e, sendo o caso, propor a aplicação da penalidade cabível.
>
> Parágrafo único. A atividade administrativa de lançamento é vinculada e obrigatória, sob pena de responsabilidade funcional.

É de se notar, pela dicção legal, que possui o lançamento a função de constituir o crédito tributário. Entretanto, o mesmo legislador deixou consignado que o crédito tributário decorre da obrigação principal (art. 139), que a obrigação principal surge com a ocorrência do fato gerador (art. 113, §1º), e que o lançamento se reporta à data da ocorrência do fato gerador e rege-se pela lei então vigente, ainda que posteriormente revogada ou modificada (art. 144). A existência de dispositivos aparentemente contraditórios acabou por estribar correntes doutrinárias distintas, sustentando a natureza constitutiva ou declaratória do lançamento. A discussão doutrinária se resume em saber se a obrigação tributária (e o crédito dela decorrente) surge com o fato gerador ou com o lançamento. Em outras palavras: se a relação jurídica tributária se constitui pela ocorrência do fato tipificado pela hipótese de incidência tributária ou, de forma diversa, pelo ato de lançamento que aplica esta norma ao fato tipificado.

Entendemos que a querela não é assim tão importante, embora mereça considerações. Inicialmente, nos parece evidente que o crédito tributário, objeto da obrigação, surge efetivamente com a ocorrência do fato gerador. Não há obrigação sem objeto. Não se pode, pois, admitir que o lançamento constituiria a própria obrigação e o crédito dela decorrente. Por outro lado, não se pode emprestar efeitos meramente declaratórios ao lançamento, pois, nos tributos para os quais é necessário, atribui ao crédito exigibilidade, certeza e liquidez. Assim, ocorrendo o fato gerador, surge para o fisco a pretensão ao crédito e, a partir do lançamento, inexistindo o cumprimento da obrigação pelo sujeito passivo, este mesmo crédito torna-se exigível.

Outra usual discussão doutrinária que se coloca diz respeito ao fato de ser o lançamento ato ou procedimento jurídico. Defende-se, no primeiro caso, que sendo o procedimento uma série de atos tendentes a um mesmo fim, haveria lançamento apenas com a celebração do ato final da série. De outra forma, no segundo caso, argumenta-se que os atos iniciais se consubstanciariam como parte do lançamento.

O problema da identificação do lançamento enquanto ato ou procedimento administrativo impõe o exame das modalidades de lançamento existentes no direito brasileiro. Isso porque, embora não exista confusão teórica entre o ato jurídico e o procedimento que o visa preparar ou revisar e confirmar, entendemos que a dinâmica inerente às diversas formas de lançamento pode levar a distintas conclusões. O legislador complementar consagra três[1404] modalidades de lançamento – por declaração, de ofício e por homologação – nos respectivos dispositivos a seguir transcritos do CTN:

> Art. 147. O lançamento é efetuado com base na declaração do sujeito passivo ou de terceiro, quando um ou outro, na forma da legislação tributária, presta à autoridade administrativa informações sobre matéria de fato, indispensáveis à sua efetivação.
> §1º A retificação da declaração por iniciativa do próprio declarante, quando vise a reduzir ou a excluir tributo, só é admissível mediante comprovação do erro em que se funde, e antes de notificado o lançamento.
> §2º Os erros contidos na declaração e apuráveis pelo seu exame serão retificados de ofício pela autoridade administrativa a que competir a revisão daquela. [...]
> Art. 149. O lançamento é efetuado e revisto de ofício pela autoridade administrativa nos seguintes casos:
> I - quando a lei assim o determine;
> II - quando a declaração não seja prestada, por quem de direito, no prazo e na forma da legislação tributária;
> III - quando a pessoa legalmente obrigada, embora tenha prestado declaração nos termos do inciso anterior, deixe de atender, no prazo e na forma da legislação tributária, a pedido de esclarecimento formulado pela autoridade administrativa, recuse-se a presta-lo ou não o preste satisfatoriamente, a juízo daquela autoridade;
> IV - quando se comprove falsidade, erro ou omissão quanto a qualquer elemento definido na legislação tributária como sendo de declaração obrigatória;
> V - quando se comprove omissão ou inexatidão, por parte da pessoa legalmente obrigada, no exercício da atividade a que se refere o artigo seguinte;
> VI - quando se comprove ação ou omissão do sujeito passivo, ou de terceiro legalmente obrigado, que dê lugar à aplicação de penalidade pecuniária;
> VII - quando se comprove que o sujeito passivo, ou terceiro em benefício daquele, agiu com dolo, fraude ou simulação;
> VIII - quando deva ser apreciado fato não conhecido ou não provado por ocasião do lançamento anterior;
> IX - quando se comprove que, no lançamento anterior, ocorreu fraude ou falta funcional da autoridade que o efetuou, ou omissão, pela mesma autoridade, de ato ou formalidade essencial.

---

[1404] Destaca-se, em relação ao lançamento por arbitramento, previsto no art. 148 do CTN, a seguir transcrito, que não se trata de uma quarta modalidade de lançamento, mas sim de um caso típico de lançamento de ofício: "Art. 148. Quando o cálculo do tributo tenha por base, ou tome em consideração, o valor ou o preço de bens, direitos, serviços ou atos jurídicos, a autoridade lançadora, mediante processo regular, arbitrará aquele valor ou preço, sempre que sejam omissos ou não mereçam fé as declarações ou os esclarecimentos prestados, ou os documentos expedidos pelo sujeito passivo ou pelo terceiro legalmente obrigado, ressalvada, em caso de contestação, avaliação contraditória, administrativa ou judicial".

Parágrafo único. A revisão do lançamento só pode ser iniciada enquanto não extinto o direito da Fazenda Pública.

Art. 150. O lançamento por homologação, que ocorre quanto aos tributos cuja legislação atribua ao sujeito passivo o dever de antecipar o pagamento sem prévio exame da autoridade administrativa, opera-se pelo ato em que a referida autoridade, tomando conhecimento da atividade assim exercida pelo obrigado, expressamente a homologa.

§1º O pagamento antecipado pelo obrigado nos termos deste artigo extingue o crédito, sob condição resolutória da ulterior homologação do lançamento.

§2º Não influem sobre a obrigação tributária quaisquer atos anteriores à homologação, praticados pelo sujeito passivo ou por terceiro, visando à extinção total ou parcial do crédito.

§3º Os atos a que se refere o parágrafo anterior serão, porém, considerados na apuração do saldo porventura devido e, sendo o caso, na imposição de penalidade, ou sua graduação.

§4º Se a lei não fixar prazo à homologação, será ele de 5 (cinco) anos, a contar da ocorrência do fato gerador; expirado esse prazo sem que a Fazenda Pública se tenha pronunciado, considera-se homologado o lançamento e definitivamente extinto o crédito, salvo se comprovada a ocorrência do dolo, fraude ou simulação.

Costuma-se distinguir as modalidades acima conforme o grau de participação do sujeito passivo, ou, de outro ângulo, do sujeito ativo. Ficando o lançamento exclusivamente a cargo do sujeito ativo, seria ele de ofício. Havendo participação dos dois sujeitos, ativo e passivo, teríamos lançamento por declaração. E, finalmente, o lançamento seria por homologação quando efetuado antecipadamente o pagamento pelo sujeito passivo. Trata-se de distinção meramente didática, que comporta temperamentos sob uma abordagem mais técnica.

Se considerarmos o lançamento como um ato administrativo, forçoso seria concluir ser ele sempre de ofício. Neste caso, as três modalidades a que alude o Código Tributário Nacional tratariam em verdade de espécies distintas de procedimento, e não de lançamento. Se entendido o lançamento como procedimento, teríamos como exemplo o lançamento por declaração, posto que sua formação se inicia de forma autônoma e independente pelas informações prestadas pelo sujeito passivo e se completa por atuação do sujeito ativo. A nosso ver, o lançamento tanto pode ser compreendido como o ato final de todo um procedimento como, ao avesso, traduzir toda uma série de atos conjugados que consubstanciam o procedimento, aperfeiçoando-se pela prática do ato derradeiro.

### 3.1.1 Antecipação do pagamento e lançamento por homologação

Como visto em linhas anteriores, uma das funções do lançamento é tornar exigível o crédito tributário. Não obstante, na maioria dos tributos o legislador acaba por atribuir ao sujeito passivo o dever de antecipar o pagamento sem prévio exame da autoridade administrativa. Nestes casos, deve o próprio contribuinte calcular o tributo devido, nos termos da lei, após verificar por si mesmo a ocorrência do fato gerador. A exigência do cumprimento da obrigação tributária previamente ao lançamento deveria ser situação excepcional, visto que mais onerosa ao contribuinte. Ademais, ante o crescente cipoal legislativo, são potencializadas as chances de incorreção no recolhimento do tributo. Não obstante, o dever de antecipação do tributo, criticavelmente, tornou-se regra geral, encontrando-se os lançamentos por declaração e de ofício restritos a poucas situações e espécies tributárias – no último caso, mais comum como resultado de atividades de fiscalização que concluem pela exigência de tributos considerados não recolhidos.

Impende notar que, nas hipóteses do art. 150 do CTN, pode ou não haver lançamento. Isso porque, havendo a antecipação do pagamento, dispõe a Fazenda Pública de prazo decadencial para efetuar ou não a homologação, é dizer, para efetuar ou não o lançamento. Não se tem notícia, entretanto, de qualquer atuação fiscal no sentido de expressamente homologar o recolhimento efetuado pelo sujeito passivo. Ao contrário, no exercício regular da atividade de fiscalização, ou a autoridade fiscal identifica o erro e, neste caso, por meio de auto de infração, lança de ofício, ou silencia-se. Na hipótese de silêncio não há lançamento, nem mesmo findo o prazo decadencial poder-se-ia falar em lançamento por homologação tácita. De fato, o silêncio não é ato ou procedimento jurídico, quando muito é "fato jurídico". Como bem leciona Celso Antônio Bandeira de Mello,[1405] "nada importa que a lei haja atribuído determinado efeito ao silêncio: o de conceder ou negar. Este efeito resultará do fato da omissão, como imputação legal, e não de algum presumido ato, razão por que é de rejeitar a posição dos que consideram ter aí existido um 'ato tácito'".[1406] Ante o exposto, embora teoricamente possível a existência do lançamento por homologação, em verdade, na prática, ou nos deparamos com um lançamento de ofício ou, na maioria dos casos, o recolhimento antecipado não sofre o crivo de um lançamento, extinguindo o crédito em decorrência da inércia da autoridade fiscal.

### 3.1.2 Formalização do crédito tributário pelo próprio contribuinte

A par de o art. 142 do CTN determinar textualmente que o lançamento compete privativamente à autoridade administrativa, a jurisprudência do Superior Tribunal de Justiça caminhou de forma diversa e consolidou entendimento no sentido de admitir a formalização do crédito tributário pelo próprio sujeito passivo.

Tal ocorreria nas hipóteses em que o contribuinte entrega declarações, com força de confissão de dívida, declarando o tributo devido (como DCTF, GIA, GFIP, entre

---

[1405] BANDEIRA DE MELLO, Celso Antônio. *Curso de direito administrativo*. 18. ed. São Paulo: Malheiros, 2005. p. 378.
[1406] Sobre estas questões – a ausência de homologação expressa por parte do Fisco e os efeitos dos atos de encerramento de fiscalização que não concluem pela exigência de tributos adicionais –, vale conferir o estudo feito por Marco Túlio Fernandes Ibraim, intitulado *Segurança jurídica e lançamento tributário por homologação: a homologação expressa tacitamente verificada* (Belo Horizonte: Fórum, 2016).

outras). Nestes casos, como o sujeito passivo já se declarou devedor, desnecessário seria o lançamento fiscal para a cobrança do valor declarado.

Com efeito, de acordo com a Súmula nº 436 do STJ, "a entrega de declaração pelo contribuinte reconhecendo débito fiscal constitui o crédito tributário, dispensada qualquer outra providência por parte do fisco".[1407] Verifica-se, assim, que o STJ admitiu a hipótese de constituição do crédito tributário pelo próprio sujeito passivo. Segundo a orientação firmada pelo Tribunal, ao declarar um tributo na DCTF (e em outras declarações com igual natureza), ele estaria confessando, expressamente, a sua dívida, e, via de consequência, constituindo o respectivo crédito tributário.[1408]

---

[1407] Dessa orientação, o STJ excepciona casos de tributos declarados como devidos e quitados por meio de procedimento de compensação, antes de 2003, em virtude da evolução da legislação a respeito: "1. Na hipótese dos autos, a Contribuinte apresentou DCTF para declarar créditos tributários de PIS, no período de apuração de julho a dezembro de 1998, cuja compensação dependia de posterior convalidação, considerando que tais créditos se encontravam com a exigibilidade suspensa, porquanto discutidos na Ação Ordinária 0052727-46.1996.4.05.8100. 2. No período em que apresentada a DCTF perante a autoridade fiscal ainda se encontrava em vigor a Medida Provisória 2.158-35, de 2001, que, em seu art. 90, veiculava expressamente a exigência de lançamento de ofício para formalizar as diferenças decorrentes das compensações reputadas como não declaradas. Ou seja, a DCTF ainda não tinha o condão de constituir, de imediato, o crédito tributário, vigendo a regra de que, na hipótese de a Autoridade Fazendária não homologar a compensação, caberia a ela proceder ao lançamento de ofício das importâncias indevidamente compensadas, na forma do art. 142 do CTN. 3. Seguiu-se a edição da Medida Provisória 75, de 2002, que vigorou desde a sua publicação, em 25.10.2002, até sua rejeição pelo Congresso Nacional, em 19.12.2002, e que manteve a necessidade de lançamento de ofício para débitos decorrentes de compensação tida por indevida ou não comprovada. 4. Somente em 31.10.2003 foi editada a Medida Provisória 135/2003, convertida na Lei 10.833/2003, tornando prescindível que a Autoridade Fazendária efetuasse lançamento de ofício, visto que a apresentação da DCTF, declarando a compensação tributária, passou a ser suficiente para constituir a dívida, sendo instrumento hábil para a sua cobrança. 5. A análise da legislação de regência acima transcrita conduz à conclusão de que somente a partir da Lei 10.833/2003 a simples declaração de compensação apresentada pela Contribuinte passou a constituir o crédito, elidindo a necessidade de constituição formal do débito tributário mediante lançamento de ofício pela Autoridade Fazendária. A propósito, citam-se os seguintes julgados: REsp. 1.332.376/PR, Rel. Min. MAURO CAMPBELL MARQUES, DJe 12.12.2012; REsp. 1.205.004/SC, Rel. Min. CESAR ASFOR ROCHA, DJe 16.5.2011; AgRg no REsp. 1.522.322/AL, Rel. Min. NAPOLEÃO NUNES MAIA FILHO, DJe 3.9.2015. 6. No caso dos autos, as DCTFs foram apresentadas no interregno de 7 a 12/1998, informando a Contribuinte, ora agravada, que os débitos declarados e os créditos seriam compensados posteriormente, porque estariam com a exigibilidade suspensa, conforme decisão proferida na Ação Ordinária 0052727-46.1996.4.05.8100. Todavia, não concordando com a referida compensação, caberia ao Fisco realizar o lançamento de ofício, proporcionando à Contribuinte o exercício de seu direito de defesa, vedada a automática inscrição em dívida ativa do débito apurado. 7. Logo, neste caso particular, por ocasião da inscrição em dívida ativa pela Secretaria da Receita Federal os débitos tributários ora questionados já se encontravam extintos, por força da decadência consumada pela inexistência de lançamento de ofício, em caso concreto no qual essa medida ou iniciativa administrativa era de rigor. 8. Agravo Interno da FAZENDA NACIONAL a que se nega provimento" (AgInt no REsp nº 1.872.243/PE, relator Ministro Napoleão Nunes Maia Filho, Primeira Turma, julgado em 15/12/2020, DJe de 18/12/2020).

[1408] O STJ também fixou, em recursos repetitivos, temas em que o entendimento foi ratificado. Segundo o Tema Repetitivo nº 61: "Nos termos da Súmula 360/STJ, 'O benefício da denúncia espontânea não se aplica aos tributos sujeitos a lançamento por homologação regularmente declarados, mas pagos a destempo'. É que a apresentação de Declaração de Débitos e Créditos Tributários Federais - DCTF, de Guia de Informação e Apuração do ICMS - GIA, ou de outra declaração dessa natureza, prevista em lei, é modo de constituição do crédito tributário, dispensando, para isso, qualquer outra providência por parte do Fisco. Se o crédito foi assim previamente declarado e constituído pelo contribuinte, não se configura denúncia espontânea (art. 138 do CTN) o seu posterior recolhimento fora do prazo estabelecido". Já pelo Tema Repetitivo nº 402: "Revela-se legítima a recusa da autoridade impetrada em expedir certidão negativa de débito (CND) ou de certidão

Nestes casos, nos termos da mesma jurisprudência, não haveria se falar em prazo decadencial, mas sim em prazo prescricional para a execução do crédito declarado pelo contribuinte.

Contudo, referida súmula não deve ser aplicada às hipóteses de tributo declarado em DCTF com exigibilidade suspensa, situação na qual há necessidade de a fiscalização proceder ao lançamento tributário, sob pena de se operar a decadência do direito de o fazer. Estamos com Eurico de Santi, que publicou relevante estudo sobre a questão:[1409]

> A expressão "confissão da dívida" utilizada pelo STJ pretende representar somente aquilo que o contribuinte declara na DCTF como parcela incontroversa do crédito: tão-só essa parcela constitui o crédito tributário, dispensando lançamento de ofício. O "campo" da DCTF em que se informa a existência de medida liminar ou tutela antecipada, qualificados juridicamente pela suspensão da exigibilidade, não constitui o crédito, pois tem a única e exclusiva função de informar a juridicização da "dúvida" sobre o crédito: essa é a percepção do STJ que se infere da análise sistemática de TODOS os acórdãos paradigmáticos que outorgam fundamento jurídico à Súmula n° 436. [...]
>
> A inteligência prática do STJ atribuiu à DCTF o caráter de instrumento jurídico suficiente para constituir o crédito tributário, desde que NÃO SEJA CONTROVERSO O DIREITO. Nestes casos em que o próprio contribuinte declara o crédito tributário de modo incontroverso, presentes os requisitos de liquidez e certeza, não há a necessidade de lançamento de ofício. Ou seja, na prática, o STJ entende que no campo da DCTF em que se informa o "saldo a pagar", esse crédito tributário incontroverso é sua constituição definitiva (confissão da dívida).
>
> A Súmula 436 do STJ não se aplica ao campo da DCTF "suspensão da exigibilidade", em que há apenas confissão da dúvida porque a relação jurídica tributária não é nem líquida e nem certa, e o próprio juiz, identificando a "fumaça do bom direito" reconhece juridicamente a dúvida, concedendo medida liminar ou tutela especial em ação judicial específica.

### 3.1.3 Outros aspectos do lançamento

Ainda em relação ao lançamento, cumpre esclarecer que o art. 142 do CTN se constitui em um poder-dever para a autoridade fiscal, de modo que, na lavratura de autos de infração, cabe a ela demonstrar motivadamente a ocorrência do fato gerador e o cálculo do tributo devido, bem como, se for o caso, da respectiva penalidade, com a indicação das bases legais que os fundamentam, sob pena de nulidade do ato.

---

positiva com efeitos de negativa (CPEN) quando a autoridade tributária verifica a ocorrência de pagamento a menor, em virtude da existência de divergências entre os valores declarados na Guia de Recolhimento do FGTS e Informações à Previdência Social (GFIP) e os valores efetivamente recolhidos mediante guia de pagamento (GP)".

[1409] SANTI, Eurico Marcos Diniz de. Confissão da dívida *x* confissão da dúvida – Os limites da Súmula 436 do STJ. *Jota*, 5 set. 2016. Disponível em: http://jota.info/artigos/confissao-da-divida-x-confissao-da-duvida-05092016.

Ou seja, quando da lavratura do auto de infração, não bastam alegações genéricas de que o contribuinte infringiu a norma tributária. É preciso que o agente fiscal demonstre e, mais importante, prove, qual conduta do contribuinte infringiu qual norma tributária, de modo a se justificar o lançamento de ofício.

Também deve ser registrado que o lançamento se reporta à data da ocorrência do fato gerador e rege-se pela lei então vigente, ainda que posteriormente revogada ou modificada (art. 144 do CTN). Trata-se de corolário do princípio da irretroatividade da lei tributária, posto que, conforme vimos alhures, a obrigação, e seu correspondente objeto, surgem com a ocorrência do fato gerador. Excetua-se da regra geral (parágrafo primeiro do art. 144), aplicando-se retroativamente, a legislação que aumenta os poderes de fiscalização ou outorga novas garantias ao crédito tributário (as chamadas prerrogativas instrumentais). Com base nesta regra de exceção é que a jurisprudência do STJ se formou no sentido de permitir a utilização, pelas autoridades fiscais, da quebra de sigilo bancário, prevista pela LC nº 105/00,[1410] bem como de dados da já extinta CPMF para lançamento de outros tributos, autorizada pela Lei nº 10.174/01, a procedimentos fiscais que tinham como foco períodos anteriores ao da vigência das referidas leis.[1411]

Finalmente, também é de se destacar a regra contida no art. 143, segundo a qual "salvo disposição de lei em contrário, quando o valor tributário esteja expresso em moeda estrangeira, no lançamento far-se-á a sua conversão em moeda nacional ou câmbio do dia da ocorrência do fato gerador da obrigação".

Obviamente que a ressalva prevista na regra do art. 143 não constitui permissão para que o legislador ordinário, por meio da alteração da data da conversão cambial, aumente o valor da base de incidência tributária de modo que esta passe a não corresponder ao *quantum* da obrigação objeto do fato gerador. Assim, será írrita eventual regra fiscal de conversão que, estritamente para fins de incidência do tributo, aumente o *quantum* do fato objeto de tributação, fazendo com que a tributação incida sobre parcela que não é o fato gerador do tributo. Neste caso, vale lembrar que "[...] é a base de cálculo que dá a exata dimensão da hipótese de incidência, estabelecendo a correlação necessária entre o fato descrito na norma como pressuposto e a prestação tributária, a qual, como é sabido, tem cunho essencialmente patrimonial".[1412]

---

[1410] Tema Repetitivo nº 245: "As leis tributárias procedimentais ou formais, conducentes à constituição do crédito tributário não alcançado pela decadência, são aplicáveis a fatos pretéritos, razão pela qual a Lei 8.021/90 e a Lei Complementar 105/2001, por envergarem essa natureza, legitimam a atuação fiscalizatória/investigativa da Administração Tributária, ainda que os fatos imponíveis a serem apurados lhes sejam anteriores".

[1411] Também o STF, no Tema de Repercussão Geral nº 225: "I - O art. 6º da Lei Complementar 105/01 não ofende o direito ao sigilo bancário, pois realiza a igualdade em relação aos cidadãos, por meio do princípio da capacidade contributiva, bem como estabelece requisitos objetivos e o translado do dever de sigilo da esfera bancária para a fiscal; II - A Lei 10.174/01 não atrai a aplicação do princípio da irretroatividade das leis tributárias, tendo em vista o caráter instrumental da norma, nos termos do artigo 144, § 1º, do CTN".

[1412] BALEEIRO, Aliomar. *Direito tributário brasileiro*. 12. ed. atual. por Misabel Abreu Machado Derzi. Rio de Janeiro: Forense, 2013.

## 3.1.4 Revisão/alteração do lançamento

A respeito da matéria, cabe transcrever a previsão contida no art. 145 do CTN:

Art. 145. O lançamento regularmente notificado ao sujeito passivo só pode ser alterado em virtude de:
I - Impugnação do sujeito passivo;
II - Recurso de ofício;
III - Iniciativa de ofício da autoridade administrativa, nos casos previstos no art. 149 do CTN.

Como se depreende da norma, o lançamento regularmente notificado ao sujeito passivo somente é alterado na hipótese de contencioso administrativo (incs. I e II do art. 145) ou por iniciativa de ofício da autoridade fiscal nos casos previstos no art. 149 do CTN.

Impende registrar que a revisão (alteração) de ofício do lançamento (modificação pela autoridade fiscal) somente está autorizada quando existir inexatidão ou incorreção quanto à matéria fática subjacente ao lançamento (erro de fato).

Havendo erro de direito, incorreção dos critérios e conceitos jurídicos que fundamentaram a prática do lançamento, é vedada a revisão. É que, neste caso, vigora a máxima *venire contra factum proprium* (impossibilidade de alegação, pelo administrador público, do desconhecimento da lei).[1413] Não pode a autoridade administrativa, portanto, pretender legitimar a revisão do lançamento com invocação de erro de direito (equívoco de interpretação ou de aplicação de normas jurídicas, ou, ainda, na valoração dos fatos ante estas mesmas normas).

É de se destacar, ademais, que o art. 149 do CTN apenas autoriza a revisão por erro de fato. Da leitura dos permissivos deste dispositivo, depreende-se que eles se referem sempre à incorreção da apuração do substrato fático inerente à identificação ou quantificação da obrigação tributária. Situação diversa ocorre quando a autoridade fiscal não inova quanto aos fatos subjacentes ao lançamento efetuado, mas, tão somente, atribui efeitos jurídicos distintos a esses mesmos fatos, em razão de nova interpretação (alteração na subsunção dos fatos à lei). Neste último caso, a alteração

---

[1413] Gilberto Ulhôa Canto, nesse mister, é taxativo: "Ao apreciar o erro como um dos motivos que justificam o desfazimento ou a revisão do lançamento, distingue a doutrina, e já hoje, também a jurisprudência do Supremo Tribunal Federal, as duas espécies em que o mesmo se revestir – erro de fato e erro de direito –, para só autorizar a revisão nos casos em que a autoridade lançadora tenha incorrido no primeiro (erro material de cálculo, por exemplo), mas não quando se trate de erro de direito. Tal entendimento está absolutamente conforme com o sistema jurídico que nos rege, que não admite defesa, baseada em erro de direito, a ignorância da lei não escusa a ninguém. Se assim é para os particulares, com maior soma de razões sê-lo-á para a própria administração pública, que não poderá alegar a nulidade de ato seu por haver mal interpretado o direito fazendo errônea aplicação sua ao fato" (CANTO, Gilberto de Ulhôa. *Temas de direito tributário*. Rio de Janeiro: Alba, 1964. p. 47).

de ofício no lançamento, fulcrada em erro de direito, somente poderá ser efetivada para o futuro, nos termos do art. 146 do CTN.[1414]

Isso porque, com estribo na proteção da confiança e da boa-fé objetiva, entre outros, é vedado à Administração Pública escorar-se na ignorância da lei para alterar, com efeitos retroativos, interpretação jurídica dada à norma tributária.

### 3.1.4.1 Alteração do critério jurídico do lançamento

Como visto, além de o erro de direito não constar no rol das hipóteses de revisão do lançamento, o que já é suficiente a propalar a sua improcedência como alicerce desse procedimento, novos critérios jurídicos (distintos dos já utilizados) somente poderão ser adotados na prática de lançamentos para fatos geradores posteriores à sua introdução, nos termos do art. 146 do CTN:

> Art. 146. A modificação introduzida, de ofício ou em consequência de decisão administrativa ou judicial, nos critérios jurídicos adotados pela autoridade administrativa no exercício do lançamento somente pode ser efetivada, em relação a um mesmo sujeito passivo, quanto a fato gerador ocorrido posteriormente à sua introdução.

O dispositivo em tela determina que a modificação nos critérios jurídicos adotados pela autoridade administrativa no exercício do lançamento somente poderá ser efetivada, em relação a um mesmo sujeito passivo, quanto a fato gerador ocorrido posteriormente à sua introdução.

O comando é complexo, mas isso não deve significar a restrição de sua exegese. A fim de evitar divagações inoportunas, cabe apontar o seu sentido, intimamente ligado com a segurança jurídica: nas relações entre fisco e contribuintes, a mudança de um comportamento já praticado e oficialmente validado produz efeitos apenas para o futuro.

O art. 146, em verdade, vem na mesma linha do art. 149, que fora acima examinado. Tal como nesta regra, o objetivo daquela outra é regular a conduta da administração tributária, incutindo-lhe o dever de preservar a previsibilidade e a

---

[1414] No Tema Repetitivo nº 387, o STJ esclareceu: "4. Destarte, a revisão do lançamento tributário, como consectário do poder-dever de autotutela da Administração Tributária, somente pode ser exercido nas hipóteses do artigo 149, do CTN, observado o prazo decadencial para a constituição do crédito tributário. 5. Assim é que a revisão do lançamento tributário por erro de fato (artigo 149, inciso VIII, do CTN) reclama o desconhecimento de sua existência ou a impossibilidade de sua comprovação à época da constituição do crédito tributário. 6. Ao revés, nas hipóteses de erro de direito (equívoco na valoração jurídica dos fatos), o ato administrativo de lançamento tributário revela-se imodificável, máxime em virtude do princípio da proteção à confiança, encartado no artigo 146, do CTN, segundo o qual 'a modificação introduzida, de ofício ou em conseqüência de decisão administrativa ou judicial, nos critérios jurídicos adotados pela autoridade administrativa no exercício do lançamento somente pode ser efetivada, em relação a um mesmo sujeito passivo, quanto a fato gerador ocorrido posteriormente à sua introdução'. 7. Nesse segmento, é que a Súmula 227/TFR consolidou o entendimento de que 'a mudança de critério jurídico adotado pelo Fisco não autoriza a revisão de lançamento'".

estabilidade em sua interação com o sujeito passivo. O art. 146 objetiva, pois, materializar uma série de importantes princípios jurídicos: bebendo na fonte da segurança jurídica, garantir a irretroatividade, a não surpresa, a moralidade administrativa, a proteção da confiança e a boa-fé objetiva. Em poucas palavras: quer impedir que a fiscalização adote comportamentos contraditórios.

Desse modo, em suas relações com o contribuinte, se a Administração Pública dá provas de que determinado comportamento é regular (legal) ou, ainda, produz determinado efeito, eventual mudança na sua conduta apenas pode ter efeitos prospectivos. Num exemplo, sob pena de agir de forma contraditória, o Estado não pode aceitar um ato como válido num dia e, no outro, alterar seu posicionamento e querer fazê-lo retroagir no tempo. Mais uma vez num resumo, a *práxis* administrativa há de se pautar por coerência e unidade. Portanto, pela dicção do art. 146, *a alteração de entendimento por parte do fisco só vale para o futuro*. Isto é: apenas tem eficácia para os fatos geradores posteriores à apresentação ou exteriorização ("introdução", na terminologia do art. 146) da nova interpretação jurídica.

Finalmente, é de se destacar que, no tocante ao lançamento já efetivado, o art. 146 acabou por fundamentar a Súmula nº 227 do extinto TFR: "A mudança de critério jurídico adotado pelo fisco não autoriza a revisão do lançamento". A seu turno, o STF, quando gozava de competência judicante para tal, já sufragava a tese da irrevisibilidade do lançamento definitivamente constituído pela Administração sob a alegação de erro de direito ou mudança nos critérios jurídicos de interpretação.[1415] No mesmo sentido, e mais recentemente, também o STJ decidiu sob o rito dos recursos repetitivos, no já referido Tema nº 387:

> [...] 6. Ao revés, nas hipóteses de erro de direito (equívoco na valoração jurídica dos fatos), o ato administrativo de lançamento tributário revela-se imodificável, máxime em virtude do princípio da proteção à confiança, encartado no artigo 146, do CTN, segundo o qual "a modificação introduzida, de ofício ou em conseqüência de decisão administrativa ou judicial, nos critérios jurídicos adotados pela autoridade administrativa no exercício do lançamento somente pode ser efetivada, em relação a um mesmo sujeito passivo, quanto a fato gerador ocorrido posteriormente à sua introdução".[1416]

## 3.2 Suspensão da exigibilidade do crédito tributário

Uma vez ocorrido o fato gerador previsto na norma tributária, nasce a obrigação e, com ela, o direito de crédito para o sujeito ativo. Tanto nos casos em que a legislação determina a antecipação do pagamento sem prévio lançamento quanto nas situações em que o lançamento deve ser efetuado como condição da exigibilidade do crédito, pode o sujeito passivo, como alternativa ao pagamento,

---

[1415] RE nº 60.663-RJ, 3ª Turma, 16.6.1967, *RDP*, 4/199; RE nº 100.481-SP, 2ª Turma, 4.4.1986. *RTJ*, 122/636.
[1416] REsp nº 1.130.545/RJ.

valer-se das hipóteses previstas no art. 151 do Código Tributário Nacional, em rol taxativo, segundo a jurisprudência do STJ:[1417]

1 – moratória;
2 – depósito do seu montante integral;
3 – reclamações e recursos administrativos, nos termos das leis reguladoras do processo tributário administrativo;
4 – concessão de medida liminar ou tutela antecipada em ações judiciais;
5 – parcelamento.

Impende notar, portanto, que a suspensão não é da constituição do crédito tributário, mas sim da sua exigibilidade (cobrança por parte do sujeito ativo). Além de não poder cobrar, ao sujeito ativo também é defesa a negativa em emissão de certidões negativas de débito ou a inscrição do contribuinte em cadastro de devedores, no tocante ao crédito cuja exigibilidade esteja suspensa.

Assim, o que ocorre é a suspensão do cumprimento da obrigação tributária principal pelo sujeito passivo, seja com a dilação do prazo ou forma de pagamento, seja com a instauração de um litígio em relação ao crédito tributário. Em relação às obrigações acessórias, o CTN é expresso em determinar, pelo parágrafo único do art. 151, que "o disposto neste artigo não dispensa o cumprimento das obrigações acessórias dependentes da obrigação principal cujo crédito seja suspenso, ou dela consequentes".

Outro aspecto que merece ser comentado é o fato de a jurisprudência do Superior Tribunal de Justiça ter se firmado no sentido de que o prazo para o fisco efetuar o lançamento, por ser decadencial, não se interrompe ou se suspende.[1418] Disso decorre que, na presença de uma das hipóteses previstas no art. 151 do CTN, nada impede que o fisco constitua o crédito tributário por meio do lançamento (se já não o tiver constituído). Sendo-lhe vedada, apenas, a cobrança das obrigações tributárias, enquanto não cessada a causa que ensejou a suspensão da exigibilidade.[1419]

---

[1417] Tema Repetitivo nº 378: "A fiança bancária não é equiparável ao *depósito* integral do débito exequendo para fins de suspensão *da* exigibilidade do crédito *tributário*, ante a taxatividade do art. 151 do CTN e o teor do Enunciado Sumular n. 112 desta Corte".

[1418] Neste sentido, o acórdão proferido nos Embargos de Divergência, no REsp nº 572.603, em julgado da 1ª Seção do STJ: "TRIBUTÁRIO. EMBARGOS DE DIVERGÊNCIA. LANÇAMENTO POR HOMOLOGAÇÃO. DECADÊNCIA. PRAZO QUINQUENAL. MANDADO DE SEGURANÇA. MEDIDA LIMINAR. SUSPENSÃO DO PRAZO. IMPOSSIBILIDADE. 1. Nas exações cujo lançamento se faz por homologação, havendo pagamento antecipado, conta-se o prazo decadencial a partir da ocorrência do fato gerador (art. 150, §4º, do CTN), que é de cinco anos. 2. Somente quando não há pagamento antecipado ou há prova de fraude, dolo ou simulação é que se aplica o disposto no art. 173, I, do CTN. 3. A suspensão da exigibilidade do crédito tributário na via judicial impede o Fisco de praticar qualquer ato contra o contribuinte visando à cobrança de seu crédito, tais como inscrição em dívida, execução e penhora, mas não impossibilita a Fazenda de proceder à regular constituição do crédito tributário para prevenir a decadência do direito de lançar. 4. Embargos de divergência providos".

[1419] Note-se que o entendimento não é o mesmo para os casos em que se tem decisão judicial suspendendo ou proibindo a prática do próprio lançamento. Nesses casos, a jurisprudência é no sentido de que não correm prazos prescricionais e/ou decadenciais. Veja-se o exemplo a seguir, que inclusive faz referência a precedentes anteriores: "III. O acórdão recorrido apresenta-se em harmonia com a orientação da jurisprudência do Superior Tribunal de Justiça, no sentido de que, em regra, o deferimento de medida liminar, a favor do

A possibilidade de o sujeito passivo vir a suspender a exigibilidade do crédito tributário é garantia fundamental para o administrado. Isto porque, uma vez exigível, dispõe o crédito, como se verá, de uma série de garantias, preferências e privilégios, fazendo do fisco um credor especial. Dito isso, cabem breves considerações sobre cada uma das hipóteses do art. 151 do CTN.

## 3.2.1 Moratória

Das hipóteses suprarreferidas, apenas a moratória é de iniciativa dos poderes Legislativo ou Executivo, podendo ser concedida nos termos estabelecidos nos arts. 152 a 155. Confira-se:

> Art. 152. A moratória somente pode ser concedida:
>
> I - em caráter geral:
>
> a) pela pessoa jurídica de direito público competente para instituir o tributo a que se refira;
>
> b) pela União, quanto a tributos de competência dos Estados, do Distrito Federal ou dos Municípios, quando simultaneamente concedida quanto aos tributos de competência federal e às obrigações de direito privado;
>
> II - em caráter individual, por despacho da autoridade administrativa, desde que autorizada por lei nas condições do inciso anterior.
>
> Parágrafo único. A lei concessiva de moratória pode circunscrever expressamente a sua aplicabilidade a determinada região do território da pessoa jurídica de direito público que a expedir, ou a determinada classe ou categoria de sujeitos passivos.
>
> Art. 153. A lei que conceda moratória em caráter geral ou autorize sua concessão em caráter individual especificará, sem prejuízo de outros requisitos:
>
> I - o prazo de duração do favor;
>
> II - as condições da concessão do favor em caráter individual;
>
> III - sendo caso:
>
> a) os tributos a que se aplica;
>
> b) o número de prestações e seus vencimentos, dentro do prazo a que se refere o inciso I, podendo atribuir a fixação de uns e de outros à autoridade administrativa, para cada caso de concessão em caráter individual;
>
> c) as garantias que devem ser fornecidas pelo beneficiado no caso de concessão em caráter individual.

---

contribuinte, que afasta a exigência de tributo, não obsta a regular constituição do crédito tributário, a fim de prevenir decadência. No entanto, se a decisão judicial, assim proferida, obsta que a autoridade tributária proceda ao competente lançamento de ofício, o termo a quo do prazo decadencial será a data da revogação da mencionada medida. Nesse sentido: STJ, AgInt no AREsp 930.915/MG, Rel. Ministro HERMAN BENJAMIN, SEGUNDA TURMA, DJe de 11/05/2017; AgRg no AREsp 410.492/PR, Rel. Ministro HUMBERTO MARTINS, SEGUNDA TURMA, DJe de 18/03/2014; REsp 849.273/RS, Rel. Ministro LUIZ FUX, PRIMEIRA TURMA, DJe 7.5.2008" (AgInt no REsp nº 1.526.313/SP, relatora Ministra Assusete Magalhães, Segunda Turma, julgado em 14/5/2019, DJe de 21/5/2019).

Art. 154. Salvo disposição de lei em contrário, a moratória somente abrange os créditos definitivamente constituídos à data da lei ou do despacho que a conceder, ou cujo lançamento já tenha sido iniciado àquela data por ato regularmente notificado ao sujeito passivo.

Parágrafo único. A moratória não aproveita aos casos de dolo, fraude ou simulação do sujeito passivo ou do terceiro em benefício daquele.

Trata-se, pois, a moratória de uma dilação do prazo de pagamento, concedida por lei da pessoa jurídica de direito público competente, devendo ser considerada írrita, a todas as luzes, a hipótese da alínea "b" do art. 152 sob o manto do atual texto constitucional. A moratória, por ser concedida em caráter geral ou individual, circunscreve-se à determinada região ou a grupo específico de sujeitos passivos. Um exemplo bastante comum é a sua concessão em casos de calamidade pública, como exemplo, enchentes.

A moratória não se confunde com parcelamento, muito embora, findo o seu prazo, possa a lei prever o pagamento do tributo em parcelas.

A concessão da moratória em caráter individual não gera direito adquirido, podendo ser revogada sempre que se apure que o beneficiado não satisfazia ou deixou de satisfazer as condições ou não cumpria ou deixou de cumprir os requisitos para a concessão do benefício. Neste caso, o crédito tributário será cobrado com juros e acrescido de penalidade se houver dolo ou simulação (e sem imposição de penalidade se não caracterizado dolo ou simulação). Ademais, havendo dolo ou simulação, para efeito de prescrição, não será computado o prazo decorrido entre a concessão do benefício e a sua revogação. São os dizeres do art. 155 do CTN:

Art. 155. A concessão da moratória em caráter individual não gera direito adquirido e será revogada de ofício, sempre que se apure que o beneficiado não satisfazia ou deixou de satisfazer as condições ou não cumpria ou deixou de cumprir os requisitos para a concessão do favor, cobrando-se o crédito acrescido de juros de mora:

I - com imposição da penalidade cabível, nos casos de dolo ou simulação do beneficiado, ou de terceiro em benefício daquele;

II - sem imposição de penalidade, nos demais casos.

Parágrafo único. No caso do inciso I deste artigo, o tempo decorrido entre a concessão da moratória e sua revogação não se computa para efeito da prescrição do direito à cobrança do crédito; no caso do inciso II deste artigo, a revogação só pode ocorrer antes de prescrito o referido direito.

## 3.2.2 Depósito do montante integral

A segunda hipótese de suspensão da exigibilidade do crédito tributário, bem como as subsequentes, é de iniciativa do sujeito passivo.

Apesar de ser mais comumente realizado na esfera judicial, o depósito também pode ser efetuado na via administrativa. Se feito no bojo de processo administrativo em curso, instaurado pela apresentação de reclamação, o seu principal efeito consiste em evitar a incidência de juros e correção monetária, uma vez que a existência de impugnação ou recurso já gera como consequência, por si só, a suspensão da exigibilidade do crédito tributário prevista no art. 151, III, do CTN.[1420]

Importante destacar que o depósito, no todo ou em parte, não é pressuposto para a admissibilidade de recurso administrativo em que se discute a exigibilidade do crédito tributário. Tal exigência representaria, por óbvio, uma violação ao direito de ampla defesa e contraditório assegurado constitucionalmente. Ademais, o princípio do *solve et repete* foi definitivamente afastado pelo Supremo Tribunal Federal ao editar a Súmula Vinculante nº 21: "É inconstitucional a exigência de depósito ou arrolamento prévios de dinheiro ou bens para admissibilidade de recurso administrativo".[1421]

Como regra geral, o depósito é feito na esfera judicial não como condição da ação, mas com o fito de impedir que o autor fique em mora junto ao Fisco na pendência da discussão judicial. Da mesma forma que ocorre no âmbito dos recursos administrativos, a nossa ordem constitucional não admite a exigência do depósito prévio como requisito de admissibilidade de ação judicial na qual se pretenda discutir a exigibilidade de crédito tributário, em razão do princípio da inafastabilidade de jurisdição assegurado no art. 5º, XXXV, da Constituição da República. A Suprema Corte, inclusive, já editou a Súmula Vinculante nº 28, a qual prevê: "É inconstitucional a exigência de depósito prévio como requisito de admissibilidade de ação judicial na qual se pretenda discutir a exigibilidade de crédito tributário".

Enfim, o depósito deve ser entendido como uma mera faculdade do contribuinte, podendo ser feito a qualquer tempo, não dependendo de formalidade ou instrumento processual próprio. Sendo de seu interesse, o contribuinte pode efetuá-lo administrativamente, quando possível perante a Administração Tributária correspondente, ou nos autos da própria ação principal em que se discute o crédito tributário, tornando-se desnecessário o ajuizamento de uma ação específica para tal.

De outra forma, o depósito efetuado em juízo gera a imediata suspensão da exigibilidade do crédito tributário, desde que realizado em seu montante integral. Conforme entendimento sumulado pelo STJ: "O depósito somente suspende a exigibilidade do crédito tributário se for integral e em dinheiro" (Súmula nº 112).

---

[1420] Em qualquer caso, o depósito obsta qualquer tipo de cobrança, seja a prática do lançamento tributário (auto de infração), seja a propositura de execução fiscal, à vista da jurisprudência consolidada do STJ sobre o assunto, consoante Tema Repetitivo nº 271: "Os efeitos da suspensão da exigibilidade pela realização do *depósito integral* do *crédito* exequendo, quer no bojo de ação anulatória, quer no de ação declaratória de inexistência de relação jurídico-tributária, ou mesmo no de mandado de segurança, desde que ajuizados anteriormente à execução fiscal, têm o condão de impedir a lavratura do auto de infração, assim como de coibir o ato de inscrição em dívida ativa e o ajuizamento da execução fiscal, a qual, acaso proposta, deverá ser extinta".

[1421] No STJ, a orientação foi consolidada no Tema Repetitivo nº 86: "O depósito prévio ao recurso administrativo, para a discussão de crédito previdenciário, ante o flagrante desrespeito à garantia constitucional da ampla defesa (artigo 5º, LV, da CF/88) e ao direito de petição independentemente do pagamento de taxas (artigo 5º, XXXIV, 'a', da CF/88) é inexigível, consoante decisão do Supremo Tribunal Federal, na sessão plenária ocorrida em 28.03.2007, nos autos do Recurso Extraordinário 389.383-1/SP, na qual declarou, por maioria, a inconstitucionalidade dos §§ 1.º e 2.º, do artigo 126, da Lei 8.213/91, com a redação dada pela Medida Provisória 1.608-14/98, convertida na Lei 9.639/98".

Efetuado o depósito, considera-se, de acordo com a orientação do Superior Tribunal de Justiça, constituído o crédito tributário, não se fazendo necessária, assim em consequência, a lavratura do lançamento para os devidos fins.[1422]

### 3.2.3 Reclamações e recursos administrativos, nos termos das leis reguladoras do processo tributário administrativo

Conforme visto, o crédito tributário torna-se exigível após o lançamento e a devida notificação do contribuinte. Entretanto, o sujeito passivo pode não concordar com o ato administrativo que culminou na exação que lhe é exigida. Assim, possui o direito de contestá-lo (impugná-lo) perante a autoridade administrativa superior ou órgão administrativo competente para julgamento.

O direito de o administrado recorrer de qualquer ato administrativo decorre da garantia constitucional de que a todos são assegurados o contraditório e a ampla defesa, com os meios e recursos inerentes.[1423]

Inicia-se, a partir da reclamação ou recurso, o processo administrativo tributário, que será regulado pela lei própria emanada do ente federativo competente para a revisão do lançamento (União, estados, Distrito Federal ou municípios). A irresignação em sede de juízo administrativo, manifestada pela forma de recurso ou reclamação, por si só, na dicção do art. 151, III, do CTN, tem o condão de suspender a exigibilidade do crédito. Dessa forma, durante todo o percurso do processo administrativo, enquanto não houver a decisão definitiva da autoridade julgadora competente, o crédito tributário não poderá ser exigido do contribuinte.

### 3.2.4 Concessão de medida liminar ou tutela antecipada em ações judiciais

Como alternativa ao depósito, produzindo os mesmos efeitos quanto à suspensão da exigibilidade do crédito, pode o sujeito passivo obter medida liminar ou tutela antecipada junto ao Poder Judiciário.

---

[1422] "TRIBUTÁRIO. DEPÓSITO JUDICIAL. CONSTITUIÇÃO DO CRÉDITO TRIBUTÁRIO. 1. O Superior Tribunal de Justiça entende que o "depósito efetuado por ocasião do questionamento judicial de tributo sujeito a lançamento por homologação suspende a exigibilidade do mesmo, enquanto perdurar a contenda, ex vi do disposto no art. 151, II, do CTN, e, por força do seu desígnio, implica lançamento tácito no montante exato do quantum depositado, conjurando eventual alegação de decadência do direito de constituir o crédito tributário" (AgRg nos EDcl no REsp n. 961.049/SP, relator Ministro Luiz Fux, Primeira Turma, julgado em 23/11/2010, DJe de 3/12/2010). 2. A conformidade do entendimento adotado no acórdão recorrido com a jurisprudência desta Corte Superior atrai o óbice de conhecimento estampado na sua Súmula 83. 3. Agravo interno desprovido". (AgInt no AREsp n. 2.357.706/SC, relator Ministro Gurgel de Faria, Primeira Turma, julgado em 3/6/2024, DJe de 6/6/2024.)

[1423] "Art. 5º Todos são iguais perante a lei, sem distinção de qualquer natureza, garantindo-se aos brasileiros e aos estrangeiros residentes no País a inviolabilidade do direito à vida, à liberdade, à igualdade, à segurança e à propriedade, nos termos seguintes: [...] LV - aos litigantes, em processo judicial ou administrativo, e aos acusados em geral são assegurados o contraditório e ampla defesa, com os meios e recursos a ela inerentes".

O Mandado de Segurança é ação de natureza constitucional, com fito de resguardar direito líquido e certo do administrado ante ilegalidade ou abuso de poder praticado pela autoridade administrativa. Pode ter caráter repressivo, quando impetrado dentro do prazo de 120 dias do ato coator, ou pode ter caráter preventivo, nas hipóteses em que é impetrado contra atos iminentes e prováveis a serem praticados pela autoridade pública. Verificado pelo magistrado que há fundamento relevante nas alegações do impetrante ("fumaça do bom direito"), bem como que do ato impugnado (ou a ser praticado) poderá resultar dano ao sujeito passivo, ou ineficácia da medida, caso essa seja deferida apenas ao final do processo, poderá ser concedida medida liminar determinando que a autoridade coatora se abstenha de praticar o ato que deu motivo ao pedido.

Nessas hipóteses, se a medida liminar não for cassada no percurso do processo, o sujeito passivo estará protegido pela suspensão da exigibilidade do crédito tributário até que seja proferida decisão final nos autos. Sendo a decisão definitiva favorável ao sujeito passivo, haverá a própria extinção da obrigação tributária, nos termos do art. 156, X, do CTN.

Em relação à concessão da medida liminar em outras espécies de ação judicial, o raciocínio a ser aplicado é o mesmo. Assim, o Juízo poderá conceder medida liminar determinando a suspensão da exigibilidade do crédito tributário, caso verificado o preenchimento dos requisitos para sua concessão. Sob a égide do CPC/73, a tutela antecipada seria concedida, a requerimento da parte, existindo prova inequívoca da verossimilhança da alegação e havendo fundado receio de dano irreparável ou de difícil reparação, caso tenha que se esperar o provimento final da demanda.

Com o CPC/15, a tutela antecipada será dada quando houver elementos que evidenciem a probabilidade do direito e o perigo de dano ou o risco ao resultado útil do processo. Além disso, o novo Código ainda trouxe uma nova figura, a "tutela de evidência", também outorgável liminarmente, mas sem a necessidade de se demonstrar o perigo de dano ou o risco ao desfecho útil do processo. Nesse caso, ela poderá ser concedida, entre outros, quando houver tese firmada em julgamento de casos repetitivos ou em súmula vinculante.[1424]

A cassação da medida liminar ou de qualquer outra decisão judicial com o mesmo efeito de suspender a exigibilidade faz com que o crédito tributário se torne, por óbvio, novamente exigível, o que demanda, assim, a quitação deste último. Na esfera federal, o pagamento será feito com o acréscimo de juros de mora e correção monetária, mas sem a incidência de penalidades, desde que ocorra no prazo de trinta

---

[1424] "Art. 311. A tutela da evidência será concedida, independentemente da demonstração de perigo de dano ou de risco ao resultado útil do processo, quando: I - ficar caracterizado o abuso do direito de defesa ou o manifesto propósito protelatório da parte; II - as alegações de fato puderem ser comprovadas apenas documentalmente e houver tese firmada em julgamento de casos repetitivos ou em súmula vinculante; III - se tratar de pedido reipersecutório fundado em prova documental adequada do contrato de depósito, caso em que será decretada a ordem de entrega do objeto custodiado, sob cominação de multa; IV - a petição inicial for instruída com prova documental suficiente dos fatos constitutivos do direito do autor, a que o réu não oponha prova capaz de gerar dúvida razoável. Parágrafo único. Nas hipóteses dos incisos II e III, o juiz poderá decidir liminarmente".

dias da publicação da decisão reformadora (art. 63, §2º, da Lei Federal nº 9.430, de 27 de dezembro de 1996),[1425] não sendo necessariamente esta a regra nos âmbitos estaduais, municipais e/ou distrital.[1426]

### 3.2.5 Parcelamento

Finalmente, como última hipótese de suspensão do crédito tributário, inserida pela LC nº 104/00, está o parcelamento. Neste caso, havendo autorização legal do parcelamento do crédito e estando o sujeito passivo cumprindo seus termos, ocorre a suspensão da exigibilidade quanto às importâncias vincendas.

A LC nº 104/00 inseriu o art. 155-A ao CTN, o qual dispõe que o parcelamento será concedido na forma e condição estabelecidas em lei específica. É dizer: o contribuinte não tem direito a postular parcelamento em forma distinta da prevista em lei e, por outro lado, é vedado à administração tributária, para a concessão do parcelamento, fazer exigências não previstas pelo legislador. Ao exigir lei específica, buscou o CTN coibir pedidos de parcelamento tendo como base a previsão de normas gerais contidas no CTN ou, ainda, leis diversas daquelas editadas pelo Poder Legislativo da pessoa jurídica de direito público competente para instituição do tributo que será parcelado. De todas as formas, pelo §2º do art. 155-A, o legislador complementar dispôs expressamente que "aplicam-se, subsidiariamente, ao parcelamento as disposições desta Lei, relativas a moratória".

Uma das condições que usualmente consta nas leis que concedem parcelamento é a confissão irrevogável e irretratável do tributo a ser parcelado. Nesse contexto, questão relevante a ser examinada é: se o tributo confessado for posteriormente declarado inconstitucional pelo STF, pode o contribuinte requerer a restituição dos valores pagos no bojo do parcelamento? Quando há mera confissão de dívida, não é obstado ao contribuinte o direito de questionar judicialmente a obrigação tributária, no que se refere aos seus aspectos jurídicos, como exemplo, a legitimidade da norma instituidora do tributo (pois a força vinculante estará restrita à situação de fato). Esse entendimento encontra-se pacificado atualmente pela jurisprudência do STJ, tendo

---

[1425] "Art. 63. Na constituição de crédito tributário destinada a prevenir a decadência, relativo a tributo de competência da União, cuja exigibilidade houver sido suspensa na forma dos incisos IV e V do art. 151 da Lei nº 5.172, de 25 de outubro de 1966, não caberá lançamento de multa de ofício. § 1º O disposto neste artigo aplica-se, exclusivamente, aos casos em que a suspensão da exigibilidade do débito tenha ocorrido antes do início de qualquer procedimento de ofício a ele relativo. § 2º A interposição da ação judicial favorecida com a medida liminar interrompe a incidência da multa de mora, desde a concessão da medida judicial, até 30 dias após a data da publicação da decisão judicial que considerar devido o tributo ou contribuição."

[1426] No estado de Minas Gerais, por exemplo, não existe regra como a do art. 63 da Lei Federal nº 9.430/96, o que faz com que Fisco estadual exija tributo, juros e multa quando da cassação de medidas liminares suspensivas de exigibilidade. O mesmo cenário se verifica no estado de São Paulo; no entanto, para esse último caso, há acórdãos do TJSP entendendo aplicável, por analogia, o comando do §2º do art. 63. São exemplos: Agravo de Instrumento nº 3007326-91.2022.8.26.0000; 11ª Câmara de Direito Público; 15/12/2022, Agravo de Instrumento nº 3006997-79.2022.8.26.0000, 3ª Câmara de Direito Público, 16/11/2022; Agravo de Instrumento nº 2253792-50.2020.8.26.0000, 8ª Câmara de Direito Público, 13/01/2021.

a questão já sido submetida à sistemática dos recursos repetitivos.[1427] Nessa linha, tem-se permitido, em diversos julgados, questionamentos com efeitos retrospectivos, pugnando pela anulação e repetição de valores incluídos em parcelamento.

O §1º do art. 155-A dispõe que, salvo disposição de lei em contrário, o parcelamento do crédito tributário não exclui a incidência de multa e juros. O objetivo da norma foi solucionar, de vez, discussão antiga entre fisco e contribuintes sobre a possibilidade de se realizar denúncia espontânea, com o afastamento das penalidades, por meio de parcelamento do tributo denunciado. A norma acaba por abarcar também outras situações, que não raras vezes ocorrem no cotidiano tributário, como exemplo, o parcelamento do tributo após se cessar determinada causa que suspendia sua exigibilidade. É o caso de quando o contribuinte obtém liminar suspendendo a exigibilidade do tributo que depois vem a ser cassada. Nesta hipótese, para efetuar o parcelamento (ao invés do pagamento integral do tributo), o acréscimo de multa provavelmente será ser exigido pela autoridade fiscal.

Finalmente, com a edição da Lei Complementar nº 118/05, foram acrescidos os parágrafos terceiro e quarto do art. 155-A, prevendo que "lei específica disporá sobre as condições de parcelamento dos créditos tributários do devedor em recuperação judicial" e, ainda, que a sua inexistência "importa na aplicação das leis gerais de parcelamento do ente da Federação ao devedor em recuperação judicial, não podendo, neste caso, ser o prazo de parcelamento inferior ao concedido pela lei federal específica".

## 3.3 Extinção do crédito tributário

Conforme já visto, com a ocorrência do fato gerador previsto na norma tributária, nasce uma relação jurídica de natureza obrigacional entre o sujeito ativo e o sujeito passivo, cujo objeto é o crédito tributário. De um lado, encontra-se o fisco, credor, titular do direito de crédito e do direito de exigir o tributo. Do outro, encontra-se o contribuinte que possui o dever de realizar o pagamento. A relação obrigacional

---

[1427] "PROCESSUAL CIVIL. TRIBUTÁRIO. RECURSO ESPECIAL REPRESENTATIVO DE CONTROVÉRSIA (ART. 543-C, §1º, do CPC). AUTO DE INFRAÇÃO LAVRADO COM BASE EM DECLARAÇÃO EMITIDA COM ERRO DE FATO NOTICIADO AO FISCO E NÃO CORRIGIDO. VÍCIO QUE MACULA A POSTERIOR CONFISSÃO DE DÉBITOS PARA EFEITO DE PARCELAMENTO. POSSIBILIDADE DE REVISÃO JUDICIAL. [...] 5. A confissão da dívida não inibe o questionamento judicial da obrigação tributária, no que se refere aos seus aspectos jurídicos. Quanto aos aspectos fáticos sobre os quais incide a norma tributária, a regra é que não se pode rever judicialmente a confissão de dívida efetuada com o escopo de obter parcelamento de débitos tributários. No entanto, como na situação presente, a matéria de fato constante de confissão de dívida pode ser invalidada quando ocorre defeito causador de nulidade do ato jurídico (*v.g.* erro, dolo, simulação e fraude). Precedentes: REsp. nº 927.097/RS, Primeira Turma, Rel. Min. Teori Albino Zavascki, j. 8.5.2007; REsp nº 948.094/PE. Rel. Min. Teori Albino Zavascki, Primeira Turma, j. 06.09.2007; REsp nº 947.233/RJ. Rel. Min. Luiz Fux, Primeira Turma, j. 23.06.2009; REsp nº 1.074.186/RS. Rel. Min. Denise Arruda, Primeira Turma, j. 17.11.2009; REsp nº 1.065.940/SP. Rel. Min. Francisco Falcão, Primeira Turma, j. 18.09.2008. 6. Divirjo do relator para negar provimento ao recurso especial. Acórdão submetido ao regime do art. 543-C, do CPC, e da Resolução STJ nº 8/2008" (REsp nº 1.133.027/SP. Rel. Min. Luiz Fux. Rel. p/Acórdão Min. Mauro Campbell Marques, 1ª Seção, j. 13.10.2010. *DJe*, 16 mar. 2011).

entre esses sujeitos continuará a existir até que se opere a sua extinção por meio das seguintes modalidades:

> Art. 156. Extinguem o crédito tributário:
>
> I - o pagamento;
>
> II - a compensação;
>
> III - a transação;
>
> IV - a remissão;
>
> V - a prescrição e a decadência;
>
> VI - a conversão de depósito em renda;
>
> VII - o pagamento antecipado e a homologação do lançamento nos termos do disposto no art. 150 e seus §§1º e 4º;
>
> VIII - a consignação em pagamento, nos termos do disposto no §2º do art. 164;
>
> IX - a decisão administrativa irreformável, assim entendida a definitiva na órbita administrativa, que não mais possa ser objeto de ação anulatória;
>
> X - a decisão judicial passa em julgado;
>
> XI - a dação em pagamento em bens imóveis, na forma e condições estabelecidas em lei.
>
> Parágrafo único. A lei disporá quanto aos efeitos da extinção total ou parcial do crédito sobre a ulterior verificação da irregularidade da sua constituição, observado o disposto nos arts. 144 e 149.

## 3.3.1 Pagamento

O pagamento em dinheiro é a modalidade natural de extinção de uma obrigação tributária.[1428] Deverá ser efetuado nos termos previstos no aspecto operacional contido no mandamento da norma. A Lei Complementar nº 104/01 inseriu o inc. XI ao art. 156, permitindo a extinção do crédito tributário por meio da dação em pagamento em bens imóveis, na forma e condições estabelecidas em lei do ente tributante.[1429]

---

[1428] O CTN prevê os seguintes meios de pagamento: "Art. 162. O pagamento é efetuado: I - em moeda corrente, cheque ou vale postal; II - nos casos previstos em lei, em estampilha, em papel selado, ou por processo mecânico. §1º A legislação tributária pode determinar as garantias exigidas para o pagamento por cheque ou vale postal, desde que não o torne impossível ou mais oneroso que o pagamento em moeda corrente. §2º O crédito pago por cheque somente se considera extinto com o resgate deste pelo sacado. §3º O crédito pagável em estampilha considera-se extinto com a inutilização regular daquela, ressalvado o disposto no artigo 150. §4º A perda ou destruição da estampilha, ou o erro no pagamento por esta modalidade, não dão direito a restituição, salvo nos casos expressamente previstos na legislação tributária, ou naquelas em que o erro seja imputável à autoridade administrativa. §5º O pagamento em papel selado ou por processo mecânico equipara-se ao pagamento em estampilha".

[1429] O Estado de Minas Gerais já disciplinou o assunto por meio da Lei nº 14.699/2003. Em âmbito federal, com a edição da Lei n. 13.259, de 16 de março de 2016, o "crédito tributário inscrito em dívida ativa da União poderá ser extinto, (...) mediante dação em pagamento de bens imóveis...", desde que observadas as seguintes condições: "I - a dação seja precedida de avaliação do bem ou dos bens ofertados, que devem estar livres e desembaraçados de quaisquer ônus, nos termos de ato do Ministério da Fazenda; e II - a dação abranja a totalidade do crédito ou créditos que se pretende liquidar com atualização, juros, multa e encargos legais,

Caso o sujeito passivo não adimpla sua obrigação tributária a tempo e modo, qualquer que seja o motivo que o tenha levado a tal, deverá efetuar o pagamento do tributo acrescido de juros de mora e das penalidades cabíveis (art. 161).[1430]

Nesta hipótese, o art. 157 do CTN deixou consignado que "a imposição de penalidade não ilide o pagamento integral do crédito tributário". Ou seja, o objetivo da penalidade não é compensar o não recolhimento do crédito tributário. A penalidade não substitui o crédito tributário devido, tampouco constitui uma alternativa à sua liquidação, devendo o contribuinte efetuar o pagamento de ambos necessariamente. Este dispositivo do CTN tem por objetivo diferenciar o tratamento tributário em relação à regra geral de direito civil, atualmente prevista no art. 410 do Código Civil brasileiro de 2002, no sentido de que "quando se estipular a cláusula penal para o caso de total inadimplemento da obrigação, esta converter-se-á em alternativa a benefício do credor".

O mesmo se dá em relação ao art. 158 do CTN,[1431] que determina que o pagamento de um crédito não importa em presunção de pagamento, quando parcial, das prestações em que se decomponha e, quando total, de outros créditos referentes

---

sem desconto de qualquer natureza, assegurando-se ao devedor a possibilidade de complementação em dinheiro de eventual diferença entre os valores da totalidade da dívida e o valor do bem ou dos bens ofertados em dação". Ademais, note-se que a legislação espanhola utiliza a dação de modo regular, como é o caso dos impostos sobre sucessões e renda instituídos pelas leis nº 16, de 1985, e nº 29, de 1987, nas quais é prevista a satisfação da obrigação tributária mediante a entrega de bens que façam parte do patrimônio histórico espanhol. Sobre a matéria, encontramos diversas posições doutrinárias, aqui e alhures. Alfredo Augusto Becker sustenta que tudo depende da política fiscal; esta poderá escolher (mediante criação de regra jurídica), em lugar de dinheiro, um outro bem (ex.: imóvel) ou um serviço pessoal (BECKER, Alfredo Augusto. *Teoria geral do direito tributário*. 2. ed. São Paulo: Saraiva, 1972. p. 577). Os professores Juan Martin Queralt e Carmelo Lozano Serrano, ao analisarem o conceito de tributo, afirmam: "O tributo consiste geralmente em um recurso monetário, ainda que em determinadas ocasiões possa se constituir na entrega de outros bens" (MARTÍN QUERALT, Juan; LOZANO SERRANO, Carmelo. *Curso de derecho financiero y tributario*. 2. ed. Madrid: Tecnos, 1991. p. 115).

[1430] A jurisprudência já examinou a cumulação das parcelas, concluindo pela inexistência do *bis in idem*, pela distinção dos fundamentos e objetivos de cada qual: "[...] 2. É legítima a cobrança de juros de mora cumulada com multa fiscal moratória. Os juros de mora visam à compensação do credor pelo atraso no recolhimento do tributo, enquanto que a multa tem finalidade punitiva ao contribuinte omisso" (REsp nº 836.434/SP, relatora Ministra Eliana Calmon, Segunda Turma, julgado em 20/5/2008, DJe de 11/6/2008).
Além disso, também já julgou a legalidade da incidência dos juros sobre a multa punitiva, caso em que igualmente há jurisprudência consolidada em positivo: "4. A Corte a quo adotou posicionamento que está em harmonia com o deste Superior Tribunal de Justiça no sentido de que é '[...] legítima a incidência de juros de mora sobre multa fiscal punitiva pelo fato de esta integrar o crédito tributário' (AgInt nos EDcl no REsp n. 1.769.129/SC, relator Ministro Gurgel de Faria, Primeira Turma, julgado em 26/9/2022, DJe de 3/10/2022) e que '[...] em havendo a incidência do encargo legal de 20% fixado na CDA que instrua a Execução, tais encargos substituem, nos Embargos à Execução, a condenação em honorários advocatícios, nos termos da Súmula 168 do extinto TFR ('O encargo de 20% do Dec.-lei 1.025/69, é sempre devido nas execuções fiscais da União e substitui, nos embargos, a condenação do devedor em honorários advocatícios'), entendimento respaldado pelo STJ nos autos do REsp 1.143.320/RS, na sistemática do art. 543-C, do CPC' (EDcl no REsp n. 1.844.327/SC, relator Ministro Herman Benjamin, Segunda Turma, julgado em 22/6/2020, DJe de 26/6/2020)" (AgInt no REsp nº 2.022.677/PR, relator Ministro Mauro Campbell Marques, Segunda Turma, julgado em 11/3/2024, DJe de 14/3/2024).

[1431] "Art. 158. O pagamento de um crédito não importa em presunção de pagamento: I - quando parcial, das prestações em que se decomponha; II - quando total, de outros créditos referentes ao mesmo ou a outros tributos."

ao mesmo ou a outros tributos. Nesse caso, o CTN também buscou prever uma regra específica para o crédito tributário, diferente daquela prescrita para as obrigações civis em geral. É que, no âmbito privado, quando o pagamento for feito em quotas periódicas, a quitação da última estabelece, até prova em contrário, a presunção de estarem solvidas as anteriores (art. 322 do CCB). Em decorrência, há, em favor do devedor que quitou a última prestação, a presunção de que as anteriores também estão adimplidas. Todavia, em direito tributário, a recíproca não é verdadeira, pois o contribuinte que pagou a última parcela deverá fazer prova de que efetuou o pagamento das obrigações pretéritas, não sendo suficiente demonstração de que quitou a última.

No tocante ao local do pagamento, a regra do direito tributário também se difere daquela do direito civil. Para esse, regra geral, o pagamento é *quérable* (é o credor que deve cobrar o crédito no domicílio do devedor e, ainda, provar que este se negou à prestação para constituí-lo em mora). No direito tributário, o art. 159 do CTN[1432] previu que, salvo quando a legislação tributária dispuser em contrário, o local do pagamento é a repartição competente do domicílio fiscal do sujeito passivo; ou seja, pagamento *portable* (é o sujeito passivo que tem que comparecer à repartição pública para pagar o crédito tributário).

O art. 160 do CTN determina que "quando a legislação tributária não fixar o tempo do pagamento, o vencimento do crédito ocorre 30 (trinta) dias depois da data em que se considera o sujeito passivo notificado do lançamento".[1433] Trata-se de uma regra supletiva, para o caso de omissão do legislador da pessoa jurídica de direito público competente (para instituir a exação) em regulamentar a matéria. Note-se que o legislador complementar utilizou a expressão "legislação tributária" e não "lei", o que levou nossos tribunais superiores[1434] a adotarem posicionamento no sentido de que a alteração do prazo para vencimento da obrigação tributária pode ser feito por ato infralegal da Administração Pública, no exercício de sua atividade regulamentadora. Contudo, sendo fixado um prazo em lei, ele não pode ser alterado pelo decreto regulamentador, tendo em conta a hierarquia dos diplomas envolvidos.

Nos termos do art. 161 do CTN, o crédito tributário não integralmente pago no vencimento é acrescido de juros de mora e das penalidades cabíveis. O §1º do referido dispositivo fixa como regra que os juros de mora serão calculados à taxa de um por cento ao mês, se o legislador tributário não dispuser de modo diverso.[1435]

---

[1432] "Art. 159. Quando a legislação tributária não dispuser a respeito, o pagamento é efetuado na repartição competente do domicílio do sujeito passivo".

[1433] "Art. 160. Quando a legislação tributária não fixar o tempo do pagamento, o vencimento do crédito ocorre trinta dias depois da data em que se considera o sujeito passivo notificado do lançamento. Parágrafo único. A legislação tributária pode conceder desconto pela antecipação do pagamento, nas condições que estabeleça".

[1434] Cita-se, a título de exemplo: REsp nº 115.999, nº 55.207, nº 55.537 e RE nº 203.684, nº 173.294, nº 140.669 e nº 195.218. Destaca-se também a Súmula nº 669, STF, com os seguintes dizeres: "Norma legal que altera o prazo de recolhimento da obrigação tributária não se sujeita ao princípio da anterioridade".

[1435] Em âmbito federal, utiliza-se a taxa Selic (taxa referencial do Sistema Especial de Liquidação e de Custódia), que congrega juros de mora e correção monetária. A possibilidade já foi julgada pelos Tribunais, havendo precedentes confirmatórios no STF (Tema RG nº 214) e no STJ (Tema Repetitivo nº 199). Ainda, em 2019,

Ressalva-se, ainda, que não haverá mora na hipótese de a obrigação tributária ter sido submetida à consulta formulada à administração tributária, dentro do prazo legal para o pagamento do crédito (art. 161, §2º).

Ponto interessante a destacar é o que toca ao instituto da imputação de pagamento. É que, pela redação do Código Civil, art. 352, "a pessoa obrigada, por dois ou mais débitos da mesma natureza, a um só credor, tem o direito de indicar a qual deles oferece pagamento, se todos forem líquidos e vencidos". Em direito tributário, a regra é diametralmente oposta, posto ser o fisco a determinar qual crédito pretende receber, nos termos do art. 163 do CTN:[1436]

> Art. 163. Existindo simultaneamente dois ou mais débitos vencidos do mesmo sujeito passivo para com a mesma pessoa jurídica de direito público, relativos ao mesmo ou a diferentes tributos ou provenientes de penalidade pecuniária ou juros de mora, a autoridade administrativa competente para receber o pagamento determinará a respectiva imputação, obedecidas as seguintes regras, na ordem em que enumeradas:
>
> I - em primeiro lugar, aos débitos por obrigação própria, e em segundo lugar aos decorrentes de responsabilidade tributária;
>
> II - primeiramente, às contribuições de melhoria, depois às taxas e por fim aos impostos;
>
> III - na ordem crescente dos prazos de prescrição;
>
> IV - na ordem decrescente dos montantes.

Ademais, em matéria tributária, a imputação do pagamento apenas pode operar-se em relação aos débitos vencidos. Com isso se quer dizer que, se o sujeito passivo escolhe pagar determinado débito vincendo (o indicado quando do preenchimento da guia de arrecadação), mesmo existindo débitos anteriores em aberto, não pode a autoridade administrativa proceder à imputação do pagamento para liquidar estes últimos em detrimento daquele eleito pelo sujeito passivo. Ou seja, não pode transferir o pagamento feito pelo contribuinte dentro do prazo de vencimento da obrigação indicada no documento de recolhimento, para liquidar o débito anterior em aberto.

Decidiu o STJ, sob o rito dos recursos repetitivos, REsp nº 1.213.082 (Tema nº 484), que a compensação de ofício é vedada apenas quando o crédito a ser liquidado se encontrar com a exigibilidade suspensa, tendo sido firmada como tese de julgamento que:

> Fora dos casos previstos no art. 151, do CTN, a compensação de ofício é ato vinculado da Fazenda Pública Federal a que deve se submeter o sujeito passivo, inclusive sendo

---

o STF esclareceu que "os estados-membros e o Distrito Federal podem legislar sobre índices de correção monetária e taxas de juros de mora incidentes sobre seus créditos fiscais, limitando-se, porém, aos percentuais estabelecidos pela União para os mesmos fins" (Tema RG nº 1.062).

[1436] Inclusive, a Súmula nº 464 do STJ dispõe que "a regra de imputação de pagamentos estabelecida no art. 354 do Código Civil não se aplica às hipóteses de compensação tributária". No mesmo sentido, o Tema Repetitivo nº 381.

lícitos os procedimentos de concordância tácita e retenção previstos nos §§1º e 3º, do art. 6º, do Decreto nº 2.138/97.

### 3.3.1.1 Consignação em pagamento

O crédito tributário pode também ser objeto de consignação em pagamento nas hipóteses do art. 164, quais sejam:

> I - recusa de recebimento, ou subordinação deste ao pagamento de outro tributo ou penalidade, ou ao cumprimento de obrigação acessória;
>
> II - subordinação do recebimento ao cumprimento de exigências administrativas sem fundamento legal;
>
> III - exigência, por mais de uma pessoa jurídica de direito público, de tributo idêntico sobre um mesmo fato gerador.

O art. 164 disciplina uma espécie excepcional de pagamento que consiste na consignação judicial que objetiva a extinção do crédito tributário. O contribuinte, diante da recusa indevida de recebimento do crédito tributário pelo Fisco ou em caso de sua exigência por mais de uma pessoa jurídica de direito público, possui o legítimo direito de efetuar o pagamento do tributo e extinguir a obrigação tributária. Para tanto, poderá se valer da consignação em pagamento e não sofrer as consequências de um eventual inadimplemento ou mora.

No tocante à terceira hipótese acima mencionada, deve ser afastada interpretação literal do dispositivo, entendendo-se, pois, por "tributos idênticos" aqueles com o mesmo fato gerador e não, necessariamente, com a mesma nomenclatura. Assim, como exemplo, cita-se a cobrança do ISSQN sobre a mesma prestação de serviços por dois municípios (o primeiro, no qual o serviço é executado e, o segundo, no qual se encontra o estabelecimento prestador). É igualmente admitida a consignação nos casos de tributos diversos (exemplo: quando estado e município cobram, respectivamente, ICMS e ISS sobre um único fato gerador),[1437] mesmo porque o cabimento, nesta hipótese, também estaria albergado pelo art. 547 do CPC.[1438]

É regra geral, expressa no parágrafo primeiro do art. 164 do CTN, que a consignação em pagamento só pode versar sobre créditos que o consignante se propõe a pagar. Desta forma, apesar de também levar à suspensão do crédito tributário, o depósito feito na consignação em pagamento se difere daquele feito com o objetivo específico de suspensão, nos termos do art. 151, II, do CTN. Enquanto naquele caso o sujeito passivo não pode questionar o pagamento do tributo depositado ou o seu montante, neste o objetivo é justamente o questionamento.

---

[1437] A título de exemplo, vale conferir o julgamento do STJ no REsp nº 931.566.

[1438] "Art. 547. Se ocorrer dúvida sobre quem deva legitimamente receber o pagamento, o autor requererá o depósito e a citação dos possíveis titulares do crédito para provarem o seu direito."

Finalmente, o §2º do art. 164 dispõe sobre os efeitos da consignação, estabelecendo, como não poderia deixar de ser, que, julgada procedente a consignação, o pagamento se reputa efetuado e a importância consignada é convertida em renda. Prevê também que, julgada improcedente a consignação, no todo ou em parte, cobra-se o crédito acrescido de juros de mora, sem prejuízo das penalidades cabíveis. Contudo, esta parte final do dispositivo é de todo criticável, porque feito o depósito do tributo consignado, este tem o condão de suspender a exigibilidade do crédito e, como visto, impedir a aplicação de multa e juros.

### 3.3.1.2 Pagamento indevido e a sua restituição

Como decorrência natural do repúdio, pelo direito, ao enriquecimento sem causa, mormente em se tratando de obrigações compulsórias, é expressamente garantida ao sujeito passivo a restituição do tributo indevidamente recolhido (indébito tributário).

No âmbito privado, todo aquele que recebeu o que não lhe era devido fica obrigado a restituir. No entanto, o art. 877 do Código Civil determina que "[a]quele que voluntariamente pagou o indevido incube a prova de tê-lo feito por erro". Tal exigência não se aplica na seara do direito tributário. Isso porque a obrigação tributária é compulsória, decorrente de lei, e não depende da vontade do sujeito. Dessa maneira, a restituição é garantida tanto nas hipóteses em que o pagamento indevido é realizado "espontaneamente" (ou seja, nas hipóteses em que a legislação atribua ao sujeito passivo o dever de antecipar o pagamento do tributo sem prévio lançamento), quanto naquelas em haja exigência do tributo pelo fisco, nos termos do art. 165 do CTN:

> Art. 165. O sujeito passivo tem direito, independentemente de prévio protesto, à restituição total ou parcial do tributo, seja qual for a modalidade do seu pagamento, ressalvado o disposto no §4º do artigo 162, nos seguintes casos:
>
> I - cobrança ou pagamento espontâneo de tributo indevido ou maior que o devido em face da legislação tributária aplicável, ou da natureza ou circunstâncias materiais do fato gerador efetivamente ocorrido;
>
> II - erro na edificação do sujeito passivo, na determinação da alíquota aplicável, no cálculo do montante do débito ou na elaboração ou conferência de qualquer documento relativo ao pagamento;
>
> III - reforma, anulação, revogação ou rescisão de decisão condenatória.

Assim, não pode o ente público se furtar à devolução do indébito ao argumento de que o tributo foi pago indevidamente por erro cometido pelo próprio contribuinte. O seguinte trecho, extraído do acórdão do STJ proferido quando do julgamento do REsp nº 1.078.726/SP, bem sintetiza a questão:

> Não se pode, portanto, interpretar que o erro do contribuinte que gerou os lançamentos tenha o condão de impossibilitar a repetição dos valores pagos indevidamente. Cumpre

ressaltar que essa exegese, além de se incompatibilizar com o disposto no art. 165 do CTN, geraria, consequentemente, evidente enriquecimento ilícito do sujeito ativo, contrariando princípio geral de direito aplicável a qualquer espécie de obrigação jurídica, inclusive tributária.

Na mesma linha, o STJ possui entendimento sedimentado reconhecendo o direito do contribuinte à repetição de indébito correspondente a crédito tributário prescrito, justamente por ter ocorrido, em tais casos, o pagamento de um débito inexistente.[1439]

A seu turno, a hipótese prevista no inc. III do art. 165 do CTN abarca as situações em que o contribuinte questionou o crédito tributário e obteve uma primeira decisão desfavorável, o que levou ao seu pagamento. Contudo, manteve ou continuou o questionamento e, posteriormente, obteve uma decisão favorável que lhe propiciará solicitar a restituição.

Finalmente, cabe lembrar que o legislador complementar teve o cuidado de estabelecer, no art. 167 do CTN, que a "restituição total ou parcial do tributo dá lugar à restituição, na mesma proporção, dos juros de mora e das penalidades pecuniárias, salvo as referentes a infrações de caráter formal não prejudicadas pela causa da restituição".

Visto isso, cabe esclarecer que o indébito tributário a ser restituído pelos entes públicos há de ser necessariamente atualizado monetariamente. Nos termos da Súmula nº 162 do STJ: "Na repetição do indébito tributário, a correção monetária incide a partir do pagamento indevido". Há casos em que a legislação do ente tributante não prevê um índice de atualização específico a ser adotado para a repetição do indébito tributário. Isso, todavia, não impede a atualização do valor a ser restituído. Nestes casos, utilizar-se-á o mesmo índice adotado pelo ente tributante para a cobrança de seus créditos tributários (segundo entendimento adotado pelo STJ em sede de recurso repetitivo, Tema nº 295).[1440]

No tocante à incidência de juros de mora, o parágrafo único do art. 167 do CTN dispõe expressamente que "a restituição vence juros não capitalizáveis, a partir do trânsito em julgado da decisão definitiva que a determinar". Em consonância com este dispositivo, destacamos o teor da Súmula nº 188, STJ: "Os juros moratórios,

---

[1439] A título de exemplo, conferir REsp nº 1.004.747, nº 636.495 e nº 646.328.

[1440] "TRIBUTÁRIO. REPETIÇÃO DE INDÉBITO DE TRIBUTO ESTADUAL. JUROS DE MORA. DEFINIÇÃO DA TAXA APLICÁVEL. [...] 2. Relativamente a tributos estaduais ou municipais, a matéria continua submetida ao princípio geral, adotado pelo STF e pelo STJ, segundo o qual, em face da lacuna do art. 167, parágrafo único do CTN, a taxa dos juros de mora na repetição de indébito deve, por analogia e isonomia, ser igual à que incide sobre os correspondentes débitos tributários estaduais ou municipais pagos com atraso; e a taxa de juros incidente sobre esses débitos deve ser de 1% ao mês, a não ser que o legislador, utilizando a reserva de competência prevista no §1º do art. 161 do CTN, disponha de modo diverso. 3. Nessa linha de entendimento, *a jurisprudência do STJ considera incidente a taxa SELIC na repetição de indébito de tributos estaduais a partir da data de vigência da lei estadual que prevê a incidência de tal encargo sobre o pagamento atrasado de seus tributos. Precedentes de ambas as Turmas da 1ª Seção.* [...] 5. Recurso especial provido. Acórdão sujeito ao regime do art. 543-C do CPC e da Resolução STJ 08/08" (REsp nº 1.111.189/SP. Rel. Min. Teori Albino Zavascki, 1ª Seção, j. 13.5.2009. *DJe*, 25 maio 2009, grifos nossos).

na repetição do indébito tributário, são devidos a partir do trânsito em julgado da sentença".[1441]

Merece ser esclarecido que, atualmente, na seara federal, o índice a ser aplicado na restituição do indébito tributário é a Selic, conforme previsão contida no art. §4º do art. 39 da Lei nº 9.250/96.[1442] Nesse caso, decidiu o STJ tratar-se de índice que abrange correção e juros de mora, sendo "inacumulável com qualquer outro índice de correção monetária ou com juros de mora".[1443]

### 3.3.1.2.1 Restituição de tributos indiretos

Para o exercício do direito de restituição, é posta pelo legislador complementar uma ressalva: "A restituição de tributos que comportem, por sua natureza, transferência do respectivo encargo financeiro somente será feita a quem prove haver assumido referente encargo, ou, no caso de tê-lo transferido a terceiro, estar por este expressamente autorizado a recebê-la" (art. 166). Dita ressalva impõe algumas considerações para o seu correto entendimento. Deve ser lembrado, em primeiro lugar, que, enquanto custo, são os tributos sempre considerados na composição dos preços das mercadorias ou serviços. Destarte, os tributos em geral são transferidos de forma indireta ao consumidor final pelo mecanismo dos preços, da mesma forma como são transferidos os custos de mão de obra, insumos etc.[1444]

Não obstante, está o legislador a tratar, na letra do art. 166, dos tributos que, em razão da natureza peculiar de sua dinâmica de incidência, comportem transferência direta de seu ônus ao consumidor final. Estamos a falar, considerando o cenário

---

[1441] Sobre o assunto, é importante ressaltar que a legislação do respectivo ente tributante poderá trazer a aplicação da Selic como índice de correção e juros, como ocorre na esfera federal. Nesses casos, como o índice é um só, para os dois fins, os juros serão contados desde o pagamento indevido. Também nesse sentido, o STJ: "1. A orientação prevalente no âmbito da 1ª Seção desta Corte, em sede de recurso especial repetitivo (REsp 1.111.175/SP), quanto aos juros e correção monetária do indébito tributário pode ser sintetizada da seguinte forma: (a) antes do advento da Lei 9.250/95, incidia a correção monetária desde o pagamento indevido até a restituição ou compensação (Súmula 162/STJ), acrescida de juros de mora a partir do trânsito em julgado (Súmula 188/STJ), nos termos do art. 167, parágrafo único, do CTN; (b) após a edição da Lei 9.250/95, aplica-se a taxa SELIC desde o recolhimento indevido, ou, se for o caso, a partir de 1º.01.1996, não podendo ser cumulada, porém, com qualquer outro índice, seja de atualização monetária, seja de juros, porque a SELIC inclui, a um só tempo, o índice de inflação do período e a taxa de juros real. (RESP 1.111.175/SP, Rel. Min. Denise Arruda, Primeira Seção, DJe 1º/7/2009). 2. Agravo interno não provido". (AgInt no AREsp nº 1.710.154/RS, relator Ministro Mauro Campbell Marques, Segunda Turma, julgado em 23/11/2020, DJe de 30/11/2020).

[1442] "§4º A partir de 1º de janeiro de 1996, a compensação ou restituição será acrescida de juros equivalentes à taxa referencial do Sistema Especial de Liquidação e de Custódia – SELIC para títulos federais, acumulada mensalmente, calculados a partir da data do pagamento indevido ou a maior até o mês anterior ao da compensação ou restituição e de 1% relativamente ao mês em que estiver sendo efetuada".

[1443] EREsp nº 642.962.

[1444] Nesse sentido, o STJ, analisando contribuição social, afirmou, em recurso repetitivo (Tema nº 232), que, "na repetição do indébito tributário referente a recolhimento de tributo direto, não se impõe a comprovação de que não houve repasse do encargo financeiro decorrente da incidência do imposto ao consumidor final, contribuinte de fato".

anterior à EC nº 132/2023, do ICMS e do IPI.[1445] Isso porque, em razão do princípio da não cumulatividade, a Constituição impõe seu repasse de forma destacada a fim de que o encargo por eles representado seja suportado pelo contribuinte de fato e não pelo contribuinte de direito. Destarte, para os tributos em questão, a legitimidade para pleitear a restituição é do contribuinte de direito, desde que cumpridas as condicionantes trazidas pelo art. 166. O Supremo Tribunal Federal editou a Súmula nº 546 sobre o tema, a qual aduz: "Cabe a restituição do tributo pago indevidamente, quando reconhecido por decisão que o contribuinte 'de jure' não recuperou do contribuinte de fato o 'quantum' respectivo". Já o STJ, em recurso repetitivo (Tema nº 173), esclarece que o contribuinte de fato não possui, em regra,[1446] legitimidade para o pleito restitutório, já que não é parte da respectiva obrigação tributária:

> 1. O "contribuinte de fato" (in casu, distribuidora de bebida) não detém legitimidade ativa ad causam para pleitear a restituição do indébito relativo ao IPI incidente sobre os descontos incondicionais, recolhido pelo "contribuinte de direito" (fabricante de bebida), por não integrar a relação jurídica tributária pertinente.
>
> 2. O Código Tributário Nacional, na seção atinente ao pagamento indevido, preceitua que: [...]
>
> 3. Consequentemente, é certo que o recolhimento indevido de tributo implica na obrigação do Fisco de devolução do indébito ao contribuinte detentor do direito subjetivo de exigi-lo.
>
> 4. Em se tratando dos denominados "tributos indiretos" (aqueles que comportam, por sua natureza, transferência do respectivo encargo financeiro), a norma tributária (artigo 166, do CTN) impõe que a restituição do indébito somente se faça ao contribuinte que comprovar haver arcado com o referido encargo ou, caso contrário, que tenha sido autorizado expressamente pelo terceiro a quem o ônus foi transferido.
>
> 5. A exegese do referido dispositivo indica que: "...o art. 166, do CTN, embora contido no corpo de um típico veículo introdutório de norma tributária, veicula, nesta parte, norma específica de direito privado, que atribui ao terceiro o direito de retomar do

---

[1445] Deve-se observar que, segundo o Tema Repetitivo nº 398, o STJ entende que: "A pretensão repetitória de valores indevidamente recolhidos a título de ISS incidente sobre a locação de bens móveis (cilindros, máquinas e equipamentos utilizados para acondicionamento dos gases vendidos), hipótese em que o tributo assume natureza indireta, reclama da parte autora a prova da não repercussão, ou, na hipótese de ter a mesma transferido o encargo a terceiro, de estar autorizada por este a recebê-los". No caso, o Tribunal esclareceu que "o ISS é espécie tributária que admite a sua dicotomização como tributo direto ou indireto, consoante o caso concreto" (REsp nº 1.131.476/RS, relator Ministro Luiz Fux, Primeira Seção, julgado em 9/12/2009, DJe de 1/2/2010).

[1446] O próprio STJ excepciona o consumidor de energia elétrica desse posicionamento: "Diante do que dispõe a legislação que disciplina as concessões de serviço público e da peculiar relação envolvendo o Estado-concedente, a concessionária e o consumidor, esse último tem legitimidade para propor ação declaratória c/c repetição de indébito na qual se busca afastar, no tocante ao fornecimento de energia elétrica, a incidência do ICMS sobre a demanda contratada e não utilizada. - O acórdão proferido no REsp 903.394/AL (repetitivo), da Primeira Seção, Ministro Luiz Fux, DJe de 26.4.2010, dizendo respeito a distribuidores de bebidas, não se aplica ao casos de fornecimento de energia elétrica. Recurso especial improvido. Acórdão proferido sob o rito do art. 543-C do Código de Processo Civil" (REsp nº 1.299.303/SC, relator Ministro Cesar Asfor Rocha, Primeira Seção, julgado em 8/8/2012, DJe de 14/8/2012).

contribuinte tributário, apenas nas hipóteses em que a transferência for autorizada normativamente, as parcelas correspondentes ao tributo indevidamente recolhido: Trata-se de norma privada autônoma, que não se confunde com a norma construída da interpretação literal do art. 166, do CTN. É desnecessária qualquer autorização do contribuinte de fato ao de direito, ou deste àquele. Por sua própria conta, poderá o contribuinte de fato postular o indébito, desde que já recuperado pelo contribuinte de direito junto ao Fisco. No entanto, note-se que o contribuinte de fato não poderá acionar diretamente o Estado, por não ter com este nenhuma relação jurídica.

Em suma: o direito subjetivo à repetição do indébito pertence exclusivamente ao denominado contribuinte de direito. Porém, uma vez recuperado o indébito por este junto ao Fisco, pode o contribuinte de fato, com base em norma de direito privado, pleitear junto ao contribuinte tributário a restituição daqueles valores.

A norma veiculada pelo art. 166 não pode ser aplicada de maneira isolada, há de ser confrontada com todas as regras do sistema, sobretudo com as veiculadas pelos arts. 165, 121 e 123, do CTN. Em nenhuma delas está consignado que o terceiro que arque com o encargo financeiro do tributo possa ser contribuinte. Portanto, só o contribuinte tributário tem direito à repetição do indébito.

[...]

7. À luz da própria interpretação histórica do artigo 166, do CTN, dessume-se que somente o contribuinte de direito tem legitimidade para integrar o pólo ativo da ação judicial que objetiva a restituição do "tributo indireto" indevidamente recolhido (Gilberto Ulhôa Canto, "Repetição de Indébito", in Caderno de Pesquisas Tributárias, nº 8, p. 2-5, São Paulo, Resenha Tributária, 1983; e Marcelo Fortes de Cerqueira, in "Curso de Especialização em Direito Tributário - Estudos Analíticos em Homenagem a Paulo de Barros Carvalho", Coordenação de Eurico Marcos Diniz de Santi, Ed. Forense, Rio de Janeiro, 2007, págs. 390/393).[1447]

Em relação a este aspecto, vale destacar que as contribuições ao PIS e à Cofins recolhidas na sistemática não cumulativa não se submetem ao art. 166 do CTN. É que, neste caso, temos tributo que busca onerar diretamente a pessoa jurídica (sua receita, nos termos do art. 195, I, "b", da CF/88) e não a relação de consumo (por meio do consumidor final, na qualidade de contribuinte de fato). Ademais, nessa hipótese, não há transferência jurídica do crédito, mesmo porque o tributo sequer é destacado na nota fiscal de venda. É dizer: o comprador não tem direito a apropriar-se de crédito equivalente ao montante que o vendedor lhe transferiu no documento de venda, como sói ocorrer com IPI e ICMS. Em relação às contribuições ao PIS e à Cofins, o crédito é calculado independentemente de o vendedor ter recolhido as contribuições (a técnica de apuração é "base a base").[1448]

---

[1447] REsp nº 903.394/AL, relator Ministro Luiz Fux, Primeira Seção, julgado em 24/3/2010, DJe de 26/4/2010.
[1448] Conforme visto anteriormente, com a EC nº 132/2023, ICMS, ISS, IPI (em parte), PIS e Cofins darão lugar ao IBS e à CBS. Ainda não se tem a legislação de normas gerais definitiva para os novos tributos, mas o projeto em curso, já aprovado na Câmara de Deputados, o Projeto de Lei Complementar nº 68-A, de 2024, contém a seguinte disposição: "Art. 37. Em caso de pagamento indevido, a restituição do IBS e da CBS somente será devida ao contribuinte quando: I - a operação não tiver gerado crédito para o adquirente dos bens ou

De mais a mais, cabe noticiar a definição, pelos tribunais superiores, da controvérsia sobre a aplicação ou não do art. 166 aos casos de substituição tributária, em que o valor real de venda da mercadoria se revelasse inferior ao montante presumido considerado para o cálculo do ICMS. Em linha com o antes decidido pelo STF, no Tema RG nº 201, o STJ, mais recentemente, fixou, como tese repetitiva do Tema nº 1.191, que, "na sistemática da substituição tributária para frente, em que o contribuinte substituído revende a mercadoria por preço menor do que a base de cálculo presumida para o recolhimento do tributo, é inaplicável a condição prevista no art. 166 do CTN". Na ementa, à guisa de fundamentação, constou:

> 9. Conforme bem observado em Voto do eminente Ministro Benedito Gonçalves no AgInt no REsp 1.949.848/MG, DJe 15.12.2021, a controvérsia objeto destes autos não diz respeito à devolução do valor do "ICMS incluído no preço da mercadoria vendida, mas daquele decorrente da diferença entre a base de cálculo efetivamente praticada e a presumida, sendo que esta última, porque não ocorrida, não foi imposta ao consumidor, daí porque não se pode exigir comprovação do não repasse financeiro".
>
> 10. Por conseguinte, a averiguação da repercussão econômica torna-se dispensável no âmbito da substituição tributária, a qual apenas teria relevância nos casos submetidos ao regime normal de tributação.
>
> 11. Assim, na sistemática da substituição tributária para frente, em que o contribuinte substituído revende a mercadoria por preço menor do que o da base de cálculo presumida para o recolhimento do tributo, é inaplicável a condição prevista no art. 166 do CTN

### 3.3.1.2.2 Prazo para pleitear a devolução do indébito

O prazo de que dispõe o sujeito passivo para pleitear a restituição do tributo indevidamente pago se encontra regulado no art. 168 do Código Tributário Nacional:

> Art. 168. O direito de pleitear a restituição extingue-se com o decurso do prazo de 5 (cinco) anos, contados:
>
> I - nas hipóteses dos incisos I e II do art. 165, da data da extinção do crédito tributário;
>
> II - na hipótese do inciso III do art. 165, da data em que se tornar definitiva a decisão administrativa ou passar em julgado a decisão judicial que tenha reformado, anulado, revogado ou rescindido a decisão condenatória.

É de se notar, pois, que o legislador estatuiu dois marcos iniciais para a contagem do prazo estipulado ao sujeito passivo para o exercício de seu direito à repetição do indébito: conta-se a partir da data da extinção do crédito tributário, ou o prazo é contado da data em que se tornar definitiva decisão administrativa ou judicial que tenha superado decisão condenatória anterior.

---

serviços; e II - o disposto no art. 166 da Lei nº 5.172, de 25 de outubro de 1966 (Código Tributário Nacional) for obedecido".

No tocante ao inc. I, tendo em vista o legislador não ter se referido à data do pagamento e sim à data da extinção do crédito, o período a ser considerado pelo sujeito passivo será distinto conforme a modalidade de lançamento.

Nos tributos sujeitos ao lançamento de ofício ou mesmo por declaração (atualmente em desuso), a data da extinção do crédito tributário coincidirá com o pagamento. Nesse caso, o prazo de que dispõe o sujeito passivo para pleitear a restituição do tributo é, então, de cinco anos a contar da ocorrência do pagamento.

Nos casos de tributo sujeito a lançamento por homologação, a redação do art. 168, I, do CTN, já levou o Superior Tribunal de Justiça a consolidar entendimento no sentido de que o contribuinte teria o prazo de até 10 anos para pleitear a restituição.[1449] Explica-se: segundo o STJ, a contagem do prazo de 5 anos, previsto no art. 168, I, iniciar-se-ia após o transcurso do prazo de 5 anos, previsto no art. 150, §4º, para ser considerado extinto o pagamento antecipado pelo contribuinte nos casos de lançamento por homologação.

Contudo, a discussão mencionada no parágrafo anterior, conhecida como tese dos "cinco mais cinco", terminou com a edição da Lei Complementar nº 118/2005, que, em seu art. 3º, determinou:

> para efeito de interpretação do inc. I do art. 168 da Lei nº 5.172, de 25 de outubro de 1966 – Código Tributário Nacional, a extinção do crédito tributário ocorre, no caso de tributo sujeito a lançamento por homologação, no momento do pagamento antecipado de que trata o §1º do art. 150 da referida Lei.

Vale notar que o dispositivo em questão se autodenominou interpretativo, com o objetivo de atingir relações jurídicas pretéritas, ou seja, pagamentos indevidos de tributos sujeitos a lançamento por homologação anteriores à publicação da lei.[1450] A inovação trazida pelo legislador complementar não foi, contudo, meramente interpretativa, na medida em que veio alterar interpretação há muito conferida à matéria pelo Superior Tribunal de Justiça. Ademais, sua aplicação retroativa poderia implicar diretamente a perda do direito do contribuinte que, de certa forma, encontrava-se resguardado pelo entendimento construído pelos Tribunais Superiores brasileiros de que, nesses casos, ele teria dez anos para pleitear a restituição. Nesse contexto, ao analisarem a questão, tanto STJ (EREsp nº 639.083) quanto STF (RE nº 566.621) se manifestaram pela inconstitucionalidade da pretendida retroação, decidindo que a alteração perpetrada pelo art. 3º da Lei Complementar nº 118/2005, estabelecendo o prazo decadencial em 5 anos, apenas deve ser aplicada a pedidos de restituição

---

[1449] Vale conferir, a título de exemplo, o seguinte trecho da ementa dos Embargos de Divergência em Recurso Especial nº 44.937-3/PR: "O tributo [...] é daqueles sujeito a lançamento por homologação. Em não havendo tal homologação, faz-se impossível cogitar em extinção do crédito tributário. À falta de homologação, a decadência do direito de repetir o indébito tributário somente ocorre decorridos cinco anos, desde a ocorrência do fato gerador, acrescidos de outros cinco anos, contados do termo final do prazo deferido ao Fisco para apuração do tributo devido".

[1450] O que foi reforçado pelo art. 4º do mesmo diploma legislativo: "Art. 4º Esta Lei entra em vigor 120 (cento e vinte) dias após sua publicação, observado, quanto ao art. 3º, o disposto no art. 106, inciso I, da Lei nº 5.172, de 25 de outubro de 1966 – Código Tributário Nacional".

requeridos, administrativamente ou judicialmente, após a sua *vacatio legis*. Em qualquer caso, sobre a alteração de marco propriamente dita, atualmente, por meio do Tema Repetitivo nº 137, a jurisprudência do STJ é pacífica no sentido de que, "para as ações ajuizadas a partir de 9.6.2005, aplica-se o art. 3º da Lei Complementar n. 118/2005, contando-se o prazo prescricional dos tributos sujeitos a lançamento por homologação em cinco anos a partir do pagamento antecipado de que trata o art. 150, § 1º, do CTN".

Ademais, o Superior Tribunal de Justiça, além da tese dos "cinco mais cinco", chegou a adotar, durante certo período, a tese de que, no caso de tributos declarados inconstitucionais pelo STF, o prazo de 5 anos para repetição do indébito teria início com a declaração de inconstitucionalidade e não com o pagamento do tributo.[1451] Posteriormente, o STJ alterou esse entendimento e passou a adotar a contagem a partir do pagamento do tributo. A 1ª Turma do STF decidiu, no ARE nº 951.533,[1452] que a aplicação deste entendimento mais recente do STJ, em prejuízo da parte, viola os princípios da segurança jurídica, da boa-fé e da garantia do acesso à Justiça. Decidiu a 1ª Turma do STF que, se à época do ajuizamento da ação o STJ adotava o entendimento da contagem do prazo de repetição do indébito a partir da declaração de inconstitucionalidade do tributo, a parte que ajuizou a ação tem direito de que esse entendimento seja aplicado ao seu caso. Veja-se a fundamentação do acórdão da 1ª Turma:

> 1. Os marcos jurígenos para a contagem do prazo prescricional do direito do contribuinte estão dispostos no Código Tributário Nacional. A jurisprudência da Corte, há muito, pacificou o entendimento de que a questão envolvendo o termo inicial para a contagem do prazo prescricional para a repetição de indébito referente a tributo declarado inconstitucional pelo Supremo Tribunal Federal é de natureza infraconstitucional, não ensejando a abertura da via extraordinária.
> 
> 2. Estando um direito sujeito a exercício em determinado prazo, seja mediante requerimento administrativo ou, se necessário, ajuizamento de ação judicial, urge reconhecer-se eficácia à iniciativa tempestiva tomada por seu titular nesse sentido, pois isso é resguardado pela proteção à confiança.
> 
> 3. Impossibilidade de aplicação retroativa de nova regra de contagem de prazo prescricional às pretensões já ajuizadas e em curso, por força do primado da segurança jurídica.

Finalmente, há de se mencionar que o art. 169 do CTN prevê que, caso o sujeito passivo opte por pleitear a restituição na via administrativa, sendo esta indeferida,

---

[1451] Tema Repetitivo nº 142: "O prazo de prescrição quinquenal para pleitear a repetição tributária, nos tributos sujeitos ao lançamento de ofício, é contado da data em que se considera extinto o crédito tributário, qual seja, a data do efetivo pagamento do tributo. A declaração de inconstitucionalidade da lei instituidora do tributo em controle concentrado, pelo STF, ou a Resolução do Senado (declaração de inconstitucionalidade em controle difuso) é despicienda para fins de contagem do prazo prescricional tanto em relação aos tributos sujeitos ao lançamento por homologação, quanto em relação aos tributos sujeitos ao lançamento de ofício".

[1452] Rel. Min. Dias Toffoli, por maioria. *DJ*, 5 nov. 2018.

ele poderá propor ação específica, no prazo de 2 anos, com objetivo de anular dita decisão:

> Art. 169. Prescreve em dois anos a ação anulatória da decisão administrativa que denegar a restituição.
>
> Parágrafo único. O prazo de prescrição é interrompido pelo início da ação judicial, recomeçando o seu curso, por metade, a partir da data da intimação validamente feita ao representante judicial da Fazenda Pública interessada.

### 3.3.2 Compensação

O art. 170 do CTN, ao tratar da compensação como modalidade de extinção do crédito tributário, assim dispõe:

> Art. 170. A lei pode, nas condições e sob as garantias que estipular, ou cuja estipulação em cada caso atribuir à autoridade Administrativa, autorizar a compensação de créditos tributários com créditos líquidos e certos, vencidos ou vincendos, do sujeito passivo contra a Fazenda pública.
>
> Art. 170-A. É vedada a compensação mediante o aproveitamento de tributo, objeto de contestação judicial pelo sujeito passivo, antes do trânsito em julgado da respectiva decisão judicial.

A compensação é forma de extinção de obrigações pela qual dois sujeitos, devedores e credores entre si, fazem o encontro de seus créditos e débitos. Neste sentido, dispõem os arts. 368 e 369 do Código Civil de 2002, repetindo na íntegra o disposto no *Digesto* de 1916 (arts. 1.009 e 1.010), *verbis*:

> Art. 368. Se duas pessoas forem no mesmo tempo credor e devedor uma da outra, as duas obrigações extinguem-se, até onde se compensarem.
>
> Art. 369. A compensação efetua-se entre dívidas líquidas, vencidas e de coisas fungíveis.

Contudo, na seara tributária, a compensação não é automática como regulada no direito civil, impondo o legislador a complementar a necessidade de lei específica que a autorize e regulamente, estipulando eventuais condições e garantias ou atribuindo tal prerrogativa à autoridade administrativa.

Desta forma, não há um direito protestativo à compensação como forma de restituição; o legislador pode autorizá-la ou não.[1453] Contudo, havendo a referida lei,

---

[1453] Um bom exemplo dessa circunstância é a chamada "compensação cruzada", expressão atribuída por operadores do direito em geral para a compensação entre espécies tributárias distintas. Com a Lei nº 8.383/1991, a compensação tributária federal estava restrita a tributos e contribuições da mesma espécie (art. 66). No entanto, alterações legislativas posteriores ampliaram a possibilidade, num primeiro momento para autorizar a compensação entre tributos administrados pela Receita Federal do Brasil (art. 74 da Lei nº 9.430/1996) e, nos termos já sumulados pelo STJ, o contribuinte pode optar por receber o indébito por precatório ou compensação (Súmula nº 461, STJ: "O contribuinte pode optar por receber, por meio de precatório ou por compensação, o indébito tributário certificado por sentença declaratória transitada em julgado").

Questão relevante que merece atenção é o tratamento a ser conferido à aplicação da lei que estabeleça novas condições ou restrições ao procedimento de compensação.

Há, na jurisprudência dos tribunais superiores, o entendimento no sentido de que as limitações impostas por novas leis apenas podem ser aplicadas em relação a créditos posteriores à sua edição. Nesta linha, STF e STJ já afastaram a aplicação de limites à compensação, criados por leis novas, a créditos tributários preexistentes às ditas leis. Em relação ao STF, cita-se, a título ilustrativo, a interpretação dada à lei que instituiu o limitador de 30% para a compensação do prejuízo fiscal acumulado: a Suprema Corte decidiu que ele não deveria ser aplicado ao prejuízo existente anteriormente à entrada em vigor da norma.[1454] Por sua vez, o STJ também já analisou situação semelhante, quando da edição das leis nº 9.032 e nº 9.129/95, que passaram a condicionar a compensação de indébitos relativos a contribuições previdenciárias ao limitador de 30%. No julgamento desta questão, o STJ solidificou o entendimento de que, em homenagem ao princípio do direito adquirido e da irretroatividade, os créditos dos contribuintes decorrentes de recolhimento indevido não poderiam se submeter às limitações impostas por lei posterior.[1455] Ainda, quando da análise da introdução do art. 170-A ao Código Tributário Nacional, por meio da LC nº 104/2001, dispositivo que vinculou a compensação dos tributos discutidos judicialmente ao trânsito em julgado da respectiva demanda, o STJ entendeu que a restrição se aplicaria apenas às ações judiciais intentadas posteriormente à inovação legislativa.

---

mais recentemente, para permiti-la, nos termos da lei, inclusive com as contribuições previdenciárias, as quais, em 2007, passaram a ser administradas pela RFB também (art. 26-A da Lei nº 11.457/2007, incluído pela Lei nº 13.670, de 2018).

[1454] "AGRAVO REGIMENTAL NO RECURSO EXTRAORDINÁRIO. CONSTITUCIONAL. TRIBUTÁRIO. MEDIDA PROVISÓRIA 812, PUBLICADA EM 31.12.94 E CONVERTIDA NA LEI Nº 8981/95. PREJUÍZOS FISCAIS. COMPENSAÇÃO. LIMITAÇÃO. INCIDÊNCIA NA APURAÇÃO DA BASE DE CÁLCULO DA CONTRIBUIÇÃO SOCIAL SOBRE O LUCRO. 1. Contribuição Social sobre o Lucro. Lei nº 8981/95 resultante da conversão da Medida Provisória 812, editada em 31 de dezembro de 1994. Incidência sobre o lucro líquido apurado no balanço fiscal encerrado no último dia desse mesmo ano. Impossibilidade, em razão da necessária observância ao princípio da anterioridade mitigada. 2. A sistemática instituída pela MP 812/94, que limitou a 30% do lucro líquido ajustado os prejuízos dedutíveis apurados nos exercícios anteriores, para efeito do cálculo da Contribuição Social sobre o Lucro, agrava a situação do contribuinte, que, na forma da Lei nº 8.541/92, podia compensá-los, sem qualquer limitação, até quatro anos-calendários subsequentes ao da apuração. Impossível sua aplicação ao resultado contábil relativo ao exercício de 1994, em face do disposto no artigo 195, §6º, da Constituição, que consagra o princípio da anterioridade nonagesimal. Agravo regimental não provido" RE nº 269.159 AgR. Rel. Min. Maurício Corrêa, 2ª Turma, publicado em 29.11.2002).

[1455] "TRIBUTÁRIO. COMPENSAÇÃO TRIBUTÁRIA. LIMITAÇÃO LEGAL. CONTRIBUIÇÃO PREVIDENCIÁRIA. 1. As limitações das Leis nº 9.032/95 e 9.129/95 só incidem a partir da data de sua vigência. 2. Os recolhimentos indevidos efetuados até a data da publicação das leis em referência não sofrem limitações. 3. Embargos de divergência rejeitados" (STJ, 1ª Seção. EREsp nº 164.739/SP. Rel. Min. Eliana Calmon. *DJ*, 12 fev. 2001). Neste mesmo sentido, cite-se ainda: EREsp nº 227.060/SC *DJ*, 12 ago. 2002); EREsp nº 200.574/PR; REsp nº 357.135/RS; REsp nº 516.735/PE e REsp nº 572.403/PR.

Sobre esse último caso, vale a transcrição de trecho do voto condutor, da lavra do Ministro Teori Albino Zavascki:

> 4. Esse esclarecimento é importante para que se tenha a devida compreensão da questão agora em exame, que, pela sua peculiaridade, não pode ser resolvida, simplesmente, à luz da tese de que a lei aplicável é a da data do encontro de contas. Aqui, com efeito, o que se examina é a aplicação intertemporal de uma norma que veio dar tratamento especial a uma peculiar espécie de compensação: aquela em que o crédito do contribuinte, a ser compensado, é objeto de controvérsia judicial. É a essa modalidade de compensação que se aplica o art. 170-A do CTN. O que está aqui em questão é o domínio de aplicação, no tempo, de um preceito normativo que acrescentou um elemento qualificador ao crédito que tem o contribuinte contra a Fazenda: esse crédito, quando contestado em juízo, somente pode ser apresentado à compensação após ter sua existência confirmada em sentença transitada em julgado. O novo qualificador, bem se vê, tem por pressuposto e está diretamente relacionado à existência de uma ação judicial em relação ao crédito. Ora, essa circunstância, inafastável do cenário de incidência da norma, deve ser considerada para efeito de direito intertemporal. Justifica-se, destarte, relativamente a ela, o entendimento firmemente assentado na jurisprudência do STJ no sentido de que, relativamente à compensabilidade de créditos objeto de controvérsia judicial, o requisito da certificação da sua existência por sentença transitada em julgado, previsto no art. 170-A do CTN, somente se aplica a créditos objeto de ação judicial proposta após a sua entrada em vigor, não das anteriores. Nesse sentido, entre outros: EREsp 880.970/SP, 1ª Seção, Min. Benedito Gonçalves, DJe de 04/09/2009; PET 5546/SP, 1ª Seção, Min. Luiz Fux, DJe de 20/04/2009; EREsp 359.014/PR, 1ª Seção, Min. Herman Benjamin, DJ de 01/10/2007.[1456]

Não obstante, a par dos casos acima transcritos, de forma geral a jurisprudência do STJ caminha no sentido de que a compensação é regulada pela lei em vigor no momento do encontro de contas.[1457]

No tocante à certeza e liquidez dos créditos e débitos passíveis de compensação, enquanto exigência legal, valem algumas considerações sobre os tributos sujeitos ao lançamento por homologação. Como sabido, nestes casos, a lei impõe ao sujeito passivo o dever de antecipar o recolhimento do tributo previamente à manifestação da autoridade fiscal. Contudo, não se pode entender que dita manifestação seria requisito à atribuição de liquidez e certeza ao crédito, posto serem estas qualidades

---

[1456] REsp nº 1.164.452/MG, relator Ministro Teori Albino Zavascki, Primeira Seção, julgado em 25/8/2010, DJe de 2/9/2010.

[1457] Segundo o Ministro Teori, no julgado citado, tal se deve, pois "é certo que o suporte fático que dá ensejo à compensação tributária é a efetiva existência de débitos e créditos recíprocos entre o contribuinte e a Fazenda, a significar que, inexistindo um desses pilares, não nasce o direito de compensar. Daí a acertada conclusão de que a lei que regula a compensação é a vigente à data do 'encontro de contas', entre os recíprocos débito e crédito, como reconhece a jurisprudência do STJ (v.g.: EResp 977.083, 1ª Seção, Min. Castro Meira, DJe 10.05.10; EDcl no Resp 1126369, 2ª Turma, Min. Eliana Calmon, DJe de 22.06.10; AgRg no REsp 1089940, 1ª Turma, Min. Denise Arruda, DJe de 04/05/09)" (REsp nº 1.164.452/MG, relator Ministro Teori Albino Zavascki, Primeira Seção, julgado em 25/8/2010, DJe de 2/9/2010).

inferidas da conformação do recolhimento antecipado aos aspectos da norma tributária. Assim, havendo lei autorizativa, a compensação poderá ser feita pelo sujeito passivo sem necessidade de prévia verificação por parte do sujeito ativo, até mesmo porque este pode, em qualquer momento, dentro do prazo de decadência, verificar o acerto dos procedimentos efetuados.

É de se reforçar, outrossim, que a legislação complementar veda a compensação mediante o aproveitamento de crédito decorrente de tributo objeto de contestação judicial pelo sujeito passivo, antes do trânsito em julgado da respectiva decisão judicial (art. 170-A). A mesma prescrição encontra-se contida na Súmula nº 212 do STJ: "a compensação dos créditos tributários não pode ser decretada por medida liminar". E, também, no Tema Repetitivo nº 345, que inclusive destaca a questão de direito intertemporal abordada acima: "Em se tratando de compensação de crédito objeto de controvérsia judicial, é vedada a sua realização 'antes do trânsito em julgado da respectiva decisão judicial', conforme prevê o art. 170-A do CTN, vedação que, todavia, não se aplica a ações judiciais propostas em data anterior à vigência desse dispositivo, introduzido pela LC 104/2001".Vale esclarecer que a situação prevista no dispositivo em comento diz respeito àquelas hipóteses em que o crédito a ser utilizado no procedimento compensatório é objeto de contestação judicial pelo sujeito passivo. Assim, ele não tem aplicação nos casos em que inexiste discussão acerca da idoneidade dos créditos do contribuinte; ou seja, o litígio não diz respeito à existência do crédito, mas sim ao procedimento de compensação em si. Destaca-se, ainda, posicionamento do STJ no sentido de que tal dispositivo também não seria aplicável nos casos em que se objetiva a escrituração de créditos de tributos não cumulativos (como IPI, ICMS, PIS e Cofins).[1458]

---

[1458] No julgamento do REsp nº 672.816, decidiu o STJ que: "O art. 170-A do CTN, segundo o qual 'é vedada a compensação mediante o aproveitamento de tributo, objeto de contestação judicial pelo sujeito passivo, antes do trânsito em julgado da respectiva decisão judicial', não é aplicável às hipóteses de aproveitamento de crédito escritural". O Ministro Relator, Teori Albino Zavascki, assim se justifica: "[...] Ocorre, porém, que a presente demanda não versa sobre compensação tributária, da qual é pressuposto a ocorrência de pagamento indevido ou a maior que o devido, mas sim sobre creditamento de IPI, decorrente da regra da não cumulatividade, não realizado em razão de oposição ilegítima do Fisco. Assim, não havendo contestação judicial de tributo e tampouco pretensão de compensação tributária, mas mero pedido de reconhecimento da incidência do comando previsto no art. 153, §3º, II, da CF/88, inaplicável ao caso o disposto nos arts. 170 e 170-A do CTN. Deve, portanto, o acórdão recorrido ser reformado quanto ao ponto".
Esta posição vem sendo reafirmada no STJ, como se nota de acórdão relatado pelo Ministro Herman Benjamin, de 2017: "3. São figuras distintas a compensação e o aproveitamento contábil de crédito pelo contribuinte. Apenas mediante expressa autorização do legislador, a compensação pode ser empregada como forma excepcional de utilização de créditos escriturais (REsp 891.367/RS, Rel. Ministro Teori Albino Zavascki, Primeira Turma, DJ 22/2/2007, p. 172). 4. O art. 8º da Lei 10.336/2001 não trata de compensação, mas de dedução contábil, conforme se extrai do regime jurídico nele disciplinado: '8º O contribuinte poderá, ainda, deduzir o valor da Cide, pago na importação ou na comercialização, no mercado interno, dos valores da contribuição para o PIS/Pasep e da Cofins devidos na comercialização, no mercado interno, dos produtos referidos no art. 5º, até o limite de, respectivamente: (...) § 2º As parcelas da Cide deduzidas na forma deste artigo serão contabilizadas, no âmbito do Tesouro Nacional, a crédito da contribuição para o PIS/Pasep e da Cofins e a débito da própria Cide, conforme normas estabelecidas pela Secretaria da Receita Federal'. 5. Logo, inaplicável ao caso o art. 170-A do Código Tributário Nacional. (...) CONCLUSÃO 8. Recurso Especial da Companhia Albertina Mercantil e Industrial provido. Agravo em Recurso Especial da Fazenda Nacional

Ademais, há de se assinalar também que, comprovado o recolhimento indevido de qualquer tributo, e havendo lei autorizativa, o direito à compensação é automático, de modo que não haveria necessidade de ser declarado pelo Poder Judiciário. A teor do que dispõe o art. 170 do CTN, o direito à compensação decorre diretamente da lei. Desta forma, seria inócua a sua declaração judicial, sendo necessário o recurso ao Judiciário tão somente para ver reconhecido que os pagamentos efetuados pelo contribuinte foram indevidos. No entanto, não raras vezes, a administração tributária busca dificultar, senão inviabilizar, o próprio direito legal à compensação. Daí a legitimidade do contribuinte para impetrar o mandado de segurança, objetivando a declaração de seu direito à compensação tributária. Neste contexto, é de especial importância a Súmula nº 213 do STJ, no sentido de que "o mandado de segurança constitui ação adequada para a declaração do direito de compensar".[1459] Esclareça-se que, nesse caso, o mandado de segurança não se presta à compensação em sentido próprio, vale dizer, com efeito de extinção do crédito tributário. Mas deve ser utilizado para que se declare o direito à compensação, que, realizada pelo contribuinte, ficará sujeita ao posterior controle por parte da Fazenda Pública, no tocante à exatidão dos montantes compensados.

### 3.3.3 Transação

Acerca da transação, estatui o CTN:

> Art. 171. A lei pode facultar, nas condições que estabeleça, aos sujeitos ativo e passivo da obrigação tributária celebrar transação que, mediante concessões mútuas, importe em terminação de litígio e consequente extinção de crédito tributário.
>
> Parágrafo único. A lei indicará a autoridade competente para autorizar a transação em cada caso.

A transação é usualmente praticada em matérias que se encontram sob o crivo do Poder Judiciário e que representam grandes importâncias em termos de arrecadação. Pode a transação, desde que autorizada em lei, versar tanto sobre o *quantum debeatur* ou sobre a forma de pagamento (prazo de pagamento, entrega de bens etc.). A ampla liberdade de que, em direito civil, dispõem as partes para realizar transação, com objetivo de prevenir ou terminar litígios,[1460] não se verifica em direito

---

do qual não se conhece". (REsp nº 1.645.407/SP, relator Ministro Herman Benjamin, Segunda Turma, julgado em 9/3/2017, DJe de 20/4/2017).

[1459] Tal enunciado veio a pacificar polêmica que existia nos tribunais pátrios sobre a possibilidade de se utilizar o mandado de segurança como o meio processual adequado para garantir a compensação de tributos. A controvérsia foi inicialmente dirimida pelo Superior Tribunal de Justiça quando do julgamento dos Embargos de Divergência nº 78.301/BA (j. 11.12.1996), de relatoria do i. Ministro Ari Pargendler, em que se consignou o entendimento de que o contribuinte pode compensar tributos, na forma prevista pela legislação de regência, pela via do autolançamento, sujeitando-se, apenas, ao controle, *a posteriori*, da fiscalização.

[1460] "Art. 840. É lícito aos interessados prevenirem ou terminarem o litígio mediante concessões mútuas".

tributário, obviamente em razão da indisponibilidade dos bens públicos (o crédito tributário, regra geral, não pode ser objeto de renúncia).

Discussão polêmica diz respeito à possibilidade de se editar uma lei geral autorizando a Administração (Poder Executivo) a realizar transação. Seria esta a lei mencionada pelo CTN? Ou, o que se exige é uma lei específica acerca da matéria litigiosa a ser transacionada e suas condições?

Em defesa da posição mais restritiva, alega-se que a regra não pode abrir espaço à discricionariedade da Administração, sendo permitido apenas ao Poder Legislativo determinar qual matéria objeto de litígio poderia ser finalizada por meio da transação e em quais condições.

Ao encontro de um posicionamento mais liberal – não exigência de lei específica como condição essencial para que seja formulada transação em matéria tributária – tem-se que, sempre que o CTN exige, para alguma finalidade, a edição de "lei específica", assim o faz expressamente (mencionando, a título de exemplo, o art. 155-A do CTN). Além disso, se houvesse a necessidade de publicação de uma lei específica para cada transação, o parágrafo único do art. 171 perderia completamente o seu sentido. Se a "lei indicará a autoridade competente para autorizar a transação em cada caso", possibilitou o legislador que a autorização legal acerca da transação fosse genérica; do contrário, não haveria necessidade de se indicar a autoridade competente para autorizar a transação "em cada caso". Ademais, a própria CF/88, em seu art. 150, §6º, ao definir as hipóteses nas quais são demandadas leis específicas autorizadoras de medidas que importem redução ou exoneração do crédito tributário, não incluiu a transação. O que é apoiado pelo raciocínio traçado pelo STF quando do julgamento da Medida Cautelar na Ação Direta de Inconstitucionalidade nº 2.405-1/RS: "[...] patente, entretanto, que a transação, meio de extinção do débito tributário, não se confunde com benefício fiscal, não estando sujeita, por isso, ao dispositivo constitucional invocado (art. 150, §6º, da CF/88) [...]".

Mais recentemente, o poder público federal seguiu o primeiro caminho, editando a Lei nº 13.988, de 14 de abril de 2020, que "estabelece os requisitos e as condições para que a União, as suas autarquias e fundações, e os devedores ou as partes adversas realizem transação resolutiva de litígio relativo à cobrança de créditos da Fazenda Pública, de natureza tributária ou não tributária".[1461] São diferentes as formas de transação trazidas pela lei, que podem ser gerais, específicas (individualizadas), vincularem-se a valores mínimos e contarem com reduções nos montantes devidos. Os termos específicos do acordo de transação dependerão, entre outros, da modalidade adotada e da capacidade de pagamento do respectivo devedor.

---

[1461] Segundo a exposição de motivos da MP que deu origem a essa lei (nº 899/2029), as "alterações propostas visam suprir a ausência de regulamentação, no âmbito federal, do disposto no art. 171 do Código Tributário Nacional e de disposições que viabilizem a autocomposição em causas de natureza fiscal, contexto esse que tem, respectivamente, impedido maior efetividade da recuperação dos créditos inscritos em dívida ativa da União, por um lado, e resultado em excessiva litigiosidade relacionada a controvérsias tributárias, noutra senda, com consequente aumento de custos, perda de eficiência e prejuízos à Administração Tributária Federal".

## 3.3.4 Remissão

> Art. 172. A lei pode autorizar a autoridade administrativa a conceder, por despacho fundamentado, remissão total ou parcial do crédito tributário, atendendo:
> I - à situação econômica do sujeito passivo;
> II - ao erro ou ignorância escusáveis do sujeito passivo, quanto a matéria de fato;
> III - a diminuta importância do crédito tributário;
> IV - a considerações de equidade, em relação com as características pessoais ou materiais do caso;
> V - a condições peculiares a determinada região do território da entidade tributante.
> Parágrafo único. O despacho referido neste artigo não gera direito adquirido, aplicando-se, quando cabível, o disposto no art. 155.

A remissão é o perdão total ou parcial do crédito tributário decorrente da obrigação principal relativa ao tributo. Não se confunde com a anistia, que é o perdão do crédito tributário decorrente das penalidades devidas pelo descumprimento de obrigação acessória, ou inobservância da obrigação principal. Desta forma, na remissão, a lei autorizará a exoneração de tributo devido, já constituído e exigível ante a norma de incidência, e dos respectivos juros e/ou correção monetária. No caso da anistia, a lei irá tratar da exoneração das penalidades impostas pelo não pagamento do tributo ou pelo não cumprimento das obrigações acessórias. Como regra, a remissão é concedida por razões de praticidade (custo da execução, valor do crédito etc.), sendo que as demais hipóteses, em geral, se justificam dentro de programas de anistia.

## 3.3.5 Decadência e prescrição

> Art. 173. O direito de a Fazenda Pública constituir o crédito tributário extingue-se após 5 (cinco) anos, contados:
> I - do primeiro dia do exercício seguinte àquele em que o lançamento poderia ter sido efetuado;
> II - da data em que se tornar definitiva a decisão que houver anulado, por vício formal, o lançamento anteriormente efetuado.
> Parágrafo único. O direito a que se refere este artigo extingue-se definitivamente com o decurso do prazo nele previsto, contado da data em que tenha sido iniciada a constituição do crédito tributário pela notificação, ao sujeito passivo, de qualquer medida preparatória indispensável ao lançamento.

Constitui a decadência o perecimento do direito de efetuar o lançamento por parte da Fazenda Pública. Como já afirmado, possui o lançamento o condão de tornar exigível o crédito tributário. Em consequência, consumada a decadência, não pode mais o fisco exigir, por meio do lançamento, o cumprimento da obrigação por parte do sujeito passivo. Conjugando a letra do art. 173 com a redação do §4º do art. 150, e considerando a interpretação conferida pelos Tribunais Superiores, podemos traçar os seguintes contornos em relação ao prazo decadencial de que dispõe a autoridade fiscal para proceder ao lançamento:

1. *Regra geral (CTN, art. 173, I)*: a contagem do prazo se inicia no primeiro dia do exercício seguinte àquele em que o lançamento poderia ter sido efetuado.
2. *Lançamento por homologação/casos em que a lei determine a antecipação do pagamento antes mesmo do lançamento (CTN, art. 150, §4º)*: inexistindo dolo, fraude ou simulação por parte do sujeito passivo (fato a ensejar a aplicação da regra geral), a contagem do prazo se inicia na data da realização do fato gerador. Nesse caso, há de se destacar que, nos termos da jurisprudência consolidada pelo STJ, inclusive com julgado submetido ao rito dos recursos repetitivos,[1462] a presente regra apenas se aplica nos casos em que existe pagamento antecipado por parte do sujeito passivo (para o Tribunal, há de se ter pagamento a ser homologado). Assim, no entendimento do STJ,

---

[1462] "PROCESSUAL CIVIL. RECURSO ESPECIAL REPRESENTATIVO DE CONTROVÉRSIA. ARTIGO 543-C, DO CPC. TRIBUTÁRIO. TRIBUTO SUJEITO A LANÇAMENTO POR HOMOLOGAÇÃO. CONTRIBUIÇÃO PREVIDENCIÁRIA. INEXISTÊNCIA DE PAGAMENTO ANTECIPADO. DECADÊNCIA DO DIREITO DE O FISCO CONSTITUIR O CRÉDITO TRIBUTÁRIO. TERMO INICIAL. ARTIGO 173, I, DO CTN. APLICAÇÃO CUMULATIVA DOS PRAZOS PREVISTOS NOS ARTIGOS 150, §4º, e 173, do CTN. IMPOSSIBILIDADE. 1. O prazo decadencial quinquenal para o Fisco constituir o crédito tributário (lançamento de ofício) conta-se do primeiro dia do exercício seguinte àquele em que o lançamento poderia ter sido efetuado, nos casos em que a lei não prevê o pagamento antecipado da exação ou quando, a despeito da previsão legal, o mesmo inocorre, sem a constatação de dolo, fraude ou simulação do contribuinte, inexistindo declaração prévia do débito (Precedentes da Primeira Seção: REsp nº 766.050/PR. Rel. Min. Luiz Fux, j. 28.11.2007. *DJ*, 25 fev. 2008; AgRg nos EREsp nº 216.758/SP. Rel. Min. Teori Albino Zavascki, j. 22.03.2006. *DJ*, 10 abr. 2006; e EREsp nº 276.142/SP. Rel. Min. Luiz Fux, j. 13.12.2004. *DJ*, 28 fev. 2005). 2. É que a decadência ou caducidade, no âmbito do Direito Tributário, importa no perecimento do direito potestativo de o Fisco constituir o crédito tributário pelo lançamento, e, consoante doutrina abalizada, encontra-se regulada por cinco regras jurídicas gerais e abstratas, entre as quais figura a regra da decadência do direito de lançar nos casos de tributos sujeitos ao lançamento de ofício, ou nos casos dos tributos sujeitos ao lançamento por homologação em que o contribuinte não efetua o pagamento antecipado (SANTI, Eurico Marcos Diniz de. *Decadência e prescrição no direito tributário*, 2004. p. 163-210). 3. O *dies a quo* do prazo quinquenal da aludida regra decadencial rege-se pelo disposto no artigo 173, I, do CTN, sendo certo que o "primeiro dia do exercício seguinte àquele em que o lançamento poderia ter sido efetuado" corresponde, iniludivelmente, ao primeiro dia do exercício seguinte à ocorrência do fato imponível, ainda que se trate de tributos sujeitos a lançamento por homologação, revelando-se inadmissível a aplicação cumulativa/concorrente dos prazos previstos nos artigos 150, §4º, e 173, do Codex Tributário, ante a configuração de desarrazoado prazo decadencial decenal (XAVIER, Alberto. *Do lançamento no direito tributário brasileiro*. 3. ed. Rio de Janeiro: Forense, 2005. p. 91-104; AMARO, Luciano. *Direito tributário brasileiro*, 2004. p. 396-400; e SANTI, Eurico Marcos Diniz de. *Decadência e prescrição no direito tributário*, 2004. p. 183-199). 5. *In casu*, consoante assente na origem: (i) cuida-se de tributo sujeito a lançamento por homologação; (ii) a obrigação *ex lege* de pagamento antecipado das contribuições previdenciárias não restou adimplida pelo contribuinte, no que concerne aos fatos imponíveis ocorridos no período de janeiro de 1991 a dezembro de 1994; e (iii) a constituição dos créditos tributários respectivos deu-se em 26.03.2001. 6. Destarte, revelam-se caducos os créditos tributários executados, tendo em vista o decurso do prazo decadencial quinquenal para que o Fisco efetuasse o lançamento de ofício substitutivo. 7. Recurso especial desprovido. Acórdão submetido ao regime do artigo 543-C, do CPC, e da Resolução STJ 08/2008" (REsp nº 973.733/SC. Rel. Min. Luiz Fux, 1ª Seção, j. 12.08.2009. *DJe*, 18 set. 2009).

em se tratando de lançamento por homologação, se inexiste pagamento antecipado do tributo ou havendo fraude ou simulação, deve ser aplicada a regra geral (art. 173, I, do CTN).

3. *Casos em que o lançamento anterior foi anulado por vício formal*: trata-se de hipótese de interrupção da decadência. A contagem do prazo de decadência se reinicia na data da publicação de decisão definitiva que houver anulado, por vício formal, lançamento anteriormente efetuado. Cumpre lembrar que vício formal não se confunde com erro de direito. Se o lançamento anterior houver sido anulado em razão de incorreta aplicação da legislação, a decadência não se interrompe, posto não ser dado a ninguém, muito menos à Administração, o direito de desconhecer a norma aplicável. Ademais, sob pena de premiar a autoridade fiscal pelo erro cometido, a interrupção opera-se dentro dos estreitos limites da reformulação do ato anteriormente anulado.

4. *Notificação, ao sujeito passivo, de qualquer medida preparatória indispensável ao lançamento*: Trata-se de dispositivo que se coaduna com a regra geral insculpida no inc. I do art. 173,[1463] com o objetivo de se precisar o *dies a quo* do prazo decadencial na hipótese em que a autoridade fiscal pratique atos iniciais inerentes ao procedimento legal de lançamento em período anterior ao do primeiro dia do exercício seguinte ao fato gerador.[1464]

Uma vez efetuado o lançamento e inexistindo o cumprimento da obrigação tributária, dispõe o credor de um prazo de cinco anos para cobrar judicialmente o crédito tributário, conforme art. 174 do CTN:

Art. 174. A ação para a cobrança do crédito tributário prescreve em 5 (cinco) anos, contados da data da sua constituição definitiva.

Parágrafo único. A prescrição se interrompe:

I - pelo despacho do juiz que ordenar a citação em execução fiscal;

II - pelo protesto judicial ou extrajudicial;

III - por qualquer ato judicial que constitua em mora o devedor;

IV - por qualquer ato inequívoco ainda que extrajudicial, que importe em reconhecimento do débito pelo devedor.

---

[1463] Própria para os tributos sujeitos a lançamento de ofício ou para os casos de lançamento por homologação, em que não se verifica pagamento antecipado do tributo ou em que houve constatação de fraude ou simulação.

[1464] Sobre o prazo decadencial previsto pelo parágrafo único do art. 173 do CTN, recomendamos a leitura do Parecer PGFN/CAT nº 612/2009, em que foi feito um notável estudo sobre o posicionamento da doutrina e da jurisprudência sobre o referido dispositivo, no qual se concluiu que: "[...] (d) a doutrina majoritária interpreta o art. 173, parágrafo único, do CTN, como hipótese de antecipação do termo *a quo* do prazo decadencial, não admitindo a sua interrupção após iniciado o prazo previsto no art. 173, I, do CTN; (e) a jurisprudência dominante do Superior Tribunal, igualmente, não permite a interrupção ou suspensão do prazo decadencial após o início do prazo do art. 173, I, do CTN; [...] (g) o entendimento que renova o prazo decadencial com o ciência do Termo de Início de Ação Fiscal, ou de qualquer notificação semelhante, importa desequilíbrio entre o poder do Fisco e a segurança jurídica do contribuinte, ao permitir que o início do prazo decadencial passe a ser controlado pelo primeiro".

A data da constituição definitiva do crédito é aquela em que não cabe mais qualquer impugnação ou recurso administrativo do contribuinte contra o lançamento. No tocante ao prazo prescricional, importante mencionar algumas situações tratadas pela jurisprudência sobre o marco inicial de sua contagem:

1. Não se inicia a contagem do prazo prescricional enquanto suspensa a exigibilidade do crédito tributário. Assim, se o contribuinte impugna o lançamento feito pelo Fisco, o dies a quo para a cobrança do crédito tributário é quando se considera definitiva a decisão proferida na esfera administrativa:

   Tributário. Crédito Tributário. Extinção. Decadência e Prescrição. O Código Tributário Nacional estabelece três fases inconfundíveis: a que vai até a notificação do lançamento ao sujeito passivo, em que corre prazo de decadência (art. 173, I e II); a que se estende da notificação do lançamento até a solução do processo administrativo, em que não correm nem prazo de decadência, nem de prescrição, por estar suspensa a exigibilidade do crédito (art. 151, III); a que começa na data da solução final do processo administrativo, quando corre prazo de prescrição da ação judicial da fazenda (art. 174)". (RE nº 95365)[1465]

   Súmula 153 do TFR: Constituído, no quinquênio, através de auto de infração ou notificação de lançamento, o crédito tributário, não há falar em decadência, fluindo, a partir daí, em princípio, o prazo prescricional, que, todavia, fica em suspenso, até que sejam decididos os recursos administrativos.

2. Se o contribuinte parcela o crédito tributário, interrompe-se o prazo prescricional em razão da confissão do débito e do pedido de seu parcelamento, voltando a fluir o prazo a partir da data do inadimplemento do parcelamento.[1466] [1467]

---

[1465] No mesmo sentido: RE nº 91.019 e nº 100.378. No STJ: "PROCESSUAL CIVIL. AGRAVO INTERNO NO RECURSO ESPECIAL. EXECUÇÃO FISCAL. PRESCRIÇÃO. NÃO OCORRÊNCIA. SUSPENSÃO DA EXIGIBILIDADE DO CRÉDITO TRIBUTÁRIO ATÉ DECISÃO FINAL DO PROCESSO ADMINISTRATIVO. PRECEDENTES. 1. O recurso administrativo suspende a exigibilidade do crédito tributário enquanto perdurar o contencioso administrativo, nos termos do art. 151, inciso III, do CTN, sendo certo que somente a partir da notificação do resultado do recurso ou da sua revisão tem início a contagem do prazo prescricional, afastando-se a incidência prescrição intercorrente em sede de processo administrativo fiscal (REsp n. 1.113.959/RJ, relator Ministro Luiz Fux, Primeira Turma, julgado em 15/12/2009, DJe de 11/3/2010.). No mesmo sentido: AgInt no AREsp n. 851.126/RJ, relator Ministro Manoel Erhardt (Desembargador Convocado do TRF5), Primeira Turma, julgado em 14/3/2022, DJe de 18/3/2022; AgInt no REsp n. 1.856.683/ES, relator Ministro Francisco Falcão, Segunda Turma, julgado em 24/5/2021, DJe de 28/5/2021; AgInt no REsp n. 1.796.684/PE, relator Ministro Benedito Gonçalves, Primeira Turma, julgado em 30/9/2019, DJe de 3/10/2019. 2. Agravo interno não provido" (AgInt no REsp nº 2.102.840/RJ, relator Ministro Mauro Campbell Marques, Segunda Turma, julgado em 15/4/2024, DJe de 18/4/2024).

[1466] "[...] 1. Hipótese em que o Tribunal de origem declarou a prescrição do crédito tributário, levando em consideração que o indeferimento do pedido de parcelamento não interromperia o prazo prescricional. Tal fundamento está em dissonância com a jurisprudência deste Sodalício, cristalizada na Súmula n. 653/STJ: '[o] pedido de parcelamento fiscal, ainda que indeferido, interrompe o prazo prescricional, pois caracteriza

3. Em se tratando de tributos constituídos pelo próprio sujeito passivo, por meio de entrega de declaração com força de confissão de dívida (o que, na jurisprudência do STJ, como vimos de ver, dispensa a constituição do crédito tributário pela fiscalização), "o *dies a quo* do prazo prescricional para o Fisco exercer a pretensão de cobrança judicial do crédito tributário declarado, mas não pago, é a data do vencimento da obrigação tributária expressamente reconhecida".[1468]

---

confissão extrajudicial do débito'. 2. Afastada a premissa de julgamento adotada na origem, afigura-se necessária a devolução dos autos ao Tribunal regional para que proceda a novo exame da matéria relativa à prescrição. 3. Agravo interno parcialmente provido" (AgInt no REsp nº 1.994.780/DF, relator Ministro Teodoro Silva Santos, Segunda Turma, julgado em 12/8/2024, DJe de 15/8/2024).

[1467] De acordo com o Tema Repetitivo nº 980, "(i) O termo inicial do prazo prescricional da cobrança judicial do Imposto Predial e Territorial Urbano - IPTU inicia-se no dia seguinte à data estipulada para o vencimento da exação; (ii) o parcelamento de ofício da dívida tributária não configura causa interruptiva da contagem da *prescrição*, uma vez que o contribuinte não anuiu". Nessa ocasião, o STJ esclareceu: "3. A liberalidade do Fisco em conceder ao contribuinte a opção de pagamento à vista (cota única) ou parcelado (10 cotas), independente de sua anuência prévia, não configura as hipóteses de *suspensão* da *exigibilidade* do crédito tributário previstas no art. 151, I e VI do CTN (moratória ou parcelamento), tampouco causa de interrupção da *prescrição*, a qual exige o reconhecimento da dívida por parte do contribuinte (art. 174, parág. único, IV do CTN)".

[1468] "PROCESSUAL CIVIL. RECURSO ESPECIAL REPRESENTATIVO DE CONTROVÉRSIA. ARTIGO 543-C, DO CPC. TRIBUTÁRIO. EXECUÇÃO FISCAL. PRESCRIÇÃO DA PRETENSÃO DE O FISCO COBRAR JUDICIALMENTE O CRÉDITO TRIBUTÁRIO. TRIBUTO SUJEITO A LANÇAMENTO POR HOMOLOGAÇÃO. CRÉDITO TRIBUTÁRIO CONSTITUÍDO POR ATO DE FORMALIZAÇÃO PRATICADO PELO CONTRIBUINTE (*IN CASU*, DECLARAÇÃO DE RENDIMENTOS). PAGAMENTO DO TRIBUTO DECLARADO. INOCORRÊNCIA. TERMO INICIAL. VENCIMENTO DA OBRIGAÇÃO TRIBUTÁRIA DECLARADA. PECULIARIDADE: DECLARAÇÃO DE RENDIMENTOS QUE NÃO PREVÊ DATA POSTERIOR DE VENCIMENTO DA OBRIGAÇÃO PRINCIPAL, UMA VEZ JÁ DECORRIDO O PRAZO PARA PAGAMENTO. CONTAGEM DO PRAZO PRESCRICIONAL A PARTIR DA DATA DA ENTREGA DA DECLARAÇÃO. 1. O prazo prescricional quinquenal para o Fisco exercer a pretensão de cobrança judicial do crédito tributário conta-se da data estipulada como vencimento para o pagamento da obrigação tributária declarada (mediante DCTF, GIA, entre outros), nos casos de tributos sujeitos a lançamento por homologação, em que, não obstante cumprido o dever instrumental de declaração da exação devida, não restou adimplida a obrigação principal (pagamento antecipado), nem sobreveio quaisquer das causas suspensivas da exigibilidade do crédito ou interruptivas do prazo prescricional (Precedentes da Primeira Seção: EREsp nº 658.138/PR. Rel. Min. José Delgado. Rel. p/Acórdão Ministra Eliana Calmon, j. 14.10.2009, DJe 09.11.2009; REsp nº 850.423/SP. Rel. Min. Castro Meira, j. 28.11.2007, DJ, 07.02.2008; e AgRg nos EREsp nº 638.069/SC. Rel. Min. Teori Albino Zavascki. j. 25.05.2005, DJ, 13.06.2005). [...] 3. A constituição definitiva do crédito tributário, sujeita à decadência, inaugura o decurso do prazo prescricional quinquenal para o Fisco exercer a pretensão de cobrança judicial do crédito tributário. 4. A entrega de Declaração de Débitos e Créditos Tributários Federais – DCTF, de Guia de Informação e Apuração do ICMS – GIA, ou de outra declaração dessa natureza prevista em lei (dever instrumental adstrito aos tributos sujeitos a lançamento por homologação), é modo de constituição do crédito tributário, dispensando a Fazenda Pública de qualquer outra providência conducente à formalização do valor declarado (Precedente da Primeira Seção submetido ao rito do artigo 543-C, do CPC: REsp nº 962.379/RS. Rel. Min. Teori Albino Zavascki, j. 22.10.2008, DJe 28.10.2008). 5. O aludido entendimento jurisprudencial culminou na edição da Súmula nº 436/STJ, *verbis*: 'A entrega de declaração pelo contribuinte, reconhecendo o débito fiscal, constitui o crédito tributário, dispensada qualquer outra providência por parte do Fisco'. 6. Consequentemente, o *dies a quo* do prazo prescricional para o Fisco exercer a pretensão de cobrança judicial do crédito tributário declarado, mas não pago, é a data do vencimento da obrigação tributária expressamente reconhecida. [...] 19. Recurso especial provido, determinando-se o prosseguimento da execução fiscal. Acórdão submetido ao regime do artigo 543-C, do CPC, e da Resolução STJ 08/2008" (REsp nº 1.120.295/SP. Rel. Min. Luiz Fux, 1ª Seção, j. 12.5.2010. DJe, 21 maio 2010).

Finalmente, é de se ressaltar que prazo de decadência e prescrição, por expressa determinação da CF/88 (art. 146, III, "b"), é matéria reservada à lei complementar. Deste modo, lei ordinária que altere os prazos definidos pelo CTN é manifestamente inconstitucional. Inconstitucionalidade essa que já foi reconhecida pelo STF em relação ao art. 45 da Lei nº 8.212, de 1991, que estabelecia prazo decadencial de 10 anos para a fiscalização constituir crédito tributário relativo às contribuições sociais destinadas à seguridade social, previstas no art. 195 da CF/88, culminando na edição da Súmula Vinculante nº 8.[1469]

## 3.3.6 Outras hipóteses de extinção do crédito tributário

Muito embora tenha o legislador complementar previsto a conversão de depósito em renda e o pagamento não antecedido de lançamento como modalidades autônomas de extinção do crédito, acreditamos que elas se subsumem ao conceito da hipótese do inc. I do art. 156 (pagamento). A decisão administrativa irreformável, assim entendida a definitiva na órbita administrativa, que não mais possa ser objeto de ação anulatória, e a decisão judicial passada em julgado, completam o rol das hipóteses de extinção do crédito tributário.

---

[1469] "São inconstitucionais o parágrafo único do artigo 5º do Decreto-Lei nº 1.569/1977 e os artigos 45 e 46 da Lei nº 8.212/1991, que tratam de prescrição e decadência de crédito tributário". Cita-se, ainda, por esclarecer devidamente a discussão travada, o seguinte trecho do voto condutor, do Ministro Teori Albino Zavascki, do julgamento do incidente de inconstitucionalidade instaurado no Superior Tribunal de Justiça: "Não há dúvida, portanto, que a matéria disciplinada no artigo 45 da Lei nº 8.212/91 (bem como no seu artigo 46, que aqui não está em causa) somente poderia ser tratada por lei complementar, e não por lei ordinária, como o foi. Poder-se-ia argumentar que o dispositivo não tratou de 'normas gerais' sobre decadência, já que simplesmente estabeleceu um prazo. É o que defende Roque Antonio Carazza ('Curso de Direito Constitucional Tributário', 19. ed., Malheiros, 2003, páginas 816/817), para quem lei complementar, ao regular a prescrição e a decadência tributárias, deverá limitar-se a apontar diretrizes e regras gerais. Não poderá, por um lado, abolir os institutos em tela (que foram expressamente mencionados na Carta Suprema) nem, por outro, descer a detalhes, atropelando a autonomia das pessoas políticas tributantes [...]. Não é dado, porém, a esta mesma lei complementar entrar na chamada 'economia interna', vale dizer, nos assuntos de peculiar interesse das pessoas políticas [...]. Eis por que, segundo pensamos, a fixação dos prazos prescricionais e decadenciais dependem de lei da própria entidade tributante. Não de lei complementar. Nesse sentido, os arts. 173 e 174 do Código Tributário Nacional, enquanto fixam prazos decadenciais e prescricionais, tratam de matéria reservada à lei ordinária de cada pessoa política. Portanto, nada impede que uma lei ordinária federal fixe novos prazos prescricionais e decadenciais para um tipo de tributo federal. No caso, para as 'contribuições previdenciárias'. Acolher esse argumento, todavia, importa, na prática, retirar a própria substância do preceito constitucional. É que estabelecer 'normas gerais [...] sobre [...] prescrição e decadência' significa, necessariamente, dispor sobre prazos, nada mais. Se, conforme se reconhece, a abolição desses institutos não é viável nem mesmo por lei complementar, outra matéria não poderia estar contida nessa cláusula constitucional que não a relativa a prazos (seu período e suas causas suspensivas e interruptivas). Tem-se presente, portanto, no artigo 45 da Lei nº 8.212, de 1991, inconstitucionalidade formal por ofensa ao art. 146, III, 'b', da Carta Magna. Sendo inconstitucional, o dispositivo não operou a revogação da legislação anterior, nomeadamente os artigos 150, §4º, e 173 do Código Tributário Nacional, que fixam em cinco anos o prazo de decadência para o lançamento de tributos" (AI no REsp nº 616.348/MG. CE – Corte Especial. *DJ*, 15 out. 2007).

## 3.4 Exclusão do crédito tributário

O Código Tributário Nacional separa capítulo específico para tratar da exclusão do crédito tributário. Entendemos que as hipóteses nele contidas poderiam bem estar sob o manto do capítulo antecedente, que cuida das modalidades de extinção do crédito. De fato, ambos os capítulos tratam de situações que produzem o mesmo efeito, qual seja, o de extinguir a obrigação tributária. Para ilustrar, basta lembrar que a remissão (perdão do tributo) é tratada como causa extintiva e a anistia (perdão das penalidades) é tratada como causa excludente. De qualquer forma, dispõe o legislador:

> Art. 175. Excluem o crédito tributário:
> I - a isenção;
> II - a anistia.
> Parágrafo único. A exclusão do crédito tributário não dispensa o cumprimento das obrigações acessórias, dependentes da obrigação principal cujo crédito seja excluído, ou dela consequente.

### 3.4.1 Isenção

Nos modernos sistemas tributários, procura-se alargar ao máximo o universo de contribuintes previstos pela norma tributária e, ao mesmo tempo, levar em consideração critérios distintivos específicos em relação a eles ou a atividades que desenvolvam. Tal tendência pode ser traduzida pela consagração indistinta de dois princípios básicos: universalidade (generalidade) e pessoalidade.

A aplicação *in concreto* dos referidos princípios é viabilizada pela norma de isenção, sempre mediante lei específica, visto que por meio desta poderá o legislador ajustar a norma impositiva geral às peculiaridades do caso concreto. Isto porque, uma vez previsto todo o universo de contribuintes, pode o legislador, sobrevindo especial conjuntura, isentar determinado conjunto do pagamento do tributo sem necessidade de alteração da norma geral.[1470] A existência da técnica de isenção vem permitir a consideração do contribuinte (ou seu comportamento) em particular, sem comprometer a necessária generalidade da legislação. Dito de outra forma:

> A isenção se apresenta nos atuais sistemas tributários como elemento idôneo e até indispensável para discriminar entre as inumeráveis situações de fato que podem ser previstas pelo fato gerador do tributo, amplamente definido. A excessiva uniformização de tratamento em todo âmbito do fato gerador impediria seguramente a imposição do tributo segundo os princípios de justiça, dificultando a existência de uma necessária pessoalidade.[1471]

---

[1470] A Constituição Federal determina a estrita observância do princípio da legalidade em relação à matéria. Desta forma, uma isenção só pode ser validamente concedida em virtude de lei.
[1471] MARTÍN QUERALT, Juan; LOZANO SERRANO, Carmelo. *Curso de derecho financiero y tributario*. 2. ed. Madrid: Tecnos, 1991. p. 317.

Posto isso, cabe agora indagar sobre a natureza jurídica da isenção tributária e responder se ela obsta ou não a ocorrência do fato gerador e o consequente surgimento da obrigação tributária. A distinção assume relevância prática, visto que condicionará diretamente os efeitos da revogação do benefício fiscal.

Parte da doutrina, que podemos reputar como tradicional, tende a considerar a isenção como expressão meramente negativa do tributo, ou seja, como mera dispensa do pagamento devido. Para estes doutrinadores, o fenômeno só se justificaria logicamente ante a ocorrência, em um primeiro momento, do fato gerador; uma vez configurado o crédito tributário, este não seria exigível em virtude da isenção. Na ilustração de Fábio Fanucchi,[1472] a isenção é impeditiva do lançamento e não do fato gerador. A concepção tradicional da ideia de isenção, como mera dispensa legal de tributo devido, teve inicialmente grande aceitação, vinculando a posição de juristas pátrios como Amílcar de Araújo Falcão, Ruy Barbosa Nogueira e Rubens Gomes de Souza, para quem:

> Isenção é o favor fiscal concedido por lei, que consiste em dispensar o pagamento de um tributo devido [...]. [...] na isenção o tributo é devido porque existe a obrigação, mas a lei dispensa seu pagamento [...] porque é claro que só se pode dispensar um pagamento que seja efetivamente devido.[1473]

Nicola D'Amati[1474] dá os primeiros subsídios para uma nova teoria da isenção, criticando a posição inicial na qual a isenção aparece como mera negação do imposto. Na linha de D'Amati, começam a surgir novas alternativas doutrinárias sobre o tema,[1475] tendo como ponto comum o estudo autônomo da norma de isenção, cujo corolário é a afirmação da inexistência de uma prévia obrigação tributária (para posterior incidência da norma), pelo fato de não se realizar o pressuposto fático da obrigação tributária.

No Brasil, as primeiras reações contra a posição doutrinária tradicional vieram pelas mãos, entre outras, de Souto Maior Borges, Bernardo Ribeiro de Moraes e Becker.[1476] A partir de então, a isenção passou a ser encarada como excludente da obrigação tributária, ou seja, a regra de isenção incide para que não incida a norma

---

[1472] FANUCCHI, Fábio. *Curso de direito tributário brasileiro*. 4. ed. São Paulo: Saraiva, 1976. p. 367.

[1473] SOUSA, Rubens Gomes de. *Compêndio de legislação tributária*. São Paulo: Resenha Tributária, 1975. p. 96.

[1474] "Sem embargo, estas considerações não permitem superar uma crítica de fundo que afeta a pedra fundamental da construção: considerada como o avesso da teoria do imposto, a teoria da isenção não só fica condicionada em seus esquemas dogmáticos (o que, em definitivo, constitui o inconveniente menor), senão que, ademais, se vê seriamente limitada para desenvolver ulteriormente sua problemática, pela impossibilidade de estabelecer uma relação direta entre as normas de isenção e o ordenamento tributário, em seu conjunto" (D'AMATI, Nicola. Las exenciones y la subjetividad tributaria. *Revista de Derecho Financiero y Hacienda Pública*, n. 81, p. 433-458, mayo/jun. 1969. p. 434).

[1475] María Dolores Piña Garrido faz um ótimo estudo sobre a evolução da moderna teoria da isenção tributária, com enfoque especial sobre as obras de Lozano Serrano e Herrera Molina: PIÑA GARRIDO, María Dolores. Notas en torno a la moderna teoría de la exención tributaria. *Crónica Tributaria*, n. 61, 1992. p. 83 e ss.

[1476] BECKER, Alfredo Augusto. *Teoria geral do direito tributário*. 2. ed. São Paulo: Saraiva, 1972. p. 276.

de tributação. Desta posição inicial, evoluíram, outrossim, três correntes doutrinárias que, pela importância, merecem ser destacadas.

- *Isenção como excludente da tipicidade* – Esta posição é defendida por Misabel Derzi[1477] e Sacha Calmon,[1478] que, sem embargo de afirmarem a inexistência de obrigação tributária com a isenção, justificam-na não pela incidência de uma regra de isenção no lugar da de tributação (Becker), mas por ausência de tipicidade. Para os juristas mineiros, a norma de tributação não incide sobre fatos isentos por não estarem eles previstos por ela. Contudo, ao explicarem tecnicamente o fenômeno, diferem os dois autores. Para Sacha Calmon, os efeitos da isenção dizem respeito apenas à hipótese de incidência, vale dizer, os fatos tributáveis se conjugariam com as previsões isencionais para compor a hipótese da norma jurídica de tributação. Misabel Derzi, por outro lado, afirma que a hipótese não tem conteúdo descritivo autônomo, independentemente do sentido jurídico que lhe prescreve a consequência. Assim, os efeitos da regra de isenção podem se dar tanto na hipótese como na consequência.
- *Isenção como fato impeditivo* – Parte da doutrina afirma ser a isenção um fato impeditivo autônomo, não interferindo na estrutura da norma de tributação. Destarte, existe total independência entre pressuposto e tributabilidade, é dizer, a isenção, apesar de não interferir na hipótese de incidência, impede o surgimento do dever tributário. Assim, a isenção "dá-se quando, não obstante se ter verificado o fato tributário em todos os seus elementos, a eficácia constitutiva deste é paralisada originalmente pela ocorrência de outro fato a que a lei atribui assim eficácia impeditiva".[1479]
- *Regra de isenção como modificadora da norma de tributação* – Tal alternativa é proposta por Paulo de Barros Carvalho, e seu cerne está precisamente na distinção feita entre regras de estrutura (incidem diretamente sobre a regra de comportamento) e regras de comportamento (visam à conduta da pessoa). Seriam as normas de tributação regras de comportamento e as de isenção regras de estrutura. Destarte, a regra jurídica de isenção incidirá sobre a norma de tributação, modificando-a pela supressão de determinado fato de seu campo de incidência. Vale dizer:

---

[1477] DERZI, Misabel de Abreu Machado. *Direito tributário, direito penal e tipo*. São Paulo: Revista dos Tribunais, 1988. p. 246.

[1478] Nas palavras de Sacha Calmon: "As leis e artigos de leis (regras legais) que definem fatos tributários se conjugam com as previsões imunizantes e isencionais para compor uma única hipótese de incidência: a norma jurídica de tributação. Assim, para que ocorra a incidência da norma de tributação, é indispensável que os fatos jurígenos contidos na hipótese de incidência ocorram no mundo. E esses fatos jurídicos são fixados após a inclusão de todos aqueles considerados não tributáveis em virtude de previsões expressas de imunidade e isenção" (COÊLHO, Sacha Calmon Navarro. *Teoria geral do tributo e da exoneração tributária*. São Paulo: Revista dos Tribunais, 1982. p. 129).

[1479] XAVIER, Alberto. *Do lançamento no direito tributário brasileiro*. 3. ed. Rio de Janeiro: Forense, 2005. p. 209.

guardando a sua autonomia normativa, a regra de isenção investe contra um ou mais dos critérios de norma padrão de incidência, mutilando-os parcialmente [...] o que o preceito de isenção faz é subtrair parcela do campo de abrangência do critério do antecedente ou do conseguinte.[1480]

O Código Tributário Nacional, em seu art. 175, dispõe que a isenção é excludente do crédito tributário. Portanto, observamos que esse diploma legal não tomou posição ostensiva na controvérsia inicial, uma vez que podemos justificar a exclusão do crédito pela não ocorrência da obrigação ou pela mera dispensa de seu cumprimento. A discussão é, desta forma, remetida ao campo doutrinário.

A nosso ver, a isenção impede o surgimento da obrigação tributária por atuar como uma regra desjuridicizante. Como é de conhecimento comum, da análise do ordenamento jurídico positivo, regras e normas podem ser inferidas, sendo que as primeiras incidem diretamente sobre as segundas. Destarte, a regra de isenção vai incidir diretamente sobre a norma de tributação, desjuridicizando elementos tanto da hipótese como da consequência. Existe uma norma anterior, juridicizante, delimitando certos fatos como capazes de produzir efeitos jurídicos. Em um segundo momento, existindo regra de isenção, esta irá incidir sobre a norma de tributação, desjuridicizando fatos anteriormente aptos a produzir efeitos jurídicos tributários.

Assim, a partir da edição de uma regra de isenção, não há se falar em surgimento de obrigação tributária, pela simples razão de que os atos (fatos) agora isentos não mais se encaixarão na hipótese de incidência da norma de tributação. Vigendo uma isenção, os atos (fatos) por ela previstos deixam de ser jurígenos para fins de tributação. Esta é uma afirmação básica, pois nos permite concluir que a revogação da isenção equivale à instituição de novo tributo, somente possível em virtude de lei e com atenção ao princípio da anterioridade e/ou garantia nonagesimal.[1481]

---

[1480] CARVALHO, Paulo de Barros. *Curso de direito tributário*. 12. ed. São Paulo: Saraiva, 1999. p. 303.

[1481] A real acepção do fenômeno da isenção nos permitirá traçar as linhas gerais que irão balizar a instituição do benefício fiscal, bem como sua supressão. Quanto à sua instituição, em razão de expressa disposição constitucional, não há dúvida de que se dará em virtude de lei. Por outro lado, o mecanismo de sua supressão e os efeitos desta despertam vários debates. Com estribo na posição tradicional, há-se defendido que a isenção pode ser suprimida a qualquer tempo pelo titular do poder impositivo, independentemente de lei. Parte-se do pressuposto de que mesmo sob a égide de uma norma de isenção ocorre o fato gerador da obrigação tributária, sendo aquela mera dispensa de um pagamento de tributo devido. Assim, argumenta-se que o princípio da legalidade diz respeito apenas à regulação de elementos essenciais do tributo (definição do sujeito passivo, base de cálculo etc.), não estando compreendidos no dito princípio os procedimentos formais arrecadatórios. Destarte, entendida a isenção como um favor fiscal, ou seja, a não exigência de um tributo devido e discriminado, resume-se a discussão à esfera dos procedimentos arrecadatórios, esfera esta alheia ao princípio da legalidade. Neste sentido, o Tribunal Constitucional espanhol, em decisão criticada pela unanimidade da doutrina, manifestou-se no sentido de apenas estarem sob reserva de lei "o estabelecimento de isenções ou bonificações tributárias, mas não qualquer outra regulação dos mesmos, nem a supressão das isenções ou sua redução, porque isto não constitui alteração dos elementos essenciais do tributo" (STC, 6/1983). Entretanto, entendida a isenção dentro de sua moderna concepção, vale dizer, como impeditiva da ocorrência do fato gerador, não há que se falar em obrigação tributária e, muito menos, em imposto devido. O pressuposto de fato descrito pela regra de isenção não é mais susceptível de gerar obrigação tributária, passa a ser um fato qualquer, irrelevante. Assim, para que ele volte a ter relevância jurídica, como fato tributável, é necessária a observância da via legal (redefinição do fato gerador do tributo). No Brasil, embora

É importante notar, quando considerada a remissão constante no art. 178 do CTN,[1482] que esta é insuficiente para a garantia dos contribuintes, posto referir-se tão somente a impostos e, mesmo assim, àqueles incidentes sobre o patrimônio ou a renda. Destarte, a consagração do entendimento segundo o qual a revogação de uma isenção se equipara à instituição de tributo novo (o fato isento se encontrava fora do universo tributável) é garantia essencial para o administrado. É que, na instituição de tributo novo, estão os contribuintes amparados pelos princípios já estudados, garantindo-se, pois, todos os postulados neles traduzidos.

No passado, a jurisprudência do STF entendia que não se aplicava nem a anterioridade geral (art. 150, III, b, da CF/88) nem a anterioridade nonagesimal (art. 150, III, c, da CF/88, incluído pela EC nº 42/03) nas hipóteses de redução ou de supressão de benefícios ou de incentivos fiscais – ainda que acarretassem majoração indireta de tributos, o que, aliás, constou da Súmula nº 615/STF: "O princípio constitucional da anualidade (par-29 do art-153 da CF) não se aplica à revogação do ICM".

Atualmente, o entendimento prevalecente no âmbito da Suprema Corte é diametralmente oposto: o Plenário, em inúmeras oportunidades, já firmou a inteligência em favor da necessidade de se observar o princípio da anterioridade (geral/nonagesimal) quando ocorre majoração indireta de tributos. Confirmando a referida orientação, o Plenário referendou a Medida Cautelar na ADI nº 7.181 para determinar que a MP nº 1.118/22 somente produza efeitos após decorridos noventa dias de sua publicação, porque, ao "revogar benesse que previa a manutenção dos créditos de PIS/Pasep e COFINS, o ato normativo combatido provocou majoração indireta de tributos".[1483]

No acórdão proferido quando do julgamento dos Embargos de Divergência no Recurso Extraordinário nº 564.225,[1484] o Plenário reforçou a sua jurisprudência no sentido de que a observância ao princípio da anterioridade é devida não apenas nos casos de majoração ou instituição de tributo, mas, também, nas hipóteses de redução ou supressão de benefícios fiscais.

De igual forma, no julgamento da ADI nº 6.144,[1485] o Plenário declarou a necessidade de se aplicar a anterioridade tributária à lei amazonense que instituiu a sistemática de substituição tributária no âmbito do ICMS, por reconhecer que a referida alteração legislativa provocou aumento indireto de tributo. Aliás, tamanha se mostrou a consolidação do entendimento favorável aos contribuintes no âmbito do STF que a Procuradoria da Fazenda Nacional editou o Parecer SEI nº 12.179/2021, por meio do qual autorizou a "extensão dos fundamentos determinantes da ADI nº 5.277/

---

clara na redação do CTN a necessidade da existência de lei para a revogação de uma isenção, há que deixar sedimentada sua equivalência à criação de tributo novo, observando-se, por conseguinte, o princípio da anterioridade.

[1482] Art. 178 do CTN: "A isenção, salvo se concedida por prazo certo e em função de determinadas condições, pode ser revogada ou modificada por lei, a qualquer tempo, observado o disposto no inciso III do art. 104".
[1483] STF, ADI-MC nº 7.181, Relator Ministro Dias Toffoli, DJ 9 ago. 2022.
[1484] STF, Agravo Regimental nos Embargos de Divergência no RE nº 564.225, Pleno, Relator Ministro Alexandre de Moraes, DJ, 4 dez. 2019.
[1485] STF, ADI nº 6.144, Relator Ministro Dias Toffoli, DJ, 3 set. 2021.

DF às ações judiciais em que se discute a incidência do princípio da anterioridade nonagesimal nas hipóteses de redução ou supressão de benefícios ou de incentivos fiscais da contribuição para o PIS/PASEP e COFINS". Em suma, a jurisprudência do Plenário do STF consolidou a exegese de que a revogação de uma isenção deve obedecer ao princípio da anterioridade (geral/nonagesimal, conforme o caso).

A isenção pode ainda ser concedida de forma condicionada ou incondicionada. Não há que se confundir isenção condicionada com isenção por prazo certo, muito embora, como regra geral, as isenções condicionadas sejam concedidas por prazo determinado. Tal assertiva deve ser considerada quando do exame da possibilidade de sua revogação, ou, como demonstrado, quando do exame da reinstituição do tributo. Isto porque a isenção não gera direito adquirido, podendo ser revogada a qualquer tempo, mesmo se concedida por prazo certo. A única hipótese em que a isenção não pode ser modificada ou revogada se dá quando sua concessão tenha se operado mediante condição e, cumulativamente, tenha sido concedida por prazo certo.

Como visto, o art. 178 do CTN é expresso em vedar ao legislador ordinário revogar isenções concedidas por prazo certo e mediante o preenchimento de determinadas condições.[1486] Tal regra tem por escopo preservar a segurança jurídica das relações estabelecidas bilateralmente entre o contribuinte-beneficiário e o fisco, de modo a garantir que lei posterior não altere a situação concretizada no passado, ou seja, não prejudique o direito adquirido do contribuinte. Nesta linha, o Supremo Tribunal Federal já se pronunciou diversas vezes sobre a irrevogabilidade dos incentivos fiscais concedidos por prazo certo e sob condição onerosa, devido à inviolabilidade do direito adquirido do contribuinte, mesmo em face da superveniência de nova ordem constitucional, tendo inclusive sumulado a matéria por meio do Enunciado nº 544: "Isenções tributárias concedidas, sob condição onerosa, não podem ser livremente suprimidas".

As isenções também podem ser gerais ou específicas. A isenção de caráter específico atinge apenas determinadas pessoas ou situações que preencham os requisitos estabelecidos na lei, sendo efetivada por despacho da autoridade administrativa. Ao tratar da isenção específica, o CTN assim dispõe:

> Art. 179. A isenção, quando não concedida em caráter geral, é efetivada, em cada caso, por despacho da autoridade administrativa, em requerimento com o qual o interessado faça prova do preenchimento das condições e do cumprimento dos requisitos previstos em lei ou contrato para sua concessão.
>
> §1º Tratando-se de tributo lançado por período certo de tempo, o despacho referido neste artigo será renovado antes da expiração de cada período, cessando automaticamente os seus efeitos a partir do primeiro dia do período para o qual o interessado deixar de promover a continuidade do reconhecimento da isenção.

---

[1486] A atual redação do art. 178 do CTN foi dada pela Lei Complementar nº 24/75. Anteriormente, não havia necessidade de uma isenção ser onerosa *e* por prazo certo, bastando a presença de um desses elementos para torná-la irrevogável. Com as alterações, há que se verificar a existência de ambos os elementos para se determinar a irrevogabilidade de um benefício fiscal.

§2º O despacho referido neste artigo não gera direito adquirido, aplicando-se, quando cabível, o disposto no artigo 155.

Na isenção específica, a fruição do benefício depende de um procedimento administrativo de verificação do cumprimento das condições legais correspondentes. Essa prerrogativa, no entanto, não permite que as autoridades fiscais neguem o direito a benefícios quando os requisitos tiverem sido observados. A avaliação administrativa nessas hipóteses é meramente formal, circunscrevendo-se à investigação se as condições fixadas na lei foram devidamente adimplidas pelo contribuinte interessado. E não poderia ser de outra forma, deve-se dizer, ante a estrita legalidade tributária: esta não admite qualquer subjetividade na determinação do montante de tributo devido; a exigência fiscal, ou a sua renúncia (justamente por meio dos benefícios), submetem-se unicamente à lei, não tendo qualquer influência, nesses processos, a vontade do administrador público. Com efeito, diz-se *vinculado* o ato que concede (permite) a utilização de determinado favor fiscal, uma vez que a atuação administrativa nesse caso se restringe à aplicação irrestrita do disposto na lei.[1487]

É por isso mesmo, aliás, que se pode dizer que o ato administrativo concessório do benefício fiscal é apenas *declaratório* de uma situação (e não dela *constitutivo*). Como se asseverou, o favor é outorgado nos termos da lei; cumprida esta, a autoridade administrativa apenas *declara* essa circunstância, não lhe sendo autorizado proceder de modo distinto. Nos dizeres de José Souto Maior Borges: "terá, diante do exposto, eficácia meramente declaratória, e não constitutiva, o ato administrativo que reconheça a existência de certos pressupostos de fato a cuja ocorrência a lei condiciona o gozo da isenção".[1488] No mesmo sentido já se manifestou o Supremo Tribunal Federal, quando do julgamento do RE nº 85.571.[1489]

### 3.4.2 Anistia

A anistia é o perdão das penalidades incidentes em razão do não cumprimento da obrigação tributária, seja ela principal ou acessória. Dada a relevância muitas

---

[1487] A respeito da matéria, merece destaque a seguinte decisão: "ADMINISTRATIVO E TRIBUTÁRIO. RECURSO ESPECIAL. ISENÇÃO. IOF. NECESSIDADE DE VERIFICAÇÃO DOS REQUISITOS. 1. Nos termos do parágrafo primeiro do artigo 72 da Lei nº 8.383/91, *o gozo da isenção de IOF na compra de veículos automotores estabelece a prévia verificação dos requisitos legais pelo Departamento da Receita Federal. 2. O aresto reconheceu que os recorridos estavam enquadrados na categoria profissional beneficiada pelo favor fiscal. 3. A verificação dos requisitos é atividade vinculada atribuída ao órgão fazendário. Havendo reconhecimento judicial quanto à sua observância, o indébito deve ser reconhecido e repetido.* [...]" (REsp nº 576.394/CE. Rel. Min. Castro Meira, 2ª Turma, j. 16.06.2005. DJ, p. 244, 15 ago. 2005, grifos nossos).

[1488] BORGES, José Souto Maior. *Teoria geral da isenção tributária*. 3. ed. São Paulo: Malheiros, 2007. p. 39-40.

[1489] "ISENÇÃO TRIBUTÁRIA ESPECIAL. INTERPRETAÇÃO DO ART. 179 DO CTN. O ATO ADMINISTRATIVO QUE A RECONHECE É DECLARATÓRIO E NÃO CONSTITUTIVO. O REQUERIMENTO É PRESSUPOSTO PARA DESFRUTE DA ISENÇÃO, MAS NÃO PARA O SEU NASCIMENTO. ISENÇÃO ESPECIAL RECONHECIDA DESDE A VIGÊNCIA DA LEI QUE A INSTITUIU NO INTERESSE GERAL, UMA VEZ VERIFICADOS OS SEUS REQUISITOS LEGAIS. DISSÍDIO JURISPRUDENCIAL NÃO DEMONSTRADO. SÚMULA Nº 291. RE NÃO CONHECIDO".

vezes atingida pelas penalidades fiscais, sua dispensa assume grande importância dentro da política fiscal dos poderes públicos. Pode ser instituída em caráter geral ou parcial, sempre por meio de lei específica, nos termos a seguir disciplinados pelo legislador complementar:

> Art. 180. A anistia abrange exclusivamente as infrações cometidas anteriormente à vigência da lei que a concede, não se aplicando:
>
> I - aos atos qualificados em lei como crimes ou contravenções e aos que, mesmo sem essa qualificação, sejam praticados com dolo, fraude ou simulação pelo sujeito passivo ou por terceiro em benefício daquele;
>
> II - salvo disposição em contrário, às infrações resultantes de conluio entre duas ou mais pessoa naturais ou jurídicas.
>
> Art. 181. A anistia pode ser concedida:
>
> I - em caráter geral;
>
> II - limitadamente;
>
> a) às infrações da legislação relativa a determinado tributo;
>
> b) às infrações punidas com penalidades pecuniárias até determinado montante, conjugadas ou não com penalidades de outra natureza;
>
> c) a determinada região do território da entidade tributante, em função de condições a ela peculiares;
>
> d) sob condição do pagamento de tributo no prazo fixado pela lei que a conceder, ou cuja fixação seja atribuída pela mesma lei à autoridade administrativa.
>
> Art. 182. A anistia, quando não concedida em caráter geral, é efetivada, em cada caso, por despacho da autoridade administrativa, em requerimento com o qual o interessado faça prova do preenchimento das condições e do cumprimento dos requisitos previstos em lei para sua concessão.
>
> Parágrafo único. O despacho referido neste artigo não gera direito adquirido, aplicando-se, quando cabível, o disposto no art. 155.

Das prescrições acima, merecem maior detalhe aquelas referentes ao art. 180 do CTN. Estão ali contidos mandamentos que impedem a aplicação do favor fiscal aos atos tipificados pelo direito penal-tributário, atos praticados com dolo, fraude ou simulação e, inclusive, salvo disposição em contrário, aos atos resultantes de conluio.

É de se observar, outrossim, que o Código apenas admite disposição de lei em contrário nas hipóteses do inc. II do art. 180, o que poderia levar a uma conclusão apressada no sentido de que, para as hipóteses do inc. I, a mesma autorização não seria permitida. Contudo, interpretação nesse sentido não guarda qualquer razoabilidade, pois levaria ao absurdo de se permitir a anistia para uma conduta dolosa praticada pelo indivíduo com a participação de terceiros, mas não para os casos em que o mesmo indivíduo agiu sozinho. Nos dizeres de Luciano Amaro, "isoladamente, o indivíduo não poderia receber perdão; em 'quadrilha', já poderia". Ora, a lei que pode perdoar o mais deve poder perdoar o menos.[1490] Pelo exposto, entendemos que a ressalva do inc. II deve ser lida no *caput*. Caso contrário, restaria demasiadamente limitada a competência do legislador ordinário.

## 3.5 Garantias do crédito tributário

As garantias, em geral, são disposições assecuratórias de um direito, buscando conferir-lhe segurança, estabilidade e exigibilidade. Abre o legislador, dentro do Código Tributário, capítulo específico para tratar das garantias de que dispõem, em razão do interesse público, os créditos da Fazenda Pública. Para melhor sistematização da matéria, vale a seguinte ilustração:

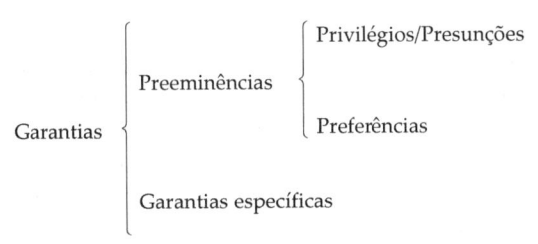

Garantias
- Preeminências
  - Privilégios/Presunções
  - Preferências
- Garantias específicas

Cumpre esclarecer que as garantias atribuídas ao crédito tributário não se esgotam na especificação do Capítulo VI do Livro II. De fato, em várias outras passagens do Código, procura o legislador distinguir e emprestar relevância ao crédito tributário. Como exemplo, podemos citar o reforço na sujeição passiva representado pela possibilidade de transferência da responsabilidade tributária, bem como as prerrogativas fiscais na elaboração unilateral do título executivo extrajudicial. Da mesma forma, o art. 183 do CTN deixa expresso que "A enumeração das garantias atribuídas neste Capítulo ao crédito tributário não exclui outras que sejam expressamente previstas em lei, em função da natureza ou das características do tributo a que se refiram".

Visto isso, cabe advertir que as garantias ao crédito tributário, por óbvio, encontram limite nas garantias previstas constitucionalmente aos contribuintes, como exemplo, o livre acesso ao Poder Judiciário, a liberdade de exercício de atividades econômicas, entre outras. Com isso se quer dizer que, a pretexto de se atribuir maiores garantias ao crédito tributário, não pode o legislador (e muito menos a Administração Pública) impor condutas que afrontem as garantias do contribuinte. Todas estas tentativas foram lapidarmente afastadas pelo Supremo Tribunal Federal. É o que se verifica das súmulas vinculantes nº 21 e 28, em que o STF reputou como inconstitucional exigência de depósito como requisito para recurso administrativo ou propositura de ação judicial com objetivo de discussão da exigibilidade do crédito tributário. O STF, igualmente, repudiou as chamadas "sanções políticas", merecendo ser citados os seguintes enunciados: "É inadmissível a interdição de estabelecimento

---

[1490] AMARO, Luciano. *Direito tributário brasileiro*. 14. ed. São Paulo: Saraiva, 2008. p. 244-245.

como meio coercitivo para cobrança de tributo" (Súmula nº 70); "É inadmissível a apreensão de mercadorias como meio coercitivo para pagamento de tributos" (Súmula nº 323);[1491] "Não é lícito a autoridade proibir que o contribuinte em débito adquira estampilhas, despache mercadorias nas alfândegas e exerça suas atividades profissionais" (Súmula nº 547).

## 3.5.1 Preeminências

Ao crédito tributário são atribuídos privilégios e, ao fisco, preferências. Por meio de privilégios, a lei confere ao crédito a qualidade de ser extinto antes de outros e, por meio de preferências, a lei confere ao fisco o direito de receber antes de outros credores. Confiram-se os dispositivos legais.

> Art. 184. Sem prejuízos dos privilégios especiais sobre determinados bens, que sejam previstos em lei, responde pelo pagamento do crédito tributário a totalidade dos bens e das rendas, de qualquer origem ou natureza, do sujeito passivo, seu espólio ou sua massa falida, inclusive os gravados por ônus real ou cláusula de inalienabilidade ou impenhorabilidade, seja qual for a data da constituição do ônus ou da cláusula, excetuados unicamente os bens e rendas que a lei declare absolutamente impenhoráveis.
>
> Art. 185. Presume-se fraudulenta a alienação ou oneração de bens ou rendas, ou seu começo, por sujeito passivo em débito para com a Fazenda Pública, por crédito tributário regularmente inscrito como dívida ativa.
>
> Parágrafo único. O disposto neste artigo não se aplica na hipótese de terem sido reservados, pelo devedor, bens ou rendas suficientes ao total pagamento da dívida inscrita.
>
> Art. 185-A. Na hipótese de o devedor tributário, devidamente citado, não pagar nem apresentar bens à penhora no prazo legal e não forem encontrados bens penhoráveis, o juiz determinará a indisponibilidade de seus bens e direitos, comunicando a decisão, preferencialmente por meio eletrônico, aos órgãos e entidades que promovem registros de transferência de bens, especialmente ao registro público de imóveis e às autoridades supervisoras do mercado bancário e do mercado de capitais, a fim de que, no âmbito de suas atribuições, façam cumprir a ordem judicial.
>
> §1º A indisponibilidade de que trata o *caput* deste artigo limitar-se-á ao valor total exigível, devendo o juiz determinar o imediato levantamento da indisponibilidade dos bens ou valores que excederem esse limite.

---

[1491] Importante mencionar que, ao julgar o Tema nº 1.042 da Repercussão Geral (RE nº 1.090.591), o STF, à unanimidade, fixou a seguinte tese: "É constitucional vincular o despacho aduaneiro ao recolhimento de diferença tributária apurada mediante arbitramento da autoridade fiscal". Neste julgamento, o STF fez questão de reforçar o enunciado da Súmula nº 323 para dizer que "não está em jogo apreensão de mercadorias como meio coercitivo visando a satisfação de débito tributário". O Plenário conjugou o verbete sumular com a legislação nacional e concluiu que o pagamento de tributo e multa constitui elemento essencial ao desembaraço aduaneiro; ou seja, o inadimplemento da obrigação fiscal torna inviável a conclusão do procedimento, afastando a possibilidade de internalização da mercadoria, sem que isso acarrete ofensa à Súmula nº 323. Nos termos do voto do Ministro Marco Aurélio, "não se tem coação indireta objetivando a quitação tributária, mas regra segundo a qual o recolhimento das diferenças fiscais é condição a ser satisfeita na introdução do bem no território nacional, sem o qual não se aperfeiçoa a importação".

§2º Os órgãos e entidades aos quais se fizer a comunicação de que trata o *caput* deste artigo enviarão imediatamente ao juízo a relação discriminada dos bens e direitos cuja indisponibilidade houverem promovido.

Art. 186. O crédito tributário prefere a qualquer outro, seja qual for sua natureza ou o tempo de sua constituição, ressalvados os créditos decorrentes da legislação do trabalho ou do acidente de trabalho.

Parágrafo único. Na falência:

I - o crédito tributário não prefere aos créditos extraconcursais ou às importâncias passíveis de restituição, nos termos da lei falimentar, nem aos créditos com garantia real, no limite do valor do bem gravado;

II - a lei poderá estabelecer limites e condições para a preferência dos créditos decorrentes da legislação do trabalho; e

III - a multa tributária prefere apenas aos créditos subordinados.

Art. 187. A cobrança judicial do crédito tributário não é sujeita a concurso de credores ou habilitação em falência, recuperação judicial, concordata, inventário ou arrolamento.

Parágrafo único. O concurso de preferência somente se verifica entre pessoas jurídicas de direito público, na seguinte ordem:I - União;

II - Estados, Distrito Federal e Territórios, conjuntamente e *pro rata;*

III - Municípios, conjuntamente e *pro rata.*

Art. 188. São extraconcursais os créditos tributários decorrentes de fatos geradores ocorridos no curso do processo de falência.

§1º Contestado o crédito tributário, o juiz remeterá as partes ao processo competente, mandando reservar bens suficientes à extinção total do crédito e seus acrescidos, se a massa não puder efetuar a garantia da instância por outra forma, ouvido, quanto à natureza e valor dos bens reservados, o representante da Fazenda Pública interessada.

§2º O disposto neste artigo aplica-se aos processos de concordata.

Art. 189. São pagos preferencialmente a quaisquer créditos habilitados em inventário ou arrolamento, ou a outros encargos do monte, os créditos tributários vencidos ou vincendos, a cargo do de cujus ou de seu espólio, exigíveis no decurso do processo de inventário ou arrolamento.

Parágrafo único. Contestado o crédito tributário, proceder-se-á na forma do disposto no §1º do artigo anterior.

Art. 190. São pagos preferencialmente a quaisquer outros os créditos tributários vencidos ou vincendos, a cargo de pessoas jurídicas de direito privado em liquidação judicial ou voluntária, exigíveis no decurso da liquidação.

Art. 191-A. A concessão de recuperação judicial depende da apresentação da prova de quitação de todos os tributos, observado o disposto nos arts. 151, 205 e 206 desta Lei.

Art. 192. Nenhuma sentença de julgamento de partilha ou adjudicação será proferida sem prova da quitação de todos os tributos relativos aos bens do espólio, ou às suas rendas.

Art. 193. Salvo quando expressamente autorizado por lei, nenhum departamento da administração pública da União, dos Estados, do Distrito Federal, ou dos Municípios, ou sua autarquia, celebrará contrato ou aceitará proposta em concorrência pública sem que o contratante ou proponente faça prova da quitação de todos os tributos devidos à Fazenda Pública interessada, relativos à atividade em cujo exercício contrata ou concorre.

É de se observar, em especial, a inconstitucionalidade do concurso de preferência estabelecido no parágrafo único do art. 187, ante o princípio da isonomia entre as pessoas políticas (art. 19, III, da CF). De fato, ao apreciar a Arguição de Descumprimento de Preceito Fundamental (ADPF) nº 357, o Plenário do STF a julgou procedente "para declarar não recepcionadas pela Constituição da República de 1988 as normas previstas no parágrafo único do art. 187 da Lei n. 5.172/1966 (Código Tributário Nacional) e no parágrafo único do art. 29 da Lei n. 6.830/1980 (Lei de Execuções Fiscais)". E, na mesma oportunidade, cancelou o Verbete Sumular nº 563 (editado com base na Emenda Constitucional nº 1/69 à Carta de 1967), segundo o qual "o concurso de preferência a que se refere o parágrafo único do art. 187 do Código Tributário Nacional é compatível com o disposto no art. 9º, I, da Constituição Federal".

# CAPÍTULO 4

# ADMINISTRAÇÃO TRIBUTÁRIA

A administração tributária pode ser traduzida como um conjunto de atividades destinadas à garantia da observância, pelos contribuintes, das obrigações esculpidas na legislação tributária, entre as quais se destaca, precipuamente, o dever de arrecadação de tributos. O estudo da administração tributária permeia, portanto, todo o regramento relativo à atividade de fiscalização, de inscrição dos débitos em dívida ativa e, ainda, de expedição de certidões de regularidade fiscal.

Para a sua completa compreensão, contudo, não basta o simples conhecimento das normas voltadas à consecução do viés arrecadatório do Estado. É preciso ter em mente, antes de tudo, que, para além das prerrogativas conferidas pela legislação aos órgãos e agentes fazendários no intuito de garantir o cumprimento das obrigações tributárias pelos sujeitos passivos, o estudo da administração tributária demanda a assimilação do pressuposto de que até mesmo a busca pela efetividade arrecadatória encontra limites (e deve ser norteada) pelas garantias sistemicamente erigidas para a proteção do administrado.

Não é por outra razão que o §1º do art. 145 da Constituição Federal estabelece:

> Sempre que possível, os impostos terão caráter pessoal e serão graduados segundo a capacidade econômica do contribuinte, facultado à administração tributária, especialmente para conferir efetividade a esses objetivos, identificar, respeitados os direitos individuais e nos termos da lei, o patrimônio, os rendimentos e as atividades econômicas do contribuinte.

O texto constitucional não deixa nenhuma margem para dúvidas: a despeito da essencialidade da administração tributária para a consecução do Estado de Direito, a atuação dos agentes públicos deve ser pautada na preservação dos direitos fundamentais dos contribuintes.

## 4.1 Fiscalização

O poder-dever de fiscalização da autoridade administrativa decorre naturalmente da competência outorgada aos entes federados para a instituição e exigência de tributos. Afinal, é somente por meio da atividade de fiscalização que se torna possível verificar o cumprimento da legislação tributária pelos administrados e, por conseguinte, garantir o atendimento ao fito arrecadatório do Estado. Incumbiu, então, ao legislador complementar regulamentar, em normas gerais, a competência e os poderes da autoridade fiscal em matéria de fiscalização e sua aplicação aos sujeitos passivos regularmente obrigados.

Nesse contexto, foi erigido o art. 194 do CTN,[1492] segundo o qual tanto a competência quanto os poderes das autoridades administrativas são limitados aos regramentos constantes da legislação tributária, que por sua vez, e por questões de hierarquia normativa, deve observância aos preceitos gerais estabelecidos no CTN.

> Art. 194. A legislação tributária, observado o disposto nesta Lei, regulará, em caráter geral, ou especificamente em função da natureza do tributo de que se tratar, a competência e os poderes das autoridades administrativas em matéria de fiscalização da sua aplicação.
>
> Parágrafo único. A legislação a que se refere este artigo aplica-se às pessoas naturais ou jurídicas, contribuintes ou não, inclusive às que gozem de imunidade tributária ou de isenção de caráter pessoal.

O parágrafo único do dispositivo em voga prevê a obrigatoriedade de todas as pessoas, físicas ou jurídicas, contribuintes ou não, se submeterem à legislação referente à fiscalização tributária. Perceba-se que nem mesmo a imunidade tributária ou isenção pessoal são capazes de afastar o poder-dever fiscalizatório da Administração Pública e a necessidade de os administrados se submeterem ao exame fiscal.

Isso porque, como cediço, a atividade de verificação do cumprimento da legislação tributária exige que as autoridades fiscais procedam ao exame da veracidade das operações praticadas pelos contribuintes. Nesse sentido, o Superior Tribunal de Justiça, interpretando o comando do parágrafo único do art. 194 do CTN, sedimentou, sob o rito dos recursos repetitivos:

> o ente federado competente para instituição de determinado tributo pode estabelecer deveres instrumentais a serem cumpridos até mesmo por não contribuintes, desde que constituam instrumento relevante para o pleno exercício do poder-dever fiscalizador da Administração Pública Tributária, assecuratório do interesse público na arrecadação.[1493]

Em suma, de acordo com o entendimento firmado no repetitivo, mesmo que o administrado não esteja sujeito ao pagamento de tributo, dele poderá ser exigido o cumprimento de deveres acessórios instrumentais que se façam relevantes à atividade fiscalizatória.

---

[1492] A previsão em lei específica dos poderes que detém a autoridade fiscal é uma garantia "de mão dupla", que protege tanto os direitos do contribuinte como os atos do próprio agente fiscal; já que constitui crime de excesso de exação, apenado com reclusão de 3 a 8 anos e multa, a hipótese em que "o funcionário exige tributo ou contribuição social que sabe ou deveria saber indevido, ou, quando devido, emprega na cobrança meio vexatório ou gravoso que a lei não autoriza" (art. 316, §1º, do Código Penal).

[1493] REsp nº 1.116.792/PB. Rel. Min. Luiz Fux, Primeira Seção, j. 24.11.2010. DJe, 14 dez. 2010.

Contudo, o poder-dever de fiscalização da administração tributária não é isento de balizas. Zelando pelos direitos do contribuinte e para coibir a possibilidade de eventual abuso de autoridade ou arbitrariedade, o CTN prevê que a atuação da autoridade fiscal deve ser documentada e delimitada no tempo. Nesse sentido, a norma encampada pelo art. 196 é clara no sentido de que "a autoridade administrativa que proceder ou presidir a quaisquer diligências de fiscalização lavrará os termos necessários para que se documente o início do procedimento, na forma da legislação aplicável, que fixará prazo máximo para a conclusão daquelas".[1494]

Muito embora, à primeira vista, possa aparentar tratar de aspecto meramente formal e de importância secundária, a delimitação temporal da atividade administrativa de fiscalização consiste em verdadeira garantia do administrado. Com efeito, a especificação do termo inicial do procedimento é essencial, por exemplo, para a confirmação da efetividade do exercício da denúncia espontânea (art. 138 do CTN) pelo contribuinte. Como visto anteriormente, a espontaneidade da confissão tributária (e, por conseguinte, o afastamento da cobrança de multa pelo não pagamento tempestivo do tributo) só se configura quando a denúncia é realizada pelo contribuinte antes do início de qualquer procedimento fiscalizatório.

Da mesma forma, a previsão legal da obrigatoriedade de estipulação de um prazo máximo para a conclusão do trabalho fiscal é relevante ao administrado na medida em que impede que a atividade fiscalizatória se prolongue demasiado no tempo, causando excessivo e desarrazoado constrangimento ao contribuinte. Nessa lógica, a fiscalização deve ser previamente autorizada pelas chefias das repartições administrativas responsáveis pela fiscalização, exigindo-se sempre a lavratura de um termo de início de ação fiscal (Tiaf) ou mandado de procedimento fiscal (MPF), que devem descrever exatamente o período fiscalizado e o objeto da fiscalização.

Uma vez definidos os limites da fiscalização, o contribuinte tem a obrigação de fornecer ao fisco todos os seus registros contábeis e comerciais, bem como todos os documentos que os suportem. É o que determina o art. 195 do CTN, segundo o qual:

> Para os efeitos da legislação tributária, não têm aplicação quaisquer disposições legais excludentes ou limitativas do direito de examinar mercadorias, livros, arquivos, documentos, papéis e efeitos comerciais ou fiscais, dos comerciantes industriais ou produtores, ou da obrigação destes de exibi-los.

---

[1494] Com percuciência, assevera Hugo de Brito Machado que "Especial atenção merece o controle específico da atividade de fiscalização. Para que tudo funcione segundo as normas oficialmente postas para a disciplina das ações de fiscalização, as autoridades que exercem as chefias das diversas repartições exercem o controle integral da atividade de fiscalização, não havendo liberdade para cada fiscal atuar individualmente. Sua atuação junto a determinado contribuinte sempre depende de autorização. Esse controle impede que pessoas estranhas à fiscalização se façam passar por fiscais para extorquir o contribuinte. Cada procedimento de fiscalização é programado, e autorizado oficialmente, de sorte que ao contribuinte há de ser sempre apresentado o ato que determinou a ação fiscal em cada caso" (*Comentários ao Código Tributário Nacional*. São Paulo: Atlas, 2005. v. III. p. 748).

Acerca do tema, merece destaque a Súmula nº 439 do STF,[1495] que restringe o exame, pela autoridade fiscal, aos aspectos dos livros e documentos "objeto da investigação". É dizer, muito embora seja garantido à administração tributária amplo acesso aos registros contábeis dos administrados, o Supremo Tribunal Federal já sedimentou que é necessário que haja pertinência entre o objeto da fiscalização, a documentação requisitada e a situação da pessoa intimada, sob pena de o agente fiscal incorrer em evidente abuso de autoridade. O parágrafo único do art. 195, por sua vez, determina que "os livros obrigatórios de escrituração comercial e os comprovantes dos lançamentos neles efetuados deverão ser conservados até que ocorra a prescrição dos créditos tributários decorrentes das operações a que se referem". Em uma leitura apressada, poder-se-ia cogitar em uma impropriedade do CTN ao se referir a prazo prescricional e não decadencial. Mas, em verdade, o Código optou por resguardar que, havendo o lançamento, o contribuinte não possa ser dispensado da entrega da documentação até que prescrito o direito da Fazenda Pública à cobrança do crédito tributário. Por óbvio, não havendo lançamento, sequer há se falar em prazo prescricional.

Segundo entendimento da Receita Federal do Brasil, consubstanciado no Ato Declaratório Interpretativo nº 4/2019, para fins do disposto no parágrafo único do art. 195 do CTN, os livros obrigatórios de escrituração comercial e fiscal e os comprovantes de lançamentos neles efetuados podem ser armazenados em meio eletrônico, óptico ou equivalente. Previu-se, ainda, que: (i) o documento digital e sua reprodução terão o mesmo valor probatório do documento original para fins de prova perante a autoridade administrativa em procedimentos de fiscalização, observados os critérios de integridade e autenticidade estabelecidos pelo art. 2º-A da Lei nº 12.682, de 9.7.2012, e pelo art. 1º da Medida Provisória nº 2.200-2, de 24.8.2001; (ii) os documentos originais poderão ser destruídos depois de digitalizados; e (iii) os documentos armazenados em meio eletrônico, óptico ou equivalente poderão ser eliminados depois de transcorrido o prazo de prescrição dos créditos tributários decorrentes das operações a que eles se referem.

Não obstante a prerrogativa da fiscalização de examinar os livros e documentos do contribuinte, já decidiu o STF que, em razão da regra constitucional de inviolabilidade do domicílio, a autoridade tributária deve ser autorizada pelo contribuinte a ingressar em suas dependências para o referido exame.

> EMENTA: [...] 1. Conforme o art. 5º, XI, da Constituição - afora as exceções nele taxativamente previstas ("em caso de flagrante delito ou desastre, ou para prestar socorro") só a "determinação judicial" autoriza, e durante o dia, a entrada de alguém - autoridade ou não - no domicílio de outrem, sem o consentimento do morador. 1.1. Em conseqüência, o poder fiscalizador da administração tributária perdeu, em favor do reforço da garantia constitucional do domicílio, a prerrogativa da auto-executoriedade. 1.2. Daí não se extrai, de logo, a inconstitucionalidade superveniente ou a revogação dos preceitos

---

[1495] Súmula nº 439: "Estão sujeitos à fiscalização tributária ou previdenciária quaisquer livros comerciais, limitado o exame aos pontos objeto da investigação".

infraconstitucionais de regimes precedentes que autorizam a agentes fiscais de tributos a proceder à busca domiciliar e à apreensão de papéis; essa legislação, contudo, que, sob a Carta precedente, continha em si a autorização à entrada forçada no domicílio do contribuinte, reduz-se, sob a Constituição vigente, a uma simples norma de competência para, uma vez no interior da dependência domiciliar, efetivar as diligências legalmente permitidas: o ingresso, porém, sempre que necessário vencer a oposição do morador, passou a depender de autorização judicial prévia. 1.3. Mas, é um dado elementar da incidência da garantia constitucional do domicílio o não consentimento do morador ao questionado ingresso de terceiro: malgrado a ausência da autorização judicial, só a entrada invito domino a ofende, seja o dissenso presumido, tácito ou expresso, seja a penetração ou a indevida permanência, clandestina, astuciosa ou franca. [...].[1496]

Acerca do tema, o Supremo Tribunal Federal entendeu que o conceito de "casa", para fins de garantia da inviolabilidade domiciliar ante a atividade de fiscalização tributária, deve ser interpretado de forma ampliativa, para abranger qualquer espaço privado não aberto ao público onde alguém exerça profissão. Isso porque, conforme declarado pelos próprios ministros da Corte Suprema, os poderes dos órgãos e agentes da administração tributária não são absolutos, "pois o Estado, em tema de tributação, inclusive em matéria de fiscalização tributária, está sujeito à observância de um complexo de direitos e prerrogativas que assistem, constitucionalmente, aos contribuintes e aos cidadãos em geral".[1497]

Da mesma forma, o Superior Tribunal de Justiça já decidiu que a prerrogativa constante do art. 195 do CTN "não autoriza a apreensão de livros e documentos pela fiscalização, sem autorização judicial", mesmo que se esteja diante de suspeita de cometimento de irregularidades fiscais pelo administrado.[1498] É dizer, caso o contribuinte se recuse a fornecer acesso às suas dependências para que a autoridade fiscal proceda ao exame de seus registros contábeis, a prerrogativa do art. 200 do CTN não se aplica de imediato, devendo ser deferida judicialmente.

> Art. 200. As autoridades administrativas federais poderão requisitar o auxílio da força pública federal, estadual ou municipal, e reciprocamente, quando vítimas de embaraço ou desacato no exercício de suas funções, ou quando necessário à efetivação de medida prevista na legislação tributária, ainda que não se configure fato definido em lei como crime ou contravenção.

Muito embora o dispositivo supratranscrito faça menção, tão somente, às autoridades administrativas federais, a faculdade nele contida, desde que autorizada judicialmente, pode ser exercida pelos agentes fiscais de todos os entes federados que se deparem, no exercício de seu trabalho fiscalizatório, com óbices impostos pelos contribuintes no intuito de embaraçar a investigação. Como visto, contudo,

---

[1496] HC nº 79.512. Rel. Min. Sepúlveda Pertence, Tribunal Pleno, j. 16.12.1999. *DJ*, 16 maio 2003.
[1497] HC nº 82.788. Rel. Min. Celso de Mello, Segunda Turma, j. 12.4.2005. *DJ*, 2 jun. 2006.
[1498] REsp nº 300.065/MG. Rel. Min. José Delgado, Primeira Turma, j. 5.4.2001. *DJ*, 18 jun. 2001.

a prerrogativa não é absoluta, devendo ser utilizada com extrema cautela pela fiscalização, sob pena de incorrer no crime de excesso de exação.

Finalmente, é de se ressaltar que a utilização de força policial para a efetivação da atividade da administração tributária é exceção, e não regra, e só é justificável quando constatado efetivo embaraço ou desacato. Para os casos de simples recusa de apresentação dos documentos pelo fiscalizado, a administração tributária deve valer-se da prerrogativa do art. 148 do CTN e lançar o tributo por arbitramento, sem prejuízo da imposição de multas especificamente previstas na legislação tributária para essa hipótese.

Mais adiante, por meio do art. 197, é feita a previsão de um dever genérico de colaboração por parte de terceiros na prestação de informações no interesse da fiscalização, ressalvando, por óbvio, o sigilo profissional:[1499]

> Art. 197. Mediante intimação escrita, são obrigados a prestar à autoridade administrativa todas as informações de que disponham com relação aos bens, negócios ou atividades de terceiros:
>
> I - os tabeliães, escrivães e demais serventuários de ofício;
>
> II - os bancos, casas lotéricas, Caixas Econômicas e demais instituições financeiras;
>
> III - as empresas de administração de bens;
>
> IV - os corretores, leiloeiros e despachantes oficiais;
>
> V - os inventariantes;
>
> VI - os síndicos, comissários e liquidatários;
>
> VII - quaisquer outras entidades ou pessoas que a lei designe, em razão de seu cargo, ofício, função, ministério, atividade ou profissão.
>
> Parágrafo único. A obrigação prevista neste artigo não abrange a prestação de informações quanto a fatos sobre os quais o informante esteja legalmente obrigado a observar segredo em razão de cargo, ofício, função, ministério, atividade ou profissão.

Para fins de efetividade do inc. VII do art. 197, é imprescindível que as "outras entidades ou pessoas" sejam definidas em lei, não podendo a autoridade fiscal simplesmente lançar mão de arbitrariedade e intimar, ao seu bel prazer, qualquer pessoa para prestar as informações na forma do *caput*. As pessoas elencadas nos demais incisos, por outro lado, estão obrigadas, por força do próprio CTN, a atender à requisição administrativa quando notificados para tanto, independentemente de qualquer intervenção judicial.

---

[1499] Segundo Paulo de Barros, a obrigação prevista no art. 197 "não pode ingressar no secreto vínculo que se estabelece no exercício de certas profissões, em que a própria lei que as regula veda terminantemente a quebra do sigilo. [...] O psicólogo, o médico, o advogado, o sacerdote e tantas outras pessoas que, em virtude do seu cargo, ofício, função, ministério, atividade ou profissão, tornam-se depositárias de confidências, muitas vezes relevantíssimas para o interesse do Fisco, não estão cometidas do dever de prestar as informações previstas no art. 197" (CARVALHO, Paulo de Barros. *Curso de direito tributário*. 21. ed. São Paulo: Saraiva, 2009. p. 622).

Merece maior atenção, nesse contexto, o inc. II do art. 197, haja vista que autoriza a requisição de informações dos administrados, pela autoridade fiscal, junto às instituições financeiras. Referida prerrogativa deve ser vista com ressalvas porquanto, não raras vezes, pode colidir com o direito ao sigilo bancário, garantido pelos incs. X, XII, XXXV, LIV e LV do art. 5º da Constituição Federal.

O sigilo bancário é espécie do gênero sigilo de dados, que veio integrar o rol dos direitos e garantias individuais na Carta de 1988, sendo considerado pelo Supremo Tribunal Federal um desdobramento do direito à intimidade. Estando inserido no art. 5º da Constituição, é inegável tratar-se de um direito fundamental, com força de cláusula pétrea em razão do art. 60, §4º, inc. IV, da Ordem Magna, não podendo ser restringido pelo poder constituinte derivado ou, muito menos, pelo legislador infraconstitucional. A despeito dessas premissas, a possibilidade de requisição de informações protegidas pelo sigilo fiscal às instituições financeiras, pelas autoridades fiscais, encontra previsão não apenas no inc. II do art. 197, mas, também, no art. 6º da Lei Complementar nº 105/2001:

> Art. 6º As autoridades e os agentes fiscais tributários da União, dos Estados, do Distrito Federal e dos Municípios somente poderão examinar documentos, livros e registros de instituições financeiras, inclusive os referentes a contas de depósitos e aplicações financeiras, quando houver processo administrativo instaurado ou procedimento fiscal em curso e tais exames sejam considerados indispensáveis pela autoridade administrativa competente.

O aparente conflito entre o direito constitucional ao sigilo de dados e a prerrogativa conferida à administração tributária pelo dispositivo supratranscrito já foi objeto de intenso debate no âmbito do Supremo Tribunal Federal. Atualmente, vigora o seguinte entendimento:

> O art. 6º da Lei Complementar 105/01 não ofende o direito ao sigilo bancário, pois realiza a igualdade em relação aos cidadãos, por meio do princípio da capacidade contributiva, bem como estabelece requisitos objetivos e o translado do dever de sigilo da esfera bancária para a fiscal.[1500]

A referida tese foi firmada pela Corte Suprema quando do julgamento do Recurso Extraordinário nº 601.314, sob a sistemática da repercussão geral. Na oportunidade, os ministros entenderam, por maioria de votos, que o direito ao sigilo bancário não é absoluto quando contraposto à necessidade de obtenção de receitas públicas. Concluiu-se, portanto, que o art. 6º da Lei Complementar nº 105/2001 não ofendeu o texto constitucional, uma vez que a "cooperação com a atividade fiscal é exigível de todos os contribuintes, em decorrência do imperativo de igualdade que se coloca em relação aos demais concidadãos".

---

[1500] RE nº 601.314, Relator Ministro Edson Fachin, DJ, 10 ago. 2016.

A polêmica em foco também foi objeto de análise pelo Supremo Tribunal Federal quando do julgamento das ações diretas de inconstitucionalidade nº 2.390, nº 2.386, nº 2.397 e nº 2.859. Nessa ocasião, o Tribunal entendeu que o acesso às informações bancárias pelas autoridades tributárias implica, tão somente, a transferência da responsabilidade pela retenção das referidas informações, não havendo, portanto, quebra de sigilo. Os ministros reforçaram que a própria Lei Complementar nº 105/2001 carrega, em seu art. 10, a previsão de responsabilização civil do servidor público que "utilizar ou viabilizar a utilização de qualquer informação obtida em decorrência da quebra de sigilo de que trata esta Lei", pelo que, efetivamente, não haveria violação ao direito constitucional dos contribuintes ao sigilo de dados. Dessa feita, as informações protegidas pelo sigilo bancário passam, então, a ser protegidas pelo sigilo fiscal.

Nesse mesmo sentido, encontramos o art. 198 do CTN, o qual veda "divulgação, por parte da Fazenda Pública ou de seus servidores, de informação obtida em razão do ofício sobre a situação econômica ou financeira do sujeito passivo ou de terceiros e sobre a natureza e o estado de seus negócios ou atividades". Está-se diante, mais uma vez, da normatização do sigilo fiscal, entendido como o dever da administração tributária de preservar as informações obtidas no exercício da atividade de fiscalização, dando efetividade, como visto, ao direito constitucional dos cidadãos à privacidade e ao sigilo de dados.

A vedação prevista no art. 198, contudo, comporta três exceções, trazidas no §1º do referido dispositivo. Além da hipótese do art. 199 do CTN, que será abordada adiante, é autorizada a divulgação das informações quando requisitadas por autoridade judicial e por outro órgão da Administração Pública.

> §1º Excetuam-se do disposto neste artigo, além dos casos previstos no art. 199, os seguintes:
>
> I - requisição de autoridade judiciária no interesse da justiça;
>
> II - solicitações de autoridade administrativa no interesse da Administração Pública, desde que seja comprovada a instauração regular de processo administrativo, no órgão ou na entidade respectiva, com o objetivo de investigar o sujeito passivo a que se refere a informação, por prática de infração administrativa.
>
> §2º O intercâmbio de informação sigilosa, no âmbito da Administração Pública, será realizado mediante processo regularmente instaurado, e a entrega será feita pessoalmente à autoridade solicitante, mediante recibo, que formalize a transferência e assegure a preservação do sigilo.
>
> §3º Não é vedada a divulgação de informações relativas a:
>
> I - representações fiscais para fins penais;
>
> II - inscrições na Dívida Ativa da Fazenda Pública;
>
> III - parcelamento ou moratória; e
>
> IV - incentivo, renúncia, benefício ou imunidade de natureza tributária cujo beneficiário seja pessoa jurídica.

§4º Sem prejuízo do disposto no art. 197, a administração tributária poderá requisitar informações cadastrais e patrimoniais de sujeito passivo de crédito tributário a órgãos ou entidades, públicos ou privados, que, inclusive por obrigação legal, operem cadastros e registros ou controlem operações de bens e direitos.

§5º Independentemente da requisição prevista no §4º deste artigo, os órgãos e as entidades da administração pública direta e indireta de qualquer dos Poderes colaborarão com a administração tributária visando ao compartilhamento de bases de dados de natureza cadastral e patrimonial de seus administrados e supervisionados.

A constitucionalidade das ressalvas tratadas nos §§1º, 2º e 3º do art. 198, adicionadas ao Código Tributário nacional pelo art. 1º da Lei Complementar nº 104/2001, foi analisada pelo Supremo Tribunal Federal em razão da Ação Direta de Inconstitucionalidade nº 2.397. Mais uma vez, a Corte Suprema entendeu pela não configuração da quebra de sigilo, mas mera transferência de informações sigilosas no âmbito da Administração Pública e, tão somente, quando instaurado processo administrativo para o referido fim.

Convém, por fim, registrar que o STF, em precedente submetido à repercussão geral, fixou a tese de que "é constitucional o compartilhamento dos relatórios de inteligência financeira da UIF [COAF] e da íntegra do procedimento fiscalizatório da Receita Federal do Brasil, que define o lançamento do tributo, com os órgãos de persecução penal para fins criminais, sem a obrigatoriedade de prévia autorização judicial, devendo ser resguardado o sigilo das informações em procedimentos formalmente instaurados e sujeitos a posterior controle jurisdicional".[1501] É dizer, em outras palavras, que o STF reputou constitucional a possibilidade de compartilhamento com o Ministério Público, para fins penais, dos dados bancários e fiscais do contribuinte, obtidos pela Receita Federal no legítimo exercício de seu dever de fiscalizar, sem a necessidade de autorização prévia por parte do Poder Judiciário.

Finalmente, por meio do art. 199, o legislador complementar pretendeu regular o intercâmbio de informações no seio da própria administração fazendária, permitindo, inclusive, a permuta destas mesmas informações com Estados estrangeiros:

Art. 199. A Fazenda Pública da União e as dos Estados, do Distrito Federal e dos Municípios prestar-se-ão mutuamente assistência para a fiscalização dos tributos respectivos e permuta de informações, na forma estabelecida, em caráter geral ou específico, por lei ou convênio.

Parágrafo único: A Fazenda Pública da União, na forma estabelecida em tratados, acordos ou convênios, poderá permutar informações com Estados estrangeiros no interesse da arrecadação e da fiscalização de tributos.

---

[1501] RE nº 1.055.941, Rel. Min. Dias Toffoli, Tribunal Pleno, publicado em 18 mar. 2021.

A possibilidade de compartilhamento mútuo de informações fiscais entre as administrações tributárias foi também incluída no texto constitucional pela Emenda Constitucional nº 42/2003:[1502]

> Art. 37. A administração pública direta e indireta de qualquer dos Poderes da União, dos Estados, do Distrito Federal e dos Municípios obedecerá aos princípios de legalidade, impessoalidade, moralidade, publicidade e eficiência e, também, ao seguinte: [...]
> XXII - as administrações tributárias da União, dos Estados, do Distrito Federal e dos Municípios, atividades essenciais ao funcionamento do Estado, exercidas por servidores de carreiras específicas, terão recursos prioritários para a realização de suas atividades e atuarão de forma integrada, inclusive com o compartilhamento de cadastros e de informações fiscais, na forma da lei ou convênio. (Incluído pela Emenda Constitucional nº 42, de 19.12.2003)

Assim, é o *caput* do art. 199 que fundamenta, por exemplo, o convênio firmado pelo Estado de Minas Gerais com a União Federal, para que esta lhe repasse dados da Declaração de Imposto de Renda das Pessoas Físicas relativos a doações e heranças ali declaradas.

E, com fulcro no parágrafo único do art. 199, o Brasil tornou-se signatário de convenção internacional, entabulada pela OCDE, que tem por objetivo a implementação de sistemas de intercâmbio automático de informações financeiras dos cidadãos dos países signatários que possuem ativos financeiros fora de seus domicílios fiscais.

Com efeito, diante de dificuldades fiscais surgidas após a recessão econômica mundial de 2008/2009, observou-se, no cenário internacional, um movimento dos Estados no sentido de ampliação da arrecadação tributária, sobretudo em relação aos domiciliados fiscais que mantinham bens e direitos em outros países. O pretendido acréscimo arrecadatório, capitaneado pelos países integrantes do "G20",[1503] também foi instrumentalizado por meio de medidas de combate à erosão tributária e à transferência de lucros para paraísos fiscais.

Nesse contexto, os Estados Unidos da América iniciaram um processo global de celebração de acordos bilaterais, os chamados *Intergovernmental Agreements* ("IGA"), para instituir e implementar um regime de intercâmbio de informações, por meio do qual as instituições financeiras situadas nos países signatários deveriam prestar informações sobre os bens e direitos que os cidadãos americanos mantinham nesses países. Em contrapartida, as instituições financeiras americanas também

---

[1502] Quanto ao dispositivo constitucional em apreço, o STF já definiu que "a Constituição, no art. 37, XXII, não determina o compartilhamento irrestrito de cadastro e de informações fiscais entre as administrações tributárias da União, dos Estados, do Distrito Federal e dos Municípios, sendo viável limitação imposta pela lei" (ADI nº 5.729, Rel. Min. Roberto Barroso, Tribunal Pleno, publicado em 17 mar. 2021).

[1503] "O G20 é um fórum informal que promove debate entre economias avançadas e emergentes na busca e manutenção da estabilidade econômica e financeira global. O grupo apoia o crescimento e o desenvolvimento mundial por meio do fortalecimento da arquitetura financeira internacional e de oportunidades de diálogo sobre políticas nacionais e cooperação internacional". Cf. BCB. *G20*. Disponível em: https://www.bcb.gov.br/acessoinformacao/g20. Acesso em: 22 ago. 2024.

repassariam informações sobre os ativos mantidos em território americano pelos cidadãos de nacionalidade do país signatário. O principal programa instituído por meio dos acordos bilaterais com os Estados Unidos da América é o *Foreign Account Tax Compliance Act* ("FATCA"), o qual foi recepcionado no ordenamento jurídico interno brasileiro com a edição do Decreto nº 8.506/15, que promulgou o acordo bilateral celebrado com o Brasil.

Paralelamente ao FATCA, foi instituído, no âmbito da Organização para a Cooperação e Desenvolvimento Econômico ("OCDE"),[1504] um acordo multilateral chamado *Multilateral Competent Authority Agreement Exchange of Financial Account Information* ("MCAA"),[1505] que tem como principal objetivo a implementação, nas jurisdições dos países signatários, de regras comuns de intercâmbio automático de informações financeiras, as quais encontram-se consolidadas no modelo conhecido como *Common Reporting Standart* ("CRS").

Como forma de ratificação do compromisso internacional assumido pelo Brasil, foi publicado, no *Diário Oficial da União* do dia 15.4.2016, o Decreto Legislativo nº 105/2016,[1506] que aprovou o texto da referida MCAA. E, em 1º.6.2016, o Brasil realizou o depósito do instrumento de ratificação interna da referida convenção internacional, o que conferiu validade desse diploma internacional no ordenamento brasileiro, com vigência a partir de 1º.10.2016. Segundo a Seção nº 2, do MCAA,[1507] as autoridades competentes de cada país signatário trocarão, anualmente, informações financeiras atendendo aos padrões do modelo *Common Reporting Standart* (CSR). E o §3º, da Seção nº 3,[1508] estabeleceu que o prazo inicial para troca de informações é o nono mês

---

[1504] A OCDE é um organismo internacional cuja missão consiste na promoção de políticas que melhorem o bem-estar social e econômico da população mundial, mediante atuação como um fórum no qual os governos podem compartilhar experiências e procurar soluções para problemas comuns. Cf. OCDE. *About the OCDE*. Disponível em: http://www.oecd.org/about. Acesso em: 8 jun. 2015.

[1505] Ou Convenção Multilateral sobre Assistência Administrativa Mútua em Assuntos Fiscais, emendada pelo Protocolo de 1º.6.2010, assinada em 3.11.2011.

[1506] Nos termos do art. 49, I da CF/88, ficam sujeitos à aprovação do Congresso Nacional quaisquer atos, derivados de acordos, tratados e convenções internacionais, que possam resultar encargos ou compromissos gravosos ao patrimônio nacional. Assim, o decreto legislativo é o instrumento normativo adequado à ratificação dos compromissos internacionais firmados pelo chefe do Executivo, na condição de chefe de Estado, perante a comunidade internacional.

[1507] "1.1. Pursuant to the provisions of Articles 6 and 22 of the Convention and subject to the applicable reporting and due diligence rules consistent with the Common Reporting Standard, each Competent Authority will annually exchange with the other Competent Authorities, with respect to which it has this Agreement in effect, on an automatic basis the information obtained pursuant to such rules and specified in paragraph 2".

[1508] "3. With respect to paragraph 2 of Section 2, and subject to the notification procedure set out in Section 7, including the dates specified therein, information is to be exchanged commencing from the years specified in Annex F within nine months after the end of the calendar year to which the information relates. Notwithstanding the foregoing sentence, information is only required to be exchanged with respect to a calendar year if both Competent Authorities have this Agreement in effect and their respective Jurisdictions have in effect legislation that requires reporting with respect to such calendar year that is consistent with the scope of exchange provided for in Section 2 and the reporting and due diligence procedures contained in the Common Reporting Standard". Cf. OECD. *Multilateral Competent Authority Agreement on Automatic Exchange of Financial Account Information*. Disponível em: http://www.oecd.org/tax/automatic-exchange/international-framework-for-the-crs/multilateral-competent-authority-agreement.pdf. Acesso em: 8 jun. 2016.

do ano de compromisso de primeira troca de informações (2018 no caso do Brasil), com dados relativos ao ano calendário.[1509] O Brasil é um dos signatários tardios (*late adopters*) dessa convenção, o que representa dizer que se comprometeu, a partir de setembro de 2018, a promover o envio aos fiscos dos demais países signatários de informações financeiras sobre os bens, direitos e recursos mantidos nas instituições financeiras situadas em território nacional, desde 1º.1.2017. Já os signatários iniciais (*early adopters*), deverão prestar as referidas informações a partir de setembro de 2017, com referência à data inicial de 1º.1.2016.[1510]

## 4.2 Dívida ativa

> Art. 201. Constitui dívida ativa tributária a proveniente de crédito dessa natureza, regularmente inscrita na repartição administrativa competente, depois de esgotado o prazo fixado, para pagamento, pela lei ou por decisão final proferida em processo regular.
>
> Parágrafo único. A fluência de juros de mora não exclui, para os efeitos deste artigo, a liquidez do crédito.

A obrigação tributária regularmente exigível dá ensejo à inscrição do crédito dela decorrente em dívida ativa. A inscrição em dívida ativa é feita pela Procuradoria Tributária dos respectivos entes públicos, devendo ser precedida de um controle de legalidade do ato administrativo[1511] [1512] de que resulta o lançamento.[1513]

---

[1509] Ainda segundo o citado dispositivo, a permuta de dados somente poderá ocorrer caso os países já tenham internalizado a Convenção Internacional e, ainda, adaptado suas legislações internas aos padrões internacionais de reportagem de informações (CSR).

[1510] Alinhados ao contexto global de ampliação das receitas tributárias e dos mecanismos para identificação de recursos financeiros no exterior, muitos países instituíram, em suas respectivas jurisdições, leis específicas de repatriação de ativos não declarados aos respectivos fiscos, com o benefício de anistias tributária e penal dos eventuais ilícitos cometidos. Nesse sentido, editou-se no Brasil a Lei nº 13.254/16, a qual instituiu o Regime Especial de Regularização Cambial e Tributária (RERCT).

[1511] Nos termos da Súmula nº 473 do STF, "A administração pode anular seus próprios atos, quando eivados de vícios que os tornam ilegais, porque dêles não se originam direitos; ou revogá-los, por motivo de conveniência ou oportunidade, respeitados os direitos adquiridos, e ressalvada, em todos os casos, a apreciação judicial".

[1512] Nos termos dos §§3º e 4º do art. 2º da LEF (Lei de Execuções Fiscais), que respectivamente predicam que "A inscrição, que se constitui no ato de controle administrativo da legalidade, será feita pelo órgão competente para apurar a liquidez e certeza do crédito [...]" e "A Dívida Ativa da União será apurada e inscrita na Procuradoria da Fazenda Nacional".

[1513] Sobre o controle de legalidade ínsito ao ato de inscrição do crédito tributário em dívida ativa, estamos com Paulo de Barros Carvalho: "Sempre vimos o exercício de tal atividade revestido da mais elevada importância jurídica. É o único ato de controle de legalidade, efetuado sobre o crédito tributário já constituído, que se realiza pela apreciação crítica de profissionais obrigatoriamente especializados: os Procuradores da Fazenda. Além disso, é a derradeira oportunidade que a Administração tem de rever os requisitos jurídico-legais dos atos praticados. Não pode modificá-los, é certo, porém tem meios de evitar que não prossigam créditos inconsistentes, penetrados de ilegitimidades substanciais ou formais que, fatalmente, serão fulminadas pela manifestação jurisdicional que se avizinha" (CARVALHO, Paulo de Barros. *Curso de direito tributário*. 21. ed. São Paulo: Saraiva, 2009. p. 624).

No âmbito federal, com o ato de inscrição em dívida ativa, acresce-se ao crédito tributário total (principal, multa e juros) o montante de 20%, a título dos encargos legais previstos pelo Decreto Lei nº 1.025/69. O antigo TFR julgou válido o acréscimo, entendimento que restou consubstanciado na Súmula nº 168: "O encargo de 20% (vinte por cento) do Decreto-Lei 1.025, de 1969, é sempre devido nas execuções fiscais da União e substitui, nos embargos, a condenação do devedor em honorários advocatícios".[1514] Com esteio na referida súmula, o STJ manteve o entendimento de que os encargos do Decreto-Lei nº 1.025/69 são devidos, sendo cobrados para fazer face às "despesas de administração, fiscalização e cobrança do crédito tributário da União, incluindo os honorários sucumbenciais".[1515]

De se destacar, contudo, que o Plenário do STF, nos idos de 1977, acertadamente já julgou inconstitucional o acréscimo pela inscrição em dívida ativa de débito fiscal, previsto pela Lei paulista nº 10.421/71,[1516] por violação ao art. 201 do CTN, ao argumento de que só pode ser inscrito o que se considera dívida ativa tributária, que é composta do tributo, acrescido dos juros e multas. Contudo, como visto, o TFR, no passado, e posteriormente o STJ entenderam como legítimo o acréscimo dos encargos legais do Decreto-Lei nº 1.025/69, afastando, nesse caso, a condenação em honorários judiciais nos embargos à execução, quando essa já contempla os mencionados encargos. Contudo, em nossa avaliação, a questão merece reflexão, pois constitui cobrança tributária sem competência autorizada constitucionalmente. Ademais, não necessariamente os encargos do Decreto-Lei nº 1.025 substituem os honorários advocatícios,[1517] já que a mera inscrição em dívida ativa, ato anterior ao Executivo fiscal e, portanto, que não guarda qualquer vinculação a honorários de sucumbência judicial, acarreta a sua incidência, conforme reconhecido pela Primeira Seção do STJ, quando do julgamento do EREsp nº 147.169/DF:

> O "quantum" do encargo previsto no Decreto-Lei nº 1.025, de 1996 é de 20% (Vinte por cento) sobre o valor do débito, se já proposta a execução fiscal; se o débito for pago antes do ajuizamento da execução, a verba fica reduzida a 10% (dez por cento) do respectivo montante (Decreto-Lei nº 1.569, de 1977, art. 3º).[1518]

Com o advento do Código de Processo Civil de 2015, surgiu corrente teórica argumentando a revogação dos encargos de 20% pelo art. 85, §3º, do referido diploma legal. Como esse dispositivo regula a fixação dos honorários de sucumbência nas "causas em que a Fazenda Pública for parte", passou-se a defender que o seu conteúdo, por tratar inteiramente da matéria e ser posterior à disciplina dos encargos de 20%,

---

[1514] Posteriormente, o STJ ratificou o entendimento sob o regime processual dos recursos repetitivos, no REsp nº 1.143.320/RS.
[1515] REsp nº 1.277.971/RS.
[1516] RE nº 84.994.
[1517] Aliás, de acordo com o art. 30, inc. II, da Lei nº 13.327, de 2016, os "honorários advocatícios de sucumbência incluem [...] até 75% (setenta e cinco por cento) do produto do encargo legal acrescido aos débitos inscritos na dívida ativa da União, previsto no art. 1º do Decreto-Lei nº 1.025, de 21 de outubro de 1969".
[1518] EREsp nº 147.169/DF. Rel. Min. Ari Pargendler, Primeira Seção, j. 6.11.1998. *DJ*, 7 dez. 1998.

significaria a revogação tácita destes últimos. No entanto, o STJ, instado a apreciar a questão, entendeu que "o encargo do DL n. 1.025/1969, embora nominado de honorários de sucumbência, não tem a mesma natureza jurídica dos honorários do advogado tratados no CPC/2015, razão pela qual esse diploma não revogou aquele, em estrita observância ao princípio da especialidade".[1519]

O termo de inscrição em dívida ativa tem por principal objetivo a constituição de título executivo extrajudicial, requisito para a propositura de ação executiva. O legislador complementar cuidou de estabelecer os requisitos necessários ao ato, sob pena de nulidade, não apenas da inscrição, mas do processo dela decorrente:

> Art. 202. O termo de inscrição da dívida ativa, autenticado pela autoridade competente, indicará obrigatoriamente:
>
> I - o nome do devedor e, sendo caso, o dos co-responsáveis, bem como, sempre que possível, o domicílio ou a residência de um e de outros;
>
> II - a quantia devida e a maneira de calcular os juros de mora acrescidos;
>
> III - a origem e a natureza do crédito, mencionada especificamente a disposição da lei em que seja fundado;
>
> IV - a data em que foi inscrita;
>
> V - sendo caso, o número do processo administrativo de que se originar o crédito.
>
> Parágrafo único: A certidão conterá, além dos requisitos deste artigo, a indicação do livro e da folha de inscrição.
>
> Art. 203. A omissão de quaisquer dos requisitos previstos no artigo anterior ou o erro a eles relativo são causas de nulidade da inscrição e do processo de cobrança dela decorrente, mas a nulidade poderá ser sanada até a decisão de primeira instância, mediante substituição da certidão nula, devolvido ao sujeito passivo, acusado ou interessado, o prazo para defesa, que somente poderá versar sobre a parte modificada.

É importante deixar fincadas as razões da minúcia do legislador quando da eleição dos requisitos de validade do termo de inscrição e da certidão de dívida ativa. É que estamos a tratar aqui da formação unilateral de um título executivo extrajudicial. Não há aquiescência nem mesmo a participação do devedor na sua formação. Destarte, os mencionados requisitos integram o rol de garantias fundamentais do administrado, pois se prestam a fornecer as informações necessárias ao exercício do direito de defesa. Não se tratam de mera formalidade, mas de garantia material. É por meio deles que se permite a verificação da dívida. Assim, é imperativo que se assegure ditas garantias ao devedor, mormente em razão da presunção relativa de liquidez e certeza de que goza a dívida regularmente inscrita (art. 204).[1520]

---

[1519] REsp nº 1.798.727/RJ.

[1520] Trata-se, conforme expressamente determinado pelo parágrafo único do art. 204 do CTN, de presunção *juris tantum*, sendo possibilitado ao devedor, por meio de ação judicial, apresentar prova inequívoca a fim de ilidi-la.

E foi justamente no intuito de garantir o amplo direito de defesa ao administrado que o legislador estabeleceu, no art. 203 do CTN, que a "omissão de quaisquer dos requisitos previstos no art. anterior, ou o erro a eles relativo, são causas de nulidade da inscrição e do processo de cobrança dela decorrente". Caso, contudo, os vícios do título executivo sejam identificados pela Fazenda Pública antes da prolação da decisão de primeira instância, o ente exequente poderá, com esteio no próprio art. 203, proceder à substituição da CDA, hipótese na qual será devolvido ao executado o prazo de 30 dias para apresentação de defesa ante a parte modificada do título. Contudo, já foi julgado, sob a sistemática dos recursos repetitivos, que, em certas situações, não é possível a substituição da CDA. Com efeito, em caso de:

> equívocos no próprio lançamento ou na inscrição em dívida, fazendo-se necessária alteração de fundamento legal ou do sujeito passivo, nova apuração do tributo com aferição de base de cálculo por outros critérios, imputação de pagamento anterior à inscrição etc., será indispensável que o próprio lançamento seja revisado, se ainda viável em face do prazo decadencial, oportunizando-se ao contribuinte o direito à impugnação, e que seja revisada a inscrição, de modo que não se viabilizará a correção do vício apenas na certidão de dívida.[1521]

Também nos termos da Súmula nº 392, do STJ, é vedada a substituição da CDA para modificação do sujeito passivo da execução. A substituição do título executivo, portanto, só se presta ao saneamento de vícios da inscrição ou do próprio título, não podendo ser utilizada pela Fazenda Pública nas hipóteses de erro incorrido no lançamento do crédito exequendo. Por outro lado, a jurisprudência do STJ tem sido restritiva na aplicação da regra de nulidade da CDA encampada no art. 203 do CTN,

---

[1521] "PROCESSO CIVIL. RECURSO ESPECIAL REPRESENTATIVO DE CONTROVÉRSIA. ARTIGO 543-C, DO CPC. PROCESSO JUDICIAL TRIBUTÁRIO. EXECUÇÃO FISCAL. IPTU. CERTIDÃO DE DÍVIDA ATIVA (CDA). SUBSTITUIÇÃO, ANTES DA PROLAÇÃO DA SENTENÇA, PARA INCLUSÃO DO NOVEL PROPRIETÁRIO. IMPOSSIBILIDADE. NÃO CARACTERIZAÇÃO ERRO FORMAL OU MATERIAL. SÚMULA nº 392/STJ. 1. A Fazenda Pública pode substituir a certidão de dívida ativa (CDA) até a prolação da sentença de embargos, quando se tratar de correção de erro material ou formal, vedada a modificação do sujeito passivo da execução (Súmula 392/STJ). 2. É que: 'Quando haja equívocos no próprio lançamento ou na inscrição em dívida, fazendo-se necessária alteração de fundamento legal ou do sujeito passivo, nova apuração do tributo com aferição de base de cálculo por outros critérios, imputação de pagamento anterior à inscrição etc., será indispensável que o próprio lançamento seja revisado, se ainda viável em face do prazo decadencial, oportunizando-se ao contribuinte o direito à impugnação, e que seja revisada a inscrição, de modo que não se viabilizará a correção do vício apenas na certidão de dívida. A certidão é um espelho da inscrição que, por sua vez, reproduz os termos do lançamento. Não é possível corrigir, na certidão, vícios do lançamento e/ou da inscrição. Nestes casos, será inviável simplesmente substituir-se a CDA.' (Leandro Paulsen, René Bergmann Ávila e Ingrid Schroder Sliwka, in 'Direito Processual Tributário: Processo Administrativo Fiscal e Execução Fiscal à luz da Doutrina e da Jurisprudência', Livraria do Advogado, 5ª ed., Porto Alegre, 2009, pág. 205). 3. Outrossim, a apontada ofensa aos artigos 165, 458 e 535, do CPC, não restou configurada, uma vez que o acórdão recorrido pronunciou-se de forma clara e suficiente sobre a questão posta nos autos. Saliente-se, ademais, que o magistrado não está obrigado a rebater, um a um, os argumentos trazidos pela parte, desde que os fundamentos utilizados tenham sido suficientes para embasar a decisão, como de fato ocorreu na hipótese dos autos. 4. Recurso especial desprovido. Acórdão submetido ao regime do artigo 543-C, do CPC, e da Resolução STJ 08/2008" (REsp nº 1.045.472/BA. Rel. Min. Luiz Fux, Primeira Seção, j. 25.11.2009. DJe, 18 dez. 2009).

exigindo a demonstração de que a ausência dos requisitos trouxe prejuízo à defesa do contribuinte.[1522]

Finalmente, deve-se ter em mente que a polêmica envolvendo a possibilidade de protesto das CDAs foi dirimida pelo STF, em 9.11.2016, ao julgar improcedente a ADI nº 5.135, manejada pela Confederação Nacional das Indústrias contra o parágrafo único do art. 1º da Lei nº 9.492/1997, incluído pela Lei nº 12.767/2012. Entendeu o STF que "O protesto das Certidões de Dívida Ativa (CDA) constitui mecanismo constitucional e legítimo, por não restringir de forma desproporcional quaisquer direitos fundamentais garantidos aos contribuintes e, assim, não constituir sanção política". Na ocasião, a maioria dos ministros da composição plenária do Tribunal firmou convencimento de que o protesto de certidões da dívida ativa não importa em qualquer restrição ao devido processo legal, não representa embaraço ao regular exercício das atividades empresariais e ao cumprimento dos objetos sociais dos administrados, tendo sido considerada medida adequada e necessária e, portanto, proporcional. Contudo, no mesmo julgamento, ressalvou o Tribunal:

> Em atenção aos princípios da impessoalidade e da isonomia, é recomendável a edição de regulamentação, por ato infralegal que explicite os parâmetros utilizados para a distinção a ser feita entre os administrados e as diversas situações de fato existentes. A declaração de constitucionalidade do protesto de Certidões de Dívida Ativa pela Administração Tributária traz como contrapartida o dever de utilizá-lo de forma responsável e consentânea com os ditames constitucionais. Assim, nas hipóteses de má utilização do instrumento, permanecem os juízes de primeiro grau e os demais tribunais do País com a prerrogativa de promoverem a revisão de eventuais atos de protesto que, à luz do caso concreto, estejam em desacordo com a Constituição e com

---

[1522] Nota-se que na maioria dos julgados o STJ acaba por não analisar o mérito da discussão, pela aplicação do óbice da Súmula nº 7. Nos casos em que o mérito é analisado, contudo, verifica-se um posicionamento bastante rígido do Tribunal para a declaração de nulidade, do que é exemplo o seguinte julgado: "PROCESSUAL CIVIL E TRIBUTÁRIO. RECURSO ESPECIAL. EXECUÇÃO FISCAL. CERTIDÃO DE DÍVIDA ATIVA. REQUISITOS PARA CONSTITUIÇÃO VÁLIDA. NULIDADE NÃO CONFIGURADA. 1. Conforme preconiza os arts. 202 do CTN e 2º, §5º da Lei nº 6.830/80, a inscrição da dívida ativa somente gera presunção de liquidez e certeza na medida que contenha todas as exigências legais, inclusive, a indicação da natureza do débito e sua fundamentação legal, bem como forma de cálculo de juros e de correção monetária. 2. A finalidade desta regra de constituição do título é atribuir à CDA a certeza e liquidez inerentes aos títulos de crédito, o que confere ao executado elementos para opor embargos, obstando execuções arbitrárias. 3. A pena de nulidade da inscrição e da respectiva CDA, prevista no art. 203 do CTN, deve ser interpretada cum granu salis. Isto porque o insignificante defeito formal que não compromete a essência do título executivo não deve reclamar por parte do exequente um novo processo com base em um novo lançamento tributário para apuração do tributo devido, posto conspirar contra o princípio da efetividade aplicável ao processo executivo extrajudicial. 4. Destarte, a nulidade da CDA não deve ser declarada por eventuais falhas que não geram prejuízos para o executado promover a sua defesa. 5. Estando o título formalmente perfeito, com a discriminação precisa do fundamento legal sobre que repousam a obrigação tributária, os juros de mora, a multa e a correção monetária, revela-se descabida a sua invalidação, não se configurando qualquer óbice ao prosseguimento da execução. 6. O Agravante não trouxe argumento capaz de infirmar o decisório agravado, apenas se limitando a corroborar o disposto nas razões do Recurso Especial e no Agravo de Instrumento interpostos, de modo a comprovar o desacerto da decisão agravada. 7. Agravo Regimental desprovido" (AgRg no Ag nº 485.548/RJ. Rel. Min. Luiz Fux, Primeira Turma, j. 6.5.2003. *DJ*, 19 maio 2003. p. 145).

a legislação tributária, sem prejuízo do arbitramento de uma indenização compatível com o dano sofrido pelo administrado.[1523]

---

[1523] De acordo com o *Informativo* n. 846 do STF, de 3 a 11.11.2016, o entendimento majoritário firmado pelo Tribunal – vencidos os ministros Edson Fachin, Ricardo Lewandowski e Marco Aurélio, que entenderam se tratar de sanção política a afrontar a atividade econômica lícita, o devido processo legal e o direito de ampla defesa do contribuinte – foi no seguinte sentido: "[...] de acordo com a jurisprudência desta Corte sobre o tema, é possível concluir não bastar que uma medida coercitiva do recolhimento do crédito tributário restrinja direitos dos contribuintes devedores para que ela seja considerada uma sanção política. Exige-se, além disso, que tais restrições sejam reprovadas no exame de proporcionalidade e razoabilidade. Afirmou que a utilização do instituto pela Fazenda Pública não viola o princípio do devido processo legal. Rememorou que, no regime jurídico atual, a execução fiscal constitui o mecanismo próprio de cobrança judicial da Dívida Ativa (Lei 6.830/1980, art. 38). No entanto, embora a Lei 6.830/1980 eleja o executivo fiscal como instrumento típico para a cobrança da Dívida Ativa em sede judicial, ela não exclui a possibilidade de instituição e manejo de mecanismos extrajudiciais de cobrança. Por sua vez, o protesto é justamente um instrumento extrajudicial que pode ser empregado para a cobrança de certidões de dívida, com expressa previsão legal, nos termos do parágrafo único do art. 1º da Lei 9.492/1997. Segundo assentou, não há, assim, qualquer incompatibilidade entre ambos os instrumentos. Eles são até mesmo complementares. Frustrada a cobrança pela via do protesto, o executivo fiscal poderá ser normalmente ajuizado pelo fisco. E mais: em relação à cobrança de créditos de pequeno valor, o protesto será, muitas vezes, a única via possível. Diversas Fazendas optaram por autorizar o não ajuizamento de execuções fiscais nos casos em que o custo da cobrança judicial seja superior ao próprio valor do crédito. Mesmo na ausência de lei sobre o tema, alguns juízes e tribunais locais passaram a extinguir execuções fiscais por falta de interesse processual na hipótese. Além disso, o protesto não impede o devedor de acessar o Poder Judiciário para discutir a validade do crédito tributário ou para sustar o protesto. Tampouco exclui a possibilidade de o protestado pleitear judicialmente uma indenização, caso o protesto seja indevido. Inexiste, assim, qualquer mácula à inafastabilidade do controle judicial. Por esses motivos, não se vislumbra fundamento constitucional ou legal que impeça o Poder Público de estabelecer, por via de lei, o protesto como modalidade extrajudicial e alternativa de cobrança de créditos tributários. Portanto, o protesto de Certidões da Dívida Ativa não importa em qualquer restrição ao devido processo legal. Ademais, o protesto de Certidões de Dívida Ativa não representa um efetivo embaraço ao regular exercício das atividades empresariais e ao cumprimento dos objetos sociais dos administrados. Sua principal finalidade é dar ao mercado conhecimento a respeito da existência de débitos fiscais e permitir a sua cobrança extrajudicial. Desse modo, a medida não impacta diretamente a vida da empresa. Diversamente dos casos julgados por esta Corte em que se concluiu pela violação à livre iniciativa, o protesto não compromete a organização e a condução das atividades societárias – tal como ocorre nas hipóteses de interdição de estabelecimento, apreensão de mercadorias, restrições à expedição de notas fiscais e limitações à obtenção de registros ou à prática de atos necessários ao seu funcionamento – nem restringe, efetivamente, a livre iniciativa e a liberdade de exercício profissional. Quando muito, ele pode promover uma pequena restrição a tais direitos pela restrição creditícia, que, justamente por ser eventual e indireta, não atinge seus núcleos essenciais. A última alegação da requerente é a de que o protesto de CDAs violaria o princípio da proporcionalidade, pois tal instrumento constituiria meio inadequado para alcançar as finalidades do instituto, e desnecessário, uma vez que o fisco teria meios especiais e menos gravosos para a satisfação do crédito tributário. Em relação à adequação da medida, cabe verificar se o protesto de Certidões de Dívida Ativa é idôneo para atingir os fins pretendidos, isto é, se as restrições impostas aos direitos fundamentais dos devedores são aptas a promover os interesses contrapostos. Com a edição da Lei 9.492/1997, registrou-se sensível ampliação do rol de títulos sujeitos a protesto, que passou a incluir, além dos cambiais, 'títulos e outros documentos de dívida'. Hoje, portanto, podem ser protestados quaisquer títulos executivos, judiciais ou extrajudiciais, desde que dotados de liquidez, certeza e exigibilidade, nos termos do art. 783 do Código de Processo Civil de 2015. A partir dessa alteração legislativa, o protesto passou também a desempenhar outras funções além da meramente probatória. De um lado, ele representa instrumento para constituir o devedor em mora e comprovar o descumprimento da obrigação. De outro, confere ampla publicidade ao inadimplemento e consiste em meio alternativo e extrajudicial para a cobrança da dívida. Portanto, a remessa da Certidão da Dívida Ativa a protesto é medida plenamente adequada às novas finalidades do instituto. Ela confere maior publicidade ao descumprimento das obrigações tributárias e serve como importante mecanismo extrajudicial de cobrança, contribuindo para estimular a adimplência,

A legalidade da utilização do protesto da certidão de dívida ativa como medida extrajudicial de cobrança do crédito tributário também foi apreciada pelo Superior Tribunal de Justiça no bojo do Recurso Especial nº 1.686.659/SP. Na oportunidade, a questão foi analisada sob o enfoque da compatibilidade do art. 1º, parágrafo único, da Lei nº 9.492/1997 (na redação dada pela Lei nº 12.767/2012) com a Lei nº 6.830/1980, que disciplina o processo executivo de cobrança dos créditos da Fazenda Pública, tendo sido decidido:

> O argumento de que há lei própria que disciplina a cobrança judicial da dívida ativa (Lei 6.830/1980), conforme anteriormente mencionado, é um sofisma, pois tal não implica juízo no sentido de que os entes públicos não possam, mediante lei, adotar mecanismos de cobrança extrajudicial. Dito de outro modo, a circunstância de o protesto não constituir providência necessária ou conveniente para o ajuizamento da Execução Fiscal não acarreta vedação à sua utilização como instrumento de cobrança extrajudicial.

Partindo destas considerações, a Corte Superior afastou quaisquer dúvidas que ainda poderiam remanescer acerca da regularidade material do protesto da CDA pela administração fazendária, tendo sido sedimentada a Tese Repetitiva nº 32, segundo a qual, a despeito da existência de rito judicial próprio à cobrança do crédito tributário, "A Fazenda Pública possui interesse e pode efetivar o protesto da CDA, documento de dívida, na forma do art. 1º, parágrafo único, da Lei nº 9.492/97, com a redação dada pela Lei 12.767/12".

No que toca ao art. 204 do CTN, deve-se salientar que o crédito inscrito em dívida ativa goza de presunção de certeza e liquidez, sendo desnecessária à Fazenda Pública a produção de qualquer prova adicional para fins de instrução do processo de execução fiscal. A referida presunção, por sua vez, decorre da premissa de que o ato de inscrição foi precedido da regular constituição do crédito no âmbito do processo administrativo, no qual devem ter sido assegurados ao devedor os direitos ao contraditório e à ampla defesa.

> Art. 204. A dívida regularmente inscrita goza da presunção de certeza e liquidez e tem o efeito de prova pré-constituída.

---

incrementar a arrecadação e promover a justiça fiscal, impedindo que devedores contumazes possam extrair vantagens competitivas indevidas da sonegação de tributos. Por evidente, a origem cambiária do instituto não pode representar um óbice à evolução e à utilização do instituto em sua feição jurídica atual. O protesto é, em regra, mecanismo que causa menor sacrifício ao contribuinte, se comparado aos demais instrumentos de cobrança disponíveis, em especial a Execução Fiscal. Por meio dele, exclui-se o risco de penhora de bens, rendas e faturamentos e de expropriação do patrimônio do devedor, assim como se dispensa o pagamento de diversos valores, como custas, honorários sucumbenciais, registro da distribuição da execução fiscal e se possibilita a redução do encargo legal. Assim, o protesto de Certidões de Dívida Ativa proporciona ganhos que compensam largamente as leves e eventuais restrições aos direitos fundamentais dos devedores. Daí por que, além de adequada e necessária, a medida é também proporcional em sentido estrito. Ademais, não configura uma "sanção política", já que não constitui medida coercitiva indireta que restrinja, de modo irrazoável ou desproporcional, direitos fundamentais dos contribuintes, com o objetivo de forçá-los a quitar seus débitos tributários. Tal instrumento de cobrança é, portanto, constitucional".

Parágrafo único. A presunção a que se refere este artigo é relativa e pode ser ilidida por prova inequívoca, a cargo do sujeito passivo ou do terceiro a que aproveite.

Trata-se, contudo, apenas de presunção *juris tantum* de veracidade, de forma que é dado ao sujeito passivo desconstituí-la mediante a produção de prova robusta que jogue por terra a presunção de certeza e liquidez do crédito exequendo.

## 4.3 Certidões negativas

Quando da análise das garantias e preeminências do crédito tributário, verificamos ser exigência admitida pela legislação complementar de que o administrado faça prova, em certos casos, de inexistência de débitos junto ao fisco. Tal prova se faz, usualmente, por meio de certidão negativa expedida pelo órgão fazendário competente. Uma vez requerida pelo interessado, dita certidão deve ser fornecida em um prazo máximo de dez dias da data da entrada do requerimento na repartição (art. 205, parágrafo único). Na hipótese de existirem débitos da parte do sujeito passivo interessado e desde que estejam devidamente garantidos em processo judicial ou com sua exigibilidade suspensa, deve ser fornecida certidão positiva, porém com os efeitos de negativa (art. 206).

É, pois, lícita e jurídica a exigência por parte do Poder Público, nas situações em que a lei determinar, que o sujeito passivo faça, por meio de certidão negativa, prova de quitação de seus débitos tributários. Destaca-se, inclusive, que a própria Constituição Federal, pelo §3º de seu art. 195, estatuiu que a pessoa jurídica em débito com o sistema da seguridade social, como estabelecido em lei, não poderá contratar com o Poder Público nem dele receber benefícios ou incentivos fiscais ou creditícios.

Porém, deve ser ressalvado que a outorga de um direito não implica licença para o exercício abusivo deste, prática esta que pode macular direito de terceiro, igualmente previsto no ordenamento jurídico.

Ou seja, o poder de o legislador exigir a apresentação de CND não é amplo e irrestrito e, portanto, não se sobrepõe a tantos outros direitos resguardados pelo ordenamento jurídico. Nesse sentido, o STF julgou inconstitucional, no bojo da ADI nº 3.453, ajuizada pela OAB, o art. 19 da Lei nº 11.033/04, que condicionava o levantamento de precatório à apresentação, ao juízo, de certidão negativa de tributos federais, estaduais, municipais, bem como certidão de regularidade para com a Seguridade Social, o Fundo de Garantia do Tempo de Serviço (FGTS) e a Dívida Ativa da União.[1524]

---

[1524] "EMENTA: AÇÃO DIRETA DE INCONSTITUCIONALIDADE. PRECATÓRIOS. ART. 19 DA LEI NACIONAL Nº 11.033, DE 21 DE DEZEMBRO DE 2004. AFRONTA AOS ARTS. 5º, INC. XXXVI, E 100 DA CONSTITUIÇÃO DA REPÚBLICA. 1. O art. 19 da Lei n. 11.033/04 impõe condições para o levantamento dos valores do precatório devido pela Fazenda Pública. 2. A norma infraconstitucional estatuiu condição para a satisfação do direito do jurisdicionado – constitucionalmente garantido – que não se contém na norma fundamental da República. 3. A matéria relativa a precatórios não chama a atuação do legislador infraconstitucional, menos ainda para impor restrições que não se coadunam com o direito à efetividade da jurisdição e o respeito à coisa julgada. 4. O condicionamento do levantamento do que é devido por força de decisão judicial ou de autorização para o depósito em conta bancária de valores decorrentes de precatório judicial, estabelecido

Quando do julgamento da ADI, o STF também decidiu que constitui sanção política, por violar o direito ao exercício de atividades econômicas e profissionais lícitas, a exigência de CND nas seguintes hipóteses legais: (i) transferência de domicílio para o exterior; (ii) registro ou arquivamento de contrato social, alteração contratual e distrato social perante o registro público competente, exceto quando praticado por microempresa; (iii) registro de contrato ou outros documentos em cartórios de registro de títulos e documentos; (iv) registro em cartório de registro de imóveis; e (v) operação de empréstimo e de financiamento junto à instituição financeira, exceto quando destinada a saldar dívidas para com as fazendas nacional, estaduais ou municipais; declarando a inconstitucionalidade dos dispositivos legais que previram a referida exigência.[1525]

---

pela norma questionada, agrava o que vem estatuído como dever da Fazenda Pública em face de obrigação que se tenha reconhecido judicialmente em razão e nas condições estabelecidas pelo Poder Judiciário, não se mesclando, confundindo ou, menos ainda, frustrando pela existência paralela de débitos de outra fonte e natureza que, eventualmente, o jurisdicionado tenha com a Fazenda Pública. 5. Entendimento contrário avilta o princípio da separação de poderes e, a um só tempo, restringe o vigor e a eficácia das decisões judiciais ou da satisfação a elas devida. 6. Os requisitos definidos para a satisfação dos precatórios somente podem ser fixados pela Constituição, a saber: a requisição do pagamento pelo Presidente do Tribunal que tenha proferido a decisão; a inclusão, no orçamento das entidades políticas, das verbas necessárias ao pagamento de precatórios apresentados até 1º de julho de cada ano; o pagamento atualizado até o final do exercício seguinte ao da apresentação dos precatórios, observada a ordem cronológica de sua apresentação. 7. A determinação de condicionantes e requisitos para o levantamento ou a autorização para depósito em conta bancária de valores decorrentes de precatórios judiciais, que não aqueles constantes de norma constitucional, ofende os princípios da garantia da jurisdição efetiva (art. 5º, inc. XXXVI) e o art. 100 e seus incisos, não podendo ser tida como válida a norma que, ao fixar novos requisitos, embaraça o levantamento dos precatórios. 8. Ação Direta de Inconstitucionalidade julgada procedente" (ADI nº 3.453. Rel. Min. Cármen Lúcia, Tribunal Pleno, j. 30.11.2006).

[1525] "EMENTA: CONSTITUCIONAL. DIREITO FUNDAMENTAL DE ACESSO AO JUDICIÁRIO. DIREITO DE PETIÇÃO. TRIBUTÁRIO E POLÍTICA FISCAL. REGULARIDADE FISCAL. NORMAS QUE CONDICIONAM A PRÁTICA DE ATOS DA VIDA CIVIL E EMPRESARIAL À QUITAÇÃO DE CRÉDITOS TRIBUTÁRIOS. CARACTERIZAÇÃO ESPECÍFICA COMO SANÇÃO POLÍTICA. AÇÃO CONHECIDA QUANTO À LEI FEDERAL 7.711/1988, ART. 1º, I, III E IV, PAR. 1º A 3º, E ART. 2º. 1. Ações diretas de inconstitucionalidade ajuizadas contra os arts. 1º, I, II, III e IV, par. 1º a 3º e 2º da Lei 7.711/1988, que vinculam a transferência de domicílio para o exterior (art. 1º, I), registro ou arquivamento de contrato social, alteração contratual e distrato social perante o registro público competente, exceto quando praticado por microempresa (art. 1º, III), registro de contrato ou outros documentos em Cartórios de Registro de Títulos e Documentos (art. 1º, IV, a), registro em Cartório de Registro de Imóveis (art. 1º, IV, b) e operação de empréstimo e de financiamento junto a instituição financeira, exceto quando destinada a saldar dívidas para com as Fazendas Nacional, Estaduais ou Municipais (art. 1º, IV, c) - estas três últimas nas hipóteses de o valor da operação ser igual ou superior a cinco mil Obrigações do Tesouro Nacional - à quitação de créditos tributários exigíveis, que tenham por objeto tributos e penalidades pecuniárias, bem como contribuições federais e outras imposições pecuniárias compulsórias. 2. Alegada violação do direito fundamental ao livre acesso ao Poder Judiciário (art. 5º, XXXV da Constituição), na medida em que as normas impedem o contribuinte de ir a juízo discutir a validade do crédito tributário. Caracterização de sanções políticas, isto é, de normas enviesadas a constranger o contribuinte, por vias oblíquas, ao recolhimento do crédito tributário. 3. Esta Corte tem historicamente confirmado e garantido a proibição constitucional às sanções políticas, invocando, para tanto, o direito ao exercício de atividades econômicas e profissionais lícitas (art. 170, par. ún., da Constituição), a violação do devido processo legal substantivo (falta de proporcionalidade e razoabilidade de medidas gravosas que se predispõem a substituir os mecanismos de cobrança de créditos tributários) e a violação do devido processo legal manifestado no direito de acesso aos órgãos do Executivo ou do Judiciário tanto para controle da validade dos créditos tributários, cuja inadimplência pretensamente justifica a nefasta penalidade, quanto

Seguindo essa mesma lógica, o legislador complementar cuidou de ressalvar, pelo art. 207:

> Art. 207. Independentemente de disposição legal permissiva, será dispensada a prova de quitação de tributos, ou o seu suprimento, quando se tratar de prática de ato indispensável para evitar a caducidade de direito, respondendo, porém, todos os participantes no ato pelo tributo porventura devido, juros de mora e penalidades cabíveis, exceto as relativas a infrações cuja responsabilidade seja pessoal ao infrator.

A letra do dispositivo acima ganha corpo quando nos defrontamos com situação de inércia por parte da máquina estatal. Isso porque, como se infere da leitura combinada dos arts. 205, 206 e 207 do CTN, a simples existência de débitos para com a Fazenda Pública não pode obstar de forma absoluta o exercício regular das atividades econômicas pelo devedor, bem como seu direito de defesa visando questionar os créditos inscritos, lembre-se, de forma unilateral, em dívida ativa. Assim, há casos em que a prova de quitação é expressamente dispensada (evitando o perecimento de direito) e, há outros, em que a certidão, mesmo positiva, terá efeitos de negativa (*v.g.*, na hipótese de o débito estar garantido em razão de penhora de bens). Não obstante, não raras vezes, ante a morosidade fiscal, instauram-se situações injustas para o cidadão contribuinte. Caso mais evidente é o retardo no ajuizamento de ação executiva por parte da Fazenda Pública (em que existe crédito fiscal inscrito em dívida ativa, porém não executado). Nesse caso, na pendência de execução (que pode levar meses ou anos) o devedor fica impossibilitado de defender-se da forma que lhe é menos onerosa (como seja, garantir a execução por meio do oferecimento de bens à penhora e, a seguir, aviar os consequentes embargos). Ante à mencionada inércia, restaria ao devedor apelar para as modalidades suspensivas da exigibilidade

---

para controle do próprio ato que culmina na restrição. É inequívoco, contudo, que a orientação firmada pelo Supremo Tribunal Federal não serve de escusa ao deliberado e temerário desrespeito à legislação tributária. Não há que se falar em sanção política se as restrições à prática de atividade econômica objetivam combater estruturas empresariais que têm na inadimplência tributária sistemática e consciente sua maior vantagem concorrencial. Para ser tida como inconstitucional, a restrição ao exercício de atividade econômica deve ser desproporcional e não-razoável. 4. Os incisos I, III e IV do art. 1º violam o art. 5º, XXXV da Constituição, na medida em que ignoram sumariamente o direito do contribuinte de rever em âmbito judicial ou administrativo a validade de créditos tributários. Violam, também o art. 170, par. ún. da Constituição, que garante o exercício de atividades profissionais ou econômicas lícitas. Declaração de inconstitucionalidade do art. 1º, I, III e IV da Lei 7.711/'988. Declaração de inconstitucionalidade, por arrastamento dos parágrafos 1º a 3º e do art. 2º do mesmo texto legal. CONSTITUCIONAL. TRIBUTÁRIO. SANÇÃO POLÍTICA. PROVA DA QUITAÇÃO DE CRÉDITOS TRIBUTÁRIOS NO ÂMBITO DE PROCESSO LICITATÓRIO. REVOGAÇÃO DO ART. 1º, II DA LEI 7.711/1988 PELA LEI 8.666/1993. EXPLICITAÇÃO DO ALCANCE DO DISPOSITIVO. AÇÃO DIRETA DE INCONSTITUCIONALIDADE NÃO CONHECIDA QUANTO AO PONTO. 5. Ação direta de inconstitucionalidade não conhecida, em relação ao art. 1º, II da Lei 7.711/1988, na medida em que revogado, por estar abrangido pelo dispositivo da Lei 8.666/1993 que trata da regularidade fiscal no âmbito de processo licitatório. 6. Explicitação da Corte, no sentido de que a regularidade fiscal aludida implica 'exigibilidade da quitação quando o tributo não seja objeto de discussão judicial' ou 'administrativa' Ações Diretas de Inconstitucionalidade parcialmente conhecidas e, na parte conhecida, julgadas procedentes" (ADI nº 173. Rel. Min. Joaquim Barbosa, Tribunal Pleno, j. 25.9.2008, *DJe*-053 Divulg 19-03-2009 Public 20-03-2009 Ement Vol-02353-01 PP-00001).

do crédito, aí incluso o depósito em dinheiro, modalidade que lhe é mais onerosa. Neste sentido, deve ser sempre admitido, como solução alternativa, o oferecimento de bens suficientes em ação cautelar de caução[1526] (como, aliás, já pacificado pelo STJ sob a sistemática dos recursos repetitivos).[1527]

Em seguimento ao exposto, cumpre perquirir sobre quais débitos (créditos fiscais) poderiam efetivamente obstaculizar a emissão de certidão negativa. Conforme dito anteriormente, entendemos que, em termos de futura regulamentação da matéria pelo legislador, apenas o crédito lançado, inscrito, executado e não garantido deveria impedir a expedição de certidão negativa ao contribuinte.

Não obstante, remanesce, na redação atual da legislação complementar, a questão da necessidade ou não de estar o suposto crédito tributário regularmente lançado para que, uma vez definitivamente constituído, possa representar verdadeiro óbice à expedição de certidão negativa de débito. Dita questão ganha corpo notadamente em relação aos tributos sujeitos ao lançamento por homologação. É que, nesse caso, a teor do art. 150 do CTN, a legislação determina a antecipação do pagamento sem prévio lançamento, ou seja, tem o sujeito passivo, por ato próprio, o ônus de verificar a ocorrência do fato gerador, determinar a matéria tributável, calcular e recolher o montante do tributo devido. Ora, ao referido ônus imposto ao sujeito passivo deve corresponder uma obrigação por parte do sujeito ativo de se pronunciar expressamente sobre a exatidão (ou não) dos procedimentos realizados por aquele. Caso contrário, a ausência de pronunciamento fiscal expresso considera-se, com o decurso do prazo legal, definitivamente extinta qualquer pretensão por parte da Fazenda Pública (art. 150, §4º, do CTN).

Do exposto, decorre a presunção de correção dos procedimentos prévios adotados pelo sujeito passivo e, se assim não fosse, não haveria que se falar em homologação tácita nos termos da lei. Destarte, não pode bastar como fato impeditivo à emissão de certidão negativa que a autoridade fiscal aponte passivamente a existência de suposta irregularidade, como exemplo, uma incorreção entre o valor do faturamento informado pelo sujeito passivo na DCTF (Declaração de Tributos Federais) e o valor da Cofins efetivamente recolhida. Nesses casos, deve a autoridade fiscal efetuar o lançamento, tornando a suposta diferença exigível, fato que permitiria o exercício do direito de defesa pelo contribuinte (impugnação).

Nessa linha, somente o crédito exigível poderia impedir a emissão de certidão negativa. Em direito tributário, o crédito se torna exigível pelo lançamento ou, nos tributos sujeitos ao lançamento por homologação, na data prevista na legislação para o seu vencimento. Entretanto, para esses últimos, existe, conforme demonstrado, uma presunção favorável ao sujeito passivo quanto aos seus procedimentos. Nem poderia

---

[1526] Com o CPC/15, a ação cautelar, como procedimento autônomo, foi extinta, dando lugar à tutela cautelar, regulamentada no subgênero tutela de urgência (arts. 300 e seguintes). A tutela de urgência de natureza cautelar tem como objetivo resguardar o risco ao resultado útil do processo, desde que haja elementos que evidenciem a probabilidade do direito. Sua concessão pode se dar em caráter incidental ou antecedente (art. 294, parágrafo único).

[1527] REsp nº 1.123.669/RS. Rel. Min. Luiz Fux, 1ª Seção, j. 9.12.2009. *DJe*, 1º fev. 2010.

ser diferente, sob pena de ficar o contribuinte, à falta de homologação expressa, sempre cinco anos sem certidão. Destarte, na hipótese de identificação, por parte da Autoridade Fiscal, de qualquer crédito tributário não antecipadamente recolhido nos moldes do art. 150 do CTN, dito crédito só restará exigível quando lançado de ofício (auto de infração).

Não obstante o exposto, tomando por base seu entendimento no sentido de que constitui o crédito tributário a entrega pelo contribuinte de declarações com força de confissão de dívida, o STJ aprovou a Súmula nº 446, com o seguinte enunciado: "Declarado e não pago o débito tributário pelo contribuinte, é legítima a recusa de expedição de certidão negativa ou positiva com efeito de negativa". Nessa mesma linha, decidiu o STJ, sob a sistemática dos recursos repetitivos, que, em caso divergências entre os valores declarados e aqueles recolhidos pelo contribuinte, é legítima a recusa na emissão de CND.[1528]

Por fim, o art. 208 prevê a responsabilização pessoal dos servidores públicos pelo pagamento do crédito tributário e respectivos juros de mora nas hipóteses em que for constatada a emissão de certidão de regularidade fiscal maculada por falsidade ideológica.

> Art. 208. A certidão negativa expedida com dolo ou fraude, que contenha erro contra a Fazenda Pública, responsabiliza pessoalmente o funcionário que a expedir, pelo crédito tributário e juros de mora acrescidos.
>
> Parágrafo único. O disposto neste artigo não exclui a responsabilidade criminal e funcional que no caso couber.

Com efeito, além da responsabilização tributária, o funcionário público que incorrer dolosamente no ato ilícito disciplinado pelo dispositivo em voga responderá, ainda, pelas sanções penais e administrativas imputáveis à sua conduta.

---

[1528] "PROCESSUAL CIVIL E TRIBUTÁRIO. RECURSO ESPECIAL REPRESENTATIVO DE CONTROVÉRSIA. ART. 543-C, DO CPC. CONTRIBUIÇÃO PREVIDENCIÁRIA. TRIBUTO SUJEITO A LANÇAMENTO POR HOMOLOGAÇÃO. ENTREGA DA GFIP (LEI 8.212/91). ALEGAÇÃO DE DESCUMPRIMENTO DE OBRIGAÇÃO ACESSÓRIA. ALEGAÇÃO DE DIVERGÊNCIA ENTRE OS VALORES DECLARADOS E OS EFETIVAMENTE RECOLHIDOS. CRÉDITO TRIBUTÁRIO OBJETO DE DECLARAÇÃO DO CONTRIBUINTE. RECUSA NO FORNECIMENTO DE CND. POSSIBILIDADE. AUSÊNCIA DE PREQUESTIONAMENTO. SÚMULAS 282 E 356 DO C. STF. [...] 3. A divergência entre os valores declarados nas GFIP's 04/2002, 06/2002, 07/2002, 08/2002, 09/2002, 10/2002, 11/2003, 12/2003 e 01/2003 (fls. 121) e os efetivamente recolhidos também impede a concessão da pretendida certidão de regularidade fiscal, porquanto já constituídos os créditos tributários, bastando que sejam encaminhados para a inscrição em dívida ativa. [...] 7. Recurso especial desprovido. Acórdão submetido ao regime do art. 543-C do CPC e da Resolução STJ 08/2008" (REsp nº 1.042.585/RJ. Rel. Min. Luiz Fux, Primeira Seção, j. 12.5.2010. DJe, 21 maio 2010). No mesmo sentido, e também decidido sob o rito dos recursos repetitivos: REsp nº 1.143.094/SP. Rel. Min. Luiz Fux, Primeira Seção, j. 9.12.2009. DJe, 1º fev. 2010.

## 4.4 *Compliance* tributário

O termo compliance se origina da expressão inglesa *to comply*, que pode ser traduzido como "agir de acordo com" uma norma ou regulamento. Analisado sob o enfoque empresarial, o *compliance* corporativo consiste na implementação de medidas organizacionais e de gestão com objetivo de cumprir os regulamentos e as diretrizes legais que regem a atuação empresarial, de forma a mitigar os riscos inerentes à atividade e, ainda, garantir a manutenção da boa reputação da empresa perante o Poder Público e a sociedade de modo geral.

O *compliance* tributário, por sua vez, ganha especial importância no cenário corporativo diante do cipoal legislativo que compõe o sistema tributário brasileiro, pondo em relevo a necessidade de implementação de medidas de gestão que busquem otimizar ao máximo a adequação dos contribuintes à legislação tributária. É, portanto, nesse cenário de grande complexidade e dinamicidade que surge o *compliance* tributário, entendido como a adoção de estratégias voltadas à conformidade da atividade empresarial às obrigações e deveres fiscais, viabilizando não apenas a identificação e prevenção de possíveis riscos, mas, também, a melhoria da eficiência da empresa no cumprimento da legislação tributária (obrigações acessória e principal).

Dentro desse contexto, e para além do desenvolvimento de programas internos de *compliance* pelos contribuintes, merece destaque a iniciativa pioneira do Estado de São Paulo, que instituiu, por meio da Lei Complementar nº 1.320/2018, o Programa de Estímulo à Conformidade Tributária ("Nos Conformes"), dando um primeiro passo em direção à iminente era do fisco responsivo.

Nos termos do art. 1º da lei complementar, o programa estadual foi instituído com o objetivo de estabelecer "condições para a construção contínua e crescente de um ambiente de confiança recíproca entre os contribuintes e a Administração Tributária", pautando-se, para tanto, nos princípios da simplificação do sistema tributário, da boa-fé e previsibilidade de condutas, da segurança na objetividade e coerência na aplicação da legislação tributária, da publicidade e transparência e, por fim, na concorrência leal entre os agentes econômicos.

Entre as novidades inauguradas pelo programa "Nos Conformes" do Estado de São Paulo, merece destaque a previsão de que a administração tributária classificará os contribuintes entre seis faixas de risco, que serão designadas com base nos critérios estabelecidos no art. 5º da lei complementar.

> Art. 5º Para implementação do Programa "Nos Conformes", com base nos princípios, diretrizes e ações previstos nesta lei complementar, os contribuintes do Imposto sobre Operações Relativas à Circulação de Mercadorias e sobre Prestações de Serviços de Transporte Interestadual e Intermunicipal e de Comunicação - ICMS serão classificados de ofício, pela Secretaria da Fazenda, nas categorias "A+", "A", "B", "C", "D", "E" e "NC" (Não Classificado), sendo esta classificação competência privativa e indelegável dos Agentes Fiscais de Rendas, com base nos seguintes critérios:
> 
> I - obrigações pecuniárias tributárias vencidas e não pagas relativas ao ICMS;

II - aderência entre escrituração ou declaração e os documentos fiscais emitidos ou recebidos pelo contribuinte; e

III - perfil dos fornecedores do contribuinte, conforme enquadramento nas mesmas categorias e pelos mesmos critérios de classificação previstos nesta lei complementar.

§1º Para cada critério, os contribuintes serão classificados nas categorias previstas no "caput" deste art., em ordem decrescente de conformidade, considerados todos os seus estabelecimentos em conjunto, observadas a forma e as condições estabelecidas em regulamento.

A partir dessa classificação, o fisco paulista conferirá tratamento diferenciado aos contribuintes, propiciando um canal de comunicação mais aberto àqueles que forem enquadrados nas categorias A+, A, B e C. Destaca-se, nesse sentido, a garantia de que os contribuintes A+ e A tenham acesso ao procedimento de análise fiscal prévia, que não configurará início de ação fiscal (nos termos do §2º do art. 14), e, com isso, podem lançar mão da autorregularização com todas as vantagens inerentes à denúncia espontânea.

No âmbito federal, podemos citar a promulgação da Lei Complementar nº 199 (DOU de 2.8.2023), que tem por finalidade, nos termos de seu art. 1º, "diminuir os custos de cumprimento das obrigações tributárias e de incentivar a conformidade por parte dos contribuintes, no âmbito dos Poderes da União, dos Estados, do Distrito Federal e dos Municípios", especialmente no que se refere à: (i) emissão unificada de documentos fiscais eletrônicos; (ii) instituição da Nota Fiscal Brasil Eletrônica (NFB-e); (iii) utilização dos dados de documentos fiscais para a apuração de tributos e para o fornecimento de declarações pré-preenchidas e respectivas guias de recolhimento de tributos pelas administrações tributárias; (iv) facilitação dos meios de pagamento de tributos e contribuições, por meio da unificação dos documentos de arrecadação; (v) unificação de cadastros fiscais e seu compartilhamento em conformidade com a competência legal; (vi) instituição do Registro Cadastral Unificado (RCU).

Nesse cenário, a citada lei complementar federal instituiu o "Estatuto Nacional de Simplificação de Obrigações Tributárias Acessórias", objetivando a padronização das legislações e dos respectivos sistemas direcionados ao cumprimento de obrigações acessórias, de forma a possibilitar a redução de custos para as administrações tributárias das unidades federadas e para os contribuintes. Suas disposições não se aplicam, contudo, ao Imposto sobre a Renda (IR) e ao Imposto sobre Operações de Crédito, Câmbio e Seguro, ou relativas a títulos ou valores mobiliários (IOF).

Consoante se pode observar da leitura integral da Lei Complementar nº 199/2023, trata-se, a bem da verdade, de uma espécie de "carta de intenções" que serão efetivadas, ao longo do tempo, pelo Comitê Nacional de Simplificação de Obrigações Tributárias Acessórias (CNSOA). Com isso se quer dizer que o diploma complementar não trouxe nenhuma medida em concreto, mas apenas as diretrizes que deverão ser alcançadas e implementadas pelo citado Comitê.

Também merece destaque, no âmbito federal, o Projeto de Lei nº 15/2024, que se encontra em tramitação no Congresso Nacional, cujo núcleo fundamental está alicerçado em três eixos: (i) programas federais de conformidade tributária e aduaneira; (ii) caracterização do "devedor contumaz"; e (iii) condições para a fruição de benefícios fiscais. As justificativas apresentadas pelo Ministério da Fazenda, na "Exposição de Motivos" do Projeto de Lei, foram as seguintes:

> Observados os princípios da boa-fé e da colaboração mútua, que devem pautar a relação entre a administração tributária e o contribuinte, e a atuação cooperativa no cumprimento das obrigações tributárias e aduaneiras, a Secretaria Especial da Receita Federal do Brasil tem adotado medidas que visam ao efetivo pagamento do crédito tributário, por meio de práticas que incluem o fornecimento de orientações ao contribuinte e a simplificação de procedimentos, de forma a evitar litígios. O Confia, o Sintonia e o Programa OEA incluem-se nessas medidas e têm por objetivo ampliar os instrumentos que levam à conformidade tributária e aduaneira.

Bem se vê que o referido Projeto pretende instituir três programas de conformidade tributária e aduaneira diferentes:

(i) CONFIA: o Programa de Conformidade Cooperativa Fiscal visa promover uma colaboração eficiente entre contribuintes e administração tributária, focando em gerenciamento de riscos, transparência e segurança jurídica. O CONFIA se baseia em uma abordagem cooperativa, em que a comunicação contínua e a boa-fé ajudam a evitar surpresas e litígios. O objetivo é melhorar a eficácia da administração tributária e reduzir penalidades por meio de uma relação de confiança e um plano de trabalho acordado entre as partes. A proposta inclui mecanismos para uma possível redução de sanções e a possibilidade de autorregularização, além de prever a exclusão de participantes em caso de não conformidade, com critérios bem definidos e transparentes. A implementação do CONFIA exige adaptação cultural e contínuo aprimoramento para garantir sua eficácia e aceitação.

(ii) SINTONIA: trata-se de um programa destinado a promover boas práticas fiscais entre os contribuintes, incentivando a regularidade cadastral, o pagamento de tributos e a precisão nas declarações. O objetivo é reduzir a necessidade de lançamentos de ofício e a aplicação de multas, minimizando litígios entre o fisco e os contribuintes e combatendo práticas como sonegação fiscal e planejamento tributário abusivo, que prejudicam a sociedade e a concorrência leal. O programa estabelece uma classificação dos contribuintes com base em seu histórico de conformidade, oferecendo incentivos e benefícios variados, como prioridade na análise de pedidos de restituição e participação em eventos da Receita Federal. Os contribuintes que alcançam o nível mais alto de conformidade recebem o Selo SINTONIA, que garante vantagens adicionais, como bônus de adimplência e a possibilidade de corrigir inconsistências sem multas, além de preferência em processos licitatórios e em demandas junto aos órgãos públicos.

(iii) Programa OEA: o Programa Operador Econômico Autorizado foi criado para fortalecer a segurança na cadeia de suprimentos internacional e incentivar o cumprimento voluntário das obrigações tributárias e aduaneiras. Inicialmente instituído pela Instrução Normativa RFB nº 1.598/2015 e atualmente regulado pela Instrução Normativa RFB nº 2.154/2023, o programa alinha-se às normas internacionais da Organização Mundial de Aduanas e ao Acordo sobre Facilitação do Comércio da OMC, visando facilitar o comércio para operadores certificados e melhorar a gestão de riscos aduaneiros. A adesão ao Programa OEA é voluntária e a certificação é concedida de forma precária, com monitoramento contínuo.

Por fim, o Projeto de Lei pretendeu aumentar a transparência e a gestão dos benefícios fiscais. As pessoas jurídicas beneficiárias devem declarar os incentivos recebidos e seu valor correspondente, e a proposta consolida todos os requisitos necessários para a concessão desses benefícios em uma única norma legal. Além disso, define sanções para o descumprimento das novas obrigações e exige a adesão ao Domicílio Tributário Eletrônico e regularidade cadastral, visando a uma administração mais eficiente e transparente dos benefícios fiscais.

É evidente, portanto, que a adoção de medidas internas de conformidade tributária será de extrema importância para os contribuintes na era do fisco responsivo.

## 4.5 Sistema Público de Escrituração Digital (SPED)

Como visto, de acordo com o art. 113 do Código Tributário Nacional (CTN), obrigação acessória consiste em deveres administrativos, a cargo do sujeito passivo – tais como o de emitir nota fiscal, manter escrituração em dia – instituídos com objetivo de viabilizar a leitura, por parte do sujeito ativo, da ocorrência do fato gerador. Por muito tempo, o exercício do mister por parte da autoridade fiscal era restrito à verificação de arquivos físicos, que deveriam ser mantidos pelo contribuinte e preenchidos manualmente.

Esse cenário começou a ser alterado com a aprovação da Emenda Constitucional nº 42/03, que, ao incluir o inc. XXII no art. 37 da Constituição Federal, instituiu a obrigação de que as administrações tributárias da União, dos estados e dos municípios atuem de forma integrada, inclusive com o compartilhamento de cadastros e de informações fiscais, sendo o marco inicial para a informatização das obrigações acessórias no Brasil.

A partir dela, foram realizados dois encontros nacionais de administradores tributários, em 2004 e em 2005, reunindo representantes das esferas federal, estadual e municipal, culminando na edição de protocolos de cooperação para o desenvolvimento e a implantação do Sistema Público de Escrituração Digital (SPED) e da Nota Fiscal Eletrônica (NF-e).

Com o Decreto nº 6.022/07, o SPED foi oficializado, nos termos da redação original do art. 2º, como o "instrumento que unifica as atividades de recepção, validação, armazenamento e autenticação de livros e documentos que integram a escrituração comercial e fiscal dos empresários e das sociedades empresárias, mediante fluxo único, computadorizado, de informações". Na versão vigente, a expressão "sociedades empresárias" foi substituída por "pessoas jurídicas, inclusive imunes ou isentas".

Atualmente, o SPED se divide em quatro grandes projetos, quais sejam: a Escrituração Contábil Digital (ECD), a Escrituração Contábil Fiscal (ECF), a Escrituração Fiscal Digital (EFD) e a Nota Fiscal Eletrônica (NF-e).

A ECD tem como função substituir os livros razão, diário, balancetes diários e balanço – documentos puramente contábeis. Na prática, a RFB desenvolveu um programa de computador, chamado Programa Gerador de Escrituração (PGE), que deve ser alimentado com as informações contábeis da pessoa jurídica e apresentado, anualmente, até o último dia útil do mês de maio do ano seguinte ao ano-calendário a que se refere a escrituração. Funciona como um banco de dados, uma vez que as informações contábeis servem de base para a apuração dos tributos.

A ECF, por sua vez, veio para substituir a Declaração de Informações Econômico-Fiscais da Pessoa Jurídica (DIPJ) e tem como principal função ser o meio para apuração do IRPJ e da CSLL. Especialmente por conta da dinâmica do lucro real, intimamente ligado à contabilidade, a ECF é totalmente interligada à ECD. Os lançamentos e informações contábeis contidos na ECD são, então, tratados na ECF, dando-lhes efeitos fiscais. Por conta disso, a ECF é entregue, anualmente, até o último dia útil do mês de julho do ano seguinte ao ano-calendário a que se refira; havendo tempo razoável para que os contribuintes adequem suas informações contábeis, transmitidas via ECD, ao ambiente tributário.

As EFDs, de modo similar à ECF, materializam os sistemas eletrônicos em que são feitas, propriamente, as apurações dos tributos, isto é, onde são inseridas as informações capitais para que o valor devido ao fisco seja calculado. Dividem-se em três módulos: (i) EFD-Contribuições, dedicado ao PIS/Cofins; (ii) EFD-ICMS-IPI, no qual são repassados dados sobre o ICMS e IPI, com compartilhamento de informações com os estados; e (iii) EFD-Reinf, instrumento para a transmissão de dados referentes às retenções de tributos, como o imposto de renda das pessoas físicas (IRPF), que, conquanto tenha incidência anual, deve ser mensalmente antecipado pelo empregador/tomador de serviços pessoa jurídica, na forma de imposto de renda retido na fonte (IRRF).

No tocante às obrigações do empregador, não se pode deixar de mencionar o sistema e-Social, também integrante do SPED. Por meio desse sistema, os empregadores comunicam ao Governo, de forma unificada, as informações relativas aos trabalhadores, como vínculos, contribuições previdenciárias, folha de pagamento, comunicações de acidente de trabalho, aviso prévio e informações sobre o FGTS.

No SPED, há, ainda outros módulos que se dedicam a informatizar e interligar as informações financeiras, tributárias e contábeis das pessoas jurídicas brasileiras, visando propiciar um melhor ambiente de negócios e aumentar a competitividade das empresas, por meio da eliminação de eventual concorrência desleal perpetrada com a redução, indevida, da carga tributária (como exemplo, por meio de sonegação).

# REFERÊNCIAS

ABRANCHES, Sérgio. *Presidencialismo de coalizão*: raízes e evolução do modelo político brasileiro. São Paulo: Companhia das Letras, 2018.

ABREU, José. *O negócio jurídico e sua teoria geral*. São Paulo: Saraiva, 1988.

AFONSO, José Roberto; CASTRO, Kleber. *Consolidação da carga tributária de 2012*. Disponível em: http://www.joserobertoafonso.ecn.br/index.php/publicacoes/item/3643-carga-tributaria-2012-afonso-castro/3643-carga-tributaria-2012-afonso-castro. Acesso em: 3 mar. 2014.

AFONSO, José Roberto et al. *Diagnóstico sobre constitucionalização das finanças públicas no Brasil*. Texto para discussão nº 19, Fundação Instituto de Pesquisas Econômicas Fipe, São Paulo, 2023.

ALEXY, Robert. *Teoria dos direitos fundamentais*. Tradução de Virgílio Afonso da Silva. São Paulo: Malheiros, 2008.

ALMEIDA, Lilian Barros de Oliveira. Apontamentos sobre a Lei 13.019/2014 (Lei das parcerias com o terceiro setor). *In*: TORRES, Rony Charles. *Licitações públicas*: homenagem ao jurista Jorge Ulisses Jacoby Fernandes. Curitiba: Negócios Públicos, [s.d.].

ALMEIDA, Mansueto; GIAMBIAGI, Fabio; PESSOA, Samuel. Expansão e dilemas no controle do gasto público federal. *Boletim de Conjuntura*, n. 73, p. 89-98, jun. 2006.

ALVARENGA, Darlan. Taxa de investimentos e a menor em mais de 50 anos e fica mais dependente do setor privado. *G1*, 19 jul. 2019. Disponível em: https://g1.globo.com/economia/noticia/2019/07/19/taxa-de-investimentos-e-a-menor-em-mais-de-50-anos-e-fica-mais-dependente-do-setor-privado.ghtml. Acesso em: 12 dez. 2019.

ALVES, José Carlos Moreira. Abuso de formas, abuso de direito, dolo, negócios jurídicos simulados, fraude à lei, negócio indireto e dissimulação. *In*: SEMINÁRIO INTERNACIONAL SOBRE ELISÃO FISCAL. *Anais*... Brasília: Esaf, 2001.

AMARAL, L. A. Participação social e conteúdo estratégico nos PPAs estaduais. Brasília: Ipea, 2014.

AMARO, Luciano. *Direito tributário brasileiro*. 14. ed. São Paulo: Saraiva, 2008.

AMORIM, Wanderson Lima de. *A seguridade social de 2006 a 2016*: uma análise sobre a sustentabilidade do sistema. Brasília: Senado Federal, 2017.

ANDRADE, José Maria Arruda de. *Interpretação da norma tributária*. São Paulo: MP, 2006.

ASOCIACIÓN CIVIL POR LA IGUALDAD Y LA JUSTICIA et al. *Principios de Derechos Humanos en la Política Fiscal*. [s.l.]: [s.n.], 2021. Disponível em: https://derechosypoliticafiscal.org/es/.

ATALIBA, Geraldo (Coord.). *Interpretação no direito tributário*. São Paulo: Saraiva, Educ, 1975.

ATALIBA, Geraldo. *Apontamentos de ciência das finanças, direito financeiro e tributário*. São Paulo: Revista dos Tribunais, 1969.

ATALIBA, Geraldo. Evolução do Sistema Constitucional Tributário. *Revista de Informação Legislativa do Senado Federal*, n. 18, abr./jun. 1968, p. 63-74.

ATALIBA, Geraldo. *Hipótese de incidência tributária*. 5. ed. São Paulo: Malheiros, 1997.

ATALIBA, Geraldo. *Sistema Constitucional Tributário Brasileiro*. São Paulo: RT, 1968.

ATALIBA, Geraldo. Taxas e preços no novo texto constitucional. *Revista de Direito Tributário*, São Paulo, v. 13, n. 47, p. 142-154, 1989.

AVELINO, Daniel Pitangueira de. Participação Social nos PPAs Estaduais: vai desistir ou vai continuar? *Boletim de Análise Político-Institucional*, n. 34, [s.l.], mar. 2023, p. 89-100.

AVELINO, Daniel Pitangueira de; SANTOS, Eduardo Gomor dos; BEZERRA, Felipe Portela. A quem serve a participação? Experiência democrática do Fórum Interconselhos no Plano Plurianual 2016-2019. *Boletim de Análise Político-Institucional*, n. 28, [s.l.], abr. 2021, p. 37-44.

ÁVILA, Humberto. As taxas e sua mensuração. *Revista Dialética de Direito Tributário*, n. 204, p. 37-44, set. 2012.

ÁVILA, Humberto. *Segurança jurídica*: entre permanência, mudança e realização no direito tributário. São Paulo: Malheiros, 2011.

ÁVILA, Humberto. *Sistema constitucional tributário*. 2. ed. São Paulo: Saraiva, 2006.

ÁVILA, Humberto. *Teoria dos Princípios*. 7ª edição. São Paulo: Malheiros, 2007.

BACELLAR FILHO, Romeu Felipe. *Princípios constitucionais do processo administrativo disciplinar*. São Paulo: Max Limonad, 1998.

BACELLAR FILHO, Romeu Felipe; HANCHEM, Daniel Wunder. Transferências voluntárias na Lei de Responsabilidade Fiscal: limites à responsabilização pessoal do ordenador de despesas por danos decorrentes da execução de convênio. In: CASTRO, Rodrigo Pironti Aguirre de (Coord.). *Lei de Responsabilidade Fiscal*: ensaios em comemoração aos 10 anos da Lei Complementar nº 101/00. Belo Horizonte: Fórum, 2010.

BALEEIRO, Aliomar. *Direito tributário brasileiro*. 11. ed. atual. por Misabel Abreu Machado Derzi. Rio de Janeiro: Forense, 1999.

BALEEIRO, Aliomar. *Direito tributário brasileiro*. 12. ed. atual. por Misabel Abreu Machado Derzi. Rio de Janeiro: Forense, 2013.

BALEEIRO, Aliomar. *Limitações constitucionais ao poder de tributar*. 8. ed. atual. por Misabel Abreu Machado Derzi. Rio de Janeiro: Forense, 2010.

BALEEIRO, Aliomar. O Código Tributário Nacional, segundo a correspondência de Rubens Gomes de Sousa. In: BALEEIRO, Aliomar et al. *Proposições tributárias*. São Paulo: Resenha Tributária, 1975.

BALEEIRO, Aliomar. *Uma introdução à ciência das finanças*. 15. ed. Rio de Janeiro: Forense, 1998.

BALEEIRO, Aliomar. *Uma introdução à ciência das finanças*. 17. ed. atual. por Hugo de Brito Machado Segundo. Rio de Janeiro: Forense, 2010.

BANDEIRA DE MELLO, Celso Antônio. *Conteúdo Jurídico do Princípio da Igualdade*. São Paulo: Malheiros, 2010.

BANDEIRA DE MELLO, Celso Antônio. *Curso de direito administrativo*. 18. ed. São Paulo: Malheiros, 2005.

BANDEIRA DE MELLO, Celso Antônio. *Elementos de direito administrativo*. São Paulo: Revista dos Tribunais, 1980.

BANDEIRA DE MELLO, Celso Antônio. Taxa de polícia – Serviço público e exploração de atividade econômica – Regime tributário. *Revista de Direito Tributário*, São Paulo, n. 55, p. 68-81, 1991.

BANDEIRA DE MELLO, Celso Antônio. Taxa de serviço. *Revista de Direito Tributário*, São Paulo, n. 9/10, p. 25-31, 1979.

BAPTISTA NETO, Luiz de Almeida. Das alterações promovidas pela emenda constitucional 99/17 que modifica o regime de pagamento dos precatórios. *Migalhas*, 18 dez. 2017. Disponível em: https://www.migalhas.com.br/dePeso/16,MI271235,101048. Acesso em: 2 ago. 2019.

BARBOSA, Jorge. André Lara Resende: taxa de juros de 13,75% ao ano está errada. *Estadão*, São Paulo, Economia, 13 fev. 2023. Disponível em: https://www.estadao.com.br/economia/andre-lara-resende-taxa-juros-esta-errada/. Acesso em: 31 jul. 2024.

BARBOSA, Rui. *Obras completas de Ruy Barbosa*. Rio de Janeiro: [s.n.], 1891. v. 18. t. II-III.

BARROS, José Eduardo Monteiro de. Interpretação econômica em direito tributário. *In*: ATALIBA, Geraldo et al. *Interpretação no direito tributário*. São Paulo: Saraiva, 1975.

BARROS, Samuel Anderson Rocha; SAMPAIO, Cardoso Rafael. A confiança para a manutenção de uma inovação democrática: o caso do orçamento participativo digital de Belo Horizonte. *Cadernos Gestão Pública e Cidadania*, v. 22, n. 72, São Paulo, 2017, p. 151-172.

BASTOS, Celso Ribeiro; MARTINS, Ives Gandra da Silva. *Comentários à Constituição do Brasil (promulgada em 05 de outubro de 1988)*. Vol. 6. Tomo I. São Paulo: Saraiva, 1990.

BATISTA JÚNIOR, Onofre Alves. *O planejamento fiscal e a interpretação no direito tributário*. Belo Horizonte: Mandamentos, 2002.

BATISTA JÚNIOR, Onofre Alves. *Manual de Direito Tributário*. 2. ed. Belo Horizonte: Casa do Direito, 2024.

BECKER, Alfredo Augusto. *Carnaval tributário*. 2. ed. São Paulo: Lejus, 1999.

BECKER, Alfredo Augusto. *Teoria geral do direito tributário*. 2. ed. São Paulo: Saraiva, 1972.

BECKER, Alfredo Augusto. *Teoria geral do direito tributário*. 3. ed. São Paulo: Lejus, 1998.

BECKER, Alfredo Augusto. *Teoria geral do direito tributário*. São Paulo: Saraiva, 1963.

BEGHIN, Nathalie; ZIGONI, Carmela (orgs.). *Avaliando os websites de transparência orçamentária nacionais e subnacionais e medindo impactos de dados abertos sobre direitos humanos no Brasil*. Instituto de Estudos Socioeconômicos – INESC, Brasília, 2014.

BERLIRI, Antonio. *Principios de derecho tributário*. Madrid: Editorial de Derecho Financiero, 1964. v. 1.

BERNARDES, Flávio Couto. *Lei de Responsabilidade Fiscal e a gestão da Administração Pública*. Belo Horizonte: Cecci, 2008.

BETTI, Emilio. *Interpretação da lei e dos atos jurídicos*. São Paulo: Martins Fontes, 2007.

BETTI, Emilio. *Teoria geral do negócio jurídico*. Tradução de Ricardo Rodrigues Gama. Campinas: LZN, 2003. t. II.

BLANCO, Paulina. Los tributos en la Edad Media. *In*: *In*: CONGRESO INTERAMERICANO DE LA TRIBUTACIÓN, IV. Anales... Buenos Aires: Depalma, 1984.

BLYBERG, Ann. O caso da alocação indevida: direitos econômicos e sociais e orçamento público. *SUR*, vol. 6, n. 11, São Paulo, dez. 2009, p. 135-153.

BODIN, Jean. *Los seis libros de la república*. Madri: Tecnos, 2006.

BONITO, Rafhael Frattari. Ainda a decadência no procedimento de exigência de tributos sujeitos ao lançamento por homologação. *Revista Forense*, n. 411, p. 469-478, 2010.

BORGES, José Souto Maior. *Introdução ao direito financeiro*. 15. ed. Rio de Janeiro: Forense, 1998.

BORGES, José Souto Maior. *Lei Complementar Tributária*. São Paulo: RT, 1975.

BORGES, José Souto Maior. *Teoria geral da isenção tributária*. 3. ed. São Paulo: Malheiros, 2007.

BRASIL. Agência Nacional de Saúde Suplementar. *Boletim panorama*: saúde suplementar [recurso eletrônico]. v.1 n. 1, 1º trimestre de 2023. Rio de Janeiro: ANS, 2023.

BRASIL. Banco Central. *Estatísticas Fiscais*, Nota para a Imprensa. Brasília, janeiro 2020.

BRASIL. Banco Central. *Estatísticas Fiscais*, Nota para a Imprensa. Brasília, janeiro 2021.

BRASIL. Banco Central. *Estatísticas Fiscais*, Nota para a Imprensa. Brasília, janeiro 2022.

BRASIL. Banco Central. *Estatísticas Fiscais*, Nota para a Imprensa. Brasília, janeiro 2023.

BRASIL. Banco Central. *Estatísticas Fiscais*, Nota para a Imprensa. Brasília, janeiro 2024.

BRASIL. Banco Central. *Estatísticas Fiscais*, Nota para a Imprensa. Brasília, dezembro 2024.

BRASIL. Câmara dos Deputados. *Bolsonaro veta ajuda financeira para internet de alunos e professores da escola pública*, 19 mar. 2021, Brasília. Disponível em: https://www.camara.leg.br/noticias/737836-bolsonaro-veta-ajuda-financeira-para-internet-de-alunos-e-professores-das-escolas-publicas#:~:text=O%20presidente%20Jair%20Bolsonaro%20vetou,ensino%20em%20decorr%C3%AAncia%20da%20pandemia. Acesso em: 4 ago. 2024.

BRASIL. Câmara dos Deputados. Consultoria de Orçamento e Fiscalização Financeira. *Financiamento da saúde*: Brasil e outros países com cobertura universal. Brasília: Câmara dos Deputados, 2013.

BRASIL. Câmara dos Deputados. Consultoria de Orçamento e Fiscalização Financeira. *Nota Técnica Conjunta Conof-Conle/CD n.º 4/2023 – Lei Complementar n.º 200/2023 Comentada*. Brasília, 2023.

BRASIL. Instituto Brasileiro de Geografia e Estatística – IBGE. *Pesquisa de orçamentos familiares 2017-2018*: análise da segurança alimentar no Brasil. Rio de Janeiro, 2020.

BRASIL. Instituto Brasileiro de Geografia e Estatística – IBGE. Pesquisa Nacional por Amostra de Domicílios Contínua – Rendimentos de Todas as Fontes 2023. Brasília, 2024.

BRASIL. Instituto Brasileiro de Geografia e Estatística – IBGE. *Pesquisa Nacional por Amostra de Domicílios Contínua – Segurança Alimentar 2023*. Brasília, 2024.

BRASIL. Instituto Brasileiro de Geografia e Estatística - IBGE. *Síntese Indicadores Sociais*. Rio de Janeiro: IBGE, 2018.

BRASIL. Justiça Federal. Conselho da Justiça Federal. *Tabela de Remuneração de Magistrados Federais*. Fevereiro de 2024. Disponível em: https://www.cjf.jus.br/cjf/unidades/gestao-de-pessoas/tabelas-de-remuneracao/magistrados/2024/tabela-de-remuneracao-de-magistrados-federais. Acesso em: 26 jul. 2024.

BRASIL. Ministério da Economia. *A mulher no orçamento 2021*. Brasília, 2022.

BRASIL. Ministério da Economia. Receita Federal. CETAD – Centro de Estudos Tributários e Aduaneiros. *Carga Tributária no Brasil, 2021*: análise por tributo e bases de incidência. Brasília, 2022.BRASIL. Ministério da Economia. Secretaria do Tesouro Nacional. Secretaria Especial de Fazenda. *Boletim de Finanças dos Entes Subnacionais*, 2019.

BRASIL. Ministério da Economia. Secretaria do Tesouro Nacional. *Relatório Mensal da Dívida Pública Federal*. Brasília, dez. 2019.

BRASIL. Ministério da Fazenda. *Análise da Arrecadação das Receitas Federais – Dezembro de 2018*. Brasília: Ministério da Fazenda, 2019. Disponível em: http://receita.economia.gov.br/dados/receitadata/arrecadacao/relatorios-do-resultado-da-arrecadacao/arrecadacao-2018/dezembro2018/analise-mensal-dez-2018.pdf. Acesso em: 3 dez. 2019.

BRASIL. Ministério da Fazenda. *Carga tributária no Brasil 2017*. Brasília: Ministério da Fazenda, 2018. Disponível em: http://receita.economia.gov.br/dados/receitadata/estudos-e-tributarios-e-aduaneiros/estudos-e-estatisticas/carga-tributaria-no-brasil/carga-tributaria-2017.pdf. Acesso em: 10 dez. 2019.

BRASIL. Ministério da Fazenda. *Carga tributária no Brasil, 2011*. Brasília: Ministério da Fazenda, 2012.

BRASIL. Ministério da Fazenda. Receita Federal. *Carga tributária no Brasil, 2000*. Brasília: Ministério da Fazenda, 2001.

BRASIL. Ministério da Fazenda. Receita Federal. CETAD – Centro de Estudos Tributários e Aduaneiros. *Carga Tributária no Brasil, 2012*: análise por tributo e bases de incidência. Brasília: Ministério da Fazenda, 2013.

BRASIL. Ministério da Fazenda. Receita Federal. CETAD – Centro de Estudos Tributários e Aduaneiros. *Carga Tributária no Brasil, 2014*: análise por tributo e bases de incidência. Brasília: Ministério da Fazenda, 2015.

BRASIL. Ministério da Fazenda. Receita Federal. CETAD – Centro de Estudos Tributários e Aduaneiros. *Carga Tributária no Brasil, 2015*: análise por tributo e bases de incidência. Brasília: Ministério da Fazenda, 2016.

BRASIL. Ministério da Fazenda. Receita Federal. Coordenação-Geral de Política Tributária. *Carga tributária no Brasil, 2006*: tabelas: estruturas por tributos. Brasília: Ministério da Fazenda, 2007.

BRASIL. Ministério da Fazenda. Receita Federal. CETAD – Centro de Estudos Tributários e Aduaneiros. *Carga Tributária no Brasil, 2008*: análise por tributo e bases de incidência. Brasília: Ministério da Fazenda, 2009.

BRASIL. Ministério da Fazenda. Receita Federal. CETAD – Centro de Estudos Tributários e Aduaneiros. *Carga Tributária no Brasil 2022*: análise por tributo e bases de incidência. Brasília: Ministério da Fazenda, 2023.

BRASIL. Ministério da Fazenda. *Relatório de Avaliação do Cumprimento das Metas Fiscais – 3º Quadrimestre de 2023*, Brasília, 2024. Disponível em: https://sisweb.tesouro.gov.br/apex/f?p=2501:9::::9:P9_ID_PUBLICACAO:49012. Acesso em: 9 ago. 2024.

BRASIL. Ministério da Fazenda. *Resultado do Tesouro Nacional Junho 2024*. Brasília, 2024. Disponível em: https://sisweb.tesouro.gov.br/apex/f?p=2501:9::::9:P9_ID_PUBLICACAO:50117. Acesso em: 9 ago. 2024.

BRASIL. Ministério da Fazenda. Secretaria do Tesouro Nacional. *Boletim de Finanças dos Entes Subnacionais Ano-Base 2022*. Brasília, 2023.

BRASIL. Ministério da Fazenda. Secretaria do Tesouro Nacional. *Despesa por Função do Governo Geral*. Brasília, 2023.

BRASIL. Ministério da Fazenda. Secretaria do Tesouro Nacional. *Estimativa da Carga Tributária Bruta do Governo Geral - 2023*. Brasília, 2024.BRASIL. Ministério da Fazenda. Secretaria do Tesouro Nacional. *O que você precisa saber sobre as transferências constitucionais e legais*. Brasília: Ministério da Fazenda, 2012.

BRASIL. Ministério da Fazenda. Secretaria do Tesouro Nacional. *Relatório Mensal da Dívida Pública Federal*. Brasília, dez. 2013.

BRASIL. Ministério da Fazenda. Secretaria do Tesouro Nacional. *Relatório Mensal da Dívida Pública Federal*. Brasília, novembro 2024.

BRASIL. Ministério da Fazenda. Secretaria do Tesouro Nacional. *Relatório Resumido de Execução Orçamentária (Foco Estados + Distrito Federal) – 4º bimestre de 2018*. Brasília, 2018.

BRASIL. Ministério da Fazenda. Subsecretaria de Tributação e Contencioso. *Análise da Arrecadação das Receitas Federais, dezembro de 2012*. Brasília: Ministério da Fazenda, 2012.

BRASIL. Ministério da Fazenda. Subsecretaria de Tributação e Contencioso. *Análise da Arrecadação das Receitas Federais, junho de 2013*. Brasília: Ministério da Fazenda, 2013.

BRASIL. Ministério da Fazenda. *Trabalhos da Comissão Especial do Código Tributário Nacional*. Rio de Janeiro: Ministério da Fazenda, 1954.

BRASIL. Ministério do Planejamento e Orçamento. *A mulher no orçamento 2022*. Brasília, 2023.

BRASIL. Ministério do Planejamento e Orçamento. Secretaria Nacional de Planejamento. *Plano Plurianual 2024-2027*: mensagem presidencial. Brasília, MPOG, 2023.

BRASIL. Ministério da Saúde. *COVID-19 no Brasil*. Brasília, 2024. Disponível em: https://infoms.saude.gov.br/extensions/covid-19_html/covid-19_html.html#. Acesso em: 31 jul. 2024.

BRASIL. Poder Executivo Federal. *Projeto de Lei de Diretrizes Orçamentárias*. Dispõe sobre as diretrizes para a elaboração e a execução da Lei Orçamentária de 2025 e dá outras providências. Brasília, 2024.

BRASIL. Receita Federal. *Relatórios do Resultado da Arrecadação*. Disponível em: http://receita.economia.gov.br/dados/receitadata/arrecadacao/relatorios-do-resultado-da-arrecadacao. Acesso em: 28 jan. 2020.

BRASIL. Senado Federal. *Bolsonaro veta distribuição de absorventes a estudantes e pessoas pobres*, 7 out. 2021, Brasília. Disponível em: https://www12.senado.leg.br/noticias/materias/2021/10/07/bolsonaro-veta-distribuicao-de-absorventes-a-estudantes-e-mulheres-pobres#:~:text=Ouvido%20o%20Minist%C3%A9rio%20da%20Economia,de%20beneficiadas%2C%20tais%20como%20estudantes. Acesso em: 4 ago. 2024.

BRASIL. Senado Federal. Consultoria de Orçamentos, Fiscalização e Controle. *Nota Informativa – Lei Complementar n.º 200/2023 – Novo Arcabouço Fiscal*. Brasília, 2023.

BRASIL. Supremo Tribunal Federal. Informação à Sociedade. *ADI 7.212 Ampliação de benefícios sociais às vésperas das eleições*. Brasília, 1º ago. 2024. Disponível em: https://noticias.stf.jus.br/postsnoticias/stf-invalida-emenda-que-instituiu-estado-de-emergencia-em-2022-e-ampliou-beneficios-em-ano-eleitoral/. Acesso em: 4 ago. 2024.

BRASIL. Tesouro Nacional. *Boletim das Finanças Públicas dos Entes Subnacionais.* Brasília: Tesouro Nacional, 2016.

BRASIL. Tesouro Nacional. *Finanças do Brasil*: dados contábeis dos municípios, ano 2011. Brasília: Ministério da Fazenda, 2013.

BRASIL. Tribunal de Contas da União. Plenário, TC 016.827/2020-1 [Apenso: TC 025.409/2020-4], Relatório de Acompanhamento, Órgão: Ministério da Cidadania, Relator Brno Dantas, sessão de 26 ago. 2020.

BRAVO GALA, Pedro. Introdución a la edición castellana abreviada de los seis libros de la República. *In*: BODIN, Jean. *Los seis libros de la república*. Madri: Tecnos, 2006.

BREMAEKER, François de. *As finanças municipais em 2011*: estudo técnico n. 236. Salvador: Transparência Municipal, 2012.

BREMAEKER, François. *As receitas tributárias municipais em 2007*: Estudo Técnico n. 3. Salvador: Transparência Municipal, 2008.

BREMAEKER, François. *As receitas tributárias municipais em 2014*. Rio de Janeiro: Observatório de Informações Municipais, 2016.

BREMAEKER, François. *As finanças municipais em 2021*. Maricá, 2022. Disponível em: https://informacoesmunicipais.com.br/wp-content/uploads/2022/08/133-panorama-financas-municipais-2021.pdf. Acesso em: 9 out. 2024.

BRITO, Edvaldo. Lei de Responsabilidade Fiscal: competência tributária. Arrecadação de tributos e renúncia de receita. *In*: ROCHA, Valdir de Oliveira (Coord.). *Aspectos relevantes da Lei de Responsabilidade Fiscal*. São Paulo: Dialética, 2001.

BRITO, Edvaldo. Taxas em razão do exercício do poder de polícia. *Revista de Direito Tributário*, São Paulo, n. 7/8, p. 232-260, 1979.

BUONO, Renata; MACHADO, Lara. Os marajás e os peões do funcionalismo público. *Piauí*, Folha de São Paulo, 31 jul. 2023. Disponível em: https://piaui.folha.uol.com.br/os-marajas-e-os-peoes-do-funcionalismo-publico/. Acesso em: 26 jul. 2024.

CAMPOS, Carlos Alexandre de Azevedo; IBRAHIM, Fabio Zambitte; OLIVEIRA, Gustavo da Gama Vital de (Coord.). *Análise crítica da jurisprudência tributária do Supremo Tribunal Federal*. Salvador: JusPodivm, 2017.

CANOTILHO, José Joaquim Gomes; MENDES, Gilmar Ferreira; STRECK, Lenio Luiz. *Comentários à Constituição do Brasil*. São Paulo: Saraiva, 2013.

CANTO, Gilberto de Ulhôa. Legislação tributária, sua vigência, sua eficácia, sua aplicação, interpretação e integração. *Revista Forense*, n. 267, 1979.

CANTO, Gilberto de Ulhôa. *Temas de direito tributário*. Rio de Janeiro: Alba, 1964.

CAPATANI, Márcio Ferro. A discricionariedade do Poder Executivo na elaboração do projeto de lei orçamentária anual. *In*: CONTI, José Maurício; SCAFF, Fernando Facury (Coord.). *Orçamentos públicos e direito financeiro*. São Paulo: Revistas dos Tribunais, 2011.

CARAVELLI, Flávia Renata Vilela. *Extrafiscalidade – Reconstrução conceitual no contexto do Estado Democrático de Direito e aplicações no direito tributário*. Belo Horizonte: Arraes, 2015.

CARAZZA, Bruno. *O país dos privilégios – Vol. 1: Os novos e velhos donos do poder*. São Paulo: Companhia das Letras, 2024.

CARDOSO, Alessandro Mendes. *O dever fundamental de recolher tributos no Estado Democrático de Direito*. Porto Alegre: Livraria do Advogado, 2014.

CARDOSO, Alessandro Mendes. *Processo Legislativo Tributário Federal e bloqueios à concretização do projeto constitucional*. Porto Alegre: Livraria do Advogado, 2023.

CARDOSO, Laura. A bomba-relógio do fim do auxílio emergencial. Nexo Jornal, 29 out. 2020. Disponível em: https://www.nexojornal.com.br/colunistas/2020/A-bomba-rel%C3%B3gio-do-fim-do-aux%C3%A-Dlio-emergencial. Acesso em: 8 nov. 2020.

CARDOSO JUNIOR, J. C.; SANTOS, J. C. dos; PIRES, R. R. (orgs.). *PPA 2012-2015*: a experiência subnacional de planejamento no Brasil. Brasília: Ipea, 2015.

CARRAZZA, Roque Antonio. *Curso de direito constitucional tributário*. 2. ed. São Paulo: Revista dos Tribunais, 1980.

CARVALHO JUNIOR, Antonio Carlos Costa d'Ávila *et al*. *Regra de ouro na Constituição e na LRF*: considerações históricas e doutrinárias. Brasília: Câmara dos Deputados, 2017.

CARVALHO, Cassius Vinicius de. *A extrafiscalidade e seus reflexos para a atividade empresarial e para o poder público na perspectiva do setor automotivo*. Dissertação (mestrado profissional) – Escola de Direito de São Paulo da Fundação Getulio Vargas, São Paulo, 2018.

CARVALHO, Jaqueline Grossi Fernandes de. O título executivo como instrumento de eficácia das decisões do Tribunal de Contas. *Revista do Tribunal de Contas de Minas Gerais*, Belo Horizonte, v. 10, n. 1, p. 163-168, jan./ mar. 1994.

CARVALHO, Paulo de Barros. Base de cálculo como fato jurídico e a taxa de classificação de produtos vegetais. *Revista Dialética de Direito Tributário*, São Paulo, n. 37, p. 118-143, 1998.

CARVALHO, Paulo de Barros. *Curso de direito tributário*. 12. ed. São Paulo: Saraiva, 1999.

CARVALHO, Paulo de Barros. *Curso de direito tributário*. 19. ed. São Paulo: Saraiva, 2007.

CARVALHO, Paulo de Barros. *Curso de direito tributário*. 21. ed. São Paulo: Saraiva, 2009.

CARVALHO, Paulo de Barros. *Teoria da norma tributária*. 2. ed. São Paulo: Revista dos Tribunais, 1981.

CARVALHO, Rubens Miranda de. *Contribuição de melhoria e taxas no direito brasileiro*. São Paulo: Juarez de Oliveira, 1999.

CASTAGNA, Ricardo Alessandro. *O direito financeiro dos gastos públicos*. Tese de Doutorado. Faculdade de Direito da Universidade de São Paulo, 2020.

CASTRO, Jorge Abrahão de *et al*. *Gasto social e política macroeconômica*: trajetórias e tensões no período 1995-2005. Brasília: Ipea, 2008. Texto para Discussão, n. 1324.

CASTRO, Jorge Abrahão de. Política social e desenvolvimento no Brasil. *Economia e Sociedade*, v. 21, p. 1011-1042, dez. 2012. Número especial.

CASTRO, Jorge Abrahão de. *Política social no Brasil contemporâneo*. Brasília, 2012. Disponível em: http://www.politicaspublicas.crppr.org.br/wp-content/uploads/2011/12/Pol%C3%ADtica-Social-no-Brasil_jorge-abrah%C3%A3o1.pdf.

CASTRO, Kleber Pacheco de. Novo critério de rateio do fundo de participação dos estados: efetivo ou inócuo. *Cadernos Gestão Política e Cidadania*, São Paulo, v. 23, n. 76, p. 397-412, set./dez. 2018.

CAVALCANTE, Denise Lucena; HOLANDA, Fábio Campelo Conrado de. Relações de consumo e transparência fiscal: o descaso em relação à Lei n.º 12.741/2012. *Revista de Direito Internacional Econômico e Tributário*, vol. 12, n. 1, 2017, p. 246-260.

CEPAL. *Informe Especial COVID-19*, n. 5, jul. 2020. Disponível em: https://www.cepal.org/pt-br/node/51767. Acesso em: 4 ago. 2020.

CHEVALLIER, Jacques. *O Estado pós-moderno*. Belo Horizonte: Fórum, 2009.

CIURO CALDANI, Miguel Angel. Aportes para la comprensión jusfilosófica de los tributos. *In*: CONGRESO INTERAMERICANO DE LA TRIBUTACIÓN, IV. Anales... Buenos Aires: Depalma, 1984.

COELHO, Joana M. S. T. C. *Orçamento do Estado e Direitos Humanos – Relação possível?*. Faculdade de Direito da Universidade de Coimbra, Coimbra, 2018.

COÊLHO, Sacha Calmon Navarro. *Comentários à Constituição de 1988*: sistema tributário. Rio de Janeiro: Forense, 1991.

COÊLHO, Sacha Calmon Navarro. *Curso de direito tributário brasileiro*. 9. ed. Rio de Janeiro: Forense, 2007.

COÊLHO, Sacha Calmon Navarro. *Manual de direito tributário*. [s.l.]: [s.n.], 2000.

COÊLHO, Sacha Calmon Navarro. *Teoria geral do tributo e da exoneração tributária*. São Paulo: Revista dos Tribunais, 1982.

COMISIÓN NACIONAL DE LOS DERECHOS HUMANOS. *Presupuesto público y derechos humanos*: Por una agenda para el rediseño del gasto público en México. Ciudad de México, 2018.

CONFEDERAÇÃO NACIONAL DE MUNICÍPIOS. ICMS mal distribuído entre Municípios. *Monitor – O Boletim das Finanças Municipais*, n. 4, jan./fev. 2019.

CONTI, José Maurício. *Orçamentos públicos*: a Lei 4.320/1964 comentada. São Paulo: Revista dos Tribunais, 2009.

CONTI, José Maurício; SCAFF, Fernando Facury (Coord.). *Orçamentos públicos e direito financeiro*. São Paulo: Revistas dos Tribunais, 2011.

CORREIA NETO, Celso Basto. O orçamento público e o Supremo Tribunal Federal. *In*: CONTI, José Maurício; SCAFF, Fernando Facury (Coord.). *Orçamentos públicos e direito financeiro*. São Paulo: Revista dos Tribunais, 2011.

COSTA, Raymundo; BITTAR, Rosângela. Temer aposta em alta do PIB acima de 3% em 2018. *Valor Econômico*, Brasília, 2 mar. 2017. Disponível em: https://valor.globo.com/politica/noticia/2017/03/02/temer-aposta-em-alta-do-pib-acima-de-3-em-2018.ghtml. Acesso em: 1º ago. 2024.

COSTANZI, Rogério Nagamine. Evolução da Despesa Previdenciária no Brasil. *FIPE – Temas de Economia Aplicada*, São Paulo, p. 16-28, jun. 2023.

COSTANZI, Rogério Nagamine. Evolução da Despesa Previdenciária no Governo Federal de 2008 a 2023. *FIPE – Temas de Economia Aplicada*, São Paulo, p. 40-46, fev. 2024.

COUTO, Leandro Freitas; CARDOSO JUNIOR, José Celso. Apresentação – O Plano na Prática: experiências de planejamento e orçamento nos níveis subnacionais e o papel do governo federal. *Boletim de Análise Político-Institucional*, n. 34, [s.l.], mar. 2023, p. 5.

CRUVINEL, Marcello Nogueira. *Das Emendas de Relator ao Orçamento Secreto*. Brasília: Senado Federal-Instituto Legislativo Brasileiro, 2022.

CUNHA, Joana. Conglomerados do ensino superior avançam sobre a educação básica. *Folha de S. Paulo*, 17 jun. 2018. Disponível em: https://www1.folha.uol.com.br/mercado/2018/06/conglomerados-do-ensino-superior-avancam-sobre-a-educacao-basica.shtml. Acesso em: 11 dez. 2019.

CUNHA, Maria Alexandra Viegas Cortez da; COELHO, Taiane Ritta; POZZEBON, Marlei. Internet e participação: o caso do orçamento participativo digital de Belo Horizonte. *Revista de Administração de Empresas*, v. 54, n. 3, São Paulo, 2004, p. 296-308.

D'AMATI, Nicola. Las exenciones y la subjetividad tributaria. *Revista de Derecho Financiero y Hacienda Pública*, n. 81, p. 433-458, mayo/jun. 1969.

DALLARI, Adilson Abreu. Orçamento impositivo. *In*: CONTI, José Maurício; SCAFF, Fernando Facury (Coord.). *Orçamentos públicos e direito financeiro*. São Paulo: Revistas dos Tribunais, 2011.

DEODATO, Alberto. *Manual de ciência das finanças*. 7. ed. São Paulo: Saraiva, 1961.

DERZI, Misabel Abreu Machado. Contribuição para o Finsocial. *Revista de Direito Tributário*, n. 55, 1991.

DERZI, Misabel Abreu Machado. *Modificações da jurisprudência no direito tributário*: proteção da confiança, boa-fé objetiva e irretroatividade como limitações constitucionais ao Poder Judicial de Tributar. São Paulo: Noeses, 2009.

DERZI, Misabel de Abreu Machado. *Direito tributário, direito penal e tipo*. São Paulo: Revista dos Tribunais, 1988.

DIAS, Nélia Carolina Silva. *Transparência tributária nas relações de consumo e a Lei nº 12.741/2012*. Dissertação de mestrado apresentada ao Programa de Pós-graduação em Direito da Pontifícia Universidade Católica de Minas Gerais. Belo Horizonte, 2019.

DINIZ, Gilberto Pinto Monteiro. Auditor do Tribunal de Contas: cargo público de extração constitucional. *Revista do TCEMG*, ano XXX, v. 83, n. 2, abr./jun. 2012. Disponível em: http://revista.tce.mg.gov.br/Revista/RetornaRevista/621.

DÓRIA, Antônio Roberto Sampaio. *Elisão e evasão fiscal*. São Paulo: Lael, 1971.

DUTRA, Adriano Antônio Gomes. A legitimidade das sanções políticas na perspectiva do dever fundamental de pagar tributos. *Direito Público – Revista Jurídica da Advocacia-Geral do Estado de Minas Gerais*, Belo Horizonte, v. 7, n. 1/2, p. 9-27, jan./dez. 2010.

DUVERGER, Maurice. *Finances publiques*. 11. ed. Paris: Presses Univesitaires de France, 1988.

DWECK, Esther et al. (Coord.). *Austeridade e retrocesso*: impactos sociais da política fiscal no Brasil. São Paulo: Brasil Debate e Fundação Friedrich Ebert, 2018.

DWORKIN, Ronald. *Law's empire*. 9. ed. Cambridge: Harvard University Press, 1995.

ECONOMIC COMMISSION FOR LATIN AMERICA AND THE CARIBBEAN (ECLAC). *Fiscal Panorama of Latin America and the Caribbean*. Santiago: United Nations, 2024.

ECONOMIC DEVELOPMENT DIVISION OF THE ECONOMIC COMMISSION FOR LATIN AMERICA AND THE CARIBBEAN (ECLAC). *Fiscal Panorama of Latin America and the Caribbean*. Santiago: United Nations, 2017. Disponível em: https://repositorio.cepal.org/bitstream/handle/11362/41047/1/S1700070_en.pdf. Acesso em: 11 dez. 2019.

EU RANKING: public debt in percent of GDP. *Debtclocks.eu*. Disponível em: http://www.debtclocks.eu/eu-ranking-public-debt-in-percent-of-gdp.html. Acesso em: 10 dez. 2019.

FAGUNDES, Miguel Seabra. *O controle dos atos administrativos pelo Poder Judiciário*. 4. ed. Rio de Janeiro: Forense, 1967.

FALCÃO, Amílcar de Araújo. *Fato gerador da obrigação tributária*. 6. ed. Rio de Janeiro: Forense, 1995.

FALCÃO, Amílcar de Araújo. *Introdução ao direito tributário*. 4. ed. Rio de Janeiro: Forense, 1993.

FANUCCHI, Fábio. *Curso de direito tributário brasileiro*. 4. ed. São Paulo: Saraiva, 1976.

FAO; IFAD; UNICEF; WFP; WHO. *The State of Food Security and Nutrition in the World 2024 – Financing to end hunger, food insecurity and malnutrition in all its forms*. Roma, 2024.

FARIA, José Eduardo. *O direito na economia globalizada*. São Paulo: Malheiros, 2000.

FATO: o BNDES já devolveu mais de R$ 300 bilhões para o Tesouro Nacional. *Agência de Notícias BNDES*, 19 out. 2018. Disponível em: https://agenciadenoticias.bndes.gov.br/detalhe/fatoboato/Fato-O-BNDES-ja-devolveu-mais-de-R$-300-bilhoes-para-o-Tesouro-Nacional/. Acesso em: 3 dez. 2019.

FAYOL, Henri. *Administração industrial e geral*: previsão, organização, comando, coordenação e controle. 10. ed. São Paulo: Atlas, 1994.

FERNANDES, Adriana. Investimento público cai para 1,17% do PIB e atinge o menor nível em 50 anos. *Estadão*, 27 abr. 2018. Disponível em: https://economia.estadao.com.br/noticias/geral,investimento-publico-cai-para-1-17-do-pib-e-atinge-o-menor-nivel-em-50-anos,70002285682. Acesso em: 11 dez. 2019.

FERNANDES, Adriana; RODRIGUES, Eduardo. Gastos do governo federal com saúde e educação caem 3,1% em 2017. *Estadão*, 6 fev. 2018. Disponível em: https://economia.estadao.com.br/noticias/geral,gastos-do-governo-federal-com-saude-e-educacao-caem-3-1-em-2017,70002179425. Acesso em: 11 dez. 2019.

FERNANDES, Adriana. Governo avalia que mercado erra ao desconsiderar impacto do Fundeb no pacote fiscal. *Folha de São Paulo*, Brasília, 23 dez. 2024.

FERNANDES, Angélica Guimarães Torquato; SILVEIRA, Alexandre Coutinho. Receitas públicas. *In*: OLIVEIRA, Régis Fernandes (Coord.). *Lições de direito financeiro*. São Paulo: Revista dos Tribunal, 2015.

FERRARA, Francesco. *A simulação dos negócios jurídicos*. Campinas: Red Livros, 1999.

FERRAZ, Luciano. *Controle da Administração Pública*: elementos para compreensão dos Tribunais de Contas. Belo Horizonte: Mandamentos, 1999.

FERRAZ, Luciano. *Controle e consensualidade*: fundamentos para o controle consensual da Administração Pública – TAG, TAC, SUSPAD, acordos de leniência e instrumentos afins. Belo Horizonte: Fórum, 2019.

FERRAZ, Luciano. Direito administrativo. *In*: MOTTA, Carlos Pinto Coelho (Coord.). *Curso prático de direito administrativo*. 3. ed. Belo Horizonte: Del Rey, 2011.

FERRAZ, Luciano. *Direito municipal aplicado*. Belo Horizonte: Fórum, 2009.

FERRAZ, Luciano. Lei de Reponsabilidade Fiscal e terceirização de mão-de-obra no serviço púbico. *Revista Eletrônica de Direito Administrativo Eletrônica – REDE*, Salvador, n. 8, nov./dez. 2006/jan. 2007. Disponível em: http://www.direitodoestado.com/revista/REDAE-8-NOVEMBRO-2006-LUCIANO%20FERRAZ.pdf.

FERRAZ, Luciano. Lei de Responsabilidade Fiscal e medidas para a redução das despesas de pessoal: perspectiva de respeito aos direitos dos funcionários públicos estáveis. *In*: ROCHA, Valdir de Oliveira. *Aspectos relevantes da Lei de Responsabilidade Fiscal*. São Paulo: Dialética, 2001.

FERRAZ, Luciano. *Novos rumos para o controle da Administração Pública*. Tese (Doutorado) – Faculdade de Direito, Universidade Federal de Minas Gerais, Belo Horizonte, 2003.

FERRAZ, Luciano; ALMEIDA, Thiago Ferreira. Panorama dos programas brasileiros de privatização: trinta anos depois. *In*: DI PIETRO, Maria Sylvia Zanella; MOTTA, Fabrício (Coord.). *O direito administrativo nos 30 anos da Constituição*. Belo Horizonte: Fórum, 2018.

FERRAZ, Luciano; MOTA, Fabrício. Controle externo dos orçamentos públicos: efeitos sobre os contratos administrativos de obras públicas. *In*: CONTI, José Maurício. *Orçamentos públicos*: a Lei 4.320/1964 comentada. São Paulo: Revista dos Tribunais, 2009.

FERREIRA FILHO, Manuel Gonçalves. *Comentários à Constituição brasileira de 1988*. São Paulo: Saraiva, 1993. v. 1.

FERREIRO LAPATZA, José Juan. Tasas y precios públicos: la nueva parafiscalidad. *Revista Española de Derecho Financiero*, n. 64, p. 485-518, 1989.

FINEDUCA; CAMPANHA NACIONAL PELO DIREITO À EDUCAÇÃO; LABORATÓRIO DE DADOS EDUCACIONAIS. *Custo Aluno Qualidade Inicial (CAQi) 2024*: educação com equidade e condições de qualidade para todos/as. Brasília, 2024. Disponível em: https://fineduca.org.br/custo-aluno-qualidade-inicial-caqi-2024/. Acesso em: 17 out. 2024.

FIRJAN. *IFGF 2016* – Índice Firjan de Gestão Fiscal – Ano-Base 2015. Rio de Janeiro: Firjan, 2016. Disponível em: http://www.firjan.com.br/data/files/DE/F0/65/91/B34265107778C955F8A809C2/IFGF-2016-versao-completa.pdf. Acesso em: 18 out. 2016.

FIÚZA, Patricia. Com passivo de 257 obras, Orçamento Participativo terá execução obrigatória a partir de 2023. *G1*, Minas Gerais, 17 nov. 2022. Disponível em: https://g1.globo.com/mg/minas-gerais/noticia/2022/11/17/com-passivo-de-257-obras-orcamento-participativo-tera-execucao-obrigatoria-a-partir-de-2023-em-bh.ghtml. Acesso em: 6 set 2024.

FOREQUE, Flavia; PATU, Gustavo. Gasto público em ensino atinge 6,6% do PIB, mas crise ameaça expansão. *Folha UOL*, 4 abr. 2015. Disponível em: http://www1.folha.uol.com.br/educacao/2015/04/1612236-gasto-publico-em-ensino-atinge-66-do-pib-mas-crise-ameaca-expansao.shtml. Acesso em: 4 out. 2016.

FRANCO, Antônio L. de Sousa. *Finanças públicas e direito financeiro*. 4. ed. Coimbra: Almedina, 1996. v. 1.

FRANZESE, Cibele; PEDROTI, Paula Maciel. Limites e possibilidades do orçamento participativo: para além da retórica. *Revista de Administração Pública – RAP*, v. 39, n. 2, Rio de Janeiro, 2005, p. 207-231.

FRATTARI, Rafhael. As taxas de fiscalização em crise: a culpa é do Supremo Tribunal Federal? *Revista de Direito Administrativo*, v. 261, p. 147-177, set./dez. 2012.

FREITAS JÚNIOR, Efigênio de. O entendimento do STF pela constitucionalidade do acesso do fisco aos dados bancários dos contribuintes e o peso dos compromissos internacionais assumidos pelo Brasil. *In*: MURICI, Gustavo Lanna; CARDOSO, Oscar Valente; RODRIGUES, Raphael Silva. *Estudos de direito processual e tributário em homenagem ao Ministro Teori Zavascki*. Belo Horizonte: D'Plácido, 2018.

FRENTE NACIONAL DE PREFEITOS. Finanças dos municípios do Brasil. *Anuário Multicidades*, Ano 15, 2019.

FRENTE NACIONAL DE PREFEITOS. Finanças dos municípios do Brasil. *Anuário Multicidades*, Ano 18, 2023.

FUNDAÇÃO ABRINQ PELOS DIREITOS DA CRIANÇA E DO ADOLESCENTE. *De olho no orçamento criança*. São Paulo, 2017.

FUNDAÇÃO EBERT STIFTUNG et al. *Austeridade e retrocesso* – Finanças públicas e política fiscal no Brasil. São Paulo: Fórum 21, Plataforma Política Social, 2016.

FUNDAÇÃO TIDE SETÚBAL. *Orçamentos sensíveis a gênero e raça – Um guia prático para Estados e Municípios*. São Paulo, [s.d.], [s.l.].

FURTADO, J. R. Caldas. Créditos adicionais versus transposição, remanejamento ou transferência de recursos. *Jus Navigandi*, Teresina, ano 10, n. 896, dez. 2005. Disponível em: http://jus.com.br/artigos/7715/creditos-adicionais-versus-transposicao-remanejamento-ou-transferencia-de-recursos#ixzz2xXaXoifa. Acesso em: 31 mar. 2014.

FURTADO, J. R. Caldas. *Direito financeiro*. 3. ed. Belo Horizonte: Fórum, 2012.

FURTADO, J. R. Caldas. *Direito financeiro*. 4. ed. Belo Horizonte: Fórum, 2013.

GABARDO, Emerson. *Princípio constitucional da eficiência*. São Paulo: Dialética, 2002.

GALENDI JUNIOR, Ricardo André. *A consideração econômica no Direito Tributário*. São Paulo: IBDT, 2020.

GANDARA, Leonardo. *Sanções políticas e o direito tributário*. Belo Horizonte: D'Plácido, 2015.

GERBELLI, Luiz Guilherme. Brasil caminha para década com crescimento mais fraco em 120 anos. *G1*, 25 mar. 2019. Disponível em: https://g1.globo.com/economia/noticia/2019/03/25/brasil-caminha-para-decada-com-crescimento-mais-fraco-em-120-anos.ghtml. Acesso em: 11 dez. 2019.

GIACOMONI, James. *Orçamento público*. 14. ed. São Paulo: Atlas, 2007.

GIACOMONI, James. Receitas vinculadas, despesas obrigatórias e rigidez orçamentária. *In*: CONTI, José Maurício; SCAFF, Fernando Facury (Coord.). *Orçamentos públicos e direito financeiro*. São Paulo: Revistas dos Tribunais, 2011.

GIAMBIAGI, Fábio; ALÉM, Ana Cláudia. *Finanças públicas*. 4. ed. Rio de Janeiro: Campus Elsevier, 2011.

GIAMBIAGI, Fabio; AVERBUG, André. *A crise brasileira de 1998/1999*: origens e consequências. Rio de Janeiro: BNDES, 2000. Texto para Discussão, n. 77.

GIAMBIAGI, Fábio; VILLELA, André; CASTRO, Lavinia Barros de; HERMANN, Jennifer et al. (Org.). *Economia brasileira contemporânea*: 1945-2010. 2. ed. Rio de Janeiro: Elsevier, 2011.

GIANNETTI, Leonardo Varella. A taxa de incêndio e os conflitos existentes na jurisprudência do STF. *Revista Tributária e de Finanças Públicas*, v. 16, n. 78, p. 144-154, jan./fev. 2008.

GIANNINI, A. D. *Instituzioni di diritto tributario*. Milano: Giuffre, 1968.

GODOI, Marciano Seabra de et al. A doença, o auxílio e as alternativas. *In*: TABOADA, Carlos Palao et al. (orgs.). *Finanças Públicas, Direito Financeiro e Direito Tributário em tempos de pandemia – Diálogos Ibero-americanos*. Belo Horizonte: D'Plácido, 2020. p. 13-45.

GODOI, Marciano Seabra de (Coord.). *Sistema tributário nacional na jurisprudência do STF*. São Paulo: Dialética, 2002.

GODOI, Marciano Seabra de. A figura da fraude à lei tributária na jurisprudência do Supremo Tribunal Federal. *Revista Dialética de Direito Tributário*, São Paulo, n. 79, 2002.

GODOI, Marciano Seabra de. A figura da fraude à lei tributária prevista no parágrafo único do art. 116 do CTN. *Revista Dialética de Direito Tributário*, São Paulo, n. 68, p. 101-123, 2001.

GODOI, Marciano Seabra de. A jurisprudência do Supremo Tribunal Federal e a curiosa diferença de tratamento tributário no transporte de passageiros por vias aérea e terrestre. *Revista de Estudos Institucionais*, v. 2, p. 443-466, 2016.

GODOI, Marciano Seabra de. A Lei Complementar nº 118/05 e o polêmico conceito de "Lei expressamente interpretativa" no direito tributário brasileiro. *Revista Fórum de Direito Tributário*, Belo Horizonte, ano 3, n. 15, p. 75-86, maio/jun. 2005.

GODOI, Marciano Seabra de. A polêmica taxa de extinção de incêndios e a oscilante jurisprudência do Supremo Tribunal Federal: reconstrução crítica de uma longa e confusa trama. *Revista de Direito Internacional Econômico e Tributário – RDIET*, Brasília, v. 15, n. 2, p. 488-536, jul./dez. 2020.

GODOI, Marciano Seabra de. Concentração de renda e riqueza e mobilidade social - A persistente recusa da política tributária brasileira a reduzir a desigualdade. *Revista de Informação Legislativa do Senado Federal*, vol. 50, n. 235, jul./set. 2022, p. 61-74.

GODOI, Marciano Seabra de. Contribuições sociais e de intervenção no domínio econômico: a paulatina desconstrução de sua identidade constitucional. *Revista de Direito Tributário da APET*, n. 15, p. 81-110, 2007.

GODOI, Marciano Seabra de. *Crítica à jurisprudência atual do STF em matéria tributária*. São Paulo: Dialética, 2011.

GODOI, Marciano Seabra de. Decisões judiciais que limitam de forma genérica a multa de ofício a 100% do valor do tributo: desvio e deturpação da jurisprudência do STF. *In*: ROCHA, Valdir de Oliveira (Coord.). *Grandes questões atuais do direito tributário*. São Paulo: Dialética, 2015. v. 19, p. 288-318.

GODOI, Marciano Seabra de. Dois conceitos de simulação e suas consequências para os limites da elisão fiscal. *In*: ROCHA, Valdir de Oliveira (Coord.). *Grandes questões atuais do direito tributário*. São Paulo: Dialética, 2007. v. 11, p. 272-298.

GODOI, Marciano Seabra de. Estudo comparativo sobre o combate ao planejamento tributário abusivo na Espanha e no Brasil: sugestão de alterações legislativas no ordenamento brasileiro. *Revista de Informação Legislativa*, Brasília, n. 194, p. 117-146, abr./ jun. 2012.

GODOI, Marciano Seabra de Godoi. Exercício de Compreensão Crítica do Acórdão do Supremo Tribunal Federal na Ação Direta de Inconstitucionalidade n. 2.446 (2022) e de suas Consequências Práticas sobre o Planejamento Tributário no Direito Brasileiro. *Revista de Direito Tributário Atual*, vol. 52, 3º quadrimestre 2022, p. 465-485.

GODOI, Marciano Seabra de. Extrafiscalidad y sus límites constitucionales. *Revista Internacional de Direito Tributário da ABRADT*, Belo Horizonte, vol. 1, n. 1, jan./jun. 2004, p. 219-262.

GODOI, Marciano Seabra de. Finanças públicas brasileiras: diagnóstico e combate dos principais entraves à igualdade social e ao desenvolvimento econômico. *Revista de Finanças Públicas, Tributação e Desenvolvimento*, vol. 5, n. 5, Rio de Janeiro, dez. 2017, p. 1-41.

GODOI, Marciano Seabra de. Imunidade recíproca e ordem econômica: o caso da cessão do uso de bens imóveis de propriedade dos entes públicos e o IPTU. *In*: ROCHA, Valdir de Oliveira (Coord.). *Grandes questões atuais do direito tributário*. São Paulo: Dialética, 2011. v. 15.

GODOI, Marciano Seabra de. Interpretação do direito tributário. *In*: ROCHA, Sergio André (Coord.). *Curso de direito tributário*. São Paulo: Quartier Latin, 2012.

GODOI, Marciano Seabra de. *Justiça, igualdade e direito tributário*. São Paulo: Dialética, 1999.

GODOI, Marciano Seabra de. Legalidade tributária: duas visões e suas respectivas consequências - Comentários aos acórdãos do STF no RE 1.043.313 e na ADI 5.277. *In*: VII Congresso Brasileiro de Direito Tributário Atual IBDT ADJUFE AJUFESP DEF FD-USP, 2021, São Paulo. *Anais do VII Congresso Brasileiro de*

*Direito Tributário Atual - Consistência decisória em matéria tributária nos tribunais superiores: aspectos materiais e processuais*. São Paulo: IBDT, 2021. p. 108-122.

GODOI, Marciano Seabra de. No epicentro da pandemia, no meio do redemoinho. *In*: MACHADO SEGUNDO, Hugo *et al.* (orgs.). *A pandemia da COVID-19 no Brasil em sua dimensão financeira e tributária*. Belo Horizonte: D'Plácido, 2020. p. 165-184.

GODOI, Marciano Seabra de. Nosso sistema tributário é *ótimo*. Ótimo para os interesses daqueles contribuintes que têm poder suficiente para definir as *regras concretas* de nosso sistema tributário. *In*: XAVIER, Bianca Ramos *et al.* (orgs.). *Estado, Igualdade e Justiça – Estudos em Homenagem ao Professor Ricardo Lodi*. Rio de Janeiro: Lumen Juris, 2022. p. 261-270.

GODOI, Marciano Seabra de. Nova legislação do Fundo de Participação dos Estados (LC 143/2013): a curiosa resposta do Congresso Nacional às determinações do Supremo Tribunal Federal. *In*: DERZI, Misabel Abreu Machado *et al.* (Coord.). *Estado Federal e tributação*: das origens à crise atual. Belo Horizonte: Arraes, 2015. v. 1.

GODOI, Marciano Seabra de. O déficit da Previdência Social sob a ótica da Constituição Federal. *Revista Fórum de Direito Tributário*, v. 26, p. 169-181, 2007.

GODOI, Marciano Seabra de; CIRILO, Simone Bento Martins. O inédito diálogo institucional e federativo que vem conduzindo a concretização normativa da regra constitucional da seletividade de alíquotas do ICMS. *Revista Direito Tributário Atual*, Vol. 55, São Paulo, 3º quadrimestre 2023, p. 415-436.

GODOI, Marciano Seabra de. O quê e o porquê da tipicidade tributária. *In*: RIBEIRO, Ricardo Lodi; ROCHA, Sergio André (coords.). *Legalidade e tipicidade no direito tributário*. São Paulo: Quartier Latin, 2008. p. 72-99.

GODOI, Marciano Seabra de. O que está em jogo com a afirmação de que o pagamento de tributos é um dever fundamental? *In*: GODOI, Marciano Seabra de; ROCHA, Sergio André. (Org.). *O dever fundamental de pagar impostos* – O que realmente significa e como vem influenciando nossa jurisprudência? Belo Horizonte: D'Plácido, 2017.

GODOI, Marciano Seabra de. O Superior Tribunal de Justiça e a aplicação do Tratado Brasil-Suécia para evitar a dupla tributação da renda: crítica ao acórdão do Recurso Especial 429.945. *Revista Dialética de Direito Tributário*, vol.189, p. 95-101, 2011.

GODOI, Marciano Seabra de. O tratamento agravado das instituições financeiras na legislação das contribuições sociais sobre o lucro e sobre a folha de salários e demais rendimentos do trabalho *In*: PAULSEN, Leandro; CARDOSO, Alessandro Mendes (Coord.). *Contribuições previdenciárias sobre a remuneração*. Porto Alegre: Livraria do Advogado, 2013. p. 67-80.

GODOI, Marciano Seabra de. Os tratados ou convenções internacionais para evitar a dupla tributação e sua hierarquia normativa no direito brasileiro. *In*: SCHOUERI, Luís Eduardo (Org.). *Direito tributário*: homenagem a Alcides Jorge Costa. São Paulo: Quartier Latin, 2003. v. 2.

GODOI, Marciano Seabra de. Proteção da segurança jurídica e guinadas jurisprudenciais em matéria tributária: análise da doutrina atual e de alguns casos recentes. *In*: ROCHA, Valdir de Oliveira (Org.). *Grandes questões atuais do direito tributário*. São Paulo: Dialética, 2012. v. 16.

GODOI, Marciano Seabra de. *Questões atuais do direito tributário na jurisprudência do STF*. São Paulo: Dialética, 2006.

GODOI, Marciano Seabra de. Seletividade e ICMS: para onde a Constituição de 1988 apontou e para onde a política fiscal dos Estados realmente nos conduziu. *In*: COÊLHO, Sacha Calmon Navarro (Coord.). *Código Tributário Nacional 50 anos*. Estudos em Homenagem à Professora Misabel Abreu Machado Derzi. Belo Horizonte: Fórum, 2016. p. 427-443.

GODOI, Marciano Seabra de. Taxas. *In*: GODOI, Marciano Seabra de (Coord.). *Sistema tributário nacional na jurisprudência do STF*. São Paulo: Dialética, 2002.

GODOI, Marciano Seabra de. Transparencia y participación ciudadana en la política fiscal de la federación brasileña: estado actual. *Revista Debates de Derecho Tributario y Financiero*, Buenos Aires, ano 4, vol. 10, abr. 2024, p. 340-372.

GODOI, Marciano Seabra de. Tributação e orçamento nos 25 anos da Constituição de 1988. *Revista de Informação Legislativa*, Brasília, ano 50, n. 200, p. 137-151, out./dez. 2013.

GODOI, Marciano Seabra de. Uma proposta de compreensão e controle dos limites da elisão fiscal no direito brasileiro: estudo de casos. *In*: YAMASHITA, Douglas (Org.). *Planejamento tributário à luz da jurisprudência*. São Paulo: Lex, 2007.

GODOI, Marciano Seabra de; ALVES, Marina Vitório. A decisão administrativa irreformável. *In*: LEITE, Geilson Salomão (Org.). *Extinção do crédito tributário*: homenagem ao Professor José Souto Maior Borges. Belo Horizonte: Fórum, 2013.

GODOI, Marciano Seabra de; CARDOSO, Alessandro Mendes. Princípio do não-confisco. *In*: GODOI, Marciano Seabra de (Coord.). *Sistema Tributário Nacional na jurisprudência do STF*. São Paulo: Dialética, 2002.

GODOI, Marciano Seabra de; CASTRO JÚNIOR, Paulo Honório de. Considerações críticas sobre a nova taxa de controle, monitoramento e fiscalização das atividades de mineração em Minas Gerais (Lei Estadual nº 19.976, de 2011). *Revista Dialética de Direito Tributário*, n. 209, p. 108-123, fev. 2013.

GODOI, Marciano Seabra de; CIRILO, Simone Bento Martins. O Inédito Diálogo Institucional e Federativo que vem conduzindo a Concretização Normativa da Regra Constitucional da Seletividade de Alíquotas do ICMS. *Revista Direito Tributário Atual*, São Paulo, vol. 55, p. 415-436, 2023.

GODOI, Marciano Seabra de; DANDE, João Victor Araújo. Será mesmo o tributo uma restrição a direitos fundamentais? *Revista Direito Tributário Atual*, n. 50, ano 40, São Paulo: IBDT, 2022, p. 305-324.

GODOI, Marciano Seabra de; FERRAZ, Andréa Karla. Planejamento tributário e simulação: estudo e análise dos casos Rexnord e Josapar. *Revista Direito GV*, v. 8, n. 1, p. 359-379, jan./jun. 2012.

GODOI, Marciano Seabra de; FURMAN, Melody Araújo Pinto. Apontamentos sobre o direito ao mínimo existencial na obra de Ricardo Lobo Torres. *In*: ROCHA, Sergio André; TORRES, Silvia Faber. *Direito Financeiro e Tributário na obra de Ricardo Lobo Torres*. Belo Horizonte: Arraes, 2020. p. 329-340.

GODOI, Marciano Seabra de; FURMAN, Melody Araújo Pinto. Os Estados e o Distrito Federal podem cobrar o imposto sobre heranças e doações em situações internacionais antes da edição da lei complementar prevista na Constituição? *Revista de Direito Internacional Econômico e Tributário*, vol. 13, n. 1, 2018, p. 1-44.

GODOI, Marciano Seabra de; RESENDE, Flávia de Araujo; ROSA, Karina Perdigão. Imunidades. *In*: GODOI, Marciano Seabra de (Coord.). *Sistema Tributário Nacional na jurisprudência do STF*. São Paulo: Dialética, 2002. p. 197-219.

GODOI, Marciano Seabra de; REZENDE, Elisângela Oliveira de. Financiamento da educação básica, o novo Fundeb e as expectativas geradas pela Emenda Constitucional 108/2020. *In*: SCAFF, Fernando Facury; ROCHA, Sergio André; MURICI, Gustavo Lanna (org.). *Interseções entre o direito financeiro e o direito tributário*. Belo Horizonte: D'Plácido, 2021. p. 591-628.

GODOI, Marciano Seabra de; SALIBA, Luciana Goulart Ferreira. Interpretação e aplicação da lei tributária. *In*: MACHADO, Hugo de Brito (Coord.). *Interpretação e aplicação da lei tributária*. São Paulo: Dialética, 2010.

GODOI, Marciano Seabra de; SANTIAGO, Myrian Passos; FIGUEIREDO, Flávia Caldeira Brant Ribeiro de. Conceito de tributo. *In*: GODOI, Marciano Seabra de (Coord.). *Sistema Tributário Nacional na jurisprudência do STF*. São Paulo: Dialética, 2002.

GODOI, Marciano Seabra de; TEIXEIRA, Alessandra Machado Brandão. Ficções e presunções tributárias. *In*: GODOI, Marciano Seabra de (Coord.). *Sistema Tributário Nacional na jurisprudência do STF*. São Paulo: Dialética, 2002. p. 170-184.

GODOI, Marciano Seabra de; VIOTTI, Cristiano Augusto Ganz. Legalidade tributária. *In*: GODOI, Marciano Seabra de (Coord.). *Sistema Tributário Nacional na jurisprudência do STF*. São Paulo: Dialética, 2002.

GOMES, Orlando. *Introdução ao direito civil*. Rio de Janeiro: Forense, 1977.

GONDIM, Abnor; BERBERT, Lúcia. Impactos da extinção dos fundos setoriais são desconhecidos. *Tele.síntese*, 11 nov. 2019. Disponível em: http://www.telesintese.com.br/impactos-da-extincao-dos-fundos-setoriais-sao-desconhecidos/. Acesso em: 12 dez. 2019.

GORDILLO, Agustin. *Problemas del control de la Administración Pública en América Latina*. Madrid: Civitas, 1981.

GOUVÊA, Marcos de Freitas. *A Extrafiscalidade no Direito Tributário*. Belo Horizonte: Del Rey, 2006.

GRAU, Eros Roberto. *A ordem econômica na Constituição de 1988*. São Paulo: Malheiros, 2006.

GRECO, Marco Aurelio. *Contribuições*: uma figura "sui generis". São Paulo: Dialética, 2000.

GRECO, Marco Aurelio. *Planejamento fiscal e interpretação da lei tributária*. São Paulo: Dialética, 1998.

GRECO, Marco Aurelio. *Planejamento tributário*. 4. ed. São Paulo: Dialética, 2011.

GRECO, Marco Aurelio; GODOI, Marciano Seabra de (Coord.). *Solidariedade social e tributação*. São Paulo: Dialética, 2005.

GRIZIOTTI, Benvenuto. *Principios de política, derecho y ciencia de la hacienda*. Madri: Reus, 1935.

GRIZIOTTI, Benvenuto. *Studi di scienza delle finanze e diritto finanziario*. 2. ed. Milano: Giuffre, 1956.

GUALAZZI, Eduardo Lobo Botelho. *Regime jurídico dos Tribunais de Contas*. São Paulo: Revista dos Tribunais, 1992.

GUIMARÃES, Carlos da Rocha. Direito tributário: direito fiscal. *In*: SANTOS, João Manoel de Carvalho (Coord.). *Repertório enciclopédico do direito brasileiro*. Rio de Janeiro: Borsoi, [s.d.]. v. 18.

GULLINO, Daniel. Destino de emendas foi transparente em apenas 15% de ONGs analisadas, aponta CGU. *O Globo*, Política, Brasília, 3 jan. 2025. Acesso em: 3 jan. 2025. Disponível em: https://oglobo.globo.com/politica/noticia/2025/01/03/destino-de-emendas-foi-transparente-em-apenas-15percent-de-ongs-analisadas-aponta-cgu.ghtml.

GUTMAN, José. *Tributação e outras obrigações na indústria do petróleo*. Rio de Janeiro: Freitas Bastos, 2007.

HABER, Michel *et al*. Despesa pública. *In*: OLIVEIRA, Régis Fernandes (Coord.). *Lições de direito financeiro*. São Paulo: Revista dos Tribunais, 2015.

HARADA, Kiyoshi. Orçamento impositivo. Exame da PEC nº 565/06. *Âmbito Jurídico*, Rio Grande, XVI, n. 116, set. 2013. Disponível em: http://www.ambitojuridico.com.br/site/?n_link=revista_artigos_leitura&artigo_id=13623. Acesso em: 2 abr. 2014.

HAURIOU, Maurice. *Principios de derecho público y constitucional*. 2. ed. Tradução de Carlos Ruiz del Castillo. Madrid: Instituto Editorial Reus, [s.d.].

HESSEL, Rosana. Gastos com pessoal e Previdência crescem 4,7% em 2018 e somam R$ 907,3 bi. *Correio Braziliense*, Economia, Brasília, 30 jan. 2019. Disponível em: https://www.correiobraziliense.com.br/app/noticia/economia/2019/01/30/internas_economia,734159/gastos-com-pessoal-e-previdencia-crescem-4-7-em--2018-e-somam-r-907-3.shtml. Acesso em: 15 dez. 2019.

HESSEL, Rosana. Guedes volta a afirmar que a economia está se recuperando em V. *Correio Braziliense*, Economia, Brasília, 6 nov. 2020. Disponível em: https://www.correiobraziliense.com.br/economia/2020/11/4887195-guedes-volta-a-afirmar-que-economia-esta-se-recuperando-em-v.html. Acesso em: 3 ago. 2024.

HORVATH, Estevão. A Constituição e a Lei Complementar nº 101/2000 – Lei de Responsabilidade Fiscal: algumas questões. *In*: ROCHA, Valdir de Oliveira (Coord.). *Aspectos relevantes da Lei de Responsabilidade Fiscal*. São Paulo: Dialética, 2001.

HOUAISS, Antonio; VILLAR, Mauro de Salles. *Dicionário Houaiss da língua portuguesa*. Rio de Janeiro: Objetiva, 2001.

ICHIARA, Yoshiaki. Taxas no sistema tributário brasileiro. *Cadernos de Direito Tributário e Finanças Públicas*, São Paulo, n. 25, p. 175-184, 1998.

IKONEN, Pasi; LEHMUS, Markku. Fiscal policy and debt sustainability in the euro area since the COVID-19 pandemic and energy crisis. *Bank of Finland Bulletin*, 3 maio 2024. Disponível em: https://www.bofbulletin.fi/en/2024/1/fiscal-policy-and-debt-sustainability-in-the-euro-area-since-the-covid-19-pandemic-and-energy-crisis/. Acesso em: 22 jul. 2024.

IMF. *World Economic Outlook Update, June 2020*. Disponível em: https://www.imf.org/en/Publications/WEO/Issues/2020/06/24/WEOUpdateJune2020. Acesso em: 04 ago. 2020.

INTERNATIONAL BUDGET PARTNERSHIP. *Open Budget Survey*. [s.l.], International Budget Partnership, 2017.

INSTITUIÇÃO FISCAL INDEPENDENTE. 5. Tópico especial: receitas disponíveis por níveis de governo 2002-2017. *Relatório de Acompanhamento Fiscal*, jul. 2018. Disponível em: https://www2.senado.leg.br/bdsf/bitstream/handle/id/543844/RAF18_JUL2018_TopicoEspecial_Receitas.pdf. Acesso em: 14 dez. 2019.

INSTITUTO DE PESQUISA ECONÔMICA APLICADA – IPEA. *A década inclusiva (2001-2011)*: desigualdade, pobreza e políticas de renda. Brasília: Ipea, 2012. Comunicado n. 155.

INSTITUTO DE PESQUISA ECONÔMICA APLICADA – IPEA. *Receita pública*: quem paga e como se gasta no Brasil. Brasília: Ipea, 2009. Comunicado da Presidência; n. 22. Disponível em: http://agencia.ipea.gov.br/images/stories/PDFs/comunicado/090630_comunicadoipea22.pdf.

INSTITUTO DE PESQUISA ECONÔMICA APLICADA – IPEA. *Atlas do Estado Brasileiro*, 2024. Disponível em: https://www.ipea.gov.br/atlasestado/. Acesso em 26 jul. 2024.

INTERNATIONAL FISCAL ASSOCIATION – IFA. Évasion fiscale: fraude fiscale. *Cahiers de Droit Fiscal International*, Haia, v. 68a, 1983.

INTERNATIONAL FISCAL ASSOCIATION – IFA. Form and Substance in Tax Law. *Cahiers de Droit Fiscal International*, Haia, v. 87a, 2002.

INTERNATIONAL MONETARY FUND. *Fiscal Monitor*: Policies for the Recovery. Washington, October 2020.

JACOBY FERNANDES, Jorge Ulisses. Limites à revisibilidade judicial das decisões dos Tribunais de Contas. *Revista do Tribunal de Contas do Estado de Minas Gerais*, Belo Horizonte, v. 27, n. 2, p. 69-89, abr./jun. 1998.

JÁCOME, Márcia L.; VILLELA, Shirley. *Orçamentos Sensíveis a Gênero – Vol. 1*. Programa Orçamentos Sensíveis a Gênero ONU Mulheres, Brasília, 2012.

JANCZESKI, Celio Armando. *Taxas*: doutrina e jurisprudência. Curitiba: Juruá, 1999.

JARACH, Dino. *O fato imponível*: teoria geral do direito tributário. São Paulo: Revista dos Tribunais, 1989.

JARDIM, Eduardo Maciel Ferreira. *Manual de direito financeiro e tributário*. 10. ed. São Paulo: Saraiva, 2009.

JEAN, Jean-Paul; JORRY, Hélène. *Judicial Systems of the European Union Countries – Analysis of data by the European Commission for the Efficiency of Justice (CEPEJ) Council of Europe*, Council of Europe, 2013.

KOHAMA, Heilio. *Contabilidade pública*: teoria e prática. 10. ed. São Paulo: Atlas, 2008.

JUNQUEIRA, Gabriel; ORAIR, Rodrigo. *Despesas com pessoal ativo na federação brasileira (2002-2020)*. Nota Técnica n. 58, IPEA, 2022.

KUPFER, José Paulo. BC avalia que fim do auxílio emergencial terá impacto negativo no consumo. *UOL*, 24 set. 2020. Disponível em: https://economia.uol.com.br/colunas/jose-paulo-kupfer/2020/09/24/bc-avalia-que-fim-do-auxilio-emergencial-tera-impacto-negativo-no-consumo.htm. Acesso em: 8 nov. 2020.

LARA, Daniela Silveira. *Contribuições de Intervenção no Domínio Econômico (CIDE)*. Pressupostos aplicados à Cide dos serviços de telecomunicações. São Paulo: Almedina, 2019.

LARENZ, Karl. *Metodología de la ciencia del derecho*. Tradução de Marcelino Rodríguez Molinero da última edição alemã de 1991. Barcelona: Ariel, 1994.

LEÃO, Martha Toribio. *O direito fundamental de economizar tributos*: entre legalidade, liberdade e solidariedade. São Paulo: Malheiros, 2018.

LIRA, Roberto de. Ata do Copom: mercado de trabalho e atividade tem divergido do esperado. *Infomoney*, São Paulo, 25 jun. 2024. Disponível em: https://www.infomoney.com.br/economia/ata-do-copom-mercado-de-trabalho-e-atividade-tem-divergido-do-esperado/. Acesso em: 6 ago. 2024.

LOPES, Alfredo Cecílio. *Ensaio sobre o Tribunal de Contas*. São Paulo: [s.n.], 1947.

LOPES, Letícia *et al*. Governo estima perda de até R$ 100 bilhões com renegociação de dívidas dos estados. *O Globo*, Brasília, 15 jan. 2025.

LUHMANN, Niklas. La Costituzione come acquisizione evolutiva. *In*: ZAGREBELSKY, Gustavo; PORTINARO, Píer Paolo; LUTHER, Jörg. *Il futuro della Costituzione*. Torino: Einaudi, 1996. p. 83-128.

MACIEL, Everardo. Tributação e a guerra das palavras. *Blog do Noblat*, Metrópoles, 5 out. 2023. Disponível em: https://www.metropoles.com/blog-do-noblat/artigos/tributacao-e-a-guerra-das-palavras-por-everardo-maciel. Acesso em: 12 fev. 2024.

MACHADO JR., J. Teixeira; REIS, Heraldo da Costa. *A Lei nº 4.320 comentada*. Rio de Janeiro: Ibam, 1997.

MACHADO JR., J. Teixeira; REIS, Heraldo da Costa. *A Lei nº 4.320 comentada*. 30. ed. Rio de Janeiro: Ibam, 2000/2001.

MACHADO SEGUNDO, Hugo de Brito. *Código Tributário Nacional*. São Paulo: Atlas, 2007.

MACHADO SEGUNDO, Hugo de Brito. *Reforma Tributária comentada e comparada – Emenda Constitucional 132, de 20 de dezembro de 2023*. São Paulo: Atlas, 2024.

MACHADO SEGUNDO, Hugo de Brito. *Repetição do tributo indireto*: incoerências e contradições. São Paulo: Malheiros, 2011.

MACHADO SEGUNDO, Hugo de Brito *et al*. (orgs.). A pandemia da COVID-19 no Brasil em sua dimensão financeira e tributária. Belo Horizonte: D'Plácido, 2020.

MACHADO SEGUNDO, Hugo de Brito. Ciência do Direito Tributário, Economia Comporta mental e Extrafiscalidade. *Revista Brasileira de Políticas Públicas*, vol. 8, n. 2, ago. 2018, p. 640-659.

MACHADO, Hugo de Brito (Coord.). *Imunidade tributária do livro eletrônico*. 2. ed. São Paulo: Atlas, 2003.

MACHADO, Hugo de Brito. *Comentários ao Código Tributário Nacional*. São Paulo: Atlas, 2004. v. II.

MACHADO, Hugo de Brito. *Curso de direito tributário*. 31. ed. São Paulo: Malheiros, 2010.

MADEIRO, Carlos; DESIDÉRIO, Mariana. Puxada por Auxílio Brasil inflado, renda do brasileiro subiu 6,9% em 2022. *UOL Economia*, São Paulo, 11 maio 2023. Disponível em: https://economia.uol.com.br/noticias/redacao/2023/05/11/pnad-2022.htm. Acesso em: 4 ago. 2024.

MAGALHÃES, Álvaro. Planejamento e Orçamento Participativo: do caso de Porto Alegre a apontamentos para um sistema nacional. *Boletim de Análise Político-Institucional*, n. 34, [s.l.], mar. 2023, p. 81-88.

MAGALHÃES, José Luiz Quadros. *Direito constitucional*. Belo Horizonte: Mandamentos, 2002.

MARTÍN QUERALT, Juan. Tasas y precios públicos. *Revista de Hacienda Autonómica y Local*, n. 58.

MARTÍN QUERALT, Juan; LOZANO SERRANO, Carmelo. *Curso de derecho financiero y tributario*. 2. ed. Madrid: Tecnos, 1991.

MARTINHO, Jorge Eduardo de Souza. Compliance tributário no mundo e a experiência brasileira – Estudos baseados na teoria do contrato fiscal, na cultura tributária e na moral tributária. Belo Horizonte: Arraes, 2023.

MARTINHO, Jorge Eduardo de Souza. Os programas brasileiros de compliance tributário sob a perspectiva da isonomia enquanto direito fundamental. *Revista Direito Tributário Atual*, São Paulo, vol. 46, 3º quadrimestre 2020, p. 236-262.

MARTINS, Ives Gandra da Silva (Coord.). *Direitos fundamentais do contribuinte*. São Paulo: Revista dos Tribunais/Centro de Extensão Universitária, 2000.

MARTINS, Ives Gandra da Silva (Coord.). *Elisão e evasão fiscal*. São Paulo: Resenha Tributária, 1988. Caderno de Pesquisas Tributárias, n. 13.

MARTINS, Ives Gandra da Silva. Art. 138. *In*: NASCIMENTO, Carlos Valder (Org.). *Comentários ao Código Tributário Nacional*. Rio de Janeiro: Forense, 1997.

MARTINS, Ives Gandra da Silva. Contribuições sociais para o sistema "S" – Constitucionalização da imposição por força do artigo 240 da Lei Suprema – Recepção pela nova ordem do artigo 577 da CLT. *Revista Dialética de Direito Tributário*, n. 57, jun. 2000.

MARTINS, Ives Gandra da Silva. *In*: NASCIMENTO, Carlos Valder (Org.). *Comentários ao Código Tributário Nacional*. Rio de Janeiro: Forense, 1997.

MARTINS, Ives Gandra da Silva. *Teoria da imposição tributária*. 2. ed. São Paulo: LTr, 1998.

MAXIMILIANO, Carlos. *Hermenêutica e aplicação do direito*. 16. ed. Rio de Janeiro: Forense, 1997.

MÁXIMO, Wellton. Carga tributária sobe em 2018 e atinge 33,58% do PIB, estima Tesouro. *Agência Brasil*, 28 mar. 2019. Disponível em: http://agenciabrasil.ebc.com.br/economia/noticia/2019-03/carga-tributaria--sobe-em-2018-e-atinge-3358-do-pib-estima-tesouro. Acesso em: 12 dez. 2019.

MÁXIMO, Wellton. Insuficiência para cumprir regra de ouro em 2020 chega a R$134,1 bi. *Agência Brasil*, 27 jul. 2019. Disponível em: http://agenciabrasil.ebc.com.br/economia/noticia/2019-07/insuficiencia-para-cumprir-regra-de-ouro-em-2020-chega-r-1341-bi. Acesso em: 12 dez. 2019.

MEDAUAR, Odete. *Controle da Administração Pública*. 2. ed. São Paulo: Revista dos Tribunais, 2012.

MEDAUAR, Odete. *Controle da Administração Pública*. São Paulo: Revista dos Tribunais, 1993.

MEIRA, Laíne *et al*. Despesas obrigatórias e discricionárias no Brasil. *Boletim Economia Empírica*, vol. III, n. XI, 2022, p. 54-60.

MEIRELLES, Hely Lopes. *Direito Municipal Brasileiro*. 6. ed. atualizada por Izabel C. L. Monteiro e Yara D. P. Monteiro. São Paulo: Malheiros, 1993.MELLO, Celso Antônio Bandeira de. *Elementos de Direito Administrativo*. São Paulo: RT, 1980.

MELO, João Paulo Fanucchi de Almeida. *Princípio da capacidade contributiva*. São Paulo: Quartier Latin, 2012.

MENDES, Marcos; TOLLINI, Hélio. É assim em todo lugar? Emendas parlamentares no Brasil e em 11 países da OCDE. *Insper*, São Paulo, 2024.

MENDES, Marcos. A despesa federal em educação: 2004-2014. *Boletim Legislativo*, n. 26, 2015. Disponível em: https://www12.senado.leg.br/publicacoes/estudos-legislativos/tipos-de-estudos/boletins-legislativos/bol26. Acesso em: 4 out. 2016.

MENDES, Marcos; MIRANDA, Rogério B.; COSIO, Fernando B. *Transferências intergovenamentais no Brasil*: diagnóstico e proposta de reforma. Brasília: Consultoria Legislativa do Senado Federal, Coordenação de Estudos, 2008. Texto para Discussão, n. 40.

MENDONÇA, Tiago de Almeida. *O caso Funrural e o diálogo institucional na contemporaneidade brasileira*. Orientador: Marciano Seabra de Godoi. Dissertação (Mestrado) – Programa de Pós-Graduação em Direito, PUC Minas, Belo Horizonte, 2018.

MILITÃO, Eduardo. Metade dos juízes do país ganha mais do que ministros do STF. *UOL Notícias*, Brasília, 23 jul. 2023. Disponível em: https://noticias.uol.com.br/politica/ultimas-noticias/2023/07/23/metade-dos-juizes-do-pais-ganha-mais-do-que-os-ministros-do-stf.htm. Acesso em: 26 jul. 2024.

MODIANO, Eduardo. Um balanço da privatização nos anos 90. *In*: PINHEIRO, Armando Castelar; FUKASAKU, Kiichiro (Ed.). *A privatização no Brasil*: o caso dos serviços de utilidade pública. Rio de Janeiro: Banco Nacional de Desenvolvimento Econômico e Social – BNDES; Ministério do Desenvolvimento, Indústria e Comércio Exterior, 2000.

MONTEBELLO, Marianna. O Tribunal de Contas e o controle das finanças públicas. *Revista do Tribunal de Contas de Minas Gerais*, Belo Horizonte, v. 31, n. 2, p. 139-235, abr./jun. 1999.

MORAES, Bernardo Ribeiro de. *Doutrina e prática das taxas*. São Paulo: Quartier Latin, 2007.

MORAIS, Alexandre de. *Direito constitucional*. 30. ed. São Paulo: Atlas, 2014.

MOREIRA NETO, Diogo de Figueiredo. *Considerações sobre a Lei de Responsabilidade Fiscal*: finanças públicas democráticas. Rio de Janeiro: Renovar, 2001.

MOREIRA, André Mendes. *A não-cumulatividade dos tributos*. 2. ed. São Paulo: Noeses, 2012.

MOREIRA, Bernardo Motta. *Controle do lançamento tributário pelos Conselhos de Contribuintes*: aspectos polêmicos do processo administrativo fiscal. Rio de Janeiro: Lumen Juris, 2013.

MORONI, José Antônio; RIBEIRO, Cristiane da Silva. PPA participativo: un novo patamar de participação? *Nexo*, [s.l.], 2 set. 2023. Disponível em: https://www.nexojornal.com.br/ensaio/2023/09/03/PPA-participativo-um-novo-patamar-de-participação. Acesso em: 11 out. 2023.

MOSCHETTI, Francesco. *El principio de capacidad contributiva*. Madrid: Instituto de Estudios Fiscales, 1980.

MOTTA, Carlos Pinto Coelho et al. *Responsabilidade fiscal*. Belo Horizonte: Del Rey, 2000.

MOTTA, Carlos Pinto Coelho; SANTANA, Jair; FERRAZ, Luciano. *Lei de Responsabilidade Fiscal*: abordagens pontuais. Belo Horizonte: Del Rey, 2000.

NABAIS, José Casalta. *Direito Fiscal*. 11. ed. Coimbra: Almedina, 2019.

NERI, Marcelo. *A nova classe média*: o lado brilhante da base da pirâmide. São Paulo: Saraiva, 2011.

NERI, Marcelo; HECKSHER, Marcos. *A Montanha-Russa da Pobreza*. Rio de Janeiro, jun. 2022, FGV Social.

NERI, Marcelo; HECKSHER, Marcos. *Mapa da Nova Pobreza*. Rio de Janeiro, jun. 2022, FGV Social.

NERI, Marcelo. *Mapa da Riqueza no Brasil*. Rio de Janeiro, fev. 2023, FGV Social.

NIEBUHR, Joel de Menezes. O erro grosseiro: análise crítica do Acórdão nº 2.391/2018 do TCU. *Blog Zênite*, 14 nov. 2018. Disponível em: https://www.zenite.blog.br/o-erro-grosseiro-analise-critica-do-acordao-no-2-3912018-do-tcu/. Acesso em: 28 jan. 2020.

NOGUEIRA, Johnson Barbosa. *A interpretação econômica no direito tributário*. São Paulo: Resenha Tributária, 1982.

NOGUEIRA, Ruy Barbosa. *Curso de direito tributário*. 12. ed. São Paulo: Saraiva, 1994.

NOGUEIRA, Ruy Barbosa. *Da interpretação e da aplicação das leis tributárias*. 2. ed. São Paulo: Revista dos Tribunais, 1965.

NUNES, José de Castro. *Teoria e prática do Poder Judiciário*. Rio de Janeiro: Forense, 1943.

OCDE; CEPAL; CIAT. *Estadísticas tributarias en América Latina 1990-2012*. Paris: OCDE Publishing, 2014.

OECD. *Education at a Glance 2021*: OECD Indicators. Paris: OECD Publishing, 2021.

OECD. *Fiscal Sustainability of Health Systems*: How to Finance More Resilient Health Systems When Money Is Tight?. OECD Publishing, Paris, 2024.

OECD. *Revenue Statistics 2015*. Paris: OECD Publishing, 2015.

OECD. *Revenue Statistics in Latin America and the Caribbean 1990-2014*. Paris: OECD Publishing, 2016.

OECD. *Revenue Statistics. Tax Revenue Buoyancy in OECD Countries 1965-2022*. Paris: OECD Publishing, 2023.

OECD. *Revenue Statistics in Latin America and the Caribbean 1990-2022*. Paris: OECD Publishing, 2024.

OLIVEIRA, Fabrício Augusto de. *A evolução da estrutura tributária e do fisco brasileiro*: 1889-2009. Brasília: Ipea, 2010. Texto para Discussão, n. 1469.

OLIVEIRA, Fabrício Augusto de. *Economia e política das finanças públicas no Brasil*. São Paulo: Hucitec, 2009.

OLIVEIRA, Iara P.; MORONI, José A.; BECHIN, Nathalie; MENDES, Elisa R. (orgs.). *Orçamento & Direitos*. INESC, Brasília, 2017.

OLIVEIRA, Iara P.; MORONI, José A.; BECHIN, Nathalie (orgs.). *Metodologia Orçamento & Direitos – Referenciais Políticos e Teóricos*. INESC, Brasília, 2017.

OLIVEIRA, José Marcos Domingues de. As contribuições parafiscais no sistema tributário nacional e a moralidade fiscal. *In*: REZENDE, Condorcet (Org.). *Estudos tributários*. [s.l.]: [s.n.], 1999.

OLIVEIRA, José Marcos Domingues de. *Direito Tributário e Meio Ambiente*. Rio de Janeiro: Renovar, 1995.

OLIVEIRA, Kelly. Brasil gasta 6% do PIB em educação, mas desempenho escolar é ruim. *Agência Brasil*, 6 jul. 2018. Disponível em: http://agenciabrasil.ebc.com.br/educacao/noticia/2018-07/brasil-gasta-6-do-pib-em-educacao-mas-desempenho-escolar-e-ruim. Acesso em: 10 dez. 2019.

OLIVEIRA, Regis Fernandes de. *Curso de direito financeiro*. 2. ed. São Paulo: Revista dos Tribunais, 2008.

OLIVEIRA, Regis Fernandes de. *Curso de direito financeiro*. 4. ed. São Paulo: Revista dos Tribunais, 2011.

OLIVEIRA, Regis Fernandes de. *Responsabilidade fiscal*. 2. ed. São Paulo: Revista dos Tribunais, 2002.

OLIVEIRA, Valéria Rezende de. O processo de participação social nos planos plurianuais do governo federal. *Experiências de participação institucionalizada*, Universidade Federal de Minas Gerais, Belo Horizonte, 2013, p. 20-46.

OXFAM BRASIL. *A distância que nos une*. São Paulo: Oxfam Brasil, 2017.

PALAO TABOADA, Carlos. El fraude a la ley en derecho tributario. *Revista de Derecho Financiero y Hacienda Pública*, Madrid, n. 63, p. 677-695, 1966.

PALAO TABOADA, Carlos et al. (orgs.). Finanças públicas, direito financeiro e direito tributário em tempos de pandemia – Diálogos Ibero-americanos. Belo Horizonte: D'Plácido, 2020.

PALMA, Juliana Bonacorsi de. Quem é o 'administrador médio' do TCU? *Jota*, 22 ago. 2018. Disponível em: https://www.jota.info/opiniao-e-analise/colunas/controlepublico/quem-e-o-administrador-medio-do-tcu-22082018. Acesso em: 10 dez. 2019.

PAMPLONA, Nicola. Governo só usa 21,28% da receita com *royalties*. Estadão, 31 ago. 2009. Disponível em: http://www.estadao.com.br/noticias/impresso,governo-so-usa-21-28-da-receita-com-royalties,427185,0.htm. Acesso em: 4 mar. 2014.

PANZARINI, Clóvis. Equilíbrio federativo. *O Estado de S. Paulo*, São Paulo, 3 mar. 2010.

PATU, Gustavo. Gasto com servidores vai a R$928 bi e atinge maior patamar da história. *Folha de S.Paulo*, 21 jul. 2019. Disponível em: https://www1.folha.uol.com.br/mercado/2019/07/gasto-com-servidores-vai-a-r-928-bi-e-atinge-maior-patamar-da-historia.shtml. Acesso em: 15 dez. 2019.

PAULO, Luiz Fernando Arantes. A Encruzilhada do Plano Plurianual: entre a extinção e o fortalecimento. *Boletim de Análise Político-Institucional*, n. 27, [s.l.], mar. 2021, p. 11-18.

PAULSEN, Leandro. *Segurança jurídica, certeza do direito e tributação*. Porto Alegre: Livraria do Advogado, 2006.

PEDRAS, Guilherme Binato Vilela. História da dívida pública no Brasil: de 1964 até os dias atuais. *In*: SILVA, Anderson Caputo; CARVALHO, Lena Oliveira de; MEDEIROS, Otávio Ladeira de (Org.) *Dívida pública*: a experiência brasileira. Brasília: Secretaria do Tesouro Nacional, Banco Mundial, 2009.

PELLEGRINI. *Gastos tributários*: Conceitos, experiência internacional e o caso do Brasil. Texto para Discussão n. 159, Senado Federal, Brasília, 2014.

PENHA, Marcos Bueno Brandão da. *Sanções não pecuniárias no direito tributário*: análise crítica da doutrina e da jurisprudência acerca das denominadas sanções políticas. Rio de Janeiro: Lumen Juris, 2016.

PEREIRA, Caio Mário da Silva. *Instituições de direito civil*. Rio de Janeiro: Forense, 2005. v. 1.

PEREIRA, Flávio Unes. Improbidade administrativa e dolo genérico. *Jota*, 10 ago. 2015. Disponível em: https://www.jota.info/opiniao-e-analise/artigos/improbidade-administrativa-e-o-dolo-generico-10082015. Acesso em: 10 dez. 2019.

PIMENTA, Paulo Roberto Lyrio. *Direito tributário ambiental*. Rio de Janeiro: Forense, 2020.

PIMENTA, Paulo Roberto Lyrio. O princípio da segurança jurídica em face da mudança da jurisprudência tributária. *In*: ROCHA, Valdir de Oliveira (Coord.). *Grandes questões atuais do direito tributário*. São Paulo: Dialética, 2006. v. 10.

PIÑA GARRIDO, María Dolores. Notas en torno a la moderna teoría de la exención tributaria. *Crónica Tributaria*, n. 61, 1992.

PINTO, Élida Graziane. "Balbúrdia" e controle de emendas parlamentares inscritas no piso em saúde. *Conjur*, 7 jan. 2025. Disponível em: https://www.conjur.com.br/2025-jan-07/balburdia-e-controle-de-emendas-parlamentares-inscritas-no-piso-em-saude/. Acesso em: 9 jan. 2025.

PINTO, Élida Graziane. Justiça social de transição no PLOA/2021 para o déficit de 100 mil vidas. *Consultor Jurídico*, 11 ago. 2020.

PINTO, Élida Graziane. Orçamento secreto como instrumento de execução privada do orçamento público. In: DERZI, Misabel Abreu Machado *et al.* (orgs.). *Populismo e o Estado de Direito*. Belo Horizonte: Casa do Direito, 2023. p. 509-524.

PIRES, Manoel. *Investimentos Públicos*: 1947-2000. Observatório de Política Fiscal – FGV IBRE, Rio de Janeiro, 3 maio 2021. Disponível em: https://observatorio-politica-fiscal.ibre.fgv.br/series-historicas/investimentos-publicos/investimentos-publicos-1947-2020. Acesso em: 1º ago. 2024.

PISCITELLI, Tathiane. *Direito financeiro esquematizado*. 2. ed. São Paulo: Método, 2012.

PISCITELLI, Tathiane. *Direito Financeiro*. 9. ed. São Paulo: Atlas, 2023.

PONDÉ, Lafayette. Controle dos atos da Administração Pública. *Revista de Direito Administrativo*, n. 212, p. 41-47, abr./jun. 1998.

PONTES DE MIRANDA, Francisco Cavalcanti. *Comentários à Constituição de 1967, com a Emenda n. 1 de 1969*. 2. ed. São Paulo: Revista dos Tribunais, 1970. t. III.

PONTES DE MIRANDA, Francisco Cavalcanti. *Tratado de direito privado* – Parte geral. Rio de Janeiro: Borsoi, 1954. t. I.

PRADO, Sergio. Transferências fiscais no Brasil: o lado "esquecido" da reforma tributária. In: PINTO, Márcio Percival Alves; BIASOTO JR., Geraldo (Org.). *Política fiscal e desenvolvimento no Brasil*. Campinas: Editora da Unicamp, 2006.

PROGRAMA DAS NAÇÕES UNIDAS PARA O DESENVOLVIMENTO. *Temporary Basic Income*: Protecting Poor and Vulnerable People in Developing Countries. Julho 2020. Disponível em: https://www.undp.org/content/undp/en/home/librarypage/transitions-series/temporary-basic-income--tbi--for-developing-countries.html. Acesso em: 22 out. 2020.

PUPO, Fábio; SIMÃO, Edna. Governo vê déficit primário de R$66 bi em 2018 e superávit em 2019. *Valor Econômico*, 8 jul. 2016. Disponível em: http://www.valor.com.br/brasil/4628773/governo-ve-deficit-primario-de-r-66-bi-em-2018-e-superavit-em-2019. Acesso em: 10 out. 2016.

REIS, Heraldo da Costa. *Gestão por fundos*. IBAM e AGEHAB. Disponível em: http://www.agehab.go.gov.br/pehis/download/texto_4.pdf. Acesso em: 27 fev. 2012.

REPÚBLICA.ORG. *República em Dados*. Disponível em: https://dados.republica.org/. Acesso em: 26 jul. 2024.

RESENDE, André Lara. A quem interessa a alta dos juros?. *Valor Econômico*, São Paulo, 1º e 2 de abril de 2021, p. 8-10.

RESENDE, André Lara. *Consenso e contrassenso – por uma economia não dogmática*. São Paulo: Portfólio-Penguim, 2020.

RESENDE, André Lara. *Juros, moeda e ortodoxia*. São Paulo: Portfólio-Penguim, 2017.

RESENDE, André Lara. O sequestro da imaginação. *Valor Econômico*, São Paulo, 6 ago. 2024. Disponível em: https://valor.globo.com/brasil/coluna/o-sequestro-da-imaginacao.ghtml. Acesso em: 6 ago. 2024.

REZENDE, Elisângela Inês Oliveira Silva de; GODOI, Marciano Seabra de; FRANCIA, Nicolle Zanato Moreira Monteleoni Di; SANTOS, Jéssica Maria Ferraz dos. ICMS-Educação criado pela Emenda Constitucional 108/2020: resistência da maioria dos estados para sua efetiva implementação. *Revista da Faculdade de Direito do Sul de Minas*, Pouso Alegre, v. 39, n. 2, p. 419-444, jul./dez. 2023.

REUTERS. BNDES devolve mais R$30 bilhões ao Tesouro, totalizando R$123 bilhões em 2019. *G1*, 11 dez. 2019. Disponível em: https://g1.globo.com/economia/noticia/2019/12/11/bndes-devolve-mais-r-30-bilhoes-ao-tesouro-totalizando-r-123-bilhoes-em-2019.ghtml. Acesso em: 12 dez. 2019.

RIBEIRO, Fernando. Friedman, monetarismo e keynesianismo: um itinerário pela história do pensamento econômico em meados do século XX. *Revista de Economia Mackenzie*, São Paulo, v. 11, n. 1, p. 58-74, jan./abr. 2013.

RIBEIRO, Ricardo Lodi. A proteção da confiança legítima do contribuinte. *Revista Dialética de Direito Tributário*, n. 145, p. 99-115, out. 2007.

RIBEIRO, Ricardo Lodi. *A segurança jurídica do contribuinte*. Rio de Janeiro: Lumen Juris, 2008.

RIBEIRO, Ricardo Lodi. O poder de polícia ambiental e a competência para instituir taxas. *Direito do Estado*, n. 212, 2016. Disponível em: http://www.direitodoestado.com.br/colunistas/Ricardo-Lodi-Ribeiro/o-poder-de-policia-ambiental-e-a-competencia-para-instituir-taxas. Acesso em: 25 set. 2016.

ROCHA, Sergio André. Reforma tributária e princípios do Sistema Tributário Nacional. *Consultor Jurídico*, 14 ago. 2023. Disponível em: https://www.conjur.com.br/2023-ago-14/justica-tributaria-reforma-tributaria-principios-sistema-tributario-nacional/. Acesso em: 12 fev. 2024.

ROCHA, Sergio André. *Treaty override no ordenamento jurídico brasileiro*. São Paulo: Quartier Latin, 2006.

RODAS, Sérgio. TJ anula taxa de fiscalização ambiental de petróleo e gás do Rio de Janeiro. *Conjur*, 4 dez. 2019. Disponível em: https://www.conjur.com.br/2019-dez-04/tj-anula-taxa-fiscalizacao-ambiental-petroleo-gas-rio. Acesso em: 7 dez. 2019.

RODRIGUES, Artur. Com renegociação, dívida da cidade de São Paulo cai de R$74 bi para R$27,5 bi. *Folha de São Paulo*, 26 fev. 2016. Disponível em: http://www1.folha.uol.com.br/cotidiano/2016/02/1743985-com-renegociacao-divida-da-cidade-de-sp-cai-de-r-74-bi-para-r-275-bi.shtml. Acesso em: 18 out. 2016.

RODRIGUES, Artur; FERREIRA, Flávio. Poço vira farra de em reduto de emendas, e cidade de político supera estados inteiros. *Folha de São Paulo*, Política, São Paulo, 7 out. 2023.

RODRIGUES, Edgard Camargo. Reforma administrativa e controle de contas. *Revista do Tribunal de Contas do Estado de São Paulo*, n. 89, p. 27-37, out. 1998/jan. 1999.

RODRÍGUEZ BEREIJO, Álvaro. *Introducción al estudio del derecho financiero*. Madrid: Instituto de Estudos Fiscales, 1976.

ROLIM, João Dácio. *Normas antielisivas tributárias*. São Paulo: Dialética, 2001.

ROLIM, João Dácio; ROSENBLATT, Paulo. Dez anos da norma geral antielisiva no Brasil. *Revista Dialética de Direito Tributário*, n. 197, p. 83-96, 2012.

ROSA JR., Luiz Emygidio F. *Manual de direito financeiro e direito tributário*. 17. ed. Rio de Janeiro: Renovar, 2003.

ROSA JR., Luiz Emygidio F. *Manual de direito financeiro e direito tributário*. 20. ed. Rio de Janeiro: Renovar, 2007.

RUDÉ, George. *A multidão na História*: estudos dos movimentos populares na França e na Inglaterra 1730-1848. Rio de Janeiro: Campus, 1991.

SAINZ DE BUJANDA, Fernando. *Hacienda y derecho*. Madrid: Instituto de Estudios Políticos, 1975. v. 1.

SALIBA, Luciana Goulart Ferreira. Interpretação econômica do direito tributário. Dissertação de Mestrado, Programa de Pós-Graduação em Direito da PUC Minas. Belo Horizonte, 2010.

SALVADOR, Evilásio da Silva. O desmonte do financiamento da seguridade social em contexto de ajuste fiscal. *Revista Serviço Social e Sociedade*, São Paulo, n. 130, p. 426-446, set./dez. 2017.

SAMPAIO, Júnia Roberta Gouveia. *O financiamento da seguridade social*. Porto Alegre: S. A. Fabris, 2007.

SAMPAIO, Rafael Cardoso; MAIA, Rousiley Celi Moreira; MARQUES, Francisco Paulo Jamil Almeida. Participação e deliberação na internet: Um estudo de caso do Orçamento Participativo Digital de Belo Horizonte. *Opinião Pública*, v. 16, n. 2, Campinas, 2010, p. 446-477.

SANCHES, José Luis Saldanha. *A segurança jurídica no Estado Social de Direito*. Lisboa: Centro de Estudos Fiscais, 1985.

SANCHES, Marina; CARDOMINGO, Matias; CARVALHO, Laura. Quão mais fundo poderia ter sido esse poço? Analisando o efeito estabilizador do Auxílio Emergencial em 2020. *Nota de Política Econômica nº 007*, 2021. MADE/USP.

SANCHES, M.; RODRIGUES, H.; KLEIN, G. Ajuste via receita ou via gasto? Cenários de ajuste fiscal considerando estimativas de efeitos multiplicadores. *Nota de Política Econômica n. 55*, São Paulo, Centro de Pesquisa em Macroeconomia das Desigualdades (Made/USP), 2024.

SANTI, Eurico Marcos Diniz de. Confissão da dívida $x$ confissão da dúvida – Os limites da Súmula 436 do STJ. *Jota*, 5 set. 2016. Disponível em: http://jota.info/artigos/confissao-da-divida-x-confissao-da-duvida-05092016.

SANTI, Eurico Marcos Diniz de. *Decadência e prescrição no direito tributário*. 3. ed. São Paulo: Max Limonad, 2004.

SANTIAGO, Igor Mauler. *Direito tributário internacional*: métodos de solução dos conflitos. São Paulo: Quartier Latin, 2006.

SANTIAGO, Julio Cesar. ARE 914.045: Sanções políticas e medidas restritivas às atividades econômicas dos contribuintes. *In*: CAMPOS, Carlos Alexandre de Azevedo; IBRAHIM, Fabio Zambitte; OLIVEIRA, Gustavo da Gama Vital de (Coord.). *Análise crítica da jurisprudência tributária do Supremo Tribunal Federal*. Salvador: JusPodivm, 2017.

SANTOS, Rita de Cássia Leal Fonseca dos. *A mulher no orçamento*: evidências sobre transparência, materialidade, transversalidade e desempenho do orçamento sensível a gênero no governo federal no período 2019 a 2023. Senado Federal: Brasília, 2023.

SCHERER, André Luís Forti; SOUZA, Enéas Costa de. Período 1979-2009: ascensão e queda do capital financeiro. *In*: CONCEIÇÃO, Octávio A. C et al. (Org.). *O ambiente regional*. Porto Alegre: FEE, 2010.

SECRETARIADO PEFA. *Marco complementario para la evaluación de la gestión de las finanzas públicas con perspectiva de género*. Washington, 2020. Disponível em: https://www.pefa.org/gender. Acesso em: 19 out. 2023.

SCHOUERI, Luís Eduardo. *Direito tributário*. 2. ed. São Paulo: Saraiva, 2012.

SCHOUERI, Luís Eduardo; FERREIRA, Diogo Olm; LUZ, Victor Lyra Guimarães. *Legalidade Tributária e o Supremo Tribunal Federal*. São Paulo: IBDT, 2021.

SCHOUERI, Luís Eduardo. *Normas tributárias indutoras e intervenção econômica*. Rio de Janeiro: Forense, 2005.

SCHOUERI, Luís Eduardo. *Planejamento fiscal através de acordos de bitributação*: treaty shopping. São Paulo: Revista dos Tribunais, 1995.

SHALDERS, André et al. Desertos políticos: cidades que votaram em candidatos derrotados não receberam orçamento secreto. *Estadão*, Seção Política, São Paulo, 21 set. 2022.

SIERRA LARA, Yoandris. El pensamiento económico de John Maynard Keynes y Milton Friedman. Un estudio de sus teorías a través de 4 problemas centrales. *Contribuciones a la Economía*, Octubre 2007. Texto completo disponível em: http://www.eumed.net/ce/2007c/ysl.htm. Acesso em: 19 out. 2016.

SILVA, Anderson Caputo. Origem e história da dívida pública no Brasil até 1963. *In*: SILVA, Anderson Caputo; CARVALHO, Lena Oliveira de; MEDEIROS, Otávio Ladeira de (Org.). *Dívida pública*: a experiência brasileira. Brasília: Secretaria do Tesouro Nacional, Banco Mundial, 2009.

SILVA, José Afonso. *Curso de direito constitucional positivo*. 36. ed. São Paulo: Malheiros, 2013.

SILVA, Paulo Roberto Coimbra. *Direito tributário sancionador*. São Paulo: Quartier Latin, 2007.

SILVA, Suzana Tavares da. *Direito Fiscal – Teoria Geral*. Coimbra: Imprensa da Universidade de Coimbra, 2013.

SMITH, Adam. *A riqueza das nações*. São Paulo: Nova Cultural, 1988.

SOARES, Claudia Alexandra Dias. *O imposto ecológico – Contributo para o estudo dos instrumentos econômicos de defesa do ambiente*. Coimbra: Coimbra Editora, 2001.

SOARES, Murilo Rodrigues da Cunha. *Maldita carga tributária*. Brasília: Escola de Administração Fazendária, 2010. Texto para Discussão, n. 11.

SOUSA, Rubens Gomes de. *Compêndio de legislação tributária*. São Paulo: Resenha Tributária, 1975.

SOUSA, Rubens Gomes de. *Trabalhos da Comissão Especial do Código Tributário Nacional*. Rio de Janeiro: Ministério da Fazenda, 1954.

SOUSA, Rubens Gomes. Normas de interpretação no Código Tributário Nacional. *In*: ATALIBA, Geraldo et al. *Interpretação no direito tributário*. São Paulo: Saraiva, 1975.

SOUSA FRANCO, Antonio L. de. *Finanças Públicas e Direito Financeiro, Volume I*. Coimbra: Almedina, 1997.

SOUZA, Osvaldo Rodrigues. *A força das decisões do Tribunal de Contas*. Brasília: Brasília Jurídica, 1998.

SPAGNOL, Werther Botelho. *As contribuições sociais no direito brasileiro*. Rio de Janeiro: Forense, 2002.

SPAGNOL, Werther Botelho. *Da tributação e sua destinação*. Belo Horizonte: Del Rey, 1994.

TAILLADES, Pedro Luis. Los tributos en la Edad Antigua. *In*: CONGRESO INTERAMERICANO DE LA TRIBUTACIÓN, IV. *Anales...* Buenos Aires: Depalma, 1984.

TCU. *Manual de auditoria de natureza operacional*. Brasília: TCU, 2000.

TEIXEIRA, Alessandra Machado Brandão. *A tributação sobre o consumo de bens e serviços*. Belo Horizonte: Mandamentos, 2002.

TEIXEIRA, Alessandra Machado Brandão. *O ISSQN e a importação de serviços*. Rio de Janeiro: Renovar, 2008.

TEÓFILO, Sarah. À espera: mesmo após anúncio de Lula, Brasil tem 2,7 mil obras de saúde com verbas federais paradas. *O Globo*, Brasília, 6 jan. 2025.

TIPKE, Klaus; LANG, Joachim. *Direito tributário*. Tradução de Luiz Dória Furquim. Porto Alegre: Sergio Antonio Fabris, 2008. v. I.

TOMAZELLI, Idiana; FERNANDES, Adriana. Maior estouro do teto de gastos públicos vem do Judiciário. *Estadão*, São Paulo, 10 mar. 2019. Disponível em: https://economia.uol.com.br/noticias/estadao-conteudo/2019/03/10/maior-estouro-do-teto-de-gastos-publicos-vem-do-judiciario.htm. Acesso em: 11 dez. 2019.

TORRES, Heleno. *Direito constitucional tributário e segurança jurídica*. 2. ed. São Paulo: Revista dos Tribunais, 2012.

TORRES, Heleno. *Direito tributário e direito privado*: autonomia privada, simulação, elusão tributária. São Paulo: Revista dos Tribunais, 2003.

TORRES, Ricardo Lobo. *A ideia de liberdade no Estado Patrimonial e no Estado Fiscal*. Rio de Janeiro: Renovar, 1991.

TORRES, Ricardo Lobo. Comentários ao artigo 165. *In*: CANOTILHO, José Joaquim Gomes; MENDES, Gilmar Ferreira; STRECK, Lenio Luiz. *Comentários à Constituição do Brasil*. São Paulo: Saraiva, 2013.

TORRES, Ricardo Lobo. Comentários ao artigo 167. *In*: CANOTILHO, José Joaquim Gomes; MENDES, Gilmar Ferreira; STRECK, Lenio Luiz. *Comentários à Constituição do Brasil*. São Paulo: Saraiva, 2013.

TORRES, Ricardo Lobo. *Curso de direito financeiro e tributário*. 10. ed. Rio de Janeiro: Renovar, 2003.

TORRES, Ricardo Lobo. Elisão abusiva e simulação na jurisprudência do Supremo Tribunal Federal e do Conselho de Contribuintes. *In*: YAMASHITA, Douglas (Coord.). *Planejamento tributário à luz da jurisprudência*. São Paulo: Lex, 2007.

TORRES, Ricardo Lobo. *Normas de interpretação e integração do direito tributário*. 4. ed. Rio de Janeiro: Renovar, 2006.

TORRES, Ricardo Lobo. *Normas de interpretação e integração do direito tributário*. Atualizador Sergio André Rocha. Belo Horizonte: Casa do Direito, 2024.

TORRES, Ricardo Lobo. *Tratado de Direito Constitucional Financeiro e Tributário – Volume II, Valores e Princípios Constitucionais Tributários*. Rio de Janeiro: Renovar, 2005.

TORRES, Ricardo Lobo. *Tratado de direito constitucional, financeiro e tributário – Os direitos humanos e a tributação: imunidades e isonomia*. v. 3. Rio de Janeiro: Renovar, 2005.

TORRES, Ricardo Lobo. *Tratado de direito constitucional financeiro e tributário*. 2. ed. Rio de Janeiro: Renovar, 2000. v. 5.

TORRES, Ricardo Lobo. *Tratado de direito constitucional, financeiro e tributário – O orçamento na Constituição*. Rio de Janeiro: Renovar, 2000.

TRANSPARÊNCIA BRASIL. *A LAI em 2020*: Estados e Distrito Federal. [s.l.], Transparência Brasil, 2020.

TRANSPARÊNCIA BRASIL. *Judiciário deixa de prestar contas de remuneração de TJs*. [s.l.], Transparência Brasil, 2022.

TRANSPARÊNCIA BRASIL. *Leis orçamentárias sem transparência*. [s.l.], Transparência Brasil, 2021.

TRANSPARÊNCIA BRASIL. *Nota Técnica*: Opacidade nas emendas parlamentares perpetua orçamento secreto. Brasília, julho 2024. Disponível em: Nota Técnica - Continuidade do orçamento secreto (transparencia.org.br). Acesso em: 9 set 2024.

TRANSPARÊNCIA BRASIL. Remuneração média de magistrados em Tribunais de Justiça em 2023 chega ao dobro do limite constitucional. *Transparência Brasil*, 20 set. 2024. Disponível em: https://blog.transparencia.org.br/dadosjus-remuneracao-media-de-magistrados-em-tribunais-de-justica-em-2023-chega-ao-dobro-do-limite-constitucional/. Acesso em: 29 dez. 2024.

TRANSPARÊNCIA BRASIL. *Transparência em Câmaras Municipais*. [s.l.], Transparência Brasil, 2020.

TRANSPARÊNCIA INTERNACIONAL BRASIL. A um ano das eleições municipais, transparência das prefeituras avança de maneira tímida e ainda é insatisfatória. [s.l.], Transparência Internacional Brasil, 2023.

TRANSPARÊNCIA INTERNACIONAL BRASIL. *Nota Metodológica – Índice de Transparência e Governança Pública (ITGP) Poder Legislativo Estadual e Distrital*. Transparência Internacional Brasil-Konrad Adenauer Stiftung, São Paulo, 2023.

TRANSPARÊNCIA INTERNACIONAL BRASIL. *Nota Metodológica – Índice de Transparência e Governança Pública (ITGP) Poder Executivo – Estados e Distrito Federal*. Transparência Internacional Brasil-Konrad Adenauer Stiftung, São Paulo, 2023.

TUNES, Thiana de Souza Cairo. *A interpretação econômica no direito tributário*. Tese de Doutorado. Programa de Pós-Graduação em Direito da Universidade Federal da Bahia. Salvador, 2024. VALERIO, Alexandre Scigliano. Privatização no Brasil: evolução histórica, dados oficiais e críticas. *Revista do Tribunal de Contas do Estado de Minas Gerais – TCEMG*, 2008.

TURTELLI, Camila *et al*. Na mira do STF, emendas Pix aumentam 12 vezes em quatro anos e desafiam a governabilidade. *O Globo*, Brasília, 3 jan. 2025. Disponível em: https://oglobo.globo.com/politica/noticia/2025/01/03/na-mira-do-stf-emendas-pix-aumentam-12-vezes-em-quatro-anos-e-desafiam-a-governabilidade.ghtml?utm_source=newsletter&utm_medium=email&utm_campaign=newsdiaria. Acesso em: 3 jan. 2025.

VANONI, Ezio. *Naturaleza e interpretación de las leyes tributarias*. Madrid: Instituto de Estudios Fiscales, 1973.

VARGAS, Mateus et al. Congresso obtém volume inédito de verbas, mas aplicação é falha. *Folha de São Paulo*, Política, São Paulo, 7 out. 2023.

VARSANO, Ricardo et al. *Uma análise da carga tributária do Brasil*. Rio de Janeiro: Ipea, 1998. Texto para Discussão, n. 583.

VASQUES, Sérgio. *Os Impostos do Pecado – O álcool, o tabaco, o jogo e o fisco*. Coimbra: Almedina, 1999.

VAZ, José Otávio de Vianna. *A responsabilidade tributária dos administradores de sociedade no CTN*. [s.l.]: [s.n.], 2003.

VELLOSO, Andrei Pitten. *Constituição tributária interpretada*. São Paulo: Atlas, 2007.

VENTURA, Manoel. PEC dos combustíveis deve custar R$ 34,8 bilhões em ano eleitoral. *O Globo*, Brasília, 24 jun. 2022. Disponível em: https://oglobo.globo.com/economia/noticia/2022/06/pec-dos-combustiveis-deve-custar-r-348-bilhoes-em-ano-eleitoral.ghtml. Acesso em: 4 ago. 2024.

VERDÉLIO, Andreia. Brasil gasta 3,8% do PIB em saúde pública. *Agência Brasil*, 1º nov. 2018. Disponível em: http://agenciabrasil.ebc.com.br/economia/noticia/2018-11/brasil-gasta-38-do-pib-em-saude-publica. Acesso em: 10 dez. 2019.

VESCOVI, Ana Paula Vitali Janes. *Ajuste fiscal e relações federativas*: o desafio dos estados e o papel da União. Disponível em: http://www.fazenda.gov.br/centrais-de-conteudos/apresentacoes/2016/instituto-fhc-vescovi-27-09-2016.pdf. Acesso em: 12 out. 2016.

VIECELI, Leonardo. Gasto com saúde equivale a 9,7% do PIB no Brasil; envelhecimento pressiona despesa. *Folha de São Paulo*, Rio de Janeiro, 5 abr. 2024. Disponível em: https://www1.folha.uol.com.br/mercado/2024/04/gasto-com-saude-equivale-a-97-do-pib-no-brasil-envelhecimento-pressiona-despesa.shtml. Acesso em: 26 jul. 2024.

WORLD BANK. Gross domestic product 2018. *World Development Indicators database*, 23 dez. 2019. Disponível em: https://databank.worldbank.org/data/download/GDP.pdf. Acesso em: 16 jun. 2019.

XAVIER, Alberto. *Direito tributário internacional do Brasil*. 5. ed. Rio de Janeiro: Forense, 1998.

XAVIER, Alberto. *Do lançamento no direito tributário brasileiro*. 3. ed. Rio de Janeiro: Forense, 2005.

XAVIER, Alberto. Tipicidad y legalidad en el derecho tributario. *Revista de Derecho Financiero y Hacienda Pública*, n. 120, p. 1257-1309, 1975.

XAVIER, Alberto. *Tipicidade da tributação, simulação e norma antielisiva*. São Paulo: Dialética, 2001.

ZACHIM, Kleber Luiz. Ajuda financeira. *In*: CONTI, José Maurício. *Orçamentos públicos*: a Lei 4.320/1964 comentada. São Paulo: Revista dos Tribunais, 2009.

ZACHIM, Kleber Luiz. Despesas correntes. *In*: CONTI, José Maurício. *Orçamentos públicos*: a Lei 4.320/1964 comentada. São Paulo: Revista dos Tribunais, 2009.

ZACHIM, Kleber Luiz. Transferência de capital. *In*: CONTI, José Maurício. *Orçamentos públicos*: a Lei 4.320/1964 comentada. São Paulo: Revista dos Tribunais, 2009.

ZIMMER, Frederik. General Report. *In*: INTERNATIONAL FISCAL ASSOCIATION – IFA. Form and Substance in Tax Law. *Cahiers de Droit Fiscal International*, Haia, v. 87a, 2002.

Esta obra foi composta em fonte Palatino Linotype, corpo 10
e impressa em papel Offset 63g (miolo) e Supremo 250g (capa)
pela Gráfica Forma Certa.